子曰：温故而知新，可以为师矣。

张三夕教授
执教五十周年纪念文集

曾军 主编

凤凰出版社

图书在版编目（CIP）数据

张三夕教授执教五十周年纪念文集 / 曾军主编. --南京：凤凰出版社，2022.6
ISBN 978-7-5506-3693-4

Ⅰ. ①张… Ⅱ. ①曾… Ⅲ. ①张三夕－纪念文集 Ⅳ. ①K825.46-53

中国版本图书馆CIP数据核字(2022)第081675号

书　　　名	张三夕教授执教五十周年纪念文集
主　　　编	曾　军
责 任 编 辑	郭馨馨
特 约 编 辑	张　沫
装 帧 设 计	陈贵子
出 版 发 行	凤凰出版社（原江苏古籍出版社）
	发行部电话 025-83223462
出版社地址	江苏省南京市中央路165号，邮编：210009
照　　　排	南京凯建文化发展有限公司
印　　　刷	苏州市越洋印刷有限公司
	江苏省苏州市吴中区南官渡路20号，邮编：215104
开　　　本	718毫米×1005毫米　1/16
印　　　张	46.5
字　　　数	810千字
版　　　次	2022年6月第1版
印　　　次	2022年6月第1次印刷
标 准 书 号	ISBN 978-7-5506-3693-4
定　　　价	350.00元

（本书凡印装错误可向承印厂调换，电话：0512-68180638）

张三夕先生

1974年与武汉市江岸中学初三（4）班毕业生合影

1979年与武汉师范学院中文系76级（1）班同学合影

1980年4月20日与程千帆先生和研究生同学徐有富(左一)、莫砺锋(右一)游览南京栖霞山

1981年12月16日南京大学中文79级研究生毕业合影

1986年3月12日华中师范大学首届博士论文答辩会后师生合影

2000年6月,海南大学文学院2000届汉语言文学专业全体同学毕业留影

1994年元旦海大社科中心、社科部、文学院同人合影

2001年7月5日,复旦大学、海南大学99级文艺学与文化管理专业研究生班毕业合影

2016年5月华中师大文学院首届文化传播学博士论文答辩留念

2016年6月与王齐洲教授、高华平教授同华中师大古典文献学硕士毕业生合影

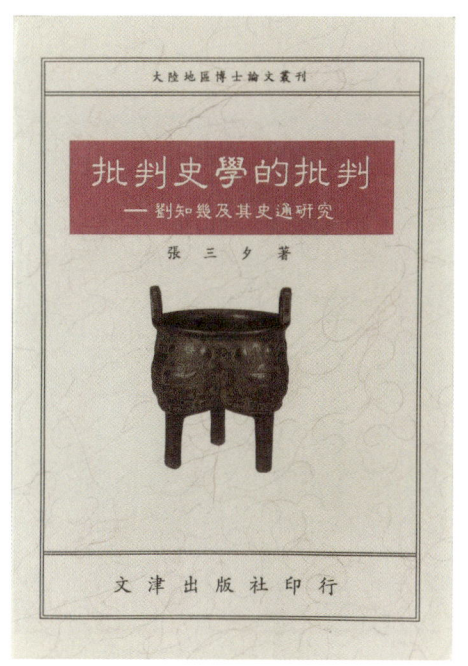

《批判史学的批判——刘知幾及其〈史通〉研究》,(台湾)文津出版社1992年9月出版

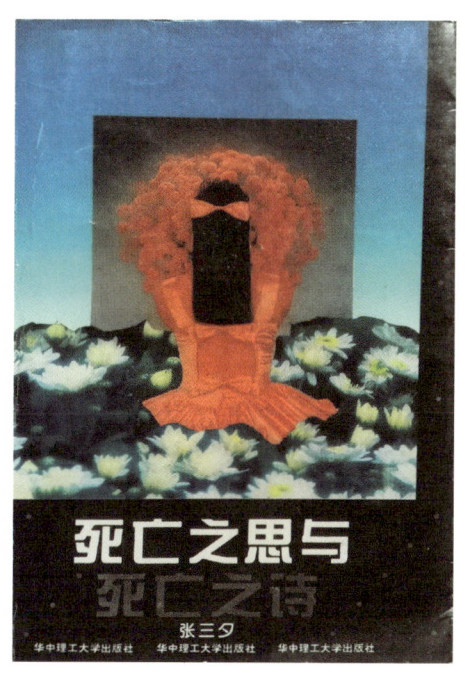

《死亡之思与死亡之诗》,华中理工大学出版社1993年12月出版

华中师范大学出版社2010年11月出版

台湾洪叶文化事业有限公司改名为《死亡之思》1996年出版

《通往历史的个人道路——中国学术思想史散论》,社会科学文献出版社 2001 年 1 月出版

《诗歌与经验——中国古典诗歌论稿》,岳麓书社 2008 年 8 月出版

《20 世纪的"最后性文本"》,香港国际学术文化资讯出版公司 2009 年 8 月出版

《现代性与当代艺术——张三夕自选集》,华中师范大学出版社 2013 年 5 月出版

《韩非子》（全本全注全译），与高华平、王齐洲二教授合著，中华书局 2010 年 6 月出版；中华书局 2014 年 8 月出版文白对照本

《史记选译》（上、下册），与李国祥、李长弓二教授合著，巴蜀书社 1989 年 4 月出版；凤凰出版社 2011 年 5 月出版

《资治通鉴全译》（张舜徽先生主编，张三夕承担第十五册），贵州人民出版社1994年7月出版；此后多次再版重印

《东方文化与现代文明》，与马敏教授合作主编，湖北人民出版社2001年9月出版

《汉制考》《汉艺文志考证》（点校），与杨毅博士合著，中华书局2011年1月出版

《史通》（注评），与李程博士合著，凤凰出版社2013年12月出版

2009—2015年主编《华中学术》

主编《中国古典文献学》，华中师范大学出版社2003年3月第一版；2007年1月第二版；2018年1月第三版

《汉语古籍电子文献知见录》,与毛建军博士合作主编,世界图书出版广东有限公司2015年9月出版

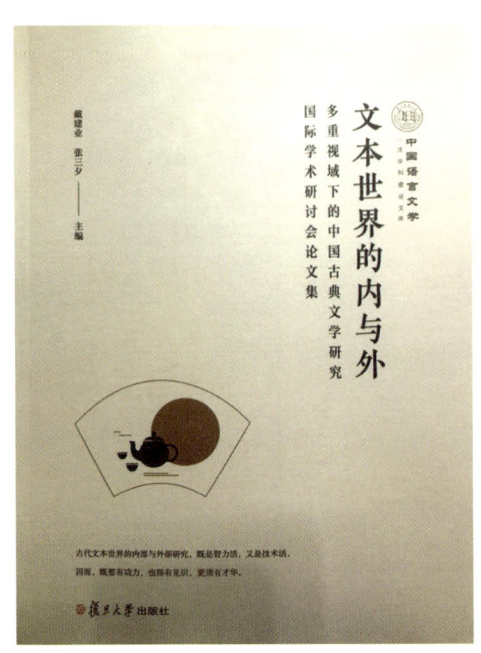

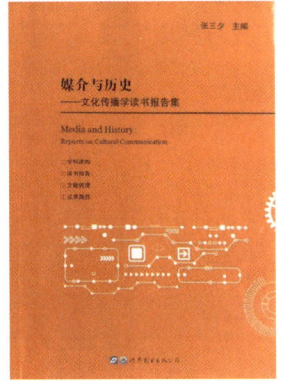

主编《媒介与历史——文化传播学读书报告集》,世界图书出版广东有限公司2017年1月出版

《文本世界的内与外——多重视域下的中国古典文学研究国际学术研讨会论文集》,与戴建业教授合作主编,复旦大学出版社2020年11月出版

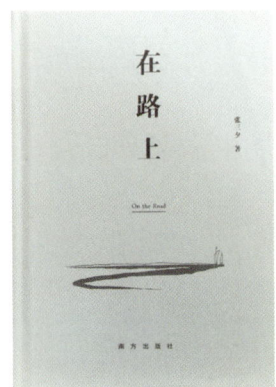

《在路上》,随笔集,南方出版社2017年11月出版

主编《中国历代墓志铭选》,南方出版社2022年2月出版

目　录

前　言 ·· 曾　军 001

论学精选 ··· 001
论苏诗中的空间感 ·· 张三夕 003
论死亡作用于生存状态的机制 ······································ 张三夕 015
论作为一种文学研究方法的文献学 ·································· 张三夕 024
如何以确定性应对不确定性
　　——在张门2020届研究生毕业欢送会上的演讲 ················· 张三夕 033

张三夕先生学述 ·· 李　程 045
张门承謦记 ·· 罗昌繁 058

友朋印象 ··· 067
茹古涵今意　滋兰树蕙情
　　——致敬三夕兄执教五十周年 ································· 何新文 069
博雅君子
　　——张三夕教授印象记 ·· 王齐洲 078
张三夕先生印象记 ·· 周国林 085
共事岁月
　　——记在华中师大与张三夕教授相处的日子 ··················· 高华平 090
师从程千帆与张舜徽的张三夕 ······································ 张志扬 094
关于死亡现象的一种通学 ·· 闫广林 101
张三夕老师二三事 ·· 范　军 105
记父执张三夕老师 ·· 韩　明 112

问学漫忆 ················· 115

记忆中的"小老师" ················· 陈惠琼 117
亦师亦友半世情 ················· 熊　斌 120
一枝一叶总关情
　——我与张三夕老师的缘分 ················· 段天长 126
教言谆谆犹在耳　往事历历写蝉鸣
　——三夕老师教我写论文 ················· 刘光侠 128
雪泥鸿爪忆张师 ················· 杨坤道 130
我的恩师三夕先生 ················· 成　婷 133
感谢您引领我走近经典 ················· 邓　红 136
永远年轻的张三夕老师 ················· 张　岩 139
永执弟子礼，当仁不敢让
　——纪念张三夕教授执教五十周年 ················· 赵浴沛 143
亦师亦友：我眼中的张三夕老师 ················· 高建勋 154
海大忠诚的树人和论道者
　——回忆我的恩师张三夕 ················· 许美丹 160
心香数瓣　至感师恩 ················· 刘　果 164
不争之德 ················· 郭　满 168
人生的好导师　学术的引路人 ················· 袁洪流 170
深山古寺读书情
　——初次邂逅张门读书会 ················· 景　美 176
别样的张老师
　——读三夕师日记有感 ················· 张海燕 178
感谢武汉 ················· 温燎原 183
千言万语道不尽张门的好
　——写在2020年张门毕业生欢送会上的话 ················· 彭　琴 186
遇见您是我的幸运
　——献给我亲爱的硕导张三夕老师 ················· 孙德贤 188
岭南秋风忆桂子 ················· 王叶迟 190
他年应记老师心
　——记与张老师的二三事 ················· 姚　琴 194
武汉的雨，落在桃红柳绿的江南 ················· 何思依 197
他乡与吾乡 ················· 罗婧文 199

目录

出与入
　　——"读书"的快乐 ·················· 廖田凌霜 201
通透豁达，诲人不倦
　　——忆敬爱的张三夕先生 ·················· 占青青 204
读不尽的张三夕老师 ·················· 刘一江 208
香港剪影 ·················· 何　欢 212
这是一个通才战胜专家的时代
　　——由三夕师的"通人境界"和《范围》一书想到 ·················· 王　文 216
情缘博雅，志向通人
　　——述三夕师对我的言传与身教 ·················· 陈天澍 222
忆桂子山上二三事 ·················· 刘　聪 230

弟子文录 ·················· 233

屈原的战略思想述论 ·················· 彭红卫 235
自杀预防，珍重生命
　　——论先秦儒道人生哲学的现代意义 ·················· 郑诗傧 247
西汉的"文学""官"念
　　——以《史记》《汉书》为中心 ·················· 安　敏 257
从《抱朴子》探究《孟子》对葛洪的影响 ·················· 梁鉴洪 267
论《文心雕龙·物色》篇次问题及其文学观 ·················· 林日波 290
用西方现象美学解码中国古典诗歌
　　——以《春江花月夜》为例 ·················· 黄　蓓 298
异域文明的中国化：论唐诗中的袈裟 ·················· 刘　烨 302
浅论李煜词层递的感伤情调 ·················· 张　帆 317
国忌行香与宋代皇权的强化 ·················· 邹明军 326
从曾巩《目录序》看其书籍传播观 ·················· 金雷磊 339
浙江书局本《玉海》底本考辨 ·················· 杨　毅 346
文本重构与伦理阐释：文学伦理学批评视域下的《绿珠传》 ·················· 盛　莉 351
《韩湘子全传》的道教思想研究 ·················· 钱　敏 360
《全宋诗》收黄希旦诗辑佚 ·················· 姜　游 370
论明代商人传记的消费动机与生产目的 ·················· 张世敏 386
袁枚的文章传名论 ·················· 李卓娅 398
论吴乔以"冷锤"喻诗文注释说 ·················· 茶志高 411
光绪重抄本《天山草堂存稿》的发现与文献价值 ·················· 李　俊 429

明清之际遗民文人生存与创作考察	康光磊 443
《明儒学案》王门分派与社交网络的新探讨	邓　凯 455
《近世丛语》作者与版本考略	肖　婧 464
清人著述中散见《经典释文》研究资料述论	陈亮亮 475
清初礼学复兴风潮中的万斯大礼学	曾　军 490
论孙濩孙《檀弓论文》的版本及评点特色	毋燕燕 502
崔适《史记探源》之学术源流发微	陈天澍 513
钱陈群文学成就初探	董海春 525
《四库全书总目》子部医家类书目研究	赵　青 533
出版编辑工作中常用电子文献工具集解	郑若萍 539
近二十年国内"文学地图"研究述评	于美娟 548
布依族民间文学整理与研究综述	毛建军 554
如来藏：空花泡影与不生不灭	
——一种对于佛法唯识论的疏理与解释	桑大鹏 560
从延庆寺到观宗寺	
——论佛寺现代化的转型	郑运兰 587
不是希望，而是绝望	
——《蔚蓝的王国》解读	段厚永 604
新媒体时代的众语喧哗	
——基于麦克卢汉媒介思想的文化哲学研究与思考	王光艳 608
媒介本体论：媒介研究的理论转向	李明勇 622
基于受众心理的国学电视传播热研究	田全喜 633
万达电影作为一种符号资本	邬　玲 642

附录 ··· 669

附录一　张三夕教授学术年表	苏小露整理 671
附录二　有关张三夕教授著述的评论简目	苏小露整理 718
附录三　张门研究生学位论文题录	罗昌繁、苏小露整理 721
附录四　张门读书会精读书目	张三夕等 725

前　言

　　张三夕先生,生于1953年,祖籍湖北鄂州。先生成长于武汉市江岸区转车楼一个铁路工人家庭。1977年初作为最后一批工农兵学员进入武汉师范学院(1984年更名为湖北大学,为行文方便,下统一称"湖北大学")中文系学习。1979年参加全国研究生入学考试,被南京大学录取,同年9月进入南大中文系开始硕士研究生的学习生涯,导师程千帆先生,专业中国古代文学,研究方向唐宋诗歌。1982年初,南京大学硕士毕业,回湖北大学中文系工作,任古代文学讲师。同年年底通过华中师范大学博士生入学考试,1983年成为华中师范大学首批博士研究生,导师张舜徽先生,专业历史文献学。1986年获历史学博士学位,学位证书编号为"001",是我国改革开放以来培养的首批历史文献学专业博士的"大师兄"。博士毕业后,先生留在华中师范大学历史文献研究所工作,当年就被破格评为副教授。

一

　　先生的求学生涯既"不幸"又"有幸"。所谓"不幸",是指先生1966年进入武汉市江岸中学初中学习时正值"文革"时期,未能正常上几天课,学业几近荒废。所谓"有幸",是说先生初中毕业时,武汉市恢复高中招生,先生有幸作为六九届初中毕业生的百分之二十中的一员,进入江岸中学高中学习,因而不在城市知识青年上山下乡的行列。比他的姐姐、两个弟弟以及许多同龄人幸运的是,先生1972年高中毕业后,因英语成绩优异而留校任英语教师,并被送至武汉第一师范学校英语班接受四个月的短训。在江岸中学任教期间,先生埋头读书,朋友、同事都是他请益的对象。

　　1977年初,先生终于跨进梦寐以求的大学校门。与1977年恢复高考后考上大学的大学生一样,先生极其珍惜来之不易的学习机会,极力想把失去的时间补回来。那个时代,教师们诲人不倦,严格要求;学生们学而不厌,孜孜以求。

生活虽然简朴，求知问学精神却无比充盈。同为程门弟子的蒋寅先生曾感慨地说："那个时候，老师的严格和学生的勤奋，都是今天难以想象的。"①

1978年研究生招生恢复，不拘一格录取人才，允许在读本科生报名。1979年，先生参加研究生考试，本科尚未毕业就被南京大学录取。这是他从一名中学英语教师、文史爱好者转变成一位文史专业学者的关键一步。

先生先后入程千帆先生、张舜徽先生门下。他最常提及的前辈大师的治学经验是：程千帆先生撰《史通笺记》耗时费工的批校；张舜徽先生治"说文学"四十年集腋成裘终成两百多万字的《说文解字约注》；黄侃先生每年点读白文十三经；钱锺书先生常年"温经""读集"的刻苦治学功夫。求学期间，先生以前辈学人的治学精神自励，如饥似渴地阅读经典，先生的书橱中保留着上百本求学时期的读书笔记，既有摘录，也有旁批，密密麻麻，为学功夫由此可见一斑。富于才情又勤学不已，故先生初出道即崭露头角。先生的第一篇学术论文《略谈韩诗的语言艺术》发表在《南京大学学报（哲学社会科学版）》1981年第2期，随即被人大报刊复印资料《中国古代、近代文学研究》1981年第14期转载；第二篇论文《论苏诗中的空间感》刊载在《文学遗产》1982年第2期，一发表就受到学界同人的好评。

先生又十分注意吸收西方思想理论、方法论。他攻读硕、博士学位的时候正是改革开放的20世纪80年代，学术思想上的中西问题、古今问题，在改革开放的大潮中更具张力。那个时代，青年学人意气风发，锐意进取，敞开怀抱迎接各种新思想、新理论、新方法。故先生推崇通人之学，不仅提倡文史哲博通，而且主张中西学会通。他认为，21世纪是互联网时代，治古学不能固守一隅，一定要善于吸收世界各个民族优秀的文明成果。

先生的学术兴趣极其广泛，举凡文学、史学、哲学、文化传播学，乃至政治、经济、法律，都广泛涉猎。故而先生治学所得，既有《宋诗宋注纂例》《批判史学的批判——刘知幾及其〈史通〉研究》《死亡之思与死亡之诗》《通往历史的个人道路——中国学术思想史散论》《汉语古籍电子文献知见录》《诗歌与经验》等典范的文学、史学、哲学研究成果，也有《20世纪的"最后性文本"》《现代性与当代艺术》等跨界精彩之作，更有《在路上》等深邃的随笔及时评。

先生的学风因此而异于常人，其思维既严谨又极其活跃，既超越又贴近当下，是一位自觉践行"通古今之变"的文史学者。先生通过日记记录自己的工作生活，同时也以一个历史观察者的姿态，审视自己以及大众的生活。先生与现实生活若即若离，这使其可以不断超越个体的生活而进入到更深刻的批评之

---

① 蒋寅：《40年读书治学路》，《人民政协报》2018年3月26日12版。

中。余英时这样定义"知识分子"：

> 知识分子有几个重要的特性最值得注意。第一是他比较具有全面的眼光，因此能够敏锐地察觉到整个社会在一定历史阶段中的动向和需要。第二是作为基本精神价值的维护者，他比较富于使命感和正义感，因此具有批判和抗议的精神。第三是他比较能够超越一己的阶级利害，因此而发展出一种牺牲小我的精神。①

从这个意义上说，先生是一位真正的知识分子。从诗歌的时空哲思到《史记》列传人物的精神，从死亡的哲学思考到死亡的文学书写，从诗歌对死亡的吟咏到碑志铭文对死亡的叙述，从个人日记到历史事件的书写再到当下大众的生活，他对死亡的严肃思考，对人的生存状态与精神的持续关注，对社会问题的敏锐观察与批判，无一不是出于知识分子强烈的现实关怀。

二

先生的执教生涯，自1972年在江岸中学高中毕业随即留校任教至今，已臻五十年。先生执教生涯的起点是他的母校江岸中学，他的初中班主任章毅老师，高中班主任孙浩老师、徐斌老师，对他的影响和帮助很大。江岸中学的同事张泽恩、邵明镛、龚国祥等老师，与先生亦师亦友，在汉语表达和英语学习方面对他助益甚多②，先生至今都极为感激。1982年初先生从南京大学硕士毕业后回湖北大学任教，常请益于朱祖延、周勃、章子仲、张国光、王陆才、李悔吾、曾昭岷、韩珉、马之法、郁源、邹贤敏等教授，先生撰文称之为"美好记忆"，从中获得"永恒的启示"③。1986年先生华中师范大学博士毕业之后留华中师范大学历史文献所任教。在先生博士毕业留华师工作一事上，时任华师校长的章开沅先生、导师张舜徽先生以及历史文献所实际负责人李国祥先生都给予了极大的关心和帮助。1993年先生去海南大学社科研究中心工作，又得到社科研究中心主任曹锡仁教授的充分信任。1998年底在海南大学文学院前任院长闫广林教授

---

① 余英时著，傅杰编：《论士衡史》，上海：上海文艺出版社，1999年，第1页。
② 参看本纪念文集中熊斌、韩明的文章。
③ 参看张三夕《关于一位关心学生成长的好老师的美好记忆》，载《问学 求真 传道——邹贤敏之教研生涯》，张首映、聂云伟、梁艳萍、杨友明编，武汉：湖北人民出版社，2008年；《永恒的启示——怀念张国光老师》，载《争鸣与创新——张国光教授纪念文集》，喻学才、何新文主编，武汉：长江文艺出版社，2009年。

和时任院长余虹教授的大力推荐和游说下，先生从海大社科研究中心调入海大文学院工作，担任副院长①。2001年11月，为了加强华中师范大学文学院中国语言文学一级学科博士点建设，在时任华师文学院院长周晓明教授的大力举荐下，在时任华师社科处处长石挺先生及桂子山上其他友人的极力劝说下，先生作为引进人才被调回母校文学院工作，与王齐洲先生、高华平先生组建古典文献学教研室。饮水思源，如果没有先生的老师和朋友的"青眼有加"与"求贤若渴"，我们也无缘成为先生的弟子。

先生自2002年开始招收古典文献学专业的硕士生，2003年开始招收古典文献学专业的博士生。2009年招收过一届古代文学专业硕士生，2012年和2015年招收过两届古代文学专业的香港博士生。2011年，在时任文学院院长胡亚敏教授的举荐及当时文学院领导班子的信任下，先生出任新闻系系主任，并与新闻系研究生导师指导组组长和学术带头人范军教授合作开展相关的学科建设活动。先生参与创办了文学院文化传播学博士点，自2013年开始招收、培养了三届共五位文化传播学的博士。自2009年至2015年，先生还担任华师文学院主办的学术集刊《华中学术》主编，由于先生精心办刊，《华中学术》只用了不到五年时间，就于2014年进入南京大学中国社会科学研究评价中心的CSSCI来源集刊名录。之后，先生急流勇退，主动辞去主编一职，由戴建业教授继任②。2018年先生荣休后，又被华师文学院及中国语言文学一流学科建设负责人胡亚敏教授返聘一年，主编《一流学科建设通讯》十二辑。2020年，先生所指导的最后一届博士生和硕士生顺利毕业，之后先生每年仍受邀担任本校或外校的古典文献学、古代文学和文化传播学等专业的博士毕业论文答辩老师。

在执教的各个时期，先生都认真培养学生，极力奖掖后进。先生说，中国文化中有一种提携后进、鼓励年轻人的传统。因而指出："与其说我是一个学者，不如说我宁愿做一个教育者。"以先生的才情，如果他想在某一具体领域深耕细作，绝对有机会做一个头戴各种光鲜头衔的专家学者，但他却愿意把精力更多地花在培养年轻人上。研究生教育关系到学术传承、文化命脉，先生经常思考：在今天这个时代，究竟应该怎样做研究生导师？怎样培养研究生？

先生为师，是一位有意识、有计划地履行导师职责的人，这在如今教学科研任务繁重的大学教授群体中较为罕见。先生秉承程千帆先生敬业、乐群、勤奋、谦虚之教，以及张舜徽先生宽厚不言之教，而又有所增益。先生想要把研究生都培养成为有原则、有教养、有学问、有能力的身心健康的"真诚的人"或"正派

---

① 参看张三夕《在路上·后记》，海口：南方出版社，2017年，第253页。
② 参看本纪念文集中范军教授的文章。

的人",故制订门训十二条。前六条"敬业乐群、守时守信、博而能一、厚积多发、严守学术规范、力创学术记录"是对学生严格学术训练的要求与坚守,后六条"刻苦磨练办事的能力、迅速适应环境的变化、高度重视财富的积累、全面培育身心的健康、真诚维护家庭的和谐、充分享受生活的诗意"是对学生适应社会、健康生活的爱护与希望。此十二条门训经先生几年的酝酿而形成,又经几年的思考予以释义,其形成过程已显示出先生对研究生培养持续不断的思考。他说:

> 我想守住职业道德。
> 敬业乐群是教师的天职。
> 我的教育哲学是:在传授知识的同时训练思想。
> 我的教育理想是:青出于蓝而胜于蓝。
> 我热爱我的学生,关心他们的学业进步、道德修养的提高。我对我的学生负责。……
> 我指导学生的毕业论文、研究生学位论文,从不敷衍了事,而是严格按科学论文的写作程序来进行训练。我力图继承我的老师(程千帆先生)良好的教育风格。
> 我坚持学生之间的差异性,尽可能因材施教、人尽其才。我对学生在道德品性、学习态度等重大问题上出现的毛病,从来都给予严肃批评,认真对待。①

经过认真思考,先生成功组织了他所指导的研究生的读书会,制订了文献学专业研究生培养的"闭门读书计划"。为何说"闭门"?先生认为,做学问说到底是一件"私人的事情",这个以"问学"为宗旨的读书会也是师生之间的一件"私人的事情"。在笔者看来,闭门读书更有静心读书的意味,在这个信息泛滥、人心浮躁的时代里,有一张安静的书桌是必要的,先生的读书会为他的研究生在这个喧嚣的世界里安放了一张安静的书桌。先生精心选定书目,以三年为一个轮次,开列中、西经典性著述二十四部,外加一部不变的段玉裁《说文解字注》。先生常说,一个学者一生一定要有几本读得很熟的经典,即所谓"看家书"。先生根据研究生培养的进展和专业兴趣不断地调整读书书目,至今已前后开列过四张书单(详见本书附录四),足见其对研究生培养之用心。

作为先生在华师所带研究生中的"开门弟子",笔者有幸见证了张门读书会的创办。第一次读书会只有四位研究生,包括2002、2003级硕士生(我和林日

---

① 张三夕:《在路上·我想守住什么》,海口:南方出版社,2017年,第92—94页。

波)以及2003级博士生(桑大鹏和盛莉)。记得那是2003年10月21日晚上,在华师东区先生的寓所,先生主持了第一次读书会,他先给我们讲解了阅读段氏《说文解字注》的意义,接着是桑大鹏兄主讲柏拉图的《理想国》,然后进行讨论。由此开启了张门此后十几年不间断的读书会历程。读书会每月一次,每次4小时以上,一人主讲读书会指定典籍,大家在共同阅读此一典籍的基础上积极参与讨论,一人负责记录整理并打印《问学记》。至先生荣休,读书会已办127期,且现在还在"薪火相传"。截至2021年6月,读书会已办了151期,积累了卷帙浩繁的颇具文献价值的《问学记》。

艰苦的阅读训练,深入的思想训练,不断的写作训练、演讲训练和文本编辑训练,是先生培养研究生的法宝,这种训练从文本细读、学术讨论与轮流编写《问学记》开始。先生谦逊地说,编印这本《问学记》也只是起到备忘、保留一些人生痕迹的作用,或许能为进一步研究保存一些有用的资料。事实上,门训十二条的要求,正是通过先生的言传身教和长达十几年持续不间断的读书会与《问学记》的编印、交流,得以深入人心。

先生还将艰苦的阅读训练、深入的思想训练、不断的写作训练、演讲训练和文本编辑训练的模式推行到文化传播学的博士培养过程中。先生指出:

> 就学术训练而言,文化传播学与古典文献学有共同点;就培养方式而言,两个学科有差异,前者重视当下性,后者重视古典性。古典文献学专业的博士必须重视学术积累,应适当接受黄季刚先生这样的国学大师的建议"厚积薄发"。文化传播学则是一个当下性很强的学科,我们应该把博士生学习阶段的当下成果及时汇集、发表,即使这些成果还不太成熟或完美。①

先生主编《媒介与历史——文化传播学读书报告集》,收录了18篇博士生的读书报告,可谓是文化传播学博士阅读、思想、写作训练的成果结集。

先生非常重视文献学基础,所以对研究生的训练都是以文献的爬梳为基础。先生专门为本科生主编教材《中国古典文献学》,在几位学界名师的参与编撰下,该教材经两次修订,刊行3版(2003年、2007年、2018年),累计销售达16万册,已成为国家规划教材、国家级精品教材。他又敏锐地发现互联网时代电子文献的重要性,编撰工具书《汉语古籍电子文献知见录》,方便研究者对于古籍电子文献的利用。

先生更坚信海德格尔所说的"文献史应当成为问题史",认为要做到这一点

---

① 张三夕主编:《媒介与历史——文化传播学读书报告集·序》,广州:世界图书出版广东有限公司,2017年,卷首第3页。

就必须注重思想的训练。先生非常喜欢康德对"启蒙"一词的界定：

> 启蒙运动就是人类脱离自己所加之于自己的不成熟状态。不成熟状态就是不经别人的引导，就对运用自己的理智无能为力。当其原因不在于缺乏理智，而在于不经别人的引导就缺乏勇气与决心去加以运用时，那么这种不成熟状态就是自己所加之于自己的了。Sapere aude！要有勇气运用你自己的理智！这就是启蒙运动的口号。①

先生希望他的研究生能够勇于成为善于独立思考的学者。他认为，只有勇于运用自己的理智的人，才能成为大学者。孔子曾对子夏说："女为君子儒，无为小人儒。"（《论语·雍也》）先生也常说，做小学者容易，做大学者难。

三

2022年是先生执教五十周年之时，我们这些弟子商定齐心合力编辑出版一部厚实的《张三夕教授执教五十周年纪念文集》以为先生古稀之庆。为符合"执教"的主题，文集作者的主体是先生在几所学校共事的同事与教过的学生。先生的同事只邀请了在同一系所小单位共事过的个别同事代表，如湖北大学古代文学专业的何新文先生，华师历史文献所的周国林先生，海南大学社科中心的张志扬先生、文学院中文系的闫广林先生，华师文学院古典文献学教研室的王齐洲先生、高华平先生，华师文化传播学学科负责人范军先生等。先生广交游，知交遍天下，限于篇幅，不能遍请，实是遗憾。先生的学生，主要包括执教过的江岸中学的学生代表，湖北大学、华中师范大学、海南大学等几所大学的本科生代表，以及先生自2002年至2020年在华中师范大学文学院培养的所有全日制研究生（含马来西亚及中国香港博士生）、博士后、访问学者、博雅计划学生（包括古典文献学、古代文学、文化传播学等专业方向）和学科教学语文专业教育硕士代表等。

文集分为论学精选、友朋印象、问学漫忆、弟子文录四个部分。第一部分"论学精选"，选取了先生的3篇代表作、1篇讲演稿，以及2篇弟子述学和述教的文章，以展示先生的为学大概和为师之道。第二部分"友朋印象"，收录先生的同事及同事女儿的8篇回忆性散文，从中可见出同辈学人心目中的先生印象。第三部分"问学漫忆"，收录先生执教学校学生回忆性散文30篇，从中可见

---

① ［德］康德：《历史理性批判文集》，何兆武译，北京：商务印书馆，1990年，第22页。

出学生心目中的先生印象。第四部分"弟子文录",收录先生执教学校学生的学术论文 37 篇,按古代文学、古典文献学、思想史、文化传播学几个专业的顺序以类相从,按研究对象的历史时期先后排序,从中可见先生指导的研究生研究课题之博与研究范围之广。附录部分含先生学术年表、有关先生著述的评论简目、先生门下研究生学位论文题录、先生门下读书会精读书目四种。凡此种种,读者可以看到先生读书、治学、育人之执教生涯的大概轨迹,从中获得教益或启示。

本书的编辑出版,纯属师门自发行为,得到师弟林日波、罗昌繁等人的鼎力协助,也得到全体同门的大力襄助,在此一并致以谢忱。本书的编辑出版,印证张门是一个"敬业乐群、守时守信"的团队,也体现出先生一贯倡导的"低调行事"的风格。这里,我要特别感谢与先生共事过的七位同事代表和先生同事的女儿韩明女士欣然答应我的约稿请求,在百忙中写稿,他们的大作为本纪念文集增色。先生好友、湖北青年政治干部学院杜凌飞教授为挑选、制作卷首照片,不避烦琐,甚至翻拍,为本纪念文集添彩。我还要特别感谢华师文学院的汤江浩、李晓晖夫妇和林岩等老师为本书的出版慷慨赞助。

笔者虽然想尽力把这本纪念文集编好,但限于时间和篇幅,囿于个人学识水平和能力,一定还存在这样或那样的不足之处。书中缺漏,皆由本人承担责任。期望同门多多交流,学界同人不吝赐教。

曾　军

2021 年 6 月 30 日

论学精选

论苏诗中的空间感

张三夕

一

这里所讨论的空间感,是指诗人对大自然和人类社会的空间顺序的一种艺术感受。任何人都生活在一定范围的空间之中,而诗人心目中的世界则是一个艺术的世界。每一位诗人都会在自己的作品中对万事万物的空间形态的变化如大小、高低、方位、容量等等作出艺术的描写和反映。而且,每一位诗人都必须有自己独特的空间感,它将在不同程度上影响着作品的艺术风貌,如果他要取得成就的话。

首先,让我们来看一看苏轼在诗中是如何描写他所处的空间位置的。他有五首诗这样开头:

并生天地宇,同阅古今宙。——《次韵答章传见赠》
寓形宇宙间,佚我以方老。——《和寄天选长官》
仙人与吾辈,寓迹同一尘。——《次王定国韵书丹元子宁极斋》
坐来念念失前人,共向空中寓一尘。——《次韵王晋卿惠花栽栽所寓张退傅第中》
可怜扰扰雪中人,饥饱终同寓一尘。——《次韵陈履常》

古人认为四方上下为宇,古往今来为宙。宇宙是他们所感知的最大范围。诗人自认与宇宙同生共死,并感到自己处于宇宙中的一粒灰尘中。在这粒灰尘中,神仙与凡人,往者与来者都共同寓居在一起。一粒极其微小的灰尘与浩渺无涯的宇宙相比,可以说是微观世界与宏观世界的关系。这种微观空间和宏观空间的相反相成、对立统一,形成了苏诗空间感的基础和核心:大小相形,缩小空间距离,打破空间界限。用苏诗形象化的比喻来作注脚就是"我生天地间,一蚁寄大磨"(《迁居临皋亭》),"太山秋毫两无穷,巨细本出相形中"(《轼在颍州与赵德麟同治西湖……》)。请注意上面五首诗的标题和内容,都是次韵唱和之作。诗人不仅使自己处于微观空间和宏观空间的对立统一体中,而且把他周围的人即赠答的对象也拉进来了,不管别人是否与他有同感。类似这样的诗句不胜枚举,总之,诗人是执着地怀有这种空间感,并且力图以此感染别人。

下面,我们将具体分析苏诗中空间感的主要特点及其给苏诗在艺术上带来的特色。

二

具体地说,苏诗中大小相形的空间感表现了三个互相联系的特点,即寓大于小,置小入大,小中见大。先看第一点。

所谓"寓大于小",是指将一个很大的空间寄寓于一个很小的空间里。这是苏轼最善于运用的一种独特的艺术感受。在古人生活视野所见的广袤的空间中,最巨大而遥远的莫过于河汉、星空与明月。试看诗人是如何感受这些形象的:

水天浮白屋,河汉落酒樽。——《九月十五日观月听琴西湖示坐客》
船稳江吹座,楼空月入樽。——《和蒋发运》
山城薄酒不堪饮,劝君且吸杯中月。——《月夜与客饮杏花下》
收拾小山藏社瓮,招呼明月到芳樽。——《新酿桂酒》
先生独饮勿叹息,幸有落月窥清樽。——《十一月二十六日松风亭下梅花盛开》

诗与酒似乎是中国古典诗人生活中形影不离的东西,而饮酒赋诗又自然与明月发生联系。这种惯常的生活场景和传统的意象本身并没有什么特别的意义,我们关心的是当诗人举起酒杯时他的联想和感受。李白的"举杯邀明月,对影成三人"[1],是为人称道的名句[2]。苏轼在这里不是要与明月相视而坐,而是要把明月斟在自己的酒杯里,让人们同他一起分享美酒的芳香,也分享明月的清光。正如雨果称赞莎士比亚的天才时所说的:"就像一切神通广大、才智高超的人一

---

[1] [清]王琦集注:《李太白全集》卷二三《月下独酌四首》其一,北京:中华书局,1977年。
[2] 按:李白的这两句诗也是一种缩小空间的写法。苏轼有些诗沿袭了这个意境,如"空庭月与影,强结三友欢"(《次韵毛滂法曹感雨》),"已遣乱蛙成两部,更邀明月作三人"(《次韵述古过周长官夜饮》),"已托西风传绝唱,且邀明月伴孤斟"(《次韵刘贡父所和韩康公忆持国二首》其二),"酒杯虽浅意殊深,且同月下三人饮"(《次韵惠循二守相会》),等等。

样,莎士比亚把整个自然都斟在自己的酒杯里,他不仅自己喝,而且还让你也来喝。"[1]

苏轼确实是一位神通广大、才智高超的诗人。人们传诵的"大瓢贮月归春瓮,小杓分江入夜瓶"(《汲江煎茶》)的诗句,是说明这一点的好例。不仅如此,诗人的高明在于他能随心所欲地把自然界任何大空间装进身边的小空间里,而且看上去好像是顺手拈来,轻松自如。地上的水莫大于湖和海,诗人就可以把浩浩荡荡、无边无际的湖、海装进自己的袖子里:"我持此石归,袖中有东海。……置之盆盎中,日与山海对"(《文登蓬莱阁下石壁千丈……》),"别后新诗巧模写,袖中知有钱塘湖"(《喜刘景文至》)。这种感受奇特的诗句,博得了注家的赞赏:"涉至理而出新意。"[2]诗人与一般人的区别,在于他能从寻常的生活中感受到不寻常的诗意。一般人都见过或想象过湖和海,每个人都要穿衣服,当然每件衣服都会有衣袖,很少有人会把二者联系起来,唯独诗人苏轼才感到他的衣袖能容纳巨大的空间——东海与西湖[3]。这种空间感在苏轼以前或以后的诗人中恐怕是少有的,这正是艺术感受的独特性。苏诗中不仅湖、海可以入袖,其他入袖的形象也很奇特:

天公不解防痴龙,玉函宝方出龙宫。雷庭下索无处避,逃入先生衣袂中。——《次韵子由清汶老龙珠舟》

一一窗扉面水开,更于何处觅蓬莱。天香满袂人知否?曾到旃檀小殿来。——《韩康公坐上侍儿求书扇》

由袖而手,由手而掌,我们还可以领略苏诗中手掌的容量:"千岩在掌握,用舍弹指久"(《吴子野将出家赠以扇山枕屏》),"会稽入吾手,镜湖小于盆"(《送黄师是赴两浙宪》),"十方三界世尊面,都在东坡掌握中"(《送佛面杖与罗浮长老》),"上党挽天碧玉环,绝河千里抱商颜。试观烟雨三峰外,都在灵仙一掌间"(《和人假山》)。

从一杯酒、一块小石到一座假山,从即事、送别到赠物,无论什么题材和内容,苏轼都能以他特有的艺术感受,高下随心地写出新奇动人的诗句。诗人不仅时常把河汉和明月斟进酒杯,把湖和海收入衣袖,把千岩万石乃至世

---

[1] [法]雨果:《莎士比亚的天才》,柳鸣九译,《古典文艺理论译丛》第3册,北京:人民文学出版社,1962年,第106页。

[2] 参见《集注分类东坡先生诗》卷八《文登蓬莱阁下石壁千丈……》诗中伯恭(吕祖谦)注(《四部丛刊》本)。

[3] 《经进东坡文集事略》卷五九《六一泉铭》云:"吾以谓西湖盖公(指欧阳修)几案间一物尔。"(《四部丛刊》本)可与此比观。

尊的脸面握在掌中,而且还有着极其阔大的胸怀:"一眼吞江湖,万象涵古今"(《参寥上人初得智果院会者十六人……》),"直视无前气吐虹,五湖三岛在胸中"(《惠州灵惠院壁间画……》)。更有甚者,诗人习惯于把偌大的云梦泽装在胸中:

> 胸中几云梦?余地多恢宏。——《次韵程正辅游碧落洞》
> 常疑若人胸,自有云梦薮。——《吴子野将出家赠以扇山枕屏》
> 永辞角上两蛮触,一洗胸中九云梦。——《同正辅表兄游白水山》
> 如今惟有谈天口,云梦胸中吞八九!——《赠李兕彦秀才》

诗人兴会所到,笔力酣畅,不只是胸怀一个云梦泽,而是八个、九个①,可见其胸境多么壮阔。"云梦胸中吞八九",气魄在一"吞"字上。苏诗很善于用"吞"字来加强其空间感,如"青丘已吞云梦芥,黄河复绕天门带"(《复次放鱼前韵答赵承议陈教授》),"坐看青丘吞泽芥,自渐潢潦荐溪蘋"(《次韵滕元发许仲途秦少游》),"河吞巨野那容塞,盗入蒙山不易搜"(《次韵周开祖长官见寄》),"具区吞灭三州界,浩浩荡荡纳千派"(《又次前韵赠贾耘老》),"贞观之德来万邦,浩如沧海吞河江"(《阎立本职贡图》),等等。

读苏轼的这些诗句,无不使人感到气势磅礴、掷地有金石声。苏诗汪洋恣肆、新奇豪放的艺术风格,从寓大于小的空间处理中得到了充分的体现。也许有人会把它仅仅理解为夸张之辞。我认为这不单单是一种修辞手法,而实际上是大自然空间的小化,诗人正是在小化自然空间的过程中,达到物我的统一。人的直接感官——眼界、胸怀、手掌以及间接感官——衣袖、酒杯等与大自然中的河汉、明月、湖海、山河、云梦泽等相比,它们的空间大小极不相称,然而由这种不相称所巧妙组合的诗句,并没有给读者别扭、不合理的感觉。恰恰相反,它所呈现的奇情壮采,具有强烈的艺术感染力,给人留下深刻的印象。这正是我们想强调的一种美感:以不对称求对称,以不平衡求平衡,从而达到更高境界的对称和平衡。为了进一步说明这一点,下面来分析苏诗中巨细相形的空间感的另一特点:置小入大。

以苏诗中一种常见的景象为例。诗人很喜欢描写辽阔浩荡水域之中的一叶小舟:

> 蒲莲浩如海,时见舟一叶。——《与工郎昆仲……四首》其一
> 小舟真一叶,下有暗浪喧。——《饮酒二十首》其五

---

① 苏诗的字面出自司马相如《子虚赋》:"吞若云梦者八九于其胸中,曾不蒂芥。"见《文选》卷七,中华书局,1977年。不过,从苏诗的气魄来看,"吞云梦"的写法是很自然的,典故已化入他的艺术感受之中。

> 行人稍度乔木外,渔舟一叶江吞天。——《书王定国所藏烟江叠嶂图》
> 具区吞灭三州界,浩浩荡荡纳千派。从来不著万斛船,一叶渔舟恣奔快。——《又次前韵赠贾耘老》

背景空间愈阔大,就愈衬托出一叶小舟的"奔快",当然也就更富有诗意了。苏诗很善于采用这种强有力的空间对比。诗人笔下的一叶小舟,时而倒海翻江:"孤舟倒江河,赤手揽象犀"(《赠王仲素寺丞》),"早晚西湖映华发,小舟翻动水中天"(《次韵黄鲁直寄题郭明父颍川西斋二首》其一);时而温情脉脉:"微风不起镜面平,安得一舟如叶轻"(《次韵答刘泾》),"知君此去便归耕,笑指孤舟一叶轻"(《孟震同游常州僧舍三首》其三);时而描摹想象之景状:"扁舟一棹归何处?家在江南黄叶村"(《书李世南所画秋景二首》其一),"我记江边枯柳树,未死相逢真识面。他年一叶溯江来,还吹此曲相迎饯"(《过江夜行武昌山闻黄州鼓角》);时而烟波迷茫,以喻命运之孤独:"我谪黄冈四五年,孤舟出没烟波里"(《送沈达赴广南》),"我本江湖一钓舟,意嫌高屋冷飕飕"(《书双竹湛师房二首》其一),"春江欲入户,雨势来不已。小屋如渔舟,蒙蒙水云里"(《寒食雨二首》其二)……总之,诗人不断地用这种差异很大的空间对比,来烘托和加强其诗歌中超逸绝尘、雄浑豪放的气氛,最终进入他在有名的《前赤壁赋》中所描绘的出神入化的境界:"白露横江,水光接天,纵一苇之所如,凌万顷之茫然。浩浩乎如冯虚御风,而不知其所止;飘飘乎如遗世独立,羽化而登仙。"①

也许有一点值得多说几句。置一叶小舟入辽阔浩荡的水域之中,空间对比所产生的效果主要在于"一叶小舟"。如果是"万斛船"或"千舟竞发",则是另外一种效果。如"沉舟侧畔千帆过"②式的壮美也富有诗意,但那属于另外一种境界,与此不同。而"孤帆远影碧空尽,惟见长江天际流"③式的境界,虽然是"孤帆",仍然与我们这里讨论的空间感有所区别:一是有意识地置小入大,形成大小空间的鲜明对比;一是目送孤帆远去,感到水天相连,没有强烈的空间对比。当然,两种感受都可能产生美的意境,它们之间并不存在互相排斥的问题。

与置小入大的空间感相联系的另一特点是:小中见大。也就是说,诗人能够从一个小空间里感受和发现大空间。举几个比较典型的例子。诗人可以从一滴溪水中生发出一条大江:

> 竹中一滴曹溪水,涨起西江十八滩。——《赠龙光长老》

---

① 宋郎晔注苏文以此赋冠首,见《经进东坡文集事略》卷一。
② 见《全唐诗》卷三六〇刘禹锡《酬乐天扬州初逢席上见赠》诗(中华书局,1960年)。
③ 《李太白全集》卷一五《黄鹤楼送孟浩然之广陵》。

透过一点红而寄寓无边的春色:

> 谁言一点红,解寄无边春。——《书鄢陵王主簿所画竹枝二首》其一

从一间小屋看到寥廓千里的远景:

> 问子一室间,宁有千里廓?——《生日刘景文以古画松鹤为寿……》

从一寸小松看到顶天栋梁的姿态:

> 青青一寸松,中有梁栋姿。——《故李承之待制六丈挽词》

从三尺小桐感到高山流水的意态:

> 赖有三尺桐,中有山水意。——《戴道士得四字代作》

从一块小石发现逶迤连绵的山峦:

> 海石来珠宫,秀色如蛾绿。坡陀尺寸间,宛转陵峦足。——《仆所藏仇池石……》

从咫尺近别想到千里远别:

> 近别不改容,远别涕沾胸。咫尺不相见,实与千里同。——《颍州初别子由二首》其二

从以上诗例可以看到,小中见大就是突破描写对象空间微小的限制,捕捉其内在富有诗意的特征,从而展示一个更广阔、更动人的情景。类似的例子还可举出一些,为节省篇幅不在此多引了。总之,通过以上简单的分析,可看出苏轼运用自如的大小相形、大小互化的空间感,是一种很有特色、很有表现力的艺术感受,它使苏诗呈现出别具一格的风貌。

三

人们公认,苏诗在艺术风格上的显著特色之一是比喻的层出不穷,奇妙而确切。苏诗的这一风格特色从何而来?为什么其他的诗人不具备这种风格特色,或者说不像苏轼表现得这样突出?这是值得深入讨论的问题。一般地分析和评价一种艺术风格只是研究工作的初步,而进一步的研究则是探索形成这种风格特色的内在诸因素。因此,仅仅从修辞学的角度来研究比喻是不够的。我认为苏诗善于取譬,在一定程度上得力于上述对于空间的独特的艺术感受。苏轼善于大小相形,善于缩小空间距离、打破空间界限,所以他能够把表面上最不

相干的事物巧妙地联系在一起,创造出许多新奇的比喻。下面先以《次韵法芝举旧诗一首》为例:

> 春来何处不归鸿,非复羸牛踏旧踪。但愿老师真似月,谁家瓮里不相逢。

这首诗写于苏轼生命旅程中的最后一年,即建中靖国元年(1101)。它饱含着诗人深沉、执着的情感,典型地反映了苏轼的人品和诗品。这首诗只有短短的四句,但句句用比喻。第一句就是"人生到处知何似?应似飞鸿踏雪泥。泥上偶然留指爪,鸿飞那复计东西"(《和子由渑池怀旧》)及"人似秋鸿来有信,事如春梦了无痕"(《正月二十日与潘郭二生出郊寻春……》)著名比喻的翻用或压缩。第二句是从十年前(1092年)《送芝上人游庐山》诗"二年阅三州,我老不自惜。团团如磨牛,步步踏陈迹"而来①。用春来归鸿、羸牛旧踪的形象来比喻人生的飘忽不定,既生动又深刻。虽然诗人此时奉诏北归,结束了浪迹天涯的生活,也还有几分欣喜。第三、四两句的比喻非常奇特。诗人真诚地祝愿好友法芝老师像一轮皎洁的明月一样,把清辉洒下大地,在那每一户人家都有水映月的地方——水瓮,就能与老师相逢。这是一个人—月—水,水—月—人互相映照、混为一体的过程。天上的月亮,处处可见,地上的水瓮,家家都有,诗人从这极其常见而空间位置又很不相干的形象中感到诗意,产生联想,形成比喻,从而寄托了他对法芝和尚深厚的情谊。有的注家推测此诗似用佛家语②,有的研究者认为它是"融合禅机与诗意的佳什"③,这些解说都是很有见地的。笔者这里是想从空间感的角度来体会和说明(实际上佛家有其特别的空间感,诗人确实受到某些影响,本文后面还要谈到)。应该说这首诗的成功并不是偶然的,它与诗人一贯的空间联想方向相一致。它正是前文所举"先生独饮勿叹息,幸有落月窥清樽""山城薄酒不堪饮,劝君且吸杯中月"等诗句,与十年前《送芝上人游庐山》一诗中的"老芝如云月,炯炯时一出"诗句的生发和升华④。为了更充分地

---

① 苏诗中还有类似的比喻,如"应笑谋生拙,团团如磨驴"(《伯父送先人下第归蜀诗云……作小诗十四首送之》其十四),可以参看。
② 冯应榴《苏文忠公诗合注》卷四五注云:"任注《山谷集》引《高僧传·醋头和尚颂》:'揭起醋瓮见天下,天下元来在瓮中,瓮中元来有天下。'先生似用此意。"(踵息斋刊本)
③ 见项楚《苏诗比喻琐谈》,载《四川大学学报丛刊》第六辑《苏轼研究专集》,成都:四川人民出版社,1980年。
④ 苏轼的儿子苏过曾模仿父亲写了一首《送昙秀》(即法芝和尚)诗,其中有"从此师真似月,断云时复挂星河"二句。苏轼赞赏说:"殆咄咄逼老人矣!"可见他对这个比喻感到十分得意。参看《书过送昙秀诗后》,《东坡题跋》卷三(《津逮秘书》本)。

论证这一点,不妨再看一首与此诗题材相同、手法类似的诗——《武昌酌菩萨泉送王子立》:

> 送行无酒亦无钱,劝尔一杯菩萨泉。何处低头不见我,四方同此水中天。

这首诗是在告慰王子立:"你放心走吧,我的身影就像映在清泉里的蓝天一样,无论你走向东西南北,去到四面八方,只要你想念我,就会在泉水里看到我的身影。""水中月"换成"水中天",形象略有不同,机杼则一。

苏诗中由这种大小相形的空间感所产生的新颖奇特的比喻不胜枚举,俯拾皆是。如:"回头望彭城,大海浮一粟"(《送顿起》),"吾州同年友,粲若琴上星"(《次韵子由送家退翁知怀安军》),"天形倚一笠,地水转两轮。五伯之所运,毫端栖一尘"(《赠月长老》),"谁能如铁牛,横身负黄河。滔天不能没,尺棰未易诃"(《次韵子由送陈侗知陕州》),"赋才有巨细,无异斛与斗"(《林子中以诗寄文与可及余……》),"皎皎千丈清,不如尺水浑"(《送鲁元翰少卿知衡州》),"清池上几案,醉月落杯盘"(《寄怪石石斛与鲁元翰》),"惟有王城最堪隐,万人如海一身藏"(《病中闻子由得告不赴商州三首》其一),"华发萧萧老遂良,一身萍挂海中央"(《次韵韶守狄大夫见赠二首》其一),"五岭莫愁千嶂外,九华今在一壶中"(《壶中九华山》),"君不见峨眉山西雪千里,北望成都如井底。春风百日吹不消,五月行人如冻蚁"(《雪斋》)。

诗歌感人以形象,动人以情。比喻是诗歌形象地反映丰富多彩的生活、生动地表达难以言状的情感的重要手段之一。获得这种手段并能创造性地运用它并非易事。诗人之所以能巧于设譬,其内在因素是多方面的、复杂的。不过有一点毫无疑问——创造大量新奇的比喻,必须有独特的艺术感受和丰富的联想。这里要注意的是,艺术感受不同,联想的对象、方向和范围也就不同,因而比喻的广度和效果就很不一样。比方说同是《安州老人食蜜歌》一诗,"安州老人心似铁"与"老人心似双龙井"相比,后者就比前者新颖一些,而"梦绕云山心似鹿"(《予以事系御史台狱……》其二)显然更奇妙(此诗是苏轼在狱中写给弟弟苏辙的诀别诗,诗人感到死神快要降临,即以惊鹿来比心情的惊恐)。从空间范围上看,以上三句中的比喻,后者比前者更开阔。当然并不是说在小范围空间里就不能产生奇特的比喻,如"一生忧患萃残年,心似惊蚕未易眠"(《次韵郑介夫二首》其二),亦何尝不生动、不别致? 但一般说来,如果诗人的感受和联想局限于一个很小的空间,那么所能进行比喻的事物和形象自然没有在大空间里那样广泛和丰富。我们认为,苏轼独特的空间感给联想飞翔造成巨大的空间,所以他能创造出层出不穷的比喻。这是就比喻的广度而言。

钱锺书先生说:"比喻包含相反相成的两个因素:所比的事物有相同之处,否则彼此无法合拢;又有不同之处,否则彼此无法分辨。两者不合,不能相比;两者不分,无须相比。不同处愈多愈大,则相同处愈有烘托;分得愈开,则合得愈出意外,比喻就愈新奇、效果愈高。"① 苏诗独特的空间感正有利于比喻的相反相成。所谓大小相形,也就是扩大不同之处,烘托相同之处,从而达到新奇的效果。这是就比喻的效果而言。

总之,我认为苏轼在比喻上取得成功的内在因素之一就在于他独特的空间感。这种看法是否恰当,我愿就正于大家。

四

现在,我们想讨论一下苏诗中的空间感在文艺创作和文艺鉴赏上的启示意义。还是从作品出发。让我们来比较两首在艺术上都有相当成就的诗,因为它们的题材和主题相似,也许较能说明问题。唐人张志和有《渔父》诗五首,其中最为人传唱的是第一首:

> 西塞山前白鹭飞,桃花流水鳜鱼肥。青箬笠,绿蓑衣,斜风细雨不须归。

苏轼有一首对着张诗来的诗,即《又书王晋卿画四首》其四《西塞风雨》:

> 斜风细雨到来时,我本无家何处归。仰看云天真箬笠,旋收江海入蓑衣。

张志和的《渔父》清新、明丽,细致入微地传达出西塞山水优美动人的诗情画意,恰到好处地表现了诗人对自然的热爱和迷恋,实在有其反复无穷的韵味。它的艺术成就对后来再想写此地情景的诗人设下了一道难以逾越的屏障。然而,一个富有感受性和创造性的诗人,即使面对被前人写绝了的题材,也仍然能匠心独运,另辟蹊径,别开生面。苏轼的《西塞风雨》以他特有的空间感写出了与《渔父》不同的格调和意境。宋人赵次公评这两首诗说:"今先生用其说而高一着。以为不必言'不须归',本自无家也。又以天为笠,不特以箬为笠;当往江海,不必只在西塞之下,此诗人之妙耳。"② 赵次公认为苏诗比张诗"高一着",也许出自

---

① 《读〈拉奥孔〉》,见钱锺书《旧文四篇》,上海:上海古籍出版社,1979年,第37页。
② 见《集注分类东坡先生诗》卷一二本诗注。又按:把天比作笠,苏轼其他诗里也有,如前文已举之例"天形倚一笠"。

偏爱,但他看出苏诗的翻新和奇妙,却有一定见地。比较起来,张志和感受的是一种静态的空间,苏轼感受的是一种动态的空间;张诗是白描,苏诗是泼墨,两种写法都创造了美的意象,都具有优秀艺术那种强烈的感染力,不必是此非彼。我们想说明的是:在艺术创作上,特别是描写相同的题材,后人要避免与前人相犯。推陈出新,关键在于有自己独特的艺术感受。苏轼的这首诗能给我们一些有益的启示①。这是第一点。

第二,在诗歌创作上,大凡写出气象阔大、雄奇豪放的风貌的诗人,都要在不同程度上,从不同的角度去缩小空间距离,打破空间界限,虽然不一定是大小相形。李白的《梦游天姥吟留别》《蜀道难》等名篇,人所共知,不待多说。那个"把地球当皮球踢的""宋代里气象最阔大的诗人"王令②,其《暑旱苦热》等诗③,实际上也是一种独特的空间感的反映。另外,即使不专以横放风格见长的诗人,也有可能写出类似苏诗中空间感的诗句,如王安石的"庐山南堕当书案,溢水东来入酒卮"④等。我们一方面强调艺术感受的独特性,同时又不排除不同诗人必然还有基于相同的生活而产生的相同的艺术感受,这正是艺术思维活动共性的表现,否则就难以解释各具风格的诗人何以在他们的作品中会出现"暗合"和相似的情形。

五

本文最后想简单概括一下苏诗中的空间感形成的原因。

第一,其思想基础无疑地源于庄子的哲学。不少研究者已经注意到了庄子对苏轼的影响⑤,我想强调的是,大小相形的空间感主要是受庄子相对论的影

---

① 此处讨论的问题,曾受到程千帆先生《宋诗小话》评《庐山二胜》的启发,见《长江》文学丛刊1981年第1期。
② 钱锺书先生语,见《宋诗选注》,人民文学出版社,1958年,第65页。
③ 钱锺书先生曾举出多例以证明王令诗中常有"要把整个世界'提'在手里的雄阔的心胸和口吻",见《宋诗选注》,第66页。
④ 《思王逢原三首》其二,见李壁《王荆文公诗笺注》卷三〇(中华书局,1958年)。
⑤ 参看中国科学院文研所编《中国文学史》第2册第583—584页;游国恩等编《中国文学史》第3册第45页。按:两家《中国文学史》强调的重点在苏轼思想"杂"的一面,没有突出庄子影响大的一面。又按:笔者曾做过一个统计,《集注分类东坡先生诗》收诗2024首,注引《庄子》400多次;又《庄子》一书共33篇,据清邵长蘅删补本《施注苏诗》,苏轼几乎每一篇都引过(仅《胠箧》一篇似未见注中标出),从这个不甚精确的数字,可见《庄子》对苏轼影响之大,亦可见刘熙载所谓"东坡则出于《庄》者十之八九"(《艺概》卷二《诗概》)是符合实际的。

响。一篇《齐物论》早已在诗人身上潜移默化了。"早岁便怀齐物志,微官敢有济时心"(《和柳子玉过陈绝粮次韵二首》其二),"清诗健笔何足数,《逍遥》《齐物》追庄周"(《送文与可出守陵州》)就是诗人的自白。"太山秋毫两无穷,巨细本出相形中"也就是《齐物论》里"天下莫大于秋毫之末,而太山为小"的活用,而《齐物论》的核心"天地与我并生,而万物与我为一"正是诗人梦寐追求的境界。

第二,佛学的影响。苏轼很熟悉佛经:"《楞严》在床头,妙偈时仰读。"(《次韵子由浴罢》)他不仅以禅入诗,而且以禅评诗:"暂借好诗消永夜,每逢佳处辄参禅。"(《夜直玉堂携李之仪端叔诗百余首读至夜半书其后》)前人对苏诗得力于佛学已有论及,如刘熙载说:"东坡诗善于空诸所有,又善于无中生有,机括实自禅悟中来。以辨才三昧而为韵言,固宜其舌底澜翻如是。""滔滔汩汩说去,一转便见主意,《南华》《华严》最长于此。东坡古诗惯用其法。"① 苏轼受佛学影响是多方面的,这里我们想着重指出的是,苏诗中大小相形的空间感与佛学中的相对主义有一定的联系。在大和小的关系上,佛家认为,"无定相者,谓以小无定小,故能容大;大非定大,故能容小"②,"是故大小随心回转,即入无碍"③,"大是小大,小是大小。小无定性,终自遍于十方;大非定形,历劫皎于一世。则知小时正大,芥子纳于须弥;大时正小,海水纳于毛孔"④。这种观点实际上"继承了《庄子》书中的相对主义"⑤。苏轼是赞赏这种看法的,比如他的《磨衲赞一首并序》⑥,就是一个很明显的例证⑦。因此,苏诗中某些大小相形、大小互化的诗句,能在佛经里找到类似的说法。另外,苏轼观察事物的角度以及空间联想方向似乎与佛学不无关系。如镜中之象、象外之意、过水睹影、应物现形如水中月等等是佛家教人参悟的习用的机锋话头,这些当给诗人以某些影响或启发⑧。

---

① [清]刘熙载《艺概·诗概》,上海:上海古籍出版社,1978年。
②③ 《华严经义海百门》,引自任继愈主编《中国哲学史》第五篇第五章"隋唐佛教宗派哲学"(下),人民出版社,1964年,第63页。
④ 《华严策林》,引自任继愈主编《中国哲学史》第五篇第五章,第64页。
⑤ 任继愈主编《中国哲学史》第五篇第五章,第64页。又参看孙叔平《中国哲学史稿》(上)第四篇第六章第二节"法藏的所谓一真法界和一心缘起"(上海人民出版社,1980年)。
⑥ 见《东坡七集·前集》卷四〇(《四部备要》本),苏轼记长老佛印语有云"吾佛光明之所照,与吾君圣德之所被,如以大海注一毛窍,如以大地塞一箴孔","当知此衲非大非小,非短非长,非重非轻,非薄非厚,非色非空",等等,可参看。
⑦ 按:《东坡七集》析有"释教"类,见《前集》卷四〇、《后集》卷一九、卷二〇,共收文章98篇,亦可证佛学对苏轼的影响不小。
⑧ 按:三十二卷本《集注分类东坡先生诗》卷二一就有"禅悟"一类,可参看。

归纳以上两点,也许可以说相对论是诗人艺术哲学的重要组成部分。哲学思想不等于艺术感受,但艺术感受在一定程度上要受到某种哲学思想的制约,这是没有疑问的。思想上的相对论给诗人的创作带来很多长处,但如果走向极端,完全抹杀事物之间的差别,以致虚无到了"久知世界一泡影,大小真伪何足评"(《近以月石砚屏献子功中书……》)的地步,那就是唯无是非观了。这样,艺术上的优点也就同时成为思想上的缺点。这显然在苏轼身上并存。这是一个需要专门讨论的问题,这里不拟详说。

第三,苏诗中的空间感与诗人一生所坚持的创作理想,所追求的艺术风格分不开。所谓"出新意于法度之中,寄妙理于豪放之外"①,所谓"论画以形似,见与儿童邻。赋诗必此诗,定知非诗人"(《书鄢陵王主簿所画竹枝二首》其一)等见解,都寓示着苏轼的艺术思维不局限于所要表现的对象本身,而是要积极开阔视野,创造出高于生活的艺术形象来②。如果他墨守自然空间的正常秩序,也许更多的是"清风乱荷叶,细雨出鱼儿"(《道者浣池上作》)一路的作品(当然,这类作品也有其价值和妙处,不能轻视),而不会写出"我持此石归,袖中有东海"之类雄浑奇特的诗句。正是基于这种阔大的艺术胸怀,他才不满意"郊寒岛瘦",并批评说"定非郊与岛,笔势江河宽"(《次韵毛滂法曹感雨》)③。换句话说,他所欣赏的是"爱之不自已,笔势如风翻"(《次韵水官诗》)。

〔原文发表于《文学遗产》1982 年第 2 期,今略有修订〕

---

① 《经进东坡文集事略》卷六〇《书吴道子画后》,《东坡题跋》收入卷五。
② 这里并不排斥要真实地反映客观事物。相反,苏轼主张文艺创作要基于对生活的仔细观察,参看《东坡题跋》卷五《书黄筌画雀》《书戴嵩画牛》。
③ 《集注分类东坡先生诗》卷七此诗句下赵次公注云:"郊则孟郊,岛则贾岛,为诗寒窘,先生素所不许。如言孟郊曰'安能将两耳,听此寒虫号',又曰'气压郊与岛'是也。"可参看。又按:苏轼《读孟郊诗二首》其二云:"我憎孟郊诗,复作孟郊语。……诗从肺腑出,出辄愁肺腑。"也还有所赞许的意思,不能一概而论。凡大诗人、大批评家无有不能欣赏异量之美者。不过,就主要倾向而言,苏轼不赞成胸度小、视野窄的诗风则是比较肯定的。

论死亡作用于生存状态的机制

张三夕

死亡作用于生存状态是死亡的意义所在。海德格尔指出:"死不是一个事件,而是一种须从生存论上加以领会的现象,这种现象的意义与众不同,还有待进一步予以界说。"①我们在这里所领会的死亡的意义,主要不是从生理学、生物学的角度,而是从生存论或生存状态的角度。对死亡意义的生存论分析有一种学理上的优先性。

什么叫作人的生存状态? 即本人或他人的在世方式。不同的思想意识可能形成不同的在世方式,如儒家影响下的入世方式,道家影响下的出世方式等。无论哪种在世方式,都会深深地受到死亡的制约。因此,我们要探讨的问题是死亡作用于人的生存状态或在世方式的机制是什么。

一、死亡作用于本人生存状态的诸种性质

死亡对本人生存状态的作用,首先是由死亡的本己性所规定的。按海德格尔的说法,死亡"依其本质就向来是我自己的死亡"②。中国人常说,"事不关己,高高挂起",但面对死亡,你不能这样说;对于任何一个个体的人来说,世界上最关己的事不是别的,而是死亡。死亡总是本人自己的事,死总是自己去死,别人不能代替你去死。死亡的这种不可替代性,决定了个体生存的唯一性。属我的生命只有一次。世界上凡是可以再来的东西,如金钱、美女、身份、地位、奢华等,人都不会真正从内心深处珍惜;只有不可再来的唯一的生命,人才会深深依恋。

---

① [德]海德格尔:《存在与时间》,陈嘉映、王庆节译,北京:生活·读书·新知三联书店,1987年,第289页。
② [德]海德格尔:《存在与时间》,第288页。

与死亡不可替代性密切相关的是死亡的不可逆转性或不可重来性。流行歌曲唱道"有多少事可以重来",但人死这件事不能重来。只有神可以死而复活,人死不能复生。神是人的尺度,死亡也是人的尺度。神和死亡同时标示人的有限性。个人一旦死去,就意味着其生命在这个世界上彻底消失,这是死亡所引发的恐惧的最深根源。世界上的许多宗教都是通过改变死亡的不可逆转性或不可重来性,来消除人对死亡的恐惧,使信众获得信仰的力量,比如佛教的生死轮回说。

死亡在生存论上的另一性质是死亡的确知性。我们每一个人都确知自己总有一天会死。死亡的确知性在人生的不同阶段和不同状况下的作用力是不同的:当一个人很年轻时,死亡仿佛还很遥远,死亡的确知性对他的生存状态影响似乎不太大;当一个人年纪变老时,死亡的距离越来越近,死亡的确知性对他的生存状态的影响也就越来越大;而当一个人患了绝症时,死亡的现实一下凸显在面前,死亡的确知性对他的生存状态的影响可能是致命性的。最近,有医学专家指出,"大多数肿瘤患者是被吓死的"①。这是从免疫学的角度谈的,而从哲学的角度来看,我认为大多数肿瘤患者被吓死的更深层的原因是死亡确知的提前或放大,而病人尚未做好去死的心理或其他方面的必要准备。医生和家属对身患绝症的病人隐瞒病情,把不治之症说成是可治之症,实际上是要模糊死亡的确知性,把死亡的确知变成死亡的无法确知。

死亡的本己性、不可替代性、不可重来性以及确知性直接导致死亡的不可回避性,并由此而具有了生存状态的终极意义。面对死亡与面对人生许多难题不一样。人生有许多难题,当人们无力解决、不感兴趣或悲观失望时,可以回避、摆脱或置之不理。比如,爱情、婚姻无疑是人生的一大难题,但它们不具有最后的、最终的性质。人们如果失恋、感情破裂或厌恶世俗生活,就可以采取独身、离婚、出家或信教等方式来对这类难题加以回避、摆脱或置之不理。然而,死亡不同:不管你采取何种方式、何种途径,都不可能对死亡加以回避、摆脱或置之不理。死亡永远是人生无法回避的最终归宿。你可以尽量不去想死亡,有意无意忘却死亡,但你总是在走向死亡、接近死亡并最终必然死亡。爱情、婚姻可以成为文学作品的永恒主题,但不具有生存状态的终极意义。只有死亡才具有生存状态的终极意义。正是在这个意义上,我们才能领会古希腊哲人所说的,哲学就是学习如何去死。

死亡的上述性质直接赋予个体以生存意义。人为什么要活着?人活着的

---

① 参见《大多数肿瘤患者是被吓死的——黄又彭博士谈癌症治疗误区》,载《南方周末》2006年7月13日 B12 版。

意义是因为人确知自己不可避免地要去死。"死"定义"生"。人的在世方式的多样性丰富着死亡的意义:因为确知自己不可避免地要去死,所以有的人努力工作,建功立业;有的人拼命赚钱,积累财富;有的人得过且过,玩世不恭;有的人看破红尘,遁入空门……

自我死亡的上述性质,从不同侧面对人的生存状态发出"指令""暗示"或"威胁"。如果我们采取儒家积极用事的入世方式,死亡则不断地激发我们要抓紧时间,在事业上不断进步;一想到死,就会有一种紧迫感。"鞠躬尽瘁,死而后已"是许多政治家、科学家、学者、企业家的人生理念。如果我们采取道家消极避世的出世方式,死亡则不断地鼓励我们放松心情,逍遥自在;一想到死,就会有一种虚无感。"人生如梦,生死如一"是不少失意者、忧郁者、诗人、哲人的人生信条。

死亡对本人生存状态的作用机制,无论是消极悲观的还是积极乐观的,都直接帮助着人们安排或筹划人生。

二、死亡对他人生存状态的作用

本人的死亡对本人的生存状态会产生巨大的影响,但本人一经死亡,其生存即宣告结束。这一死亡对死者而言已无意义。然而,它对生者即他人的生存状态却有很大的意义。

首先,本人之死与他人之生构成一种共在关系。任何个体的生存总是与他人的生存联系在一起的,血亲关系和人际关系就是共在者之间的天然联系和社会联系。人们总是生活在家人、亲戚、同乡、同学、朋友、同事、邻居之中。本人与他人的共在是人的生存最重要的属性之一。任何本人的死亡只是在肉体上解除了这种共在关系,却并不意味着在精神上也解除了这种共在关系;本人之死通过精神上的影响作用于他人的生存状态,表达着死者与生者的共在关系。本人之死从来不是一个人孤独的死;即使是路人或陌生人之死,也会有生者或专门机构的人员来处理死者的遗体,调查他们的死因,寻找其家人。

其次,人的死亡是一个过程。在死亡的不同阶段,本人之死对他人生存状态的作用是不一样的。本人之死可分为三个阶段:濒死阶段、刚死阶段和已死阶段。

1. 濒死阶段

本人之死对他人的影响自濒死阶段开始显现。一个人只有进入濒死阶段,他的死才会受到关注。除了意外死亡(事故、战争等),一般濒死者都是在医院或家中等待死亡,他们通常在家人的陪护下,接受亲戚、同乡、同学、朋友、同事、邻居的探视或慰问。此时,濒死者对他人的生存状态的影响主要是通过濒死场景来展现:濒死者的神情、面容、目光、身体等,都会给守护、探视他的生者以"折磨"或"冲击"。这种"折磨"或"冲击"程度可能因生者与濒死者关系的亲疏远近而有深浅的不同,但任何有良知或恻隐之心的人都不可能对濒死者无动于衷。

濒死场景是濒死者与生者最后交流的场所,只不过交流的基调是留恋、痛苦、哀伤或惋惜。濒死场景的主角是濒死者,但他人的"在旁"是不可或缺的。他人的"在旁"可能给濒死者以最后的慰藉,但濒死者却给在旁的他人以强烈的"提示",这种提示直接唤醒他人内心深处的死亡意识。他人在世俗生活的繁忙中,常常会"忘记"死亡,但濒死场景却一再提醒他们死亡就在眼前。"兔死狐悲"是濒死者对生者最直接的影响结果。

由于濒死者的身份和年龄的不同,其死亡对他人生存状态的作用也不同。一般而言,一个八十岁左右的老人,其濒死场景对陪护者和探视者的精神影响相对较小;而一个只有四五十岁或者更年轻的人,其濒死场景对陪护者和探视者的精神影响则相对较大。

2. 刚死阶段

本人之死对他人的震撼集中表现在本人刚死阶段。当人们熟知的一个亲友或熟人刚刚去世时,人们的第一反应往往是惋惜和感叹,甚或不相信这个人的去世。人们通过口头或书面的多种形式"讣告"死者的死讯。讣告以传统的黑色对死讯进行视觉传达。刚死者作为讣告的当事人或主人,向他人作生命最后的事实陈述。为什么人来到世上即出生时没有专门的文本或文体形式来传达喜讯,而离开这个世界时会有"讣告"这种专门的文本来传达悲讯呢?显然死比生更能触动人们的心灵。当讣告在人们中间流传时,刚死者多半躺在冰冷的太平间。死亡一经发生,人们就会对刚死者的肉体进行"隔离"。太平间里一个个大抽屉是刚死者在"阳间"停留的最后处所。几乎每一个在太平间观看过刚死者的生者,都会有不同程度的恐惧和害怕。

讣告之后,紧接着是丧葬仪式。丧葬仪式是人刚死阶段最重要的事情。在当代社会实行火葬的地方,丧葬仪式主要是两种形式:一是追悼会,二是遗体告别。前者比较正规,有专人致悼词,介绍刚死者的生平、业绩、品德等,然后向刚死者的遗体告别。悼词如同讣告,也是一种独特的文体。后者比较单纯,主要是向刚死者的遗体告别。丧葬仪式对生者的影响在于告别的特殊性。生者之间的告别可能还有再见的机会,但生者向死者的遗体告别,则意味着永远不会再见面,也就是说这种告别是一种"死别",即真正意义上的永别。遗体一经火化,刚死者的肉体就彻底离开人世。以后生者只能通过照片、遗像、影像、做梦等方式与死者"照面",但死者的肉身却永远逝去。永别是肉身性的,而不是精神性的。肉身性的永别与人的存在本质相关联。这里,可以借用法国思想家勒维纳斯的话:"人类的存在本质(esse)不是冲动(conatus),而是清偿和告别。"①

在实行土葬的地方,丧葬仪式则要复杂得多。以儒家为代表的中国传统文化非常重视丧葬仪式,有一整套的礼节和制度(如厚葬、三年之丧等)。这样的丧葬仪式对生者的影响是非常强烈的。就丧葬仪式的排场和隆重性而言,它更多地是做给活人看的,因此死亡变得不是死者的事而成为生者的事。"事死如事生",即是指事奉死者要像他活着时一样,事奉死者的原则如同事奉生者。在土葬中,死者的肉身虽然躺在棺木中,但被封闭在地下,同样不能与生者"照面"。就此而论,永别的肉身性与火葬并无本质区别。

3. 已死阶段

生者对已死者的怀念或纪念、追思一般是在已死阶段。当丧葬仪式结束后,随着刚死者的肉身从人们的视野中消失,刚死者就逐渐变成了已死者。已死者与生者的联系可能是仪式性的,比如祭祀或扫墓,它通常以制度、风俗或节日的方式"强制性"地或"习惯性"地发生,表达生者对已死者的敬意或悼念。已死者和生者的联系是精神性的,生者通过纪念文章或追思会议,以语言文字或图像等方式"有组织""主动"地向已死者表达敬意或悼念,或者以闲谈方式"随意"或"偶然"地谈起已死者;不管哪种联系,已死者与生者的关系都是一种被谈论的关系。

当人们说一个已死者还活在我们心中时,就是指这位已死者还在被我们所谈论。如果某位已死者不被我们谈论,则意味着他不再活在我们心中。人们通过谈论的仪式性、精神性和日常性,可以观照生者的生存状态。在某种意义上,谈论已死者既能使已死者获得"再生",同时也使生者获得生存的意义。在纪念唐山大地震30周年之际,中央电视台记者柴静引述她的一位同行的话:"梵高有句话,死去的人借助生者得到重生。如果他们悄无声息地死去,实际上我们那一部分也随着他们去了。"②怀念死者,尤其是怀念灾难中的死者,就是要不断地用各种方式去谈论,以避免"他们悄无声息地死去",也避免"实际上我们那一部分也随着他们去了"。这使我想起鲁迅在纪念"三一八"惨案时说的一句名

---

① [法]勒维纳斯:《上帝・死亡和时间》,余中先译,北京:生活・读书・新知三联书店,1997年,第12页。

② 参看《唐山大地震:持续的心灵余震——与柴静谈唐山大地震》,载《南方周末》2006年7月28日B14版。

言:"死者倘不埋在活人的心中,那就真真死掉了。"①

有时谈论死者的最好方式是与死者的思想、著作进行争论或对话。美国宗教史学家布鲁斯·林肯曾说:"我希望杜米兹在此继续争论。肉体上他是死了,不过在其他方面他还活着,因为实际上不可能也不应当把同死者的联系割裂开来。毋宁是,死者继续对我们说话,我们也不免要谈及他们,和他们说话,在此过程探索他们在生者的土地上继续发挥影响的性质与后果。"②

谈论已死者还能触发生者诸多的人生感受。20多年前,当我的一些好友的父亲和我自己的父亲去世后,我写了一篇随笔《伤逝·父亲去世之后》,最后写道:

> 我的父亲去世了,好友们的父亲也一个接一个地去世了。我忽然产生一种荒凉和孤独的感觉。父亲撇下我们走了,我们怎么办?以前我从未想到过死,因为父亲的存在挡住了死亡的可能,使死亡变得仿佛是很遥远的事。父亲走了,走得那样突兀,死亡的现实性一下凸现在我们面前。我们的父亲死了以后,死便真正轮到做父亲的我们。
>
> 于是乎,畏死的本能叫我得出一个结论:父亲不能死!父亲的已死就意味着我们的将死。我们热爱父亲,便是热爱生命,热爱生活,热爱我们自己。

这段曾经引起很多同龄朋友共鸣的话,颇能说明已死者对生者生存状态的某种影响。

就本人死亡作用于他人生存状态的整体效应而言,死并不总是自己的事,死时常转变为他人的事。本人之死是他人之死的前奏:在共同面对死亡的归宿时,先死者对后死者有着深沉而无形的"牵引"。

三、个体死亡对类存在和类精神的影响

个体的死亡既是个体生命新陈代谢或生老病死的自然过程,同时也是类存在和类精神发展的必要前提。个体通过自身的死亡,确保了类存在的可延续性。或者说,类通过个体牺牲的必然性来确保类存在的可能性,即使个体牺牲

---

① 见《华盖集续编·空谈》,《鲁迅全集》第三卷,北京:人民文学出版社,1982年,第280页。
② [美]布鲁斯·林肯:《死亡、战争与献祭·作者自序》,晏可佳译,上海:上海人民出版社,2002年,第9页。

是极其残酷的也在所不惜。诚如马克思所说:"死似乎是类对特定的个体的冷酷无情的胜利。"①

1. 个体死亡对类存在的积极意义

个体的死亡是一种否定方式,个体通过对自己的否定才能肯定类的存在。在世俗生活中,个体的不死是不可能的。如果每个来到这个世界上的个体都不死,那会是一种什么样的景象呢?在地球可居住的陆地上将早已人满为患,地球上的土地和淡水资源也将早已无法承载每隔十几年就会增加的数以亿万计的人口。在宗教生活(包括神秘文化生活)中,个体的不死是可能的,但那只是想象和信仰的结果。

个体的死亡虽然是确保人类存在的必要前提,但这只是就人类而言的,对另外一些物种或物类而言,个体的死亡却不一定是保证类存在的必要条件,比如有些珍稀物种已经随着它的可数的个体的死亡而最终消亡。为什么会这样呢?一种解释是这是人类进化的结果:人有头脑、有语言、有思想,会劳动、会生产、会积累,等等,所以人能适应环境的变化,利用适度的生育和死亡的比例来保持类的延续,而许多物种或物类做不到这一点,它们不能随着环境的变化而进化,如恐龙等。另一种解释是这是丛林法则的作用:许多物类的消亡是人类捕杀或破坏环境的结果。人类贪得无厌地食用或消费一些物类的身体而导致它们的消亡。许多物类的消亡变成人类存在的借口。但同时,这些物类的消亡也成为人类消亡的前兆。

在人类文明社会,个体的死亡与类的繁衍基本处在动态平衡的过程中,大量杀死个体的战争、瘟疫、灾难等形式都在一定程度上帮助维护这种动态平衡。当人类进入现时代后,全世界人口的增幅与个体死亡的比例基本上处在人类可控制的范围之内。然而,个体死亡的脆弱性也在时刻提醒着人类死亡的可能性。核武器和艾滋病是大规模杀死个体进而可能消灭人类的有代表性的两种形式。世界上现存核武器如果全部释放或爆炸,足以杀死地球上每一个体也即消灭人类。艾滋病已经使非洲有些村庄或部落被消灭。个体生命面对核武器和艾滋病的脆弱性,有助于克服人类的狂妄,从而对类的存在作出贡献。个体对环境与资源(尤其是淡水)的依赖,也标划出人类的生存处境。如果地球上的环境严重污染,资源严重枯竭,个体的生命将不复存在,人类也将不复存在。个体正是通过前赴后继的死亡向人类呼吁:销毁核武器,保护生态环境,节约宝贵资源。否则,人类作为类的存在是没有保障的。

---

① [德]马克思:《1844 年经济学哲学手稿》,刘丕坤译,中央编译局修订,北京:人民出版社,1985 年,第 80 页。

2. 个体死亡对类精神发展的积极作用

所谓类精神可以看作是个体精神的无止境的集合。一代又一代个体的死亡,遗留下丰富多彩的事迹或浩瀚无垠的思想作品,它们不断丰富着类精神,成为类精神发展的真正内在的源泉和动力。记忆是类精神克服个体死亡可能造成的精神遗忘的最重要的方式。

个体以其不可避免的死亡来换取类精神抗拒死亡的发展空间。类精神抗拒死亡的方式突出表现为一种不朽意识,或者说历史意识。孔子说:"君子疾没世而名不称焉。"(《论语·卫灵公》)表面上看,这是一种注重个人荣誉而希望死得其所的价值观,而实际上它的最终取向指个人荣誉的流传是个人死后的事,即君子担心的是"人死后名能否称焉",更多体现的是名垂千古的不朽意识。不同时代的每一杰出个体的名声和荣誉,构成类精神或类历史不可或缺的环节。儒家有所谓"三不朽"的思想,任何个体的不朽都可归结为类精神的不朽。个体在世时的立德、立功、立言所建立的不朽,都是因死亡而起。司马迁的忍辱负重、"贪生怕死",就是为了他的名山事业——《史记》的写作。"成一家之言"的《史记》得以流传,既是司马迁个人名声的不朽,同时也是类精神不朽的一页。

个体的死亡与类精神的不朽是相互依存的:有了个体的死亡,才有类精神的历史;反之,类精神的不朽,又保证了个体精神的不朽。

人类精神从抗拒死亡或逃避死亡的种种不可实现的企图中获得了巨大的好处。这一点集中表现在宗教生活或宗教精神中。世界上的宗教大都是抗拒死亡或逃避死亡的产物,如中国的道教,就是个体长生不死思想的产物。自古以来,中国人都试图用各种方式来延长生命、逃避死亡。五花八门的神仙人物、养生之道和灵丹妙药等长生不死的思想和技术性手段应运而生。早在《山海经》中就有"不死民""不死之药""不死之国"的记载。秦汉间,一些统治者(如秦皇、汉武)和普通民众都相信长生不死的可能,此时还出现以宣传神仙学说和炼制不死之药为职业的人(即方士)。正是在这种背景下,东汉末年产生了道教,它开启了从理论到实践对长生不死的系统研究和信仰。晋人葛洪的《抱朴子·内篇》就是适应神仙道教的理论和实践需求的一部经典著作,该书从理论上论证了神仙的存在和个体不死的可能,又从仪式上阐明了成仙和不死的具体途径与方法。道教宣扬的长生不死的教义虽然具有某种"荒诞性",但它确实丰富了人类的精神世界或信仰世界。且不说炼丹术增加了人类的化学知识,就是那些虚构的不死神仙的生动形象、纷纭繁复的神仙谱系,也充分展示了宗教特有的想象力。人类精神中如果缺少宗教精神,其想象力定会大打折扣。

世界上的任何宗教都对个体的死后世界作出某种安排。在这种安排的技巧上,佛教比道教更胜一筹。如果说道教主要讲如何求生,那么,佛教则主要讲怎样求死。在中国文明史上，真正全面而深入研究"死亡"学问的不能不首推佛教，故范文澜说，佛教"专心在死字上做功夫"，"佛学是研究死的学问"①。南北朝时期，道教就攻击佛教为"修死"之学。道教的失策在于"长生不死"在现实世界具有一种可证伪的检验性，而佛教用轮回报应学说将死亡问题转向不可检验的彼岸世界，成功地将个体死亡意识由现实性的实在观察导向想象性的宗教信仰。佛教用死后再生的世界来吸引和左右信徒，其中最具创造性的是"西方净土"即西方极乐世界。净土宗极尽想象之能事，构造了一个不可思议的美妙世界，并给那些想死后往生这个世界的人指示了一条极为简便易行的快速成佛法。因此，它能对佛俗内外产生深远的影响，成为佛教在中国信徒最多的一个教派。佛教信仰可以称得上是中国人信仰世界中最重要的信仰②。

除佛教之外，世界上三大宗教之一的基督教对死后世界的构想与描述，也是其宗教教义的重要组成部分。基督教的基本精神可以说是"死后复活"。当代著名宗教哲学家约翰·希克指出，"上帝重新创造或重新构成死后的人类个体的信念"，"《新约》通篇都说到死后的生活"，"信仰上帝的至上目的是不受死亡限制的，是要使人超越自然的必死性而存在的"③。虽然基督教关于死后复活的观念与佛教的轮回报应观念有许多差异，但它们在本质上都是企图给人的死后再生的生活方式、生存状态作出精心安排。人们皈依宗教，脱离世俗社会，其主要目的就是为了克服面对死亡所产生的各种精神危机和情绪波动，人们靠信仰而不是靠经验和知识来寻求心灵上的安慰。

〔原文发表于《哲学研究》2007年第2期，今略有修订〕

---

① 范文澜：《中国通史简编（修订本）》第三编，北京：人民出版社，1965年，第558—559页。
② 参看张三夕《死亡之思与死亡之诗》第四章"天国的超度"，武汉：华中理工大学出版社，1993年。
③ ［英］约翰·希克：《宗教哲学》，何光沪译，北京：生活·读书·新知三联书店，1988年，第224页。

论作为一种文学研究方法的文献学

张三夕

本文关注的主要问题是：作为一种文学研究方法的文献学与一般文献学存在什么样的区别和联系？将文献学视为一种文学研究方法意指何为？意义何在？为什么说文献学作为一种文学研究方法是可能的而且是必须的？下面就从三个方面来展开讨论这些问题。

一、何为文献学？作为一种文学研究方法的"文献学"与作为学科的"文献学"有何区别和联系？

所谓文献学，是指研究文献的产生、发展、整理和利用的专门学科。它有古典文献学和现代文献学之分①。而在语用习惯上人们语用"文献学"时往往是指"古典文献学""历史文献学"或"传统文献学"②。本文所说的作为一种文学研究方法的"文献学"，则是在一般意义上讲的"文献学"，也可称为"一般文献学"，不进行具体的古今区分。

那么，作为一种文学研究方法的"文献学"与现代学科意义上的"文献学"有什么区别呢？最根本的区别在于，两者的研究重点和研究目的不一样。现代学科意义上的"文献学"，研究的重点是文献本身，就是研究文献是如何产生、如何发展、如何整理和如何利用的。在研究文献是如何产生和如何发展时，目录学等专业知识成为研究的基础和对象。作为一种文学研究方法的"文献学"，研究的重点不在于文献是如何产生、如何发展、如何整理和如何利用的，而在于通过文学文本的文献基础去阐释文学活动、文学现象的意义。由此导致两者的研究目的不一样，文献学研究的目的是对于文献的"求真"。如版本学主要是研究文

---

① 赵国璋、潘树广：《文献学辞典》，南昌：江西教育出版社，1991年，第186页。
② 张三夕主编：《中国古典文献学》，武汉：华中师范大学出版社，2018年，第3—4页。

献的版本知识,如何通过版本的鉴别来选择、购买、阅读和收藏不同版本的文献;校勘学是研究文献在形成与流传过程中所出现的各种各样的文字上的错误,分析导致这些错误的原因,进而尽可能恢复文献的原来面目;辨伪学就是研究文献在形成与流传过程中普遍出现的伪书现象,辨别那些作者不真、年代不实或内容造假的文献,力图展示文献的真实面貌。所有这些文献学的研究,都可以归结于文献的求真研究。作为一种文学研究方法的"文献学",其研究目的不限于文献的"求真",而在于通过文献的"求真",去求文学文本的"善"与"美"乃至求文学活动、文学现象的其他的形而上的意义阐释,包括文学史的叙述与建构。就学术价值而言,文献的"求真"与文学文本的"求善"与"求美"并不存在高下精粗之分。

作为一种文学研究方法的"文献学"与"文献学"尽管有上述重要区别,但是两者之间又有一定联系。这种联系首先是对研究者专业素养的要求,就是如果一位文学研究者要把文献学作为一种研究方法加以运用时,就必须具备文献学的系统知识和专业素养。如果你完全没有版本鉴别的基本知识,不懂得"善本"等概念,那么,版本学就不可能成为你的文学研究方法。其次,如果你具备一定的文献学专业知识,你就可以判断文学文本的文献整理是不是够专业水准,是不是可以拿来做文学理论阐释的可信赖的文学文本。比如,有学者做了小说《围城》的汇校本,尽管引起作者钱锺书强烈的反对并诉诸法律,但我们仍然可以从文学研究方法上对这一文学现象进行新的阐释。我们首先要从校勘学专业上判断《围城》汇校本是否可靠,这时文献学与文学研究方法就发生联系。如果不可靠,那么,这个《围城》汇校本就不能作为我们进一步做文学理论性阐释的基础文本。如果可靠,那么,我们就可以进而分析《围城》汇校本的意义,包括从《围城》不同版次的文字差异可以看出作者在小说创作的语言艺术方面究竟发生了哪些变化,在文学修辞学方面存在什么进步,在文学表达方面是否有不同时代的不同追求或禁忌,等等。作为一位文学研究者,你可以不必亲自去做《围城》的汇校工作,但你必须具备判断这个汇校本在版本学、校勘学意义上能否成立,这一前提性判断需要版本学、校勘学诸方面的专业知识——就此而言,文献学成为文学理论阐释的基础。因此,只有认识到作为一种文学研究方法的"文献学"与作为学科的"文献学"之间存在一定联系,我们才能进一步展开其在文学研究方法论上的意义。

二、提出作为一种文学研究方法的"文献学"有什么意义？意指何为？

上文我们已经把文献学作为一种文学研究方法的运用,与单纯的文学文本的文献学研究作了一定的区别。这里应该进一步思考的是，当我们把文献学作为一种文学研究方法提出来时，它有什么意义？意指何为？我们认为，它更多地指向一种工具意义。文献学是文学研究的工具，只不过它不是外在于文学文本的研究工具，而是内在于文学文本的研究工具。或者说，它是文学研究必不可少的阶段性手段或部分内容，它不能解决或替代文学作品、文学活动的意义阐释以及文学史书写问题，而是通往文学作品、文学活动的意义阐释以及文学史书写的必由之路。判断某项文学研究是不是把文献学作为研究方法使用，就要看该项研究是否意在说明文学作品、文学活动的独特意义，是否解决文学史书写的某些问题或解释某些文学现象、文学理论问题。比如我们如果单纯地研究一个文学文本的版本问题，它就是文献学研究。但如果我们研究一个文学文本的版本问题，并不停留或局限于搞清楚版本的文献状况，而是为了说明其他的文学现象或文学理论问题乃至文学史问题，这时版本考证就具有文学研究方法论的意义。张国光先生"两种《水浒》，两个宋江"说就是很好的实例。

张国光先生研究七十回本《水浒传》和一百二十回本《水浒传》的版本流传情况，并不是停留在文献学研究层面，而是要说明这两个版本的不同，直接导致了《水浒传》这部小说的主题不同、人物形象的不同。描写以宋江为领袖的农民起义的长篇小说《水浒传》，只有当它是一百二十回本时，它才表现了"被招安"或"投降"的主题，宋江才是投降派。而金圣叹删改或腰斩《水浒传》为七十回本，梁山泊一百零八条好汉在"聚义厅"欢聚一堂，排座次，《水浒传》便戛然而止。这个版本的《水浒传》无疑表现出"斗争"的主题，宋江无疑是英雄好汉，《水浒传》才可能成为农民起义的教科书。这里，我们看到版本学如何与主题学发生关系，文献学如何具有研究方法的意义。

张国光先生提出，不能单从形式上分《水浒》为简本、繁本两个系统，而应按其主题思想分为两个类型：一种是以全传本为代表的包括它以前的一切本子，无论是最早出现的郭勋本（繁本）也好，或是至今还保存下来的《忠义水浒志传评林》（简本）也好，它们的特征是都离不开用封建的"忠义"观点作为书名，并且都写了宋江投降后镇压方腊义军直到"服毒自缢，同死而不辞"的过程，这种本子应该恢复其本来面目，正名为《忠义水浒传》。另一种是金圣叹删去"忠义"标题，斩截了七十一回以后文字并消除了前文中投降主义色彩的七十回本。前者可称为"旧本"（或原本），后者应简称"金本"（称"金批本"也不确切，因金圣叹不仅批了，还砍了、改了此书）。张国光先生的结论是：两种《水浒》的分歧，绝不仅仅是回目的多少、文字是否洗练、故事是否集中的问题，而是书中究竟是由投降主义的黑线还是由武装斗争到底的红线占主导地位的问题。

不同的思想倾向决定了小说中人物的政治面貌的不同。就主人公宋江来说,不同的版本分化为两个对立的典型形象。那种把两种《水浒》版本以及把两个宋江都合二而一的看法,显然是不能自圆其说的,有如"治丝益棼"。张国光先生引用清朝著名文献学家顾千里在《思适斋文集·石研斋书目序》中关于版本学的观点为自己的理论做支撑:"版本之异,迥若径庭。不识其为何本,则某书之为某书且或有所未确;乌从论其精粗美恶?"张国光先生由此得出一个结论性意见:"多年来,人们脱离版本的大相径庭这个前提,去侈谈《水浒》与宋江的精粗美恶,自然是会聚讼纷纭,莫衷一是了。"①这时,以版本学研究为主要特征的古典小说研究就具有方法论意义。只有具有方法论意义,它才具有研究的可推广意义。张国光先生自觉运用文献学的研究方法来探讨古典小说和古典戏曲的主题学和形象学的问题,进而从"两种《水浒》,两个宋江",扩展到"两种《西厢记》,两个崔莺莺","两种《红楼梦》,两个薛宝钗"②。尽管人们可能对张先生系列的"双两说"有不同看法,但我认为张先生的研究确实具有方法论的借鉴价值。

无独有偶。同样运用文献学方法研究古典小说《水浒传》取得突破性进展的学者还有王齐洲教授,他把文献学方法推进到文献—传播学方法,从而对《水浒传》的研究以及中国小说史的研究提出具有方法论的看法。最近,王齐洲教授和王丽娟副教授联署的论文《文献—传播学方法是解决通俗小说疑难问题的有效方法——以〈水浒传〉成书年代的讨论为例》,给我们提供了有益的学术案例。针对近百年来《水浒传》作者和版本研究聚讼纷纭、莫衷一是的情形,他们提出解决《水浒传》成书年代问题的关键是作品的传播和读者的接受。如果有证据证明某部作品在社会上流传,无论以什么方式,只要有人收藏、著录、阅读或评论该作品,就应该承认该作品的存在,反之则表明其不存在。这种研究方法就是文献—传播学方法。王齐洲教授认为,运用这样的方法讨论某部作品的成书年代,就可以将讨论建立在可靠文献证据的基础上,避免陷入因作者、版本、内证等疑难问题困扰的窘境。凡是没有直接证据证明的结论,都只能视为

---

① 张国光:《两种〈水浒〉,两个宋江——论必须完整地理解毛主席和鲁迅对〈水浒〉、宋江的评价,兼谈金圣叹批改〈水浒〉的贡献》,《武汉师范学院学报(哲学社会科学版)》1979年第1期;张国光:《两种〈水浒〉,两个宋江——兼谈金圣叹批改〈水浒〉的贡献》,《学术月刊》1979年第7期;张国光:《两种〈水浒〉,两个宋江》,《湖北大学学报(哲学社会科学版)》2009年第3期;张国光:《寓褒贬于笔墨之外——关于金圣叹〈水浒〉批中的"保护色"问题》,《社会科学》1980年第5期。
② 参看张国光校注:《金圣叹批本西厢记》,上海:上海古籍出版社,1986年;张国光:《两种〈红楼梦〉,两个薛宝钗——兼论应充分评价高鹗续改〈红楼梦〉的贡献》,载《古典文学论争集》,武汉:武汉出版社,1987年,第387—450页。

"猜想"或"假说",不能作为定论,更不能把这种"假说"得出的结论作为下一个结论的证据来使用,以致有关研究成为一大堆"假说"。因此,胡适、鲁迅、郑振铎、马幼垣等学术大家的有关结论都应受到理性的质疑。王齐洲、王丽娟两位教授指出,在讨论通俗小说成书年代(包括作者、版本、内证等)时,今天的通俗小说研究存在着太多的这类"假说"。显然这是不利于中国古典小说史尤其是通俗小说史的研究。王齐洲教授运用文献—传播学方法得出一个结论:从现有文献来看,最早传递《水浒传》传播信息的直接证据是李开先的《词谑·时调》,从中可以分析出《水浒传》成书和流传的确定时间在明嘉靖三年至九年之间(1524—1530),而不是通常所说的元末明初。王齐洲、王丽娟两位教授对其研究方法进行了概括性的清晰表述:"文献—传播学理论认为,一部作品的形成时间,应该以其有效传播为根据,所谓有效不是指传播范围之大小,而是指传播对象之有无;没有有效传播的作品即使真的存在,理论上也不能被认可;因为这里存在思维盲点和科学风险,承认没有有效传播作品的存在,就等于放弃了要求证明的权利,这是违背科学精神的,对学术研究有害而无益。"①这个看法在中国小说史研究中无疑具有方法论意义。

考虑到中国通俗小说文献的复杂性,尤其是书商牟利和社会监管不到位所造成的虚假宣传,对文献的辨伪必须辅之以文献与传播学的互证,才能根本杜绝用伪文献来解决真问题,从而避免学术混乱。这只要想想一百年的《红楼梦》研究,至今仍然没有弄清楚曹雪芹为谁子,脂砚斋系何人,后四十回是谁作;至于脂评本是否伪作,也同样聚讼纷纭——这里存在的问题主要不是对现有文献认识理解上的分歧,而是作为研究方法的"文献学"的缺席。

三、为什么说文献学作为一种文学研究方法是可能的而且是必须的?

文献学作为一种文学研究方法之所以是可能的,首先在于,文献学是一切学问的基础,或者说,各门学科都有自己的文献学问题。文学研究尤其是古代作家作品研究以及文学史研究注重文献学基础可谓渊源有自。早在清代,著名学者王鸣盛在《十七史商榷》开篇就提出大家熟知的名言:"目录之学,学中第一

---

① 王齐洲、王丽娟:《文献—传播学方法是解决通俗小说疑难问题的有效方法——以〈水浒传〉成书年代的讨论为例》,《南京大学学报(哲学·人文科学·社会科学)》2018年第3期。

紧要事，必从此问途，方能得其门而入。"所谓"必从此问途"就具有方法论的意蕴。自大学者章学诚提出目录学具有"辨章学术、考镜源流"的学术史研究功用的"八字箴言"起，文献学作为研究方法已受到文史学者的普遍重视。20世纪的文史大家如陈寅恪、陈垣、余嘉锡、张舜徽等都有类似的论述。民国时期有的高校中文系讲授校雠学或文献学课程，就是这种传统的延续。在今天的学科体系中，文献学作为中国语言文学一级学科下的二级学科，已经获得一定的学科独立性。许多综合性大学中文系本科生均开设有文献学专业课或选修课，招收文献学专业研究生已是很普遍的情形。也就是说，中国当代高校培养的文学研究者，文献学已经成为其知识谱系中的一个环节。因此，将文献学作为一种研究方法提出来，是完全可能的。

其次是因为有的学者受过系统的文献学训练，在文献学专业领域有精深造诣。同时，又关注文学理论的学习，具备一定的文学理论素养，在文艺学方面有明显的问题意识。因此，他们能够自如地将文献学作为一种研究方法加以运用，能在文学文献和文学现象及理论之间建立某种联系，提出有创新性的文学思想和见解。程千帆先生大约可作为这方面的有代表性的学者典范。他倡导古代文学研究要注重文献学和文艺学相结合，就是试图从研究方法上把这两方面统一起来。程先生在金陵大学读书时，受过系统的文献学训练，他的老师汪辟疆、刘国钧诸先生都是文献学方面的大师级人物。程先生早年的学术论文大都是目录学、校勘学方面的，后来他给研究生开课就有校雠学这样专门的文献学专业课，他与徐有富教授合著的四册《校雠广义》就是文献学的当代经典著述。同时，程千帆先生又保持对文学理论的重视，民国时期出版过《文论十笺》，20世纪50年代初期在武汉大学中文系教授过文艺学的课程，改革开放后到南京大学工作，又对文艺学新理论新方法保持高度的敏锐性。因此，程千帆先生的研究一直以来就自觉把文献学作为一种研究方法来运用，如其名作《张若虚〈春江花月夜〉的被理解和被误解》[①]《张若虚〈春江花月夜〉集评》[②]两文就很好地将文献学与文艺学结合起来。

当然，要达到程千帆先生这样同时具有文献学精湛造诣与文艺理论的深厚修养并能应用到炉火纯青的程度是不容易的。不过，文献学家和文艺理论家之间的紧密合作，也使文献学作为一种文学研究的方法成为可能。陈尚君、汪涌

---

① 程千帆：《张若虚〈春江花月夜〉的被理解和被误解》，《文学评论》1982年第4期。
② 程千帆：《张若虚〈春江花月夜〉集评》，《文艺理论研究》1982年第3期。

豪合作撰写的长文《司空图〈二十四诗品〉辨伪》①可以看作这方面的范例，两位学者间的合作达到了优势互补、相得益彰的研究效果。署名唐司空图的《二十四诗品》，自清初以来受到学界广泛关注，笺注者尤多，近代治文学史、文学批评史、美学史等专著多有专章专节论述。然而，据陈尚君教授从文献学方面考证，汪涌豪教授从文艺美学风格论角度辨析，此书作者为司空图大可怀疑。这篇长文认为，将《二十四诗品》与司空图生平思想、论诗旨趣及文风取向进行比较，存在显而易见的悖向；且明万历以前未有人见过《二十四诗品》，宋元公私书志不著录此书；宋元人从未称引过此书。经过辨伪，他们提出几个重要的诗学史上的问题：没有了《二十四诗品》，司空图所撰仅几篇论诗杂著，其诗论在诗学史上的地位是否应重新评价？今人多云严羽诗论出于司空图，没有了《二十四诗品》，《沧浪诗话》的创新意义是否应重新审视？对明末以来围绕《二十四诗品》形成的数量巨大的学术遗产，又该如何评价？哪些仍有价值，哪些应予修订？显然，这些由文献辨伪生发的种种诗学史上的重要问题，都需要重新认识并回答。《司空图〈二十四诗品〉辨伪》一文使得中国文学史、文学批评史有关章节的叙述需要改写，即使你仍然坚持《二十四诗品》的主名为司空图，你也必须回应陈尚君教授和汪涌豪教授的文献辨伪结论。如罗宗强先生的《隋唐五代文学思想史》，在修订本后记的附记里就回应了陈尚君教授的辨伪，他一方面承认陈尚君教授的辨伪说"石破天惊"，《二十四诗品》为我国文论史上仅有的几部重要著作之一，若真非司空图所作，我国的诗歌思想发展史就要改写；另一方面，他经过反复思考，提出五点理由，得出结论："《诗品》既存在非司空图作的可能，也存在确为司空图作的可能。在这种情况下，最好是存疑。因此，本书此次修订，对司空图一节未作改动。"②罗宗强先生是一位治学严谨的学者，他的态度说明重要文献的辨伪对于诗学思想史的书写有着何种重大影响。

当我们说文献学作为一种文学研究方法是必须的，是说在文学研究方法论上文献学具有一定的普遍性和前沿性。只有普遍性和前沿性要求才是必须性要求。这是因为文学研究在文献的量的把握方面发生了深刻的变化，面临前所未有的局面。

所谓深刻的变化是指随着文献电子化、数据化的进展，某些时段、某些文体、某些题材、某些作家的文学文献在量的方面可以做到"穷尽性把握"，因而在质的方面可以做到"无穷性阐释"。电子文献学、计量文献学成为文学研究方法

---

① 陈尚君、王涌豪：《司空图〈二十四诗品〉辨伪》，《中国古籍研究》第一卷，上海：上海古籍出版社，1996年。
② 罗宗强：《隋唐五代文学思想史》，北京：中华书局，2003年。

的有效工具或手段。比如,我们要研究唐代的咏柳诗,通过《全唐诗》数据库很容易把唐代全部咏柳诗收集起来加以分析,用不着一本一本地去通读《全唐诗》,像老派学者那样抄卡片。证据的充分性被大大提升,文献收集的时间成本则大大降低,分析的可靠性相对得到大大提高。而计量文献学方法的运用,更使文学活动、文学现象和文学作品的定性分析变得更为科学,更为客观。计量文献学方法推动了文学研究的定量分析,使传统文献学作为一种研究方法的应用得到有效的深化。而文献把握的数量规模将会影响文学研究的某些结论。王兆鹏教授等在这方面的研究可以说取得了令人瞩目的成果。王兆鹏教授领衔出版的《唐诗排行榜》,尝试用统计学的方法来衡量测度公众的关注度和名篇指数。统计的结果,就是文学名篇的排行榜。为此,他们的研究团队采集了四个方面的数据——"历代选本入选唐诗的数据、历代评点唐诗的数据、20世纪研究唐诗的论文数据和文学史著作选介唐诗的数据"[1],并且对这些数据进行了加权处理和标准化处理,从而得出位居前一百名的唐诗名篇综合指标得分表,亦即排行榜。尽管王兆鹏教授等用计量文献学方法对唐诗排行榜的研究不无瑕疵,如权重分配的科学性与合理性存在争议,但这种研究方法的创新性值得高度肯定。王兆鹏教授领衔的另一个重大研究成果"唐宋文学编年系地信息平台建设",广泛收集唐宋作家的年谱、编年笺注的别集及相关考订论文,从中挖掘出为唐宋时期作家编年系地的数据,并运用GIS技术将数据与地图结合,开发出"唐宋文学编年地图"。学者们利用这个平台可以进行大量创新性研究,比如观察唐宋诗歌空间版图的分布与位移等。没有计量文献学研究方法的运用以及大数据挖掘,这样的信息平台是不可能建设成功的。同样,利用这样的信息平台进行文学研究,也可视为一种文献学研究方法。

所谓面临前所未有的局面是指某些朝代或时代的文学文献因其规模巨大而使得文献学研究方法变为必须。如明清文学与文论研究区别于前代的根本点在于文献规模不一样,尤其是清代文学与文论研究因文献没有经过淘汰,现有的留存文献规模极为巨大,文学总集的编纂变得异常艰难,《全清诗》《全清文》的编纂几无可能(当然有人认为也无必要),《全清词》的编纂虽然已经取得阶段性成果,但要全部完成却也遥遥无期。因此,任何想要全面论述清代文学史乃至于清代文论史的学者首先要面临海量文献的收集、阅读、整理和分析。蒋寅教授的三卷本《清代诗学史》的写作在这方面进行了艰苦的探索。蒋寅教授已经出版了《清代诗学史》第一卷,第二卷也即将问世,目前正在写作第三卷,他争取十年内出齐,可谓"十年磨一剑"。为写作《清代诗学史》,蒋寅教授先对

---

[1] 王兆鹏、邵大为等:《唐诗排行榜》,北京:中华书局,2011年,第6—15页。

清代诗学著作进行全面的文献考索,出版了《清诗话考》《王渔洋事迹征略》等文献考订著作,然后才开始清代诗学史的研究与撰述。笔者浏览过蒋寅教授《清代诗学史》第一卷,觉得它所论述清代诗学问题的广度和深度已然超过目前所有文学批评史或诗学史有关清代诗学的论述。原因不在别的,在于作者处理文献的规模不一样。我们之所以看重蒋寅教授的清代诗学史的研究,不仅在于他处理的文献规模巨大,还在于他自觉把文献研究作为有效的研究方法,并不停留在文献整理的层面,他的研究宗旨在于重构清代诗学史,进而展开诗学命题与概念辨析的研究。这正是把文献学作为研究方法所应追求的学术境界。

  以上,我们从三个方面把文献学作为一种文学研究方法的理据作了论述,所提出的观点是否妥当,有待学界同人批评指正。限于篇幅,其中还有一些思考过的问题没有展开论述,如:作为一种文学研究方法的文献学在哲学上的理据何在?现当代文学史研究的文献学方法与古代文学史研究的文献学方法有何异同?如何看待现当代文学作品所面临的文献规模?人工智能时代文学研究的文献学方法有何新的特点?等等。关于这些我们认为比较重要的问题,期待学界有兴趣者共同思考,进而展开探讨。

〔原文发表于《湖北大学学报(哲学社会科学版)》2019年第4期,今略加修订〕

如何以确定性应对不确定性

——在张门 2020 届研究生毕业欢送会上的演讲

张三夕

三位年轻的研究生导师罗昌繁、李程、苏小露和各位研究生毕业同学及在读的研究生同学：

下午好！

各位知道，我指导研究生工作有一个惯例，就是在研究生毕业之际，举办一个欢送会，主要由在读同门欢送毕业同门。为什么我们要在学校和文学院已经举行毕业典礼之外再组织一次欢送会呢？在我看来，研究生毕业乃是一个人求学经历中的最高阶段，也是最值得纪念的时刻，研究生受教育方式以及同学情谊有别于小学、中学和大学生活，应该有一个只在同门之间举行的小范围的欢送会，大家不讲官话、套话，只讲真话、心里话。实践证明，这种教育理念和研究生培养环节的安排取得了较好的效果。我们举办的每一次欢送会都给在读同门和毕业同门留下深刻的人生印象。颇具仪式感的欢送会往年多在外地，今年因新冠疫情，只能改在网上。欢送会前，我会认认真真地为每位毕业生在明信片上写一段毕业寄语，然后在欢送会上朗诵。刚才我已朗诵了我写的毕业寄语。

今年是我指导的研究生毕业的"收官"之年。我有三位"关门弟子"毕业：一位是古代文学专业的香港博士，另外两位是内地古典文献学专业硕士。我长期工作的古典文献学教研室以及古代文学教研室也有三位青年教师罗昌繁、李程和苏小露在担任硕士研究生的导师，长期以来，他们三位对我的研究生指导工作给予了大力的支持和帮助，今天我要在我出席的最后一次有我指导的研究生毕业的欢送会上对罗昌繁、李程和苏小露三位表示最真挚的谢意。谢谢你们！今年，他们三位也有指导的全日制硕士研究生毕业。罗昌繁老师指导的有古典文献学专业和学科语文专业的三位毕业生毕业，其中一位已考取武汉大学博士生；李程老师指导的有古典文献学专业、古代文学专业、学科语文专业、文史直博班的毕业生四位，其中一位已考取南京大学博士生；苏小露老师指导的毕业生有学科语文专业以及文史直博班的毕业生两位。罗、李、苏三位青年老师是我的学生,他们指导的研究生也可算为"张门"这个大家庭的成员,因此,我给他们三位指导的毕业生也一并写了毕业寄语。另外,我指导的硕士中,有一位同学三年前考入武汉大学博士生,今年也顺利毕业并继续去西南民大博后深造。我指导的华师博雅计划的一位本科毕业生,后来考入南京大学,今年硕士毕业,又考取南大的博士生。按照惯例,我也给他们俩写了毕业寄语。这样算来,今年的毕业生一共十四人,张门可谓桃李芬芳,后继有人。我虽已退休,但对研究生培养的"江山代有才人出""后浪推前浪"局面颇感欣慰。

下面转入本次致辞的主旨。大家知道,我在每年的研究生毕业欢送会上都会发表一个主题演讲,有点模仿股神巴菲特在每年股东大会上的演讲。最近两年的主题演讲题目分别是《努力做一个有情怀的人》(2018)、《人生哲理与为人处事的六原则》(2019),今年的毕业生听过我2018年、2019年的欢送会上的演讲。今年我演讲的主题是《如何以确定性应对不确定性》。

一、问题的提出

世界充满确定性,同时又充满不确定性,并依靠这两者的关系来运行。确定性支撑世界某一段时间在一定的轨道上正常运行,不确定性则赋予世界和命运以变幻莫测,犹如不可知的巨大"黑洞"(刚刚看了凤凰卫视中文台世纪大讲堂节目《走向宇宙中最恐怖的监狱:黑洞》)。比如,万事万物都是有寿命的,这是确定的。太阳是有寿命的,科学家根据理论模型推算,太阳的寿命约为100亿年,已经过了约46亿年,还有约50亿年,这是确定的,但我们无法想象50亿年以后的情景,50亿年后究竟哪一天太阳会消亡,这是不确定的。如何以确定性对抗不确定性呢?有一种办法是以人生的短时段对抗宇宙的长时段。我们无法确定太阳究竟会在哪一天消亡,它太遥远了,但可以确定的是明天早上太阳照样升起,人们百分之百可以迎接朝阳和晨曦。人也是有寿命的,总有一天我们会死,这是确定无疑的,但我们不知道自己哪一天会死,这是不确定的。(科学家有两个存在疑问的假设:人类可以永久地延续下去;未来人类可以实现时间旅行。霍金反驳其中一点:人类不能掌握时间旅行的技巧。)如何以确定性对抗不确定性呢?具体方法之一就是过好当下的每一天。

世界充满确定性,同时又充满不确定性,如何处理这两者的关系?问题可以转化为:如何以确定性应对不确定性?这将成为我们人生最大的思想课题。孔子的学生子贡问老师,有没有一句话可终身受用?孔子作了肯定性回答,那就是"恕"(忠恕、宽恕),具体说就是八个字:"己所不欲,勿施于人。"(《论语·卫灵公》)"恕"加"己所不欲,勿施于人"这九个字,就是孔子用确定性来对抗不确定性智慧的集中体现。我想到三个有关确定性的关键词,把握好这三个关键词,各位同学就可以有效地应对不确定性。这三个关键词就是:理性、爱、健康。

二、如何用理性这种确定性来应对不确定性

我们这里所说的理性,意为日常生活中的一种确定性能力。它是指人们有能力根据自己审视过的经验、信息等,运用符合常识常理的知识和逻辑来独立思考、反思、质疑并判断事情的是非曲直,从事符合接近真相的思想活动与实践活动。对真理的追求是理性的最高表现。任何个人或组织,如果他们提出的口号和主义,他们的所作所为,违背我们的理性,我们就要坚决反对。

我们就以本次新冠疫情为例来讨论这个问题。瘟疫是与人类社会相伴的自然现象,人类生活史上发生过无数次的瘟疫,这是确定性的,但人类难以预测何时会爆发一场大规模瘟疫,正如我们在去年新洲欢送会上绝对无法预料今年会发生这样一场改变世界秩序的新冠疫情,无法预料到今年的欢送会是以这种"不见面"的方式"在线开会"。

当下,我们面对新冠疫情最大的不确定性是不知道新冠病毒准确的来源与传播渠道,新冠病毒何时结束。今天早晨看凤凰卫视资讯台的新闻节目,据该台报道,北京新增17例本土确诊病例,北京一确诊病例之前经过两次核酸和抗体检查皆为阴性。中国预防和疾控中心专家王丽萍研究员说,蚊子、苍蝇不具备传播新冠病毒的基础。全球病例突破1000万,美国、巴西日增逾4万例,印度增逾2万例。美国6月27日当天新增确诊病例4.5万,最少5个州打破当日新增病例记录,其中佛罗里达州录得9500例;至少11个州由于新冠疫情反弹暂停或延迟重启经济。当下这些相关信息,尤其是美国疫情的发展以及次生灾害的发展充满变数,都给我们认识新冠疫情带来极大的不确定性。

可以确定的是,本次新冠疫情远没有结束,我们必须理性地应对。如何以理性的精神来应对本次疫情的发展?已有的防疫抗疫经验已经为我们应对疫情提供了理性,那就是有关传染病和本次疫情防治已积累的科学知识和防疫经验。理性要求我们:注意隔离,在疫情没有结束时,尽量少去人员密集的公共场所,尤其是空气流动性差的公共空间,如医院、大型购物商场、飞机、高铁等,不得不去这些易感染的公共场所必戴口罩(西方文化不习惯戴口罩,美国人有反戴口罩运动,我认为都是文化差异而导致的非理性的行为),平时保持社交距离;如果接触有可能感染的物品或设备后,注意勤洗手;等等。预防新冠病毒传

染,要注意隔离、保持社交距离、戴口罩、勤洗手,这是确定无疑的。万一不幸感染,不要惊慌,及时就医;万一出现医疗体系"挤兑"而无法就医的情况(如本次新冠疫情早期的武汉),我们就待在家里,好好休息,加强营养,服用国内外权威医疗机构推荐的药物。理性告诉我们,新冠病毒感染的疾病属于自愈性疾病,万一感染新冠病毒,居家隔离休息,加强营养,沉着冷静,努力恢复自身免疫力,大概率能自愈。

理性要求我们,面对各种灾难,都要注意辨别谣言,不要使自己陷于惊慌失措的状态中。比如,在新冠病毒流行期间,决不能轻信自媒体上五花八门的未经证实的信息,这些信息中有不少是谣言。同时,也不能轻信某些政客的话,如特朗普极力推荐服用抗疟疾的药——羟氯喹,备受争议,其疗效已被世界卫生组织否定。

以理性的确定性来应对人生诸多不确定性,体现在很多方面,有不同的方式和途径。今年毕业的同学,有一些要去当老师。作为一名教师,应该具备什么样的理性呢?其中一点是正确认识师生关系。教师与学生之间的关系充满不确定性,如何通过理性的确定性来调节师生关系?首要的确定性就是要从观念到行动上确保师生平等。韩愈《师说》:"弟子不必不如师,师不必贤于弟子。"海德格尔在《什么召唤思?》中说:"教比学更难,人们知道这一点,但却很少思考这一点。……教比学难是因为,教意味着让人去学。真正的老师让人学习的东西只是学习。……真正的教师以身作则,向学生们表明他应学的东西远比学生多,这就是让人去学。教师必须比弟子更能受教。真正的教师对自己的事务比学徒对自己的活计更没有把握。"如果我们牢记韩愈和海德格尔的话,我们就能处理好师生之间的不确定性关系。因此,我把海德格尔的话书赠彭子珍贤弟。理性的确定性将帮助我们努力成为一名"真正的教师"。

人的理性确定性面临许多挑战,其中之一是在某些特定时刻,人往往极易丧失理性,陷于非理性状态,从而带来严重的不确定性后果。比如被欺诈和上当受骗。理性要求我们不要轻信任何机构组织的许诺,要有能力辨别任何谣言或诈骗,但现实社会往往又是复杂的。我们在应对金融诈骗这类不确定事件时,如何把握确定性呢?就是牢记公安机关和银行的郑重提醒:

> 无论以何种理由要求你把资金打入陌生人账户、安全账户的行为都是电信诈骗犯罪。切勿上当受骗!

> 民警提示:凡是陌生人,无论以任何机关任何理由要你开通网银、汇款转账的,一律是诈骗,及时拨打110。

> 谨防冒充电信、公安、法院、检察院、税务、亲友,以电话欠费、个人信息

和信用卡涉嫌犯罪、购车退税、信用卡消费、车祸出事、小孩绑架等各种名目的电信诈骗犯罪活动。请勿上当受骗!

上述提醒就是一种确定性表述。我们在日常生活中常常会遇到各种不确定性的诈骗活动,如变着花样的高息揽存、非法集资等等,我们都需要用上述银行提示语之类的确定性去防范。最通俗的确定性就是:天上不会掉馅饼。任何时候不要贪图小利,遇到一切要你掏钱的信息,无论是花言巧语,还是威胁引诱,你都要冷静分析核实,绝不上当受骗。

除了上当受骗之外,主要有三种不确定性后果严重的非理性时刻:

(1)威胁生命的非理性时刻,如因一件小事激情犯罪,过失杀人;因一件平常的事,导致亲人或他人自杀;因逞能冒险而丧命;等等。

(2)威胁正常人际关系的非理性时刻,如同学、同事、夫妻、邻居之间一言不合,反目为仇,争吵、打架、斗殴、离婚,乃至触犯刑法。

(3)威胁家庭或个人生计的非理性时刻,如冲动型消费,寅吃卯粮,债台高筑,等等,导致个人或家庭陷于长期的债务生活压力之下,有的人不得不"跑路",四处躲债,甚至破产,或者受到来自债主的人身伤害。

大家要牢记一条铁律:丧失理性,一定会把我们带入后果严重的非理性时刻。

在日常生活中,理性最大的敌人是非理性。我们并不是全盘否定非理性,非理性有其自身功用,如非理性与直觉或悟性的关系,非理性的证伪功能,非理性在文学、艺术中的积极功用,等等,均要另当别论。

保持理性,是我们防止非理性带来严重不确定性后果的最根本的保证。

人生某些时刻,遇事要想一想,这事合不合常识常理;听话要想一想,这个说法合不合事实。我们要学会用理性来冷静判断,某个可能带来严重不确定性后果的言行合不合事实以及这个事实所能证明的真理。

三、如何用爱这种确定性来应对不确定性

与确定性相关的第二个关键词是"爱"。爱,首先是绝对的,神圣的,没有差别的,即博爱,比如我们要爱自然,爱万事万物,包括爱人类。我们只有对自然和万事万物充满爱,才有可能成为一个环保主义者。我们只有对人类充满爱,才能成为人道主义者,才能抵抗法西斯主义。这就是孔子所说的"仁者爱人"。同时,爱也是有层级和先后排序的,就个体与社会而言,我们首先要爱自己,爱

父母,爱子女,爱兄弟姐妹;其次是爱他人,如爱邻居,爱同学;再次就是爱国家,我们必须热爱我们生于斯长于斯的祖国。儒家倡导的"修身、齐家、治国、平天下",就是由己及人的层级和先后排序的伦理原则,背后都有爱作为基础。

爱作为一种绝对的而又有差序的确定性,是人性最深厚的源源不尽的精神和生理基础。家庭是培育爱最基本的社会单元,家庭和睦一定是充满爱意的。父母之爱是子女健康成长的最重要的支撑,大量的社会学或统计学研究证明,绝大多数事业有成、家庭幸福的子女,大多有父爱和母爱的滋润。家庭之爱可能有残缺(如单亲家庭),但它仍然是一种强大的确定性力量。如儒家亚圣孟子,就生长于一个单亲家庭,但孟子不缺母爱,"孟母三迁"的故事,固然有"望子成龙"的功利目的,但无疑也体现母亲对儿子真切之爱。孟子的思想学说,背后都有母爱的精神性力量。家庭之爱,也是抵抗各种社会不确定性风险的最后堡垒。

爱这种确定性为何能对抗不确定性风险?具体地说,爱为何能对抗由不确定性带来的个人与家庭的不幸?在某些极端的状态下,比如家人是否会患癌症,是否能治愈,完全是不确定性的。如何应对?除了科学的治疗方案和一定的经济基础外,最大的确定性就是家人的"爱"。家人之爱,能够有力地舒缓身患癌症的亲人所带给家庭的不确定性痛苦。我的好友张先冰老师以"爱"来帮助治疗妻子胰腺癌的经历,可以作为"爱"之确定性的经典案例。在他的妻子长达四年的治疗过程中,张先冰老师给予妻子无穷无尽的爱,并把这种爱融化在具体的治疗和护理之中。在妻子临终前,先冰老师向她承诺一定好好培育独生女儿,并买了未来与妻子长眠的"合墓"。妻子去世一年多了,先冰老师每个月还到妻子墓前一次,向她倾诉爱意和衷肠。有朋友说先冰老师是想做"情感圣人",虽然我不太赞成先冰老师在生活中的个别选择,但我不得不承认,先冰老师所表现出的一位非常高尚的丈夫对妻子无限的爱,已经达到了极高的境界,在当下这个用情不专的世俗社会实在是凤毛麟角,它有力地诠释了爱是一种崇高的确定性力量,它能够给我们这个充满尔虞我诈的社会带来人性的温暖。

作为一种确定性力量的爱,它与人类其他的道德伦理情感是相互支持的,比如爱与尊重,就是紧密相连的。爱自然,就必须表现为尊重自然,尊重土地,尊重山水,尊重一草一木。与尊重紧密相连的爱,可以抵抗任何以损害为标志的不确定性力量。有了爱与尊重,才能自觉地抵抗一切污染、破坏自然的不确定性行为。当我们行走在山间和水边,看到有人丢弃的废塑料瓶、废塑料袋,我们就会自觉地把它们捡起来,扔到垃圾桶里。一个随意丢弃垃圾的人,一定是心中缺乏爱与尊重的人。爱他人,就必须表现为尊重他人,尊重他人的人权,尊重他人的生存权,尊重他人的选择权。有了爱与尊重,才能自觉地抵抗任何侮辱、迫害他人的不确定性行为。当我们有可能接触他人隐私时,心中必须保持爱与尊重,未经他人允许或法律程序,不能打开他人的手机或偷看他人的日记,即便是夫妻关系、父子关系。人类社会最大的敌人是形形色色的缺乏爱与尊重的独裁者与专制者,他们肆无忌惮地破坏他人的人权,剥夺他人的生存权与选择权。独裁者与专制者的出现带有一定的不确定性,我们对他们的反抗或抵制应该是确定无疑。爱与尊重还必须表现在人们的社会生活的方方面面。在新冠病毒流行时,在公共场合佩戴口罩,与他人保持一定的社交距离,就是对他人的爱和尊重。

爱与正义也是紧密相连的,爱必须站在正义的一边。战争的爆发是一个国家一个民族面临的最大的不确定性的破坏力量,战争应区分正义与非正义。当外族发动征服本民族的血腥的非正义的侵略战争时,爱祖国爱民族就必须表现为积极投身到抵抗侵略者的正义战争上,就应该投身于保家卫国的战场上。

爱作为一种绝对的确定性力量,它与另外一些道德伦理情感的关系是复杂的,比如爱与恨,恨带有一定的非理性,但也可视为一种确定性力量,有爱就有恨。恨可能抵抗不确定性,也可导致一些新的不确定性,如导致报复,导致毁灭。但是"爱"这种确定性有一种高于"恨"这种确定性的力量,在孔子那里就表述为"恕","恕"是中国传统文化中克服"恨"的一种思想武器。

爱是否能够上升为爱我们的敌人或犯罪分子?已故好友余虹教授生前在《南方周末》上发表长文《有一种爱我们还很陌生》(见《南方周末》2007年5月30日)讨论过这个问题。2007年,美国弗吉尼亚理工大学发生一起枪击事件,一个名叫赵承熙的凶手开枪打死了32个人,凶手本人也饮弹自尽。事件发生的时候余虹教授正在波士顿大学做访问学者。他感到震惊的是,在波士顿一个社区的守夜仪式上美国人点了33根蜡烛,为33个生命祈祷。其中一位牧师看着33根蜡烛说:"这里的每一根蜡烛都象征着一个生命,它们现在都很平静,我相信他们都在上帝那里得到了安息。当那位凶手在开枪的时候,我相信他的灵魂在地狱里,而此刻,我相信上帝也和他的灵魂在一起,他也是一个受伤的灵魂。"在弗吉尼亚理工大学4月20日中午举行的悼念仪式上,放飞的气球是33个,敲响的丧钟是33声。次日,安放在校园中心广场草坪上半圆的石灰岩悼念碑是33块,其中一块碑上写着"2007年4月16日赵承熙"。赵承熙的悼念碑旁边也放着鲜花和蜡烛,还有一些人留下的纸条。其中有两个纸条这样写着:"希望你知道我并没有太生你的气,不憎恨你。你没有得到任何帮助和安慰,对此我感到非常心痛。所有的爱都包含在这里。劳拉。""赵,你大大低估了我们的力量、勇气与关爱。你已伤了我们的心,但你并未伤了我们的灵魂。我们变得比从前更坚强更骄傲。我从未如此因身为弗吉尼亚理工学生而感到骄傲。最后,爱,是永远流传的。艾琳。"

余虹教授打电话问了国内的几位研究生和朋友。他的问题是:"如果我们要为这次事件举行一个悼念仪式,我们会烧几炷香?"他们几乎不假思索地回答:32炷。当余虹告诉他们美国人的做法时,他们也惊讶了。于是,一个问题缠绕着余虹,让他久久不能平静。"33"这个数字为什么让我们惊讶?为什么我们只想到"32"而想不到"33"?那让我们惊讶和意外的"33"究竟意味着什么?没有"33"的地方缺少什么?为什么我们只有"32"的悲伤经验,而没有"33"的悲伤经验?换句话说,为什么在我们的悲伤经验中没有凶手的位置?为什么凶手理应是愤恨的对象,而非悲伤的对象?

余虹教授的思考是:"悲伤的经验起于爱,我们因爱被害者而悲伤,当悲伤将凶手包含在其中时,爱同样给予了凶手。我们所惊讶并陌生的就是这种爱:对凶手何以不恨而爱?这是一种什么样的爱?"有点类似我在开头说的"爱,首先是绝对的,神圣的,没有差别的,即博爱"。余虹教授把中国人还很陌生的这种爱称为"无分别的神圣之爱"。余虹教授把"爱"分为世俗之爱和神圣之爱,我刚才讲述的"爱"大都属于他所论的世俗之爱。余虹教授对爱恨关系的反思非常深刻:

> 一种"爱敌人""爱恶人"的爱的确让我们惊讶,一种"与恨彻底割断了牵连"的爱的确让我们意外。尽管在我们的传统中也有宽恕、大度、以德报怨、相逢一笑泯恩仇的美德,但却是一些太过脆弱的美德,它不仅缺乏强大的文化观念支持和信仰实践的支撑,更是在以牙还牙、爱憎分明的腥风血雨中不堪一击。

> "恨"是一种原始的非理性情结,也是一种传统的道德理性情结,它们都寄生于世俗之爱。爱亲友与恨敌人二位一体,于是有"对敌人的同情就是对同志的残忍"之论;爱善人与恨恶人一体不可分,于是有"疾恶如仇、爱憎分明"之说。有爱就有恨,仿佛天经地义,亘古不移。然而,十字架上的真理却见证了另一种爱,一种与恨分离的爱。

余虹教授引述了与33根蜡烛形成鲜明对比的是马加爵被枪决后的骨灰至今还孤独清冷地在那里没人收留的案例,由此引发的思考值得我们记取:

> 一个经过了神圣之爱洗礼的社会,是一个共同以爱来承担罪恶与不幸的社会,是一个化解仇恨的社会,那里的人有福了;一个没有经过神圣之爱洗礼的社会,是一个爱恨情仇轮回不已的社会,在此人们不仅世世代代饱

尝了世态之炎凉和仇恨的苦果,也混混噩噩地参与了这种炎凉与仇恨的铸造。

当然,我们在思考"神圣之爱"时,也应对基督教文明对异教、异族施暴的残忍保持清醒的认识,他们的"神圣之爱"也是有差别的,并不是绝对的。"二战"时德国、日本法西斯的残暴,理应得到正义的反抗和打击。但是,当苏联军人在德战区强奸德国妇女,美国人在长崎、广岛投放原子弹导致大量平民死亡时,所谓正义之师的苏联军人、美国军人也是绝没有"神圣之爱"的。不过,我们意识到这一点,并不能"对冲"中国人还很陌生的"无分别的神圣之爱",反而应该更深入地思考这种"爱"。

四、如何用健康这种确定性来应对不确定性

与确定性相关的第三个关键词是"健康"。大家知道,"健康"在我的教育理念和人生哲理中占有重要位置。张门门训第10条即"全面培育身心的健康"。怎么理解"健康"这个概念?《汉语大词典》:"1. 谓人体生理机能正常,没有缺陷。2. 用以形容其他事物正常而没有缺陷。"(缩印本第645页)百度百科的"健康"词条说:

> 健康是指一个人在身体、精神和社会等方面都处于良好的状态。健康包括两个方面的内容:一是主要脏器无疾病,身体形态发育良好,体形均匀,人体各系统具有良好的生理功能,有较强的身体活动能力和劳动能力,这是对健康最基本的要求;二是对疾病的抵抗能力较强,能够适应环境变化,各种生理刺激以及致病因素对身体的作用。传统的健康观是"无病即健康",现代人的健康观是整体健康,世界卫生组织提出"健康不仅是躯体没有疾病,还要具备心理健康、社会适应良好和有道德"。因此,现代人的健康内容包括:躯体健康、心理健康、心灵健康、社会健康、智力健康、道德健康、环境健康等。健康是人的基本权利。健康是人生的第一财富。

百度百科为了强调这个界定的权威性,就在这个词条前面注明:本词条由"科普中国"科学百科词条编写与应用工作项目审核。

我认为上述百度词条所界定的内容是可取的。世界卫生组织提出"健康不仅是躯体没有疾病,还要具备心理健康、社会适应良好和有道德"。我很赞成这一定义要点。心理健康、心灵健康、社会健康这三种容易被国人忽视的健康很重要。如何做到心理健康和心灵健康,我以为最重要的是心胸开阔,为人豁达,

与人为善,助人为乐,广交朋友,有生活情趣,不斤斤计较小的得失,多读书,勤于独立思考,等等。至于如何保障社会健康,则需要全社会的系统建设,在这方面我们国家还有很长的路要走。个人应积极参与社会健康的治理,乐于做各种公益活动的志愿者。

人是否患有疾病以及何时得何种病是不确定的,有三种因素是我们经常会考虑的:遗传、环境(自然与社会环境)、生活习惯。唯有健康这种确定性能应对疾病的到来。

如何使自己健康?因人而异。遗传无法选择,但可以部分干预;大环境(自然与社会环境)有时不可选择,有时可以选择;生活习惯则完全可以选择。

我的个人经验:健康的生活即有规律的生活。巴尔扎克说过:"有规律的生活原是健康与长寿的秘诀。"就以我抵抗糖尿病的经验为例。我经常讲我自己属于糖尿病的高危人群。我的母亲,还有我的弟弟,他们都得了糖尿病,不得不忍受糖尿病的折磨。我的血糖值在30多年前就查出到了糖尿病的临界点,6点多,有一次达到6.85。但是,我坚持有规律的生活,饮食有规律,睡眠有规律,运动有规律。我每天晚上散步一小时,风雨无阻(下大暴雨除外),到目前为止,我仍然没有得糖尿病,还是属于比较健康的身体。将来会不会得糖尿病?不确定。我坚信只要坚持健康的有规律的生活就能大概率地减少或推迟不确定的疾病的到来。聪明的人绝不会等到染上大病或重病后再来珍惜健康。对健康的"谋而后定",是所有智谋中最有远见的智谋。

健康是确保人生所有生活状态得以正常存在的最重要的确定性力量,没有健康,一切学习、工作和家庭、社会生活均无法正常进行。人生有很多痛苦是疾病带来的,每当我们到住院部、手术室和重症监护室去看望病人时,我们对此都会有强烈的感受。健康赋予幸福最本质的源泉。健康与快乐是相互依存的。与健康相比,功名利禄、荣华富贵等身外之物都是微不足道的。我们应记住哲人的名言:"人类所能犯的最大的错误就是拿健康来换取其他身外之物!"(叔本华)

如何保持个人处于健康状态?方法很多,也是因人而异。健康需要正确的科学知识,不要迷信江湖上各种"养生"之道,不要轻信所谓专家的"独得之秘",不要以牺牲健康为代价去搞什么减肥或美容,不要以任何名义经常熬夜。要牢记生命和生存的个体差异,找到适合自己的保健方式。我喜欢游泳,游泳是有利于身心健康的确定性运动方式。我年过六十后,采取一种具有"仪式感"的游泳方式,就是每年夏天坚持横渡长江一次,有家人和友人出于安全考虑加以劝阻,但我依然坚持。为什么呢?我的想法是,在确保安全的前提下(如带上救生圈,七八好友同游),如果我能保持横渡长江的强烈愿望并能顺利横渡长江,说明我的身体状况良好,因此,我打算把这个习惯保持到七十岁。各位同门可以选择某项体育运动而终身保持对这项运动的热情,比如苏小露老师擅长的打羽毛球就是一项不太需要什么成本的有益于身体健康的终身性运动。打羽毛球对于颈椎、视力的保健作用很大,同门中有人因经常伏案而得了慢性颈椎病,不定期发作,这不能不引起我们的高度重视。当然过度从事羽毛球运动,对膝盖可能会有所伤害,正如马拉松运动的后果一样。

人们往往容易染上有损健康的成瘾嗜好,如抽烟、酗酒、打麻将,这是不确定性的。有的人因为某个特定时刻(值夜班或赶稿子)而养成抽烟的习惯;有的人可能因为失恋而借酒浇愁,迷上喝酒;有的人因为无聊而喜欢上赌博性打麻将(娱乐性打麻将有所不同)。个人防止任何有损健康的成瘾嗜好的确定性方法就是"自律",过有节制的生活。我喜欢喝酒,偶尔醉酒,个人体会是醉酒绝对有害健康。醉一次酒,至少三五天之内身体很不舒服。如何做到喜欢喝酒但不至于走到酗酒地步?那就要自我克制,像一句广告词所说的:"劲酒虽好,可不要贪杯哦!"日本人有一个节制饮酒的词很好,就是"休肝日",连续喝几天酒,就要有一天不喝酒,让肝脏得到休息,因为所有的酒精都是通过肝脏分解。我现在就坚持"休肝日"的做法,取得很好的效果。在一切有损健康的成瘾嗜好形成过程中,我们都要确定自己的"休肝日"。

健康说到底是个人的事情,它在很大程度上要靠"自律"来确保。如果缺少自律,健康就难以保证,他人的叮咛也不会起作用。

最后,我觉得需要不断重温门训,张门门训也是一种抵抗不确定性的确定性力量。尤其是第一条"敬业乐群",第二条"守时守信",第五条"严守学术规范",还有"高度重视财富的积累""全面培育身心的健康",等等,如果做到,必能终身受用。

《老子》书中说老子有三件法宝:

> 我恒有三宝,持而宝之:一曰慈,二曰俭,三曰不敢为天下先。夫慈,故能勇;俭,故能广;不敢为天下先,故能为成器长。今舍其慈,且勇;舍其俭,且广;舍其后,且先;则死矣。(六十七章)

老子的话是值得记取的。毛主席说夺取中国革命胜利有三大法宝。1939年10月,毛泽东在《〈共产党人〉发刊词》一文中,总结了两次国内革命战争的经验教训,揭示了中国革命的客观规律。他指出:"十八年的经验,已使我们懂得统一战线,武装斗争,党的建设,是中国共产党在中国革命中战胜敌人的三个法宝,三个主要的法宝。"毛主席的总结很精彩。

我分享给大家确保人生幸福的三大法宝就是：理性、爱、健康。最后我给大家的祝福是，祝"在线"（不是"在座"）的每一位同门都具有哲学般的理性、充满无限的爱、永远保持身体健康。

谢谢大家！

2020年6月28日演讲,2020年9月29日改定

张三夕先生学述

李 程①

王国维在论及有清一代学术发展时曾说:"我朝三百年间,学术三变。……国初之学大,乾嘉之学精,道咸以降之学新。"②以此观照当今之学术界,学者多趋于专精、求新,而少以"大"为治学旨趣的博综之学。笔者追随张三夕先生杖履,读书问学多年,深感先生学术之博大气象,百川归海,横无际涯,让人常有河伯望洋之叹。十年前(2012年),王兆鹏先生就借鉴晚清词学评价的术语方式(重、拙、大),用"博、锐、厚"称许三夕先生的学术境界,颇中肯綮。

中国古典学术,重谱系与学派传承。先生之学术,源出程千帆、张舜徽二位著名学者。张舜徽先生著述宏富,学贯四部,蔡尚思曾言新中国成立以后可称国学大师的"似乎也只有柳诒徵、钱穆和张先生等少数人"③。程千帆先生则在文学、史学等领域皆卓有建树,不仅学问著述享誉学林,而且滋兰树蕙,培养了诸多优秀学者。先生从二位老师之学术所得既多,又博观约取,熔铸变化,形成了博综古今,学思中西,融合传统与现代,极具经世观念和思想史视野的学术风格。

三夕先生学术所涉,以现代学术的学科划分视之,涵括了文学、史学、古典文献学等诸多学科方向。以每一方向的研究实绩而论,皆非"涉猎",或有筚路蓝缕之功,或具开疆拓土之义,或启诗心文思,或见"独立之精神,自由之思想"。

---

① 李程,华中师范大学文学院2008级硕士,2011级博士,现为华中师范大学文学院副教授。
② 王国维:《沈乙庵先生七十寿序》,《观堂集林》卷二三,上海:上海书店出版社,1992年。
③ 蔡尚思:《通人张舜徽先生》,(香港)《大公报》1994年2月18日第20版《艺林》。

一

"作为一种感受方式和生存技艺,诗歌的意义何在?"①这是三夕先生《诗歌与经验》一书代前言的开篇,也是其诗歌研究乃至文学研究的思想旨趣所在。

三夕先生早年从程千帆先生学诗,与莫砺锋先生、徐有富先生同为千帆先生到南京大学后带的第一届研究生,千帆先生授以杜诗,朝夕讲读。先生在南京大学读书时期,发表了《略谈韩诗的语言艺术》(《南京大学学报》1981年第2期)、《论苏诗中的空间感》(《文学遗产》1982年第2期)等有一定影响的古典诗歌研究论文。研究基于中国古典诗歌创作的艺术特质,深入探究艺术、哲学与宗教对于创作主体的多重作用,讨论了节奏感、音乐感、空间感等古典诗歌美学的重要命题。

三夕先生在千帆先生指导下完成的硕士学位论文《宋诗宋注纂例》长达12万字,文献考证与艺术阐发完美结合,答辩时获得"全优"的好成绩。段熙仲等老先生对论文给予了极高称许。这篇论文作为这一研究方向的导夫先路之作,具有典范意义,不仅之后很多研究在此基础上进行(如巩本栋教授就指导过博士生写"宋诗宋注"方面的博士论文),而且启发了学术界对于古典诗歌注释的思考和关注。

千帆先生倡导"文学研究,应该是文献学与文艺学最完美的结合"②,这在三夕先生的古典诗歌研究中得到了充分的体现,且表现出更为明确的方法论意识。《作家作品研究中的数量分析——唐代诗人总数考实》(《徐州师范学院学报》1984年第2期;《唐代文学研究年鉴1985》全文转载)基于《全唐诗》《全唐诗补编》等文献,使用定量分析的方法,还原文学史的历史实际,对唐代诗人数量给出了科学严密的推测。在当代古典文学研究史上,三夕先生的这篇论文在自觉运用定量分析方法上可以说有开风气之先的意义。《高适、岑参与河西、陇右边塞——关于盛唐边塞诗的若干认识》(《文学评论丛刊》第5卷第2期,南京大学出版社2002年版)将历史地理和诗人经历紧密关联,以高适、岑参为个案,对盛唐边塞诗的风貌和唐人精神进行了精彩阐发,可谓是当今学术界热门领域"文学地理学"的较早尝试。

"为了不使构成我们生活的'经验'不断流失以至于变成苍白,我们应该亲

---

① 张三夕:《诗歌与经验——中国古典诗歌论稿》,长沙:岳麓书社,2008年,第1页。
② 程千帆:《关于学术研究的目的、方法及其他》,《文艺理论研究》1996年第3期。

近诗歌；为了保存最贴己、也最应珍惜的经验，我们应该亲近诗歌。研究古典诗歌主要要研究其中的语言经验或对语言的经验，基于生活经验、阅读经验和反思经验的古典诗歌研究，既是描述性的，也是论证性的。"①对于诗歌与日常经验、个体存在的思考，始终贯穿于三夕先生的古典诗歌研究之中。《漫谈古典诗歌的艺术感受问题》(《春江新咏》，上海古籍出版社1989年版)、《追寻诗意地栖居——陶渊明〈归园田居诗〉与谢灵运〈山居赋〉的诗学阐释》(《中国诗学》第2期，南京大学出版社1992年版)、《游子悲故乡——从几首古诗看中国古典文学中的"家园感"》(《中国山水的艺术精神》，学林出版社1994年版)、《论惜时道德感的诗意表达》(《浙江大学学报》2002年第4期)、《诗歌与政治——读王安石〈诗义〉札记》(《中国诗学》第10辑，人民文学出版社2005年版)等文章都表现出深刻的洞察力，将古典诗歌与作为个体存在的日常生活、审美体验、道德意识、政治活动等诸多方面置于汉语文化语境之中，赋予古典诗歌以鲜活的当下意义。

诗话是中国古典诗学最为主要的文体形式。三夕先生从小在长江岸上长大，经常在长江水边游泳，多次横渡长江，即使退休之后，也每年横渡长江一次，因此他把自己对诗歌的热爱、敬畏和跳跃、心得式的感悟文字命名为《江边诗话》(《文学教育》2007年第10期)。《江边诗话》共有17则文字。其中既包括对于孔子评《关雎》等《诗》学相关问题的思考，又有对于民国诗学著作《中国诗学通论》与《宋诗派别论》的重读，还有对于古诗笺注、古诗赏析、古诗今译等方面的真知灼见，读来意味隽永。我曾听先生说，《江边诗话》早已列入退休之后拟完成的书稿计划之一，已有部分定稿。我们对这部诗话充满期待。

"死亡"是现代中西方人文科学所关注的经久不衰的重要问题。多学科、多层面、多角度的研究成果层出不穷。三夕先生所撰《死亡之思与死亡之诗》(华中理工大学出版社1993年版；台湾洪叶文化事业有限公司1996年版，书名改为《死亡之思》)是国内第一部同时从中国思想史和文学史角度研究死亡问题的专著。此书立足于中国思想文化的历史与现实，寓精到的理论阐释于坚实的文献基础之上，深入系统地探讨了"死亡"这一人生不可回避的重大难题。全书分为上下两篇：上篇"死亡之思——中国人的死亡意识分析"，旨在用思想史的眼光，对历史和现实生活中十分普遍且影响深远的中国人的死亡意识(主要是儒佛道三家的死亡意识)进行分析；下篇"死亡之诗——中国文学中的死亡主题分析"，重在从文学史的视角，对历代作家或诗人表现死亡主题的作品进行分析。全书还与西方人的死亡观念和文学传统进行了适当的比较。

---

① 张三夕：《诗歌与经验——中国古典诗歌论稿》代前言，第17页。

《死亡之思与死亡之诗》一书出版之后,引起了学术界的广泛关注,多位学者发表书评进行讨论,纷纷给予了高度评价,其中包括孙津先生《死而不亡》(《读书》1994年第8期)、王兆鹏先生《死亡的哲理沉思与诗意表达——评张三夕〈死亡之思与死亡之诗〉》(《新闻信息报》1994年第31期)、童梓(马良怀)先生《〈死亡之思与死亡之诗〉评价》(《海南大学学报》1994年第3期)、麻天祥先生《关于生与死的研究》(《书城》1995年第6期)、李建中先生《死亡的诗意》(《长江日报》1998年4月24日)等。王兆鹏先生说:"从来研究思想史的,并不把文学当作主要的分析对象,只是把它作为一种印证的史料;而对于研究文学史的,思想史又只是作为'背景'而存在。此著则把思想史和文学史有机地融合在一起,使之相互渗透,互为补充,从而开创出思想史、文学史研究的新途径。可以说该著既是一本从死亡角度切入的简明中国思想史,也是一本阐释死亡主题的中国文学史纲要。"①这一评价可谓中肯、客观,指出了此书的思想史和文学史价值。

三夕先生对"死亡"的思考,植根于中华民族几千年文明史中死亡观念的思想遗产和文学遗产,以此为基础,展开广阔的精神背景,他指出:"死亡问题是人类社会历史生活中一个带有终极意味的永恒的大问题,也是与每个个人最切己的大问题。本书就是从思想史和文学史的角度来看我国古代学者和文人对这个大问题的探索和解答。"②思考"死亡"问题,源于先生对"当下"的热切关注。"今天,我们一方面深深受到这些传统的死亡观念与死亡态度的影响,另一方面,也应当以现代人的思想眼光重新清理并思考这些传统的死亡观念与死亡态度,以便为我们当下的生存寻找新的精神资源。"③此书之后,先生陆续发表《孔子及儒家死亡意识分析》(《中国文化:阐释与前瞻》,海南出版社1993年版)、《生死涅槃说探讨——佛教的死亡意识分析》〔《海南大学学报(社会科学版)》1993年第4期〕、《论死亡事件的教益》(《江西师范大学学报》2006年第2期)、《论死亡作用于生存状态的机制》(《哲学研究》2007年第2期)、《诔文写作与亡者悼念——〈世说新语〉与〈文心雕龙〉研究札记》(《大连图书馆百年纪念学术论文集》,万卷出版公司2007年版)、《汶川大地震与死亡记忆》〔《郑州大学学报(哲学社会科学版)》2009年第1期〕等多篇论文,持续关注"死亡"问题的历史状况与当下现象。

三夕先生对于中国文学的研究,并未固守于古代一隅。在其开阔的学术视

---

① 王兆鹏:《死亡的哲理沉思与诗意表达——评张三夕〈死亡之思与死亡之诗〉》,《新闻信息报》1994年第31期。
② 张三夕:《死亡之思与死亡之诗》后记,武汉:华中理工大学出版社,1993年,第278页。
③ 张三夕:《死亡之思与死亡之诗》,第4页。

野和古今贯通的学科意识中,有多篇文章关注和思考了当代文学与当代艺术。对于文学前景,他提出"作为一种生活方式的文学"的口号,指出:"总之,只要我们把文学作为一种生活方式来考虑,让文学生活化,或者让文学成为生活的一个部分,那么,一种新的'文学秩序'就会确立,一切都会变得顺理成章,而文学也会变得更加可爱,更加使我们亲近。"①这与他对于古典文学的思考是一致的。三夕先生对于当代文学的思考,并非泛泛而谈的评论性文字,而是以人文思想保持对当下的"警惕"和"审视",其中如从二十世纪世界性的"语言学转向"的人文思潮来看韩少功的《马桥词典》②,以反思作家写作的自由和自律谈柯云路的写作道路③,用札记形式论香便文《海南纪行》的历史足迹与当下感受,等等④,充满了文学生活化、文学人文化的思想意味,都是三夕先生当代文学评论典型风格的体现。同时,三夕先生对于作为当代艺术的电影、电视、音乐和建筑等领域也倾注了极大的热情,写下了多篇艺术笔记和评论,这些都构成了先生力图建构当下生活"诗意地栖居"的多重面向。

二

1983年,三夕先生作为华中师范大学首批博士研究生入学,导师是著名学者张舜徽先生。舜徽先生是华中师范大学历史文献学专业的创始人,也是历史文献研究所首任所长,中国历史文献研究会创会会长。舜徽先生是现当代学术史上"通人之学"的代表,追求"淹贯博通"的学术境界。他在其《旧学辑存》叙目中说:"平生自励及所以教人者,期于淹贯博通,而不限于一曲。昔黄梨洲论学

---

① 张三夕:《作为一种生活方式的文学——关于文学前景的思考》,《西部批评报》1989年3、4月合刊。又收入《现代性与当代艺术——张三夕自选集》,武汉:华中师范大学出版社,2013年,第99页。
② 张三夕:《转向"语词"的小说——评韩少功新著〈马桥词典〉》,《新东方》1996年第4期,又载《当代作家评论》1996年第5期。又收入《现代性与当代艺术——张三夕自选集》,第100—104页。
③ 张三夕:《写作的自由与自律——谈柯云路的写作道路兼评〈中国气功大趋势〉》,《海南日报》1999年7月21日第4版。又收入《现代性与当代艺术——张三夕自选集》,第115—116页。
④ 张三夕:《历史的足迹与当下的感受——读香便文〈海南纪行〉札记》,《古典与现代》第四卷,南宁:广西师范大学出版社,2012年。又收入《现代性与当代艺术——张三夕自选集》,第166—171页。

有云:'析之者愈精,逃之者愈巧。'名论不刊,足以警世,吾愿终身守之。"①这一治学观念,对三夕先生有着深刻影响。

在舜徽先生的指导下,三夕先生以刘知幾《史通》为研究对象,完成了题为《批判史学的批判——刘知幾及其〈史通〉研究》的博士学位论文,总计28万余字。1986年3月作为华师首届博士生(同届同门还有周国林老师),他率先顺利通过答辩,成为华中师范大学历史上的第一个博士,博士学位证编号为"001号"。因为张舜徽先生是新中国成立以来历史文献学专业的第一位博士生导师,所以,三夕先生在历史文献学学科自然身处"开山大师兄"之地位。

《批判史学的批判——刘知幾及其〈史通〉研究》分为上卷"刘知幾述评"和下卷"《史通》引用文献考证"两个部分,体大思精,结构严密。该书先于1992年在台湾文津出版社出版繁体字本,后于2010年在华中师范大学出版社出版简体字本,得到海内外文史学界的积极评价。这部论著是三夕先生"史学批评史"学术构想的发轫之作,在此前学术界较少涉足的史学批评史领域开辟出一条极具理论性和批判性的学术路径。三夕先生认为,正如"文学史"之外又有"文学批评史"一样,"史学史"之外也应有"史学批评史",提出了建立史学批评史研究体系的思考:"主要从史学理论的角度来概括和批评历代史论家、史评家所写的史学论著中的历史观念和史学思想、理论价值和批评方法、标准以及对具体史学实践的批评及影响等。"②同时,在这部论著中,三夕先生对于史学批评的性质和中国史学批评史的任务进行了专门阐述。什么是"史学批评史"?"史学批评史就是总结和分析史学批评自身发展的历史。"③中国史学批评史有哪些任务?三夕先生指出了五个方面:一、中国史学批评史首先要研究史学批评家或批评者及其批评作品。二、中国史学批评史还要研究一些有意味的史学现象。三、中国史学批评史还要研究中国古代史学批评的形式、方法、概念及范畴等。四、中国史学批评史还要研究史学批评与其他意识形态和经济基础的关系。五、中国史学批评史最后一个重要任务就是力求通过总结古代史学批评的发展规律,通过批判地清理史学批评遗产,从而对当代史学批评的发展有所借鉴。④这些方面的思考,对于史学界的史学批评史研究而言,可谓有筚路蓝缕之贡献。高华平教授曾发表书评《建设史学批评史的奠基之作——评张三夕著〈批判史学

---

① 张舜徽:《旧学辑存》,武汉:华中师范大学出版社,2008年,第1页。
② 张三夕:《批判史学的批判——刘知幾及其〈史通〉研究》,武汉:华中师范大学出版社,2010年,第2页。
③ 张三夕:《批判史学的批判——刘知幾及其〈史通〉研究》,第30页。
④ 张三夕:《批判史学的批判——刘知幾及其〈史通〉研究》,第30—32页。

的批判〉》(《浙江学刊》1993年第6期),给予充分的肯定。

三夕先生博士毕业后,在历史文献所研究期间,参加古籍整理与传统文化普及工作,与李国祥、李长弓老师合著《史记选译》(巴蜀书社1989年版)。此书系当时国家教委古籍整理"七·五"规划重点项目"古代文史名著选译丛书"中的一种。2011年,这套丛书又转入凤凰出版社出版,不断重印,深受读者欢迎。后来又参与张舜徽先生主编的《资治通鉴注译》大项目,承担了第15册的注译工作(贵州人民出版社1994年版)。这部大书后来又在台湾地区出版发行,广为流传。

先生还从事过《三国志》的汇校工作,已完稿并交给约稿的书商,遗憾的是,因约稿的书商突然中风而出版中止,稿子也不知所终,留下《〈三国志〉汇校前言》《〈三国志〉汇校拾遗》两文(载《历史文献研究》第19辑,华中师范大学出版社2000年版),可概见当年汇校工作的方法和整理内容。两文均收入《通往历史的个人道路——中国学术思想史散论》一书。

在华师文学院工作期间,三夕先生还与同教研室的高华平、王齐洲两位老师合作,于2010年在中华书局出版了《韩非子注译》。这部法家经典的注译被列入"中华经典名著全本全注全译丛书",也不断被重印,深受读者喜爱。

2013年,应凤凰出版社之邀,三夕先生指导笔者合作完成《史通》选读本的注释和导读。共选篇目28篇,其中内篇26篇,外篇2篇,注释力求简明、通俗,导读部分的写作,主要是提示该篇主要观点、结构、内容,同时附以能帮助读者理解该篇的前代学者评论。此书为凤凰出版社"历代名著精选集"之一种,主要面向普通读者和文史爱好者,引导读者通过阅读此书,能够大略了解中国古代史学批评的门径,获得文史知识和教益。出版刊行后,得到了诸多方面的好评。

在《通往历史的个人道路——中国学术思想史散论》一书的前言中,三夕先生指出:"历史是'我们'共同拥有的过去,但'我们'并不共同拥有通往历史的同一道路。每个人通往历史的道路都有所不同。"[①]在三夕先生通往历史的个人道路中,中国学术思想史是他重点研究的课题之一。

三夕先生对中国学术思想史的关注,首先集中在司马迁的《史记》:"在我此生精读典籍书目中,《史记》排在第一。"[②]他非常推崇司马迁所提倡的"究天人之际,通古今之变,成一家之言"的学术境界,并认为我们今天做学问实际上也是要"通古今之变"。所谓"通人之学",既有博古的一面,又有通今的一面。三夕

---

① 张三夕:《通往历史的个人道路——中国学术思想史散论》,北京:社会科学文献出版社,2001年,第1页。

② 张三夕:《通往历史的个人道路——中国学术思想史散论》,第2页。

先生对《史记》，没有采取全面的、一般性的研究，而是选取了人物类传的角度切入，指导思想是"回到文本自身"，直接进行文本细读，从中发现文本自身可能呈现的问题，寻找因长期学究式阅读可能遗忘的历史感觉。三夕先生先后发表了一系列《史记》人物类传研究论文，其中包括《中国古代吏治精神探微——〈史记·循吏列传〉与〈酷吏列传〉评说》〔《宝鸡师院学报（哲学社会科学版）》1988年第3期〕、《六艺的依附者与保护者——〈史记·儒林列传〉评说》〔《海南大学学报（社会科学版）》1996年第1期〕、《勇敢的精神 感人的行动——〈史记·刺客列传〉评说》〔《海南大学学报（社会科学版）》1997年第2期〕、《男色的爱与恨——评〈史记·佞幸列传〉》（《湖北广播电视大学学报》1999年第1期）等，涵盖了循吏、酷吏、儒林、刺客、佞幸等多个人物群体类传。三夕先生的这些文字，不仅呈现了可能被遗忘的历史感觉，而且有着强烈的人文精神，如《中国古代吏治精神探微——〈史记·循吏列传〉与〈酷吏列传〉评说》中指出："司马迁主张改善吏治的药方在道德，这只是历史学家的一种善良愿望。按照今天的政治观念看来，改善吏治的根本出路在于政治民主。"以历史映照现实，体现出历史研究者的使命感与思想担当。

梁启超在《清代学术概论》中指出："清初之儒，皆讲'致用'，所谓'经世之务'是也。"①"当时诸大师，皆遗老也。其于宗社之变，类含隐痛，志图匡复，故好研究古今史迹成败，地理厄塞，以及其他经世之务。"②三夕先生的史学研究，不仅关注过往的历史，也充满了强烈的"入世"精神，鲜明地体现出"经世致用"这一传统学术观念的延续。三夕先生于1993年春调入海南大学工作，至2001年末重返华中师范大学，共有8年的时间生活在海南岛，这一时期的研究多有对于海南岛文化建设和"现代化"的探讨。代表性论文包括《从古代的政治流放地到现代的经济特区——论海南岛与大陆文化认同的历史性特征》〔《海南师范学院学报（人文社会科学版）》2000年第3期〕、《论现代化的东方道路》〔《海南大学学报（人文社会科学版）》2000年第4期〕、《论海南岛生态建设的精神性要素》（《新东方》2001年第1期）、《论东方文化的含义与亚洲视角的建立》〔《海南大学学报（人文社会科学版）》2001年第3期〕、《论"现代性"的含义及其与"现代化"之关系》〔《海南师范学院学报（人文社会科学版）》2002年第1期〕、《论现代化理念及其与两个维度》〔《华中师范大学学报（人文社会科学版）》2002年第2期〕。这些思考都对早期海南岛的文化建设和现代化路径有着一定的理论贡献。

《20世纪的"最后性文本"》是三夕先生学术著作中颇有个性色彩的一部。

---

① 梁启超：《清代学术概论》，上海：上海古籍出版社，1998年，第17页。
② 梁启超：《清代学术概论》，第26页。

这部论著写于海南岛,1999年完成,直至2009年方才出版。此项研究极具时效性,以当时轰动全球的"美国总统克林顿绯闻案"公开调查报告(《斯塔尔报告》)为研究对象。为何进行此项研究?三夕先生在这部书的后记中回答:"当代人与当代史的关系,也许正在发生一些深刻的变化。当代人参与历史研究的方式,可能也在出现一些微妙的演变。……《斯塔尔报告》在因特网上的公布,预示着一个新的历史研究的时代的到来。那就是,虽然是远在天边的事,对历史研究者来说,却有着近在眼前的便利。"①在三夕先生看来,对作为历史的当下的关注和思考,是史学研究者应有的敏感。互联网时代带来了历史研究方式的改变,学科的边界也极大地被拓展了。"当代人对当代事件有一种后人难以具有的'身临其境'的感觉,这种新鲜、活泼而转瞬即逝的感觉是一系列微妙而复杂的心态或心理体验。当代人如果不及时表达出来,它很容易随着时间的流逝而'尘封'。"②这是对于传统历史学的一种再认识。具体到20世纪"最后性文本"——《斯塔尔报告》的研究,三夕先生的思想旨向是:"克林顿绯闻案,引发我们思考现代国家领导人的品质要求与现代国家观念演变之间的若干问题。同时,作为丰富而生动的现代政治经验,它激发我们进一步思考与我们自己的生存密切相关的政治现代化或政治现代性等方面的一些问题。"③这一思考是兼备历史性和现实性的,也是至今仍然值得我们探寻的重要问题。

三

古典文献学是一门很古老的学问。作为现代学科意义上的中国文献学的建立,则可以上溯到20世纪初。三夕先生在南京大学读书期间,受到千帆先生严格的校雠学训练,后来又成为舜徽先生在"历史文献学"专业指导的第一届博士研究生,打下了深厚的文献学根基,承续了中国文献学的学术传统。先生自博士毕业之后,在华中师范大学历史文献所工作多年,又作为学科建设人才从海南大学引进回到华中师范大学文学院,组建了中国古典文献学学科,继而在学科建设、人才培养和学术研究等多个方面作出了重要贡献。

"文献学作为大学文科的一门基础课,不仅文、史两系的同学应该学,凡是

---

① 张三夕:《20世纪的"最后性文本"》,香港:香港国际学术文化资讯出版公司,2009年,第325—326页。
② 张三夕:《20世纪的"最后性文本"》,第326页。
③ 张三夕:《20世纪的"最后性文本"》,第331页。

涉及阅读和研究古代文化典籍的学科的学生都应该学。"①国内高校开设文献学这门课的情况各有不同，有的作为限定选修课，有的作为一般选修课。"就目前高校的实际情况而言，还没有一两部相对统一而适用面较广的本科生教材，这一点与古代汉语、文学史等相关学科的情况有很大的差距。"②正是基于这一现实情况，三夕先生组织召集多所高校的"术业有专攻"的文献学研究者，编写了适用于大学本科教育的《中国古典文献学》教材。这部教材自2003年初版以来，被列入国家级"十一五"规划教材，被教育部评选为国家级精品教材，被国内几十所高校采用，同时被十余所高校列入硕士研究生考试参考书目，已经多次重印和修订再版，使用范围也是北至黑龙江，南到海南岛。文献学这门课所包含的知识面比较广泛，知识内容也很精深，三夕先生提出了这部文献学教材的三个特性：一、简明性；二、实践性；三、时代性。这是符合文献学的学科特质和本科教学的实际情况的。因此，这部教材的章节内容，既有目录、版本、校勘等传统文献学的基础内容，又有古典文献的标点、注译、检索等实践性的部分，同时又"与时俱进"地介绍了电子文献、出土文献等。

"睹乔木而思故家，考文献而爱旧邦。"三夕先生指出，对于我们这个时代的文史学者和知识分子来说，整理和研究古典文献并使其流传下去是责无旁贷的。因此，文献学的本科教育实则有着更为重要的意义："在文言文与繁体字已经不通行的今天，受过高等教育的文化人，如何提高古典文献的认知能力，实在是一个关系到国民文化素养的大问题。从这个意义上讲，文献学又是一个应适当普及的知识门类。如果大家通过文献学的钻研，能够有眼光有选择地继承古典文献的丰富遗产，坚守中华民族源远流长、赖以生存的、值得我们珍视的文化精神，则幸莫大焉。"③这也是先生编写《中国古典文献学》教材以及致力于中国古典文献学教学实践的用意所在。

中国典章制度史的写作，肇始于司马迁《史记》的八书。唐宋时期是典章制度史著作编纂的关键时期。南宋学者王应麟的《汉制考》是一部对于汉代典章礼法制度考证的重要著作。长久以来，《汉制考》一直作为《玉海》的附刻存在，未有单行本，也未有点校本。三夕先生和弟子杨毅整理点校的《汉制考》校勘精审，为学术界研究汉代典章礼法制度和王应麟学术提供了一部可靠版本。基于对王应麟汉代学术研究的认识，三夕先生和杨毅同时整理点校了王应麟《汉艺文志考证》一书，此书在《汉书·艺文志》研究以及目录学史上具有重要地位，也是长期未有单行本和点校本。基于对王应麟生平与学术的详细考证编年，三夕

---

①② 张三夕：《中国古典文献学》（第三版），武汉：华中师范大学出版社，2018年，第3页。
③ 张三夕：《中国古典文献学》（第三版），第5页。

先生和杨毅又编有《王应麟年谱》。这几部书作为中华书局出版的《王应麟著作集成》的重要组成部分，对于中国典章礼法制度史、目录学史与汉代学术、王应麟生平与学术等多个领域都有一定参考价值。

王国维在《古史新证》中提出了以"纸上之材料"与"地下之新材料"互证的"二重证据法"[1]，这对于古文献研究有着重要的学术意义。三夕先生的文献学研究，亦是注重传世文献与出土文献的综合考察。1994年上海博物馆由香港购归及获赠入藏了两批战国楚竹简，总数约1700枚，内容为战国古籍，包括儒、道、兵、杂各家著作近百种。自2001年开始，由马承源主编的《上海博物馆藏战国楚竹书》(学术界简称"上博简")陆续出版，学术界给予了诸多关注。三夕先生对其中的《孔子诗论》《民之父母》等文献进行了专门的研究。他在《关于上博简〈孔子诗论〉编联排序的几个问题》一文中指出："在综合国力的提升以及现代科技整理与传播手段的改进下，新材料的发现对学术研究的推动力大大超过往常。作为一个具有学术史意义的事件，《上海博物馆藏战国楚竹书·孔子诗论》(以下简称《诗论》)的公布促成了21世纪初中国学术界的新气象。"[2]这篇论文对于《诗论》编联排序的依据、形制、补字等问题给出了具体的科学论证，不仅对于《诗论》的研究有所发明，而且对于战国楚竹简的研究同样有着启发意义。《上海博物馆藏战国楚竹书(二)》中的《民之父母》，是研究先秦儒家思想文化的一篇很有价值的出土文献。三夕先生在《"五至"异文考释》(《北方论丛》2009年第3期)一文中，讨论了《民之父母》"五至"异文及次序与传世文献的不同，为我们考察战国与秦汉时期儒家思想的形成与流传提供了更多的思考，丰富了对先秦儒家思想的认识。

陈寅恪先生在《陈垣〈敦煌劫余录序〉》中说："一时代之学术，必有其新材料与新问题。取用此材料，以研求问题，则为此时代学术之新潮流。治学之士，得预此潮流者，谓之预流。其未得预者，谓之不入流。此古今学术之通义，非彼闭门造车之徒，所能同喻者也。"[3]"预流"说的要义是说明学者顺应学术潮流的重要性，这一点在当今学界同样适用。张三夕先生指出："当今文献数字化、数据库的建设与利用是大势所趋，如何使得学术在信息时代能够更好地发展，如何

---

[1] 王国维：《古史新证》，《王国维文集》第四卷，北京：中国文史出版社，1997年，第2页。
[2] 张三夕：《关于上博简〈孔子诗论〉编联排序的几个问题》，《华中师范大学学报(人文社会科学版)》2002年第5期。
[3] 陈寅恪：《金明馆丛稿二编》，上海：上海古籍出版社，1980年，第236页。

'预流',这是治学者要思考的问题。"①早在1996年,三夕先生撰写了《电子时代谈考据学功夫》(《中外文化与文论》第2辑,四川大学出版社1996年版),对传统考据学面临的新挑战与新机遇进行了初步探索。后来又陆续发表了《简论电子时代历史文献的整理与研究》(《历史文献研究》第21辑,华中师范大学出版社2002年版)、《汉语古籍电子文献提要(一)》(与盛莉博士合作,台湾《书目季刊》第39卷第3期,台湾学生书局2005年版)、《论电子文献的发展对古典文献学学科建设的影响》(《古代文学文献学国际学术研讨会论文集》,凤凰出版社2006年版)等论文,对电子时代文献学学科的发展进行了多方面的思考。由三夕先生和毛建军博士主编的《汉语古籍电子文献知见录》"对国内外的汉语古籍文献数据库进行了较为全面的介绍和分析,同时从古典文献学教学资源利用视野对这些电子文献进行了科学分类与导航设计"②。这部书将迄今为止公开运行的海内外汉语古籍电子文献数据库275种加以收录,收录的古籍电子文献内容全面,涉及的领域范围宽广,可谓是国内外第一部公开出版的有关汉语古籍电子文献目录的科学实用的工具书。在《建立我们的数据思维——简论大数据时代古籍数字化的若干问题》(《光明日报》2020年6月13日第11版"国学")一文中,三夕先生指出人工智能、数字化对包括古籍整理在内的国学研究工作提出新的问题,特别提出"数据观""数据思维"的重要性,集中讨论了大数据时代人们所应具有的大数据观、古籍数据的量化尺度、构建古籍书库和古籍数据库的目录学、大数据时代古籍整理与研究的人才培养等。这些方面的思考,显示出一位古典研究者与时俱进的学术观念。

对于文献学的学术传统,三夕先生一直保持理论审视的态度和方法论的意识。在《论作为一种文学研究方法的文献学》(《湖北大学学报(哲学社会科学版)》2019年第4期)一文中,三夕先生提出:"作为一种文学研究方法的'文献学'的意义在于,它是文学研究必不可少的阶段性手段或部分内容,它不能解决或替代文学作品、文学活动的意义阐释以及文学史书写问题,而是通往文学作品、文学活动的意义阐释以及文学史书写的必由之路。"阐明了文献学作为一种文学研究方法的可能性与必要性,指出"文献学是一切学问的基础"的根本意义。

---

① 张三夕:《汉语古籍电子文献知见录·前言》,广州:世界图书出版广东有限公司,2015年,第1页。
② 张三夕:《汉语古籍电子文献知见录·前言》,第3页。

结　语

　　三夕先生卓识通怀，气象宏大，治学范围宽广。除了以上概略之所述，先生在文化传播学、现代艺术、城市文化、国学教育等领域均有人才培养和社会服务等诸多方面的实践与思考。他还出版过散文随笔集《在路上》（南方出版社2017年版），发表过关于人生哲理的一些有深度且有趣的想法，可读性很强。这些领域，如果展开来评述，都有很多东西值得写。比如华师文学院下属的二级学科博士点——文化传播学，是先生亲自与几位同人创立的。先生将古典文献学的专业素养与文化传播学的学科特点结合起来，先后培养了三届共五位文化传播学的博士，主编过《媒介与历史——文化传播学读书报告集》（世界图书出版广东有限公司2017年版）等著作，为该学科的发展作出了很大的贡献。限于篇幅和个人知识结构，我就不在此赘述了。有兴趣的读者可以参考范军教授的文章《张三夕老师二三事》（此文也收入本纪念文集）。

　　三夕先生的学术，根植于中国古典学术，同时又融汇中西古今，极具现实关怀与经世观念，集中体现了知识分子性格。三夕先生曾言："中国早期知识分子的文化精神中有着鲜明的人道立场、人文关怀、价值理性、道德情感，而且因为他们始终坚持着自由思想和独立人格，主张'君子谋道不谋食''君子忧道不忧贫''乐道而忘人之势'并身体力行，塑造了中国知识分子的文化性格。"[①]回顾三夕先生的学术研究，"君子谋道""博学于文""经世致用"等古典与现代交映的精神光芒闪耀其中。

[①] 张三夕、王齐洲:《论中国早期知识分子的文化精神》,《江汉论坛》2002年第9期。

张门承謦记

罗昌繁①

謦欬，本指咳嗽、谈笑声，后形容师长辈教诲晚辈的委婉方式。古人常谓面聆謦欬、亲承謦欬等等，皆此意也。本文取名承謦记，即记录在张三夕教授门下受到教诲的一些事迹，主要从读书与生活两方面记录身在张门的所见所闻。

一、入门时的"一书二纸三自传"

每个被张老师招入门下的硕士、博士入学之际，即接到张老师的"一书二纸三自传"。一书，指签订遵守张门"门训"承诺书，旨在规定入门者的德行与学术规范，此承诺书一式两份，类似于甲方乙方签订的合同，师生各自签字保存；二纸，指张门门训（我们常谓之十二条军规）与读书会书目；三自传，指初入门者需要交上三份自传，分别用文言文、白话文、英文写作（据说此乃承袭程千帆先生培养学生所用之法）。

关于遵守"门训"承诺书，其中"门训"承诺书中的第一（敬业乐群）、二（守时守信）、五（严守学术规范）条，乃刚性要求，如有违反，批评教育而不改者，依据承诺书则会"自动解除师生关系"。迄今为止没有人因此被逐出师门，这或许也是"门训"起到了一定的震慑作用。关于"门训"，张老师曾有一个书面讲稿，对后入门的弟子，张老师就把"门训"讲稿发给他们学习并熟记。这里，我想特别说一下"严守学术规范"这一条。张老师曾说，他在程千帆先生那里受到过严格的学术规范训练，受益匪浅，比如所有引文必须有完整的注释，做到"无一字无来历"。此外，据闻 2002 年，张老师从海南大学调回华中师范大学不久，社科处就邀请他参与编纂《华中师范大学人文社会科学研究规范化资料汇编》。五年后，他又为文学院主编《华中师范大学文学院硕士研究生学位论文指导手册》，

---

① 罗昌繁，华中师范大学文学院 2008 级硕士，现为华中师范大学文学院副教授。

其中收录了教育部曾经制订的《高等学校哲学社会科学研究学术规范》(里面把学术规范分为基本规范、道德规范、引文规范、成果规范、评价规范和批评规范)等有关政策文件。这本《手册》作为内部读物,自2007年以后的数年,华师文学院的硕士生人手一册,每年新生入学时,文学院领导就邀请张老师为文学院全体研究生作改进学风、严守学术规范的入学教育报告。可以说,张老师的有关工作,对文学院研究生的学位论文写作起到了有效的积极规范作用。张老师为什么如此强调要严守学术规范呢?他认为一定要把自己的东西和别人的区分开来,不能把别人的当作自己的。我们要尊重前人的劳动成果,这是维护学术公正的基本态度。因此,必须杜绝抄袭和剽窃。平心而论,由于张老师的严厉教诲,张门研究生在论文写作和学术研究中,学术规范意识相对来说是比较强的。

关于读书会精读书目,至今有过四版(其中第一、第二版部分书目在四版中有重复),分别是2003年的第一版、2009年的第二版,2015年的第三版,2017年的第四版。三年硕士或博士生活,会要求精读其中一轮24种中外典籍,这既包括《礼记》《韩非子》《史通》《日知录》《观堂集林》等中国经典著作,也包括《理想国》《诗学》《伯罗奔尼撒战争史》《存在与时间》《词与物》等西方经典著作。尤其是张老师还指定了自己导师的著作——张舜徽《周秦道论发微》、程千帆《唐代进士行卷与文学》等书,以示学术灯火传承之意。除了著作之外,张老师还选定了要精读的现代学术大师的论文目录(见第三版),如刘师培《南北文学不同论》、王国维《殷周制度论》、胡适《文学改良刍议》、陈寅恪《天师道与滨海地域之关系》等。张老师本人有中西结合、古今融通的治学观念,所以他制定的读书会书目,古今中外的中西经典各占一半。然而,由于我们的知识储备不足,时常对其中部分书籍感到头疼,尤其是一些西方著作,由于语言的隔阂与知识结构的差异,读起来比较困难,尽管如此,我们大都在其中吸取了部分"营养"。

关于张老师要求初入门者交上三份自传,我们迄今为止没有听过张老师本人道出这样要求的原委。就我个人猜测,除了训练三种语言写作能力,恐怕也能借此了解学生的成长环境、知识素养、秉性等等,以便于做到因材施教吧。

二、每个月雷打不动的读书会

谈及张老师的研究生培养,必须要谈连续举行至今,并且还在继续组织的读书会。张老师组织读书会的目的,是"逼"着学生们多读点书,同时进行教学、研究的综合训练。

2008年,我与李程继续留在本校读研,皆入张老师门下。张老师对本校学生有提前培养的原则,本来应该九月入学的我们,也提前五个月开始了硕士生涯,而硕士生涯的第一次读书会,也令人记忆犹新。因为第一次入张门读书会是四月,读的是《陆九渊集》,我们接到读书会通知只剩下几天时间,读书会上没有读完此书,后来读书会结束,又去图书馆加紧补读了全书。五月份,我们读的是马克思《1844年经济学哲学手稿》,当初第一印象好像自己不是学习古典文献学,而是经济学或政治学、哲学专业。

从2008年至今,我已参加了十二年的读书会,对其流程比较熟悉。每次读书会大约四个半小时,甚或有超过五个小时,读书会发言需要全程录音,并逐字逐句整理成文字,所以整理者的任务不轻,做一次整理需要整理三五十页,整理所得材料谓之《问学记》。张老师制定的读书会有严格的程式,但也偶有临时举行的读书会,我将其分别比拟为科举制度的常科与制举。常科读书会一般围绕三份文献来举行:一是《问学记》(由"卷首语"与点评记录、主讲人讲稿、讨论阅读感受的记录、有关阅读书目的论著目录汇编四部分组成);二是阅读书目(一轮书目读完需要三年,主要是二十四种著作,也有论文);三是"《说文解字注》校释长编"作业(在读期间的三年,每个月需要交一份《说文解字注》作业,需要找出段注引书的每一处准确来源,找到引书出处的相关版本与具体页码,并进行一定的比勘工作,旨在开展史源学训练)。

一般而言,四个半小时的读书会,主要有三个环节。

第一个环节是点评卷首语。在约一个半小时的时间内,每人都针对作者的卷首语(卷首语是整理者列于《问学记》篇首的创作,文体不限)进行发言,指出优缺点,尤其是需要指出不足,此为训练文学性创作能力。我印象中,卷首语中出现过文言文、旧体诗词、赋、新诗、散文、随笔、剧本等各种体裁,文白皆有。点评卷首语环节还有一个重要任务,即针对《问学记》进行校勘,大到商榷文句的语法逻辑表达,小到讨论错别字与标点的规范使用。张老师很重视这个环节的训练,2012年,在张老师执教四十周年暨指导研究生工作十周年之际,同门曾军、邹明军、张世敏主编了内部交流读物《立诚集》,按照张老师的建议,其中选取了三十二位同门载入《问学记》的卷首语,每人一篇,我列举前面几届同门卷首语的题目就可见一斑,如曾军《寂寞鹅湖》、林日波《活的生命才真的美丽》、刘果《我和我的空气相依为命》、于美娟《我深深地爱着那个姑娘》、彭红卫《致李商隐——至今有花艳无名,浓淡心痕弦上轻》、邹明军《卡拉是条狗》……如果把这些卷首语汇编成册,就是一部很好的文学创作集,一般人不会想到它们出自古典文献学专业的研究生之手。

第二个环节是主讲人主讲该期阅读书目。每次读书会,都会有一位主讲人演讲七十分钟,这七十分钟内,除了要求脱稿(前期为黑板粉笔式的传统板书,需要完全脱稿。后来代之以 PPT 式演讲,因为有 PPT 提醒,可谓半脱稿),还要有板书、音调高低、得体的肢体语言表达、主讲人与听众的眼神交流等各种要求。张老师甚至会随时打断演讲进行提问,目的在训练我们的读书思考能力与演讲、即兴发言的功夫。如果主讲人与听众没有眼神交流,或者姿态单一,张老师会临时上台帮助其现场纠正,以至于主讲人会承受较大压力。所以,为了一次主题演讲,常常需要准备很长时间。我至今记忆犹新的是,约十年之前,李程讲完《韩非子》,回到宿舍倒头大睡,直到第二天中午才恢复元气,一次主讲的准备工作对其的"蹂躏"程度可想而知。一般在三年的研究生生活中,每个人有三次主讲机会、三次整理《问学记》机会,以及数十次发言机会。可以说,经过三年的读书会,各人演讲与即兴发言的能力定会有所提升。不少同门毕业后,深深感受到,在读书会上所受演讲训练,对未来职场生涯大有裨益。有的同学甚至直接将读书会上的讲稿拿去做应聘试讲的底稿。

第三个环节是每个人对本次读书会所读书目进行发言。这其中既含有主讲人提前预设的问题,也包括自己阅读的感受与启发。张老师会着重关注这一环节,因为检验是否认真读过本次书目主要在这一环节。此时,张老师时常逐个提问:"这本书,你读的什么版本?""这本书认真读了没有?""这本书读完了吗?读到第几卷?"我们对于这种提问,个个感到"危险性的存在"。

张老师曾说,只要不发生不可抗拒的灾害因素,如地震等,读书会是不能轻易改期的,所以每个月定期举行的读书会雷打不动,一般定在 21 日左右,前后偶作调整,调整一般不会超过三天。记得有一次,张老师有一位多年未见的朋友来访,本来张老师要去接机,但因为要参加读书会,只能打电话请其自行到访。张老师以身作则,每次都坚持"坐镇"读书会,有了老师压场子(从张老师在华师工作直至退休,除了 2009 年张老师在韩国岭南大学讲学半年,他至少连续亲自压场十五年共计一百二十次的读书会),学生们除非有特殊事情,一般是不会缺席读书会的,如有缺席者,需要提前向导师请假,并且会在当期《问学记》记下一笔"缺席者,某某某",以保证《问学记》的实录性质。查阅《问学记》的记录,张老师在开办读书会之初(2003 年 10 月 21 日),亲自为第一期《问学记》撰写《开场白》,说明举办读书会、整理《问学记》的三点宗旨:其一,艰苦的阅读训练;其二,深入的思想训练;其三,不断的写作训练。张老师曾表达其期望说:"我想努力把这种形式长期坚持下去,即便我离开这个世界,希望我的弟子也能接着办。"张老师认为:"做学问说到底是一件'私人的事情',我们这个以'问学'为宗旨的读书会也是我们师生之间的一件'私人的事情',因此,它不对外开放,也不做宣传。编印这本《问学记》也只是起到备忘录、保留一些人生痕迹的作用,或许能为进一步研究保存一些有用的资料。"张老师希望读书会是低调的闭门读书,读书如果到处张扬,那就失去读书本来的意义。一般来说,出席读书会的老师只有张老师,不过,有时因读书会内容涉及一些更专业的知识,或者有张老师的好友顺访,张老师偶尔也会邀请个别老师来参加读书会,答疑解惑,相互切磋。查阅《问学记》可知,张老师先后邀请过范新干(华中师大)、王国华(北京工业大学)、郑晓江(江西师大)、徐春林(江西师大)、罗伽禄(抚州社联)、叶双贵(武汉理工大学)、余祖坤(华中师大)等诸位老师。参加读书会的研究生主要限于张老师指导的弟子,但有时也会有其他老师的弟子或再传弟子来参与,如戴丽琴、史元媛、蔡树才、马巧玉、孙方方、胡优优、袁艺林、景美、肖婧等数十人(名多不备举,《问学记》有详细记载)。

如果说定期举行的读书会为"常科",那不定期的学习交流会则为"制科"。张老师常说,作为文学院的学生,不能只会写学术八股文(指规范的学术论文),还要多学习文学性创作。所以除了《问学记》卷首语是大展拳脚的阵地,还有不定期举行的同题作文、作诗会等等。我记得,张老师曾经让我们每个人写过古体诗词、笔记体、箴言体等等,同题作文之后,还得进行互评。此外,张老师多次提倡我们进行"新诗绝句"①创作,记得有一次,让我们以"父亲"为主题创作新诗绝句,我得到公投第一名,寒假在家的我还收到了张老师的红包奖励。此外,张老师曾布置观看《公司的力量》(纪录片)、《年轻气盛》(意大利影片),看后的讨论会,就权当是读书会大餐之外偶尔来的"小点心"了。

三、经常举行的毕业论文切磋大会

对于研究生而言,学习期内需要完成的最重要事情,恐怕是毕业论文的撰写了。就我多年的所见,张老师对于学生们论文选题的指导,一般采用三种方式:其一,根据研究生的研究兴趣和研究基础,师生共同商定,这种情况比例稍微大一些;其二,由张老师指定选题,当然也要考虑研究生的兴趣和基础,这种情况也比较多;其三,研究生自选,这种情况相对较少。总体来说,对于硕士论文选题而言,主要是前两种,对于博士生而言,更多是尊重他们自己的选择。因为作为博士生,理应有独立展开学术研究的能力。

---

① 所谓新诗绝句,乃张老师定义并坚持提倡的一种文体。用现代汉语写新诗,格律不限,但为四行一首,言简意赅。也可视为新诗中的"四行诗",所谓"绝句"即取旧体诗中绝句之"四行"之意。

在论文开题答辩之后,张老师往往召集大家一起开个小会。同门之间,针对选题字斟句酌,互相提意见,以期共同进步。尤其是在论文标题与大纲的具体斟酌上,大家往往各抒己见。集体商讨之后的新大纲,无论在逻辑结构,还是语言表达方面,质量都明显更上一层楼。通过这种切磋的形式,大家在无形之中都得到了进步。此外,在毕业论文正式答辩之前,也常会有一个类似预答辩的商讨环节,此环节不定期举行,对论文写作的提升较有助益。

张老师常说,希望学生们的博士论文能得以出版,他认为,一般人文社会科学的博士论文代表一个求学者在研究生生涯中的最高学术水准,论文通过答辩并加以修订后应该达到出版水平,应该鼓励尽可能公开出版,以便接受学术界和读者的批评、审视,促进学术交流。正是基于这种认识,博士毕业后,张老师一般都会催促他们继续修订博士论文,争取公开出版。因此,同门们出版博士论文之前,也往往请张老师撰序。据我所知,张老师先后为刘果、曾军、杨毅、王光艳、袁洪流、邹明军、田全喜、金雷磊等人的博士论文出版写过序。并且往往在序文定稿之前,张老师会发与我们几个同门看看,一来起到一点校对作用,二来时常鞭策、提醒我们重视学术著作的出版。

四、每年一次仪式感极强的毕业生欢送会

身在张门,与会结缘。除了读书会,还有仪式感极强的欢送会。欢送会的目的是欢送毕业生,同时兼有游学目的。一般读书会都在华中师范大学校内举行,而每年六月的读书会,则与毕业欢送会一起合办,多在山清水秀之地举行。起初的六月欢送会,主要在武汉举行,如武汉东湖磨山风景区、东湖梨园风景区。后来逐渐发展到省内其他地方,甚至省外。我们的集体游学,自然与古人所谓游学不同,记忆中,每次六月欢送会都有二三十人,前后去过当阳、襄阳、长沙、麻城、连南(顺访广州)、英山、枣阳、五峰等地。即便是今年疫情期间,我们仍然做了线上欢送会。在省外举办的欢送会,除了师母史老师有时参加外,张老师也会邀请他的一二好友参加,我印象中,张先冰、阮争翔、林岩、马良怀、朱玮荃等老师都先后参加过此类欢送会。张先冰老师在参加当阳、襄阳、长沙三次欢送会时还把当年读小学的女儿张芸朵带上;五峰欢送会上,师母史老师还把小外孙邹子檀带上。我想以后当朵朵(张芸朵小名)、檀檀(邹子檀小名)长大成人,张门外地欢送会一定会在他们的少儿记忆中留下难忘的一页。听说朵朵现在英国留学,前途无量。特别需要提及的是朱玮荃先生,他是一位多才多艺的人,办企业,写诗,打太极拳(南武当派传人,是张老师太极拳的老师),创建金

泉书院,等等,样样得心应手,他还担任湖北省佛教协会理事等社会兼职。张门英山毕业欢送会就是朱玮荃先生主动要求承办的,大家很感念张老师这些好友的深情厚谊。

在外地举行欢送会,一般而言,相关费用主要由在外地已经工作的同门承担,张老师十分强调节约原则,以防承担人有太多的花费。二三十人集体出游,首先要考虑的是安全问题,所以每次我们都会集体购买意外险。因为欢送会需要考虑到人身安全、景区游览、车辆接送的无缝对接、餐饮与住宿的订购等等事宜,所以需要提前进行充分筹备,并且提前制定好欢送会的具体事项表格,时间安排要精确到几点几分做某事。

鉴于外地举行欢送会的诸多限制与不确定因素,张老师一般都会亲自提前对出游路线进行一次考察。记得2016年6月底在我家乡五峰举行欢送会,尽管我已经提前进行了充分准备,并且我坚持自己一个人前期实地考察就行,但张老师依旧不放心,要亲自前往了解一番。因此,6月中旬,张老师与我,还有在读博士生刘烨,我们三人凌晨四点半起床,坐上提前约定的"滴滴专车",六点二十即到汉口火车站,乘坐早上的高铁先去宜昌,然后从宜昌乘车到五峰,对我事先预定的路线(如五峰茶城、青岗岭万亩生态茶园、柴埠溪大峡谷等)进行了一番实地考察。在约两天的实地考察演练之后,即将举行的欢送会可保证安全顺利举行,张老师的心终于略微安定了。不过,只有当欢送会真正举行完毕,大家各自归家或归校完毕并报了平安,张老师的心才会真正石头落地。我经过筹备五峰欢送会,才真正感受到,在大家享受欢送会带来的欢乐的同时,可能并不知道一次欢送会的举办需要提前进行若干准备,也并不能完全了解张老师为此付出的精力。

一年一度的游学毕业生欢送会,几乎都定在6月28日至7月1日举行,大家都较为期盼。因为这个会议前后持续三天两夜,大家可以集体出游。当然,在外地吃喝玩乐的愉悦感得不到尽情的抒发,因为伴随欢送会的同时还有读书会的举行,或者在读书会之余,还得对若干同门的毕业论文大纲进行集体讨论。我们私下感叹,即便是出去玩,也不让好好玩,还得时刻念及学习与读书事宜,可谓欢乐与痛苦并存。

欢送会的程序每年或略有不同,但如下几项程式几乎不变:

1. 现场播放毕业纪念视频(此前毕业的同学所录祝福视频)
2. 给毕业生赠送礼物(在读同门大家集资,每个毕业生可自选约200元的毕业礼物,大多数人选择了书)
3. 朗读毕业欢送辞(每年指定一位同学对每个毕业生撰写欢送辞)

4. 毕业生发表毕业感言(每个毕业生发表张门问学感言,时常见毕业时感动落泪者)

5. 张老师毕业寄语(张老师给每位毕业生赠明信片,并在明信片上亲笔书写自己精心遴选的经典箴言警句)

6. 张老师总结发言(总结发言时,张老师有时候会提前精心撰写主题发言数千字,如2020年为《如何以确定性对抗不确定性》)

外地游学,除了读书与讨论,我们还留下了诸多美好的回忆:

我们参观过襄阳知名酒厂与古隆中,看到了价值数十万一坛的原浆酒,透过历史感受了三顾茅庐中的求才心切与礼贤下士的诚心;我们还在当阳千年古刹玉泉寺读过书,真正第一次体会到深山古寺读书的氛围,第一次在寺庙挂单(住宿)与过堂(吃素斋),第一次与智𫖮大师神交,第一次练习打坐参禅,第一次体会到参禅打坐需要极大的耐心与一定的体力;我们逍遥于长沙橘子洲头与岳麓山,品味过长沙的麻辣美食与臭豆腐;我们还领略过清远连南千年瑶寨风情,化身蚕宝宝,体会过连南的全桑席;我们还在英山南武当山风雨倾盆时练习过太极拳;等等。

这些外地游学经历,给我们留下了深刻印象,提起这些场景,大家都感到如在昨日。我在这里还要特别感谢外地游学及毕业生欢送会的承办者桑大鹏、康光磊、刘果、王光艳、李俊、杨毅等同门,他们不仅亲力亲为,付出一定的人力物力,事无巨细地进行周到安排,而且还动员其家属、同事、学生等帮忙协助办会务。如长沙欢送会的协助者王铁军老师、王梦洁同学,麻城欢送会的协助者王光艳的同事李峰先生,连南与广州欢送会的协助者李俊的四位学生,英山欢送会的协助者朱玮荃先生的家属邹佩池女士,枣阳欢送会的协助者杨毅的父亲杨先生,等等。

五、遣婚使与份子钱

所谓遣婚使与份子钱,乃张门读书会之外另一个具有特色的活动。2008年甫入张门,我就听说一个规定。张老师为了使得同门互相熟悉、关系融洽,制定了一个关于结婚份子钱的规定——凡是同门中有人结婚生子,张门都会有祝福,规定在校生随礼50元,工作人士随礼200元,自愿多随礼的则不限金额,不愿随礼的也可自愿不随。此外,若有同门在外地举行婚礼与婚宴,张老师会指定两位或三位同门,亲赴当地代表张门参加同门的婚礼与婚宴,我们私下谓之

"遣婚使"。这些年来,遣婚使分别奔赴到河南、山东、云南等地参与同门婚礼,并在现场发回一些婚礼的影像,让不在现场的张老师和同门分享。有些少数民族的婚礼现场颇有一些我们不熟悉但很有意思的民情风俗。另外,若有同门来武汉了,大家则会欢聚一堂吃顿饭,如有人去了外地,凡有同门的地方,张老师也让大家尽量多聚聚。因为大家平时不住在一地,见面不易。借"名目"聚一聚,也是人之常情。

谈到"份子钱",张老师有其自己的原则。我也想提及张老师严于律己的一件小事。自从有了微信红包转账功能,微信群发红包就成为一种"习俗"。记得有一年,在张老师生日那一天,有同学率意在"张门一家亲"群发红包,其他有几个同学跟随,后被张老师严厉制止,下不为例。此后,群内就再也没有出现张老师生日发红包的情况了。

此外,张老师非常关心学生生活,我仅以自己为例。我个人长期伏案,颈椎不好,每年会频发落枕性颈椎病,尤其到冬天,有时候脖子无法转动,苦不堪言。张老师得知此事,不仅经常提醒我注意颈椎健康,还曾亲自传授我一套颈椎操。2017 年 9 月,我与同门去张老师家,张老师特地送给我一根长 2 米的不锈钢钢管,据师母说,这是张老师特意去五金店给我买的,让我用其练习颈椎操。张老师当场示范了一套颈椎操(据说此操是一位老中医传授给王兆鹏教授的,动作简单但十分有效,张老师乃辗转而得),我至今记忆犹新。当我返回时,我拿着棍子乘坐公交车,将棍子立在车厢里,车辆行驶过程中不免颠簸,来往的乘客时不时误将这根棍子当作公交车扶手去用了,当他们发现这是我手中一根活动的不锈钢钢管时,都对我会心一笑。同行的苏小露与李程二人,戏言此乃"尚方宝棍"。此情此景,如在昨日。

从 2008 年入张门至今,我见证了各种场地的毕业生欢送会。张老师 2018 年退休,之后,他偶尔也到读书会现场坐坐,新冠疫情期间,他也曾参与我们的线上读书会。

张老师培养研究生,有着诸葛亮式的管理精神,有着奖掖后进的慈悲之心。我们每个人在严格的军规管理方式下,都有较大进步,也大都受过老师的各种奖掖。人常谓刚柔相济、宽紧结合,张老师除了有严格的一面,也有平易近人的一面。同学们私下称呼其老张,更有甚者,部分同门认为他长得像可爱的小糊涂神(动画片人物),当然这个称呼是不敢直接叫的……

友朋印象

茹古涵今意　滋兰树蕙情

——致敬三夕兄执教五十周年

何新文①

　　五十年，是半个世纪的时光，是一段很长的人生岁月。三夕兄先后在中学和大学连续执教五十周年，就已然昭示了他对于这份事业的真诚与坚守、成就与贡献。而我深感荣幸的是，在三夕这可圈可点的五十年里，竟有着与他四十多年的相知相随。我既是他从教事业的见证者，更是一个获益良多的受惠者。作为同学和朋友，能随三夕一起走过人生中最漫长、最难忘的一段旅程，还能够和他的弟子、亲友一起亲历庆贺其执教五十周年的盛典，与有荣焉！

　　与三夕的最初相识，是在1976年岁末的武汉师范学院校园。那时，我们都是中文系一年级的学生，他在7601班，我在7602班。虽然分别为两个小班，但所有课程都是合班在大教室上的，我们有共同的老师，相同的文学爱好，记得我俩还分别担任两个班的学习委员，交往密切，性情投合，不知不觉中便自然而然地结下了深厚的友谊。通过两年多的学习，我们都对古典文学产生了浓厚的兴趣，也颇得当时古代文学教研室老师如韩珉、张国光、李悔吾、王陆才、曾昭岷、马之法等先生的关心和鼓励。快要毕业时，系里面研究决定，张三夕、胡其林和我等几名同学留校任教。但在三年级下学期，我俩又都萌生了报考古代文学研究生以进一步深造的想法。在老师们的指导下，我们一起复习准备，共享信息，还一起商量报考的学校、研究方向和导师，我报考华中师范学院石声淮教授的先秦文学，三夕报考南京大学程千帆先生的唐宋文学。很幸运，我们都考上了。消息传来，老师们和76级的同学一片欢腾。中文系领导还专门召开了一个小型的欢送会，副系主任戴国家老师到会讲话祝贺，称赞我们是武汉师院历史上第一批考上研究生的应届毕业生，为中文系和学校争得了荣誉。当然，我们更永远铭记着母校和老师的培育之恩：朱祖延、张国光先生鼓励我们做学术研究，修改我们不成熟的论文；韩珉老师得知我们要考研，让我们到她家里翻阅珍藏

---

① 何新文，湖北大学文学院教授。

的线装古籍……

　　1979年下学期,我们带着考上研究生的兴奋和热情,告别母校,进入各自读研的学校继续学习。我们以书信往来的形式保持着联系,通报各自的新见闻,也分享学习的收获。记得在确定硕士学位论文选题时,我还将初拟的三个待选题目和大纲寄给三夕,很冒昧地拜托他代为向程千帆先生请教。没想到,不久三夕就反馈了程先生的意见,建议我以其中之一的《左传》人物研究为题,竟与我导师石声淮先生的意见不谋而合。这对于我,真是喜出望外,后来的论文写作和论文答辩也都比较有信心,完成得很顺利。

　　读研的时光过得很快,两年半后的1982年初,三夕就硕士毕业回到武师中文系任教,下半年我也硕士毕业,奉李悔吾、王陆才两位老师之约回到武师中文系。这样,我们之间的关系,就由原来的同学升格为同事,并且在同一个教研室,与大学同学胡其林等师友一起教授古代文学。1983年,三夕考入华中师大历史文献研究所攻读博士学位,师从张舜徽先生。还记得当时和三夕去张先生府上拜访的情景:张先生家里的藏书很多,书房里、过道上都摆满了书架和书,感觉就像是进了图书馆一样。先生兴致勃勃地操着湖南话向我们介绍他的藏书,还特别提到所著《清人文集别录》一书很受学界欢迎,中国社会科学院文学所的研究人员几乎人手一册,是案头必备之书。因为是在职读博,三夕还住在武师,也不时参加各种教学科研活动。比如,由他发起和组织的中文系"青年教师系列学术讲座"就很有影响。这个讲座,以"系列"的形式连续推出,内容以研究方法为主要话题介绍当时国内外时新的文学研究方法,讲座过程中还设有师生问答的互动环节,主讲人和参加讲座的青年教师都可以回答和讨论听众提出的问题,可以说从内容到形式都极具新意,颇受广大师生欢迎。有一次学术讲座的时间正遇上学校在大操场放电影,三夕仍然坚持照常开讲,说就是要和放电影争夺观众。结果,来听讲座的学生仍然爆满如常。记得《光明日报》还报道了这个系列讲座。与三夕在武汉师范学院(1984年更名为湖北大学)中文系共事的那几年,一群意气相投的年轻朋友在一起任教讲学,大家热情洋溢,相互切磋,十分融洽快乐,这其中颇得益于三夕的引领。

　　自1986年初三夕博士毕业,成为华师历史文献学科第一位历史学博士,并留校在历史文献所工作,再到几年后又调往海南大学社会科学研究中心、海南大学文学院任职的十多年间,我也先后到湖北大学教务处、研究生处兼任管理工作,我们见面的机会比以前少了一些,但联系仍然密切如初。我若去华师,一定会看望三夕,还往往会在他家里吃一餐饭。做饭除嫂夫人外,有时还是三夕下厨掌勺。吃了些什么饭菜已记不太清了,但肯定是比较简便清淡的,我们要用更多的时间来聊天,谈学问,谈人生,我尤其喜欢听他高谈阔论。那一种自然、愉快的氛围，于我是莫大的享受。1993年，三夕去了海南，我自然有很多的不舍，后来还找了个机会去海南看望他，还在那里幸会了陈家琪、鲁萌等好朋友。这十余年间，三夕先后出版了《批判史学的批判——刘知幾及其〈史通〉研究》（1992版）、《死亡之思与死亡之诗》（1993版）、《通往历史的个人道路——中国学术思想史散论》（2001版）等著作和一批学术论文。他总会将他的著作惠赠与我，并写上"新文兄雅正"的字样，签署自己的名字"三夕"。我往往会立马拜读三夕的大著，作者开阔的视野，深邃的哲思，灵动的文笔，不仅会给我带来阅读的愉快，也会多方面启迪和开拓我的思维。1993年，我出版了第一部学术著作《中国赋论史稿》，三夕兄也撰写有书评多所鼓励和推介（载见《湖北大学学报》1994年第6期，《赋学研究的新收获——何新文〈中国赋论史稿〉评介》）。

2001年下半年，华中师大文学院因"古典文献学"专业博士点学科建设需要引进人才，在海南工作了八年的三夕，又回到了武汉。自此以后，一直到2019年退休，近二十年间，他再也没有离开华师。他和王齐洲、高华平教授组建古典文献专业硕士、博士学位点，三夕任教研室主任，自2002年开始招收研究生。张、王、高三位导师，被学界同人称为"古典文献三剑客"，博士点建设成绩斐然，在省内、国内学界都颇负盛名。同时，这里也成为我所指导的硕士毕业生到校外继续深造的首选博士点，十几年里，我指导的硕士生周昌梅、张继文、袁洪流，都先后报考并被录取为张三夕和高华平教授的博士生，并且完成学业获得博士学位。

与此同时，我也常常邀请三夕来湖大主持博士生论文答辩会，他的博识、幽默以及一丝不苟的学术精神，颇受同学们的欢迎。三夕与齐洲、华平教授每逢有博士生毕业，也总是邀约我参加答辩或评阅论文，至今已连续十几届了。虽然，在每年那个被高校教师笑称为"黑色五月"的答辩高峰季，桌上堆积很多要评阅的论文会使我有不小的心理压力。但是，那些以"中国红"封面装订的"华中师范大学博士学位论文"仍然很具诱惑力。我会首先安排时间认真阅读这些来自"第二母校"的论文，按时参加答辩会。我不仅将它看作是一项学术任务，还当成是训练提高自己指导研究生能力的实践机会。记得大概是我第一次参加华师古典文献专业博士答辩会的前几天，我向三夕请教：在答辩会上说些什么？他告诉我除了谈谈对于论文本身的看法外，还可以扩展一点，比如请答辩的博士生谈谈对于陈寅恪先生"以诗证史""诗史互证"方法的理解，并且建议我读一读陈寅恪先生的名著《柳如是别传》。正是因了三夕的指示，孤陋寡闻的我第一次借来这部三大册的皇皇巨著拜读，才得以略微知晓明末清初名妓"河东君"柳如是与著名文人钱谦益之间的诗文、故事，了解一点作者"专考河东君之本末而取牧斋事迹之有关者附之"的写作动机及其史学方法，尤其感佩陈寅恪先生虽晚年失明，仍然"不惮辛苦、钩稽沉隐"经营此稿的坚毅精神。

由于三夕兄等学界朋友的关爱提携，我在指导博士研究生的过程中不断获得经验，也有所进步和成长。直至今年（2020）11月29日，三夕还邀请我在华师文学院三楼会议室，主持中国古代文学专业的博士论文答辩会，与张三夕、汤江浩、韩维志、王炜、林岩等教授一起，评议了肖婧、梁晓彤两位博士生的博士论文和答辩。参加研究生的论文答辩，还有学术讲座等形式的学术交流，成了我们联系交往的纽带，尤其使我和我的学生获益良多。

从1976年武师校园的大学同学，直至我们都从教师岗位上退休下来的近古稀之年，我与三夕兄相识相知已有四十多个春秋了。这四十多年中，三夕惠我实多。他博闻强识，视野宏阔，豁达开朗，热诚友善，与之相处轻松愉快，亲如兄弟，可以无话不谈。然而，其嘉言懿行，学问人品，于我印象至深，感念难忘，且值得推广传播者，又有如下三端，弥足珍惜。

一是茹古涵今的"通人之学"。"读万卷书、行万里路"的理论，大凡读书人都赞成和向往，但三夕却是一个实实在在的模范践行者，且其来有自。他的硕士导师程千帆先生、博士导师张舜徽先生都是强调通人之学、饱览群书的文史大家。张舜徽先生是中国历史文献学会会长，通读过经史子集许多大部头的书，如《十三经注疏》、《二十四史》、诸子、清人文集等。张先生晚年曾自撰《八十自述》谓其"由少至老，笃志好学，未尝一日之或闲。讲习之外，惟读书数十年，著书数十种"，其于文字、声韵、训诂之学，经学，无所不窥。撰写《清人文集别录》一书，研读的清人文集就多达一千余种。

三夕自幼好学，知识广博，英语也好，又师从两位文、史领域的大师攻读文学硕士和史学博士学位，故而极崇尚通人之学，茹古涵今，博览中外文、史、哲名著。其博学、敏思的才识，颇为常人所不及。所涉及的学术领域广泛，既治文学史、史学史，也治思想史、古典文献学，已出版的著作如《批判史学的批判——刘知幾及其〈史通〉研究》《死亡之思与死亡之诗》《通往历史的个人道路——中国学术思想史散论》《东方文化与现代文明》《诗歌与经验》《20世纪的"最后性文本"》，主编的国家"十一五"规划教材《中国古典文献学》，还有在《哲学研究》《文艺研究》《文学遗产》《中国文化》等杂志上发表的百余篇论文，就有不少跨学科、跨学界的成果；他给本科生、研究生授课，也涵盖了文学史、史学史、思想史专题，还有古代汉语、古代文论、历史文选、古典文献学、文史名著研究、宗教文学文献等多个领域的十多门课程。

三夕崇尚超越学科界限的"通人之学"，常以"越界之思"来表达自己的学术追求，矢志不渝地在纵横古今中外文、史、哲领域的广阔学术空间里孜孜以求，融会贯通，卓然自成一家。同时也以这样的思想理念指导和要求他的研究生，他规定自己指导的研究生在三年学习期间，除了学习专业课程之外，还要系统地研读古今中外 24 部经典，其中中国典籍如《春秋繁露》《文心雕龙》《史通》《四书章句集注》《日知录》，西方典籍如柏拉图《理想国》、亚里士多德《诗学》、希罗多德《历史》、康德《纯粹理性批判》、马克思《1844 年经济学哲学手稿》、海德格尔《存在与时间》等，外加通读一部文字学经典——段玉裁的《说文解字注》。鼓励研究生"读书首先要博，不能局限在专业狭小的范围内"，要"博而能一"，能够"做大学问"。

　　三夕虽有崇尚博通的气度、茹古涵今的才识，令人钦佩羡慕，却又从不炫耀张扬，而是润物无声地滋润着他的学生弟子，也一直影响沾溉着如我这样的朋友。比如 1984 年，三夕在《徐州师范学院学报》上发表了一篇题为《作家作品研究中的数量分析——唐代诗人总数考实》的论文，文章运用"定量分析"的方法研究唐代文学，在当时颇具方法创新意义。三夕特意惠赠了这期《学报》，我兴致勃勃地拜读之后很受启发，也开始接受"定量分析""意象统计"之类的概念。一年之后，我写了篇《赋家之心，包括宇宙——论汉赋以"大"为美》的文章，运用定量分析的方法，通过统计《子虚赋》《上林赋》中频繁采用的"意象和词语"，得出了"赋中最喜选用的修饰词语几乎都是如巨、大、阔、广、崇、高、众、夥、无涯、无穷以及千、万之类最能表现巨大、宏阔、崇高、众多、强勇、迅速的形容词和数词。其中，'巨、大、千、万'这四个词出现频率总计共达二十七次之多"的结论；这篇文章，原本打算在某高校学报发表，但请三夕审阅以后，他却鼓励我向《文学遗产》杂志投稿。当时，很惊讶他的建议，因为我从来就没想到过可以问津这本国内最高学术层次的古代文学专门期刊。在他的鼓励下，我鼓起勇气将稿子投了过去，不久就得到杂志社的用稿通知和徐公持主编的亲笔回函，文章很快在 1986 年第 1 期刊发了。这件事对我的影响很大，自此，在学术研究的道路上也多了一些自觉和自信。

　　二是敬业乐群、爱生如友的教师情怀。作为导师，三夕亲自为他所指导的研究生制订门训，这在当下教育界鲜有其例，也是古典文学、古典文献学学界颇为传扬的佳话。三夕认为，要培养有质量、有个性的高层次人才，把西方的导师制和中国传统书院的师徒制有机结合起来，应该是一种比较好的方式。因此，他在有了一届毕业研究生之后的 2006 年，就亲自制订了有名的十二条张门门训：

　　　　一、敬业乐群；二、守时守信；三、博而能一；四、厚积多发；五、严守学术规范；六、力创学术记录；七、刻苦磨练办事的能力；八、迅速适应环境的变化;九、高度重视财富的积累;十、全面培育身心的健康;十一、真诚维护家庭的和谐;十二、充分享受生活的诗意。

对于这被其学生称为"十二条军规"的门训,三夕不仅亲自讲解,而且还特意制作了一份承诺书,要求所有在读弟子签署。其中第一、第二、第五条,为"刚性要求",不得违反,若有违反且经老师批评教育仍不改正者,则自动解除师生关系。这"刚性要求"的第一条即是"敬业乐群"。《礼记·学记》所言的"敬业乐群",是说学生要专心于学业和乐于与他人相处。三夕解释敬业乐群,则认为"这首先是对老师的要求,也是老师的天职,当老师的就要对所从事的教育事业认真负责,对所有的学生一视同仁,热爱学生,关心学生";他还说"这一条是从程千帆先生那里继承过来的"。正因为有对于教师"天职"的敬畏和认真负责的精神,有爱生如子、爱生如友的温暖情怀,三夕在他所热爱的教师岗位上一干就是五十年。他要求学生严格遵守"张门门训",也承诺作为导师会以诲人不倦的态度耐心进行指导;他要求大家多读书,自己更是身体力行,一本《论语》就认真读过七八遍,《史通》也读了很多遍;他规定"守时守信"是对张门弟子的刚性要求,自己从1972年开始上讲台以来,近五十年间就"没有迟到过一节课";他发起设立学术基金,带头给结婚或有困难的同学提供帮助;天气变化时会给学生群发关心的邮件,逢年过节时也会送去温暖的问候。

三夕教授指导研究生,不仅立有十二条门训,还在要求完成课程学习和论文写作等"硬性"规定之外,采取"读书会"的形式,对研究生进行艰苦的阅读训练和不断的思想、写作训练。先列出要阅读的中外经典名著目录,要求学生每月精读一部,三年读完。每月一次读书会,全部在读弟子参加,一人主持,一人主讲当期精读经典,然后是开放性的讨论,以增进问题的探讨,推动思想的交锋。每次读书会,都有一人全程记录整理,最后编为《问学记》。读书会自2003年开始,一直坚持下来,参加读书会的学生从起初的5人,发展到后来的十几人、二十几人;从开始闭门的张门弟子读书会,扩展到学院内其他导师和研究生参加;记录整理的《问学记》,也从起初的几页发展到后来的一百多期。张门弟子所经过的这样系统的学术训练,无疑为他们未来学业乃至职业生涯的发展打下了坚实的基础,准备了良好的精神素养,同时也为当下研究生的培养探索了成功的经验。

数十年如一日孜孜不倦的坚守,数十年如一日滋兰树蕙的辛勤灌溉,成就了一批批优秀的"张门弟子",作为导师,三夕教授自然也赢得了莘莘学子的深深爱戴。如三夕兄招收的第一个研究生曾军写道:"老师常说,女儿是他血缘生命的延续,学生则是他学术生命的延续。每言及此,在座诸生,无不动容,莫不深会老师的苦心孤诣。"①"张老师,您就是寒冬里炭炉中的那一抹殷红,彻底地温暖了我的身心""学养犹如绝顶之上那片美丽花海,云在山腰月在巅,我在山下日复年,您在前头勤领路,我才识得东风面"②;"我深深地体会到了他的爱,这种爱来源于他每一次亲切的眼神,每一次嘘寒问暖,每一次只叫我的名却不道姓""老师的门训不仅仅是一个老师对学生们的严格要求,更像是一个父亲对孩子的谆谆教诲,他是用自己积累的点滴经验来指导学生们前进的方向,让学生们少走弯路"③,这是研究生彭红卫、张海燕心中"别样的张老师"。当然不只是曾军、彭红卫、张海燕,张门弟子都如是说"父亲般的张老师,是我们学习和生活上的导师""遇到他,是我们的幸运"。

　　三、享受诗意生活的人生追求。"人为什么要活在世界上?人如何活在这个世界上?"对于这样根本的人生哲学问题,三夕兄也有着既具哲学意味又充满着人文情怀的解答。他曾和他的研究生弟子们说"我们追求诗意的生活""我们要读最古老的书,过最现代的生活""读书治学,最终的目的还是要归结于人生,我们的心灵要永远充满阳光"。他说自己有信心活到90岁,更希望同学们既有学问有教养,又能够保持身心健康。在2009年9月第53期张门读书会上,三夕告诫他的弟子们:"大家要记住来这里读研究生不是人生的最终目的,我们是要过最现代的充满诗意的美好生活的。""可现在大家的健康状况实在令我担忧。"某某同学,由于身体不好"仓皇北逃";某某同学,为赶博士论文,颈椎弄出毛病来了,经常头晕;某某同学,现在虽然评上了正教授,却有了糖尿病,还是有问题。三夕还现身说法,他在韩国讲学时,那里的学生刚开始看到他很年轻的样子,以为他是"交换生"。如果大家到了五十岁,还保持着很好的心态,看起来像交换生,那么你就成功了。

　　三夕写过一篇《如何以确定性应对不确定性》的文章,认为"健康是确保人生所有生活状态得以正常存在的最重要的确定性力量,没有健康,一切学习、工作和家庭、社会生活均无法正常进行"。健康与快乐相互依存。与健康相比,功名利禄、荣华富贵等等身外之物都是微不足道的。我们应记住叔本华的名言:"人类所能犯的最大的错误就是拿健康来换取其他身外之物!"三夕的身体很健康,仍然积极锻炼身体,他喜欢游泳,认为游泳是有利于身心健康的确定性运动

---

① 曾军:《立诚集·后记》,见曾军、邹明军、张世敏编:《立诚集》,第111页。
② 彭红卫:《感谢您——2008年6月15日读书会感言》,见曾军、邹明军、张世敏编:《立诚集》,第67页。
③ 张海燕:《别样的张老师——读三夕师〈日记〉有感》,见曾军、邹明军、张世敏编:《立诚集》,第88—89页。

方式。年过六十了,还坚持每年夏天横渡长江一次,并且打算把这个习惯保持到七十岁。他希望他的研究生们要牢记生命和生存的个体差异,找到适合自己的保健方式。"各位同门可以选择某项体育运动而终身保持对这项运动的热情。"如他肯定苏小露擅长的打羽毛球就是一项不需要什么成本的有益于身体健康的终身性运动。"打羽毛球对于颈椎、视力的保健作用很大。"还鼓励同学们懂得去发现和享受生活中的诗意,比如夕阳西下的时候,看着慢慢落下的夕阳,默诵唐诗宋词,想想王维笔下的山水田园,以及高适、岑参笔下的边塞风光……应该是缘于如此通彻旷达的人生追求,平常见到的三夕总是那样乐观,那样阳光,那样爽朗豪迈,在他从不显老的圆脸上总洋溢着孩子般的灿烂笑容。

令人感动的是,三夕不仅仅自己健康快乐地生活在这个世界上,也不仅仅对他的学生提出健康生活的要求,更是把他诚挚温厚的关怀投向身边的亲人和周围的朋友,对于我自然也不会例外。在三夕的朋友中,我属于身体比较孱弱者,因而他的关怀也多了一些特别的内容,他关切我的健康,经常告诫我不要太累,身体健康是最重要的,有时还会很严肃地正告我:"与你的健康相比,别的东西,比如当不当博导都不重要!"每一次同学师友之间的聚餐,他都要提醒酗酒的朋友:"新文不喝酒。"每次因病住院,他总会来医院看望我或者打电话问候叮咛。2006年,我因胃部肿瘤要做手术,三夕与胡其林等同学甚是关切,专门聚到一起讨论如何应对,并且提醒我上网搜索目前国内此类手术的先进方法和最好医院。在三夕的提示和鼓励下,我搜索相关信息进行比较分析,最终作出远赴上海第二军医大学附属医院进行微创手术的正确决定,获得了良好的治疗效果。仅这一件事,就足让我无限感慨,难以忘怀。我常自念:关键时候,三夕总能够给你意想不到的思路和指示。因此,自己有什么比较重要的事情又难以决策时,总会向三夕求助请教。

这篇致贺三夕兄执教五十年的文字拉拉杂杂,篇幅已经不短了。最后,仍然想征引主人文情并茂的一段题辞来结束本文。十年前,三夕曾在《立诚集·题辞》里说:

> 古人云:"修辞立其诚。"其实教育更应"立其诚"。本人在四十年的执教生涯中如果还有一点点成绩的话,那就是对"立其诚"的坚守。我的弟子们在筹备本人执教四十年的纪念活动时,决定编一本本人指导研究生工作的文献回顾集子,索书名于我,我思忖再三,决定以"立诚集"名之。在这一既平凡而又不平凡的日子,我真诚地表达我的心声:我发自内心地热爱我的每一位弟子;我发自内心地珍惜我们的师生情缘和朋友厚谊;愿我和我

的弟子们努力做真诚的人;我深信,天下真诚人终究是有缘之人,有福之人;时间或历史终究会站在真诚一边。

虽然,是人都无法留住时间和历史,同龄的三夕和我,都即将进入古人所谓"古稀之年"了。因此,我们对于四十年执教、五十年执教的纪念,也只是一种对于过往的回忆。然而,享有这样一份美好而温馨回忆的人,是幸运的。唐代诗人鲍溶有谓:"山河不足重,重在遇知己。"其实,我也想说:"三夕之于我,亦是如此。"

我祝福并且相信三夕兄,这位真诚的朋友,这个真诚的有福之人,也一定会实现他的宣示:"我活到90岁,我也是大师!"再过22载的2043年,"大师"张三夕教授九十华诞之时,张门弟子当会有更为隆重的庆祝和纪念的活动。是所期盼!

2021年1月13日初稿,16日修改。其时,"三九"的武汉,风和日暖。

博 雅 君 子

——张三夕教授印象记

王齐洲[①]

今年 9 月中旬,三夕教授的弟子曾军给我发来短信,说是他们同门正在筹划一本《张三夕教授执教五十周年纪念文集》,希望我能写点东西纪念。作为张老师的朋友和同事,我毫不犹豫地答应下来。

我和三夕 1978 年相识,后来又在华中师范大学文学院共同培养古典文献学专业硕士和博士近 20 年,相知相助,要写的东西实在太多。然而,真正提起笔来,又不知从何下手,几次提笔放下,陷入沉思。一天,我带着孙子、孙女在学校 9 号楼前的博雅广场玩耍,宽敞的草坪,参天的大树,平整的道路,悠闲的长凳,一切都显得那么舒适,那么安逸,那么优雅。华师校园虽不算太小,但适合儿童玩的地方实在不多,所以小孩们都喜欢到这儿来玩。当我看到竖立在博雅广场西北角的巨石上镌刻的章开沅先生书写的"博雅"二字时,突然脑子里灵光一闪,题目有了:博雅君子,三夕可当。

我和三夕相识于武汉师范学院(今湖北大学),屈指算来,已有 43 个年头。1978 年 2 月,我从荆州师专到武汉师范学院进修,住在 76 级中文系的学生宿舍里。三夕当时便是 76 级中文系学生,经常到我们寝室串门,他和我们寝室里的刘仁鹏、胡秦保的关系甚好。因为我待在寝室的时间较少,又是个不爱凑热闹的人,所以虽然见过他几次,却并不知道他的姓名。5 月 28 日,是一个星期天,天气晴朗,我像往常一样,去张国光先生家,准备陪他一起去湖北省图书馆特藏部看古书。三夕已经先在那里。张老师对我说:"他叫张三夕,是 76 级中文系学生,和我们一起去省图看书。你们认识吧?"我们相视一笑,连忙说:"认识,认识。"两双手热情地握在了一起。从此,我便牢牢地记住了他。

1979 年 7 月,我结束专业进修返回荆州师专,三夕从武汉师院毕业,考上了南京大学程千帆先生的古代文学专业硕士生,也离开了武汉。其间我与他虽然

[①] 王齐洲,华中师范大学文学院教授。

联系不多，但也一直关注着他的发展。1982年初，三夕硕士毕业后回湖北大学工作。次年，他又考取华中师范大学张舜徽先生的历史文献学专业博士生，1986年初获博士学位后留历史文献所工作，同年7月被破格晋升为副教授。我当时在荆州师专工作，凡有事到武汉，总会找机会看看三夕，因为他的学养深厚，知识面宽，与一般做历史文献研究的学者有别，我自愧弗如，总希望从他那儿获得一些信息、经验与灵感。"与君一席话，胜读十年书"的真实感受，成为我不能忘怀他的最重要理由。

20世纪80年代的"文化热"，我们都是亲历者，也是积极参与者。汤一介先生等创办的中国文化书院在全国招收学生，组织全国著名学者宣讲文化知识，讨论文化问题，编写和出版文化研究书籍，起到了普及文化知识和促进文化研究的巨大作用。我是中国文化书院的首批函授学员，几次到武汉听讲函授课程，颇受教益。每次到武汉，我都要到三夕的住处，听他讲对文化的认识，他的认识也深刻地启发了我。1988年8月中旬，我和他一起参加了在山东济南、日照等地举办的"中国文化与中国的改革"主题研讨会，在8月18日闭幕式上，宣布成立中国青年文化与改革研究会筹委会，通过了研究会章程。大会推举筹委会组织委员会的名单是：主任严华（中南海业余大学副校长）；副主任陈晋（中央文献研究室助理研究员）、廖奔（文化部中国文化研究院副所长）、我和三夕（那时我们都是副教授）；秘书长董炳月（中国现代文学馆助理馆员）。筹委会拟创办不定期刊物《文化圈》，并策划出版系列文化丛书。1988年11月10日，董炳月等主编的第1期《文化圈》在北京出版。我和三夕经过筹划，作为共同主编于1988年12月1日出版了《文化圈》第2期，该期设置"文化研究方向讨论""名人专访""会员谱""文化启示录""文化信息""文化简讯"以及"会员文化研究成果选目"等栏目。我写了《文化理论的困境与文化研究的出路》，三夕写了《访冯天瑜教授》，希望通过我们的推动，促进中国青年文化与改革研究会的成熟与发展。令人遗憾的是，中国青年文化与改革研究会无疾而终。1989年9月，我到北京师范大学做访问学者，专程拜访了严华和陈晋，听了他们对相关情况的介绍，知道筹委会已经无法开展工作，研究会也就寿终正寝了。我将这些情况告诉了三夕，大家只能唏嘘而已。

在北京师范大学的学11楼2层访问学者宿舍里，我用100天时间写成《四大奇书与中国大众文化》一书，将中国古代小说与中国大众文化结合研究的一点心得记录下来。这是对自己10年来研究"四大奇书"的一次总结。该书的完成也得益于当时"文化热"的熏陶以及中国青年文化与改革研究会筹委会的这段短暂经历。1991年6月，我的第一部专著《四大奇书与中国大众文化》由湖北教育出版社出版，我第一时间将拙著寄给三夕，希望他给予批评。他不仅细读了全书,写成 5000 字的书评《别开生面的大众文化研究——评王齐洲〈四大奇书与中国大众文化〉》,而且联系《殷都学刊》公开发表。他在书评最后说:"总之,就我个人的阅读感受而言,《四大奇书与中国大众文化》一书对我从文化学意义上重新把握'四大奇书'大有裨益。就我的孤陋寡闻而言,像王齐洲同志这样深入浅出地对'四大奇书'进行综合性的大众理论分析的著作以前似乎还不多见。因此,我愿向喜爱'四大奇书',关心传统文化的读者推荐这本书,这是一本别开生面的值得一读的好书。"正是因为有像三夕这样具有专业素养和理论功底的学者们的揄扬,该书受到了学界和普通读者们的欢迎,湖北教育出版社 1994 年重印该书,1998 年修订再版,2000 年又将它收入"中国传统文化研究丛书"中,台湾晓园出版社有限公司 1994 年也购买了版权在台湾出版。我在这本书中,吸收了三夕的不少智慧。当然,他的智慧是潜移默化予我的,连他自己也可能并不清楚。

1993 年,三夕调到海南大学,次年 10 月晋升教授,1998 年起担任文学院副院长。1994 年 9 月我调入湖北大学中文系,和他远隔天涯,不能随时向他请益,深感遗憾。1998 年,我以全国高校学报研究会理事的名义到海南大学参加全国高校学报研究会文科委员会年会,特地拜访了他。他向我谈起到海南的感受,第一次从他口中听到说要"读最古老的书,过最现代的生活",这对习惯了钻故纸堆的我来说是莫大的震撼。这种震撼在三年以后的 20 年密切接触中,才使我有了更丰满更深刻的领悟。

2001 年 10 月,我们不约而同地调入华中师范大学文学院。由我们二人加上从本校历史文化学院调入的高华平教授组建了古典文献学教研室,人称"古典文献学三剑客",三夕任教研室主任。开始时,我招收古典文献学硕士生和古代文学博士生,后来也招收古典文献学博士生和古代文学硕士生。三夕和华平则一直招收古典文献学硕士生和博士生。我们在一起的合作始终愉快,从来没有因为分配学生(硕士生入学后分配给导师)、确定奖学金、推荐优秀学位论文等发生矛盾。不少单位因为这些涉及学生和导师利益的事弄得不愉快,我们之间却从来没有。这是因为,大家都把学术放在了第一位,以生为本,不夹杂私心杂念,而三夕无疑发挥了核心和纽带作用。我前期在学报工作,后期回文学院后又进了古代文学教研室,实际上是个在学科边缘行走的人,在学科建设上没有发挥多少作用。正是在培养硕士、博士的教育实践和学科建设中,我见证和领悟到三夕的博雅风采。

三夕的博雅首先体现在对学生培养上的博采众长,融会贯通。他汲取了导师程千帆先生和张舜徽先生培养弟子的成功经验,不仅文学、文献、理论三者并重,文学、历史、哲学不分畛域,而且将古代、现代、当代完全打通,将中国与外国、东方与西方相互参照,以使学生具备广博的知识结构和开阔的学术视野。他将程千帆先生的"恪守敬业、乐群、勤奋、谦虚之教"的"遗嘱"作为培养弟子的指南,像程先生一样,"把母亲般的慈爱和父亲般的严厉两者统一起来"。他极力提倡"通人之学",鼓励弟子们越界学习知识,学会越界思想,不要自筑藩篱,作茧自缚。他提倡"读最古老的书,过最现代的生活",并非反对学生苦读古书,而是希望学生不要钻在故纸堆里出不来,要求学生不要脱离当下社会,要满腔热情地拥抱现代生活。张舜徽先生将传统学问中的经、史、子、集四大门类无碍打通,是他经常拿来教育弟子的最有力例证。钱锺书先生的《管锥编》,是他提倡融通中外古今的最鲜活教材。甚至马克思和恩格斯所创立的马克思主义以及爱因斯坦的相对论和弗洛伊德的精神分析学说,在他看来也都是"通人之学"。他所开创和始终坚持的"张门读书会",所读之书便包括古今中外各个学科的经典论著,体现了博采众长、融会贯通的教育理念。因此,他的硕士生有相当一部分在毕业后都考上了著名大学著名学者的博士生,而他所培养的博士生毕业后也都有较好的学术发展。这与他的先进的教育理念以及对学生极端负责任的工作态度有着直接的关系,并非一定是他的生源比其他老师要好。

　　三夕的博雅也体现在他自己的融贯古今,兼收中外。作为文学院古典文献学专业硕士生和博士生导师,他自然关注古代文学和古典文献学,努力在这两方面作出成绩。他参与我主编的高校教材《中国文学史简明教程》的编写,撰写"诗歌的发展"部分,展示了他对中国古代诗歌发展的全面而深入的理解。他撰写的《诗歌与经验——中国古典诗歌论稿》体现了他对中国古代诗歌的独特领悟和细致思考。他主编的我和华平都参与的《中国古典文献学》被教育部评为国家级精品教材,为国内众多高校所选用。他与弟子杨毅点校的王应麟的《汉制考》和《汉艺文志考证》,则体现了扎实的文献学功底。他作为我主持的国家社科基金重点项目《二十五史〈艺文志〉著录小说资料辑录》第九卷《〈清史稿·艺文志〉著录小说资料集》的分卷主编,完成了200万字的资料收集和编撰,国家社科基金委以"免于鉴定"结项。然而,他的眼光绝不局限于此。由于他当过英语老师,又浸润于中国古代文学与古典文献,加之思维活跃,阅读兴趣极为广泛,他对当代文学和当代艺术的关注,对东方文化与西方文化的思考,并不亚于专门从事这些学科研究的学者。看"华中师范大学文学院教授文库"中他的自选集《现代性与当代艺术》,你一定会以为他是当代艺术理论家。看他的《20世纪的"最后性文本"》,你一定会以为他是西方文化学者或社会学者。看他的随笔集《在路上》,你一定会以为他是搞专业创作的当代作家。本来,文学表达、人文关怀、生命体认,是一切从事文学工作的人都应该具备的素质,中国古代文学、古典文献学研究者也不能例外。然而,当下的许多研究者并不具备这些素质,与三夕相比就更显突出。难怪戴建业教授要在《"出家"与"回家"——评张三夕的〈在路上〉》一文中说:"《在路上》不仅表现了张三夕的价值取向、人文关怀,不仅表现了他的情感好恶、审美趣味,而且烙下了他的人生印记,更带有他的生命体温。"他积极参与了武汉地区一些文化创意项目的策划与组织,并兼任武汉社会文化研究院副院长,将自己的人文关怀和社会关怀付诸实践。他甚至主持并领衔申报了在华师文学院的"中国语言文学"一级学科博士点下自主设立"文化传播学"二级交叉学科博士点的工作,为国务院学位办所批准,于2013年开始招收文化传播学专业的博士生,大家因此敬称他为华师文学院文化传播学专业的"长老"。据文化传播学的另一博士生导师范军教授介绍,三夕教授指导的文化传播学博士生的质量是比较高的,博士论文盲审和答辩都取得了较好的成绩。每年的硕士、博士答辩,他总是全校最忙的学者之一,因为很多专业请他做答辩委员或答辩主席。武汉大学、湖北大学的古代文学专业、中国哲学史专业、传播学专业博士答辩,也常常请他做答辩委员或答辩主席。像他这样跨多个学科门类而又皆学有所长的专家学者,在国内其实并不多见。

三夕的博雅还体现在他的海纳百川,有容乃大。在古典文献学教研室,三夕总能够集思广益,将课程安排和学术活动有机结合,使之成为集体意志。他一般都是按照学生的兴趣来确定他们的学位论文选题,这些选题也往往会征求我和华平的意见。有时学生的选题不是他很熟悉的领域,他会毫不犹豫地要学生向其他老师求教,丝毫没有文人相轻的恶习。他的弟子受其影响,也常常当着他的面向其他老师请教,完全不担心导师责怪,这在当今的学术界是很难见到的现象。例如,他的弟子刘果的博士学位论文选题为"'三言二拍'研究",盛莉的博士学位论文选题为《太平广记》研究",马来西亚学生郑诗傧的博士学位论文选题为"《清史稿》小说著录研究",三夕都要她们找我指导,因为他认为我对中国古代小说比他熟悉。我也毫无顾忌地对她们进行指导,与对我的弟子没有两样。一般来说,很少有博士生导师自我矮化,抬高他人,而三夕可以做到。这与他海纳百川、有容乃大的胸怀有关,也与他认为"学术乃天下之公器"的学术理念有关。其实,三夕对中国古代小说也有颇为深入的了解,指导弟子并无多少困难。当然,三夕及其弟子们之所以能够这样,也可能是因为我和三夕之间相互信任,毫无芥蒂,所以他们可以诚心相托,我也可以真心领受,没有挂碍。正因为如此,我和三夕情同手足,亲如兄弟,20年共事无一龃龉,互相支持,配合默契。他的弟子也往往把我当作嫡亲导师,有疑难会找我咨询,很多毕业生热情参加了2015年我执教50周年的纪念活动,每年教师节也常常有他的弟子前来看望我。这份情谊,是三夕博雅精神的自然延伸与衍化,我一直都很感动和珍惜。

应该承认,在现代学科制度和学术评价体系下,三夕的这种跨界行为是吃力不讨好的事。我相信,他不仅知道,也一定深有体会。然而,他能够努力坚持,勇敢前行,实属难能可贵。孔子说过:"君子喻于义,小人喻于利。"即是说,君子明白人生与社会的大义,而过于关注个人利益的是小人不是君子。孔子又说:"君子周而不比,小人比尔不周。"所谓"周而不比",就人事而言,是指能够普遍地厚待他人而不偏袒阿私;就物理而言,是说能够广博地获取知识而不局限于一隅之得。这其实就是孔子所提倡的"博学于文""文质彬彬"的博雅君子。三夕正是这样的博雅君子。他是华中师范大学首届博士学位获得者,也是改革开放以来中国首批博士学位获得者,被学界称为"大师兄",受到人们的普遍尊重。然而,他从不以此自傲,而是虚心地向他人学习,"见贤思齐",厚待同侪,全方位地摄取知识,也不以文献学博士自限,更不以纯学术自夸,成为跨越多学科的知名学者。孔子还特别指出"君子不器",即是说,君子不应该将自己异化为一种工具,成为仅仅掌握某些专门知识和技术的专业人员,而应该以"治国平天下"为己任。也许受这一思想影响,三夕对社会总是抱有火热的情怀,时刻关心当下文学艺术与文化的发展,关心社会各方面的发展进步,他对"现代性"的追问,对"现代化的东方道路"的讨论,对"文学前景"的思考,对"现代艺术边界"的寻觅,在在体现了他"以天下为己任"的历史使命感和对"君子不器"思想的认真践履。从当前普遍强调专业性、强调从专业的角度评价学者而言,三夕的选择或许有些不合时宜,然而,他所坚守的"君子不器"的传统却为中华文化尤其是中国知识分子保留了一种值得弘扬的精神。著名哲学家、思想家李泽厚先生在解释"君子不器"时便认为:"对中国来说,现在正处在以'士大夫——知识分子'(即'君子')为主导和骨架的传统社会转到以中产阶级为主导和骨架的现代社会的行程中。他们带来的种种现象和问题,包括如'使命感'的失落和专业化的加强,'思想家'的淡出和'学问家'的凸显,等等,便正是这种'君子不器'到'君子必器'的过程表现。这一过程还将加速和普泛化。但如何承继'君子不器',张扬公共知识分子的职责,在专业化已成大势的今日,似更值得重视。"如其所说有理,我们难道不应该为三夕的这种精神所折服并为其喝彩吗?

华中师大的博雅广场是孩子们嬉戏的乐土,而孩子们代表着民族、社会、祖国的未来。与三夕交往,可以像孩子们在博雅广场玩耍般的任性,充分表达自我;也能够像他们那样与伙伴一起成长,收获快乐。因为三夕不要求与他交往的人有和他相似的学术背景,和他持相同的学术观点,也不要求他的朋友和他有同样的生活态度,或者共同的兴趣爱好,因此,他的朋友很多,和他交往的人中包括各行业各阶层的人士。所谓"君子和而不同",大概就是他这样的境界吧。这种境界与他的"以天下为己任"的情怀其实是一体之两面,从这里是可以成长出中华民族和中国文化的未来的精神的。三夕很乐意帮助别人,却很少寻求别人的帮助,甚至主动为他人着想。我先后担任《湖北大学学报》和《华中师范大学学报》的主编十多年,三夕竟然没有向我塞过一篇稿子,他说怕我为难。这样的朋友,有谁不愿意交往呢? 如果你因此认为他只是个心地善良的"老好人",你就大错特错了。为了坚守学术原则和道德底线,为了文学院的前途和发展,为了伸张正义,他可以拍案而起,展现出"金刚怒目"的另一面,其中并不夹杂个人恩怨。这种疾恶如仇、舍我其谁的气概,至今令人难以忘怀。孔子以为"君子道者三":"仁者不忧,知(智)者不惑,勇者不惧。"这虽是"夫子自道",三夕教授可以当之。作为他的朋友和同事,我享受了他带给我的尊重、信任与快乐,领悟到他的博雅、仁厚和通达,能够和他一起成长、成熟和变老,这难道不应该深情地回味,不值得很好地纪念吗? 常言道:"人生难得一知己。"我能得博雅君子三夕教授为知己,此生亦已足矣!

庚子重阳初稿　立冬前三日改定

张三夕先生印象记

周国林①

今年 10 月底,曾军博士发来短信,说是导师张三夕先生即将迎来执教五十周年,让我写一篇回忆性文章,我不假思索就答应下来。临到动笔,颇有感慨。以往写这类文章,都是为祝贺前辈学者的七十寿辰或八十华诞,带有仰望的心态。现在为同辈学者道贺,则感到自己也进入到人生新的一站,是要回顾一下我们的人生轨迹了。我们这一代人,经历了社会主义初级阶段的探索过程,每人的成长道路都有些曲折,但终归生活在和平年代,只要努力奋发,或多或少会取得一定成绩。三夕兄就是我们这一代人中通过自己不懈的努力取得不凡成就的一个典型。他学术上的成就当然靠他的弟子们去总结,我这里只是谈一些交往中的琐事。

我与三夕兄第一次见面是在 1980 年 9 月,那时他在南京大学中文系程千帆先生门下读研究生。我们华中师范学院历史系历史文献学专业的 6 位研究生外出实习,到南京后拜访程先生,程先生让他的研究生同我们见面,彼此有些交流。不过,我们真正相交是从 1982 年下半年开始的。那时他在武汉师范学院(后更名为湖北大学)中文系任教,我在华中师范学院历史系硕士毕业后留校工作,都报考了张舜徽先生的博士生。其时华师能招生的导师只有张舜徽先生和章开沅先生两人,两个方向的专业课分别测试,外语课则统考。记得当时考外语是在行政楼研究生科的办公室,考生只有四人:赵军、陶宏开、三夕和我。试卷是一篇有关"五四运动"(国民党建立)的英文资料,据说是章开沅先生选的。三夕在高中毕业后就当中学外语教师,英语基础好,考试成绩自然不错。1983 年元旦后,我们收到了录取通知书。因为张舜徽先生是全国首位历史文献学专业博士生导师,三夕和我就在无意之中成了这一领域的"大师兄"。同学三年后,三夕又调到华中师范大学来工作,我们又成了同事。四十来年的相处,我们的友谊与日俱增,对他的认识也逐渐固定下来,最基本的是以下三点。

---

① 周国林,华中师范大学历史文化学院教授。

首先,三夕兄是一个热情似火的朋友。他为人爽朗,善于与人打成一片,能给大家带来不尽的欢乐。几十年中我们以友道相处,留下不少愉快的回忆。二十世纪八十年代,人们对参加学术会议的兴趣高,就以参会经历来举例吧。1984年8月,我们一同前往长春参加中国历史文献研究会第五届年会,认真向前辈学者请教,结识年轻同行,收获不小。返回时在北京停留了好几天。那年的夏天显得格外热,三夕和同行的朋友罗家祥总是约我去喝啤酒解暑。记得8月22日那一天喝啤酒特别尽兴。那天,三夕、家祥和我在王府井等处买衣服,随后在前门附近一家餐馆吃饭,喝啤酒。三夕很会造气氛,找各式各样的理由来"频频举杯""明显下降",我们每人居然都喝了一大升生啤。我原本是不太爱喝啤酒的,在三夕和家祥的带动下,我很快就喜欢上了北京五角六分钱一升的生啤,每天中午都要出去找这种酒。这是三夕对我生活习惯的影响。

　　1985年4月,张舜徽先生前往河南参加中国训诂学会主办的《说文解字》研讨会,由三夕和我陪同。先是到郾城,后又到洛阳。由于会议组织者许嘉璐先生的周到安排,加上三夕会张罗各类事务,张先生一路心情舒畅。在一次我们三人独处时,聊到生活中的愿望,我们让张先生也讲一讲。先生说,武汉公交车出门不方便,尤其武昌到汉口过江很费时间,如果每人乘个气球飘过去就快多了。这是他第一个愿望。第二个是人的身体出了问题,如果能像机器修理换个零件那样就好了(后来先生次子做换肾手术,正应了先生这一愿望,这是后话)。如此生活化的话题,大概只有三夕在场才会引发出来。

　　1987年10月27日,崔曙庭先生、三夕、顾志华和我一起坐火车前往昆明参加中国历史文献研究会第八届年会,沿途经历也很丰富。10月28日,陪崔曙庭先生到柳州看望老同学,参观柳侯公园等名胜古迹,当晚就坐夜车前往贵阳。在27日、28日这两日旅行途中,我带的一本钱穆《师友杂忆》成为大家消磨时光的好书。10月29日到贵阳,在我们的共同朋友张新民兄的陪同下,参观市内的花溪。次日,我们一行四人乘旅游车去黄果树瀑布及龙宫游玩,发生了不少我们至今难以忘怀的趣事。11月1日到昆明后,因郑和是昆明人,年会以郑和下西洋为主题,讨论很深入。那时的会议,通常不会少于五天(当然包括游览滇池等活动)。由于火车票难买,三夕和我年轻,会议组织者便让我们最后两批离开(我是11月12日,他是11月13日)。这次年会来回共用了十多天,人的确有些疲劳,但同行的人很相宜,并不显得累。记得从贵阳到昆明途中,三夕在停车时在站台上买了一瓶贵州的习酒,加上一袋花生米,以此来为神聊助兴,使漫长的旅途变得轻松。这件苦中作乐之事就像一个历史镜头,至今仍不时在我脑海中闪现。过去人们推崇古语"读万卷书,行万里路",往往偏重于学问,我却感到"行万里路"中人与人之间不知不觉的情感交流同样重要哩。

三夕交往的范围相当广泛,在社会科学各领域都有自己的朋友。他珍惜与他们的交谊,情感真挚。他在程千帆先生门下和张舜徽先生门下求学时的师兄弟很多,三夕与之保持着长期联系。他在海南大学工作期间,同张志扬、肖帆和鲁萌夫妇等人的联系多,关心他们的生活,我听他数次提到过。这些远的且不说,以我们武汉几所高校朋友组成的"星期四俱乐部"而言,这是一个生活娱乐的小圈子,兼具学术交流的功能,三夕是一位积极的参加者。大家情投意合,竟然就要快二十年了。这种纯粹以情而聚的活动,在当今是多么难得啊!

其次,三夕兄是恪尽本分的亲人。孟子曾说过:"大孝终身慕父母。"从我们的交往中,我感到三夕就是孟子所言大孝之人。在父母健在时,他记挂着父母的生活起居。他母亲有糖尿病,时常在离洪山广场不远的铁路医院拿药,他有时间就陪同前去。他父亲是位很有生活情趣的人,有"酒多伤肝,无酒伤心"的名言,三夕自然要时时供应一些。在父亲不幸逝世后,他陷入哀思之中,在对父亲的感念中完成了《死亡之诗与死亡之思》一书。他在该书《后记》中提到他1989年春的一篇随笔文字:"我的父亲去世了,好友们的父亲也一个接一个地去世了,我忽然产生一种荒凉和孤独的感觉。""父亲走了,走得那样突兀,死亡的现实性一下子凸现在我们面前。"这些话现在读起来还让人心中沉重,他当时的沉痛可想而知,只能化为完成全书的动力来缓解。源于家庭的和睦,三夕笃于友于之情。其兄弟在工厂工作,家庭生活条件差一些,他总是放在心上,有时还会念叨念叨。但对他们十分接地气的生活方式,他又感到开心。

对于妻子、女儿的生活,他付出得更多。1995年,他已经到海南大学工作,而家人还在武汉。碰上《资治通鉴全译》发稿费,三夕有一万元,这在当时是个不小的数目。三夕给我交代,全部转交给他妻子。稿费的领取与交付,都是我经手,所以记得很清楚。后来,在女儿的婚事上,他又操尽了心,婚礼他都亲手操办。他说过,婚姻是女人成长、成熟的必经阶段,一定要好好地让女儿体验。对女婿邹明军的学业和工作,他盯得很紧,总会积极协助。明军君在历史文献研究所读博士后,三夕叮嘱董恩林兄和我认真把关,多多鞭策。现在,他已有两个外孙了,一男一女,非常理想,他照料得很细致。每当提起他的外孙,他都笑得合不拢嘴,眼睛放出光彩。他是一个很会珍惜天伦之乐的人。

传统意义上的师生关系,是一种特殊的亲人。三夕对于有恩于自己的老师,总是像亲人一般地对待他们,如湖北大学的张国光先生、南京大学的程千帆先生等。他对张舜徽先生自然也是这样。张先生在世之时,他就在《中国文化》上发表了《张舜徽先生学述》一文,这是较早评价张先生学术成就的力作。在张先生逝世五周年之际,他撰写《心态、功夫与态度——读〈史学三书平议〉札记》作为纪念。在张先生百年诞辰前后,他又撰写出《岁月映照大师的光辉——张舜徽先生学术品格述论》《简论张舜徽先生的"谈艺录"》等论文,颇受学界关注。尤其让人敬佩的,是在张先生逝世不久,筹建张舜徽先生学术研究基金时,希望得到一些单位和个人的赞助,他主动联系湖北大学中文系,得到该系领导的支持,赞助了 5000 元。我和三夕共同主持筹建事宜,因此对三夕此举非常感动,他真是有情之人。

再次,三夕兄是一位博学多通的学者。在学术研究的起步阶段,三夕的居住条件相当差,湖北大学的青年教工只有一间房,做饭都在走廊上。这对当时的求学者来说,是一种普遍现象,可以略而不谈。值得回忆和总结的,是他富有特色的治学之路。他从中文系到历史学科攻读博士学位,这为他师承张舜徽先生博治四部的学术思想提供了有利条件。人们常说文史不分家,在三夕那里应该说是文史哲不分家。商务印书馆的"汉译世界学术名著丛书",他购置了不少,像康德、黑格尔的哲学著作,他认真阅读,下过一番工夫,为自己的学术研究打下了哲学根基。其博士论文的研究对象是刘知幾的《史通》。刘知幾对史学有才、学、识"三长"之说,刘氏所言"识"涉及天人之际、古今之变,必须有历史哲学层面的观照,三夕于此是极其明确的。当时哲学界流行着李泽厚先生的《批判哲学的批判:康德述评》一书,三夕明显受到了该书的启发。他视刘知幾的史学评论之作为"批判史学",以"批判史学的批判"为题,对刘知幾及其《史通》从思想和文献两个方面进行研究,有不少新的见地,得到学术界的充分肯定。他 2001 年出版的论文集《通往历史的个人道路——中国学术思想史散论》,也体现了文史哲兼通的特点。该集分为"《史记》人物""魏晋风度""唐宋文史""明清学术""思想论说"五部分,其"思想论说"中《论国学的形态基础及其复兴的可能性》《关于学术发展与发表制度的哲学思考》《文化人的生存命运——告别 20 世纪的问题备忘录之一》诸篇,就有很强的思辨色彩,显示出三夕是一位有思想深度的学者。

记忆中有很多小事可以反映三夕对于学术追求的执着。记得 1987 年 9 月初,他不小心把脚扭伤了,要去校医院看病,我把他从楼上背下来,请历史系青年教师郑敬高送他去校医院找龙医生敷药。看完病,他又坚持跛脚回到我家来参加几天前约定的学术座谈会,讨论史学研究中的一些信息、动态和方法。原来计划到会的青年教师共八人,除罗家祥、马敏未来外,其他六人都到了,即马良怀、郑敬高、李长弓、熊远报、三夕和我。大家交流后,都对地理环境对历史的重要作用这一问题有一些共同的兴趣,商议以后再进一步搞一次专题讨论会。由于三夕的积极活动和组织,那次沙龙活动举办得很成功。三夕对师兄弟和师友的学术成果总是抱有欣赏的态度。以我为例,我曾经发表一篇论文,题为《中华文明胜利跨越五千年之象征性年份初探》(载《华中师范大学学报》2017 年第

5期），三夕看到后大为赞赏，在他的讲座"国学智慧与史学修养"中引用我的文章观点，到处宣讲，强调掌握某些重要历史年份、历史事件与历史人物具有重要意义。可见他是一位尊重学术的纯粹的学者。

三夕的博学多通，还体现在他具有国际视野。他头脑敏锐，关注世界热点问题，对具体个案进行整体研究，《20世纪的"最后性文本"》是这方面的代表作。三夕的博学多通，又体现在他与时俱进，紧跟电子时代的步伐。其《汉语古籍电子文献知见录》反映出他对古籍电子文献的熟悉程度之深，以及平时使用电子文献的频率之高，在同龄人中堪称佼佼者。

因为教学与研究生培养的需要，三夕的工作重心放在中国古代文学、古典文献学上，有《诗歌与经验》《现代性与当代艺术》等专著。他在全国范围内组织人员编撰的《中国古典文献学》，被列入国家级"十一五"规划教材，并在2008年被教育部评选为国家级精品教材，被全国几十所高校采用，同时被国内十余所高校列入研究生考试参考书目。他还主编过华中师大文学院的学术刊物《华中学术》，坚持高标准，严格把关，发表了大量优秀论文，被确定为全国CSSCI来源集刊。《华中学术》成为学者们瞩目的学术园地，三夕功莫大焉，他的学术组织能力也于此可见一斑。

以上是对三夕印象的简略描述，大量往事只是蜻蜓点水似的提及，不过这并不妨碍我对他人品和学识的高度认同。李白有诗云，"相看两不厌，只有敬亭山"，流露出他面对大自然美景的愉悦心情，期盼与幽静秀丽的山色长久相对而望。在茫茫人群中，我与三夕几十年相处下来仍能"相看两不厌"，因认同而欣赏，则注定我们是终生的朋友了。现在老朋友执教五十周年庆典在即，借此机会草成短文，表达祝贺之意，衷心祝愿三夕兄身体健康，学术生命常青！

2020年12月16日于汉口王府花园

共事岁月

——记在华中师大与张三夕教授相处的日子

高华平①

我于 1990 年从南京大学中文系古代文学专业硕士毕业,到华中师范大学历史文献研究所工作,三夕兄可能是 1986 年春天从华中师范大学历史文献研究所博士毕业,然后从湖北大学中文系调到华师历史文献研究所工作的。1993 年三夕兄调到海南大学工作。这样,我们在华师历史文献所共事约有三年时间。2001 年,华中师大文学院中国语言文学一级学科博士点获批,三夕兄从海南大学调回华师文学院,我也和王齐洲教授先后从原工作单位调到了华师文学院。因为我们一时进不了华师文学院的中国古代文学学科,所以院里只好给我们组建了一个中国古典文献教研室,让我们负责中国古典文献学的教学及研究生培养工作。我于 2017 年 1 月正式调到广州暨南大学文学院工作。这样,我和三夕兄在华师文学院又共事了十五年。如果再加上前面在华师历史文献研究所的三年时间,则前后共事有十八年之久。十八年的时间,在三夕兄的同事(我是指在同一个系所同一个专业的同事)中,或许可以称得上最长的——至少是之一吧。

我和三夕兄还有另一层关系,就是我们都是从南京大学中国古代文学专业硕士毕业的。他于 1979 年考到南京大学中文系,师从刚刚由武汉调到南京大学的程千帆先生攻读硕士学位,是程先生"文革"后招收的首批研究生之一(同一届的同门还有徐有富、莫砺锋);而我也于 1987 年有幸以同等学历的身份考取了南京大学中国古代文学的研究生,师从周勋初等先生攻读硕士学位。我们求学的时间虽然前后相差有八年,但我在南大学习期间对三夕兄的大名已有耳闻,所以来到华师历史文献研究所之后,三夕兄作为"大师兄"和南大校友,自然就成了我少数几位可以遇事寻求咨询和帮助的友人了。而我们在一起更多的是切磋学问,相互鼓励,可谓君子之交。我的论文《古乐的沉浮与诗体的变迁——四言诗的音乐文学属性及兴衰探源》在《中国社会科学》1991 年第 5 期上

---

① 高华平,原华中师范大学文学院教授,现为暨南大学文学院教授。

发表后，受到三夕兄的高度评价。三夕兄的博士论文《批判史学的批判——刘知幾及其〈史通〉研究》于1992年在台湾文津出版社出版，我也欣然为其撰写书评《建设史学批评史的奠基之作——评张三夕著〈批判史学的批判〉》，发表于《浙江学刊》1993年第12期。我们这种对学术的爱好以及积极互动交流的习惯一直保留到今天，弥足珍贵。

  我和三夕兄还有齐洲兄在华师文学院古典文献教研室共同指导研究生可谓亲密无间，合作愉快。三夕兄门下的研究生有什么学术上的疑惑，他就让他们去请教我和齐洲兄；我和齐洲兄门下的研究生学习中有什么困难也乐于向三夕兄咨询。我们指导研究生坚持全专业的"三会"制度，即每年九月新老生见面会（老带新），每年秋季运动会时的开题报告会和论文写作进度及困难汇报会，以及每年十二月底的辞旧迎新会（总结一年的学习生活并制订新年学习计划）。"三会"制度很好地促进了同专业的师生间的相互了解和研究生之间的相互交流，也在一定程度上确保了我们专业研究生培养的质量。三夕兄的硕士罗昌繁从武汉大学博士毕业后回华师文学院工作，三夕兄主动要求罗昌繁读我的博士后。我们门下的研究生毕业后也不时向三夕兄请益，比如我的博士彭树欣毕业后回江西高校工作，他遇到什么大的问题就会电话询问三夕老师，包括小孩考大学报什么学校，学什么专业之类的问题，三夕老师一定是有求必应。三夕兄对我们专业的研究生不仅要求严格，而且充满关爱。我带的博士戴丽琴后来到南开大学做博士后，齐洲兄带的博士邱渊毕业后到云南高校任教，两位博士都因突发重症不幸离世，三夕兄带头向他们家属捐款。由于三夕兄的"垂范"，我们专业的师生关系是相当融洽的。

  三夕兄为学的特点，就是大家经常所说的"博"。"博"即博大、范围广。他先在中文系学习中国语言文学，攻读中国古代文学硕士，从事古代文学的教研工作；博士转到历史学科，攻读中国历史文献学博士学位，在华师历史文献所工作多年；继而调到海南大学的社会科学中心，与数位研究西方哲学的朋友一起研习西方哲学有年；最终又回到华师文学院，不仅从事中国古典文献学的教学，还在文化传播学专业带过好几届博士生。

  我常想，三夕兄的这一为学特点，可能是受到了其博士导师张舜徽先生"通人之学"的影响，而又有所不同。舜徽先生的学问秉承乾嘉学派的作风，由"小学"而经、史，常常醉心于自朱熹到清人学术的"博大气象"。周勋初先生尝称舜徽先生为"清代朴学的余脉"，即是就舜徽先生的治学方法和特点而言的。三夕兄的外语很好，他最早进入教育界，其实是高中毕业后担任中学英语教师，那时候他才十七八岁，所以现在他才常夸耀自己的教龄有五十年之长，令人服气。进入大学学习中国语言文学专业之后，他又熟读古文，所以古代汉语的积淀颇深。他常说,要"读最古老的书,过最现代的生活"。所谓"读最古老的书",自然包括古代的"小学"之书,即古代汉语的书。在这一点上,三夕兄和乃师舜徽先生应该是相同的,具有明显的继承关系。但三夕兄英语基础既好,又要"过最现代的生活",所以又读了很多外国人的书,并且已遍游海外诸国及众多名校。

三夕兄为学的"博",还体现在他交游的"广"。三夕兄好结交各路英雄豪杰,自社会上的三教九流,到学界的宿学名流。他交往的社会人士我知道的不多,只是偶有所闻。例如前些年的出版商,后来又有教育行政部门的和民政丧葬部门的工作人员。至于学界的,无论文、史、哲、政、经、法,还是老、中、青学者,三夕兄都能和他们谈得来。就这一点而言,我和王齐洲教授一致认为,三夕具有非凡的交际能力、组织协调能力和领导才能,很适合成为学界领导,特别是行政领导。虽然他曾在海南大学担任过文学院副院长,也曾长期担任华中师范文学研究所所长、国学研究院副院长和古典文献教研室主任,但在我们看来,这些职务实权有限,并不足以充分地发挥出他在这方面的才能。

三夕兄在教学方面值得我们学习的地方很多。首先是他对教学的热情与投入。他热爱教学,愿意为教学花更多的时间与精力。他主编的《中国古典文献学》教材,参加编写的除了我们教研室的三人之外,还有南京大学徐有富教授、武汉大学王兆鹏教授、东北师范大学曹书杰教授等著名学者。此教材被许多高校选用,影响很大,并被评为"十一五"规划教材和国家级精品教材。另外,这本教材每次在重印之际,三夕兄总是不厌其烦地校对勘误,甚至悬赏上文献学课的学生来发现错误,足见他对编写此本教材的用心。同时,在他的带动之下,王齐洲主编了《中国文学史简明教程》,我也主编了《中国传统文化选读》,也算是当时教研室编写教材的一部分。实际上,当时我们教研室在编写教材时,也还合作编写了一本属于古籍整理的著作《韩非子》。此书属中华书局"全本全注全译"经典系列之一,后来又被中华书局抽出来编入几种丛书,一再重印。这也是一件值得纪念的事情。

在三夕兄由海南大学调回华中师大之前,马良怀教授曾在华中师大历史文化学院组织过一个读书会,三夕兄曾利用做访问学者的机会,参与过一段时间。重新调回华中师大之后,三夕兄做了两件令人印象深刻的事情。一是上面所说的组织编写教材,二是组织其门下的研究生开办读书会。三夕兄自到华师古典文献学专业招收第二届研究生时起,即开始举办读书会,由他本人带所有张门弟子参加。其办读书会先立规约,凡入张门者皆签承诺书。读书会由三夕兄开出书目,三年内必须精读中西方经典各十二部,外加《说文解字注》,每月一次,主读一书,由门弟子一人主讲,三夕兄及指定人评议,嗣后则共同讨论。无论寒暑节假日,从不间断。每次读书会皆有记录,并编写简报《问学记》。这种读书会既逼迫学生读了一些书籍，同时也加强了同学之间的学术交流，还增进了同门之谊，收效颇好。包括我在内，大多数教师都因为自己太忙，又考虑到学生平常课业负担较重，所以即使有办读书会这样的想法，也不能付诸实施或不能坚持。这就更显得三夕兄的难能可贵。

最后，我想说的是，我们每个人的作为或行为方式，实际与自己早年的生活环境及其形成的世界观是密不可分的。三夕兄是一种积极进取型的人生观，听说他的父亲曾任武汉石化建设的副总指挥，故他的组织协调能力应该是自来夙成；他很早即开始坚持记日记，数十年不间断，故他也能将读书会坚持下去。

我和三夕兄共事十八年，人生没有几个十八年，我此生恐怕也不会再有第二个在同系所同专业共事十八年的同事了。我想，我们俩都会珍惜这一难得的缘分。值三夕兄执教五十年之际，我谨祝三夕兄退休生活幸福。

2020年11月草于羊城

师从程千帆与张舜徽的张三夕

张志扬①

  师从程千帆与张舜徽两位大师的张三夕,我相信,不会在海南大学待太久的。果然,1993年调进海南大学,2001年就回到武汉华中师范大学文学院古典文献学教研室。

  如今,张三夕退休了。他的弟子们要为他"从教五十周年"出纪念文集,约我写一篇他在海南大学"从教"的经历。其实我不是他合格的海南大学见证人。但他不找我找谁呢?在海南大学几乎所有与他相关的人都以各种方式离开了——不是离开了海南,就是离开了人世。比如,最有资格写他的余虹博士,曾受聘海南大学文学院院长,组阁点名要张三夕任他的副院长,1998年底张三夕便从社会科学研究中心转入文学院任副院长一职。三年不到,余虹离开海大北上,先弯道上海师范大学,后落户中国人民大学;张三夕也离开海大回归武汉华中师范大学。

  海南大学之前,在武汉我就与张三夕认识了。1987年我从湖北省社会科学院哲学研究所调进湖北大学德国哲学研究所,仿佛回到我的初中年代。湖北大学原名武汉师范学院,筹备组建的第一任院长兼党委书记李成文,原来是武汉市二男中校长,正是我的初中校长。我住六楼的那栋楼一楼就住着原市二男中非常受学生崇拜的语文老师章子仲,她在大礼堂讲了一次古巴诗人何塞·马蒂的诗歌,仅仅是声音与激情就已倾倒众生了!一天下午我被章子仲先生叫到她家喝茶。其间,来了一位年轻人看望她,经介绍,正是章子仲教授的得意门生张三夕,任教华中师范大学历史文献研究所。往后见到三夕多半连同余虹,因余虹的夫人贺璋蓉在华中师范大学历史系,都住在桂子山。二十世纪八十年代中后期,武汉学术界与绘画界联手"中原崛起",热身一阵,因出版发行受限,索性南下:绘画界朋友留在了广州,学术界朋友越过了琼州海峡,落户海甸岛。张三夕先行一步进了海南大学社会科学研究中心。

---

① 张志扬,海南大学社科研究中心教授。

设置于海南大学的"社会科学研究中心"由海南省批准组建,给了15名指标也都先后落实。文学、史学、哲学尤为突出,没有学生没有教学,但其科研成果在九十年代一直高踞海南省首位。但奇怪的是它在海南大学形同虚设,除了一任校长在位四年,承认了社会科学研究中心的"外国哲学"为"重点学科",并给予科研资助,其他四任校长几乎完全"冷冻"了它,任其自生自灭(有位校长明确说"我们不扶贫!")。这就使得社会科学研究中心变成了一块"自留地":可以放弃,可以闲置,可以自耕,各取所需。张三夕选择了"闲置",因而非常自由地做他想做的事情。用他曾经对我说过的话说:"海南是个变量极大的试验地,凡是我能够阅历的我都想阅历一次。它是往后我做书斋学问必须涵养的时代气息。"(大意如此。抱歉,人老啦,我只能按照三夕给我的印象还原他的语言点滴,准确度虽然模糊,取向性却是不会错的。因为,我们虽然同事,都在"自留地"上,但我是老派"自耕农",勤巴苦做也难乎为继。他是活力四射的"闲置农",自由度比我大多了。)

我和三夕住在一栋旧楼的两端,偶尔他来舍下书房坐坐。有一次听他谈"一个时代的发表制度与论文质量的关系",从古至今信手拈来例证,给我留下深刻印象:到底是文献学出身,文字及其载道取向敏感于心。

1998年下半年,余虹在复旦大学文学系博士后站期间就接受了海南大学文学院院长的聘任,并专门选择张三夕做他的副手。传到我耳中的话语可谓雄心勃勃。但遗憾的是,文学院的事情特别是余虹与三夕的举措与教学,我懵然不知。只怪我身如南木,心如止水。

下面我权且用三夕发给我的"日记"作为他自己的补充。

我从1993年4月到2001年10月,在海南大学工作了八年。先是在海大社会科学研究中心工作了五年,后在文学院工作了三年。海大社会科学研究中心在曹锡仁教授卓有成效的领导下,形成了一个相当宽松自由的小环境,在上世纪九十年代聚集了一批志同道合的同人,如张志扬、陈家琪、萌萌、鲁枢元等。其中特别难忘的是萌萌,她是我所看到的国内罕有的具备深厚西学修养而又具备别样的文字表达能力的才女,她也是我们这个小团体的"聚合剂"或"黏合剂"。她那干净宽敞的家成为我们经常聚会的"沙龙",每次聚会,她都让她家的保姆为我们准备了美味佳肴,使我们不仅充分享受精神上的会餐,而且愉快享受实实在在的生活会餐。非常令人惋惜的是,"喜聚不喜散"的萌萌英年早逝,她的美丽和微笑以及她的思想才华对于我已成"断裂的声音",我只能在心底深处永远怀念她。后来挚友余虹又调来海大文学院,邀我、耿占春等加盟,并请我当副院长。三年来,在许祥源校长和赵康太书记的信任下,我们和文学院杨书记、符其武副院长等一直合作得非常愉快。我之所以愿意到文学院工作,除了余虹的因素外,还因为文学院也有几个铁哥们,如阎广林、熊开发、杨国良等。我们经常在椰风海韵下喝酒喝茶,讨论学术,分析股市,十分惬意。十分可惜的是,后来余虹又先我们一步走了。一想到萌萌和余虹,我就无限伤感。

从文中可见三夕人缘很好。他的为人就像他的"娃娃脸"一样童真明朗善良,他走近你不会引起你"设防"的紧张。后面这句话是海南的一位朋友说的。但我必须补充一点:"童真"并非没有"城府","明朗"并非没有"怀忧","善良"并非没有"嫉恶",他只是愿意"善以待人"而已。张三夕毕竟是谙习古典文献学的学者。我曾经把一篇"遵命"文字《检讨三代学人学术积累传承的前提》发给杨国良主编的《古典与现代》,也发给了张三夕。不久收到他的"读后"(2011年10月至11月)意见(这篇"读后"后来又以"通信"的形式发表在《古典与现代》第五卷)。其眼光的深邃与待人的诚恳,足见一斑。兹录如下①。

  志扬兄文章宗旨:"检讨三代学人学术积累传承的前提"。或者说"学术成其为学术"的那些前提条件的反省与检讨。

  我认为提出此问题的重要性在于此一事关中国现代学术如何发展的大问题在学界或思想界没有被认真、深刻地反省过。

  从文中表述看来,第一代学人的学术前提条件是:"学习西方,拜西方为师"(页3);第二代学人的学术前提条件是:学习西方中反对资本主义的马克思主义精神,选择非资本主义生产方式的社会主义道路(页4);第三代学人的学术前提条件,文中好像没有结论性的表述,姑且可以概括为:精神继续被西学在押之旅。

  经过全文检讨,最后得出三个新的前提:

  (一)西方思想归根结底的宇宙论物义论的技术理性,它不仅不是唯一的,而且按柏拉图"洞穴说",只能归结为"智能"阶段,还必须向最高等级的"智慧"阶段攀升;"智慧"的特征就是立足于"人"而向"神"的临界,方有敬畏与节制。颇类中国的"道"——"极高明而道中庸"的"大而化之"。

  (二)西方神学、哲学、政治哲学全都系于形而上学的"最高存在者"上("大"),为此而伸张"强力意志",同样表明其为"智能性",不仅不是唯一的,也不是最高的,无非最强者,必然堕入"剥夺者被剥夺"的"永恒轮回"。

  (三)因此困难在于,不能没有"大"("强力"),又不能归结为"大"("最

---

① 文章略有修订。

高存在者"的"大而化之"），必须激发更高的智慧，才能遇强制强、大而化之地进入人生最值得向往的中和之境。

全文最后的结论是：使西方的启蒙再被启蒙，彻底打破西方中心论、西方一元论，解放包括西方人在内的全人类思想，从而启发非西方人自身的智慧，使世界真正进入相互倾听、相互对话、独立互补、和而不同的道法自然之途。

这条道路就是超出西方意识形态的人间正道。

文章的总体框架、论述和结论，我大都很赞同。其中有一些观点我比较熟悉，上次在海口也谈到过，如开头以法国近现代思想史上的一大批思想家开创了以自己名字命名的属于自己的新时代；法国学者把"法国大革命"看作是法国的"国史"而不屈不挠地为其作为法国文化精神遗产的价值地位"正名"；法国学者或法国知识分子的骨气与能力，特别值得中国学者或知识分子尊敬；等等。文中有些观点已为当今世界的最新动态所证实，如"无论西方还是东方，有一个事实是否认不了的，那就是，资本主义仍然是资本主义。因而，马克思对资本主义的批判根本上仍然有效"。此一论断可从"占领华尔街"运动而得到进一步证实，此运动由美国发端，不仅在美国数百城市"开花"，还迅速扩展到全球数十个国家的上千个城市。有人指出，这反映了99%的西方民众对现行西方金融、财产、收入分配乃至社会制度的不满。文中有些论点对我颇有启发，如"不得不宽容地忍受许多非常残酷的事实""……即便需要'忍受与活动'，其中'活动'就是要用政治改革的方式尽快缩短非人性的不正义过程，加强人民监督的'问责制'，从政治制度、法律制度上有效制衡官僚腐败与两极分化……"

纵观全文，可以明显感到志扬兄所取"中国文化类型或种性"立场，强调世界多元民族文化的对话与交流，借此调治"西方民族文化"发展模式给地球人类带来的危机与风险。归属于中华民族"大而化之、和而不同的德性天下"，即让各民族自决，独立而互补。此极高明而道中庸的"道"，颇类似康德应然的"永久和平"，它或许永远高悬独照，以限制"权力意志"的浪漫与媚俗。

我读到这一段时心里为之震动并产生强烈共鸣："回到自身来重新思考我们自己的历史，即我们非西方民族文化类型或根性中，隐含着另一类可以救治西方带给人类风险的智慧。这可是我们中华民族拿鲜血与生命换来的教训。"这里有真正的中国知识分子有骨气的道义担当。

文中第二部分后段，对启蒙中"注释"与"抄袭"的反省，确实道中当代学术界的弊病，我个人非常钦佩志扬兄现实批判的锋芒：没有创造的意志，哪来创造的能力。一个学术上的跟着西洋走的"在押"的精神囚徒状况，隐蔽在体制化"政绩"的"学术繁荣"中。

以上是这篇文章给我的震撼与启示。

文章中有些问题,我觉得应该向志扬兄请教或探讨。

问题之一,文中确认三代学人"精神在押"这个事实时,似乎没有考虑到坚守中国传统文化的文化保守主义一脉,如王国维、章太炎、陈寅恪、梁漱溟、马一浮、钱穆、张舜徽等。这一批"国学大师",天生具有对西学的某种免疫力或抗体,章太炎先生坚持用生僻的古汉字写作,陈寅恪先生坚持用竖排繁体写作,张舜徽先生坚持用文言写作,都不能简单地理解为一种"复古"的形式主义,而应看作是对留学回来的"洋博士"动辄卖弄洋文的崇洋媚外学风的自觉抵制,看作是对中国文化精神的某种固守。这批人的精神没有被西学"在押"。他们对中国学术的积累传承担当着重要的"为往圣继绝学"的历史使命。这批"国学大师"有的在西方留过学,如陈寅恪;有的在海外求过学,如王国维、章太炎;有的纯粹是土生土长的,如钱穆、张舜徽。与梁启超这样的学者有所不同,梁启超对中学有一个离异与回归的关系,这批人一直坚持中国文化本位立场。志扬兄如何看待这批国学大师?

问题之二,文中指出,侵略中国的日本,其实扮演着先行学习西方列强而强大的"中介"——它就像一个"中子"撞击着这个古老民族的"铀核"——日本成为消逝着的环节,中国却爆发了百年奋发图强的复兴运动。

这里对日本人在西化过程中特殊的角色作用有很深刻的揭示,但我不太清楚"日本成为消逝着的环节"的确切意蕴,是不是指日本丧失了自己的文化根基?如果有这层意思,我倒观察日本人在西化过程中其实还是顽强地守护本民族的文化传统,这从武士道精神、和服、靖国神社等显性的东西中可以看出。韩国的情况类似。尽管日本、韩国需要美国的核保护伞,需要美国驻军,它们还不能成为现代意义上完全独立的民族国家,但两国骨子里还是以民族主义者占主导地位,石原慎太郎说美国人只是日本的一条看门狗,典型地反映了日本右翼精英对美国文化的鄙视。我在韩国半年,感觉韩国人对儒家文化传统的坚持如家庭祭祀等远远超过中国。怎样理解"日本成为消逝着的环节",是指日本对中国影响力的衰弱?还是指日本在东西方文化冲突中独立性的消失?还是指日本就是一个"剥夺者被剥夺"的实例?

问题之三,文章指出,"文革"改变中国知识分子对西方的感受方式。整个感觉来了一百八十度的大转弯,原来侵略奴役中国的西方帝国主义列强"忽如一夜春风来"地转身全都变成了必须为之"取法乎上"的"民主偶像"。换句话说,"政党"问题遮蔽了"民族"问题。

这个判断或论述似乎有点"以偏概全",它只切合偏右的自由派知识分子,现在的左派、官方意识形态、民粹主义知识分子,包括鼓吹"儒教宪政"的民间知识分子蒋庆等,他们对曾经侵略奴役中国的西方帝国主义列强的民主制度充满批判意识,甚至是情绪化的反感。我和几个朋友曾经在阳明精舍与蒋庆深谈了两个半天,我不认为他的外王建构完全是如康有为那般的乌托邦。蒋庆立足中国传统政治文化资源的探索是有意义的。他明确意识到儒家的王道政治高于西方的霸道政治。我周围有许多朋友对以美国为首的西方列强介入利比亚争端的强权方式充满愤怒。今天中国知识分子对西方民主制度的感受方式实在是五花八门,复杂得很。"民族"问题,在中西方文化冲突中几乎不可能被遮蔽。

问题之四,文中涉及当代中国……指出这是人们必须在"忍受与活动"中承受的历史事实。写出这样的话是需要理论勇气和理性精神的。文中指出:

即便需要"忍受与活动",其中"活动"就是要……尽快缩短非人性的不正义过程,加强人民监督的"问责制",从政治制度、法律制度上有效制衡官僚腐败与两极分化……

这段话,我觉得是全文最具现实批判性的文字,也是最能引起我思想共鸣的文字。我觉得志扬兄应加写两段哲理性或深刻性文字,论述如何用政治改革的方式尽快缩短非人性的不正义过程,如何加强人民监督的"问责制",如何从政治制度、法律制度上有效制衡官僚腐败与两极分化,以警醒理论界、政界和国人。我曾经概括过中华民族当代面临的深刻的生存危机和文化危机。记得上次在海口谈到此问题……我觉得志扬兄此处的提法似与我的忧虑有相近之处。

问题之五,文中深刻地提出了当代学术的一个重大问题,即如何衡定现代学问的翻译、阅读、述评、解释乃至复活性创造与独立更新创造等学问层次与抄袭的根本界限?但在谈到"抄袭"西方时,文章认为学术界以引西方著作为荣、为学问、为水准,中国现代学术整个都嫁接在西方学术上,也就是说,完全是照搬过来的,学术自信说到底丧失了。

这样一个判断我觉得似缺乏西学影响中学的多维后果以及复杂性的分析。西学对中学的深刻影响在于一整套现代学术制度的引入,如大学制度、研究生学位制度以及论文写作与发表制度等,这套制度一方面有助于官方推行数字管理的量化评价制度,导致体制化"政绩"的所谓"学术繁荣"。这是毋庸讳言的。但是,另一方面,这套现代学术制度也确实有助于中国现代学术的积累,比如尊重前人学术成果的学术规范的建立,成为学术界的主流共识。我的老师程千帆先生是民国时期教会大学金陵大学毕业的,他曾经受到西学的学术规范训练,后来又用这套规范训练我们,我个人从中受益匪浅。这套学术规范是"国学"所欠缺的。正确地坚持这套学术规范,也在一定程度上可以避免各种"抄袭"行为,促进学术创新。

另外,百年来三代学人在人文社会科学各学科领域所形成的学术积累,恐怕不能如志扬兄所承认的"我们当然也会有这样那样属于自己的一点学术成果和学术积累"。有一些实证性较强的社会科学如考古学,在学习西学的过程中所形成的学术成果和学术积累似不能用"一点"来评价。20世纪中国考古学的学术成果和学术积累超过过去一千年。有一些文献性较强的领域,比如我所熟悉的古籍整理,近三十年取得的成就在很多领域超过有清一代或西方汉学,如大型总集《全宋诗》《全宋文》等的编纂出版。

不过,在哲学层面或思想层面,我完全同意志扬兄"一点"的概括。我们太缺乏有思想能力站在西学的肩膀上深刻分析西方文化弊端的有原创性的力作,比如《偶在论谱系》这样的著作。

问题之六,文中从"中国文化类型或种性"的角度提出,用归属于中华民族"大而化之、和而不同的德性天下",来解决"西方民族文化"发展模式给地球人类带来的危机与风险,让各民族自决,独立而互补。无疑为中华民族的文化自信指出了一条光明的正道。

这里有两个问题请教志扬兄,其一,"大而化之"如何具体展开?其二,"和而不同的德性天下"靠什么条件来保证?……

悲观与宿命的情绪常常笼罩心头,请志扬兄释怀。

张三夕的问题,正是我最后的《中国大文化革命书》三卷关注的:
第一卷"立范卷":《知其白守其黑——西方历史的白与黑》(待出)
第二卷"叙事卷":《宿命——你是世界的光,我却在黑暗里走》
第三卷"解密卷":《进化论变成末世论——人算命算不如天算》

墨哲兰识
2020年11月24日 海甸岛

关于死亡现象的一种通学

闫广林[①]

国学大师钱锺书曾是英文教师,从昆明、湖南,一路教到北京,后来成为学问大家,从《围城》《谈艺录》,最终酿成学贯中西的笔记体巨著《管锥编》。那么,钱锺书是怎样超越专业局限,在那个大师辈出的时代创造学术奇迹的?其中的诀要在于通学。半个世纪后的张三夕和钱锺书一样,也当过英语老师,在武汉江岸中学教了四年英语,然后相继师从程千帆、张舜徽两位国学大师,成为中国历史文献学学科的第一位博士,又以"越界之思"做"通人之学"。所不同者在于,钱锺书23岁时在清华园中发下宏愿,要撰写讲述"哲学家的文学史",出入经史,融汇今古,穷理尽是,绝傍前人。张三夕的通学志向是,"读最古老的书,做最现代的人",博览群书,厚积薄发,兼济天下。

从1993年到2001年,张三夕在海南生活了八年,观察了很多,讨论了很多,也思考了很多,他的通人之学也得到了更加深远的展开。比如,他曾经明确提出,在对海南历史文化产生历史影响方面,苏东坡远比孔子更加重要。再比如,他在此前形成并在此间面世、又在此后发展的关于死亡问题的文化思考。

1993年,张三夕出版个人专著《死亡之思与死亡之诗》。上篇"死亡之思",分"死亡的伟大""现实的沉迷""天国的超度"三章,用大量的史料,对儒、道、佛的死亡观进行稽考,对中国思想史上的死亡意识进行归纳,另分"坟墓的神圣"和"自杀的理解"两章,分析与死亡意识相关的丧葬和自杀现象;下篇"死亡之诗",从文学史的视角,分析了古典文学作品中的死亡主题,如视死如归、人生无常、爱与死、悲剧与死亡。此外,在该书的最后,张三夕还附有一篇极其重要的《死亡论》的提纲,希望撰写"论死亡的纯理论性或思辨性"的著作。史、思、诗之间,布局缜密,体大思精,且屡现新解。诸如佛教"是用轮回报应学说巧妙地把死亡问题转向不可检验的彼岸世界";道教"首先在于长生不死在现实世界具有一种可检验性质";"'好死不如赖活着'的人生哲学是与农民的生产方式息息相

---

① 闫广林,海南大学文学院教授,原文学院院长。

关的";古人之所以会产生思乡之情,是因为他们"把故乡视为克服畏死心理的'避难所'"。如此等等真知灼见,不一而足。难怪有评论说《死亡之思与死亡之诗》是"国内第一部同时从中国思想史和文学史角度研究死亡问题的专著"。十分可惜的是,形而上的《死亡论》的写作计划,一直未能如愿展开。

人类一诞生,就面临死亡问题,就具备了对死亡的恐惧,就产生了对死亡的思索,谈哲学的人如果不谈论死亡,大概相当于搞艺术的人不谈论美。哲学是爱智慧,人类以哲学的方式所能达致的最大的智慧,莫过于对死亡的认识;艺术是审美创造,一切审美创造,基本都是生命的"召唤",或对死亡这一现实的否定。一个"家"字,一个"冢"字,究竟是屋下有豕还是土下有豕,大不相同又如出一辙;纸钱纸衣纸车马,也是另一种吃喝穿用和荣华富贵。

倘若进一步考察即可发现,不同民族不同文化,在拒绝死亡、否定死亡的道路上,正视?回避?超越?迥然不同。

西方文化对死亡问题,选择了正视的态度严肃对待。所以,柏拉图在《斐多篇》中说"哲学就是死亡的练习"。西方的基督教神学,都是围绕着耶稣受难与十字架这一伟大事件而展开的;而西方的悲剧传统,都是以苦难为命运,以毁灭为结局,是 wasteland(荒原),一般没有和解团圆的光明尾巴。甚至会在舞台上公开提出"生存还是毁灭,这是一个值得考虑的问题"(《哈姆雷特》),甚至会在小说中直面死亡以及人类的归宿问题(如加缪的荒诞小说《局外人》)。

中国就不同了,农业文化中的儒家,在死亡的问题上选择了回避的态度,即现实主义的回避。所以孔子说"朝闻道,夕死可矣""未知生,焉知死""未能事人,焉能事鬼",所以不语怪力乱神,不谈论怪异、暴力、悖乱、鬼神之事,敬鬼神而远之,不为鬼神所制。道家之于死亡,不是正视不是回避,而是超越。在道家看来,死亡似乎并不可怕,"方生方死,方死方生",生死齐一,人死了,就解脱了,"其生若浮,其死若休",就是大归,返朴归真,神与物游,与道合一。如此一来,道家老庄用相对主义的策略超越了死亡。所以庄子丧妻,不哭则罢,竟然鼓盆而歌,自己临终还拒绝厚葬,说是要"以天地为棺椁"。至于佛教,则如张三夕所说"是用轮回报应学说巧妙地把死亡问题转向不可检验的彼岸世界",解脱人生苦难,在精神彼岸圆寂涅槃,向超越死亡的目标迈出了重要一步。

难能可贵的是,张三夕虽然未能展开关于《死亡论》的写作计划,未能展开关于人类死亡现象的形而上学的讨论,但他并未停止关于死亡问题,尤其是关于中国死亡现象的思考。他不仅写了评论性文章《孔子及儒家死亡意识分析》《生死涅槃说探讨——佛教的死亡意识分析》、理论性文章《论死亡作用于生存状态的机制》,而且在通人之学的道路上取得了显著进步。

1994 年,张三夕的老友马良怀出版了学术专著《崩溃与重建中的困惑——

魏晋风度研究》,对魏晋风度进行了一番正本清源。其中,最令张三夕感兴趣的,是死亡意识的引入。因此,1995年他在《海南大学学报》上发表了题为《魏晋风度何为》的论文,从死亡的视角,阐释魏晋风度。

在这篇论文中,张三夕认为:"魏晋风度是一种特定的乱世风度,它的产生与东汉末年以降大规模的死亡现实和集体性死亡意识有着直接的关系。"

在张三夕看来,魏晋时期是中国历史上少有的全社会都充满死亡恐怖的年代。那时的死亡恐怖,首先来自自然灾害的泛滥,山崩、地震、蝗虫、瘟疫,此起彼伏,痛不可言。除了天灾之外,人祸也在导致大规模的死亡,军阀割据,战乱不已,饿殍遍野,尸骨横陈,惨不忍睹。"大规模的死亡惨状,个人生命的毫无保障,激发起全社会日益增长的死亡意识,生命极其短暂,极其脆弱,那怎么活法才最现实、最可取呢?只有一种选择,即及时行乐。"张三夕认为,东汉末年的《古诗十九首》,是这种死里求生的社会思潮的代表性歌唱,而从曹操的"对酒当歌,人生几何",到阮籍的《咏怀》,再到陶渊明的饮酒诗,则是死里求生的社会思潮的集体歌唱,人生无常的感伤情绪是歌唱的主旋律,而且意义深远。所以张三夕评论说:"只有无法消除的连续不断的天灾人祸造成的尸骨遍野,才能证明皇帝能力有限,证明天人不相感应,证明天抛弃了皇帝,最终证明人的限度。在死亡面前,在死亡的恐惧下,一切旧有秩序的合法性全都受到严重的挑战和考验,儒家经典更显得苍白无力,儒家那一套礼仪名教的行为规范,自然而然丧失它过去所拥有的强大规范性。人们怎样死里求生,怎样在死亡的阴影下和短暂的人生中,活得快乐,活得潇洒,就自然而然地成为魏晋文人重点考虑的问题。而且很显然,汉代文人那一套行为方式,是不行的。"张三夕把魏晋文人的这种反传统的行为方式,称作越名教而任自然的"反常风度",说他们喜欢喝药行散,喜欢纵酒放达,甚至长啸学驴叫,虽有怪异之嫌,却无虚伪之态。

如果说,张三夕"死亡"视角下的魏晋风度,体现了一个文化研究者独特的创新个性,那么可以说,他此后的一篇有关汶川大地震的笔谈,则体现了一个当代知识分子的历史责任和人文关怀。

2008年5月12日,四川汶川发生了新中国成立以来破坏力最大的地震,也是唐山大地震后伤亡最严重的一次地震,造成69227人死亡,震惊中外。于此国殇之时,素有死亡研究经验的张三夕,在一篇笔谈中评论说:"作为一种由严重自然灾难造成的死亡事件,汶川大地震的教益,除了直接体现为它使人们领会死亡会以何种方式与人们照面,更重要的是,它帮助人们加深了死亡记忆。"在张三夕心目中,唐山大地震的死亡人数,虽然远远超过汶川地震,但由于在特殊的历史条件下,它没有得到全面而公开的媒体报道,缺乏有关唐山大地震这一死亡事件的现场感,因此人们对于唐山大地震的死亡记忆,反而不及汶川地震刻骨铭心。张三夕认为:"灾难给人们造成的死亡记忆,不仅仅在于死亡人数的多少,而在死亡事件本身被报道和被叙述的广度和深度。"汶川大地震中,中国媒体每天公布不断攀升的死亡数字,尤其是首次动用公共叙述的力量,生动展现残垣断壁的场景,及时报道扣人心弦的画面,凸显死亡事件的现场感。对于这种历史的进步,张三夕给予了很高评价:"关于灾难的死亡记忆的深浅,与公众对于灾难的公共叙述的充分与否直接相关。近年来,中国发生不少灾难,如矿难、火车相撞、水灾、火灾、雪灾等,也都造成了重大人员伤亡,但由于没有得到足够的、充满现场感的公共叙述,这些灾难留给人们的死亡记忆大都是淡薄的,难以从中形成新的经验。这一次,中国人日夜目睹了空前惨烈的死亡现象……地震死亡不再作为有损'面子'的坏事被掩盖起来。中国政府果断抗震救灾的形象得到了世界舆论的好评,中华民族面对巨大死亡灾难所表现出的众志成城的精神面貌,也赢得了各国人民的尊敬。"

所有的人都是要死的,活人就是可能性中的死人,但有限的人可以通过知识与沉思追求无限的不朽,在死亡之思与死亡之诗之间做通人之学的张三夕,追求的也是一种不朽。

张三夕老师二三事

范 军[①]

知道张三夕老师大名大约是在 1986 年的阳春三月,那时我正在中文系读研一。作为华师百年历史上自己培养的"001 号"博士,张三夕的博士论文答辩仪式极其隆重,答辩委员阵容堪称豪华。图书馆、历史系、学生食堂、研究生宿舍楼等处都张贴了大幅的海报,"张三夕"和"批判史学的批判"几个字便深深地铭刻在了我的记忆中。但真正与其交往,乃至以兄弟相称的"过从甚密",还是在他"游子归故乡"——从海南大学重新回到华师中文系任教之后。转眼间也是整整 20 年了。作为师友相兼的张兄三夕,我与之交往中值得回顾与总结的东西很多很多,这里只说说我所了解、所亲历的三件事,或称"三个一"吧。

一

第一个"一"是一本教材——《中国古典文献学》。

这本教材是张三夕主编,华中师范大学出版社 2003 年 3 月初版,首印 5000 册,次年又加印了 5000 册,此后几乎年年加印。出版社朋友告诉我,该教材两次修订,刊行 3 版(2003、2007、2018),累计销售已达 16 万册。作为国家规划教材、国家级精品教材,《中国古典文献学》已成为华师出版社最有生命力和影响力的常销书之一。古典文献学虽还不好说就是"冷门绝学",但肯定不是汉语言文学专业的主干或核心课程,一本选修课的小众教材能有如此大的发行量和如此久的生命力,实属难得。

三夕兄 2001 年 11 月重返桂子山,作为华师文学院学科建设人才被引进后,与王齐洲、高华平两位实力派学者组成了中国古典文献学教研室。这个"三剑客"的黄金组合,在不长的时间里就把华师中国古典文献学弄得风生水起,声

[①] 范军,华中师范大学文学院教授,《华中师范大学学报》主编。

名远扬。他到华师文学院不久,我则由出版社总编辑转任社长(2002年5月),学术出版策划、高校教材建设依旧是我很重要的工作抓手。记得那几年我先后约请郑克鲁先生主编《外国文学简明教程》,刘守华、陈建宪老师主编《民间文学教程》,李建中师兄主编《古代文论》,王坤庆教授增补《教育哲学》,张维友院长修订《英语词汇学教程》等,这些书皆有很好的社会反响和不俗的经济效益。请三夕兄主编《中国古典文献学》大约是在2002年上半年。接受任务后,他雷厉风行,很快拿出编写大纲和体例,立马组织除"三剑客"外,另有武汉大学、南京大学、东北师大、湖北大学等高校教授、副教授参与的编写班子,书稿也在不长的时间内高质量地交付出版社。三夕兄在教材初版《前言》中自信地说:"一本教材的特色和质量要靠编者的专业知识和学术水准来保证。可以毫不夸张地说,本教材的编写者都是'术业有专攻'的教授,一半以上的作者是博士生导师,他们在文献学领域有很深的造诣。……我们这群编写者,或是同学师兄弟,或是校友朋友,平时在学术上多有切磋交流,这次合作编写教材,大家把多年的研究、教学心得提炼或融入到相关的章节中,彼此经常相互探讨一些文献学教学和研究方面的问题,可以说是非常愉快而难忘的。"

因为有一个好主编,一群好作者,加上作者密切配合出版社开展教材营销推广,《中国古典文献学》推出后广受欢迎,被几十所高校选用。每逢外出讲学、参加学术会议、接待同行交流,张老师总是不忘宣传和推荐这本倾注了编者心血,又确有创新、水平高且非常适用的教材。我也因为这本教材与他交往渐多,酒局频见,相知益深。在该教材第三版《后记》中,张老师诚恳地写道:"饮水思源,我首先要感谢华中师范大学出版社原社长范军教授,是他极力鼓动我来主编这部教材的。可以说,没有他当初的动议,就不可能有这部教材的产生。"

其实,应该是我和出版社要好好感谢张老师及其编写团队。我们的编辑和市场销售人员多次说,若是高校教材的作者都像张三夕老师这样,那编辑工作、营销工作就好做多了。人们常说,作者是出版社的衣食父母。善待作者,出版企业才会有更多好书稿,才会有更多的市场机遇和更大的发展空间。为了表示对三夕兄的感谢,我主动提出把他1992年在台湾文津出版社出过的博士论文(繁体字版,印数不多,大陆难得一见)推出大陆简体字版。这样,《批判史学的批判——刘知幾及其〈史通〉研究》在时隔18年后得以"荣归故里",由华师出版社于2010年11月纳入"博雅学术文库"正式刊行。

二

张三夕老师的第二个"一"是一本学术集刊,也就是华师文学院和出版社合作出版的《华中学术》。

这是我们合作的另一个重要项目,也是张老师对华师文学院、对中国语言文学学科所做的重要贡献。作为学术集刊的《华中学术》第一辑是2009年9月正式出版的,编委会主任为胡亚敏院长,张三夕老师担任主编。在辑刊"卷首语"中,胡院长满怀深情地写下这些言简意明的话语:

> 经过一年多时间的酝酿和准备,《华中学术》于2009年秋面世了。
>
> 之所以筹办《华中学术》,其初衷是为华中师范大学文学院的教师提供展示学术成果的园地,使大家能够在这个园地里从容地耕耘和自在地挥洒;同时也希望以此构筑一个对话的平台,诚邀海内外同仁在这里以文会友,研讨磋商,享受思想交锋的快乐。
>
> 之所以定名为《华中学术》,是因为她诞生在中国的中部,我们希望经过数年或数十年的努力,使之成为中国中部学术研究的重镇。《华中学术》的核心是学术,她表达的是学人对学术的尊重、追求和坚守,并力图通过学术个性的张扬和学科之间的互渗打通以实现学术研究的开拓和创新。
>
> 《华中学术》由华中师范大学文学院创办,并得到华中师范大学出版社的支持,争取一年出版两期。文学院是一个拥有百年历史和深厚学术积淀的学院,汉语言文字学、文艺学、现当代文学、比较文学与世界文学、中国古代文学、民间文学等多个学科已形成或确立了自身的特色,由此形成一种整体优势。在"博学笃志"的院训下,文学院将继续坚持"中西融合、古今贯通"的理念,尽可能地吸收和借鉴人类丰富的文化遗产和当今世界前沿的学术成果;并以"严谨务实、勇于创新"的治学精神,在中国语言文学等领域形成自己的学术品格和研究特色,为中国文化的发扬光大作出贡献。
>
> 《华中学术》刚刚诞生,前面的路还很长,我们愿意像夸父那样锲而不舍,学术就是我们心中的太阳。

《华中学术》如期出版,按计划坚持每年出版两辑(后来由半年刊改为一年四辑),质量不断提高,影响越来越大。这中间张三夕老师付出了许多心血、汗水和智慧,是名副其实的主编。从栏目设计到作者组织,从内容编排到学术规范,从对外联络到内部协调,张老师无不费心费神,亲力亲为。孟君老师告诉我，记得她轮值《华中学术》责编时，栏目主持人、责编编校后，三夕老师在打印稿上进行终审，每次红笔写得密密麻麻，极为认真负责，可谓严格把关，精益求精。

由于是学者办学刊，学术水准高，选题策划好，且注重学术规范和对外宣传，《华中学术》很快得到国内外学界同行和期刊界朋友的关注与认可，并于2013年入选南京大学中国社会科学研究评价中心的CSSCI集刊。这对华师中国语言文学学科能顺利进入国家高等学校"双一流"行列起到了极为重要的作用。2014年底，文学院举办"中文学科前沿问题探讨暨《华中学术》创刊五周年座谈会"，三夕兄在会上全面回顾了集刊创刊五周年的历程，重点介绍了《华中学术》在确保学术品质方面所做的工作，最后引用宋儒陆九渊名言"懈怠纵弛，人之通患。知之非艰，行之惟艰，靡不有初，鲜克有终，人所同戒"自勉并勉励同人，寄望《华中学术》能够常青常新，持续发展，成为华中师大文学院乃至国内中文学科集刊的品牌。

我校中国语言文学过去就有《外国文学研究》《汉语学报》两个传统的C刊（同时也是北大核心期刊，另有面向中学语文教育的普刊《语文教学与研究》和一个学术集刊《新文学评论》），现在加上《华中学术》更是如虎添翼。一所大学的一个学科（学院）同时拥有3种C刊，确实在全国都不多见。这样的期刊学术平台对于学术研究、学科建设和人才培养无疑是有重要促进作用的。

《华中学术》进入CSSCI集刊序列以后，就有北京的某大牌出版社找上门来要拿去他们那里出版。该社正在集中力量打造学术集刊群的品牌，在全国各地网罗已经崭露头角的优秀集刊，到处采摘"成熟的果实"。我们华师出版社的另一本C刊集刊《近代史学刊》（也是2013年入选的）就被他们悄悄割了韭菜，收到篮子里了。文学院也有部分老师主张把《华中学术》拿到北京出版的想法。因为公私之谊，加上我的说服，深明大义、目光长远的三夕兄不为利诱所动，坚持把该集刊留在桂子山，留在华师社，一直到今天。

作为学院所办学术集刊，除了发表学术成果、交流学术信息，还有很重要的功能就是传承学脉，让学术薪火不绝，学术精神赓续。为此，三夕兄专门策划了一个栏目叫"学缘漫议"，亲自四处约稿，撰写栏目"主持人语"。这个栏目从2011年开张到现在，已经刊登了近30篇文章，作者既有本校王先霈、曾祖荫、刘守华、陈安湖、王忠祥、尹均生等老辈知名学者，也有周光庆、张玉能、江少川、戴建业、周晓明、吴建波等中生代学人，还有一些外校的杰出专家如王兆鹏、傅道彬、刘明华、方铭、何新文、阮忠等同人。去年，本人去兰州大学参加相关学术活动，在那里了解到20世纪40年代后期张舜徽先生在兰大的一段学术"传奇"，回头以此为基础写了一篇闲文《桂子山学人的心理定力》。三夕兄看到后，和新主编汤江浩老师一起力主将文章在《华中学术》发表。我还跟三夕兄和胡亚敏老师建议,将集刊上"学缘漫议"专栏文章(适当再组织一点新的稿件)集结出版,作为学院青年教师、研究生的学习资料。这个动议,得到了他们的充分认可。我期待这本书的早日面世,也期待"学缘漫议"专栏能够长久地办下去。

三夕兄与文学院同道尽心尽力培育了《华中学术》,从来是不计报酬,不图名利。尤其难能可贵的,是他有功不居,功成身退。他主动把集刊主编"禅让"给了戴建业教授,戴教授后来又如法炮制"禅让"给更年轻的汤江浩老师。岁月不居,人事更迭,但学术刊物薪火相传,品质不变,风格依旧。即便不在一线了,三夕兄仍然不忘初心,爱管"闲事",时时关心集刊的建设与发展,时常出谋划策,建言献策,参与策划和组稿,积极宣传和推广。

三

与三夕兄密切关联的第三个"一"就是一个学科——文化传播学。

这是一个从酝酿到起步,从初步成形到不断发展进步,已有十个年头的新学科。在这个学科的建设中,我们结下了更深厚的学术友谊。2011年6月,文学院新闻系主任刘九洲教授退休。学院打算从外校引进的一个人才,忽然变卦说不来了。胡亚敏院长、谭根稳书记和刘九洲老师几经商议,决定由张三夕老师接替系主任,我则兼任系研究生导师指导组组长和学术带头人。我们两个非新闻科班出身的人有感于领导的信任和诚意,答应"挑土"(武汉的士司机临时代班的叫法)一年。这样,我和三夕老师就成了正儿八经的同事与搭档。这在我确实有点赶鸭子上架的味道,而曾师从程千帆、张舜徽先生的三夕兄一直走的是"博通之路",擅长"跨界思维"。他视野开阔,知识面宽,学术兴趣广泛,又有过担任学院领导的经验,主政系务专业上虽是"客串",管理方面却是得心应手,游刃有余。此后一年间,三夕兄多次举办新闻系内部学术沙龙,开新闻系系内学术交流之先河,年轻教师为之一振;张罗各种学术讲座,请进来走出去,尤其注重青年教师成长,倡导学术兴系,平时为人公道正派,处事公平合理,努力营造良好的学术环境和工作氛围。新闻系很快气象一新,学风向好,老师们心情舒畅,劲头十足。遗憾的是,2012年9月,学校"力排众议"搞"拉郎配",决定将新闻系与信息技术系合并成立信息与新闻传播学院。这个最短命的学院仅仅存活了十个月,信息技术与新闻传播又各自独立建院、自立门户了。因新闻系离开文学院,三夕兄刚好一年"挑土"期满,我则"客串"新闻传播学学术带头人直到2017年。

正是因为那一年的"挑土",三夕兄在文学院胡院长、谭书记等领导的大力支持下,开始谋划文化传播学博士点的建设,意在通过中国语言文学的实力和影响带动新闻传播学科的发展。早在2011年三、四月间,三夕兄就受学院委托牵头写出了文化传播学博士点建设的可行性报告。在充分调查研究的基础上,三夕兄集思广益,提出文化传播学的学科内涵、理论基础、人才培养方案,明确文学传播、新闻传播、影视文化、出版文化四个研究方向,确定了各个方向的学术带头人。周晓明、刘九洲、李显杰、范军分列四个方向的负责人,青年教师孟君副教授为学术秘书,负责具体文字工作。在三夕兄的运筹帷幄、积极推动下,文化传播学博士点申报成功,于2012年上报教育部备案,2013年开始招生。因为有的学术方向带头人另有其他任务,有的已到退休年龄,真正花费较多时间和精力参与这个博士点建设的主要是三夕兄和我两人,首届两名博士生也是我们各招一个。

在我们学科的师生中,三夕兄被尊称为"长老",他则戏称我"范爷"。张老师像个不折不扣的"家长",学术上对学生严格要求,一丝不苟,生活上则关怀备至,体贴入微。博士生预答辩、答辩之时,对于论文的摘要、关键词、注释、参考文献、图表标符、行文的语法逻辑,乃至"答谢"用语这些容易忽视的地方,张老师总是"锱铢必较",甚至"吹毛求疵",但确实让同学们受益匪浅,时常有醍醐灌顶之收效。评点时他往往用词尖锐而不失厚道,出语幽默又不乏深意,学生们听来非常提神管用,容易入脑入心。到2021年春,文化传播学博士生已经招生九届(50多人),毕业六届(20余名),毕业生总体质量良好,受到学界好评与社会欢迎。

学高为师,身正为范;学为人师,行为世范。作为部属师范大学的名师,张三夕老师用自己的言传身教践行了"师范"二字。在学生眼中,张老师是严师,也是慈父,还是可以推心置腹的朋友,可敬、可亲又可爱。2012年,他以最高票数当选为华师研究生会组织评选的"我心目中的好导师"(首届第一名是戴建业)。在我们文化传播学专业,三夕老师也是难得的好导师、好家长、好带头人。他对学术的敬畏,对规范的尊崇,对创新的追求,都潜移默化地影响着同专业的师生。从2017年开始,我连续张罗了四届"华中学术传播论坛",三夕兄主持会议时从没有虚话套话,总是直奔学术主题,评点专家演讲或会议发言,切中肯綮,直指要害不留情面。外地有学者朋友跟我说,特别希望张老师评点自己的发言,但又有点"怕"他,因为他的"酷评"让人欢喜让人羞(愧)。

老话讲,家有一老,如有一宝。三夕兄是我们文化传播学的"一老",所以我一再呼吁"长老不能走"。只要学科有重要活动,举凡招生面试、开题、答辩,或是其他重要学术活动,是一定要请"长老"回来"坐镇"的。有三夕兄来"站台"和

"坐镇",我才会觉得更有底气,更有胜算。

三夕兄已经退休数年,逼近"古稀",但他无论心理、精神,还是身体、学术,都毫无老态与倦意。他经常与友朋自驾云游四方,偶尔去恩施野山关私宅消暑"打望",至于酒桌上与周兄晓明"斗诗"更是"保留节目",一直胜负难分;到了夏季,他数次加入游泳大军,"万里长江横渡,极目楚天舒"。三夕兄在学术上恪守规范,严谨认真;在生活上乐群助人,尤其懂得发现和享受日常中的诗意与远方。

笔者谨以这篇短文,祝贺三夕兄从教五十周年,真诚祝愿他永远年轻率真,永远健康快乐,书香伴着花香,学术青春不老。等到三夕兄从教六十年之时,我希望有机会再写续篇,也期待三夕兄有更多新颖精彩的故事让我们分享。

2021 年 3 月 8 日

记父执张三夕老师

韩 明[①]

这个世界真是说大不大,说小不小。前不久与一老友到最近才联系上的另一老友家里小聚,当年我们都是武汉市公安局机关的同事,关系一直甚好,后来我调动了工作单位,彼此一晃二十多年都没有见面了。这个朋友年轻时就很时尚前卫,引领潮流,讲究生活品味,一生都是潇洒美丽。听说她老公是个知名人士,来到朋友家她先带我们参观了她老公的书房,一百多平方米的书房满眼都是书,翻开的、折叠的,铺天盖地,浩如烟海,堪比一个书店,连我走路都小心翼翼怕把书给撞散了。我还真是很少看到居家有这样浓郁的书香氛围,不禁戏谑女友本是满身铜臭味的"女妖",如今摇身一变成了端庄的知识分子太太!结果一见她老公张三夕,我们双方不禁一愣,觉得似曾相识但是一时半会儿想不起来,我随即在百度上一查,原来他最早曾在江岸中学教过英语,问他是否认识英语老师邵某某,他立马恍然大悟,伸手即握,原来他就是我父亲的忘年交。

那时候还是在二十世纪七十年代初期,他与我父亲邵明镛曾经共事,都是武汉市江岸中学的英语老师。他父母家住在北京路汉安村,离当时我们在汉口义品里弄的家很近,步行不到十分钟。因此,他经常来我们家与我父亲屈膝而坐,相谈甚欢。我父亲早期是云南"西南联大"(后恢复为北京大学)哲学系学生,在抗战最后阶段,父亲随十万大军报名参加了青年军汽车团,准备学好技术,开赴印缅前线参加对日最后一战。谁知还没等他技术学到手,日本就宣布投降了。后从北大哲学系毕业回到家乡汉口,应聘到汇文中学(现十八中),当时学哲学的他在中学只能教英文。1969年随教育系统全家下放随州,1972年返城后分配到江岸中学教英语,此时与张三夕成为同事并一见如故结下忘年之交。在江岸中学同事期间,张三夕到我家来多半谈英语学习和学术方面的话题,有时也会和我父亲下象棋,如果到了吃饭的时间,父亲会留他在我们家吃饭。

---

① 韩明,武汉市江岸中学英语教师邵明镛先生的女儿。

友朋印象

记得张三夕与我父亲交往最为密切的是1977年初他到武汉师范学院(后更名为湖北大学)中文系上大学之后的两三年,尤其是1978年,国家恢复研究生招生,张三夕有志于报考研究生,因此周末、节假日经常到我们家与父亲探讨报考什么专业,如何准备英语入学考试。他一度想报考逻辑学专业研究生,学哲学的父亲自然支持他报考这个专业;他有时会拿一些考研的英语试卷来向我父亲请教,因为父亲的英语基本功很扎实。1979年9月,张三夕如愿考取南京大学中文系古代文学专业硕士研究生后,来我们家的频率就少了许多。不过,他每学期假期从南京回汉省亲,去看望他父母,也必定会来看望我父亲。

他们经常在一起谈哲学,谈文学,谈音乐,每次谈兴浓郁,不亦乐乎,常常一谈就忘记了时间。当年我们家房子太小,张老师一来我们就出去,把地方让给他们,怕挤在家里干扰他们的谈兴,有时很晚回家他们还是谈兴正浓,意犹未尽。张三夕老师的母亲也是非常和善之人,与天下所有的母亲一样,曾拜托父亲对孩子多多引导、指教。我父亲非常喜欢张三夕,我母亲调侃我父亲一生自恃清高,为数不多的朋友就是这老中青寥寥数人,这个青就是说的张三夕老师。

张三夕老师在江岸中学做过团委书记,和一些学生团干走得很近,其中有一位熊斌同学,我们最近才认识,他也是父亲的学生。他告诉我,当年对邵老师印象深刻。知道邵老师会几国语言,曾经是北大著名哲学家冯友兰先生的学生。邵老师也给他们上过课,记得当时课堂纪律太差,下课后父亲对熊斌说:"想学英语随时课后找我吧!"(因父亲知道熊斌和张三夕老师走得近)有一次,熊斌还和邵老师、张老师一起参观武昌农民运动讲习所(因为是英文解说),在路上就知道了邵老师会几国语言。熊斌说他非常怀念我父亲。

张三夕老师与父亲的友谊一直延续到我父亲去世。我父亲是1990年2月患胃癌手术后转移恶化去世,享年六十六岁;母亲是1992年12月去世,享年也是六十六岁。两老走时都太年轻了。张三夕老师最后一次去我们家是父亲去世以后去看望我母亲,我母亲让他选走父亲收藏的几本书留作纪念。这件事发生在1990年3月4日,当晚,张三夕老师还特地在母亲所送父亲的书——黑格尔《法哲学原理》的扉页上写了一篇题记,记叙他与父亲的交往,现照录如下:

> 邵明镛先生,广东人氏。四十年代末期毕业于北京大学哲学系。近几十年辗转于武汉市十八中、江岸中学等校执教英语。七十年代中期,余任教江岸中学,在英语学习上得益于先生匪浅矣。记得那时,我与邵家过往密从。星期天常去邵家请教英语,下棋聊天。在座的常有先生好友江汉大学李先生以及六十六中柳迈先生。先生曾烧广东菜款待我们,味道极佳。七十年代后期余在武昌上大学,后又去南京读研究生,再回武昌在大学任

教,家也安在武昌。而先生家后来也从汉口大智路搬到江岸二七中学内。尽管由于家居相隔甚远,来往不便,我们每年仍有两三次相聚,此时以谈论哲学问题为主。去年听说先生身患胃癌,动了手术,我去看望过两回。不料昨日接好友张泽恩先生来信告知,先生已于二月十八日归道山,享年六十六岁。开追悼会时因电话不通,没法通知我。

今天,我赶往二七中学向先生夫人韩老师及女儿韩明表示慰问。临别时,韩老师说:"你是邵老师的好朋友,你把邵老师的书挑两本留作纪念吧。"于是我随手在书架最上一层拿了《法哲学原理》《判断力批判》《古代社会》三种五册书,留作自己的永生纪念,并取回几年前我借给邵先生的《回忆维特根斯坦》小册子。

邵先生去了,带着几十年的遗憾去了。学哲学而不得不以英语为业,此究竟谁之过矣?先生曾告我,计划写一篇哲学论文,题为"论创造",不知动笔否?

呜呼哀哉,先生安息吧!

张三夕

一九九○年三月四日。手捧邵先生之遗书,记与邵先生交往之始末。

我看到这份题记,不由得感叹道,好珍贵的资料!当时的题记真切地表达了三夕老师的心情和对家父的纪念,这篇题记一直保存完好,说明三夕老师是一个有心之人,对恩师有感恩之心,对学习有渴求之心,所以才成就了现在的他。

一晃三十年过去了。这次意外相逢,感慨万千,不知不觉又回忆起父亲点点滴滴的往事。真是一生清贫,两袖清风,斯人已去,音容皆留!

临走,三夕送我一本他撰写的《在路上》一书,其中收录了他的四十多篇随笔,有对故乡的怀念和对奶奶、父母等老一辈人的回忆,感叹人生无常,也有记录他的工作、学习及生活点滴。从这些文章里,可以看到他深厚的文学底蕴和成长的轨迹,他热爱读书,博采众长,知识广泛。你见到他,完全没有我们传统印象中学古典文学那样迂腐的学究气,而是充满阳光,亲切和蔼。当年他孜孜不倦、求知若渴的态度给我留下极其深刻的印象,看到他现在成就斐然,如果父亲天上有知,定是喜悦欣慰之!

2019年春初稿,2021年初春修订于武昌

问学漫忆

记忆中的"小老师"

陈惠琼[①]

天地间有一架永不平衡的人情天平,那就是老师与学生的某种连接。天平上的支点能称出责任与奉献,这个支点自然就是老师啦!老师的职业崇高,就像是春雨,染绿了世界,滋润着满园桃李,春晖四方。每个人成长的道路上,首先就离不开老师的各种教诲,离不开老师指导学生前进的方向。在学生时代,老师的角色对学生来说有着关键性和决定性的作用。

回首往事,岁月无情,青春不再,好在山河无恙,国泰安康。在经受新冠疫情考验的当下,已经跨入花甲之年的我们,因出生年代的特殊,经历过太多坎坷与成败,也让我们聚集了太多的回忆。现实生活把我们这群懵懂无知的孩童磨炼成了白发苍苍的老人,青丝变银发,人生有时不堪回首,然而人生的艰辛也赐予了我们诸多的生活经验,尤其是早期生活经验。青春年少的记忆格外深刻,青春时代的幸福又让人仿佛回到了从前,回到了我的中学时代,特别是初二时期,我们班来了一位"小老师"——张三夕老师。当时他只有十九岁,这是他参加工作的开始,也是人生的新起点。后来才知道,张老师是一九七二年四月江岸中学高中毕业,留校当老师,先去武汉第一师范学校英语班培训半年,一九七二年九月正式回母校入职。

记得那是一九七三年初春,我们当时虽已经是初中生了,但还待在林祥谦小学(即新村小学)读书。"文革"期间,由于中学数量不够,有些小学也"戴帽"办初中,我们就属于这种情况。当时,我们即将进入初二下学期,也就是我们在林祥谦小学读完了初二上学期之后就要被分配到各个中学去,我们班就被分配到了附近的江岸中学。经与张三夕老师核对他的日记(幸亏我们的张老师有记日记的习惯),我们初二(4)班是一九七三年二月十四日从林祥谦小学转到江岸中学的。这是一个值得纪念的日子!众所周知,二月十四日是情人节,但是在"文革"期间我们根本不知道有这个节日,社会上也不可能过这个"小资"节日,

---

[①] 陈惠琼,武汉市江岸中学初中1972级学生。

这个节日的流行是改革开放以后才出现的。为了便于记忆,我们可以把一九七三年二月十四日当作我们和张老师之间在学历上或精神上的"情人节"。

当时有好几位江岸中学的老师来接我们,张三夕老师也在其中。林祥谦小学的老师进行交接手续时,宣布张三夕老师就是我们的班主任。在操场排队的我们都惊呆了,怎么来了一个这么小的老师?比我们年龄大不了几岁,能教我们吗?每个同学都持怀疑态度。正值青春期的我们,把叛逆、不服气的眼光都射向张老师。在这样的状况下,张老师一路把我们带进了江岸中学校园,带进了我们班级的教室。进班后,张三夕老师就开始与同学交流,布置班级任务,交代注意事项。当时对张老师来说的确不易,毕竟年龄相仿,差距不大,特别是青春期的学生,管理上是比较难的。班主任的职位也给他带来了诸多的责任,确实不简单。

当我们进入正常的上课阶段时,不断有问题需要他这个"小老师"来处理。如同学之间的矛盾纷争及学生们思想觉悟的动态。因为处于特殊的年代,"读书无用"的谬论深刻地影响我们,所以上课不听讲的学生大有人在。这些问题都需要他这个"小老师"来面对。还有些同学对他的工作不配合,认为他年轻稚嫩,对他说的话充耳不闻。这些都给他的工作带来了压力,但是他总有一种龙精虎猛的精神,把他最好的一面展现给大家,在班上遇到问题他就解决问题,有时间就找同学谈心、家访。我们进校没几天,张老师就开始家访工作。记得有一次他家访到我家时,隔壁邻居及家长都问道,你们这么小的"小老师"能行吗?年龄同你们学生差不多,能教得住你们吗?这些叛逆期的孩子能教住吗?这些担忧拿到现在来说也不难理解,而且在他教英语的过程中,每次上课都要复习上一节课的内容,有的同学根本不想听英语,当时流行"不读 ABC,一样干革命"的口号,我们这一代人深受"毒害"。因此只要张老师复习上一节课内容时,有的同学就打瞌睡,但他还是不厌其烦地说服和教导我们。他的耐心成了我们的"烦心"。可想而知那种工作环境带给他的工作难度。但事实上,我们班的这批学生都顺利毕业了,没有哪位同学因违反校规而被处分。所以这个"小老师"还是功不可没的。张老师用他诲人不倦的职业精神回答了一些学生、家长的质疑和担忧,用事实证明了一切。

据我们班的班干部江绍兰同学回忆,当时张老师虽然只长我们几岁,但从不摆架子,总是平易近人,把我们班搞得有声有色、有条有理,还经常组织我们班参加学校的各种活动,比如文艺体育活动、诗歌朗诵等,并取得好的成绩,多次得到学校的奖励。张老师对教学工作认真负责,尽心尽力;对学生体贴入微,关怀备至。上英语课的时候,总是不厌其烦,反复提问,加深学生对单词的理解和记忆,从不放弃对英语不感兴趣的学生。他还经常利用业余时间帮学生补课,并牺牲自己的休息时间经常走访学生家庭,真不愧为我们的好老师。

张三夕老师虽只教了我们一年半,却让我们难以忘怀。我们初中毕业时,全班同学照过一张合影,张老师"混"在同学中,不仔细看还真的看不出来他是老师。我们不少同学都珍藏着这张毕业照。直到现在,同学们聚会时都会提到我们的"小老师"——张三夕。

毕业之后大家都各自忙碌,我个人与张老师没有什么联系,但我们班上的班干部和另外几位同学如黄立志、江绍兰、朱爱梅、吴仁贵等一直和张老师保持联系。2012年9月,黄立志、朱爱梅、吴仁贵三位还作为我们班上同学的代表参加了张老师执教四十周年的聚会。很不幸的是,吴仁贵同学去年因骑单车发生事故意外离世,我们都感到很惋惜。

我本人直到2016年,才偶然和张老师联系上了。看到他取得这么辉煌的成就,我们感到高兴、自豪。他铁杵磨针的精神造就了他今天的出类拔萃,是我们这些学生学习的榜样。今天,借纪念张老师执教五十周年之际,我自己也产生了一些反思。当年,同样处在史无前例的"文革"动荡中,同样受到"读书无用论"的冲击,同样身在江岸中学这样的普通中学的环境里,为什么张老师能够上大学、考取名校的硕士研究生和博士研究生,通过自己的刻苦努力成为一名硕果累累的大学教授?为什么我们后来也读了高中,也有机会参加高考,但却没有考取大学,因而文化水平没有很大的提高?为什么我自己甚至连用电脑写作都不太会?归根结底,这样巨大的时代"落差"的形成,还是由于个人的努力不够。过往的生活当然不能从头再来,但我们可以张老师为楷模,活到老,学到老,努力过好退休生活。我想,这也是张老师对我们这些"老学生"的期待。张老师即使做了大学的名教授,但是在我们这些"老学生"的记忆里,他永远都是一个年轻的"小老师"。

(注:本文在写作过程中,与黄立志、江绍兰、朱爱梅等同学有过交流,特此表示感谢!)

2020年11月4日初稿　2021年1月修订

亦师亦友半世情

熊　斌[①]

"张三夕这个名字有什么含义吗？"老师答："1953年国庆前夕出生，在家里男孩中排行老三，故名张三夕。"这是近五十年前，我作为一名中学生与三夕老师的一段对话。从那时起，我自然而然并且终生记住了老师的生日。大概五年前，我与老师的家人一起参加老师母亲的安葬仪式，晚上一起聚餐，在家人式地回忆往事中，我荣幸地被张家哥哥嫂嫂们批准为张家老六。老师有兄弟五个，最小的弟弟也比我大三岁，我就被认作张家老六了——几笔简单的素描，大概已经勾勒出我与三夕老师亦师亦友的半世情缘。

回忆与老师相识相交的半个世纪，我深信，我和老师是最符合亦师亦友称谓的师生和朋友。往事悠悠，似在昨日。

一、"自信人生二百年，会当水击三千里"

上面这两句诗是年轻时的毛泽东说的，充满了霸气的自信，但我却是从老师口中得知这两句诗的。

1971年我在武汉市江岸中学读初一。三夕老师也毕业于江岸中学，是新三届的中学生。老师毕业后到武汉第一师范学校进修半年，结业后在1972年9月回到母校教英语，又正好教我们班的英语。比较而言，我在班上的英语算不错。老师给我们上课不久居然就让我代他批改同学的作业。每次批改作业，老师先认真地批改两份样本并仔细给我讲解，然后我就照葫芦画瓢开始批改。刚开始我心里是疑惑的，为什么让我代批作业呢？时间稍久，我才发现老师让我代批作业是要腾出时间自学。他的办公桌面堆满了书籍，而且是数学一堆，物理一堆，化学一堆，文史一堆，当然还有英语。记得当年有一个医生每周几次

[①] 熊斌，武汉市江岸中学1971级学生，律师，原居深圳，现移民加拿大。

来老师这里学英语,说是与升职有关。我当时困惑不已,心想这么多书怎么看哪!不久之后老师也说:"闻道有先后,术业有专攻,看书太杂看来不行。"随即数理化书籍消失,专攻英语和文史。此举立竿见影。老师的英语很快达到可与外国人对话的程度。记得有一次我和老师在武汉滨江公园附近碰到一个美籍黑人(一个律师),老师主动上去与他攀谈,引来很多人围观,人们都用不可思议和崇敬的眼光看着老师:"哇!武汉人居然能讲英语!"我莫名其妙地站在一旁也觉得光荣。

文史方面我印象最深的就是老师通读《史记》。在我们那个时候的中学生看来,自己能读个"以子之矛,陷子之盾,何如?"的寓言小故事就不错了,那么厚的《史记》而且全是古文,怎么读哇!心里对老师是不可思议地佩服!我也观察到,老师读《史记》有不解的地方也找前辈老师请教。后来与老师相处久了,记得有一次我和老师在他祖母家(老师一直和祖父祖母住在一起)捏煤球(那时候物资供应极其贫乏,煤是凭票计划供应。但即便如此,有时候到煤店居然买不到煤球,只好买一车煤灰回来自己再捏成煤球),老师跟我说:"自信人生二百年,会当水击三千里。任何学科,只要给我两到三年时间,我都能达到一定境界。"语气云淡风轻,而且还在捏煤球。我当时心里是震惊的,不然近五十年过去,我的记忆不会如此清晰。老师的那个自信既让我觉得老师无所不能,心里也多少觉得老师是不是有点狂。老师后来四十多年的经历完美解开了我的疑惑。原来老师的这份自信是那么有根有据。

1977年初老师就读武汉师范学院(今湖北大学)中文系,属于76级,当年能进大学读书也是殊为不易的一件事。可老师尚未毕业,在1979年又直接考取了南京大学程千帆大师的研究生,攻读唐宋文学专业并在读书期间完成《论苏诗中的空间感》一文,硕士毕业后的当年即1982年就在重量级的《文学遗产》刊物上发表。我至今还记得论文题目,可见印象深刻。老师当时推荐我看,我看后对老师说:"从前假么假还能和你聊聊唐宋诗词。但你这个《论苏诗中的空间感》我是一句话也说不出来。"1986年老师又考取了华中师范学院(今华中师范大学)张舜徽大师的博士,而且博士学位证书编号是华中师范学院001号。那个年头的博士是实实在在的凤毛麟角。这就是我那个"自信人生二百年"的中学老师!这样的人不自信,还有几个人能自信呢!

老师的这份自信对我的人生也产生了极其深刻的影响。1977年我高中毕业后下农村,心里没有丝毫绝望,因为我坚信自己能考出来(1977年已决定恢复高考)。1978年三月底,我在湖北浠水县竹瓦公社东升茶场收到老师从武汉给我发来的电报。电报说"家中有急事,速归"。其实这是老师为我策划好的请假奇招,目的就是为了让我回武汉集中时间复习以备当年7月20号的高考。我一直在武汉复习到7月12号才返回知青点。当年高考居然就过了录取线。后因种种原因落选,但又被武汉市公安学校(中专)录取。记得当时我心有不甘找老师请教,老师说:"命运自己决定一半,上帝决定一半。骑马找马也可以作为一个选择。你甚至也不妨做做出国留学的梦,也可以考虑直接考研究生。"老师的这个电报请假奇招以及"骑马找马"的提点,可以说改变了我的人生,也是我人生从此走上顺利发展道路的开端。

后来我在公校的两年,因为心中有更高的期盼,读书非常刻苦。两年下来,我一直是全年级最好的学生之一,也是明星学生,全校师生几乎都知道我的名字。毕业后也如期留校从事法律教学。说起从事法律教学,也与老师有关。当时留校任教有英语、语文和法律教研室供我选择。我就去问老师如何选择为好。老师几乎不假思索地回答:"当然是法律。英语永远只是工具,语文太泛,但法律肯定是国家未来的方向。"寥寥数语,足见老师眼光锐利长远。我当时其实不喜欢法律,但既然老师都这样说了,我便放下心来,踏实苦学。我几乎不记得当年我忙里偷闲上了多少个大专班,但我只上课,从不拿一个大专文凭,因为我心里就是计划直接考研究生。四年多的时间,利用教学相长的机会,一方面提高专业,一方面继续没有中断过的英语学习。终于在1985年考取了中南政法学院(今中南财经政法大学)刑法专业研究生。1988年毕业后到深圳一家大型国企工作,五年当上处长,十一年当上该公司的副总。

记得1977年下农村时,一个盲人给我算命。说我"行走穿衣,走路吃饭。走路遇到贵人"。而今我也年过花甲,觉得前半生还说得过去。思来想去,原来老师就是我此生最重要的贵人!应该说是老师的自信,还有老师不断地鼓励、鞭策和帮助造就了我的前半生。值此老师执教半个世纪的特殊时刻,我这个还算没有给老师丢脸的学生,要深深地对老师说一声:"此生谢谢老师了!"

二、"任何时候,任何情况下,一个国家,一个民族,最终是以武力作为后盾的"

老师勤于学习已不待言。同时,老师极其注重锻炼身体。老师当年在江岸中学有一间单人宿舍,和另一个叫张泽恩的老师合住。平时基本住在学校。我家离学校不到一百米,老师就拉我和他一起早锻炼。锻炼项目基本上是先跑步,然后是单双杠。老师居然能在单双杠上压杠上杠。压杠算是一个专业动作了。老师锻炼身体居然有理论支撑。有一天老师对我说:"你记住,任何时候,任何情况下,一个国家,一个民族,最终是以武力作为后盾的。"那时在"文革"期间,社会动乱,我能深刻体会武力的重要。为了贯彻老师的"最终武力说",我和老师用冬泳和横渡长江作了回答。这两件事值得一说。

先说冬泳。为了冬泳,老师先带我洗了三年的冷水澡。反正那时老师说什么我都照办。那时武汉的冬天特别寒冷。冬天穿着棉衣在家里还要烤火,可怜我天生不足,后天又营养不良(老师好像从来没有跟我谈营养问题,老师至今吃饭都不大讲究),体重90斤左右,三年冷水澡完全靠咬牙坚持。三年后的1975年12月7号,老师发令到武汉东湖冬泳。同去的还有一个叫兰建民的同学,但兰建民没有参加冬泳。有心人可以查一下1975年12月7号的《长江日报》,那天的温度在零度以下,而且有风,穿棉衣都打哆嗦。我们一行三人早上在汉口"四季美"餐厅吃了汤包,这是平常不易吃到的美食。然后乘车到了东湖。记得那天东湖几乎没人。我们脱光衣服穿上泳裤,老师说先在岸上跑两圈热身。我一脱衣服被风一吹就浑身哆嗦,哪里还敢跑步?抱着完成使命的神圣感,又以为水下没风可能还暖和一些,我径直到湖边先往身上拍了一下水,顿觉刺骨的寒。于是不管三七二十一就扑通一下跳进水里。我终生不能忘记那种在气温零度以下的冬天又毫无准备跳进水里的感觉。一入水,整个身体毫无缝隙地像被冰冷的铁布紧紧包裹,浑身似乎瞬间动弹不得。只记得下意识地拼命划动手脚,好歹游了一圈,肯定不到一百米,就匆匆上岸,算是完成了冬泳的使命。老师在水里的时间至少比我多三倍,看上去无事一般,有闲庭信步的感觉。我上岸穿上衣服后顿觉温暖如春,身体也不哆嗦了,浑身释然。虽稍显狼狈,但心里却有自豪的感觉。记得当时有两个游人闻讯跑过来感慨地说:"你们真是英雄啊!"我的狼狈心态顿时一扫而光,真有点英雄的感觉了。

中午由老师出资在东湖听涛酒家午餐,整个餐厅只有我们三个人,老师还特意点了半斤散装白酒,说是可以热身。酒至微醺,老师说应该各自赋诗一首以作纪念。我冥思苦想,好歹憋出一首诗:"三九江湖浪潮涌,隆冬戏水乐无穷。丹心透红一湖水,龙王俯首称英雄。"充满了当年红卫兵的味道。老师略一沉吟,也道出一首诗:"听涛酒家不听涛,东西南北谁知道。不谈太白读诗句,一杯一杯上九霄。"即令在今天看来,这都是一首好诗。听涛酒家既不听涛也不谈太白,又一杯一杯上九霄,不是太白,胜似太白。老师当年的才情可见一斑。

再说说横渡长江的事。说实话,我从未想过自己能横渡长江。每年7月16号是武汉人纪念毛泽东畅游长江的日子,当天武汉官方便会组织各路英雄组成各种方队横渡长江。当天全城许多单位会放假,无数的市民和小孩都会前往江边观摩渡江盛举。能亲自参加渡江的人几乎就是人们心目中的英雄。我当时大概只能不停歇地一次游三百米,而且只会蛙泳且动作极不规范。为了让我能完成横渡长江的壮举,老师先带我躺水。所谓躺水是武汉话,就是下到长江顺流而下,既不费力又可识长江水性。老师带我躺水,一躺就是两千米以上,而且我自我感觉特别良好。心想,横渡长江也不过两千多米,渡江应该问题不大。为了让我对渡江有实体认知,老师约了其他人渡江让我先看看。1975年7月的某一天,我中午喝了两碗绿豆粥,骑着老师那辆破旧自行车,带着老师从江岸中学出发,到江汉路附近的一个地方找他约好一起渡江的朋友。结果那朋友临时有事不能赴约,老师只好回到江汉路附近的家中找到他的五弟高潮,问可否一起渡江。五弟高潮是游泳高手,性格又豪爽,马上答应下来。临近开战,老师忽然对我说:"你要不要试一试?"我想都没想,下意识地答:"可以。"于是,我的首渡长江就开始了。老师临时找了一个邻居小孩帮我们拿衣服。我们先到滨江公园码头坐轮渡到长江大桥桥头的中华门码头。在船上我们便脱下衣服只穿泳裤,小孩不下船拿着我们的衣服再回到滨江公园码头,在那里等着我们横渡长江后上岸。我们三人下船后,穿着泳裤走到长江大桥桥头,从那里下水渡江。为了保证安全,老师事先为我准备了一个篮球,装进网兜挂在我脖子上以防万一,我首渡长江的壮举就毫无准备地开始了。下水不久,五哥高潮就从视线中消失,他是可以从中华门下水直接游到江汉关登岸的高手,到滨江公园登岸简直如躺水一般。老师为了照顾我,一直游在我前方三十米左右并不断给我发指令。我当年只有一气能游三百米的水平,埋头蛙泳速度会稍快一些。老师先发出"直游"的指令,说如果不直接朝对岸游,就不可能在滨江公园登岸,而且不知道人会被冲到哪里。所以老师的指令只有四个字:"直游、埋头"。我常常是憋足一口气,然后埋头拼命往对岸游。终于有一次在憋气埋头气用尽时,浮出水面想狠吸一口气,结果一浪打来猛呛一口水,顿时头昏脑涨。老师立马说:"抱球!"我下意识地抱住了救命之球。这一抱,命是保住了,但前面无数个埋头拼出的战果顿时前功尽弃。这一抱足足向下游躺了几百米。人稍缓,老师又发出"直游、埋头"的指令。可怜我一个天生不足,后天营养不良,体重又不到九十斤,当天又只喝了两碗稀粥的人,当时何其绝望! 好在有老师陪着,心想"跟着他应该死不了"。所以一直咬牙跟着老师游。终于有惊无险看到滨江公园的堤岸了。我也终生记住了精疲力尽是什么感受。当脚终于触到水中陆地时,我站住了。心想,我熊斌居然横渡长江成功了! 再往前走,当江水到肚脐的时候,人却不由自主栽到水中。原来电影中描述的类似情景是真实的啊! 下意识地在水中往前爬直至能坐到水中,彻底休息好以后才仰望天空:我的首渡长江狼狈地成功了! 1976年夏天,老师又带着我和其他几名学生第二次横渡了长江。第二次渡江的情况就比第一次从容许多。

上述冬泳和渡江是狼狈的,但记忆却是深刻的、终生的。而今年过花甲,回首这些往事,不仅不觉得狼狈,而且觉得由衷地自豪! 我熊斌好歹也是渡过江冬泳过的人! 甚至觉得,正因为有了这些"狼狈"经历,此生没有虚度! 这难得的经历当然都归功于老师的"最终武力说"。

三、"清清吴楚相思月"

　　1979年老师到南京大学读研究生了。此前五年,我和老师朝夕相处,几乎形影不离。用当年我父亲的话说就是"一天到晚只知道跟着那个张三夕,家里都成了你的饭店!"好在学生跟着老师,父母心里总是踏实的。因为父亲后来还说了一句话:"这个张三夕还有点板眼!"后来老师担任了学校的团委书记,我又成了团委的宣传委员。学校的黑板报,各种专栏基本都由我主办。印象最深的却是刻钢板,油印各种宣传资料。我至今右手中指还留有终生不能消失的老茧,这也算是我和老师缘分的一个见证吧!现在和老师分别的时间久了,距离远了,彼此的差距也越来越大了。我想缘起缘灭自有天定,随缘吧!我和老师的关系已不可能回到从前。1979年中秋,我情不自禁地想念老师,又担心自己多余地打扰老师,就试着给老师去了一封信。在信中我还有感而发地写了一首表达思念的诗:"圆月不圆圆已缺,佳节不佳佳何日。寄意寒星盼君回,笔未沾墨人先嗟。"想不到老师很快回信并且在信中还和诗一首:"清清吴楚相思月,手把君书阖且开。能愁多少不眠夜,旭日悄悄过窗来。"我捧着老师的来信,想着"手把君书阖且开""旭日悄悄过窗来",此情此景,感慨万千!我想,"何当共剪西窗烛,却话巴山夜雨时"的情景也不过如此吧!我和老师的情缘已有先贤之风,我还何虑之有?!此后我和老师接下来的四十多年相交也完全证明了我们是亦师亦友交往的典范。用我们彼此的话说:"我们是任何时候,任何情况下彼此相互开口都没有任何心理障碍的朋友!我们是任何时候,任何情况下,相互借钱都完全不需要打借条的朋友!"人一生有这样的朋友,至少是应该感到欣慰的!我和老师相识相交五十年,故事很多,仅例举上面两首小诗,由此可见一斑。

　　光阴似箭,一转眼,老师执教已经半个世纪。我这个曾经的中学生,也已年过花甲。好在老师依然意气风发,朝气蓬勃,至今还坚持每年横渡长江一次。老师依旧邀请我参加渡江壮举,但我却没有当年的勇气了。"自信人生二百年,会当水击三千里"就是老师人生的真实写照。我们应该牢记老师的嘱托,用"健康、理性和爱"(老师语)去完美我们的人生!值此老师执教五十年之际,我作为受到老师特别恩惠的学生要向老师深沉动情地说:"此生谢谢老师了!祝老师一切都好!"

2020年11月10日于深圳

一枝一叶总关情

——我与张三夕老师的缘分

段天长①

我与张三夕老师结缘起于1982年。那年我在湖北大学(时名武汉师范学院)中文系即将大四毕业。大约三月份,开始写毕业论文,张老师被指定为我和另外几位同学的指导老师。

初见张老师应该是在湖北大学最著名的中文楼,一栋灰墙红瓦、古朴厚重的三层三合院。院子中庭的树已长嫩芽了,印象中他穿着当时挺时尚的服装,干净整洁,个子不高,圆圆脸,年纪很轻,大约三十岁样子,比我们年级好些同学还显年轻,就是一个正版的清清秀秀的书生。因为他没给我们上过课,所以我以前并不认识他。后来我才知道这位老师那是一个了得,其实他就是湖北大学中文系76级的学长,但人家大学还没毕业,就于1979年考上了南京大学古典文学专业研究生,导师程千帆先生更是公认的学界泰斗。这年年初他刚好南京大学研究生毕业回到母校工作。用现在的话说,那就是妥妥的一枚学霸,青年才俊。之后更是"逆天",考上华中师范大学张舜徽先生的博士研究生,攻读历史文献学,成了我国恢复高考后屈指可数的首批博士。再后来他自己也成了博导,桃李满天下,著作等身,不称泰斗也是巨擘。我当时年龄小,也不知敬畏,私下里还跟同学打趣他那名字,三夕,三个晚上,什么来头,莫非跟武当派有什么瓜葛,到底也没琢磨出什么典故来,直到现在也不敢问。

我当时自己鼓捣个论文题目是《论辛弃疾词的婉约风格》,大略就是把他那些豪放词不提,择出些不那么豪放的轻软一点的词,拿来解析一番,然后就得个结论,稼轩词也有婉约风格。若干年后我在单位调动时清理人事档案,竟赫然见到我当年手写的这劳什子论文,从头到尾看了一遍,当时就脸红得像猴子屁股,恨不得找条地缝钻进去,这哪是什么论文呀,简直狗屁不通。我可以想象张老师当年指导我论文时的心情应该是相当郁闷、无奈和痛苦的。老实说,他能

---

① 段天长,湖北大学中文系1978级本科生。

耐着性子看完不发火，就足以显出其非凡的修养和脾性了。但他那几个月仍是对我全程和蔼可亲，还给我认真地批注，我记得很清楚，就连一个错别字，他都给我改了过来（我把"圆"字写成"园"了）。当然，以我当时的学识水平，就是神仙来指导也不会有什么好出品。最后张老师给我的论文评定等级为"良"，那时我还有点小小的不悦，现在看来，这个"良"应该还是本着对本科生论文水平的低标准原则，再加上友情成分才给到的。

毕业后我离开湖北去了新疆，此后多年与张老师没有联系。直到1993年，我到了广州，在一家名为《东方夜报》的小报做编辑，当时张老师已从华中师大调到海南大学工作。有次我去了海口，我的同班同学刘孟奇兄也在海口工作，与张老师素有联络，于是相邀见面叙旧。久别重逢自是分外亲切，把酒言欢不提，感觉张老师当时大约也是热血躁动的一派，颇有点"一番洗清秋"的气象。总之，看得出他意气风发。后来，他还应约给我编的小报赐过两篇随笔，其中一篇题为《海口交响音乐会煞风景》，登于1994年5月19日《东方夜报》第四版。数年后，张老师又作为学科建设带头人重回华中师大，我与张老师的联系也几乎中断了，只是偶尔从另一位同学曾大兴（广州大学中文系教授）处得到张老师一星半点的消息。

直到今年3月，因新冠疫情，我在广州整日困守斗室极度无聊，又因伤感家乡湖北劫难深重，一时心血来潮，投机取巧用自以为是的文言写了篇《武汉庚子疫事本末》。本来发在湖北大学中文系78级同学微信群里的，没想到同学们还很是欣赏，并撺掇我发公众号。当时我自己没公众号，还是冯黎明同学（武汉大学文学院教授、博导）热心帮我推荐给了一个他熟悉的公众号"吉言贤食"发表。在发表之前，有同学告诉我，说那稿一来二去由"吉言贤食"主人向吉贤君推荐给张三夕老师看到了，据说也挺欣赏，还亲自帮我推敲润色，题目中的"本末"两字就是张老师加的。我听了有点小激动，也很高兴，想起当初我那论文让张老师没少受罪，难得这篇小文还能入老师法眼，心情舒坦一下，也算是一次弥补吧。

我与张老师的缘分大略也就轻浅若此了，但在我心中，张老师可谓"高山仰止，景行行止"。说起来我那么早就与其结缘，可说是上辈子拯救了宇宙修来的幸运啊。可惜我生性散漫不着调，当初怎么就没想到走学问这条路呢？若是一门心思求学，再幸运考个张老师的研究生，俺虽然愚钝，也还没到蠢死，经张老师圣手指点，没准就打通了任督二脉，那现在说不准也能成大气候了，也不至于像现在这样一事无成人不人鬼不鬼的了。唉，肠子都悔青了，不说了，说起来都是泪。想起一句电影台词，套用一下："曾经有一段缘分摆在我面前，我没有珍惜。如果现在让我给这段缘分一个期限，我愿意是一万年。"

教言谆谆犹在耳　往事历历写蝉鸣
——三夕老师教我写论文
刘光侠①

欣闻三夕老师已执教五十年了,感慨良多。感慨时光一去不返,几十载如白驹过隙,转瞬即逝;感慨老师毕生传道,天下桃李盛放,著作皇皇;更感慨先生绛帐温言,春风化雨,堪称师表。三夕老师教我们的时间不算长,但留下的尽是美好的记忆,尤其是对我毕业论文的悉心指导,更是印象深刻,鲜活如昨。

一九八三年下半年,张三夕老师给我们讲授唐宋文学,读到大四了,对老师对课目还是比较挑别的,但张老师的课总是座无虚席(记得当时的中文楼二层大教室可容纳百余人)。张老师讲课,不仅课备得好,学术功底扎实,而且总是元气满满,精气神十足。他讲一首诗,能够随口吟诵,旁征博引,引人入胜;他讲一篇文章,总能引经据典,信手拈来,同学们听得津津有味,收获良多。出于对老师以及唐诗的喜爱,一天课余,我提出请张老师指导我写论文,他微笑着说,晚饭后你来找我,先聊聊。当时老师住的还是筒子楼,我们一人一个板凳,就坐在前面空地上,老师听了我的想法后说,唐诗包罗万象,咏物诗是唐诗中的一部分,而咏蝉诗又是咏物诗的一小部分,研究这部分诗是否有意义,有什么意义,这是要首先考虑。你有这个想法不错,这是个研究空白,但要做大量细致的工作,先翻遍《全唐诗》,把其中的咏蝉诗全部摘录出来,再加以分类归纳,拿出论文提纲,我们再讨论。一个多月后,我如约找了老师,他边听我表述边看论文提纲,完后对我说,查阅《全唐诗》,本身就是一种学习提升,不仅是知识的长进、能力的提高,更是精神的磨炼,做学问就要拿出吃冷猪肉坐冷板凳的劲头来,踏踏实实,耐得住寂寞,要不怕吃苦。老师让我用半个月时间拿出初稿,在看了我的初稿一周后的课余,老师叫住我说:"我也在读书(在华师读博),还要教书,所以论文意见我抽空写了几条,你好好琢磨琢磨,脑子笔头都要更勤奋一点,文章还要改,至少要改个三五遍,改后我们再讨论。"我打开老师写的意见,用的是华

---

① 刘光侠,湖北大学中文系 1980 级本科生。

中师范学院的稿纸，满满五页。关于行文，修改了三十七处，如"第四行，题材当是体裁"，又如"骆宾王诗无注必要，要知道读论文对象，也无解释句意的必要，直接分析即可，整首诗分析太浅太繁，似乎是给中学生讲课的讲稿"。关于注释，提了四点，如"选集《中国历代文学作品选》等不可作引文根据"。关于全文，老师提出了四条意见，如全文的中心论点是什么，不太明确，要提炼；全文自己论述的部分当加强，不能常用"正如××所说……"以别人的观点代替自己的论述；应当从思想意义、艺术特点上分析出唐代咏蝉诗的独到之处，把它和咏菊诗、咏梅诗等区别开来。三夕老师的教诲循循善诱，诲人不倦，殷殷之情跃然纸上，老师的言传身教深深触动了我。在老师的鼓励鞭策下，我沉下心来，进行了认真修改，将完稿《试论唐代的咏蝉诗》呈给了老师。一九八四年三月底的一天，张老师和我一人一个板凳又坐在筒子楼前的空地上，老师说："写论文就像是一次旅行，走得越远就越艰辛，也更有愉悦，沿途的风景因为难得，所以会长久地留在记忆里，留在今后的工作生活中。你们本科生的毕业论文，本不用像硕士博士生那样严格要求，但趁年轻，有此一番经历，一个过程，于自身于今后是大有裨益的。"毕业前，请三夕老师留言，老师写道："在一片霞光之外，你还应当去追求更高远的蓝天。"

　　转眼近四十年过去了，悠想往事，犹如望远镜中的凝视，一幕幕如在眼前。老师教我写论文，看似说的是体例、文法、句意，实际上教的是做人的道理、态度、格局。这样的教诲深刻地影响着我的处事与为人，使我在这许多年的工作与生活中念兹在兹，受益无穷。

2020 年冬月

雪泥鸿爪忆张师

杨坤道[①]

我一直以为,学生与老师的相遇,是一种深刻的缘分,它看似偶然实则必然。我更加以为自己能成为张三夕老师的学生也是人世间一场美丽的邂逅。张三夕老师是 2001 年底从海南大学文学院调回华中师范大学文学院的,2002 年开始招收全日制古典文献学专业硕士研究生,曾军师姐是张老师的开门弟子。而我则有幸成为张老师指导的教育硕士的开门弟子。我的学籍是华中师范大学 2003 级教育硕士语文专业的学员,按理应在 2003 年秋季入学,不知为何直到第二年的春季我们才进校念书,因此,我受业于张三夕老师门下的时间是 2004 年春到 2005 年夏。当年追随张师学习的情景清晰如昨,岂料已是十五年前,真是应了那句老话,岁月只可瞻望不可回首啊!

第一次见到张师是在硕士班的课堂上,老师快人快语、观点鲜明,气质风度极好,一如子夏所言:"望之俨然,即之也温,听其言也厉。"张师先学中文后治史学,因而对于信史的追寻成为他学术人格的重要特征。在他的第一次课上我有幸听到了他关于历史的主张,他说,对于行之未远的历史,比如民国史、抗战史以及"文革"史,至今尚有人证书证在,但在我们的历史认知和书写中,却存在两种人:一种是知道但不承认,其原因是迫于形势或考量个人得失;一种是真不知道,其原因是不读书或只读教科书。第一种人不可饶恕,因为掩藏真相是罪恶;第二种人不可原谅,因为不去探寻真相是愚昧。张师对时事热点的关注,对民生疾苦的同情,对历史真实性近乎苛刻的批判姿态,就这样连同芬芳馥郁的桂子山一起深印在我的脑海,他以一种猝不及防的方式对我进行了思想启蒙,成为我未来岁月里永不缺席的精神导师。

在华中师范大学文学院,张师对学生的学业素以要求严格著称。对于教育硕士生,大多数的导师仅限于毕业论文指导,张师却要求我与他的硕士博士生一起学习,每个学期都会给我开出一个必读书目,然后定期或不定期地检查督

[①] 杨坤道,华中师范大学学科教育语文 2005 届专业硕士,现为湖北第二师范学院教授。

促。跟随张师学习,最难忘的是每月一次晚上在导师家的读书会。记得我第一次参加张门读书会是在2004年2月21日晚上,即第四期读书会。读书会持续了4个小时,从晚上7点钟一直开到夜晚11点钟。读书会的第一个环节是读段玉裁的《说文解字注》,每人读两到三个字,读完后谈自己的心得体会。接下去进入第二个环节,由同门研究生轮流主讲一部张老师指定的中外经典。每期读书会后都会指定一位学员整理出一期《问学记》,《问学记》的主体部分是"问学纪要",分为"读书、主讲、讨论及附录"四个部分,仅从"问学纪要"里对于学习过程记载的详尽准确和附录里文献梳理的严谨丰富,就可以窥探到张师对学术研究所怀有的敬畏之心和恭谨之态。对于我这个忝列张师门墙的新人而言,每次读书会之前,我最盼望的一件事就是分享师兄师姐们上一期读书会的《问学记》,而其中最为大家称道的就是《问学记》的卷首语。曾军师姐首开文言写作风气,写了一篇《孟春寄语》,受到大家称赞,以后相沿成习,时有师弟师妹尝试文言写作,当然更多的还是用现代汉语写作的优美的散文或随笔。之后盛莉的《以一颗芥子的心看世界》、林日波的《面朝大海春暖花开》等卷首语都是文质兼美的上乘佳作,可以说读《问学记》成了我们读书会上特别有仪式感的一件事。

　　读书会一般是张师及其门人弟子的闭门读书会,后来由于张师的开明与开拓,读书会的影响越来越大,读书的地点不时从书斋走向自然,从武汉走向外地,参加的人员也不严格限于弟子门人,参与的老师也更加多元。记得第五期读书会,由于张师的博士生桑大鹏对《说文解字注》中一处解释提出质疑,张师也觉得有必要把这个疑点弄清楚,张师立即把自己的师弟——同为华师文学院的古代汉语专业的博导范新干教授请过来一起探讨。这是多么难得的一次聚会,这是多么感人的一段佳话,两位博导为了一个学术上的问题,与几位弟子相互探问切磋,这样循循然善诱人的场景,不惧时光的淘洗,深深地印在了我的脑海。张师的胸襟气度、范师的倾囊相授,以及两位导师以学生为重、以学术为要的教育理念,对我影响至深。

　　如果仅从工作职责而言,张师对于我这个教育硕士生的工作任务主要是毕业论文指导。在华师教育硕士系列中,除了全日制学科语文教育专业硕士生住校读研外,其他教育硕士多属于在职硕士,只是定期到校面授,被认为是学术性比较弱的一种读研形式,因此论文的质量标准相对较低,有一些导师和研究生也就"应付差事"。然而张师却没有跟从俗流,敷衍了事,没有把我的论文指导当作一件"逗你玩"的事来对待,而是从师者的初心和使命出发,站在育人的高度,遵循学生学术训练的成长规律,要求我和他的其他研究生一样,加强三项训练:"艰苦的阅读训练、深入的思想训练、不断的写作训练"。我读教育硕士时,已在湖北第二师范学院工作。我虽是一名大学老师,但过去并没有受过严格的学术训练,学术研究能力很差。在张师的严格要求和专业辅导下,我的学术视野得到较大的拓展,学术水平得到了较大的提升,我的硕士论文《论当前大学语文教学中存在的问题及解决方法》获得评委导师的一致好评,并在当年的学术期刊全文发表。

  与在学业上的严格要求相比,在日常生活中,张师是我们值得信赖的朋友和兄长。那些年我们隔三岔五地就会约老师们一起聚餐,与老师们吃饭实际上是另一种形式的学习。酒酣耳热之后,导师们往往会呈现出他们最真实的一面,他们的理想与憧憬、迷惘与追寻、学术与人生,都会在诗词歌赋的吟咏唱叹间汩汩流淌。文学的历史掌故,学者的奇闻逸事在他们的口中如数家珍、滔滔不绝,这样的聚会堪称中国特色的文艺沙龙。记得有次聚会,张师的两句话让我记忆深刻,他说,当王又平开始自我批评的时候,说明王又平已经醉了;当周晓明开始指点江山激扬文字的时候,说明他已渐入佳境。张师最令我信服的就是他的克制,在文人身上罕见的克制。有一次酒后,有人说到黄曼君教授的奇闻逸事,说黄老师做了白内障手术之后,视力大幅度提高,原来模糊不清的东西现在看清楚了,照说这本是好事,可在黄老师却非常苦恼,他说之前因为视力模糊,看到女人都是美女,并且写了大量的赞美诗送给人家,现在视力好了,看到真相,觉得自己过去的诗基本是垃圾,他现在非常后悔做这个手术。段子讲到这儿,大家伙哈哈一笑,我也随声附和。偏偏这时有人又开始八卦黄老师的其他"低俗"传说,张师马上挥挥手示意此话题就此打住。张师在酒桌上表现出的仁者风范,着实令我敬佩,什么叫温柔敦厚?什么叫温良恭俭让?什么叫发乎情止乎礼义?在追随张师的日子里,我真切地看见了。

  岁月劲疾,时节如流。离开师门已经十五载,我虽然也当上大学教授,但时时觉得离张师的要求很远。每当回望在师门求学的日子,就深感岁月静好,人生值得。我本愚拙,缺少慧根,但耳濡目染年深月久的修炼,让我从张师的道德学术和接人待物里感知到了诚恳、宽和、智慧与温暖,我坚信,纯粹的学者是有质感的,是有光芒的。

我的恩师三夕先生

成 婷[①]

说起华中师范大学的张三夕教授,在古典文学界还真是赫赫有名的大人物!我在有幸成为张三夕先生的弟子时,就已经听说了他的威名和他显赫的师承。他是著名古典文学大家程千帆先生和华师文献学创始人之一、著名古典文献学大师张舜徽先生的高足。想要成为张三夕教授的弟子颇为不易,必须通过他严格的考核,即"三个一"——一笔好字、一篇好文和一口流利的英文,还要遵守他规定的"十二条门训"。犹记第一次见到三夕先生时,他手执折扇,穿着一身合体的开襟外套,显现出一派儒雅的风采,其谈吐博古通今,舌灿莲花,妙趣横生,字字珠玑,让人心生崇敬钦佩之感!

当我得知自己有幸成为张老师的研究生时,一种得偿夙愿的荣耀感油然而生,同时也有些许的紧张和压力,毕竟"名师出高徒",多少要给三夕先生争点气,不能让尊师的面上无光,所以自我修炼是必不可少的。而三夕先生也处处调教指导,时时给我们锤炼提升的机会。记得当时硕博研究生每月都会在一起开读书会,由每位研究生轮流主讲一个主题或一部典籍,主讲人要提前准备好发言稿,为同学们打印讲义,并在课前分发给大家。有一次一位师兄因为有两个标点符号和分行字体的格式打印得不规范,遭到了三夕先生的严肃批评,说:"做学问要严谨,这是原则问题,不可打折扣的,不存在犯错的大小问题,小错也不可以忽略不计的!"几番训诫,让我对先生的治学之严之细印象深刻,从此以后也就渐渐养成了认真专注、重视细节的品质,这都是从先生的训导中获益的。后来我们在为先生抄誊稿件专著时,也尤其关注每个符号、字体的标注,尽量做到零差错,只因不想辜负先生的一番心血!

三夕先生严谨的治学态度与他生活中的守时精神是一样无处不在的。记得每次找先生借阅书籍,都会在借条上注明归还时间,临近要还书的日子,三夕先生总会提前温馨提示时间,告诫我们诚信守时是学人的基本素养。他自己也

[①] 成婷,华中师范大学学科教育语文 2006 届专业硕士,现为中学语文教师,网名翎子。

身正垂范,每当和先生约好拜访时间,他总是会提前五分钟到客厅静静等候,每次看到先生正襟端坐的样子,我们也会自觉地注意自己的仪表,尽量做到衣着端庄,举止得体,表里如一。三夕先生总说,要"读最古老的书,做最现代的人",培养学生成为有原则、有教养、有学问、有能力和身心健康的"四有一健康"之现代真君子。先生还制订了"十二条门训":一曰敬业乐群;二曰守时守信;三曰博而能一;四曰厚积多发;五曰严守学术规范;六曰力创学术记录;七曰刻苦磨练办事的能力;八曰迅速适应环境的变化;九曰高度重视财富的积累;十曰全面培育身心的健康;十一曰真诚维护家庭的和谐;十二曰充分享受生活的诗意。张三夕先生要求弟子们一律严守门训,需签署遵守门训承诺书,其中若有触犯第一、二、五条违而不改者,则解除师生关系,因此我们称之为"十二条军规"。

后来我在写毕业论文时也感受到了三夕先生严谨求实的作风,从开题报告到最终定稿,几乎可以说是数易其稿,而每次稿件上都会留有先生改稿的朱红笔迹,大到逐段增删、标题的修改,小至标点、换行的细节处理,可以说明察秋毫,细致入微。记得我在进行论文答辩时,已是怀有身孕的准妈妈了,不免多少有些紧张。三夕先生为了减轻我的思想包袱,安慰鼓励我说:"别人只有一件毕业作品,而你却有两个哦!"说罢特意指了指我隆起的肚子,那一刻我感到了无比的温暖和自豪,心情立刻放轻松了。最终我以全优的成绩通过了毕业答辩,这都要感谢恩师的关心鼓励和谆谆教导!

硕士毕业后不久,我的宝宝就诞生了,孩子满月酒时邀请三夕先生莅临,他赠送了礼金并亲自为犬子取名,还鼓励我不要止步,最好能继续攻读博士。这些往事至今历历在目,处处都彰显了先生对弟子的一片慈爱与期望!

自从那次分别,到再次见到三夕先生,已是十年之后的事了。那是在电视上收看一档《问津国学》的栏目,记得讲座的内容是"跟三夕先生读《史记》"。隔了十年之久再次看到先生,他已逾六旬,两鬓染霜,看他在电视节目中挥汗如雨,一会儿撸起袖子,一会儿脱掉外套,隔着电视屏幕都能清晰见到一颗颗豆大的汗珠从先生花白的额头上顺势滚落。在那一瞬间,我突然感觉到自己作为三夕先生的学生特别惭愧,十年来一无所成,竟然让先生为推广国学如此操劳,由衷地对不起恩师的殷切期望!于是我暗下决心,作为弟子一定要为恩师分忧,为推广国学尽一份绵薄之力!

后来,我成了萃辰天心书院的公益主讲人,专门为学生义务讲授《论语》。再后来,我又被湖北省图书馆连续两年聘为长江读书节"江城领读者",在武汉市大大小小的读书会推广全民阅读,做国学的公益讲座,受众逾千。虽然我只是一名普通的中学教师,但能成为武汉市的国学公益推广人之一,我感到由衷地自豪,这其中最重要的初衷其实是对三夕先生的感恩与回报!

最近一次与恩师重逢,是在我的新书《翎子的诗·门》的分享会上,先生的大驾莅临对弟子而言是莫大的荣幸和鼓舞！三夕先生在祝贺鼓励我的同时，也不忘提醒我无论治学还是创作都要耐得住寂寞，要做一个用作品说话的人，而不要只做热闹的社会活动家。再次聆听了先生的教诲，当真是醍醐灌顶，为之一振。像这般如慈父真挚劝诫的净言，在如此喧嚣的世间，岂止是如获至宝？"桃李不言，下自成蹊"，感念恩师的谆谆教导，沿着三夕先生传承国学的路上，愿有更多的同路人任重道远，且歌且行！

暖 水 瓶
翎 子

一束阳光
斜照在暖水瓶的瓶盖上
发热的铁壳
抵御不了炽热的光芒

有谁不曾受到过
这样暖心的恩惠
一如他直立的身形
钢铁铮铮的外表
怀抱一颗高贵的心

不张扬欢乐
不诉说愁苦
把最深的心事
与岁月共守寒暑

用坚硬的外壳
抵御周遭的冷漠
也改变不了内心
向善的暖意

背向孤独却不寂寞
把心中的每一滴甘霖
献给需要恩养的芳华
那是可遇不可求的
一股暖水清流

感谢您引领我走近经典

邓 红[①]

人到中年,回忆过往,不后悔;展望未来,不迷惘;享受当下,安心自在。我时常升腾起感恩之心,感谢助力我进入这种生命状态的一切因素,当然包括那些在我生命中点醒我的师长和经典名句。在华师,在桂子山,是张三夕老师引领我走近经典。

小时候没有机会读到古代经典。当2005年有机会到桂子山脱产进修教育硕士学位的时候,我特别珍惜这个机会。上天将一切安排得刚刚好,给我安排的导师是教我们古典文献学的张三夕老师。加上我是那届教育硕士班的学习委员,因此与张三夕老师有了更多的交集。一晃离开华师求学十多年了,今天回忆起一些与张老师有关的细节,倍感亲切,故以此文表达我对张老师的真诚谢意。

当时我还是一名高中语文老师,对受过私塾教育并表现出某种优势的人特别感兴趣,发现私塾语文教学中有许多可取之处,值得现代语文教学借鉴,就决定毕业论文研究私塾语文教育。张老师十分赞同我的选题方向,并给了我许多指导性意见,最终,我的毕业论文题目定为《论私塾语文教育特征及其对现代语文教学的启示》。我按照张老师的指教到图书馆查阅、搜集了大量资料,从开题报告、论文撰写到最终定稿,我已记不清老师提出过多少修改意见,我只清楚地记得这篇论文收工之时,我内心深处是抑制不住的喜悦。我用这样的话语来结束我的论文:"现在,它终于'出生'了,带着初生婴儿对世界的各种欲求,带着来自心灵深处的沉思与随想,带着渴望完美的心愿,它将接受的是导师的再次审阅与鼓励!敲下最后一个字,我记下时间,2006年11月4日0:25。夜深了。没有疲倦的感觉。从此将坦然迎接黎明。"我想用这段话来感谢老师的严谨治学给我带来的心灵启迪,会更真实一些。这篇学位论文答辩结果十分令人满

---

① 邓红,华中师范大学学科教育语文2006届专业硕士,现为宜昌市环境保护监测站副研究馆员。

意,后来还被华师文学院推荐为全国优秀学位论文,虽然最后结果不甚了了,但我知道我的论文被很多人引用或转载,还能有一点利用价值,也不枉老师的精心指导。

记不起来是那年冬天还是秋天,我正在上课,突然手机响了,是张老师打过来的。他在电话里让我放下所有顾忌,大胆地考博。我才记起数天以前,我给张老师发过邮件,透露了考博的想法。而当时,我还活在"自卑"的空间里,觉得自己英语水平不行,再加上是专业学位硕士,自觉低人一等,认为博导们也会对我们低看一眼。所以只是没抱希望地发了个邮件,邮件发出之后就没有想过收到回复,也没有再去登录邮件看回信。张老师看我久久没有回邮件,这才打来电话,给我定心。那一刻,我心生感动。当时正一蹶不振地听着不知道是一节什么课的我,把头低下来,埋到课桌下听到张老师在电话里鼓励我的简短话语后,一下子看到阳光洒满教室,我的心顿时一片亮堂。我暗暗告诉自己,加油!

我按照张老师开的书单,或购买或去文印社复印,有的书不好买,张老师还借给我看。我抱着这些书到自习室或文学院旁边的桂花树下静读。那些繁体字、竖版书,对于基础薄弱的我来说,是吃力的,但是不得不说,这个过程让我有机会去深入经典,并学以致用。

通过经典的浸润,我变得越来越坦然和沉静,我能够在那个特别浮躁的社会里静下来,静得可以与一花一草对话,甚至一片美丽的雪花也可以让我笑出声来。那年的博士生招生考试中,我的公共课成绩名列第一,专业课成绩虽不是最优秀,但是张老师鼓励我参加面试,说:"综合你各方面的情况,你悟性高,再经过三年博士的学习,一定大有作为。"就这样,在张老师的鼓励之下,我参加了面试并通过。虽然我最终放弃读博,但是今天来看,备考博士的过程,作为人生的历练,一切都是值得的。

平时我在一年里细读不了几本经典,但是张老师的引领,犹如一道光,照亮了我走近经典的大门。不同的时期,读同一本书,理解自然不同。其实不是书不一样了,是自己通过人生不断地历练以及读那些经典,助力我拥有了更高的心境和层次。我因此而真正地自信。

2011年,我调离学校。调令下来的时候还通知我即将从事可以发挥我专业特长的岗位,但是调动手续办好,入职时,分配给我的却是与我专长完全不相干的我也不喜欢的岗位。面对造化弄人,我懊恼过,后悔过,泄气过。但渐渐地,我明白这一切不过是我人生中必须要上的"课"而已,都是来助我心灵成长、人生提升的,又有什么好与不好呢!能够帮助我走出这段迷惘日子的,是张老师引领我读过的那些经典呀!我重读《道德经》《论语》等经典,接受圣贤智慧光芒的照耀,人生豁然开朗。

后来，张老师有机会来宜昌讲学或出差，总是会想起他在宜的几个学生，另外几位同门是大学教授，而我不过是一位普通职工。可我面对老师和师兄们的时候，没有一丝一毫的自卑。因为张老师引领我读的那些经典告诉我，每一个生命都是尊贵的、平等的。一个自己瞧不起自己的人才会被别人瞧不起。而这一点，与我无关。

去年，张老师来宜授课，我们几个学生坐在台下听讲，张老师那句来自讲台的声音让人听了十分悦耳："今天，我在宜昌工作的学生也来到了讲座现场。他们分别是……"在张老师眼里，所有学生都是平等的。省略号处内容为我与那位在大学任教的教授师兄的姓名和单位。我好开心，倒不是觉得张老师把我和大学教授相提并论很荣耀，而是再次亲耳证实了那个声称要"读最古老的书，过最现代的生活"的老师的确做到了。过最现代的生活不是赶潮流，不是追求时尚，而是精神上与时俱进。一个与时代发展同步的人一定是内心笃定、自信的。而一个内心笃定、自信的人从来不需要厚此薄彼，不需要讨好谁，更不需要被谁讨好。

我愿意将在华师读经典获得的力量进一步扩大，充盈到生命的更多方面，让生命更丰盛、更轻盈、更快乐、更有价值。这是感谢老师的最好方式。

永远年轻的张三夕老师

张 岩[①]

得知张老师已从教五十周年,不禁感叹"时光飞逝如电",因为他在我的印象中还是那么年轻。

二十世纪八十年代末的桂子山上,青春明媚,开放自由。学生们可能不及前些届学长刻苦,校园里各种活动十分丰富,唱歌跳舞、吟诗聚会络绎不绝,但读书求学之风仍盛。校门口附近的书店生意兴隆;每每有名家讲座,学生们会提前挤满课室等候;有讲课精彩的老师,同学们会兴奋不已,多方请益。现在想来,我那时候的小脑袋里应该装了很多问题,因此在课堂内外与不少老师熟悉起来。

张老师教我们历史系 87 级时,好像刚从张舜徽先生门下博士毕业不久。那时候,张舜徽先生已年近八旬,经常挂着拐杖在校园缓缓散步,成为校园一景。有时,他老人家还会走进历史系学生宿舍,与学生们交流治史之法,鼓励学生们好好学习。因此,这位著名的大学者对于我们显得格外亲切。后来同学们听说张老师是张先生的博士,也就自来熟似的,少了拘束之感。印象中张老师给我们上课经常穿一条牛仔裤,自在洒脱,笑声朗朗,引经据典,知识渊博,使本来可能枯燥的"历史文选"课堂十分生动,激发了不少同学的兴趣。我那时的课本上记满了密密麻麻的笔记,以后读古文不觉太吃力,也与此有关。当时我们不少课程都是中老年教授担纲,他们厚重严谨,学者风范十足。像张老师这样的小字辈,却使我们感到了兄长般的亲切,还有几位如马良怀、赵国华等教过我们课的年轻教师也是如此,很受同学们喜爱。

1990 年下半年,同学们开始考虑毕业去向。张老师可能认为我学习认真,还有点潜力,便鼓励我继续考研深造。当时我们毕业还是包分配,没有就业压力。由于家庭经济尚可,我也不急于出去工作。何去何从,重在选择。但毕竟考研不易,若考不上岂不是很没面子,因此有些犹豫。后来张老师说我给你写

[①] 张岩,华中师范大学历史系 1987 级本科生,现为深圳市图书馆馆长。

一封推荐信,便提笔刷刷写就推荐信,依稀记得张师信中有类似聪明、勤奋、未来可期等褒奖之句,也记得自己当时感到受之有愧的羞涩。考研之路一旦选定,便进入昏天黑地的备考阶段。每天早上天不亮就加入校图书馆门前的"考研党"队伍,图书馆大门一开,便被一窝蜂拥挤向前的人流裹挟,几乎脚不沾地进入馆内。抢到位子后,除了中午出去吃个饭,一坐一天,直到晚上闭馆。那几个月,惊心动魄又规律充实,当年被免试保送上大学的我,经此一役似乎补上了备战高考的课,英语、政治和专业课都有脱胎换骨之感,以总分第一的成绩顺利上榜,总算没辜负张老师的一片苦心。

从飘香的桂子山到滨湖的珞珈山,我的求学之路转换了一个"山头",人生又多了一份阅历。三年硕士研究生毕业后,得益于导师和系里认可,我留校任教。办完入职手续,我的身份一夜之间从学生变成了老师。身份变了,但见到周围的老师,心理角色其实很长时间变不过来,给学生当班主任也不够自信。直到1998年前后多次参加武大陈锋、张建民、鲁西奇、杨华等老师的读书会,参加华师张三夕(当时张三夕老师正在华师历史文化学院访学)、马良怀等老师的读书会,与同人们有了越来越多思想上的交流,才慢慢找到了一些"教师"的感觉。当时正值我攻读博士学位期间,很多学术问题在脑海翻转盘旋,很期望能多些学术交流与讨论。参加华师的读书会,给我拓展视野、梳理思路提供了极好的机会。现在翻看当时写的日记,可见当时参加读书会后心潮澎湃,获益良多。

1998年9月15日

  这些天,气温又回升起来,很热。

  昨天去华师参加了读书会,感触颇多。华师读书会的阵容并不强大,七八个人的样子。但由于张三夕、马良怀两位核心人物的真诚、坦率以及李建中的开朗、滑稽(姑且这么称吧),高华平、李晓明的唱对台戏,校文科科研处的大力支持,等等,它的氛围十分理想:坦诚、深入、亲切,又略带火药味,大家都很投入。读书会后的会餐则是这种气氛的延伸,他们在观念、行为方式、人生态度诸方面的冲突与争执以及在小节琐事上的相互关照,让我脑海里不断映现着"良师益友"几个字……

  张三夕老师知识面甚广,他的理想就是做一个"通人之才",性格坦荡、直率、尖锐、不畏权势、不媚财俗,有李白的豪放之气。马良怀师拿张的话说是"有着古典气息的学者",不愿追名逐利,重朋友讲信义,更喜欢一种淡泊而能随意进行精神遨游的生活。李建中则似乎有着一个看似无可挑剔的妻子,风雨不透的家庭关怀使他有种"虚无"之感,因此他把能畅所欲言的读书会看作自己的"精神家园"。他那希特勒式的严肃外貌与弥勒佛式的开朗笑容常让人有种滑稽之感,成为一个团体必要的润滑剂。从马老师的"生活方式"到李建中的"精神家园",再到即将南飞的张三夕师的一再叮嘱"坚持下去",我感到华师读书会确实是他们心血的凝结,精神的寄托,倾注了他们对学术生活的美好诠释,对精神世界的执着追求。这该是一种可贵的、人人渴望的精神,如今他们已在实践中体验着这份甘甜……以后要多参加华师的读书会。

昨晚还与吴琦聊了一会儿。他与张、马相比,还是明显要"嫩"一些,这就是"资历"的差别吧。

我这学期开学以来感觉还不错,加油吧,争取如期(博士)毕业。马老师说等我明年毕业,他们做东再到银凯(注:银凯为当时东湖边最好的一家餐厅,后拆)。身介武大与华师之间,是老师们眼中的使者,还有什么比这更幸运的呢!

回看多年前的这则日记,一个二十几岁的丫头在日记里臧否人物,议论老师,真有得罪之感。虽没记录具体学术问题,但思想碰撞激荡的火花照亮了生活的天空,其意义还超越了学术范畴,成为当时美好生活的一个侧面。后来听说其他几位老师各自精彩,吴琦老师则早已成为历史系的栋梁,还承担了华师历史文化学院院长的重任。以张老师、马老师为代表的这批中青年教师在学生毕业多年后还以他们的学术风骨、真挚情谊深刻地影响着他们的学子,这不是最成功的大学教育吗?

1998年下半年,张老师漂亮优秀的女儿考取武大人文科学试验班,到我当时湖滨一舍的宿舍去过多次,我有时也会去她的宿舍看看她,成为我校园里的一个小朋友,想想这份情缘真是难得。

2020年11月,张老师突然在微信上拍照发给我1992年1月7日我给他写的一封信,真是意外惊喜。张老师不愧是历史学家,喜欢记录与收藏,最真实地保留了当下的历史。这也让我再次回想起当年在武大读研和工作期间,遇到学习和生活上的问题,仍然喜欢找张老师倾诉、请教。那时多年轻啊,一晃近三十年过去了。在那封信里,我在有武汉大学抬头的格子信笺上工工整整地写了三页纸,信的开头说:"虽然距离这么近,却也总未见面,昨天晚上意外听到了您和马良怀老师在'楚天夜话'中的'聊天',非常高兴,也感到受了不少启发,我们同学中有很多人对你们两位老师都很敬重、佩服,可是真心聆听高见的机会却实在太少。"这些话都是当时的真心话。信的结尾说:"您近来工作顺心吧?又有什么大作'酝酿'?前一段还曾听传言说您到深圳去了,当时就不十分相信,不知您对去深圳的发展前景怎么看,这学期华师历史系好像走了不少。"收到我的信不久,张老师告诉我,他前一阵子确实去了深圳谋求调动工作,因为当时特殊的时代氛围,想换个环境。1993年4月,张老师果真南下,不过,不是去深圳,而是去了海南大学。没想到的是,多年后我自己却南下深圳,忍痛挥别了让人魂牵梦绕的武大校园。其间,听说张老师在海南大学工作了八年,2001年底又作为一流学科博士点人才引进返回华师,但去了中文系。几年前,已在深圳工作多年的我邀请满腹经纶的张老师南下"传经布道"。阔别多年,居然丝毫未见张老师有什么变化,他还是那么爽朗,那么年轻,充满热情与活力。

我想这就是文化的魅力吧!也许正是"通人之才"的学术追求让长期穿越历史时空的张老师真正做到了"世事洞明",永远年轻!

2021年2月9日于深圳

永执弟子礼,当仁不敢让

——纪念张三夕教授执教五十周年

赵浴沛[①]

收到纪念文集征稿函,忽觉惶恐。三十多年前,我在华中师范大学历史系读本科(87级)时,张三夕老师为我们讲授"中国历史文选"一课。课堂内外,向张老师请益较多,渐渐熟识。曾受张老师之命试讲过一节课,由此培养出一种现实而具体的人生目标来。有一年寒假留校没回家,恰好张老师回汉口过春节,家里空着,我就住到张老师家里读书。毕业论文由张老师指导,写了一篇思想史论文《王阳明哲学的主体及其结构》。不记得张老师对文章有过什么修改,评分84分,这让我多了几分学术研究的决心和信心。1991年毕业,入中山大学哲学系读中国哲学专业硕士学位。张老师后来曾调任海南大学文学院。在通讯还不太方便的年代,分处两地即联系渐稀,但张老师一直是我心理上最为亲近的老师之一,有一份特别的情感。2002年我去厦门大学读中国古代史专业博士学位。张老师访鹭岛时,我陪同张老师登鼓浪屿,谒韩国磐先生故居,拜林巧稚大夫毓园,游"万国建筑博物馆",在马良怀老师家侍饮以致酩酊,这是从华中师大毕业以后与张老师待在一起时间最长的一次。现在想来,张老师对我学业上的指导,在我本科毕业以后,由于空间上的疏离,虽仍时有发生,但大致已经终结,而彼时在各方面的教诲,随着岁月的流逝,却愈来愈深刻,终于变成一种符号。这个符号是抽象的,又是具体的、有细节的、可以品味的,影响至深。同为读书人,要谈谈张老师,理应从书说起,兹又不外读书、买书、教书、写书四事,其余嘉言懿行,或在其次。

关 于 读 书

华中师大历史专业本科阶段的中国历史文选这门课,功能是多方面的,诸

[①] 赵浴沛,华中师范大学历史系1987级本科生,现为云南师范大学校史馆副教授。

如古代汉语、中国史学史、文献学等历史学专业诸科目，都有涉及，其中一些分支如版本、目录之学，都是之前闻所未闻的，而对于进入高深学问又都是极重要的门径。也许是张老师或者是华中师大把这门课教授成了一门综合课，总之这门课对学生的影响非常大，最大的收获之一，是慢慢知道应该读什么好书。

二十世纪七八十年代农村中小学阶段，阅读大多限于教材，有些年份连教材也不能及时印发，课外阅读更是少得可怜，今天充斥书店的教辅材料，那时候基本是见不到的。我父亲是老师，家中曾经订阅过《少年文艺》《儿童文学》《人民文学》，甚至有《诗刊》，但学校功课毕竟是最重要的，课外阅读终归有限。到大学以后，眼界始开，阅读渐广，而且养成读书优先古书的习惯，繁体竖排，以中华书局、上海古籍出版社、岳麓书社等出版社的书为佳，进而懂得选读古籍名家注本等。这当然受益于张老师课内课外的讲论学问。我个人对古代思想史比较有兴趣，于是，在华师读书期间阅读过一些经、子之书，《论》《孟》《老》《庄》《韩》《墨》《吕览》《孙子》及《易》之《十翼》等，都在这时期开始研习，囿于学力，一知半解之处不在少。为写毕业论文，在图书馆老老实实读了一段时间《王文成公全书》。本科毕业以后去中大读中国哲学，与本科阶段的兴趣和阅读大有关系。

张三夕老师学问的一大特点是不拘一隅，指导我读书也不限于传统典籍。根据我提出的问题——历史学被称为夕阳学科，历史学究竟该向何处去？张老师推荐我读了施丁先生的《中国史学简史》。或许平时问学时表现了某种形而上兴趣，张老师建议我读一点西方哲学著作。他指导我读的第一本西方名著汉译本是皮亚杰的《发生认识论》。在书房里，张老师手把手教我做读书笔记。他拿出自己的读书笔记进行示范，每页在页面约四分之一处折出折痕来分界，两边分别做摘抄、写心得体会。这个功夫，不知道张老师今天是否仍在坚持，我没有坚持下来，后来读书笔记多在书眉等处书写了，当然，需要读自己买的书才可以涂画旁批。

张老师藏书很多，他那时候住在华师西区教工宿舍，书房比较小，堆得满满当当。调任海南大学后，曾经感叹过整个海大很难找齐一套完整的《二十四史》，想必多少有些失落。我是受到张老师特别眷顾的，常到他的书房去，即使随便翻阅，也自然开卷有益。向学生公开自己私家藏书这一点，我是继承下来了。在有了自己的书房以后，我也像张老师一样，向学生推荐阅读自己的藏书，并制作登记册，记录学生借阅情况。刚来云南师范大学工作时，向学生公开藏书，一时还传为佳话。

读书是读书人的标志，是读书人的一个永恒话题。张老师认为我们都应当多向前辈学习，多读书。张舜徽先生"取平生涉览清人笔记时所作日札，稍加温绎,择其义之可采者,分条件系,加以考辨,亦有综述而论列之者,总名之曰《清人笔记条辨》",于清人笔记"寓目者,仅三百余家",《条辨》收书百家[①]。张老师曾说将自己读过的清人笔记与张先生《条辨》对照,不及其半,足见老先生读书功夫之深。不知道张老师现在读完老先生《条辨》所录书没有。张老师得知我现在多有闲暇时,习惯地提醒:"正好多读书。"

关于买书

我没有能够坚持做读书笔记,主要是因为懒惰,也与买书有关。人常说书非借不能读,我很怀疑是因为买不起书或买不到书才这么说。自己的藏书,随时取阅,随意写画,批注雌黄,无所顾忌。而且,读过的书,但凡有价值的好书,总会以不曾拥有为憾,于是就尽可能多买书。

高中的时候买过鲁迅先生的《彷徨》和《南腔北调集》,现在还在书架上,但那时候的课外阅读总体上是匮乏的,也无钱买书。所以,实际上是到华师读书以后,见识了张老师的私家藏书,知道应该如何读书、读什么书,有了更多的自由阅读时间,才略知什么叫买书。经济上固然依旧拮据,但买书慢慢多起来,渐渐养成一癖,宁可食无肉,不可不买书。买书不止一次直接影响了生计,但仍乐此不疲,持续至今。在华师读《老》《庄》,用的是陈鼓应先生的《老子注译及评介》和《庄子今注今译》。《庄子》有生字生词,就专门买了《辞海》语词分册。这在当时已经算是大部头的书了,我还为此写了一段购书记。几部书长期置于案头,每及翻阅,购买时的情景便会跃然眼前。

2008年11月,我入职云南师大三个月的时候,买到多年未曾重印的《世本八种》。张老师的中国历史文选课上讲过《作篇》,知道有《世本》一书,但仅在图书馆谋其面,坊间绝迹已久,长期无缘入手。买到此书,第一件事便是短信报告张老师。来昆明后的新号码还未及告诉张老师,张老师于是回短信问:"哪位高足?"通报姓名后,张老师电话问我上什么课,我告诉他:"上您的课。"张老师爽朗地笑,很开心。

参加工作以后,月有俸入,手头稍宽,逛书店买书成了生活的一部分,藏书逐渐丰富起来。到云南师大工作以后,对学生开放藏书,为了尽可能满足学生借阅需求,也买一些自己本无心阅读而学生读之或有大益的好书。在张老师书房翻阅图书的场景于是在我的书房再现,而且大有更上层楼之象。薪火相传,

---

[①] 张舜徽:《清人笔记条辨·自序》,武汉:华中师范大学出版社,2004年。

此为一观焉。

有两间书店不能不提及。一是利群书社。二十世纪八九十年代的利群书社完全不是今天的样子。华师北门外左手，便是利群书社的所在。那时的华师北门远不及今天的高大宏伟，利群书社较之今日显得逼仄简陋，但那是我们经常光顾的乐处。对利群书社的记忆是五味杂陈的。书社有一个小套间，内设文史专柜。想起流连其中的光景，心酸不已。很多书拿起来又放下，放下又拿起来，翻阅多次，还屡屡空手而去。买不起书，曾经是多少读书人心中的痛！而每当在书架上看到自己老师的著作，忽然间会感觉自己与高深学问存在着某种联系了。

第二间是厦门大学西北门外厦大一条街上的晓风书屋。2002年9月，我由马良怀老师推荐，入厦门大学随施伟青先生研习东周秦汉史，厦大外的晓风书屋就成了买书的好店。这是一家专营人文社科类图书的小店，一间门面房，比利群书社还要小很多，但图书丰富，品质高古，厦大许多老先生和相关专业的学生都是这里的熟客，下山或者外出经过，大致都会在这里驻足停留。据称这是一间在经营图书上无利可图的书店，靠着其他方面的业务利润，维持着、坚守着一方读书人的净土和独特价值，难能可贵。书屋可以为读者个性化订购书籍，并不额外收取费用，这让我们感觉很方便，也增加了亲切感。厦大的时光，不能少了晓风书屋。

厦大毕业以后，我在武汉大学历史学博士后科研流动站工作了两年多，这期间买了多少书，没有统计过，从数量看已经颇具规模，大致有了张老师早年书房的感觉。广埠屯菜市场楼上有一家古籍书店，因为经常去买书，和老板成了熟人，来云南后还曾找他为学生买过缩印本《汉语大字典》。到云师大工作后，将学校提供的学位津贴全部用来买书，基本上都是在云师大一二一西南联大校区正门外的清华书屋。我现在的书房要比张老师当年的书房阔绰得多，藏书可以满足日常基本需要。受张老师影响，中学西学、古典新书，都有一定收藏。随着资历的跃进，藏书中还多了不少师友赠书。学生经常在课堂上听我讲张舜徽先生学术，居然从网上淘到有张先生亲笔题签的赠书《史学三书平议》送给我，中华书局1983年一版一印，让我的书房又多了一份珍藏。坐拥书城的感觉很好。若有机会邀请张老师来云南一游，驾临书房吃茶畅叙，必是一件快意之事。

关于教书

张老师的求学生涯，得遇两位名师大家——南京大学程千帆先生和华中师范大学张舜徽先生。我无缘认识程先生,只能从著作中领略大师风采,从我们的老师辈口中略知一二奇闻故事,如程先生曾在览过台湾地区硕士博士论文后说:"大陆学者当胜之远甚。"其时大陆恢复招收培养研究生不久,博士学位授权点远不及现在的遍地开花,导师屈指可数,诸先生或并无培养经验,程先生故有此说。老先生又曾应张老师之请,为张老师慧媛起名,师生情谊可窥一斑。至于张舜徽先生,我在华师读书时虽常在校园中遇到,但无由亲炙。张老师师范出身,又得两大师教导,对治学教书也必有自己的思考,于是形成自己的教育教学风格,自是顺理成章。由于我乏于教育学理论素养,因此对张老师教学工作的认识难以上升到一定的理论高度,而且对张老师在培养研究生方面的匠心独妙仅有耳闻,所以认识更单薄,只能就我在教书过程中倾力借鉴者,简略述及,表达对张老师的敬意。

在兼顾有教无类的同时,重视学生的个体差异,因材施教。这属于在教育活动中研究学生的方面。张老师乐于与学生接触,对学生了解比较多。在讲授中国历史文选时,张老师曾安排我和另外三位同学各试讲一节课。这是我们最初登上大学讲台,并且是给自己的同班同学上正课,虽然不过只是一节课,且表现各有参差,但对我们的影响很大,多年以后仍会不约而同地回忆起这次体验。我自认为是一次难得的宝贵经历,虽然一直不明白当时的几个人选是如何确定的。在我自己的教学工作中,我也要求自己尽可能多地研究学生。中国历史文选是大学一年级基础课。新生刚入学,最宜助其路头之正,因此,每届新生入学,我都要详细掌握学生基本情况,结合上课和平时作业的情况,有意识地发现可堪造就的苗子。这项工作属于个人行为,但又无疑是教师的本分,尽心投入,乐在其中。

张老师培养研究生所采取的读书研讨会形式是我理想中的教学模式,在云南师大实行本科生学业导师制以后,我就照搬照抄,在本科生中施行。本科生学业导师制,就是每位老师各负责辅导一组学生课余时间的专业学习。我没有完全被动接受分配的学生,而是根据自己的了解和意愿,向学院提供一份学生名单,希望分组时酌情考虑,或者将本不属于本组而愿意加入的同学纳入本组。具体指导工作包括两个方面:一是按计划提供学习资料,类似于必修课,并进行相应的规定要求;二是由学生根据专业兴趣,自选阅读书籍进行学习,我则根据情况进行指导。由于自己专业所限,这项工作经常需要向师友请教。我是历史学院唯一将本科生学业指导工作落到实处的老师。在培养硕士生时,由于招生比较少,更易于按照自己对专业的理解采取灵活的和有针对性的教学方法。虽然专业方向是秦汉史,但我要求本方向学生必须至少自修中国近代史、中国哲学史和西方哲学史三科,对扩展知识面和养成理论思维习惯作出要求。这里无疑有着张老师的影子。

对自己的教学提高要求,对学生的课业严格要求,在教书方面,我从包括张老师在内的我的老师群体那里,继承了太多的思想和方法,我由衷地庆幸自己遇到许多好老师。

教书是一项综合性的、系统性的工作。张老师制订的十二条门训,集中反映了张老师的教育思想和社会理想。对照这份学规式当代教育文件,我发现自己对学生的期望与之暗合者不少,有个别条文自己虑之不及,或者不十分认同,但这应当是理想主义家族的内部分歧。我的学生说,张老师门训大致也是我对他们的要求,尽管没有这样规整。如此一脉相承,张老师也会感到欣慰吧。作为张老师早年的学生,未曾亲炙门训,为了进一步学习提高,也为了更好地转授给自己的学生,兹恭录十二条门训:

张三夕教授十二条门训

一曰敬业乐群;

二曰守时守信;

三曰博而能一;

四曰厚积多发;

五曰严守学术规范;

六曰力创学术记录;

七曰刻苦磨练办事的能力;

八曰迅速适应环境的变化;

九曰高度重视财富的积累;

十曰全面培养身心的健康;

十一曰真诚维护家庭的和谐;

十二曰充分享受生活的诗意。

(凡是自己的学生,张老师都要求他们严守门训,进校后需签署遵守门训承诺书,其中有三条"刚性要求",即第一、第二、第五条,违而不改者,则解除师生关系。)

学生称门训为"十二条军规"。我读书时尚无门训,也就不曾受过约束。没有规矩不成方圆,想来后之小学弟小学妹或许常有压力,但也必定获益匪浅。其实,三条"刚性要求"中,第一条恐怕也可商量。但是从十二条门训看,教书之义大矣哉!综括读书、治学、持家、理财、为人、处事等诸多人生领域,对学生全面提出所应遵守的行为规范。为人师者,用心何苦!

十二条门训是后来提出来的,应该有一个逐步形成的过程。后之来者若研究张老师思想的发展变化,我们这些早年的学生或许可以提供一些关于"早期张三夕"的史料,或者一点逸事。

思想研究更多地会依靠文本,比如著作或者日记、回忆录等等。诚然,此类关于张老师的思想史材料也是很丰富的。

关于写书

张老师门训第四条"厚积多发",狭义地理解,"多发"就是多写作,多发表。在这方面,张老师既要求学生,更身体力行。

张老师屡屡谈及张舜徽先生,每每称道老先生博识而学贯四部,又极勤奋,日日寅时起床工作,一生笔耕不辍,著作等身,堪为学界楷模。张老师也曾说,每入图书馆或书店,都会生出一种感慨:何时才有自己写的书插架其间?

张老师的这一愿望早已经实现了,想必将来还会有更多的著作面世。我手头只有三部张老师的书:《死亡之思与死亡之诗》(华中理工大学出版社1993年12月版),《批判史学的批判——刘知几及其〈史通〉研究》(文津出版社1992年版,华中师范大学出版社2010年版),《中国古典文献学》(主编,华中师范大学出版社2002年版),都是我从华师毕业以后出版的。《死亡之思与死亡之诗》是张老师研究死亡问题的成果之一。我在华师读书的时候,张老师曾在他的书房同我谈起他对死亡问题的思考,并拿出他发表在《学术百家》1989年第2期的《死亡论(提纲)》给我看。这是准备写一部讨论死亡问题的哲学思辨性的书。我一直很期待这部死亡哲学著作。后来,张老师出版了《死亡之思与死亡之诗》,在《哲学研究》发表《论死亡作用于生存状态的机制》,但原计划中的书至今未见。

《批判史学的批判——刘知几及其〈史通〉研究》是张老师的博士学位论文,自言题目受到李泽厚先生《批判哲学的批判——康德述评》的启发。二十世纪八九十年代,中国社会科学出版社组织出版一套中国社会科学博士论文文库,张老师的论文达到文库学术质量要求,但由于出版计划数量有限额而未能出版,后入选台湾文津出版社"大陆地区博士论文丛刊",以繁体横排出版。台湾地区出版机构之疏忽草率,在读学生书局编辑出版张舜徽先生《四库提要叙讲疏》时已知其概,张老师书出版在前,拜读在后,尽管如此,仍可为一次证明。三百五十页书,有错误者逾百,且大多页面上不止一处错,鲁鱼亥豕之讹俯拾皆是。尤为不可解者,书中张舜徽先生名讳竟有多处误植,真是匪夷所思。读书先校书,我在读张老师此书时已将讹文逐一正之。后来得到张老师此书新版,华中师范大学出版社2010年出版的简体横排本,这些文字讹误已经基本改正过来了。张老师原计划以本书为嚆矢,写作一部《中国史学批评史》,但随着"学术志趣不断调整和转移,一直没有精力再回到史学批评史的研究和写作上来"①,是不是会成为当代学术史上一大憾事,尚未可知。

顺便谈谈张舜徽先生的《四库提要叙讲疏》。该书是张先生在兰州大学讲授《国学概论》时形成的讲稿,1947年8月成书,后收入先生编订的《旧学辑存》,由齐鲁书社于1988年出版。此书在张先生著作中的地位并不突出,且初版错讹甚夥。台湾学生书局于2002年据之印行,承讹袭谬,一仍其旧。据张老师讲,张先生谈到自己的著作在台湾被盗印的情况,说错误太多,学者当慎之戒之。这指的还是其他著作。《讲疏》在台湾出版,为张先生说法增加了一个注脚,只是张先生已不及见了。该书后来又有云南人民出版社2005年版和华中师范大学出版社2008年版两个版本,遗憾得很,错讹仍旧。文化事业做成这般光景,可悲。我已将此书通校诸本,多方参校,正讹补夺,删衍乙倒,打印备用。善本孤本,愿与世之嗜读先生书者共之。

《中国古典文献学》是张老师主编的一部教材。此书出版以来屡闻盛誉,获评国家级精品教材,至2018年已出版第三版,为八十余家高校选用。蒙张老师惠赠一册,初版初印,弥足珍贵。去年我把这部教材推荐给我的一个学生,供他在上海交通大学讲授古典文献学时参考使用。薪火相传,斯又其一端。张老师说,他力主在"古典文献的载体形式"一节增加"电子"一目,是为首倡。我则以为教材内容或有别于其他同类教材,是对"文献学"概念理解的差异,虽然见仁见智,实则大同小异。每章之后所附思考题、练习题和"进一步阅读书目",反倒更让人别有一种课本感,有别开生面之趣。就文献载体而言,随着脑科学、AI技术及人机联网技术的发展,必有更新的载体形式出现,相应地,校勘、辑佚、注释、今译等分支学科之消失,不无可能。

张老师的书,我只有前揭三部,其他的没读过,无由轻议。张老师已经如愿让自己的著作广布于南北肆坊,遍录于公私藏室,教授于当世上庠,于立德、立功、立言不朽事业,气象规模大备,为学生树立了"厚积多发"的榜样。不过,是不是所有的学生都能做到呢?我就没做到,甚至没有想过要做到。

---

① 张三夕:《批判史学的批判——刘知幾及其〈史通〉研究·再版前言》,武汉:华中师范大学出版社,2010年。

张老师批判

我们这一代人,亲身经历了新技术革命条件下的信息爆炸,真切地体验了以有涯随无涯的无奈和困惑。张舜徽先生的"通人之学"可谓张门重要治学理念,而张三夕老师承之最笃。但是,通人之学何其难!张舜徽先生家学渊源深厚,又极用功,终能博涉四部,成就一代国学大师。博大且以通人之学踌躇满志如张先生者,也不免感叹"自得之学甚难",倘有如清季"博学通识如陈澧、朱一新之俦,学由自得,卓尔不群。故论说所及,率能启牖初学,匡救时弊",则属难能可贵,"此虽关乎天赋,亦由致力之始,规模气象不同,故所得有大有小",而"识大之贤,学有自得"①。时移世易,今天的学术要治通人之学,恐又难于古人了。张舜徽先生《说文解字约注》以双声推衍理论为核心而多所发明,但有学者认为,张先生长于传统音韵训诂之学,而于现代文字构形之学有所短,故而《约注》难免有失。此说恐怕不无根据。治通人之学而有自得,而有大规模大气象,着实不易。

深受张舜徽先生影响,张老师提倡"通人之学"并躬行实践。一代人有一代人的学术。张舜徽先生以淹贯四部而治通人之学,张老师则"文史哲备治,政经法兼通",名异而实同,殊途而同归。如果说张舜徽先生浸淫旧学尚为时人所许,那么,在普遍以"术业有专攻"为理所当然的学术大环境里,张老师治通人之学的精神大概已是世所罕匹了,有时还不免受到质疑或善意的批评,于是更彰显出一种乌托邦式全能学者理想主义的悲壮色彩。

我倒是十分钦佩张舜徽先生和张老师治通人之学的学术主张,并努力在读书和教书中尝试实践,买书也不局畛域。在我的藏书里,中学西学各占一壁,中学居多,经史二部基本典籍略备,子部书也不少。西学则哲学、史学、经济学、政治学、人类学等人文社会科学类图书,都有一定收藏。在读书方面或许与张老师大异其趣,没有规划,一如王子猷访友,乘兴而行,兴尽而返,枝丫蔓延,略无涯涘,又常读常忘,无系统,无专门,全无章法。比如有一段时间对汉娜·阿伦特感兴趣,就把她的作品几乎全部搜罗来读,读到《艾希曼在耶路撒冷》,阅读转向以色列,于是买来国内出版的多种书籍,读本-古瑞安,读果尔达·梅厄夫人,读独眼将军达扬,读拉宾和内塔尼亚胡,读摩萨德局长的书和女间谍的杀人回

---

① 张舜徽:《爱晚庐随笔》之《学林脞录》卷一三,武汉:华中师范大学出版社,2005年,第294页。

忆录。读书没有明确的目的性,在这一点,似与张老师当初的教诲迥异,但我觉得这无关宏旨。张老师主张的通人之学或许还有另一种实现方式呢?人类的知识经过分工和专业化,终究要走向融合会通,终归要摒弃碎片化而走向大同,虽不合时宜,但未必不可预卜,综合贯通的理想无疑自有其价值。在史学领域,近年来已经不断有对碎片化史学的批评,同时主张回归宏观叙事,这是在历史认识领域的自我反省,在某种意义上是对司马迁"通古今之变"的回归,也是对张舜徽先生和张三夕老师"通人之学"治学理念的认同。自然科学试图将宇宙运动简化为一个表达公式,治通人之学再由博转约,与此似有异曲同工之妙。

不过,我没有像张老师那样勤于著述。我学力不逮,还要给自己的懒惰找个理由,就搬出圣贤之训作挡箭牌。夫子曰:"古之学者为己,今之学者为人。"①程子解作:"古之学者为己,欲得之于己也;今之学者为人,欲见知于人也。"②程伊川《答朱长文书》曰:"圣贤之言,不得已也。盖有是言,则是理明。无是言,则天下之理有阙焉。如彼耒耜陶冶之器,一不制,则生人之道有不足矣。圣贤之言虽欲已,得乎?然其包涵尽天下之理,亦甚约也。后之人始执卷,则以文章为先,平生所为,动多于圣人。然有之无所补,无之靡所阙,乃无用之赘言也。不止赘而已,既不得其要,则离真失正,反害于道必矣。"批评朱长文"来书所谓'欲使后人见其不忘乎善',此乃世人之私心也。夫子'疾没世而名不称焉'者,疾没身无善可称云尔,非谓疾无名也。名者,可以厉中人,君子所存,非所汲汲"③。

我自忖至今不曾悟得我不言则天下不明之理,所以不敢轻言著述。圣人述而不作,我辈恐怕连"述"都不无离真失正之虞,剩下的就只有"信而好古"了。以王国维天纵之才,陈寅恪尚谓"来世不可知者也。先生之著述,或有时而不章;先生之学说,或有时而可商",那么,今天学者的未来命运将会如何?陈先生之慨或许未尝不是夫子自道。嗟夫!学贯中西、思想深邃而被尊称为"教授的教授"的陈寅恪先生,当被批为"不学无术"时,内心确乎在坚信着必有拨乱而反诸正的未来么?自古因言获罪者屡见,动辄诛心者常有,明事理者众,而实行者盖寡。何兆武先生《上学记》谈到1949年便戛然而止,让葛兆光先生觉得很遗憾。葛先生"曾经向何先生建议把口述历史继续下去,何先生笑而不答"④。实际上,何先生口述史确有上下两册,《上学记》为上册,另有一册《上班记》,访谈

---

① 《论语·宪问》。
②③ 《近思录》卷二《为学》。
④ 葛兆光:《上学记序·那一代中国知识分子的幸福和自由》,见何兆武:《上学记》,北京:生活·读书·新知三联书店,2006年。

者文靖"尊重何先生的意见,暂不发表"①。"难道你就看不穿吗?"何先生在接受采访时经常说起这句话。在另一个访谈中,回答"当时物质那么贫乏,但是西南联大的生活为什么让人那么神往"时,何先生说:"邹承鲁说的那两个字——自由。我觉得他说得还笼统一点,我想具体地补充一下,他的所谓自由,就是自由地发挥你的潜力。"自由,多么神圣! 国立西南联合大学在昆明建校七十周年的时候,我被吸引来到西南联大故址,至今已经过去一轮地支,想想何先生的话,"难道你就看不穿吗?"通权达变如何先生者,方有如此直逼心底的灵魂拷问!

当张老师得知我被调离教学岗时,"谤论?"他问。我说:"莫须有。没有忘记老师教诲而已。"和张老师一同浮现在脑海的,有卫辉一中赵根科先生、中山大学袁伟时先生、厦门大学施伟青先生、武汉大学罗运环先生……这是一份长长的名单。在我人生的不同阶段,有各位老师先后扶持,我是何等的幸运! 袁老师 1993 年 5 月 10 日写给我的一段赐书附言,或许是老师们的共同期望:"人生真谛在奋斗! 为自己和尽可能多的人活得更美好。为学要诀在求真。言必有据,不畏权威。千万别沦为看风使舵、信口雌黄的文痞。"时过境迁,人物俱非,而严师之训实未敢须臾或忘。既然不能与诸生讲堂论道,那就反而求诸心吧。张老师门训末条云:"充分享受生活的诗意。"诗意需要精神创造,然而,生活不止有眼前的苟且,或许还有未来的苟且。呜呼!"难道你就看不穿吗?"相比于为稻粱谋而"传"自己将信将疑之道,"授"自己随时可弃如敝屣之业,"解"自己终日迷惘无竟之惑,沐暖阳、品香茗、赏芝兰、读闲书,识穷辨通,方圆无碍,又何尝不是一种从容盎然的生意?

谨以此文纪念张三夕教授执教五十周年。

2021 年 2 月 3 日—12 日,立春—春节,于昆明

---

① 何兆武:《上学记》,第 287 页。

亦师亦友:我眼中的张三夕老师

高建勋[①]

除了母校周年庆或者是同学聚会,大学老师很少再出现在我们毕业后的生活中,但是有几位老师却总在我的人生轨迹中跳跃着,张三夕老师就是其中的一位。

一个人能遇到一个好老师是人生的幸运。我觉得我的人生是非常幸运的,在不同的求学阶段遇上了很多诲人不倦的好老师。我一直很敬重我的老师,他们师德高尚、学识渊博、著作等身;他们的谆谆教诲经常在我耳畔响起。近年来,随着QQ、微信的普及,毕业聚会的增加,我与老师们的联系比以前更多了,大学时代教授我"中国历史文选"课程的张三夕博士就是其中的一位。我与他一直保持着断断续续的联系,张老师在我人生的关键阶段给予我指导和帮助,对我的人生有很大影响。

桂子山初识张三夕博士,他的求学经历,给我大学生涯增添了许多精神鼓舞。

1987年9月,我进入华中师范大学历史系历史专业学习。老实说,我当时对大学完全不了解,高考填报志愿时也是随意在提前批填报了师范院校,因为师范生可以享受生活福利。后来听我们的辅导员龙君老师说,我们是她在咸宁高招录取现场精心挑选的,此是后话。大一时,我们有一门选修课程"中国历史文选",任课老师就是张三夕博士。听说他是华中师范大学培养的首届博士,师从著名的历史文献学家张舜徽先生攻读历史文献学,1986年初毕业并留校工作,同年7月,被破格提拔为副教授。我们历史系87级是张老师留在华师任教教授的第一批本科生。我当时对博士没有什么概念,只是听说他是史学泰斗张舜徽先生的

---

① 高建勋,华中师范大学历史系1987级本科生,现为武汉纺织大学教授、人事处长、教师工作部部长。

学生就对他肃然起敬了。我朦朦胧胧中萌发了一种想当副教授的想法。

张三夕老师的师德、师风、师范有传统的底色但又不失独特的个性魅力。

师者,传道授业解惑也。张老师曾经说过:"教书育人要有学术视野,更要有实事求是、对学生认真负责的态度。"在他看来,育人如治学,必须从严。说实话,在我们看来,"中国历史文选"并不是"主科",但张老师却把我们当作是他的正宗学生。

张老师的普通话非常标准,他圆圆的脸庞总是面带微笑,一直戴着一副黑边眼镜,冬天常着浅咖色的羽绒服,总显得那么儒雅而又协调;他讲课时,总是那么充满激情,时而抑扬顿挫,百转千回,时而引经据典,信手拈来;他课后与我们交流,笑眯眯地盯着你,语气总是那么温暖柔和,如春风化雨。印象最深的是,他的教学方法与别的老师大不一样,不只是自己讲,他还挑选了几位学生登上讲台,每人讲解一篇历史文选,其他同学参与讨论。我被选上了,第一次上讲台,效果很不理想,张老师对每一位进行了点评,尤其对我的开头提出了改进意见,他说好的开头很重要,"语不惊人不开口"。第二次上台讲课,我进行了充分准备,教学效果得到了好评,他及时给予鼓励,增加了我的自信心,从而激发起我努力学习、进取向上的热情。

正是经过了这些训练,得到张老师等一批老师的指点,我逐渐克服胆怯的毛病,底气越来越足。后来我担任了8701班的班长、校学生工作助理、校报记者,演讲、写作、组织管理等各方面的能力得到锻炼提高。我们师范生毕业前都要到中学实习,黄华文老师推荐我为全年级上过"'九一八'事变"公开课。我实习的中学是武汉市第十五中学,我教授高中历史,实习结束,获得了"优秀实习生"的称号,可以说是张老师在教学法方面的指导为我的教师生涯奠定了基础。

张老师的课程结束了,我们的交往却更加密切。张老师热爱学生,关心学生,始终把学生当作知心朋友。我去大学老师家里的不多,记得去过丁毅华、徐策伟、沈志安几位老师的家,多半是因为具体的事务,但去张老师的家纯属学习交流。张老师当时住在西区靠近武汉汽车工业学院的家属楼里,我曾多次进过他的书房。他一直从事古典文献整理与文史领域的教学与科研,当时他谈得较多的是批判史学。因为他学养深厚,知识面宽,脸上总是洋溢着笑容,和蔼可亲,把我们之间的关系视为平等的朋友关系,所以我毫无拘束,总能够从他那儿获得一些信息与指点。当时,我担任校图书馆《读者之友》报的记者,曾采访过张老师,谈的是读书治学问题,文章得以刊发。正是在张老师的鼓励下,我又担任了华师出版社《桂子山书讯》的撰稿人,每天撰写书评,奔波于东、西区学生宿舍分发《书讯》,乐此不疲。每个月也有三四十元的稿费,可以说是解决了我生活拮据、买书的大问题。张老师还鼓励我积极向外投稿,后来我在《华中师大报》上发表过《浅论郑樵的成功之道》,在中山大学历史系举办的学术刊物《历史大观园》上发表过作品,因此荣获华中师大大学生优秀科研成果奖,奖励证书至今还保留着,这些成绩的取得与张老师的鼓励指导是分不开的。

  时间不经意从指尖流走,转眼到了毕业的季节。遗憾的是毕业的那一段时间,我一直没能找到张老师,请他在我的毕业纪念册上写下寄语,给他留下了一页空白页一直保持着。1991年7月,我大学毕业到武汉纺织工学院工作,那时从桂子山到纺院,交通很不便利,需要转好几趟车,加上刚刚工作,与老师很少联系。其间他的一位同学曾大兴在我校对面的中南民族学院教书,他们一起商议调往海南工作的事,我们得以见过几面。后来听说他于1993年调入海南大学工作,心里总有一种莫名的惆怅,但是通讯条件不便,便一直没有联系,但他与我建立的真诚的师生关系以及深厚的友谊并未随时间而淡去。桃李不言,下自成蹊。作为学生心中的严师和益友,张三夕老师得到了我们87级同学由衷的认可。我时常在同学聚会的时候同赖玉芹、许小青、张岩等同学不约而同地谈起张老师,每每提及,如数家珍,大学情景历历在目……

张三夕老师在我的人生轨迹中留下了许多珍贵的印记。

  2001年11月,当听说张老师被华中师范大学文学院作为学科建设人才引进时,我心里顿时升腾一股喜悦之情。2006年暑假,我们历史系87级毕业15周年聚会,邀请到了张老师参加,又建立了联系,其间因为他推荐学生报考武汉纺院读书的事,在南湖畔的南湖春酒店还吃过一次饭。每一次与张老师的交谈都令人愉悦,令人回味良久。

  2008年4月,我为了配合在大学生中开设"秦汉风云人物漫谈"选修课,编著了近30万字的《秦汉风云人物》书稿,第一时间想到请张老师作序,他欣然应允,认为这对广大青年学生普及历史知识难能可贵。他很快发来了序言,在序言中肯定我精心挑选的历史人物,通过他们可以解读秦汉历史,增强民族自豪感。这与当下坚定文化自信有异曲同工之妙。他特别指出,在弘扬民族精神,建立中华民族共同精神家园的今天,当代大学生特别是理工科大学生通过历史人物来学习历史显然是一种比较好的途径。这些评价更加增加了我讲好这门课的信心,我多方收集影像资料,精心准备课件,选修课深受大学生欢迎,每学期选修人数均在300人左右,为提升大学生历史素养做了一些力所能及的工作。

  2008年9月,我担任学校学生工作部部长,兼校团委书记,为了加强大学生人文素质教育,经常邀请各界名流到阳光校区举办阳光人文讲坛。2011年4月8日晚,我邀请张老师做客第72期阳光人文讲坛,张老师以"西安大学生药家鑫事件的反思"为引子,讲到了当代教育问题对大学生思想的深刻影响,向大学生诠释了"我们应该守住什么"。他指出:"人生在世,有两重境界最难达到,一是创造,二是守住。然而,创造更多的是人与外部世界、自然界及人类生活方式发生联系、产生效果,容易被人接受;守住则是人与内部世界、心灵世界发生联系、产生效果,不容易被人接受。"张老师说:"守住,说到底是一种境界、一种信仰、一种信念、一种道德、一种修养、一种品德、一种良知、一种勇气、一种毅力。""对于守住,我自认为在中国目前最应该讲的是'信念'。当代中国人精神状态的最大危机,就是信仰的缺失和信念的非正当性。"这些话振聋发聩,发人深省,激励在场听众做一个坚定信仰的人。

张老师强调要"守住对人的尊重"。"尊重,要尊重自己,同时要尊重他人。""情绪化、社会地位的变化以及一些其他因素会让我们难以把握'尊重他人',甚至无法把握'尊重自己'。"张老师运用《史记·陈涉世家》里面的典故,从历史的角度说明了我们与古人之间不可脱离的关系,我们也应该尊重前人为我们留下的成果,学会汲取历史的精华。"尊重前人与古人,从某种意义上来讲,就是尊重自己在文化上的根。"张老师的报告赢得了听众热烈的掌声。

张老师认为,职业道德是衡量文明社会发展水平的重要尺度之一。一个民族的文化、知识、教养、性格等,很直观地体现在该民族的成员对待职业道德的态度上。"德国、日本等国的工人,他们工作时那股认真负责、一丝不苟、吃苦耐劳的劲头,就可以知道他们的职业道德水准很高。相比之下,中国制造业发展得虽然快,但却正面临世界性的信任危机。"张老师说作为教师的他所遵守的职业道德就是在传授知识的同时训练思想,力求实现学生都"青出于蓝而胜于蓝"。张老师强调:"我把教师与学生的关系视为平等的朋友关系。我喜欢与学生交朋友,也希望大家能真诚地把我当作知心朋友。"近年来,高校师生关系异化的现象屡禁不止,2018年以来,教育部陆续出台了《新时代高校教师职业行为十项准则》《高校教师师德失范行为处理的指导意见》等制度,对教师师德师风建设提出了严明要求。现在,高校把师德师风作为评价教师的第一标准,不能不说张老师的研究是有理论前瞻性的。

张老师认为,时间和信用,相互保证;守时和守信,相互关联。守时是守信的基础,守信是守时的自然结果。人是一个有限者、必死者,对人来说,最宝贵的资源是时间。时间是生命的存在形式。然而观察周围的人,我们却能发现,不守信的人也很多。因此,张老师强调,我们没有力量在整体上去改变全社会的守时守信状况,但我们在力所能及的范围内却能够有所作为。"就个人而言,我们应该力求自己做到答应别人的事,就要按时完成。万一未能按时完成,要及时向别人说明并道歉。"今天回想起张老师的这些话语,对于我自己、对于大学生来说，仍然十分受用。

2011年8月6日，我们历史系87级同学毕业20年聚会在华师1号教学楼阶梯教室举行，那一次我们把教授我们课程的老师大都请来了，有高明振、谭克绳、张三夕、马良怀、刘伟、张全明、赵国华、谢守成等老师。我记得张老师一直在摄像，是想留住愉快的回忆吗？我当时是座谈会的主持人，轮到张三夕老师讲话时，我是这样介绍的："在我们的任课老师中，有一位华师首批博士，英俊潇洒，风流倜傥，用现在的时髦话说，是人见人爱，花见花开，车见车爆胎。这位老师扩大了我们思维和想象的空间，指导同学们科研、报考研究生，他是谁？"同学们异口同声地说是张三夕老师。张老师愉快回忆起了我们的大学时光，尤其是他说人生的幸福在于有宽闲的岁月，流传的著作，多年的朋友和真诚的弟子，给我们指明了努力的方向。

2012年3月9日晚，我又一次邀请到了张三夕老师做客我校第91期阳光人文讲坛，他发表了题为"谈日记的人生意义——兼谈大学生的爱与责任"的精彩报告。

张老师首先谈到自爱是爱与责任的前提，有爱才有责任，只有先爱自己，才会爱他人。日记的好处在于相对客观地叙述或保留了个人记忆。沉淀在日记中的个体记忆为我们回顾一些有意义的生活细节提供了"索引"。张老师认为如何实现人生的意义，应从日记开始，日记让人生过得有意义。他从1970年开始写日记，至今已有41年，从1970年到2008年，共有37个纸质日记本。他向大家展示了他这些年的日记本。从粗糙的纸张，单调的封面，到光滑的页面，大方的封皮，再到用电脑写日记，活脱脱就是一个时代的发展史。

张老师鼓励大学生养成写日记的好习惯。说没有日记的人生，就像夜空的流星，划过一道亮光，最后什么也没留下。提笔写下我们的爱与责任，是督促，也是提醒，让我们更加自我和理性，实现自己的人生价值，拥有一个有意义的人生。弹指一瞬间，刹那芳华老，垂暮之年翻开泛黄的日记本，于是发现原来人生这般丰富多彩，回味无穷。

我自始至终聆听了这场报告，受益匪浅。我更加注重工作记录，自觉地将学习和研究贯穿于工作中。我持续不断地在本职工作中找选题，针对工作中发现的问题开展研究，在工作中研究，在研究中工作，做专业型干部。2015年出版了《高等教育探索与研究》，《高校事务文书写作与公务讲话要领》即将出版，《高校管理干部的四重修炼》已经完稿。

记忆犹新的是，2012年9月3日晚，我很荣幸作为张老师在华师教授的第一届本科生代表参加了在九龙大酒店举办的庆祝张三夕教授执教40周年晚宴，当天也是张老师步入花甲之年的寿庆之时，正好又碰上中秋佳节，主题就是

"畅谈师生情缘"。50多位师生代表欢聚一堂（还有我们历史系马良怀老师），推选了不同时代的朋友、学生发言。轮到我发言的时候，我谈了作为学生对张老师的三点感受：首先，张老师是一位非常能启发学生的好教师。当年张老师给我们上的是"中国历史文选"，老实说，那个课我不是很感兴趣，张老师最后点到我让我专门给同学们讲一节课，激发了学习的兴趣。其次，张老师是一位指引学生前进的人生导师。对学生平等相待，像朋友一样，而且他当时鼓励我写作，所以张老师是我从事科学研究的引路人。再次，张老师是一位让学生可以一生受用的知心朋友。做他的学生感觉没有时间、空间的概念，我毕业了20年，还经常向张老师求教，每次收获都很大。我工作的武汉纺织大学地处江夏区，离市区二三十千米，张老师多次去做客"阳光人文讲坛"，给学生作报告。所以张老师不仅是华师人心目中的好导师，也是我们纺大阳光人文讲坛最受欢迎的好老师。

有缘的人，总会有机会再相遇。2020年，一次偶然的机会刷到了张老师的抖音，我们之间又多了一个相互联系的渠道，他的抖音取名"山溪"（同学们可以搜一搜），是"三夕"的谐音？还是寄情山水？我想起了《论语·雍也》："知者乐水，仁者乐山。智者动，仁者静。知者乐，仁者寿。"张老师不就是有修养的君子吗？心思活跃，容易变通，心情快乐；心胸宽广，宁静致远，健康长寿。张老师总是善于学习利用一切可以利用的技术，他的抖音创作技术日臻成熟。从2020年5月4日开通抖音号到今天（2021年1月24日），他在抖音上已经有395个作品了，粉丝2627。从最开始自己的语音，到后来配乐，画面感也越来越强。从他的抖音，我得以"参观"他家小院、邻居的菜地、他家早晨的鸟鸣……知道他去过漳河水库、刘家桥古村落、石门茶马古道、通山夏铺河、九宫山、荆州古城、杨家咀、金村码头、赤壁市张司边村古民居等。最近又开启了"山溪谈中国传统建筑文化"，看他的抖音，也成了我每天晚上的必修课。

2020年11月11日，我突然收到张老师的短信："建勋，请告诉我你的微信号，我们还没有微信。"于是我们又成了微信好友。

今天晚上，我正在同几个朋友吃饭，席间又一次接到张老师的电话，通话结束后，我很自豪地说是我的大学老师让我就与他的交往写点东西，朋友都为我有这样的大学老师而称赞不已。

张三夕老师，既是传授我学业的师长，更是启迪我人生的思想导师，也是我的益友。他的和蔼可亲，慈眉善目，笑意吟吟，让我如沐春风；他的敬业精神感染了我，至今还影响着我，激励着我。我一定要找机会同张老师畅谈，当面聆听张老师的教诲，让我们的师生情谊继续延续！

2021年1月24日初稿　2021年1月28日完稿

海大忠诚的树人和论道者

——回忆我的恩师张三夕

许美丹①

"1988年海南建省后,学校汇聚了一批又一批在中国人文社科学术界深具影响力的学者——萌萌、张志扬、陈家琪、张三夕、鲁枢元、曹锡仁、周伟民、唐玲玲等等,为当时几乎没有现代意义上的学术史的海南,营造出一段学术的繁荣……"铿锵之语,是中科院院士、海南大学校长骆清铭在海南大学2020级新生开学典礼上的讲话,讲题是"丹心耀南疆"。讲的是海南大学的前辈们"坚守"的故事,以及他们用"坚守"的人生为海南大学铸就了爱国奉献精神。

听着骆校长的讲话,我的思绪回到了二十世纪九十年代。我就读于海南大学中文系,其时正是海大人文社科的一个黄金时代,可谓群星璀璨。一批学人放弃了在大城市优厚的生活条件和科研条件,来到了在滨海荒地上建起的美丽的海南大学校园,为海南这片曾被人戏谑为"文化沙漠"的地方带来了一片绿洲。前面提到的张三夕老师是我的授业恩师。

当年高考失利,抱着反正也没办法上一流大学的心态,我不顾父母师长的强烈反对,放飞自我填报了远在琼崖的海南大学。我像冲出樊笼的小鸟,仗着自己高中扎实的基础,经常翘课,听课也是吊儿郎当,活生生地玩脱了。正是张三夕老师把我从不学无术的泥潭中揪了上来,我很难描述当时心底的恐惧或敬畏感,但我清晰地记得其时的情境。

张老师当时在社科中心做研究,很少教授本科生课程,机缘巧合,我们班有幸成为他在海大任教的第一届本科生。记得是古典文献学的第一堂课,张老师开篇就谈古论今,纵论现当代文献学大家郑鹤声、郑鹤春、任中敏、张舜徽、黄永年、程千帆等人和事。而我,心想着开篇之讲应该也没有太多实质性的内容,更多的是蜻蜓点水,所以拿着一本小说《百年孤独》津津有味地看着。张老师走到

---

① 许美丹,海南大学文学院1997级本科生,现为海南大学党委组织部(党校、机关党委)综合办主任。

我跟前，我却全然不知，隐约间突然听到点我的名字，让我谈谈叶嘉莹先生的生平和代表作。无可奈何的我只好红脸站着……

与其说此事在我心里留下了一个阴影，倒不如说是我平时疏于阅读，喜欢西方文学而放弃了我国古典文学的研读，像极了一个平时备考不足经常靠蒙混过关而心存侥幸的小学生被睿智的先生一语击中抓着软肋的情形。当博学多才的张老师充满诗意和敬意地讲述大家和他们的作品的时候，我感觉自己近乎窒息，有紧张，也有敬畏。他就像是滚滚长江般丰饶，而我就是地上的一颗极不起眼的小石子，眼看着就要漫过我，让我觉得自己粗鄙不堪。

看到我紧张惶恐的样子时，张老师没有责备，而是宽慰我，又像是对全班同学的告诫："中文系的学生，还是要多多读读叶嘉莹先生的书啊！叶先生不仅精于传统的诗词学，而且能治中西文化学识于一炉，无论是学术成就还是个人经历，都是宝贵财富。你们要学习她严谨的治学精神，更要从她传奇的一生中体悟她更优雅、更诗意的品格，以及朴素真诚的生活态度背后的巨大张力。用心去研读，用心去聆听，从历史和文化中汲取力量。这是我的真诚期待。"

记得张老师当时以任中敏先生的话语结束讲授："做人梯之初阶，仰而攀登，何患不跻！后之来者，岂有意乎？"我想，这是张老师为人之师的自我写照：甘于奉献，诲人不倦，薪火传承。这也是对学生的鼓励，是期许，是召唤。

其后，我每次听课依然战战兢兢，或许是想以压力变为自己学习的动力。于是每每有张老师的选修课和讲座时，我都会第一时间去聆听。正是在聆听先生史学、西方哲学、古典文献学的精彩讲座中，我深切地感悟到先生积极倡导的"通人之学"理念，而非"专家之学"，"读最古老的书，做最现代的人"，因此应广泛涉猎文学、哲学、史学著作，不断开拓研究领域。先生谈到自己的教学理想时说，争取把学生培养成为有原则、有教养、有学问、有能力的身心健康的"好人"或"正派的人"，坚决反对学生毕业以后沦为丧失道德底线的不合格的"坏人"或"小人"，甚至"禽兽"。他说，违而不改者，必解除师生关系。

张老师不仅是一个学术上的严师，而且是一个父亲般的长者，他发自内心地把学生看作自己的孩子。

记得大二下学期，我们班袁旭东同学在院系篮球赛时不小心伤了脚踝，又由于天气过热医治不当引起了脓肿，致使半年多都无法行走。张老师得知后，打印了课程讲稿托班委交给袁同学，同时积极为他募集医药费。过春节时，有同学要给张老师拜年，张老师担心学生会破费，故都约在办公室见面，约好了只谈寒假生活和学业，不许给他带礼物。

大三下学期，课业少了，为提高看书效率我就常去学院资料室自习，时常能遇到时任文学院副院长的张老师。张老师办公室在资料室的西侧，每每有学生来办理请假手续,他都会关切地询问,深入了解原因,才确定是否批假,活生生掐灭了一部分试图找理由逃课的熊孩子们的歪念。对于来请教专业问题的学生,他均热情相待,悉心指导,不会因为占用自己的时间就拒绝。慢慢地,我发现来找张老师讨教的学生越来越多了,经常能听到他办公室传来的谈笑辩驳之声……

  2000年春节前夕,我在学院资料室写毕业论文,张老师突然走过来问我:"放假不回家吗?""不了,我想把论文写好。"我答道。张老师说:"加油,有什么困难尽管找我。"过了一会儿,张老师搬了一叠他个人珍藏的线装书等古籍给我,说是看我写论文需要……到了中午,张老师又走过来:"先不写了,放假了食堂供得少,赶紧去吃饭。"我那句"谢谢老师关心"还没说出口,他又继续回办公室看书去了。于是我想起张老师曾笑着感慨自己的工作:"史学和古典文献学都是冷门学科,在这个浮躁的年代,每年还有几个孩子喜欢听我讲课,我真觉得已经很满足了。"那时,他的声音近乎温柔,这温柔同时也从他的眼神和皱纹里流泻出来,像极从诗书中走出来的宽厚长者。

  张老师与同期在海大任教的萌萌、张志扬、陈家琪、鲁枢元、余虹、叶舒宪等人,都是挚友。彼时,他们经常会三五相邀,在东坡湖畔,或是图书馆工作室,泡上一壶香茗,看白鹭掠过潋滟的湖光,畅谈学思,激扬文字,意气风发,被师生们传为"湖畔论道"者。他们除了按部就班的教学、科研工作外,还分享各自研究的哲学、史学、文学、人类学等领域的知识和成果。正是因为这样的思想交锋及学科交融,与自己深入研究的领域有机结合,融会贯通,这些学者们的学术视野都得到极大的拓展,产生了一批在业界颇受赞誉的著述,如张志扬先生的《渎神的节日》、萌萌的《升腾与坠落》、余虹先生的《中国文论与西方诗学》、张三夕先生的《〈史通〉研究》等等。同时,也造就了那个时代海大人文社科的辉煌,为海大学术精神的形成奠定了重要基础。他们甘守生活的清贫和学术资源的匮乏,不计个人得失,勇攀学术高峰,"坚守"与"传承"了"丹心耀南疆"的爱国奉献精神,"草庐创业、荒滩起家"的艰苦奋斗精神,"敢闯敢试、敢为人先"的改革创新精神,是海大人引以为荣的宝贵精神财富。就是这一批学者,他们或者学识渊博,带你进入学术殿堂;或者胸怀宽厚,包容你的年少轻狂;或者阅历丰富,为你指引以后的道路。我就有幸遇到了这样的好老师,他们的启迪和帮助让我们受益终身。

  毕业后,我留在了学校机关工作。刚好需要用文言文给台湾一名政要回复函件,个人才疏学浅担心拟文用词不当,当时第一反应就想到了张老师。张老师欣然答应予以指点。他指出原文"热忱欢迎您得空时大驾光临海南大学访问讲学"不妥,过于繁复且语义重复,遂改成"诚邀尊驾莅临海南大学讲学",他还逐字逐句地帮助修改,特意跟我讲解了有关台湾行政信函的撰写体例和注意事项。他说"授人以鱼不如授人以渔",并勉励我"国学智慧是在漫长的历史岁月中积淀而成的、带有中华民族文化特色的智慧,你要多研读国学典籍,要静下心来读史、品史,日积月累定能通人心、晓事理,能丰富人生经验和个人修养"。他宽严相济、一丝不苟的样子,我至今记忆犹新。

后来,听说张老师回到了华中师大,作为学生,我在痛惜海大流失了一名大家的同时,也由衷地为恩师回归母校而高兴。张三夕老师始终将教书育人视作人生一大乐事。在桂子山下,他继续着青年求学时的初心,仍孜孜不倦地一步一个脚印,坚守着对学术的挚爱和执着,治学传道育人,成为文史哲研究领域的杰出学者。桃李不言,下自成蹊。尽管张老师十多年前就主动放弃了任何荣誉性评选项目的申报,将更好的机会留给青年教师,但学生们依然用真诚和敬仰为他戴上冠冕。2012年,华中师范大学校组织开展第二届"我心目中的好导师"评选活动,张三夕老师被学生自发推举为候选人,获得9000多位学生中的6000多票,以第一名的成绩高票当选。这无声的力量便是张老师深受学生爱戴的最佳证明,是作为师者和学者的无上荣光!

似水流年,二十多年的光明如白驹过隙。现在我也到了中年,正如张老师初到海大时的年华。虽然我没有同年时恩师的博学,也没有恩师的睿智,更没有恩师有眼界与风范,但我却总能感受到来自恩师给予的智慧与力量。每每遇到困顿,我便会来到东坡湖畔,看着红树林里鸥鹭啁啾,看那片早已长成参天大树的椰林。"伫立凌云诉苍穹,狂风暴雨不弯躬",扎根守土、坚忍不拔、无私奉献,那是既能轻风秀美,又能抗十级台风的椰树。椰树随风摇曳,宛如张老师在向我招手,传达着老师敬业乐群、严谨规范的品格,也诉说着多年前东坡湖畔论道的往事……

心香数瓣　至感师恩

刘　果[①]

2020年岁末的一个平常夜晚,我结束了一天忙碌的工作踏着夜色回到家中,带着满身的疲惫刚刚和衣而卧,就接到了张导的电话。他的声音还是那么柔和,委婉地问我为何迟迟没有递交早就应该交付的纪念他从教五十周年的学术论文。正在我羞惭之际,他又主动为我解围,提出备选方案:我知道你确实很忙,要不你就写一篇回忆性散文,如何？放下电话的我,内心久久难以平静。这番简短的通话,如同一个恰切的象征,又仿佛是一个经典的缩影,高度凝缩了十六年来张导与我之间平凡但又特殊的师生情谊。

2004年9月我正式求学于张导门墙。那时我的女儿考考刚刚呱呱落地。读博期间怀孕、生子,对许多中国知识女性来说,都是虽然艰辛但也早已司空见惯的生活甚至生存选择。但那时的我,性格特别要强,不肯休学,甚至不能接受推迟毕业,坐月子期间就踏上了北上的火车。短暂而漫长的三年时间,我在人生的最低谷苦苦挣扎,学业、事业、生活、情感波折连连,各种压力纷至沓来。我以执拗的个性企图抗争命运无情的安排,结果自然是遍体鳞伤,痛无可痛。在这样一个纠结撕裂的过程中,张导也如在今晚的电话里一样,一次次为我解围,一次次为我建议人生的备选方案,我在感激之余,也无数次体会到他的生命智慧与教育智慧,对论语中"求也退,故进之；由也兼人,故退之"的表述有了切身的感受。2013年,连我自己也没有想到我会重返阔别多年的讲台,面对性格不同、天资各异的这些年轻的面庞,我总是回想起张导当年对我们的教育和培养,觉得在教育的智慧和对人性的洞察方面,真是与他相去太远,无法企及。

2007年我终于如愿以偿,按时顺利从华师毕业。但非常奇怪的是,在张导面前我却从来没有毕业的感觉,直到现在,每次接到他的电话或短信,我都还保有和刚刚入师门一样的感觉,挥不去的紧张与从未改变的温暖相互交织,以至

[①] 刘果,华中师范大学文学院古典文献学2004级博士,现为湖南师范大学新闻与传播学院教授。

于常常在电话中嗫嚅不能言。2020年的春节，同门世敏来长沙看我，我向他谈及这种感受，他竟也深表同感。他说，虽然毕业多年，但只要是张导打来电话，交代事情，他从来不敢怠慢，甚至比读书时还要紧张。这种"永不毕业"的感觉，令我们百思不得其解但又特别享受。实际上，从张门毕业的弟子，几乎没有一个学生脱离了"张门一家亲"（我们的微信群名称）的怀抱，相较于那些以利益交换为目标的所谓师生关系，我深深感到张门这样的情形实不多见，也常常为自己有幸成为张门的一员而感到自豪。

十六年的时间如白驹过隙，忽然而已。在时光的流逝之中，许多原以为重要的事情早已褪去光彩，许多原以为无计消除的痛苦早已变得麻木，我与张导的师生情缘却如醇酒，可饮，可尽，可珍藏。然而，一定要将这种难以言传的感受形诸文字，却难免有"此中有真意，欲辨已忘言"之感。思来想去，我只好借助最俗套的写法，撷取几个永生难忘却又念兹在兹的生命与情感记忆片段，表达我对恩师的感激之情。

初入师门不久，按照约定，每个月张门在读的弟子需要根据张导指定的书目精读经典并展开讨论，是为读书会。因为那天的读书会是在下午举行，上午我就去了趟汉口。因为对武汉的公共交通情况缺乏了解，也因为觉得师门内的一个学术讨论，早几分钟晚几分钟开始应该也不要紧，我对返程的时间也就没有太在意。不料的士车堵在了珞瑜路上动弹不得，眼看就要迟到了，我只好弃车步行，赶到开会地点时已是气喘吁吁，但还是迟到了十多分钟。张导一改一贯的温婉与和颜悦色，在所有同门面前严厉地批评了我。直到今天，这仍是从师十六年来我接受的最严厉的一次批评，令我深感意外又噤若寒蝉。他告诫我"永远不要以堵车作为迟到的理由"，严峻的脸色至今难忘。在后来的许多次交往中，我才渐渐明白老师对"守时守信"近乎严苛地注重（这是张门的第二条门训），从此以后的每一次见面，我都在守时问题上如履薄冰。多年以后有一天我女儿去同学家玩（那时她还在上小学），约好下午五点我去接她，她因为贪玩没有按时下来，我就开车离开了。她很不能理解为什么我不等她，哭着说她也就是晚到十来分钟而已。我就给她讲了这个故事，我告诉她，妈妈的老师从来不严厉地批评学生，但在这个问题上的坚持说明守时守信是人生应该遵循的重要准则，我希望她像我一样吸取教训，从今以后不要再犯。然而这件事还给了我更深一层的领悟：张导虽然一贯以宽容待人（他特别善于和乐于接纳学生、朋友的不同性格和不同想法，处处为他人着想，因此交游甚广，胜友如云），但也有不容触摸的底线和原则。因为宽容为本，对这些底线触碰引发的批评就显得特别严厉，让人不能直视、不敢再犯。这种刚柔并济、宽严相生的为人处世的方式，在后来漫长的交往岁月中，让我不止一次地深深感悟并从内心深处由衷敬畏。

2010年我赴韩国祥明大学讲学一年。韩国的四月仍然天寒地冻。因为感情生活受到重创,再加上独在异乡的孤独,我内心常常苦闷不已。一个深夜我从办公室走出来,但见漫天雪花飞舞,路边的树木枝丫狰狞,天地不言。坐在路边冰冷的台阶上,冷风入髓,我一下子悲从中来,竟不能自持。我翻了一遍电话通讯录,最终将电话拨给了张导。电话很快接通了,但除了嘤嘤哭泣,我一句话也说不出来。我已经完全记不起那时张导对我说了些什么,但他的声音夹杂着漫天的风雪在空旷的校园响起,给我勇气,让我镇定,成为我人生永远难以抹去的记忆。彼时我已经从张门毕业三年,但在人生的至暗时刻,导师仍然是我最重要的精神支柱,在那个寒冷的冬夜,是他鼓励我以坚强照破寒冬,挺过去就能走入人生新的春天。从韩国回来后不久我终于走出伤害,开启新的生活,但这个时光片段却在多年后的许多个万籁俱寂的深夜回放,恍如昨日。对我来说,这是一段生命里程碑式的记忆,它告诉我,哪怕到达的是人生的谷底,往前走,每一步也是向上的。它昭示我,张导是我生命中最值得尊重、信任的良师益友,他给予我的是灵魂的滋养、生命的抚慰,这是一段值得我终生珍藏的师生情缘,是我一生的至幸。

　　拜师张导之前我已经在出版社工作,毕业后很长一段时间内也继续这一职业。源于一种特殊的图书情结,我既在传统出版体制内干过,也曾自己独当一面创办图书公司。在这个过程中,张导总是尽最大所能帮助和扶持我的工作。特别是我从传统体制走出后,他更是赞赏我创业的勇气,勉励我在更广阔的天地中实现职业理想。特别令我敬重的是,他把一些重要的著作委托我出版,在出版经费方面处处为我着想,生怕我有一丝的为难。因为太了解我的个性,他虽然从不在言语上表达对我的体恤,但每一个细节,每一次行为,我又何尝不能明白他的苦心。因为他不点破,我也只能把感激默默地放在心底。有一年中秋,我去武汉解决一个困扰很长时间的与合作单位的瓜葛,顺道拜访导师。张导得知这个单位的负责人原来也与他有旧,立即就组织饭局,希望帮助我解决这一难题。席间酒过三巡,张导单刀直入提出学生遇到难题,他不能袖手旁观。对方碍于张导的威望和过去相处的情谊,只得让步并作出承诺。张导立刻端起满满一大杯白酒,说道:"你们既然许下这个承诺,我就干了这杯酒作为见证!"我来不及起身劝阻,他已一饮而尽。虽然"闯荡江湖"多年,那一刻我还是无法完全掩饰自己,眼泪潸然落下,在座其他宾朋也为老师对弟子的深深关爱而感动唏嘘。饭局结束后武汉已经夜色深深,但又灯光如昼。醉意朦胧中我看着窗外的金屋玉堂、宝马雕车,对这个城市的感情更加复杂。这个曾经带给我巨大伤痛的城市,却以同样的力度馈赠给我感动与温暖,他们交织在一起,不能抵消却又个个鲜明,也许这才是人生百味,让此生不虚此行。

2018年，张导、师母、董恩林老师以及师祖张舜徽先生的女儿来湖南省图书馆调研，大家在离他们下榻酒店不远的一个湘菜馆一聚。那时我已经调入高校工作，事业稳定，家庭幸福，张导见我状态不错，特别为我高兴，大家频频举杯，气氛特别融洽。散席后他说有几句话要单独和我聊，我们就在饭桌边坐了下来。他语重心长地对我说，到了高校，要把课题论文看淡点，更不要去拼什么博导。生活永远比学问更重要。他又说，据他观察，铁哥对我关爱有加，天性仁厚，是个难得的好人，要我一定善待他，两人齐心协力把女儿考考培养好，这才是最重要的。这些话当时说出来似乎很平淡，我也没有太在意。但随着在高校浸淫日久，亲历过学术不公，亲睹了太多的潜规则和对这种潜规则的逢迎与麻木，我才慢慢体味到这中间包含的深刻人生智慧。汲汲于这种皇帝新装般的所谓功名，对于人生本质意义的探寻到底有什么价值？"欲降心随俗，则诡故不情"（《与山巨源绝交书》），这种对自我的一次次戕害、对本心的一次次迷失与违背是对生命本应具有的澄明之境的亵渎。与此同时，在忙碌和平淡的日常生活中，铁哥对我和考考的包容、关心与深爱，却如空气般无所不在，平淡普通得似乎看不见，但须臾不可离。这样的相守和真爱才是人生真正值得珍惜的财富，怎是虚名可比？每历一事，我总是一次比一次更透彻地领悟了张导对我嘱托的深意，这样的人生指引是从一个抵达又超越了人生本质的胸怀所吟出，也许这才是老师应该给予学生的最宝贵财富，也是师者最神圣的使命和意义所在。"高山安可仰，徒此揖清芬"，尽管对于我们这样的后学，要真正领悟并践行并非易事，但我愿以此勉励自己，不断地向这一目标靠近。

　　从师十六年，要写的实在太多。在我看来，漫漫人生，如大浪淘沙，真正永铭于心的，往往并不是所谓的大事，而是当时不经意间经历过的细节。"此情只待成追忆，只是当时已惘然"说的正是这样的感慨。因此，尽管这样的回忆是那么挂一漏万，尽管与鲜活的记忆相比文字的描述永远显得那么无能与无奈，但我还是愿意交出这样一篇稚拙的随笔，谨致贺忱，聊表寸心。纸短情长，不尽欲言，不当之处，恳请恩师与读者诸君海涵。

不 争 之 德

郭 满①

记得入门不久,张老师在读书会上诠释"敬业乐群"时引用了《老子》里的一句话:"夫唯不争,故天下莫能与之争。"私以为,这是毕业以来,刻进大脑最深处的教诲,也最能体现张师的风范。

将近一千八百年前,曹丕在《典论·论文》里就写道:"文人相轻,自古而然。"加上近世以来恩怨交割、利益纠纷,诸多教研室往往放不下一张平静的书桌。然而自入张门起,就未曾耳闻目睹三位导师之间有何芥蒂,门下诸多弟子也其乐融融,互勉互励。张老师的"不争之德"在其中有目共睹,更能打破一家一派界限,不仅鼓励门下弟子博采众家之长,更要求弟子辈听从其他师长安排。记得张师专门向文学院管理研究生工作的辅导员打过招呼,张门弟子,如果遇到院里其他老师要求帮忙却置之不理,可以向他"投诉",也对张门弟子强调要"有事服其劳"。张门立规,不是为了一己,而是"兼济天下",这跟许多地方把弟子视作"独占资源"的做法形成了鲜明对比,也能从中看出张师"不争"的胸怀。

这种"不争"不仅仅是豁达的教导,更是底线的约束。古字头专业在教研、就业各方面资源相对稀缺,若要"内卷",少不了魑魅魍魉的手段。但是入门以来,从"无一字无出处,无一字无来历"到"读最古老的书,过最现代的生活",严谨的态度与大气的三观,没有让弟子的眼界仅限于蝇头小利。记得从林日波师兄起,硕士研究生的毕业论文都在优秀硕博士论文库里收录着。于我而言,尽管张师体谅我的个人情况,理解了我早日工作的决定,仍然细心批改我的毕业论文,细致到标点符号上的谬误都一一注出,使得论文忝列优秀之作。张师不争于学术之外,悉心指导愚徒于经典之内,让我等受益匪浅,桃李不言而下自成蹊。记得一位武大古文献学硕士毕业后来我单位工作,与某互报家门,听闻张师大名后感慨而起,自叹当年无缘入门,唏嘘不已。夫子声名如此,正所谓"故

---

① 郭满,华中师范大学文学院古典文献学 2005 级硕士,现为重庆八中语文教师。

天下莫能与之争"吧！

　　时光荏苒，一纪已过，身处西南，近日无缘。加之为稻粱谋终日奔波，往日在张门钻研学术的片段也在随着年龄和血压的升高逐渐模糊，唯有不争的教导和夫子依旧翩翩的风度，长存此心。

人生的好导师　学术的引路人

袁洪流[①]

和张三夕师结缘始于 2008 年,当时想报考古代文学或古典文献学的博士,业师何新文先生就推荐张导的古典文献学。年底冒昧地向老师打了个电话,张老师很热情地告诉我好好复习,叮嘱我认真看一下张舜徽先生的《中国文献学》(上海古籍出版社)和老师主编的《中国古典文献学》(华中师范大学出版社)。想打听更多一点的考试信息,张老师就简洁地说:"怎么考进来是你的事,怎么把你们培养毕业是我的事。"话已至此,那只有好好复习,打消投机取巧的想法。

翌年春参加华师博士入学考试,初试成绩比较理想,复试也很顺利,记得复试是由王齐洲师和高华平师主持。当时老师在美国讲学,无缘面见老师,只能通过邮件汇报考试情况。是年夏,录取通知书收到了,心中自然很是高兴。记得第一次见老师是在华师东区 26 栋寓所,一个天高云淡的秋日下午,同行的还有余祖坤君。老师的房子装修得比较简单,刚见面我还有点拘束不安,老师给我们倒了杯茶,了解了我的一些情况,嘱咐我进入华师后好好学习,一定要多读些书和论文,打好基础。告别时,老师送了一本他刚出版的书,沉甸甸的。

由于自己是在职攻读博士学位,所以在华师学习时间只有一年有余。每天上课,进图书馆,然后参加每月一次的张门读书会,时间过得轻快而又充实。文学院建筑古色古香,文献学教研室不大,平常和同级的李平君、杨继刚君、杨瑰瑰君都在这里上课。到了读书会的那天,张门弟子聚在这里品读经典,切磋学问。岁月静好,时光如流,好像开了几次读书会,华师的脱产学习就匆匆结束了。2010 年秋就回到自己的原单位贵州民族大学上课了,向老师朝夕问学的美好时光就这样结束了。至今思之,感慨系之。回想这些年来和老师的交往,感觉老师在以下几个方面对自己产生了重要的影响。

[①] 袁洪流,华中师范大学文学院古典文献学 2009 级博士,现为贵州民族大学文学院副教授。

敬业乐群　阳光和善

敬业乐群是程千帆先生对他的弟子的期望，张老师又把程门心法传给张门弟子。张老师性格开朗，风趣和善，热爱运动，交游很广，既是一位优秀的学者，又是一个很会生活的"时尚"达人。每年毕业季，为了欢送毕业的同门，我们都要到全国各地去参加一次有纪念意义的读书会。老师会邀请他的友人一起参加读书会，或自驾，或高铁。读书会的气氛融洽，既能开展读书交流，又能饱览无边美景。每次出行，老师都事先缜密规划好出行的路线，精准安排行程和交通工具，而且给每一位同学都买一份保险。在风景如画的当阳，我们围坐在树荫下畅谈王阳明的人生智慧；在红色城市麻城，我们一起攀登五脑山，解析沧桑麻城的变幻风云。每一次既是视觉的盛宴，也是学术的盛会。在老师的安排下，同门之间增进了了解，增加了友谊，真正体现了老师对我们"敬业乐群"的要求。

在进入张门之前，我是一个腼腆内向的人，羞于表达，行事木讷。而进入张门以后，耳濡目染老师的行事风格，春风化雨，确实让我改变了不少，几番历练，为人处世比以前好多了。饮水思源，感谢张老师对我的悉心教导。我想一个好老师不止是传道、授业、解惑，而是对学生的人格性格的塑造，换句话说，在一个学生的身上，可以看到老师的影子，这才是教育的真正魅力所在。

开拓视野　以书为友

张岱云："人无癖不可与交，以其无深情也。"平日爱好不多，上课、写论文离不开藏书，藏书成了我一个爱好。第一次拜访老师时就被张老师丰富的藏书吸引了，老师的书柜是开放式的，密密麻麻排满了很多学术书籍，一进书房就有一种坐拥书城的感觉。在华师读古典文献学，书籍版本比以前更加讲求了。我读硕士时学的是古代文学，在湖北大学师从何老师攻读先秦汉魏六朝文学，读博之前收藏的都是文学书籍，譬如总集类《文选》；诗类如《先秦汉魏晋南北朝诗》《全唐诗》《全宋诗》《全辽金诗》《元诗选》《列朝诗集》《明诗综》《晚晴簃诗汇》《近代诗钞》《清诗铎》；词类如《全唐五代词》《全宋词》《全金元词》《全明词》《全明词补编》《清名家词》《全清词钞》；散曲类如《全元散曲》《全明散曲》《全清散曲》；文类如《全上古三代秦汉三国六朝文》《全唐文》《宋文鉴》《全辽金文》《全元文》《清文汇》《历代辞赋总汇》等；别集类如中华书局的《中国古典文学基本丛书》、上海古籍出版社的《中国古典文献丛书》、人民文学出版社的《中国古典文学读本丛书》；诗文评类如《历代诗话》《历代诗话续编》《宋诗话全编》《辽金元诗话全编》《明诗话全编》《词话丛编》《历代文话》《历代文话续编》《历代小说话》，均在自己收藏之列。日积月累，所费不赀。平常上课之余，躲进书房，打开一本诗集或文集，自以为可以"甘心老是乡"（李清照语）。进入华师从张老师攻读文献学，方觉自己是井底之蛙，只有打通文史哲，用宏观的视野从事中国古典文献学专业的研究，才能高屋建瓴地研究学术问题。在华师学习古典文献学，王老师给我们开的是"中国文学史专题研究"，高老师开的是"中国古典文献学专题研究"，而张老师开的则是"中国宗教典籍文献研究"。三位导师的课程给我们四个学生都有极大的启发。为了让我们好好学习中国典籍，张老师精心给我们开列了以下书目：

  《礼记》

  《韩非子》

  《尔雅》

  《高僧传》

  《颜氏家训》

  《韩愈集》

  《容斋随笔》

  《王阳明集》

  《廿二史札记》

  《文史通义》

  《被开拓的诗世界》

  《清人文集别录》

  《说文解字注》

  从这些书目可以看出老师给我们指出的治学路径，张之洞《书目答问》曰："由小学入经学者，其经学可信；由经学入史学者，其史学可信；由经学、史学入理学者，其理学可信；以经学、史学兼词章者，其词章有用；以经学、史学兼经济者，其经济成就远大。"先认真钻研小学（《说文解字》《尔雅》），进而读经书（《礼记》），再进而读史学（《廿二史札记》《文史通义》），再进而读理学（《王阳明集》），再研读词章（《韩愈集》），最终构建格局宏达的学术体系。这些书单体现了张老师对我们的期待，希望我们走通人治学的路径，真正追求"博雅"的学术品味。

  以前感觉宗教文献枯燥无味，特别是佛教文献谈空说佛，不怎么喜欢读。

张老师为我们开设了宗教文献学的课程,我也开始尝试阅读藏佛教、道教文献,如中华书局的《中国佛教典籍选刊》《道教典籍选刊》。老师研究的方向是中国思想史文献研究,在老师的引导下,开始接触《两汉三国学案》《宋元学案》《明儒学案》《清儒学案》等。

好的导师应该能向学生开拓更广的视野。张老师西学和文艺理论功底深厚,读博期间,给我们开列了精读书目,其中西方典籍如下:

《形而上学》([古希腊]亚里士多德)
《伯罗奔尼撒战争史》([古希腊]修昔底德)
《沉思录》([古罗马]马可·奥勒留)
《利维坦》([英]霍布斯)
《论法的精神》([法]孟德斯鸠)
《国富论》([英]亚当·斯密)
《旧制度与大革命》([法]托克维尔)
《普通语言学教程》([瑞士]费尔迪南·德·索绪尔)
《否定的辩证法》([德]特奥多·阿多尔诺)
《迫害与写作艺术》([美]列奥·斯特劳斯)
《现代性的哲学话语》([德]于尔根·哈贝马斯)

从上面开列的西方研究书目,可以看出老师学术视野的开阔,哲学、政治、经济、历史、语言学、文学无所不包。读博前很少阅读西学文献,因为自己不太适应欧化的文风和句式。张老师因材施教,第一学期就叫我好好阅读《伯罗奔尼撒战争史》,然后在读书会上主讲。第一次抱着这本书硬啃,查字典,翻阅古希腊地理,好不容易理出一些头绪。读书会那个晚上,众目睽睽之下,我把《伯罗奔尼撒战争史》的大概讲完。有点紧张,不知道自己讲得是否到位。张老师很高兴地夸奖我讲得不错,感情比较投入。现在想起来,那不叫投入,应该是硬着头皮讲完的。

现在想想,这一次的主讲,让我理解了老师的良苦用心,在学问方面永远抱着谦虚谨慎的态度,随时补好自己的短板,只有这样,学问的路子才能走得更远更宽。

勤写日记　记录人生

有时我这样想,女生写日记有点像诸子散文,记录自己的感想与情感体验,好比丁玲《莎菲女士的日记》（虽然是小说，但也可以作为女生日记的范式来看）较为私密，一般不能公之于众；男生写日记有点像历史散文，记录自己一天的行踪，颇像流水账，一般可以示人，如《鲁迅日记》《茅盾日记》。老师一直有记笔记的良好习惯，而且对日记文献有独到的研究。2019年11月16日曾经在长江师范学院聆听老师"日记人生 人生日记"的讲座，正如老师经常提到的"以文字对抗时间的毁灭性"，日记可以记录一个人的人生历程，哪怕时间再久远，只要翻开日记，所有记忆刹那间即可召回，往事历历，回想起来，有时五味杂陈，有时唏嘘感慨。所以日记对一个人的重要性，丝毫不亚于历代帝王所谓的"实录"，只不过，一个记录朝代，一个记录这个世间独一无二的"我"。毕业后经历了人生许多的悲欢离合，渐渐感悟到老师写日记的用心所在，进入不惑之年，愈感老师所说真实不虚。从2016年4月开始发愿每天勤写日记。刚开始时会一两天忘记写，但想到老师说的"写日记，贵在坚持。即使当天无事可记，也必须写上'当日无事可记'"。习惯养成了，每晚睡前都记得完成当天的日记。

方圆并用的人生智慧

有时常常这样想，人活在世上确实不易。方则君子敬，圆则俗人亲，但是过圆则君子鄙，太方则世人忌，所以如何巧妙地度过这一生确实需要很多的人生智慧。进入高校从事教育工作16年，人情冷暖，世态炎凉，体认日深。有时就和老师谈心，说出自己的困惑。在微信聊天时老师这样回复我："方以智，圆而神。"看到老师发给我的这六个字，一下子豁然开朗了，从老师的教导里悟出了人生的哲理：在大是大非面前不可马虎造次，但也应绵里藏针地巧妙地和别人周旋，不可太过生硬，让人难以接受，尽量减少不必要的冲突；至于无关痛痒的小事，在问心无愧的前提下，不妨圆滑变通一下，但个人的底线最好还是让别人知道。我想，张老师这种方圆并用的人生智慧完美地阐释了"仁者乐山、智者乐水"的理念。

学术的归宿 心灵的家园

读书会时老师经常动情地回忆张舜徽先生。舜徽先生的学问天下自有公论，但老师提到舜徽先生关于人生幸福的四句话，到现在依然铭记在心：

宽闲的岁月
温暖的家庭
丰富的藏书
流传的著作

作为高校的老师，教书和研究是立身之本，但除此之外，还应有自己的一门爱好，或书法，或画画，或音乐，藏书是大多数高校老师的爱好，一定数量的藏书是最基本的资料保障。除此之外，最该精心经营的就应当是一个美好的生活和温暖的家庭，张老师经常开玩笑地说："我们的古典文献学，是读最古老的书，过最现代的生活。"是啊，如果只有事业，而没有生活的话，人活得和蚂蚁又有什么区别呢？老师总是用期待的语气告诫我们要重视财富的积累，要有美好的家庭生活，这样事业和学问才有坚强的依附点。

在前三个条件满足以后，作为高校的老师，还是应该写出一些经得起历史检验的著作，流传百世，哪怕只有一两本，切不可只为"稻粱谋"而灾祸枣梨，人生方才没有太多的遗憾。如果我们实现了舜徽先生的那四句话，人生才是完满和温暖的。

从先生问学十余年来，弟子不敏，僻处西南，马齿徒增，学问空疏，有愧师门。欣逢张师执教五十周年纪念日，临文惶惧，不知所言。

深山古寺读书情
——初次邂逅张门读书会

景　美[①]

　　机缘巧合,有幸参加张门(张三夕老师)的读书会,满怀着神秘和兴奋之情,我们开始了当阳玉泉寺之行。

　　每月一次的张门读书会是桂子山上一道亮丽的风景线,每年到了毕业季,张门就要送别老生,这是张门的惯例,为了冲淡这种离愁,这时候都会选一个风景怡人的地方来结束那一学期的读书会。我这次就是参加送老生的读书会。与张老师一起,我们来到了宜昌市当阳玉泉寺。

　　寺庙没有合适讲课的房间,我们就在一个太阳温和的上午,在玉泉寺门外的一棵大树下举行。左边高高地盘坐着三个智者的佛像,右边是一片空旷的草地,其间耸立着一座"千层塔"。没有讲台,就以树坛为台;没有板凳,就席地而坐;没有课桌,就抱膝为桌。于是就在树干上挂个白板当作"黑板",大家散落在大树周围,在这样一个神圣而宁静的地方一起读《王阳明全集》。身处此境,让我想象到孔子讲学的情景。这是我第一次参加张门的读书会,以前上课都是在教室里,从没在这种环境下听过课,于是,我满怀着好奇开始了新的一课。

　　这次是由张老师08级的研究生李程主讲,他站在大树下、黑板旁,嘴巴一张一合地开始了这堂不平凡的课。张老师和几个博士师兄散坐在为数不多的几个石凳上,有低头翻看书本的、有侧身斜望着黑板的、有抬头认真听李程讲解的,正对着李程的是几个男生,盘腿坐在草地上、高昂着头正认真地端详着李程,有点佛祖打坐的神韵,左边的花池沿上坐着一排女生,簇拥着,侧耳倾听着。

　　正当李程流利地讲述着王阳明的生平时,张老师突然从石凳上起身,三步并作两步来到树坛上,扭转李程对着黑板的身体,"讲课的时候要面对大家"。李程并没有受太大的影响而继续顺畅地讲着,一会儿又不自觉地面对着黑板开始自说自话了。张老师一步跨上前去,一把摆正了李程的身子,我们看到李程

[①] 景美,华中师范大学文学院汉语言文字学2009级硕士。

面带窘色的神情。张老师走下花坛,没有坐回原位,而是站在不远处,一脸严肃,似乎在警示着李程。好像李程也意识到了,讲两句就看一眼张老师,讲着讲着就成了给张老师一个人讲课了。张老师站在原地,连连挥手示意——面朝大家,李程便下意识地转过身来,吐了吐舌头,仍在脱稿讲着,我当时就很佩服李程的镇定。时间一分一秒地过去了,李程还在背景里绕来绕去,还没讲到主要内容。于是张老师又忍不住提醒"要把握时间",李程似乎没有领会到,还在详细地板书。张老师一跃跳到讲坛上,擦掉板书,"少写板书,说重点,掌握时间"。当李程把"龙潭悟道"一带而过时,张老师又开口:"这是重点,是他思想的转折点,要重点阐述。"老师多次提醒后,李程开始有些不自然了,时不时地要看看稿子,但功底好就是不一样,总体讲解并没有受太大的影响。人的习惯总是不容易改,一疏忽,李程又开始给黑板讲课了。这次,张老师踏上讲坛,就站在其身后,避免他再一次被"惯性"。一节课45分钟,有人统计了一下,张老师总共上台8次之多。

在这么幽静的环境里,有这样认真负责的老师指导着,我们围坐在一起读书,这是我上过的最不一样的一堂课!

别样的张老师

——读三夕师日记有感

张海燕[①]

前几天,张老师再次发送了张门门训,并叮嘱我们认真温习一遍。这已经是我第二次认真读门训和门训讲解了。去年(2009年)我刚入张门,张老师就让我在写满这些"清规戒律"的纸上签了字。我起初很是奇怪,但读了门训讲解以后,我终于明白了,这十二条门训和张老师苦口婆心的讲解承载着他对每一个张门弟子的爱和关心。而且张老师的这种爱涉及的范围极其广泛,从为人处世到学术研究,从事业发展到财富积累,从个人生活到家庭幸福。以前那些拜师学艺的人常说"一日为师,终身为父",张老师的门训不仅仅是一个老师对学生们的严格要求,更像是一个父亲对孩子的谆谆教诲。他是用自己在人生中积累的点滴经验来指引学生们前进的方向,让学生们少走弯路,免走歪路。就像是杏坛讲学的孔子,关心着弟子的文、行、忠、信等各方面,指导着弟子人生道路上的每一步。读门训和门训讲解的时候,我感到张老师既亲切又高大,像一个父亲给人的感觉。父爱如山,山一般深沉,山一般厚重。以前读过艾尔玛·邦贝克的《父亲的爱》,文章的开头就说"爸不懂得怎样表达爱"。然而,每一个做子女的都知道,父亲的爱其实充溢在日常生活的每时每刻,只是我们很少察觉而已。确实,跟随张老师学习这一年时间,我深深地体会到了他的爱,这种爱来源于他每一次亲切的眼神,每一次嘘寒问暖,每一次只叫我的名,却不道姓……这就是父亲般的张老师,他是个儒雅的大学教授,更是我一生中幸运地遇到的学习和生活上的导师。

岁月使人成长,使人成熟。然而青春的记忆是每个人一生中宝贵而美好的财富,每一段懵懂的青春经历都是为以后的人生做准备,都是为了将一块石头打磨成温润的美玉。今年,我有幸拜读了张老师的日记,体会了他的青春,看到

[①] 张海燕,华中师范大学文学院古典文献学2009级硕士,现为江苏省无锡市惠山区玉祁高级中学语文教师。

了一个别样的、可爱的张老师,就像我看到父亲的老照片,就像我听父亲讲他以前的故事。我读的是张老师1976年2月6日到1976年5月11日的日记,当时他只有二十三岁,和我现在的年龄正好相当。在阅读日记的那几天,我的心情一直被一种青年人的朝气鼓舞着,张老师日记中流露出的那种热情,不管是对政治的,还是对中学教学的,或者是对学习的、对家庭的,都震撼着我,激励着我。使我感觉到,二十三岁的张老师是一个永远都精力充沛的青年,即使他在农场干活累了一天,累得腰酸背疼,他依然会说:"我想明天就会恢复了。"紧接着又干劲十足地说:"近两年是我感到精力最旺盛的时期,可能是我一生中的全盛时期。"相比一下,我总是喊苦喊累,在精神状态这方面应该向张老师好好学习啊。

1976年,是新中国历史上的重要时期,也是政治斗争活跃的时期。当时张老师是一名中学英语老师,但他并不得过且过,含糊度日,而是对政治保持着极大的热情。在他的日记中,多次提到当年政治局势的变化,比如历史上的"反击右倾翻案风运动""批判走资派运动",以及邓小平、华国锋等国家领导人的任免问题,还有就是那个年代极其流行的大字报。每天的广播、报纸以及全国和武汉市的政治动态都会体现在张老师的日记中,他是以一个普通人的眼光记载了那一段特殊的历史,如果要研究那段历史在青年人心中的影响,我想张老师的日记应该是很有价值的。在1976年2月21日的日记中,张老师写道:"谈论国事的人们非常多。确实,中国的前途、命运,是每一个正直的中国人必须关心的。我相信,有毛主席掌舵,中国的事情就好办多了。中国人民是忠实、勤奋、勇敢的。"老师的这段话带有强烈的时代味道,他对国家命运的关心是值得学习的。相比之下,我平时总是关心八卦新闻,而且日记的内容也只是记录自己日常生活中的小情绪,我不禁感慨一句,都是年轻人,差距怎么那么大呢?当今这个社会,人们的眼光总是盯着自己的一亩三分地,时时处处考虑着个人利益。张老师那种革命年代的纯洁思想确实是应该提倡的,而张老师在日记中所体现的爱国激情也是当今社会应该极力呼吁的。1976年2月10日,他在日记中写道:"上午看了电影《黄河青年》,心情比较激动。整个影片贯穿了黄河,它象征中华民族不屈不挠、英勇斗争的精神。影片塑造了一个黄河岸边的小英雄,展现了抗日战争的一个侧面。中华民族确实不愧为一个伟大的民族。在抗击外来侵略方面,历史上,几千年都是可歌可泣的。我不由想起南宋岳鹏举《满江红》词一首。这首词表达了不愿虚度年华,要求收复国土的雄心壮志。像'莫等闲,白了少年头,空悲切。待从头,收拾旧山河'等词句一直为后人传诵。今天,我们是社会主义时代了,有毛主席掌舵,我觉得更不应该碌碌无为,苟安偷生!况且还有'北极熊'。我决心:誓做中华民族的优秀儿女!"

每个人都是生活在一个社会网络中的个体，张老师也不例外，在他青年时期所写的日记中，他多次流露出自己对亲情的珍视，同时也表达了自己对亲人离别的感伤。在1976年2月15日的日记中，他记录了送姑妈回南京的经历，并发出感慨："十年才回一次，今番离去何时再见呢？正如唐诗云：'相见时难别亦难。'"可见当时心情的难受。然而，老师的可爱之处也是我欠缺的，那就是他劝慰自己"然而，这并不是一种很难克服的心情"。也许老师是在抚慰自己的伤心，然而这也正是他的坚强所在。相比之下，我有时沉浸在自己的小伤心中无法自拔，而事后回想那些担心或是伤心其实是需要适可而止的，因为空想解决不了任何问题。张老师的谈话中常常提到自己的母亲，他对母亲的深厚感情在日记中也有体现。人们常说女儿是母亲的贴心小棉袄，其实儿子也可以是。1976年2月29日的日记内容就记录了张老师为母亲整理内务的一整天。而且，1976年2月24日的日记记录邻居家一个小孩的母亲，因患高血压而抢救，所以，张老师许下了愿望："我希望我的母亲健康不发病。为此，我一定尽我应尽的义务。"看到老师的这些记录，我就想起了自己最近经常做的梦，是关于奶奶和外婆的，我好几次梦到她们的离开，而且在梦中就哭得痛彻心扉。虽然母亲说梦是反的，这样可以为两位老人长寿，但是我还是很害怕她们会突然离开。古人把"子欲孝而亲不待"视为人生的一大痛苦。确实，亲情是每个人所共有的，张老师在二十三岁就下决心要尽力照顾自己的母亲，这也是对我的一点警醒，我再也不能把自己当成小孩子了，而是应该尽力关心自己的父母和亲人。

常常和师兄、师姐发自内心地感慨张老师确实是个好老师，遇到他是我们的幸运。确实，张老师对教学事业的热爱和如何教书育人的摸索，从他青年时期的日记中就已见端倪了。在1976年3月16日的日记中，他勉励自己"作为一个人民教师，首先应该对人民负责"。作为一个年轻教师，张老师的日记中记录他经常利用课余时间去学生家中家访，还经常了解学生干部的思想动态。1976年3月24日，他写了一篇较长的日记，主要探讨"如何看待学生不读书？"年轻的他不是愤青，没有把责任推给那个大家都闹革命的年代，也没有责怪不懂事的学生。而是写下了这样的话："如何看待学生不读书？有人说现在学生上学不想读书，不听讲，胡闹，不做练习，我觉得事情不那么简单。学生上课不想读书，三七开。七分是老师讲得不好，三分是学生的，学生思想受了一些社会上不正确的思想影响。我们的老师应该问一问，学生不读书，我们究竟给他们创造了多少条件。有的老师上课照本宣科，既不生动，又不活泼，又无吸引力，学生当然听不进去。为什么有的老师上课，纪律又好，学生注意力又集中呢？所以，不能把不读书的帽子完全戴给学生。我上了几年课，有时课堂上学生不听讲,我还是去管他的,但从内心里来讲,只能说明我自己没有教好,不能引导学生的积极性。为此,我们一方面要提高自己的知识面,另一方面要讲得活跃,具有吸引力。主席讲得好:'教改的关键问题主要是教员问题。'不管开门办学也好,小课堂教学也好,作为一个人民教师,首先应具备对人民负责的责任心!"对于教育问题他始终强调老师的责任,始终不放弃任何一个学生,这是当今社会老师所欠缺的,也是每一个立志当老师的人应该学习的。张老师记录他教学经历的这些日记对我启发很大,让我想到了曾经看过的诸如《地球上的星星》《放牛班的春天》这样一类影视作品,同时更加坚定了我的信念,那就是用爱和耐心来教育每一个学生。多从自己的身上找问题,而不是去怨天尤人,尤其是不能责备不懂事的学生们。从张老师的日记中,我深深体会到,教好书是一个教师的责任,人民教师要摸着良心,对人民负责啊!

"美成在久,日进无疆。"张老师今天的成功就是他不懈努力的结果。在1976年的时候,他还没有读过大学,但是他清醒却也可爱地写道:"我曾经很想读大学,但我从不迷信大学。""知识在课外学",这个观点是毛主席提出的,张老师也很赞同。然而,即使参加了工作,张老师也从来没有停止过对知识的追求。通过读张老师的日记,我有趣地发现了老师和我的相同之处,那就是很喜欢做计划,而且完不成计划就会有相应的惩罚措施。1976年3月5日,他就写了这样一则日记:"晚上突然一阵心血来潮,一种强烈的意识突然使我感到,尽管每天工作很忙,但是没有很大限度利用时间和大脑。工作要搞好,学习不放松。我想从今天起订一个某些方面的要求:每天背一首新四诗(长诗分节);每天背二个英语单词;每天背三个日语单词;一个星期一段英语文章;二个星期一段日语课文;三个星期一段古文。上述前三点每天检查一次,不完成不睡觉!后三点,一月检查一次,不完成不吃饭!去年订了一个全面计划要进行修改。一部分没有完成,还是要订切实可行的。"读了这则日记,我不禁嘴角上扬,我的眼前不禁出现了一个充满稚气的小伙子,对自己说"不完成不睡觉""不完成不吃饭"。原来每个人都有一段年轻的、充满稚气的日子,我对这别样的张老师有无限的好奇。在那段全国人民搞革命的混乱时期,张老师在忙碌的工作中仍然抽时间学习。他的日记中记录着他对古典诗词,诸如《水调歌头》之类的感触,记录着他对毛主席诗词的评价,同时还有他对中外小说,比如《阿西亚》等的读后感。而且,他的日记中处处可见他对一些名言警句的抄录。他将自己最青春、最激情燃烧的岁月献给了对知识的不懈追求。正如他所说:"近两年,总感觉有一股力量像烈火在我周身燃烧。我需要看不同的、所有的知识食粮,我要战斗。凤愿不达,九泉不死。为了认定的革命事业,一个信念——学习、学习、再学习!前进、前进、永远前进!"如今儒雅的学者,原来当年也是一个不断鼓励自己,不断前进的初生牛犊。这别样的张老师让人感觉到的是一种可贵的精神上的热情。

  这就是我读导师张三夕先生日记的一些感触。当然,张老师日记的内容是很丰富的,我所提到的只是其中于我心有戚戚焉的内容。我为我所发现的这个别样的张老师而高兴,因为他是那般纯净,那般可爱,那般地令人敬佩,那般地值得我们这些后学学习。我要沿着张老师指引的方向,到达成功的彼岸!

感谢武汉

温燎原[①]

  2020年6月26日,端午节假期,我把微信地址由湖北武汉改为北京东城。毕业6年来,很多人问为什么微信地址仍是武汉,我都宛然一笑,答道对武汉的感情太深。转眼进京工作已6年,如今工作稳定、妻子贤惠、稚子绕膝、收入尚可,日子平淡而温馨,对帝都也有了一丝归属感,但往事历历在目,感情依旧真挚,我仍然要对武汉道一声感谢。

  感谢武汉,开阔了眼界。我出生于豫南一个小县城,那里位于鄂豫皖交界地带,群山环绕,交通不便,很多人可能一辈子都没有出过县城。小时候的我也是一样,每天生活在田间地头、乡间小院,对远方很是向往。直到有一天,父亲因看病需要,带上母亲和上小学的我,坐了5个小时的客车,来到了一座以前只在电视上看到的大城市。这座城市道路比老家宽,车辆比老家多,楼房比老家高,感觉什么地方都比老家好太多。这里的一切都令我感到好奇,我喝到了人生第一杯可乐,第一次坐上了长长的公交车,第一次看到了雄伟的万里长江,想留在武汉工作生活的种子从那个时候便开始生根发芽。之后的几年里,我陆续又去过武汉几次,每次都能发现这座城市的美好,也更加坚定了留下来的决心和意念。后来由于高考失利,我没能到武汉读大学,这是一个巨大的打击和遗憾。大学四年,我更加勤奋努力地学习,希望通过考研来实现自己的武汉梦,所以填报研究生志愿时毅然决然地选择了华中师范大学。然而天不遂人愿,第一次考研因为英语的几分之差,我又失败了,再次与武汉失之交臂,心中的苦痛无人可诉,心灰意冷,也不愿找工作,日日沉迷于网络。很快到了毕业离别的时候,与同学分别的前一晚,从没喝过白酒的我把自己灌得大醉。第二天,独自坐在宿舍中,思考着自己的未来,发现心中依然对武汉念念不忘,于是我做了一个决定,留下来再考一次。第二次考研备考期间,我忍受住了孤单一人没有朋友的寂寞和冷清,忍受住了无数次幻想如果再失败的煎熬和不堪,忍受住了许多人

[①] 温燎原,华中师范大学文学院古典文献学2011级硕士,现就职于公安部办公厅。

不能理解的异样眼光,但这一切都扛过来了,我终于以高出总分50多分的成绩被华师顺利录取,查到成绩的那一刻,内心久久不能平复,武汉,我终于来了。

感谢武汉,遇见了恩师。如果说上天对于我对武汉的如此执着有所回报的话,那便是遇见了张老师。记得初入校时,内心非常自卑和忐忑,出身一所普通师范院校,又经历两次考研,导师是否会另眼相看,有所歧视？好在第一次见面,张老师就打消了我的顾虑,他说自己招收研究生不问学校、不问出身,只要在校期间勤奋学习即可。接下来的三年时光,我一直牢记张老师的教诲,把"做学术要坚守阵地、保持操守,抱有一股理想主义"的话铭记于心。在日常学习中,我要求自己沉静下来,能坐得了冷板凳。张门的每次读书会活动我都认真准备,广泛收集资料,积极发言,虚心聆听老师和同门的意见建议。我坚信勤能补拙,平日里一有空闲,就泡在图书馆看书。在文学院资料室做学生助理时,我经常埋头故纸堆,与一排排静默的书架为伴,度过了一个个晨与昏。在寂寞的读书时光里,是张老师用他深厚的关怀和严格的要求督促、指引着我不断适应、日渐进步。犹记得入门不久便签订了"遵守张门门训承诺书",门训里提到的"敬业乐群、守时守信、博而能一"等都为我日后成长成才树立了人生准则,使我受益至今。如今我走上工作岗位,也依然秉持兢兢业业的工作态度和诚实守信的处事作风,事实证明,真理不管何时何地都是经得起实践检验的。张老师还要求我们团结友爱、互敬互助,师门有人结婚生子,我们都积极表达一份小小的心意。2016年春季我在老家信阳举办婚礼时,两位小师妹带着大家的心意到现场送来祝福和温暖,使已毕业的我备受感动。张老师还教导我们要"读最古老的书,过最现代的生活"。在日常学习之余,同门经常一起运动、出游、搞欢送活动,这些点滴记忆都丰富了我的学生岁月,也教会了我劳逸结合,永远做一个有学问、有教养、爱生活的人。如今在节奏异常紧张的一线城市生活,忙碌工作之余,我还是把发展自己的爱好、维持身心健康、关爱家人放在首位,使自己能很好地平衡工作和生活,一直做一个热爱生活、感恩生活的人。

感谢武汉,找到了工作。在校期间,张老师时常教导我们既要会读书,也要会办事。要我们牢记王阳明的"人须在事上磨,方立得住"。所以读研三年,我一边苦读,不断积累、提高专业素养,一边积极参加各种学生活动,在各种实践中锻炼和成长,将校级优秀研究生干部和国家奖学金一一斩获,这些都为找工作打下了坚实的基础。临近毕业,我白天穿着正装乘坐公交车在各个面试学校之间奔波,一路都在为自我介绍、试讲、演讲、才艺等各环节作准备,无暇欣赏这座城市的美丽,也顾不得旁人讶异的眼光。晚上到自习室一遍遍地刷题、模拟,日子过得辛苦却充实。正因为前期的精心准备,才让我在遇到真正的机会时有能力、有信心去正面应对,最终成功就业。犹记得第一次穿上警服的那一刻,内心无比激动,也算圆了小时候的一个英雄梦。我深知,穿上警服就意味着一种责任、一种担当、一种奉献,需要扛公正天平、执正义之剑、斩社会毒瘤,从此,比天空还要蔚蓝的警察蓝成了生命中最坚定的信仰。从警6年来,我时刻不敢忘记张老师教诲,以实际行动践行入警誓词,努力为维护国家安全和社会稳定贡献自己的一份力量。

如今,在帝都工作,回忆起学生时光,心中仍感慨万千。今年11月,因为出差,我时隔6年重回武汉,与张老师重聚。对这座城市,对张老师,心中唯有感恩。深深地感谢武汉,感谢张老师,让我在稚嫩、迷茫的求学生涯中学到了最重要的人生准则并将之作为一生的信条,这一切都将永远督促着我在人生道路上保持正直善良、踏实坚韧的品格,我将始终不忘初心,砥砺前行。

2020年12月31日

千言万语道不尽张门的好
——写在 2020 年张门毕业生欢送会上的话

彭 琴①

敬爱的张老师、师母,亲爱的各位同门,大家好!我是张老师 2012 级硕士彭琴。很荣幸能有机会录制这个视频,感谢张老师和李程师兄的认可与信任。

花开不觉岁月深,不知不觉又是一年欢送会,2020 年是如此特别的一年,所以要特别祝贺张门所有毕业生顺利毕业。你们有的是继续在高校深造,有的是即将为人师表,还有的是入职出版社或者企事业单位……你们都是了不起的后浪!祝贺你们!当然,更要感恩张老师、李程师兄、昌繁师兄、小露师兄!

无论日后身处何方,你们肯定也会像我一样,无比想念华师的一切,张门的一切!"桂花虽小,师恩难忘"是我的第一届学生里最有灵性的一个女孩子送给我的毕业赠言。12 岁的小女孩亲笔写下的 8 个字,虽稚嫩却苍劲有力,让我的思绪飘到桂子山上。让我想起暮春时节桂香园旁的牡丹花开,想起夏日黄昏里博雅广场绿树林下饭后散步的张门弟子,想起桂花飘香中古典文献教研室里的读书会,想起温和而严厉的张老师、和蔼慈爱的师母和可爱可亲的每一位张门人……

毕业了就将奔赴新的旅途,一路上会见到新的风景,遇到新的人与事。就我个人而言,毕业五年了,感触最深的还是作为张门弟子的幸运。

2019 年 10 月,我有幸担任深圳市龙华区首届诗词大会导师组成员,带领的团队荣获了金牌团队之称。和大家分享这件事并非要炫耀我如何优秀,而是想说明我、我们之所以成为现在的我们是离不开张门的滋养的。其实这次诗词大会导师组有 6 位老师,我是年龄最小的、资历最浅的,刚接到通知的时候我是忐忑不安的。所以马上就想到了光艳大哥,他在武汉电视台做的《问津国学》节目非常棒,他本人又非常热情,一听到我的事,二话不说就克服各种困难,给我发

---

① 彭琴,华中师范大学文学院古典文献学 2012 级硕士,现为广东深圳龙华区书香小学语文教师。

送了很多学习资源。那一瞬间,张门人的互助友爱真是让人感动流涕。

后来,我自己又把节目组给的1000多首诗词分门别类,整理出含有"风花雪月""春夏秋冬"等十多个主题词的飞花令,然后组织6位选手一起学习甚至模拟比赛。这6位选手最开始互不相识,而且年龄跨度非常大,有9岁的小学生,十几岁的初中生、高中生,还有年近40岁的公司职员。正是因为有了我分门别类的诗词,因为一次次的集中学习,所以才有了决赛场上的胸有成竹、配合默契和最终夺冠。我想这些都得益于在张老师的指导下、在张门的滋养下培养出来的文献处理能力和组织沟通能力。

毕业了,离华师、离张门越久,就越能感受到自己身上的张门细胞,无论是学识方面,还是为人处世原则,抑或是思考的方式与格局,都会努力向张老师、向几位师兄看齐。

我知道这次毕业的同门中有好几位都将来深圳从事基础教育工作,也许以后我们可以开展张门读书会深圳分会活动!也请张老师和其他师兄经常来深圳讲学!年轻的深圳需要你们,年轻的我们更需要你们!

最后,我想隔空给张老师一个大大的拥抱,补上5年前毕业欢送会上因羞怯留下的遗憾!也再次祝贺毕业生们顺利毕业,前程似锦!祝张老师、师母和所有的同门幸福安康,一切顺遂!千言万语道不尽我的感谢与祝福!祝大家欢送会上玩得尽兴!感谢大家!

遇见您是我的幸运
——献给我亲爱的硕导张三夕老师

孙德贤[①]

  时光荏苒,转眼之间,我已忝列张门近十年,回首过去,无数次感慨,能遇见您,跟您学习,真是我人生最大的幸运。

  心灵遇见您,早在2010年,多次听同学讲您的趣事,让我下定决心拜入门下。真正的遇见,是我经历两次失败的考研后,在2012年春天的一个下午,终于见到了梦寐以求的您。我怀着无比激动的心情,忐忑不安、小心翼翼地走进教研室面试,面对四位大佬,怕得头也不敢抬。当时有老师问我一部小说的细节问题,我答不上来,涨得满脸通红,坐立不安,没想到您摆摆手,笑呵呵,安慰道:"没事,没事,他只是想告诉你读书要仔细一点,没别的意思。"本来不细心的人是我,该责备的人也是我,没想到您看出了我的窘迫,及时安慰,顿时一股暖流涌上心头。复试结束那晚,我躺在床上辗转难眠,一直犹犹豫豫,直到半夜才鼓起勇气给您发短信表达做您弟子的意愿,没想到您竟很快就回复了我,丝毫没有嫌我笨、嫌我冒昧,反而说很佩服我的执着。那晚我兴奋得无法入眠,没想到大师一样的人物会在意一个微不足道的学生!回忆初见那天,至今内心仍感慨万千。

  遇见您,让我知道了什么是"一日为师,终身为父"。读书二十多年,遇见老师不少,若说亦师亦父,我首先想到的是您,张老师。您正是这样一位对我们要求极其严格的老师,也是一位时刻牵挂着我们这群孩子的父亲。华师三年,您不仅亲自给我们授课,如《四库全书总目》"中国文献学典籍"《文心雕龙》等,还为我们开出二十四本大部头中外经典书目,作为读书会必读书,让我们在校的日子能一月一本,读书讨论。我们每位学生毕业论文的选题、开题、定稿等,您都指导、督促,不厌其烦修改……即使毕业后,我重回武大读博,您依然对我的论文选题、写作提出宝贵意见,关注我论文写作进度,敦促我抓紧学习……

[①] 孙德贤,华中师范大学文学院古典文献学2012级硕士。

看见有的同学读博"无人问津",我却有双导师保驾护航,心里别提有多得意了。父爱如山,您对我们的爱如山一样的深沉、厚重又温暖。近十年交往,让我越发体会到您的爱,这种爱体现在无数的细节之中:是每一次的嘘寒问暖;是每一次对我们的叫名不叫姓;是每一次聚会看我们学生不整齐,总会询问未到同学缺席的原因;是每一次一边嗔怪我又来混饭啦,一边流露出欣喜的眼神;是我怀孕时告诉我"万般诸事,唯有以此为重"……这就是我如父亲般的张老师,您是位翩翩儒雅的教授,更是我一生中幸运遇到的学习和生活上的导师。

遇见您,让我佩服您的博学,不用说您出版的那些大部头著作和诗集之类的,只说您对我们的学习指导,也让我惊讶。近二十年来,我们学生涉及古典文献、古代文学和文化传播方向,每个方向下我们又具体学习不同的小方向,您都能对我们有效指导。我读博士期间,在论文选题或写作上难以进行下去时,也会去咨询您,您总能给出独到的见解,让我收获意外的惊喜……

遇见您,让我更加钦佩您的毅力。一天做一件事是简单的,可几十年如一日做一件事就很厉害,您就是这种很有毅力的厉害人。每月21号左右的读书会,对我来说是一大噩梦,不必说一定要把大部头书看完,不必说认真仔细听讲座,更不必说思考问题、回答问题了,仅仅是开会时间都让我心生畏惧。从中午一点开始,到晚上五六点,有时甚至六七点才结束,一坐六七个钟头,散会后我总是头昏眼花,腰酸背痛,四肢无力,精疲力竭之感迎面袭来,回宿舍便倒头睡下,再次醒来已是第二天下午,名曰"养伤"。刚开始,我好奇您会后是不是也"养伤",可华师学习三年竟然没发现您"养过伤",第二天的会议、课程、出差等等,竟然都按时到了。知道了这消息,我内心无比震惊,对您的钦佩之情油然而生。每月一次,一年八次,三年二十四次,当年才二十多岁的我都没有办法坚持,经常因这样那样的原因不去,三年以来您无一次缺席或提前离席。近二十年来,21号的读书会都雷打不动,您也几乎从未请假,这些年我没听到哪个学校老师能像您这样陪着学生坚持开这么多年的读书会。还有就是日记,我的日记很难坚持下去,有时是日记,还有周记、旬记,有时甚至是月记,可您却坚持每日一记,迄今已近五十年。您几十年来的开读书会和写日记所体现的毅力,让我十分钦佩。

遇见您,是我人生最大的幸运。遇见您,让我感受到了老师带来的温暖;遇见您,让我体会到了如师如父的关爱;遇见您,让我明白了什么是博学和坚持;遇见您,我知道了工作中要"敬业乐群""守时守信";遇见您,让我懂得了在学习中要"严守学术规范",要"充分享受生活的诗意",诗意的生活……遇见您,我学会了很多,改变了很多,让我在成长中少走了很多弯路…………

岭南秋风忆桂子

王叶迟[①]

到岭南转眼已近六个春秋,此时羊城的风仍温润轻柔,而江城的风已开始凛冽如冬。

在毕业后的这几年里,我时常怀想桂子山上的三年美好光景,时常回味张三夕老师三年里给我的教导。当年读书时一些体味不到的东西,随着年齿的增长,渐渐感受到了其中的深邃与明澈,也鼓舞我在今后的生活工作中更加坚定与从容。

我2012年9月进入华师读研,而与张老师结缘则是在2009年。当时我正读大三,和很多同学一样,也开始准备考研。但当时对于报考哪一所学校,读什么专业,则是迷茫的。正如张老师常说的那样,师生遇到一起是机缘所致。大学时,我的兴趣点在中国古典文化,而中国古典文献学与中国古典文化最为相近,所以就明确了报考古典文献学研究生的想法。对于考哪所学校,一开始是不清楚的,但是对于从小就坚定做老师的我来说,报考师范类院校一直是我的梦想,最终经过思考,确定报考华中师范大学古典文献学专业。按照华师文学院网站上的联系方式,我冒昧而忐忑地给张老师发了一封邮件,说了自己报考的意愿。让我没有想到的是,第二天就收到了张老师的回信,信中对我选择报考古典文献学表示欢迎,鼓励我好好备考,并且言及"怎么考进来是你们的事,把你们培养成才是我的事",这句话让我非常感动,也让我坚定了报考张老师研究生的信念。只不过考研之路对我来说太过漫长,连续考了三年(前两次英语未过),才终于得入张门。这三年间,张老师多次勉励我,不管多难都要坚持读书。这给了我很大信心,也促使我最终实现了自己的考研梦想。

2012年3月,我去华师研究生复试,面试环节第一次见到了张老师,因为时间匆匆,并且面试结果未出,所以未敢专门去见张老师。2012年5月,尼山世界

[①] 王叶迟,华中师范大学文学院古典文献学2012级硕士,现就职于中交(广州)建设有限公司。

文明论坛在曲阜师范大学召开，中外很多高校的知名学者与会，张老师也应邀参加。张老师知道我的学校就在曲阜，在到达前给我发了一封邮件，邀我会议间隙一起去曲阜"三孔"参观。当时，我正在青岛做培训老师，收到信件后马上坐火车赶到了曲阜。和张老师见面后，张老师问了我的个人情况，然后告诉我我已经通过面试，愿意接纳我为他的研究生。三年时光，终得夙愿，当时激动的心情无以言表。世界文明论坛间隙，我陪张老师一起参观了孔庙、孔府、孔林，并且还一起去邹城参观了孟庙、孟府，可惜因为时间问题，孟林未能成行。在参观"三孔"的时候，张老师对我说起了我们山东先贤郑玄求学问道于马融的典故，并用马融之语"吾道东矣"勉励我好好读书做学问，我很感惶恐又备受鼓舞。翌日，张老师因事从曲阜去了上海，我则返回了青岛。临行前，张老师专门给我打了电话，再次嘱咐我要好好读书，等到开学时桂子山再见。直到9月初正式开学后，我到华师报到，算是正式开启了张门问学之旅。

三年的桂子山求学之路，对于我而言，是我生命中最珍视的读书时光。研一研二两学年，张老师给我们同年级的六位同学开设了"《四库全书总目提要》研究""古代文论研究"等课程，每堂课我们都有新的收获。尤其是"《四库全书总目提要》研究"这门课程，对我影响极大，让我真正了解到了古典文献学的入门之基，也促使我对古典目录学下了一番功夫，对古典文献学这门学科有了较深的认识，也立下了继续攻读古典文献学博士的志向。除了日常的课程，张门每月的读书会更是对我们进行学术训练的重要方式。入学之初，张老师便给我们指定了二十四本必读书目，中外各有十二本，旁涉文学、经学、史学、哲学等内容。每月读书会，同门之间互相交流读书心得，三年下来获益很大，对我们拓展视野、训练思维都有极大的益处。在每次的读书会最后，张老师都会有一个总结，每次的总结都非常精彩，既有对当月所读书的深刻论述，也有对当前社会一些问题的精彩剖析，每次听完都能豁人耳目，深受启发，这背后既有张老师的学术思考，更有对社会的一种关怀与体认。

张老师学识广博，学殖深厚，既有深厚的古典文学素养，又有专业的哲学系统思维，更有社会学的广阔视野与问题意识，在平时的言传身教中，我感受很深。在我们眼中，张老师是慈祥的，是亲切的，既有"菩萨低眉"的和蔼，又有夫子的循循善诱，他很关注每个学生的生活和学习，如果有问题会及时帮助解决。但是张老师也有"金刚怒目"的一面，有时谈到社会上的一些问题，也会提出严厉批评，这既是他骨子里刚正的表现，也是他作为一位知识人发出的感喟。

除了学术上的启迪，对我影响更大的则是十二条"张门门训"，这十二条"张门门训"闪烁着张老师的处世智慧和对学术、生活及社会的深刻洞察。比如，张门门训第二条要求"守时守信"，让我在工作中获益无穷。守时守信，是一个人处事行事的"准则",如果没有做到守时守信,轻易许诺却没有如约兑现,失信于人,那么久而久之,自然就被别人列入不诚信之人,也就失去了在世上处事行事的根基。工作越久,我越能感受到"守时守信"的重要与必要。在工作与生活中,我也时刻提醒自己,必须做到"守时守信",这既是对别人的尊重,也是对自己的尊重。其他门训诸如"刻苦磨练办事的能力""迅速适应环境的变化""真诚维护家庭的和谐""充分享受生活的诗意"等,都是金针度人的良方。

2015年6月,学校组织研究生毕业典礼,凑巧的是为我拨穗的正是张老师,按照惯例,被拨穗的学生都要和拨穗的老师握手致意。我刚伸出手准备握手时,张老师则把双手伸了过来,给了我一个拥抱。那一刻,我的双眼不禁模糊了。那个场面,每每忆起,都让我感到温暖感动。6月下旬,张老师组织张门为孙德贤、彭琴和我三位毕业弟子举行欢送会,承在广州工作的李俊师姐热情组织,我们的欢送地点选在了广东清远连南"千年瑶寨"。大多数同门坐火车从武汉先到广州,然后从广州坐车到达清远。我和王光艳兄则提前一天随张老师开车,一起从武汉直接南下。当天先到了湖南郴州,一起游览了三绝碑。张老师久久驻足在碑前,高声吟唱"郴江幸自绕郴山,为谁流下潇湘去"的情境,犹在眼前。次日,我们到达清远和其他同门相聚,在"千年瑶寨"参观探访。毕业欢送会上,张老师为我们毕业的三名弟子每人写了一张贺卡,那是他从美国专门带回的,给我写的寄语是"叶迟贤弟今后须在神闲气定上多下功夫",看到寄语,我大受感动,先生知我!读书时的我性格有些急躁,很多时候遇事会慌,在性子上缺的就是磨练后的"神闲气定"。这句话于我可谓是针砭药石,而毕业后的几年里,我也一直努力在事上刻苦磨练,努力更多一些"神闲气定"的从容,虽然还有欠缺,但已促使我进步成长很多。

欢送会结束后,张老师和同门们返回武汉,我在广州停驻几日后,便去了深圳的工作单位——一家国企报到,开始了社会上的摸爬滚打。有时我在想,张老师绝大部分硕士弟子都选择做了中学老师,或者继续读博深造然后进入高校工作,研究学术,传承师道。像我这样毕业后选择去企业工作的弟子,在张门算是一个"另类"。对于选择工作,张老师对我们说过,他希望他的学生从事各方面的工作,不必仅限于学校,这是他对我们的尊重和谅解。想到这些,我心里虽然少了些惭愧,但是对于"吾道东矣"的期许,我内心还是深感有负师道的。

毕业已近六年,在岭南工作的这几年里,我从深圳起步再到广州工作然后结婚安家,人生中每一件大事,我都会向张老师告知。张老师替我感到开心,也时常勉励我不要放弃读书,我自己也从未稍有松懈。因为经过三年桂子山的熏陶,读书已经成为我不可或缺的生活方式。只是所读的书,不只再限于学术,而是多了一些随意与闲适,但心中学术的光从未熄灭,因为那曾经照耀我奋力前行的"学术灯盏"还在闪烁,时常给我温暖,给我启迪,给我不被烟波浩渺遮蔽的执着与自我。

我刚入桂子山时,当时同门弟子为张老师举行了从教四十周年纪念活动。而今,同门一起组织张老师从教五十周年纪念活动,这对所有张门弟子来说是一桩盛事,也是学林的一段佳话。张老师从教半个世纪,桃李满园,作为门下弟子,衷心祝愿吾师学术长青、身心永健!

2020 年 12 月 5 日于广州

他年应记老师心

——记与张老师的二三事

姚 琴[①]

我是2013年9月进入华师读研,入校后才得知自己的导师是张三夕先生。"轻盈数行字,浓抹一生人。"说是二三事,其实只是重点记叙在我读研期间至今,张老师对我的影响和关心的生活事件节选。

在我的印象中,第一次与老师见面是在文学院他的办公室里。一张圆圆脸,气质儒雅,说话和蔼可亲,我至今还记得首次见面之后回去途中,与同门感叹:作为博导、资深学者的张老师居然不戴眼镜!可想当时我内心的佩服和敬意。当然,作为师长,张老师在学识方面的成就让我敬仰,这里就不再赘述了。我想讲的,是在平时生活中他对我们学生"谆谆如父语,殷殷似友亲",不论是在学业还是在生活上,他的关切之情如春雨般"随风潜入夜,润物细无声"。

一

"师父领进门,修行靠个人",虽然修行靠自己,没有领进门的师父,也是不行的。张老师在教学上强调基础训练,重视读经典,要求我们平时多读书,多分享,阅读视野要打开,多学习别人的长处。在张门门下,张老师是提倡不同年级的学生一起分享交流的。

记得第一次和博士师兄师姐一起参加读书会,我紧张得大气都不敢出。那次学姐的分享是读完《国富论》《资本论》的体会,她讲完后其他的同门们依次讲自己的心得体会,可是我书没有读完,内心很慌,整个人如坐针毡。最后轮到我了,张老师似乎看出了我的窘迫,开口替我解围,因为我第一次参加读书分享会。张老师随后又着重讲了我们如何读经典文本。我至今还记得他告诉我,读

[①] 姚琴,华中师范大学学科教育语文2013级专业硕士。

书要有一个过程,要由薄到厚,再由厚到薄。即选书要目的明确,读取哪些知识,先看内容提要和目录,选符合需要的书;再通读或精读某些章节,重点消化;读后要总结新体会或收获,完成"薄—厚—薄"的过程。

这次读书分享会给我印象很深,虽然过去学一门功课或读一本书我也喜欢做一个"小结",但开始比较盲目,选书只凭兴趣看书名泛泛而读,这样的阅读无疑是比较盲目的。再之后的学习读书中,我也开始体会到张老师的用心。他给我们开的书单,给我们在平时做的训练,让我受益匪浅,而我也算是开始学习如何读书。

二

2020年1月22日凌晨两点半,武汉发布公告,23日上午十时武汉封城。新冠疫情的肆虐,让身在武汉的我们度过了一个不一样的除夕。1月25日(大年初一),"爆竹声中一岁除,春风送暖入屠苏。千门万户曈曈日,总把新桃换旧符",王安石《元日》里的景象与此刻疫情笼罩下的武汉形成鲜明的对比,此刻我们家的现状可能就是武汉当下最好的写照。由于家里有家人开始出现咳嗽不舒服的症状,我不免心急上火。此时,"张门一家亲"的群里,闪烁着张老师发来的问候:"大家都没事吧?贤弟你还好吗?需要什么帮助就及时在群里告诉大家。"封城的恐慌,在张老师及同门师兄师姐们的信息问候和共享中,就这么缓和了下来。我想,这一刻,个人的存在无疑是极其弱小的。但是想到在武汉还有张老师,还有其他的师兄师姐们,虽然大家封闭在各自小区,仅通过网络进行沟通交流,但是安慰话语却让人安心。

疫情期间,张老师在群里及时和我们联系,面对不断攀升的疫情数据,张老师告诉我们要冷静自持,放宽心,做好自己应该做的,让我倍感温暖。接下来的几天,家人中患有发热症状的单独在一个房间居家隔离,而我每天冷静地安排着消毒、饮食、孩子的学习等事务,不再焦躁不安,在家人面前也起到了很好的作用。虽然时间对于我们全家来讲显得无比漫长,好在之后几天家人就好转了。

4月8日,一个振奋人心的日子,武汉解封了。有人说大病初愈是人生最幸福的十个瞬间之一,那时的我深有所感。人世间所有的悲欢离合,没有感同身受,但是在个人渺小的脆弱的境遇下,遇到张老师及同门给予的温暖,却让我觉得极其有幸。毫不夸张地说,我和张老师算是一起完成了疫情下在武汉活下去的目标。生命中所有的遇到,原来都是相遇在每个当下。张老师对我们的关心，融入进了日常生活，每每遇到一些有价值的信息，张老师会给我们一些合理的建议，特别是在身体健康方面，提醒我们面对重疾应该未雨绸缪，在日常生活中，张老师就是我们身边慈祥的长辈，给我们带来关心呵护。

三

  距离武汉 76 天封城已一周年有余，今年春节仍留在武汉的我内心充满了感恩。仔细算下来，平时和张老师的见面交流并不多，一个是自己成家工作之后时间都耗费在了日常琐事之中，另一个原因便是性格使然，自己羞愧于自己的止步不前，从张门毕业几年，便没有再积极进取，因此也有一种害怕见老师的心情。今年二月份，接到张老师电话的时候，我感到受宠若惊。张老师亲切的关心，给了我前行的动力。我内心有继续求学的想法，当我和张老师在电话中说了之后，他给了我亲切却又暖心的回答："有这样的想法很好，你一定要做好准备，既然有了目标，就要认认真真去实现，在准备的过程中，如果有需要帮助的地方，老师肯定会支持你的。"听完，我的动力又多了，内心也给自己暗暗鼓劲，争取实现这个目标。

  他年应记老师心，就是这样的张老师，让我总是感受到他为人师者的胸怀。作为他从教几十年来的一个普普通通的学生，他身上的人格魅力，给我带来的影响，让我深感幸运的同时也被深深感动着。

2021 年 2 月 9 日

武汉的雨,落在桃红柳绿的江南

何思依[①]

我乐意时间慢些,久些,带着些绵长的味道。仿佛一卷在人手里被拉扯的长长的棉线,又一圈圈地卷起。情愿日子,过得这样沉……

张爱玲说:"雨声潺潺,像住在溪边,宁愿天天下雨,以为你是因为下雨而不来。"

你也喜欢雨天吗?在下雨的天,一个人呆在屋子里,屋外是迷离的烟雨和葱茏的绿,屋内是橘黄的灯光和一盏接一盏的清茶。

雨下在江南,也下在江北,下在几千年前的古刹,也下在波涛汹涌的泛着孤舟的暗夜的海上。

有些雨下时像纱一层一层地隔离着世界,让你看不真切,像春天的蚕子一点点抹去窗前的绿;有些雨下时像复仇,专为那些需要宣泄的心情寻找窗口。在雨中,你分不清她脸上的是泪,还是玻璃上簌簌滑下的雨珠。

我平时不爱在雨天出门,却欢喜看雨。欢喜裹着张棉布的巾子倚在窗前看雨。

怎样的雨也不及江南的一片烟雨。迷蒙的纱细细笼在白溪上、绿树上、红花上、矮矮的黛黑的屋檐上、碎碎的青灰的石子路上、描着胭脂红洋牡丹的油纸伞上。

我如一个真见过这些场景的人深爱着江南的落雨。

看雨潇潇落在窗台的叶梗上,看雨落在楼下窄窄的人行道上。

在雨天,呆在家里总干不了正事。给自己找几个借口便可以从架子上拿几本书来读,或旋开柔缓的钢琴曲,再或是干脆拿来素描本绘图。下雨的天,人格外安静。

有时雨天,我欢喜出门。我也带伞,但并不撑开。把伞拿在手上,身体却尽

[①] 何思依,华中师范大学文学院古典文献学2014级硕士,现为四川省成都市天府七中语文教师。

数暴露雨中,像孩童时不怕雨的敲打,反而觉得心中很有些兴味,就像鱼儿重溜进水里。

有时,屋外没有落雨,但心里却落了雨,潮湿湿苏润润。也会找些雨的声音来听听,芭蕉、屋瓦、麦田、塘蛙……它们在雨里响着,却反倒变得安宁。有时那雨似很能牵惹着我怀旧,念那些我未去的地方,未见的人。我就突然特别想要读唐诗,读散曲;读青山,读竹林;读寺院里传来的清音。

雨,似乎让整个世界都慢了,都静了。如同夜将人的心装进一个小黑屋,里面是柔密的棉让心在里面安静地躺一小会儿。在雨天,格外觉着自己是一个游子,怀念家乡田边的桑树。在雨天,格外觉着身上裹着一分萧索,要束紧雨披才能躲得过滂沱。

灰蒙的雨天里,每一橡屋檐下似都住着侠客梦,那些绿叶在雨天显得越发蓬勃。

他乡与吾乡

罗婧文[①]

　　哥哥结婚,国庆便在高邮待了很多天。就是那个汪曾祺笔下的,有着咸鸭蛋的高邮。这次不是去旅游,所以心情就少了一分迷茫。这是一种很奇特的感觉,小学的课本里写着《端午的鸭蛋》,汪老说,当初人们一提起高邮就会想到咸鸭蛋,是因为鸭蛋出名。对于高邮的鸭蛋,我还是很向往的。本着"吃货"的职业道德而产生的是由一种特色小吃引发的对一个地方的向往。理想和现实是有差距的,因为这五天过得并不轻松。

　　接亲的那天,凌晨五点多我们走在巷子里,小巷叫作"猪草巷"。人们都还在沉睡,巷子里只听到高跟鞋笃笃笃的回响,电线杆上的灯是昏黄的,像是没有睡醒的眼。突然想到,这是多么神奇的时刻。我走在你曾经穿过无数次的小巷,或许自己也并不记得曾多少次在这个时间点走过这条通往家门的路。

　　小巷里房子紧挨着,看起来颇不一样。在四川广元的老家因为山地的缘故,房子都是独门独户。公路盘在山腰上,从公路边上往下望都能看到自家的房子在哪里。在山坡上一眼便能认出自家屋子的感觉很好,看着升起的炊烟,就会暗暗期待奶奶是否又做了什么好吃的东西。小的时候很喜欢吃"甜米"。甜米,就是把糯米煮好,熬好红糖,最后放上花生米一起蒸熟,再撒上白砂糖。到现在我还是不太记得很具体的做法,只记得红糖的颜色,和糯糯的米粒,黏稠的甜腻。把握不好火候,就会把糖熬焦,可是一点都不会影响那种期待的心情。现在颇不爱甜食,未曾想会在高邮见到了这道菜。不同之处就在于他们放了猪肉,也在糯米团旁浇上了酒酿圆子。隔着1000多千米的距离,吃到很久未曾想起的味道,心情颇有些激动。

　　山不高,山路被丛生的灌木遮掩了起来,过去走的人多,小路分明。现在走的人少了,爷爷有时候得花半天时间将路"砍一砍",所谓"砍"就是割掉那些杂

---

① 罗婧文,华中师范大学文学院古典文献学2014级硕士,现为四川省成都市同安中学语文教师。

草。那片山坡只剩下几个老人。一间瓦房，两三人。外面打工的人，攒了钱便推掉了土房盖上了小洋楼。三层琉璃瓦的新屋和我家那间土墙瓦房一对比，真是颇多感慨。那些在绿树掩映中的琉璃瓦反射着耀眼的阳光，也温暖不了那越来越深的荒芜。地板上堆积的灰尘和在墙角织满的蛛网，时间往前走，想想那些原来面朝黄土背朝天的日子，确是荏苒。十多年前，大家都还在村里做农民，生活条件不好，他们总是会为了芝麻大小的事情吵嚷，谁在我家田埂上多挖了一锄头泥巴，谁家的牛吃了我家的草，谁又放了水田里的水。村里有个老人说："不要看你们现在争得这么厉害，等过几年，这些田就没人要了。"人们只当他说疯话。过去了二十多年，年轻人都在外地打工，而老家也只剩下了老弱。那些曾经绿油油的水稻田长起了树苗，光秃秃的田埂，有时候也下不了脚，人少了，野草也越发的恣肆。

只在过年才能回去的地方变得冷清。待在家里的那一代老人，渐渐远去，有时候看着那些坍塌的瓦房和零零落落的屋子，一路走过几户人家，却不闻人声。不想回去的人，回不去的人，越来越寂静的山村，还有那渐渐被遗忘的景色。于是有人在城里买了房子，有人干脆扎在工作的地方不回了，而回来的人都说年味儿变淡了。或许下一年，他们也不再回来。何处才是家呢？除夕的晚上烟花炸满天空，此起彼伏的爆竹声，洒在山脚、山腰、山顶上，那黑暗中的绵延不断的山被瞬间照亮，缤纷的色彩散去，青烟散去，回音却久久不散。

一直觉得老家是一个可以寄托心灵的地方。成长的路上，在无数个地方走走停停，每一次离开都代表着失去。老家多好，一直在那里，安安静静地守着游子归来。故乡的云和故乡的风，都是柔软的。像是低语，像是问候，就算在寒冬也是温暖如春。老家是根，根扎得稳才能枝繁叶茂，守在心底的只是那块土地吗？若真是如此，为何越来越惧怕归去？

进房间的时候，嫂子正在化妆，阿姨和叔叔早已备好了早餐，接待着前来贺喜的客人。偷闲站在院子里看着头顶上的天，清晨破晓前，从外面传来的犬吠和蟋蟀声，还有屋子里未曾停歇过的话语声，仿佛都带着别样的喜色。临出门的那刻，叔叔阿姨并未多说话。叔叔只对着嫂子喊了一声"乖乖"便红了眼。那些一点一滴的生活，不需要太多话语，就展现在眼前。那些蹒跚的步子，那些痴痴的笑声，那些放肆的争吵，那些倔强的哭喊，那些停留下的回忆，就在此地。无论是心疼还是不舍，就算走再远你也还是唯一的"乖乖"。这是父母想说的，这也是故乡告诉你的。

你看你千般眷恋着的，不仅仅是那片扎在心底的土地，更是一直在那里翘首以盼的人。只是，"村舍外，古城旁，杖藜徐步转斜阳。殷勤昨夜三更雨，又得浮生一日凉"。

出 与 入
——"读书"的快乐
廖田凌霜①

今年距离2018年6月毕业大致已有三年时间。此三年与研究生三年从时间范畴上相比,数量一致,然而自身的心境及面貌则不一。三年张门之旅,是生活馈赠给我的一粒糖,时想时新,时想时甜。

留 恋

记得刚毕业的6月,在宜昌欢送会上接到单位人事通知报到的电话时,我带着满腔的热情、期待还有忐忑匆匆告别大家,回到武汉。那次分离,像结束仪式一样给我的读书生涯画上了句号,手机里仍旧存着最后走时同张老师握手的照片,带着对我祝福的心愿,老师是盈盈的笑容,而我却是止不住的愁面,眼泪仿佛下一秒便会流下来。

能 力

初到岗位,我是不适应的,潮水般涌现而来的任务、数不尽的加班、纷繁的家校关系、不绝如缕的学生问题,铺天盖地、一股脑地砸到面前,崩溃时,曾站在教室门口委屈地呜咽,顾及老师形象等还不能放声大哭,然后接着擦干眼泪,走进教室继续"上班"。于是,在这样的磨炼之下,工作第一年,我意外实现了在华师7年没有完成的目标——"减重15斤",哈哈,我宽慰自己这也是

---

① 廖田凌霜,华中师范大学文学院古典文献学2015级硕士,现为武汉市江岸区长春街小学语文教师。

一份收获。

　　时至今日，再回想刚入职时的情形，我对于自己秉持的一些工作态度仍不后悔。比方对事情的认真，师从老师三年，很后悔没有认真地读更多的书，利用好每一次读书会的机会，真正提升自己的思想体系，但身在张门之中，对于校对、专业不敢忘。第一学期需要上交各种材料，其中还会有论文撰写，最后上交前一定会做的两件事，一为调整格式、审核错别字；二为注重文献参考的专业性。我总记得张老师认真地对我毕业论文的修改，也总记得同门师兄师姐对我毕业论文的帮助与指正。令我欣慰的是，这份认真与专业最终也印在我的心里。

　　可是，同事每每见着我每份材料都如此乐此不疲地修正格式，调整命名，力求工整，每次任务也都绞尽脑汁力求原创，都惊呼我太认真，言下之意不用这么一丝不苟。我一直客气地回复"没有啦没有啦"，心里嘀咕的却是："真实地讲，将自己的任务做成这样，难道不是基本标准吗？这也能谈得上认真？"实践最后证明，在日常生活中，确实并非人人都能随手做到这一步，这是能力的彰显，如果有心想从人群中脱颖而出，此一细节便可。又如，撰稿表达的能力，在老师工作中更是十分重要，也感谢张老师每一次卷首语的撰写、品评，每一次课程、读书会的锻炼、指导，无不在培养学生们的表达能力。步入社会，你还会分外感念有这么一个充满智慧的长者，时常弯下自己的身子，充分尊重你的意志，鼓励你独立思考，并安静聆听你稚嫩的思考，而后给予中肯的指点，这是一件多么幸福的事情。

融　合

　　就任小学岗位，从内心深处来讲，是留有遗憾的，所学与输出并不直接成正比，常常会有"大材小用"的缺失感。初期，应对班级无法处理的问题，特别是学校任务不能较好处理、学生家长不配合时，往往会懊丧、退却，想念山上读书日子的纯粹与自由，总还是会用"长时段"的理念宽慰自己，一切长远看，这点小挫折不算什么。日子，随着繁重的工作，飞快地流逝，哪怕一点点闲暇、放松的时光，大部分时候也是不存在的，更别谈读书。然而曾在我眼里浑浑噩噩，每日处理着感觉毫无高度、价值的一地鸡毛的日子，同时也给我不断地上着"新课"，让我成长。

　　我发现现实生活中，要有角色定位、处理关系的能力；我发现如果要避免质疑，那么学期之初或在问题初现端倪之时，要及时补救、未雨绸缪；我发现应对做不完的工作时，有时要学会合适地表达自己，向外求援，合理说"不"……这些一个个曾经瞧不上的困惑，在每个跌过的坑里暂时找到了它们的就近答案，我臣服于现实，接纳当下。于是乎，曾经的学习生涯不再是标榜与环境不同的勋章，更多的是低调的"背景板"；每日思索的"有何意义"，更多地转化为问自己今天剩余的时间，做点什么自己觉得有趣的事情呢；看待环境时，更多是共赢的不卑不亢，不再将受人人尊重视为必须，只要育人时无愧于心……原来，无论身处何处，能把自己生活想办法过好，也是一种了不起的能力。读书可以快乐，工作、生活一样也能快乐地进行，只要你想。

当然，私下，我还是会于工作与生活之余，于心底敬畏知识与文化，在实践面前，更觉自身之渺小，所以还是有小小"读书梦"。再看从前推荐的书目，去读书，便是另一种心境——纯然"享受"的心境。这张张门三年的读书的篇章，也一直留在心里，成为我回忆库里的"温暖港湾"之一。

通透豁达，诲人不倦

——忆敬爱的张三夕先生

占青青[①]

离开华师校园已经三年有余，有时单位召开会议或者一起坐在大教室听课，我不禁想起曾经和研究生同学在文学院共窗读经的日子。当时我们虽是为了应对背诵课的任务，但是读到尽兴处还是留下了很多美好的回忆：学院旁边的广场不时飘来曼妙轻柔的太极琴音，高大浓密的绿荫轻轻地摇曳日光。光阴从窗枢里溜进来又悄悄溜出去，我们轻声细语，看着窗外桃花谢了又开、燕子飞来又去。那些日子真可谓"从此静窗闻细韵，琴声长伴读书人"。

而指引我来到桂子山学习并且对我最重要的人就是我的恩师——张三夕先生。我永远记得第一次和张老师见面。那是一个炎热的初夏，正值华师的研究生面试。临到武汉时，我带着几本中文系的基础书目叩响了张三夕教授桂子山上的师门。迎面而来的有朴实严谨的高华平教授，还有和蔼可亲的王齐洲教授，三位老师热情地引我们两个人进了面试教室。张老师认真细致地一张张翻阅了我们大学时期的履历和简介，并一一加以点评，指出问题缺失之处。言谈之间说道："读过哪些著作？""本科写过什么东西？""为何想读古典文献？""年龄多大了？""你们本科不是汉语言文学，你是博物馆与考古学啊。"我的内心充满忐忑与不安。手心都捏出了汗，我一度为我的本科出身感到惭愧，也许是不知名的学校，也许是过于冷门的专业，一度让我不能自信坦然地面对老师的询问。

"噢——"沉默片刻，张老师说，"博物馆学这个学科背景很适合继续做文献研究。""你下过工地吗？""考古是很有意思的！我们很感兴趣，你可以讲一讲你本科学习的内容吗？""考古学认真学可以大有所益！"听到张老师的殷切询问和大方真诚的鼓舞，我再次感到惭愧，为自己狭小的视野和眼界感到惭愧。从张老师的话语之间我第一次明白学科之间的相通性，要用更高的眼光去看待学

---

① 占青青，华中师范大学文学院古典文献学 2015 级硕士，现就职于江西省九江市都昌工业园区庆辉木业有限公司。

术研究，要对自己的学识有信心，并不是学习考古就不可以研究文献。"嗯，欢迎你们的报考，我们会认真考核，请你们回去耐心等待结果，如果说不行，那你就尽快准备其他院校面试，不可耽搁……""那，谢谢张老师鼓励！"面试结束的言语之中，我又真切地感受到张老师的关爱和真心愿意帮助年轻人的热忱。

我与老师素昧平生，仅凭一封万里路远的邮件，竟意外与张老师有了这些联系。是出于对外出求学学子的同情，是善意提点自学文学的爱好者，还是张老师认可了我身上某些资质，我一时无法分辨，只剩下激动和不安。令人宽慰的是返回南昌后没多久考试成绩便出来了，得知被录取的那一刻我瞬间热泪盈眶。我既感激张老师对我这样一个初出茅庐又是普通院校出身的本科学子给予了真诚的认可与鼓励，又对自己的基础感到深深的不安，害怕跟不上研究生学习的节奏。繁忙的工作之余，张老师竟然耐心地亲自为我们讲解了培养计划，并安排好了各位师兄师姐与我们对接，做好这些工作之后还经常问候我们的学习毕业情况。带着对新学校的好奇与憧憬，我认真地研读张门门训与必读书单，制订了学习计划，也想通过全面补课追赶曾经失落的光阴。

我记得翻开门训第一条就是守时守信，在这一点上我之前做得非常不合格。这是我在进入张门之前身上最大的缺点：处理事情太过散漫自由。进入华师学习后，我慢慢发现张老师每次都比我们先到，不管是开读书会，还是学院的讲座活动，总能看到张老师熟悉的身影，永远比我们学生先到达，他的字典里没有迟到二字，对"迟到"二字更是深恶痛绝。我记得有一次读书会因为什么原因我迟到了，张老师非常严厉地批评了我，这也是老师第一次如此严厉地对我进行教导，让我明白守时守信的重要性。自那次以后，我身上这个"迟到"的定时炸弹算是彻底扔掉了，这应该是老师在学业之外教会我最重要的品格。现在在工作上我已经习惯了每次都预留足够的时间去安排，而每当这时，我总无比怀念桂子山上那个"永远不迟到"的可爱老头。

校园生活美好又短暂，每天都可以见到张老师的日子逐渐余额不足。时间转眼就来到了2018年那个夏天，我们和老师最后一次齐坐在教研室——那是我们的毕业答辩。老师像送走自己的孩子一样为我们进行最后的指导。我记得那天我们学科的四个人起得特别早，一起忐忑地来到答辩地点，心却很快平静下来。张老师温和而含蓄，无论是表扬或批评，都想着法子照顾学生的情绪。提出的问题大多还是预答辩时说过的，只是坐在答辩席上的学生一夜之间乖得像只小猫，听到老师说什么都是一脸羞惭，注视着、微笑着、频频点头："嗯嗯！嗯！您说得对！好的！"第一位同学坐上答辩席的时候，我感觉像在云里在雾里，不知道神游到了哪里。然而，当我一个转头望向窗外，却发觉自己眼里发涨，湿乎乎的。在一派和谐的温声细语中，所有同学的答辩顺利结束。答辩主席宣布答辩通过,老师们笑着祝贺,我们四个同学一起鼓掌,起身鞠躬。我毕业了,我的学术道路也走到了尽头。黄色的树林里分出许多路,我却根本不知道哪一条是最适合我的,甚至连我自己喜欢哪一条都无法确定。我带着迷惑询问老师,那一天老师告诉我:"如果你想读博那就去考,但是记住只考三次,三次读不了就另谋他处。"这句话我到现在还记得,当我在迷茫的时候,这句话就如一盏明灯,照亮前行的路。

在华师和张老师见的最后一面是拍毕业照那天。博雅广场、文学院门口、行政楼、操场、桂中路,一拨又一拨的学子,我们从绿领变成了粉领,班上的几位同学已经许久未见,大家都有各自的事情忙碌,毕业的情绪并不十分浓烈,或许是因为已经从实习中感受到了步入工作的幻灭与琐碎,或许是整个人的心思变钝了,或许是三年前已经体验过一次各奔东西。我们竟然没有一起大合照。现在回忆起来已是巨大的遗憾。我永远记得离校的最后一天我在文学院古色古香的大门口,碰到张老师和几位博士师兄师姐在拍合影,我放下手中的行李,和张老师留下最后几张合照。然后匆匆地赶去车站,踏上火车,看铁道旁边的树和电线杆飞速闪过,看千篇一律的田野上,田埂纵横交错,而天边的云不动声色。我感受到自己正穿过广袤的大地的胸膛,远离生活了三年的武汉。这一次是真的离开,一切像梦一样,像一次永恒的割舍。

再次见到三夕先生已经是在毕业的第二年。恰逢老师到嘉兴海盐参加学术会议,我为这一天的再次见面激动了许久。那是2019年10月17号,我在家接到老师微信,说来嘉开会。嘉兴是个小城市,得知老师会来这边开会! 真的是超级大的惊喜——因为我可以见到老师了。我告诉了妈妈并做好了安排,当天晚上在南站接到了久未谋面的恩师。晚上十一点我们相聚在嘉兴的夜宵店,次日上午参观了南湖,下午便由接待的老师安排去了海盐。会议结束后,我早早去接老师,我看见老师一手拿着行李,另一只手中还提了一个沉重的袋子。走到我面前,才知道他给我们带了一袋海盐的橘子,那是海盐会务组专门送给老师的纪念,张老师说他想着带给我的母亲和家人。而第二天他便要启程返回武汉。在嘉兴的最后一晚,我和爱人去为老师送行,我们坐在老师的房间,像极了曾经老师带着我们云游四海在寂静的武当山开读书会秉烛夜谈的光景。张老师对我殷切告别,我打趣说我这个对象就是太老实了,张老师却很认真地说:"德行最重要啊,古人云,德者,才之帅也;君子怀德,小人怀土。"听得一旁的小朱害羞地笑了笑。张老师总是这样不经意间给他人带来鼓励和宽慰,捕捉到生活中那些难能可贵的可能被我们忽视掉的闪光点。那晚愉快的聊天后,次日张老师便返回武汉。一直到今天,我们都没有再见。

2020年初,一场席卷中国大地的疫情突然从武汉开始爆发。我们的师门群里也日渐沉寂,好几天都不见一个人说话,全中国都笼罩在疫情的黑色恐怖中,武汉是这场忧愁旋涡的中心,我十分担心老师和同门的情况,好在张老师每次都回复一切安好。在这样沉重难熬的日子里,张老师依然用他豁达的精神面貌迎接每天的日出日落,他在南湖边跑步写诗,在老师的诗歌里,武汉的春天不曾迟到,南湖畔的樱花如期而开。

  人生之路,何其漫长,天赋才情、优秀进取胜于我的同龄人何其之多,我是幸运的。感谢张老师,感谢众多有意无意曾经给我以帮助的张门家人们,感谢在从学与生活道路上张老师给予我所有的支持与教诲,没有张老师,也就没有后来的张门大家庭。说来也许令今人难以置信:在成为他学生之前,张老师未曾抽过我的一支烟,当然老师是不抽烟的,未曾吃过一顿酒,喝过一袋茶;毕业至今,张老师也未曾受过我们的半点"犒赏",甚至未曾在饭店吃过一顿我作为学生请的谢师饭。老师总是说:"你们没有经济收入,你们和工作的人不一样。"而今,工作了却再也没有领导或者同事会这样慰藉我们了。这样的体贴,除了父母,便也只有张老师了。

  毕业之后,千里路远,与张门那些熟悉的面孔渐行渐远,但恩师德业长存,师者之风,山高水长。一个人,一辈子做一件事,是谓平凡;一辈子敬业做好一件事,是谓不凡;一辈子将事情做得有意义,被身处在全球各地的一群人挂念敬仰,是谓非凡。张老师是桂子山上一个平凡的潜心治学的低调学者,又是大华家园一方庭院中的智慧老人。在他身上,既葆有着质朴纯正、顽强坚韧的天性,又历练修为出一位超凡的学者所具有的执着、勇敢、仁爱、豁达、富有创造智慧的现代精英者的品格,这使他成为无愧于张门后辈们学习的榜样和精神领袖。

  现在时常在网上关注到老师的消息,我们依然感受到先生慈爱的面容和真切的教诲,也感到无比的骄傲和自豪。唯有努力踏实的工作和做人,唯有衷心的祝福,才能回报记忆中恩师的期许和教诲。

2021 年 3 月 5 日

读不尽的张三夕老师

刘一江[①]

回忆起张三夕老师,觉得他就像是一本厚厚的书,我自觉经历和知识太浅,永远无法掘尽他身上的知识和智慧。

我成为张老师的学生,得益于我的本科导师——江少川教授的推荐。江老师是华中师范大学文学院海外华文文学方面的专家,是我本科论文的指导老师。还记得那天他打电话同我讲:"我有一次去美国讲学,与我同住的就是张三夕老师,他是一位非常好的导师,我推荐你当他的学生。"于是我有幸成了张门弟子。

收到录取通知书之后不久,张老师便叫我和赵青来参加读书会。五月初的武汉正值梅雨季节,记得那天正好下着雨,雨中的华师湿润而凉爽,沿着图书馆侧面小路而上,高大的梧桐树干上爬满了青苔,石板台阶被长年的雨水洗刷得圆润而光滑,隐藏在半山腰茂密大树下的二层小白楼就是华师的书法院和国学院,张门的读书会每次都在这里举行。来到会议室,各位师兄师姐神采奕奕,笑盈盈地向我打招呼,安排我坐下来,闲聊几句,到时间点,读书会就正式开始了,张老师也进来了。只见他一手提着一沓资料和书,一手端着茶杯,身穿一件深色运动外套,戴着一副银色细框眼镜,细细的眼睛中透露出深邃的目光,俨然一位学者模样,这就是我第一次见到张老师时的印象。

第一次参加读书会,我紧张而又兴奋。师兄师姐们侃侃而谈,我如痴如醉地听着,有太多想法想表达和交流,但又转瞬即逝,因为专注着听讲。张老师时而询问,时而点评,读书会的氛围显得活跃而紧张,各位同门高谈阔论,不拘一格,时而幽默诙谐,时而针锋相对,气氛紧张而有序。很快,读书会就到了尾声,我感到意犹未尽,回家的路上,我拿着上一期的《问学记》反复地阅读,心想,原来研究生就是这样读书的。而后来开学,和别的专业的同学交流才知道,他们

---

① 刘一江,华中师范大学文学院古典文献学 2016 级硕士,现为广西师大出版社北京公司编辑。

师门都没有这样的读书会。

张老师曾多次讲到研究生开读书会的重要性,所以坚持开读书会成了我们专业重要的传统。张门读书会每月举行一次,每次选定一篇材料,张门师生共读,一位同门主讲,其余师生点评与交流。读书内容中西并举,包罗古今。形式上轮流主持,轮流主讲,发言用录音笔记录好,会后整理成统一格式的文字稿以供保存和查阅。原来我仅仅把读书会当作学习的一种方式,而现在在我看来,读书会不仅仅是读书学习的一种形式,更是锻炼表达能力和思维能力的训练场,毕业后屡次找工作面试,无不是以研讨和结构化问答的形式呈现的,这才使我读懂张老师对我们的良苦用心。张老师对我们的培养是全面而综合的,融入了日常的学习之中。不仅如此,读书会还是我们同门师生交往交流的一个平台,大家定期聚在一起读书、吃饭、游玩,有一种大家庭的氛围,十分有凝聚力,这也是其他专业同学特别羡慕的一点。

除了读书会,我印象深刻的还有欢送会上的张老师。张老师告诉我们,仪式感是特别重要的,美国高校的毕业仪式相当隆重。毕业意味一个新的起点,是迈向社会的开始,所以张门的欢送会特别有意义。欢送会集读书、旅行和毕业典礼于一体,我们在旅行中读书,在读书中毕业,在旅行结束时各自奔赴新的征程。欢送会上的各位同门细数过往三年来学习和生活的点点滴滴,张老师不时幽默诙谐地调侃几句,就像一位老朋友,而有几次听到感动时,不禁眼眶湿润,真情流露,完全没有了平日里的严肃与认真。

欢送走毕业季的师兄师姐们,回到学校里,张老师的课堂可谓风格多样。张老师的"《四库全书总目》研究"这门课是文献学的专业课,古代文学的同学不论选上的或没选上的,很多都会来旁听。因为专业性特别强,我开始显得有些吃力,而张老师上课方法是因材施教与一般讲授的统一,讲授完后,在讨论阶段会针对每个人的特点提问,并尊重我们的学术志趣布置作业和任务。过程紧张而活跃,张老师不断地随机提问各位同学,各种专业问题连珠式地抛出,问答之间,接受了大量的信息和灵感,彰显出张老师在学术领域内深厚的专业功底。而在"中国古代文论研究"课上,张老师却好似变成了一位循循善诱的语文老师,引导我们细读原典,逐字逐句翻译和讲解文义,回归最传统的讲读课堂。同时又鼓励我们发表自己的想法和见解,相互交流和启发,这便是与古人对话,与他人对话。而到了全院的公选课"国学概论"上,张老师则体现出他幽默、活泼的风格。不像其他高校老师课堂上的专深和严肃,张老师的概论课讲得通俗易懂,深入浅出,他经常会径直走到同学们中间发问,而问题又十分开放和轻松,好像一个节目主持人,在对话中,整个课堂笑声不断。印象最深的是讲解《周易》的片段,为了让同学们理解到一卦六爻是如何形成的,张老师当场变身"神算子",用一枚硬币给同学演示如何算卦,同学们即刻热情高涨,争相举手参与进来,课堂气氛特别活跃。

课堂之外的张老师还是一个游泳健将,他每年都要横渡一次长江,把大学文科教授和渡江联系在一起,这在我看来是不可思议的。犹记得那年暑假,我有幸目睹了张老师渡江的整个过程。那天早上王光艳老师开车,张老师和张老师的一位朋友还有我一同来到汉阳门武昌江滩入口处,我负责帮张老师拿游泳的行李,因为渡江完后张老师紧接着有事出差,便让我把行李带回学校。

只见他们俩下车后,在大马路边上便脱去外衣,里面已穿好游泳短裤,然后带上泳帽,胳膊上挂着防水小包,赤着脚便朝着江滩走去,完全没了学者的那般"斯文"气质,特别接地气,活脱脱显示出老武汉人骨子里的阔达与实在。此时王老师便送我到江对面的防汛纪念碑附近,我拿好衣物在此等待接应。为了能观察到具体情况,我便到武汉渡江纪念博物馆顶层三楼观察。站在楼顶,整个长江两岸一览无余,江对岸的绿地中心已拔地而起,直插云霄,与开阔壮大的江面形成了鲜明的对比。我仔细地搜寻着江面的人影,约半小时后,我才发现江中间有几个上下跳动的小点,顺着江流,斜着向江岸这边奋进着。整个过程大概持续一个多小时,我看快到岸了,便急匆匆下楼去接应张老师。还记得张老师一行七八个人,到岸后,没有一丝的疲惫样子,一同完成这项壮举使他们精神百倍,个个显得神采照人。这在我一个年轻人看来都不得不佩服。

张老师渡江不仅是这一次,而是年年如此,他也时常告诉我们,不仅学习要好,身体更要好,鼓励我们进行体育锻炼,强壮身体,因为做学问也需要健康的体魄。在这方面,张老师身体力行,给我们作出表率,虽已过花甲,却健步如飞,精力充沛。不仅如此,张老师还热衷于旅游,喜欢自驾,经常在朋友圈晒出自己自驾游的照片,引来众师友的点赞和关注,我想这与张老师热爱锻炼身体是分不开的。

在华师,除了读书和锻炼,当然还少不了聚会吃饭,而记忆最深的还是那一次张老师请我和刘烨师兄吃饭。2019年张老师临近退休,需要把他文学院办公室的东西搬到国学院放置,于是罗昌繁老师就来抓"壮丁"了,几个电话,在校的张门男子汉就齐聚在了文学院门口,罗昌繁老师、李程老师、苏小露老师、刘烨师兄还有我。从文学院到国学院路并不远,所以全靠脚力,从没做过体力劳动的我和刘烨师兄,来回几趟之后便显得有些吃力了。于是,我们到华师图书馆找杨毅师姐借来运书的板车,即便如此,搬完整个办公室,清理完整理好,我们几个人也用了一天的时间,微信步数也突破了3万步,浑身酸痛,只想回宿舍躺下。

临近饭点,张老师突然打来电话,叫我们去华师餐厅吃饭,我和刘烨师兄便一同去了，其他老师因有事没有参加。张老师早已等候在门口，不等我们说话，张老师便说："今天你们辛苦了，请你们吃饭。"我和师兄只应声说："好的，好的。"一同吃饭的还有美术学院的一位教授，他和张老师对坐，我和刘烨师兄对坐，几个小菜一个汤，点了两瓶啤酒给我和刘烨师兄，张老师一罐啤酒。席间，肚子饿得咕咕叫的我和刘烨师兄只忙着扒饭吃菜，完全没记着张老师他们在聊些什么了……张老师不时和我们举杯，催我们吃菜，他喝完酒后聊了一下便先和那位老师离开了，饭菜却并没有吃多少，还嘱咐服务员给我们加了饭和菜。酒足饭饱之后，疲惫也烟消云散，体力劳动让紧绷的神经放松，肌肉酸痛但神清气爽，这是前所未有的感受。我想，在张老师那个年代，读书恐怕是劳动和生活之余才能做的奢侈之事，而师生之间的相互帮助和交往也比现在常见。我心想，如今还有多少师生有这样亦师亦友式的交往？我看不多。

转眼毕业近两年了，新年也将至，去年新冠疫情的大灾难还历历在目。毕业后，虽较少联系张老师，但在找工作方面，张老师仍给了我不少帮助和鼓励。记得去年我应聘深圳图书馆未成功，自感惭愧，张老师宽慰我道："尽力就好。"如一位慈祥的长者。同时一直不忘挂念我找工作的情况，多次询问和关心。我时常觉得，毕业越久，越感觉到在华师求学的这段经历带给我的影响，不论我走到哪里，身上都背负着华师和张门的印记。

人常说人生中遇到一位好老师是一生的幸事，而短短三年，尽管我从张老师身上学到的东西还太少，读懂的智慧还太浅，却给了我巨大的启迪，张老师的笔在我人生之路这一段白纸上轻快地写了几笔，水墨干透后才发现，那力透纸背的字迹将是我人生中最重要的经历之一。

2021 年 1 月 31 日完稿

香港剪影

何 欢[①]

今年暑假,有幸参加了学院的短期交流项目,去的是素有"东方之珠"称号的香港。其间,与老师和同学们一道走访了香港大学、香港中文大学、香港教育大学等著名高校,参观了凤凰卫视、香港历史博物馆、赤柱等文化场所,品尝了港式茶点、街头小吃等特色美食,观赏了太平山、维多利亚港湾等地标性美景。虽短短一周,却有美不胜收之感。但也因时间匆匆,大多走马观花,蜻蜓点水,看得不够深刻,也不够透彻。可这并不妨碍我将此次香港之行的点滴记录下来,做一个剪影,聊以回味。再不济,日后还可以再来补充,说不定到时又是另外一番况味。

游学与体悟

学习,有广义和狭义之分。世上一切有意义、有价值的事情和道理,都值得一学。此次是以一名学生的身份前往香港,因此首先想说的是在香港的学习及对学习的思考。而此次香港游学,主要由香港金融管理学院牵头,协调安排华师学子的行程。不仅有在室内的文化课程,还有去户外的实地考察,可以说是内容丰富充实,服务专业周到。

在香港金融管理学院安排的课程中,令我印象最为深刻的是华师文院校友——徐莉老师的精彩讲述。徐莉老师本人经历十分传奇,80年代华师本科毕业,从内地走向香港,从一名普通一线老师逐渐成长为香港私立学校的创办人,其中的艰辛与困苦,外人自然是很难体会。在这位阅历丰富、谈吐从容的学长身上,在座的同学们似乎体悟到了教师职业并不是所谓的"一眼望到老"的苦差事,而是一项充满无限创造力和活力的神圣事业。就像徐莉老师说的:"师者,

---

[①] 何欢,华中师范大学文学院古典文献学2017级硕士,现为深圳市高级中学语文教师。

传道授业解惑者也。做老师虽然是一件看似普通的职业，但当你站在这个三尺讲台上，这个三尺讲台就是你的小天地，你可以尽力让这个小天地充满乐趣。有时候，情怀和信仰是大于一切的！"让人佩服也让人深思。

除此之外，通过对香港大学、香港中文大学以及香港教育大学的走访，我也体悟到两地高校教育的差异。在香港，通行语言文字是"两文三语"，即使用中英文进行书面沟通，使用粤语、普通话、英语进行口头交流，故而香港高等学校特别注重中英文双语教学。另外，香港高校特别重视学生的阅读量，一门课程开设之后，每周会按照要求给学生开具书单，并进行检测。接待我们参观的香港中文大学研究生 Ivan 和我们说过他和室友之间的笑话：在开学初，彼此之间的话题是教授的书单看了多少，而到了期末时，问的就是是否开始看了。香港研究生的学制相较于内地来说很短，大部分只有一年，需要在一年之内完成两年甚至三年的学习任务。如此看来，就读香港高校，学习压力是十分巨大的。

交通与出行

香港由香港岛、九龙半岛、新界三大区域组成。在香港出行非常便捷，手持一张"八达通"就可以走遍香港。香港的"八达通"类似于武汉的"一卡通"，可以直接用来刷卡乘坐公共交通，但不同的是"八达通"还可以在各大便利店、士多店以及超市使用，对于短期游客来说十分方便。香港地铁线路密布全境，出入站口也十分容易辨识。各路公交也是值得选择的出行交通工具。香港人多地少，可谓"寸土寸金"，你会发现几乎每走一百米，就有一个红绿灯，道路与道路之间没有太多富余的空间。但即便如此，香港的交通也很少出现拥堵的情况，繁忙的城市能够井然有序地高效运转，这点与香港居民的自律和规则意识是分不开的。

在各大交通工具中，叮叮和天星小轮是香港时代印记与地域特色的突出代表。叮叮的行驶路线是香港最繁华的商业中心，途径西环、上环、中环、湾仔、太古、筲箕湾及维多利亚港沿岸，这种全世界只有香港岛才有的交通工具，实际上是一种双层有轨电车。由于开车时司机踩到踏脚车子会发出"叮叮、叮叮"的声音，故人们喊它"叮叮车"。叮叮票价很便宜，下车刷卡，不按里程计费，你愿意在哪儿下就在哪儿下。但叮叮速度较慢，对于赶时间的人来说倒是一种奢侈的享受了。

天星小轮，是香港维多利亚港著名的渡海交通工具，与叮叮、太平山山顶缆车同被誉为"拥有百年以上悠久历史的交通工具"。此次香港之行，由于时间关系,很遗憾没能搭乘太平山缆车,留待日后弥补。实际上,搭乘天星小轮也算是意外收获。白天学习活动结束后,晚上才是大家的自由活动时间。当时本想着与同伴去香港的各大书店逛逛,跟着导航到达时才发现书店的窗外就是璀璨多姿的维港。相请不如偶遇,与同伴一拍即合,随即前往码头,刷卡等待天星小轮。坐过武汉轮渡的朋友会发现武汉轮船和香港天星小轮其实有点儿相似,只是一个渡江,一个渡港。在武汉求学的五年时光中,轮渡坐过不少,不过晚上坐轮渡倒是少有的体验。如今,坐在天星小轮上观赏维港两侧繁华的夜景,不禁感叹与风景的不经意邂逅,的确会带来更丰富更有层次的情感体验。谁知道下一个转角会遇见什么呢？或许这就是人生的不确定性带来的无穷魅力和乐趣吧。

忙碌与勤劳

众所周知,香港是一座高度繁荣的商业城市,居住在这里的人们,生活节奏也十分快。在香港的这七天里,我几乎是没有午休的。这对于一个习惯午休的人来说无疑是一种煎熬,更是一种"挑战"。听香港金融管理学院的老师说,香港人吃午饭都很简单,常常吃一个套餐,简单对付就可以。能够有时间回家自己做饭吃的人是很了不起的。大部分人晚上才有比较充裕的时间来享受美食。走在香港街头,路人们也是行色匆匆。乘坐扶手电梯,大家都有一个不成文的规定,尽量都在扶梯的右边,将左边空出来给赶时间的人。时间就是效率,这是香港人深谙的道理。

香港的生活消费水平很高,高就高在地租上。有人以出名的丝袜奶茶为例,一杯丝袜奶茶如果需要十五元港币,那么两元港币是成本,一元港币是赚头,剩下的十二元港币就是租金了。在香港的饭店里吃饭,服务员希望顾客可以快速点单。如果顾客是单数,时常会有拼桌的情况。可以想到这些做法意图是扩大饭店人流量,增加营业额,支付高价地租之后还能有盈利。时间就是金钱,体现得淋漓尽致。

如果你仔细观察,会发现在饭店里为顾客们提供服务的服务员年纪都偏大。有的是中年,像"莲香居"这样的茶点店,甚至有奶奶和爷爷在当服务员,与内地餐饮服务业青年化趋势有很大不同。这一方面与香港人口老龄化有关,另一方面显然是高消费生活水平的产物。只有勤劳才能让大部分人在这座"东方之珠"得以立足。在生计面前,年龄倒是其次了。细想一下,更添一份生活的辛酸。

包容与创新

香港人用勤劳的双手缔造了一座绚丽多彩的城市,也用一颗包容之心接纳世界。中西方文化在这里得以交汇,形成开放、包容、创新的文化心态和氛围。从艺术、建筑风格、节日文化、医疗卫生到餐饮,东西方文化交融于一体,绘制而成独特的"交响乐"篇章,香港人自得其乐,"东方之珠"因之更加璀璨夺目。

凤凰卫视可以说是香港包容与创新文化的代表。这次香港之行,华师学子有幸得以参观这家享有世界声誉的媒体企业。我们不仅直观观察到电视节目的录播和直播过程,而且也深入体悟到凤凰卫视包容、创新的企业文化。在凤凰卫视的文化墙里有这么一句话:"民族特色和地域特色的文化与世界文化的交融,将产生新的文化血型,我们就权且称这种血型为 W 型吧(WORLD)。"除发展卫星电视外,凤凰卫视还网罗了数码广播、平面媒体、网络媒体、教育产业和广告等多种业务。经过多年历练成长,凤凰卫视现已成为一家羽翼丰满的媒体集团。从当初星空传媒的子频道到现在全球性华语卫星电视频道,凤凰卫视在"拉近全球华人的距离,向世界发出华人的声音"的倡导上稳步前行。凤凰卫视的欣欣向荣是香港繁荣发展的一个缩影,与世界积极对话并进而正面影响世界,这种国际化胸怀和视野正是香港为世人瞩目的重要因素。

落笔到此,仿佛又回到了初入香港的时候,坐在港深两地通行的大巴车上,望着窗外依山而建的房子、逼仄却又整洁的马路、若隐若现的海港,心中涌现无数的谜团,香港到底是一座什么样的城市呢?短短一周的时间,我确实体会到她的璀璨夺目、她的勤勉上进、她的专业精致,自己似乎走进了香港,但真的如此吗?还只是想象中的印象呢?

这是一个通才战胜专家的时代

——由三夕师的"通人境界"和《范围》一书想到

王　文[①]

进入三夕师门庭,受老师耳提面命,接闻教诲,是一件幸事。三夕师教育学生如春风化雨,在授课和平日的交往中传递他的人生智慧和价值观。正如老师所说的"在传授知识的过程中锻炼思想"。

三夕师传授给我们的,不仅仅是学术和学问,更是终身受用无穷的思想和见识。即使如今毕业了,老师还一如既往地给予指导和提点。从股市投资到人生规划,老师还常常热心来电指导,给我很多启发。每次听到老师指点江山、谈笑风生,仿佛又回到了绿树葱茏、花香沁人的桂子山。

如果要用一些词汇来描述三夕师,除了德高望重、学养渊深之外,至少还应有不拘一格、超拔流俗和与时俱进这三个关键词。三夕师对新学问、新事物总是保有开放的心态和极大的热情,听说他1996年就成为中国第一批股民。他还跨界领衔创办了华中师大文化传播学的博士点。在20世纪90年代他就在与太老师程千帆先生的书信中预测计算机会很快取代传统的"记诵之学"(事见《闲堂书简》),三夕师还一度对数字人文和人工智能颇感兴趣,就这个话题我们交流过多次。三夕师是求新的,是与时俱进的,正如他常教诲我们的那样"读最古老的书,做最现代的人"。

三夕老师不仅在知识和思想的领域有宽广的范围,他的日常交往也是高朋满座、胜友如云,常听他说"我的朋友某某某",各行各业,九流三教,无人不可交。颇有苏东坡"上可陪玉皇大帝,下可陪悲田院乞儿""眼前见天下无一不好人"的气度,最令人羡慕的是他有许多借钱不打欠条的朋友,与"我的朋友胡适之"的慷慨大度大类。三夕师朋友多而广,恰与他的学问多而广相似。于三夕师观之,学问与人生,本是一事。

我以为,三夕师的交游广泛与学问渊通,可以概括为一点,就是他老人家的

[①] 王文,华中师范大学文学院古典文献学2017级硕士,现就职于人民文学出版社。

边界广、范围大。生活的乐趣、思想的博洽与人生的圆融都在其中。三夕师的理念给我无限的启发,尤其"博而能精"的门训和他对"通人境界"的追求是我最认同、遵行的。恰好近来读到一本好书《范围》(Range),颇足与老师的"通人境界"追求相印证。

今天,我们生活在一个高度专业化的时代。学校教授的学科是高度细分的,同一个学院底下的科系可能都界限分明,老死不相往来。职场上也是如此,每个人都有固定的分工,像一个个零件一样,日复一日做着同样一件事情。"专家"也是一个令人肃然起敬的头衔。这种高度专业化的逻辑是,一个人通过刻意练习,专攻某一项知识或技能,才能出类拔萃,成为专家。如果一个人涉猎的范围太广,就难以专精。但是从今天的社会发展来看,今天是一个通才胜过专家的时代,过度专业化弊大于利。

无论是教育上,还是事业上,过早进入高度专业化的状态,会让我们陷入认知壁垒,限制自己的发展。我们应该拓宽自己认知和事业的范围,而不是画地为牢,将自己局限在一个狭隘的小世界里。

我们都听过很多神童的故事,比如很小就成为棋牌高手、能够背诵几百位小数的圆周率、特别擅长某一项运动,或者特别会考试。这样的神童真是大有人在,新闻媒体也特别热衷于报道这些"别人家的孩子"。这些神童的"特异功能"往往令人匪夷所思,但如果我们深究一层,就会发现,这些"特异功能"有一个共同点,就是都是刻意练习的结果。我们对于"刻意练习"和"一万小时定律"应该不陌生,这是坊间励志书籍中非常盛行的一种理论。大意是说,如果一个人在正确指导和即时反馈下,持续地刻意练习某一项技能,就能够成为某个领域的大咖。高度专业化的持续刻意练习,是大多数专才炼成的方式。

通过高度专业化的刻意练习,成为专才,确实能让人在某些领域取得成就,但也存在很多弊端。高度专业化的弊端主要有三点:

第一,专才赖以成功的刻意练习的学习方式,只在友好的学习环境下才能有效。所谓友好的学习环境,就是指规则固定,能够获得即时反馈和大量的经验可供学习。比如说下棋、打篮球或者学外语,这些活动,都是有固定规则、能够获得即时反馈,并有大量经验可供学习的。而在现实世界中,很多技能和见识的习得,是不存在友好学习环境的。比如说商业决策、解决一个前人无法解决的科学问题,这些活动都不可能像打篮球或学外语一样,有固定的规则或有大量经验可资借鉴的。

成为专才的道路就好比是人工智能的深度学习,在给定规则的前提下,利用海量数据进行机器学习,得出解决某种问题的能力。但在面对全新问题或者需要想象力时,专才就无法掌控了。

所以,在现实生活的大范围场景中,经验无法让人习得新技能。在那些涉及人类行为和模式没有明显重复的领域,重复不是一种好的学习方式。象棋、高尔夫、外语都是例外,而不是常态。

第二,高度专业化会让人陷入认知狭隘,丧失批判性思考的能力,难以适应日益复杂的世界。

20世纪90年代,美国心理学家弗林发表了一份轰动学术界的研究报告,弗林搜集了来自全球30个国家的国民智商数据,发现20世纪人们的平均智商水平,每10年增长10%。弗林的这一研究后来得到了众多学界同行的验证,他的这一发现,也被称为"弗林效应"。

"弗林效应"不仅揭示了人类的智商越来越高这一事实。还揭示了,我们之所以越来越聪明,是因为人在理解抽象概念的能力上越来越强了。说得更形象一些就是,我们在理解"母鸡""食物""疾病"这些直观概念上,并不比祖先强多少。而我们在理解诸如"法律""社会""逻辑"这些抽象概念上则把祖先甩得越来越远。"弗林效应"还表明,今天的孩子们在没有事先训练的情况下,能更好地识别并解决新问题。科学来说,人类的智商主要体现在理解抽象化概念和在没有刻意练习的情况下,运用抽象思维识别并处理新问题的能力。

但我们今天盛行的专才教育,把教育的重点放在了灌输知识和传授技能上,并不注重开阔学生的思维,实际上是在扼杀抽象思维和解决新问题的能力。弗林的另一项研究,比较了美国顶尖大学学生的平均成绩与批判性思维水平之间的关系。研究结果令人震惊,大学成绩和批判性思维之间没有任何相关性。用弗林的话来讲就是,"即使是最好的大学也没有培养出批判性的智力,大学除了专业技能,没有给学生提供分析现代世界的工具,我们的教育太狭隘了"。

弗林认为,教育首先要教会学生怎样思考,再教学生思考什么。四分之三的美国大学毕业生在只掌握一门学科的技能后,会从事与专业无关的工作。在一个日益复杂、相互关联、瞬息万变的世界里,一个好的工具是远远不够的。

第三,高度专业化的专才教育还会阻碍创新。回顾一下科学史,我们会发现,那些科学上的巨大突破,都是从跨学科的类比中产生的。这就需要扩大我们思维和认知的范围,而不是狭隘地局限在某个专业里。

比如现代天文学的鼻祖开普勒发现,距离太阳越远的行星,运行速度越慢。今天,我们当然都知道是因为距离太阳越远的行星,所受到的太阳的引力越小。但开普勒在思考这一问题的时候,发现万有引力的牛顿还没有出生。所以开普勒只能靠各种知识之间的类比来寻求问题的解释。他先后将行星运动与气味、水流和热量类比,这些东西都是距离越远,速度或温度更低。最后开普勒联想到磁力,得出了太阳对行星具有一种类似磁力的牵引力,距离越近,牵引力越强,这已经相当接近万有引力理论了。接着开普勒还正确推断出了"潮汐现象"的原因,是月亮对地球上海水的牵引力作用产生的。

开普勒之所以能够超前发现天体之间存在牵引力,并解释自然现象,正是得益于这种不同领域之间知识思维的连接。这种学科融合式的创新在历史上并不鲜见,比如达尔文进化论的提出,得益于他将马尔萨斯《人口论》中的思维用于解释生物进化的现象。不仅仅是科学,任何领域的突破式的创新,都有赖于拓展思维和知识的范围,并在不同领域之间建立连接。

反观今天,人们从接受教育到参加工作,走的都是高度专业化的路线。都指望着深耕自己的一亩三分地,就可以成为行业精英。但很可能会事与愿违。就拿科学研究为例,近30年来,科研人员和经费逐年增长,但科学界鲜有像样的突破性成就。难道真理都被发现完了吗?其中原因可能正如作者所说的那样,"每个人都在忙着做研究,但没有人停下来思考研究的意义是什么"。高度专业化的分工扼杀了突破性创新的可能,这就是专才的第三个弊端。

相对于专才来说,通才的成长往往是厚积薄发,后来居上的。通才不是赢在起跑线的人,他们不像专才那样,靠刻意练习专项技能,成为狭窄领域的大拿,而是广泛涉猎,不断试错,从而发现自我,成就自我。通才主要有三个方面的优势:

首先,通才在不断试错中能更充分地认识自我。人生最终极的三个哲学问题就是我是谁?我从哪里来?要到那里去?认识自己是一件重要又困难的事情,只有在充分认识自己的基础上,选定与自己最佳的匹配方向,才能有更大的几率取得成就。但自我认识这件事,不是你在夜深人静的时候扪心自问,就能得出正确答案的。

只有在广泛涉猎和不断试错中,我们才能得到"我是谁?"这个问题的答案,这就需要扩大我们认知和事业的范围,而不局限在一个狭小的世界里。有一项研究,调查了4500位CEO的履历,发现他们平均从事过8份不同的工作。可以说,正是多样化的尝试,能让人找到真正适合自己的方向,发挥最大的潜能。

其次,通才还更具有创新能力。靠不断重复,往往只能强化已有的知识和技能,而不能发现新知,开创新领域。创新往往来自不同知识和领域的连接。历史上那些各个领域的开创性的天才都是通才,爱因斯坦既是科学家,也是哲学家、音乐和文学爱好者;马克斯·韦伯是社会学家,也是宗教学家、经济学家,不懂中文的他,还写出了传世名作《儒教与道教》,被誉为"最伟大的外行",前面我们说到的达尔文和开普勒也是如此,他们正是因为广泛涉猎不同学科的知识,并建立连接,才得出划时代的理论。

香农是信息论的开创者,他在大学学的是电气工程专业,但他选修了一门哲学课，在学习哲学的过程中接触到了布尔逻辑系统，并将之与电话呼叫路由技术结合起来，发现可以用电子编码和传输任何信息，从而开创了信息论这一全新的学科，而信息论就是我们整个信息时代的理论基石。乔布斯也在讲演中表示，苹果电脑之所以有那么优美的字体，完全得益于他在大学旁听的书法课。

当专才们在自己狭隘的领域苦苦挣扎时，通才却能够倚仗自己广阔的范围打破认知壁垒，触类旁通，别开生面。

最后，通才在事业上比专才更有后劲。我们往往认为，一个人越早拥有专业技能，成为专家，就越有可能获得职业上的成功。但我们忽略了一个除了专业技能之外的指标——匹配质量。匹配质量是指一个人的个人特性与所从事的事业之间的匹配程度。如果一个人年纪轻轻就选定了一条道路，可能最后会发现最适合自己的并不是现在走的这条道路，却又缺乏改变的灵活性。而且，当我们在过度专业化中沉浸太久之后，一旦目前的职业淘汰过时，就很难适应新生职业，这也是一种缺乏灵活性的表现。

有一项调查，对比了从16岁开始分科学习和不分科学习的两组学生的职业发展。其中，16岁开始分科学习的学生，在职业生涯的起步阶段，因为拥有专业技能，所以相对于没有分科学习的学生收入更高。但在这个变化迅速的社会，没有多少工作是可以干10年以上的，两组学生都经常面临着换工作的情况。这时，分科学习的学生缺乏灵活性，不愿意换工作，更愿意选择一条狭窄的道路走到黑。而没有分科学习的学生则灵活得多，他们可以在不同岗位之间切换，直到找到最匹配他们的事业，收入也比分科学习的学生高。这就是匹配质量和灵活性的作用。通才能够找到匹配质量更高的事业，并能随时代的需要更新自己的技能，弥补专业技术上的不足。

我们分析了通才的三大优势，那么如何扩大自己的范围，成为一个通才呢？

第一，别怕输在起跑线上。成名并不一定要趁早，每个人成长的节奏都是不一样的，急于求成得到的可能只是昙花一现。人生是一场马拉松，而不是百米冲刺。我们不必苛求刻意练习带来的少年得志，而更应该为长期发展留足后劲。

第二，寻求高的"匹配质量"，多行动，在尝试中认识自我。认识自我是一件很困难的事情，只有在经历过一个领域之后，你才能发现自己的才能和性情适不适合这个领域。就像谈恋爱一样，只有花时间了解、寻觅，才能有更大的概率找到自己的"最佳匹配"。

第三，不管主业是什么，都要给自己留出"刻意业余"的时间，尝试不同领域的知识和业务，扩大自己的范围。不要把自己局限在一个狭小的世界里太久，这样很容易陷入认知壁垒。

第四,要勇于跨界。颠覆式的创新都来自不同领域之间建立的连接;就像我们前面说到的,开普勒、达尔文、爱因斯坦、香农、韦伯、乔布斯,这些在各个领域完成颠覆式创新的大师,都得益于在不同领域建立了连接。

第五,学习的目的是成为健全、博雅的人,而不是一个刻意练习出来的工具。在哲学上来讲,固定的专业化分工是异化的根源。我们不是一个追求成功的工具,在今天这个高度专业化的时代,我们更应该回归教育的本质,把自己塑造成一个健全、丰富的人。

在本书的最后,作者补充道,专业化也并非一无是处,而应该避免过早和过度的专业化,认识到专业化的弊端,并尽可能地扩展自己认知和事业上的范围,努力成为一个通才。

专家在今天仍然没有彻底过时,专家仍然是一个光环式的标签。但在这个知识大融通、信息日趋民主化的时代里,专家在真正的通才面前,越来越相形见绌。因为,那些颠覆式的创新和革命性的范式转型,大多都是由通才完成的。也只有通才才能在这个复杂程度越来越高、变化越来越快的社会里应对裕如。

以上就是我由三夕师的"通人境界"及《范围》一书想到的种种。古人云"经师易得,人师难求",在互联网时代,任何学科的知识都可以快速获取学习资源,但三夕师这样将学问、思想与人生融通的人师却越来越少见。三夕师是一个有趣的人,一个博雅的人。马良怀师叔说"有趣是对一个人极高的评价","有趣"用来形容三夕师最恰当。王齐洲老师说三夕师是"博雅君子",三夕师真当之无愧。

我想,三夕师身上的有趣和博雅的"通人境界"是最值得我们终身学习和追求的方向。

情缘博雅,志向通人

——述三夕师对我的言传与身教

陈天澍①

大学时光,是人生中多么短暂而又快乐的岁月。刚刚摆脱高考的束缚,18岁的天空满是无限的自由与希望。对于刚刚走出家门的少年来说,眼前的一切都是新的问题:什么才是值得努力追寻的?这一生将要以何为职业或志业?将要选择什么样的生活态度与人生目标?不管当时的我是否有意识地思考,问题的答案都会随着光阴流逝而悄悄地日渐成型。正因如此,在最美好而又最困惑的时光里,能幸运地跟随三夕老师学习,对我人生道路的选择与人格的修炼是多么重要!

2014年11月21日,在一个阳光明媚的深秋午后,二年级的我背着书包来到国学院顶楼的会议室,参加"张门读书会"。这是我第一次参加读书会,也是第一次见到三夕老师。此前我从未接触过他,只是在一个月前,当成功入选学校为培养有志于学的本科生而设立的"博雅计划"后,我才有意识地去查阅院内各位老师的资料,以便选择一位兴趣相合的先生向他提出求学申请。从小受外祖父熏陶的我,早已对传统文化抱有浓厚的兴趣,因而"两古"专业自然成为我的首选。文学院网站上,张老师简介中的两行字格外吸引我:"1979年考取南京大学中文系古典文学专业硕士研究生,师事程千帆先生。1983年春考入华中师大历史文献研究所攻读历史文献学专业博士学位,是华中师大自己培养的首届博士,师从张舜徽先生。"对于在"南京南"长大的我来说,程先生的声名早已有所耳闻,舜徽先生的学术成就在桂子山上更是众所周知,因而循着俗语所谓"名师出高徒"的指引,我当即认为张老师值得我去拜师求教。于是我鼓起勇气发送短信,向张老师表达了自己的意愿。在得到三夕师"乐于指导"的回复后,我奉命向何思依师姐请教师门学习的相关事项,并即刻开始做参加读书会的准备。

---

① 陈天澍,华中师范大学文学院2013级本科生,2014年"博雅计划"入师门,南京大学文学院在读博士研究生。

那次读书会由陈亮亮师兄主讲章学诚的《文史通义》，我虽然听闻过此书，但对于它何以值得研读、应该如何阅读，却没有一点儿认识，在读了前几篇之后，便前去参会学习。那时我甚至连研究生学长都未曾接触过，在满座硕士、博士的严肃场合，自然忐忑不安、紧张非常，以至于亮亮师兄讲了些什么，也浑然没有听进去。三夕师命我发言，我除了自我介绍外，只能老实交代自己只读了前几篇。我的第一次读书会就这样在懵懂、窘迫中匆匆过去。在后来的不断学习中，我逐渐体会《文史通义》在中国学术史上的重要意义，了解到张舜徽先生曾写过《〈文史通义〉平议》，程千帆先生也曾选取《诗教》《文德》《质性》《古文十弊》等篇为之笺释。对《文史通义》的研读，无疑是对程、张二先生学术旨趣的取法与继承。

在接下来6个学期的每个月里，读书会如期展开，我便按时参加。我慢慢地领悟到，三夕师不仅在阅读书目的选取上体现着程、张二先生的痕迹，更在教学、治学的总纲领中始终贯穿着两位先生所主张的"通人之学"的宏大目标。三夕师自己开列过两轮读书会书单（另有一阶段研读20世纪以来的重要论文，后来又指导三位留校工作的弟子开列了第三轮书单），每轮24本书——中西学术名著各12本，上至《论语》《礼记》《理想国》《伯罗奔尼撒战争史》，下至《被开拓的诗世界》《周秦道论发微》《词与物》《现代性的哲学话语》，都在师门集体研读的范围之内。三夕师曾说，自己指导的研究生以后并不都会从事专门的学术研究，当他们走向科研以外的工作岗位时，除了本专业过硬的基本功之外，还需具有在更宽广的视野下进行经典阅读的基本素养。对于本科阶段的我来说，三夕师的指导理念同样适用，因为经典是值得反复玩味的著作，无论在人生中何时进行阅读，都不会空手而归。而一所优秀的大学，把经典阅读与通识教育作为培养大学生的基本方式，应该是对抗浮泛的功利主义教育的不二法门。尽管直到现在，我也没能把老师开列的书都读通读透，但本科阶段这一部分在"挣学分"之外的阅读经历，确实给年轻的我带来了最丰富的启迪。

在"挣学分"的课程体系中，我只在三年级上学期学习过三夕师讲授的"文献学"课程。当年这门课原本针对四年级同学开放，但还是有几位与我同级的同学想要"先睹为快"，提前选修了此课。这门课使用三夕师主编的《中国古典文献学》教材，但老师并不照本宣科，而是让同学们在课前自行阅读所要讲授的章节，上课时点学生回答相关问题，以此考察研读情况，老师只对同学难以理解或内容关乎肯綮处延伸讲解。每位同学第一次发言时，需进行简短的自我介绍，最先要讲清楚自己的籍贯，而三夕师往往会就该同学的家乡展开一些话题，比如当地的名人、物产、风俗等等。有些地方的风俗甚至连同学本人都未尝留心，而三夕师却能如数家珍似的娓娓道来。三夕师很欣赏张元济《印行〈四部丛刊〉启》中的两句话："睹乔木而思故家，考文献而爱旧邦。"一个人对自己的故乡如果没有深入的了解与深切的关怀，如何能推及更广阔的祖国，更遑论对父母之邦的典章制度、文献文化有发自内心的热爱。因此，这些看似无心的课堂闲谈，实则寄寓着老师对中国文化的深层理解，引导学生从"故家"到"旧邦"逐渐走向传统文化的深处。"夫子循循然善诱人"，由此可见一斑。

这种建立在博学基础上的师生对谈的教学方式，绝非一曲之士所能驾驭，因而极具三夕师的个人特色，也充分展示讲授者的才情与胸襟。有一次在课堂上论及王静安先生《殷周制度论》一文，三夕师从政治制度与文化的角度畅谈今古，真所谓"壮议"学术与时事，使诸生皆心潮澎湃。几节课下来，几位同堂听讲的友人和我闲谈，都佩服张老师的课"句句都有知识"。痴迷于新诗写作的同学张朗，曾不止一次地在"文献学"课后对我说："感觉自己陷进去了。""对文献学着了迷！"甚至有报考古典文献学研究生的想法。但因为接触这门学问的时间太短，朗兄最终还是放弃了在这一领域继续深造的打算。感慨之余，我不禁疑惑：没能让一门课程与学生在正确的时间相遇，是否是培养方案设计者的过失呢？

在我们的教学体系中，"文献学"只是高年级的一门选修课，相比于占据四个学期的古代文学等课程，它简直微不足道。而在我看来，用一个或许不恰当的比方，文献学的训练之于古代文史的研究，好比高等数学之于进一步的物理学、化学的研究，如果没有数学基础，很多自然科学的探索无从进行。同样，如果没有文献学的训练，则古典学问的深度研讨亦无从谈起。在我们念本科时，学校大力推行课程改革，要求必须有三分之一以上的课时用作课堂研讨。然而，在中国文学史的讨论课中，由于文献学基础的薄弱，同学们甚至连从何处搜集第一手的文学史材料都茫然无知，故而所谓的讨论往往流于印象式的文学批评，或辗转陈述今人的研究结论。所谓"课程改革"的结果，实则与建设培养创新型人才的一流高校的宗旨背道而驰。如果这门作为基础的"文献学"课程开设在新生甫一入学之际，或许能够让更多的同学略窥传统学术的门径，也一定会有更多的同学被三夕师的渊博与通达所感染，并进而从容地走进古典文献学的堂庑吧！2017年2月的一天，我乘老师的车到东区宿舍帮忙搬书，老师对副驾驶座上的我说："还想再从低年级指导一班学生上来，这其中一定大有人才在。"言外颇有惋惜之意，我听后忍不住思索：这又是谁的遗憾呢？

三夕师常说："对一位大学教授而言，教书育人是第一位，著书立说是第二位。"他确实也是如此践行这一理念的。当我四年级时，学院里文献学专业的师资正处在青黄不接的阶段，三夕师一人承担起三门研究生课程：《四库全书总目》研究、文史工具书使用法、中国古代文论文献研究。有感于本科三年自己对文献学的学习太过浅薄(在大三结束那年的暑假,我前往南京大学文学院参加"推荐免试研究生"开放日面试,虽然幸得武师秀成等先生不弃,获得录取资格,但在与来自南师大等校古文献学专业同学交流时,我明显发现了自己与他们的差距),故而主动向三夕师提出旁听这三门课程的请求。老师一如既往地秉持着"提前培养"的方针,欢迎我加入这三门研究生课程。也正是通过这三门课程,我逐渐领悟通往博学的门径:《四库总目》是走进古代典籍的一把钥匙,因而三夕师非常强调对《四库总目》以及其他《四库》系列的丛书、目录提要的利用;任何人都有知识的盲区,因而熟练掌握并准确使用相应的工具书是检索知识、获取知识最有效的方式,所以即使这是一门较为枯燥的基础课,老师也坚持亲自讲授,并发动学生在实践中熟悉工具书;古代文论文献研究课则教给我们细读文本的方法,尤其注重教会我们在面对有一定理论色彩的古文时应该如何研读。可以肯定,学好这三门课的内容并掌握相关的研究方法,对每一位听讲的同学来说都是终身受益的。

每周四全天,我们环坐在文学院三楼文献学教研室里学习这三门课程,不光听三夕师讲授,同学们也依次汇报课下读书的心得。在这样的互动中,学生往往能够得到更深入的指导与启发。在《四库全书总目》研究的课堂上,老师让我们选取自己感兴趣的一小类,通读此类所有著作的提要,再按图索骥找来原书阅读,从中发现问题并进行深入思考。但有一位同学汇报心得时,三夕师发现她所提的问题并非按照这种方式得来,而是从今人的论文中获得。他当即对该同学提出严厉的批评,并再次强调这门课所要传递的理念:不提倡从论文入手的读书方法,而应该先读原典,才能自主地发现问题。他说,自己是跟随着程千帆、张舜徽两位大师学习过的,他们是怎么做学问的自己看得很清楚,希望我们能够按照两位大师的方法来学习,"要走学问的正途,不要去走那些小道"。

什么是"学问的正途"? 就我学习的心得来谈,三夕师不仅指"先读原典,自主地发现问题"这一个方面,更涉及学问的气象与读书的气魄。三夕师常以张舜徽先生读清人文集为例,说老先生读了1000多部清人文集,选取600部写作提要编为《清人文集别录》,而我们才读了几部书,无怪乎无法发现问题! 老师还常说,做大学问的人都是要通读全集的,比如,钱锺书先生研读《全上古三代秦汉三国六朝文》便写有札记,张舜徽先生《读〈全文〉札记》也是读此书所作的笔记。有一次读书会后,老师很感慨地说:"你们在一生中如果有那么两三年空闲的时间,来读一读《全唐文》,读某个时代文章的全集,那你对这一时代的印象一定会发生很大的变化。"又一次,老师说在香港读到钱锺书先生中文笔记手稿的影印本,叹服钱先生见识广博,非常人所能及,鼓励我们要树立一个高远目标,作为自己治学的榜样。

如今回顾当年聆教并"书诸绅"的只言片语,不禁汗颜无比,愧对老师的教诲。榜样虽树立在前,而后生小子却没有敢于向他们学习的气魄与毅力,怎不令人颓丧!学问归根到底是人生的一部分,因此一个学者的生活态度与精神面貌无疑影响着他学术生命的质量。

三夕师对生活的积极态度,为我们作出了表率。在我的印象中,老师永远用一颗年轻的心去探索生活、享受生活、挑战生活。他希望在70岁之前,每年都要横渡长江一次;他有一辆英气逼人的越野车,驾驶它穿越过川藏线、环游过新疆;他赏花、品茶、看球、听维也纳音乐会、写作"新诗绝句",对生活充满好奇,用一双发现美的眼光去捕捉世界。同时,老师也用严肃的史家态度实录生活:他从1970年开始记日记,一共写有37本纸质日记,从2008年开始接受好友建议用电脑记日记。他告诉我们:"一个人如果坚持每天记日记,记一辈子,就足以称得上是一个伟大的人。"起初,我并未体会这句话的分量,直到涉世渐深,心绪往往烦乱,日记常常中辍之后,才明白不间断地记一辈子的日记的甘苦:既要抵抗每一个夜晚不经意间便袭来的懒惰天性的阻挠,也要时常面对巨大虚无感的负面情绪的挑战。恐怕只有性情坚韧、心志顽强的人,才能做得了这样一种"伟大的人"吧!

也正因如此,三夕师对学生的关怀并不限于学业,而是延续着千帆先生所倡导的"你们的学习、生活我都管"的方针,对学生的身心健康都有无微不至的关注。在我毕业即将离汉之际,家父母有感于三夕师三年来对我的悉心教导,专程前往武汉答谢。在晚宴时,老师对我提出了几点要求,其中两项令我备受感动:一是叮嘱我要注意锻炼身体,每周打两三次羽毛球,并且要学会游泳,因为对于长时间伏案读书写作的人来说,颈椎最容易受损,而这两项运动正可以对症下药;二是告诫我不要急着谈恋爱,因为以后的变数还很多,不如专心学业。此后数日,在枣阳送别毕业生的欢送会上,三夕师照例赐予本科毕业的我一张明信片,上面抄录着《傅雷家书》的一段话:

> 对终身伴侣的要求,正如对人生一切的要求一样不能太苛……我觉得最主要的还是本质的善良,天性的温厚,开阔的胸襟。有了这三样,其他都可以逐渐培养。

录《傅雷家书》语,书赠天澍贤弟共勉。

三夕于2017年6月

可见"不要急着谈恋爱"并非老师一时兴起而说的酒话,实是深思熟虑后赐下的箴言。也就在枣阳这几天的一次席间,老师对前去敬酒的我再度申说此意,提醒我未来的伴侣可以不从事学术工作,但一定要理解、支持我的工作。这是一位"过来人"多么用心的叮咛与深沉的期盼啊!

来到南京读研后,我和三夕师见面的机会少了,但对老师学问的体会却更加深入了。三十八年前,老师也曾在这里接受硕士阶段的学术训练,而如今"三十八年过去,弹指一挥间",校舍大部分从城中鼓楼搬迁至市郊仙林,中文系也改称为文学院,但"勤奋、谦虚、敬业、乐群"的祖训依然教导着"读南大中文系的人"。前辈们的逸闻轶事仍旧口耳相传,让人想见在那个活跃而自由的年代里,师辈们从师问学的场景。当我读到程先生在讲授"历代诗选"最后一课的寄语时,突然明白了在20世纪80年代成长起来的那辈学者关心的问题为何与我们有所不同:"学古代的、外国的,都不要忘记现代的中国,否则,你就是一个古人或者洋人,心目中要有一个现代的中国。"或许也正因此,三夕师才会有《现代性与当代艺术》这样的著作诞生,无论是在武汉,还是在海南,他从未停止对艺术、对现代性、对国家前途命运的思考。尤其在对国家命运的关切和对社会现实的批判这一点上,三夕师很好地继承了千帆先生的衣钵。

据我"讽味遗言"的体会,千帆先生并不单是一位杰出的现代意义上的古典文史学者,其人格与风格更有近于传统士人的特点,正如夫子自道:"中国传统的知识分子不是那么容易被摧毁的。哪怕很软弱,但是又很坚强。这个传统从古代《春秋左传》《战国策》中记载的故事,到明清之际的顾炎武、黄宗羲,一直到辛亥革命,没有断过。"(《劳生志略·引子》)即便在千帆先生晚年,"上下交征利而国危矣"的慨叹常形诸简札,他对国家、民族的忧患意识从未断绝。而三夕师在课堂与私下的谈话中,也常常透露出对家国命运的关切。有一次借研讨《汉书·酷吏传》《循吏传》的机会,三夕师与我们分享他所认为的治理国家的"三件法宝":"用阳光法案,防治官员的腐败;用严刑峻法,培育社会的文明;用言论自由,激励思想的活力。"这无疑是他很长一段时间内思考成果的结晶。另有一次在学习什克洛夫斯基《词语的复活》的读书会上,老师批判当今公文表达中广泛存在的程式化语言严重损坏汉语语言的美感,呼吁大家借学习此文的机会反思汉语写作的相关问题。在武汉疫情一度陷入混乱状态的紧张时刻,他在微信群里急切地提醒弟子们:"要注意培养理性的分析能力以及应对突发灾难的心理素质和科学素养,当然也包括生存技能的锻炼,一定不要惊慌失措。"此情此景,颇让我想起颜之推对家族子弟的训诫:"父兄不可常依,乡国不可常保,一旦流离,无人庇荫,当自求诸身耳。"(《颜氏家训·勉学》)三夕师正是将弟子视作自己的孩子,故而从学业推广至人生的方方面面,他都给予充分的关怀与真诚的建议,既有根据学生的个人禀性、气质而给予的有针对性的告诫,也有从大处着眼,基于公民应有的基本素养而作出的具有普遍意义的指导。

要使学生逐步提升个人修养，师长的身教比言传往往更为重要，三夕师确实作出了一位长者应有的表率。华师校内的恽代英广场南侧有一条并不宽敞的小路，每到下课、放学时，这里都会挤满来来往往的学生。有一次我和同学路过此处，恰好看见老师开车缓缓驶过，定睛观察才发现老师礼让行人，并不鸣笛催促在前方缓步前进的学生们。我的同学袁帅从美国交换回来后对我说："美国有严格的制度约束汽车司机，监控所及之处他们都非常谨慎，但在没有明文规定的情况下，张老师仍能够礼让行人，便非常值得称赞。"当日所见与袁兄所言一并牢牢地印刻在我的脑海中，并启发我意识到在没有外在强制约束的情况下仍能遵守行为规范，是个人操守最真切的体现，而作为一名有人文关怀的知识分子，即便面对这些看似微不足道的日常琐事时也应该保持对自己的高要求，这或许是对"慎独"精神最简洁明了的现代阐释。

还有一件小事，也加深了我对三夕师极高的个人涵养的体会，使我理解了为什么不同职业、不同身份的人都愿意和他成为朋友。2018年春，三夕师应邀回母校参加周勋初先生九十华诞祝寿会，家父为略表心意，特意请一位朋友驾驶一辆七座的商务车前往南京南站迎接老师、师母和外孙檀檀。见面后，老师不仅同家父、家母互致问候，还向司机师傅热情地问好。抵达鼓楼校区南苑宾馆后，老师特意走到前排车窗前向司机师傅道别："杨师傅今晚辛苦了！谢谢！"在这之后，家父不止一次地和我说起此事，每次都由衷地表达对张老师的敬佩："他在下车时道谢，还能够记得司机师傅姓什么，真是难得啊！"

三夕师最常说的一句话便是"在事上磨练"，他虽不可能一件件小事都教给学生应该怎么做，但只要我们在老师身边用心观察、仔细体会，他为人处世时的真诚与细致总能让学生收获无言的教诲。古语云："经师易遇，人师难遭。""授之书而习其句读"的童子之师易得，但真正能给人在学问、人生道路上树立榜样的良师，则可遇不可求。有的人终其一生都没有遇见一位真正让自己佩服、爱戴的老师，故而反倒不能知晓"人师难求"的可贵，更无论乎尊师重道。而我何其幸运地在进入大学之后能遇见一位在学业和人格成长诸方面都给学生指明方向的"人师"，这怎能不让人感叹世事纷扰、人心惟危而"师道"却犹未坠于地！

回想六年以前，为庆祝张门读书会记录稿《问学记》100期的诞生，我写了一篇短文记述我与三夕老师的"博雅缘"。六年过后，当我为先生寿再次提笔回顾在老师身边学习的点滴琐事时，脑海中浮现的仍是"博雅"二字。这不仅因为我与先生由"博雅计划"而结缘，更因为追求"博雅"是大学教育的理想，而在三夕师身上时刻闪现着"博雅"的精神力量与人格魅力。他不仅自身向往"博雅"，以治"通人之学"、成为"通人"为志向,也践行着自己的教育理想以求使人"通",指引着弟子门人朝这一高远的目标不断前行,带领着年轻人一直"在路上"不停下脚步。最后,我要像六年前一样在文章的结尾再度引用西哲怀特海的名言,借以祝愿老师和我们一同永葆青春,不断前进——

大学存在的理由是,它使青年和老年人融为一体,对学术进行充满想象力的探索,从而在知识和追求生命的热情之间架起桥梁。

忆桂子山上二三事

刘　聪[①]

　　大学的头两年常有心情不好的时候，无处排解时我就绕着学校走路，走到心静为止。在走路的过程中就会想一些事情，渐渐有些感悟——我觉得冥冥之中，人与人、人与一个地方的相遇，都不是偶然的意外，而是缘分里写好了的。

　　高中时周末回家总会被堵在广埠屯，瞅着华师的校门，我想我以后肯定不会来这儿，也决不要读文学。可高考完了分数只够华师，华师又数历史、政治和文学最好，不想选前两个志愿，就只能填报中文系了。2015年入学时我便有心辅修武大的法学，可等到大二报名时司考改革了——非法本的人考试和执业都有限制。于是作罢，准备安心学文学。2016年10月，我入选"博雅计划"，导师的配备实行师生互选。具体来说，就是学生填报三个导师志愿，辅导员再依次确定老师愿不愿意带。我当时填了三位给我上过课或者稍有接触的古代文学方向的老师。结果辅导员给其他同学的通知都是"你的第一志愿某老师要你了"，给我说的却是"你重新再填三个老师吧"——因为我被三连拒了。所以当其他同学都是第一志愿通过时，只有我前后填了六个志愿。然而这其中还有波折，因为填到第五位时，古代文学方向的老师没有了。于是去官网翻师资介绍，看到张老师的简历写着"研究方向：史学，文学，文献学"。我一合计，史学加文学约等于古代文学嘛，就把张老师也加进了导师志愿表，凑齐后交给辅导员。最后很幸运地加入了张门。互选结果出来时，我不得不由衷感叹：被整个古代文学教研室拒了，大概是天注定要我加入张门，这是多么强大的缘分啊！

　　加入张门还有个插曲。我常去图书馆四楼自习，有次出来打水，发现一个看书的男生非常像我的高中同桌，尤其是他低头时垂下来一绺刘海的样子。但那个同学并不在武汉，所以这一幕让我很吃惊。直到这个男生抬头，我才惊觉他不是我的老同学，并且他们长得也一点儿都不像。不过我还是记住了他的样

[①] 刘聪，华中师范大学文学院2015级本科生，2016年"博雅计划"入师门，南京大学文学院在读硕士研究生。

子,后来还在四楼碰到过好几次,只是人家完全没注意到我。再后来我知道了他的名字,也是我进入张门后接触的第一个师兄,陈天澍。这样看来,从前没想过会来华师,但后来分数只能选华师;以前明确不要念中文,后来还是只能选中文;好不容易中途想通过辅修转方向,居然司考改革了,于是只能安心读本专业。最后"博雅计划"选导师,被整个古代文学教研室拒了,就是为了注定要遇见亲爱的张老师。并且还发现同门的天澍师兄,认识之前已经见过很多次了。

所以这不禁让我想到,桂子山上的四年一定有冥冥中的缘分在指引。不是迷信,我只是觉得这是对人生的一种浪漫的理解方式。高考前我给自己写的信上说:"祝你如愿以偿。"可人并不总能如愿以偿,此时我们会将其归结为意外和偶然,在那个当下还未免失落与不甘。但与其这么想,不如把这些意外都看成是冥冥中注定的缘分在指引你遇见生命里该遇见的生活、该遇见的人。一切都是缘分,这是我在学校里走了很多圈之后悟到的。

张门的氛围总是很融洽,我也受到老师和师兄师姐们的诸多照顾,所以回想起在桂子山上进入张门的经过,总不禁感叹:误打误撞还碰上了这么好的老师,进入团结友爱的张门,真是缘分啊! 也总有同学充满羡慕地跟我说:"你导师张老师超厉害的!"不过我想厉不厉害倒是其次,令我印象最深的还是张老师对学生的关心。

我记得第一次见张老师,是为了要把"博雅计划"的手册交给他,一面之缘而已。在这之后,有天中午我在回图书馆自习的路上,迎面就碰上一个老师。我觉得有点眼熟,但是不太确定是哪位了,所以无比纠结要不要打招呼,想着万一把姓氏喊错了就不好了。就在我准备绕道走的时候,这位老师主动喊住了我:"刘聪啊,中午还去图书馆啊!"然后我赶紧堆笑:"对,老师好老师好!"完了之后我就回过味儿来了:这是我的导师张老师啊! 我不禁感到惭愧,在我还迷迷糊糊地没太记清老师的时候,张老师已经记住了他的学生——尽管我们只短暂地见过一次。

还有一次记得是在文院 2201 教室上课,当时又是心情很不好,课间的时候我便在门口走廊上走来走去,走了好几个回合。突然,我听到头顶一个声音:"刘聪,干嘛呢?"然后我抬头就看见,从对面楼梯间的那个小窗户里,露出张老师的脸,他看着我说:"你是不是心里有什么事啊?"我当然不敢说"对,我就是心里烦得很",便只是跟老师搪塞了一下说:"啊没事没事,张老师好!"但这个小事让我很感动,我一直记得。因为文院的建筑结构有些特别,2201 教室在整栋楼的拐角拐出去的地方,张老师站的那个楼梯走道跟 2201 门口,形成了类似于两栋楼之间的直角。而且楼梯走道的那个小窗子还设计得特别低,往外看得猫着腰。所以从那里下楼,本身是不容易注意到 2201 门口的,就算瞥到了也完全可以忽略过去。但张老师还是费劲儿弯着腰,从小窗子里隔空喊话问我是不是心情不好。张老师对学生的关心可见一斑,这是我觉得最重要也最幸运的。

再有一个事儿说来还有些好笑。大概是我发短信向张老师咨询读研相关的事情,末了提到一句"我以后可能不想读博了"。张老师立马回了一条:"为什么不想读博?"紧接着又发来一条回答了我前面咨询的问题,并叮嘱说"最好再问问你天澍师兄"。对着老师的两条短信,我先回复了第二条说"今日天色已晚,我明天再问师兄"云云,然后便斟酌字句准备再编辑一条,来跟张老师解释我最近为何觉得不想读博。结果一段话才输入了一半儿,张老师又回了一条"88",我愣了愣便删掉输入框里的字,也跟张老师匆匆说了再见。事后我向好友说起此事,抱怨自己聊天总冷场,也不解其中原因。好友看了前因后果后跟我说:"大晚上的,男老师和女学生聊天,女学生都说了'天色已晚',那老师能不赶紧说'再见'吗?这就是分寸和界限哪!"一番话说得我恍然大悟,我也因此得了个诨号"刘天晚"。很长一段时间里,好友与我聊完了都不说"再见",全代以"天色已晚",而每当此时,我总想起张老师对待学生时的尊重与分寸感。

三年里张门的各种活动,如读书会、欢送会还有年夜饭等等,每次张老师都记得喊我一起来,带我融入集体,同门的老师们和师兄师姐们也都很关照我,十分热情友善,让我深深体会到了师门"乐群"的门训。相遇都是缘分,相处都是温暖,桂子山上的往事真令人难忘啊!

弟子文录

屈原的战略思想述论

彭红卫[①]

囿于屈原史料的稀缺和"战略"一词的现代感,学界对屈原战略思想的研究十分单薄,据笔者文献检索和阅读视野所及,唯有赵逵夫先生在其《屈原与他的时代》一书中有比较全面深入的讨论。然而,该著非讨论屈原战略思想的专门之作,论题亦无先例,且赵先生探讨屈原的战略思想除个别章节比较集中外,散见于该著多个地方,若非精读容易混淆屈原的"美政理想"和"战略思想"。

本文在综述赵逵夫有关屈原的战略思想研究基础上,围绕以下观点申论之:

第一,区分"战略思想"与"美政理想",是我们讨论屈原战略思想的前提,否则容易混淆屈原的"战略思想"与"美政理想"。

第二,从语源学的角度梳理中西方战略思想史中"战略"一词的内涵及其分野,有助于准确把握屈原战略思想的精髓。

第三,屈原的战略思想的各个面向均渊源有自,是中国传统战略思想在楚国具体实践的产物。

第四,屈原的文化战略亦是屈原战略思想的重要部分,赵先生鲜有论及,笔者试为补论。

一、屈原的战略思想研究综述

赵逵夫先生在其《屈原与他的时代》一书中除了《昭滑灭越与屈原统一南方的政治主张》一章之第四部分《从屈原与公孙衍的比较看屈原的战略思想》明确阐述了屈原的战略思想外,其他章节也多有涉及。归纳起来,主要有如下几个方面。

[①] 彭红卫,华中师范大学文学院古典文献学2005级博士,现为三峡大学文学与传媒学院教授。

第一，在战略远景上，屈原认为楚国有资格来统一全国，"屈原所设想乃大一统之中国，不仅包括中原大小各国及秦、楚、越、燕等周边大国，还包括周围边远的一些少数民族，所谓东夷、南蛮、西戎、北狄，俱在其内"①，"但屈原主张通过政治上、经济上、军事上的共同优势来统一中国，而不是纯粹用野蛮的屠杀和疯狂的掠夺。他所设想的美政不仅是全国统一后要实现的目标，也是同统一的过程联系在一起的"②。

第二，在战略规划上，屈原不仅坚持"联齐抗秦"，而且要"经营南方"。作者认为，"以往关于屈原外交战略和政治思想的研究，忽略了一个十分重要的问题，便是屈原经营南方的思想。可以说，屈原在他整个政治经历中，都一直没有忘记经营东南、西南。经营南方同联齐抗秦是屈原对外战略上不可分割的两个重要方面"③。这是发人所未发的独特见解。作者进一步指出，魏国人公孙衍发迹于秦，又曾经联合五国伐秦，首施两端，出尔反尔，同苏秦、张仪一样，仅仅是一个纵横家，与之对照，"屈原不同于一般的纵横家，而是具有深刻思想和远大政治抱负的政治家"④。"首先，屈原联齐抗秦的策略同经营南方的策略相表里，是一个事情的两个方面。正是在这两种策略的结合中，体现着他的远大的战略思想。其次，屈原对外的战略思想是以对内的政治改革为基础的。他的政治理想的目标是在更大的范围之内实现'美政'。再次，屈原一登上政治舞台，便一方面主张联齐抗秦，六国合纵，一方面注意经营南方，同时考虑和实行国内的变法改革。"⑤

第三，在内政改革战略上，赵逵夫先生在《屈原的对内政策及同旧贵族的斗争》一章有《屈原改革思想管窥》一节专论之。作者总括为七个方面：第一，坚持法治，反对心治；第二，举贤授能；第三，力耕强本，富农安民，反对"游大人以成名"；第四，励战图强；第五，禁朋党；第六，反蔽壅；第七，赏罚当，诛讥罢。总之，"屈原同他以前的吴起、商鞅比起来，不仅强调法制，强调富国强兵，同时还重视人民生活，重视老百姓的安居乐业，他的变法革新是为了达到其美政的目的，是希望以美政统一全国，这同商韩之严刑酷法、钳制人民、强调君权神圣等有着很大的不同的。屈原的思想还吸收了儒家'仁、义、礼、智、信'等内容，重视社会的文明教化，而不是暴政、愚民政策。可以说，屈原是一位站得很高的思想家和革

---

① 赵逵夫：《屈原与他的时代》，北京：人民文学出版社，1996年，第220页。
② 赵逵夫：《屈原与他的时代》，第223—224页。
③ 赵逵夫：《屈原与他的时代》，第200页。
④⑤ 赵逵夫：《屈原与他的时代》，第212页。

新家。然而,也正由于他走到了时代的前面,才造成了他的悲剧"①。作者评析屈原内政与外交策略关系时强调,"他对内的改革和对外的战略思想是联系在一起的,二者的结合形成了他在政治上的独立的思想体系。他既不是儒家,也不是法家,也不是纵横家、道家。他就是他,一个改革家,一个有远见的政治家,爱国诗人"②。

基于上,赵逵夫先生总结道,"他的战略不仅对楚国来说是最好的选择,对全国的发展来说,也是走上统一的一条好的途径。只可惜楚怀王不能始终信任屈原,未能将楚国的变法改革进行到底,使这个战略思想的实施失去了良好的基础,因而终究未获成功"③。

赵逵夫先生在古典文学研究领域卓然大家,《屈原与他的时代》堪称其代表作,也是笔者反复读过的屈学名著之一。屈学名家汤炳正先生为本书作序时说:"这次我读逵夫的书稿,见他在不少的篇章里,首先是接受前人的学术遗产,然后层层论证,步步推演,结果竟得出一个全新的概念。这其间,继承与创造,浑然一体,确实难得。"④,汤先生评价实为的评,于我心有戚戚焉。在二十世纪九十年代初期,赵逵夫先生"孤军深入",探讨屈原的战略思想,本身就是具有战略眼光的行为,所论全面而深入,高屋建瓴,发人深思。

二、中西"战略"一词的内涵及其分野

"战略"一词既时髦又古老。近现代以来,随着商业竞争的空前激烈和现代管理学日臻成熟,"商业战略"已呈泛滥漫溢之势。而随着全球化时代的到来,"全球战略""国家安全战略"云云,亦屡屡见诸媒体。"战略"一词的内涵与外延,早已突破其原义。

如果从语源学追溯,中国"战略"一词最初是军事战略的代名词,属于政治战略的衍生部分。西晋司马彪《战略》一书,今散佚不存,裴松之注《三国志》屡屡称引之,从裴松之注引相关内容来看,《战略》主要是指军事战略,或曰司马彪《战略》即其《兵记》。《隋书·经籍志》载北周赵煚撰《战略》二十六卷,类属子部兵家类,亦散佚不存,据《隋书·赵煚传》,其履历多为军事,屡有战功,其《战略》

---

① 赵逵夫:《屈原与他的时代》,第 177—178 页。
② 赵逵夫:《屈原与他的时代》,第 227 页。
③ 赵逵夫:《屈原与他的时代》,第 210 页。
④ 赵逵夫:《屈原与他的时代》,第 2 页。

偏向于军事战略大致不差。此两部名为《战略》的著作,是中国古代仅有的"战""略"二字连文而名之的著作。有人说,"战略"一词,直到十九世纪末才由西方引进中国,不确。

在《汉书·艺文志》和《隋书·经籍志》中,分别辟有"兵书略"和"兵家类",中国历代史志目录录存的兵书有两千多部,流传至今的有五百部左右,最著名的就有北宋神宗时编选的《武经七书》,它们不仅是军事思想的智慧结晶,也是军事战略思想的宝库。中国这类兵书往往以"兵法""韬""略""筹""策""道""方略""谋略""兵略""将略""鸿猷"或"宏猷"等命名。一般来说,《孙子兵法》被认为是世界最早对战略进行全面阐述的著作。1936年毛泽东在《中国革命战争的战略问题》中指出:"战略问题是研究战争全局的规律的东西。"[1]毛泽东关于战略的论述,堪称经典,他确立的积极防御的战略思想,无论是在革命战争时期还是在和平建设时期,无论是在中国军事史还是世界军事史上都具有重要的思想价值和实用价值。

在西方,"战略"一词同样古老。英国学者劳伦斯·弗里德曼的著作《战略:一部历史》从思想史的角度,梳理了"战略"一词的起源与流变。其主要论述对象"力之战略""底层战略"和"顶层战略",所对应的是"军事战略""政治战略"和"商业战略"。在该著的第一部分"起源"中,作者指出,在希腊语中,Mētis 描述的是一种特殊的战略智慧概念,在英语中没有明显与之匹配的词语。希腊语中与之相关的另外两个词语是 mētiaō(考虑、冥想、计划)和 metióomai(图谋)。这两个词传递的是一种未雨绸缪、讲究细节、掌握他人思考和行为方式的能力,以及足智多谋的才能[2]。无独有偶,古罗马弗龙蒂努斯于公元 84—88 年编写《谋略》(strategemata)一书,作者认为,"谋略"依靠的是军事统帅的"技巧和聪明",它们"能用来躲避敌人,效果并不逊于击垮敌人"。弗龙蒂努斯所说的"谋略"无疑含有诡诈和欺骗的因素,但同时也包括不少更实际的、用于保持部队士气的方法和经验。

从古希腊到古罗马,处于起源阶段的"战略"一词,内涵偏重于军事统帅的"谋略",西方人的"谋略"与汉语中的"智"近似。"智"包括学问、知识、灵性、技能、手艺、聪慧或狡黠,不一而足。一个智者往往是圣明的统帅,就像智慧之神的化身,能够凭借自己精通的诡诈之术击败实力强于自己的对手。战胜弱敌无需天赋异禀,只有在不容失败、保证克敌必胜的情况下,智者的真本事才得以显

---

[1] 毛泽东:《毛泽东选集》第一卷,北京:人民出版社,1966年,第159页。
[2] [英]劳伦斯·弗里德曼:《战略:一部历史》,王坚、马娟娟译,北京:社会科学文献出版社,2016年,第30页。

现。其中,诡计的运用至关重要,诸如变有序为无序,迷惑敌人,隐勇示怯,隐强示弱,有料敌机先的能力,等等。凡此种种,《三国演义》中"近乎妖"的诸葛亮之智,中国人再熟悉不过了。

耐人寻味的是,劳伦斯·弗里德曼在《战略:一部历史》中认为,在东方文化体系中,谋略和诡计更有市场,尤其被当作摆脱困境的法宝;人们对其推崇备至,认为它们体现出一个有效战略的本质特征。他说:"对东亚地区的军事统帅们来说,孙子堪称典范。他对中国共产党领袖毛泽东的军事著作的影响尤为明显。"作者满怀深情地礼赞孙子:"归根结底,孙子的价值并不在于他找到了一个适用于所有场合的取胜秘诀,而在于他提出了一种理想的特定战略思维模式,其凭借的是智取对手,而非暴力征服。"①也就是说,《孙子兵法》中的"不战而屈人之兵",以最小的军事代价取得最大的政治成果,这才是最高明的全胜攻略。而且,《孙子兵法》有着完备的思想体系,体现了战争与政治、经济、文化等各方面的关系,绝不单纯是一部兵书,这正是《孙子兵法》具有罕见的超前性的地方。

西方"谋略"(strategemata)向"战略"转化,发生在十八世纪晚期,此时,"战略"(strategy)一词才开始使用。德国近代军事理论家克劳塞维茨(1780—1831)的"战略"概念具有军事启蒙意义,也可以说奠定了"战略"一词的现代意义。他在其代表作《战争论》中,将"战略"与"战术"比较而定义为:"战术是在战斗中使用军队的学问,战略是为了战争目的的运用战斗的学问。"②战争本身的系统性,战争与经济,特别是政治的联系日益凸显出来,在这一背景下,克劳塞维茨从更宏观的视野来认识战争:"战争与其说像某种技术,还不如说像贸易。贸易也是人类利害关系和活动的冲突。然而,更接近战争的是政治,政治也可以看成是一种更大规模的贸易。不仅如此,政治还是孕育战争的母体,战争的轮廓在政治中就已经隐隐形成,就好像生物的属性在胚胎中就已形成一样。"③

通过以上对中西方战略思想史的梳理,我们可以看到,中西方早期都偏重军事统帅的"谋略"和非暴力征服,包括阴谋诡计,精英意识浓厚。西方直到克劳塞维茨之后,"战略"登场,取代"谋略",开启了西方现代意义的"战略思想",也就是把战争同政治、经济等关联起来,战略系统思维成熟,而这与《孙子兵法》等中国战略思想相比,已经迟滞了两千多年。

时至今日,战略话题屡见不鲜,战略理论日臻丰富,"战略"术语早已扩展到

---

① [英]劳伦斯·弗里德曼:《战略:一部历史》,第59页。
② [德]克劳塞维茨:《战争论》,中国人民解放军军事科学院译,北京:商务印书馆,1978年,第103页。
③ [德]克劳塞维茨:《战争论》,第679页。

军事领域之外。其大者,曰全球战略、政治战略、国家安全战略、国防战略、外交战略、经济发展战略;其小者,曰区域发展战略、商业战略、教育战略、文化战略、体育战略等等,不一而足。

三、屈原的美政理想与战略思想

"美政"一词见于屈原作品,如《离骚》中的"既莫足与为美政兮,吾将从彭咸之所居",在屈原笔下,"美政"犹"德政",与"弊政""暴政"相对。

作为屈原的政治理想,主要目标是实现楚国的伟大复兴,由楚国来实现中国的大一统,谁来实施?圣君贤臣,而且需要"两美其必合"。因为君臣是"政权"和"政柄"的掌握者。"权"者,平衡也;"柄"者,斧柄也。正如老子所谓"太阿不可以倒持,权柄不可以示人",为政者必须把权力紧紧攥在手中,不容他人觊觎,但要讲究平衡,还要讲究通达权变,因时制宜,因事制宜,因人制宜,不能泥古不化。

何为圣君贤臣?或者说,何为"两美"?

美君即圣君,也就是屈原在作品中屡屡称道的尧、舜、禹、汤、文、武等。为君者,需体察民心,光明正直,不能猖狂放纵;走正道,而不走捷径。正如《离骚》所言:"彼尧舜之耿介兮,既遵道而得路。何桀纣之猖披兮,夫唯捷径以窘步。"

美臣即贤臣,也就是屈原在作品中屡屡称道的伊尹、咎繇、傅说、吕望、宁戚、伯夷、叔齐等。为臣者,需忠贞不二,奔走先后,调和鼎鼐;不能结党营私、贪图享乐。正如《离骚》所言:"唯夫党人之偷乐兮,路幽昧以险隘……忽奔走以先后兮,及前王之踵武。"

圣君与贤臣共治天下,鱼水和合,是实现"美政"的前提,正如《离骚》所言:"汤禹俨而求合兮,挚咎繇而能调。"

由此可见,屈原的美政理想首先是自上而下的"人治",政治清明与否,取决于君臣之"美"以及二者的"和合"。也就是有德者在位,在此前提下,才有"修明法度""富国强兵""举贤授能""赏罚分明""力耕强本"等一系列在内政改革上举措的落地,包括法制、军事、人才、制度、经济等领域,最终指向"富国""恤民"。应该说,屈原的美政理想虽然不符合战国末期王霸之道盛行的历史大趋势,但有鲜明的儒家政治理想色彩,民本思想浓厚,也符合历史发展的终极目标。

值得说明的是,屈原的美政理想,尤其是变法内容,与楚悼王时期吴起变法有诸多相似之处。《史记·范雎蔡泽列传》记载:"吴起为楚悼王立法,卑减大臣之威重,罢无能,废无用,损不急之官,塞私门之请,一楚国之俗,禁游客之民,精耕战之士,南收杨越,北并陈、蔡,破横散从,使驰说之士无所开其口,禁朋党以励百姓,定楚国之政,兵震天下,威服诸侯。"①其中,举贤授能、力耕强本、禁绝朋党等都是屈原美政理想取法的内容。而且吴起变法的宗旨也是"内修文德,外治武备"②,也就是统筹处理治国与治军、政治和军事的紧密关系,吴起的意思也是希望由明主治国,既要重视仁政,又要加强武装军事力量。这说明,吴起不仅师承了法家前辈的理论思想,并以其为主要的施政方针,也吸收了儒家先贤的德政仁政思想,其实,战国兵家的典型人物大都持有这样的观点,屈原是一个忠实的传承者而已。

但是,在笔者看来,美政理想不能等同于战略思想。

美政理想主要是内政改革方面,在屈原作品中均有表达,主要是指君臣修为和制度建设方面。诚然,美政理想是战略思想的来源,美政理想中也包含有屈原的政治战略、军事战略、人才战略、经济战略等,但外交战略不在其中,屈原作品也缺乏这一方面的表达,所以美政理想与战略思想不能等同。而且,理想带有强烈的个人色彩,很多时候是一己之念,是作为诗人的屈原的理想;而战略必须服从楚国的现实,是可以付诸实施的规划,必须是作为政治家屈原的现实韬略。

笔者认为,外交战略更接近"谋略"和"战略"的本质,它是屈原战略思想的主体,也是屈原战略思想最有原创性的内容。

在这一方面,前述赵逵夫先生归纳的"联齐抗秦、经营南方"是屈原外交战略的核心部分,它揭示了六国合纵抗秦,包含诸多遏制秦国的手段,而且经历了一个曲折的过程。赵逵夫先生通过丰富的史料发掘,看到楚国在相当长时间里,实行着与"联齐抗秦、经营南方"完全相反的路线,比如在屈原担任左徒之前,楚国与齐国一直在争夺徐州,走东北发展的方略,"可以看出,屈原是在相当大的范围和长远的发展前景上来考虑楚国的对外战略的,这个战略不仅关系到楚国的前途,也关系到整个中国的统一和发展"③。

结合本文第二部分关于中西"战略"一词的内涵及其分野有关内容,中西方早期都偏重"谋略"和非暴力征服,包括阴谋诡计。在外交战略实施上,与苏秦、张仪不同,屈原不讲阴谋诡计,也不讲暴力征服,那么,这是落伍还是超前呢?

本来《孙子兵法》就讲兵不厌诈,千变万化的诡诈之术和谋略之道,都是围

---

① [汉]司马迁:《史记》,北京:中华书局,1959年,第2423页。
② 陈曦译注:《吴子 司马法》,北京:中华书局,2018年,第14页。
③ 赵逵夫:《屈原与他的时代》,第208页。

绕争利展开,这是《孙子兵法》十三篇中最为精彩的内容,例如,在首篇《计篇》中,孙子旗帜鲜明地提出了"兵者,诡道也"的著名论断,接着推出了"诡道十二法"①。张仪一再成功欺骗楚国和怀王,这种纵横家的权谋或者诡诈之术,在屈原这儿是没有的,这源于屈原的君子人格。姜亮夫先生认为:"凡不为曲说、诡行、诈伪者,其人必中正,此正屈子之人格也。"②笔者曾撰《试论屈原的君子人格》一文,指出屈原人格烙上了士人格的深深印痕,但他与这个亚文化群体又有种种不同。其悲剧人格以及在此人格特质上衍生的思想个性和艺术个性将他和春秋战国时代士人格区分开来,其人格是春秋以前君子人格遥远的嗣响。屈原出身贵族,以贵族自居,也因为贵族身份而自恋,更因贵族的身份而焦虑,他也曾担任过左徒、三闾大夫以及与巫史有关的工作,而这一切使得他的"君子意识"格外强烈③。

所以,从维护人格尊严上讲,屈原超越了以《孙子兵法》为代表的先秦兵家之战略战术思想,更超越了纵横家们的人生观、价值观以及战略战术思想,因而他是超前的,也是孤独的,更是理想的。

四、屈原的文化战略

作为知识分子(士),屈原既有深厚的文化涵养,又有极开阔的文化视野,其文化战略更耐人寻味。

左徒和三闾大夫之职,都与巫有关,特别是三闾大夫之职,乐舞与祭祀礼仪的训导是教育贵胄子弟的必修课,对巫官文化的沉浸强化了屈原感性的诗人气质,并在文化实践中享受着创造的快感。但是屈原也看到,"以理节情"的华夏文化对情感张扬甚至迷狂的巫官文化来说,它不仅是一种补充,而且存在"中心化"的可能;对自己而言,它是理性的诱惑,是回归"中心"的磁石,也是游弋于政治场的宝贵资源,但是它潜藏着人与自然、人与神疏离的危险,因之,其文化焦虑也弥漫开来。

楚国与中原列强的文化碰撞和融合是在刀剑戈矛的撞击和楚材晋用的流动中渐次展开而呈现出双向互动的态势。文化史上习惯于把北方的华夏文化与南方的楚文化定位为史官文化与巫官文化。前者属强势文化,后者属弱势文

---

① 骈宇骞等译:《武经七书》,北京:中华书局,2020年,第10页。
② 姜亮夫:《楚辞学论文集》,上海:上海古籍出版社,1984年,第255—256页。
③ 彭红卫:《试论屈原的君子人格》,《三峡大学学报》2008年第3期。

化,因而融合是主导面,冲突次之。于二者的区别,刘师培《南北文学不同论》析为"实际"与"虚无"二端①;王国维《屈子文学之精神》剖为入世与遁世、热性与冷性、国家与个人、实行与思辩、改作与创造诸端②。丘琼荪总结至为明了:"北人性刚,南人性柔;北人的意识偏于现实,南人的思想近于浪漫。北方山川雄浑,南方山水清幽;北人生活较难而朴质,南人生活较易而奢靡。"③

从本质上看,华夏史官文化与楚巫官文化之难以调和是理性精神与感性精神的冲突。顾准指出:"所谓史官文化者,以政治权威为无上权威,使文化从属于政治权威,绝对不得涉及超过政治权威的宇宙与其他问题的这种文化之谓也。"④周初,周公"制礼作乐",建立了一整套等级森严的礼仪和秩序规范,强调"礼乐征伐自天子出",君乃"神之主""天之子""民之望",这就烙上了权力意志的色彩。以孔孟为首的原始儒家以自己的著述和设教授徒将史官文化条理化、系统化而趋于成熟。权力意志的介入和精英文化的迎合,使得史官文化将一切超验的、想象的和未知的东西纳入一个封闭的理性结构,用统一的理性来解释一切,力图排斥一切荒诞与神秘。

与中原风俗迥异的楚国直到屈原时代仍然巫风蔓延,这已为学界公认。在巫官文化中,巫觋以鬼神使者的身份掌管文化,文化就有许多神秘的和浪漫的色彩;楚人长期浸润于巫风,奔腾的感情波涛、迷狂的意绪潮流陶冶出楚人感情丰富而炽烈的性格。《史记·货殖列传》言楚地"其俗剽轻,易发怒";《隋书·地理志》也说楚地"其人率多劲悍决烈",可见楚人一般率真而好激动,喜怒哀乐不加掩饰,大不合于华夏文化之温柔敦厚标准。因此,在楚文献中,我们可以看到一派色彩斑斓、迷离恍惚的文化表征:神话传说的流光溢彩,二南民歌的多情婉转,巫术宗教的神秘诡异,老庄哲学的杳冥深远。总之,巫官文化的感性成分多于理性成分,他们对现实的感知与理解、想象与情感,都无不在荒诞不经之中保持着对于某个超验世界的联系。不言而喻,巫官文化的感性精神对于楚国的生存与发展曾起过巨大的积极作用,同时,它所激发出来的民族自信心和自豪感更是与巨大的文化创造力相表里,形成了中华文化灿烂辉煌的一脉。

然而,楚人入主江汉平原、建立强盛的文明国家之后,依旧固守巫官文化传统,不思对其狂热、虚幻、迷信和脱离实际一面的扬弃与变革,这就与时代的理性精神格格不入了。这种局面的形成有文化传统、民族性格、特殊的封闭的地

---

① 陈引驰编校:《刘师培中古文学论集》,北京:中国社会科学出版社,1996年,第261页。
② 王国维:《王国维文集》,北京:燕山出版社,1997年,第237—238页。
③ 丘琼荪:《诗赋词曲概论》,北京:北京市中国书店,1985年,第29—30页。
④ 顾准:《顾准文集》,贵阳:贵州人民出版社,1994年,第244页。

理环境等多方面的因素,但与以楚王为代表的楚贵族耽于歌舞享乐、沉溺淫祀巫风的感性生活方式和因循守旧、狭隘落后的保守性有重要关系。《史记·楚世家》称楚怀王"隆祭祀,事鬼神"。参之屈原《招魂》对楚国巫歌乐舞的描绘:"肴羞未通,女乐罗些。陈钟按鼓,造新歌些。涉江采菱,发扬荷些。美人既醉,朱颜酡些。……吴歈蔡讴,奏大吕些。"楚国上层贵族歌舞享乐生活之奢靡可见一斑。《国语·晋语》载,周成王因"楚为荆蛮""故不与盟",可见固守巫官文化传统的楚国因文化滞后于华夏诸族而备受鄙夷。《吕氏春秋·侈乐》曾一针见血地指出楚国衰败的原因:"楚之衰也,作为巫音。"这虽有片面之处,但指出了文化症结所在。

面对文化冲突所凸现出来的文化滞后,明智的、自主的、富有远见的选择较之认识更为重要。"众人皆醉我独醒",屈原不仅清醒地看到了社会政治的污浊,而且认识到楚巫官文化的优劣,他没有像老庄那样选择高蹈避世、玄想宇宙、思索人生的方式担当文化使命,而是直面艰难而痛苦的文化选择。这份艰难和痛苦在于:其一,屈原自己曾担任左徒和三闾大夫的职务,从事过与巫官文化相关的重要工作,其创作也深受巫官文化的惠泽,他深爱着哺育自己的楚巫官文化,况且楚族乃祝融苗裔,楚巫官文化与殷巫官文化一脉相承,要他割断脐带、从母体分离无异于割断他的生命之源。其二,文化选择不是非此即彼的,选择者不仅必须具备破坏的勇气和胆识,而且必须具备重建或整合的思想与能力;而汰选后的文化质素和文化系统是否适应楚国,又是否为楚王所接纳并付诸实践也是至为关键的。

对前者而言,这实际上是一个文化心理问题。屈原不仅热爱楚文化,对楚国的服饰、语言、民俗风情、历史、民间文学、神话等充满热爱和自信,所谓"盖屈宋诸骚,皆书楚语、作楚声、纪楚地、名楚物,故可谓之楚辞"[①]也,而且对楚巫官文化钟爱有加,充满激情。屈赋的多数篇章从表现形式到审美意识,从熔铸神话、驰骋想象的浪漫色彩到浓烈的抒情性,无不受巫官文化的沾溉。如《九歌》是在民间祭神乐歌的基础上修改加工而成,《招魂》沿用了民间招魂词的形式,诗体形式和结构方式都脱胎于巫歌,《离骚》中描述抒情主人公的降生、卜名、陈词、神游、贞问等脱胎于巫事巫语而超越了巫歌,《九章》等篇中间杂"少歌""倡"和"乱"词也正是祭祀乐歌的结构方式。屈赋文词的缤纷绚丽、内容的丰富复杂、风格的繁缛富丽与巫官文化"以奇为美""以丽为美""以大为美"的审美意识是息息相关的。在祭祀仪式中,主祭者为了祈求和感激神灵的赐福与保佑,为了表达对神灵的依恋与崇敬,他必须虔诚地倾诉;在宣读神谕和参与娱神歌舞

---

① [宋]黄伯思:《东观余论》卷下《校定楚辞序》。

时,他必须充满想象,时时借助神话以骋玄想,在忘我的迷狂中充分表达和宣泄情感。虽然屈原在巫事活动中看到、感受并获得了强烈的审美快感,但他毕竟生活在一个理性精神高扬的时代,他并不认为楚巫官文化十全十美,也不以此为标准去判断异域文化的是非,而是勇于吸收北方文化之长来改造它。王逸《楚辞章句》云:"昔楚国南郢之邑,沅、湘之间,其俗信鬼而好祠。其祠,必作歌乐鼓舞以乐诸神。屈原放逐,窜伏其域,怀忧苦毒,愁思沸郁。出见俗人祭祀之礼,歌舞之乐,其词鄙陋。因为作《九歌》之曲。"朱熹《楚辞集注》亦曰:"故颇为更定其词,去其泰甚。"也就是说,屈原能够创造性地将巫歌变鄙陋为文雅、粗俗为优美,将巫歌升华为诗歌。其拓展《诗经》比兴手法,借鉴纵横家辞诸方面,也已得到学界公认。更为主要的是他对北方理性精神的弘扬和自觉实践,而文化焦虑正由此而固着在他的内心深处。除了《橘颂》《天问》类似于《诗经》四言体诗外,其余诸篇皆为骚体,尽管变式颇多,创造力旺盛,但难以掩饰他抵达文化乡愁深渊的一往情深。例如,与他大致同时代的荀子、庄子没有用楚语写作。他也并非不通雅语,却对本民族语言的坚守有着非同寻常的执着。我们大可用爱国来肯定之,但恐怕这里面蕴含着一种文化焦虑。诚然,其思想、诗艺可谓南北文化异质杂糅,但一种深切的文化受挫感与维护民族文化尊严的强烈要求正是在戏仿(包括对《诗经》、纵横家辞和巫歌的借鉴与改造)与杂化的语言狂欢里忧郁地流淌出来。

对后者而言,带给屈原在政治文化层面的焦虑尤为深重。屈原"纷吾既有此内美兮,又重之以修能",加之贵族的优越感和良好的教育以及一段时期的内政外交经历,其勇气和胆识、思想与能力是足够的,剩下的只是美人迟暮的时间紧迫感。王国维在《屈子文学之精神》中指出:"而大诗歌之出,必须俟北方人之感情,与南方人之想象合而为一,即必通南北之驿骑而后可,斯即屈子其人也。……屈子南人而学北方之学者也。"王氏之论,自有偏颇,但认为屈赋乃南北文学融合的产物,屈原也肩负了南北文学融合的使命是有见地的,甚至王氏接着以屈赋所称圣王、贤人、暴君等"皆北方学者之所常称道,而于南方学者所称黄帝、广成等不一及焉"为据,认为"屈子固彻头彻尾抱北方之思想,虽欲为南方之学者,而终有所不慊者也"①,此论太过极端,因为我们不能仅凭屈赋引用与北方文化典籍相同的人物来判定其文化归属,但至少表明屈原对北方文化是熟稔和精通的,而这是文化选择的必要前提。众所周知,屈原的思想体系驳杂,难以纳入九流百家之一家,其美政理想也多沿袭古说,不外乎举贤授能、修明法度、富国强兵,而这一切必须绳之以最鲜明的道德准则,依托圣君贤臣。鲜活的生命系于

---

① 王国维:《王国维文集》,第239—240页。

黑暗的楚国、腐败的政治一途,就已经超出了同时代士人的选择,何况君不圣、臣不贤,孤危处境怎不让他饱受焦虑的炙烤?其政治理念对人类文明而言也许是理想良方,但对处在由盛而衰转折点上的楚国而言,在王道衰微、霸术横行的历史时空,其理想主义色彩与现实政治环境难以协调。更何况由于性格原因,他缺乏游刃有余地周旋于政治网络以便顺利推行美政的谋略,他也无意于此,他的政治生命也太短暂。而这一悲剧结局是他早就料到的,美政理想不见用于世没有引发他的调整与重构,相反的是,高贵的出身,崇高的使命,诗人的气质,执着的个性像湍急的波涛一样将他卷入自悲自叹、怨天尤人、孤芳自赏的自恋漩涡中,使他挣扎在焦虑和压抑的潜流中寻求缓释和升华的途径。

合而言之,正是在文化焦虑中,屈原选择了一种开放包容的文化心态和文化战略,对楚文化和巫官文化以及蕴涵其中的感性精神,他没有妄自菲薄,也没有骄傲自大;对华夏史官文化以及蕴涵其中的理性精神,他没有闭目塞听,也没有匍匐跪拜。他秉持一种接纳、熔铸的再创造姿态,在滋兰树蕙中实现南北文化的传承,在楚歌南音中完成骚体的创造,在文化实践中提供一份厚重可行的文化战略,而经由汉帝国的接续与传承,证明这份文化战略是切实可行的。

自杀预防,珍重生命
——论先秦儒道人生哲学的现代意义

郑诗傧[①]

一、前　言

儒道两家作为中国传统思想,已然流传数千年,屹立不倒。其现代意义,常有学者论及。然而,社会是流动性质的,中国传统文化思想赋予每一个时代及社会的现代意义,都有必要与时并进,几番更新。现代社会文明的脚步难以企及科技的发展,人们生活备感压力麻木,生活幸福感急遽下降,浮躁甚于和谐,忧愁甚于快乐,渐渐地走向人生无意义论,有甚者更走向自杀之路。自杀,作为现代社会通病,渗透进世界的每一个角落,无一国能幸免,且有低龄化趋向。人们把任何由死者自己完成并知道会产生这种结果的某种积极或消极的行动直接或间接地引起的死亡叫做自杀[②]。

媒体报道的自杀新闻只是冰山一角,还有多少自杀未遂的案例,多少自杀的意念正在萌芽,却是难以估量的。世界卫生组织(WHO)公布,自杀是全球死亡十大杀手之一,年龄介于 15 至 29 岁的人群是自杀率最高的群体[③]。马来西亚通过卫生总监拿督诺希山发文告指出:"保健与病发研究显示,年龄介于 13 至 17 岁的青少年自杀率增加,2017 年有 10% 的青少年萌起自杀念头,相对 2012 年的 7.9% 增加了 2.1%;意图自杀的青少年则从 2012 年的 6.4% 增至

[①] 郑诗傧,华中师范大学文学院古典文献学 2011 级博士,现为马来西亚新纪元大学学院教师。
[②] [法]埃米尔·迪尔凯姆:《自杀论》,冯韵文译,北京:商务印书馆,1996 年,第 9—11 页。
[③] 《星洲日报》2019 年 9 月 10 日。https://www.sinchew.com.my/content/content_2113991.html?fbclid=IwAR1KIZ-QI1nAfXH18qAxG6MAoc-iR9178jDLUhkThd40jpX8_cA8-BLiTvQ。

2017年的7.3%。"①

为了有效杜绝自杀的歪风,心理学、精神医学、社会学等学科的专家们,各自开出药方。马来西亚华人素来自诩为中国以外,将中华文化从内到外保存、落实最完善的国家,那么,我们能不能从传统中华文化里开出药方呢?本文尝试从浩瀚丰富的中国传统思想里汲取一瓢,以先秦儒道的人生观,作为强化个体身心的补药,预防个体走向自杀。限于篇幅与主旨,本文所谈论的自杀内容,不包括精神因素、社会媒介因素等,而仅在于个体与个体、个体与社会间的自身因素。本文认为,在个体成长过程中,尽早将先秦儒道的思想根植于内,是对抗社会种种矛盾与压力最好的保健品。儒道思想的兼有与融合,相信可以形成一个有机的免疫系统,助我们开阔人生视域,在我们遇到难题的时候,提供我们更多的出路。当路不再只有一条,当尽头以后尚能转圜,人类就不至于因万念俱灰而选择自杀。下文将逐一剖析先秦儒道人生哲学的成分及其药效,并尝试将其与自杀预防进行有机的融合,希望能给当前社会存在的诸多难题提供应对的资源。

二、生死皆不朽:儒家积极奋进的人生观

先秦儒家一向以积极入世为生活标准。孔子的教学,可以说就是道德教学,他要学生成为一个品学兼优的君子,然后学以致用为社会服务。孔子说:"诵诗三百;授之以政,不达;使于四方,不能专对;虽多,亦奚以为?"(《子路》)②孔子认为若不能以所学为社稷人民服务,纵然是学富五车也是没有用的。孔子强调的是一种积极奋进的人生观,人之于社会中,要学的,不仅止于仁爱、德行、学问,还得有一种"知其不可为而为之"的精神,实现自我完善,肩负改善社会的高尚情操。

对于儒家而言,一个人的存在,绝对不是只需要对自己负责的。个体的存在,于家国于社会都是互有影响的。春秋时期,就有人生三不朽之说,这在《左传·襄公二十四年》③里早有记载。对于不朽观念,当时有两个见解:一是家族爵禄世袭的不朽,一是在社会上达到立德、立功或立言的三不朽。人之于世上,

---

① 《星洲日报》2019年9月10日。https://www.sinchew.com.my/content/content_2113991.html? fbclid=IwAR1KIZ-QI1nAfXH18qAxG6MAoc-iR9178jDLUhkThd40jpX8_cA8-BLiTvQ。
② [宋]朱熹:《四书章句集注·论语集注》,北京:中华书局,1983年,第143页。
③ 杨伯峻:《春秋左传注(修订本)》第3册,北京:中华书局,1990年,第1087—1088页。

努力追求三不朽，以立身扬名，光耀祖宗父母，这就是大孝。孝道非中国人所独有，但随着文明的发展，孝道在中国文化上得到极致的发展而得以保存①。胡适也曾提及，中国文化在某一意义上可称为孝的文化②。不朽观念之所以那么重要，还在于中国传统观念里认为，人死之后，他的道德、功业、言论会依然留在世上，存留在后世人心里。而且，人的生命，照东方人看来，似乎本来是应该反映在别人心里而始有其价值的，因此重视现世与人群的关系③。当我们重视自身与社会人群的关系，当我们知道需要对自己的行为负责，接受大众的检验与评价时，就会三思而后行，尤其在生死的抉择上。或许，我们不愿活在别人的眼光里，但是我们避免不了被定位、被标签。拿生命来说，命是自己的，你可以因为觉得人生无意义，毫无价值，甚至认为自己没有用而结束它，但是自杀者的家属所承受的阴影却是一生的，且难以磨灭的。中国台湾作家吴淡如就曾在她的散文专著《昨日历历，晴天悠悠》一书里提到他弟弟自杀后带给他们一家生活的打击和阴影，久久挥之不散，由于她切身的经历，她还提到很多自杀者的家属在多年以后，也未能走出深深的遗憾与自责中。所以儒家经典《孝经·开宗明义》篇里就论及："身体发肤，受之父母，不敢毁伤，孝之始也。"④《论语·先进》⑤里也有这么一则故事，孔子从匡地突围而出，却不见弟子颜渊。颜渊最后一个逃出来，孔子告诉颜渊："我以为你死了。"颜渊答道："老师还健在，我怎么敢死？"可见，儒家对生命是珍重的，尤其父母还健在时候。

有学者把东方人的自杀归咎于传统中华文化的影响，认为儒家的舍生取义、杀身成仁观念影响后世颇深。本文颇不认同。孔子之所以提出舍生取义、杀身成仁，是有其社会背景因素的。当时社会礼崩乐坏，战乱频繁，社会动荡不安，道德沦丧，各种思想兴起，争义利之辨。孔子主张"见利思义，见危受命"，在危难关头，甚至应该牺牲自己，成就仁义，救人于困厄中。孔子的舍生取义，是维护国家利益、稳定社会动乱下的思想产物。反观先进社会，自杀者一般由于自身的因素，或者觉得人生无意义，活着累人累己，进而否定自己存在的价值，亦或者因为承受不了各种压力，缺乏正确的人生观和价值观及有效的疏导。两者之间并无联系性。而且基于这些因素，自杀的行为也不为儒家所容。儒家一

---

① ［英］罗素：《中国问题》，秦悦译，上海：学林出版社，1996年，第30页。
② 胡适：《胡适文存》（四集），合肥：黄山书社，1996年，第1130页。
③ 钱穆：《灵魂与心》，桂林：广西师范大学出版社，2004年，第7、17页。
④ ［清］阮元：《十三经注疏·孝经注疏》，影印清嘉庆刊本，北京：中华书局，2009年，第5526页。
⑤ ［宋］朱熹：《四书章句集注·论语集注》，第128页。

直强调，存在是一种使命，也是一种责任，对自己、对家人、对社会，乃至于国家，都要负责，都要积极向上，有所作为。反之，对那些好勇斗狠、轻生的人，孔子非常轻视。孔子学生子路个性冲动好勇，就曾多次被老师批评。《论语·述而》载孔子言："暴虎冯河，死而不悔者，吾不与也。"[1]可见，孔子反对有勇无谋、鲁莽冒险的行为，更何况是轻生自杀呢？孔子在那个时代背景下提出的舍生取义与杀身成仁，不可与今日普遍出现的自杀行为相提并论，彼此并无联系性，何况前者是正价值，后者是负价值。

儒家强调积极奋进，有所作为，贡献社会，大抵为了立名。好比今天的人，汲汲营营一生，为了得到名利与富贵。我们常说做人要有上进心，奋发向上，将来才会有出息，有好的前途。现代人为了追求所谓的美好人生，认为名利、荣耀、富贵胜于一切，得到他们就会快乐。殊不知大部分的人在还没得到快乐以前，就已经先失去了尊严、与家人相处的时光、自在、自我等。更有一部分人因为承受不了生活的压力与挫折，选择自杀。现代人努力奋发，想达到人生目标，是没有错的。但如果把所追求的目标视为人生的唯一，不给自己留退路，当希望落空，收获与付出不成正比，就容易颓丧，甚至自杀。这些落空的希望，可以是种种原因，如考试不达标、爱情破灭、生意惨败、家庭不和谐等等。孔子告诉我们做人必须有所追求，不能庸庸碌碌一辈子，但是其结果是成功或失败，是喜悦或悲伤，都要适度，这就是中庸，也是儒家一向的审美标准，即中和。激烈，是有违中庸之道的；大悲大喜，也是伤身的。更不用说因为挫败而自杀，那是最愚不可及的行为。孔子认为财产的重要性远不及生命。《论语·乡党》[2]里就记载这么一则故事：马房烧了，孔子退朝回家，先关心有没有人受伤，接着才问马的情况。孔子教育我们安贫乐道，他反对为了追求物质与名利而丧失真我。他赞颜回"一箪食，一瓢饮，在陋巷。人不堪其忧，回也不改其乐"（《雍也》）[3]，又提到"富与贵，是人之所欲也；不以其道得之，不处也。贫与贱，是人之所恶也；不以其道得之，不去也。君子去仁，恶乎成名。君子无终食之间违仁，造次必于是，颠沛必于是"（《里仁》）[4]。就算再穷，也不能去偷蒙拐骗，不择手段，以致仁义丧失，更何况因为贫贱穷困去死。如果我们能在迷失以前觉醒，追求心灵质量的人生，今天还会不会有层出不穷的，因为承受不了经济压力及债务而选择杀死孩子，再自杀，或者带着孩子一起自杀的案例呢？孟子继承孔子思想，在个体入

---

[1] [宋]朱熹：《四书章句集注·论语集注》，第95页。
[2] [宋]朱熹：《四书章句集注·论语集注》，第121页。
[3] [宋]朱熹：《四书章句集注·论语集注》，第87页。
[4] [宋]朱熹：《四书章句集注·论语集注》，第70页。

世出世方面说得很好,"穷则独善其身,达则兼济天下"(《孟子·尽心上》)①。人生起起落落,绝不会是只有一条路,一个方向。预备好自己,修身养性,等待时机,好好表现,干一番事业;反之就修身养性,使自己的身心和谐,不受环境的纷扰所影响,这就是儒家的安身立命之道。

可以说先秦儒家为我们提供了一个理想的人生模式:修身治学,奋发向上,于社会中积极有为,遇到困难不放弃。但若还是不能有所作为,则退而自修,安贫乐道,寻找一处足以和谐宁静自己、安身立命之所。懒散无所作为,为儒家所唾弃;但因为理想破灭、努力白费而绝望轻生的人,更是有违孔子的中和之道的。下文将进一步论述道家的处世哲学。

三、养生尽年:道家柔弱不争的处世哲学

道家重生,进而注重养生,得以尽年,更由此衍生出对"长生不死"的渴望。可见,道家对生命的热爱达到了极致。所谓尽年,就是活到上天所赐予的生命长度,死亡随顺,而不是人为地去结束。这就是道家对生命观最基本的领会。

先秦道家以生命为最尊贵,且轻物重生。他们不是不追求功名利禄,只是更加重视自己的生命,注重养生,当所得之物可能会损害其天性与生命,他们就会选择避祸。这类人大抵有一种脱俗的情操,能不为眼前利益所诱惑,甘愿舍弃功名利禄,不为身外物所累。道家与儒家不同,道家认为我的生命价值由我自己衡量,不由别人,即使是天子,也不比自身性命可贵,即使是天下财富也不足以使我放弃自己的生命。生命,是最贵重的,一旦失去,终身不复得②。《庄子》的《让王》全篇主旨就在阐述重生思想,以让王为主旨,写生命的可贵,不以大位妨害身体,非功名利禄与权倾天下可以换来的。因此,一个睿智的人,必然是懂得"全生之道"的人,懂得珍惜生命,注重养生,节制对物质的欲望,自在地生活直到享尽天年。庄子本身就是一个典范,司马迁在撰写庄子的时候,特别选取了一则极能体现他养生思想的轶事:

> 楚威王闻庄周贤,使使厚币迎之,许以为相。庄周笑谓楚使者曰:"千金,重利;卿相,尊位也。子独不见郊祭之牺牛乎?养食之数岁,衣以文绣,

---

① [宋]朱熹:《四书章句集注·孟子集注》,第351页。
② 郑诗傧:《生死皆不朽:从〈史记〉人物生死抉择看司马迁的生死观》,华中师范大学硕士学位论文,2010年,第80页。

以入大庙。当是之时,虽欲为孤豚,岂可得乎? 子亟去,无污我。我宁游戏污渎之中自快,无为有国者所羁,终身不仕,以快吾志焉。"(《老子韩非列传》)①

千金、相位皆难以与自由抗衡。他把一旦入朝为官比喻成喂养好几年终被拿来祭祀的大牛。纵然好处甚多,最后也将落入虎口,失去生命与自由。

庄子也在《养生主》②里借"庖丁解牛"的故事来阐释养生之道。他认为做人做事,就应该学庖丁解牛那样,"依乎天理""因其固然",顺应牛的筋骨关节来宰牛,不可随意乱砍,伤害刀口,那样用了十九年的刀刃,仍如"新发于硎",完好无损。其深意在于处理事物不要太特意,伤害自然本性,而要懂得全身避祸,跳脱到是非和矛盾之外,不受外物所牵累,保全绝对的自由,这样才能养生。在庄子看来,一个人如果太锋芒毕露,就像是被放到刀口上,任人宰割,应该学庖丁"善刀而藏之"。庄子感叹世人都只是看到"有用之用",却看不到"无用之用"。庄子在《人间世》里以作为神社的栎树来比喻,栎树大得树荫可以遮蔽几千头牛,高到山头几丈以上才生旁枝,受人膜拜景仰,但木匠却不瞧它一眼,因为那是散木,对建设没有用处;但也因如此,它能存活千百年而不至于被砍伐,那就是它的大用③。郭沫若在《十批判书》说得明白:

"无用者",无用于世;"之用者",有用于己,全身、保身、养亲、尽年就是大用了。④

人们总是喜欢表现自己,想要赢得注目及掌声,却不知道正将自己推向风口浪尖。人生有起有落,谁人能永远活在掌声中,毕竟高处不胜寒啊,一旦失去名声,换来了冷嘲热讽,抵受不住压力而郁郁寡欢,最后却自杀,岂不得不偿失。其实世间一切如过眼云烟,孔子视富贵如浮云,庄子视万物齐一,即无所谓大小、荣辱、贵贱之别,也就无所谓成败、得失、贫富之喜悦或悲伤。

庄子的无用之用,其实发挥自老子"有"和"无"的理论。《老子》第十一章提到:"三十辐,共一毂,当其无,有车之用。埏埴以为器,当其无,有器之用。凿户牖以为室,当其无,有室之用。故有之以为利,无之以为用。"⑤没有车毂中空的

---

① [汉]司马迁:《史记》,北京:中华书局,1982年,第2145页。
② [清]郭庆藩撰,王孝鱼点校:《庄子集释·人间世》(上),北京:中华书局,1961年,第117—119页。
③ [清]郭庆藩撰,王孝鱼点校:《庄子集释·人间世》(上),第170—174页。
④ 郭沫若:《十批判书》,北京:人民出版社,1954年,第176—177页。
⑤ 陈鼓应:《老子注译及评介》,北京:中华书局,1992年,第104页。

地方,车子就不能起到作用;器皿因为有了中空的地方,才能盛放东西。房屋亦如此,有了门窗四壁中空的地方,才有房屋的作用。所以"有"给人便利,"无"却发挥了它的作用。世人都喜欢"拥有",讨厌"失去";都看到了"有"的作用,忽视了"无"的好处;都一窝蜂地去羡慕"有用之用",却不知道欣赏"无用之用"。纵观今日,翻开报纸,自杀的人多半因为爱情受挫、生意失败等,认定自己永无翻身之日,毫无生存的价值,甚至否定自己,觉得自己一无是处,哀怨生无可恋,而走向自杀。每个生命的赋予,必然有它的用处,是不是一定要成就什么,获得什么才是成功的美好的人生?学生是不是一定非得考到100分,拿到第一名,进优秀班,上大学?在职人士是不是非得要高薪厚职才能活下去?夫妻俩是不是一定要住大房驾大车,才是美满的人生?我们能不能像老庄所说,看到"无"和"无用"的作用,珍爱自己的"无用",让自己偶尔也能回归到恬淡与安逸,自得其乐呢?

然而,如何才能在这个复杂的、充满各种利益纷争的社会里活得自在呢?儒家标榜"德",老子标榜"水"。老子说做人,要学水。水柔弱,不争,处下。"天下莫柔弱于水,而攻坚强者莫之能胜,以其无以易之。"①又说:"人之生也柔弱,其死也坚强。万物草木之生也柔脆,其死也枯槁。故坚强者死之徒,柔弱者生之徒。是以兵强则不胜,木强则兵,强大处下,柔弱处上。"②老子告诉人们看似柔弱的其实无比刚强,如水折它不断;看似坚强的,由于常以此为优点,以身犯险,反倒容易受到损伤,处于不利之处,好像树木高大,必然被砍伐,所以个性柔柔弱弱,与世无争,并没有什么不好。唯有不争,处下如水,才是生活的智慧。"水善利万物而不争,处众人之所恶,故几于道。"③因为处下,才能够有所包容,海纳百川。有些人认为老子的退让不争,柔弱处下,是一种消极的人生观,其实,老子并非一味倡导无为,正确来说是"无为而为"。《老子》一书被说成是写给帝王或者最高领袖看的书,必有其中道理。对于帝王而言,老子所言是一种权术;对于一般百姓而言,老子所言则不失为一种畅达的人生哲学。只有在大家争个头破血流时候避其锋芒,全身而退,才能保存生命,自得其乐,或者养精蓄锐,蓄势待发。庄子的《山木》篇说的就是"螳螂捕蝉,黄雀在后"④的故事,物物竞相追逐,永无休止地争名夺利,好比现代社会的人们,为了得到利益,处心积虑算计别人,却又被设计陷害,一旦走到穷途,又无法承受得住失败而自杀。我们常常是故事里的"螳螂",也都是"黄雀","黄雀"以后,还有"黄雀",这样的

---

① 陈鼓应:《老子注译及评介》,第350页。
② 陈鼓应:《老子注译及评介》,第342页。
③ 陈鼓应:《老子注译及评介》,第89页。
④ [清]郭庆藩撰,王孝鱼点校:《庄子集释·人间世》(上),第695页。

循环要到什么时候才是个尽头,倒不如学那大鹏鸟扶摇直上九千里,自在地遨游。

先秦儒道两家人生观,各有所侧重。前者强调积极奋进,创造人生不朽价值;后者强调柔弱不争,注重养生尽年,但他们对生命的结论都是一样的,即尊重生命,珍惜生命。尤其道家所说的生死随顺,如同白天黑夜互相交替般不可改变,不可人为地去违背生死自然的法则。作为现代人的我们,如何从中国传统文化里汲取养分,滋润我们的人生,灌注珍爱生命的思想于我们体内,同时向社会倡导自杀预防呢?下文将进一步剖析相互转换、应用先秦儒道的人生观于我们生活中预防自杀的重要性。

四、穷达与变通:先秦儒道思想的相互转换、善用与自杀预防

先秦儒道的生命观有相互冲突和相互融合的地方。本文主张广纳百家之长,为我们的人生提供多元的思路和模式。我们可以以儒道思想为主,兼纳各家之长。比如佛教思想特别反对自杀,自杀是要堕入地狱无间道,遭受报应的。所以虔诚的佛教徒不会自杀。由于人生不可定论,因此储备各种源流的思想显得极为重要,在顺境逆境时候都有相应的思想来支援我们,使我们越过障碍。本文以司马迁为代表,阐述他的故事,作为我们现今人生的楷模,因为司马迁的思想渊源,正是以儒道为主,兼及百家的。

司马迁是西汉时候的一个史学家,当时因为替战败投降的李陵辩护而被汉武帝下狱处以死刑,最后司马迁自请宫刑,换来生命,以完成父亲的遗愿和自己的梦想,继续书写未完成的《史记》。当时,汉朝的法律规定一旦被判了死刑,可以用钱来赎,或者以宫刑代替死刑。司马迁家贫,又不想毫无价值地去死,万般无奈下只好选择宫刑。在当时的社会里,司马迁做这样的抉择,是极为人所不耻及鄙视的。当时士人普遍的选择都是宁愿自杀也绝不受辱的。司马迁认为"人固有一死,死有重于泰山,或轻于鸿毛,用之所趋异也"。如果不能死得有价值,那还不如忍辱求生,创造生命价值。因此,司马迁批驳那些因为承受不了压力、怯懦去死的,也否定那些为了逞一时之勇,仅仅为了尊严和面子,轻易自杀的人。

司马迁选择宫刑而存活,是极其痛苦的,其困难的程度,可以用李白的"欲渡黄河冰塞川,将登太行雪满山"为喻。司马迁作为性别的男人身份,已经不完整,作为社会阶级地位的身份,已不尊贵①。因此他在《报任安书》中向朋友坦承

---

① 郑诗侯:《生死皆不朽:从〈史记〉人物生死抉择看司马迁的生死观》,第72页。

自己难以承受社会异样的眼光。他在信中说自己"肠一日而九回,居则忽忽若有所亡,出则不知所往。每念斯耻,汗未尝不发背沾衣也"①。我们可以想象,司马迁为了完成理想,多少日子以来,活在水深火热中,每当想到自己的耻辱,见闻别人的嘲笑,都辗转不安,失魂落魄,他的内心是如此痛苦而煎熬。但他仍然苦撑下去,结果完成了一部伟大的著作,流传后世。司马迁以曾经遭受困厄、忍辱求生而成就功名的前贤,如困厄的孔子、失明的左丘明、受胯下之辱的韩信为榜样。而他又成了后世遭逢厄难的人的精神楷模,告诫后人努力生活。司马迁在《史记》一书里特别推崇张良和范蠡。他们俩积极入世,前者助汉高祖刘邦打天下,后者助越王勾践富国,等到能一尝成功的果实后,却又自动请辞,张良潜心修道,范蠡则退而从商,竟以致富天下而闻名。他们都是睿智的人,于生活中游刃有余,不贪图眼前之利,懂得因时制宜。假使当初他们继续留下来,贵为王侯,则张良的下场应该跟汉初功臣一样被歼灭殆尽;而范蠡也终究将与文种一样被勾践强迫而自尽。

中西方论生死,向来有别。西方从死的角度看待生,认为人是向死而生的存在,而中国传统的生死观则是"此世性"的,即更重视"生"的问题。德国古典哲学家叔本华曾比喻,我们的身体走着走着只是经常阻拦未即跌倒;我们的肉体的寿命活着活着,也只是不断阻拦了未即的死亡,只是延期又延期了的死亡。到最后却必然还是死亡战胜,因为我们的诞生就已把我们注定在死亡的掌心中了。这样看来,诞生并非天赐的礼物,而是一种向死亡索求得来的必然偿还的负债契约②。然而,司马迁却把传统儒道的生死观融合,引向生命价值问题及淡泊名利、懂得及时全身而退的两条主线里。生命固然有其终点,必然会死,但我们不能存有"迟早都要死,反正现在活着也没意思,不如现在去死算了,省得累人累己"的想法,而是应该考虑怎么善用上天恩赐的这份礼物,即"延期又延期了的死亡",学儒家把握当下,积极奋进,实现自我生命价值;或者学道家,淡泊名利,不争名利富贵,注重养生尽年修自在。

生命不可预知的有太多,《老子》第五十八章说:"祸兮,福之所倚;福兮,祸之所伏。孰知其极?其无正也。"③的确,有时候灾祸里面有幸福倚傍,幸福里却有意想不到的灾祸潜伏。谁能掌握它的变化?因此,不要把一时的失意看作是人生的绝望,没有什么是永久不变的,也没有什么变化是人力所能止住不变的。

---

① [汉]班固:《汉书·司马迁传》,北京:中华书局,2005年,第2069页。
② [德]叔本华:《作为意志和表象的世界》,石冲白译,北京:商务印书馆,2007年,第426页。
③ 陈鼓应:《老子注译及评介》,第289页。

徐梵澄先生说得很好:"古之士君子立身行道,循理尽分而已,祸福非所计者也。倚伏之数,盖不可量。往往小人之祸,为君子之福。今日之福,成他日之祸。父祖之祸,贻为子孙之福。财富之福,转为国家之祸。纷纷徼绕,何可胜言。"[①]的确,作为凡人的我们,实在难以预料今日之祸福转换。

当我们为眼前的辛苦和挫折痛苦的时候,想要自杀的时候,想想老子说的这句话,想想"塞翁失马,焉知非福"的故事,想想危险、困难、福祸转化的可能性,以此为立身处世之道,不要因为一时的失意而结束了充满着无数可能性的人生。苏东坡的政治生涯起伏无常,他拥有道家的思想与胸襟,在失意时仍能阐发出人生变与不变的哲理,看尽了人生中的无常与永恒并存的关系。我们或许没有这个大智慧去参透前贤所了悟的,但至少我们记得,有这么一群人,他们没有走向自我毁灭,而是在尽头前转角,看到了别处的另一番美好风光。我们也可以学儒家那样,积极奋进,朝目标迈进,但若失败了,则转化思想,崇奉道家,自修恬静。心静了,定了,储备好力量了,再蓄势待发,勇敢地前行,未为不可。当我们社会的青少年或者家长都有这样的思想,接受这样的思想熏陶,教育自己引导孩子,就不会天天都有那么多无辜的生命枉死在自己手上了。给自己希望,也给青少年正确的人生观,督导孩子努力,但却不功利。

五、结　论

我们作为炎黄子孙何其幸运,拥有丰富的思想资源可供汲取,我们又何其幸运地,在今天这样一个浮躁的社会里,拥有儒道人生观可作为生活的提示方向。所以,我们该好好爱护中华传统思想里蕴含的内在正面力量,并且发扬它,传之久远,辉映在个体心中,通明。

---

① 徐梵澄:《老子臆解》,北京:中华书局,1988年,第84页。

西汉的"文学""官"念
——以《史记》《汉书》为中心

安 敏①

"文学"的内涵是随着时代的变化而不断发生着变化的。发展到西汉,"文学"一方面表现为对前代观念的继承,《盐铁论·论儒》就明确指出"文学祖述仲尼"②。关于孔子的文学观念,王齐洲先生曾专门撰文《论孔子的文学观念——兼释孔门四科与孔门四教》进行讨论,得出"作为'孔门四科'之一的文学是指能够付诸政治实践的文治教化之学,后来成为儒家文化典籍和学术思想的总称"③的结论。另一方面,此时的"文学"又因为国家察举选才而与做官联系在一起。黄留珠在《秦汉仕进制度》中明确指出"文学"一词"若用来指人,则为儒生"④,这些儒生经由地方推荐、通过测试考核成了"文学"职官,参与了西汉的思想文化建设,亦映射出西汉文学的基本面貌特点。

一、西汉的"文学"与为官

西汉时期,"文学"察举最初是与贤良联系在一起的,贤良文学之间并没有明确的划分。若论发端,当起于文帝十五年"故诏有司、诸侯王、三公、九卿及主郡吏,各帅其志,以选贤良明于国家之大体,通于人事之终始,及能直言极谏者,各有人数,将以匡朕之不逮"⑤。通过诸侯王、三公、九卿等的推荐,贤良文学之

---

① 安敏,华中师范大学文学院古典文献学2004级博士,现为华中师范大学文学院副教授。
② [汉]桓宽:《盐铁论》,上海:上海人民出版社,1974年,第24页。
③ 王齐洲:《中国文学观念论稿》,武汉:湖北教育出版社,2004年,第80—94页。
④ 黄留珠:《秦汉仕进制度》,西安:西北大学出版社,1998年,第184页。
⑤ [汉]班固:《汉书》卷四九《爰盎晁错传》,北京:中华书局,1997年,第2290页。以下出自《汉书》的引文皆出自此版本,只注明卷数、篇名和页码。

士有机会进入朝中接受选拔,仕进为官。这样的记载在《史记》《汉书》中存在不少,如：

> 后诏有司举贤良文学士,错在选中。①
>
> 及窦太后崩,武安侯田蚡为丞相,绌黄老、刑名百家之言,延文学儒者数百人。②
>
> 武帝即位,举贤良文学之士前后百数,而仲舒以贤良对策焉。③
>
> 后六年,窦太后崩。其明年,上征文学之士公孙弘等。④
>
> 武帝初即位,招贤良文学士,是时弘年六十,以贤良征为博士……元光五年,复征贤良文学,菑川国复推上弘。⑤
>
> 武帝初即位,征天下举方正贤良文学材力之士,待以不次之位……⑥
>
> 是时,征伐四夷,开置边郡,军旅数发,内改制度,朝廷多事,娄举贤良文学之士。⑦

发展到武帝末到汉昭帝时期,"文学"与"贤良"分而为二,所选之人一重对儒家经典的熟悉,一重道德品行修养。"文学"逐渐具有了独立的入仕要求和途径。《汉书·隽不疑传》所记"隽不疑字曼倩,渤海人也。治《春秋》,为郡文学,进退必以礼,名闻州郡"⑧。明确说明隽不疑因明于儒家经典《春秋》为郡文学。本传又记隽不疑在武帝时被拜为青州刺史,则他担任地位低些的郡文学一职亦应发生在武帝时期。另,《汉书·昭帝纪》诏亦载:"朕以眇身获保宗庙,战战栗栗,夙兴夜寐,修古帝王之事,通《保傅传》《孝经》《论语》《尚书》,未云有明。其令三辅、太常举贤良各二人,郡国文学高第各一人。"⑨不仅将贤良与文学分开说明,而且对每个类别举荐的人数亦有具体规定,说明此时的"文学"察举已然成为比较成熟的独立考察科目了。《汉书·盖宽饶传》记"盖宽饶字次公,魏郡人也。明经为郡文学,以孝廉为郎"⑩,《汉书·诸葛丰传》记"诸葛丰字少季,琅邪

---

① 《汉书》卷四九《晁错传》,第 2290 页。
② [汉]司马迁:《史记》卷一二一《儒林列传》,北京:中华书局,1997 年,第 3118 页。以下出自《史记》的引文皆出此版本,只注明卷数、篇名和页码。
③ 《汉书》卷五六《董仲舒传》,第 2495 页。
④ 《史记》卷一二《孝武本纪》,第 452 页。
⑤ 《汉书》卷五八《公孙弘传》,第 2613 页。
⑥ 《汉书》卷六五《东方朔传》,第 2841 页。
⑦ 《汉书》卷六四上《严助传》,第 2775 页。
⑧ 《汉书》卷七一《隽不疑传》,第 3035 页。
⑨ 《汉书》卷七《昭帝纪》,第 223 页。
⑩ 《汉书》卷七七《盖宽饶传》,第 3243 页。

人也。以明经为郡文学,名特立刚直"①,《汉书·郑崇传》记"(郑)崇少为郡文学史,至丞相大车属"②,《汉书·匡衡传》记"(匡)衡射策甲科,以不应令除为太常掌故,调补平原文学。学者多上书荐衡经明,当世少双,令为文学就官京师"③……这些都是"文学"作为独立一科举官的明证。

不过,"文学"察举的独立特性并未维持很长时间,至迟在王莽之时,"文学"又被重新纳入了"孔门四科"的体系中而失去了它独立的地位。这一点从《汉书·王莽传》中可以找到踪迹,该传记"(建国)三年,莽曰:'百官改更,职事分移,律令仪法,未及悉定,且因汉律令仪法以从事。令公卿、大夫、诸侯、二千石举吏民有德行、通政事、能言语、明文学者各一人,诣王路四门。'"④这里王莽提到的德行、政事、言语、文学正是孔门四科的组成部分。

综上,围绕着仕进一途,西汉的"文学"在察举制下经历了与贤良并举—文学独举—四科并举的变化。在这一变化之中,"文学"始终与儒学、儒生的意蕴联系在一起。无论是与贤良并举还是单独举荐的阶段,儒生们为官的原因是"文学"才能被肯定、被欣赏。这里的"文学"才能不是我们后世所说的由艺术表现力、写作技巧、语言处理能力等构成的综合素养,而是指的儒家的文治教化,尤其是经学的修养。《史记》记"上向儒术,招贤良,赵绾、王臧等以文学为公卿,欲议古立明堂城南,以朝诸侯……后六年,窦太后崩。其明年,上征文学之士公孙弘等"⑤,赵绾、王臧、公孙弘之辈都是因为好儒术而受到重用。这既是汉武帝的思想趋向,亦是这个时代的特征。窦太后积极推行文景时期的统治思想——黄老道家思想,所以与推崇儒家思想的汉武帝之间时有芥蒂。为了真正掌权,改变黄老道家思想占统治地位的状况,汉武帝大力提拔了一些儒生诸如赵绾、王臧、公孙弘等,试图在国家内推行儒家的文治教化。同时,汉武帝还采纳了董仲舒的意见,罢黜了"治申、商、韩非、苏秦、张仪之言"⑥的贤良,又在建元五年设立了五经博士,把《诗》《书》《礼》《易》《春秋》定为儒家经典,使得儒学盛行。"文学"职官的任用正是推广儒学的国家举措中的重要一环。

通过"文学"仕进的一般可分为中央文学和郡文学两个层面。中央文学如

---

① 《汉书》卷七七《诸葛丰传》,第3248页。
② 《汉书》卷七七《郑崇传》,第3254页。
③ 《汉书》卷八一《匡衡传》,第3331页。
④ 《汉书》卷九九中《王莽传》,第4125页。
⑤ 《史记》卷一二《孝武本纪》,第452页。
⑥ 《汉书》卷六《武帝纪》,第156页。

《汉书·平当传》所记"(平)当少为大行治礼丞,功次补大鸿胪文学"①,大鸿胪文学隶属于掌管礼宾事务的九卿之一的大鸿胪。又如,《史记·龟策列传》记褚少孙言自己"求《龟策列传》不能得,故之太卜官,问掌故文学长老习事者,写取龟策卜事,编于下方"②,文学掌故隶属九卿之一的太常,备询典章故事。汉武帝时,公孙弘谏议由太常和郡县推举博士弟子入太常学习,一年后考试儒家经典,能通一经以上的则擢选为文学掌故。郡文学如《汉书·韩延寿传》所记韩延寿"少为郡文学"③,《汉书·翟方进传》所记翟方进"好学,为郡文学"④,《尹湾汉墓简牍》所记"朐邑左尉楚国菑丘田章始,故东郡太守文学,以廉迁"⑤,等等。值得注意的是,中央文学与郡文学之官有时并不能划分得截然清晰,如文学卒史一职,是各卿和郡国皆有设置的官职,掌管教授学生、备询典章故事等。《史记·滑稽列传》记"武帝时,征北海太守诣行在所。有文学卒史王先生者,自请与太守俱,'吾有益于君',君许之"⑥,此中文学卒史应是北海太守下设。又如前面提到的文学掌故也是有机会选为郡属曹史的。

担任"文学"的职官主管教育,还兼以承担礼乐祭祀、备询典章故事、督查吏治等责任。关于文学官的教导之职,颜师古注曰"郡有文学官,而尊事之以为师也"⑦,王尊师事郡文学官恰恰说明了该官职具有教授学子的责任;同时,文学官还承担了礼乐祭祀的任务,《汉书》所记韩延寿为改变颍川地方相为告讦的旧俗,引导百姓明礼义,曾"令文学校官诸生皮弁执俎豆,为吏民行丧嫁娶礼"⑧,可知郡国文学校官是要参与到地方具体的礼乐丧嫁活动,实行礼义教化的;此外,文学官还有备询典章故事之责,如《史记》中提及的文学掌故、文学卒史都有这样的任务。除开思想教化、礼乐典实,文学官也实实在在地参与到国家治理上。《盐铁论》成书的背景就是汉昭帝诏令各郡国举贤良文学入京,以通过他们了解民间状况。而贤良文学也切实借此机会对国家的盐铁专营、酒类专卖等政策弊端提出了质疑。

---

① 《汉书》卷七一《平当传》,第3048页。
② 《史记》卷一二八《龟策列传》,第3226页。
③⑧ 《汉书》卷七六《韩延寿传》,第3210页。
④ 《汉书》卷八四《翟方进传》,第3411页。
⑤ 《尹湾汉墓简牍》,北京:中华书局,1997年,第86页。
⑥ 《史记》卷一二六《滑稽列传》,第3210页。
⑦ 《汉书》卷七六《王尊传》"事师郡文学官"注,第3227页。

二、西汉"文学"职官崇儒观念的强化

通过考察《史记》《汉书》对"文学"职官的相关记载,我们可以看出西汉的"文学"职官体系从程序上说既有既定考试科目的安排,又有具体官职的设定,更有帝王直接考核筛选;从体系上说既有中央层面的"文学"之官,又有推行经学、服务地方的"郡文学"之官,还有向着"文学"之官奋进的众多儒生。不少儒生以"文学"之官为基点,逐步走向指点江山、精于政事的领导上层。这样一来,从朝廷的高层到低层,从官方到民间,共同构筑了西汉"文学"职官系统,而这一系统的核心观念就是崇尚儒学,以儒学来治民,用儒学来治国。这一观念在帝王的引导鼓励下,在贫寒学子的身体力行和广泛推行下得到不断强化。

首先,在"文学"之官的选拔过程中,帝王承担了重要的角色。他们的直接策问和擢拔引导"文学"之士以儒治国。先看元光五年汉武帝复征贤良文学时所作诏制:

> 盖闻上古至治,画衣冠,异章服,而民不犯;阴阳和,五谷登,六畜蕃,甘露降,风雨时,嘉禾兴,朱中生,山不童,泽不涸;麟凤在郊薮,龟龙游于沼,河洛出图书;父不丧子,兄不哭弟;北发渠搜,南抚交阯,舟车所至,人迹所及,跂行喙息,咸得其宜。朕甚嘉之,今何道而臻乎此?子大夫修先圣之术,明君臣之义,讲论洽闻,有声乎当世,敢问子大夫:天人之道,何所本始?吉凶之效,安所期焉?禹汤水旱,厥咎何由?仁义礼知四者之宜,当安设施?属统垂业,物鬼变化,天命之符,废兴何如?天文地理人事之纪,子大夫习焉。其悉意正议,详具其对,著之于篇,朕将亲览焉,靡有所隐。①

汉武帝诏制紧紧围绕着治国问题展开问询,明确说明了自己的治国理想图景乃上古至治之世,欲命被询问的儒生明先圣之术,从天文、地理、人事多方面阐明治国之道,解释仁、义、礼、知该如何施行。其中所强调的君臣之义、仁义之途恰恰是儒家治国思想的重要组成。根据汉武帝的提问,我们再来看看公孙弘的部分作答:

> 臣闻上古尧、舜之时,不贵爵常而民劝善,不重刑罚而民不犯,躬率以正而遇民信也;末世贵爵厚赏而民不劝,深刑重罚而奸不止,其上不正,遇民不信也。夫厚赏重刑未足以劝善而禁非,必信而已矣。是故因能任官,

---

① 《汉书》卷五八《公孙弘传》,第2613—2614页。

则分职治；去无用之言，则事情得；不作无用之器，即赋敛省；不夺民时，不妨民力，则百姓富；有德者进，无德者退，则朝廷尊；有功者上，无功者下，则群臣逡；罚当罪，则奸邪止；赏当贤，则臣下劝：凡此八者，治民之本也……

臣闻之，气同则从，声比则应。今人主和德于上，百姓和合于下，故心和则气和，气和则形和，形和则声和，声和则天地之和应矣……

臣闻之，仁者爱也，义者宜也，礼者所履也，智者术之原也。致利除害，兼爱无私，谓之仁；明是非，立可否，谓之义；进退有度，尊卑有分，谓之礼；擅杀生之柄，通壅塞之涂，权轻重之数，论得失之道，使远近情伪必见于上，谓之术；凡此四者，治之本，道之用也，皆当设施，不可废也……①

从这些片段中，我们可以看出公孙弘的对策表现了基本的崇儒倾向，提倡重德行，赏当贤，不夺民时，不重刑罚，以仁、义、礼、知作为治之本、道之用。不过值得注意的是，他特别强调了"术"这一概念，将"术"与"知"结合在一起，以"擅杀生之柄，通壅塞之涂，权轻重之数，论得失之道，使远近情伪必见于上"为"术"之内涵，这其实与儒家所说的"知"相去甚远。《论语》中出现的"知"有知识、知晓、智慧之意，孔子所说的智慧含义也是比较广的，有知仁、知义、知退等义，孟子则将"是非之心"与智联系在一起，虽然在内涵的广度上有所差异，但是基本都是在个人德行境界的范畴之内，而非指向法家、纵横家所提倡的治国权谋层面。正是因为公孙弘对策的这种有悖儒家传统的表现，所以太常最初是以弘下第。不过，汉武帝却以弘之言深得心意，擢拔公孙弘为第一。也就是说汉武帝推行儒学的根本目的还是为治国服务，他所说的崇儒实际是在吸纳了其他各家思想的基础上的融通之举。被擢升的"文学"职官公孙弘"习文法吏事，缘饰以儒术"②，深得汉武帝赏识，先为内史，又为御史大夫，后又"以《春秋》之义绳臣下取汉相"③，位列三公，"弘奏事，有所不可，不肯庭辩。常与主爵都尉汲黯请间，黯先发之，弘推其后，上常说，所言皆听，以此日益亲贵"④。同样的情况还有晁错，据《史记》记载，晁错曾跟随张恢学习申商之学，对法家商鞅非常崇拜，他后来因深入学习《尚书》，"以文学为太常掌故"⑤，从此走入国家决策层，他思想中的法家思想当然是不能忽视的。这些说明西汉的"文学"之官是被纳入整个国家治理体系中的，它以儒学为依托，最终目标为治世。

---

① 《汉书》卷五八《公孙弘传》，第2615—2616页。
② 《汉书》卷五八《公孙弘传》，第2618页。
③ 《史记》卷三〇《平准书》，第1424页。
④ 《汉书》卷五八《公孙弘传》，第2619页。
⑤ 《汉书》卷四九《晁错传》，第2276—2277页。

其次,"文学"察举一科有利于贫寒的通儒之才进入仕途,中央和地方"文学"官职的设定助力"文学"之士在更大范围内推行儒学。通过"贤良文学"进入仕途的很多都没有深厚富庶的家庭背景。对此,桓宽《盐铁论》记桑弘羊一派对贤良文学进行攻讦时可见一斑,他们认为贤良文学"发于畎亩,出于穷巷"①,见识不开,不宜轻议朝事,且"儒皆贫羸,衣冠不完,安知国家之政、县官之事乎?"②由此可知,贤良文学往往出身寒素,生活清苦。因为察举一科,他们获得了仕进的机会,虽然起点不高,但是却是进入了正式的官员体系,仍然有可能像公孙弘那样一步步走向相位。所以,在汉武帝推行"罢黜百家,独尊儒术"的氛围下,因为贤良文学察举通经的选择倾向,有才学的贫寒之士势必在儒家经典上花费更多的精力,进行深入的了解和学习。虽然说也有一批文人如司马相如等是凭借着"文才"才获得诸多重视与提拔的,但是这种认同与贤良文学举而言毕竟是特例,带有偶然性,在西汉并非占据主位。

此外,如前所述,西汉"文学"职官的主要职责正是地方教育。教育对于一个封建王朝来说是举足轻重的,它关系到对百姓思想的塑造,实际上是在潜移默化的情况下完成统治者对百姓精神世界的洗礼。正因为认识到这一点,试图用儒家思想治国的西汉统治者专门在各地设立了"文学"这一官职,而这些官员的选拔标准就是要明经、通经。自然而然的,这些"文学"职官给地方设立的教育目标就是推行儒学、崇尚礼仪。所以,以地方"文学"职官为媒介和传播者,崇儒的观念亦在民间不断强化。

由此,从中央到地方,从帝王到"文学"职官,西汉"文学""官"念的儒学根本被强化和推行,这种现象也直接或间接地影响到西汉的文学观念。

三、西汉"文学""官"念体现的文学观念

有汉一代,文学与经学之间的关联性很大,这是学界的共识。相较于东汉来说,西汉文学受到儒学的规范更甚。马端临曾将东汉鸿都门学与西汉待诏金马门事件进行比较,认为"武帝时虽文学如司马迁、相如、枚皋、东方朔辈,亦俱以俳优畜之。固未尝任以要职,而灵帝时鸿都门学之士,至有封侯赐爵者,士君子皆耻与为列,则其人品可知"③。单就善文之士所任官职比较,鸿都门学能封

---

① [汉]桓宽:《盐铁论》,北京:中华书局,1984年,第95页。
② [汉]桓宽:《盐铁论》,第125页。
③ [宋]马端临:《文献通考》卷四〇,《万有文库》本,上海:商务印书馆。

侯赐爵,汉武帝时则虽有封官,实则不得要职,说明汉武帝仍是将诗赋文章置于儒学框架之内,并未真正看重善文之士。从鸿都门学事件的发酵看,东汉善文之士与儒学之间的矛盾表现得更为激烈,更为张扬。这亦是文学发展冲破儒学桎梏的必然趋势。在更稳固的儒学规范制约下,西汉"文学"职官的崇儒观念,亦不可避免地影响了此期的文学观念。

第一,文学披上了经学的外衣。"文学"职官的儒学本质促进了文学的趋经学化。"文学"职官的主要技能就是熟悉儒家经典,主要职责是传授儒家经典。据《史记·儒林列传》记载,自武帝征召贤良文学之后,"言《诗》于鲁则申培公,于齐则辕固生,于燕则韩太傅。言《尚书》自济南伏生。言《礼》自鲁高堂生。言《易》则菑川田生。言《春秋》于齐鲁自胡毋生,于赵自董仲舒"①。可见,这些"文学"职官的选拔和产生造成的直接结果就是五经大行,解经之风大盛,地方经学发展颇有师承。对这些儒家经典的解读最终目的是指导施政,因而这些解读具有实用性、政教性、体系化、烦琐化的特点。这种风气的浸染也从思想和形式上影响此期的文学创作。从思想上说,从枚乘的《七发》到司马相如的《子虚赋》《上林赋》再到扬雄的《羽猎赋》《长扬赋》等都极力呈现了宏大的写作倾向,展示西汉王朝的赫赫声威。在赋的结尾处总要实施劝谏,曲终奏雅。这与六艺的"明天道,正人伦,致至治之成法也"②的目标是一致的。且在董仲舒"天人感应说"的基础上,经学发展到后来将儒学宗教神学化了,出现了神仙灾异之说。如为了神话孔子,汉代的人们将其出生神秘化了,就像是《诗经》中记载的周的始祖后稷的神异诞生一样。《春秋演孔图》这样说道:"孔子母徵在梦感黑帝而生,故曰玄圣。"③"谶纬之学"的出现也影响"文学"发生了相应的变化,出现很多虚幻性、夸张性的描写。从形式上说,汉代的代表文学样式大赋的繁文缛辞、铺张扬厉与解经的烦琐本质上是一致的。此时一个比较极端的例子就是解释《尚书·尧典》标题两个字的含义居然衍生出十万字来。西汉的大赋也往往是毫无节制地铺展开来,显得十分细碎烦琐。

第二,文学的政论性被凸显。如前所述,西汉"文学""官"念的核心是用儒学思想来治国。这样的内涵势必会给汉代的"文学"观念强化一个因子,那就是政论性。从孔子提出"兴、观、群、怨"说到汉代的"曲终奏雅","文学"一直就与政治紧密地联系在一起。但是与先秦时代相比较,汉代的这种观念更加完备,涉及的范围更加具体。因为先秦时代的文学观念还处在一种非官方的状态,孔

---

① 《史记》卷一二一《儒林列传》,第3118页。
② 《汉书》卷八八《儒林传》,第3589页。
③ [宋]范晔撰,[唐]李贤等注:《后汉书》注引,北京:中华书局,1997年。

子、孟子这样一些代表人物都没有得到统治者的重用，而汉代则不同，从朝廷到民间因为"文学"职官的作用而形成了完备的体系。他们不是通过作品来审美抒情，而是通过作品来讨论政事。最典型的一个例子就是《盐铁论》。这一部会议记录写于汉昭帝时期，以御史大夫桑弘羊为代表的利益集团与由民间选择出来的贤良文学代表进行直接的争论，以确定国家的政治路线是否合理。他们争论的内容涉及社会生活的方方面面，有对盐铁、均输、酒榷等官营财政经济政策之兴废的讨论，有对是否继续对匈奴用兵的军事策略的讨论，有对国家礼治与法治选择的不同意见，双方畅所欲言，直接参与政治、经济、军事的建设，充分展示了"文学"的政论性。

事实上，"文学"职官中亦有少数善作文章之辈，《史记》《汉书》对他们以"善属文"进行记载，比方说儿宽和董仲舒。儿宽家境贫苦，曾为别人做雇工。凭借着对经书的钻研，他担任了廷尉文学卒史，后因为奏章写得好，得到了皇帝的注意。在觐见皇帝的时候，又凭借着经学的造诣让天子非常高兴，遂得以被加问一篇《尚书》，获得机会，被提拔为左内史。在精通五经的梁相褚大面前议封禅之事，让褚大自愧弗如，认为儿宽比自己更胜任御史大夫。从儿宽的经历可以看出，虽然他善写文章，但并非带有虚构性、浪漫化的文学作品，而是实用性强的政论文字。且儒学才是他的立身之本、进身之阶，他从清贫的儒生升迁到御史大夫，靠的是扎实的儒学积淀。董仲舒亦是因为熟读《春秋》被征为博士。汉武帝时在举贤良文学对策中，他展现了极高的儒师风范，被任命为江都相。他的思想策略为汉武帝所吸收取用，他的文章亦偏重实用议论，偏重阐明用仁礼观、天道观治国。这样的作品打上了浓重的儒学色彩。这一点是西汉"文学"职官区别于后世"文学"职官的重要表现。比方说南朝亦有"文学"职官，王褒、谢朓等都曾经担任过，此时的"文学"职官是看重文学才华的，《陈书》所记担任信义王文学的陆从典就是一个典型代表，他"八岁，读《沈约集》，见回文研铭，从典援笔拟之，便有佳致。年十三，作《柳赋》，其词甚美。琼时为东宫管记，宫僚并一时俊伟，琼示以此赋，咸奇其异才。从父瑜特所赏爱，及瑜将终，家中坟藉皆付从典，从典乃集瑜文为十卷，仍制集序，其文甚工"①。

第三，文学的地位低下。一方面，"文学"职官的地位较低。在国家的整个官员体系中，"文学"职官是以低位状态运行的。清人孙星衍等辑的《汉官六种》中明确说明了"文学"职官的官位标准，"卫尉……文学三人百石"②，"太仆……

---

① ［唐］姚思廉：《陈书》卷三〇《陆从典传》，北京：中华书局，1997年，第398页。
② ［清］孙星衍等辑，周天游点校：《汉官六种·汉官》，北京：中华书局，1990年，第3页。

文学八人百石"①,"廷尉……文学十六人百石"②,"大鸿胪……文学六人百石"③,"大行……文学五人百石"④,"大司农……文学二十人百石"⑤,"执金吾……文学三人百石"⑥……由此可见,汉代的"文学"职官只是俸禄百石的小官,可算作国家机器中的一粒粒小螺丝钉。他们的文章写作才能是在不遮蔽儒学光彩的前提下,被当作儒学的附庸和助力的。公孙弘的《举贤良文学对策》艺术成就颇高,对偶形式多样,令人印象深刻;《文心雕龙·议对》对晁错、董仲舒、公孙弘的议对均有很高的评价:"观晁氏之对,证验古今,辞裁以辨,事通而赡,超升高第,信有征矣。仲舒之对,祖述《春秋》,本阴阳之化,究列代之变,烦而不恩者,事理明也。公孙之对,简而未博,然总要以约文,事切而情举。"⑦但这些文章中被那个时代关注的还是儒学治国的内涵,并非辞采技巧本身。正如钱志熙先生所论:"在汉代儒者中,擅长辞章者只是少数的一部分人。汉儒并非都能文章,文章并非汉儒必具的修养;而且一直被认为是可有可无,有时甚至被视为无益于身心与治道的末艺。"⑧正因为如此,从纯文学的角度来看,无论是以贤良文学起家至位列三公的高级官吏,还是安于地位低下的"文学"职官,他们实际都充当着"文学侍从"的角色。他们的文章与国家政治紧密联系在一起,被禁锢于儒学的框架之内,服务于帝王的治国安邦之策。尽管他们已经展现出从先秦时代的文学家、史学家、哲学家、政治家不分的融合状态走出的趋势,但是仍未取得独立的身份,亦注定了文学的不单纯性,影响了西汉文学发展的进程。

由对西汉的"文学"职官体系的全面分析,我们可以发现此期的文学被严格规范在儒学的框架之下。"文学"职官选拔过程中的帝王导向以及"文学"职官主要职责的实施助推都强化了崇儒的观念。这种以儒学治国的思想使得西汉文学与经学牢牢捆绑在一起,"文学"职官的低位运行使得文学始终处于侍从的位置,无法展示出它应有的价值和地位。不过,这也恰恰是汉代文学不同于后世文学的独特风貌,是我们在研究此期文学现象时必须正视的问题!

---

① [清]孙星衍等辑,周天游点校:《汉官六种·汉官》,第4页。
②③④⑤ [清]孙星衍等辑,周天游点校:《汉官六种·汉官》,第5页。
⑥ [清]孙星衍等辑,周天游点校:《汉官六种·汉官》,第7页。
⑦ [南朝]刘勰著,范文澜注:《文心雕龙注》下,北京:人民文学出版社,1958年,第439页。
⑧ 钱志熙:《"鸿都门学"事件考论——从文学与儒学关系、选举及汉末政治等方面着眼》,《北京大学学报(哲学社会科学版)》2008年第1期,第95页。

从《抱朴子》探究《孟子》对葛洪的影响

梁鉴洪[①]

引 言

本文的目的,是指出葛洪的思想,在很大程度上受到了孟子的影响,这些影响,不单只政治理论,即使其追求成仙与追求长生的宗教思想,也有一部分可上溯至孟子。本文是针对葛洪的《抱朴子》内、外篇探讨《孟子》与葛洪在思想上的渊源,务求将儒家对道教的影响,作出更深入的研究。希望为中国魏晋时期的思想史,尤其是此时期的儒家与道教的思想关联,作出一点贡献。

本文是从思想史的方法入手,先剖析《抱朴子》内、外篇的理论与思想,然后论述《孟子》与《抱朴子》相关的思想,从而指出葛洪与孟子在思想上的渊源。而资料方面,本文主要根据葛洪所著作的《抱朴子内篇》《抱朴子外篇》,而版本则是选用王云五主编《丛书集成初编》影印《平津馆丛书》本《抱朴子内外篇》。而《孟子》的版本则选用中华书局影印清朝阮元刻的《十三经注疏》本。同时也采用儒家其他经典及《老子》《庄子》等资料。而且也参考近代学者对《抱朴子内篇》与《抱朴子外篇》及《孟子》的注释,以及相关的专题性研究成果。

本文分四大段落,首先论说葛洪与儒家及诸子思想的关系;其次是论述葛洪人生思想与孟子思想的渊源;再次是阐述葛洪的政治思想与孟子政治思想的渊源,指出葛洪也经常引述《孟子》的文字以支持其人生与政治理念,由此说明葛洪与孟子思想的关系是明确无疑的,由此而为第四段落,即葛洪的成仙思想与孟子的成圣思想的渊源在论据上铺路;本文最后一点讲述葛洪成仙与孟子成圣的思想关系,葛洪并没明言有引用《孟子》的文字支持其理论,但从思想上的比较,就可以知道,孟子的成圣思想确是对葛洪的成仙理论有颇大的影响。

[①] 梁鉴洪,华中师范大学文学院古代文学 2012 级博士,现为中国香港树仁大学教授。

一、葛洪与儒家思想的渊源

《中国道教思想史》说:"从实际情形看,道教与儒家的关系绝不亚于道教与先秦道家的关系。这从道教初创时期便已体现出来了。早期道教的几部代表性经典《太平经》《抱朴子》等都留下了儒家思想影响的痕迹。"①

据葛洪在《抱朴子·外篇·自叙》所说,他的思想受先秦儒家影响颇深,《外篇·自叙》载:"年十六,始读《孝经》《论语》《诗》《易》,贫乏无以远寻师友,孤陋寡闻,明浅思短,大义多所不通,但贪广览于众书,乃无不暗诵精持。曾所披涉,自正经诸史百家之言,下至短杂文章近万卷,既性暗善忘又少文,意志不专,所识者甚薄,亦不免惑,而著述时犹得有所引用,竟不成纯儒。"②他不单只自谦不是纯儒,亦自谦是"儒者之末"③。然而他对儒家经典用力甚勤,《外篇·自叙》说:"又抄五经七史百家之言。"④他遵守儒家的传统,斥责破坏礼俗放浪形骸者,他亦注重个人的修养,不同流合污⑤。他一生虽然笃信道教神仙之学,但其涉世思想主要是承袭自儒家的⑥,《外篇·自叙》云:"其《内篇》言神仙方药,鬼怪变化,养生延年,禳邪驱祸之事,属道家。其《外篇》言人间得失世事臧否,属儒家。"⑦

从《外篇·自叙》来看,葛洪自述其学问渊源是儒家,但除此之外,他亦对诸子百家之言甚感兴趣,所以他不惜精力,抄五经、七史及百家之言,可见他的学问是经学与诸子之学并重的。

葛洪对诸子之书有甚高的评价,指出诸子之书的重要性并不亚于儒家的经典,《外篇·尚博》云:"正经为道义之渊海,子书为增深之川流。仰而比之,则景星之佐三辰也。府而方之,则林薄之裨嵩岳也。"⑧他用了三个比喻形容经典与子书的关系:渊海与川流;景星与三辰——日、月与辰星;林薄与嵩岳。所谓

---

① 卿希泰编:《中国道教思想史》第1册,北京:人民出版社,2009年,第114页。
② [晋]葛洪著,[清]孙星衍校:《抱朴子内外篇》第9册,影印《平津馆丛书》本,台北:台湾商务印书馆,1936年,第814—815页。
③ [晋]葛洪著,[清]孙星衍校:《抱朴子内外篇》第9册,第818页。
④⑦ [晋]葛洪著,[清]孙星衍校:《抱朴子内外篇》第9册,第828页。
⑤ 梁荣茂:《抱朴子研究》,台北:牧童出版社,1977年,第78页。
⑥ 林雪莉:《抱朴子内外篇思想研究》,台北:学生书局,1980年,第16页。
⑧ [晋]葛洪著,[清]孙星衍校:《抱朴子内外篇》第7册,第637页。

"佐"与"裨"都有辅助或增益的意思①,无非是说明经典与诸子之书,两者是相得益彰、相辅相成的关系。

《尚博》篇这句话也出现于《外篇·百家》篇之中,葛洪对其重视诸子百家的原因进行了解释,《百家》篇云:"百家之言,虽不皆清翰锐藻,弘丽汪濊,然悉才士所寄心,一夫澄思也。"诸子百家之书,虽然在文字上不及经典华丽与精细,但是却可以给人颇广阔的思想空间②,他在《百家》篇继续说:"子书披引玄旷,眇邈泓窈,总不测之源,扬无遗之流,变化不系于规矩之方圆,旁通不沦于违正之邪径,风格高严,重仞难尽,是偏嗜酸甜者,莫能其味也。用思有限者,不得辩其神也。"③这几句话,形容诸子百家之书思想上的广度、深度及其变通④。用现代的文字来说,就是葛洪认为,诸子百家之书的哲学思维,比经典是有过之而无不及,而且,诸子的哲学思维,也不是教人胡思乱想,不会使人落"违正之邪径"里面。这段话足以反映葛洪对诸子百家之书的重视程度。

在诸子百家之书中,葛洪对孟子的评价可说是最高的,《孟子》一书是属于儒家的书籍,但在葛洪之世,《孟子》并不属于儒家经典之书,而是属于儒家诸子之书。葛洪所了解的图书分类,是从刘向《别录》与班固《汉书·艺文志》而来,他在《自叙》中谓:"案《别录》《艺文志》,众有万三千二百九十九卷。"⑤葛洪在《自叙》所说的经典,如《孝经》⑥《论语》⑦《诗》⑧《易》⑨,是属经典之书,而《孟子》则是属于儒家诸子之书⑩。葛洪对孟子的评价是十分正面的。虽然,他在《自叙》篇没有提到研读《孟子》一书,然而他在《外篇》多次引用《孟子》的文字或理论支持其观点,他的处世治学与政治理念不少都是承袭了孟子的思想或者是在孟子的基础上转变而来。而他在《内篇》的成仙长生思想,虽然没有提到受《孟子》的影响,然而,只要将其某些成仙思想与《孟子》的思想相比较,了解他的人生哲学和

---

① [晋]葛洪著,陈飞龙注译:《抱朴子外篇今注今译》,台北:台湾商务印书馆,2002年,第440页。
② [晋]葛洪著,陈飞龙注译:《抱朴子外篇今注今译》,第729页。
③ [晋]葛洪著,[清]孙星衍校:《抱朴子内外篇》第9册,第751页。
④ [晋]葛洪著,杨明照校笺:《抱朴子外篇校笺》,北京:中华书局,1997年,第443页。
⑤ [晋]葛洪著,[清]孙星衍校:《抱朴子内外篇》第9册,第815—816页。
⑥ [清]王先谦撰:《汉书补注》上册卷三〇,影印虚受堂本,北京:中华书局,1983年,第21页,总第875页。
⑦ [清]王先谦撰:《汉书补注》上册卷三〇,第19页,总第874页。
⑧ [清]王先谦撰:《汉书补注》上册卷三〇,第8页,总第869页。
⑨ [清]王先谦撰:《汉书补注》上册卷三〇,第2页,总第866页。
⑩ [清]王先谦撰:《汉书补注》上册卷三〇,第29页,总第879页。

政治哲学与《孟子》的关系之后,就可以知道,葛洪的成仙思想也有不少观念从《孟子》的思想转化而来。

二、葛洪的人生哲学与孟子思想的渊源

葛洪认为人生最可贵者,是立德与立言。立德与立言本是儒家的思想,《左传·襄公二十四年》云"大上有立德,其次有立功,其次有立言"①,葛洪吸收了儒家的立德、立言思想,建立其人生哲学,他认为立德就是孝友仁义,操业清高,而立言就是穷览坟索,著述粲然,他在《逸民》篇所推重的就是这种不求名利,过简朴生活的人生理想,而且他引用《孟子》的天爵思想支持他的讲法,《外篇·逸民》说:"嘉遁高蹈,先圣所许,或出或处,各从攸好,盖士之所贵,立德立言。若夫孝友仁义,操业清高,可谓立德矣。穷览坟索,著述粲然,可谓立言矣。……身名并存,谓之为上,隐居求志,先民嘉焉。夷齐一介,不合变通,古人嗟叹,谓不降辱。夫言不降者,明隐逸之为高也,不辱者,知羁绁之为泞也。圣人之清者,孟轲所美,亦云天爵,贵于印绶,志修遗荣。"②立德是生活上的德行功夫,而立言就是学术知识上的承传功夫。葛洪所提倡的生活方式与人生理想,不独是儒家典型的思想,而且更是从《孟子》的天爵与人爵思想而来。《孟子》说的天爵,就是仁义忠信,乐善不倦,而与天爵相对的是人爵,人爵就是做公卿大夫,葛洪把人爵称为"印绶",印指官印,绶乃是系官印的丝带③,用意是指公卿大夫④。《孟子·告子上》载:"孟子曰:'有天爵者,有人爵者。仁义忠信,乐善不倦,此天爵也。公卿大夫,此人爵也。古之人,修其天爵而人爵从之。今之人,修其天爵以要人爵。既得人爵而弃其天爵,则惑之甚者也,终亦必亡而已矣。'"⑤按葛洪的思想来说,修天爵就是立德的功夫,舍天爵而执着于追求人爵,不是他的人生理想,违反了志行高洁的隐逸人生观。

此外,葛洪亦在《守塉》讨论贫塉的问题,提倡追求淡朴的生活,他亦引用《孟子》的言论,批评世人只追求奢靡的生活,一生计算形而下的利禄,忽略了形而上的道德精神生命。《外篇·守塉》云:"情挚挚以为利者,孟叟之罪人也。体

---

① [清]阮元:《十三经注疏·春秋左传正义》,北京:中华书局,2009年,第4297页。
② [晋]葛洪著,[清]孙星衍校:《抱朴子内外篇》第5册,第422—423页。
③ [晋]葛洪著,杨明照校笺:《抱朴子外篇校笺》,第89页。
④ [晋]葛洪著,陈飞龙注译:《抱朴子外篇今注今译》,第25页。
⑤ [清]阮元:《十三经注疏·孟子注疏》,北京:中华书局,2009年,第5990页。

瘁而神豫,亦何病于居约。"①这是引自《孟子·尽心上》的理念,其云:"孟子曰:'鸡鸣而起,孳孳为善者,舜之徒也。鸡鸣而起,孳孳为利者,跖之徒也。欲知舜与跖之分,无他,利与善之间也。'"②舜乃古代圣人,而跖就是盗贼,赵岐云:"跖,盗跖也。跖舜之分,故以此别之也。"③圣人与盗贼之分,在于圣人为善,盗跖为利。葛洪是借孟子的思想,指出人应当做一善人,即使是为行仁义而缺少了身体的享受,但换得心灵的快乐,达到精神上的满足,才是理想的人生。他想纠正时人对简朴生活的误解,无论是儒家的成圣生活,或道教的成仙生活,都是着重简朴的生活,精神生命高于肉体生命。

从立德、立言、修天爵的思想而推衍出人生的价值问题,世人都以公卿大夫的人爵为高尚,葛洪却认为人的德行修养更重要。修天爵亦会自然而然地过着简朴生活。但葛洪这种思想受到时人质疑,《外篇·逸民》说:"仕人曰:'潜退之士,得意山泽,不荷世贵,荡然纵肆,不为时用,嗅禄利诚为天下无益之物,何如?'"④面对这种逸民无益于世的指责,他亦引《孟子》来支持其言论,《外篇·逸民》云:"桀纣帝王也,仲尼陪臣也,今见比于桀纣,则莫不怒焉。见拟于仲尼,则莫不悦焉尔。则贵贱果不在位也。故孟子云:禹稷颜渊易地皆然矣。宰予亦谓孔子贤于尧舜远矣。夫匹庶而钧称于王者,儒生高极乎唐虞者,德而已矣,何必官哉。"⑤人之地位高低,人的存在价值,不是用政治功名做衡量,而是以人的德行为标准,这是儒家的孔孟哲学最重视的,夏禹、后稷与颜渊根本是没有分别的,三者都受到孔子的赞赏,是因为他们有德行。葛洪所说的"故孟子云:禹稷颜渊易地皆然矣"出自《孟子·离娄下》,其云:"禹、稷当平世,三过其门而不入,孔子贤之。颜子当乱世,居于陋巷,一箪食,一瓢饮,人不堪其忧,颜子不改其乐,孔子贤之。孟子曰:'禹、稷、颜回同道。禹思天下有溺者,由己溺之也;稷思天下有饥者,由己饥之也。是以如是其急也。禹、稷、颜子易地则皆然。'"⑥夏禹治水,三过其门而不入,后稷为了周代子民而劳心劳力,对其百姓有莫大的贡献,而颜渊则一箪食,一瓢饮,过其不问世事的生活,禹、稷与颜渊外表来看是相对立的,但孔子却认为他们都是过着有道的贤人生活,而孟子则进一步解释这外表相对而实则一致的思想。孟子认为三者都是同道的贤人,只不过在乎时势不同而矣,如三者易地而处,换世而活,颜渊也会为百姓劳心劳力地奔波劳碌。

---

① [晋]葛洪著,[清]孙星衍校:《抱朴子内外篇》第8册,第662页。
②③ [清]阮元:《十三经注疏·孟子注疏》,第6025页。
④ [晋]葛洪著,[清]孙星衍校:《抱朴子内外篇》第5册,第423—424页。
⑤ [晋]葛洪著,[清]孙星衍校:《抱朴子内外篇》第5册,第424—425页。
⑥ [清]阮元:《十三经注疏·孟子注疏》,第5838—5940页。

忧民乐道与穷而乐道,只因时势之不同,赵岐的《孟子注》云:"当平世,三过其门者,身为公卿,忧民者也。当乱世安陋巷者,不用于世,穷而乐道者也。孟子以为忧民之道,同用与不用之宜,若是也,故孔子俱贤之。禹稷急民之难若是,颜子与之易地,其心皆然,不在其位,故劳佚异。"① 葛洪着重的是儒家的传统,以德行为高,帝尧与帝舜得到孔子、孟子并后世的尊重,皆因他们是有德性的贤人,而不是因为他们做官。

三、葛洪的政治哲学与孟子思想的渊源

葛洪引用《孟子》"禹、稷、颜回同道"这段话为其解释隐逸生活的意义,是在其人生哲学之中透视出一种政治哲学,就是君子按时势而行事,颜回没有踏上政治舞台,因为颜回碍于时势,所以没有从政。葛洪是吸收了《孟子》的"可以仕则仕,可以止则止,可以久则久,可以速则速"的政治哲学而发挥其政治思想。《外篇·任命》曰:

> 君子不诡遇以毁名,运屯则沈沦于勿用,时行则高竦乎天庭……盖君子藏器以有待也,稽德以有为也。非其时不见也,非其君不事也。穷达任所值,出处无所系。其静也,则为逸民之宗,其动也,则为元凯之表。或运思于立言,或铭勋乎国器。殊途同归,其致一焉。②

他指出,为民请命,为家国天下有一番大作为,需审时度势,合其君,合其时,则可干一番大事业。若时不我予,则潜龙勿用,做其逸民之宗。这种"藏器以有待,稽德以有为",是从孟子的政治智慧而来③,《孟子·公孙丑上》说:

> 曰:"恶!是何言也!昔者子贡问于孔子曰:'夫子圣矣乎?'孔子曰:'圣则吾不能,我学不厌而教不倦也。'子贡曰:'学不厌,智也;教不倦,仁也。仁且智,夫子既圣矣。'夫圣,孔子不居,是何言也!""昔者窃闻之:子夏、子游、子张皆有圣人之一体,冉牛、闵子、颜渊则具体而微,敢问所安?"曰:"姑舍是。"曰:"伯夷、伊尹何如?"曰:"不同道。非其君不事,非其民不使,治则进,乱则退,伯夷也。何事非君?何使非民?治亦进,乱亦进,伊尹也。可以仕则仕,可以止则止,可以久则久,可以速则速,孔子也。皆古圣

---

① [清]阮元:《十三经注疏·孟子注疏》,第5940页。
② [晋]葛洪著,[清]孙星衍校:《抱朴子内外篇》第6册,第543—544页。
③ 林雪莉:《抱朴子内外篇思想研究》,第126页。

人也。吾未能有行焉,乃所愿,则学孔子也。"①

葛洪生于乱世,由西晋而入东晋,经历政治变迁,时局转变,他在《内篇》所显示的是隐逸神仙思想,而在《外篇》则表达其入世的政治思维,他曾经投笔从戎,也有归隐求仙的生活。这两种看似矛盾的、互不相容的观念,就建基于孟子的思想上。他把两者巧妙地结合起来,过着既出世又入世生活,无内心的矛盾,也无惧任何人的质询。

葛洪生逢乱世,战事频仍,他提出反战的言乱,认为做官者为博取名声,应该以立言的方法而不应该用战争的途径,《外篇·逸民》:"夫仕也者,欲以为名邪,则修毫可以泄愤懑,篇章可以寄姓字,何遽乎良史,何烦乎镜鼎哉。孟子不以矢石为功。扬云不以治民益世,求仁而得,不亦可乎。"②矢石都是战争的工具③,他引用《孟子》的言论为例,加强其反战思想理论,孟子生当战国,天下君臣都着重合纵连横的政治外交,讲求利益,国与国互相攻伐,行其霸道,但孟子却游说诸侯王行仁义之王道。《孟子·梁惠王上》载道:

> 孟子见梁惠王。王曰:"叟!不远千里而来,亦将有以利吾国乎?"孟子对曰:"王何必曰利!亦有仁义而已矣。王曰'何以利吾国',大夫曰'何以利吾家',士庶人曰'何以利吾身',上下交征利,而国危矣。万乘之国,弑其君者,必千乘之家;千乘之国,弑其君者,必百乘之家。万取千焉,千取百焉,不为不多矣。苟为后义而先利,不夺不餍。未有仁而遗其亲者也,未有义而后其君者也。王亦曰仁义而已矣,何必曰利。"④

君王都为了利益而用人,臣子只是为君主谋取利益的工具,由此而衍生出君主与臣下只是利益关系,君主只需给予臣下利益,而无需尊重臣下。

葛洪从书籍与亲身的经历,看到自汉末以来,人人都骄慢倨傲,叛礼邪僻,在上位的君主亦无例外,所以他强调"谦虚"是直接关系到家国存亡的严重问题⑤。而他提出这种人生与政治的道德修养,也引用孟子来支持其理论,《外篇·刺骄》云:"孟轲所谓'爱而不敬,豕畜之也'。而多有行诸,云是自尊重之道。自尊重之道乃在乎以贵下贱,卑以自牧。"⑥这观念出于《孟子·尽心上》,其

---

① [清]阮元:《十三经注疏·孟子注疏》,第5841—5842页。
② [晋]葛洪著,[清]孙星衍校:《抱朴子内外篇》第5册,第426—427页。
③ [晋]葛洪著,杨明照校笺:《抱朴子外篇校笺》上册,第100页。
④ [清]阮元:《十三经注疏·孟子注疏》,第5795页。
⑤ [晋]葛洪著,陈飞龙注译:《抱朴子外篇今注今译》,第390页。
⑥ [晋]葛洪著,[清]孙星衍校:《抱朴子内外篇》第7册,第614页。

载云:"孟子曰:'食而弗爱,豕交之也。爱而不敬,兽畜之也。恭敬者,币之未将者也。恭敬而无实,君子不可虚拘。'"①孟子指出君主与臣子或贤人的交往,可分三个层次,就是食、爱、敬,君主若待臣子只有饮食,即经济上的支持,只给予臣下以利,但无爱护之心,就如养猪一样②。养猪只不过是一种经济作业,养猪者是利用猪去赚取利润,并没有感情因素在内,孟子身处的社会,就是讲求利益的时代,君主不会爱护臣下,所以孟子不赞成这种利益关系,主张君主应该爱护臣子。但是有爱心对下属仍然不足够,因为有爱而无敬,就如犬马一般,犬马比猪好一点,可以是主人的宠物,孙奭云:"犬马者,人所爱而畜养者。"③孟子否定了此种君臣的关系,君臣之间不是主人与宠物的关系。君主不单只需要用金钱礼聘下属,而且更要恭敬之,尊重之,赵岐云:"且恭敬者,如有币帛,当以行礼,而未以命将行之也,恭敬贵实,如其无实,何可虚拘,致君子之心也。"④孟子强调的,不是金钱币帛,而是物质背后所显示出来的恭敬态度,朱熹云:"程子曰:'恭敬虽因威仪币帛而发见,然币之未将时,已有此恭敬之心,非因币而后有也。'此言当时诸侯之待贤者,特以币帛为恭敬,而无其实也。"⑤君主先有恭敬的心态,然后可以有爱护并尊敬下属的行为,葛洪引用《孟子》,提出君主应该礼贤下士,他所说的"自尊重之道乃在乎以贵下贱,卑以自牧",乃指君主的人生修养与政治修养是互相关联的,其实是根据孟子的言论而演绎出来的。

而关于葛洪的政治理论,论"仁"与"刑"好像是与儒家相冲突,但实质却是没有违反儒家的思想,而是把孔、孟的"仁"观,按实际的社会情况,加以转化以应付需要而已。《外篇·用刑》谓:"或人曰:'刑辟之兴,盖存叔世,立人之道,唯仁与义,……故孟子以仁为安。……'抱朴子答曰:'易称明罚敕法,书有哀矜折狱,爵人于朝,刑人于市,有自来矣。岂从叔世多人,则法不立。'"⑥我们不能否认,"仁"是儒家最重要的教训,就如余英时在《从价值系统看中国文化的现代意义》一文云:"孔子以'仁'为最高的道德意识,这个意识内在于人性。"⑦但人若只有"仁"是不足够的,《论语》载孔子之言云:"子曰:……好仁不好学,其蔽也愚。"⑧人若只好仁,是有其偏蔽之处,因为若只有"仁"就失诸"愚",就如邢昺所说:"但好仁,不知所以裁之,所施不当,则如愚人也。"⑨人需要学习行仁,才可明白如何行仁,到了孟子,经常是"仁义"并举的,《孟子·尽心上》说:"王子垫问

---

①②③④ [清]阮元:《十三经注疏·孟子注疏》,第 6027 页。
⑤ [宋]朱熹:《四书集注·孟子集注》,台北:艺文印书馆,1980 年,第 15 页。
⑥ [晋]葛洪著,[清]孙星衍校:《抱朴子内外篇》第 6 册,第 495—496 页。
⑦ 余英时:《中国思想传统的现代诠释》,台北:联经出版社,1995 年,第 8 页。
⑧⑨ [清]阮元:《十三经注疏·论语注疏》,北京:中华书局,2009 年,第 5485 页。

曰：'士何事？'孟子曰：'尚志。'曰：'何谓尚志？'曰：'仁义而已矣。杀一无罪，非仁也；非其有而取之，非义也。居恶在？仁是也。路恶在？义是也。居仁由义，大人之事备矣。'"①仁与义都是人与人相处应有的行为模式，是可以在生活中用实例言之的，例如杀一无罪之人就是不仁，取了一些不应该取的东西，就是不义，孟子提出，人需要有"义"的行为作为标准与指引，义是外在行为的表现。义是着重于外在的行为，一个行为的义与不义，是一种是非的抉择，需要有道德价值的判断。无论孔子或孟子，都认为纯"仁"是行不通的，不过二者通过不同的方式以辅助仁者的行为，孔子以"学"辅仁，孟子以"义"辅仁，葛洪以"刑"辅仁。但是，葛洪"以刑辅仁"与孟子的"以义辅仁"较为相近，葛洪可说是把孟子的仁义思想，按实际的社会状况而演化之。

葛洪的政治哲学着重君主誉重则蛮貊归怀，这亦渊源于孟子的君主行王道而万国来归的政治思想。君主必须首先修身，成为天下的榜样，《外篇·君道》说道："君人者，必修诸己以先四海，去偏党以平王道，遣私情以标至公，拟宇宙以笼万殊，真伪既明于物外矣，而兼之以自见，听受既聪于接来矣，而加之以自闻，仪决水以进善，钧绝弦以黜恶。"②为君者先要修诸己身，自我修养，而且要遣私情，不可有偏私之心，不能以私欲治国。其实这就是君主应当行仁政，如此一来，就万国来归，《外篇·君道》云：

> 夫吉凶由己，汤武岂一哉。周文掩未埋之骨，而天下称其仁。殷纣剖比干之心，而四海疾其虐。望在具瞻，毁誉尤速，得失之举，不在多也。凡誉重则蛮貊归怀，而不可以虚索也。毁积即华夏离心，而不可以言救也。是以小善虽无大益，而不可不为。细恶虽无近祸，而不可不去也。若乃肆情纵欲，而不与天下共其乐，故有忧莫之恤也。削基憎峻，而不觉下堕则上崩，故倾颓莫之扶也。于是辔策去于我手，神物假而不还。力勤财匮，民不堪命。众怨于下，天怒于上。③

葛洪认为成汤、周文王、周武王之所以得天下，诸侯悦服，皆因行仁政，反之，如殷纣行暴政，就华夏离心。行仁政是一切政治的基础，倘若不行仁政，使基础削弱，而只追求社会外表上的繁荣华丽，劳民伤财，就会天怒人怨，国家则倾颓而不能再起。《孟子》常引用商汤、周武为仁政的例子，而葛洪云"汤武岂一哉"也是顺着《孟子》的思想而来。这种行仁政而得天下人悦服来归的政治思

---

① [清]阮元：《十三经注疏·孟子注疏》，第6026页。
② [晋]葛洪著，[清]孙星衍校：《抱朴子内外篇》第6册，第449页。
③ [晋]葛洪著，[清]孙星衍校：《抱朴子内外篇》第6册，第460—461页。

想，实出自《孟子·公孙丑上》，其云：

> 孟子曰："以力假仁者霸，霸必有大国；以德行仁者王，王不待大，汤以七十里，文王以百里。以力服人者，非心服也，力不赡也；以德服人者，中心悦而诚服也，如七十子之服孔子也。《诗》云：'自西自东，自南自北，无思不服。'此之谓也。"①

此即仁者无敌，万国来归，以仁得天下，以仁治天下，《孟子·尽心下》："孟子曰：'有人曰"我善为陈，我善为战"，大罪也。国君好仁，天下无敌焉，南面而征北夷怨，东面而征西夷怨，曰"奚为后我？"武王之伐殷也，革车三百两，虎贲三千人。王曰："无畏！宁尔也，非敌百姓也。"若崩厥角稽首。征之为言正也，各欲正己也，焉用战？'"②孟子认为鼓励诸侯发动战争也是罪恶行径。君王好仁则天下无敌，四夷怨望而来归，根本无须使用战争③。葛洪跟随孟子的思想，指出不能行霸政以力服人，提倡行仁政以德服人。葛洪形容仁政是要"誉重"不"毁积"，虽小善亦尽力而为。

葛洪认为其时的君主失败之处乃"肆情纵欲，而不与天下共乐"，然则，其仁政观念，非常重要的一点就是君主与民同乐，这也是孟子的仁政哲学所强调的，孟子教训梁惠王时，就指出君王与民同乐的重要性，《孟子·梁惠王上》云："文王以民力为台为沼，而民欢乐之，谓其台曰灵台，谓其沼曰灵沼，乐其有麋鹿鱼鳖。古之人与民偕乐，故能乐也。《汤誓》曰：'时日害丧，予及女皆亡。'民欲与之皆亡，虽有台池鸟兽，岂能独乐哉？"④孟子举文王为例子，文王虽然以民力筑台凿池，但百姓亦可享受灵台灵沼的设施，人民亦由此得到欢乐，赞美灵台是神灵之所为。这是文王与民同乐的结果⑤。实乃提醒梁惠王，恤民之疲与民同乐，朱熹谓："民怨其虐，故因其自言而目之曰，此日何时亡乎，若亡则我宁与之俱亡，盖其亡之甚也。孟子引此，以明君独乐而不恤其民，则民怨之而不能保其乐也。"⑥从提倡仁政这种政治思想，已可见葛洪受到《孟子》的影响颇深。

此外，葛洪在《君道》篇中，尚提出几项与行仁政有关的举措，就是培养百姓廉耻的心态，设定考试的标准，《外篇·君道》载："鼓廉耻之陶冶，明考试之准

---

① ［清］阮元：《十三经注疏·孟子注疏》，第5849页。
② ［清］阮元：《十三经注疏·孟子注疏》，第6035页。
③ ［清］阮元：《十三经注疏·孟子注疏》，第249页。
④ ［清］阮元：《十三经注疏·孟子注疏》，第5797页。
⑤ ［宋］孙奭：《孟子音义》，收入［清］徐乾学辑：《通志堂经解》，影印同治十二年粤东书局刊本，台北：大通书局，1969年，第20386页。
⑥ ［宋］朱熹：《孟子集注》，第3页。

的,怒不越法以加虐,喜不逾宪以厚遗。"①很明显,这是从教育着手,使人民有良好的品格,而且借教育培养了人才之后,有良好的考试制度,使士子有适当的空间发挥才能。同时他又提倡关注长者,借敬老而使人民有孝悌之行,《外篇·君道》说:"尊事老叟,以效孝悌之行。"②而且,百姓受苦,君主应要负起责任,自我反省错失之处,《外篇·君道》说:"民之饥寒,则哀彼责此,百姓有罪,则谓之在予。嘉祥之臻,则念得神之佑;或逢天之怒,则思桑林之引咎。不吝改弦于宜易之调,不耻反迷于朝过之涂。虎眒以警密,麟跱以接疏,路无击壤之叟,则羞闻和音之作;民有不粒之匮,则愧临方丈之膳。"③

这些爱护长者、培养性情、提拔人才、君主承担责任的思想,亦可说是渊源于孟子,《孟子·梁惠王上》云:

> 养生丧死无憾,王道之始也。五亩之宅,树之以桑,五十者可以衣帛矣! 鸡豚狗彘之畜,无失其时,七十者可以食肉矣! 百亩之田,勿夺其时,数口之家可以无饥矣! 谨庠序之教,申之以孝悌之义,颁白者不负戴于道路矣。七十者衣帛食肉,黎民不饥不寒,然而不王者,未之有也。狗彘食人食而不知检;涂有饿莩而不知发。人死,则曰:'非我也,岁也。'是何异于刺人而杀之,曰:'非我也,兵也。'王无罪岁,斯天下之民至焉。"④

孟子提出王道之始,亦即仁政之始,就是"养生丧死无憾",就是要照顾老弱者的需要,使长者不愁衣食,死后有好的归宿。而且,孟子亦重视庠序之教,申之以孝悌之义,庠序之教就是教育,一是培养人才,二是陶冶人民的品格,所以要申之以孝悌。而孟子又对梁惠王云:"地方百里而可以王。王如施仁政于民,省刑罚,薄税敛,深耕易耨,壮者以暇日修其孝悌忠信,入以事其父兄,出以事其长上……"⑤君主鼓励百姓修孝悌忠信,忠信与廉耻实有莫大的关联,是亦可见孟子乃提倡国家培养廉耻的品格。孟子亦谓君主应该对百姓生活困苦承担责任,不可以把生民之涂炭的问题归之于"岁",亦即不要把责任推诸天时自然。孟子实在指君主应该负起政治之责任,朱熹谓:"不罪岁,则必能自反,而益修其政,天下之民至焉。"⑥孟子亦重视人才之培训与知人而善任之,《孟子·公孙丑上》:"孟子曰:'尊贤使能,俊杰在位,则天下之士皆悦而愿立于其朝矣。'"⑦孟子

---

① ② [晋]葛洪著,[清]孙星衍校:《抱朴子内外篇》第6册,第454页。
③ [晋]葛洪著,[清]孙星衍校:《抱朴子内外篇》第6册,第452—453页。
④ [清]阮元:《十三经注疏·孟子注疏》,第5798页。
⑤ [清]阮元:《十三经注疏·孟子注疏》,第5800页。
⑥ [宋]朱熹:《孟子集注》,第6页。
⑦ [清]阮元:《十三经注疏·孟子注疏》,第5850页。

提倡尊贤使能,俊杰在位。但因孟子的时代,选拔人才的制度尚未有明确的规模,到了葛洪时代,虽未有科举考试,但已有了明确的提拔人才制度,考试制度无非是为了知人善任,尊贤使能,使俊杰在位。

四、葛洪的神仙思想与孟子思想的渊源

葛洪一方面吸收孟子的理论建立他的人生哲学与政治思维,另一方面,也把孟子的追求成圣生活,转化而为道教追求成仙的生活。神仙思想可说是滥觞于道家的庄子,长生久视,原本是道家老庄的固有思想,但葛洪并不认为老庄所说的长生与成仙与道教有任何关系。

老子重视长生久视之道,《老子》第七章云:"天长地久。天地所以能长且久者,以其不自生,故能长生。是以圣人后其身而身先,外其身而身存。非以其无私邪?故能成其私。"①老子在这章所说的长生,有些版本作长久②,而且,这里所说的长生乃指天地,而圣人效法天地,目的是成其私③,这与葛洪成仙之思想没有大关系。而《老子》第五十九章云:"治人事天莫若啬。夫为啬,是谓早服,早服谓之重积德。重积德则无不克;无不克则莫知其极;莫知其极,可以有国。有国之母,可以长久。是谓深根固柢,长生久视之道。"老子在这章所谓积德,不是儒家道德或德性之德,而是其所说的"道德"之德,他在《老子》三十八章说:"上德不德,是以有德。下德不失德,是以无德。"④而其所说的长生,乃指保国有根本之道,国家就可以长久⑤。这种长生久视之道,与道教成仙的长生久视毫无关系。

神仙之事可见诸《庄子》,称神仙为神人或圣人,《庄子·逍遥游》提及神人是与别的不同的,不需要吃世俗的食物,不受地域的限制,其云:"连叔曰:'其言谓何哉?'曰:'藐姑射之山,有神人居焉,肌肤若冰雪,绰约若处子。不食五谷,吸风饮露。乘云气,御飞龙,而游乎四海之外。其神凝,使物不疵疠而年谷熟。'吾以是狂而不信也。"⑥神人是飘然于物外的人,"乘云气,御飞龙,而游乎四海之

---

① [晋]王弼注:《老子》,《四部备要》本,台北:台湾中华书局,1979年,上篇第4页。
② 陈鼓应:《老子注译及评介》,北京:中华书局,1984年,第87页。
③ [清]陈澧:《老子注》,台北:台湾商务印书馆,1972年,第7页。
④ [晋]王弼注:《老子》,下篇第1页。
⑤ 陈鼓应:《老子注译及评介》,第297页。
⑥ [清]郭庆藩:《庄子集释》,影印湘阴郭氏原刊本,台北:台湾中华书局,1980年,第17—18页。

外"者,陈启天认为是与天地精神往来①。而在《天地篇》也有类似的思想,认为神人超乎宇宙之外,其云:"愿闻神人。曰:'上神乘光,与形灭亡,此谓照旷。致命尽情,天地乐而万事销亡,万物复情,此之谓混冥。'"②清人王先谦认为庄子在此所说的神人,是驾御光明而照耀万物,不见其形迹,与天地同乐,摒除一切事物之系累③。神人也称为圣人,而且可以长生升仙,《庄子·天地篇》载:

> 封人曰:"始也我以女为圣人邪,今然君子也。天生万民,必授之职。多男子而授之职,则何惧之有!富而使人分之,则何事之有!夫圣人,鹑居而鷇食,鸟行而无彰;天下有道,则与物皆昌;天下无道,则修德就闲;千岁厌世,去而上仙;乘彼白云,至于帝乡;三患莫至,身常无殃;则何辱之有!"④

圣人的最大特色是无需求食,无形迹可寻⑤。升仙也者,精灵上升,与太一冥合,驾云回归天地之乡⑥,身体没有老病死之三患⑦,一切祸殃羞辱之事都失去意义。晋人郭象解"千岁厌世,去而上仙"云:"夫至极寿命之长,任穷理之变,其生也天行,其死也物化,故云厌世而上迁也。"⑧郭象约与葛洪同时代,其时神仙之说已经形成,郭象是用晋代神仙之说解释庄子圣人升仙之说。庄子亦提倡长生久视之道,《庄子·在宥》云:"必静必清,无劳女形,无摇女精,乃可以长生。目无所见,耳无所闻,心无所知,女神将守形,形乃长生。"⑨人不受外物影响,不劳动任何精力,乃得长生久视的方法。但这种长生久视的方式,是完全脱离社会的生活。观乎葛洪的成仙思想,是与人伦生活脱不了关系的。由此可知葛洪不接纳庄子这种长生成仙方式是有原因的。

葛洪明确表示,其整体的成仙长生久视之道不是建基于老子与庄子的理论之上,《内篇·释滞》云:"又五千文虽出老子,然皆泛论较略耳。其中了不肯首尾全举其事,有可承按者也。但暗诵此经,而不得要道,直为徒劳耳,又况不及者乎?至于文子、庄子、关令、尹喜之徒,其属文笔,虽祖述黄老,宪章玄虚,但演其大旨,永无至言。或复齐生死,谓无异以存活为徭役,以殂殁为休息,其去神仙,已千亿里矣,岂足耽玩哉?其寓言譬喻,犹有可采,以供给碎

---

① 陈鼓应:《庄子今注今译》,北京:中华书局,1983年,第23页。
② [清]郭庆藩:《庄子集释》,第236页。
③ [清]王先谦:《庄子集解》,台北:三民书局,1985年,第71页。
④ [清]郭庆藩:《庄子集释》,第225—226页。
⑤⑦ 陈鼓应:《庄子今注今译》,第307页。
⑥ [清]郭庆藩:《庄子集释》,第226页。
⑧ [清]郭庆藩:《庄子集释》,第225页。
⑨ [清]郭庆藩:《庄子集释》,第207页。

用,充御卒乏,至使末世利口之奸佞,无行之弊子,得以老庄为窟薮,不亦惜乎?"①葛洪对神化了的老子十分尊崇,但对作为哲学家的老子的著作《五千文》却并不推崇,认为这本书太"泛论较略",没有具体阐明长生之理,所以光靠诵习老子《五千文》的办法不能达到长生成仙的目的。至于非议庄子之书,驳斥齐生死之说,更反映了哲学和神学、道家和道教的不同②。王明先生说:"神仙道教的中心目的是求练形全身,求长生不死。庄周坚持齐同生死,还说甚么'以生为附赘悬疣,以死为决疣溃痈'③,这跟神仙道教的旨趣根本不可同日而语,道家和道教的分界线在这儿昭然若揭。葛洪的道教学者身份,由此也可以看得十分清楚。"④

《庄子》记载了很丰富的神仙观念,葛洪的神仙思想是无可避免地受到庄子影响的,这是不争的事实,正如葛洪说:"其寓言譬喻,犹有可采,以供给碎用。"但是,《庄子》并没有提出如何成仙之途径,关于人用什么方法可以成仙此一问题,庄子并没有作出讨论。在成仙的方法与途径上,葛洪是吸收了儒家的思想的,尤其是仙人无种,人皆可以成仙的观念,应该是受到孟子的人皆可以为圣人的影响而成的。

(一) 人为万物之灵

葛洪成仙思想最大的特色,是人人皆可以成仙,他的成仙理论中,人是最宝贵的,是超乎万物之上的,《内篇·论仙》谓:"有生最灵,莫过乎人。"⑤这种人为万物之灵的思想,是儒家本有的,儒家的经典《尚书·泰誓上》云:"惟天地万物父母。惟人万物之灵。"⑥葛洪认为人之有其超越性,是因为人之"灵"而超乎万物。而人之"灵"实乃与得道成仙有莫大关连,《内篇·对俗》云:"夫陶冶造化,莫灵于人。故达其浅者,则能役用万物,得其深者,则能长生久视。知上药之延年,故服其药以求仙,知龟鹤之遐寿,故效其导引以增年。……至于彭老,犹是人耳,非异类而寿独长者,由于得道,非自然也。……有明哲能修彭老之道,则

---

① [晋]葛洪著,[清]孙星衍校:《抱朴子内外篇》第2册,第140—141页。
② 胡孚琛:《魏晋神仙道教——抱朴子内篇研究》,北京:人民出版社,1989年,第120—121页。
③ [清]郭庆藩:《庄子集释》,第146页。
④ 参王明:《道家和道教思想研究》,北京:中国社会科学出版社,1984年,第57页。
⑤ [晋]葛洪著,[清]孙星衍校:《抱朴子内外篇》第1册,第14页。
⑥ [清]阮元:《十三经注疏·尚书正义》,北京:中华书局,2009年,第383页。

可与之同功矣。"①人之灵超乎万物,所以对成仙的奥妙之道有所了解,人对此成仙之道有深浅不同的理解,达其浅者,则能利用万物使之变为人的工具,倘能够深入体会成仙之道的人,就可以得到长生不死之道,明白药物的功用,了解服药成仙之道理,看到龟鹤的长寿,就懂得效法龟鹤道引养生之法,使自己有延年之术,即使是彭祖与老子,都是得了成仙之术,了解长寿之道,所以就长寿假龄,并非他们天生如此②。

人原是万物之中最尊贵的,因为人是万物之灵而能成仙。此外,葛洪拈出"贵性"的观念,指出人是贵性之物,人的本性都是高尚美好的,人的本性如孟子所说是善的,这高尚美好的本性,应该是人人均一的,人的本质原是一样的,但是人之贤愚邪正却使人有道德是非之天壤之别,个中之原因,乃是人之取舍所尚,人各有不同的喜好,以至人有其分别,《内篇·论仙》:"贵性之物,宜必钧一,而其贤愚邪正,好丑修短,清浊贞淫,缓急迟速,趋舍所尚,耳目所欲,其为不同,已有天壤之觉,冰炭之乖矣。何独怪仙者之异,不与凡人皆死乎。"③人性之好尚使人有"天壤之觉",觉即是较④,人的取舍分别,此中的是非道德的判断,使人有所分别。而且,人是否成仙,也在乎此一人性之好尚,人取舍异途,也影响了人的仙、人之异路。葛洪可说是承袭儒家的人为万物之灵的思想,把人与其他物分别来。而葛洪的"贵性"思想,亦与孟子的人性本善有其渊源,只不过葛洪认为人性之好尚心使人走上人、仙异途,而孟子则认为人性之"存""去",使人走上圣人与庶民之别。

孟子并没有说人是万物之灵,而是认为人有善性,而此一善性把人与禽兽分别出来,《孟子·离娄下》云:"孟子曰:'人之所以异于禽兽者几希,庶民去之,君子存之。舜明于庶物,察于人伦;由仁义行,非行仁义也。'"⑤由《尚书》到《孟子》都肯定了人的地位,人有其超越性,孟子指出人之所以超越禽兽,超乎万物,完全在于人之"几希"善性之"存"与"去",君子存此善性,所以成为圣人,就如舜之存此仁义之善性,把根于心之善向外推展,朱熹云:"在舜则皆生而知之也。由仁义行,非行仁义,则仁义已根于心,而所行皆从此出,非以仁义为美,而后勉强行之,所谓安而行之也。此则圣人之事,不待存之,而无不存矣。尹氏曰:存

---

① [晋]葛洪著,[清]孙星衍校:《抱朴子内外篇》第1册,第33页。
② [晋]葛洪著,陈飞龙注译:《抱朴子外篇今注今译》,第79—80页。
③ [晋]葛洪著,[清]孙星衍校:《抱朴子内外篇》第1册,第14—15页。
④ [晋]葛洪著,[清]孙星衍校:《抱朴子内外篇》第1册,第15页。
⑤ [清]阮元:《十三经注疏·孟子注疏》,第5932页。

之者,君子也。存者,圣人也。君子所存,存天理也。由仁义行,存者能之。"①善性根存于心,仁义礼智则悠悠然而现于生活之间,君子所以异于人者,乃在于此存心,《孟子·离娄下》云:"孟子曰:'君子所以异于人者,以其存心也。君子以仁存心,以礼存心。仁者爱人,有礼者敬人。爱人者,人常爱之;敬人者,人常敬之。'"②君子之所以成圣而有异于常人,在乎此"存心",而存心是一道德价值的判断。葛洪的"成仙"思想,与孟子的"成圣"思想,都着重于人性之好尚,二者亦含有道德是非的价值判断,由此言之,葛洪的成仙思想,实与孟子有其渊源。

(二) 人皆可以成仙与人皆可以成圣

葛洪所说的成仙之道,是由智能与知识所造成的结果,那么,成仙就是借德行、学术与技术而达致,而不是天生的问题。如此一来,掌握了成仙的几个条件,实践而行之,就可成仙,于是人人都可以借修炼成仙之术而成为神仙了。《内篇·至理》谓:"抱朴子曰:微妙难识,疑惑者众。吾聪明岂能过人哉?适偶有所偏解,犹鹤知夜半,燕知戊巳,而未必达于他事也。亦有以校验,知长生之可得,仙人之无种耳。"③葛洪借自然事物的启发,确定了长生之道是可以获得的,而且仙人是"无种"的,人之所以成仙,不是家族遗存的,只要透过学习,就可以把握升仙之途径。《内篇·黄白》云:"故仙经曰……金银可自作,自然之性也,长生可学得者也。《玉牒记》云:天下悠悠,皆可长生也,患于犹豫,故不成耳。"④葛洪认为,人可以得长生,就像人炼黄金白银一般,把朱砂炼成黄金,是按着自然物的变化特性而做成的。如此说来,人只要按人本身的自然特性,就可以练成长生之道,他更引《玉牒记》来支持他的论点,天下悠悠众口,任何一个人都可以得长生,成神仙。

《庄子》并没有道教的成仙、成圣的理论,虽然在《逍遥游》曾说过"至人无己,圣人无功,神人无名"⑤,但只不过是指人生的最高境界,跟道教的长生、仙人没有很大关系,也没有提出人皆可成仙的观念,而《老子》不是讲求成仙之说的书。故此,葛洪的人人皆可成仙的思想,应该源于孟子人皆可以成圣的思想。

人皆可以为尧舜,人皆可以成圣人,是孟子的重要思想。葛洪"仙人无种"

---

① [宋]朱熹:《孟子集注》,第 6 页。
② [清]阮元:《十三经注疏·孟子注疏》,第 5939 页。
③ [晋]葛洪著,[清]孙星衍校:《抱朴子内外篇》第 2 册,第 87 页。
④ [晋]葛洪著,[清]孙星衍校:《抱朴子内外篇》第 4 册,第 298 页。
⑤ [清]郭庆藩:《庄子集释》,第 14 页。

观念,是对晋世的选举与世族文化的反向,而孟子的人人可以成圣,也是反对其时代的贵族社会的垄断而来的。《孟子·告子下》:

> 曹交问曰:"人皆可以为尧舜,有诸?"孟子曰:"然。""交闻文王十尺,汤九尺;今交九尺四寸以长,食粟而已,如何则可?"曰:"奚有于是?亦为之而已矣。有人于此,力不能胜一匹雏,则为无力人矣。今日举百钧,则为有力人矣。然则举乌获之任,是亦为乌获而已矣。夫人岂以不胜为患哉?弗为耳。徐行后长者,谓之弟;疾行先长者,谓之不弟。夫徐行者,岂人所不能哉?所不为也。尧舜之道,孝弟而已矣。子服尧之服,诵尧之言,行尧之行,是尧而已矣。子服桀之服,诵桀之言,行桀之行,是桀而已矣。"曰:"交得见于邹君,可以假馆,愿留而受业于门。"曰:"夫道若大路然,岂难知哉?人病不求耳。子归而求之,有余师。"①

孟子认为,人之可以为尧舜,在乎"为之而已矣",成圣是在乎为与不为,就如葛洪所说的,炼黄金是在乎为与不为,成仙是在乎为与不为。孟子也指出,成圣是有道可循的,尧舜之成为圣人,是基于孝、弟之行,人只要遵此而行,就可以成为圣人。

《孟子》所说的圣人,不单止是尧、舜,更有商汤、文王、孔子,都是圣人。《孟子·尽心下》云:"孟子曰:'由尧、舜至于汤,……由汤至于文王,……由文王至于孔子……由孔子而来至于今百有余岁,去圣人之世若此其未远也,近圣人之居若此甚也,然而无有乎尔!则亦无有乎尔!'"②当然还有周公,《孟子·公孙丑下》载:"周公何人也?曰:古圣人也。"③在不同时代,不同地区,不同文化背景,都有圣人出现,很显然孟子所说的圣人,是"无种"的,是没有种族遗传的,《孟子·离娄下》说:"孟子曰:'何以异于人哉?尧舜与人同耳。'"④圣人与一般人是没有分别的,《孟子·告子上》云:"圣人与我同类者。"⑤所不同者,乃在于其用心矣。人之所以成为圣人,乃在乎是否如尧舜一般,行孝、弟、忠、信之道。人之成仙乃在乎行成仙之道,葛洪所说的成仙之道颇多,例如吃药、求师与学习,而其最根本之处,是人伦道德的生活行为。成仙与成圣都是过着一种重视人伦道德的生活,可见葛洪的成仙思想与孟子的渊源关系。

---

① [清]阮元:《十三经注疏·孟子注疏》,第 5996 页。
② [清]阮元:《十三经注疏·孟子注疏》,第 6050 页。
③ [清]阮元:《十三经注疏·孟子注疏》,第 5867 页。
④ [清]阮元:《十三经注疏·孟子注疏》,第 5942 页。
⑤ [清]阮元:《十三经注疏·孟子注疏》,第 5982 页。

（三）成仙之行与成圣之行

从《抱朴子内外篇》来看，成仙是每一个人都可以做到的，关键在于有没有在人世间行神仙的行为。葛洪的成仙之行与孟子的成圣之行，实在是有其相近之处。葛洪把儒家的伦理观念摄入教义，忠孝不仅是世俗社会的人道之本，也成了神仙世界的仙道之本。学仙者必须学会做人。于是立德和忠孝成了长生的必要条件。因此，积善立功，忠孝为本，成为修道者步入神仙世界必登的阶梯①。

在成仙的方法中，最基本的是忠孝和顺仁信，无此人伦之德行，即使方术再好，也不能成仙，《内篇·对俗》谓："按《玉钤经·中篇》云：立功为上，除过次之，为道者以救人危使免祸，护人疾病，令不枉死，为上功也。欲求仙者，要当以忠孝和顺仁信为本。若德行不修，而但务方术，皆不得长生也。"②忠孝和顺仁信是做人处事、日常生活的根本，同样也是成仙的根本，如非首先修习这种个人的德性，就无法得到长生之道，不能成为神仙③。《内篇·微旨》云："欲求长生者，必欲积善立功，慈心于物，恕己及人，仁逮昆虫，乐人之吉，愍人之苦，赒人之急，救人之穷，手不伤生，口不劝祸，见人之得如己之得，见人之失如己之失，不自贵，不自誉，不嫉妒胜己，不佞谄阴贼，如此乃为有德受福于天，所作必成，神仙可冀也。"④积善立功，恕己及人，救人于困难之中，这都是成仙的行为。这种方式，是感动神明的根本方法，《内篇·微旨》云："非积善阴德，不足以感神明，非诚心款款，不足以结师友，非功劳不足以论大试，又未遇明师而求要道，未可得也。"⑤

这种积善立功，仁孝忠信，爱人如己，是儒家人生修养所在，孟子称尧舜为圣人，乃因为尧、舜之积善立功，救民于厄困之中⑥。尧舜之所以受歌颂，是因为他在困难之中，不辞劳苦，为百姓解决困难，而且培养百姓人伦之行，《孟子·离娄上》道："孟子曰：'规矩，方员之至也。圣人，人伦之至也。欲为君，尽君道；欲为臣，尽臣道，二者皆法尧舜而已矣。'"⑦尧舜之所以为圣人，乃在于其解救人民困苦，又成为人伦之至。人伦之至者，乃表示圣人为一至善之人，《孟子·滕文

---

① 胡孚琛：《魏晋神仙道教——抱朴子内篇研究》，第152—153页。
② ［晋］葛洪著，［清］孙星衍校：《抱朴子内外篇》第1册，第48页。
③ ［晋］葛洪著，陈飞龙注译：《抱朴子外篇今注今译》，第112页。
④ ［晋］葛洪著，［清］孙星衍校：《抱朴子内外篇》第2册，第109页。
⑤ ［晋］葛洪著，［清］孙星衍校：《抱朴子内外篇》第2册，第104—105页。
⑥ ［清］阮元：《十三经注疏·孟子注疏》，第5883—5884页。
⑦ ［清］阮元：《十三经注疏·孟子注疏》，第5911页。

公上》云:"孟子道性善,言必称尧舜。"①孟子言性善,是人之自存之性,乃固存于心者,把此固存之善性在生活中实践出来,过其仁义礼智的生活,就可达到圣人之境界,《孟子·告子上》曰:

> 孟子曰:"乃若其情则可以为善矣,乃所谓善也。若夫为不善,非才之罪也。恻隐之心人皆有之,羞恶之心人皆有之,恭敬之心人皆有之,是非之心人皆有之。恻隐之心仁也,羞恶之心义也,恭敬之心礼也,是非之心智也。仁义礼智非由外铄我也,我固有之也,弗思耳矣。故曰:'求则得之,舍则失之。'或相倍蓰而无算者,不能尽其才者也。"②

若能实践仁、义、礼、智的生活,就会有恻隐、羞恶、恭敬、是非之心,如此一来,实亦过其积善立功,忠孝和顺仁信的生活。

无论如何,在葛洪的神仙思想中,人伦道德生活,是成仙的最基本条件,其他方术都是次要的,即使方术如何了得,若没有人伦道德的生活,也不能成仙。而在孟子的圣人理念之中,要成为圣人,也是要实践人伦道德的生活,追求至善的生活,把人固存的善性展示在现实人生之中。那么成仙与成圣,都是不能脱离至善纯洁的生活,借生活实践而成仙成圣。由此而言,葛洪与孟子实有思想的渊源。

(四)成仙之志与成圣之志

求长生成仙之道,并非难事,在乎修道者是否持之以恒,"志"是修炼成仙的过程中不可或缺的,《内篇·极言》云:"非长生难也,闻道难也。非闻道难也,行之难也。非行之难也,终之难也。良匠能予人规矩,不能使人必巧也;明师能授人方书,不能使人必为也。夫修道犹如谷也,成之犹收积也。厥田虽沃,水泽虽美,而为之失天时,耕锄又不至,登稼被垄,不获不刈,顷亩虽多,犹无获也。"③葛洪认为"仙道"不是遥不可及的,在日常生活中可以体会,只要层层递进,就可成仙。成仙长生是易事,但是"闻道"却是难事,"闻"有用心了解认识的意思,许慎《说文解字》云:"闻,知声也。"④《老子》十四章云:"听之不闻名曰希。"⑤《礼记·大

---

① [清]阮元:《十三经注疏·孟子注疏》,第5874页。
② [清]阮元:《十三经注疏·孟子注疏》,第5980—5981页。
③ [晋]葛洪著,[清]孙星衍校:《抱朴子内外篇》第3册,第233—234页。
④ [汉]许慎著,[清]段玉裁注:《说文解字注》,影印经韵楼藏版,台北:艺文印书馆,1979年,第598页。
⑤ [晋]王弼注:《老子》,上篇第7页。

学》云:"心不在焉,视而不见,听而不闻,食而不知其味。"①长生成仙是可以成为事实的,而困难在于求道者是否用心去理解此成仙之道,比用心了解更困难一点的是"行之"。葛洪强调求长生成仙者,要持之以恒而行,当然要在生活上积善立功,行仁义忠孝和顺之道,实行的困难就在乎人的意志是否坚定,走上"终之"的终极理想。葛洪认为就算有明师指点,明师也只能指出长生成仙的方法,至于成功与否,则在乎求道者的心志是否恒久坚定,这也是孟子的思想,《孟子·尽心下》曰:"梓匠轮舆,能与人规矩,不能使人巧。"②孟子使用此比喻,指出老师的作用是予人求学的规则,人之巧在心灵体会与了解,愚拙者虽得到规矩之法,亦不能成大器,乃喻人不立志于仁,虽诵典宪不能成善行③。

葛洪求长生成仙需要立志,孟子求成善成圣同样是强调立志。而此志与心不可分离,求仙者必须诚心而不疑,《内篇·微旨》谓:"凡学道,当阶浅以涉深,由难以及易,志诚坚果,无所不济,疑则无功,非一事也。"④学长生成仙之道,不能一蹴而就,而是由浅入深,由容易的做起,再进入困难之处⑤,由于不断层层上进,心志坚定是极其重要的,如果抱着怀疑的心态,心志就不坚定,半途而废,则前功尽弃。学道者,除了层层上进之外,亦需要广博的学问,这个方式,亦需要固志,《外篇·崇教》云:"饰治之术,莫良乎学,学之广在于不倦,不倦在于固志,志苟不固,则贫贱者,汲汲于营生,富贵者沈伦于逸乐。"⑥心志坚定不移,则有所抉择,求道者之志不可志于营生、逸乐,而是要志于长生成仙之道,倘志于求富贵功利者,有违成仙之道,《内篇·论仙》云:"夫求长生,修至道,诀在于志,不在于富贵也。苟非其人,则高位厚货,乃所以为重累耳。何者?学仙之法,欲得恬愉澹泊,涤除嗜欲,内视反听。"⑦葛洪注重涤除欲念,将放逐于外的视听收回,做内省的功夫,换句话说,就是把游走于身外的注意力收回,不让外物控制其心⑧。如此说来,求长生成仙,这点好像孟子所说的求放心,《孟子·告子上》谓:"仁,人心也。义,人路也。舍其路而弗由,放其心而不知求,哀哉!人有鸡犬放,则知求之;有放心,而不知求。学问之道无他,求其放心而已矣。"⑨求仁与义,求学问之道,需要把放佚之心寻回,把心安置在正确的位置,赵岐说:"不行仁义者,

---

① [清]阮元:《十三经注疏·礼记正义》,北京:中华书局,2009年,第3643页。
②③ [清]阮元:《十三经注疏·孟子注疏》,第6035页。
④ [晋]葛洪著,[清]孙星衍校:《抱朴子内外篇》第2册,第104页。
⑤ [晋]葛洪著,陈飞龙注译:《抱朴子外篇今注今译》,第226页。
⑥ [晋]葛洪著,[清]孙星衍校:《抱朴子内外篇》第6册,第441页。
⑦ [晋]葛洪著,[清]孙星衍校:《抱朴子内外篇》第1册,第21—22页。
⑧ [晋]葛洪著,陈飞龙注译:《抱朴子外篇今注今译》,第47页。
⑨ [清]阮元:《十三经注疏·孟子注疏》,第5988页。

不由路,不求心者也,可哀悯哉。人知求鸡犬,莫知求心者,惑也。学问所以求知矣。"①求仁义礼智之路,最基本的先决条件,是内心的省视,求放佚之心而不失,审视于己而后行,成仙与成圣,都不能缺少内视反听的功夫。

葛洪的成仙思想,强调仙人无种,成仙不是因为人的禀赋,而是在乎人的修养。人之禀赋毕竟不是人所能为,人之所能为者乃立志。因此在后天的修养生活,立志是最根本的功夫,与明师勤求同为学习仙道之所必须②。这种求仙的思想,不啻于在生活中求成仙,所以就成了"人道"与"仙道"双修的求仙方式,《内篇·释滞》谓:"抱朴子答曰:'要道不烦,所为鲜耳。但患志之不立,信之不笃,何忧于人理之废乎?长才者兼而修之,何难之有?'"③葛洪强调者,乃修仙理亦不废人理,可说是提倡儒道双修的理论。由于葛洪的祖父世传儒业,加以当时江南学风多因袭汉儒之旧,故其涉世思想大抵以儒家为依归,葛洪在广采博择之际,始终未与儒家的宗旨有大违逆④。葛洪在《内篇》中虽然驳斥了世儒不信仙道之论,却又费了不少笔墨说明信奉仙道和儒家忠孝的伦理是可以兼容的⑤。从《抱朴子内外篇》可以看出,葛洪与儒家的关系,可说是与孟子的渊源最深。

结　论

葛洪的人生哲学、政治哲学及其成仙的思想,都受到孟子相当程度的影响,这些思想都可以说与孟子有渊源关系。

葛洪自小受儒家经典的熏陶,他对《孝经》《论语》《诗经》《易经》用功甚深。此外,他对于诸子之学也甚为重视,把诸子的重要性与儒家经典等同。而在诸子之中,对他影响最大的是儒家的孟子。他对孟子的评价是十分正面的,在《抱朴子外篇》中,他屡次引述《孟子》的言论支持他的人生与政治思想,足以说明他受到孟子较大的影响。

葛洪的人生哲学,着重人的可贵之处是立德、立言。立德者,就是孝友仁义,立言者就是扩阔知识,著书立说。立德是人生道德修养,立言是知识的传递。而他讲求的人生是淡薄功名的简朴生活,他吸收了孟子的天爵与人爵思

---

① [清]阮元:《十三经注疏·孟子注疏》,第5988页。
② 林雪莉:《抱朴子内外篇思想研究》,第74页。
③ [晋]葛洪著,[清]孙星衍校:《抱朴子内外篇》第2册,第133页。
④ 林雪莉:《抱朴子内名外篇思想研究》,第164—165页。
⑤ 胡孚琛:《魏晋神仙道教——抱朴子内篇研究》,第115页。

想,支持他的逸民人生思想,孟子所说的天爵,就是仁义忠信,乐善不倦的道德生命。而与天爵相对的是人爵,就是做达官贵人。葛洪追求清淡简朴的生活,批评世人只讲求利益,也是引用《孟子》支持其言论。

葛洪的人生观受到时人的质疑,被人指斥其生活方式对社会无建树,他也是引用《孟子》驳斥这些批评。他认为人的地位价值,不是用政治功名衡量,而是应该用人的道德做准则的,夏禹、后稷、颜渊三人,外表来看是相对的,前二者因其政治功绩而在历史显赫有名,而颜回只作逸民生活。其实三者都是贤人,在乎时势不同而采取不同的处世方式。

至于葛洪的政治思想,也受到孟子颇大的影响。葛洪提倡的政治哲学,着重审时度势,君子应按时势而行。时势适合做官,贡献天下,就尽力服务社会。若时不我予,就不如过其归隐生活,畜德以待可有作为之时。这种时行则行,时止则止的思想,亦渊源于孟子。孟子强调为官者,可以仕则仕,可以止则止,可以久则久,可以速则速,必须审时而行。

葛洪生当乱世,战事频仍,犹如战国时代。他产生了反战思想,他也引用了《孟子》的反战言论来支持其理论。孟子生当战国,面对国与国的攻伐,他却周游列国,劝诸侯王行王道,施行仁政,不应该用霸道而不断发动战争。

葛洪对君臣关系的理念,也不脱孟子的影子。葛洪见时君骄横傲慢,与臣下只有利益关系,不以为然。他援引《孟子》的"爱而不敬豕畜之也"的理论支持他的君臣关系理论。君主不应待臣下如猪一般,因为养猪是一门赚钱谋利的行业,人猪只存在利益关系,并无爱与敬存在。君主也不应待臣下如犬马一般的宠物,人对宠物只有爱而没有敬。君主对臣下需爱而敬之,不单只用金钱礼聘臣子,更要礼贤下士。

葛洪的"以刑辅仁"的政治理论,可说是在孟子的"以义辅仁"的思想上转化而来。孟子强调仁义并重,说明了只有"仁"是不足以管治社会的,而葛洪则把"义"的理念按其实际的社会状况转化为以刑辅仁,以便管理陷于一片混乱的社会。

葛洪提倡君主先修养个人的德行,在国内行仁政,有公正与公义的治国理念措施,与民同乐,就吸引四方之民来归,这种君主誉重则蛮貊来归,也是从孟子脱胎出来的。孟子认为君主以德而行仁,与民同乐,即使是小国也能吸引万国来归。

葛洪主张君主应该注重教育,培养人才,知人善任,教百姓廉耻,爱护长者等,都是从《孟子》而来,孟子劝说诸侯行仁政,就是使百姓知廉耻,教百姓行孝弟忠信,善用学校以教育百姓,而君主更不应推卸政治责任。

葛洪的神仙思想,是很人性化的观念。他首先着重人为万物之灵的观念,这是儒家的基本理念。虽然孟子没有明言人为万物之灵,但孟子认为人的善性,把人与禽兽分别出来,人是高于万物的,如此一来,是有人为万物之灵的意义。葛洪指出,人之所以成仙,因为人是"贵性"的,因为人性的好尚,使人有了天壤之别的结果,成为人仙异途。孟子着重人性善,因为人存此善性,此根于心的善性使人成为君子,成仙与成圣都在乎人的好尚,可见葛洪成仙思想是与孟子有其渊源的。

葛洪认为人皆可以成仙,仙人是"无种"的,成仙是不需要家族遗传的,只要循着成仙之术去修炼,人人都可以成仙。孟子则认为人人皆可成尧舜,亦即人人皆可成圣人,圣人也是无种的,人只要行尧舜之行便可成圣,在任何世代都会有圣人出现,只在乎为与不为而已。可见二者的渊源。

成仙成圣,都在乎人的德行,葛洪认为成仙之行就是忠孝和顺仁信,积善立功,这是德行的修为,是成仙的最基本条件,没有这些德行,即使用尽一切方术也不能成仙。孟子提倡的成圣思想,也是以积善立功,行仁义礼智信为最根本的条件,尧、舜、禹、汤都是因此而被称为圣人。葛洪与孟子都是主张以德行修养,实践仁义,作为成仙或成圣的基本条件,可见二者思想上的渊源。

成仙与成圣都是可以达致的,而为山九仞,功亏一篑,立志与固志都是成仙成圣者所需重视的。欲积善立功,便需坚定的心志,并且要固志,不要轻易改变,心不在焉则不能成仙,想要成仙就志于仙道而固其志于仙道。成圣者亦在乎心志,志于仁而不改,志于义而不变,正其心之所志,持其志之所往,扩其志于社会,定其志、固其志于仁,乃得成为圣人君子。

从葛洪与儒家经典与诸子的关系,借孟子的人生修养理论而建立其人生哲学,引述孟子的政治理论支持其政治主张,把其成仙思想与孟子的成圣思想相对比,足可见葛洪的整体思想,不少都是受孟子的影响。本文只能对二者作出简单的比较与陈述,关于孟子思想与葛洪的思想渊源,尚有颇多可以值得开拓之处。

论《文心雕龙·物色》篇次问题及其文学观

林日波①

成书于南朝齐、梁间的《文心雕龙》在中国文学理论发展史上,因其系统性、理论性以及方法论上的指导性而具有崇高的地位。清代学者章学诚在其《文史通义·诗话》中把它与钟嵘的《诗品》同举共评,认为"《文心》体大而虑周""笼罩群言"②。近代文豪鲁迅则把它与亚里士多德的《诗学》相提并论,认为二者在中西文学史上"解析神质,包举洪纤,开源发流,为世楷式"③。也许正是因为这样,《文心雕龙》不断被后世学者注解阐释,书中的蕴义被逐步开掘发明,对每一篇的讨论也渐进细化。随之,学者们对全书篇次的讨论也进入了一个歧见纷呈的阶段。这里,我们重点讨论《物色》篇的篇次问题。

现今通行本《文心雕龙》共计五十篇,《物色》系第四十六篇。清代四库馆臣首先对分卷提出质疑,认为"据《序志》篇称上篇以上、下篇以下,本止二卷,然《隋志》已作十卷,盖后人所分"④。这样,一个"潘多拉魔盒"就被打开了。现代学者则具体以《物色》篇为突破口,对下篇二十五篇的篇次提出疑问,并按自己的理解进行次序更动。范文澜在其《文心雕龙注》中首先提出:"本篇当移在《附会》篇之下,《总术》篇之上。盖物色犹言声色,即《声律》篇以下诸篇之总名,与《附会》篇相对而统于《总术》篇,今在卷十之首,疑有误也。"⑤周振甫则在其《文心雕龙今译》中指出:"《神思》里提到'物以貌求,心以理应。刻镂声律,萌芽比兴'。这'物以貌求'就是'随物宛转','与心徘徊'就是'心以理应','情貌无遗'就是《神思》里的'神与物游'的'物无隐貌'。因此《物色》是创作论中的一篇,应

---

① 林日波,华中师范大学文学院古典文献学 2003 级硕士,现为江苏凤凰出版社副总编辑。
② [清]章学诚撰,叶瑛校注:《文史通义校注》,北京:中华书局,1994 年,第 599 页。
③ 鲁迅:《鲁迅全集》第八卷《集外集拾遗补编》,北京:人民文学出版社,1981 年,第 332 页。
④ [清]永瑢等撰:《四库全书总目》,北京:中华书局,1965 年影印本,第 1779 页。
⑤ [南朝梁]刘勰著,范文澜注:《文心雕龙注》,北京:人民文学出版社,1961 年,第 695 页。

该列在'刻镂声律'的《声律》前。"①郭晋稀在其《文心雕龙注译》的前言里直言："原书篇次的前后，虽然经过作者细心安排，并没有标明篇第，今书的篇次，是错乱之后，后人加上篇次的。……《物色》篇，今本《文心》列在第四十六，次于《时序》之后。《序志》云：'崇替于《时序》，褒贬于《才略》，怊怅于《知音》，耿介于《程器》，长怀《序志》，以驭群篇。'明文证明了《物色》的次序是错乱了的。"②王利器在《文心雕龙校证》中也表达了类似的看法，他赞同范文澜的怀疑，并补充说："《序志》篇云：'崇替于《时序》，褒贬于《才略》，怊怅于《知音》，耿介于《程器》，长怀《序志》，以驭群篇。'彦和自道其篇次如此，《物色》正不在《时序》《才略》间。惟此篇由何处错入，则不敢决言之耳。"③刘永济在其《文心雕龙校释》中肯定地说："按此篇宜在《练字》篇后，皆论修辞之事也。今本乃浅人改编，盖误认《时序》为时令，故以《物色》相次。"④

与此相对，对更动通行本《文心雕龙》篇章次序持反对态度的学者也风发活跃，并且都持有独到的见解。牟世金撰写的《文心雕龙理论体系初探》一文，便从理论体系上说明了其对通行本的看法："刘勰以'摛神性'表示《神思》《体性》两篇所研究的内容；以'图风势'表示《风骨》《定势》两篇所研究的内容；以'苞会通'表示从《通变》到《附会》所研究的内容；以'阅声字'表示从《声律》到《练字》所研究的内容。最后讲'崇替于《时序》，褒贬于《才略》，怊怅于《知音》，耿介于《程器》'。"⑤虽然这里没有直接提到《物色》篇，但是顺着牟先生的分析和推论，我们明显感觉到刘勰当年写作时那种上下一贯之气。正如他自己所说，"附会之术"乃是"首尾周密，表里一体"（《附会》篇），所以从《神思》到《总术》之间就找不到任何罅隙可以插入《物色》，因此，该篇位置就不可移易了。王运熙先生在《〈物色〉篇在〈文心雕龙〉中的位置问题》一文里通过对相关篇章内容的比较分析阐明了自己的理由，重点指出："《物色》首段讲的是外界事物与文学创作的关系，这种内容在前面《声律》《丽辞》《比兴》等篇章中是无法找到的，因为它们纯从写作方法的角度立论。所以说，把《物色》的位置移到前面去是不合适的。"⑥

我们应该肯定上述各大家对《文心雕龙》研究作出的贡献。但是，对部分学者更动篇次的做法却不敢苟同。明显可见，范、周、郭、王诸家都只是抓住《序

---

① 周振甫：《文心雕龙今译》，北京：中华书局，1986年，第412页。
② ［南朝梁］刘勰著，郭晋稀注译：《文心雕龙注译》，兰州：甘肃人民出版社，1982年，第12页。
③ 王利器校笺：《文心雕龙校证》，上海：上海古籍出版社，1980年，第180页。
④ ［南朝梁］刘勰著，刘永济校译：《文心雕龙校释》，北京：中华书局，1962年，第280页。
⑤ 牟世金著：《雕龙集》，北京：中国社会科学出版社，1983年，第177页。
⑥ 王运熙：《〈物色〉篇在〈文心雕龙〉中的位置问题》，《文史哲》1983年第2期，第67页。

志》篇或某一单篇中的片言只语,一味于书内求解,证据不足以令人折服。虽然赞同现在通行本篇次的各家暂时也无法拿出充分的理由,但是,考虑到《文心雕龙》的系统性,"位理定名"之说是可以接受的。另外,从《梁书·刘勰传》中我们或许可以寻到一些间接的证据。书中记载,刘勰"依沙门僧祐"时,"博通经论,因区别部类,录而序之。今定林寺所藏,勰所定也"①。由此可见,刘勰对当时卷帙浩繁的佛教经论有高屋建瓴的处理能力,何况,梁武帝后来又"敕与慧震沙门于定林寺撰经"②,这进一步肯定了刘勰在经论编排上的用心和才能。因此,他在编撰《文心雕龙》的五十篇时,就可以凭借其娴熟的建构技巧和思维素养,一显身手。也就是说,在全书的结构体系安排上,刘勰可以游刃有余地运用佛教经论的内含逻辑。加之,敦煌遗书《文心雕龙》残卷中,从《原道》第一到《谐隐》第十五,凡十五篇,与今通行本篇次全同,可以成为我坚持篇次无误的一个佐证。既然文本之外的证据少之又少,这里不妨也把《序志》篇中的一段文字摘录于下:"盖《文心》之作也,本乎道,师乎圣,体乎经,酌乎纬,变乎骚。文之枢纽,亦云极矣。若乃论文叙笔,则囿别区分,原始以表末,释名以章义,选文以定篇,敷理以举统,上篇以上,纲领明矣。至于剖情析采,笼圈条贯,摛神性,图风势,苞会通,阅声字,崇替于《时序》,褒贬于《才略》,怊怅于《知音》,耿介于《程器》,长怀《序志》,以驭群篇,下篇以下,毛目显矣。位理定名,彰乎大易之数,其为文用,四十九篇而已。"这段文字被许多学者利用,作为证明或反驳《文心雕龙》篇次错乱的论据。愚见以为:对于下篇,刘勰在此大略提到了十三篇,明确指出篇名的是五篇。这五篇又恰恰没有提到《物色》,仅就这一点,郭晋稀先生便认定该篇位次错乱,并在其著作中重新为五十篇排了次序。对于古人而言,这种思路和做法无疑是一种苛责,尤其是想从骈文中厘定出"甲乙"次序。因为,骈文是一种华美简约的文体,俪词偶句的特点明显,这决定了作者在行文的过程中要有意识地进行字句安排和省略,如果能做到"内义脉注",即使是"断章取义"(《章句》篇)也未尝不可,所以,它绝不会像今天的说明文一样详细描绘,面面俱到。除此以外,魏晋时社会上有尚玄贵虚的习气,"言意之辨"不绝于耳,"得意忘言不仅为解读经典之新方法,而且为正始玄学之要义"③。其流风余韵对南北朝仍不无影响,作为社会一分子的刘勰当然不能避免,他或许更心仪于"言不及意",所以有"意翻空易奇,言征实而难巧"(《神思》篇)的怅叹。这种意识表现在作品中便是挂一漏万,意义和章句之间难免无法一一对应,毫厘不爽。深入分

---

① [唐]姚思廉:《梁书》卷五十《刘勰传》,北京:中华书局,1973年,第710页。
② [唐]姚思廉:《梁书》卷五十《刘勰传》,第712页。
③ 李建中、高华平著:《玄学与魏晋社会》,石家庄:河北人民出版社,2003年,第55页。

析上述引文，我们不难发现其所指显然是一脉相连、不可分割的完整的五十篇。刘勰说："位理定名，彰乎大易之数，其为文用，四十九篇而已。"按《易》分篇，显然他把《文心雕龙》作为了一个有机的整体。我们对《物色》及任何一篇的次序更改都会牵一发而动全身，影响对《文心雕龙》的整体研究。

《文心雕龙》篇次是否错乱的问题，关系到我们对文本的整体把握以及研究的深入。通过对上述各家观点的考察，我发现主要是由于对"物色"的理解存在分歧。以下，我首先对"物"字进行一下考释，之所以要如此探根究底，是因为我国古代汉语往往单字足义且词义复杂。如果望文生义而不进行具体分析，就难免会妄论臆断。"物"，《说文解字》曰："物，万物也。天地之数，起于牵牛。"①王元化先生在《心物交融说"物"字解》一文中提出："《文心雕龙》一书用物字凡四十八处……除极少数外，都具有同一含义。"②这一涵义他吸取王国维的说法，即"杂帛是最接近物之本义……万物乃物字的引申义。因而，论者把它解释为外境，或解释为自然，或解释为万物，都是可以说的通的"③。"色"，《说文解字》曰："色，颜气也。"④在刘勰的思想意识中，"色"字恐怕与佛教不无干系。毕竟，刘勰"依沙门僧祐，与之居处；积十余年……为文长于佛理，京师寺塔及名僧碑志，必请勰制文。……与慧震沙门于定林寺撰经。证功毕，遂启求出家，先燔发以自誓。敕许之，乃于寺变服，改名慧地"⑤。《南史·刘勰传》也说："(勰)为文长于佛理，都下寺塔及名僧碑志，必请制文。"⑥《梁书》《南史》异口同声。由此可见，后世对刘勰有一个普遍的看法，即佛教对他有潜移默化的影响。从佛学实质而言，"色"指外界存在的形形色色的(物质)现象。这一点可以通过把握"空"这个与它紧密相连的基本范畴来进一步领悟。因为，"空"在佛学中并非空空如也，而是指世界万物的景象幻化不实，正所谓"色不异空，空不异色；色即是空，空即是色"⑦。另外，梁昭明太子萧统所编《文选》卷十三为"物色"之赋，李善注之曰："四时所观之物色，而为之赋。又云，有物有文曰色。"⑧综上所述，"物色"既包含自然万物的内在生命力，又包含其外在的繁杂形式，同时也具有与佛学相关的动态变化之意，世俗所谓"岁有其物，物有其容"(《物色》篇)。据此，我们可以进

---

① [汉]许慎撰，[清]段玉裁注：《说文解字注》，上海：上海古籍出版社，1988年，第53页。
② 王元化：《文心雕龙讲疏》，上海：上海古籍出版社，1992年，第93页。
③ 王元化：《文心雕龙讲疏》，第97页。
④ [汉]许慎撰，[清]段玉裁注：《说文解字注》，第431页。
⑤ [唐]姚思廉：《梁书》卷五十《刘勰传》，第710—712页。
⑥ [唐]李延寿：《南史》卷七二《刘勰传》，北京：中华书局，1975年，第1782页。
⑦ 中国佛学院、中国佛教协会编：《释氏十三经》，北京：书目文献出版社，1989年，第12页。
⑧ [南朝梁]萧统编：《文选》，北京：中华书局，1977年影印本，第190页。

行以下的分析讨论。

如前述,范文澜认为《物色》篇位置错误的理由是"盖物色犹言声色也"。"声",《说文解字》曰:"声,音也。"段玉裁注之为:"音下曰声也。二篆为转注,此浑言也。析言之,则曰生于心有节于外谓之音。宫商角徵羽,声也。丝竹金石匏土革木,音也。"①声的定义可谓清楚明白。再者,"声色"一词在《文心雕龙》中没有出现过,即使是《声律》篇,也只是阐明声的音乐性和它在诗文格律中的作用,可以说与"物色"毫无关系。考求《文选》,其"物色"赋这一类中选有宋玉的《风赋》,李善注之曰:"风虽无正色,然亦有声。"或许"声色"一词来源于此。另外,《辨骚》篇所言"论山水则循声而得貌",《诠赋》篇所称"及灵均唱骚,始广声貌""极声貌以穷文",再结合《物色》篇中提到的"虫声有足引心""沉吟视听之区",大概为范氏立论的根本。至此,他的意思也就有了眉目,即他认为"声"可以唤起经过感知而存留在人们大脑中的相关事物的形象,因而"声"也就是"物"。从认识论的角度来看,这是毫无疑问的。但错在他在这里不自觉地把"物"的概念偷换了,缩小了其内涵和外延。不难明白,一个失聪的人是无论如何也无法将"声"与"物"联系等同起来的。至于周振甫强调《物色》和《神思》意义相连,相互发挥,把学界普遍认为的纲目关系进行了更加具体的阐释,这比其他论家看得深刻。但细加分析,我们会发现"随物宛转""与心徘徊"比"物以貌求""心以理应"更注重作者与外物之间的相互激发交融,物我互为主动。我们强调《文心雕龙》各篇次间的远近联系,但是不能把这种研究者的一家之言扩大化和绝对化,忽视掩盖了刘勰本人当时的真实想法和独见。要避免这种情况,我们就应该细心体会《文心》体系的严谨并努力寻求下篇中各篇之间的脉络。前面提到牟世金先生把"摛神性,图风势,苞会通,阅声字"逐句拆开以对应相应的篇目,直接醒目,但方法未免简单了。毫无疑问,从《神思》到《总术》属于"剖情析采",今人把它们归属于创作论范畴也是比较合乎当下理论研究实际的。文学创作论,简言之就是物—情—辞三者的互动,具体而言就是客观存在的事物触发创作主体的情感,进而形诸语言文字加以表达的过程。刘勰说"文之思也,其神远矣","此盖驭文之首术,谋篇之大端"(《神思》篇),故《神思》位列下篇第一也就理所当然了。"神居胸臆,而志气统其关键","志气"和创作个性名为二实则为一,因此《体性》篇紧随其后。论风格形成的外在因素的《定势》篇因为与《体性》篇讨论的内容互为表里而上下相连。至于《风骨》和《通变》两篇的位置安排,祖保泉在《〈文心〉下篇篇次组合试解》一文中进行了合理说明:"刘氏论文总是面向当时文坛实际,而又照顾到自己的理论体系。在《体性》中,他客观

---

① [汉]许慎撰,[清]段玉裁注:《说文解字注》,第592页。

地提出了'八体'（八种风格），算是风格通论；在《风骨》中提出'风清骨峻'那种阳刚之美的要求，以救当时之弊，算是风格专论。通过与专论相连，才能尽意。《通变》就'设文之体''变文之数（术）'着眼，论述'凭情以会通，负气以适变'的道理，指明文之体式的历史继承性与现实需要的关系；《定势》则专门论述文之体式形成的根本原理。前篇作历时性的论述，后篇作共时性的论述，两论纵横并比，息息相关。因此我们说，《体性》《风骨》是前后相承的姊妹篇，《通变》《定势》也是前后相承的姊妹篇。"①从《声律》到《指瑕》可以说是一个具体的写作过程，《养气》《附会》《总术》三篇则可以说是在作品完成以后对其进行润色指导的。通过以上分析，《文心雕龙》下篇前二十篇之间环环相扣，密不可拆，自然就没有《物色》的位置了。其实，就后五篇而言，《时序》主要讲社会政治、时代风情对作家写作的影响；《物色》主要讲四时变迁、自然景物对作家写作的影响，二者如一体之两面，同时就作家因外界的变化而"情迁辞发"立论，实在不可分割。这也暗合了《原道》篇的"人文"和"道文"之意。

  以上我们是就《文心雕龙》下篇整体而进行系统考察，得出《物色》篇次无误的结论。如果就《物色》篇本身而言，刘勰似乎不仅仅只着眼于讨论创作之旨，其间的品评欣赏之意也溢于目前。事实上，我们可以说《物色》篇的创作之论是建立在对作品的批评欣赏的基础上的。虽然从"岁有其物，物有其容；情以物迁，辞以情发"中，我们可以知晓文学创作的基本途径，即在物色的感召下，作者心动辞发。作为"文之经"（《情采》篇）的情在创作过程中不可或缺，同样地，在文学品评和欣赏之时，它的地位也举足轻重。试想一个欣赏者若失去了"情"，他怎么能够体味到作者因为一片落叶所激发的感想，因为一声虫鸣所勾起的心思？果真无"情"，则"清风明月夜，白日春林朝"对于欣赏者而言也只是死物而已，毫无惹人之处。因为有"情"，所以刘勰在《物色》篇中，对《诗经》、《离骚》、汉赋能"平理若衡，照词如镜"（《知音》篇），进而对它们的创作特点进行了总结。他认为《诗经》是"以少总多，情貌无遗"，评价《离骚》是"触类而长，物貌难尽"，指出汉赋是"模山范水，字必鱼贯"，最后利用脱胎于扬雄《法言·吾子》中的一句话作了总体判断，即"诗人丽则而约言，辞人丽淫而繁句"。这些至今被人们称道的，已经上升为方法论的评语，明显是刘勰在登堂入室并进行了一番鉴赏之后得出的或心领神会的。他在具体谈论《诗经》时说："故'灼灼'状桃花之鲜，'依依'尽杨柳之貌，'杲杲'为日出之容，'瀌瀌'拟雨雪之状，'喈喈'逐黄鸟之声，'喓喓'学草虫之韵；'皎日''嘒星'，一言穷理；'参差''沃若'，两字穷形。"真正是"披文以入情"（《知音》篇）了。接此而言，如果欣赏者不进入作家创造的艺

---

① 张少康：《文心雕龙研究》，武汉：湖北教育出版社，2002年，第366页。

术境界中去,是无论如何也体会不到"春台之熙众人"(《知音》篇)的情趣的,更遑论通过品评而总结为创作之论。刘勰的作文用心是替圣人立言,来革除当时"讹滥"的文风。因此,他对刘宋朝以来的文学明察秋毫,洞若观火,评鉴之辞入木三分。他说"自近代以来,文贵形似,窥情风景之上,钻貌草木之中,吟咏所发,志惟深远,体物为妙,功在密附。故巧言切状,如印之印泥,不加雕削,而曲写毫芥。故能瞻言而见貌,即字而知时也"。这里的"情"是风景的,是人对自然万物的一种拟人化关照。风景草木含情脉脉,人置身于外,所谓"漫看天际云卷云舒,闲赏庭前花开花落"。纯粹一副旁观者清的姿态,山水有情而我独无。以此分析山水诗人谢灵运的《登江中孤屿》:"乱流趋孤屿,孤屿媚中川;云日相辉映,空水共澄鲜。"①来看刘勰的评鉴,真是实而不虚,一语中的。这完全是对各家的文章能入能出,把握起来游刃有余。刘勰又说:"是以四序纷回,而入兴贵闲;物色虽繁,而析辞尚简;使味飘飘而轻举,情晔晔而更新。古来辞人,异代接武,莫不参伍以相变,因革以为功,物色尽而情有余者,晓会通也。"这几句话被看作是创作论当然无可厚非,但欣赏品评之意也不应被抹杀。以此为尺度来品读元曲大家马致远的《天净沙·秋思》:"枯藤老树昏鸦。小桥流水人家。古道西风瘦马。夕阳西下,断肠人在天涯。"②我们就会明白,何以九种简单景物的列举,竟能让人领会袅袅不绝的兴味。可以说,羁旅行役而感秋思家是中国文学的一个亘古不变的主题,传世之作屈指难数,唯独此曲被奉为"秋思之祖",实在是作者"凭情以会通,负气以适变"(《通变》篇)的缘故。因此说刘勰的这几句话是我们欣赏作品时的"金科玉律",实在不是什么溢美之词。

之所以要就《物色》篇的欣赏论角度进行简要的分析,是为了说明以下之意。在古人的思想中并没有什么诸如文学创作、文学批评一类的术语,这些概念都是二十世纪初,我们在学习西方的过程中"进口"的,用它们来厘定古人的那种对文学的浑然看法并不完全适用。西方从亚里士多德的《诗学》开始并一直延续发展到今天的文学理论及观念与中国传统的文学理论和观念其实是大相径庭,说毫厘不爽,则是违背基本客观事实。在具体对待《文心雕龙》时,我们就应该慎重地套用西方理论对它进行切割分类,要采取"似是而非"的态度,即不能把其中一些独具中国特色的文论篇章仅仅看作是西方文论的印证,更不能因为"一叶之障"而硬要对它们进行"削足适履"的处理。我们要以西方文学理论为"用",而不能简单地拿来奉为"体"。绝不能在毫无充分的文献依据的情况下,按自己的主观理解,任意更动其中的篇次。如果不这样做,我们就很难把刘

---

① 余冠英选注:《汉魏六朝诗选》,北京:人民文学出版社,1958年,第216页。
② [元]马致远著,刘益国校注:《马致远散曲校注》,北京:书目文献出版社,1989年,第22页。

勰的形象从《文心雕龙》中凸现出来,然后对他有一个完全的了解,更何谈真正地把握全书。"所谓真了解者,必神游冥想,与立说之古人,处于同一境界,而对于其持论所以不得不如是之苦心孤诣,表一种之同情,始能批评其学说之是非得失,而无隔阂肤廓之论。否则数千年前之称言旧说,与今日之情势迥异,何一不可以可笑可怪目之乎?"① 基于以上认识,我认为《物色》篇位置不宜变动。今天,在弘扬传承中华优秀传统文化,建构中国学术话语体系的进程中,我们应该回归到自己的文学园囿,努力耕耘,以期向世界展现具有中国本色的文学理论的历史面貌。

---

① 陈寅恪:《金明馆丛稿二编》,上海:上海古籍出版社,1980年,第247页。

用西方现象美学解码中国古典诗歌
——以《春江花月夜》为例

黄 蓓[①]

对于广大的中学生而言,中国古典诗歌是一门玄学——读不懂凝练,品不出韵味,悟不了情志。对此,古诗教学界有诵读感悟派,强调还原场景,精读慢读多读,希冀如春雨滋润大地般,自然生发读者的鉴赏力;技术派推崇方法论,认为没有文本解读技巧的品鉴,犹如庖丁欲解牛却无利器,最终只能徘徊于对象外部。笔者赞成技术论,但不愿囿于常规技术,譬如读题目,读诗人,读意象,读诗句,读尾联……如果总是那样教,必然会使诗歌教学趋于无趣,学生照样无感。

笔者认为波兰哲学家、文艺学家罗曼·英伽登的现象美学分析法可作为中国古典诗歌的一种解码方式。罗曼·英伽登在《文学的艺术作品》中提出作品的整体结构由四个异质层次组成:语音层、意义层、再现客体层和图式观相层。这四个层面不仅能解释古典诗歌外在的含蓄跳跃和内在的血脉分明,更能推动读者由浅入深思考,有技巧步骤地解码诗歌。

本文以张若虚的《春江花月夜》为例,逐层实践。

一、语音层:扬抑交叠与百转千回

语音层即字音和以字音为基础的高级语言构造,如语调、节奏、旋律、音力等。"语音层"的内涵对应古典诗词,可特指诗的韵律。

《春江花月夜》的韵律节奏、感情旋律极具特色:既清新热烈,又深沉隽永,于平和中抑扬,在舒缓中起伏。全诗共三十六句,除"人生代代无穷已,江月何

[①] 黄蓓,华中师范大学文学院古典文献学 2006 级硕士,现为广东省中山市第一中学语文教师。

年初照人？不知江月待何人，但见长江送流水"之外，平均四句换一次韵，共换九韵。杨清良的《实用音韵一点通：帮你学习十三道辙》①对"合辙押韵"有分章解析，笔者归纳之后结合本诗韵脚辙得出以下结论：首韵（平，生，明）中东辙（由韵母 eng、ing、ong、iong 拼成的字）；第二个韵脚（甸，霰，见）言前辙（由韵母 an、ian、uan 拼成的字），第三个韵脚（尘，轮，人）人辰辙（由韵母 en、in、un 拼成的字），此三辙发声都属于热烈、火爆、雄壮、激昂型，体现出花好月圆"融合"的喜悦。第四个韵脚（悠，愁，楼）油求辙（由韵母 ou、iu 拼成的字）；第五个韵脚（徊，台，来）怀来辙（由韵母 ai、uai 拼成的字），此两辙发声都属于平和从容、温柔婉约型，这是天各一方"离愁"的外化。第六个韵脚（闻，君，文）人辰辙（由韵母 en、in、un 拼成的字），第七个韵脚（花，家，斜）发花辙（由韵母 a、ua、ia），此两辙发声都属于热烈、火爆、雄壮、激昂型，这是游子思妇"悲愤"的升级。第八个韵脚（雾，路，树）姑苏辙（由韵母 u 拼成的字），此辙发声属于严肃、抑郁、悲凉、凄苦型，这是人景易逝的"哀空"。正是这"合辙押韵"的技法让全诗的情绪随韵脚的转换，一字一音，百转千回，展示出作者内心的声音。

正如朱光潜先生所言"音律的技巧在于选择富于暗示性或象征性的调质。比如，形容马跑时宜多用铿锵急促的字音，形容流水，宜多用圆滑轻快的字音。表示哀感时宜多用阴暗低沉的字音，表示乐感时宜用响亮清脆的字音"②。《春江花月夜》的语音层直接反应诗人的叙述状态，是引导读者进一步思考，继而追寻诗人情思曲线的节点。

二、语义层：巧设情境与妙织情网

意义层由语词、语句和句群三个方面构成。意义层既是文本的结构框架，又是文本内蕴的辐射点，它在文本四个层次里居核心地位。英国美学家柯林伍德说："作家只有在对词汇有所选择并具有一定语调的情况下，才会发表自己的思想。这种选择和语调表现了他对这种字音思想的感受。"③

《春江花月夜》作者选择了"春江""春花""春月""春夜""春原""春闺"等词作为情境的起点，于俗常情境中，巧妙安排词句及句群的出场顺序，因词造景，因景生境，因境渡情，从容编织出情网：春夜江潮，月明波滟——波光延绵，逐映

---

① 杨清良：《实用音韵一点通：帮你学习十三道辙》，大连：大连出版社，2014年。
② 朱光潜：《诗论》，《朱光潜美学文集》第二卷，上海：上海文艺出版社，1982年，第156页。
③ ［英］柯林伍德：《艺术原理》，北京：中国社会科学出版社，1985年，第270页。

春原——原野连畔,畔下水流——畔上青浦,浦边离愁——两处离愁,相思月楼——斜月朦胧,情洒江流。这些意象意境一丝一环,缠绕相扣,契合着韵脚的转换,引领读者见识美景,体会心绪——时而浓烈奔放,时而从容温婉,无论是两相遥想还是黯自神伤,读者不知不觉深陷其中。

《春江花月夜》的意义层是诗歌的内核,由词语意象的选择与运用,一步步到词句意境的组合与延展,再到思绪的巧妙生成与游走穿梭,最终编织出这妙不可言的情网。

三、再现客体层:始于情境与终于虚化

作品要想走向经典,单有美的语言和内涵还不够,必须具备审美深度,能满足读者更深层的精神需求。这个环节由再现客体层完成,即罗曼·英伽登所称的"伟大的作品中,有一种依赖于再现对象又影响它构成的东西""形而上学质"。

《春江花月夜》中的"春江""春花""春月""春夜""春原""春闺""春愁"不是按仪式抒发小情调,而是制造一个艺术幻象,让现实感生发,却又超越当下:春花水月夜夜可见,芸芸众生代代都现;游子思妇随景而生,亲切亦真情思亦幻。复合的意境在虚实中变幻,让读者不能只停留在原地,而是不自觉走向高地:"圆满"可能是起点和期待,距离和残缺才是过程和常态。经典的诗歌自有神秘的隐喻,正如曲径通幽,一眼看不到的头,好奇地探寻,才顿觉惊喜。

《春江花月夜》里所有的元素是否合乎逻辑并不重要。读者相信它的场景是真实的,人物是合理的,情思是无疑的。在这种"形而上学质"中,读者穿越时空与千年前的那个月夜"相遇"了,这就是"形而上学质"的魅力,诗歌的魔性。

四、图式观相层:空白影像与悠远深长

"图式"指显现在读者直观认识之中的"客体",它是让事物的表象保留自我一致性的"构架";"观相"指视觉观相、听觉观相、触觉观相等。图式观相层即对象的呈现方式。罗曼·英伽登认为"纯粹的文学作品只是一个构架,是在各方面都图式化的构架。它包含有空白、未确定点和图式化方面"[1]。正是这种"空

---

[1] [波]罗曼·英伽登:《对文学的艺术作品的认识》,英文版,美国西北大学出版社,1973年,第 331 页。

白和未确定点"能创造出新境界,让不同的读者在阅读中凭借想象自由填充,意会作品,补偿感悟,增殖情感。

《春江花月夜》制造的朦胧神秘空间里有少年时的感伤、中年人的从容、暮年时的沧桑。但也许应有着更深刻、复杂的内涵。比如"月"意象的选择是否只是为应景和抒情?可能不止,《说文解字》对其的解释是:"月,阙也。太阴之精。"①该"阙"指太空阙门,"太阴之精"是指宇宙太阴的精魄。"月"的设置本身就与"宇宙"相连,由月光延展到对宇宙的思考是有意为之还是无心之举?"游子"为何远走他乡?出于无奈还是奔赴前程?"闲潭落花"指"思妇"无尽等待下的年华逝去,还是游子想念容颜衰老的爱人?为何写完这对离人,还要以"不知乘月几人归"作结?个案引发共情,与当时社会现状有关?月亮从海上升起,途经江畔花林,看过悲欢离合,仍然流连于江边树间,最后在江天暮色中下沉。是否暗示了回归?物的回归(游子),情态的回归(归于鸿蒙),精神的回归(返璞归真)?读者可以尽情想象"月"不止是一个人的"理事",一对人的"相思",而是多人多事,一串诗谜。

中国古典美学似乎不喜欢太圆满,凡事讲究个空间感,宛如水墨画的留白,因为空,所以无限;而现象美学理解这种空白:古诗要给读者预留一扇窗,允许万般猜想进进出出。

现象美学用四个层面解释了文本自身的魅力与读者的阅读满足之间的和谐性。这四个层面独立存在,又密切关联,张若虚在遣词造句和布局谋篇上用上的"秘密武器"就是把语言层和意义层完美统一,再让读者自然而然走出"文本",自由"填空",最终发现惊喜,走向本我,体验生命。虽然时空限制了读者,篇幅限制了作者,阅历限制了彼此,但罗曼·英伽登的现象美学解码了诗歌,回答了为什么情味妙在模糊。希望此方法能帮助学生打破诗歌的外壳,深层次品味诗歌。毕竟有技可施,才可能走进文本内,从而唤醒内心的渴望与热爱,最终达到新课标要求的"审美鉴赏"的目的。

---

① [汉]许慎撰,[清]段玉裁注:《说文解字注》,上海:上海古籍出版社,1981年,第313页。

异域文明的中国化:论唐诗中的袈裟

刘 烨①

　　袈裟对于中华文明来说是舶来品,但是却在传入之后接受了汉民族的改造,成为符合汉民族审美趣味的服饰之一。唐诗中的袈裟是耐人寻味的艺术意象,它在滚滚红尘里展示的是唐代诗人们生活情趣的迁移,表现的是有唐一代独特的风韵魅力。《全唐诗》中具有袈裟意义的语词一共出现了150次,这包括它的别称"方袍""福田""三衣"和"衲衣"等,也包括表达具有袈裟意义的"麻衣""六铢衣"和"草衣"等。描写袈裟并不是几个僧侣的偶然唱和,《全唐诗》中共有上百位诗人写到袈裟,既有宋之问、刘长卿、杜甫、白居易、孟郊这些著名的诗人,也有皎然、贯休、齐己这类的诗僧。袈裟是一个物象,也是一种意象,它是胡人的,也是唐人的。

　　自从汉明帝夜梦金人以来,袈裟就随着西方的僧侣来到中原,融入到古老的历史当中,裹挟着异域文明,走进中国的文化与艺术世界,由一种单纯的物质形式,演变成独特的艺术符号。因此,我们在唐诗的袈裟里看到的不只是宗教与文明的碰撞,也是艺术与生活的宣泄,而且历经千年之后,唐诗的袈裟依然能够安抚我们的内心。"禅地无尘夜,焚香话所归。树摇幽鸟梦,萤入定僧衣。破月斜天半,高河下露微。翻令嫌白日,动即与心违。"②诗中对这种清淡玄理意境的阐释,正是佛教传入中国之后,与儒道融合的产物。

---

① 刘烨,华中师范大学文学院古典文献学2016级博士,现为闽南师范大学讲师。本文为作者主持的闽南师范大学校长基金"服饰对唐代诗歌的影响研究"(sk19016)的阶段性成果。

② 陈贻焮:《增订注释全唐诗》卷五三七,第3册,北京:文化艺术出版社,2001年,第1568页。本文引文所使用《全唐诗》均出自该版本,以下引文皆只标注卷数与页码,不再另示出版信息。

一、西来的袈裟:改革

张骞凿空西域,带来的不仅仅是品种丰富的水果和金属冶炼的技术,同时也带来了与异域文明的碰撞。佛教起源于印度,通过陆地和海上向外传播。公元147年,支娄迦谶和安世高来到洛阳开始翻译佛经,并以一种世俗的方式渐渐渗透在当时的社会中。"在中国,所有宗教行为却都会被纳入中国思想世界所已经确立的、社会优先于个人的道德与伦理规范中,因此个人的解脱和宗教的救赎,从来就不是个人面对宗教的事情,而是每一个人面对家庭、家族、社会、国家的思想与行为。"[1]佛教在刚开始传入中土的时候,也面临着同样的压力,它开始被动地适应中华文明。中原文明向来以礼乐正统为尊,穿着不同于本族的服饰将被视为蛮夷行为,而遭到压制和边缘化。在佛教传播的过程中,僧侣们所穿着的袈裟首当其冲面临着是否要改革的命运,佛教文明与中华文明的碰撞也一触即发。

袈裟,梵语为Kasāka,是佛教的法服,敦煌壁画与雕塑中的佛陀、罗汉、僧侣多穿着此服饰。佛典最初将其翻译为"加沙",本从"毛"。这是因为印度在当时已经将棉花运用到制衣工艺当中,西来的僧侣所穿着的棉质袈裟给中原人的感觉犹如毛织品一样,因此根据造字法,原本从"毛"。但是中原的棉花应用较晚,在唐代还将棉花作为一种观赏植物,并未大规模运用在制衣方面,多用常见的麻布替代,也有用丝绸替代的情况,这一点将在下文详细叙述。东晋葛洪在《字苑》中将其改作"袈裟",袈裟在印度语本义是"不正色"。"正色"在佛教当中指青、黄、赤、白、黑五种颜色,除却这五种颜色,多为"不正色"。天竺(印度)的僧侣用树叶果浆染色,称之为木兰色,也叫迦沙色,非常污浊。佛教用这种颜色作为加沙的颜色,本意是希望僧侣洁身自好、艰苦朴素。

袈裟实际上是佛教服制"三衣"的代名词。"三衣"作为袈裟的本相,有着浓厚的印度色彩,在《全唐诗》当中"三衣"一共出现9次,共有7位诗人提及,而"袈裟"却出现56次,说明在唐代诗人的创作中,已经逐渐将"三衣"边缘化,而接受了"袈裟"这个改良过的名称,当然这种转变的产生离不开"三衣"形制的汉化。

"三衣"来源于印度,是由早期出家的苦修僧侣所穿着的"粪扫衣"演变而来,在佛教成立以后,依然以它作为共同的衣着。"粪扫衣"并不是专指沾染了

---

[1] 葛兆光:《中国思想史》第二卷,上海:复旦大学出版社,2001年,第388页。

粪土的破衣,而是广泛包括俗家所丢弃的破衣和破布,并由比丘们加以洗涤修补而成的干净僧衣,这是一种为了劝导出家人摒弃贪念的制度。汉地佛教也延续这一传统,杜甫有言:"山僧衣蓝缕,告诉栋梁摧。公为顾宾徒,咄嗟檀施开。"①在中国的僧侣,他们的服饰也是以残破为主,"衲衣求坏帛,野饭拾春蔬",僧衣要求用破败的帛布缝纳。"一身求清净,百毳纳袈裟"②,"百毳"指粗糙的毛织物。

但是随着佛教传播的范围扩大,出家僧人开始增多,这种捡拾破衣的行为已经不能满足僧侣的需求,因此除却"粪扫衣"之外又出现了施衣,即檀越施衣。虽然遭到屡次禁止,但是面对日益庞大的僧侣团体,只能默许了这种现象。由于布施的衣服十分杂乱,无法将其与外道服饰加以区分。据《十诵律》记录,瓶沙王请求佛陀"愿令僧衣与外道衣异",佛陀于是根据路边稻田的畦畔齐整,让阿难教授僧侣们按此制作僧衣,这种僧衣也叫作"田相衣",并分别以五条、七条、九条为标准条数而成"三衣"。九条形制的为大衣,称僧伽梨(梵 sanghati);七条形制的为上衣,称郁多罗僧(梵 uttarasanga);五条形制的为内衣,称安陀会(梵 antarvasa)。

在《大藏经》图像第五卷中,可以看到唐代开元年间的袈裟形制,纵向条纹有七条,这应是"一钵三衣"中的七条上衣,和横向十二条纹共同构成田相纹饰,象征福田。这幅大唐开元杂雕袈裟图将 18 块福田各赋含义,横纵条纹也各有名称,这表明袈裟已不再是提供保暖庇体的工具,而是有着它的宗教内涵和文化意义。"共覆三衣中夜寒,披时不镇尼师坛"③,在张希复看来"三衣"的作用首先是保暖,但从"披时不镇尼师坛"可以看出"三衣"具有一定的宗教意义,它的形制本身就是一种仪轨。与张希复和唱的段成式也在诗歌当中提到"南山披时寒夜中,一角不动毗岚风"④,僧侣身披的袈裟,每一块纹路和"福田"都代表一种意义,面对寒风不动分毫,也意味着佛法稳固。现藏于日本正仓院宝库的七条褐色绸袈裟,是在唐代流传到日本的袈裟实物,将它与《大唐开元杂雕袈裟图》中的袈裟进行对比,形制基本符合。

这种"田相衣"在中国被叫作"福田衣",因供养僧众能获大功德,故称僧众为福田,僧众所披着之袈裟即称福田衣。这种仿照稻田的形状,在传入中原后并没有引起抵触,因为印度与中国都有种植水稻的农业生产传统,而也正因为

---

① 陈贻焮:《增订注释全唐诗》卷二○九,第 2 册,第 79 页。
② 陈贻焮:《增订注释全唐诗》卷一八六,第 1 册,第 1589 页。
③ 陈贻焮:《增订注释全唐诗》卷五三九,第 3 册,第 1588 页。
④ 陈贻焮:《增订注释全唐诗》卷五七七,第 4 册,第 236 页。

这样的形制,"福田衣"也被称作"方袍"。"福田衣"在《全唐诗》中出现5次,"方袍"出现17次,"袈裟"出现56次,"三衣"出现9次,"水田衣"出现6次。

"水田衣"不见于佛教典籍,是中国诗人的独创,而且根据现有的《全唐诗》版本,将袈裟称作"水田衣"的也都是世俗诗人。"水田"相比于"福田"更贴近中原人的生活,意象更具体。诗人范灯有诗言:"江南季夏天,身热汗如泉。蚊蚋成雷泽,袈裟作水田。"①水田更接近田园生活,唐代的政治逐渐摆脱了门阀士族的垄断,科举制度使得大量世俗地主涌入官场,这些世俗地主所创作的诗歌,一些灵感来源于日常生活,因此水田相比于福田更能引起诗人创作的欲望,也更能被诗人接受和理解。诗人熊孺登有诗言:"云身自在山山去,何处灵山不是归。日暮寒林投古寺,雪花飞满水田衣。"②此处若将"水田衣"改作"福田衣",意境顿折一半,雪花落在衣服上这平常的景象,为何会在这首诗歌当中别有趣味,关键就在于这衣服叫作"水田衣"。"水田衣"除却本身代表袈裟之外,"水田"二字也会带给读者想象,仿佛雪花落在的不是普通的衣服上,而是一块块稻田里,满满又厚厚地积压在上面,给人以强烈的视觉冲击,结合前文的"云身自在山山去",山水之间,稻田纵横,寒林古寺,风雪堆来,自然慨叹"何处灵山不是归"。被后人称为"诗佛"的王维也将袈裟称作"水田衣","三贤异七贤,青眼慕青莲。乞饭从香积,裁衣学水田","水田"有着"福田"不具有的一种淡然心境,更能引起世俗诗人的关注。

"方袍"的称谓来源于袈裟的形状,将一幅袈裟展开是一整块长方形,又因上面的"福田"也是方形,所以将袈裟称为"方袍",早在《高僧传》就有用"方袍"指代僧侣的情况。

僧肇才华横溢,所写的《波若无知论》(《般若无知论》)被鸠摩罗什和慧远称赞,鸠摩罗什自愧不如,慧远感叹这样的人才不常有。庐山的隐士刘遗民对他的评价更是感叹"不意方袍复有平叔","平叔"即何平叔,何晏曾与郑冲等人撰写《论语集解》,倡导玄学,开一时风气。刘遗民感叹"方袍"之中,竟能有名士何晏这般厉害的人物。这里的"方袍"是用袈裟借指僧众。诗人许浑有诗言:"欲求真诀恋禅扃,羽帔方袍尽有情"③,这里将"羽帔"借指道士,"方袍"借指僧侣。"方袍"和"福田衣""水田衣"都取自袈裟的外部形状,但是在唐代诗歌当中"方袍"经常被借指整个佛教或僧侣,"不与方袍同结社,下归尘世竟如何"④"方袍相

---

① 陈贻焮:《增订注释全唐诗》卷二九六,第2册,第236页。
② 陈贻焮:《增订注释全唐诗》卷四六五,第3册,第805页。
③ 陈贻焮:《增订注释全唐诗》卷五二六,第3册,第1361页。
④ 陈贻焮:《增订注释全唐诗》卷二八一,第2册,第966页。

引到龙华,支策开襟路不赊"①,这里面的"方袍"都是借指。同时,"方袍"也可表示为一件佛教法服,"清晨相访立门前,麻履方袍一少年"②"折荷为片席,洒水净方袍"③,这里的"方袍"只是作为一种衣着存在。因为"方袍"只是根据袈裟形状而衍生的词汇,不如"水田衣"那样有着特殊的文化内涵,所以适合出现的场合也更多,在《全唐诗》中一共出现 17 次。

印度色彩浓郁的"三衣"和"福田衣"出现的次数,要少于中国化之后的"袈裟"和"方袍"的次数,说明对于唐代诗人来说,他们的创作更容易接受中国化的结果。同样,对于唐代的佛教僧侣来讲,也接受用中国化的名称来表达佛教服饰的意象。

印度佛教文明与中华文明的碰撞,使得僧侣的衣着称谓发生了变化,有音译改良的"袈裟",也有以"三衣"方形特点为中国化依据的"方袍",还有根据"三衣"破布补衲特点而形成的"衲衣"(百衲衣)。"衲衣求坏帛,野饭拾春蔬"④,《全唐诗》当中的"衲衣"一共出现 26 次,既可以指袈裟,也可以指僧人自己。"纳衣,又名五纳衣,谓衣有五种故"⑤,这里的纳衣又作衲衣。佛典中的衲衣是由施主衣、往还衣、道路弃衣、破碎衣、火烧衣、鼠咬衣等十五种材料补纳而成,在中国又将它称为百衲衣。"百补袈裟一比丘,数茎长睫覆青眸"⑥,比丘所穿着的百补袈裟就是百衲衣。袈裟和衲衣又统称为僧衣,"僧衣"也在《全唐诗》中出现了7 次。

除了在称谓方面进行了中国化之外,在衣服材料方面也发生了变化。佛陀制定"三衣"的标准之一是为了让僧侣们得以保暖,多用棉花制成的布料作衣。但是中原地区的棉花技术还未成熟,因此僧侣们改革了"三衣"的材质,选用了中原地区盛产的麻布作为替代,称之为麻衣,"一生只著一麻衣,道业还欺习彦威"⑦。麻衣在中原可以作为丧服或是隐居服,在《全唐诗》当中麻衣一共出现 52 次,而表达为佛衣意象的有 12 次,这也是诗歌中少数提及袈裟材质的存在,这说明在唐代僧侣们的衣着确有以麻布制成的现象。

以上都是围绕名称的不同展开的讨论,"三衣"在传入中原的时候,选择了

---

① 陈贻焮:《增订注释全唐诗》卷三一三,第 2 册,第 1226 页。
② 陈贻焮:《增订注释全唐诗》卷四八五,第 3 册,第 968 页。
③ 陈贻焮:《增订注释全唐诗》卷八一四,第 5 册,第 501 页。
④ 陈贻焮:《增订注释全唐诗》卷二五二,第 2 册,第 641 页。
⑤ [宋]释道诚著,富世平校注:《释氏要览校注》,北京:中华书局,2014 年,第 148 页。
⑥ 陈贻焮:《增订注释全唐诗》卷四六三,第 3 册,第 771 页。
⑦ 陈贻焮:《增订注释全唐诗》卷八三一,第 5 册,第 623 页。

入乡随俗,采用了汉民族所熟悉的称谓,并被诗人们应用在诗歌当中。下面来看一下这种服饰在色彩上的中国化。"从秦、汉开始,中华色彩系统开始了它严密而稳固的色彩系统建构"①,到了隋唐,中国结束了秦汉之后三百多年的分离状态,重新构建起一个大一统王朝。在这种新的结构之下,色彩作为制度之一表现出它特殊的一面,相比于让人难以察觉的其他制度,隋唐的色彩指向可谓十分鲜明。唐代是佛教在中国发展的再造期,天台宗、华严宗、禅宗等流派将佛教思想的中国化推向了一个高潮,在此阶段,佛教造物之一的袈裟色彩也产生了相应的变革。

袈裟的原意为"不正色""坏色",依照佛制,僧人不可穿着纯正的青、黄、赤、白、黑五种颜色,而真紫色、皂色、郁金等颜色也在禁止的范围之内。只可以用青、黑、木兰色,其中青为铜青色,黑为杂泥色,木兰为果实汁液颜色,这三种都是"坏色"。但在唐代,皇家有对高僧"赐紫"的行为。紫衣袈裟本不见于佛教典籍当中,紫色反而是唐代高官才可应用的服色,依照唐制只有三品以上的官员才能服紫,官品不够却得皇帝恩典赏赐准许服紫的行为叫作"赐紫"。武则天"赐紫"法朗等僧人,为公认的赏赐高僧紫衣的开始,后代僧侣便以得到紫衣袈裟为至高荣耀,僧从晦求赐紫衣方袍,却被唐宣宗侮辱,"朕不惜一副紫袈裟与师,但师头耳稍薄,恐不胜耳"②,后郁郁而终。有欲求紫衣不得者,也有坚决推辞者,"天阶让紫衣,冷格鹤犹卑"③,唐僖宗入蜀,欲赐紫衣与圆昉,圆昉坚辞不受,以表不贪世俗之心,李洞也言"人言紫绶有光辉,不二心观似草衣"④。佛门对于这种等级色彩的追求已经走向世俗化了,紫方袍对于当时所谓的佛门高僧来说,已经不是利用官方的肯定来传教的行为,紫色背后的象征地位已成为欲望的表现,因此僧人齐己认为"著紫袈裟名已贵,吟红菡萏价兼高"⑤,用以劝导当时的僧侣不要过分追求紫衣袈裟。紫袈裟在唐代传至日本,时至今日,在日本也有僧侣穿着紫衣袈裟。从坏色衣到紫衣袈裟,正是佛教思想在中国世俗化的结果。

除了高级别的紫色之外,僧侣也开始运用缁色,一种大红似黑的色彩。虽然这种黑色,在唐武宗时期鉴于"符应"说被取缔了,但缁衣也成了僧侣们的代称,"悟言缁衣子,萧洒中林行"⑥。缁衣在中国古代本是黑色的礼服,"缁衣诸侯

---

① 陈彦青:《观念之色》,北京:北京大学出版社,2015年,第24页。
② [唐]裴廷裕:《东观奏记》,北京:中华书局,1994年,第130页
③ 陈贻焮:《增订注释全唐诗》卷六二六,第4册,第623页。
④ 陈贻焮:《增订注释全唐诗》卷七一七,第4册,第1468页。
⑤ 陈贻焮:《增订注释全唐诗》卷八四一,第5册,第720页。
⑥ 陈贻焮:《增订注释全唐诗》卷一八一,第1册,第192页。

谅称美,白衣尚书何可比"①,但是佛教徒也用缁衣来表示袈裟,在《全唐诗》中"缁衣"出现13次,虽然只有3次与佛教相关,但仍然可以看出佛教在中国化的过程中对于汉民族服饰的借鉴行为。袈裟色彩制度的破坏可以说是中国化的必然结果,印度的那种色彩制度已经不能适应中华文明的世俗化思想,宗教对中华文明来说都不是针对一个人的事情,而是面对一个群体的事情。异域来的佛教,在这里迎来了在色彩方面的妥协。

服饰是"一套异中有同,同中有异的社会符码体系,通过这一套符码系统,表达这社会两性间、世代间、区域及村寨人群间的区分"②,袈裟同样起着辨识身份的作用。从它最开始在印度形成,一直是佛教僧侣区别于外道的标识,是整个佛教文明团体的符码系统的体现。在传入中原之后,佛教文明与中华文明的冲突逐步演变为佛教的中国化活动,无论是名称、材料还是色彩,都发生了变革。这在唐诗当中体现得尤为明显,诗人们的创作多是围绕已经中国化后的袈裟,而不是它最初的形态。在服饰的传承与教授的过程中,传递的是文明碰撞的社会记忆。这段记忆中的印度佛教服饰,在形制上由"三衣"转变为适合汉族审美的袈裟;在材料上,由棉衣转变为符合中原地理风土的麻衣;在色彩上,由"坏色"转变为开始接受世俗化的紫色元素,而这些外在的转变都被唐诗如实地记录了下来。

二、归隐的袈裟:融合

高适在《同群公宿开善寺,赠陈十六所居》中写道"读书不及经,饮酒不胜茶。知君悟此道,所未搜袈裟"③,这位边塞诗人被袈裟背后的佛教所吸引,沉浸在"饮酒不胜茶"的意境里。在唐代,印度佛教成功转型,袈裟为中国文人所接受,除却上文提及的形制改革之外,其内涵意指也悄然进行着变化。

自先秦老庄开始,一直到魏晋南北朝,消极避世的思想一直在文人心中占有一席之地。特别是经历了汉代之后三百余年的战乱,诗人们这种避世思想在盛唐气象之下仍若隐若现,并于安史之乱与黄巢起义之后又一次爆发了出来。佛教本有出家之义,引导信众脱离现实的苦海,这与避世的思想不谋而合。佛教的造像和壁画在其发源地的形象可谓是极其具有印度特色,但这种暴露和夸

---

① 陈贻焮:《增订注释全唐诗》卷三一〇,第2册,第1193页。
② 王明珂:《反思史学与史学反思》,上海:上海人民出版社,2016年,第126页。
③ 陈贻焮:《增订注释全唐诗》卷二〇一,第1册,第1749页。

张的衣着服饰,激烈和刺激的故事冲突在跨过玉门关之后几乎绝迹。面对以理性主义、历史主义为传统的华夏文明,宗教迷狂在这里得到了修正与摆脱,"热烈激昂的壁画故事陪衬烘托出的,恰恰是异常宁静的主人"①。儒家的理性世俗和道家的避世超脱,在唐代融入到佛教的袈裟当中,并为诗人所接受开来。

草衣,在《全唐诗》中出现 12 次,其中 5 次表达为僧人服饰,其余 7 次都表达为渔夫服饰。草衣在《后汉书·党锢列传序》中有提及,"至有画半策而绾万金,开一说而锡琛瑞。或起徒步而仕执珪,解草衣以升卿相"②,在《后汉书》中是指出仕之前隐居的服饰,继而被后人引申为破旧的衣服。在这一点上,袈裟与之相同,《摩诃僧祇律》中"佛住舍卫城……复有比丘持发钦婆罗作,复有比丘持草衣作,复有比丘持韦衣作……"③,这里的草衣与汉民族所表达的含义相仿。但是,在唐代的诗歌创作中,他们表达的含义却不甚相似。

夜到渔家(一作宿渔家)
张 籍

渔家在江口,潮水入柴扉。行客欲投宿,主人犹未归。
竹深村路远,月出钓船稀。遥见寻沙岸,春风动草衣。④

这首诗中的草衣意象舒缓,恍惚间有漂泊淡然之感,夜宿渔家,烟波浩渺的沙地处,隐约看见春风吹动渔家的草衣,遗世而独立的情感跃乎纸上。而表达袈裟意义的草衣则没有这种审美趣味,"声利掀天竟不闻,草衣木食度朝昏"⑤"草衣不针复不线,两耳垂肩眉覆面"⑥,诗人只是将"草衣"作为一个普通的宗教物象来表达。但看似隔绝的背后,其实正是融合的开始。渔翁在中国古代诗歌当中一直有隐逸的意象,"孤舟蓑笠翁,独钓寒江雪",草衣在唐诗中的运用集中在渔翁和袈裟身上,那这种隐逸情结是否会蔓延进佛教的袈裟之中呢?麻衣似乎可以给出一个答案。

麻衣,在《全唐诗》中出现 52 次,有 12 次表达与袈裟相关。其中有 8 位诗人和 4 位僧侣,所表达的题材都是与僧人的唱和赠答。"蠹露宗通法已传,麻衣

---
① 李泽厚:《美学三书》,天津:天津社会科学院出版社,2003 年,第 103 页。
② [宋]范晔:《后汉书》,北京:中华书局,1965 年,第 2184 页。
③ 高楠顺次郎等:《大正新修大藏经藏(第二十二部)》,台北:佛陀教育基金会出版部,1990 年,第 453 页。
④ 陈贻焮:《增订注释全唐诗》卷三七三,第 2 册,第 1873 页。
⑤ 陈贻焮:《增订注释全唐诗》卷八三〇,第 5 册,第 616 页。
⑥ 陈贻焮:《增订注释全唐诗》卷一八八,第 1 册,第 1625 页。

笻杖去悠然"①,麻衣在这里已经不再是一件普通穿着在僧侣身上的袈裟了,也不是不复针线的破旧草衣,而是代表着一种超然心境的物象。"麻衣行岳色,竹杖带湘云"②,这是周贺送一位僧侣友人的诗歌,穿行在山岳之间的麻衣,隐现在湘云之中的竹杖,南下的僧侣一路远行,带走的还有诗人内心的钦羡,也许这种行走在山林中的淡然,正是诗人所期盼的心境。

东林寺酬韦丹刺史
灵 澈

年老心闲无外事,麻衣草座亦容身。
相逢尽道休官好,林下何曾见一人。③

僧人灵澈这首诗可谓道破仕人之心,官员相逢都在表达归隐之心,可是山林之中却不见一人。麻衣草座在这里就意味着归隐之后的生活,麻制的袈裟终于融入到文人们隐逸的情结当中,再一次将异域的服饰向汉族的文人们拉近。

赠樊处士
齐 己

小子声名天下知,满簪霜雪白麻衣。谁将一著争先后,
共向长安定是非。有路未曾迷日用,无贪终不乱天机。
闲寻道士过仙观,赌得黄庭两卷归。④

唐代参加科举考试的进士们,虽然未获官职,和普通百姓一样只能穿着白衣,但为了标识身份,往往将自身所穿的衣服称为麻衣,有"蜉蝣掘阅,麻衣如雪"之意。僧人齐己在这里就是用白麻衣指代这样的进士,在他的诗歌创作中,一共出现5次麻衣,只有1次"江僧酬雪句,沙鹤识麻衣"⑤中的麻衣与袈裟相关,其余4次都借代为未仕的进士。这说明麻衣并未成为佛家袈裟别称的主流,因受到儒家世俗思想和道家思想的影响,僧侣也并未有意区分三者关系,甚至多有混合杂糅的诗歌,齐己的这首诗便是受此影响的结果。"衣衫同野叟,指

---

① 陈贻焮:《增订注释全唐诗》卷三一二,第2册,第1216页。
② 陈贻焮:《增订注释全唐诗》卷四九二,第3册,第1028页。
③ 陈贻焮:《增订注释全唐诗》卷八〇五,第5册,第430页。
④ 陈贻焮:《增订注释全唐诗》卷八四一,第5册,第712页。
⑤ 陈贻焮:《增订注释全唐诗》卷八三七,第5册,第680页。

趣似禅师"①,在齐己看来僧人与平民的服饰区别并不明显,作为身份特征的袈裟在这里失去了识别功能,因为其内在的禅思是彼此相通的。这种打破了佛教与世俗生活界限的尝试,表明在唐代佛教开始走入日常生活。

同时期受到道教思想影响的还有"铢衣",铢是计量单位,24铢为1两,诗中多用六铢衣或五铢衣表示极其轻盈的舞衫,也用于神仙服饰的表述。"铢衣"在《全唐诗》中出现16次,有5次表达与袈裟相关。"左右二菩萨,文殊并普贤。身披六铢衣,亿劫为大仙"②,菩萨的宝衣在此称之为"铢衣"。无独有偶,"铢衣千古佛,宝月两重圆"③,佛陀也一样穿着铢衣。这种"铢衣"也用于道教神仙的服饰,"如看玉女洗头处,解破云鬟收未得。即是仙宫欲制六铢衣,染丝未倩鲛人织"④,这种道教神仙服饰被借用到佛教当中,成为袈裟的别称,由此可见佛教与道教并非一直强烈的对抗,也有相互学习相互借鉴的过程。

佛教刚传入中原,因其来源于异域文明,为了更为快速的传播,一开始依托于中原本土的道教,其僧侣自称为道士。这一现象到唐代仍有残留,初唐诗人岑参有诗《寄青城龙豀奂道人》,其诗歌中有言"杉风吹袈裟,石壁悬孤灯。久欲谢微禄,誓将归大乘"⑤,明显是描述佛教场景,有佛教的服饰"袈裟",也有佛教术语"大乘",但题目却是《寄青城龙豀奂道人》。当佛教逐步扩张自身影响力的时候,必然和本土的道教产生冲突,姚合有诗《送无可上人游越(一作送无可住越州)》,其诗歌中有言"清晨相访立门前,麻履方袍一少年。懒读经文求作佛,愿攻诗句觅升仙"⑥。诗人既有心求佛,又不肯放弃升仙的渴望,矛盾的心情溢于言表。无独有偶,徐夤有诗《山寺寓居》,其诗云:"高卧东林最上方,水声山翠剔愁肠。白云送雨笼僧阁,黄叶随风入客堂。终去四明成大道,暂从双鬓许秋霜。披缁学佛应无分,鹤氅谈空亦不妨。"⑦诗人感叹在寺庙学佛多年,一事无成,即便是身披鹤氅,学学道家的空谈也是不错。通过唐诗中的服饰,我们也可以看到佛道两家相互影响的痕迹,李洞有诗《迁村居》,其诗云"猿涎滴鹤氅,麈尾拂僧床。弃逐随樵牧,何由报稻粱"⑧,诗人将有着浓厚道教色彩的鹤氅与僧床相组合,说明在当时佛教和道教处于相互融合的阶段。

---

① 陈贻焮:《增订注释全唐诗》卷六七六,第4册,第837页。
② 陈贻焮:《增订注释全唐诗》卷二五三,第2册,第658页。
③ 陈贻焮:《增订注释全唐诗》卷三〇,第1册,第252页。
④ 陈贻焮:《增订注释全唐诗》卷六三一,第4册,第674页。
⑤ 陈贻焮:《增订注释全唐诗》卷一八七,第1册,第1594页。
⑥ 陈贻焮:《增订注释全唐诗》卷四八五,第3册,第968页。
⑦ 陈贻焮:《增订注释全唐诗》卷七〇三,第4册,第1385页。
⑧ 陈贻焮:《增订注释全唐诗》卷七一六,第4册,第1469页。

与道教思想的融合,使诗歌当中的袈裟意象多了一个"铢衣"的表达。那么在佛教文明进入中原以后,和中国固有的儒家文化产生碰撞,并经过魏晋南北朝的孕育,二者进一步融合之后,诗歌当中又多了"禅衣"的表达。"禅衣"在《说文解字》当中为"无里"的衣服,一般为夏衣,与深衣大小相同,《方言》第四"禅衣"条目:"禅衣,江淮南楚之间,谓之襌;关之东西,谓之禅衣;古谓之深衣。"但是在《全唐诗》中出现的19次"禅衣"的表达,全部与佛教的袈裟有关。"松风开法席,江月濯禅衣"①,禅衣在唐诗中被当作佛教袈裟来表达,这与禅宗在唐代的发展密不可分。禅宗是中国佛教宗派之一,主张"见性成佛",在中晚唐开始流行于中国社会。"禅普及到生活,作用到文人们的思想感情,必然在文学创作,特别是表现人的精神世界的诗歌中反应出来"②,同样这种现象也发生在服饰方面。"四十年前马上飞,功名藏尽拥禅衣"③,这里的禅衣是佛教的化身,在诗人看来功成名就之后的退隐生活与佛教密不可分,甚至将佛寺作为人生的归依,虽然这种隐逸有无可奈何、鸟尽弓藏的失落之意,但是这种富贵荣华后的参悟正是禅宗思想的体现。袈裟到禅衣的演变,是佛教思想与儒家思想碰撞的产物。而这种演变使它在唐诗当中独树一帜,改变了人们对于禅衣的固有认识,转而开始接受它另一层的佛教含义。

三教融摄在民族大融合的唐代迎来了高潮,不同来源的文化要素在这里沟通与重构。这种三教合流的社会氛围,使得士大夫阶层的文人有了兼习三教或二教的风气,他们热衷于与僧人、道士的交游。三教共处,是当时人们多元信仰的特色之一,这在诗人们的创作中体现尤为明显。袈裟这种来源于印度的服饰,与道教思想融合在唐诗当中被借称为"铢衣",与儒家思想融合在唐诗当中被借称为"麻衣",受士人隐逸情结的影响又被称作"草衣",受宗教因素的影响又将传统服饰的"禅衣"赋予新意。此时的袈裟不再是刚刚摆脱"三衣"这种异域色彩浓郁的中国化服饰,而是一种进一步融合了中国文化的物象。它在与中国的儒家文化与道教文化碰撞之后,开始渗透和进入文人创作的过程之中,这一内在的转变被唐诗如实地记录了下来。

三、诗人的袈裟:日常

唐代是佛教在中国发展的重要转折期,在此之后,经过本土改革之后的禅

---

① 陈贻焮:《增订注释全唐诗》卷二七四,第2册,第914页。
② 孙昌武:《禅思与诗情》,北京:中华书局,1997年,第170页。
③ 陈贻焮:《增订注释全唐诗》卷四〇〇,第3册,第156页。

宗在中国站稳了脚跟,而原始的印度佛教走向没落。"佛教卸却了它作为精神生活的规训和督导的责任,变成了一种审美的生活情趣、语言智慧和优雅态度"①,在此时期受中国传统的理性主义影响,佛教褪去了迷狂的宗教外衣,壁画中展现的不再只是神秘的乐土,而是欢歌今日的人间天堂,这种转变来源于社会结构的变化。魏晋南北朝的门阀制度在唐代开始瓦解,代表新兴阶级的世俗地主开始走向政治舞台,也成为文坛的主力军。长期的战乱,迫使"独尊儒术"的政策打开缺口,让佛教与道教趁机进入,而隋唐的大一统王朝又将这个缺口进行缝合。已经进入思想领域里的宗教,面对政府重建国家权威和思想秩序的决心,不得不采取妥协措施。宗教生活开始向日常生活靠拢,佛教造像从石窟走向室内,宗教传播从教义归化走向世俗戏剧。作为宗教服饰的袈裟也走进社会生活,并大量出现在诗人的日常创作中,见证唐代审美趣味的迁移。

"艺术趣味和审美理想的转变,并非艺术本身所能决定,决定它们的归根到底仍然是现实生活"②,佛教已经融入到民众的生活之中,并被诗人在创作中表达出来。袈裟作为一种象征形式,代表着现实社会中的佛教,诗人们开始关注袈裟其实也是关注日益兴盛的佛教。"一钵与三衣,经行远近随"③,"三衣一钵"出自佛制,是印度佛教出家人的基本衣食用具,"谓一类人起正信心,修出家法……但持三衣一钵,余无所有"④。"三衣"一共在《全唐诗》中出现 9 次,只有 1 次出自僧侣齐己之手,其余 8 次都是普通诗人的创作,甚至包括刘禹锡、贾岛、姚合这些著名的诗人。这种佛教术语出现在诗人的创作之中,表明佛教正日益渗透到当时的日常生活之中。作为佛教的化身,袈裟也被视为传承的信物,"坐见三生事,宗传一衲衣"⑤。衣钵相传是中国禅宗师徒之间道法相授的仪式,前代高僧以托付衣服为信物,昭示佛法的传承。"昔后魏末,有僧达摩者,本天竺王子,以护国出家,入南海,得禅宗妙法,云自释迦相传,有衣钵为记,世相付授"⑥,自达摩渡江以来,禅宗衣钵代代相传至五祖弘忍开始走向分裂,"五老峰前相遇时,两无言语只扬眉。南宗北祖皆如此,天上人间更问谁"⑦,南宗慧能携带五祖衣钵南下,"一钵事南宗,僧仪称病容。曹溪花里别,萧寺竹前逢"⑧,在曹

---

① 葛兆光:《中国思想史》第二卷,第 90 页。
② 李泽厚:《美学三书》,第 108 页。
③ 陈贻焮:《增订注释全唐诗》卷四八五,第 3 册,第 965 页。
④ 高楠顺次郎等:《大正新修大藏经藏(第一部)》,第 211 页。
⑤ 陈贻焮:《增订注释全唐诗》卷五〇〇,第 3 册,第 1116 页。
⑥ [后晋]刘昫:《旧唐书》,北京:中华书局,1975 年,第 5109 页。
⑦ 陈贻焮:《增订注释全唐诗》卷八三九,第 5 册,第 714 页。
⑧ 陈贻焮:《增订注释全唐诗》卷五三〇,第 3 册,第 1396 页。

溪传道；北宗神秀虽无衣钵但仍然继承东山之法,甚至得到武则天的敬重和支持,在北方开宗立派。在唐诗当中衣钵相传的禅宗痕迹比比皆是,袈裟不只是一个宗教法衣,还是宗教发展的历史传承人和见证者。

袈裟作为一种意象,其本身所具有的审美情趣并不是吸引诗人的关键,诗人开始关注的是袈裟背后代表的禅思。"共覆三衣中夜寒,披时不镇尼师坛。无因盖得龙宫地,畦里尘飞叶相残。"[①]张希复在《咏宣律和尚袈裟》中将袈裟与它的来源进行了关联。"南山披时寒夜中,一角不动毗岚风。何人见此生惭愧,断续犹应护得龙。"[②]段成式在《和张希复咏宣律和尚袈裟》中依然是围绕袈裟本身的宗教功能进行表述。但是在其他大量的诗歌创作中,我们还是能发现,引动诗人创作的袈裟,其实凭借的是穿着袈裟的人,而成就袈裟审美意象的是人的禅思。诗人们在抒发幽玄禅思的时候,袈裟便出现在诗的意象里。例如：

綦毋潜（一说孟浩然）："山头禅室挂僧衣,窗外无人溪鸟飞。黄昏半在下山路,却听钟声连翠微。"[③]（《过融上人兰若》）

白居易："白衣居士紫芝仙,半醉行歌半坐禅。今日维摩兼饮酒,当时绮季不请钱。"[④]（《自咏》）

牟融："三生尘梦醒,一锡衲衣轻。此去家林近,飘飘物外情。"[⑤]（《送僧》）

姚合："水石随缘岂计程,东吴相遇别西京。夜禅月下袈裟湿,晓上山巅锡杖鸣。"[⑥]（《送文著上人游越》）

虽然这些诗篇表达的情感不尽相同,但是禅思却始终贯穿其间。在綦毋潜看来,室内的僧衣与室外无人的对比,犹如黄昏山下的钟声,是由有与无的思辨进化到清净自然的觉悟禅思；白居易以白衣居士自号,在半梦半醒之间坐禅；牟融则是尘梦已醒,将轻盈的衲衣与梦境对比,参悟无欲无念的物外之情；姚合则羡慕文著上人,可以在山中鸣杖、月下参禅。引袈裟入诗使诗歌的境界变得开阔,对于人生的思考可以在诗歌当中更好地阐发出来。"禅宗需要内心体验,重视象喻和启发,追求言外之意,这与诗歌创作实践有某些类似性,提供了二者相互沟通的桥梁"[⑦],这种言外之意的追求也能通过袈裟的意象表达出来。

---

① 陈贻焮：《增订注释全唐诗》卷五三九,第 3 册,第 1588 页。
② 陈贻焮：《增订注释全唐诗》卷五七七,第 4 册,第 236 页。
③ 陈贻焮：《增订注释全唐诗》卷一四〇,第 1 册,第 1181 页。
④ 陈贻焮：《增订注释全唐诗》卷四四二,第 3 册,第 589 页。
⑤ 陈贻焮：《增订注释全唐诗》卷四五六,第 3 册,第 728 页。
⑥ 陈贻焮：《增订注释全唐诗》卷四八五,第 3 册,第 967 页。
⑦ 张国刚：《佛学与隋唐社会》,石家庄：河北人民出版社,2002 年,第 332 页。

空闲二公递以禅律相鄙因而解之

一教谁云辟二途,律禅禅律智归愚。念珠在手璺禅衲,
禅衲披肩坏念珠。象外空分空外象,无中有作有中无。
有无无有师穷取,山到平来海亦枯。①

诗人杜荀鹤由念珠和禅衲的二元关系开始思考,思考到内象与外象、有与无之间的二元对立统一关系,念珠在手的时候禅衣破损,禅衣披肩的时候念珠毁坏,那么禅法与律法二者的关系是否和禅衣与念珠的关系一样,同归一教却分两途,二者相互鄙夷是没有任何道理的。在这里,诗人利用袈裟来阐发自己的哲思,最后表现出来的"有无无有师穷取,山到平来海亦枯"这种空淡心境,也正是禅思思想的内在体现。

诗人眼中的袈裟,不是一件单纯的宗教法衣,而是一种思想的外化体现。诗歌创作里的袈裟,也是诗人将语言艺术与生活情趣相融合的产物。诗人向往山林之中的禅意生活,继而将这种情感迁移到袈裟之上。在有关于袈裟的创作中,送别诗占有很大一部分比例,尤其是送僧友出游、还山的诗歌,在这样的诗歌里,诗人所表达的不仅仅是不舍,还有一种欲与之归的钦羡之心,"麻衣年少雪为颜,却笑孤云未是闲"②正是这种心境的再现。诗人的审美情趣从高高在上的宗教神话转移到僧侣日常的用具上,这体现的是唐代世俗化的过程,也记录了佛教转型的轨迹。

隋唐以来的袈裟流通与传播,对中国固有思想是一种瓦解与重构,唐诗如实地记录了袈裟在中国思想史上留下的痕迹。"很多古代中国人的思想、宗教、生活与文学中的观念,常常是由这些知识,经过'隐喻''象征'和'转义'衍生或挪移而来的,不从考古发现中采撷和解释,这些看似'形而下'的知识,就不能真的理解经典文本上那些'形而上'的思想"③,袈裟作为一种物象屡次出现在诗人的创作之中,我们可以通过唐诗发现它作为宗教法衣所展示出的佛教发展轨迹。西来的袈裟与中国本土文化的碰撞,其结果是妥协与融合,脱离了印度色彩浓郁的名称"三衣",转变成更容易为中国诗人接受和应用的"袈裟",这种改革被唐诗记录了下来。同样被记录的还有唐代三教融摄的历史过程,这一过程被揉进袈裟的意象之中,在"铢衣"和"麻衣"的表达下显露出来。在袈裟意象

---

① 陈贻焮:《增订注释全唐诗》卷六八六,第4册,第1240页。
② 陈贻焮:《增订注释全唐诗》卷四八三,第3册,第957页。
③ 葛兆光:《思想史的写法——中国思想史导论》,上海:复旦大学出版社,2004年,第134页。

里,更为显著的是隐逸思想与禅宗思想的宣泄,这种宣泄代表着唐人审美情趣的迁移,已经由宗教崇拜转向对日常生活的关注,由对外部世界的思考转向对内心世界的追求,这离不开物质生活的改变,也离不开佛教思想的中国化与内附。

宗教服装的样式比较单一,但是诗歌中的宗教服装往往被赋予了一定的想象力。宗教具有自己独特的仪轨和规范,因此其服装也相对固定。统一的服装,不仅是宗教身份的象征,也是对外宣扬的手段之一。特征鲜明和稳定的服装样式,有助于僧侣和信徒的自我认同以及宗教的进一步流布。佛教僧侣的主要服装为袈裟,道教道士的主要服装为道袍,它们根据场合的不同,样式有所差别,但都是为了宗教活动而服务的。在唐人的诗歌中,诗人将对于宗教的认知附加在服饰之上,通过奇异诡谲的服饰描写来表达自己对于宗教世界的理解和想象。袈裟有"水田衣"的别称,道袍则有"飞霞衣"的别称,这些富有想象力的宗教服装对诗歌意象空间的扩展,有着极其重要的作用。无论是外来宗教和本土宗教,都有一个融合的过程,而服装则是这一过程的见证者和产物。通过袈裟名称的变化,可以看出外来的佛教本土化的痕迹。而道教服饰在唐诗中丰富的别称,则是儒释道三家融合的结果。佛教被中国知识分子接受的标志之一,就是服饰名称的汉化。唐代诗人很少使用"袈裟"这一仍有外来文化色彩的名称,而是采用具有中原风格的"水田衣""福相衣",不仅因为这一名称更容易被接受,还因其背后的隐喻更能提高诗歌的意境。

"沙弥舞袈裟,走向踯躅飞。闲步亦惺惺,芳援相依依。"[①]唐代的袈裟也不再是饱含宗教意义的法衣,而是一种走入日常生活的服饰,虽然穿在僧侣的身上,但是在诗歌当中,除却庄严的存在,更多的是轻松与淡然的心境,正如这个小沙弥一样,风光尚好,踱步散散。袈裟徐来,飘荡着异域的香气,走在华夏的古道上,隐没于万国衣冠之中。唐诗袈裟包容的不仅仅是文明的碰撞、时代的回响,还是整个民族的历史积淀和审美的迁移。

---

① 陈贻焮:《增订注释全唐诗》卷三六五,第2册,第1788页。

浅论李煜词层递的感伤情调

张 帆①

南唐后主李煜,是一位才华横溢的词人,在词坛上占据着极为重要的地位。他的词作,扩大了词的题材和意境,丰富了词的艺术手法,提高了词的表现力,对后世词的发展产生了深远影响。自宋已降,历代词评家对其词作,推崇备至。胡应麟称其"乐府为宋人一代开山祖……方是当行作家,清便宛转,词家王、孟"②。徐士俊称其为"词中之妖"③,沈谦赞其为词中"南面王"④,而王鹏运则奉其为"词中之帝"⑤。王国维更是对后主词赞赏有加,"词至李后主而眼界始大,感慨遂深,遂变伶工之词而为士大夫之词"⑥。这些赞誉大多针对李后主亡国之后的词作而言。

吴梅在《词学通论》中表示:"余谓读后主词,当分为二类,《喜迁莺》《阮郎归》《木兰花》《菩萨蛮》('花明月暗'一首)等,正当江南隆盛之际,虽寄情声色,而笔意自成馨逸,此为一类。至入宋后,诸作又别为一类(即前述《忆江南》《相见欢》等),其悲欢之情固不同,而自写襟抱,不事寄托,则一也。"⑦后世亦多以公元 975 年,南唐亡国降宋为界,将其词分为前后两期。评论者多认为其前期词

---

① 张帆,华中师范大学文学院古典文献学 2013 级硕士,武汉大学文学院古代文学 2021 届博士。
② [明]胡应麟:《诗薮》内编卷四,北京:中华书局,1958 年,第 279 页。
③ [明]卓人月:《古今词统》卷四,《续修四库全书》本,第 1728 册,上海:上海古籍出版社,第 543 页。
④ [清]沈谦:《填词杂说》,《词话丛编》本,北京:中华书局,1986 年,第 631 页。
⑤ 转引自王兆鹏:《唐宋词汇评(唐五代卷)》,杭州:浙江教育出版社,2007 年,第 521 页。
⑥ [清]王国维著,靳德峻笺证,蒲菁补笺注:《人间词话》,成都:四川人民出版社,1981 年,第 17 页。
⑦ 吴梅:《词学通论》,上海:商务印书馆,1947 年,第 58 页。

"习于富贵"①,词风香艳淫靡,一无足取,而后期词作虽亦尝被讥为"亡国之音,哀思极矣"②,然因其将亡国之痛揉进词的血脉之中,含思凄婉,感情深挚,仍被评者奉为词家上乘。此后又有陆侃如、冯沅君所著《中国诗史》,以大周后之死及降宋北迁两个节点为界,将后主词分为三期进行研究③。而叶嘉莹先生则认为"莫道后先风格异,真情无改是词心"④,不应该斩断各阶段之间的联系,因为后主的词作都是全心倾注真挚的感情去作的,指出后主前后期词作内在一致性的审美本质是"真"。这也正如王国维所言"后主之词,真所谓以血书者也"。

其实,同样不可分割的还有一个要素,那就是李后主的词风,在整体上也存在一种不可切断的持续发展的感伤情调。细读词作,可以发现,并不能简单地以前欢后悲来对后主词加以概括;亡国之后的词作中那种渗入骨髓、令人"不忍卒读"⑤的悲愁与无奈,有着一条完整的发展脉络,深埋在他的整个人生轨迹之中。这种感伤的情调是层层递进、不断渲染至顶峰的。以陆侃如、冯沅君的分期来观照,更能体会到其中内在发展的状态。大周后去世之前的作品,虽然整体上是"富贵时作富贵语",但朦胧如丝雨的感伤情绪已经在发酵。此后至城破被俘,外有敌军压城,内则至亲故去,虽有同小周后情投意合的甜蜜,却始终难以冲淡李后主内心的苦闷和忧愁,此期的愁绪已经如一川烟草,无法拂去。自肉坦出降,北上京师,由国主而沦为亡国奴,苟且偷生,受尽屈辱。正是有前两期朦胧酝酿的感伤与愁绪之情感体验,他才能把对阶下囚的苦与恨,以他超人的才气,凝以血泪,灌注于笔杆之下,成为脍炙人口的千古经典。

一、富贵闲愁:感伤情调的酝酿

"千古词帝"李煜,是命运和性格悲剧双重作用下成就出来的一朵奇葩。他的词"直言本事,一往情深"⑥,其特殊身份和生活经历,都率真地体现在词作中。读其词能更为清晰地了解他的性格和命运。同样,以性格和命运为背景来细读

---

① [宋]王灼:《碧鸡漫志》,《知不足斋丛书》本,京都:株式会社中文出版社,1980年,第1667页。
② [元]朱晞颜:《瓢泉吟稿》卷五《跋周氏勋篪乐府引》,《文渊阁四库全书》本,第1213册,台北:台湾商务印书馆,1983年,第424页。
③ 陆侃如、冯沅君:《中国诗史》,北京:作家出版社,1957年,第608页。
④ 缪钺、叶嘉莹:《灵溪词说》,上海:上海古籍出版社,1987年,第89页。
⑤ 转引自王兆鹏:《唐宋词汇评(唐五代卷)》,第536页。
⑥ 唐圭璋:《词学论丛·李后主评传》,上海:上海古籍出版社,1986年,第905页。

词作,也才更能读出他的创作中相对完整的审美本质。

李后主的一生,身份和角色错位,矛盾的纠缠,注定他只能以悲剧收场。他生有异相,"丰额骈齿,一目重瞳子"①,深得中主怜爱,因此招来了太子冀的妒火,危机潜伏。为避祸,他"惟覃思经籍"②,并自号"钟隐",渴望"一壶酒,一竿身"(《渔父》"阆苑有情千里雪")这种与世无争的自由生活。但太子和几位兄长的早逝,迅速地将有帝王之相而无帝王之心的他推上了风雨飘摇的王座。面对强势的外敌,只能偏安一隅,委曲求全,靠不断地纳贡来保全家国。

命运对他的性格也起着至关重要的塑造作用。出身帝王之家,"生于深宫之中,长于妇人之手",因此他的性格不可避免地沾染一些耳濡目染的后宫女性气质,纤弱而怯懦。又因在帝王之家,父亲中主李璟颇多才艺,李后主自小就受着良好的艺术熏陶,又早慧,颇多才艺,工书善画,知音律,善鉴藏。他的这些极高深的艺术修养,从侧面反映出他性格中敏感、善感的一面。例如,于画"尤工翎毛"③"留心笔札,所用澄心堂纸、李廷珪墨、龙尾石砚三物为天下之冠"④。王公子弟,生活上奢侈无忧,没有普通人的烦恼,但亦有普通人所没有的忧愁。比如他《渔父》词中所展望的"花满渚,酒满瓯。万顷波中得自由"式的生活,就不可能实现。再比如,他天资聪慧,却身在禁苑,阅世甚浅。这些都有可能使他的性格往细腻感伤一路发展。再加之奇表被妒,尤其是公元 959 年,太子冀因王位争夺而鸩杀叔父景遂,这对李煜本来就怯懦的心理造成了极大的震撼,一定程度上,给他原本无忧无虑的明朗性格染上了阴影。因此,可以说,他的性格怯懦纤弱,也有潜藏着的多愁善感。

以大周后离世为界限,李煜此前的作品,现存的约有二十余首。这个时期,是李煜词创作的黄金时代。总体而言,这个时期的作品以"华艳温馨"⑤为特点。如《浣溪沙》(红日已高三丈透)、《一斛珠》(晓妆初过)、《菩萨蛮》(花明月暗笼轻雾)、《木兰花》(晚妆初了明肌雪)等词,或写甜蜜的爱情,欢愉的幽会,通宵的歌舞等情景,确实处处都透露着纵情欢乐的情绪,格调淫靡,未脱《花间》格调。但偏偏又有两首《渔父》词,"一壶酒,一竿身,快活如侬有几人"(《渔父》"阆苑有情千里雪"),"花满渚,酒满瓯,万顷波中得自由"(《渔父》"一棹春风一叶舟")这样

---

① [宋]欧阳修:《新五代史》,北京:中华书局,1974 年,第 777 页。
② [宋]陆游:《南唐书》卷三,《续修四库全书》本,第 333 册,上海:上海古籍出版社,第 377 页。
③ [宋]沈括著,胡道静校注:《梦溪补笔谈》,《梦溪笔谈》本,北京:中华书局,1959 年,第 957 页。
④ [宋]王辟之:《渑水燕谈录》,上海:商务印书馆,1936 年,第 68 页。
⑤ 陆侃如、冯沅君:《中国诗史》,第 608 页。

的句子①。这也是轻松愉快的调子,相比前面提到的几首,又显得有种独特的轻快活泼。结合后主的情性,这应该也是他内心真正所向往的。那么,如此就产生了矛盾,一方面是"醉生梦死"的享乐生活,一方面又向往田间野人般的自由生活。然而也不矛盾,这也正印证了叶嘉莹先生所说的"真情无改是词心",他的人生阅历并不丰富,然而他的情感却异常丰富,又率情任性,所以,一字一句都是真情性。当现实中的享乐与理想中的"逍遥游"发生冲突时,必然会对其心理产生影响,也会逐渐渗透进后主的"真"词中。

还有一部分词,谈不上是不快乐,但却蒙上了一层朦胧的、如丝细雨般的感伤情调。

> 云一䌰,玉一梭,淡淡衫儿薄薄罗。轻颦双黛螺。　秋风多,雨相和,帘外芭蕉三两窠。夜长人奈何!(《长相思》)②

这是一首怀人之作。整首词笼罩着一种淡淡的感伤愁绪。上阕简笔勾勒出女子光彩照人的容颜,鬓发如云,玉簪点缀,衣裙淡雅,体态轻盈,亭亭玉立的形象跃然纸上。含蓄飘逸,极具风神。下阕借女子双眉不展,延续到秋风冷雨,已然让人感到难受,再加之帘外雨打芭蕉,竟让人不得不怨恨夜漫长了。词中以美人这个人物作为描写对象,选取的主要是云鬓、玉钗、罗衫、螺黛等这类冷感色彩比较浓的意象。女子云鬓仅缀玉钗,素净典雅,又着色调清淡的衣裙,已经俨然有了一种单薄之感,再加上微皱的双眉,又给她添上了一种欲言又止的幽怨。这还不够,还有秋风秋雨的环境,以及点点滴滴的芭蕉,更添愁绪,直愁得让人难以入眠。含蓄蕴藉,韵味醇厚,真写出了一种相思闲愁。

> 铜簧韵脆锵寒竹,新声慢奏移纤玉。眼色暗相钩,秋波横欲流。雨云深绣户,未便谐衷素。宴罢又成空,魂迷春梦中。(《菩萨蛮》)③

这首词是写在宴会上,与女子一见钟情的独白。上阕先写女子笛音清脆悦

---

① 詹安泰《李璟李煜词校注》中《渔父》两首词后有注:"右二阕见《全唐诗》《历代诗余》,笔意凡近,疑非后主作也。彭文勤《五代史注》引《翰府名谈》,张文懿家有《春江钓叟图》,卫贤画,上有李后主《渔父》词二首云云,此即《全唐诗》《历代诗余》之所本,但字句小有不同。"后又附录云:"《宣和画谱》卷八:'卫贤,长安人,江南李氏时为内供奉,长于楼观人物。尝作《春江图》,李氏为题《渔父》词于其上。'"王仲闻校订本《南唐二主词笺注》中,陈书良、刘娟的笺注云:"王仲闻云,《晨风阁丛书》本《南唐二主词》补遗云'右二阕见《全唐诗》《历代诗余》,笔意凡近,疑非后主作也'。案此二词乃后主金索书(疑即金错书,即金错刀书)题卫贤《春江钓叟图》上,北宋刘道醇亲见之(据《五代画品补遗》),必非伪作。"
② 王仲闻校订:《南唐二主词校订》,北京:中华书局,2007年,第33页。
③ 王仲闻校订:《南唐二主词校订》,第45页。

耳,撩人心弦。次写眼神相交,情感沟通。下阕延续上阕的眼神交流,女子的眼神似乎会说话,勾走了魂神,男子已然听不见管弦之声,神游太虚,陷入春梦之中。一见钟情是多么美好的体验,但"雨云深绣户,未便谐衷素",最终只能是春梦一场。本来的美好,却莫名陷入一种失落和迷惘。尤其是,相见有多美好,失落惆怅就有多深:音乐悦耳动听,美人纤指撩人,秋波摄魂,但刚产生的这种恋爱的美好感觉,却伴随着曲终宴罢而成空,情绪只能在春梦之中,化成一种思念。对比之下,更显感伤。这种淡淡的感伤,正是一种富贵闲愁式的感伤,是多愁善感的心灵在笔端的无意流露。

二、一川烟草:感伤情调的蓬勃

二十七岁以前的李后主,虽然经历了年少时目睹太子为争夺王位而鸩杀叔父的震惊,以"一个翰林学士"①而位极人主,在赵宋的压迫下偏安江南,但总体而言,他还是相对幸福的,因为他娶了聪慧柔情、知书达理的大周后,史载其"通书史,善歌舞"②。大周后如同长姐一般,既能给予他爱情,又能照料左右,加之圣尊后的关怀,因此虽然欢乐的背后隐藏着淡淡的闲愁,但他依然能够纵情享乐。然而,公元964年成为他人生中一个转折点。这年10月,次子仲宣夭折,大周后因丧子而大病,于11月去世。仲宣"敏慧特异,眉目神采若图画"③,颇有乃父之风,后主因此特别钟爱。仲宣的夭折,对他造成了不小的打击,而大周后的去世,几乎将后主的精神击垮。周后病重之时,"后主朝夕视食,药非亲尝不进,衣不解带者累夕"④。至周后去世,"后主哀苦骨立,杖而后起"⑤"悼息痛伤,悲哽几躃绝者数四,将赴井,救之获免"⑥,并以"鳏夫煜"自称,可见其内心受伤之深。这一期有不少诗词作品是怀念大周后的。一年后,母圣尊后钟氏也去世了。身边从前带给自己温暖和快乐的至亲相继离世,后主的性格染上了感伤的情绪。虽然有与小周后婚姻的甜蜜,却依然冲不淡这种愁绪,并且随着内忧外患,这种感伤的愁绪越积越多。

---

① [宋]叶梦得著,[宋]宇文绍奕考异,侯忠义点校:《石林燕语》,北京:中华书局,1984年,第60页。
② [宋]陆游:《南唐书》卷三,第496页。
③ [宋]文莹著,郑世刚、杨立扬点校:《玉壶清话》,北京:中华书局,1984年,第103页。
④⑤ [宋]马令:《南唐书》,北京:中华书局,1985年,第40页。
⑥ [宋]文莹著,郑世刚、杨立扬点校:《玉壶清话》,第104页。

李后主的才华都在文学艺术上,并不在治国理政上。此期他的政治不足大为暴露,一塌糊涂。赵宋压迫日益紧张,南唐国势日益危急,只能不停地妥协,纳贡示好。内忧外患之下,后主却依然歌舞升平,自与小周后成礼后,"颇好豪侈,耽声色"①。曾经年少时"论国事,每以富民为务。好生戒杀,本其天性"②,都已经抛诸脑后,国用不足,就乱立征税名目,甚至民间鹅生双子都要交税③。朝政上,错信奸臣,斩杀忠良,最终导致了城破国亡。为何前期这些弊端没有突显出来,此时却如此明显呢?抛却政治局势的压力,家国的风雨飘摇,恐怕还有一个问题也值得思考。就是,大周后及爱子与圣尊后的离世,给后主心理带来的创伤已经很难弥补修复了。他更像一个逐渐失去温暖,看透事态的伤心人,他虽然过着更加侈靡的生活,但这些都弥补不了内心的空虚,因而结果只会是变本加厉。又马令《南唐书》"保仪黄氏传"中载:"黄氏服勤降体以事小周后。故同时美女率多遇害,而黄氏独不遭谴,以其事之尽也。"④这些恐怕也会加重后主内心的苦闷与伤感。

此期词作,紧紧地贴合着他的生活状况和环境,逐渐洗去了早期香艳的风格,感伤情绪递进为一种挥之不去的愁绪和哀伤。现存的作品,属于这一期的,大概有十首,或写人生无常,归于一梦,或写环境的凄清惨淡,或写悼亡的哀伤感受,几乎首首都离不开感伤情调。

  东风吹水日衔山,春来长是闲。落花狼藉酒阑珊,笙歌醉梦间。珮声悄,晚妆残,凭谁整翠鬟?留连光景惜朱颜,黄昏独倚栏。(《阮郎归》)⑤

这首词有注云"呈郑王十二弟",当即李从善。公元971年,国势日衰,宋灭南汉,后主大惧,去唐号,自称江南国主,又备藩臣之礼,遣郑王至宋进贡,被太祖拘留京师。这首词就是怀弟之作。上阕写近来状况,东风吹水,春日衔山,甚是无聊。眼见落花满地,酒阑人散,仍然醉生梦死。下阕点出思念,自拟为思妇,听不见玉佩叮咚,无心梳洗。末二句看似平淡,却道出了满腔的无可奈何:手足被扣为人质,我作为国主,作为兄长,却一点办法都没有,只能在黄昏时分,独倚栏杆,想象你年轻的容颜,希望能与你共一轮落日,以托相思。相比前期,此时依然是笙歌宴饮,却再没有欢乐快活的感受,转而是一种无能为力而借醉生梦死来麻痹疼痛的行为。

---

① [宋]马令:《南唐书》,第43页。
② [南唐]史虚白:《钓矶立谈 附录》,北京:中华书局,1985年,第17页。
③ [宋]陆游:《南唐书》卷三,周在浚注引,第381页。
④ [宋]马令:《南唐书》,第44页。
⑤ 王仲闻校订:《南唐二主词校订》,第46页。

> 樱桃落尽春归去,蝶翻金粉双飞。子规啼月小楼西,玉钩罗幕,惆怅暮烟垂。别巷寂寥人散后,望残烟草低迷。炉香闲袅凤凰儿,空持罗带,回首恨依依。(《临江仙》)①

这首词的伤感情调更加浓厚。上片写春尽樱花落,写粉蝶翻飞,写子规啼月,三个意象都是表达伤感主题的。末句直接点明:惆怅就像垂落天地间的暮烟一样,笼罩周身。下片接着渲染寂寥,荒烟衰草,夜半炉香,美人已逝。末句"回首恨依依",直接点明了无奈与凄凉。词调凄婉哀怨,陈廷焯称此词"低回留恋,宛转可怜,伤心语,不忍卒读"②。

这首词中的意象转向了一种灰暗的色调,落樱、杜鹃、暮烟、荒草等意象迭出,营造出一种衰败颓废的基调,进而感伤低落的情绪不涂自显。这在本期词作中是一个相对明显的变化。李煜的词,意象比较密集。前期欢乐畅快的作品中,意象多是比较明亮的色调,如"红日""金炉""红锦""红茸""玉柔""香阶""金缕鞋""翠云光""画堂""绣衣""银屏""芳草啼莺""红英""绿窗""桃李""春风"等。而此期作品中,使用的意象则渐渐呈现出冷色调,如"闲""泪""夜""新仇""斜月""黄昏""梧桐""雨""九曲寒波""子规啼血""烟草"等,都呈现出一片颓废之气。这种是伴随着李煜的人生遭际的,因此与亡国后的作品之间有着一种衔接的关系:意象的冷色调化,以及情绪的伤感忧郁。

三、字字血泪:感伤情调的升华

公元975年,曹彬帅宋师攻陷金陵,李煜肉袒出降,十五年帝王生涯宣告结束。紧接着随宋师北行,过上了幽囚的生活。浮华转瞬,李后主由天之骄子,一下沦为阶下之囚,这种巨变时刻折磨着他的内心。他只能借手中之笔,集中围绕亡国之痛、故国之思来抒发内心波涛汹涌的情感,表现出国破家亡后,对昔日帝王生涯的无限眷恋,以及对幽囚生活的悲戚绝望。这一期的作品虽然只有十首左右,但每一首都堪称经典,因为正如王国维所说,这些作品是"以血书者"③。

> 春花秋月何时了,往事知多少?小楼昨夜又东风,故国不堪回首月明中!雕栏玉砌应犹在,只是朱颜改。问君能有几多愁?恰似一江春水向东

---

① 王仲闻校订:《南唐二主词校订》,第19页。
② 转引自王兆鹏:《唐宋词汇评(唐五代卷)》,第536页。
③ [清]王国维著,靳德峻笺证,蒲菁补笺注:《人间词话》,第21页。

流。(《虞美人》)①

这是李煜感怀故国最著名的一首词。这首词可以说是句句泣血,字字锥心。陈廷焯评称:"一声恸歌,如闻哀猿,呜咽缠绵,满纸血泪。"②首句连发两道诘问,问自己,也问苍天。接着写为何会有此泣血诘问,因为昨夜小楼东风,又想到了故去的家国,一时愁肠百结。一个"又"字,透露出这不是第一次有这种不堪回首的情绪,也写出了囚禁生活的清苦。下片写尽物是人非,雕栏玉砌仍然还在,只是"朱颜"(即"江山")已经易代,"改"字一语中的,点明愤恨绝望的根源。最后以比喻结尾,将亡国之恨、故国之思都纳入"愁"字当中,这愁有多少根本说不清,就像那东去的一江春水,绵延不断。以波涛汹涌的江水喻愁,可见其多。整首词呈现出一种悲愤凄厉而又绝望隐忍的情绪,写尽了降王的哀愁。感情真挚,感人肺腑,具有很强的表现力。这是经历过跌宕起伏的人生之后,所练就的手笔。

帘外雨潺潺,春意阑珊。罗衾不耐五更寒。梦里不知身是客,一晌贪欢。独自莫凭栏,无限江山,别时容易见时难。流水落花春去也,天上人间。(《浪淘沙令》)③

《苕溪渔隐丛话》引蔡绦《西清诗话》云:"南唐李后主归朝后,每怀江国。且念嫔妾散落。郁郁不自聊。作长短句'帘外雨潺潺'云云,含思凄婉,未几下世。"起首就写帘外潺潺雨声,奠定了词作低沉悲凉的基调。次用"寒"字点出罗衿不暖,是身冷,亦是心凉。为何心凉呢,接着写做梦了,梦中又回到了从前的欢乐生活中,梦醒了,就更加感到凄凉。下片看似是自我劝慰,实则仍饱含藏不住的故国之思。"无限江山,别时容易见时难"句,道出了全词的中心,也道出了他所有愁绪的真正源头:国破家亡,凭栏远眺,容易百感交集。结尾处又写流水,流水落花,随春归去,那些快乐的岁月啊,从此只能是天上人间。如果说上一首《虞美人》还有着思想挣扎之痛苦的话,这一首更似一位看破事态而绝望的人,"天上人间"是与过去欢乐时光的告别,也是与自己苟且偷安的生命的告别。

这两首词所代表的李煜亡国后期词,在意象上,承续了中期低沉清冷的色彩格调,并更多地写"梦""水""秋""月""梧桐""泪"等意象,并将它们的内涵和意蕴发展到极致,如"春花秋月""一江春水"等,不仅仅表达内心的感伤情调,更有上升到哲学层面,探讨"永恒"的意味,不仅扩大了表现力,还提高了词的境

---

① 王仲闻校订:《南唐二主词校订》,第 11 页。
② 转引自王兆鹏:《唐宋词汇评(唐五代卷)》,第 529 页。
③ 王仲闻校订:《南唐二主词校订》,第 65 页。

界。在感伤情调上，更是充分利用意象和词语的组合，创造出凄凉的氛围，情辞凄切，感人至深，让人不忍卒读。亡国之后的作品，所表现出来的情感境界，已经超越了个人伤春悲秋的范围，转而将大起大落的心理感受倾泻出来，使其词真实地再现一生血泪斑驳的历程，超越个人感怀，上升到家国天下，如"春花秋月何时了，往事知多少"及"流水落花春去也，天上人间"般触及人生终极意义的探讨，具有了永恒的艺术魅力。因此才能获得王国维"词至李后主而眼界始大、感慨遂深，遂变伶工之词而为士大夫之词"的盛赞。

因此，后主能被称为"词中之帝"，缘于他国破家亡之后，被永恒的苦恨与惆怅缠绕，他将这种怨与恨揉进血液，写尽一生。然而他后期词之所以对于愁绪有如此深刻的体会，又不仅仅是因为家国的灭亡所导致的巨变这一种因素，而是与其纤弱的性格、敏感的心理和中期所经受至亲故去等等因素密切联系在一起的。由上文也可以看出，他在天真烂漫时期，虽然过着歌舞升平的淫靡生活，但作为一个生有异相又极其聪慧多才的人，他的内心远远不止这些，他有自己向往的自由的精神世界，然而他来不及去实现自己的梦想，就被命运追赶着走上了王位，这种矛盾一定程度上会将他的多愁善感加重。在大周后等至亲离去之后，他的凄恻哀悔，已经在他的词中频繁出现，现实因为怀想和惆怅而变得虚无，无法温暖的心，体现在词中，就变得迷惘而感伤起来。正是因为前面的种种情感体验真实地倾注于笔端，所以，亡国之后，面对着悲苦的囚徒生涯，内心是痛苦在咆哮，现实中却不得不苟且偷生，这更加重了悲愁，有了前期的酝酿，此时，深沉的苦痛与词的融合，不过是水到渠成。这是李后主一生轨迹的变更，也是他感伤情调的一种层级递增，终而达到情感境界上的升华，成就不朽的篇章。

国忌行香与宋代皇权的强化

邹明军①

"行香"一词,最早出现于汉代所译的佛经之中,但它所称之事在当时不具备礼仪的属性。到东晋时,该词已明显作礼仪解了。行香正式成为佛教的仪轨,是唐代的事;国忌日行香演变成一项祭祀制度,也发生在唐代②。宋人姚宽《西溪丛语》曰:"行香,起于后魏及江左齐、梁间,每燃香熏手,或以香末散行,谓之行香。唐初因之。"③赵彦卫《云麓漫钞》卷三、程大昌《演繁露》引毕仲荀《幕府燕闲录》均持此说。吴曾《能改斋漫录》卷二"忌日行香"条曰:"忌日行香,始于唐贞元五年八月,敕天下诸州,并宜国忌日,准式行香。"④吴曾、姚宽虽然都在追溯行香的源起,但他们的讨论并不在一个层面上:姚氏在讲日常行香源起的大致时间;吴氏谈的则是作为一种国家祭祀制度的国忌行香的确定时间。聂顺新据河北正定广惠寺唐代玉石佛座铭文,指出包括恒州在内的同、华等81州的国忌行香制度至晚于唐开元十五年已开始实行⑤。

毫无疑问,唐代是国忌行香制度发展演变中非常重要的历史时段,加之敦煌藏经洞文献保存下来一批晚唐张氏归义军时期的国忌行香文,难怪严耀中、梁子、霍存福、吴丽娱、聂顺新等先生在论及国忌日行香时都不约而同地将目光投向唐代。聂顺新还在所撰论文中提及大谷光照、那波利贞、古濑奈津子、高桥佳典等日本学者研究唐代国忌行香制度的成果⑥。因此目前中外学界在唐代国

---

① 邹明军,华中师范大学文学院古典文献学2008级博士,现为黄冈师范学院文学院副教授。
② 严耀中:《从行香看礼制演变——兼析唐开成年间废行香风波》,《晋唐文史论稿》,上海:上海人民出版社,2013年,第158—160页。
③ [宋]姚宽:《西溪丛语》,北京:中华书局,1993年,第106页。
④ [宋]吴曾:《能改斋漫录》,上海:上海古籍出版社,1979年,第38页。
⑤ 聂顺新:《河北正定广惠寺唐代玉石佛座铭文考释——兼议唐代国忌行香和佛教官寺制度》,《陕西师范大学学报(哲学社会科学版)》2015年第2期,第72—78页。
⑥ 聂顺新:《张氏归义军时期敦煌与内地诸州府国忌行香制度的差异及其原因初探》,《敦煌研究》2015年第6期,第88—95页。

忌行香制度的研究上已取得较为丰富的学术成果。宋代国忌行香制度在唐、五代制度的基础上增删损益，时代特色鲜明，然而目前专论宋代国忌行香的文章并不多见，故而本文拟述论宋代国忌行香中的受祀资格、祭祀规格、祭仪变化等问题于后，以求教正。

一、宋代国忌受祀资格及祭祀规格均以太庙所奉神主为依据

（一）国忌日数由太庙神主数决定

宋初的礼制建设总体上因袭唐五代，这其中就包括国忌日行香制度。作为与私忌相对的概念，国忌日是指本朝各代曾在位的皇帝、皇后的死日，也包括被追谥为帝、后及皇太子的人的死日。国忌日数也就是当朝一年中所需举行的国忌日行香祭祀的次数。从唐代开始，国忌行香因有朝廷官吏参与执行，属国家礼制的范畴。霍存福先生指出，唐代"国忌日的确定与远祖追谥及庙制有密切联系……（玄宗时）诸忌日基本上是以九庙制为基础和依据的"[1]。吴丽娱先生也认为唐代国忌行香依据的是国家现行宗庙制度。行香只是一种纪念的形式，在国忌日这一特殊日期举办行香活动"主要体现对唐朝现行国家宗庙制度的顶礼"[2]。

唐代的国忌日数由太庙所奉祀的神主数决定，行香祭祀的对象随太庙内神主的迁祔进行相应调整这一原则在宋代被较好地承袭下来。《续资治通鉴长编》卷二百四十熙宁五年十一月戊辰条记中书上奏祧迁僖祖之争事的后面，有小注曰："（治平四年）九月壬午，奉安八室帝后神主，奏告太庙，祧藏僖祖、文懿皇后神主西夹室……乙酉，祔英宗太庙，上步导神主出至宣德门，群臣奉慰如典礼，罢僖祖及文懿皇后忌日。"[3]《宋史·礼二十六》亦曰："神宗即位，太常礼院言：'僖祖及文懿皇后神主既祧，准礼不讳，忌日亦依唐睿宗祧迁故事废之。'"又曰："先是，翼祖、简穆皇后神主奉藏夹室，依礼不忌。后复诏还本室，而忌日亦

---

[1] 霍存福：《唐式辑佚》，北京：社会科学文献出版社，2009年，第324—326页。
[2] 吴丽娱：《敦煌书仪与礼法》，兰州：甘肃教育出版社，2013年，第128页。
[3] ［宋］李焘：《续资治通鉴长编》，北京：中华书局，2004年，第5861页。

如旧焉。"①依据神主被奉祀于太庙的帝、后才享有国忌资格的原则，僖祖和文懿皇后的神主被迁出太庙之后，其国忌日即遭罢止。而从上引翼祖和简穆皇后神主被祧迁后又复归太庙本室之事可知，其业已废止的国忌日却未随着神主回归太庙而相应地得到恢复。宋人对忌日已废止的帝、后，不再举行行香礼，而是改为设斋行追荐法会。元丰八年二月丙戌，礼部奏"顺祖及惠明皇后迁主，既藏于夹室，罢忌日行香，请仿僖祖忌日于景灵宫天兴殿东设帷故事，遇忌日，于永昌院佛殿之东张幄斋设追荐。诏僖、顺、翼祖并后六位，遇忌日并永昌院设幄追荐"②。从祭祀的性质来看，这种没有官员行香的皇家忌日祭祀与民间私祭没有本质差别。

（二）大忌与小忌的区分

唐代以来的国忌除官员赴寺观行香之外，还有设斋、休务、禁屠、禁乐等规定。唐代著名诗人元稹在《辛夷花·问韩员外》中提到"缚遣推囚名御史，狼藉囚徒满田地。明日不推缘国忌，依前不得花前醉"，宋人魏野《赠安邑知县方寺丞》诗亦有"书为传家秘，琴因国忌闲"之句。这些诗句正是对唐宋国忌制度的生动反映。唐代各个国忌日之间的祭祀规格并不相同，比如唐宪宗元和元年长安七帝七后的国忌日寺院设斋人数可大致分为三等：高祖、太宗及其皇后为一等；睿宗、玄宗、肃宗及其皇后为一等；代宗、德宗及其皇后为一等。三个等级的设斋人数规模，体现了儒家礼制中"尊尊""亲亲"的基本原则③。

《宋史·礼二十六》曰："凡大忌，中书悉集；小忌，差官一员赴寺。"④显然，宋代国忌分大忌与小忌两个等级，两等祭祀中官员行香队伍的规模相差巨大。那么大、小忌日是如何确定的呢？陆游《老学庵笔记》卷十曰：

> 太祖开国，虽追尊僖祖以下四庙，然惟宣祖、昭宪皇后为大忌，忌前一日不坐，则太祖初不以僖祖为始祖可知。真宗初，罢宣祖大忌。祥符中，下诏复之。然未尝议及僖祖，则真宗亦不以僖祖为始祖可知。⑤

陆游所言虽然旨在讨论始祖问题，但又与国忌日直接相关。细推陆游语

---

① ［元］脱脱等：《宋史》，北京：中华书局，1985年，第2890—2891页。
② ［宋］李焘：《续资治通鉴长编》，第8408页。
③ 聂顺新：《元和元年长安国忌行香制度研究——以新发现的〈续通典〉佚文为中心》，《魏晋南北朝隋唐史资料（第三十二辑）》，上海：上海古籍出版社，2015年，第144页。
④ ［元］脱脱等：《宋史》，第2888页。
⑤ ［宋］陆游：《老学庵笔记》，北京：中华书局，1979年，第128页。

意,如果太祖以僖祖为始祖的话,就不只以宣祖和昭宪后为大忌,僖祖也该享有大忌资格。太庙中始祖的神主永世不祧,其忌日无可争议当属国之大忌。建隆元年三月十四日,太祖追尊四庙,颁布僖祖文献皇帝、文懿皇后,显祖惠元皇帝、惠明皇后,翼祖简恭皇帝、简穆皇后,以及宣祖昭武皇帝的忌辰,并定"惟宣祖为天下大忌,前一日不坐,中书门下、文武百僚诣西上阁门奉慰,移班奉慰皇太后,退赴佛寺行香如仪"①。后来太祖之母昭宪杜太后去世,其忌日在建隆三年五月被定为大忌。当朝皇帝的父皇母后的忌日为国忌日,这符合"亲亲"的伦理原则。

随着时间的推移,前代帝后忌日的祭祀规格会有所降杀。规格降等有两种表现形式:一种是由大忌降为小忌,由废务变为不废务;另一种虽仍属大忌,但废务、禁屠、禁乐的日数会在初忌日日数的基础上有所降减。唐代国忌日的祭祀规格就因亲疏等次的不同而被分为废务、不废务、不废务而只设斋三种。这已为宋代划分国忌日祭祀规格提供了典故依据。

上文引陆游笔记已提到,真宗初期曾罢宣祖大忌,到大中祥符年间又恢复了宣祖的大忌待遇。关于此事,《宋会要辑稿·礼四二》有较详细的记载:

> (真宗至道三年)十二月十一日,太常礼院言:"请定僖祖、文懿皇后、顺祖、惠明皇后、翼祖、简穆皇后忌日依旧行香;太祖、孝明皇后、太宗、懿德皇后忌日,并前一日不坐,至日奉慰行香。宣祖、昭宪皇后忌日,请准太祖、太宗在位之日奉翼祖忌辰礼,前一日更不废务。"诏恭依。②

> (大中祥符二年)十月六日,诏曰:"恭以宣祖昭武皇帝、昭宪皇后凤蕴庆云,克昌基绪,载诞二圣,奄宅万邦。猥承燕翼之谋,深惟似续之重。每临讳日,尤切永怀。式陈尊祖之诚,以馨奉先之礼。自今复为大忌,前一日不坐,其日群臣进名行香,禁屠宰,著于令式。"③

宣祖、昭宪为太祖、太宗的父皇母后,其忌日在当时毫无疑问当属大忌,当废务。真宗即位之初,宣祖、昭宪忌日降为小忌,前一日的废务被取消了。到大中祥符二年,复宣祖忌日为大忌,废务之礼随之恢复。真宗恢复宣祖、昭宪大忌之事,亦见于《续资治通鉴长编》卷七十二④。

宋初依隋唐之制,立四亲庙,并以父庙为大忌。太平兴国二年六月十六日,太常礼院提出的以太祖忌为大忌并将已祔太庙的孝明皇后忌日升为大忌的请

---

① ② [清]徐松:《宋会要辑稿》,上海:上海古籍出版社,2014年,第1671页。
③ [清]徐松:《宋会要辑稿》,第1673页。
④ [宋]李焘:《续资治通鉴长编》,第1636页。

求得到诏准,但太宗并未将宣祖大忌降等,这表明太宗将自己的继位认定为兄终弟及。此时其过世的父兄之忌均为大忌。至道三年十一月甲子,真宗祔太宗神主于太庙。降宣祖、昭宪忌日为小忌,并以太祖、孝明、太宗、懿德的忌日为大忌。真宗的这种做法,依据的是兄弟同昭穆的原则。这种做法在当时引起不小争议。判太常礼院李宗纳等坚持"唯父母得称考妣",认为真宗在太庙中称太祖为伯考,称孝明、孝惠、孝章皇后为伯妣的做法不妥。事下尚书省讨论,户部尚书张齐贤等引《汉书》"为人后者为之子",主张尊统序,请求真宗在太祖庙室自称孝孙嗣皇帝,于太宗庙室称孝子嗣皇帝。真宗将问题交给礼官再议,礼官的意见还是真宗祭太祖庙室时称皇伯考妣,大祭时太祖与太宗昭穆同位,祝文并称孝子。提案下至都省集议,其结果是因太祖、太宗庙号即已为二世,昭穆之位则不能同代。但翰林学士宋湜以夏商周三代以来多有兄弟继位的事,然而兄弟间昭穆异位的情况未曾得见为理由,认为真宗于太祖庙室称孙的做法不妥。诏令礼官再议。咸平元年六月,礼官以太宗祭太祖时自称孝弟为依据,提出袷祭时太祖、太宗同位异坐,真宗于太祖位仍称孝子的意见。这一方案最终被真宗采纳。真宗初即位时以僖祖、顺祖、翼祖和宣祖为小忌,以太祖、太宗为大忌,其做法符合以(伯)父庙为大忌的传统。而此时太庙已祀有六帝五世。周礼有天子七庙之说,汉魏大儒对"天子七庙"的理解存在分歧。韦玄成、郑玄等认为周代七庙由世代不毁的始祖庙、文王庙、武王庙三庙,再加上四亲庙组成;王肃吸取刘歆的意见,认为七庙当由一祖庙加上三昭三穆六亲庙组成,而且因功、德而获"祖""宗"庙号的宗庙不祧,且在天子"七庙"之数以外。真宗时太庙中没有确定始祖庙,如果承前用四亲庙之制,然而太庙中已存五世,依亲尽则毁的原则当祧迁僖祖庙,可事实是僖祖国忌日仍然存在,所以只能解释为至道三年时太庙采用的是三昭三穆六亲庙之制。陆游已指出真宗不以僖祖为始祖。真宗是否因宣祖有"克昌基绪,载诞二圣"之功而欲以其为始祖故恢复其忌日为大忌呢?囿于识见,笔者目前对真宗恢复宣祖大忌之事还不能作出有说服力的解释。

废务、禁刑、禁乐的日数降等的情况一般发生在前任皇帝的忌日上。仁宗天圣六年二月辛未,"宰臣王曾等言:'真宗忌,自大祥后,禁刑、不视事前后各三日,禁乐各五日。然岁月渐远,礼有可杀之文。'诏自今禁刑、不视事各两日,禁乐各三日"①。大祥是古人逝世两周年时举行的祭祀。大祥之后,凶礼转变为吉礼。从天圣三年二月真宗初忌日,到天圣六年二月,真宗大忌已历三次,所以王曾向仁宗请求真宗第四个大忌日礼文降等。仁宗同意了降等的要求,但此时真

---

① [宋]李焘:《续资治通鉴长编》,第2463页。

宗大忌前后各废务两日,较真宗朝时太祖、太宗大忌前一日废务的礼仪仍更为隆重。仁宗生母李宸妃薨于明道元年(1032),在章献太后崩后亦被尊为皇太后,谥庄懿。景祐元年(1034)二月庚子,"诏庄懿太后忌前后禁乐各三日,不视事各二日"①。则庄懿太后的初忌日规格比真宗的初忌日规格低了一等,但仍然比平常的大忌日规格要高。又,绍兴九年(1139)十月二十二日,礼部太常寺在上书议徽宗初忌时援引故事时称"天圣三年二月,太常礼院官:二月十九日真宗皇帝忌,准礼例前一日不坐,其日皇帝不视事,文武百僚诣西上閤门进名奉慰讫,退赴佛寺行香。敕旨:先帝初忌前后各三日不视事,不行刑罚,各前后五日禁止音乐,仍令百官赴景灵宫奉真殿行香",并据此请求绍兴十年正月二十五日徽宗皇帝、显肃皇后初忌日时,依本朝故事忌日"前后各三日不视事,不行刑罚,前后各五日行在禁止音乐,及乞其日文武百僚诣常御殿门外进名奉慰讫,诣法惠寺行香,其以后忌辰,乞依祖宗忌辰礼例"②。礼院的意见得到了宋高宗的认可。由于新近去世的皇帝的初忌日时常在规格上超越常例,因此后来在废务、禁乐等方面的降等实际上是恢复到礼例常态的一种做法。

二、宋代国忌行香仪轨演变有抑制三教,凸显皇权的趋势

宋代的国忌行香礼在礼义上与唐、五代一脉相承,但在行香仪轨方面却随时变改,顺时施宜。宋代国忌行香仪轨的变迁,主要体现在以下几个方面。

(一) 僧道由仪式的主导者变为陪衬

唐人举行国忌行香礼的情形,现在可见于日本僧人圆仁写的《入唐求法巡礼行记》。圆仁在该书卷一较为详细地记载了唐文宗开成三年(838)十二月八日(唐敬宗国忌日)扬州开元寺设斋行香的过程。此日的辰时,主政地方的相公和将军并僚属、仪卫从寺院大门进入,至讲经堂前的台阶下时分开,相公东行,将军西行,分别入东、西幕次内换鞋洗手之后,又由东、西两路上到堂来,会合于讲堂中门,并就座。待礼佛完毕后,僧众分东、西两列,各持莲花、碧幡。一僧打

---

① [宋]李焘:《续资治通鉴长编》,第2668页。
② 宋礼部太常寺:《中兴礼书》,《续修四库全书》,第823册,上海:上海古籍出版社,2002年,第435页。

磬唱"一切恭敬,敬礼常住三宝"后,"相公、将军起立取香器,州官皆随后取香盏,分配东西各行",在手持花幡口作梵呗的僧人的导引下,相公、将军及跟随人员,分东西两路,"在廊檐下去。尽僧行香毕,还从其途,指堂回来",回到原处,"相公、将军共坐本座,擎行香时受香之炉,双坐"①。在这场行香设斋法会中,相公、将军持香炉,州官持香盏,跟随僧人行进,这种行香活动的节奏完全由做法事的僧人控制的情形在宋代则有了变化。程大昌《演繁露》曰:

> 国朝自有景灵宫后,每遇国忌,不复即寺观行香,而移其供设于景灵东西两宫。每大忌,宰执率百寮至宫行香。其法僧道皆集所忌殿庑之下,僧左道右,执事者执香盘中香圆子,随宰执往僧道立处,人授一圆,斋已收之,不爇也。此之散授,犹存撒香之说耶?②

程大昌是宋高宗绍兴二十一年进士,其所言散授香圆之事可用《中兴礼书》中的史料加以佐证。绍兴十四年十月二十八日,礼部太常寺上书请求施行忌辰文武百官赴景灵宫行香诸事项,其中有一请求事项是"每遇忌辰,合用钞锣盆台、奠茶盂子等,除见今景灵宫天兴等殿自有见在外,其银手炉并行香香圆、香盘系令临安府逐旋差僧道并香局兵士,至日旋行赍擎。银手炉、行香香圆、香盘并交割付天兴等殿掌管,遇忌辰令所差僧道至日就宫请领供应,事毕交纳"③。由此可知,南宋时国忌行香礼仪中会用到银手炉和行香香圆、香盘;由宰执施与僧道的香圆并不会被焚烧,并与香炉、香盘一起在斋会事毕后被收拢贮存于景灵宫中,以便日后忌辰法会中再次使用。《政和五礼新仪》卷二百七《忌辰群臣诣景灵宫》对国忌行香的仪程有明确规定:群臣奉慰之后到景灵宫相应神御殿下排定班位,礼值官揖,班首以下再拜,礼值官"引班首自东阶升殿,舍人接引,同升诣香案前,搢笏,上香,跪奠,祭讫,执笏,兴,降阶,复位,又再拜。次引班首以下分左右,搢笏行香。宰相、执政官分左右行香讫,执笏俱复位。引班首升诣殿香案前,俯伏,兴,跪,搢笏,执炉;俟读疏毕,执笏,俯伏,兴,降阶,复位,又再拜讫,退"④。在这场仪式中,"行香"即是到神御殿上的香案前上香,官员所用的香不是香圆而是炷香,行香活动的节奏由礼值官掌控。前述唐代扬州开元寺国忌行香中的官员们无疑处于被僧人引导和支配的地位,然而这种主客关系到宋

---

① [日]圆仁:《入唐求法巡礼行记》,上海:上海古籍出版社,1986年,第23页。
② [宋]程大昌:《演繁露》下册,《全宋笔记》第四编第九册,郑州:大象出版社,2008年,第11—12页。
③ 宋礼部太常寺:《中兴礼书》,第438页。
④ [宋]郑居中:《政和五礼新仪》,《影印文渊阁四库全书》,第647册,台北:台湾商务印书馆,1986年,第865页。

代就颠倒了过来。宋代国忌景灵宫行香时,宰执成为授香者,而僧道只能一直立于神御殿之下。官员升殿上香后又回到殿下归入班次,其行香仪式的节奏由礼官而非僧道来把控,僧道的念经作乐成了行香活动的音乐背景。

(二) 官员行礼之仪愈显卑下

据上文所引日僧圆仁的记载,到扬州开元寺行香的相公和将军在行道之后坐着手擎香炉。五代后晋天福五年二月,应御史中丞窦贞固之请,国忌日宰臣在跪炉焚香时,文武百僚由以前的"列坐"改为"依班序立"①。宋太宗时期,官员赴寺院行香与五代时期一样依班序立。王禹偁被贬为商州团练副使,有一次参加国忌行香,见一位官员着紫袍秉玉笏站立于佛殿之侧,王禹偁以为此人的官阶很高,"欲与叙位",结果此人称自己就是曾被王氏讽为卑贱的三班借职之员②。

到宋神宗元丰元年正月时,朝廷要求群臣降于神御殿之下的庭院中排班,然后上殿跪香、执炉。这一仪则变动始于三司使李承之的奏言:"伏见神御殿酌献,设皇帝位于庭下,升降再拜,而国忌日,两府列于殿上,轻重相形,于义未安。"③这种抬尊皇室、压抑臣下的做法,在神宗时期的宗庙祭祀改革中并不罕见。元丰五年十二月戊辰,监察御史王桓奏言:"启圣院、相国寺忌辰行香仪,左右巡使、两赤县令于中门相向分立,俟宰臣至,立位前,直省官通摄。案此仪推行虽久,无所据依,大意推崇宰司,故令立班迎候。日者,极追远之奉于景灵宫,礼文咸秩,前事之失,义当是正。方百官就列祗见祖宗,恐非大小之臣交相致恭之时,望寝罢。"④后来王桓的意见被采纳。庞元英《文昌杂录》卷二亦载此事,并发出自此"夹街故事废矣"的感叹。神宗元丰三年以来,新作景灵宫十一殿,本着"诸侯不得祖天子"之意,将神御从京师寺观、诸王宫院收至景灵宫集中供奉。众官夹街候迎宰执这一做法的废止,虽然只是国忌行香礼仪中的一个小小变化,但却可以将之视作神宗在元丰年间改革祭祀礼制,提升皇家威权的一个注脚。

---

① [宋]薛居正:《旧五代史》,北京:中华书局,1976年,第1038页。
② [宋]曾慥编:《类说》,《影印文渊阁四库全书》,第873册,台北:台湾商务印书馆,1986年,第296页。
③ [宋]李焘:《续资治通鉴长编》,第7033页。
④ [宋]李焘:《续资治通鉴长编》,第7989—7990页。

（三）枢密参与国忌行香

《宋朝事实类苑》卷三十三《国忌行香》条曰："旧制，国忌迭命宰相、参知政事一员率文武常参官赴佛寺行香，内职不与焉。景德中，同知枢密院事王公钦若、陈公尧叟请率内职学士诸司使军职下洎列校同为一班，先诣西上阁门进名奉慰。宰相、参知政事、文武百官为一班，次诣阁门进名奉慰讫，退赴佛寺行香。小忌则否。"①关于宋代枢密使参与国忌行香之事，洪迈在他的笔记中有更详细的记载。《容斋四笔》卷十一《枢密行香》条曰："唐世枢密使专以内侍为之，与它使均称内诸司，五代以来始参用士大夫，遂同执政。案《实录》所载景德二年三月元德皇后忌，中书、枢密院文武百官，并赴相国寺行香。初，枢密院言：'旧例国忌行香，惟枢密使、副依内诸司例不赴，恐有亏恭恪。今欲每遇大忌日，与中书门下同赴行香。'从之。枢密使副、翰林、枢密直学士并赴，自兹始也。然则枢密之同内诸司久矣。隆兴以来，定朝臣四参之仪，自宰臣至于郎官、御史，皆班列殿庭拜舞，惟枢密立殿上不预，亦此意云。"②宋代枢密以机构论类于内诸司，而任职之员却为士大夫。自真宗朝开始朝廷令枢密参与国忌行香，其着眼点正在于其士大夫身份。枢密使副加入国忌行香的行列，客观上扩大了皇家祭祀的影响范围。南宋以来，枢密虽仍参与行香，但已不再行拜舞之仪，而是侍立于神御殿上，其亲昵皇家的内诸司特性得到强化。

（四）行香地点渐由寺观移至神御殿

自汉武帝独尊儒术以来，"三礼"一直是国家礼制的指导原则。然而佛道二教兴盛之后，国家礼制亦不能不受此二教的影响。天监四年，好佛的梁武帝在郊祀大典上，废弃了传统礼仪中的禋柴燎玉，改用沉香、上和香祭祀天地。唐玄宗天宝八年，规定禘、祫祭以"三焚香"代替"三献"③。忌日行香活动的出现深受佛教思想的影响，最早以行香来纪念逝者的就是和尚。据梁释慧皎《高僧传》卷七《宋寿春石磵寺释僧导传》，僧导曾为死于北魏太武帝灭佛活动中的僧尼设会行香，并为之流涕哀恸④。

---

① ［宋］江少虞：《宋朝事实类苑》，上海：上海古籍出版社，1981年，第415页。
② ［宋］洪迈：《容斋随笔》，上海：上海古籍出版社，1978年，第744页。
③ ［唐］杜佑：《通典》，北京：中华书局，1992年，第1400页。
④ ［梁］释慧皎：《高僧传》，北京：中华书局，1992年，第281页。

唐代国忌日行香在寺观中举行。据《唐六典》开元二十七年的记载，当时供国忌两京行香的寺院和道观各有两所，而地方八十一州每州则有寺、观各一所供行香①。《唐会要》卷五十于此亦有详细记载："（开元）二十七年五月二十八日敕，祠部奏，诸州县行道散斋观寺，进式，以同、华等八十一州郭下僧、尼、道士、女冠等，国忌日各就龙兴寺、观行道散斋，复请改就开元观、寺。敕旨：'京兆、河南府宜依旧观、寺为定，唯千秋节及三元行道设斋，宜就开元观、寺。余依。'"②开元二十七年之后，地方指定州府的国忌行香礼仪按例在当州开元观、寺举行，此情形直到晚唐并无变化。而到元和元年时，涉及长安先朝七帝七后的国忌日设斋行香的寺观共有 26 所，除慈恩寺和西明寺之外，其余 24 所寺观均为每位帝后的独立的追福空间。这些寺观获得国忌日设斋行香的资格的主要原因在于它们属于皇家寺观，或为皇帝生前所敕立，或是为该帝后追福而立或改额③。

在寺观向宫廷靠拢的同时，唐代朝廷也很乐意将帝王的画像或雕塑奉祀于寺观。它们被称为圣容、御容、圣像，或神御，属于唐代的前朝或当朝皇帝，供奉于寺观既为追思、祈福，又可神化帝王。奉祀当朝皇帝御像的现象或始于隋文帝仁寿元年，而唐朝太宗、武则天、玄宗、肃宗、代宗、武宗等均有生前将自己的塑像（画像）立于寺观的行为，其中以唐玄宗的御像流布最广，从现有材料中至少可见 37 例，分布于 25 个州④。《唐会要》卷五十："（开元）二十九年九月七日敕：诸道真容，近令每州于开元观安置，其当州及京兆、河南、太原等诸府有观处，亦各令本州府写貌，分送安置。天宝三载三月，两京及天下诸郡，于开元观、开元寺，以金铜铸元（玄）宗等身天尊及佛各一躯。"⑤开元中诏每州奉玄宗像一尊，而南潘郡却有玄宗圣容二尊。"按《（南潘）郡志》，故右卫大将军高力士旧乡，郡有骠骑馆，相传皆因力士之名。开元年中诏天下铸圣像，郡皆一而潘独二，力士以其本乡，故自铸其一也。"⑥又，前引雷闻统计 37 例玄宗像中确知为铜像者有 25 例，当为天宝三年铸像之遗存。将御像或铸成等身天尊及佛像形态的御像置于寺观，供众生朝拜祭祀，使图像具有了某种宗教意味；而奉祀当朝皇帝圣像，其神化帝王的意图已十分明显。不难想象，奉有御像圣容的两京及八

---

① ［唐］李林甫：《唐六典》，北京：中华书局，1992 年，第 127 页。
② 王溥：《唐会要校证》，西安：三秦出版社，2012 年，第 750 页。
③ 聂顺新：《元和元年长安国忌行香制度研究——以新发现的〈续通典〉佚文为中心》，《魏晋南北朝隋唐史资料》2015 年第 2 期，第 141—143 页。
④ 雷闻：《郊庙之外：隋唐国家祭祀与宗教》，北京：生活·读书·新知三联书店，2009 年，第 116—128 页。
⑤ 王溥：《唐会要校证》，第 750—751 页。
⑥ ［宋］乐史：《太平寰宇记》，北京：中华书局，2007 年，第 3092 页。

十一州的开元寺、开元观等处在举行国忌行香礼时,自然会将活动地点选在奉祀有御像的大殿。

唐代供奉御像于寺院、道观的做法在五代、赵宋得到了延续。"王蜀少主以高祖受唐深恩,将兴元节度使唐道袭私第为上清宫,塑王子晋为远祖于上清祖殿,命(杜)龀龟写大唐二十一帝御容于殿堂之四壁。……又命龀龟写先主太妃太后真于青城山金华宫。"①据徐铉《故唐慧悟大禅师墓志铭并序》,庐山开先禅院为南唐中主李璟所创,有其真容,后主李煜命慧悟禅师精严供奉②。宋太祖时期,旧安陵的下宫内开始奉祀宣祖、昭宪后铜像。太平兴国末年,汴京启圣院奉有太宗御容。从真宗朝开始,神御奉祀变得频繁起来,扬州建隆寺、南京鸿庆宫有太祖御容,启圣院永隆殿、凤翔上清宫、南京鸿庆宫有太宗御容,普安禅院有元德皇后神御。到神宗改革神御奉祀制度之前,玉清昭应宫、鸿庆宫、应天禅院、景灵宫、太平兴国寺、洪福院、慈孝寺、普安禅院、睦亲宅和皇宫中都曾奉安御容。

与唐五代一样,宋代初期国忌日设斋行香的地点自然也是寺观。真宗天禧元年五月,奉安太祖御容于洛阳应天禅院兴先殿,"自是,正、至、朔、望令留司京府官诣殿焚香,及别于正月择日朝拜,忌日就院设斋行香"③。《渑水燕谈录》卷一《帝德》亦曰:"西都北寺应天禅院乃太祖诞圣之地。……仁宗初,又建别殿,分二位,塑太宗、真宗圣像……今为忌日行香地,去留府甚远,故诗曰'正梦寐中行十里',此之谓也。"④明道二年九月丁丑,仁宗诏国忌日罢佛像前设神御⑤。不过在此之前,朝廷已先后在奉先资福院、启圣院、建隆寺、鸿庆宫、应天禅院、景灵宫、慈孝寺、太平兴国寺、会圣宫等寺观中专门建神御殿以奉祀宣祖、太祖、太宗和真宗神御。熙宁二年(1069),在神宗的支持下,王安石施行以富国、强兵、改革教育科举为核心的变法活动。在神御奉祀方面,神宗作出了调整。熙宁四年,神宗以"诸侯不得祖天子,公庙不设于私家。今宗室有祖宗神御,非所以明尊卑崇正统"为由,诏令将奉祀于宗室的神御集中到大内天章阁供奉⑥。元丰三年(1080)神宗又诏在景灵宫内建十一殿,两年后殿成,汴京中除万寿观之外,其余宫观寺院中的神御统统移入景灵宫集中奉祀。自此以后,每遇国忌,京

---

① [宋]黄休复:《益州名画录》,成都:四川人民出版社,1982年,第63—64页。
② [宋]徐铉:《骑省集》,《影印文渊阁四库全书》,第1085册,台北:台湾商务印书馆,1986年,第229—230页。
③ [宋]李焘:《续资治通鉴长编》,第2062页。
④ [宋]王辟之:《渑水燕谈录》,北京:中华书局,1981年,第1页。
⑤ [宋]李焘:《续资治通鉴长编》,第2635页。
⑥ [宋]李焘:《续资治通鉴长编》,第5489页。

师官员到景灵宫中相应神御殿中的御像前上香拜祭。景灵宫国忌行香将原初的礼佛仪式转变为礼祖仪式,这种改变蕴含着朝廷渴望恢复儒家传统礼仪秩序和通过整改行香仪轨凸显皇家权威的双重目的①。虽然宋代士人,尤其是南宋以来的儒生对复兴先秦儒家古礼怀着强烈的期望,但包括国忌行香在内的宋代祭祖礼不可避免地被打上了时代的烙印。岳飞之孙岳珂在《愧郯录·国忌设斋》中说:"祖宗以景灵为原庙,每国忌用时王礼,集缁黄以荐时思焉。"②时王之礼自与先王古礼不同;僧道参与行事在先秦古礼中更是绝无可能。南宋永嘉张淳不愿入仕,认为"今之仕皆非古之道""始至则朝拜,遇国忌则引缁黄而荐在天之灵,皆古所无也"③。面对异族的入侵和压迫,像张淳一样的儒士希望复古以强国,所以只强调宋代国忌行香制度中的儒礼、皇权部分,对在民间早已流行的法会追荐思亲的做法则表现出鄙薄的态度。

三、结 语

封建王朝的皇家直接垂范于民间、后世,其私情自然也承载公义,于是宋代皇室成员的忌日被制度性地分作了国忌和私忌两种。国忌要求官员前去行香,私忌只需皇室以私亲身份举办道场法会以追念逝者。国忌行香无疑是宋代国家祭祀的组成部分,也正因为如此,朝廷对国忌资格才作出严格的规定,要求与太庙所奉神主保持一致,并根据尊卑亲疏将国忌行香礼区分为大忌和小忌两等。每至大忌,中书、枢密两府首脑亲率文武百官赴寺院或景灵宫神御殿上香祭拜。

国忌行香制度成于唐代,历经五代到宋时在仪轨方面已有不少变化。长期以来同于内诸司的枢密院使由于不再由宦官充任,而改为士大夫担当,所以宋代的枢密使副、翰林,以及枢密直学士也加入到国忌行香的队伍中。而以宰执为代表的官僚在奉慰、行香仪式中愈显卑下,这些都明确显示出皇权专制在国家政治生活中得以进一步强化的倾向。

国忌行香的地点由寺观迁移到景灵宫神御殿,行香活动中僧人由仪式的主

---

① 王蒙:《北宋景灵宫国忌行香略论》,《宗教学研究》2016年第2期,第268—273页。
② [宋]岳珂:《愧郯录》,《影印文渊阁四库全书》,第865册,台北:台湾商务印书馆,1986年,第180页。
③ [宋]楼钥:《攻愧集》,《影印文渊阁四库全书》,第1153册,台北:台湾商务印书馆,1986年,第245页。

持者逐渐演变为司乐作响的配角。在儒、释、道三教合流的大趋势之下，受"右文"策略鼓舞的宋代士大夫表现出了重振儒家传统礼仪的祈望，朝廷也借此调和并进一步掌控三教。太庙神主祭祀以先王古礼，景灵宫神御祭祀以时王之礼，国忌日至景灵宫行香又体现出宋代国家祭礼在祭仪方面的世俗化倾向和与时俱进的一面。

从曾巩《目录序》看其书籍传播观

金雷磊①

一、引 言

目前关于曾巩的研究,主要体现在:第一,曾巩文献、文学方面的研究,包括曾巩生平、著述、交游、散文、诗歌等②。第二,曾巩书学理论研

---

① 金雷磊,华中师范大学文学院文化传播学2014级博士,现为三明学院文化传播学院副教授。
② 参见于晓川:《曾巩〈续元丰类稿〉〈外集〉考》,《四川师范大学学报》2016年第5期;陈开林:《曾巩〈本朝政要策〉阙文考辨》,《宁夏大学学报》2016年第1期;冒志祥:《曾巩有关高丽世次状札记记载的讹误》,《南京师范大学文学院学报》2015年第4期;梁颂成:《曾巩〈归老桥记〉中"青陵"及其相关问题辨正》,《武陵学刊》2013年第5期;梁颂成:《曾巩〈归老桥记〉到底为谁而作》,《湖南第一师范学院学报》2013年第4期;熊伟华:《〈隆平集〉的作者问题再考证》,《古籍整理研究学刊》2012年第2期;李俊标:《曾巩〈游双源〉辨伪》,《文献》2011年第3期;毕庶春:《〈曾巩集〉志疑》,《四川师范大学学报》2001年第1期;汤江浩:《曾巩及其主要亲属行实考略》系列论文;于晓川:《"道":曾巩文学思想的核心范畴》,《甘肃社会科学》2016年第3期;薛俊芳:《曾巩文学思想及其传播与接受》,海南师范大学硕士论文,2013年;马慧珍:《北宋曾巩的文学成就与价值》,《兰台世界》,2012年第27;喻进芳、常毓晗:《纤徐委折 反复驰骋——论曾巩散文的结构特征》,《湖北师范大学学报》2019年第1期;于晓川:《南宋古文选本中的曾巩散文》,《中国社会科学报》2017年7月4日;裴云龙:《古文传统与理学思想的涵容——曾巩散文经典化历程及学理意义考论》,《励耘学刊》2016年第1期;喻进芳:《温厚平和 含蓄深沉——曾巩诗歌论》,北京:中国社会科学出版社,2016年;李俊标:《曾巩研究》,北京:中国社会科学出版社,2011年,此著研究了曾巩的政治思想、史学思想、散文、诗歌、书法及曾氏家族文学;李震:《曾巩年谱》,苏州:苏州大学出版社,1997年;王琦珍:《曾巩评传》,(转下页注)

究①。第三，曾巩社会、经济、政治、历史思想研究②。第四，曾巩校勘、阅读理论的分析③。这些研究按照时间来划分，大致可以分为早期和近期两个阶段。早期对于曾巩的研究，主要侧重于曾巩生平、著述、交游、文学、书学等方面，这些对于曾巩生平、著述的辑佚、辨伪等基础性工作，为进一步推进曾巩的深入研究，提供了方便。近年来主要侧重曾巩社会、政治、编辑思想等方面的研究，这些研究借用其他学科理论和方法，采用跨学科的视角。而所有这些研究成果中，尤以曾巩文献、文学研究居多，这与曾巩作为"唐宋八大家"之一的称号密切相关。本文主要基于曾巩校书、编目活动，从传播史的角度，来探讨曾巩系列目录序文中的书籍传播史观。

二、曾巩的目录序文书写

曾巩在编书、校书过程中，都会为书籍编目，充分发挥目录的"眼睛"作用。比如，他在编纂《陈书》时，"其书旧无目录，列传名氏多阙谬，因别为目录一篇，使览者得详焉"④。"因别为目录一篇，使览者得详"就是曾巩对目录功能的最好提炼。

(续上页注)南昌：江西高校出版社，1990年。

① 参见曾印泉：《新发现曾巩母亲墓志与曾巩〈局事贴〉之比较》，《中国书法》2018年第9期；王兴铭、高长山：《曾巩的书论与文风》，《文艺争鸣》2016年第5期；李以超：《曾巩书学研究》，《文物世界》2010年第5期；刘琰之：《曾巩〈局事贴〉再考证》，《收藏家》2010年第8期。

② 参见康华、吕利利：《论曾巩的史学思想》，《中北大学学报》2019年第2期；卢宇宁：《论曾巩奏状的艺术特征》，《名作欣赏》2018年第18期；罗尚荣、刘洁：《曾巩经济伦理思想探析》，《南昌航空航天大学学报》2017年第2期；代维：《曾巩社会控制思想研究》，重庆大学硕士论坛，2017年。

③ 参见曾祥芹：《再论曾巩诗歌中的读书情理》，《山东图书馆学刊》2019年第2期；曾祥芹：《一位彰显中华诗性阅读文化的精英学者——曾巩〈读书〉诗正解》，《山东图书馆学刊》2018年第4期；喻进芳、常毓晗：《曾巩校勘学论略》，《图书馆工作与研究》2016年第9期；喻进芳：《曾巩〈金石录〉编撰思想述略》，《江汉大学学报》2016年第1期；李相文：《北宋文学家曾巩对古籍整理及其贡献考证》，《兰台世界》2015年第16期；喻进芳：《论曾巩的编辑理念及其现实意义》，《江汉大学学报》2014年第3期。

④ ［宋］曾巩撰，陈杏珍、晁继周点校：《曾巩集》，北京：中华书局，2004年，第185—186页。

曾巩编目完成后，还会作目录序以序之①。"在宋代书序三大家中，欧阳修以诗文序见长，王安石以经义序著称，曾巩则是以他的目录序受到世人的推重。"②目前可见目录序有《新序目录序》《梁书目录序》《烈女传目录序》《礼阁新仪目录序》《战国策目录序》《陈书目录序》《南齐书目录序》《唐令目录序》《徐幹中论目录序》《说苑目录序》《鲍溶诗集目录序》等。"序是了解图书内容和某书版刻源流的依据，有的是作者自己写的，有的是别人为某书写的。在较古的书里，作者自序都在正文的后面，……到了后代，书上的自序或别人写的序一般就都放在正文的前面了，篇目次第也独立出来了。"③书籍序文位置的变化，也预示着地位的提高。

一般而言，序文有书序、诗序、赠序、赋序、文序之分，而在宋人中，像曾巩这样，在编校书籍过程中，重视目录梳理，且梳理完毕，专门以序文的形式，即目录序的形式来记录这一过程，并不多见。

曾巩在编校书籍过程之中，相当重视书籍目录"辨章学术、考镜源流"的作用。这种形式，和宋人专门的目录学著作不同，宋人目录学著作，主要侧重对所藏或所见书籍写作提要，评价书籍得失。"曾巩的目录序之所以为人推崇，……更在于它无论长篇短制，每一篇都是一个专论，都不乏远见卓识。"④曾巩觉得，书籍目录在书籍传播中起着重要作用，他在《烈女传目录序》一文中道："古书之或有录而亡，或无录而在者，亦众矣。"⑤编辑者要做的工作，就是根据目录，完善流传下来的已有书籍及篇章，搜寻没有流传下来的书籍和篇章。比如，曾巩在校定、整理《战国策》一书时，就是践行他的这种思想。他说道：

> 刘向所定《战国策》三十三篇，《崇文总目》称第十一篇者阙，臣访之士大夫家，始尽得其书，正其误谬而疑其不可考者，然后《战国策》三十三篇复完。⑥

曾巩以《崇文总目》为底本，校定书籍。《崇文总目》是北宋官方编修的大型书目，由王尧臣、欧阳修、张观、宋庠、宋祁、李淑、王洙、吕公绰等人历时七年完

---

① 目前对曾巩目录序的研究，仅见周晓音《试论曾巩的目录序》，《浙江师范大学学报》1989年第4期，时间距今较远。该文结合曾巩的十一篇序文，探讨了曾巩的道德观、史学观，分析了曾巩目录序在写作上的特点。
②④ 周晓音：《试论曾巩的目录序》，《浙江师范大学学报》1989年第4期，第5页。
③ 瞿冕良：《中国古籍版刻辞典》，苏州：苏州大学出版社，2009年，第397页。
⑤ ［宋］曾巩撰，陈杏珍、晁继周点校：《曾巩集》，第179页。
⑥ 同上书，第183页。

成,"对宋代及其以后的公私藏书目产生了很大的影响,也起到了示范的作用"①。显然,曾巩并没有完全否定前人的观点,恰恰相反,他是站在前人的基础之上进行的整理、校定工作。通过搜访、考证,《战国策》更加完备并接近原貌。

三、基于目录序文的曾巩书籍传播论

(一)表明书籍的编校,是为了传播

曾巩在《梁书目录序》中说到了阅读史书、编辑史书的目的是"著圣人之所以得及佛之所以失以传之""将以明一代之得失也"②。在《南齐书目录序》中也说,作史的目的,在于"以是非得失兴坏理乱之故而为法戒,而后能传于久"③。在《鲍溶诗集目录序》中道,编辑诗集也是为了"正其谬误,著其大旨以传焉"④。可见,不管是史书还是诗集,"编"最终还是为了"传"——传播信息、传播知识和传播思想。

在探讨书籍传播作用、功能时,曾巩还会勇敢表达自己的观点。比如他在《战国策目录序》中道:

> 或曰:"邪说之害正也,宜放而绝之,则此书之不泯其可乎?"对曰:"君子之禁邪说也,固将明其说于天下,使当世之人皆知其说之不可从,然后以禁,则齐;使后世之人皆知其说之不可为,然后以戒,则明,岂必灭其籍哉?放而绝之,莫善于是。是以孟子之书,有为神农之言者,有为墨子之言者,皆著而非之。至于此书之作,则上继春秋,下至楚汉之起,二百四五十年之间,载其行事,固不可得而废也。"⑤

有的人认为,含有邪说内容的书籍,不容易使人和社会走向正道,应该灭绝。曾巩认为,类似歪理邪说,编者和校者会严格把关,直接禁止。只要是出版的书籍,都有其存在价值。"因为书籍并不是绝对死的东西。它包藏着一种生

---

① 来新夏、柯平:《目录学读本》,上海:上海交通大学出版社,2014年,第144页。
② [宋]曾巩撰,陈杏珍、晁继周点校:《曾巩集》,第178页。
③ 同上书,第187页。
④ 同上书,第192页。
⑤ 同上书,第184页。

命的潜力,和作者一样活跃。不仅如此,它还像一个宝瓶,把创作者活生生的智慧中最纯净的菁华保存起来。我知道它们是非常活跃的,而且繁殖力也是极强的,就像神话中的龙齿一样。"① 曾巩用"岂必灭其籍哉?"这样反问的语气,坚定地传达出"好的书籍不可使之消亡,也不会消亡"的理念。

(二) 书籍传播,是为了彰显圣人之学,即儒学

曾巩在《新序目录序》一文中表达了自己通过编校儒书来传播儒学的目标。他认为,自周以来,"先王之教化法度既废,余泽既熄,……人奋其私智,家尚其私学,……明其所长而昧其所短,矜其所得而讳其失。……世之人不复知夫学之有统、道之有归也"②。汉兴后,"六艺皆得于断绝残脱之余,世复无明先王之道以一之者。……先王之道为众说之所蔽,暗而不明,郁而不发"③。所以,要编校书籍,通过书籍传播来彰显先王之道。

曾巩在《梁书目录序》一文中,说明了他之所以编纂《梁书》,是为了拒绝佛学,提倡儒学。他认为,"自先王之道不明,百家并起,佛最晚出,为中国之患,而在梁为尤甚,故不得而不论也"④。

(三) 书籍传播,是为了当世及后人考辨、研究之用

曾巩认为,书籍整理、校勘工作十分重要,只要精心保存、收藏,可以传之后世。"昔孔子于告朔,爱其礼之存,况于一代之典籍哉?故其书不得不贵。因为之定著,以俟夫论礼者考而择焉。"⑤ 在这里,曾巩所校定与整理的是《礼阁新仪》一书。

《说苑目录序》一文中载:"向之学博矣,其著书及建言,尤欲有为于世,忘其枉己而为之者有矣,何其徇物者多而自为者少也。……故见之叙论,令读其书者,知考而择也。"⑥ 刘向《说苑》原二十篇,至宋《崇文总目》载仅五篇,散失尤多。曾巩编校此书时,又从士大夫间辑十三篇,合为十八篇,进一步充实了《说苑》内容,保存了文献资料,为后人了解、研究《说苑》提供了方便。

---

① [英]约翰·弥尔顿著:《论出版自由》,吴之椿译,北京:商务印书馆,1958年,第5页。
② [宋]曾巩撰,陈杏珍、晁继周点校:《曾巩集》,第176页。
③④ 同上书,第177页。
⑤ 同上书,第183页。
⑥ 同上书,第191页。

（四）交代书籍传播过程的曲折与艰辛

对于《陈书》的编纂就是如此，是书从嘉祐六年始，至八年毕，历经三年，方才校定，他在《陈书目录序》中有清楚的记载：

> 观察等之为此书，历三世，传父子，更数十岁而后乃成，盖其难如此。然及其既成，与宋、魏、齐、梁等书，世亦传之者少，故学者于其行事之际，亦罕得而详也。而其书亦以罕传，则自秘府所藏，往往脱误，嘉祐六年八月始诏校雠，使可镂版，行之天下。而臣等言梁、陈等书缺，独馆阁所藏，恐不足以定著，顾诏京师及州县藏书之家，使悉上之。先皇帝为下其事，至七年冬稍稍始集。臣等以相校，至八年七月，《陈书》三十六篇者始校定，可传之学者。①

曾巩对于《陈书》命运的记载，脉络清晰，为后人阅读和出版《陈书》奠定了基础。多次交代此书在编辑、流传过程之中的曲折、坎坷，指出此书"更数十岁而后乃成，盖其难如此""世亦传之者少"，实际上间接告知后人此书寻访、编纂的艰辛和来之不易，应该倍加珍惜。"盖此书成之既难，其后又久不显，及宋兴已百年，古文遗事靡不毕讲，而始得盛行于天下，列于学者，其传之之难又如此，岂非遭遇固自有时也哉！"②而且，曾巩校定此书，除了参考馆阁所藏版本之外，还应参考了从各地所访之版本，从而保证了该书的准确性与权威性。

四、结　语

曾巩书籍传播的总体目标，就是要通过书籍的编纂、传播、阅读与接受，让天下道德、风俗保持一致和同一，进而有助于天下治理，王朝统治。

> 古之治天下者，一道德，同风俗。盖九州之广，万民之众，千岁之远，其教已明，其习已成之后，所守者一道，所传者一说而已。故《诗》《书》之文，历世数十，作者非一，而其言未尝不相为终始，化之如此其至也。③

曾巩认为，要想天下治理，需要"一道德，同风俗"，要达到"一道德，同风

---

① ［宋］曾巩撰，陈杏珍、晁继周点校：《曾巩集》，第185页。
② 同上书，第186页。
③ ［宋］曾巩撰，陈杏珍、晁继周点校：《曾巩集》，第176页。

俗",则更多需要依靠书籍这种传媒,以及通过书籍所负载的信息、知识、思想、言论等形式来实现。不管地域有多广,时间有多久,作为媒介的书籍,能够通过传播和分享来实现舆论整合,最终实现舆论"守一道""传一说"。

可见,这种"守者""传者"更多要考书籍,书籍是当时的大众传播媒介。书籍能够跨越时间和空间来整合舆论,进而整合社会,促进社会发展。书籍在跨越时空的传播过程之中,尽管会有或多或少的变化,但通过书籍所传递的信息、观念却能够始终如一,不断化育、塑造人民。

浙江书局本《玉海》底本考辨

杨 毅[①]

《玉海》是南宋著名学者王应麟撰写的一部大型类书,共二百卷,全书分二十一门。《四库全书总目》于此书高度评价:"经史子集、百家传记无不赅具,而宋一代掌故,率本诸实录国史日历,尤多后来史志所未详。"[②]《玉海》自元至元六年(1340)于庆元路儒学首次刊行后,主要产生了元修本、明清递修本、清合河康基田重刻本、道光长白觉罗氏刻本、浙江书局刻本、成都志古堂刻本。在这些版本中,浙江书局本由王应麟研究专家张大昌主持整理工作,参校明万历修本、康熙修本、合河康基田修本、正德修本、陆心源皕宋楼元刻旧本等众多版本,并参照以原书所出之经史传记,缺漏、谬误相对较少,是现存篇帙最完整,校勘相对较好的版本,也是近代以来最通行之本。江苏广陵古籍刻印社于1985年,江苏古籍出版社于1987年,上海书店与江苏古籍出版社于1990年,广陵书社于2003年均曾据此本影印。

一

关于浙江书局本《玉海》底本,学界尚有不同意见。张大昌在整理时如此描述浙江书局本《玉海》底本,《重刻玉海例言》云:"是书久无善本,谨遵文澜阁钞本,以旧元刻本校之,并检原引之书。"[③]《校补玉海琐记》云:"《玉海》一书善本罕见,浙局重刻谨遵文澜阁本,然经乱后大半散佚,其见于《钦定四库全书考证》应改应增凡数十条,谨遵改补,余以明万历修本、国朝康熙修本、康基田重刻本校,

---

[①] 杨毅,华中师范大学文学院古典文献学2007级博士,现为华中师范大学图书馆副研究馆员。

[②] [清]永瑢、纪昀主编,周仁等整理:《四库全书总目》,海口:海南出版社,1999年,第695页。

[③] [宋]王应麟:《玉海》,上海:上海书店出版社,南京:江苏古籍出版社,1990年。

多有疑窦,从钱塘丁氏借得正德修本校补,以其中元刻旧板犹存十之七八。刻将半,知归安陆氏有元刻旧本,携往就校。"①前后表述皆云浙局本《玉海》底本为文澜阁《四库全书》。

丁丙《善本书室藏书志》著录正德修补本时有云:"此书版刻明置国子监,递有修补,模印极多漫漶,光绪间借浙江书局作底本。"②此又云元刻正德递修本为底本,与张大昌表述不符。

迨至近当代学界,对《玉海》版本多有论述,对其底本则无专门论说,偶有提及,以援引张大昌之说为主。如1990年上海书店与江苏古籍出版社重印《玉海》时如是说:"该本以文澜阁《四库全书》钞本为底本,并校以元明诸本及原引之书重刊。"③台湾陈仕华《王伯厚及其〈玉海·艺文部〉研究》、杨万兵《〈玉海〉版本流传考述》中提及浙江书局本《玉海》皆引张大昌《校补玉海琐记》中的观点。至2009年,南京大学武秀成教授《玉海的版本》一文又提出不同的观点,认为浙江书局本《玉海》底本应为清嘉庆合河康基田刻本④。其论据有四:

其一,据张氏《校补玉海琐记》所载,其中多有如"卷一百二十二弟二叶:律历志,各本'律'误'建',遵文澜阁本校正"之类的校语。既据文澜阁钞本补脱正讹,则其底本一般不得为文澜阁本。

其二,书局《校补玉海议》又云:"嘉庆丙寅康基田重刻之,其序云补二万余字,今检之,仍多空缺。校雠诸君以善本难觅,遇有空缺,识以'待查'二字,窃深戚焉。……辗转购求,得万历修本。又于丁氏八千卷楼借得正德修本,凡康本缺者,仍未能补齐。"据此可知,浙江书局当是以嘉庆江宁藩署刻本为底本进行校订重刻的,先后曾以万历修补本、正德修补本等校补嘉庆本之缺误,又曾校以康熙递修本、文澜阁《四库全书》,最后用陆心源所藏元刊元印至正修补本校订,并曾用《玉海》所引原书校补缺漏。

其三,《校补玉海琐记》于《玉海》卷首诸序之校补按语中,每条必说明嘉庆本原貌。

其四,从版本对校的实际情况看,浙江书局本多有与嘉庆本同误而《四库全书》本不误者,如卷四十六"周志"条"正秋正义",误同嘉庆本,而四库本作"春秋正义",与元刻本一致,书局本显然为沿袭底本之误。此可证书局重刻的确是以嘉庆本作为底本的。

---

① ③ [宋]王应麟:《玉海》。
② [清]丁丙:《善本书室藏书志》,北京:中华书局,1990年,第642页。
④ 武秀成:《玉海的版本》,见《王应麟学术讨论集》,北京:清华大学出版社,2009年,第74—75页。

武教授为中华书局《王应麟著作集成》系列中《玉海》的主要点校者,对《玉海》颇有研究,他的这一观点也得到学界不少同人的认同。

二

《玉海》自首次刊印之时,就将王应麟其他十三种著作作为附刻,此后重修重刻也一直延续这一特色,应该说,作为《玉海》附刻的十三种著作在底本上和《玉海》是一致的。笔者在点校与研究浙江书局本《汉制考》《汉艺文志考证》时曾考证过这两种著作的底本,对武教授的论证也有一些存疑之处,现就其四点论据,一一说明如下:

其一,张氏《校补琐记》中亦有不少"据康本补"之语,如《汉艺文志考证》"卷五弟六叶:'人将休吾',各本'吾'误'五',据康本校正",依照武教授的说法,其底本一般也不得为康本。且在校补琐记中,出现"文澜阁本"一律用"遵文澜阁本校正",其他各本则用"据"字,"遵"字与"据"字的不同,也显示了文澜阁本与其他各本地位的不同。这与张氏《校补玉海琐记》中"浙局谨遵文澜阁钞本,然经乱后大半散佚,其见于《钦定四库全书考证》应改应增凡数十条,谨遵改补"的表述一致。

其二,康本距此次重刻时间最短,在众版本中也最为易得,应该说正是因为康基田刻本仍有许多不足之处,浙江书局才决定重刻《玉海》,故张大昌在《校补玉海琐记》中对康本描述较多,但并不一定就能肯定说以康本为底本。

其三,《校补玉海琐记》中"每条必说明嘉庆本原貌"之序的仅有"李桓序"与"李振裕序"。康本在这两序中空阙、脱字甚多,故张大昌在这几条校记中详述康本原貌。对《玉海》及十三种附刻则未详述康本原貌。

其四,浙江书局本有不少与《四库全书》本同误而嘉庆本不误的例子,如《汉制考》卷一《周礼》"酒人"条:"或曰:'奚,官女。'""官"当作"宦",浙江书局本与《四库全书》本同误作"官",而嘉庆本不误。又如《汉艺文志考证》卷六《老子》条下'册丘望之注老子二卷','册'字浙江书局本与《四库全书》同误为'母'字而嘉庆本不误。如果浙江书局本以嘉庆本为底本,为什么会出现这样的错误呢?浙江书局重刻《玉海》参校本较多,且参校有自出之经史传记,再加上刻误,与底本已有很大不同,故版本对校的情况有时又不能完全作为判断底本的确证。顺便应提及,此处参校的《四库全书》本当是指文渊阁《四库全书》本,与张大昌所说底本"文澜阁钞本"还是有所不同的。

除以上四点直接与版本、内容相关的证据外,还可从浙江书局在当时的地位与特色、选择底本的标准加以说明。浙江书局设立于同治六年(1867),是晚清规模较大的官书局之一,不仅刊书数量众多,还可得到丁申、丁丙的八千卷楼、嘉惠堂所藏精贵善本进行精勘细校,因此其刻书一直以精良著称。在底本的选择上,浙江书局极其谨慎,并不迷信宋元旧刻,而是力求做到"入录之本,罔非一时上选"①。如其所刻《二十二子》大都选用名家校本和明代"世德堂"刻本,《续资治通鉴长编》以爱日精庐本为底本,这都是当时最好的版本。慎选底本之外,浙江书局对校勘也极为重视,所选的编校都是当时浙江地区著名的学者文人。"妙选局中高才生使预校雠之役,时则若杨编修文莹、戴编修兆春、沈吉士善登、濮吉士子澄、潘中书鸿、严主事辰、姚主事敦复、谭主事日襄、黄教谕以周、王训导诒寿、陈训导谟、徐训导锟、周训导善溥、冯举人一梅、王拔贡崇鼎、张副贡大昌、倪廪生钟祥,皆两浙知名之士也。"②嘉庆康基田所刻《玉海》虽以元至元印本为底本,补阙漏二万余字,但其中仍多空阙。清钱泰吉《曝书杂记》中论述这一版本时云:"惜金陵刻工为下,附刻书益草草,不若张太守重刻抚州本《礼记》影宋校勘精良也。"③这应该代表了当时大多数学者的看法,且康基田一直担任官职,以水利研究著称,他对《玉海》的校勘工作自是不如名人名家。因此,从浙局选择底本的标准来看,康基田所刻《玉海》还不具备善本、精本的条件,以其作底本的可能性也很小。

《四库全书》是清朝统治者组织编纂的鸿篇巨制,具有钦定的官方性和权威性,藏于杭州文澜阁的《四库全书》对江浙的文化传播和文献校雠起到了很大作用。但由于咸同战乱,文澜阁《四库全书》散佚、焚毁严重,幸有八千卷楼主人丁丙、丁申两兄弟抢救于毁坏之中。光绪六年(1880),在浙江巡抚谭锺麟的支持下,由丁丙主持重建文澜阁,并于光绪八年发起补抄文澜阁《四库全书》的活动,张大昌亦参与其中。浙江书局官方特色浓厚,丁丙对浙江书局的设立发展也给予了极大支持,不难想象,文澜阁《四库全书》也应是浙江书局刻书的主要依据版本之一,光绪七年,浙江书局所刻的《续资治通鉴长编》参校的就有文澜阁本,故此次重刻《玉海》选用文澜阁钞本做底本是完全有可能的。

我们的基本结论是,张大昌在《重刻玉海例言》及《校补玉海琐记》中都强调'兹刻谨遵文澜阁钞本',以张大昌的学识及浙江书局在当时的声望,似乎无理由不据实交代其底本。但张大昌校语中的版本表述不够严谨,又确实容易让人

---

① 《浙江省立图书馆馆刊》第三卷第一期,1934年。
② [宋]李焘:《续资治通鉴长编》,上海:上海古籍出版社,1986年,第11页。
③ [清]钱泰吉:《曝书杂记》,《续修四库全书》本,上海:上海古籍出版社,1995年,第9页。

产生一些疑问。浙江书局自己的说法更为可信,但应指出,要完全搞清楚此问题,必须把浙江书局本《玉海》及其附刻与文澜阁《四库全书》本对校,而目前又无条件完成这一艰巨任务,因此,有些问题只有存疑,尚待专家学者进一步考证。

文本重构与伦理阐释：
文学伦理学批评视域下的《绿珠传》

盛 莉[①]

一、《绿珠传》的文本重构

乐史《绿珠传》之前，文人作品尚未出现以绿珠为独立传主的史传小说，事涉绿珠的文学文本主要为抒情文学中吟咏绿珠的诗赋及叙事文学中的小说方志、石崇传记。绿珠这一人物在不同的文体形态中体现出的文学形象内涵不尽相同。

首先，从抒情文学中的文人诗歌来看，诗歌中的绿珠形象能歌善舞、对主忠贞，美丽是绿珠的品质之一。诗歌对绿珠的吟咏频率经六朝至唐五代逐渐增多。

六朝时期诗歌中的绿珠主要表现为传统的歌妓形象。如江淹《秦女》诗云："青琴既旷世，绿珠亦绝群。"又《玉台新咏》卷十所载《石崇金谷妓》云："兰堂上客至，绮席清弦抚。自作明君辞，还赦绿珠舞。"

也有将绿珠作为有才艺的歌女的泛称，如谢朓《赠王主簿诗二》有句："清吹要碧玉，调弦命绿珠。"王僧孺《为人有赠诗》句曰："碧玉与绿珠，张卢复双女。"这些诗句中的绿珠均泛指有才艺的歌女。

此一时期文人赋与诗歌里的绿珠形象基本一致，借绿珠的才艺之名抒发对所咏事物的感叹之情。庾信作品中多次出现吟绿珠抒情的句子，如庾信《春赋》赞叹春日繁丽之美，"绿珠捧琴至，文君送酒来"二句引绿珠、卓文君典遐想游春之乐。关于句中用绿珠典，清人倪璠注云："《晋书》曰：'石崇有妓名绿珠，美而

[①] 盛莉，华中师范大学文学院古典文献学2003级博士，现为江汉大学人文学院副教授。

艳,善吹笛。'"①类似的句意在庾信《对酒歌》中亦可见到:"春水望桃花,春洲籍芳杜。琴从绿珠借,酒就文君取。"

值得注意的是,庾信诗歌中偶有借绿珠咏史抒怀之意,其《拟连珠》四十四首中有诗云:"盖闻无怨生离,恩情中绝,空思出水之莲,无复回风之雪。是以楼中对酒,而绿珠前去;帐里悲歌,而虞姬永别。"倪璠解其诗云:"此章喻江陵覆亡,贵人妻妾尽被俘虏。今时离怨,平昔恩情,虽复色茂开莲,风如回雪,而高台已倾,爱妾何在?绿珠已堕吹楼,虞姬则闻歌夜帐矣。"②庾信此诗已将绿珠与王朝兴替联系在一起,绿珠的歌妓形象中融入了些许历史内涵。

唐代文人吟咏绿珠的诗句逐渐增多,六朝诗歌中绿珠的文学形象逐渐与历史变革事件关联起来。一些文人诗感慨石崇因难舍绿珠而导致杀身。如李白《古风》之十八云:"功成身不退,自古多愆尤。黄犬空叹息,绿珠成衅雠。"认为石崇未能功成身退,沉湎富贵,其杀身之祸乃因绿珠招致,隐然以绿珠为愆尤。对于李白的诗意,明人朱谏进一步解之云:"言仕宦者期于成功,功成而身宜退也。苟或履盛满而不知戒,自古以来多遭罪戾。故李斯徒然嗟叹于黄犬,石崇未免召衅雠于绿珠。富贵已极而忧患随之,势必然也。安得如范蠡者见几而作,散发扁舟游于五湖者乎。"③朱解道出了李白诗歌对石崇因沉迷绿珠而遭杀身的惋惜之情。晚唐诗人曹邺《古莫买妾行》也抒发了对石崇难舍绿珠的惋叹:"千扇不当路,未似开一门。若遣绿珠丑,石家应尚存。"④这种以绿珠为石崇之死罪戾的感叹在当时的文人诗注中已有体现。胡曾《金谷园》云:"一自佳人坠玉楼,繁华东逐洛河流。唯余金谷园中树,残日蝉声送客愁。"时人注云:"夫美何殒身,苟德则留重士之名。佳人弃命知恩,别显好色之过此者,只富其家,不富其国也。"⑤此论则直以绿珠为祸国之人。

当然,绿珠的多情与节义在当时的部分文人诗中也得到了认同。有以绿珠泛指佳人者,如权德舆《送张将军归东都旧业》诗有"摧残宝剑折,羸病绿珠愁"句,诗引绿珠典安慰友人张将军。还有赞叹绿珠节义者,如杜牧《题桃花夫人庙》将导致息国亡国的息夫人与绿珠对比,赞颂了绿珠殉主的节义之情。

杜牧对绿珠的赞叹在唐代具有一定的代表性,与前述以绿珠祸国的文人相反,一些唐代文人视绿珠为烈女,作诗吟咏寄寓时事。唐人小说多转载此类诗歌,如《朝野佥载》卷二记载周补阙乔知之有婢碧玉姝艳,为武承嗣强夺不还,乔

---

①② [南北朝]庾信著,[清]倪璠注:《庾子山集注》卷一,《四库全书》本。
③ [唐]李白著,[明]朱谏注:《李诗选注》卷一,明隆庆刻本。
④ [唐]曹邺:《曹祠部集》卷二,《四库全书》本。
⑤ [唐]胡曾:《咏史诗》卷一,《四部丛刊三编》景宋钞本。

知之作《绿珠怨》以寄之,碧玉得诗,饮泣不食三日,投井而死。武承嗣大怒,乃罗织罪名诬告乔知之,斩知之于南市。乔知之作《绿珠怨》这类故事在当时应该颇为流行,《旧唐书·乔知之传》亦载此事。

六朝至唐以来,文人诗歌中绿珠的文学形象在唐以后逐渐与石崇之死相关联,但对绿珠形象的理解并未赋予其女性独立的个体价值。由于中国古代强调男性的社会道德角色,女性往往被赋予辅助男性完善自我的品格要求,其价值内涵与男性的个人德行、功业成败联系在一起。了解这一点,有助于理解绿珠与石崇死因的相连逐渐进入文人诗歌中的现象。

其次,从叙事文学里的石崇传记和小说方志中所涉的绿珠事迹来看,绿珠的人物形象更丰富。绿珠事迹在宋前主要附见石崇史事和诗歌创作记载。干宝《晋纪》提到石崇有妓人曰绿珠,美而工舞,孙秀使人求,石崇不与,孙秀劝赵王伦杀崇。此即《世说新语·仇隙》云"孙秀既恨石崇不与绿珠,又憾潘岳昔遇之不以礼",按照《晋纪》和《世说新语》的记载,石崇之死是因为没有将绿珠给予孙秀。后来唐人论及石崇之死时基本承继了此观点。房玄龄等所著《晋书》结合前人所述石崇事迹为石崇立传,石崇传附见《石苞传》。

较之《晋纪》,《晋书》所载石崇事迹又有扩充,应为在当时流传的石崇事迹基础上加工而成。唐时石崇事迹在民间亦广泛流传,《太平寰宇记》引《岭表录》云绿珠姓梁,出生于白州双角山下,石崇为交趾采访使,以真珠三斛置得绿珠。绿珠旧居之井在当地被称作"绿珠井"。然此则材料并未被《晋书》中的石崇传采纳,或因《晋书》以其与石崇生平大事无所关联。

又石崇作五言诗《王昭君辞》,以代言体形式写王昭君远嫁匈奴的内心活动,中有诗句"我本汉家子,将适单于庭""昔为匣中玉,今为粪上英"等句。其诗在六朝时流传较广,为《玉台新咏》《文选》等书收录。唐五代典籍亦多转录,《艺文类聚》乐部二载录石崇此诗,《乐府古题要解》"王昭君"条除收录《王昭君辞》外,还增有"石崇有妓曰绿珠,善歌舞,以此曲教之,而自制《王明君歌》,其文悲雅"数句,可视为六朝绿珠事迹的补充。杜佑《通典》亦载录了《明君》曲与绿珠关联的文字:

> 《明君》,汉曲也。汉元帝时,匈奴单于入朝,诏以待诏王嫱配之,即昭君也。及将去,入辞,光彩动人,悚动左右,天子悔焉。汉人怜其远嫁,为作此歌。晋石崇妓绿珠善舞,以此曲教之,而制新歌曰:"我本汉家子,将适单于庭。昔为匣中玉,今为粪土英。"①

---

① [唐]杜佑:《通典》,北京:中华书局,1988年,第3701页。

《旧唐书·音乐志二》所载《明君》曲内容大略与此相同。足见绿珠善舞之事流传广矣。此外，据《古今乐录》《初学记》记载，石崇所作而由绿珠演唱的歌曲还有《懊恼歌》。此曲在隆安初为民间讹谣之曲，后经宋少帝更制新歌三十六曲，齐梁时逐渐传播开来。

上述绿珠事迹主要附见于石崇史事和诗歌创作记载。作为西晋政局变幻中的重要人物，石崇的个人命运引发了后来文人的关注与思考。从干宝《晋纪》、刘义庆《世说新语》等文人著述到《晋书》这类官方正史，石崇的个人传记内容愈来愈翔实，石崇在西晋历史中的个人地位在唐代官方得到一定的确认。与石崇之死相关联的绿珠在唐代也随之受到更多关注，绿珠本人逐渐从石崇史事中剥落出来。以《岭表录》为代表的方志记载绿珠江、绿珠井的得名由来，显然，绿珠成为地方名人代表。唐代小说开始以绿珠为情节人物推动故事叙述。《周秦行纪》中即有汉文帝母薄太后令绿珠侍寝牛僧孺而为绿珠所拒的情节，小说中绿珠还吟了一首诗："此日人非昔日人，笛声空怨赵王伦。红残翠碎花楼下，金谷千年更不春。"其传统歌妓形象中融入了女性的贞节观。

综上所述，绿珠在唐代因石崇之故已具有一定影响，其事迹有逐渐从石崇史料中剥离之势。乐史《绿珠传》正是编纂以上种种文本而成。这些文本在编纂过程中以先后次序连接的不同，构建了《绿珠传》的文本。乐史编纂《绿珠传》是有意为绿珠立传，其传记文本的构建具有如下特点：

一是在绿珠事迹中引入民间传说和地理知识。《绿珠传》文首取地方传说，叙述了绿珠家乡的行政地理划分与绿珠之名的由来：

> 绿珠者姓梁，白州博白县人也。州则南昌郡，古越地，秦象郡、汉合浦县地。唐武德初，削平萧铣，于此置南州，寻改为白州，取白江为名。州境有博白山、博白江、盘龙洞、房山、双角山、大荒山，山上有池，池中有婢妾鱼。绿珠生双角山下，美而艳。越俗以珠为上宝，生女为珠娘，生男为珠儿。绿珠之字，由此而称。①

六朝文献不见绿珠籍贯及家乡记载，唐时以《岭表录》为代表的方志开始记载绿珠江、绿珠井的得名，可见关于绿珠出生地的传说在唐代始于民间流行。其家乡博白山、博白江、盘龙洞、房山、双角山、大荒山这类地理名称具有一定的奇异色彩，"婢妾鱼"的名称隐与绿珠的婢妾身份相关。继叙绿珠之死后，乐史结合王昭君家乡昭君村的传说撰述了绿珠江和绿珠井的得名：

---

① 李剑国辑校：《宋代传奇集》，北京：中华书局，2001年，第14页。下引《宋代传奇集》皆同此版。

> 今白州有一派水,自双角山出,合容州江,呼为绿珠江。亦犹归州有昭君滩、昭君村、昭君场;吴有西施谷、脂粉塘,盖取美人出处为名。又有绿珠井,在双角山下。故老传云:汲此井饮者,诞女必多美丽。里间有识者以美色无益于时,因以巨石镇之。迩后虽有产女端妍者,而七窍四肢多不完具。异哉! 山水之使然。昭君村生女,皆炙破其面,故白居易诗云:"不取往者戒,恐贻来者冤。至今村女面,烧灼成瘢痕。"又以不完具而惜焉。①

《绿珠传》收录了绿珠所唱的《王昭君辞》,上文将饮绿珠井诞美女的奇异与昭君村生女炙破其面的传说联系在一起,使得绿珠故事隐有与王昭君故事相类似的文化内涵。而《绿珠传》在各种附见于石崇事迹里的绿珠文本中引入民间传说和地理知识,则反映了文人文学著述与民间传说相结合的态势,文人小说文本的创作中吸纳了民间通俗文学的因素。

二是真实与虚构相融。乐史《绿珠传》的创作是建立在石崇事迹的基础上,包括《晋纪》《世说新语》《文选》《玉台新咏》《晋书》等在内的一批文本是早期绿珠事迹流传的基础,这些史料中的绿珠事迹是真实的。据这些史料,石崇不与绿珠于孙秀是导致其被杀的直接原因,但更深层的原因还在于石崇参与当时的政治斗争,与黄门郎潘岳阴劝淮南王允、齐王冏以图司马伦和孙秀,事泄被孙秀杀之。这一史实在《晋书》里的石崇传中已有记载,乐史略去这一事实,从而强化了绿珠个人在石崇被杀中的事件因素,增强了绿珠命运的悲剧色彩和历史内涵。

同时,乐史也增入了唐人小说《周秦行纪》中的内容:

> 牛僧儒《周秦行记》云:"夜宿薄太后庙,见戚夫人、王嫱、太真妃、潘淑妃,各赋诗言志。别有善笛女子,短鬓窄衫具带,貌甚美,与潘氏偕来。太后以接坐居之,令吹笛,往往亦及酒。太后顾而谓曰:'识此否? 石家绿珠也。潘妃养作妹。'太后曰:'绿珠岂能无诗乎?'绿珠致谢,作曰:'此日人非昔日人,笛声空怨赵王伦。红残钿碎花楼下,金谷千年更不春。'太后曰:'牛秀才远来,今日谁人与伴?'绿珠曰:'石卫尉性严忌。今有死,不可及乱。'"然事虽诡怪,聊以解颐。②

对于这段文字,乐史直接论以"然事虽诡怪,聊以解颐",认为《周秦行纪》中所载绿珠遇牛僧孺事不太可信,但颇具趣味,可供娱乐之用。

三是融入了乐史自己的评议。《绿珠传》中还有部分内容是乐史自己的评

---

① 李剑国辑校:《宋代传奇集》,第15页。
② 李剑国辑校:《宋代传奇集》,第15—16页。

议。如文中引《周秦行纪》所载绿珠异事后,乐史议曰:

> 噫!石崇之败,虽自绿珠始,亦其来有渐矣。崇常刺荆州,劫夺远使臣,杀商客,以致巨富。又遗王恺鸩鸟,共为鸩毒之事。有此阴谋,加以每邀客宴集,令美人行酒,客饮不尽者,使黄门斩美人。王丞相与大将军尝共访崇,丞相素不能饮,辄自勉强,至于沉醉。至大将军,故不饮,以观其变,已斩三人。君子曰:"祸福无门,惟人所召。"崇心不义,举动杀人,乌得无报耶?非绿珠无以速石崇之诛,非石崇无以显绿珠之名。①

这段评论总结了石崇之死的另一层原因是暴虐不义,通过揭示石崇之死的原因来重新看待绿珠坠楼的节义行为,继而引录侍女王六出随主投河以及乔知之婢女读《绿珠怨》投井而死事,提出绿珠只是加速了石崇之诛,没有石崇之死也难以显现绿珠的声名。这种评议方式多见于史传,往往是作者阐述对历史人物及事件的看法,阐明文本的深层思想主旨和警戒意义。

《绿珠传》的文本构建基本援引前人史料和诗歌中的相关记载,极少对绿珠的故事进行深入想象虚构和文学加工,即使引录《周秦行纪》中的部分情节,也只是将之作为文本中聊作解颐的一件异闻来处理,并不对史料中记载的绿珠的人物形象有较大影响。就此而言,《绿珠传》与唐传奇中以"传"为名的篇目还有一定距离,其故事情节仍重在叙述传主的生平事迹,而非灵异志怪,《绿珠传》的文本性质一定程度上与柳宗元《种树郭橐驼传》《梓人传》和李翱《杨烈妇传》《高愍女碑》这类借传设寓之作相似。但是,另一方面又应看到,《绿珠传》开始采撷民间传说异闻,对于奇异诡怪的传闻也能纳入文本里,这显然是基于增饰绿珠人物内涵的需要。从文本的建构来看,《绿珠传》是从集部传记、史传向虚构小说过渡的一篇文本。

二、《绿珠传》的伦理阐释

乐史《广卓异记序》将小说的功能比拟史传,其《绿珠传》文本的建构很大一部分缘于以史事资教化的思想。可以看到,《绿珠传》是部包含多重伦理思想的文学作品,主要表现为四点:

一是婢妾的生命价值依附于男主人,绿珠坠楼乃报石崇主恩。《绿珠传》采纳前人传说,记载绿珠是石崇为交趾采访使时以真珠三斛致之,这种建立在金

---

① 李剑国辑校:《宋代传奇集》,第 16 页。

钱买卖关系基础上的主仆情谊必定是一方依附于另一方,绿珠缺乏独立完整的人身自由,其个人是石崇财产的一部分。乐史笔下,石崇对绿珠的喜爱亦带有对其内在才情的欣赏。

> 崇之妓妾,美艳者千余人,择数十人妆饰一等,使忽视之不相分别。刻玉为倒龙佩,镕金为凤凰钗,结袖绕楹而舞。欲有所召者,不呼姓名,恶听佩声,视钗色,佩声轻者居前,钗色艳者居后,以为行次而进。①

石崇婢妾众多,以舞艺而分高下,绿珠是众人中的佼佼者,《乐府古题要解》和《通典》论石崇制《王昭君辞》,绿珠善舞,故以此曲教之。乐史编撰此条材料时,收录《王昭君辞》全诗,其诗歌唱昭君远嫁单于时的悲伤,诗中"殊类非所安,虽贵非所荣""朝华不足欢,甘与秋草并"等句表达了不慕富贵、不事异族的情感。作为《王昭君辞》的歌者,绿珠或当受到这首诗中情感的影响。

除《王昭君辞》外,石崇还授《懊恼曲》于绿珠,对此,《绿珠传》云:"崇又制《懊恼曲》以赠绿珠。"一个"赠"字强化了石崇对于绿珠的喜爱。石崇之于绿珠既是主人,也是知己。但正是对绿珠的厚爱引发了绿珠命运的悲剧。《绿珠传》引录史料,描写了孙秀索要绿珠不得,派兵捕捉石崇、绿珠坠楼的事件过程:

> 赵王伦乱常,贼类孙秀使人求绿珠。崇方登凉观,临清水,妇人侍侧。使者以告,崇出侍婢数百人以示之,皆蕴兰麝而披罗縠,曰:"在所择。"使者曰:"君侯服御丽矣,然受命指索绿珠,不知孰是?"崇勃然曰:"他无所爱,绿珠不可得也。"秀自是谮伦族之。收兵忽至,崇谓绿珠曰:"我今为尔获罪。"绿珠泣曰:"愿效死于君前。"崇因止之,于是坠楼而死。②

收兵忽至,石崇对绿珠说"为尔获罪",此语一出,绿珠成为带累主人的愆尤,按照中国传统文化里的忠义观,绿珠应当对主人石崇的被收投以回报,跳楼殉节是她的报恩选择。

二是女性的美貌无益于时,美女易招致祸乱。中国古代的女性缺乏社会层面的独立个体身份,她们的伦理价值主要体现在家庭层面,就此意义而言,女性的美丽与家庭伦理关联一体。然而,家庭伦理是中国古代社会伦理的基础,当女性的社会形象突破家庭形象与社会牵系时,其外表的美丽也具有了社会伦理内涵。唐人如李白、曹邺等人诗歌感慨石崇之死乃由绿珠引起,时人中如李德裕《祥瑞论》更直斥绿珠为"家妖":

> 夫天地万物,异于常者,虽至美至丽,无不为妖,睹之宜先戒惧,不可以

---

①② 李剑国辑校:《宋代传奇集》,第15页。

为祯祥。何以言之？……贞元中，余在瓯越，有隐者王遇，好黄冶之术，暮年有芝草数十茎，产于丹灶之前。遇自以为名在金格，畅然满志，逾月而遇病卒。齐中书抗有别业在若耶溪，忽生芝草百余茎，数月而中书去世。又余姚守卢君在郡时（卢君名从），有芝草生于督邮屋梁上，五彩相鲜，若楼台之状，其岁卢君为叛将栗锽所害，置遗骸于屋梁之下。并耳目所验，非自传闻。由是而言，则褒姒、骊姬，皆为国妖，以祸周、晋，绿珠、窈娘，皆为家妖，以灾乔、石，不可不察也。①

李德裕将绿珠的美丽视作异于常者的征兆，并称"睹之宜先戒惧"，这种戒惧情感不是唐人诗歌里对美色诱导士人使之沉湎欲望的警戒叹息，更多的是表达了对自然界有悖常理事物的戒惧。自然万物的生息运转皆有其常，异于其常则违背了事物运行的一般规律，预示有事件发生。李德裕《祥瑞论》中对女性美丽的观点是基于人与自然之间关系的伦理思想阐发的。

《绿珠传》亦持类似观点，所记载的昭君滩、昭君村、昭君场、西施谷、脂粉塘及绿珠江、绿珠井等皆是民间以美人出处为名，绿珠家乡里间有识者以美色无益于时，以巨石镇绿珠井。对于镇井后产女端妍却七窍四肢多不完具的传说，乐史虽不尽相信，却认为是山水使然，美女与自然山水间存在一种相生相感的伦理关系。异于常者的美女会对时势产生影响。人们对这样的美女产生戒惧心理时亦采取一些极端措施。《绿珠传》即记载了"昭君村生女皆炙破其面"的传说，并引《周秦行纪》以述绿珠异事。

三是祸福无门、惟人所召的因果报应思想。石崇之死乃为不义之报。关于石崇之死，文人多遵循史书，认为是绿珠导致。《绿珠传》在遵循前人说法的基础上也提出了自己的观点，认为石崇之死虽由绿珠引发，但其实已有隐因。石崇做荆州刺史时，抢劫使者，杀害客商，以成巨富。其后送鸩鸟给王恺，下毒害人。请客宴饮，客人饮酒不尽就杀美人。这些都是暴虐不义的行为。按照中国古代因果报应的思想，石崇多行不义，其身必有所报。绿珠只是加快了石崇之死，而如果没有石崇也无以显示绿珠的节义之名。这一论点将石崇之死主要归为天理循环、因果相报。绿珠不再成为石崇之死道德上的主要承担者。

四是辜恩背义之徒亦受天之报怨，遭到上天惩戒。《绿珠传》后半部分论石崇之败后，特意叙述晋愍太子妃王进贤侍儿王六出报主投河和乔知之作《绿珠篇》义激窈娘投井事。乐史叙此二事较详，将绿珠报主事从主仆节义进一步引申至家国忠孝观念。对此，《绿珠传》云：

---

① ［唐］李德裕：《李文饶外集》卷第四论，《四部丛刊》本。

> 绿珠之没,已数百年矣,诗人尚咏之不已,其故何哉? 盖一婢子,不知书而能感主恩,愤不顾身,其志懔懔,诚足使后人仰慕歌咏也。至有享厚禄,盗高位,亡仁义之行,怀反覆之情,暮四朝三,惟利是务,节操反不若一妇人,岂不愧哉! 今为此传,非徒述美丽,室祸源,且欲惩戒辜恩负义之类也。季伦死后十日,赵王伦败,左卫将军赵泉斩孙秀于中书,军士赵骏剖秀心食之。伦囚金塘城,赐金屑酒,伦惭,以巾覆面曰:"孙秀误我也。"饮金屑而卒。皆夷家族。南阳生曰:此乃假天之报怨。不然,何枭夷之立见乎!①

绿珠之死在前人诗歌中多有吟咏,或赞其美,或叹其义,或斥其愆尤,然少有人如乐史这样对绿珠赞以"诚足使后人仰慕歌咏",此论直以绿珠为节义典范,提出《绿珠传》的撰写目的是"非徒述美丽,室祸源,且欲惩戒辜恩背义之类",由此,乐史在文末追叙了孙秀与司马伦的被诛,并引南阳生之语提出孙秀与司马伦的死是假天之抱怨。从伦理关系来看,司马伦、孙秀与石崇之间并不存在君臣、主仆的道德准则,司马伦、孙秀的被诛乃是由于其参与谋反叛逆。乐史将司马伦和孙秀被诛事列于传末,显然是谴责二人背负皇恩、篡乱谋逆的行为。借表彰绿珠节义、谴责逆臣辜恩负义行为,这才是《绿珠传》的深层含义。出于这一创作思想,《绿珠传》用近一半的篇幅叙述后世侍儿有贞节者的事迹和文人对绿珠的歌咏,从而在义的层面上将绿珠个人对石崇的报恩比附于朝堂政坛上的君臣伦理,这与《绿珠传》前文引时人叙述的美女无益于时的观点有些抵牾,却体现了绿珠人物内涵的伦理建构过程。"文本在被确认为文学文本之前和被确认为文学文本之后具有不同的性质。文学文本在按照文学观念被确认之后,那些非文学性质的文字文本,即被排除在文学之外。然而在文学文本被确认之前的所有文字文本,则在伦理上(即习惯上)都被看做文学。"②《绿珠传》体现了在道德伦理为主旨的引导下,小说这一文体采撷诗歌、史传、方志等材料重新建构文本,并开始注重文本娱乐性的趋向。这种趋向虽然还未成为当时的小说创作主流,却可能是文人小说向通俗小说发展的一种方式途径,有助于我们理解伦理表达对中国古代小说发展的影响。

---

① 李剑国辑校:《宋代传奇集》,第17页。
② 聂珍钊:《文学伦理学批评导论》,北京:北京大学出版社,2014年,第23—24页。

《韩湘子全传》的道教思想研究

钱 敏[①]

《韩湘子全传》是明代杨尔曾创作的长篇章回体小说。目前知网上研究此部小说的论文仅有4篇,本文从修炼方法、度化情节、仙境描写三方面探讨其道教思想。在历史源流方面,与《青琐高议》的对比可以明显地展示出韩湘子故事的发展。

一、以内丹为主、外丹为辅的修炼方法

在道教不断的发展演变过程中,修道士们不断探索研究修道成仙的方法,有养生、符咒、尸解、炼丹、房中术等,其中,炼丹术在发展过程中不断发展壮大。后来,炼丹术逐渐变成修道士修炼的主要方法。炼丹术有外丹与内丹的区别,外丹是指把很多金属物质比如金、银、汞、铅、铁、锡等加入炼丹炉中混合在一起,保持特定的温度,炼制一段时间之后成为丹药。内丹是相对于外丹而言的,内丹是指把人体本身当作炼制的丹炉,通过修炼精、气、神达到终极境界,使之凝结成丹,脱去外在的肉体凡胎,从而修炼成仙。内丹学认为:人本身内部的小宇宙与外部的大宇宙拥有相似的运行规则,如果人可以洞察到世界运行的奥秘,并将此规则运用到人自身的修炼之中,那么人的命运就可以改变,就是所谓的得道成仙。在《韩湘子全传》中的修炼方法以内丹修炼为主,外丹修炼为辅。

(一)外丹修炼方法

外丹经过不断的发展,在唐朝处于最繁盛的时期,但由于大部分丹药都是含有金属矿物成分的化合物,人服食过多会被毒伤或毒死。在之后的朝代,外

[①] 钱敏,华中师范大学文学院古典文献学2006级博士,现为江汉大学人文学院讲师。

丹逐渐式微，一般被认为是治病或者养生的物品，要成仙还得修炼内丹。在《韩湘子全传》中外丹也是作为成仙的辅助之物。在小说第二章钟离权、吕洞宾二位神仙看白鹤颇有灵性，想要将其度脱为仙，钟离权从葫芦中取出金丹给雉衡山的白鹤吃了，白鹤马上就脱胎换骨，变成一个青衣道童，道童一路跟着钟、吕二师来到永州昌黎县。他们并非给白鹤服食丹药让它直接成仙，而是服食丹药，将它变化成人，再托生到昌黎县韩家，一步步的教授他学习道法，修身养性，摒弃七情六欲，经受严峻考验，从而修得内丹，得道成仙。在窦氏和芦英修炼两年功夫将成之时，服食丹药脱胎换骨，飞升成仙。《韩湘子全传》中反映的内容是内丹修炼作为主要修炼方法，服食丹药为辅助，服食丹药在修炼中所起作用比较微弱。当时外丹修炼方法已经不完全能使人们信服，内丹修炼这种玄秘的、只能依靠个人的悟性领会的修炼方法能够吸引信众修炼。

（二）内丹修炼方法

在宋元时期，内丹思想在道教修炼体系中占主要地位。《韩湘子全传》的作者是明朝的道教信徒，也推崇内丹修炼的正统地位。道教的内丹修炼就是对人心性的修炼，对人的精、气、神、意识等的调控，以达到虚静自守、无欲无求的状态。在《韩湘子全传》中内丹修炼方法有多方面的体现。主要体现在三个方面，即少私寡欲、积善累功、对生命的自我主宰和肯定。

1. 少私寡欲

少私寡欲、清静无为是道教修炼的基础，摒弃欲望，克制心性，方能修身练气，得道成仙。人都会有七情六欲，无论是对金钱、权势、美色的渴望，还是求而不得的失望、壮志未酬的悲愤、身居高位的得意，都是存有私欲和贪念。在《韩湘子全传》中，韩湘子的修炼过程中无论是对功名前程还是对美女情色都是一种无欲无求的心理。在睡虎山，韩湘子不愿学经书、坟典、韬略、阴符来谋取功名，享受轻裘肥马，封妻荫子。甘愿忍受孤寂抛舍名利来学习"长生"之术。韩湘子在新婚之夜，拒绝与妻子芦英同床，在之后的时间，也一直与妻子相敬如宾，貌合神离，并未越雷池一步，固守精气不外泄。韩湘子在弃家修行之后，半路上被土地考验，遇到美貌女子想要招他为婿，并赠予财宝，韩湘子不喜反怒，火速逃离客店。韩湘子受命守丹炉，其间吕洞宾携美貌女子白牡丹来考验他的心智，他严词拒绝。修道者成仙需要抛却人的喜、怒、忧、惧、爱、恶、欲，清心静欲，而对于已经成仙的修炼者，如果再起凡心，六根不净，需要重新下凡历练，修炼成为心性无欲无求才可以重新返回仙境。小说中窦氏本是圣母，芦英本是凌霄玉女，都是因为凡心再起而被贬下凡历练。世间杂乱，世俗之人在尘世中生活难以避免沾染世俗之气,沉迷红尘,浸染七情六欲。抛家弃缘、割舍恩爱、万事皆空、少私寡欲既是修道之人需要遵循的道教道德原则和规章制度,也是为了保精养气、修炼心性、空灵明净,使精、气、神在体内炼化成丹。

2. 积善累功

道教的修炼除了丹药法术方面的修炼,还有一个道德层面的要求就是行善积德。孟子说"君子莫大乎与人为善"。道教认为只有行善才能洗去身上的罪恶,道德高尚才能成仙。在道教中,度人成仙是最大的善举,度脱凡人脱离苦海,飞升成仙,永久摆脱生老病死、喜怒哀乐是行善最根本的做法。所以钟离权和吕洞宾下凡寻找有缘之人度脱成仙,度得韩湘子和雉衡山的香獐,韩湘子成仙之后度脱叔父韩愈,婶母窦氏,妻子芦英,家人张千、李万以及家中的猫狗。度人成仙需要有仙缘、有悟性、有修仙的坚定信念,需要抛却七情六欲,鲜有人符合如此严苛的条件。因此神仙行善的另一种方法就是利用法术帮助百姓除危解困。韩湘子施法招龙王现身,下雪三尺三寸,解决了旱灾,天下百姓得以生存。在潮州,韩湘子运用法术除去河中鳄鱼,解救一方百姓。道教要求的行善不仅是个人的品德,也是一种社会责任感,道教教义中行善从个人修养到社会责任感的扩大,将教义提升到一个更高的境界。在行善的过程中,可以产生难以形容的快乐和满足,使个人的生命获得永恒。

3. 对生命的自我主宰和肯定

道教主张通过修炼得道成仙,修炼的过程是修心的过程,自我调控,修心养性,克制自身的欲望,达到心灵的虚静状态。在修炼的过程中,对自我的心灵状态自我主宰,没有任何外在的别的权威力量可以管控内心的自由驰骋,在极致的坚持和克制之后,修炼成金丹,飞升成仙,进入一种彻底自由的境界。在《韩湘子全传》中,韩湘子跟随钟离权和吕洞宾二位仙师学习道法,叔父韩愈不同意,让他学习诗词歌赋、儒学经典治国之策,想要改变他的意志,但是无论是劝说还是惩罚,都没有改变他的意志。韩湘子有超强的意志力、忍耐力,矢志不渝的追求自己的信仰。人虽无往不在枷锁之中,心灵自由才能得到真正的解脱,自己主宰自己的生命。通过坚持不懈的努力,克制自己的欲望,修炼成仙。道教认可通过自己的努力达到想要的境界,自己决定自身的命运,这是对个人价值的一种认可和肯定。这在封建社会"吃人"的三纲五常和宗族伦理的人身依附关系之下,显得弥足珍贵。

《韩湘子全传》中以内丹修炼为主,外丹修炼为辅的修炼方法,内外兼修,外丹强身健体,内丹修身养性。道教修炼追求肉身不死,无欲无求,在内修养身心,在外行善积德,飞升成仙,获得身心的超越和生命的永恒。

二、度化情节

《韩湘子全传》中运用较多文字来展开叙述韩湘子成仙的过程和度脱其叔父韩愈,婶母窦氏及妻子芦英,家人张千、李万,家中猫狗成仙的具体情节。度脱的模式可以分为仙—凡—仙模式和连环度脱模式,度脱的方法也多种多样,可以分为语言劝说、显示法术神通、设置考验等方法。

(一) 度脱模式

"度脱"意为超度、解脱,它原本是佛教语言,指超度解脱人世的生死苦难。就以现存的作品来观察,度脱可以分为两种模式,一种是神仙在凡间遇到有灵性之人,引导凡人修道,度化他飞升成仙;另一种是原本就是已经修炼成功的神仙,因犯错或凡心不除而被贬人间,经历磨难,重新修炼,在悟得因果抛却凡心之后,又重新返回仙界。《韩湘子全传》中韩湘子的前生是一只白鹤,在雉衡山中与一头香獐结伴为友,钟离权和吕洞宾见白鹤性灵,便度它成仙,故让它托生韩愈家中,而韩愈、其妻子窦氏、芦英、林圭等人皆是前世为神仙,被贬谪之后,经历红尘俗世中种种因果轮回之后,重新回归仙界。

1. 仙—凡—仙的度脱模式

仙—凡—仙的度脱模式在《韩湘子全传》中是主要的模式,韩愈、林圭、窦氏、芦英等人皆是天界神仙,因犯错而被贬下凡继续修炼。等到他们经历凡间种种劫难之后幡然醒悟,才可以重新回到天界。韩湘子前世是天将冲和子,林圭前世是云阳子,因他们在蟠桃盛会上争抢蟠桃,不小心打破琉璃盏,玉帝盛怒,被贬下凡间。窦氏本是圣母,因为迷恋人间的荣华富贵,凡心不除,故下凡历练。芦英本来是凌霄玉女,因为天门未关,芦英私自向凡间窥探,沉迷凡尘,被惩罚下凡磨炼来摆脱尘根。他们最终都得以觉悟前因,洗濯夙缘。湘子受钟离权、吕洞宾二师点拨,不顾艰苦,前往终南山求道,最终炼成金丹,修得正果,名列紫府。韩湘子受到玉帝和王母接见,并被赐予种种法术,受命去度化韩愈。韩湘子便化为道童回家去度化韩愈,多次语言劝说、神仙法术点拨都没有效果,不能使韩愈抛弃名利与家庭跟随他修道。于是韩湘子变为番僧向皇帝进献佛骨,造成韩愈上书惹怒皇帝,从而被贬潮州。韩愈在贬谪途中屡屡遭受艰难险阻,最终山穷水尽,走投无路,遂信道修行,回归原位。接着韩湘子又设计使朝廷高官逼娶芦英,并施法使洪水冲走原籍的家产,致其婶母窦氏和妻子芦英无路可走,不得不入道苦修。韩湘子又度化了前世为云阳子的岳父林圭,以及前生在雉衡山陪伴他的香獐。在这种度脱模式之下,被度脱者往往会忘记自身前世,迷恋世俗的功名利禄,执着尘世繁华。度脱者会千方百计地利用一切机会点化被度脱者,使得情节更加离奇曲折,加强故事的可读性。同时在这种度脱模式下,所有情节的演进和人物的命运都受仙人的操纵和控制。

2. 连环度脱模式

连环度脱模式即被度脱者成仙之后去度化其他有缘之人。韩湘子历经多次的转世轮回。第一世,汉朝的灵灵小姐因所嫁非人而抑郁而终。灵灵小姐病逝之后,阎罗王判她转世为白鹤,转世之后的白鹤得遇太上元始天尊驾前的仙鹤传授"仙家的妙理,学道的真诠"。因此性灵见识尽通人意,在遇到钟离权、吕洞宾两位仙师之后,服食丹药,化为一个青衣童子,被变作仙桃,由吕洞宾送到昌黎县投胎韩家,后取名为韩湘子,由于他一心向道,抛家弃妻,苦心修炼,经过重重磨难和种种考验,初心不改,终于得道成仙。韩湘子成仙之后,又去度化他的伯父韩愈、婶母窦氏、妻子芦英、岳父林圭及其家人张千、李万等。在这样的度脱模式下,所有人都得以成仙,这一大团圆式的结局,是民族文化心理的折射,也是封建文化下"一人得道,鸡犬升天"的生动体现。

(二)度脱方法

《韩湘子全传》中令人眼花缭乱的度脱方法呈现出强烈的幻诞色彩,突破日常生活中的常规事物,在幻想中创造五彩缤纷的想象世界。小说中的度脱方法主要分为语言劝说、展示法术神通、设置考验等。

1. 语言劝说

在小说中,韩湘子成仙后初次下山,劝说窦氏抛却红尘俗念,修道成仙。他对窦氏说:

> 浮世上急急忙忙争名夺利,皆为着一身衣食计。儿女火坑,牵缠逼迫,何日得个了期?人有万顷良田,日食一升米;房屋千间,夜眠七尺地。何苦把方寸来瞒昧天地,不肯修行?就是那夫妻子母恩爱,也有散场的时节,徒然巴巴急急,替人作马牛,有何益哉?①

在韩愈的寿宴上,仙姬劝说韩愈"苦海茫茫深万丈,今古皆沦丧。英雄没主

---

① [明]杨尔曾:《韩湘子全传》,上海:上海古籍出版社,2001年,第136页。

张,特驾慈航,稳载尔离风浪。今日里若不悟无常,凡鱼终堕青丝网"①。劝告韩愈辞官修道,离开朝廷,抛弃高官显位,放下名利,穿着布衣,去名山之中寻求长生不死的方法。小说中鄙薄世俗中认为的幸福、成功等概念,宣扬时光易逝,人生短暂,终究会命归黄泉,即使积攒了黄金万两,个人可以享受的总是有限的,生不带来,死不带走,处心积虑地积累金银,到头来也是一场空。多次直白地劝说人抛却功名利禄,诱导人们逃避现实,皈依宗教。

2. 展示法术神通

韩湘子名登紫府、得道成仙之后,为了度脱韩愈及其家人,运用一系列匪夷所思的法术来取得他们的信任。韩湘子化作道童来度化韩愈,在韩府展示点石成金的仙术,一口仙气吹去,将一石狮子瞬间变为金狮子;为了拯救黎民百姓,为了帮助韩愈和林圭,为了度化韩愈显示自己的手段,韩湘子自请南坛祈雪,在天朗气清的时日,招龙王现身,下三尺三寸大雪;韩湘子在金殿见宪宗皇帝,施法驾祥云;为劝说韩愈修道,韩湘子在韩愈的寿宴中吐出污秽之物,狗吃了之后变为仙鹤,仙鹤通人性,通晓诗词歌赋;此外,差仙童祝寿,请仙姬起舞,带众人游仙境,邀众人观金莲花等仙术层出不穷。作者在展示法术的同时,也在宣扬道法,表现道法的神通,吸引信众。作者在赋予宗教法术神奇怪异的内容的同时,也创造了瑰丽的想象空间,给人一种超脱于凡俗的解脱之感,引人无限的遐想和向往。

3. 设置考验

在道教中想要成仙必须经过一系列的考验,通过考验的教徒才可以进一步修炼,没有通过的则与成仙无缘。无论是韩湘子还是韩愈都经过层层考验才得道成仙,也可以说是在经历考验的过程中,领悟到真正的道。韩湘子在抛家弃妻前往终南山拜师学道的过程中,钟离权、吕洞宾二仙一路对他进行考验试探。分付土地多番试探韩湘子,如果他修行之心不坚定,贪恋红尘俗世,就降下天雷,把他打入阴山背后,永世难以超生。如果他修行之心坚定,就尽力度他成仙。韩湘子抛弃家族眷侣来终南山寻仙访道,钟离权、吕洞宾二仙担心他心智不坚定,可能会沉迷于美色,畏惧猛兽毒蛇,不能抛弃七情六欲,难以修成正果。土地变化美女、虎蛇、妖魔试探韩湘子的道心是否坚定。韩湘子在守丹炉时又遭遇了金甲人持剑相逼、猛虎毒龙啃噬、水淹雷劈、鬼王鞭笞妻子、阎罗审判父母、美女欲与他修行等考验。韩愈成仙也经过朝堂贬谪、美女试道心、恶虎相扑的考验。在考验的情节上,某些描写有重复之感,但总体上传达了道教要求的

---

① [明]杨尔曾:《韩湘子全传》,第 137 页。

抛却尘世欲念的宗旨。在道教的观念中,人的一切欲望都是成仙的障碍,要想成仙,必须摒弃人欲,对修道者的考验,就是考验抛却七情六欲的过程。

三、仙境描写

仙境在道教神仙信仰体系中有极其重要的地位,仙境是神仙人物所处的地点,是传播道教教义的场所,是道教彼岸世界的物质环境。在道教的神仙学谱系中,仙境分为不同的层次:最高层次在天上,分为三十三重天,是道教的尊神居所;下一等级在海上,有十洲三岛之说,是道教神仙栖息之地;最低一层在地上,称作"洞天福地",有十大洞天、三十六小洞天、七十二福地,是道家仙人居住的名山胜境。在《韩湘子全传》中描述的仙境主要有天上和地上,也可以分为人文景观和自然风景。

(一)人文景观

在宗教小说中,往往大肆渲染天界景色的华丽和富贵以及仙人们悠然自得的生活。比如《韩湘子全传》中写道:

> 瑶天高邈,玉陛森严,帝王端居,后妃胪列。两下里星辰成行逐队,一望地仙子落后参前。琼英缭绕瑶台上,彩结飘扬,瑞霭氤氲宝阁内,香烟沾惹。凤鸾形飘渺,金玉影浮沉。上排着八宝紫霓墩,都披着九凤丹霞被;中列着几层青玉案,却堆着青花碧甸盆。席上有凤髓龙肝,猩唇熊掌;壶内有真珠琥珀,紫醴香醪。果然是珍馐百味,般般出自天厨;异果佳肴,色色来从阆苑。①

小说中极力渲染仙人生活的繁华富庶、排场讲究,罗列奇珍异宝、美味佳肴。其中的宗教色彩比较淡薄,其场面是人间的上层权贵生活的真实写照。也可以看出以社会中上层阶级的生活方式来描写神仙生活的场面的应该是处于社会底层的知识分子。小说中的天界俨然是人间封建朝堂的翻版,雕梁画栋,金碧辉煌,堂内等级森严,层次分明,帝王高居正中,后妃次序排列,其余人俯首称臣,一切井然有序。小说中仙境并不是人人自由平等的乌托邦,在作者不自觉的描写中仍然遵循封建社会等级秩序。如此奢华、写实的仙境描写可以直观地吸引底层民众投身道教信仰。

---

① [明]杨尔曾:《韩湘子全传》,第87页。

（二）自然景观

自然景观描写的就是地上洞天福地的风景，这些地方往往处于人间的名山大川之间，虽与凡人的居所有一定距离，有一定的奇异性和神秘性，却也可以相互沟通。在小说中，韩湘子去终南山访师求道，在山脚住客栈，在山中遇到樵夫、牧童，这些都是世俗中人，虽是仙境，也有凡人生活的足迹。道教主张崇尚自然、清静无为，要求修道之人清心寡欲、养生修炼，所以风景清幽、远离尘世的名山大川、悬崖绝壁是非常合适的修炼之地。符合修道之人想要脱离尘嚣，远离凡尘修炼内心的心境。钟离权、吕洞宾二仙居于终南山，此地风景：

> 苍崖翠岭，千寻矗耸接云霄；赤岸青峰，万仞崔巍连上界。巅顶上松柏森罗，腰凹里草芝蕃殖。飞禽有玄鹤、青鸾、黄鹂、练雀，走兽有黑熊、苍鹿、玄豹、灰獐。放鹰逐犬，冬天猎户满张罗；觅静寻幽，随月道人常驻足。只见岩层岫衍，洞曲崖深，翠柏荫峰，青松夹岸，素湍委练，苍树分绮，飞鸟翔禽，鸣声相和。①

洞天福地的风景与现实中的山川风月相似，只是以现实中的动植物为范本，加入宗教传说中的奇花异卉，神异灵兽，创造出幻想中的仙境。洞天福地的景象把宗教的因素和传统士大夫的审美观照相结合，符合神仙居所的神秘性，也符合士大夫心目中隐居生活返璞归真的生活情趣。

天界，可望不可即，是得道成仙之后的高等级尊贵神仙的居所，而人间的洞天福地则是修道士的居所。处于凡间名山大川中的洞天福地将传说中普通人难以企及的仙界扩展到凡间的风景秀丽的名山胜景之中，仙界与人间可以互相沟通。仙界回到人间，道教的信仰更加具有世俗性和普世性。这种普通人可以凭借自己的努力和意志到达的仙界，增强了普通人修炼成仙的信心，刺激了普通人访仙问道的决心，宣扬了人人可成仙的宗教观念，客观上起到了引导百姓信仰道教的作用。

四、与《青琐高议》比较

北宋仁宗年间的刘斧《青琐高议》前集卷九中的《湘子作诗谶文公》记载了

---

① ［明］杨尔曾：《韩湘子全传》，第201页。

韩湘子成仙的故事。其中的韩湘子形象事迹与《韩湘子全传》中的韩湘子有较大差别。下面主要从故事情节的完整性、人物形象的丰满性、修炼过程的具体化与得道成仙后对家人的度化几个方面来阐述其中的差异。

（一）故事情节

在故事情节方面，《湘子作诗谶文公》篇幅短小，过于简略，只有韩湘子故事中最初的情节，即施法顷刻间开花，作诗谶韩愈被贬潮州，蓝关度韩愈这几个重要的片段。其他的方面如韩湘子何时修道，如何修道，师从何人，仙家洞府处于何处都不得而知。故事的前因后果不连贯，故事情节不完整。《韩湘子全传》中详细讲述了韩湘子的前世今生，汉朝的灵灵小姐因遇人不淑抑郁而终，转世为一只白鹤。白鹤在雉衡山吸收天地精华，仙鹤传授它修炼之法，钟离权和吕洞宾见它性灵，将它变为仙桃，投生到昌黎韩家，取名韩湘子。经过钟、吕二仙的指点，韩湘子抛家弃妻，不畏艰难险阻前往终南山访师求道。经历了无数的磨难和阻碍，韩湘子一直初心不改，通过了钟吕二仙的考验，结成内丹，飞升成仙。名登紫府之后，参加蟠桃会，在蟠桃会上受玉帝之命度化他的家人成仙。经过长期的度化和考验，最终全家人都修道成仙。故事情节前后因果逻辑清晰，情节比较完整。

（二）人物形象

在人物形象方面，《湘子作诗谶文公》里面只有韩湘子和韩愈两个人物，着重刻画韩湘子的人物形象，侧面衬托韩愈的形象。韩湘子在其中的形象是落魄不羁，醉酒高歌，身怀异术的修道之人，鄙薄热衷功名之举，志在丹炉宝鼎、青山云水。韩愈的人物形象是一名比较正统的儒家传统知识分子形象，年轻时发奋图强，勤奋苦读，考取功名，入朝为官，遵循儒家修身齐家治国平天下的入世要求。在小说中，韩湘子和韩愈的形象都比较单薄，只有一个大略的形象，不够具体鲜活生动。在《韩湘子全传》中韩湘子是一个不畏艰苦、不惧强权、一心向道、摒弃七情六欲、喜欢唱道情规劝世人的修道者形象，同时也有些邋遢、不修边幅。韩愈在小说中是一位位高权重的朝廷命官形象，他勤奋苦读、才华横溢、心忧天下、为国为民，同时也展现出他性格中的弱点，固执懦弱、不知变通、贪财好色等。人物的形象比较丰满、生动、真实、立体。在《韩湘子全传》中还增加了窦氏、芦英、钟离权、吕洞宾、林圭、张千、李万等人，他们每个人都能够展现出与自身身份相符合的性格特色，说明作者已经能够意识到根据社会背景和身份地位描写人物特点。

（三）修炼过程

在修炼过程方面，《湘子作诗谶文公》中，完全没有对韩湘子修炼过程的描述，只是在韩愈诘问韩湘子时，韩湘子展示出他的所学所向，只是显现法术神通，并不知他从何时开始修炼，师从何门何派，修炼内丹还是外丹。只是知晓他一心向道，且已经得道成仙。在《韩湘子全传》中，不仅对韩湘子的修炼过程描述详细，而且还展现了韩愈经过韩湘子度化和考验之后得道成仙的过程。钟、吕二师在睡虎山传授韩湘子"长生"之法，教授"天仙"法术，研读《大道黄庭经》，打坐，飞升，打渔鼓唱道情。不顾家人的反对，韩湘子抛弃家缘前往终南山求道，在经历无数艰难险阻，通过美色、妖魔、猛兽毒蛇的试探之后，被钟吕二师收为徒弟。凝神守丹炉，抛却七情六欲，心坚如石，历试不回，终脱肉体凡胎，修得真气，名登紫府，赴蟠桃宴会，得玉帝所赐法术神通、道家法宝。修炼过程完整详细，修炼的原理、口诀、方法都一一呈现出来。

从《青琐高议》到《韩湘子全传》，篇幅从短篇变为长篇，情节完整生动，人物形象更加丰满立体，修炼的细节描写更加详细，整体上的逻辑更加连贯。《青琐高议》只是对故事的简单记述，《韩湘子全传》更加突出小说的主题，将道教宣扬的摒弃七情六欲、弃家修行的理念具体化、形象化。

有关韩湘子的小说从唐代的《酉阳杂俎》演化到宋代的《青琐高议》，再发展到明朝的《韩湘子全传》，是不断累积的过程。在发展的过程中，《韩湘子全传》增添了小说情节，细化了人物形象、修炼过程，明确了以内丹为主、外丹为辅的修炼方法，添加了法术神通的展示，全方位地宣扬了道教思想。

《全宋诗》收黄希旦诗辑佚

姜 游①

黄希旦(1033—1074),字姬仲,号支离子,邵武(今属福建)人。《八闽通志》对其生平略有记述:"黄希旦,长乐里人,号支离子。居九龙观修炼,倏然有出尘之志。熙宁五年,作五福宫成,希旦以戒行清净,召至嘉师②。后二年化形于太乙宫,后复见于蜀。有诗寄友人曰:'昔游西太乙,今日返成都。若问去来事,云藏月影孤。'"③通过《八闽通志》对黄希旦的生平介绍,可知黄希旦曾在九龙观修炼,接受了道家与道教思想的影响,有出尘之志,后奉召至京师,化形于太乙宫,是当时一位名气颇大的道士。

黄希旦不仅是一位不同寻常的道士,还是一位道士诗人,其诗集《竹堂集》最初著有诗歌数百首,流传至今的也有几十首。对于黄希旦诗历代评价不同,有人认为,通过支离子之诗就没有办法求得支离子之道;有人认为,支离子之诗与支离子之道是不可分开的。本文第二部分在论黄希旦的诗歌与道教思想之间关系时,可以明确地反映出其与道教之间的渊源关系,这主要表现在三个方面:一是在黄希旦诗歌中出现了一批道教术语;二是黄希旦诗歌在写山水时,将道家与道教崇尚的自然之趣融于山水之中;三是在精神上追求淡然于生涯之外。从这三点可知,黄希旦之诗与黄希旦之道是密不可分的。

清人倪灿《宋史艺文志补》记载,黄希旦有《支离子诗集》一卷,清人厉鹗《宋诗纪事》卷九十在收录黄希旦诗歌时,注明出处为《竹堂集》。从这两种文献,可知黄希旦的诗集在清代还有流传,而且其诗集还不止一种。惜时光流逝,古籍湮灭者无数,《竹堂集》今已不见。惟《全宋诗》存其诗三十八首,《四库全书存目

---

① 姜游,华中师范大学文学院古典文献学2008级博士,现为长江师范学院文学院副教授。本文系长江师范学院科研启动项目"《全宋诗》中的北宋道士诗文本与作者考订研究"(011154067)阶段性成果。
② 原文有校注:光绪《邵武府志·人物》作"召至京师"。
③ [明]黄仲昭:《八闽通志》卷七〇,第2册,北京:书目文献出版社,1988年,第997页。

丛书》中有《支离子诗》，这两种文献所收诗作的数量，远小于《竹堂集》所载的数百首。本文以《全宋诗》为底本，以《支离子诗》作为对校本，对黄希旦的生平及诗歌进行研究。第一部分梳理黄希旦生平，并对其诗进行概述和辑佚；第二部分论述黄希旦诗歌与道教之间的关系。

一、黄希旦生平与诗歌概述

对于黄希旦的生平事迹，历来学者认为只见于《八闽通志》等文献中，而且介绍非常简单，难以从中梳理出黄希旦生平中的主要事迹，因此，当代学者在述及黄希旦生平中的大事时，一直都难免语焉未详。黄希旦的诗歌，在宋代即有毁而复刻的过程，当代傅璇琮等在《全宋诗》中认为黄希旦的文集已经没有流传。本节以《四库全书存目丛书》中的《支离子诗》作为文献依据，梳理出黄希旦的生平主要事迹，并以此版本对《全宋诗》收录的黄希旦部分诗进行校注，试图发现两个版本的黄希旦诗的不同特征。

（一）黄希旦生平

黄希旦的生平除前文引用的弘治《八闽通志》对其有过简单的介绍外，傅璇琮在《全宋诗》中也对其有过简单介绍，其言曰：

> 黄希旦（1033—1074），字姬仲（清光绪《邵武府志》卷三十），号支离子，邵武（今属福建）人。九龙观道士。神宗熙宁五年（1072）召至京师，后二年逝于太乙宫，年四十二。有《支离子诗集》一卷（《宋史艺文志补》），已佚。《宋诗纪事》卷九十引其诗出《竹堂集》，或为其文集，今未见，且不见著录。事见明弘治《八闽通志》卷七十。①

从上面这段介绍黄希旦生平的文字中可知，傅璇琮等在叙述其生平时，并未见到《支离子诗集》，也未见到书名为其他的黄希旦的任何文集，故傅璇琮等未提到任何流传至今的黄希旦的诗集。笔者在研究黄希旦的过程中，在《四库全书存目丛书》中发现黄希旦的诗集《支离子诗》一卷，其收录的诗超过70篇，远远多于《全宋诗》中的38首，更重要的是《支离子诗》在卷首与卷尾，有《九天弥罗真人支离子传》以及《支离子诗》刊刻的一些信息。在黄希旦生平事迹已近

---

① 傅璇琮等：《全宋诗》，北京：北京大学出版社，1998年，第8352页。

渺茫的情况下,支离子传记的发现对于研究其生平来说是非常珍贵的文献。本部分将主要以《支离子诗》为文献依据,梳理黄希旦的生平与交游。

相对于弘治《八闽通志》及《全宋诗》对黄希旦生平的记载,《九天弥罗真人支离子传》(以下简称《支离子传》)要详细得多。以黄希旦的姓名与籍贯为例,传载曰:

> 真人姓黄,名希旦,字仲姬,邵武军邵武县昼锦乡长乐里人也。自号支离子,生于宋仁宗景祐二年。①

相较于其他文献只说黄希旦是邵武人,《支离子传》的叙述要详细得多,精确到了"昼锦乡长乐里"。出生之年也有详细记录。

从弘治《八闽通志》我们可以知道,黄希旦早年便"倏然有出尘之志",然而却难知具体情况,《支离子传》对此也有详细介绍,传载黄希旦:

> 幼而颖拔,长而静□,学问文章为世推服。尝谓与其慕轩冕之荣华,何以挽光阴之迅速,乃逃儒从道家者流。②

通过《支离子传》,黄希旦是为何"倏然有出尘之志"以及从儒家改为道家的经过,便简明扼要地呈现在了我们面前。

黄希旦改为道家之后,根据弘治《八闽通志》和《全宋诗》,可知其在九龙观做过道士,然而黄希旦在九龙观中的事迹,亦未有详细记录。《支离子传》对黄希旦的这段经历则有较为详细的记载:

> 初寓本军之九龙观,礼道士吴惟靖为师,授黄帝老子之学。天资旷达,不偏不倚,游心于万物之表,怡然自得。间披史传,发为歌咏,与嘲风咏月者异趣,略无尘俗气。所居有堂,植竹数杆,榜曰"坚节",徜徉乎其间,不忻超谒。闾里好事者乃携具从之游。至则觥筹交错,酬咏自如,脱去边幅外,不异于人。人莫知其所以异也。城东二十里有樊真人(真人功成骑白鹿飞升,后名其观曰白鹿)朝斗坛,隋时卢道士(始闻其遇白鸠飞起,初名白鸠,今天庆观)炼丹于城南山之顶,号曰灵台。真人时复往来,人莫知之,但传云支离丹台,后莫究其卢樊真仙之所自。③

《支离子传》对黄希旦在九龙观的事迹记载用字不多,但却将他的师承关系、学习的内容以及日常生活中虽然表现与他人并无不同、实则有所不同的事迹,非常清晰地展现在读者目前。

---

①②③ [宋]黄希旦:《支离子诗》,《四库全书存目丛书》本,集部14册,第78页。

黄希旦奉召到五福宫之事，《支离子传》也要比《八闽通志》详细得多，传载：

> 熙宁五年，京师五福宫成，诏选天下士有戒洁清高者三七人崇奉祠事，支离与其选。时知军事元居中以名达于上也。支离至宫，日严香火，隆冬极暑，略无怠色。晨昏怡神养气，谨言语，绝嗜好。望之俨然，而即之则和气可掬。越明年，辞归旧隐。①

《支离子传》不仅把黄希旦在五福宫崇奉祠事期间的严谨勤勉以及养气之事粗有轮廓地叙述了出来，更重要的是，《支离子传》说黄希旦在五福宫的时间只有一年，从五福宫辞归之后，黄希旦回到了之前隐居之所。

对于黄希旦人生中的两件大事，一为弃儒入道到九龙观作道士，一为奉诏到五福宫主祀，《支离子传》都有记述。黄希旦解化之后数年，《支离子传》载有人在蜀地邂逅黄希旦，黄希旦还让人带诗到其原来解化时的旧观，其诗云："昔游西太乙，今日返成都。若问去来事，云藏月影孤。"②其事虽未必可信，但《支离子传》采择当时的传说，使得该传具有神秘色彩，文学性明显比弘治《八闽通志》相关记录要高。

（二）黄希旦诗现存的两个版本及特点概述

清人倪灿《宋史·艺文志补》记载，黄希旦有《支离子诗集》一卷，清人厉鹗《宋诗纪事》卷九十在收录黄希旦诗歌时，注明其出处为《竹堂集》。今之学者如傅璇琮等亦认为，《竹堂集》或为黄希旦之诗集。对于黄希旦的诗集，《支离子传》也有明确记载。传曰："（真人）尝著《竹堂集》，有诗数百篇，首章云：'性慵人事拙，思向远山居。欲得是非少，先宜来往疏。善邻惟水竹，良友只琴书。冷淡生涯外，逍遥室任虚。'"③《支离子传》可以证明，厉鹗《宋诗纪事》所言黄希旦之《竹堂集》确为其诗集，其首章为《性慵》，说明其诗的内容与今天《全宋诗》中的黄希旦诗以及《四库全书存目丛书》中的《支离子诗》一卷内容上存在一致性。

就笔者所见，黄希旦现存之诗有北京大学古文献研究所编《全宋诗》版本，共收黄希旦诗38首，《四库全书存目丛书》版本《支离子诗》一卷，存诗七十余篇，数量更巨。然学界对黄希旦诗关注度不高，不仅知网上找不到专门研究黄希旦诗的论文，而且笔者也没有发现有人对黄希旦诗进行注释。

---

① ［宋］黄希旦：《支离子诗》，第78页。
②③ ［宋］黄希旦：《支离子诗》，第79页。

这里以《全宋诗》所收黄希旦诗作为底本,以《四库全书存目丛书》中的《支离子诗》一卷作为对校本,有选择性地对黄希旦诗进行校注,试着总结一下两个不同版本的黄希旦诗的特点与优劣,为接下来分析黄希旦诗歌中的道教思想奠定坚实的文献依据。

1. 性慵

性慵人事拙,思向远山居。[1]
欲得是非少,先宜来往疏。[2]
善邻惟水竹,良友秖琴书。[3]
冷淡生涯外,逍遥一室虚。[4]

校注:

[1]慵:意为懒散。人事:人世间世事,明人陈汝元《金莲记·同梦》言:"人事无涯生有涯。"远山:远离城市的山林,思向远山居,流露出隐居之意。

[2]是非:人世间的纠纷,《庄子·盗跖》言"摇唇鼓舌,擅生是非"者,即是也。来往:人与人之间的交往。此处意为想要减少人世间的纠纷,就应当减少人与人之间的交往。

[3]水竹:水与竹子,此处水竹,当非别名为实心竹、木竹之水竹,因水竹是外来引进物种。秖:同"只"。

[4]生涯:生命,《庄子·养生主》曰"吾生也有涯",生涯,即言生命的边际、尽头。一室:草堂之居,杜甫有"一室他乡远"之诗。虚:虚空。《四库全书存目丛书》本此句作"冷淡生涯外,逍遥室任虚",与此句字面稍有不同,意思相近。任虚即"独任虚理"之意。

2. 颐真亭

剪去旧蒿莱,开亭养圣胎。[1]
闭关虚室白,隐几寸心灰。[2]
月上池浮露,风生竹扫苔。[3]
悠悠奔竞者,何处问丹台。[4]

校注:

[1]蒿莱:又作蒿藜,泛指野草,此处意为心中杂念。圣胎:道教金丹的别称,内丹以母体结胎比喻精、气、神三者凝聚所炼成之丹,王守仁《传习录》云:"只念念要存天理,即是立志;能不忘乎此,久即自然心中凝聚,犹道家所谓结圣胎也。"

[2]虚室白:即虚室生白,使心中空虚无杂念,生起道心。《庄子·人间世》:"瞻彼阕者,虚室生白。"隐几:靠着几案,《庄子·齐物论》:"隐几而坐,仰天而

嘘。"灰:寂灭。

［3］月上池浮露,风生竹扫苔。《四库全书存目丛书》本作:"池为龟蛇罄,竹因鸾凤栽。"俱有自然之趣。

［4］奔竞者:追求名利之人。丹台:道教指神仙的居处。

3. 春日书怀和韵

二月又将半,闲居兴若何。[1]
芳菲殊未赏,泥泞阻相过。[2]
华砌饶苔藓,柴门长薜萝。[3]
韶颜须自惜,随分乐天和。[4]

校注:

［1］兴:对事物喜爱的情绪。若何:如何,怎样。

［2］芳菲:花草的芳香与艳丽。殊:超过。泥泞:下雨积水导致路成烂泥。

［3］华砌:点缀鲜花的台阶。饶:很多。柴门:用柴木做的门,言其简陋也。薜萝:薜荔和女萝,皆为野生植物,常攀缘在古树和屋檐之上。

［4］韶颜:美好的容貌。随分:安守本分。天和:自然之和气,《庄子·知北游》言:"若正汝形,一汝视,天和将至。"《四库全书存目丛书》本,"须"作"宜",所造之境,更为自然,当从。"乐"作"育",亦可备一说。

4. 采药

采药山中去,扳跻不觉赊。[1]
深源无俗迹,满地是灵芽。[2]
岩迥阴留雪,溪澄净见沙。[3]
可怜名利客,应笑此生涯。[4]

校注:

［1］扳跻:攀登。高启《虎丘行次朱赏静见寄韵》:"时危未卜久安宅,幸遇胜地须扳跻。"赊:遥远,王勃《滕王阁序》:"北海虽赊,扶摇可接。"

［2］深源:树林深处的溪流源头。灵芽:当指茶叶,唐代柳宗元《巽上人以竹间自采新茶见赠酬之以诗》:"复此雪山客,晨朝掇灵芽。"道士与僧人,通常把饮茶与修道联系起来。

［3］岩迥:岩石高耸。溪澄:溪流清澈。

［4］名利客:追逐名利之人。生涯:见《性慵》注释［4］。

5. 和人秋感

烈士感秋兴，高吟击太阿。[1]

功名辜壮志，岁月叹流波。[2]

永巷蛩初响，荒阶叶渐多。[3]

灵槎如可约，从此泛银河。[4]

校注：

[1]烈士：有节气有壮志的人，《韩非子·诡使》云："而好名义不仕进者，世谓之烈士。"太阿：太阿剑，又名泰阿剑，中国古代十大名剑之一。

[2]功名：功业与声名。辜：负。流波：流水。《楚辞·远游》云："叛陆离其上下兮，游惊雾之流波。"

[3]永巷：宫内狭长的小巷。蛩：蝗虫的别称，又称蚱蜢，也可指蟋蟀，这里当指蟋蟀。《四库全书存目丛书》本"蛩"作"砧"。荒阶：久未有人经过的台阶。

[4]灵槎：典出张华《博物志》，指能到达天河的船筏。

6. 水心亭

为爱方池净，危亭此构新。[1]

寒光摇玉鉴，晴色戏金鳞。[2]

月上骊宫晓，莲开水府春。[3]

主人能息虑，四座绝风尘。[4]

校注：

[1]方池：小池塘。危亭：耸立在高处的亭子，可以俯看园林。

[2]寒光：清冷的月光。玉鉴：池塘中月亮的倒影。晴色：天气晴朗的阳光。金鳞：池塘上金色的波纹。

[3]骊宫：华清宫，后也称华清池，此处当指池塘所在的园林。水府：传说中龙王所住的地方，此处也指池塘。

[4]息虑：消除杂念。风尘：指世俗的纷扰与污浊。《四库全书存目丛书》本，"风尘"作"红尘"，意思相近，可备一说。

7. 咏竹[1]

生涯何所有，满砌植琳琅。[2]

瘦影碎秋月，健梢横晓霜。[3]

且从喧鸟雀，终待集鸾凤。[4]

吟邃都忘却，谁知此兴长。[5]

校注：

[1]《四库全书存目丛书》本标题作《竹》。

［2］满砌：布满了整个台阶。植：树立。琳琅：精美的石头。

［3］瘦影：寥落的影子。健梢：刚劲有力的树梢。

［4］鸟雀：泛指小鸟。《左传·文公十八年》："见无礼于其君者，诛之，如鹰鹯之逐鸟雀也。"此处用鸟雀比喻无礼之人。鸾凤：鸾鸟与凤凰，传说中汉族的神鸟，此处用以比喻贤良、俊美之人。

［5］吟遶：《四库全书存目丛书》本作"吟绕"，当从。

8. 二月春将半三首

其 一

二月春将半，幽居掩竹斋。[1]

自惭疏懒甚，苔藓满空阶。[2]

校注：

［1］幽居：隐居，少与室外往来。竹斋：室外植竹的书斋。

［2］疏懒：懒散而不受约束。空阶：空旷的台阶。

其 二

二月春将半，农耕细雨中。

花前轻薄子，醉倒笑春风。[1]

校注：

［1］花：《四库全书存目丛书》本作"华"。轻薄子：轻佻浮浪之人。

其 三

二月春将半，霖霪雨尚寒。[1]

松黄收拾晚，狼籍满金坛。[2]

校注：

《四库全书存目丛书》本题为《二月春将半》三首，实收诗二首，此诗未见。

［1］霖霪：连绵久雨，雨过十日为霪。

［2］松黄：松花，有药用价值，也可酿酒，清香芳烈。金坛：僧道进行宗教活动的场所。

9. 赠逸人

白云处士入云中，三尺焦琴百尺松。[1]

长啸一声寒涧远，千崖万壑起清风。[2]

校注：

［1］处士：善于自处，不求闻达的清高之士，特指不入仕途的读书人。焦琴：指才能未被人发现，典故见《后汉书·蔡邕传》："吴人有烧桐以爨者，邕闻火烈之声，知其良木，因请而裁为琴，果有美音，而其尾犹焦，故时人名曰'焦尾

琴'焉。"

[2] 寒涧：阴冷的山涧。

通过对以上11首诗歌进行对比与校注，我们可以发现，黄希旦诗的《全宋诗》版本与《四库全书存目丛书》版本之间存在着一些差异。对两者进行比对，可以总结出如下规律：

1. 在诗歌数量上，《四库全书存目丛书》所收《支离子诗》比《全宋诗》收录的黄希旦诗要多得多。不过，现存的两个版本的黄希旦诗合并起来也比黄希旦所著《竹堂集》共有诗数百篇的记载要少得多。《全宋诗》所收录的诗虽然总量比《支离子诗》要少，但《全宋诗》中收录的《二月春将半》其三，以及紧接着的《赠逸人》不见于《支离子诗》。《四库全书存目丛书》影印本《支离子诗》在《二月春将半》其二之后有半个版的空白，其内容当是《二月春将半》其三以及《赠逸人》，当时有收录，后来刻印与流传中亡佚了。因此从所收诗歌来看，我们在研究黄希旦其人以及其诗时，应当参用《支离子诗》以及《全宋诗》两个版本。

2. 从以上对黄希旦11首诗的校注来看，《支离子诗》与《全宋诗》两个版本，在某一具体诗的内容上存在或多或少的差异，有时是诗中用词的差异，有时是诗中某一句完全不同，有时是诗题的差异。诗歌内容的不同，表现最为突出的就是有时一句诗完全不同，如《颐真亭》第三联，《全宋诗》作"月上池浮露，风生竹扫苔"，《支离子诗》作"池为龟蛇罄，竹因鸾凤栽"，两者各有千秋，但《全宋诗》版本更能流露出自然之趣。诗题的差异，如《咏竹》，《全宋诗》中作《咏竹》，《支离子诗》则作《竹》；又如《秋日登楼》，《全宋诗》作《秋日登楼》，《支离子诗》则作《秋夕登楼》，从该诗首句"高阁倚斜阳"[1]，可知《支离子诗》中的诗题与诗歌内容更加贴切。从两个版本的不同，我们可以总结出的认识是：《支离子诗》与《全宋诗》在内容上各有千秋，两者存在差异时，有时《支离子诗》更显合理，有时《全宋诗》更胜一筹。两个版本应当参互用之，不能因《全宋诗》是今人整理本而迷信《全宋诗》版本，因为《全宋诗》在整理时，并未见《四库全书存目丛书》本的《支离子诗》。

二、黄希旦山水诗的道教思想内涵

道教是中国土生土长的宗教，与中国文化、华夏民族的思维方式、中国传统的文化艺术关系密切。鲁迅先生说过："中国根柢全在道教，此说近颇广行。以

---

[1] 傅璇琮等：《全宋诗》，第8354页。

此读史,有多种问题可以迎刃而解。"①以此观点来反观中国古代文学史与道教,可以发现道教与中国文学之间关系密切。老子的"人法地,地法天,天法道,道法自然"②,奠定了中国文学艺术对于自然之境的追求。庄子在"天籁"之中表现出来的对自然审美标准的追求,"独与天地精神往来"之中呈现出的物我关系,"无声之中,独闻和焉"之中的虚静③,对于其后中国文学的审美艺术的形成,都具有重要的影响。

自汉代出现之后,道教思想便与中国文学之间渊源甚深。魏晋南北朝时期出现了一大批游仙诗,以及神仙传记、志怪小说,表达了当时文人群体对于神仙的向往。唐代诗歌中,与道教相关的有游仙诗、步虚词、道教送别诗与题赠诗、宫观诗、道教宫体诗等,李白、白居易、李商隐、孟浩然、王维等诗人,都曾创作过道教诗歌。宋代的道教诗人繁多,詹石窗认为:"从北宋初年开始,道教又迎来一个中兴时期,因而道教文学也获得新的发展。在这一期间,赋诗填词也成为道教中人的一项重要活动。比较著名的有陈抟、张伯端及紫阳派诸道士以及三十代天师张继先等。"④对北宋道士诗人,研究成果较多的有陈抟、张伯端等人。相对来说,当代学者对道士诗人黄希旦几乎没有太多关注,其诗在宋代评价并不很高,是否可以通过其诗参悟他的道教思想,在宋代也存在争议。本节将在解决这一争议的基础上,对黄希旦诗歌中的道教思想进行发掘。

(一) 以诗求支离子能否见支离子

黄希旦之诗歌在宋代确实少受人们关注。相传黄希旦过世之后,有人见之于蜀地,随后当时之人"相传为神仙,其徒尤喜称之,像设严事唯谨,然未有能传其诗也"⑤。黄希旦解化之后,其徒特别喜欢道其神仙之事,而且对他的画像也特别恭敬,然而他的徒弟却不能传诵其诗。不仅黄希旦弟子不能传其诗,当时崇奉其道的人,对他的诗也没有特别的喜好。宋人陈宗礼在叙《支离子诗》时介绍了当时的情况:"支离子《形解颂》自东坡居士表而出之,世之高其道、慕其人者何限也,独未见发扬其诗者。"那么,到底是什么原因导致黄希旦的弟子,以及当时"高其道、慕其人"之人,对其诗歌视而不见呢?陈宗礼在叙中接下来试图

---

① 鲁迅:《致许寿裳》,《鲁迅全集》第十一卷,北京:人民文学出版社,1981年,第353页。
② 朱谦之:《老子校释》,北京:中华书局,1984年,第103页。
③ [清]王先谦:《庄子集解》,北京:中华书局,1987年,第9页。
④ 詹石窗:《道教文学史》,上海:上海文艺出版社,1992年,第410页。
⑤ [宋]黄希旦:《支离子诗》,第68页。

回答这一问题：

> 诗非支离子之妙也。心冥于虚，道协于净，适意肆笔，不能不诗，而非推敲撚髭为之。以诗求支离子者，不见支离子矣。①

以上这段文字大体可以反映宋代文人对于支离子之诗的看法。在他们看来，支离子之道与支离子之诗是分裂的，支离子"心冥于虚，道协于净"，心与虚净之道完全结合在一起，因而没有闲情在作诗的过程中仔细推敲文字的作法，故读支离子之诗，试图"以诗求支离子"，反而会"不见支离子"。

黄希旦的弟子以及"高其道、慕其人"之人，之所以不能传支离子诗，应当就是出于这种考虑，否则很难找出其他理由来。那么，这种将人与诗、道与诗完全割裂的观点，是否符合黄希旦诗歌的实际情况呢？通过阅读黄希旦的作品，可以发现其诗中的自然之趣横溢，虚净之境自成，这样的例证在其诗作中，可以信手拈来，如《秋夕登楼》一诗中有云："蔽日云头猛，沿山雨脚长。竹村溪上景，仿佛似潇湘。"②不仅堪称上乘的山水之作，诗作所营造的明净空灵、自然无我之境，明显可以使人感受到道教的意味。不仅如此，黄希旦有时还直接用诗歌描摹出道教所追求的理想状态，如《颐真亭》一诗云：

> 剪去旧蒿莱，开亭养圣胎。
> 闭关虚室白，隐几寸心灰。
> 月上池浮露，风生竹扫苔。
> 悠悠奔竞者，何处问丹台。③

这首诗中的蒿莱象征着心中的杂念，圣胎、虚室白、心灰、丹台等词，本来就是道教用语，该诗用这些词汇表达了对于"悠悠奔竞者"的反对态度。可以说，无论是从词汇上还是从思想上，该诗都能反映出黄希旦与道教之间的渊源。

不仅黄希旦诗歌本身能够说明其诗与黄希旦的道教思想之间关系密切，实际上，早在宋元时期，就有人注意到了两者之间的密切关系。危彻孙在序《支离子诗》时论道："支离翁之为道，所谓清虚冲淡、简易平实者也，读其诗可见矣。"④显然，危彻孙已发现，黄希旦的诗歌与其清虚冲淡、简易平实的道之间，是相通的。

其实，黄希旦的诗并不会阻碍人们参悟黄希旦的道教思想，而应该成为人

---

① ［宋］黄希旦：《支离子诗》，第 69 页。
② ［宋］黄希旦：《支离子诗》，第 72 页。
③ 傅璇琮等：《全宋诗》，第 8352 页。
④ ［宋］黄希旦：《支离子诗》，第 69 页。

们参悟其思想的依据;黄希旦之诗平实,与辞采灿然的文学作品之间有差异,但这并不会影响到其文学成就。元人朱守智在序支离子诗时论道:

> 其诗矢口而成,应机而发,率由天性中流出,莫非道妙,岂待屑屑求合乎诗之矩度而后为诗哉!若其心胸含蓄万灵,穷搜百态,构思运笔,随物赋形,小篇大篇异体,长句短句错出,音节谐宫商,气势倾江河,此学优才赡而专力于诗者能之,非仙家所事矣。余曩吏于郡,暇日访郡故实以仙名者,胥曰:"禾平张仙,丹台黄仙。"黄仙即支离公也。履其迹而味其诗,非有道者能如是乎?求其道者,固将不废其言,此诗之所以屡毁而屡刻也![①]

从上面这段文字我们可以看出,到了元代,人们已改宋人欲离开支离子之诗而言支离子之道,以及过分强调文学技巧而忽略黄希旦诗歌自然之趣的偏颇,对支离子之诗有了充分的肯定。

(二)支离子诗中道教思想的具体表现

本节第一部分已解决了以诗求支离子是否能得支离子这一问题,根据宋元时期文人的观点,以及支离子诗中的内容,很显然,答案是肯定的。然而,世间万物均有其独有的特征,黄希旦作为一名道士诗人,同样也具有其独特之处。前文所引的《支离子传》有言:"至则觥筹交错,酣咏自如,脱去边幅外,不异于人。人莫知其所以异也。"[②]也就是说,黄希旦虽然是一名道士,但是无论是他在晏饮过程中的表现,还是他的外貌,均与一般人没有什么区别,一般人也不知道黄希旦与自己到底有什么不同。庄子"天地与我并生,而万物与我为一"[③]式的与万物和同的取向,在黄希旦身上得到了淋漓尽致的表现。《支离子诗》正如黄希旦其人,很多时候粗看似乎并不能与道教思想联系起来,但仔细推敲,则可以发现与道教思想之间关系密切。黄希旦诗中的道教思想主要表现在以下几个方面:

1. 多用道教术语

道教诗人的诗歌,很多都是用诗歌来宣传道教思想,或者用诗歌来传授炼丹之法,如薛道光《还丹复命篇》,即是用诗歌来传授炼丹之法,其中充斥着道教术语,没有道教知识背景的一般读者甚至会因为其中过多的道教术语难以读

---

① [宋]黄希旦:《支离子诗》,第70页。
② [宋]黄希旦:《支离子诗》,第79页。
③ [清]王先谦:《庄子集解》,第19页。

懂,作者在《还丹复命篇》自序也不得不承认"文虽鄙陋"①。在诗歌中过多地使用道教术语,在宣传道教教义与方法的同时,一般来说,会降低诗歌的艺术价值,这也正是薛道光《还丹复命篇》这类道教诗歌较少受到文学研究的学者们注意的原因。

黄希旦的诗歌,乍一看并不完全像是出自道士之手,正如其人在一般人看来与非道士之人并没有明显的差异一样。不过在支离子诗中还是有一些诗运用了道教术语,现将其诗中可以确定是道教或道家的词汇列在下面:《性慵》中有生涯、逍遥、室虚,《颐真亭》中有圣胎、虚室白、心灰、丹台,《春日书怀和韵》中有天和,《和人秋感》中有灵槎,《水心亭》中有玉鉴、水府、绝风尘②,《二月春将半三首》中有松黄、金坛,《竹》与《寄友人》中均有生涯一词③,《古意》中有大道、天地、丹丘④,《闲居》中有生涯、自然、炉、阴阳火、神仙⑤,《观申公山水》中有生涯、造化、凝神静虑、玄黄⑥。此外,《九龙观》是一首道教宫观诗,《偈》中也多用道教词汇,其中有些词汇借自佛教⑦。

通过以上列举,可知黄希旦之诗虽然不完全是直接宣扬其道教思想的工具,以至于古代有人认为以诗求支离子,不见支离子,但其诗歌与非道士诗人相比,诗中的道教词汇明显要多。

2. 营造自然之境

道家与道教的自然观念,人们对其并不陌生。所谓的道家自然,"即不要以人的行为灭除了自然万物的天然本性。老庄反对人为而因循自然,主张天下万物本于自然,法于自然,自生自灭,无须人为地参与其中"⑧。道教的自然观念,是对道家自然观念的继承与发展,但总的方向是没有改变的。

以道家与道家自然观念作为基础,中国古代文学史上开始形成注重文学的自然之趣。张松辉认为:"由于道家、道教的影响,魏晋南北朝时期正式建立了重视自然的为文原则。此期的重自然,强调的是老庄的'本然'义。"⑨到了宋代,

---

① [宋]薛道光:《还丹复命篇》,《道藏》第24册,北京:文物出版社,1988年,第191页。
② [宋]黄希旦:《支离子诗》,第71页。
③ [宋]黄希旦:《支离子诗》,第71—72页。
④ [宋]黄希旦:《支离子诗》,第73页。
⑤ [宋]黄希旦:《支离子诗》,第75页。
⑥ [宋]黄希旦:《支离子诗》,第77页。
⑦ 傅璇琮等:《全宋诗》,第8352—8359页。
⑧ 李为香:《道法自然,唯神是守——试论道教对老庄天人哲学思维的继承与宗教化发展》,《中南大学学报》2010年第4期,第26页。
⑨ 张松辉:《道家道教与重视自然文风的形成》,《中国文学研究》1996年第4期,第21页。

文学上追求自然之境的作品越来越多。

由《性慵》《颐真亭》等诗作，可知黄希旦对于人世的态度是淡泊的，因此其诗作大都营造了超然物外的自然之境。如《咏竹》中有云："瘦影碎秋月，健梢横晓霜。"①将月光之下的竹影，挺立的竹枝，以及笼罩的霜气，十分精炼地摹写出来，丝毫没有雕琢的痕迹。更值得点出的是，着一"横"字，境界全出，原因是"横"字道出了竹梢的刚劲，在霜气笼罩之下，依然有着生生不息的生命力量。不是没有人参与便是自然之境，真正的自然之境，是境中之物本身有了生生不息的力量，能够在没有人参与的情况之下，自在地存在着。《支离子诗》中，营造了自然之境的诗还有《水心亭》、《二月春将半》其三、《秋日登楼》等。

需要指出的是，黄希旦之诗并非都营造了自然之境，以《秋半》为例，其诗云：

> 晚吹生丛竹，凄凉又半秋。
> 年华惊悠忽，人事觉淹留。
> 林噪残蝉急，山光暮雨收。
> 登临将眺望，烟雾闭层楼。②

上面这首诗如果不说作者是一位道士诗人，仅凭诗作的内容，很难让人把这首诗与道士诗人联系起来，因为从诗作的内容来看，作者与普通人一样，有悲秋之慨；已经秋半，还淹留在外，作者与普通人一样，也急切地想要归去。"林噪残蝉急，山光暮雨收"一句，更是让本来不带情感的万物笼罩了作者的情感。

黄希旦诗歌中有一部分诗作并未营造出自然之境，这些诗作与普通诗人的诗作一样，洋溢着作者的情绪，但这些诗作并不影响黄希旦诗的整体艺术成就，反而反映黄希旦作为一名道士，与一般人一样拥有复杂的情感。那些营造了自然之境的诗作，与未营造自然之境的诗作相对照，更能显现出自然之境的可贵。

3. 淡然生涯之外的精神追求

由道家的无为，可以自然地生发出道教清静的教义，道教中有《清静经》《清静经原旨》《太上老君清静科仪》等典籍，足以说明清静这种精神追求在道教中占有非常重要的地位。道教之清静，在黄希旦的诗作中也有充分表现，其诗集的第一首《性慵》便将淡然生涯之外的精神追求表现得淋漓尽致。其诗云：

> 性慵人事拙，思向远山居。
> 欲得是非少，先宜来往疏。

---

①② 傅璇琮等：《全宋诗》，第8353页。

> 善邻惟水竹,良友只琴书。
> 冷淡生涯外,逍遥一室虚。①

这首诗的第一句便把自己对人世间俗事的淡然以及对山林隐居的向往开章明义地表达出来。第二联写的是原因,活在人世间,若不能超然于人与人之间的往来,必然会产生是非。第三联则道尽了隐居山林生活的超逸,身边相伴者,唯有流水与修竹,以操琴弄书为乐。第四联黄希旦以"冷淡生涯外,逍遥一室虚"作结,表现出对于道家逍遥无待、无为虚净之境的追求,对于尘世之事的淡泊。现在可以看到或者可知的所有版本的黄希旦诗,都以《性慵》作为首篇,自有其道理,当是以该篇最能反映黄希旦对虚净的追求,以及淡然生涯之外的超脱,具有总述黄希旦道教清修思想的意味。

除了《性慵》之外,黄希旦诗中还有不少诗篇表现了类似的愿望与追求,如《闲居》一首,把《性慵》篇中作者对于世事的超然和对于大道的追求写得更加细致。其诗云:

> 草堂啸傲动经年,已把生涯付自然。
> 谩费功夫披古籍,懒通名字谒时贤。
> 炉中闲养阴阳火,身外谁求子母钱。
> 寄语上褒如著论,不同呼吸学神仙。②

这首七言律诗在首联中表达出了与《性慵》一样的人生追求,即把自己完全交给自然。第二联与第三联摹写出了把自己交给自然的具体做法。黄希旦不仅断绝了自己与当时贤哲之士的交往,更难能可贵的是,对于古籍,也懒得去披阅。在《性慵》一诗中,黄希旦还道"良友只琴书",还没有随性到懒得去披阅古籍的地步,而这首诗中表达出来的随性比《性慵》有过之而无不及。那么,既不与当世之贤人交往,也不上友古代君子,黄希旦怎么样修道呢?那就是"炉中闲养阴阳火",即以身体为丹炉修炼内丹,并希望通过这种途径,最终学成神仙之术。可以说,这首七律把黄希旦对于自然之道的倾慕以及如何修炼内丹、修炼的目的,全面地表述了出来。

在《支离子诗》中,还有不少的诗作表达了淡然生涯之外的精神追求。如《春日书怀和韵》一诗中有"随分乐天和",《采药》中有"可怜名利客,应笑此生涯",《水心亭》云:"主人能息虑,四座绝风尘。"③《寄赠宝幢修山主》一诗云:"昼

---

① 傅璇琮等:《全宋诗》,第 8352 页。
② 傅璇琮等:《全宋诗》,第 8356 页。
③ [宋]黄希旦:《支离子诗》,第 71 页。

闲人事外,夜静月华中。"①这类句子在黄希旦的诗作中,还能举出很多,可以充分表现出他的精神追求。

总而言之,从宋代开始,支离子之诗便不为其徒以及倾慕支离子之道的人所喜爱,故其徒不传其诗,甚至当时之人认为,以诗求支离子便不能得支离子之道。对此观点,宋元文人便提出了批评,认为支离子之诗正好能够反映支离子的清虚冲淡、简易平实之道。本节从支离子诗作的原文出发,认为支离子之诗与支离子之道是密不可分的,支离子之诗从大量运用道教术语、营造自然之境以及有淡泊生涯之外的精神追求这三个方面,具体表现出了支离子之道。因而笔者认为,支离子诗是参悟黄希旦道教思想的重要文献依据。尤其是支离子的山水诗,在摹写山水时向读者呈现出了充满自然之趣的山水之境,其诗应该受到更高的重视。

---

① 傅璇琮等:《全宋诗》,第 8354 页。

论明代商人传记的消费动机与生产目的

张世敏①

明代商人传记商品化的根本原因是商人以润笔费作为媒介,将传记变成了消费的对象。在古代中国,商人与士人两个阶层之间的互动与交流一直都没有完全中断过,然而,作为"四民"中的不同阶层,士人与商人之间的界限一直都是清晰的,商人往往是士人贬斥的对象。明初"重农抑商"政策的推行,更是将士人与商人两个阶层推向了对立。在这种社会生态下,士人为普通的商人撰写传记,似乎存在天然的障碍。商人是如何通过润笔费,从士人那里购买传记,最终完成传记消费的,是研究明代商人与文学关系领域研究者所面临的共同问题。

余英时在《士商互动与儒学转向》一文中就提出了这种问题:"传统士大夫一向鄙视商人,现在忽然为商人唱起赞歌来了,这个思想上的弯子是怎么转过来的?"②余英时给出的答案是明代文人对润笔费辞受标准因时代的变化而发生了变化,使得士大夫愿意收取商人的润笔费,从而为他们撰写墓表、传记、寿序之类的文章,从而开启了明代传记文学商品化之路。余英时以润笔费及辞受标准的变化作为问题答案的核心内容,无疑是有其合理性的。然而,如果我们沿着余英时的观点作进一步的思考,就会发现余英时的答案并没有触及问题的关键,反而引出了更多的问题,诸如:1. 重利的商人为何愿意为传记支付润笔费。2. 惜名的文人为何愿意为润笔费撰写商人传记。3. 宋代商品经济同样有了较大的发展,为何直到明代,文人才为了润笔费而创作商人传记。4. 据郑铭德《宋代的商贾墓志铭》一文,宋代文人已开始为收取润笔费而为商人撰写了墓志铭数十篇,这表明商人墓志铭、墓表之类的文章,并非自明代开始,因此,有必要将墓表与传记分开来进行探讨与研究。本文将在余英时观点的基础上,针对上述问题展开论述。

---

① 张世敏,华中师范大学文学院古典文献学 2010 级博士,现为湖南理工学院副教授。本文为国家社科基金课题"明代商人传记整理与研究"(16CZW028)阶段性成果。
② 余英时:《儒家伦理与商人精神》,桂林:广西师范大学出版社,2004 年,第 168 页。

一、商人的消费动机

在明代传记商品化过程中,商人是主要的消费者,没有商人群体的推波助澜,明代传记的商品化将会大打折扣。商人久经商海,在消费时,大多会根据等价交换的原则,考量这项消费是否物有所值。宋代,商人之所以能够完成墓碑文的消费,原因是多方面的。第一,墓碑文本来就是可以商品化的文体;第二,宋代商品经济发达,商人已具备了消费文学作品的能力;第三,墓志铭具有防"陵谷变迁"及"免隋地狱"的功用。以上几种因素因缘际会,导致了宋代文集中出现了为数不少的商人墓志铭。然而,在宋代文集中,并没有出现商品化的商人传记。

传记与墓志铭两种文体渊源不同、本质不同,两者之间的差异是非常明显的。认清了两者之间的差异,那么,宋代文集中只出现了商人墓志铭,而没有出现商人传记这一现象,也就好理解了。本部分将从商人的精神需求与利益追求两个方面,探讨明代商人为了求得传记而支付润笔费的消费动机。

(一)精神需求。传记与墓志铭虽说与物质利益存在一定程度的相关性,但其最本质的属性是文学作品,能够满足人们的精神需求。徐师曾谈及墓志铭时,将墓志铭的功能与作用概括如下:

> 盖葬时述其人世系、名字、爵里、行治、寿年、卒葬年月,与其子孙之大略,勒石加盖,埋于圹前三尺之地,以为异时陵谷变迁之防,而谓之志铭;其用意深远,而于古意无害也。迨夫末流,乃有假手文士,以谓可以信今传后,而润饰太过者,亦往往有之,则其文虽同,而意斯异矣。①

传统墓志记述墓主生平事迹,埋于墓前,具有防"陵谷变迁"的现实功用。然而,在文学商品化浪潮的影响下,墓主的亲人为了能够让文人"润饰"墓主之生平行事,满足其"信今传后"的精神需求,往往愿意支付大笔的润笔费,一篇墓志铭的润笔费可以高达"黄金二百两"②。在文学商品化的影响下,满足墓主及亲人的"信今传后"的精神需求,取代了原来的现实功用,成了当时人们消费墓志铭的主要动机。

与墓志铭一样,明代商人消费传记也主要是为了满足他们"信今传后"的精

---

① [明]徐师曾:《文体明辨序说》,北京:人民文学出版社,1962年,第148页。
② [明]沈德符:《万历野获编》,北京:中华书局,1959年,第164页。

神需求。毛伯温在为商人撰写的《贾尚德传》传末写道："以俟太史氏传货殖者采焉。"①其潜台词即是贾尚德能够通过他所作之传而青史留名。刘凤在《故鄣黄长公传》将传记"信今传后"的功能表述得更为浅显明白，他说："惟载笔者书之方册，曰：'鄣有隐君子左桥公者，垂之世可以不朽。'"②无论是毛伯温还是方凤，都在传末为商人们描绘了一个无比美好的蓝图，即商人们借助传记"可以不朽"，所支付的润笔费物有所值。翻阅明中期以后的商人传记，我们可以在很多的篇章中发现相类的表述。金瑶《纪祁门李征君代偿事》一文交代该文的创作缘起时述曰：

> 万历甲申夏，予在南园楼下纪邵赠君焚券事。邵，邑西门人，名万，尝在湖州，以千金委张质人代转徙而归。比邵至，质人费邵金尽，且死，室如悬罄。邵焚券墓前，去。邵子后第进士，官宪副，人以为焚券之报。祁门县学诸生李子之华实，夫设帐予家川上草堂。见纪，慨然对予曰："予家君亦有代偿事，可方邵，而数不及。予不才，未能请有纪，或遂至湮没，予愧矣！愧矣！"③

金瑶之所以记李征君代偿之事，缘于李征君之子李诸生见到了金瑶所撰《邵赠君焚券事记》，认为其父代偿之事，可以与邵赠君焚券之事相提并论。他请金瑶撰文记述其父代偿之事，目的是不使父亲的义行湮没无闻。"愧矣！愧矣！"两词连用，反映出了他希望父亲的义行可以"信今传后"的迫切之情。

商人支付润笔费消费传记，最主要的目的是通过传记信今传后，名垂后世而不朽。只要能够达到这个目的，商人们便会认为他们所支付的润笔费物有所值，这与宋代商人消费墓志铭是一样的道理。然而，问题是为什么商人们在宋代便开始消费墓志铭，却直到明中期以后，才开始大量地消费传记？对于这个问题，笔者曾对宋、明两代的商人进行对比，得出的结论是：

> 明代商人与宋代商人之间的区别表现为两个方面：一是文化程度有了显著提升，商人中出现了一批作家；二是好读史书，有了一定的史学修养。文化水平与史学修养的提升，刺激了明代商人消费传记的需要。④

宋代商人群体的文化程度普遍不高，在大多数商人对史传没有全面的把握与清

---

① ［明］毛伯温：《贾尚德传》，《毛襄懋先生别集》卷七，《四库全书存目丛书》本。
② ［明］刘凤：《故鄣黄长公传》，《刘子威集》卷四六，《四库全书存目丛书》本。
③ ［明］金瑶：《纪祁门李征君代偿事》，《金栗斋先生别集》卷二，《续修四库全书》本。
④ 张世敏：《论文学消费与思想文化之间的关系》，《文艺评论》2016年第10期，第49—55页。

晰的认识的条件下,当然不会有消费传记的需要。明代商人文化程度与史学修养的提升,形成了对传记有消费需求的顾客群体。

(二)利益追求。文学作品从审美的视角来看,是功利与非功利的统一。如果将文学作品放在更加广阔的视域中,从社会学的视角进行考察,则可以发现文学作品往往与功利密切相关,具体到传记领域更是如此。通过文人撰写的传记,商人们可以名扬天下,即"信今",更可以名垂后世,即"传后"。无论是"信今"抑或是"传后",其实归根到底是名,而在现实生活中,名与利之间是可以相互转换的。

商人通过传记而得名,以及获名与获利之间的对应关系,我们可以通过一组数据来窥见其一斑。从地域上来看,徽州商人以"好胜喜名"[1]而著称,在明代中期的商人传记中,徽州区区一府之地,而传主是徽州的商人传记所占比例超过了50%,与之相对应的是,徽州富商大贾在明代名扬天下、家喻户晓、资财雄厚,是明代最具势力的商帮之一。当然,这种对应关系只能说明名与利之间可能存在联系,却不能说明两者之间一定存在因果关系。事实上,商人支付润笔费向士人求取传记,是与士人建立密切关系的手段之一,士人们在传记或其他场合赞誉商人,是可以为商人们带来实实在在的利益的。这一点我们可以从明代商人传记等文献中找到证据,明代第一篇以"儒贾"命名的商人传记,即耿定向所作《儒贾传》,该传传主姓程,名豪,字子德,是徽州歙县人。其父在麻城岐亭经商,父亲过世之后,与其哥哥继承父业经商,因而"不遑业儒。然伯仲伟干雅姿,识度夷旷,大类儒者"[2]。据此可知,程豪并非儒士,只是像儒士而已。他之所以能得"儒贾"之名,是他善于经营名利的结果。传载程豪在资财丰厚之后,拜王阳明弟子郭今为师,与儒士交游,切磋学问,又有饭饥、葬殍、焚券等义行。以上种种,让程豪完成了从普通商人到儒贾的转型之后名利双收:

> 由是,子德之高谊喷喷满黄人口矣。麻城令金勿有治声,闻而贤之,榜书"贾中儒味",旌其门。子德曰:"命之矣!"适冢子生,遂以锡名。里人因咸称子德"儒贾"云。子德虽不废贾,然好儒益甚,远近款其门者益众。斥奇赢振施之不厌,而财益阜,不数年,且致千金。[3]

上面所引《儒贾传》中的这段文字可以表明,程豪之所以能够名利双收,是因为

---

[1] [明]凌濛初:《初刻拍案惊奇》,北京:中华书局,2014年,第354页。
[2] [明]耿定向:《耿定向集》,上海,华东师范大学出版社,2015年,第617页。
[3] [明]耿定向:《耿定向集》,第617—618页。

他谙熟名与利之间相互转换的规律。他先以利换名,以利换名主要有两种途径,即先与儒士交游,施行义举,通过这两种投资,程豪不仅换来了民间的声誉,更是受到了县令的旌扬,收获了"贾中儒味"之美誉,成了受到官方认可的儒商。有了儒商之名,程豪并没有如市中少年所说的那样迁言废事,反而以名为媒介,"不数年,而致千金",真正实现了名与利之间相互转换的良性循环。程豪对于名利之间的转换并非是偶然行之,偶然得之,而是主动运用规律的结果,他在训子时总结道:"吾家世受什一,不事儒,自吾一染指而士庶亲悦,贾且什倍。由是观之,儒何负于贾哉!尔曹勉矣。"①训子之言,当是发自内心的经验总结,具有较高的可信度。

以上据《儒贾传》所论,只能说明商人通过与儒士交游、施行义举,可以为其换来名,最终实现名与利之间的良性互动,但并没有明确证据说明商人向士人支付润笔费,能够为其带来那种转变成实际利益的名。不过,只要我们将视线从《儒贾传》扩大到其他的商人传记,就可以找到相关的证据。吕楠所撰的《安民泰传》(《续修四库全书》本《泾野先生别集》)有注:"安君亦豪侠不群者,得泾野传引之士君子之林,安可以货殖传名也。"②这说明得士大夫之传,商人便可因此而被引入士君子之林,成为儒商,最终像程豪一样名利双收。

程豪离开麻城后,安排奴仆到真州贩盐,可以归入盐商这一群体。程豪是徽州盐商的典型代表,而徽州盐商又是明代盐商的典型代表。在论及以盐商为代表的徽州商人群体时,张海鹏是这样评价的:

> 徽商在两淮之能执诸盐商之牛耳,还因为占有文化优势。徽商是一支以"儒贾"为特征的商帮,他们虽是商人,但不少又是文人,具有程度不同的文化知识和儒家的道德修养。③

徽商之所以能够执两淮盐商之牛耳,在于他们具备文化知识,能够与当时的文人士大夫结交,并在他们的经营下,有了"儒贾"之名。张海鹏之论与明代的文献大致上是相符的。明代盐商与其他行业的商人相比,更能体现出"好名"的特点,且愿意与士人结交,翻阅明代的商人传记,可以发现盐商传记所占比例颇高。在了解了明代盐商的特点后,我们需要进一步解决的问题是明代盐商与其他行业的商人相比,为何更加好名,更愿意与士人们结交?

要回答这个问题,我们还得回到明代盐业经营的社会背景及盐商人生存环

---

① [明]耿定向:《耿定向集》,第618页。
② [明]吕楠:《安泰民传》,《泾野先生别集》卷二八,《续修四库全书》本。
③ 张海鹏:《徽商研究》,北京:人民出版社,2010年,第167页。

境中去。有明一代,盐业是与政治结合最为密切的行业之一,军需之资,出于盐引。盐业的高额利润,导致了权贵往往突破制度的制约,参与到贩盐的行列之中,导致商灶俱困,私盐盛行。对此,给事中管怀理进言曰:

> 盐法之坏,其弊有六。开中不时,米价腾贵,召籴之难也。势豪大家,专擅利权,报中之难也。官司科罚,吏胥侵索,输纳之难也。下场挨掣,动以数年,守支之难也。定价太昂,息不偿本,取赢之难也。私盐四出,官盐不行,市易之难也。有此六难,正课壅矣,而司计者因设余盐以佐之。余盐利厚,商固乐从。①

在势豪大家与胥吏的共同作用下,明代的盐法已弊乱丛生,造成了边地米价暴涨、申报配领盐引难等社会问题。如果没有权力的庇护,普通的盐商势必会"息不偿本",难以获得利润,如果能通过官员贩卖余盐,利润十分丰厚。针对盐法之弊,浙江道监察御史汪奎等人亦有上书进言:

> 近年勋戚内官权势之家,奏讨开中盐利,驾马快官船多至二三百艘,于长芦等处满载南行,张揭钦赐黄旗。虽有巡盐巡河等官,莫敢谁何。在两淮关支者,每引勒多五六百斤,以致盐课亏折,商旅不行。②

勋戚内官权势之家参与贩盐,他们因挂着钦赐的黄旗,巡盐与巡河的官员不敢检查。由于权力的庇护,普通盐商与他们之间的竞争,便处于不利的地位。"商旅不行",指的当是遵循盐法,没有受到权力庇护的普通盐商,贩盐将难以为继。

贩盐的利润丰厚,得不到权力的庇护却是寸步难移,要想获得盐利,便只有一条路可走,即寻求与权力的合作。盐商们请士人们撰写传记,并支付高额的润笔费,即是结交士人的方式,同时也很可能就是利益转移的方式。盐商求名,归根到底是为了获利。其他行业的商人请文人为其作传,也是如此。从这一问题引出的商人与朝廷之间的名利互动、利利互动、位利互动等问题,值得作进一步的探讨与追问。

当商人们认为"信今传后"的传记可以满足其精神需求与物质需求时,便会产生对传记的消费需求,并愿意支付润笔费。明代商业环境与商人群体的改变,为商人传记培育了一批具有消费意愿的潜在消费者。

---

① [清]张廷玉:《明史》,北京:中华书局,1974年,第1941页。
② 《明宪宗实录》卷二六〇,台北:"中央研究院历史语言研究所",1962年,第4409页。

二、文人生产的目的

文学消费固然会受到消费者的影响与制约,然而,对文学消费产生决定性影响的是生产者。文人是否愿意为商人撰写传记,以何种方式为商人撰写传记,为商人撰写什么样的传记,等等,这些问题都将影响到商人的传记消费。本节要解决的问题是为何与明代之前相比,明代的文人愿意收取润笔费为商人生产传记?要妥善地解答这一问题,不能仅仅将答案简单地看作是儒家辞受标准的改变。

明代商品化商人传记并不是突然出现的事物,而是有着自己的历史渊源。史学家为商人立传,可以追溯到司马迁的《货殖列传》。明代文人沿着史志所开辟的商人传记的成路,进行商品化商人传记的创作,比在荒原中开辟一条全新的道路来说要容易得多。对于这一问题,笔者曾有论及:

> 明代以前正史与地方志中,已经出现了数量可观的商人传记。正史与地方志是官方文本,文人承袭史志为商人创作传记,不仅获得了一定程度的合法性,而且有了参照的范本。①

明代文集中的商人传记,其渊源可以追溯到正史、地方志中的商人传记,以及文集中承袭了史传寓褒贬的传统商人传记。

明代中期以后,文集中的商人传记以商品化商人传记为主流,与受史志影响的传统商人传记有着显著的差别。然而,在明中期与明晚期商品化的商人传记中,尤其是商品化早期的商人传记中,我们可以看得出商品化商人传记受到了传统商人传记的深刻影响。仅从《史记·货殖列传》中"人弃我取,人取我予"②之语出现在了吕楠《孙杨义交传》、汪循《石舒翁传》等商人传记中,便可以看出史志商人传记对于明代商品化商人传记的影响。在史志商人传记的影响之下,明代以商品化为主流的商人传记生产,既带有商业化的目的,同时又带有商业化之外的目的,现分述如下:

1. 引商人入士君子之林。在明代商人传记作者中,有一个特殊的群体,即理学家。宋明理学是儒家中的重要流派,在中国的思想史、哲学史中占有重要地位。在中国古代社会,儒士与商人两个阶层有着深深的隔阂,通常认为,宋明

---

① 张世敏:《论文学消费与思想文化之间的关系》,第49—55页。
② [汉]司马迁:《史记》,北京:中华书局,1982年,第3258—3259页。

理学家与商人两个阶层似乎也不会有太多的交集。实际上,"义利之辨"是宋明理学所研究的重要问题,以此作为切入点,宋明理学完成了从传统儒家重义轻利到"循天理而求利"的转变。对于义利之间的关系,朱熹认为:

> 君子未尝不欲利,但专以利为心则害,唯仁义则不求利而未尝不利也。当是之时,天下之人,唯利是求,而不复知有仁义。故孟子言仁义而不言利,所以拔本塞源而救其弊,此贤之心也。……循天理,则不求利而自无不利;徇人欲,则求利未得而害已随之。①

义与利并不是如传统儒家"君子喻于义,小人喻于利"②那样,是分离的,而是统一的。君子也求利,只不过君子所求之利,以及其求利的手段与常人不同,君子求利遵循天理,以不求之求,无往而不利。正是因为认识到了义与利之间既有矛盾的一面,同时也有相互依存的一面,朱熹在对待商人与商业时,与持义利分离观念的儒士是不同的,他训导子孙:

> 士其业者必至于登名,农其业者必至于积粟,工其业者必至于作巧,商其业者必至于盈资,若是,则于身不弃,于人无愧。③

如果立志成为士人,目标应当是科场登名;如果立志成为商人,目标应当是赢利。由此观之,朱熹对于经商并不排斥。此为朱熹训子之言,其可信度应当是很高的。

朱熹之后,宋明理学的学者们延续了朱熹对待义利、商人的态度,他们并没有排斥商人、排斥商业,反而希望通过某种方式,将商人这一群体引入士君子之林。为了达成这一目的,程敏政、汪循、吕楠、王阳明、耿定向、林希元等理学名家,在他们的文集中创作了不少商人传记。吕楠所撰的《安民泰传》,有将传主安民泰引入"士君子之林"④之意。除了吕楠之外,林希元为商人撰写传记也是为了达成这一目的。在林希元《同安林次崖先生别集》中,有为商人饶一贯撰写的《敦义记送饶一贯归广》,这篇文章记载了作者林希元在书斋中,忽闻有广人求见,见面之后,发现并不是衣冠之士。此人见面之礼有潮绢两端,槟榔与榄仁各一封,外加一份密煎。林希元细问之后才知道来人是饶一贯,江西抚州商人。饶一贯述其来意:

---

① [宋]朱熹:《四书章句集注》,《朱子全书》第6册,上海:上海古籍出版社,2010年,第247页。
② 杨伯峻:《论语译注》,北京:中华书局,2009年,第38页。
③ [宋]朱熹:《朱子遗集》,《朱子全书》第26册,第697页。
④ [明]吕楠:《安泰民传》,《泾野先生别集》卷二十八,《续修四库全书》本。

> 昔货楮，广中土人负予，资为倾。嘉靖己丑，我公督学，持牒上诉，蒙责偿所负，家沿复振。今妻孥弗至失所者，我公之力也。往公居钦州，尝因过价求谢，公不可，于心终不忘也。今公致政家居，念旧恩未报，心终弗宁，故不远千里踵门致谢，尽吾心焉耳矣。①

因报恩心切，故不远千里至闽地，以报林希元十几年前"责偿所负"之恩。林希元认为，官员勤于政事，公正无私，让人民从而得利，是他们的本职使然，不应当因此而认为自己对人民有恩德，而人民也没有必要认为官员对其施予了恩德。从理论上来说，此说并没有问题。然而，将饶一贯之事与古今之事进行对比，作者认为饶一贯之所为不是"人间易得之事"，理由是：

> 昔翟方进为廷尉，宾客填门，及退，门外可张雀罗。后复为廷尉，欲往，方进署其门曰："一死一生乃知交情，一贵一贱交情乃见。"夫为廷尉之客，必皆缙绅士夫也，当填门之时，必尝受翟公之恩泽者。彼其失位而去，复位而来，炎凉异态，宜为翟公所薄。一贯一贾人耳，素不知书，予以官司治事之公，非若翟公施恩于其客也，而一贯乃不忘旧恩，越十五年，历二千里而远来。使翟公之客闻之，岂不厚愧？遂礼而遣之。②

饶一贯作为一位商人，其所行之事比起士大夫来说要敦厚仁义得多。廷尉翟方对他身边的士大夫有私恩，当他失位之后，门可罗雀。作者林希元只是秉公办事，对饶一贯并无私恩，而饶一贯却在十五年之后，不远两千里而来谢恩。通过对比，高下立分。如果让翟方身边的士大夫听闻饶一贯之事，难道不会感到深深地愧疚吗？从作者的反问中，我们可以探究到他撰写这篇记的动机，即让士大夫们读了这篇文章有所感触，一变当时浇薄之风俗。林希元述饶一贯敦义之行，将其树立为士大夫的榜样，其引饶一贯入士君子之林，意甚明显。

周思兼是一位理学家，又是一位正直而有治事能力的官员，在平度任知州时，刚正不阿，赈济饥民，"入觐，举治行第一，当迁。州人走阙下以请，乃复留一年"③。他在《胶东二高士传》中叙述了一位卖菜、卖书为生的小商人梁生的平生事迹，对梁生的廉正、耿介进行了高度的赞誉：

> 斯人也，是吾之师也夫！是吾之师也夫！夫陈仲子、郝子廉，吾始以为战国人也，秦汉人也，今之人无有也。乃今复有斯人耶！使天下皆得斯人

---

①② ［明］林希元：《敦义记送饶一贯归广》，《同安林次崖先生别集》卷十，《四库全书存目丛书》本。
③ ［清］张廷玉：《明史》，第5511页。

者为之也,天下其有弗治耶?①

认为梁生足以为自己之师,可以与古代陈仲子、郝子等廉正之人一较高低,如果天下之人都能学习梁生之行事,便没有不治的道理。周思兼通过为梁生立传,不仅将其引入士君子之林,更将他当成了士君子的老师。

除此之外,程敏政《余氏义宅记》、耿定向《儒贾传》等传记,亦是如此。明代理学家为商人创作的传记,与明代以前史志、文集中的传统商人传记既有着内在的联系,同时也表现出了一定的差异性。以周思兼《胶东二高士传》为代表的高士商人传记,沿袭了史志商人传记寓褒贬的传统,几乎没有商品化的痕迹,而以林希元《敦义记送饶一贯归广》、耿定向《儒贾传》为代表的商人传记,在引商人入士君子之林的同时,也受到了文学商品化的影响。

2. 开商品化新路。文人为了润笔费为商人撰写商品化的传记,不可能是一蹴而就、突然出现的现象,而是经历了逐步发展的过程。如果没有史志商人传记导路于前,文人为商人撰写传记便没有了合法性及可供摹拟的范本。如果没有明代的理学家们为商人撰写非商品化传记,商人传记便不能成为让明人普遍接受的事物,文人也不可能为商人们大量撰写传记。只有在史志商人传记与理学家创作的商人传记作好铺垫之后,明代文人才能在商人传记领域开商品化之新路。

明代中、后期商人传记商品化,呈现出不断加深的趋势。明后期的李维桢便是创作商品化商人传记的典型代表,其传记因收取了润笔费而不得不为传主唱赞歌,最终罔顾传记的真实性创作原则。从总体上来看,在明代中、晚期,商品化与非商品化是文集商人传记的两条流脉。如若具体到某一位作家,则有的作家只撰写非商品化的商人传记,有的作家文集中既有商品化的商人传记,也有非商品化的商人传记,有的作家文集中则只有商品化的商人传记。

创作商品化商人传记的典型作家,除了明后期的李维桢、董其昌之外,明中期有吴子玉、严果、郑若庸等人。严果终身不仕,以卖文为生,在当时商品化文学创作中颇具文名。《天隐子遗稿序》云:"有素封某,子□函盛币,乞弇州碑不可得。得先生状,乃跃然许之。"②王世贞是当时文坛之执牛耳者,也是当时创作商品化文学作品的重要作家,其文集中有不少请托应酬之文,包括商人传记与商人墓志铭。有富豪支付润笔费向王世贞求墓碑文,王世贞却没有同意。严果为其撰写行状之后,王世贞欣然答应。严果在创作商品化文学作品领域的名气

---

① [明]周思兼:《胶东二高士传》,《周叔夜先生集》卷八,《四库全书存目丛书》本。
② [明]王翟:《天隐子遗稿序》,《天隐子遗稿》卷首,《四库全书存目丛书》本。

可见一斑。其文集中有商人传记一篇，是商品化商人传记。昆山郑若庸生于商品经济繁荣之地，也是商品化文学作家的典型代表：

> 时之名卿大夫，若九宇橚毂之众，每乐购其文，日猝猝应之不暇给。……二十年所，其稿多散落，存者尚盈积箧笥。①

他创作了大量的商品化作品，时人愿意向他购文，他也乐意为求文者撰文，二十多年间，即使是文稿散落，依然有大量的作品流传下来。在《蜻蛚集》中，不仅有为名卿大夫的传记、墓志铭，也有不少商人传记与墓志铭，其中商人传记13篇，分别是《坤岩记》《韦庵记》《南溪记》《迁叟传》《翳松子传》等。

郑若庸丝毫也不隐讳自己的商品化文学创作，他在《南溪记》开篇讲述了自己与歙人胡君南溪之间的关系：

> 余平生乐与歙之人士交，歙之人士亦多好余，于其山川井落生聚之所，咸得心记，若身历者。琶塘胡君南溪，通币往来越三纪矣。②

歙人与郑若庸彼此之间乐于与对方交往，必然是有原因的。歙县地属徽州，出了不少富商巨贾，而徽州商人好名是众所周知之事。郑若庸是苏州文人，可以为歙县人撰写传记。由于两者之间可以满足对方的需求，因而，彼此乐于交往便在情理之中。与郑若庸有几十年经济往来，并无高义之行，郑若庸为其撰写这篇传记，只是为了收取润笔费。

郑若庸创作商品化的商人传记，在当时并非个案，而成了普遍现象。对于这种社会现象，当时之人已有察觉。周晖《二续金陵琐事》所载王世贞与詹东图之间的对话，生动地说明了徽州商人与苏州文人之间的关系：

> 凤洲公同詹东图在瓦官寺中，凤洲公偶云："新安贾人见苏州文人如蝇聚一膻。"东图曰："苏州文人见新安贾人如蝇聚一膻。"凤洲公笑而不答。③

作为苏州文人，王世贞说徽州商人见到苏州文人，就像苍蝇聚集在腥膻的羊肉上一样。王世贞执当时文坛之牛耳，徽州商人消费墓碑文、传记等，当然首选王世贞。王世贞嘲笑完过徽州商人后，没想到的是马上遭受了嘲笑。詹东图接过他的话说道，苏州文人见到徽州商人，也像苍蝇聚集在腥膻的羊肉上一样。徽州商人资财雄厚，能够支付得起高额的润笔费，故苏州文人也乐于为徽州商人撰写墓碑文与传记。郑若庸与胡君南溪，是苏州文人与徽州商人文学消费的典

---

① ［清］郑存仁：《蜻蛚集序》，《蜻蛚集》卷首，《四库全书存目丛书》本。
② ［明］郑若庸：《南溪记》，《蜻蛚集》卷一，《四库全书存目丛书》本。
③ ［明］周晖：《二续金陵琐事》，南京：南京出版社，2007年，第312页。

型代表。

　　总而言之,明代文集中出现大批商人传记,是商人参与传记消费的结果。明代商人能够实现传记消费,不能简单地归因为儒家对润笔费辞受标准的改变,而是应当从商人传记生产者与消费者两方面找原因。作为商人传记的消费者,商人之所以愿意支付润笔费,向文人购买商人传记,是想通过传记获取"信今传后"之名,并在名利互换的过程中,追逐现实利益。文人愿意收取润笔费为商人立传,既与明代以前史志中就出现了商人传记相关,更与现实利益密切相关。文人一方面希望通过传记将商人引入士君子之林,让商人接受士人阶层的价值观念,接受儒家道德观念的约束;另一方面,收取润笔费也随着传记商品化的深入,而成了明代文人的普遍现象。从明代商人传记生产目的与消费动机之中,可以得知文学商品化不仅与对润笔费的辞受标准的改变之类的思想因素相关,更与名利交换、不同阶层价值观念传播与引导等现实利益有着密切关系。

袁枚的文章传名论

李卓娅[①]

袁枚的性灵诗及其性灵说,在乾隆后期的诗坛上,影响很大,蒋湘南《游艺录》有云:"袁简斋独倡性灵之说,江南江北靡然从之。自荐绅先生下逮野叟方外,得其一字,荣过登龙,坛坫之局生面别开。"[②]从中,我们可以看出袁枚受欢迎的程度。闺秀也好,方外也罢,以及草衣、文士,皆以得袁才子一字为荣,求其题画、题楼、题诗册者络绎不绝,以至于袁枚分身乏术,日常之暇,不得不花费大量的精神去偿还"诗债"。然而在士人们普遍信仰"太上立德,其次立功,其次有立言"的时代里,袁枚为什么会选择纯粹地以最后一种方式胜出?他对以文章传名是如何认知的?他的著述又是何以得到如此广泛的流布与传播的呢?这就需要我们深入到他的论诗系统和诗歌创作内部去寻找一些相关的因素与可能性。

一、袁枚对文章传名的认识

> 周德卿之言曰:"文章徒工于外者,可以惊四筵,不可以适独坐。"斯言也,余颇非之。文章非比阴德,不求人知。景星庆云,明珠美玉,谁不一见即知宝贵哉?吟蛩唧唧,呓语惛惛,彼虽自鸣得意,岂足传之不朽?得之虽苦,出之须甘;出人意外者,仍须在人意中:古名家皆然。况四座之惊,有知音,有不知音;独坐之适,有敝帚之享,有寸心之知:不可一概而论。[③]

从袁枚对周德卿的反驳中,我们可以看出袁枚对文章传播的态度:他认为

[①] 李卓娅,华中师范大学文学院古代文学2009级硕士,华中师范大学文学院2020级在读博士生。
[②] [清]蒋湘南:《游艺录》,资益堂馆民国二年(1913)刻本。
[③] [清]袁枚著,顾学颉校点:《随园诗话》,北京:人民文学出版社,2006年,第184—185页。

文章不是阴德,文章一经写出就是要"求人知"的,如果文章不足以"传之不朽",虽"自鸣得意"也是没有价值的。袁枚的这番话很有前瞻性,与现代传播学的理论不谋而合,现代传播学认为,诗之为诗,以传播为前提,也以传播为旨归,传播是诗的生命,是诗的动力,也是诗的存在形态和展开形态。故毋庸置疑,袁枚是有意于文章的传播的。

而随着文章在人际与群体中的传播,其创作者也会随之声名鹊起,袁枚乐此不疲地记载高丽国的使者络绎不绝地来购买其诗集的盛况,以及对其个人起居年齿的询问,就意味着他对自己声名远播的得意和重视。袁枚自述自己"十二举茂才,二十试明光,廿三登乡荐,廿四贡玉堂,自期必管乐,致主必尧汤"①,然而自从其改官江南之后,他的人生观念不断地调整改进,从一开始的"致主必尧汤",到后来的"不求勋与策"②,其人生价值的追求由向外建功立业转为向内追求个人生命的绝对完成。但是,在这个转变的过程中,文章却贯穿其价值追求的始终,从少年时期的以文章报国来实现自己的人生理想,转变为以文章传名来实现自己的人生价值。我们需要注意的是,到这里,文章从实现人生价值的手段变成了直接载体。因此,在随园山居的近五十年中,"岁月花与竹,精神文与诗"③"赖此文字间,著作为生涯"④,作诗写文成为其重要的生命支柱,他的诗中也曾多次传达对传名的渴望与焦虑,如其在《秋夜杂诗》中以调侃的口吻说"妻子咸我嗫,名传亦难恃"⑤,正是因为自己终日读书,妻儿才会嘲笑其嗫嗫之状,而终日读书的目的就是为了使文章传名,虽然袁枚在这里故作轻松,但是"名传亦难恃"一句中仍透露出他企图以文章传名,而实际上困难重重的焦虑。乾隆十九年,秋天的一场疟疾,使袁枚劫后余生,病起时他仍念念不忘"想为文章穿尚早,故蒙天意死教迟"⑥,而其《遣怀》诗中"传名早死皆高寿"⑦和《书怀》中的"不信吾无后世名"⑧两句,意味着其对传名的重视达到了前所未有的程度。

透过以上的分析,我们可以看出文章传名是袁枚所期望的实现人生价值的有效方式,是一种有意而为之的行为,然而与之矛盾的却是,袁枚在《随园诗话》

---

① [清]袁枚著,周本淳标校:《小仓山房诗文集》,上海:上海古籍出版社,1988年,第318页。
②⑤ [清]袁枚著,周本淳标校:《小仓山房诗文集》,第232页。
③⑦ [清]袁枚著,周本淳标校:《小仓山房诗文集》,第310页。
④ [清]袁枚著,周本淳标校:《小仓山房诗文集》,第283页。
⑥ [清]袁枚著,周本淳标校:《小仓山房诗文集》,第234页。
⑧ [清]袁枚著,周本淳标校:《小仓山房诗文集》,第257页。

中多次提到《三百篇》,并推崇其传播是无意于传名的。如果我们想弄清楚袁枚对于文章传名的真正态度,我们就需要弄清楚袁枚所说的"无意"和我们所说的"有意"两个词汇的内涵与外延,即它们是从哪个层面上来说的?它们的对象又是什么?我们不妨详细地来解读一下袁枚关于《三百篇》的两段论述。

> 最爱周栎园之论诗曰:"诗以言我之情也,故我欲为则为之,我不欲为则不为。原未尝有人勉强之,督责之,而使之必为诗也。是以《三百篇》称心而言,不著姓名,无意于诗之传,并无意于后人传我之诗。嘻!此其所以为至与!今之人,欲借此以见博学,竞声名,则误矣!"①

> 《三百篇》不著姓名,盖其人直写怀抱,无意于传名,所以真切可爱。今作诗,有意要人知有学问、有章法、有师承,于是真意少而繁文多。予按:《三百篇》有姓名可考者,惟家父之《南山》,寺人孟子之《萋菲》,尹吉甫之《崧高》,鲁奚斯之《閟宫》而已。此外,皆不知何人秉笔。②

通过以上两段论述,我们不难发现,《诗三百》的作者着意的是诗歌创作本身,而并没有用任何人为力量去促进诗歌的传播,甚至根本没有在自己的作品中标榜自己的名字,但事实却是,他们的诗歌遍播寰宇,袁枚认为这是一种非常理想的诗歌传播方式,这种传播方式与近世的传播方式截然不同,因此,他在《诗话》中对以古君子和近世士人的诗歌传播方式进行了对比:

> 钱辛楣少詹序冯畹庐之诗曰:"古之君子,以诗名者,大都自抒所得,而非有意于求名;故一篇一句,传诵于士大夫之口。后人荟萃成书,而集始名焉。南齐张融自题其集,有《玉海金波》之名。五代和凝镂集行世,人多笑之。近世士人,未窥六甲,便制五言。又多求名公为之标榜,遂梓集送人。宜于诗学入之不深,而可传者少。"③

古君子诗歌的传播:自抒所得→传诵于士大夫之口→荟萃成书→集始名焉
近士人诗歌的传播:未窥六甲,便制五言→求名公标榜→梓集送人

这组对比可让我们看到古今诗歌传播路径的不同,是从诗歌的创作阶段开始的,古君子兴会神到,自抒所得,而近世士人却诗艺不精,勉强为之;古君子的诗歌先经过口头传诵,再荟萃成书,而近世士人则先求名公标榜,再梓集送人。在整个诗歌传播的过程中,两种传播途径的传播动力是不同的,古君子诗歌的传播从一个链条到另一个链条都是靠的诗歌本身的力量在推动,而近世士人诗

---

① [清]袁枚著,顾学颉校点:《随园诗话》,第74页。
② [清]袁枚著,顾学颉校点:《随园诗话》,第223页。
③ [清]袁枚著,顾学颉校点:《随园诗话》,第600页。

歌传播的链条传动充满了人力的推动,他们专工"邀誉之学"①,撤掉任何一个环节的人为因素,诗歌的传播都将无法完成。

至此,我们可以清楚地了解到,"无意"与"有意"两个词汇的义涵:我们所说的"有意"是作者有以文章传名的主观意图,并且有意把全部的精力都放在使自己读书更加精进,作文更加精湛上面。而无意则更多是从诗歌传播的动力角度来讲,在诗歌从创作到"集始名焉"的整个过程中,都不要加入人为的因素,让诗歌的传播依靠诗歌本身的力量自然而然地发生发展。

二、文章传名的必要条件

透过以上分析,我们知道袁枚的文章在海内外流布广泛,并且他本人也是有意于以文章传名的,但是正如袁枚所说,以文章传名并不是一件容易的事情,接下来我们可能会产生一个疑问,那就是这些文章究竟是借着什么样的特质得以遍播寰宇的。想要厘清这个问题,我们还是需要深入到袁枚诗歌的深层内部去寻求一些相关因素,并试图结合袁枚的论诗系统去挖掘出一些关于诗歌流传的更具有普遍性的相关可能。

(一)借诗佳

> 余尝云:"凡诗之传,虽借诗佳,亦借其人所居之位份。如女子、青楼、山僧、野道,苟成一首,人皆有味乎其言,较士大夫最易流布。"②

在袁枚看来,诗歌的传播有两个至关重要的凭借,即"诗佳"和"位份",分别是从诗歌本身和创作主体的角度来认识这个问题的,接下来我们就层层抽丝剥茧,先来发现"诗佳"之真相。

1. 凡诗之传者,都是性灵

关于文章足以传播的特质,袁枚同时代的人有各自的看法,如:

> 近日有巨公教人作诗,必须穷经读注疏,然后落笔,诗乃可传。余闻之,笑曰:且勿论建安、大历,开府、参军,其经学何如,只问"关关雎鸠""采

---

① [清]叶燮著,孙之梅,周芳批注:《原诗》,《历代诗话丛书》,南京:凤凰出版社,2010年,第52页。
② [清]袁枚著,顾学颉校点:《随园诗话》,第348页。

采卷耳",是穷何经、何注疏,得此不朽之作?陶诗独绝千古,而"读书不求甚解";何不读此疏以解之?梁昭明太子《与湘东王书》云:"夫六典、三礼,所施有地,所用有宜。未闻吟咏情性,反拟《内则》之篇;操笔写志,更摹《酒诰》之作。'迟迟春日',翻学《归藏》;'湛湛江水',竟同《大诰》。"此数言振聋发聩;想当时必有迂儒曲士,以经学谈诗者,故为此语以晓之。①

某巨公认为"穷经读注疏"是诗可传的必要条件,袁枚质问如《三百篇》、陶诗之类的不朽之作,"是穷何经、何注疏"得来的,这一反问掷地有声,袁枚的思维很清晰,他知道但凡能举出一个反例,便能证明对方的论点是不成立的,这就意味着"穷经读注疏"绝不会是可传之诗的必要条件,相反,袁枚认为经学和诗歌相去甚远,以经学谈诗,更是背诗道而驰之。那么,如《三百篇》之类的诗歌究竟是如何传播开来并得以不朽的呢?我们来看袁枚的这段论述:

> 人有满腔书卷,无处张皇,当为考据之学,自成一家;其次,则骈体文,尽可铺排。何必借诗为卖弄?自《三百篇》至今日,凡诗之传者,都是性灵,不关堆垛。惟李义山诗,稍多典故;然皆用才情驱使,不专砌填也。②

这段文字可谓上段论述的阐发和说明,明确地指出"自《三百篇》至今日,凡诗之传者,都是性灵"。"性灵"是袁枚论诗的核心概念,没有性灵的诗在袁枚看来根本不具备诗歌的特质,更毋庸再提流传千古了,因此,本文对于"性灵"这个必要条件不再赘述。然而我们想要更深入地认识这个问题,即想要弄清楚袁枚在这里所说的性灵的外延是什么,我们就需要关注他提到性灵时的参照系是什么,很明显,在他的上一段论述中,其参照系是"穷经读注疏"的经学家;本段论述中的参照系是"借诗卖弄"的考据学家,他们有满腔的书卷学问,无处张皇,就在诗中堆砌典故。由此我们便可从问题的另一面出发,得出结论,即没有典故堆砌的诗,方能成为性灵之诗,才能获得传播的可能性。当然,袁枚的逻辑很缜密,他自举反例,列出规律之外的状况,并不是所有用典多的诗都无性情,像李义山般能用才情驱使的典故,便不算堆砌。因此,虽然袁枚诗中也多用典故,但仍然能做到"好句遥传见性情"。

因此,在袁枚看来,抒写"性灵"是"诗佳"的第一要件,而这一条是针对堆砌典故者而言,通过袁枚的论诗体系,我们可以了解到他所批评的堆砌者有浙派后学和考据派,甚至包括倡导神韵说的王世禛,这一点可谓一石三鸟。

---

① [清]袁枚著,顾学颉校点:《随园诗话》,第567页。
② [清]袁枚著,顾学颉校点:《随园诗话》,第146页。

2. 流传至今者,皆即情即景

> 陆鲁望过张承吉丹阳故居,言:"祐善题目佳境,言不可刊置别处,此为才子之最也。"余深爱此言。自古文章所以流传至今者,皆即情即景,如化工肖物,着手成春,故能取不尽而用不竭。不然,一切语古人都已说尽,何以唐、宋、元、明,才子辈出,能各自成家而光景常新耶? 即如一客之招,一夕之宴,开口便有一定分寸,贴切此人、此事,丝毫不容假借,方是题目佳境。若今日所咏,明日亦可咏之,此人可赠,他人亦可赠之,便是空腔虚套,陈腐不堪矣。①

这一段话的核心问题是在讨论"自古文章所以流传至今"的原因是"皆即情即景""言不可刊置别处",并从正反两面进行详细阐述和举例说明。这也是笔者在阅读袁枚诗文集中获得的最大感受,袁枚流传至今的近7000首诗中,大部分是迎来送往的应酬之作,大抵有赠答、唱和、送别、题画和吊挽悼亡五个类型。而也有相当一部分偶兴杂感之作,大抵是其对随园景物、名山大川的描写和自己人生看法的阐述,可是这些不断重复出现的主题中,袁枚的每一首诗却是常读常新的,丝毫没有任何的"叠床架屋"②之感,究其原因,正是袁枚在写诗的过程中遵循了"皆即情即景""言不可刊置别处"的创作原则,其在"一客之招,一夕之宴",开口有一定分寸,并且贴切此人、此事。正如叶燮所说:"应酬诗有时亦不得不作。虽是客料生活,然须见是我去应酬他,不是人人可将去应酬他者。如此,便于客中见主,不失自家体段,自然有性有情,非幕下客及捉刀人所得代为也。"③而在其偶兴杂感类的诗歌中,袁枚很少从故纸堆中去寻求某种意象的固定文化内涵,而是从自己独特的认知与感受出发,即情即景,贴切其此时此刻的心情而作。如在随园里,让袁枚最牵挂的花是梅花,而在袁枚诗中出现的梅花从来不会沿袭其传统的文化意义,他会从买梅、种梅、看梅的角度写来,写自己"典尽朝衫""丈量雪山",以及与园丁"闲话夕阳"④的独特经历,梅花于袁枚更像一个老友,读书时它"横斜窗前",生病时它"横窗作微笑"⑤,其中有几分风趣,亦有几分温暖,而这些感受正是独一无二的,这是梅花之于袁枚的独特意义,由这些独特的意义和独有的感受出发,形成的诗篇自然也是"不可刊置别处"的,这也是袁枚的诗得以流传至今的重要法宝。

---

① [清]袁枚著,顾学颉校点:《随园诗话》,第19页。
② [清]袁枚著,周本淳标校:《小仓山房诗文集》,第813页。
③ [清]叶燮著,孙之梅、周芳批注:《原诗》,《历代诗话丛书》,第63页。
④ [清]袁枚著,周本淳标校:《小仓山房诗文集》,第207页。
⑤ [清]袁枚著,周本淳标校:《小仓山房诗文集》,第236页。

3. 受众广泛

袁枚曾在诗话中记载过这样一件事：

> 有汪孝廉以诗投余。余不解其佳。汪曰："某诗须传五百年后，方有人知。"余笑曰："人人不解，五日难传，何由传到五百年耶？"①

袁枚认为汪孝廉之诗"五日难传"，因为其诗"人人不解"。可见，想要让诗歌流布必须要有广泛的受众基础，受众是诗歌传播链条上的目的地，它展示和反馈诗歌的传播效果，如果没有受众，诗歌也谈不上传播。而在袁枚看来，诗歌想要拥有广泛的受众，首先要做到在语言层面上人人能解，这一点与白居易追求的"老妪能解"有相似之处，即在袁枚看来，诗歌的受众不仅仅是诗坛上所谓的"意见领袖"②，更应该是所有的预期接受者、现实接受者和潜在接受者。所以，袁枚致力于追求白描式的语言，而这种语言与公安三袁的"率直浅俗"不同，因为在追求"言浅"的同时，袁枚同样着意于"意深"，他在《诗话》中如是说："《漫斋语录》曰：'诗用意要精深，下语要平淡。'余爱其言，每作一诗，往往改至三五日，或过时而又改。何也？求其精深，是一半工夫；求其平淡，又是一半工夫。非精深不能超超独先，非平淡不能人人领解。朱子曰：'梅圣俞诗，不是平淡，乃是枯槁。'何也？欠精深故也。郭功甫曰：'黄山谷诗，费许多气力，为是甚底？'何也？欠平淡故也。"③可见，要想让诗歌拥有广泛的受众基础，言浅还须意深。

但是仅仅做到"言浅意深"也是远远不够的，还要考虑到受众的审美趣味：

> 金纤纤女子诗才既佳，而神解尤超。或问曰："当今诗人，推两大家，袁、蒋并称，何以袁诗远至海外，近至闺门，俱喜读之，而能读蒋诗者寥寥？"纤纤曰："乐有八音，金、石、丝、竹、匏、土、革、木，皆正声也。然人多爱听金、石、丝、竹，而不甚喜听匏、土、革、木。子试操此意，以读两家之诗，则任、沈之是非，即邢、魏之优劣矣。"④

> 或问："明七子摹仿唐人，王阮亭亦摹仿唐人。何以人爱阮亭者多，爱七子者少？"余告之曰："七子击鼓鸣钲，专唱宫商大调，易生人厌。阮亭善为角徵之声，吹竹弹丝，易入人耳。然七子如李崆峒，虽无性情，尚有气魄。阮亭于气魄、性情，俱有所短。此其所以能取悦中人，而不能牢笼上

---

① ③ ［清］袁枚著，顾学颉校点：《随园诗话》，第271页。
② "意见领袖"是传播学的一个术语，它最早出现于美国学者拉扎菲尔德等三人合著的《人民的选择》，转引自杨志学《诗歌传播研究》，北京：首都师范大学出版社，2005年。
④ ［清］袁枚著，顾学颉校点：《随园诗话》，第829—830页。

智也。"①

第一段论述中,袁枚转引其诗弟子金纤纤对袁、蒋两家的评价,告诉我们"人多爱听金、石、丝、竹,而不甚喜听匏、土、革,木",袁枚的诗歌之所以"远至海外,近至闺门",皆因其音调暗合了大众的口味,而蒋士铨就没那么幸运了,他的诗调因不符合大众之审美口味,而读者寥寥。这正如明七子和王世贞的异同,二者都追摩唐人,可是王世贞的诗却更易入人耳。

除以上所述两点之外,诗中的描写对象如果能具有一般规律,能让更广泛的接受者有投射作用的话,会更有助于传播:

> 余咏宋子京有句云:"人不风流空富贵,两行红烛状元家。"家香亭袭之,赠张船山云:"天因著作生才子,人不风流枉少年。"似青出于蓝。②

在这一则诗话中,袁枚述之而不论,称袁香亭青出于蓝,然而原因是什么呢?我们试析之。对比两首诗中的四句话,我们发现他改"空富贵"为"枉少年",改"状元家"为"生才子",而这无疑扩大了诗歌的受众群体,因为人人都有少年,然富贵之人毕竟为少数;天下才子数以万计,而状元却寥寥无几。当然袁枚这二句诗是有其固定的创作语境的,但是仅从一般意义上来讲,袁香亭的诗确实更具有传播之特质。正如袁枚提到的那首著名的《自忏》诗"自家漫诩便便腹,开卷方知未读书。最羡两堤杨柳树,看他越老越心虚"③,张月楼的这首诗甚至在今天流传都非常广泛,时时会被人引用,正是因为它抓住了自然界的本质规律,并巧妙地用以喻人,自警又警人警世,能够引起广泛的共鸣。

(二)借位份

以上我们通过袁枚的论诗体系以及其诗歌创作实践,分析了诗歌传播流布的内在因素,即诗歌本身应具有易于流布的特性。接下来我们将会从诗歌的创作主体角度对其外因进行描述和分析,我们先看以下几则袁枚关于身份与诗歌传播的论述:

> 余尝云:"凡诗之传,虽借诗佳,亦借其人所居之位份。如女子、青楼、山僧、野道,苟成一首,人皆有味乎其言,较士大夫最易流布。"④

---

① [清]袁枚著,顾学颉校点:《随园诗话》,第122页。
② [清]袁枚著,顾学颉校点:《随园诗话》,第816页。
③ [清]袁枚著,顾学颉校点:《随园诗话》,第780页。
④ [清]袁枚著,顾学颉校点:《随园诗话》,第247—248页。

从来闺秀及方外诗之佳者,最易流传。余编《随园诗话》,闺秀多而方外少,心颇缺然。①

人有以诗重者,亦有诗以人重者。古李、杜、韩、苏,俱以诗名千古。然李、杜无功业,不得不以诗传。韩、苏有功业,虽无诗,其人亦传也,而况其有诗乎?②

余笑曰:"如温、李方是真才,力量还在韩、苏之上。"太史愕然。余曰:"韩、苏官皆尚书、侍郎,力足以传其身后之名。温、李皆末僚贱职,无门生故吏为之推挽,公然名传至今,非其力量尚在韩、苏之上乎?"③

从中,我们基本可以理出一个关于诗歌传播的难易与身份之间的相关关系来:

闺秀、方外

↑

士大夫中有功业者

↑

士大夫中无功业者

可以看出,闺秀(包括女子、青楼)和方外(山僧、野道)的身份位于金字塔的顶端,最易于诗歌的流布;而士大夫中如韩、苏般有功业的身份位居其次;无功业的文人士大夫如温、李者则居于塔底。袁枚并没有告诉我们他这一结论如何得出,但是我们从他的论诗体系中能够看出,他对这一结论深信不疑,以至于方外之人,求他题诗,他竟无情拒绝,理由就是方外之诗最易流布,不需假借人力的标榜。

而袁枚自己在诗话的创作中,通常的做法是标明身份,其诗话中出现的诗人身份大致按照社会角色可以分为方外、闺秀、青衣、武人、布衣、士大夫等;按照其治学门类,袁枚对他们的描述分别为善画工诗、能书工诗、善弈工诗、通医工诗、经学家而能诗、考据而能诗等。

那么,袁枚为什么会不厌其烦地突出强调他们的身份呢? 当然,作为一部诗歌批评的论著,袁枚需要让读者知人论世,诗话的独特批评形式又经常会以诗人的实际境遇为话题的引子,从而起到阐微显幽的作用。但是,作为阐述袁枚诗学思想的重要理论著作,袁枚更追求的是其关注度与传播度,而标榜身份,

---

① [清]袁枚著,顾学颉校点:《随园诗话》,第662页。
② [清]袁枚著,顾学颉校点:《随园诗话》,第589页。
③ [清]袁枚著,顾学颉校点:《随园诗话》,第161页。

恰恰是提高其传播度的一个手段,袁枚对这一点有清醒的认识:

> 青衣郑德基,久选其诗入《诗话》矣。今秋从邳州归,又送诗来。再录其《濠梁题壁》云:……余谓诗有因贵而传者,有因贱而传者,如此等诗出于士大夫之手,而不出于奴星,则余反不采录矣。①

郑德基为青衣身份,即袁枚所说的"奴星",其身份卑微,但却在袁枚的笔下数次出现,录其诗达十三首之多(《夜行》《梅雨》《马嵬》《朝天寺》《上元无月》《除夕》《栈道》《与友黄鹤楼分袂》《赠隐者》《咏帘内美人》《濠梁题壁》《呈袁椒园先生》等),这在"争以诗来,求句摘"而不得的情况下,弥足珍贵,袁枚也乐得直率,直言录其诗正是因其奴星身份,而袁枚这样做正是因为"诗有因贵而传者,有因贱而传者",而郑德基正是贱者。

至于袁枚对那些经学家、天文历算家、戏剧家的诗歌的记述,除却其诗歌本身佳秀之外,袁枚更是试图通过揭示他们所不为人知的一面,来引起人们的关注度,如他提到梅定九时有云"梅定九先生以算法、《易》理,受知圣祖。人但知其朴学,而不知诗故风雅"②。提到洪昇时有云"钱塘洪防思昇,相国黄文僖公机之女孙婿也。人但知其《长生》曲本,与《牡丹亭》并传,而不知其诗才在汤若士之上"③。提到郑玑尺时有云"吾乡郑玑尺先生,……湛深经学,而诗独风骚"④。我们可以说袁枚在这里的确是利用了人们的好奇心理。

(三)人专则诗必传

透过以上的分析,我们知道诗歌的传播度与创作主体的身份息息相关,但对于诗歌的传播来说,这是一个不确定因素,具有极大的偶然性和不可把控性,诗传仍然建立在诗佳的基础之上。那么,在创作主体方面,想要增加诗歌的传播度,有没有可以把控的因素呢?我们来看袁枚的这段论述:

> "传"字"人"旁加"专",言人专则必传也。尧、舜之臣只一事,孔子之门分四科,亦专之谓也。唐人五言工,不必七言也;近体工,不必古风也。宋以后,学者好夸多而斗靡。善乎方望溪云:"古人竭毕生之力,只穷一经;后

---

① [清]袁枚著,顾学颉校点:《随园诗话》,第800—801页。
② [清]袁枚著,顾学颉校点:《随园诗话》,第29页。
③ [清]袁枚著,顾学颉校点:《随园诗话》,第28页。
④ [清]袁枚著,顾学颉校点:《随园诗话》,第394页。

人贪而兼为之,是以循其流而不能溯其源也。"①

袁枚从字源学的角度探究"专"与"传"的关系,并认为"人专则必传也",这就是我们所谓的创作主体的可把控因素。那袁枚所说的"专"究竟具有什么样的内涵和外延呢?

我们知道袁枚对经学家论诗和考据学家作诗感到深深的不满,究其原因就是他们以经学和考据学的方式作诗,他们的诗也被称为"学人"之诗,袁枚认为他们并没有把握住诗歌的核心特质,仅仅是把自己擅长的学问代入到诗歌创作之中。换言之,他们在袁枚的眼中属于对诗歌"不专"之人,袁枚在《随园诗话》中转引《荀子》有云:"艺之精者不两能也。"②关于这个问题,袁枚的朋友程晋芳也持相似的观点,曰:"时文之学,有害于古文;词曲之学,有害于诗。"③他在这里所说的有害就是指从事于时文之学和词曲之学过深,诗则不精。诚然,前明一代的"金正希、陈大士与江西五家,可称时文之圣;其于诗,一字无传。陈卧子、黄陶庵不过时文之豪;其诗便有可传"④。而近代深经学而能诗的人也不过郑玑尺、惠红豆、陈见复三先生而已。故我们可以看出,袁枚所说的"专"字的第一个义涵是指在治学门类上要专精,即一人一生只从事一门学问。要学会适当地取舍,在袁枚心目中,桐城派的创始人方苞正是听从了刘公㦸"人各有性之所近,子以后专作文,不作诗可也"⑤的劝诫,才终身不再作诗,从而在作文方面取得了巨大的成就。

除此之外,袁枚对专于作诗的人也提出了要求:不必众体兼备,不要学今人"知集中缺某体,故晚年必补做此体,往往吃力不讨好"⑥,而唐诗为什么可以达到那么高的成就,正是因为唐人能够"五言工,不必再工七言也;古体工,不必再工近体也。是以得情性之真,而成一家之盛。试观李、杜、韩、苏全集,便见大概"⑦。由此,我们可以了解到,他所说的"专"字的第二层义涵就是诗人须专工一体。

三、传播形式

任何信息的传播都需要借助一定的媒介,诗歌的传播自然也不能例外,古

---

① [清]袁枚著,顾学颉校点:《随园诗话》,第162页。
②③④ [清]袁枚著,顾学颉校点:《随园诗话》,第267页。
⑤ [清]袁枚著,顾学颉校点:《随园诗话》,第119页。
⑥⑦ [清]袁枚著,顾学颉校点:《随园诗话》,第821页。

往今来，人们在传递信息中用到的媒介，在诗歌传播中都得到了运用和体现，我们考察袁枚的诗歌之流传，诗集始终是其声名遍播寰宇的一种重要方式。

早在江宁任上，门下士谈毓奇就为之刻《双柳轩诗文集》二册，这是袁枚最早的诗文集，而此后的《小仓山房集》更是风靡海内外，袁枚在《随园诗话》中记载山西诗人胥绳武谈到《小仓山房诗集》时，用"喜是名山藏未得，传抄今已遍寰区"①来形容其传播的广泛程度。袁枚也曾自述"余刻《诗话》《尺牍》二种，被人翻板，以一时风行，卖者得价故也。近闻又有翻刻《随园全集》者"②。盗版的出现也恰恰印证了其著述之畅销。然不可思议的是，有些人竟然用偷盗的方式来满足自己对袁枚诗集的追慕，《随园诗话》中就曾记载这样一桩事情："余在山阴，徐小汀秀才交十五金买《全集》三部，余归如数寄之。未几，信来，说信面改'三'作'二'，有挖补痕，方知寄书人窃去一部矣。"③袁枚对这件事的记载，除了有对盗贼的愤怒，恐怕也有几分得意之情吧。然而更令其得意的事情是林远峰所说的怪事："新建吴某夜被盗，七人明火执仗，捆绑事主，甚闹，最后有美少年，盛服而至，翻撷架上，见宋板《文选》《小仓山房诗集》各一部。笑曰：'此富儿能读随园先生文，颇不俗，可释之。'手两书而去。"④林远峰是谁，袁枚并没有交代，他所说的话有几分真实性，袁枚也不会去考证，然而，其中所反映的袁枚诗集的影响力却是不容置疑的。

袁枚的集子不仅在国内产生了广泛的影响，而且早已遍播海外。姚鼐于《袁随园君墓志铭并序》中说袁枚"名越海邦"⑤，邱炜萲《五百石洞天挥麈》说得更详细："浙江钱塘袁简斋先生枚，《随园全集》及身而传，风行海内外，久而弥显。"⑥这里的"名越海邦""风行海外"说的就是袁枚的著述包括诗学已传及日本与朝鲜。

清代是中日文化交流频繁的时代，特别是江户时代（1603—1849）后期，清人诗集更是大量地进入日本，据日本学者松村昂1998年未刊稿《袁枚〈随园诗话〉在日本的影响》统计，从1791至1859年，袁枚的《随园诗话》《小仓山房集》《小仓山房文钞》《小仓山房尺牍》《随园三十种》都陆续传入日本，由此，在近100年的时间里，日本展开了关于袁枚的广泛而深入的研究和争论，以至于有些汉

---

① ［清］袁枚著，顾学颉校点：《随园诗话》，第709页。
② ［清］袁枚著，顾学颉校点：《随园诗话》，第630页。
③④ ［清］袁枚著，顾学颉校点：《随园诗话》，第711页。
⑤ ［清］姚鼐：《惜抱轩诗文集》之《文集》卷一三，上海：上海古籍出版社，1992年，第201—202页。
⑥ 王英志：《袁枚全集》第8册附录，南京：江苏古籍出版社，1997年，第354页。

学家对日本诗坛"满口说袁枚"①的现象表示不满。

而袁枚诗歌与诗学在朝鲜的影响虽然不及日本,但是袁枚的作品毕竟还是传入了朝鲜并且引起了一定的反响,朝鲜大约在乾隆后期对袁枚的作品产生兴趣,袁枚在《随园诗话》中记载:"方明府于礼从京师来,说高丽国史臣朴齐家以重价购《小仓山房集》及刘霞裳诗,竟不可得,怏怏而去。亡何,金畹香秀才来,又说此事,与前年方公维翰所云相同,但使者姓名不同耳。余按:史称新罗国请冯定撰《黑水碑》,吐谷浑有《温子昇文集》。外夷慕化,往往有之,况高丽原有箕子之余风乎?"②袁枚所说的使臣朴齐家曾任检书官,自乾隆四十三年(1778)后三次随高丽使节团来到中国,与许多中国诗人、书画家交往,并采购中国诗人的作品引入朝鲜。《小仓山房集》即是其欲采购的作品之一。朝鲜不仅对袁枚的著述感兴趣,他们在购书时甚至还会打听袁枚的起居和年齿,如"方藕船明府云:高丽进士李承熏、孝廉李喜明、秀才洪大荣等,俱在都中购《随园集》,问余起居、年齿甚殷。嘻,余愧矣!"③由此,袁枚在高丽国的受欢迎程度可见一斑。

结　语

文章传名论是一个古老而又常说常新的话题,因为在特定的时空中,每一个个体对其都会有不同的认知,他们所借助的传播媒介也在不断地演进,因此,诗歌能够得以广泛地传播,并不是某几个特定的因素能够决定的,诗歌一经创作出来,其讯息就会不断地由传者向受者流动,它是诗歌传播者与受传者的一个双向互动,在这个互动的过程中,有太多的复杂性因素阻碍着或者推动着诗歌传播的完成,如时代因素,社会思潮,文艺潮流,诗人的身份地位、经济条件,诗歌的题材、内在品质,文体的兴衰演变,大众的认可度,接受者的学识水平,批评者的立场与观念,传播媒介的畅达程度等。但是在研究一个个体的传播现象时,我们不可能把这些因素统统拿出来梳理一遍,我们从中筛选出在袁枚身上有集中体现的显性因素进行描述和分析,从而可以从中窥见其诗歌传播的某些密码,尚有诸多不完善之处,当会继续求索。

---

① ［日］赖山阳《论诗绝句》,见《山阳遗稿》卷二,日本明治十二年(1879)刻本。
② ［清］袁枚著,顾学颉校点:《随园诗话》,第675页。
③ ［清］袁枚著,顾学颉校点:《随园诗话》,第711页。

论吴乔以"冷锤"喻诗文注释说

茶志高①

吴乔(1611—1671)《围炉诗话》是清初一部重要的诗学理论著作。吴乔论诗最推崇贺裳和冯班,自称《围炉诗话》可以与《载酒园诗话》及《钝吟杂录》堪为谈诗三绝。吴乔在论诗过程中不免有一些轻率片面的论断,以及对明前后七子为代表的诗人的诃诋和乖谬的议论,受到与他同时代人的指责,也受到后来众多诗论家的批评②。需要看到的是,他的自负和武断的议论背后有其独到之处和特殊的经历,也反映了当时诗坛的一些弊病。除去那些为人诟病的臆说,吴乔的诗论中有一些极具个性和富有理论性的论述,他的"饭酒之喻"对诗文的体制差异和艺术功能的通俗而深刻的区分,"意为主将说""诗中须有人""诗须有味外味"等对诗歌的风格、主体性和韵味的强调,是非常有见地的,因而这几个命题最为人称道。关于《围炉诗话》的诗学渊源以及理论倾向,已有众多学者进行了研究分析,对吴乔的诗论有了较为深入的认识③。吴乔诗论的特色,在于他

---

① 茶志高,华中师范大学文学院古典文献学2011级博士,现为云南民族大学民族文化学院讲师。
② 可参看蒋寅《清代诗学史》第二章"拨乱反正的努力——江南诗学",第四节"贺裳、吴乔的诗歌批评"中的相关论述,北京:中国社会科学出版社,2012年,第260—261页。
③ 关于《围炉诗话》的研究成果主要有:王英志《诗论吴乔"意为主将"说——〈围炉诗话〉管窥》,《苏州大学学报》1982年第1期;《清人诗学命题阐释——读吴乔、吴雷发等诗论札记》,《南通师专学报》1992年第2期;阮廷瑜《逃禅诗话〉与〈围炉诗话〉之异同》,《"中央图书馆"馆刊》1992年新25卷第1期;谢明阳《许学夷与吴乔诗学的传承》,《中国文哲研究通讯》2003年第3期;江樱桥《〈围炉诗话〉研究》,1983年东吴大学硕士学位论文;张健《〈围炉诗话〉研究》,《清代诗话研究》,台北:五南图书公司,1993年;付庆鑫《浅谈"文饭诗酒"》,《南平师专学报(社会科学版)》1994年第2期;蒋寅《逃禅诗话〉与〈围炉诗话〉之关系》,《苏州大学学报(哲学社会科学版)》2000年第3期;《读吴乔诗论札记》,《上海师范大学学报(哲学社会科学版)》2012年第2期;张俐敏《吴乔〈围炉诗话〉中的诗歌鉴赏论》,《乐山师范学院学报》2009年第7期;宁夏江《从吴乔〈围炉诗话〉看康熙诗坛对玄烨宗唐诗学旨意的归依》,《民族文学研究》2014年第1期。

能够吸收明末清初冯、贺等人的理论成果,并结合自己的经验和阐发而得出令人耳目一新且与时代风气紧密联系的理论命题。

"冷锤说"就是吴乔《围炉诗话》中另一重要命题。"冷锤说"的提出与明末清初的手工业的发展以及当时重视和提倡科学技术之风气有着密切的关联,它反映着科技术语在诗文批评领域的渗透,反过来讲是清初诗文批评理论对技术性术语的吸收和运用,同时意味着在文学研究领域已经朝着重视科学考据的方向迈进。这无疑是值得高度重视的。

一、吴乔对诗歌注释的重视和"冷锤说"的提出

明末清初是中国历史上思想最为活跃的时期之一,出现了大批以务实为主要目标的学者。他们在研究古人的著作(包括经、史、子、集)上取得了丰硕的成果[1],注释学的理论与方法也取得长足进步,"耻于轻信,笃于深求"的征实之学达到了高峰[2]。而这种学术风气的繁荣直接体现在理论的创新上,吴乔《围炉诗话》中称:

> 锻者有冷锤,于成刀后细密加锤也。精铁得此愈见坚利,毛铁则破碎矣。注释,诗文之冷锤也。有意则精彩倍加,无意则破碎不堪矣。请以此中所鄙而不收之魏泽《过侯城里》诗,与所收之惊心动魄之李献吉《秋望》诗,并注而同论之。[3]

注释的目的在于沟通古今,解决疑难,从而进一步揭示义理。诗文的注释不论是自注还是他注,最高明可靠的注释,应当以能够把外围文字的障碍顺利地扫除或者说能够帮助读者准确理解原诗的真实意义为最善,以还原文本的本来面目为理想境界。但一些功力尚浅的学者进行注释时,往往也牵强为之,反而堕入恶道,文字越注而越晦涩难懂,文义愈注而愈不明晰。好的注释,能够使诗文锦上添花,反之则隔靴搔痒、画蛇添足,甚至有违诗文的原意而引起误解,遗患无穷。这段论述,以刀剑锻造的最后一道工序"冷锤"来比喻诗文的"注释"过

---

[1] 高尚榘:《文献学专题史略》,济南:齐鲁书社,2007年,第253页。
[2] 刘师培:《近代汉学变迁论》,参见《中国现代学术经典·黄侃、刘师培卷》,石家庄:河北教育出版社,1996年,第776页。
[3] [清]吴乔:《围炉诗话》,参见郭绍虞编选,富寿荪校点《清诗话续编》,上海:上海古籍出版社,1983年,第669页。

程,实为精辟之论①。

梁启超认为清代学者的校勘长于注释,并总结了清儒的四种校勘方法。他说:"注释之学,汉唐以来已经发达的很灿烂。清儒虽加精密,也不能出其范围,所以不必多讲。校勘之学,为清儒所特擅,其得力处真能发蒙振落。他们注释功夫所以能加精密者,大半因为先求基础于校勘。"②实际上,这两者是实证操作的两个步骤,并不能完全脱离开来。对注释的讨论在诗话中其实极为常见,以《载酒园诗话》为例,其中卷"杜注"条、"李贺诗注"条都讨论诗歌注释的问题③。好的诗歌能经住"冷锤"的严格敲打,吴乔对魏泽的《过侯城里》诗作了严密的辨析。"侯成里,乃方正学之故里。成祖之待建文忠臣,从古所未有,为之臣者,既不可明言,而正学之谋国,不无可议,事既至此,又不忍深咎,此其立言之难也。诗曰:'笋舆冲雨过侯城,俯仰令人感慨生。黄鸟像人空百啭,清猿堕泪只三声。'能融景入情矣。又曰:'山中自可全高节,天下难居是盛名。'当时岂无雪庵辈,而方不容者,名为之也。'盛名',虚名也。方固正人,而非文种、范蠡谋国之才,太祖拔之以付建文,遂柄国政,又为道衍所荐,成祖必欲屈而用之,以致言语抗激,而成十族大祸,是'难居'也。诛窜之滥,及于朋友门人,郡邑为之萧索。然帝王与匹夫言语争胜,淫刑至此,大丧君德。故托之正学神魂所不忍见,则贻祸于亲戚朋友之过,自在其中,而成祖之过举亦自见。故结云:'却忆令威千载后,重归华表不胜情。'泽于当时,未有诗名,而情深词婉有如此,选者以其无高声大气,重绿浓红,目如不见也。"④吴乔通过自己细致的分析,从而认为魏泽的这首诗并非鄙俗之作,而是"情深词婉"的作品。对魏泽的诗歌和吴乔的注释,金性尧先生曾在他的论著中作了较高的评价:

> 魏诗的本身,固然情深词婉,于明诗中,亦不失为上乘之作。帝王与匹夫言语争胜,或末世家风如此。吴乔之评魏诗,尤为警彻醒豁,言之有物,文字亦颇清峻,笔锋常带情感,以视今天流行的爱兜圈子的鉴赏文,亮明多矣。⑤

---

① 今人对"冷锤说"加以辑录的著作有赵永纪《古代诗话精要》,天津:天津古籍出版社,1989年。
② 梁启超:《清代学者整理旧学之总成绩》,参见《中国近三百年学术史》,北京:东方出版社,2004年,第249—250页。
③ [清]贺赏:《载酒园诗话》,参见郭绍虞编选,富寿荪校点《清诗话续编》,上海:上海古籍出版社,1983年,第246页、第249页。
④ [清]贺赏:《载酒园诗话》,第670页。
⑤ 金性尧:《天下难居是盛名》,参见《金性尧全集》第四卷,上海:百家出版社,2009年,第344—345页。

吴乔对《过侯城里》诗的注释，是自己对诗文的"有意"的解释，因而锦上添花。这也是吴乔自己在《围炉诗话》中对诗文注释作的一个范例。然而，他注释李梦阳《秋望》诗，却对其极为不满："献吉《秋望》诗曰：'黄河水绕汉宫墙。'水而绕墙，近之至也，是汉何宫？瓠子宫与上下文不合。谓以古比今，则明无离宫。'墙'字本趁韵，而违碍实甚。又云：'河上秋风雁几行。'在兰州及娘娘滩犹可，余处则为瞎话，篇中无处可据也。又云：'客子过濠追野马，将军韬箭射天狼。'刺避敌也。在大同则'濠'字不落空，其城沿边有濠有地网，余处则'濠'字落空凑数矣。又云：'黄尘古渡迷飞挽。'渡须有水，是说何处？又云：'白月横空冷战场。'释典谓朔为黑月，望为白月，言时非言月也。彼见'白月'二字新僻，于明月即尔用之，不知出处意义也。月体如杯，何可言横？月光遍地，横又不可。选者谓此诗惊心动魄，当是以文理全无，故如是耳。如次联意，结当用唐休璟、张仁愿有边功者，而曰：'闻道朔方多勇略，只今谁是郭汾阳？'汾阳有破贼功，无边功，其便桥之事，乃和戎，非战功也。若指郭登，上文又无土木事意。直是凑字凑句，见韵即趁，一经注释，百杂碎耳。"①吴乔继而举了李梦阳的《秋怀诗》进行论证。反过来讲，诗歌的好坏，必须经过"冷锤"来进行检验和升华，使它接近完美。吴乔对诗歌的分析自有独到之处，难怪朱鹤龄都认为吴乔的注释可以补他没有能够触及的部分，对他激赏有加②。"一经注释，百杂碎耳"与"无意则破碎不堪矣"说的就是同一个问题。

　　吴乔在诗论中连同诗注一起进行探讨考辨，这实际上亦是明末清初诗论家们的一个共同的趋向，显示出诗论家们对明末清初科学考据功夫的讲求。钱谦益在《牧斋初学集》中描述了冯氏兄弟对于校勘的痴迷程度："其为学尤专于诗，其治诗尤长于搜讨遗佚，编削讹谬。一言之错互，一字之异同，必进而抉其遁隐，辨其根核。当其朽编断简，纷披狼藉，鲁鱼点定，青丹勾抹，梦梦然若未视也，怅怅然若有求而弗得也。已而疑滞通，胶午释，忽然而睡，焕然而兴，若逐寇者之得首虏也，若案盗者之获赃证也。盖本朝之论诗，所推专门肉谱，无如杨用修。已苍独能抉摘其蹖驳，曰此伪撰也，曰此假托也，凿凿乎有所援据，而疏通证明其所以然。虽用修复起，不能自解免也。若近世之《诗归》，错解别字，一一举正，宾筵客座，辨论锋起，援古证今，矫尾厉角，自以为冯氏一家之学，论者无以难也。"③对于文本可靠性的重视可见一斑。冯班认为小学是基础之学，"余尝

---

① ［清］吴乔：《围炉诗话》，第 670—671 页。
② ［清］朱鹤龄：《西昆发微序》，参见《愚庵小集》，上海：上海古籍出版社，1979 年，第 1 页。
③ ［清］钱谦益：《冯已苍诗序》，参见［清］钱曾笺注，钱仲联标校《牧斋初学集》，上海：上海古籍出版社，1985 年，第 1087 页。

读《尔雅》,有儒者相规曰:'此等学问,支离琐碎,不足劳心。'呜呼! 此书乃《诗》《书》之义训,不读此,如何读《诗》《书》? 此小学也"①。小学之书是学读书治学的门径,是绕不过去的。蒋寅在《清代诗学史》中就指出了清人之学的特点,"为学专于诗,治诗从校勘辑佚开始,这正是清人治诗学的专门性和学术性所在,冯氏兄弟堪称先驱"。"由文本的校勘、考订入手,由本文研究推广到诗史研究,由诗史研究形成自己的诗歌观念,这乃是清代诗学的一般模式。"②这是极富有见地的概括。吴乔正是在校勘、考订、注释的基础上,对诗歌有了更为深入的认识。

二、有意与无意:以"冷锤"喻诗文注释背后的核心诗学论题

吴乔说"有意则精彩倍加,无意则破碎不堪矣"。这里提到了一对相对的命题,即"有意"与"无意"。"意"是吴乔诗论的核心论题,"冷锤"说就是建构在对诗"意"阐释过程之中。吴乔对那些不花费工力,虚伪而却能够悦众人耳目,便于人事之用的"了无意思,惟学古人句样"而没有"诗心"的弘、嘉间的诗人俗作(特别是明人的应酬诗)进行了尖锐的批评。通过统计,吴乔在《围炉诗话》中,论及"意"的有三十余例,我们可以通过吴乔直接以"有意"和"无意"论述"词"与"意"的例子来看他的论诗逻辑。

吴乔论诗之"有意"与"无意",主要从他对"诗"的看法、诗的命意、布局以及句意、句法、字法等几个重要的方面进行论证。首先看吴乔对"诗"的看法:

> 问曰:"诗在今日,以何者为急务?"答曰:"有有词无意之诗,二百年来,习以成风,全不觉悟。无意则赋尚不成,何况比兴? 叶文敏公论古文,余曰:'以意求古人则近,以词求古人则远。'公深然之。诗不容有异也。唐诗有意而托比兴以杂出之,其词婉而微,如人而衣冠。宋诗亦有意,惟赋而少比兴,其词径以直,如人而赤体。明之瞎盛唐诗,字面焕然,无意无法,直是木偶被文绣耳。此病二高萌之,弘、嘉大盛,识者只斥其措词之不伦,而不言其无意之为病。是以弘、嘉习气,至今流注人心,隐伏不觉。习气如乳母衣,纵经灰涤,终有乳气。人之惟求好句而不求诗意之所在者,即弘、嘉习

---

① [清]冯班:《钝吟杂录》,北京:中华书局,1985,第60页。
② 蒋寅:《渊源于晚唐的二冯诗学》,参见《清代诗学史》,北京:中国社会科学出版社,2012年,193页。

气也。①

所谓诗,如空谷幽兰,不求赏识者。唐人作诗,惟适己意,不索人知其意,亦不索人之说好。如义山《有感》二长律,为甘露之变而作,则《重有感》七律无别意可知,何以远至七百年以后,钱夕公始能注释之焉?意尚不知,谁知好恶?盖人心隐曲处,不能已于言,又不欲明告于人,故发于吟咏。《三百篇》中如是者不少,唐人能不失此意。宋人作诗,欲人人知其意,故多直达。明人更欲人人见好,自必流于铿锵绚灿,有词无意之途。瞎盛唐诗泛滥天下,贻祸二百余年,学者以为当然,唐人诗道,自此绝矣。②

唐诗读之往往不知其意何在,宋诗开卷了然,明诗有语无意,反不能测。③

夫诗以情为主,景为宾。景物无自生,惟情所化。情哀则景哀,情乐则景乐。唐诗能融景入情,寄情于景。弘、嘉人依盛唐皮毛以造句者,本自无意,不能融景况其叙景,惟欲阔大高远,于情全不相关,如寒夜以板为被,赤身而挂铁甲。④

吴乔对弘、嘉诗坛的"有词无意"之诗极为不满,他认为诗歌不应片面追求字句而失去诗歌的灵魂——意。"诗嫌于尽",说的正是诗没有"意",吴乔反对那种人人趋从的拼凑陋习⑤。唐人注重诗歌的韵致,因而意蕴婉转。宋人重视诗之理趣,唯恐他人不知,故多直露。明人学宋人之末流,一味追求字面,致使诗歌之"意"所剩无几,堕入"有词无意"之途,反而让人感觉不知所云。吴乔把明人的这种习气喻为"母衣",一旦染上,则"纵经灰涤,终有乳气"。因此,吴乔认为假如一再往"有词无意"的路子走下去,那么必定无法摆脱明人诗歌的陋习。"诗人不跳过弘、嘉深没顶阔百丈之粪沟,终是四平腔戏子。不惟其意而惟其词,必跳不过。"⑥如何解决"有词无意"的困境?吴乔接下来指出诗歌要有不俗

---

① [清]吴乔:《围炉诗话》,第 472 页。
② [清]吴乔:《围炉诗话》,第 473 页。
③ [清]吴乔:《围炉诗话》,第 560 页。
④ [清]吴乔:《围炉诗话》,第 478 页。
⑤ 宁夏江指出:"吴乔的《围炉诗话》以宗唐为要。为了推崇唐诗,吴乔不惜以激烈的言辞痛诋宋诗,排击明诗。这与他所处康熙诗坛的政治文化背景密切相关。康熙皇帝要求以高朗华俊的盛唐之音,宣扬盛世中正和平诗风。在他的指授下宗唐诗风揄扬而势盛。吴乔《围炉诗话》之所以言辞偏激,就在于强烈警示诗人必须推阐宗唐的诗学圣意,明显反映出在当时政治文化影响下的功利诗学观。"见宁夏江:《从吴乔〈围炉诗话〉看康熙诗坛对玄烨宗唐诗学旨意的归依》,《民族文学研究》2014 年第 1 期。
⑥ [清]吴乔:《围炉诗话》,第 676 页。

的命意和精心的布局:

> 问曰:"唐人命意如何?"答曰:"心不孤起,仗境方生。熟读《新旧唐书》、《通鉴》、稗史、杂记,乃能于作者知其实事,知其境遇,而后知其诗命意之所在。如子美《丽人行》,岂可不知五杨事乎?试看《本事诗》,则知篇篇有意,非漫然为之者也。"①

> 诗而从头做起,大抵平常,得句成篇者乃佳构。得句即有意,便须布局,有好句而无局,亦不成诗。②

词与意之间如何达到平衡而使诗歌展现出一种张力,是吴乔所关注的。他认为求词采容易,得意却很难。不主张凑字句,但并不意味着不用事。"诗中使事如使材,在能者之运用耳。"③吴乔强调诗歌典故和事实的重要性,认为这是了解诗歌命意的重要途径,而能否不露痕迹地熟练掌握用事,关键看个体诗人的修养水平。

明人和宋人在诗歌创作上的最大区别就是明人写诗的着眼点在"词",而宋人重"意"。吴乔认为"惟词而无意"之诗唐、宋都有,但在明人诗歌中随处可见:

> 问曰:"诗有惟词而无意者乎?"答曰:"唐时已有之,明人为甚,宋人却少。如李义山《挽昭肃皇帝》诗'海迷求药使,雪隔献桃人'是也。弘、嘉人凑丽字以成句,凑丽句以成篇,便有词无意。宋人不剿说,故无此病。"④

> 诗惟求词采则甚易,明人优为之;有意则措词不胜其难。……有意之诗其难如此,所以明朝无意之诗积几充架也。⑤

"作诗有意有寄托则少,惟求好句则多",吴乔例举了聂夷中、方惟深的诗歌作为"有意无词"之诗的例证。当然,吴乔在批评明人的同时,也认为有少数诗作是"有意"的,如李攀龙《入觐贺建储》:

> 诗苦于无意,有意矣又苦于无辞。如聂夷中之"锄禾日当午,汗滴禾下土。谁知盘中餐,粒粒皆辛苦"。诗之所以难得也。⑥

> 方子通咏《古柏》云:"四边乔木尽儿孙,曾见吴宫几度春。若使当年成

---

① [清]吴乔:《围炉诗话》,第495页。
② [清]吴乔:《围炉诗话》,第592页。
③ [清]吴乔:《围炉诗话》,第647页。
④ [清]吴乔:《围炉诗话》,第498—499页。
⑤ [清]吴乔:《围炉诗话》,第499页。
⑥ [清]吴乔:《围炉诗话》,第504页。

大厦,也应随例作埃尘。"《滟滪堆》云:"湍流怪石碍通津,一一操舟若有神。自是世间无好手,古来何事不由人。"有意无词者也。今试以唐人之词出其意,如何而可? 诗诚难事哉!①

于鳞《入觐贺建储》云:"伏谒不违颜咫尺,十年西省愧为郎。"此二句有意可诵,不同他篇。②

吴乔论诗之"有意"与"无意",还从句法和字法入手。他反对诗歌中用虚字多了就流于薄弱萎靡,实字多了则容易滞涩枯硬的说法,指出这是"皮毛之论"。若诗"有意",那么虚字和实字的使用可以是灵活的,薄弱或窒塞两种弊病完全可以避免。

句中虚字多则薄弱,实字多则窒塞,犹是皮毛之论。子美之"数回细写愁仍破,万颗匀圆讶许同",不见薄弱;"落花游丝白日静,鸣鸠乳燕青春深",不见窒塞,有意故也。⑤

吴乔面对流于形式、拼凑字句的明人应酬诗,对古今人在作诗过程中用情的程度进行了一番比较,认为古人以诗赠别交游,意专而真;明人用诗应酬自炫,情泛而虚。

古人非挚友、非诗人不赠以诗,故交游间诗,亦得有意有情。今世以诗作天青官绿,尚书台鼎套礼之副,定不免用二李套句。然当如服牛乘马,鸡司晨,狗守户而已。其不可谓之诗,譬犹牛马鸡狗之身,不可以为己身也。盖泛交本自无情,岂能作有情之语? 而又用处甚多。今日仕途,用其有词无意之诗,可以应用而不穷,且写在白绫扇上,亦能炫俗眼。但不可留稿,人若看至五六首,必呕哕也。③

"有意""有词""有情"是吴乔所追求的好的诗歌文本的三个重要的维度。在吴乔看来,字、句、篇又并非独立,"作诗不必拘拘字句,然字不工即害句,句不工即害篇"④。字、句、篇若无法合理安排,那么,也就不存在"意"的完美体现了。

吴乔非常重视诗歌中的"意","有意"是一首诗成功的首要标准,这也是他论诗主唐人的关键所在。他这样的主张并非空穴来风,而是基于自己对李商隐无题诗的注释阐发之上的。"《诗》之比、兴、赋三百篇,至晚唐未之或失。

---

① [清]吴乔:《围炉诗话》,第 604 页。
②⑤ [清]吴乔:《围炉诗话》,第 674 页。
③ [清]吴乔:《围炉诗话》,第 598 页。
④ [清]吴乔:《围炉诗话》,第 647 页。

自欧公改辙,而苏黄继之,往往直致胸怀,不复寄托。自兹以后,日甚一日。明人自矜复古,不过于声色求唐人。未有及六义者,殊可慨也。盖赋必意在言中,可因言以求意。比、兴意在言外,意不可以言求,所以三百篇有序,唐诗有纪事,令后世因之以知意,关系非小也。六义既泯,遂至解三百篇者尽黜旧序,自行己意。使三百篇皆赋,意犹可测,既有比、兴,而执辞以求意,岂非韩卢之逐兔哉!"①唐人诗歌较为含蓄而富有韵味,到了宋人那里就变得"直致胸怀",失去了诗歌婉转隐曲的韵致,这正是冯班所说的"宋人说话,只要说得爽快,都不料前后"②。到了明人那里,不过"求声色于唐人",也就是说他们只是在模仿剽窃、疲于应酬而已。吴乔也说"诗坏于明,明诗又坏于应酬"③。他非常鄙夷那些刻意追求字句以及用于各种社交场合的应酬诗歌,假如过分追求字句,则必"渐渐束心于句,句虽佳而诗之大端失矣"④。唐人的诗歌大端尚存,而好句自得。宋人的眼中却只见句法,除了诗话中对句法的探讨还较为可观,不可抛弃,其余一无是处,甚为以偏概全。吴乔认为:"弘、嘉人惟求词,不求意,故敢轻忽大历。余故举唐末诗之有意者,以破天下之障。人能于唐诗一二字中见透其意,即脱宋、明之病,仙人灵丹,岂须升斗?"⑤当然,这并不意味着能够抛弃字句的推敲,词句"有意"且也要"有局"。所谓"有局",即作者作诗要有缜密的构思过程。"有词""有意""有局"是佳作之必备条件。他的这些意见,实在是自己深入琢磨了弘、嘉诗歌十年之后的肺腑之言,绝非虚语。"谚云:'贼捉贼,鼠捕鼠。'余幼时沉酣于弘、嘉之学者十年,故醒后能穷搜其窟穴,求其长处,惟是应酬赴急耳。昔年代笔,不免为此。"⑥他这样的现身说法在《围炉诗话》中不止一个地方,非常坦诚和真实,显示出他对自己过去读书经历的反省,同时也体现着清初诗论家对明人诗歌创作中存在的问题和诗学流弊的反思。

除此之外,吴乔论诗还强调诗歌中的"性情"和"神理",他认为"性情"和"神理"是"意"的重要体现。"各自有意,各自言之。宋人每言夺胎换骨,去瞎盛唐字仿句摹有几?宋人翻案诗,即是蹈袭陈言,看不破耳。又多摘前人相似之句,以为蹈袭。诗贵见自心耳,偶同前人何害?作意蹈袭,偷势亦是贼。"⑦吴乔反对

---

① [清]朱鹤龄:《西昆发微序》,第 332 页。
② [清]冯班:《钝吟杂录》,第 102 页。
③ [清]吴乔:《围炉诗话》,第 594 页。
④ [清]吴乔:《围炉诗话》,第 507 页。
⑤ [清]吴乔:《围炉诗话》,第 495 页。
⑥ [清]吴乔:《围炉诗话》,第 596 页。
⑦ [清]吴乔:《围炉诗话》,第 605 页。

模拟剽窃,因此他认为"诗贵见自心",诗歌中没有了"自心",就如同木偶,毫无生命可言。他是针对那些空泛的翻案诗而言的。假如各自用自己的语言来写自己的"意",就算自己写得偶尔和前人所作略同,又何妨呢?因为那是自己的灵动之心的痕迹,它鲜活而完满。吴乔诗论"各自有意,各自言之"的观点,实际上也为那些剿袭的人指明了一个出路。蹈袭的根本原因在于个体生命"本位"的缺失,因此"自心"强调的是诗歌中主体性的重新回归。

从"自心"的强调归结而言之,吴乔是主张性情之真在诗歌中真实地反映出来,因而他最后重提"诗中须有人"的论题。这个论题虽然不是他的首创,但这个时候加以申说,是极有意义的。晚清黄遵宪反对沉溺于故纸堆拾古人牙慧的做法,提出"我手写我口"①,进而主张"诗之外有事,诗之中有人",要根据古今的变化,以"古今未有之物,未辟之境,耳目所历,皆笔而书之",最后才能"要不失乎为我之诗"②。他强调的是诗歌中题材的新颖和自我感情的真实,这样就不至于为古所拘牵。

黄遵宪确实是后来对吴乔"诗中须有人"命题最有力的呼应者。他除了在《〈人境庐诗草〉自序》和《杂感》诗中予以发挥,还继续号召诗歌中必须有"真我""真意":

> 诗固无古今也,苟能即身世之遇,目之所见,耳之所闻,而笔之于诗,何必古人?我自有我之诗者在矣。夫声成文谓之诗,天地之间,无有声皆诗也,即市井之谩骂,儿女之嬉戏,妇人之勃谿,皆有真意以行其间者,皆天地之至文也。不能率其真,而舍我以从人,而曰吾汉吾魏吾六朝吾唐吾宋,无论其非也;即刻画求似而得其形,肖则肖矣,而我则亡也,我已忘我,而吾心声皆他人之声,又乌有所谓诗者在耶?汉不必《三百篇》,魏不必汉,六朝不必魏,唐不必六朝,宋不必唐,惟各不相师,而后能成一家之言。是故论诗而依傍古人,剿说雷同者,非夫也。③

黄遵宪认为市井谩骂、儿女嬉戏、家庭争吵都是诗,因为这当中有真意充盈,所以也是天地间的至文。这未免有些太过宽泛,但他侧重强调的是诗歌中的真实物事的取材、真挚情感的灌注、率真性情的流露,乃诗歌之"我",如果诗歌中见不到"我",也就失去了诗歌存在的前提。吴乔和黄遵宪,一个处于明末

---

① [清]黄遵宪著,钱仲联笺注:《人境庐诗草笺注》,上海:上海古籍出版社,1981年,第42页。
② [清]黄遵宪著,钱仲联笺注:《人境庐诗草笺注》,第1页。
③ [清]黄遵宪:《与朗山论诗书》,参见《黄遵宪集》,天津:天津人民出版社,2003年,第412页。

清初易代之际,另一个在清末中西相互激荡的时代,而他们却同样强调诗歌中"人"的在场的重要性,这确实是个有趣的现象。

要而言之,吴乔的"冷锤"说背后隐含着一个重要的前提,那就是诗歌必须"有意",否则"诗"并不能算完整意义上的诗。

三、阎若璩与吴乔:考据学家与诗论家的互动

以上吴乔诗论把科学技术术语引入到考据学、诗学的领域,可以说非常新鲜,而却又与明清之际的科学的发展以及相关论著的出现密不可分,也与清人崇尚细致实证和注重总结创新的内在精神相契合。"清代诗学虽不以原创性为突出特征,但力求突破前人藩篱的创新意识与实证学风相结合,却带来理论阐释、诗人评论及作品分析上空前的深刻和细致,对学术史研究的重视更赋予它善于总结前代理论遗产、推源溯流、包容古今的集大成色彩。"[①]这个意见是切实的,也是研究清人学术的一大难点。清代的雕版印刷业得到了很好的发展,这种发展甚至普及到私人家庭。另外,手工业、商业得到空前发展,与此相关的著述同样流通于市井、文人之间,它对文人生活的影响可以想见。

在考察与"冷锤说"有关的科学背景,也就是发掘它的技术术语来源之前,首先要予以关注的是阎若璩(1638—1704,字百诗,号潜丘,山西太原人)。他是清初考据学发轫之初的代表人物之一,《尚书古文疏证》是他的名作。阎若璩出生稍晚于吴乔,而去世又比他早,但大致上处于一个时代。之所以要注意阎氏,是因为在他的著述中多次提及吴乔并摘录了一些吴乔的论点,他和吴氏之间在学问上的交流切磋亦可窥见一斑。如《尚书古文疏证》第八十条"言《左传》引蔡仲之命追叙其事今不必尔"云:

> 又按:朱子以诗求诗,是就诗之字面文意以得是诗之何为而作,正孟子以意逆志者。或问:子何不有取其说且加正焉?余曰:以意逆志须的知某诗出于何世与所作者何等人,方可施吾逆之之法。如近日吴乔先生共予读李商隐《东河王》诗:"国事分明属灌均,西陵魂断夜来人。君王不得为天子,半为当时赋《洛神》。"说曰:"后二语似有悔婚王氏之意。夫妇不过十

---

① 蒋寅:《渊源于晚唐的二冯诗学》,参见《清代诗学史》,北京:中国社会科学出版社,2012年,第12页。

年,甥舅才及二载,而竟致一生颠踬。此种情事出于口则薄德而意中不无展转,故以不伦之语志之乎。若论故实,丕为世子在建安十二年丁亥,子建赋《洛神》在黄初三年壬寅,相去十五年也。唐人作诗意自有在,或论故实或不论故实,宋人不解诗,便以薛王、寿王同用讥刺义山,何异农夫以菝麦眼辨朱草紫芝乎!"此解可谓妙绝千古,发端一语已道令狐绹之当国矣。盖原知义山之人之事,方得是解。不然,空空而思,冥冥以决,岂可得乎?纵得之,恐亦成郢书燕说而已矣。《诗集传》病多坐此。①

可见吴乔与阎若璩都认为解释诗歌之时,必须依据当时的具体背景而进行,"以意逆志"是基于对诗歌作者及其所处时代的准确把握之上的,否则就为蹈空之论,无法令人信服。阎若璩的《尚书古文疏证》按照他的儿子阎咏的后序所言,在他在世时仅有抄本流传,直到乾隆十年才刊刻,但此书一出现便"爱之者争相缮写,以为得未曾有"②,其受欢迎程度可想而知。

在阎若璩的另外一部著作《潜邱札记》中,亦摘引了吴乔谈诗的一些观点。如卷一:"昆山吴乔论八比时文曰:'自六经以至诗余,皆是自说己意,未有代他人说话者也。惟元人就古事作杂剧,始代他人说话。八比时文虽阐发圣经,非注非疏,代他人说话亦然。我故曰俗体也。'"③又卷五:"老友吴乔先生尝言:'贺黄公《载酒园诗话》、冯定远《钝吟杂录》及某《围炉诗话》可以称谈诗者之三绝。'余急问贺书何处有?曰:金陵有。即托黄俞邰使者购之,不半月,以书至。同胡胐明细读,口眼俱快,沁入心脾。叹吾老友之知言也。康熙庚午秋洞庭东山席氏馆题。"④阎若璩对贺裳的著作也给予了很高的评价。《钦定四库全书总目》卷一百九十七《围炉诗话》提要则认为吴乔的自誉之言过了。我们不能忽视的是吴乔在音韵学领域也有所发明。音韵学在明清之交不期而到处兴起,大致可分为两派,一派以韵为主,有顾亭林、毛西河、柴虎臣等,一派以音为主,有方密之、吴修龄、刘继庄等。根据刘继庄在《广阳杂记》中所载,吴乔亦治切韵之学,"吴修龄先生论声音之道,颇为有见,深以守温字母、刘门法为非。以二合翻切收尽诸法,立二十四条,以尽谐声之变。亦可谓振古人豪矣"⑤。刘继庄对他的声音之学有细密的分析,他见过吴修龄,所以对他的学问颇为了解,《广阳杂记》中对

---

① [清]阎若璩:《尚书古文疏证》,上海:上海古籍出版社,1987年,第570—571页。
② [清]阎若璩:《尚书古文疏证》,第8页。
③ [清]阎若璩:《潜丘札记》,参见景印文渊阁《四库全书》,第859册,台北:台湾商务印书馆,1986年,第386页、第859页。
④ [清]阎若璩:《潜丘札记》,第511—512页。
⑤ [清]刘献廷:《广阳杂记》,北京:中华书局,1997年,第209页。

吴乔学问的论述亦不止此。《潜丘札记》中最值得重视的有关吴乔诗论的摘引文字莫过于卷一中的这段：

> 锻者有冷锤，于成刀剑后细密加锤也。精铁得此愈见坚利，毛铁则破碎。注释，诗文之冷锤也。有意则得注，精彩倍加，无意则破碎。①

这段文字与吴乔《围炉诗话》中的相关内容只有最后一句有些细微的文字差异，正因吴乔"冷锤说"的深刻性，阎若璩才对吴乔诗论推崇如此。那么，究竟"冷锤说"与明末清初的手工业的发展以及科学著作的流行有着怎样的联系？弄清了这个问题，"冷锤说"的深刻内涵才能更好地揭示出来。

四、"冷锤说"与明末清初的科学风气之关系
——以《物理小识》《天工开物》为中心的考察

明末清初是中国手工业、商业发展的重要时期，这时期出现了以宋应星、方以智为代表的科学家，他们的著作在当时就引起了很大的反响。在手工业领域，冶金技术得到空前的发展，生产规模、采矿技术焦炭、活塞式风箱和机车的使用以及炒钢技术、灌钢法的新发展是其主要的进展。生铁、熟铁相和的炼钢方法，在我国很早就盛行，但究竟起源于何时，至今还未有定论。西晋、南北朝对此有一些零星的论述，一直到宋代沈括在《梦溪笔谈》中才提出"灌钢"这个词②。而"冷锤"则是明末清初才出现的技术术语，在这之前还没有对铜、铁冶炼以及生、熟铁糅合的灌钢技术的专门术语，它的出现说明明末清初冶金技术的发展使金属锻造技术中的热加工和冷加工技术有了长足进步，也"说明对这个工艺已有较深刻的认识"③。那么，究竟是什么原因使得明末清初的考据学家重视科学著作呢？这涉及清初学者注疏经、史典籍时难免遇到一些关于物理学方面的名物典故。"由于研究经、史都要掌握一些数学、天文和地理知识，所以有关这方面的古书得到了乾嘉学者的重视，进行校勘和注释的较多。"④同样，当时也出现了《天工开物》《物理小识》这样的科学著作，成了科学之手工业与科学之

---

① ［清］阎若璩：《潜丘札记》，第414页。
② 北京钢铁学院《中国古代冶金》编写组：《中国古代冶金》，北京：文物出版社，1978年，第80—82页。
③ 北京钢铁学院《中国古代冶金》编写组：《中国古代冶金》，第196页。
④ 杜石然：《中国科学技术史稿》，北京：科学出版社，1982年，第228页。

考据学相互结合的契机。因此,吴乔《围炉诗话》中的注释如"冷锤"说并非无所依托。

要追溯"冷锤说"的科学来源,首先要注意的是方以智及其著作《物理小识》。方以智(1611—1671),字密之,号曼公,又鹿起、龙眠愚者、浮山愚者等,安徽桐城人。方以智与吴乔同年出生,而密之因在动荡时局之中坎坷奔波,故逝世较早。虽然如此,方以智并非庸碌之辈,他是明末复社领袖之一,与陈贞慧、侯方域、冒辟疆,合称"四公子"。他在哲学、科学领域造诣颇深,学问博涉多通,著作超过百种,其中《通雅》《物理小识》最为流行。《明史》《清史稿》有传①。梁启超称"顾、阎辈是否受密之影响,尚难证明。要之密之学风,确与明季空疏武断相反,而为清代考证学开其先河,则无可疑"②。梁启超给了他很高的评价,说《通雅》"总算是近代声音训诂学第一流作品",除了高邮王氏父子以外,没有人可以匹敌,并总结出方以智最大的发明是"以音求义"。他的治学方法的三个主要特征是:尊疑、尊证和尊今。方以智说他自己有"穷理极物之僻",在《物理小识》卷七"金石类"有一段在炼铜过程中的冷锤方法的记载:

冷　锤

　　黄铜用炉甘石者,不退火性。受锤,用倭鈆者,出炉退火性,以受冷锤。乐器声有雌雄,雄者锤数锤,俱从冷锤点发,铜经锤后色成哑白,受鎈复现黄光。凡折铁十分,铜耗一分,加冷锤者,其质更坚。③

按《物理小识》自序,方以智称"岁在昭阳汁洽,日至箕三,浮山愚者记","昭阳""汁洽"分别是天干"癸"和地支"未"的别称,"岁在昭阳汁洽"即在癸未年,也就是康熙癸未年(1643)这本书写成。于藻在《〈物理小识〉序》中称"《通雅》四十二卷已行而《小识》十二卷尚在子宣手。《通雅》以通称,谓免古今之聚讼;而《小识》以纪物用,核其实际。诚案头所不可少者"。这段文字解释了什么是"冷锤"。"冷锤",也叫"冷作",在手工业技术领域,它实际上就是刀具件热锻成形后的一道工序。又分淬火前的冷锤和淬火后的冷锤,前者是为了平整形状,使工件表面光滑,而后者是为了平整淬火后的变形,使工件表面光滑,强度提高。在冷锤过程中,锤点要先轻后重,锤路密集匀称。"冷锤"技术在古代金属加工

---

① 有关方以智的生平志节,可参看余英时著《方以智晚节考》,北京:生活·读书·新知三联书店,2004年增订版。
② 梁启超:《清代学术概论》,北京:东方出版社,2004年,第170页。
③ [明]方以智:《物理小识》,北京:商务印书馆,1937年,第188页。

工艺中是一个重要的技术,主要是为了加强坚硬度。方以智在这里讲的,就是铜铁合金的锻造工序。

比方以智稍早一些的明代著名科学家宋应星,著有《天工开物》,他在这部著作中亦记载了很多关于手工业的科学知识。如《天工开物·锤锻第十》"治铁"条载:"凡治铁成器,取已炒熟铁为之。先铸铁成砧,以为受锤之地。谚云'万器之以钳为祖',非无稽之说也。凡出炉熟铁名曰毛铁。受锻之时,十耗其三为铁华、铁落。若已成废器未锈烂者名曰劳铁,改造他器与本器。再经锤锻,十止耗去其一也。凡炉中炽铁用炭,煤炭居十七,木炭居十三。凡山林无煤之处,锻工先择坚硬条木烧成火墨,俗名火矢。物烧不闭穴火。其炎更烈于煤。即用煤炭,也别有铁炭一种,取其火性内攻,焰不虚腾者,与炊炭同形而有分类也。"又:"凡铁性逐节粘合,涂上黄泥于接口之上,入火挥槌,泥滓成枵而去,取其神气为媒合。胶结之后,非灼红斧斩,用不可断也。凡熟铁,钢铁已经炉锤,水火未济,其质未坚。乘其出火时,入清水淬之,名曰健钢、健铁。言乎未健之时,为钢为铁,弱性犹存也。凡焊铁之法,西洋诸国别有奇药。中华小焊用白铜末,大焊则极力挥锤而强合之,历岁之久终不可坚。故大炮西番有锻成者,中国则惟恃冶铸也。"[1]我们通过宋应星的论述,即可知道"精铁""熟铁""毛铁""劳铁""铁华""铁落"这些细致的划分了,也就能够更好地理解吴乔"冷锤"说的深切含义。《天工开物·锤锻第十》"治铜"条和"锯"条的介绍中提到了"冷锤"工序:

治 铜

凡红铜升黄而后镕化造器,用砒升者为白铜器,工费倍难,侈者事之。凡黄铜,原从炉甘石升者,不退火性受锤;从倭铅升者,出炉退火性,以受冷锤。凡响铜入锡参和(法具《五金》卷)成乐器者,必圆成无焊。其余方圆用器,走焊,炙火粘合。用锡末者为小焊,用响铜者为大焊。碎铜为末,用饭粘和打,入水洗去饭,铜末俱存,不然则撒散。若焊银器,则用红铜末。

凡锤乐器,锤钲俗名锣,不事先铸,镕团即锤。锤镯俗名铜鼓与丁宁,则先铸成圆片,然后受锤。凡锤钲、镯皆铺团与地面。巨者众共挥力,由小阔开,就起弦声,俱从冷锤点发。其铜鼓中间突起者隆炮,而后冷锤开声。声分雌与雄,则在分厘起伏之妙。重者数锤,其声为雄。凡铜经锤之后,色成哑白,受鎈复现黄光。经锤折耗,铁损其十者,铜只去其一。气腥而色

---

① [明]宋应星著,潘吉星译注:《天工开物》,上海:上海古籍出版社,2012年,第175页。

美,故锤工亦贵铁工一等云。①

锯

凡锯熟铁锻成薄条,不钢,亦不淬健。出火退烧后,频加冷锤坚性,用鐯开齿。两头衔木为梁,纠篾张开,促紧使直。长者刮木,短者截木,齿最细者截竹。齿钝之时,频加鐯锐后而使之。②

这两条记载就更加详细地介绍了治铜和造锯的工序,以及所涉及的各种原材料,由于冷锤在治铜工艺中有两个重要的内容,即造铜材与铜质产品(特别是作为乐器使用的铜鼓),可以说是一次和二次加工的不同产品形态,而这两种产品都需要铜材的定形、硬化处理和音质音色的辨别,故"冷锤"工序从一般的技术步骤中又增加了调音的过程,所谓"气腥而色美",就说明"冷锤"工艺已经上升到艺术和美学的层面,以至于造成分工的细致化和专门化,出现"锤工"与"铁工"两种技术师,甚至"锤工"的地位比"铁工"高一等。这是合理的,也是必然的结果。若没有长期的观察和生活经验,宋应星是没有办法写出这样细致的著作的,也可在另一侧面说明手工业的发展进步。

同样身处明清之际的屈大均(1630—1696)在他的笔记著作《广东新语·器语》"铜鼓"条中亦记载了当时广东地区由于社会手工业的发展而产生的社会分工以及以铜鼓节乐的风俗。明末清初广东地区是冶铁厂的规模和产量最大的省份之一,广东佛山就以铁器业生产著名③。社会上普遍使用铜鼓进行演奏的风气为铜鼓制造业带来了发展机会,供需相辅相成。"粤之俗,凡遇嘉礼,必用铜鼓以节乐。击时先雄而后雌,宫呼商应,二响循环,音绝可听。其小者曰铛,大仅五六寸,凡击铜鼓必先击铛,以铛始亦以铛终。铛者,铜鼓之子,以子音引其母也。然今铜鼓制皆小,最大者二尺余,圆脐突起,隆面而浅唇,不作蛤蟆花绣纹,大小颇如钲式,不及二庙所藏者远甚,惟雌雄之别则同。凡为铜鼓,以红铜为上,黄铜次之。其声在脐,雌雄之脐无别。但先炼者为雄,后炼则为雌耳。然诸工不善取音,每铜鼓成,必置酒延铜鼓师。师至,微以药物淬脐及鼓四旁,稍挥冷锤攻之,用力松轻,不过十余锤,而雄声宏而亮,雌声清以长,一呼一应,和谐有情,余音含风,若龙吟而啸凤也。广州炼铜鼓师不过十余人,其法绝秘,

---

① [明]宋应星著,潘吉星译注:《天工开物》,第183—184页。
② [明]宋应星著,潘吉星译注:《天工开物》,第179页。
③ 北京钢铁学院《中国冶金简史》编写小组编:《中国冶金简史》,北京:科学出版社,1978年,第182页。

传于子而不传女云。"①这则材料既是颇为实用的科学知识,也是与民俗、文学有着密切关系的原始材料。

前已提及"锤工"与"铁工"的分工,在屈大均的这则笔记中,这种技术类型的分工更为明确和细化,在铸铜鼓的铁工完成产品之后,还需要宴请专门的铜鼓师进行"冷锤"处理。经过铜鼓师的处理之后,铜鼓的雄、雌二音就更具有辨识度,一洪亮一清长。这时的"冷锤"似乎已经明显地分为了两种技师所需要掌握的技能,一种是纯粹依靠蛮力而对金属(通常为铜、铁)进行锤锻时称的"冷锤",另一种是铜鼓师象征性地敲打铜鼓而进行音色调试的"冷锤"。由于后者的技术要求较前者为高,故所能掌握这种技术的人也极少,正如笔记所说不过寥寥几人,又加上"其法绝秘",对外的技术垄断自不必说,甚至"传于子而不传女",家族内部的重男轻女观念也对这项技艺的传承阻碍不少。铜鼓师"冷锤"取音的技术,后来似乎被借用到了戏剧表演中,这也是值得研究的一个现象。

承上所论,吴乔《围炉诗话》除了受到冯、贺的直接影响之外,阎若璩的考据学实践以及方以智《物理小识》、宋应星《天工开物》等为代表的科技著作尤其值得重视,"冷锤说"的提出或多或少地受到了一些科学知识的触发,科学著作对理解"冷锤说"的具体内涵不可或缺,而这又是学者在研究中不容易引起注意的。王国维称:"我朝三百年间,学术三变:国初一变也,乾嘉一变也,道咸以降一变也。顺康之世,天造草昧,学者多胜国遗老。离散乱之后,志在经世,故多致用之学,求之经史,得其本原,一扫明代苟且破碎之习,而实学以兴。"②明末清初的经世致用的风气对诗论的渗透,可以从冯班对清初学者的空疏风气的批评上看出,"宋儒有四大病,近代犹甚。不喜读书,则君子小人无别;不作文字,则词气鄙倍而不自知;不事功业,则无益于世;不取近代事,则迂疏"③。针对"不喜读书""不作文字""不事功业""不取近代事"四病的批评,是切中当时士人的情况的。吴乔以锻铸论诗而提出的"冷锤说"则与当时的社会发展紧密联系起来,亦体现出他们共同的"经世"取向。

从诗学理论的原创性上看,"冷锤说"与《围炉诗话》中的"饭酒之喻"一样深切著明。这段文字被吴乔放在了《围炉诗话》的第六卷,看上去显得有些突兀,但实际上并非如此。"冷锤说"至少有四个方面的意义:第一,体现吴乔主张诗文要有"含蓄蕴藉"之意,这是"冷锤"得以实施的前提,否则即使施以"冷锤",也

---

① [清]屈大均:《广东新语》,北京:中华书局,1985年,第438页。
② 王国维:《沈乙庵先生七十寿序》,参见《王国维遗书》第4册,上海:上海古籍书店,1983年,第25—26页。
③ [清]黄遵宪著,钱仲联笺注:《人境庐诗草笺注》,第9页。

只能支离破碎,毫无用处。这也是他对诗歌中需要"有人"和"情为主"命题的深化,以及为什么极其鄙弃那些空泛乏味却能四面周旋、一处不漏的明人应酬诗的原因。从吴乔对"意"的强调和对明人的模拟剿袭之风、门户师承之见以及泛交应酬之习的批评看来,这与清初的诗学取向是一致的。第二,追求"有词有意"之诗而反对"有词无意"之诗,显示了吴乔对诗歌的词句和意义严格推敲的主张,也就是他认为好的诗歌需要二者的完美结合。第三,诗歌创作要经过缜密的构思,即所谓要"有局",才能有精心结构之作。综合上述三点,才能经住注释之"冷锤"的敲打,也就是能够从考据学的角度进行考证辨析。第四,"注释,诗文之冷锤"之说在一定程度上蕴含着深层的美学意蕴,他认为注释的准确、科学乃诗文意义得以完成的必要步骤;通过注释,诗文的深层意蕴才能升华,才能发掘出来并展示给读者。吴乔只是提到"锻者"而有意忽略"注释者",这并不是轻视"注释者",反而似乎意味着把注释者(包括考据学家在内)的地位提高到了"铜鼓师"一样的层面上来。对诗文的创作者而言,他的工作就是提供"有词""有意""有局"的作品;对研究、注疏者来说,科学而富有个性品味和美学意蕴的注释,向读者提供一个优秀的文本作为模范,是他们的职责。

光绪重抄本《天山草堂存稿》的发现与文献价值

李 俊[①]

《天山草堂存稿》，明何维柏撰，现存清南海沙滘何氏抄本六卷，广东省立中山图书馆（以下简称"粤图"）藏。该抄本属民国时期广东藏书家徐信符旧藏（以下简称"徐本"），被目为"孤本"，四库存目丛书集部第一〇三册、广州大典集部第四二六册、明别集丛刊第八七册及西樵历史文化文献丛书等，均录此影印本。2008年沙滘何氏宗祠又发现光绪年间何沇重钞本《天山草堂存稿》，原抄九卷，今存前五卷（以下简称"何本"）、《天山草堂诗存》一卷和《诚征录》一卷。2017年，吴劲雄据该三种光绪重抄本撰成《新见何维柏著作清抄本三种》发表于《图书馆论坛》2017年第8期。2020年，吴氏整理出版《何维柏集》，以徐本为底本，兼参何本，对《天山草堂存稿》做了句读标点，末附光绪重抄本《天山草堂诗存》，但同时发现的《诚征录》未收入。

经与徐本比较，二者属同一祖本系统，但在抄录时间、卷次、目录、字词等方面存在明显差异。《天山草堂诗存》一卷即何本第九卷的重钞本，为徐本所无。同时，何本卷首存广东布政使左参议李蕴为何维柏请封谥号奏章一篇、何沇案语两则，《天山草堂诗存》卷首存何沇、何锡祥、何侣陶、何若瑜序四篇，《诚征录》卷首存何沇重钞序一篇，题诗一首，俱为徐本所无。

一、《天山草堂存稿》的版本

何维柏（1511—1587），字乔仲，号古林，南海沙滘人。生于明正德六年（1511），曾随母寄籍三水南岸堡，读书于昆都山。嘉靖十年（1531），以胡一化榜

[①] 李俊，华中师范大学文学院古典文献学2014级博士后，现为广州城市职业学院国学院讲师。本文系广东省教育厅2018年度高等学校青年创新人才项目（2018GWQNCX077）"20世纪上半叶的学者藏书与俗文学研究"阶段性成果。

选三水县贡生。嘉靖十四年,中进士三甲第一百七十二名,选庶吉士,授监察御史,两年后辞官回乡。嘉靖二十三年,以御史巡按福建。次年,在闽驰疏奏严嵩五罪,世宗震怒,逮至京师下诏狱,后削籍回乡。穆宗隆庆元年(1567)还朝升大理寺左少卿,次年丁母忧去官。万历元年(1573)还朝,后因"夺情"一事忤怒张居正被停俸三月,出为南京礼部尚书,旋致仕归,卒于神宗万历十五年,谥"端恪"。著有《易义》《礼经说》《太极图解》《天山草堂存稿》及编《陈子言行录》等。今除《天山草堂存稿》外,余皆不存。

(一)《天山草堂存稿》的成书

《天山草堂存稿》,原名《天山草堂集》,明南京礼部尚书何维柏撰,门弟子汇刻而成。何维柏二十四岁中进士,历任监察御史、福建巡按御史、大理寺左少卿、南京礼部尚书等职,但任官时间均不长。自嘉靖二十六年(1537),时年二十六岁的何维柏辞官回乡,即在番禺河南(今广州市海珠区云桂村)辟"天山草堂"闲居,开"天山书院"讲学,前后三十年。"天山"之名,据何维柏《天山草堂说》自述,取自《周易》,乃其"静观盈虚消息之理、吉凶休咎之几、居安乐玩之旨,深信易道之无穷,实切于变化",故取"天崇高而莫及,山重厚而不迁"①之意以命。何维柏寝馈其间二十余年,"门人从远方来者,屡常满"②,同乡庞嵩亦在《林先生擢恩教谕序》一文中回忆"吾乡古林何文,讲学于天山之草堂,某亦忝主洒扫于天关之馆。各有期会。期至则诸同志诸从学往来质疑,期不诡于圣贤中正之极"③。尽管讲学数十年,门弟子众,但因何维柏秉承白沙遗风,一生绝意著述:"昔白沙绝意著述,而吾顾尚言哉?辄有训答,稿辄湮削。诸君亦求诸心已矣,焉用文之?"④故对其诗文讲义未曾着意加以整理。

尽管如此,在何维柏七十三岁的万历十一年(1583),其门弟子郑用渊、黄朴、冼效、罗汝儒等"出其所尝手录若干",并恳维柏之子崇亨、崇庆、崇京"出其

---

① [明]何维柏:《天山草堂说》,《天山草堂存稿》卷三,陈建华,曹淳亮主编,《广州大典》第426册,广州:广州出版社,2015年,第463页。
② [明]郭棐撰,黄国声、邓贵忠点校:《粤大记》卷一四,广州:广东人民出版社,2014年,第395页。
③ [明]庞嵩:《林先生擢恩教谕序》,《庞弼唐先生遗言》卷二,陈建华,曹淳亮主编,《广州大典》第426册,广州:广州出版社,2015年,第140页。
④ [明]杨烈:《刻天山集小引》,《天山草堂存稿》卷首,陈建华,曹淳亮主编,《广州大典》第426册,广州:广州出版社,2015年,第408页。

所敬藏若干",遍蒐旁辑于尝往来者,汇裒成编,命名曰《天山草堂存稿》。据现存两种钞本卷首颜鲸跋及蒲凝重跋,实际成书时间当在万历十二年(1584),汇刻于福建。而集名"存稿",当是弟子编撰时即认为"散逸于十伯之余,所存仅仅一二"①。

(二)《天山草堂存稿》不同版本的著录

《天山草堂集》二十卷。据焦竑万历间编成的《国史经籍志》卷五,著录有何维柏《天山堂稿》二十卷②,《千顷堂书目》③和《明史·艺文志》④均著录《天山草堂集》二十卷。据徐本《天山草堂存稿》卷首杨烈《刻天山集小引》,集名为"天山草堂存稿",并解释"存稿"意为所存仅十之一二,当是"天山草堂集"与"天山草堂存稿"名称同时使用,但杨引未详卷次。《国史经籍志》与《明史》所著录,俱为二十卷,集名稍异。与《明史·艺文志》可相参证的是,明代福建藏书家徐𤊹《徐氏家藏书目》,其卷七"集部·广东广州府"亦著录何维柏《天山草堂集》二十卷⑤。从上述史志目录与私家藏书目录可知,《天山草堂集》(一为《天山堂稿》或《天山集》)在闽汇刻行世时,当为二十卷。今已不存。

《天山草堂存稿》八卷。清初修《四库全书》,浙江巡抚采进本《天山草堂存稿》著录为八卷,当即乾隆年间《浙江采集遗书总录》所著录八卷刊本,谓是集"文六卷,诗二卷"⑥。道光年间阮元主修《广东通志》,其《艺文略》卷八,亦著录《天山草堂存稿八卷》,并加小注"存。《四库全书目》卷数同,《明志》作二十卷"⑦。考崇祯年间所修《南海县志·艺文志》,曾著录有"《陈子言行录》《天山存稿》,何维柏撰"⑧,未著卷数。此后的地方志及清人目录,均未见著录《天山草堂

---

① [明]杨烈:《刻天山集小引》,第408页。
② [明]焦竑:《国史经籍志》卷五,《宋元明清书目题跋丛刊》第5册,北京:中华书局,2006年,第910页。
③ [明]黄虞稷:《千顷堂书目》卷二三,上海:上海古籍出版社,2001年,第581页。
④ [清]张廷玉等:《明史》卷九九,北京:中华书局,1974年,第2483页。
⑤ [明]徐𤊹:《徐氏家藏书目》卷七,《宋元明清书目题跋丛刊》第5册,北京:中华书局,2006年,第494页。
⑥ [清]永瑢等:《四库全书总目》卷一七七,北京:中华书局,2003年,第1590页。
⑦ [清]阮元等:《广东通志》卷一九六,陈建华、曹淳亮主编,《广州大典》第255册,广州:广州出版社,2015年,第131页。
⑧ [明]朱光熙、庞景忠、麦懋藻等:《南海县志》卷一二,陈建华、曹淳亮主编,《广州大典》第272册,广州:广州出版社,2015:年版,第416页。

存稿》。因此徐信符和冼玉清推测八卷本《天山草堂存稿》"清初已不易得"。

《天山草堂存稿》六卷。1943年,广东藏书家徐信符偶于顺德温汝适后人散出的藏书中,得沙滘何氏钞本《天山草堂存稿》六卷。书页有硃丝栏,白口,无鱼尾,四周双边,半页九行二十字。徐信符得书后狂喜之情溢于言表,撰跋于书首,题"认真孤本"四字,并录何秉礼《过古林庄访天山草堂》、吴道镕《游天山草堂怀何端恪公·呈梁节庵》、汪兆镛《访明何端恪天山草堂故址归舟独石几殆华伯兄李留庵丈皆有诗率咏简答》诗三首附于跋后①。今藏粤图《广东文献综录》《馆藏古籍稿本提要(附钞本联合目录)》《中国古籍总目》《四库存目标注》等均据徐本著录。

《天山草堂存稿》光绪重抄本。原抄九卷,今存前五卷。2008年,沙滘何氏宗祠重修,何氏后人何正昌先生将家藏何维柏著作三种捐出。其中光绪年间何沉重钞本《天山草堂存稿》原抄九卷,今存前五卷,卷首有九卷本目录,其中文八卷,附诗草一卷。经与徐氏旧藏本目录比较,原重抄本九卷中的文八卷与现存徐氏旧藏本六卷内容相同,系重抄者重新编次后,厘为八卷。附诗草一卷,为现存六卷本所无,系咸丰年间何氏后人从《西樵志》等乡邦文献中辑出刊刻,重抄者作为诗草一卷附于文八卷之后。该抄本久未为人所知,存前五卷,现藏南海沙滘何氏宗祠。

《天山草堂诗存》一卷。万历间刻本《天山草堂集》二十卷今已不存,目录已无从稽考。《四库全书》收录浙江巡抚采进本八卷,内容为文六卷,诗二卷。徐本六卷仅存文六卷,无诗。何沉重抄本《天山草堂诗存》,目录与何本原抄九卷"第九卷诗草"目录相符。据何沉《重钞天山草堂诗存记》言:"光绪丁丑沉曾手钞一本,逮癸未又钞附于存稿之后,今岁乡居偶暇,复钞是本。"②可知何沉至少分别于光绪三年(1877)、光绪九年和光绪二十九年抄过三次《天山草堂诗存》,其中光绪九年抄本附于《天山草堂存稿》文八卷之后,作为"第九卷诗草"。今存为何沉光绪二十九年重抄单行本,现藏沙滘何氏宗祠。

二、何本与徐本的比较

何本与徐本,均被发现于南海沙滘何氏祠堂。徐信符购得该抄本后,据他多年藏书搜寻的经验,认为这是"孤本",故自题"沙滘何氏祠堂旧抄本,南州书

---

① [明]何维柏:《天山草堂说》,第463页。
② [清]何沉:《重钞天山草堂诗存记》,《天山草堂诗存》卷首,光绪重抄本,1903年。

图 1　广东省立中山图书馆藏《天山草堂存稿》抄本（《广州大典》第 426 册第 410 页）

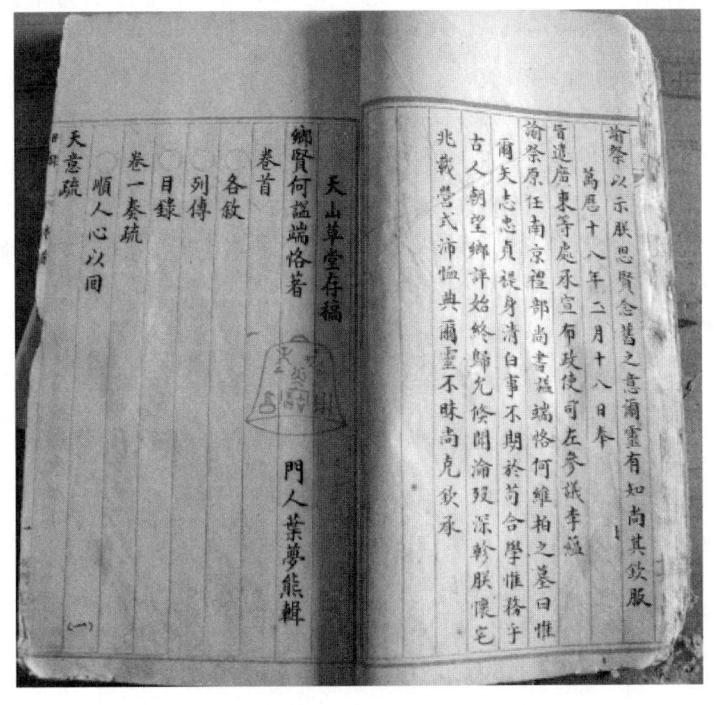

图 2　沙滘何氏宗祠藏何沅重钞本《天山草堂存稿》

楼藏，认真孤本"于卷首。何本卷首则保存有"门人叶梦熊辑，秾矣草庐珍藏"字样。南州书楼为徐信符藏书楼号，秾矣草庐为何氏后人书斋号，非重抄者何沅堂号。

（一）两种钞本的辑者

何本卷首署"叶梦熊辑"，徐本卷一奏疏亦署"古林何维柏撰，门人叶梦熊辑"。叶梦熊（1538—1597），字男兆，号龙塘，广东归善（今惠州）人。嘉靖四十四年（1565）登进士第，除知福清县，转户部主事、转饷宁夏，改山西道监察御史、贬邵阳县丞，累迁赣州知府、安庆知府、浙江副使等，官至兵部尚书，史称"梦熊有胆决，敢任事"①。事见《明史·叶梦熊列传》，雍正《归善县志》卷一七"人物传·名臣传"等，著有《华云集》，今《四库全书存目丛书》收其《运筹纲目》十卷、《决胜纲目》十卷。据明南京礼部尚书王弘诲撰《太保工部尚书龙塘叶公神道碑》："（叶梦熊）十六入庠序，遂知性命之学，负笈南海何宗伯端恪公门，端恪公大奇之。"②

端恪公为何维柏谥号，郭棐《粤大记》仅称其"归居草堂，与诸生讲明白沙宗旨"③，自崇祯《南海县志》起，《三水县志》《南海县志》等均提及何维柏天山书院的弟子叶梦熊和陈吾德："辟天山书院聚讲，发明陈白沙宗旨，荐绅之士，即皓首犹北面就弟子列，如尚书叶梦熊、金宪陈吾德，尤以勋节著声海内。"④考何维柏《天山草堂存稿》，"书启"类存有《与叶男兆》一文，语气中颇有弟子学有所用、为师与有荣焉的欣喜之意："可见平日学有益于实用也，喜而不寐者以此。"叶梦熊驰书应为汇报治疆之事，何维柏赞其"愿散兵归农，请建县治，入为编民"等措施，乃是"平日学力有益于实用也"⑤，略可见二人交往。然从卷首颜跋、蒲叙及杨引来看，《天山草堂存稿》汇刻成书在万历十一至十二年（1583—1584），时叶梦熊正在浙江巡海兵使任上，且杨烈《刻天山集小引》提到门下诸生"出其所尝手录若干"，未尝提到叶梦熊。故集当为叶梦熊辑，杨烈、郑用渊、黄朴、冼效、罗汝儒等诸门生襄助而成。

---

① ［清］张廷玉等：《明史》卷二二八，第5978页。
② ［明］王弘诲：《太保工部尚书龙塘叶公神道碑》，《岭南文献》卷一八，陈建华，曹淳亮主编，《广州大典》第488册，广州：广州出版社，2015年，第326页。
③ ［明］郭棐撰，黄国声、邓贵忠点校：《粤大记》卷一四，第395页。
④ ［明］朱光熙、庞景忠、麦懋藻等：《南海县志》卷一二，第354页。
⑤ ［明］何维柏：《与叶男兆》，《天山草堂存稿》，陈建华，曹淳亮主编，《广州大典》第426册，广州：广州出版社，2015年，第537页。

（二）两种钞本的抄者与抄录时间

徐本《天山草堂存稿》六卷，其卷首仅徐信符注"沙滘何氏祠堂旧抄本"，未详钞者名录。据吴劲雄《新见何维柏著作清抄本三种》一文考证，钞本可能钞于嘉庆年间①，何本《天山草堂存稿》，原钞九卷（文八卷，诗草一卷），卷末原附有何沅《重钞天山草堂稿后序》详述钞本之缘起，今已不存。重钞者何沅，据沙滘何氏宗祠藏何沅自著《北行日记》钞本，字梦兰，堂号"知困斋"，曾于光绪十四年（1888），奉父命北上赶考，与同乡康有为同行，何沅不第归乡。至于何沅重钞《天山草堂存稿》的时间，因其卷末后序已佚，只能从《重钞天山草堂诗存记》中推测当钞于光绪九年："癸未又钞（按：指诗存）附于存稿之后。"②即光绪九年，何沅已重钞《天山草堂存稿》并附诗存于后，其所依祖本当为同族何锡祥所见刻本或重钞本。

（三）两种抄本的序跋

徐本除徐信符识和题词外，还录有何秉礼、吴道镕、汪兆镛诗三首及《四库书目提要》，均为徐信符手迹。卷首存有万历十二年（1584）颜鲸跋、蒲凝重跋，万历十一年杨烈小引等三则。附录有《广州府志·何维柏传》。何本卷首除照录《四库全书》提要及《广州府志》外，还附录了《明史》《南海县志》《三水县志》里的何维柏传。何本颜跋、蒲跋及杨引均与徐本内容相同，仅将杨烈《刻天山集小引》题改为《叙》，内容仍同。值得注意的是，何本还在卷首加了万历十八年广东布政使司左参议李蕴奉旨谕祭何维柏的祭文、何沅自己的重钞案语"梦兰谨案""梦兰又案"。何沅的案语，主要解释原存文六卷而重抄为文八卷加诗一卷的缘由，略可知光绪年间何沅见到的原刻存佚情况。重抄为文八卷，实为原本的文六卷，删去有目无稿者，重新编次为文八卷，另附何锡祥辑刻诗存一卷。

令人可惜的是，何沅重抄《天山草堂存稿》的缘起及得书经过因后四卷的散佚，今已无从得见，但从现存何沅《重钞诚征录序》还可知一二：

> 公所著书目，今坊间架上所无，第不知族中有藏本否耳。承示族中，久无藏本。闻逸溪公祠堂旧藏有书板甚多，悉为公之后人某作薪烧毁矣。因

---

① 吴劲雄：《新见何维柏著作清抄本三种》，《图书馆论坛》2017年第8期。
② ［清］何沅：《重钞天山草堂诗存记》，《天山草堂诗存》卷首，光绪重抄本，1903年。

出《天山草堂诗存》一卷,命沉读之。且曰:"公之著作,此其一班也。诗板由迪徽堂敬刊,今板亦毁,族中所存,当是三五卷耳。"沉受而归,随手钞一卷,见题目之下,间有注"诚征录钞附"字样,窃以不得《诚征录》一读为憾。殆光绪壬午之岁,幸得凤衔六叔袖《天山草堂存稿》钞本示沉,曰:"此书幸而遇我,不然又饱蠹鱼矣。"沉受而读之,且惊且喜,并蒙示以此钞本之缘起。①

该序中所云"逸溪公"即何维柏父亲何应初,字宗启,号逸溪②。逸溪公祠堂即今沙滘何氏"庐江大宗祠",由何维柏始建。迪徽堂刊《天山草堂诗存》即何锡祥所搜辑刊刻,从咸丰二年(1852)到光绪二十八年(1902)的短短五十年间,《天山草堂诗存》书版已毁,所存仅三五卷,更遑论万历间刻的《天山草堂集》了。何沉抄本的原本得自族中"凤衔六叔",由于《聚顺堂世德录》仅录至第十九世孙,今已无从考证"六叔"的生平。

因此,何本与徐本相比,保存了咸丰至光绪年间《天山草堂存稿》递藏与存佚情况的点滴资料,包括《天山草堂存稿》卷首何沉的"梦兰谨案""梦兰又案",《天山草堂诗存》卷首的何沉《重钞天山草堂诗存记》、何锡祥《天山草堂诗存序》、何侣陶《天山草堂诗存叙》、何若瑜《叙》,以及《诚征录》卷首的何沉《重钞诚征录序》及题诗。

(四) 两种钞本的内容

何本虽云重钞九卷,从卷首所存的九卷目录来看,其文八卷的内容与徐本基本相同,应来自同一祖本。考《天山草堂存稿》卷一"奏疏",其目录"南京礼部尚书恳乞休致疏"下有抄者小字注"以下俱闽稿原阙"字样③,何本亦将这些条目归入"有目无稿"类④,可证两种钞本来自同一祖本。

---

① [清]何沉:《重钞诚征录序》,《诚征录》卷首,光绪重抄本,1902年。
② 沙滘何氏宗祠藏:《聚顺堂世德录》,钞本,不详年份,第4页、第43页。
③ [明]何维柏:《天山草堂存稿》卷首,第411页。
④ 何沉重抄本卷首:"原集卷之一'奏疏',目录内有《乞恩给假归葬前母疏》《患病不能赴职恳乞天恩放回调理以图后报疏》《钦奉圣旨事理亟行禁约疏》《衰庸患病不堪供职乞赐休致以安愚分疏》《自陈不职乞赐罢斥以肃风纪疏》《衰病旷职乞恩休致疏》《南京礼部尚书恳乞休致疏》《题请量行蠲免福兴漳泉四府县钱粮疏》《题请地方灾伤措处赈济事宜疏》《参巡海文武各官失事疏》《参福建转运司各官疏》《参福州府掌印官赃迹疏》《议立社仓疏》《议请李延平从祀孔庙疏》,卷之二'地方事宜',目录内有《按闽赈荒事宜》,皆有目无稿。"考徐氏旧藏本,除《乞恩给假归葬前母疏》见于卷一"奏疏"外,其他均阙如。

弟子文录

徐本存文六卷（目录作七卷，其卷四卷五皆为序文），何本重新调整次序，厘为文八卷，附诗草一卷。其奏疏、条议（徐本作"地方事宜"）、讲义、语录、序文、杂著、书启，不过是徐氏六卷本的重新归类而已，唯案语中云原集卷之一《乞恩给假归葬前母疏》亦"有目无稿"，今徐本卷一存该奏疏全文。（何本、徐本目录篇数对照见表1）

表1　《天山草堂存稿》何本与徐本目录篇数对照表

	何沅重钞本(存目九卷，今存前五卷)	徐氏旧藏本(存目七卷，实为六卷)
目录篇数	卷一，奏疏十篇 卷二，条议四篇 卷三，讲义十九则 卷四，卷四语录发论三十则，答问三十八则 卷五，序文三十四篇 卷六，序文八篇 卷七，杂著二十八篇 卷八，书启二十九封 卷九，诗八十六首	卷一，奏疏二十四篇 卷二，地方事宜三篇 卷三，杂著八篇、讲义十九则、语录六十八则 卷四、卷五，序文四十一篇 卷六，书二十九篇 卷七，文传铭记十九篇
合计	文一一三篇，讲义语录八十七则，诗八十首。〔按：今存何沅重钞本五卷计文四十八篇，讲义语录八十七则，卷九诗草（附录）即今《天山草堂诗存》，存诗八十九首①。〕	文一百二十四篇，讲义语录八十七则。〔按：今存文一百一十篇，卷一奏疏钞者注"删"或"闽稿原缺"计十四篇，讲义语录八十七则，无诗。〕

至于调整篇目次序的缘由，何沅在卷首"梦兰谨案"里作出了详细解释：

《钦定四库提要·天山草堂存稿》文六卷、诗二卷，都为一集。然则朝议公所购稿已脱去诗二卷矣。即锡祥伯所辑诗，亦多遗漏。原称"文六卷"，今作八卷，是兰析而分之者也。今将原标总目开列于下，免滋后人疑惑。原卷之一奏疏，之二地方事宜，今改标条议，卷之三杂著讲义语录，今改为三卷，并变隶其次；卷之四序，卷之五序，卷之六书文传铭记，今改书启为一卷，文传铭记合于杂著为一卷，共八卷。更附以诗草一卷，则原集诗二卷，今录一卷，亦庶几近之矣。

梦兰又案：

---

① 按：何沅重钞本卷九"诗草"诗目数与今存何沅重钞本《天山草堂诗存》诗类小注同，"五言古风"诗目六首，何沅据《南海县志》补入一首；"七言律诗"诗目二十七首，沅亦据《南海县志》补入一首，"七言绝句"诗目三十五首，实为三十六首。故原目"八十六首"，今存八十九首。

原集卷之一"奏疏",目录内有《乞恩给假归葬前母疏》《患病不能赴职恳乞天恩放回调理以图后报疏》《钦奉圣旨事理亟行禁约疏》《衰庸患病不堪供职乞赐休致以安愚分疏》《自陈不职乞赐罢斥以肃风纪疏》《衰病旷职乞恩休致疏》《南京礼部尚书恳乞休致疏》《题请量行蠲免福兴漳泉四府县钱粮疏》《题请地方灾伤措处赈济事宜疏》《参巡海文武各官失事疏》《参福建转运司各官疏》《参福州府掌印官赃迹疏》《议立社仓疏》《议请李延平从祀孔庙疏》卷之二"地方事宜",目录内有《按闽赈荒事宜》,皆有目无稿,卷之三杂著讲义语录,均无目录,其卷之四序,卷之五序,卷之六书文传铭记,具有目录在各卷之首,合并注明。①

三、何沅重钞本《天山草堂诗存》

何沅重钞《天山草堂存稿》仅存前五卷,保存的何维柏文远不及徐本完整,但仍具有非常重要的校勘价值。而何沅重钞本更值得关注的价值,还在于保存了《天山草堂诗存》一卷,存诗八十九首,是现存何维柏诗最多的一种。此外,诗存还保留了咸丰年间何氏后人辑刻诗存序三则,为考索何维柏诗文在清代的刊布与流传提供了难得的史料。

(一)《天山草堂诗存》的辑刻

《四库全书》著录八卷本《天山草堂存稿》存诗二卷,今已不存,未详诗目。何沅在重钞《天山草堂存稿》文八卷之外,将咸丰二年(1852)何锡祥辑刻的《天山草堂诗存》一卷,重钞附于文八卷之后,卷首目录厘为九卷。今存为何沅光绪二十九年(1903)第三次重钞的单行本一卷。

何维柏诗集,至咸丰年间已不可得,何锡祥等族人"搜辑先生遗诗,凡见于他本者,随手录之,仅得若干首"②。咸丰二年(1852)辑刻诗存一卷后,至光绪年间,又仅存数本:"惟族中所传钞本,已缺诗二卷矣。兹卷当未及其半,然可窥豹一斑也。其版成于咸丰初年,旋遭火劫,今族中亦仅存数本而已。光绪丁丑(1877)沅曾手钞一本,逮癸未(1883)又钞,附于存稿之后。今岁乡居偶暇,复钞

---

① 《天山草堂存稿》卷首,光绪重抄本,1883年。
② [清]何侣陶:《天山草堂诗存叙》,《天山草堂诗存》卷首,光绪重抄本,1903年。

弟子文录

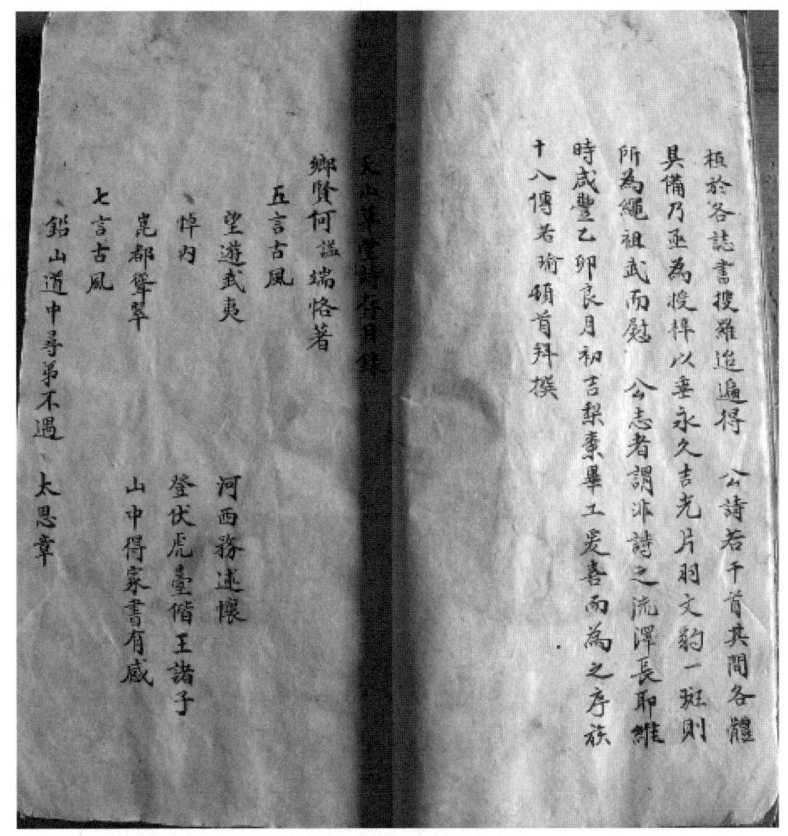

图3 沙滘何氏宗祠藏何沅重钞本《天山草堂诗存》

是本。"①

《天山草堂诗存》辑诗的主要来源，据何锡祥序，是"星衢叔祖及澧塘叔两处得手钞诗若干首，续又得《西樵志》《诚征录》中诸什，衷而集之，共得八十余首"②。可知辑诗主要来源为族中所存及《西樵志》与《诚征录》。考何氏《聚顺堂世德录》，第十七世载有何莲青："原讳汝谦，字礼棠，号澧塘，又号情田。蔗泉公次子也。充三水邑庠生。道光甲辰（1844）恩科中式第五十八名举人。"③何锡祥叔辈何侣陶亦在咸丰五年（1855）的未刊叙中云：

> 先生之心……进思退思，惟日不足，又安有寸晷分阴得以从事于风雅

---

① ［清］何沅：《重钞天山草堂诗存记》，《天山草堂诗存》卷首，光绪重抄本，1903年。
② ［清］何锡祥：《天山草堂诗存序》，《天山草堂诗存》卷首，光绪重抄本，1903年。
③ 沙滘何氏宗祠藏：《聚顺堂世德录》，钞本，不详年份，第4、43页。

中乎？故先后服官四十余年,其间往来唱和之章、即景抒情之作,集中鲜有存者。其所存大都皆未仕时及仕后居多。而由《诚征录》钞附古今体若干首,则皆按闽被逮时,自始事至归籍,往返南北凡数月,忧愁感愤之所为作也,怨而不怒,有三百篇之遗风焉……①

"往来唱和之章、即景抒情之作,集中鲜有存者",符合杨烈《刻天山集小引》"所存仅仅一二"之说。何锡祥辑刻本《天山草堂诗存》原收诗八十七首,何沉重钞时据《南海县志》补入二首,共八十九首。其中五言古风七首(沉补一首),七言古风二首,五言律诗十首,七言律诗二十八首(沉补一首),五言绝句六首,七言绝句三十六首。

(二)《天山草堂诗存》的内容

何本《天山草堂诗存》一卷,按诗体分为五言古风、七言古风、五言律诗、七言律诗、五言绝句、七言绝句六大类。与2014年出版的"西樵历史文化文献丛书"之《天山草堂存稿》附录三"何维柏遗诗"四十八首相较,重出者仅二十首,六十余首为遗诗所未见。实际上,"西樵历史文化文献丛书"收录《天山草堂存稿》出版之前,编者已得知沙滘何氏宗祠发现《天山草堂存稿》六本手抄本②,惜未加寻访详考,故附录遗诗未提及《天山草堂诗存》。

"西樵历史文化文献丛书"本附录"何维柏遗诗"主要辑自嘉庆《三水县志》、清温汝能纂辑《粤东诗海》、明张邦翼辑《岭南文献》、乾隆《西樵山志》。何锡祥等咸丰年间辑刻《天山草堂诗存》时,亦从《三水县志》《西樵山志》《南海县志》等辑出若干首,故重出二十首均见于上述地方志。不过,何锡祥似未见刻于清嘉庆十八年(1813)的《粤东诗海》,今存《粤东诗海》卷二十三的三十八首何维柏诗中,与《天山草堂诗存》重出者仅十二首。

通过《天山草堂诗存》目录与《广州大典》所收地方艺文诗歌总集对照可知,《诗存》中未见于各集者凡六十首,其辑自族中所存及《诚征录》中各篇什,均为岭南诗歌选本所未见,具有非常重要的辑佚价值。此外,《诗存》卷首录清何氏

---

① [清]何侣陶:《天山草堂诗存叙》,《天山草堂诗存》卷首,光绪重抄本,1903年。
② 吴国聪《评介》之二"《天山草堂存稿》的版本、刊刻与流传":"另2008年沙滘人何正昌捐出家藏《天山草堂存稿》等六本手抄本存入宗祠,或与中山图书馆所藏同源。"吴文所据为《佛山日报》2008年10月25日B02版的报道《尚书手写卷 四代"传家宝"》,报道未提及《天山草堂诗存》。见《天山草堂存稿》卷首第7页,桂林:广西师范大学出版社,2014年。

后人序四篇,保存了咸丰至光绪年间何维柏著作在族中的保存与流传情况,为徐本及他本所未见的珍贵史料,卷末附陈景唐、蒋信、何吾驺、庞尚鹏、湛若水等诸家题赠八首,何维柏巡按福建期间的"八闽歌谣"十四首,何氏列祖律诗七首等,亦为何维柏研究提供更多材料。

四、何沅重抄本的文献价值

何维柏诗,《四库全书总目》称其"多讲学语",意即以讲学语录入诗。其论本自朱彝尊《明诗综》:"端恪诗多杂讲学语,合格者希。"①对此评价,何氏后人颇有不同意见:"夫以公之学问经济,日月争光,岂区区待诗而存者?然即以诗论其识力之精纯,胎息之深厚,体格之浑成,吐属之工雅,平生之学力气节,往往流示于言词之表,则其全稿虽亡,如此诗未始不可以窥全豹于一斑也。"②《明诗综》所引《乞休诗》二句,原诗今已不存,收录的何维柏《夜坐》一首,与今《广东诗粹》《岭南风雅》《粤东诗海》所收相比,少了8句,且间有异文③,确具理学趣味。疑朱彝尊编《明诗综》时确如四库总目提要所言"征引偶误,殆未见此集(按:指八卷本《天山草堂存稿》)耶"④。《粤大记》亦曾引何维柏被逮下诏狱时所赋诗句"孤臣倘有生还日,圣德真同宇宙宽",《南海县志》《广东通志》及徐信符跋等均征引此句。原诗今仅见《天山草堂诗存》"渡镇江述怀"存相关诗句,字句稍异为:"微臣幸有生还日,帝德应同宇宙宽。"⑤

通过对何本与徐本两种钞本内容的比较及序跋的考索,两种钞本源于同一

---

① [清]朱彝尊:《明诗综》卷四二,北京:中华书局,2007年,第2050页。
② [清]何锡祥:《天山草堂诗存序》,《天山草堂诗存》卷首,光绪重抄本,1903年。
③ 朱彝尊《明诗综》卷四二,选何维柏《夜坐》诗,共16句:"虚亭面芳沼,凉月散遥林。坐观群动息,惟闻蟋蟀吟。物性各自适,兹理会子心。虚明生夜景,微风开我襟。整衣起巡檐,鸣我花间琴。缅怀千载下,希聆疏越音。高梧发孤籁,妙契天机深。对此不能寐,待旦凤所歆。"而《广东诗粹》卷四、《岭南风雅》卷一、《粤东诗海》卷二三均入选该诗,俱为24句,且字词颇有相异处:"虚亭面方沼,好月散遥林。坐观群动息,时闻蟋蟀吟。气机无停暑,万化自升沉。晦冥迭昼夜,往来成古今。物性各自适,兹理会余心。虚明生夜景,清风洒吾襟。整衣起巡檐,迟迟步花阴。呼童泻青尊,对影自酌斟。艺香旋中庭,鸣我花间琴。缅怀千载下,希聆疏越音。高梧发孤籁,契余天机深。对此不能寐,待旦凤所歆。"
④ [清]永瑢等:《四库全书总目》卷一七七,第1590页。
⑤ [明]何维柏:《天山草堂诗存》,光绪重抄本,1903年。

祖本闽刻本。何本原钞九卷,现存前五卷和第九卷单行本,何本已佚文三卷的内容,今徐本尚存。何本《天山草堂诗存》存诗八十九首,为徐本所无,存诗亦比西樵历史文化文献丛书所辑"何维柏遗诗"多六十首,是现今所见存何维柏诗最多的一种。根据何沅另一钞本《诚征录》前记,《天山草堂存稿》的钞录时间当为光绪九年(1883),《天山草堂诗存》的钞录时间则是光绪二十九年。何沅重钞《天山草堂诗存》一卷与《诚征录》一卷的内容,正好是徐氏旧藏《天山草堂存稿》中所阙如的,所缺内容,恰可补嘉靖二十四年(1545)何维柏在闽劾奏严嵩,被逮至京师下诏狱的史实。此案细节,今所存仅《粤大记》《三水县志》等寥寥数语略有记载,而《诚征录》则保存了何维柏日记、闽间士民舆情,尤其是《天山草堂诗存》收录的《望游武夷》《河西务述怀》《铅山道中寻弟不遇》《太思章》《德州发书回籍》等诗,前有辑者长序,详细记录了何维柏明知不可行而行之、将生死置之度外的心理历程,可与庞嵩《明封淑人劳氏墓志铭》、霍与瑕撰《奠何古从老先生》《同会祭古林何老先生》《祭何古林公窀穸墓穴》等文相互参证,补史载及《天山草堂存稿》之不足。

明清之际遗民文人生存与创作考察

康光磊①

一、问题的提出

一个朝代的终结与易代、鼎革,确是不同的历史画卷。易代、鼎革过程中的故事,往往并非此前故事的简单延伸。易代引发的社会、政治动荡,足以造出平世梦想未及的故事,造出特殊、特定的人物类型(如遗民、贰臣)②。因此,易代研究一直广受关注。而甲申之变、明清易代无疑是中国历史数十次改朝换代中最使汉族知识分子惊心动魄的一次社会巨变,是有划时代意义的大事件。华夷鼎革之际,深受儒家文化熏陶的文人在战乱中惊魂甫定,该如何自我安顿和抉择命运?如何进行文学创作?文学创作呈现何种特征?文学书写与时代变迁有何关系?文化政策如何影响文人心态和文学创作?诸多问题值得深入探讨。

概而言之,学界关于明清易代之际文人与文学的研究可分为四个方面。

1. 关于易代之际文人和文学的综合研究。赵园《明清之际士大夫研究》(北京大学出版社1999年)阐述了明清易代之际士大夫的言论、心态和选择,以话题与人物为切入点,通过大量史料来解读知识分子的命运,在研究视角、结构方式和学术眼光方面具有独到之处。陈伦敦《魏晋易代的文人与文学》(四川师范大学硕士论文2008年)从政治立场变化论、儒家处世哲学影响论(来自思想深处的内部原因)、文化政策宽松论(来自外部环境的原因)、魏晋易代文学的特征论四个方面论述魏晋易代的文人与文学。

---

① 康光磊,华中师范大学文学院古典文献学2007级硕士,现为山西财经大学期刊社编辑,武汉大学文学院在读博士生。
② 赵园:《"晚明"与"明清之际"》,《中国文化研究》,2004年第1期,第6页。

2. 关于明清之际士人生存处境和命运抉择的研究。王成勉《气节与变节：明末清初士人的处境与抉择》（台北黎明文化事业股份有限公司 2012 年）从史论、人物和清廷统治来讨论明清鼎革之际的士人与政治。赵静《明清鼎革之际士子的命运抉择》（辽宁大学硕士论文 2015 年）考察士子在明清鼎革之际个人的政治前途与抉择，对仕明者和未仕明者在明清鼎革之际的政治取向进行考察，通过降清、仕清士子和殉明及遗民数量对比，说明大多数士子在明清更迭下如何决定个人命运。

3. 关于明清易代之际文学生态和文人心态的研究。朱丽霞《明清之际文人游幕与文学生态》（上海古籍出版社 2008 年）对明清鼎革之际文人的去就问题进行深入剖析，进而探讨这一时期文学高度繁荣的经济原因。另外，还有陶清《明清鼎革与文人心态——关于明清之际思想史研究范式的思考》（《安徽史学》2006 年第 6 期）。

4. 关于明清之际特殊文人群体（遗民、贰臣等）及创作的研究。白一瑾《清初贰臣心态与文学研究》（南开大学博士论文 2009 年）描述清初贰臣群体的形成过程、特有的苦闷心态以及在精神重压下的发展变化，勾勒这一群体心态的大致面貌以及由此导致的文学创作和思想倾向。顾世严《清初贰臣词研究》（浙江师范大学硕士论文 2005 年）选择清初贰臣词作为研究对象，为清代词史的宏观研究提供新的视角和切入点。另外，还有孔定芳《明遗民的群体身份认同与群体聚合》〔《中南民族大学学报（人文社会科学版）》2010 年第 1 期〕、刘丽《清初京师贰臣诗人研究》（黑龙江人民出版社 2013 年）、吴戈《明清鼎革之际的常州士人》〔《常州工学院学报（社科版）》2016 年第 1 期〕等。

综上，学界对于明清易代之际文人与文学研究已有一定基础，但对于这一极特殊时期的研究仍有较大空间，有必要进一步审视文学书写与时代变迁的关系，观察文学传统与文化现象在世局中的变动过程，就世变与文学、文化现象各种可能的互动关系进行探讨。

面对明清易代，尽忠前朝或明哲保身成为明末文人在这一特殊历史时期必须进行的抉择，有的继续奉明朝为正统，有的为清朝出力，有的隐迹于山水。清入主中原后，一些有影响和名望的故明封建士大夫心怀家国之痛，不仕新朝，或埋首土室，或遁迹空门，或潜心著述、课徒授业，或寄身山林、汗漫远游，对清朝采取不合作的态度，被称为明遗民①。所谓遗民，原指遭"亡国"之劫后残留下来的百姓，《左传·闵公二年》中就有"卫之遗民"的说法，后来则成为人们对易代

---

① 周喜峰：《清初明遗民及其华夷思想》，《南明史学术研讨会论文集》，昆明：云南人民出版社，2017 年，第 312 页。

之间以气节自励、不仕新朝者的专称①。本文着力探讨明清易代之际遗民文人的生存环境及文化政策对文学书写产生的影响,探究文学书写与时代变迁的关系,力求在已有文献基础上发掘新意,对明清易代之际世变与文学、文化现象的互动关系进行系统全面的研究。

二、明清之际遗民文人的生存环境

1644年,李自成的大顺农民军攻破北京城,明崇祯帝景山自缢,标志明朝的覆灭。时隔不久,清军在多尔衮带领下击败农民军占领北京城,为定鼎全国打下基础。历经近百年较量,以清兴明亡而告终,完成新旧王朝更迭的历史性转变,清朝以满洲为主导,确立其统治地位。江山易手外族,华夷鼎革之际的明遗民文人面临复杂严峻的生存环境,具体可从世相、士相和士风三个方面来考察。

(一)世相:"天崩地坼"的巨变时刻

明清的夷夏更替加之剃发易服令的强制推行,士人于亡国之外更有了亡天下的忧惧。在家国幻灭、悲恨交织的时代氛围中,明遗民代表人物顾炎武在《日知录·正始》篇中疾言:

> 有亡国,有亡天下,亡国与亡天下奚辨?曰:易姓改号,谓之亡国;仁义充塞,而至于率兽食人,人将相食,谓之亡天下。魏、晋人之清谈,何以亡天下?是《孟子》所谓杨、墨之言,至于使天下无父无君而入于禽兽也。……是故知保天下,然后知保其国。保国者,其君其臣肉食者谋之;保天下者,匹夫之贱与有责焉耳矣。②

明清易代之际,世乱时危,社会板荡,战乱灾荒频仍,人民流离失所,士的贫困化成为普遍性事实,并被体验为精神和物质的双重剥夺,生死为明清之际的一大主题。

1. 精神层面。一方面,1660年以后,文网渐密。清廷为控制明清易鼎的记忆和禁锢思想,开展了频繁、酷烈的文字狱与持久、大规模的禁毁书籍运动,实

---

① 秋禾:《明遗民录汇辑》,《博览群书》1996年第7期,第48页。
② [清]顾炎武著,[清]黄汝成集释:《日知录集释》卷一三,上海:上海古籍出版社,2006年,第756—757页。

行严酷血腥的文化专制和高压政策,任何涉嫌蔑视清政权的文字,都予以强力镇压。1661—1663年,惨酷的明史案株连千人,被杀者共七十余人。《长生殿》案株连者近五十人,包括诗人查嗣琏和赵执信。查嗣琏深感仕途险恶,从此改名"慎行",任何愤懑感慨都掩埋在端谨淡泊的外衣底下①。随着清政权的稳固,为笼络人心,清文化政策逐渐发生变化,开始采用文化怀柔与包容政策以及外儒内法、尊儒重道的宽松手段。对此,明遗民态度也逐渐转变和通达,政治上参与,文化上认同。可以说,明清之际文化政策对于民族融合和文学创作影响深远。

另一方面,剃发易服令的摧残。清廷以衣冠发型等外在形式的强制改换作为征服的标志,文人在"衣冠沦丧"的文化担忧中迫不得已进行选择,生与死成为一个道德命题。遗民在"冠"上煞费苦心,往往为了"发"的保有,以全发来全节。黄宗羲《两异人传》载:

> 自髡发令下,士之不忍受辱者,之死而不悔。乃有谢绝世事,托迹深山穷谷者,又有活埋土室,不使闻于比屋者。然往往为人告变,终不得免。②

清初遗民中颇有"终身服先朝之服"者,也如拒剃,这是一种赌生命的表达③。他们以剃发易服为耻,进行激烈抵制,以衣冠发式作为反抗的文化象征,宁死不屈。方以智是致力于会通儒释道三教的重要人物,《明遗民录》卷五《方以智》载:

> 清兵尝物色得之(方以智),令曰:"易服则生,否则死。袍服在左,白刃在右。"乃辞左而受右。④

衣冠发式作为中国传统文化符号和文化意象,内蕴深层的民族情感。不少明遗民宁去发披缁为僧、隐于佛门甚至断头也不肯辫发髡首,以此表达对易服剃发的愤恨(南方多逃禅,北方多入道),这其中有着深层次的原因,如"身体发肤,受之父母,不敢毁伤"的古训。不过,最终文化表层的物化显现(发式、着装、语言、礼仪等)或因政治高压而被强制改变,或因风尚浸染而逐渐转移⑤。

---

① [美]孙康宜、[美]宇文所安主编:《剑桥中国文学史》(下卷),北京:生活·读书·新知三联书店,2013年,第195页。
② [清]黄宗羲:《黄宗羲全集》第11册,杭州:浙江古籍出版社,2005年,第53页。
③ 赵园:《明清之际士大夫研究:作为一种现象的遗民》,北京:北京师范大学出版社,2014年,第67—75页。
④ 孙静庵:《明遗民录》,杭州:浙江古籍出版社,1985年,第36页。
⑤ 李瑄:《豪杰:明遗民群体的人格理想》,《浙江学刊》2007年第5期,第105页。

2. 物质层面。明遗民为了保持气节，不与世接，四处漂泊，处境艰难，较平时更深切体验生存能力之为"意志"的保障。他们常常苦节而抑制基本生存需求，固然因传统偏见以治生为妨道，也未必不由于其本无谋生能力。面对严峻的生存困境，力田、入幕、处馆乃至卖文、医、卜以至"相地"等构成明遗民基本的谋生手段和生存支撑，其中，卖文是文人传统的谋生手段。士大夫不事家人产，固然出于"洁癖"，而欣赏遗民的穷饿与过情之举，也多少系于看客趣味，透露着社会心理的畸与病。遗民生存空间之狭，更是由通行于遗民社会的道德律令造成的①。遗民在易代之际生存的艰窘，一定程度由士论之苛造就。因此，拥有清议权力和道德优越感的明遗民在进行道德审判的同时，也常迫于道德伦理的压力，作为边缘群体、政治孤立的他们在生活重压下为谋衣食以至于不顾形迹，进而颓废、动摇、分化。

（二）士相：危亡之际的命运沉浮

在易代之际社会动荡不安和形势错综复杂背景下，士人的政治取向和命运抉择显得格外重要。面对国仇家恨和富贵功名，士人处于身份危机与艰难认同之中，既有生当乱世的痛苦与挣扎，也有变节守义的荣辱与抉择，又有文化伦理的困境与反思；既有遗民情怀与贰臣心态的交杂，也有入世之心与归隐之念的犹疑。同处明亡之世，有苦节且为"尤难"的徐枋，也自有不废风雅、依旧笙歌的文士，这也构成了明清之际色彩极其斑驳的图画。这种生死选择除去忠君观念的影响，体现了个人对忠孝节义、礼义廉耻儒家文化的认同程度②。

具体而言，明遗民异于前代的特殊性主要表现在三个方面。

1. 规模最大。遗民因有宋遗、明遗，才成其为"史"，足以构成某种史的规模。以"规模"论，明清之际远过于宋元之际，这也是明遗民及治明遗民史者为之骄傲者③。明清易代造就了中国历史规模最大的遗民群体，清初遗民集团主要分布于关中、浙东、江淮、两湖、齐鲁等地区，各成体系，各推领袖，俨然有"遗民山头主义"之倾向④。其中，江南是遗民人数众多、聚合最活跃的地区，这里遗民的聚合又以各自的生活空间而形成局部的遗民群落，主要有：以杜濬、邢昉为

---

① 赵园：《明清之际士大夫研究：作为一种现象的遗民》，第85—116页。
② 赵园：《明清之际士大夫研究：作为一种现象的遗民》，第96页。
③ 赵园：《明清之际士大夫研究：作为一种现象的遗民》，第24页。
④ 谢正光：《明遗民传记索引·清初所见"遗民录"之编撰与流传（代自序）》，上海：上海古籍出版社，1992年，第10—11页。

代表的金陵遗民群落,以顾炎武、归庄、徐枋为代表的吴中遗民群体,以方以智、方文、钱秉镫为代表的皖中遗民群体,以黄宗羲为代表的两浙遗民群体,以顾景星为代表的湖北遗民群体,以王夫之为代表的湖南遗民群体,以魏禧为代表的江西"易堂"遗民群体①。

2. 分布极广。生当明清易代之际,很多遗民远走海外避难,包括朝鲜半岛、日本群岛、南洋诸岛等。病骥老人在《明遗民录序》中记载:

> 弘光、永历间,明之宗室遗臣,渡鹿耳依延平者,凡八百余人;南洋群岛中,明之遗民,涉海栖苏门答腊,凡二千余人。②

这些遗民为了不降志辱身,终生不返,"不食周粟",其中如朱之瑜(舜水)、诸士奇等东渡流亡日本的遗民,对于中日关系和文化东传影响深远。

3. 行为尤烈。黄宗羲《谢时符墓志铭》云:"遗民者,天地之元气也。"③在尊崇"华夷之辨、春秋大义"的儒家义理观和传统语境下,明遗民质疑清政权合法性,坚守节操,不忘故国,不仕异族,用不辱身的方式谋生,其群体行为显得尤为激烈。近人孙静庵在《民史氏与诸同志书》中比较宋、明遗民时云:

> 宋明以来,宗国沦亡,孑遗余民,寄其枕戈泣血之志,隐忍苟活,终身穷饿以死,殉为国殇者,以明为尤烈。④

明亡之际,士大夫以至庶人、女子殉国之多之惨烈史无前例⑤。正如《清史稿》(卷五百·列传二百八十七·遗逸一)所言:

> (清王朝)天命既定,遗臣逸士犹不惜九死一生以图再造,及事不成,虽浮海入山,而回天之志终不少衰。迄于国亡已数十年,呼号奔走,逐坠日以终其身,至老死不变,何其壮欤!⑥

另外,不承认清朝纪年,是明遗民不认同清朝统治的表现之一。例如,明遗民张履祥所著《杨圆先生全集》,凡明亡前著作均用万历、崇祯等纪年,清时所著则皆用干支;王夫之晚年撰《自题墓石》,其后款署"戊申纪之后三百二十四年",

---

① 孔定芳:《明遗民的群体身份认同与群体聚合》,《中南民族大学学报(人文社会科学版)》2010年第1期,第76页。
② 孙静庵:《明遗民录》,第372页。
③ [清]黄宗羲:《南雷文定》后集卷二,上海:商务印书馆,1936年,第19页。
④ 孙静庵:《明遗民录》,第375页。
⑤ [美]孙康宜、[美]宇文所安主编:《剑桥中国文学史》(下卷),第154页。
⑥ 赵尔巽等:《清史稿》第45册,北京:中华书局,1977年,第13815—13816页。

戊申为朱元璋开国洪武元年（1368），至其逝世正是三百二十四年①。明遗民还常以另拟字、号、别名等自我命名的方式来表达归属和信念。例如，顾炎武原名忠清，明亡后改为今名；傅山以众多字号（朱衣道人、霜红龛、石道人、浊堂老人等三十余种）寄寓其在明亡后的情志。

（三）士风：鼎革之下的各行其志

明清鼎革导致政权更迭，士人面临贰臣遗民、功名节操的艰难选择和出世入世、舆论道德的内心彷徨。面对国破家亡的警醒，不同地域对清政权的接受过程不同。清初仕清之士多为北方人，南方、西方、东南沿海的抗清斗争在顺治年间持续②。明清之际江南的抗清运动与参与抵抗的士大夫群体历来备受瞩目，他们因亡国之悲、夷夏之防而反清复明、抗争挣扎。从顺治元年（1644）清兵入关算起，到康熙三十四年（1695）以黄宗羲的逝世为标志，明遗民的活动时间持续了五十年左右③。很多明遗民以救亡为己任，但无论是自负有能力经营政局的张岱，还是对君臣伦理原则持绝对信仰的王夫之，抑或怀抱热切进取之志的钱秉镫，都不得不带着失落最终退出政治参与④。明遗民的生命之旅大都历经少年文人、中年抗清、晚年著述经世的三级阶梯。例如黄宗羲自题画像之像赞将自己的一生划为三阶段，见黄嗣艾《南雷学案》卷首；顾炎武《亭林文集》卷三《答原一、公肃两甥书》中亦对自己一生作了三阶段的划分。

拒绝仕清的遗民涵盖多种模式与生命形态，有积极参与抗清的志士、避世逃禅的隐士、睥睨一切的狂士、继续诗酒风流的雅士等。同为退隐不仕新朝，有的遗世苦节，有的方外披缁，有的在不同程度上与清官交往⑤。面对异族统治带来的压迫感和屈辱感，很多明遗民心怀救世之心，担起救亡之责，开始参政任事、谈兵游幕，"豪杰"成为该群体普遍拥有的人格理想。

1. 避世之情：冷眼静观、遁迹山水的隐逸生活，追慕林泉、回归自我的精神

---

① 孔定芳：《清初朝廷与明遗民关于"治统"与"道统"合法性的较量》，《江苏社会科学》2009年第2期，第192页。
② ［美］孙康宜、［美］宇文所安主编：《剑桥中国文学史》（下卷），第154页。
③ 周喜峰：《清初明遗民及其华夷思想》，《南明史学术研讨会论文集》，第312页。
④ 李瑄：《南明抗清运动中明遗民的失落》，《四川师范大学学报（社会科学版）》2008年第4期，第83页。
⑤ ［美］孙康宜、［美］宇文所安主编：《剑桥中国文学史》（下卷），第180页。

皈依。隐遁山林,拒绝合作,作为林下风者的另类反抗,有着浓厚的悲剧意味。隐逸是建立于遗民的政治身份,与政治保持疏离,不是安适的,而是痛苦和逃避的。面对家国之变,明遗民失去精神家园,常有末世乱离之感。逸民者,殆指居清平之世而隐逸之民;而遗民者,则处江山易代之际,以忠于先朝而耻仕新朝者也①。遗民作为体制外的存在,有自身独特的语境,有逃名而遗,也有好名而遗,避世邀名,而箕、微、夷、齐成为士人处易代之际可供选择的型范。经历了乱离、"与义"中的残酷,遗民"土室""牛车"式的自我闭锁虽沿用了既有形式,仍像是自虐、自惩,其中有心理极度脆弱之时对于"玷污"的恐惧。至于遗民的极端姿态,自然也出诸士人结习,即严于交接,严流品、气类之辨,此种"辨"从来都是士人自我界定、自我证明的方式②。清初明遗民选择与现实政权疏离,追求隐逸的生活,寻求心灵避难所,其生命形态表现为素位行乐和闲雅情趣。陶渊明作为晋宋易代之际的遗民,其甲子纪年、桃源避秦、隐逸力田等不与新朝合作的行为得到明遗民几乎不约而同的赞赏和效仿,正如钱谦益在《牧斋有学集》卷二六《陶庐记》中所言:

> 今世隐约之士,俯仰无聊,哦几篇诗,种几丛菊,咸以柴桑自命,殆长公所云"陶渊明一夕满人间"者,此不足为伊人道也。③

不少明遗民自拟效仿陶渊明,在诗歌创作上和陶学陶。可以说,陶渊明成为支撑特殊时期民族感情、道德情操和超越情怀的历史基石之一④。

2. 名士之道:任侠尚义、参禅学道的理想人格。一些有志匡济的明遗民怀着"耻事异姓"的忠义思想,反清复明,如陈子龙。有些明遗民痛甲申之变,怀念故国,隐逸叹世,面对南明腐败,无奈弃举子业,逃禅为僧,遁入空门,留着有用之身以寻自我价值实现之途。例如,叶绍袁(著有《甲行日注》)与友人逃禅,既是明末禅悦之风的延续,也是为了反抗清廷的"剃发令"。当此乱世,方外被视为人间政治伦理和帝力之外,逃禅最简单的动机即逃生,即时人好说的"不得已",这是明清之际引人注目又颇召争议的遗民行为⑤。其中,岭南、西南遗民逃禅风气浓厚,陈垣据此撰有《明季滇黔佛教考》。

值得一提的是,清初贰臣作为特殊的士人群体,数量相当庞大,社会影响力

---

① 谢正光:《明遗民传记索引·清初所见"遗民录"之编撰与流传(代自序)》,第3页。
② 赵园:《明清之际士大夫研究:作为一种现象的遗民》,第18页。
③ [清]钱谦益:《牧斋有学集》卷二六《陶庐记》,上海:上海古籍出版社,1996年,第1009页。
④ 李剑锋:《明遗民对陶渊明的接受》,《山东大学学报(哲学社会科学版)》2010年第1期,第145页。
⑤ 赵园:《明清之际士大夫研究:作为一种现象的遗民》,第39—41页。

惊人,构成极为复杂。因此,探讨该群体的形成过程、特有的苦闷心态以及在精神重压下的发展变化,勾勒这一群体心态的大致面貌以及由此导致的文学创作和思想倾向,有着重要的学术史和思想史价值。对于以明臣仕清者,乾隆皇帝创立了"贰臣"的贬损称谓。由于政治标准和道德标准在价值评判体系中长期居于主导地位,作为已在明出仕又仕于清朝的贰臣普遍因仕于异族政权而为士林所不齿,不断遭受儒家伦理道德的拷问和舆论的讥议,内心背负巨大的压力和沉重的道德自卑感,常处于愧悔之心与自我救赎的徘徊之中,他们充满哀时伤事、忏悔自惭的个体叙事实乃一部部饱含血泪的心史。正如吴伟业《临终诗四首》其一所述:"忍死偷生廿载余,而今罪孽怎消除?受恩欠债应填补,总比鸿毛也不如。"①

三、明清之际的遗民文学

面对身份转换,守节不仕的明遗民文人要为安身立命寻找依据,他们在自我价值选择时对明清易代进行文学性书写和精神性体认,以文字记录世事变迁下沧桑变化的历史现实,包括战火中百姓的颠沛流离、国家覆亡下王公贵胄的沉沦、易代之山河破碎和往昔之繁华岁月,总结明王朝速亡之因,充满黍离之悲和家国之思。另外,清初文化政策变化对文人心态和文学创作造成深远影响,使得明清易代之际的遗民文学呈现个性化景观。这是歌哭无端的苦难时代,然"国家不幸诗家幸",世变沧桑使遗民文学大放异彩,各种文类均有卓越成就,时事动荡似乎促使作家反思甚或挑战政治体制、道德依归、文学形式等各种规限②。

(一) 对易代的文学性书写和精神性体认

1. 明遗民文学表达主题多为黍离之悲与家国之思,具体体现为:痛易代之山河破碎(国破家亡的感慨,故国怀恋)、忆往昔之繁华岁月(故明史事的追记,咏史怀古)、思明鼎革速亡之因(遗憾无奈的自伤,慷慨悲歌)。身历明清鼎革的遗民文人,往往觉得需要为其政治抉择申述、辩解、哀叹,其对明清之际的历史

---

① [清]吴伟业:《吴梅村全集》卷二〇,上海:上海古籍出版社,1990年,第531页。
② [美]孙康宜、[美]宇文所安主编:《剑桥中国文学史》(下卷),第54页。

回顾与兴旺感慨超越时空,演成更寥廓的视野、更深远的悲凉①。明遗民不但以述宋为自我述说,更以直接的自述,极大地丰富与拓展了"遗民叙事"②。繁华如何消歇,明朝如何灭亡,是萦绕清初文学的问题。明清抗争的历史在多种文类和题材呈现:有力求追捕事实的目击证人记录,有严肃的反思,有直接的议论,有幻想的重构,有借前代离乱比附的叙述,有不同程度隐显的书写。与这些作品息息相关的是记忆文学,尤其是追悼明朝覆亡风流云散,或恋恋明季前尘昔梦的诗文、忆语、笔记。而对于明亡时尚是童稚或尚未出生的作者,明季文化成为"间接乡愁"和"二手记忆"的对象③。

2. 遗民文学创作类型包括:生计之游与游幕文学(生存困境与入世心态)、自由之游与旅游文学(身心皈依与精神救赎)、交往之游与隐逸文学(遗民节操与栖息避世)。遗民之"游"有着多元的文化和思想意蕴,或为灵魂流浪、精神漂泊,或为凭吊仪式,或为悲情宣泄,或借以阴结豪杰、图谋再造④。作为亡国士大夫,不少明遗民怀着儒家使命投笔从戎,"人间最苦是飘零",安土重迁的他们在"游"中寻找自己的精神家园,游赏、游文、游学、游宦、游幕成为遗民在朝代更迭下的生活方式,这也是山水文学产生的重要渠道。有些明遗民以游为凭吊游怀之旅,通过谒陵或哭陵,表达悲伤复杂的心曲。例如,顾炎武一生五谒孝陵、六谒思陵,他北游后可以几十年不祭扫父母,妻子死时只临风一哭,却总不忘拜祭明陵。有的遗民文人游幕数年数十年后步入新朝官场,如朱彝尊、陈维崧;有的则拒绝出仕,游幕终身,如方文、李良年。

3. 遗民文学艺术风格主要为时代素描与社会实录,具体包括:直泻悲愤、以血泣号的情感表达(凄丽美艳的语言风格),叙写乱离、记录坎壈的史家笔法(悲惨遭际的直面描写),缘事而发、忧国忧民的纪实之作(柔美悲凄的丧乱遗怀)。清初是忌讳而不敢言、语焉而不敢详的时代,清廷对于文字言论特别敏感与忌惮,文网之禁遂极严厉,遗民文人讥评当下只能取隐语曲言的方式⑤。因而,遗民文学只能以隐秘形式得以保存和流传,其文字和思想支离破碎、晦涩难懂。

---

① [美]孙康宜、[美]宇文所安主编:《剑桥中国文学史》(下卷),第182—184页。
② 赵园:《明清之际士大夫研究:作为一种现象的遗民》,第25页。
③ [美]孙康宜、[美]宇文所安主编:《剑桥中国文学史》(下卷),第183—184页。
④ 孔定芳:《清初明遗民的"云游"行为及其意蕴》,《人文杂志》2005年第3期,第112页。
⑤ 孔定芳:《清初朝廷与明遗民关于"治统"与"道统"合法性的较量》,《江苏社会科学》2009年第2期,第195页。

（二）选编诗集和遗民录以存历史

明末蓬勃的出版业似未因易代变乱受太大打击，清初士人仍热衷于丛书刊刻，或基于追怀前朝，搜集放失旧闻，或源自书籍毁于变乱的焦虑，征求"唐宋善本"以备重新刊刻的公开信并不少见。

一方面，通过有意识汇编出版明代诗文，界定和保存前朝的历史记忆和文化遗产。例如，朱彝尊选明诗，编《明诗综》。黄宗羲遮拾明文，编《明文案》《明文海》；又创新例，编纂《明儒学案》，弘扬明代学术。1652年，毛晋（1599—1659）汲古阁刊刻钱谦益选明诗所编《列朝诗集》。明末清初作家选明末人的诗词不下二三十种，《明遗民诗》问世前的各种当代诗歌选本大多出于明遗民之手[①]。例如，清卓尔堪《四百家遗民诗》（16卷，收录作者507人，诗2867首，中华书局1961年）中隐晦很多。全祖望所编《续甬上耆旧诗》收录宁波一郡明遗民诗人诗作就达215人、诗集109部、诗歌9213首。明遗民注重保存明代的记忆，彰显遗民忠节的精神遗产，例如，惊隐诗社的成员曾编《明史记》《广宋遗民录》《天启崇祯两朝遗诗》。另外，遗民情怀与时代使命造就了中国女性文学传统中罕见的高瞻远瞩、特立独行之精神。清初继承晚明对女性文学的兴趣，女性诗词选本别集的数量超越其他时代，其中佼佼者是王端淑（1621—约1701）气象宏阔的《名媛诗纬初编》[②]。

另一方面，明亡后，撰《明遗民录》蜂起。谢正光在《清初所见"遗民录"之编撰与流传》一文中说：

> "遗民录"之编撰，始明程敏政的《宋遗民录》（十五卷）。……及清兵入关，程氏书竟大为流行。遗民志士，转相传诵。秉笔之士，亦有因程氏著书之旨，深事增广；或访录明遗民之行事，作"明遗民录"者。[③]

清初至民初的《明遗民录》主要有七种：《明遗民录》（孙静庵）、《明遗民所知传》（邵廷采）、《明遗民录》（黄容）、《皇明遗民传》（阙名，朝鲜人）、《明遗民录》（陈去病）、《胜朝粤东遗民录》（陈伯陶）、《明季滇南遗民录》（秦光玉）。谢正光、范金民的《明遗民录汇辑》（南京大学出版社1995年）将以上七种《明遗民录》全

---

① 谢国桢：《江浙访书记》，北京：生活·读书·新知三联书店，1985年，第17页。
② ［美］孙康宜、［美］宇文所安主编：《剑桥中国文学史》（下卷），第181—192页。
③ 谢正光：《明遗民传记索引·清初所见"遗民录"之编撰与流传（代自序）》，1992年，第1页。

部收录,将所录的 2000 余名遗民材料按人类纂。

(三) 经世思潮与遗民学术

1. 经世思潮:以史经世,呕血泣吟,救命以言。以史经世是中国古代史学的优秀传统,清初明遗民激于时变而作"明亡之思",对明代历史进行反思与批判,形成经世致用的学风、崇实黜虚的思潮,史学由此兴盛。明遗民私修的各种体例明史著作屡见不鲜,如邵廷采之《东南纪事》和《西南纪事》、黄宗羲之《明儒学案》等。清初著名遗民学者几乎都有易代史著作,顾炎武有《圣安本纪》《熹庙凉荫记》,黄宗羲有《行朝录》,王夫之有《永历实录》。在谢国桢的《增订晚明史籍考》中,清初产生的易代史著作大多出自明遗民之手①。

2. 遗民学术:经世实学,扫除空谈,经世济民。王猷定云:"帝王相传之天下,至宋而亡,存宋者,遗民也。"②明朝近三百年的基业毁于一旦,能够存道的只有遗民,清初明遗民力推儒学复振、文化救亡和经学复兴,勤学苦读以求博学,对思想界影响深远。遗民学术雄踞清初思想史,其中佼佼者是黄宗羲、顾炎武和王夫之,三人皆为明清之际重要学者和遗民文人,有着重要的思想史和学术史研究价值。遗民学者的共同点是在不忘故国的同时,严峻地省察明季的失误,除了批判晚明党争致祸、政策错误、制度废弛外,"文人之多"被认为是衰败的根由和征兆,顾炎武曾叹息"唐宋以下,何文人之多也"③。

四、结　语

明清鼎革之际,社会剧烈变动,满汉异质文化发生前所未有的剧烈碰撞,尴尬的身份认同和生存焦虑使文人在宗国倾覆之际致力于对自我意义的探求,忠与节的情感选择在这一特殊社会背景下进入遗民语境。无论是文化界、艺术界还是学术界,作为知识精英的遗民以崇高的文学声望引导着文学潮流和文化趣味的变化,有着不可忽视的社会影响。因此,考察明遗民思想、心态及创作有利于把握明清易代史和个体生命的独特性与丰富性。

---

① 孔定芳:《清初的经世致用思潮与明遗民的诉求》,《人文杂志》2004 年第 5 期,第 166 页。
② [清]王猷定:《四照堂文集》卷一,北京:北京出版社,2000 年,第 166 页。
③ [美]孙康宜、[美]宇文所安主编:《剑桥中国文学史》(下卷),第 184 页。

《明儒学案》王门分派与社交网络的新探讨

邓 凯①

关于"王门分派"这个问题的研究,钱明先生基于阳明学派争辩的主要内容和分化的历史脉络,通过"附表"的形式,提出一种新分法:将阳明后学分为现成派、工夫派两大系统,其中"现成派系统"分为虚无派、日用派,"工夫派系统"分为主意派、主静派、主敬派、主事派②。张立文先生梳理了学界关于王门分派的三大方法:以学者所在地域分的"黄宗羲法"、以学者身份分的"嵇文甫法"、以学者思想倾向分的"冈田武彦法"③。也有学者指出,阳明学派的划分,背后反映出的是相应的"阳明学观",黄宗羲《明儒学案》代表清初康熙间阳明学观,以尊重有善有恶说的修证派为阳明学的正统,以尊重无善无恶说的左派为异端;而从周汝登《圣学宗传》代表明末万历末年的阳明学观,则可以看出,明末的状况是在阳明学派中,左派是主流,修证派是相似朱子学的保守派④。我们还应从社交网络的角度,以一个相对客观、开放的"阳明学观",来重新审视王门分派的问题。本文所谓"王门分派",不是"分裂"之义,更多是要强调王阳明及其弟子、后学等所构成的社交关系网络中,实际上形成了若干"中心"与"社群",他们在个人与团体的层面上,为阳明学派的形成、发展与演变作出贡献。

---

① 邓凯,华中师范大学文学院古典文献学 2013 级博士,现为宁波财经学院副教授。
② 钱明:《阳明学派分化的思想基础》,《浙江学刊》1986 年第 4 期,第 108 页。
③ 张立文:《王门分派与黔中王门学派之要义梳理》,《北京行政学院学报》2019 年第 2 期,第 101 页。
④ [日]佐藤炼太郎:《明末清初相反对立的阳明学派史——周汝登〈圣学宗传〉与黄宗羲〈明儒学案〉的比较》,《湖南大学学报(社会科学版)》2017 年第 1 期,第 12 页。

一、王门社交网络的数据构建与全景呈现

尽管黄宗羲在《明儒学案》中主要是按地域将王门分派,但他实际上也考虑到了王门各派"跨地域"的情况,比如列入"泰州学案"中的徐樾,原本是江西人。来自不同地域的王门弟子之间,发生过深刻联系与紧密互动。但研究这个问题的困难,在于王门弟子众多、关系复杂、时间跨度长,不容易作出全盘考察与细致刻画。得益于邹建锋先生的《阳明夫子亲传弟子考》与《阳明夫子再传弟子考》两部力作,以及社交网络研究理论、大数据处理技术,构建"王门社交关系网络数据库"成为可能,而且在文献与算法的基础上,不仅能够刻画出王门社交网络的全景图,还可以进一步探讨阳明学派的发展演变问题。

为描述阳明学派的社交网络,我们构建出一个"王门社交关系网络数据库",共有近千条记录,其中每一条记录的信息包括:人物甲、人物乙、关系类型、社交强度。两个人物之间的"关系类型"分为:师生、交游、亲属、论学、书友、同僚,其中"书友"具体包括书信往来、作传、写墓志铭,不易区分的列入"交游"类。"社交强度"从1到10酌情赋值,以4为基准值。通过计算、整理,可得出"王门社交关系网络"的平均聚类系数为0.1900679,使用社群发现的louvain算法,经过再次整理,总共得到20个由不同颜色表示不同社群的直观图,如下:

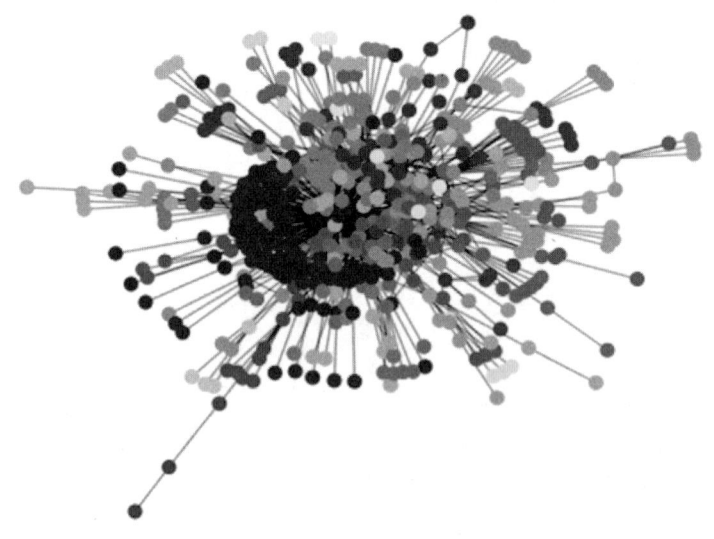

王门社交网络社群图

弟子文录

社群的内部人数有多有少，形成时间也分先后，但在社交网络中同属一个社群的人们之间联系一定是更为紧密的。王门弟子"社群"的发现，将有助于在《明儒学案》基础上，更细化地探究阳明学派的内部结构与交互影响。但必须要说明的是，由于数据库不可能穷尽所有文献，据此，计算机又基于社交网络理论算法得出结果，若其中某一项发生微调，所输出的内容也会有所不同。因此，王门社交网络中心人物与社群发现，将是一个不断逼近历史真相的探究过程。但目前我们所提供的这样一个包括人物与社群的社交网络结构，能够全景式地展示阳明学派，增进对王门分派过程的认识。

二、王门浙籍弟子的社群发现

浙江是王阳明出生、成长与讲学之地，王门中的"浙籍"弟子很多，包括徐爱、钱德洪、王畿、季本等等。从王门社交网络来看，王阳明的浙籍弟子还可再细分为若干社群。有浙籍弟子列入的王门社群，可分三种情况：完全由浙籍弟子所构成的社群，以浙籍弟子为主体的社群，以及浙籍弟子不占主体地位的社群。完全由浙籍弟子所构成的社群，有社群十四（应典、吕璠、汪玉）[1]、社群十八（诸俨、诸阳、诸升、诸阶）[2]。这样的浙籍弟子小社群，往往是由于地缘、血缘亲近而自然结成，而且与王门社交网络中其他人的联系并不紧密。以浙籍弟子为主体的社群共有五个，也是王门各派中数量最多的弟子社群。其中，社群三包括：蔡宗兖（浙）、季本（浙）、范瓘（浙）、张元忭（浙）、钱楩（浙）、吴继乔（粤）。该社群以季本为中心人物，涉及来自广东揭阳的吴继乔，他曾往广西苍梧从阳明先生游，而且季本也重其为人。

社群五包括：钱德洪（浙）、程梓（浙）、王畿（浙）、丁任（浙）、丁行（浙）、何鳌（浙）、何伦（浙）、王修易（浙）、徐霈（浙）、黄绾（浙）、黄文焕（浙）、王正宪（浙）、李琪（浙）、卢可久（浙）、钱大经（浙）、钱德周（浙）、钱应乐（浙）、钱应扬（浙）、钱仲实（浙）、魏廷豹（浙）、俞大本（浙）、周积（浙）、王襞（泰）、张寰（南）、胡汝焕（赣）、王良臣（赣）、王守胜（赣）、魏良辅（赣）、魏良贵（赣）、魏良器（赣）、魏良弼（赣）、魏良政（赣）、薛侃（粤）、薛俊（粤）、薛侨（粤）、薛宗铠（粤）、方献夫（粤）、林讷

---

[1] 该社群原有5人，整理时排除了姚文照、张钺、章懋这三位，他们不是阳明亲传弟子，又并入汪玉。其他社群也做了排除工作。在构建王门社交网络时，涉及的人物更多，但其中并不都是阳明弟子。

[2] 类似的社群如闽粤王门中有完全由粤籍弟子组成的社群十七：伦以训、伦文叙、伦以亮。

（闽）。该社群影响大、人数多，以钱德洪、王畿、黄绾为中心。王襞之所以也被列入此群，是因为他曾拜师王畿、钱德洪，而且留越的时间将近二十年，与王门浙籍弟子关系非常紧密。不少江西籍弟子也别列入该社群，其中：胡汝焕曾得到王畿的赞许；王良臣是钱德洪的弟子，且与王守胜都参与怀玉书院（邹守益、钱德洪主持）讲学活动；魏良辅、魏良贵、魏良器、魏良弼、魏良政兄弟于绍兴、南昌等地先后都师从阳明，尤其是魏良器笃信良知学，曾竭力劝导王畿从学王门，并对钱德洪也有教导。大量"粤闽王门"弟子也从该社群中受益匪浅，包括广东揭阳薛氏家族的薛侃、薛俊、薛侨、薛宗铠，其中薛侃在王门社交网络中地位重要，可谓王阳明在广东地区最著名的弟子，他与欧阳德等同门在阳明先生逝世后护卫其家，又与王畿、周文规等编刻阳明先生语录，大力推动阳明学的广泛传播。林讷转益多师，因家乡福建莆田惨遭寇乱，移居到江苏泰州，卒业于王襞，并为其师编辑《东厓遗集》。林讷是泰州学派代表人物之一，弟子有刘源、王嘉第、王元鼎等。

　　社群六包括：柴凤（浙）、刘侯（浙）、陈善（浙）、程尚宁（浙）、范引年（浙）、黄修易（浙）、王世仪（浙）、管州（浙）、孙应奎（浙）、陆澄（浙）、蔡汝楠（浙）、郑寅（浙）、王正思（浙）、闻人诠（浙）、沈桐（浙）、黄省曾（南）、刘君亮（赣）。该社群重要阳明弟子有范引年、管州、孙应奎、陆澄、蔡汝楠、闻人诠等。陆澄，字原（或作元）静、清伯，浙江湖州人，王门早期著名弟子，与孟源、马明衡、王嘉秀、冀元亨、唐诩、徐爱、薛侃、刘君亮等同门共学，《传习录》中他所记内容排在徐爱之后。同为浙江湖州人的蔡汝楠可谓阳明先生的私淑弟子，并且他问学于孙应奎，与之交往颇厚，一起在湖南编刻《传习录》。该社群中特别值得注意的是黄省曾，字勉之，号五岳，苏州吴县人，他师从与交游经历颇广，在王门社交网络中地位突出。黄宗羲《明儒学案》中"南中王门"首列黄省曾，亦可见其重要性。范引年、管州、孙应奎、陆澄、闻人诠等人，或共同入门受学，或共事于阳明学传播，相比较钱德洪、王畿所在的浙籍弟子社群，其总体影响力稍逊一筹。然而，该社群中黄省曾的列入，有助于深入探究从"浙中王门"到"南中王门"的阳明学传播路径。

　　社群十一包括：董沄（浙）、董毂（浙）、胡瀚（浙）、胡铎（浙）、黄嘉爱（浙）、徐爱（浙）、林应麒（浙）、王激（浙）、朱节（浙）、王应鹏（浙）、叶慎（浙）、许相卿（浙）、许闻造（浙）、许闻至（浙）、朱箎（浙）、朝簹（浙）、李良臣（赣）、张纯（赣）、唐鹏（南）、傅凤（徽）、南大吉（北）。该社群以徐爱、林应麒、朱节为中心人物。《明儒学案》缺载王激，他于正德九年从学阳明，并与徐爱、朱节等阳明弟子交游切磋，颇受推重。与徐爱多有诗歌唱和，往来密切的王门弟子有江西籍的李良臣与江苏籍的唐鹏。来自徽州府祁门县的傅凤，曾先就学于时任县令的徐爱。朱节，字守中(忠),号白浦,为山阴县人,其墓志铭由南大吉撰写,可见两人交往关系颇为重要。南大吉字元善,号瑞泉,陕西省渭南县人,是阳明学传播北方地区的重要王门弟子。他曾在绍兴担任知府,大刀阔斧进行改革,嘉靖三十七年受祀于绍兴名宦祠。南大吉与其弟南逢吉、长子南轩三人在绍兴,同时受学于阳明门下。他又与同门合作刻印《续传习录》,刊布阳明语录《越中传述》等,南大吉在家乡渭南建有湭西书院,在北方地区传播阳明良知学思想,收有弟子裴贞等。

社群十三包括:韩柱(浙)、徐珊(浙)、孙升(浙)、孙堪(浙)、孙燧(浙)、孙墀(浙)、孙矿(浙)、孙鑨(浙)、夏淳(浙)、徐天泽(浙)、梁廉(赣)、丘养浩(闽)、王慎中(闽)。该社群多为余姚县人,以徐珊、孙堪、丘养浩为中心人物。夏淳与徐珊同事阳明。徐天泽是徐珊的兄弟,闻阳明良知学后进步很快,得到钱德洪的赞许。梁廉与徐珊既曾侍学于阳明先生,又在湖南辰州任通判期间大力弘扬阳明良知学。丘养浩,字以义,号集斋,福建省晋江县人,易学家丘瑗之子,曾任余姚县令,期间拜师阳明。丘养浩与韩柱、徐珊刊刻阳明先生《居夷集》。丘养浩去世后,同门孙升撰其行事,王慎中为其立传,可见他们之间的同门情谊。同为福建籍的王慎中,与阳明后学唐顺之、曾忭多讲习论学。

三、王门赣籍弟子的社群发现

王门社交关系网络中,完全由赣籍弟子构成的社群有社群十六(龙光、刘镗、龙履祥、杨基)、社群十九(周汝员、周文矩)。龙光跟随阳明先生征战四方,多有助力。先生去世,他又与刘镗、杨基、武栾等弟子护送至绍兴安葬。社群十九中排除了"汤绍恩",而周汝员与兄弟周文矩二人都受学阳明,嘉靖十六年他以御史按浙,与知府汤绍恩共建"新建伯祠",祭祀阳明先生。

社群四包括:曾才汉(赣)、黄直(赣)、戴绶(赣)、黄株(赣)、吴守真(赣)、吴悌(赣)、周德崇(赣)、邹元标(赣)、孟秋(北)、陈杰(闽)。该社群人数不多,以黄直、邹元标为中心,吴悌、戴绶、周德崇、黄株、吴守真都是其弟子。黄直纂辑《阳明先生遗言录》,后由曾才汉校辑。邹元标与各地王门弟子、后学多有交往,他的门人众多。邹元标与北方王门弟子孟秋的关系较为紧密,为之作《孟我疆先生集序》《奉训大夫尚宝司少卿我疆孟先生墓志铭》。黄宗羲《明儒学案》中所列北方王门弟子包括穆孔晖、张后觉、孟秋、尤时熙、孟化鲤、杨东明、南大吉,他们与其他地区王门弟子的交游情况值得更多关注。

社群七包括:聂豹(赣)、管登(赣)、何廷仁(赣)、黄弘纲(赣)、何春(赣)、赖元(赣)、赖贞(赣)、李经纶(赣)、刘澜(赣)、汤克宽(赣)、周禄(赣)、胡膏(浙)、王正亿（浙）、黄齐贤（浙）。该社群以聂豹、黄弘纲为中心。赖元是赖贞之兄，多与同门黄弘纲、何廷仁、李经纶、聂豹等交游论学。刘澜亦与黄弘纲、何廷仁从阳明先生学。汤克宽、周禄，均与聂豹有论学往来。黄弘纲在阳明先生去世后，保护先生嫡子王正亿及处理其他家事有功。王正亿曾从学于胡膏。聂豹与黄齐贤交游，作《赠黄明山赴召序》。

社群八包括：陈九川（赣）、罗洪先（赣）、欧阳德（赣）、王时柯（赣）、夏良胜（赣）、邹守益（赣）、邓圉（赣）、邓州（赣）、董欧（赣）、郭持平（赣）、黄旦（赣）、张鳌山（赣）、刘鲁（赣）、刘晓（赣）、王钊（赣）、刘肇衮（赣）、王一视（赣）、王贞善（赣）、刘宾朝（赣）、欧阳瑜（赣）、欧阳阅（赣）、裘衍（赣）、饶瑄（赣）、万虞恺（赣）、万廷言（赣）、王臣（赣）、艾铎（赣）、王思（赣）、王铸（赣）、谢魁（赣）、王仰（赣）、易宽（赣）、程默（徽）、吴枋（徽）、胡松（徽）、戚南玄（徽）、谈恺（南）、冯恩（南）、徐阶（南）、程文德（浙）、林元伦（浙）、林元叙（浙）、张元冲（浙）、成子学（粤）。该社群为江右王门中最大的一个，重要的阳明弟子也较多，包括陈九川、罗洪先、欧阳德、邹守益、万虞恺、王臣。邓圉、邓州兄弟都卒业于邹守益。郭持平曾跟随阳明平定宁王朱宸濠之乱。他与邹守益交游时间很长，多有论学书信往来。除赣籍弟子外，列入该社群的还有安徽籍、江苏籍、浙江籍的王门弟子。程默从学于邹守益，吴枋曾与罗洪先、王畿、戚贤等同门论学，又与胡松合作编成《念庵文集》。戚贤于嘉靖二十年补刑科都给事中，上《进贤退不肖疏》，推荐同门马明衡、程文德、徐樾、魏良弼、王龙溪等，又曾在安定书院举办讲会，宣讲、切磋阳明良知学。江苏籍的谈恺是阳明先生的私淑弟子，于嘉靖三十六年为《阳明先生正录五卷外录九卷别录十四卷》作序。冯恩，华亭人，嘉靖十一年上疏，反对权臣汪铉奸罪，帝怒，下狱。他与徐阶、戚贤、罗洪先、邹守益、程文德、谈恺等多有交游。浙籍弟子程文德，是金华永康人，在任江西安福知县期间，与邹守益、徐阶、季本等筹建复古书院，作为传承阳明良知学的重要场所。他也多与同门王畿、欧阳德、邹守益、徐樾、石简、卢可久、薛侃、应典、伦以训等论学往来。林元伦是林元叙弟弟，他与徐阶相与讲学，协助胡松编修《滁州志》。张元冲，字叔谦，号浮峰，山阴县人。黄宗羲认为他以戒惧为入门，而一意求诸践履。张元冲与邹守益、罗洪先、黄弘纲等同门举办讲会，又建怀玉书院，迎王畿、钱德洪主讲，并为编辑《阳明先生年谱》做了大量工作。石简，得父之命从学阳明，为官清廉出名。嘉靖三十年，因受徐樾牵连而罢归。成子学与罗洪先多有交游论学、书信往来。

社群十包括：罗汝芳（赣）、刘邦采（赣）、刘文敏（赣）、陈嘉谟（赣）、贺泾（赣）、刘文协（赣）、王时槐（赣）、刘子和（赣）、胡直（赣）、吴子金（赣）、孟津（徽）、孟源（徽）、陆光祖（浙）、徐用检（浙）、耿定向（鄂）、耿定理（鄂）、郭庆（鄂）、吴良

弟子文录

吉(鄂)、赵贞吉(川)、李贽(闽)。该社群以罗汝芳、刘文敏、孟津、徐用检为中心。除赣籍弟子外,涉及徽籍、浙籍、鄂籍、川籍、闽籍的王门弟子,可见阳明学派发展过程中江右王门弟子影响范围之广。孟津与胡直、陆光祖有书信论学、诗歌唱和。他在嘉靖三十六年担任黄冈知县时,编印《良知同然录》,序言中有言"愿阐师门同然之蕴,以波于江汉",此书后叙由邹守益门人麻瀛所作。孟源是孟津之兄,先后在滁州、绍兴从学阳明先生。陆光祖还是王龙溪弟子,两人之间多有论学。徐用检,字克贤,号鲁源,浙江金华府兰溪人,他是钱德洪弟子,金华地区阳明学的代表性人物,创办兰溪会讲,受到黄宗羲的特别关注与表彰。门人弟子有刘一璟、姚铎、舒秉彝、包容大等。耿定向原是湖北黄冈人,在南中督学,开崇正书院,成为泰州学派中坚。他又与弟弟耿定理、耿定力一起居天台山创设书院,传播阳明良知学。耿定理从学于方湛一、邓豁渠、何心隐、王襞,又与刘初泉、李士龙、李贽交游密切。出自黄冈的王门弟子还有郭庆、吴良吉师徒。孟津任黄冈知县时,聘请吴良吉担任书院主讲。耿定向也与吴良吉交厚,去世后为之操办丧事、撰作传记。赵贞吉,字孟静,号大洲,四川内江县人。他是徐樾弟子,其学对徐用检多有启发。李贽原是福建泉州人,寄寓黄安县、湖北麻城芝佛院,与耿定向为友。该社群以王门赣籍弟子为主体,但其中与鄂籍弟子关系紧密,这离不开孟津的重大作用;又与泰州学派渊源很深,值得进一步探究。

四、泰州王门、南中王门弟子的社群发现

与泰州王门相关的主要是社群十二,包括:王艮(泰)、王栋(泰)、华云(泰)、林春(泰)、徐樾(赣—泰)、聂静(赣—泰)、李九韶(赣—泰)、方基(赣—泰)、叶思忠(赣—泰)、董燧(赣—泰)、黄文刚(赣)、俞文德(赣)、袁庆麟(赣)、顾应祥(浙)、黄宗明(浙)、万表(浙)、石简(浙)、林达(闽)、马明衡(闽)、路迎(北)、戚贤(徽)。该社群以王艮、徐樾、黄宗明为中心人物,最大特点是不少王门赣籍弟子成为泰州学派的主干力量。比如,徐樾,字子直,号波石,江西广信府贵溪县人。数次从学阳明,后又从王艮学,其弟子有李九韶、叶思忠、方基等。聂静是聂豹侄子,又是王艮弟子,且从学邹守益,可谓转益多师。他积极协助刊印王艮文集、年谱,与同门董燧、王襞等编校整理、刊印并序《重刻心斋王先生语录》。李九韶是徐樾弟子,与颜钧论学,他的弟子中著名的有杨时乔。董燧原是江西抚州人,师从过聂豹、欧阳德、邹守益、陈九川等,又师从王艮,大悟。他与罗洪先、颜钥等王门弟子后学都有交游。万表与林春论学,被列入《明儒学案》,是阳明

后学中思想比较有代表性的重要人物。路迎,字宾阳,号北村,山东济宁人。他与穆孔晖、王道等同拜学阳明先生,考察阳明学如何传播到北方地区,可以重点关注这个群体。

南中王门弟子多、地位重要的,比如社群十五,包括:冀元亨(南)、梁焯(粤)、刘阳(赣)、尹一仁(赣)、邹祺(赣)。该社群以冀元亨为中心人物,梁焯与之交厚。邹祺与冀元亨于赣州同拜师阳明,且与邹守益、罗洪先、聂豹多有来往,参与讲会论学。刘阳与尹一仁为友。社群二包括:蒋信(南)、胡维(南)、唐相(南)、徐仲文(南)、谭廷谧(南)、史际(南)、龙翔霄(南)、周冲(南)、李呈祥(徽)、丁旦(徽)、井一成(徽)、柯乔(徽)、吕一麒(徽)、汪尚和(徽)、施宗道(徽)、胡宗宪(徽)、陈洸(粤)、杨骥(粤)、杨鸾(粤)、杨思元(粤)、郑一初(粤)、王贵(赣)、刘秉监(赣)、曾忭(赣)、高冕(浙)、孙景时(浙)、钟世符(浙)、杨珂(浙)、蔡月泾(鄂)、马廷锡(黔)、赵大洲(川)。

社群二在王门社交网络中比较重要,该社群以蒋信、胡宗宪、杨骥、马廷锡、孙景时为中心,实际上还涉及王阳明的至交湛若水。蒋信,字卿实,号道林,湖南常德人,他与冀元亨等同门曾从学阳明侍讲于龙兴寺,还曾得到阳明"可作颜子"之誉。又问学于湛甘泉,相交游有赵大洲、胡宗宪、罗念庵等,弟子有唐相、胡维、徐仲文等。史际、龙翔霄均亦师从王阳明、湛若水而融汇之。盖南中王门,特别是湖南籍的弟子,多有兼通湛王之学。李呈祥也曾对湛甘泉执弟子礼,深得其"体认天理"之说,弟子有柯乔、丁旦、吕一麒、井一成等。丁旦少师李呈祥,后亦求学于邹守益、钱德洪、王畿等。胡宗宪,字汝贞,号梅林,祖籍安徽宣城绩溪,可谓阳明先生私淑弟子。陈洸与郑一初同学于阳明,并在其师与湛甘泉之间起到沟通桥梁的作用,比如转赠湛甘泉新著《学庸测》给阳明先生。刘秉监,字遵教,号印山,江西安福县人,初学于甘泉,而后尤笃志于阳明。马廷锡,字朝宠,号心庵、内江,贵州人,他是蒋信的重要弟子,与孙应鳌多来往论学,笃信好学,多次受邀主讲于贵阳文明书院、正学书院等。近年来学界研究"黔中王学",应多关注到马廷锡对阳明学在贵州地区传播的重要贡献。赵贞吉,字孟静,号大洲,四川内江人。他是徐樾弟子,因与明朝权臣严嵩、高拱多有不和,或贬官,或罢官,致仕回川,促进阳明学在四川地区的传播。

五、其他地域王门弟子的社群发现

上述之外,还有社群九包括:朱光霁(黔)、陈文学(黔)、汤冔(黔)、叶梧(黔)、王杏(浙)、黄骥(浙)、刘魁(赣)、尤时熙(北)、郭学书(北)、周讷溪(徽—

南)、朱得之(南)。该社群以刘魁、朱光霁为中心。陈文学在贵州龙冈书院拜阳明为师,与汤冔、叶梧相交游,参与编辑整理《阳明先生文录》有功。叶梧,字子苍,与徐爱友善。嘉靖十四年,叶梧与王杏等同门校正《阳明先生文录续编》三卷,刊于贵阳。黄骥,字德良,号屏山,浙江余姚人,尤时熙曾从之研习阳明良知学。河南钧州进士郭学书,从刘魁受阳明学。周怡,字顺之,号都峰、讷溪,安徽宁国府太平县人,师从邹守益、欧阳德、王畿,曾与钱德洪、刘魁、杨爵等同门系狱五年。黄宗羲《明儒学案》将周怡、朱得之列入"南中王门"。朱得之与北方王门弟子多有交游,尤时熙即是其弟子。由于篇幅限制,相关内容留待更多文章论述。

《近世丛语》作者与版本考略

肖 婧[①]

在江户时期出现的众多仿"世说体"作品中,角田简(1784—1855)创作的《近世丛语》及其续作无论是在规模上还是在时间跨度上都超越了之前的任何一部仿作作品。目前,学界关于角田简其人及其著述、《近世丛语》之创作背景等相关研究还不十分充分。因此,笔者欲从角田简生平及其著述、《近世丛语》及续作的创作动机、《近世丛语》的版本与流布等三个方面对《近世丛语》及其续作作一探考。

一、角田简生平、学术思想及其著作探析

角田简是活跃于江户后期的汉学家,因《近世丛语》一书而被人所知。关于其生平经历、著述及学术思想等相关研究并不很多。我们仅能从北村清士氏所著《云华上人角田九华小传》[②]一书及高桥昌彦的研究论文《角田九华资料传》[③]中略窥一二。

角田简(1784—1856),字大可,又称廉夫,称才次郎,号九华,常被称为"九华先生"。其书斋亦称为九华山房。他是大阪丰后国(即今日本的大分县)冈藩藩士中岛休治的儿子。五六岁时遭遇父母双亡的变故,后被豪商升屋小左卫门收养。之后,又被冈藩士角田东水领养,改姓角田。角田东水名美利,字子和,是一位身长体壮,容姿端丽的人。因医术高明而入仕途。中年离开大阪,成为

[①] 肖婧,华中师范大学文学院古代文学2015级博士,现为湖南师范大学外国语学院日语系讲师。

[②] [日]北村清士:《云华上人角田九华小传》,大分县:田能村竹田先生百廿年祭协赞会发行,1954年。

[③] [日]高桥昌彦:《角田九华资料传》,《纯真纪要》2004年第45期,第1—10页。

马回(大名的日常警卫一职),但这个职务并不适合他。因此,东水来到京都,在吉益东洞门下钻研医术。曾经,东洞的儿子因患水痘而死时,东水帮助其查明死因,并献言东洞,告其因采取了错误的措施导致死亡,东洞因此对东水的能力刮目相看。安永年间东水在诸国巡历中,偶然来到出云国,因治愈了名门出云国造家的疑难杂症而在出云国获得很高的声誉。晚年,东水皈依佛门,闲居于高野山的寺院中斋戒祈祷。当时,他正开始着手研究山寺的特殊病类,却不幸于宽政九年(1797)离开了人世,享年六十五岁。他生前留下的《医事逢原》一书至今仍然获得很高的评价。

角田后继承了其养父东水的衣钵,随山片氏学习并通读了四书。后又师从大阪的硕儒中井竹山。竹山惊讶于角田博览强记之能力,感叹道:"此人将来必成大器!"角田在其养父东水死后,为继承藩名而回到冈藩,以十八岁的小小年纪一跃成为由学馆的句读师。

(一) 推崇古文辞学派

十八世纪初,江户汉文学经过一个恢复与发展时期,逐渐走向了繁荣。日本元禄年间(1688—1703),町人文化的繁荣加速了武士精神及其文化的没落,服务于德川幕府及其大名的儒官和儒士们逐渐开始思考如何在和平时期适应社会发展的需求。处于官学地位的朱子理学,亦分化出如古义学派、木门派和古文辞学派(萱园学派)等评批朱子学的儒家流派。角田虽推崇朱子理学,却秉着兼容并包的折衷主义思想,在《近世丛语》中所选取的士人形象分别代表了当时各个门派的杰出人士。但是,角田最为推崇的似乎还是古文辞学派的学者。从古文辞学派创始人荻生徂徕(物徂徕)到其弟子服部南郭、太宰春台等,都着墨颇多。其中,服部南郭的相关轶事有12则,太宰春台21则,荻生徂徕有29则之多。从选取轶事的数量上看,角田尤为推崇的是荻生徂徕。从人物的性格特征来看,相较于太宰春台与服部南郭性格单一的人物形象和以褒美为主的论调而言,荻生徂徕的人物形象特点显得格外鲜明。于《世说新语》中,直接反映人伦鉴赏活动的篇章主要在"识鉴""赏誉"和"品藻"三门之中。同样,《近世丛语》及其续作也继承了此传统,将人物的品鉴活动集中于此三门中。

首先,我们可以从《近世丛语》及续作中的轶事来了解一下荻生徂徕其人。

> 物徂徕气宇雄豪,卑视一世,而独以伊藤东涯为一劲敌,嗷然恒抱争衡之志,有自京师来者,必先问东涯事业何如,伊藤东涯谦逊自牧,夷然视物徂徕,每值东人,未曾有谈及徂徕也,于是人定二子神宇。(《近世丛语·品

藻》第 8 则）①

　　太宰春台曰："物徂徕者豪杰之士也，虽然后于伊藤仁斋而出，故其学虽不本仁斋,而不能弗以仁斋为嚆矢也。"（《近世丛语·品藻》第 18 则)②

　　物徂徕创立复古学，开口辄言，余学古文辞知有古言，古言明，而后古义定，先王之道，可得而言矣，五井兰洲曰："是徂徕张场之帜。"（《近世丛语·品藻》第 26 则）③

　　弁河诚所谓："物徂徕一世伟人，然人所皆知，为己独知，是其一癖。"（《近世丛语·品藻》第 14 则）④

　　荻生徂徕名双松，字茂卿，本姓物部，常被人称为物茂卿，乃德川纲吉将军侍医方庵之子。其于宽文六年(1666)出生于江户。二十五岁时，遇大赦返回江户。遂于芝浦开馆授徒，讲授程朱理学。元禄九年(1696)，仕于将军纲吉的近臣柳泽吉保，深得纲吉的信任。纲吉死后，徂徕于四十四岁时离开藩邸，自立门户，开始广收门徒。江户中期著名的儒士服部南郭、山县周南、太宰春台等相继投入其门下，成为当时颇具影响力的一学派。荻生徂徕的学术思想主要体现于《论语征》《辩道》《辨名》等作品中。他重"六经"，提倡通过读原典来重新解释儒家经典。后提出"圣人之道"的理论，以此来非难处于主流地位的宋儒之缺陷。十八世纪中后期，亦遭致"反徂徕"立场之儒家们的抨击。随着徂徕与传统朱子学派之间的论战愈演愈烈，他也因此声名大噪，古文辞学派也随之风靡一时。

　　从《近世丛语》的"赏誉""品藻"篇中可以窥见，众多名儒对徂徕在文学上的造诣给予了很高的评价。如：

　　永富独啸菴曰："偃武以来，豪杰之士四人，山鹿素行、熊泽了介、伊藤仁斋、物徂徕。"（《近世丛语·赏誉》第 33 则）⑤

　　正如高文汉先生所云："他的文章或古雅庄重，或犀利泼辣，浑然犹如天成，就连他的论敌都不得不佩服其惊人的笔力。"⑥

　　另一方面，徂徕生性恣肆，恃才傲物，孤高自许，极富个性。于此，《近世丛语》亦多有记载，曰：

---

① ［日］角田简：《近世丛语》卷五，大阪：加贺屋善藏，文政十一年(1828)刊本，第 3 页。
②④ ［日］角田简：《近世丛语》卷五，第 5 页。
③ ［日］角田简：《近世丛语》卷五，第 7 页。
⑤ ［日］角田简：《近世丛语》卷四，第 20 页。
⑥ 高文汉：《中日古代文学比较研究》，济南：山东教育出版社，1999 年，第 618 页。

> 物徂徕自谓:"若我学术者,自神武天皇而来,其有几人。"(《近世丛语·简傲》第8则)①
>
> 物徂徕朝于大府,高声谈笑如在家也,或语以朝廷法严不当如此,徂徕灿然而笑曰:"臣年六十,高声已为习,岂得如咕嗳私语哉。"(《近世丛语·简傲》第9则)②
>
> 物徂徕倜傥阔达,有多藏书者,徂徕欲悉得之,乃除武器,倾尽家资,竭库而买焉,由是其学弘辟。(《近世丛语·豪爽》第8则)③

从以上的故事中可以看到,徂徕本人对自己的才学是十分自信的。他曾口出狂言称:"如我学术者,自神武天皇而来,其有几人!"另一方面,他对待学术又近乎到了痴迷的地步。他可以不计钱财的得失,倾家荡产购买心仪的书籍;可以在新年之时,不拘仪表,蓬头垢面地出来与弟子讨论兵法,甚至于忘记时间。这与《世说新语·雅量》中的王羲之颇有几分相似之处。如:

> 服部南郭某岁元,日访物徂徕,徂徕方隐几阅孙子,面垢不洗,发乱不梳,若不知新年者,乃亹亹谈兵不置,南郭竟不得祝新禧。(《近世丛语·豪爽》第9则)④
>
> 郗太傅在京口,遣门生与王丞相书,求女婿。丞相语郗信:"君往东厢,任意选之。"门生归,白郗曰:"王家诸郎,亦皆可嘉,闻来觅婿,咸自矜持。唯有一郎,在床上坦腹卧,如不闻。"郗公云:"正此好!"访之,乃是逸少,因嫁女与焉。(《世说新语·雅量》第19则)⑤

在传统的儒家伦理范畴中,"礼"作为道德规范和生活准则长期指导着人们的行为,而上述两例中徂徕的"面垢不洗,发乱不梳"和王羲之的"坦腹东床"的行为都违背了儒家传统思想中"以礼待人"之行为准则。从二人相似的行为举止中,反儒教传统的士人风度恰有几分相似之处。从徂徕其他的生活细节中,从其豪放不羁、我行我素的行为方式亦可看出,他与传统儒家圣人形象有着种种格格不入之处。角田简在《近世丛语》中用大量的篇幅记述古文辞学派荻生徂徕及其弟子的轶事,并对其进行高度的评价,说明角田简对古文辞学派是认可的。

---

① ② [日]角田简:《近世丛语》卷八,第8页。
③ ④ [日]角田简:《近世丛语》卷六,第2页。
⑤ [南朝宋]刘义庆著,余嘉锡笺疏:《世说新语笺疏》,北京:中华书局,2007年,第396页。

（二）角田简的主要著述

当国志编撰工作已告一段落时，角田又回到由学馆担任司业一职，后又晋升为侍讲。文化初年（1804），由学馆进行机构改革，角田又成了教授中的领袖人物。角田遵从藩主之命，入林述齐之门，经过半年的学习，受到了林先生的教诲。同时，林先生也为角田的卓越天资和博览卓识所倾倒。扫藩后角田成了由学馆的馆主，特别专注于著述，为藩学的振兴鞠躬尽瘁。

角田的主要著述有：《近世人镜录》《近世丛语》《续近世丛语》《孔子履历考》《史记通》《大学通》《毛诗通》《学用集说》《论语集说》《诗经七目篇通俗解》《左传集说》等。其中，出版发行的有《近世人镜录》《近世丛语》《续近世丛语》《孔子履历考》。除《近世人镜录》有木字活版刊刻以外，其余均为抄本，保存于《九华山房丛书》（八卷）中。此套丛书目前收藏于日本大分县竹田市立图书馆内。在以往冈藩的儒者中，无一人有如此之多的著述。因此，九华先生的博学和努力精神在学术界获得了很高的评价。

其中，《近世人镜录》一书撰写于文政四年（1821）辛巳七月七日，共十卷。主要记录了庆长以后的伟人、名君的传记。第一卷至第二卷以将军为主要描写对象，而第三卷则以亲藩主为主，从第四卷到第八卷以历代大名为刻画对象，第九卷到第十卷主要是以亲藩主和谱代以外的名君以及受人仰慕的人物为主的传记。从规模如此庞大的巨作中，我们可以感受到角田非比寻常的学识功力和编撰策划之良苦用心。

另外，角田于文化十三年（1816）的十月出版了《近世丛语》八卷。之后，弘化二年（1845）又出版了《续近世丛语》八卷。两套书均是他在病中余暇之时撰写完成。

此外，角田还著有《九华山房秘笈》二卷。内容为名士的诗稿和传记的漫笔。于《九华读书抄录》一卷中，他对古今书籍进行了尖锐的批判。另于《九华读书断锦》一卷中，他对诸子百家的各观点进行了自己的评点。《九华山房丛书》共八卷，书中包含了《天马异文》中关于岛原之乱的日记，以及《芝居由绪》一章中关于歌舞伎的发展过程，幕府对其所采取的政策、态度等珍贵文献。最后，角田门生记述先生的诗文和随想，而后整理成为《九华山人集》一书。

通过角田一生的著述我们可以了解到，其兴趣所在主要为编书。从十八岁开始便阅书无数，精通古汉语，不仅熟读了《春秋》《列子》等我国古典名著，而且通过参与《丰后国志》的编撰工作，其编撰之才能得以施展。可以说，角田的这一经历为《近世丛语》一书的撰写打下了非常重要的基础。

（三）与赖山阳、田能村竹田之交游

文政元年（1818）十月，在九州游历中的赖山阳（三十九岁）从熊本经久住拜访至田能村竹田（四十二岁）之处所，在加岛富上的别墅里，举行了山手的洗竹窗的雅宴。"洗竹窗"三字分别取自于三位名字的日语谐音，山阳中的"洗"，竹田的"竹"，九华的"窗"。在雅宴中除竹田外，亦有角田简（三十五岁）、赖山阳参加。在雅宴上，他们从分韵开始到挥毫泼墨，相谈甚欢。最后在三人互相唱和的三首诗中结束了这次祥和的宴会。三诗分别云：

> 柴门斜阳山犬吠，落叶满蹊任客栈。
> 洗竹引山迎客看，不虑寒影太淡浅。
> 峰云酿雨暗南窗，聚暖使人思脱襧。
> 明夜重来听雨声，嘱君洗竹勿多洗。
> ——赖山阳

> 鸡犬声遥十亩地，诗人相逐此成双。
> 坠叶满庭云绕树，中有倚齐竹里窗。
> 迎山引水同连榻，罗陈搽鼎与酒肴。
> 山阳仙史称奇久，余兴挥得笔如杠。
> ——角田九华

> 枳编篱兮草覆屋，难系白驹驻空谷。
> 四条新地红烛前，忆否萧萧窗外竹。
> ——田能村竹田

（四）角田简的学风与人品

角田简的思想基盘虽以程朱理学为主，但于《大学通》一书中，对古今东西各儒家学说进行了批判。赖山阳作为当时在日本文坛颇具影响力的儒士，也对其观点称赞不已，他在为《大学通》所作序中称："予先认为此论所言极是，如今与兄之观点暗合之处甚多。于是借阅之，待他日静坐谨读之。（按：笔者译）"山阳认为角田的文章既有八家之风韵，又沿袭了程朱理学之风格。在学术思想上，二人可谓惺惺相惜。

赖山阳著有《日本外史》，角田亦著有《近世人镜录》一书。可见，两位大儒对日本历史上的典故及先哲伟人事迹都颇感兴趣。通过这两部作品，二者对国运的兴废进行了整理与思考,且都贯通古今,给人以启示。

当然,也有人评价角田为道学者,但是,他虽具有披着伦理衣裳的严谨性,却未一边倒地站在程朱理学的立场,从其实证性的哲学理论精神来看,仍不愧是一位伟大的哲学主义思想家。

同时,角田也是位敢于直谏的忠臣,兹举两例,以窥其一斑。十一代中川久教公以彦根藩主井伊直中之子身份继承了藩主地位。他生性好玩,特别热衷于能乐。因此,藩臣们为迎合其喜好,疏于政务,导致纪纲极其紊乱。家臣之长本应扶持藩主执政,但他却袖手旁观,任其享乐。见此情形,角田却敢于天保年初上书痛谏藩主,获得了一定的成效。

另外,十二代藩主中川久昭处于弘化初期幕府内忧外患的动乱时期。老中职未重用眼前有能力之人才。角田见状再次上书藩主。

角田天资敦厚,且处事严谨。隐居于九华山房,读书讲学。偶有客人到来,与其谈论风发,由此观察其性格与才能,并循循善诱,不知所倦。角田在由学馆出仕之日,不管遇上何等天灾地变,他也坚持出讲,即使只有一人来听讲,他也如平常一般讲课。

平日,角田尊老爱幼,体恤民情,尽心培育人才,门生众多。为官五十余年,深得藩主厚爱,晚年获得二百六十石。角田于安政二年(1855)十二月十八日结束其光芒璀璨的一生,享年七十二岁。

二、《近世丛语》的创作动机

目前,关于角田简及其《近世丛语》之创作动机的研究还不是很充分,我们姑且依据《近世丛语》中所附自叙以探究其写作的契机与创作动机。《自叙》曰:

> 余曾罹病屏处书室,俯仰寂寞,门无来人,于是汤药之暇,自近时文集,旁及稗乘,一一颂读,尚论其人,诸名家而至于旁枝委流,标望雅尚,风韵气象,各有精神面目矣,呜呼,邈焉斯人,謦欬不可闻,须眉不可见,独至于尚友之熟,则恍然若或见焉,若或闻焉,旦暮相遇,妙谛奇晤,使人不觉抃跃。
>
> 窃谓余独乐之,不若与众,且也今不排纂而标著之,则天下后世,孰得窥名贤堂壸者乎,乃值奇踪胜践,一言一行,瑰伟奇特可愕之事,意味隽永可喜之状,则假《世说新语》目以类汇集。又详注人人履历,纲目互发,自后尘事牵制,或作或辍,不得整理也。
>
> 今兹丙子春日,幸有余暇,乃欲毕前业。自念岁月电光,尘海渺茫,半

时片刻不可虚掷也。于是摆拨世事,复抽诸书,穷搜轶事,敛沙扬金,琢石求玉,聚翠为钿,猎孤为裘,仅就一书,名以《近世丛语》,因叹曰:"思古人而不得见,是昔人所为作风雨诗也,今也平居所钦慕,博学有道者,奇伟磊落者,渊清玉洁者,逸韵飘荡者,奇行玩世者,及高僧贤妇孝子,纷然相望乎此书,亦足以自喜,同志之士,当孤灯暗暗,风雨凄凄也,吃茗读此书,则如与古人会于一室,把臂相从,亲聆其绪言,睹其行事,使心中怡怡,鼻间栩栩,未可知者也,休明之德,人才之富,见万一于此,亦未可知者也,或曰:"子之业勤则勤矣。然古人有言:'《世说》害于名教,不可使子弟读之。'子无乃效尤与。"余应曰:"予所著者,所谓说铃耳,言之与行,不论美恶,举之度外,而独供于尚友之玩耳,故作者无犁舌罪,而读者含笑绝倒,是乃临川氏之意,而予所望于神领颔解人也,虽然,至夫假谲汰侈逸险等害名教者,则予既芟剥不存,且也。国家无清谈旷荡之蔽,而有圣学隆兴之美矣,雍奚伤。"

文化十三年岁次丙子冬十月朔,冈藩角田简撰于九华山房①

从角田的自叙中可了解到,文化十三年(1816),恰巧角田患病在家中疗养,来往门客甚少,余暇之际,大量翻阅了诸文人的诗文集和稗史野乘,不禁对古代圣贤文人之风流、学问产生仰慕之情,并由此产生了模仿"世说体"编撰《近世丛语》的念头。角田在《近世丛语》和《续近世丛语》两书中,收集了从日本的桃山时代(1568)至德川后期(1840)近三百年的佳话逸事。其编撰的主要目的实为供"尚友之玩"。这一点与我国明清之际的"世说体"小说的撰写目的如出一辙。如王世懋(1536—1588)为其兄世贞所著《世说新语补》写序时提到:"至今讽习之《世说新语》者,尤能令人舞蹈,若亲睹其献酬。"②王晫《今世说》自序中亦云:"至于今,读其书《世说》,……惟恨不得身亲其际,与为酬酢。假得王、谢、桓、刘,群集一室,耳提面命,其心神之怡旷,抑何如耶?"③

另外,《近世丛语》及续作虽然摹仿了刘义庆《世说新语》的体例,根据本国圣人贤者的嘉言懿行编撰而成。但在内容取材和行文方式上,却不仅仅摹仿了刘义庆版的《世说新语》,同时还受到了当时流行于我国明清之际的"世说体"小说如《明世说》《今世说》等以及服部南郭所作的《大东世语》的影响。在《近世丛语》的凡例中,角田曾特别提到这些作品。

刘义庆创造《世说新语》单辞双行,妙尽风韵,使览者穆然深思,辗然颐

---

① [日]角田简:《近世丛语·自叙》,文政十一年(1828)刊本。
② [明]王世懋:《世说新语补·序》,明万历十三年(1585)张文柱刻本。
③ [清]王晫:《今世说》,上海:古典文学出版社,1957年,第6页。

鲜,是以操觚之士,啧啧赏之,到于今补衷,李绍文《明世说》、王丹麓《今世说》,又其次也,我邦服部南郭亦作《大东世语》,而于近世佳事也。……①

其次,角田在创作《近世丛语》及续作的行文方式上不同于其他仿"世说体"小说,还参考了风靡一时的《世说新语补》的编排特点。将书中人物生平背景、学术思想以及相关轶事,一一列于正文之后。不仅有详细的注解,且将注解规范出一明确的体例。这与李卓吾版的《世说新语补》在编排方式和注疏上极为相似。同样,在"凡例"中角田也明确提出了这一撰写方式,曰:

> 诸人履历行事,舍华求实,逐次随注,不详阙如。又若父兄子弟立著显当时者,皆类从附载以便览。如父兄在后卷,则其子弟条下不注履历,书别见,若"德行篇"伊藤介亭,望月鹿门是也;又书别见,而不见编内者,则绪编载之,若"政事篇"中井竹山,"贤媛篇"荷田春满是也。②

角田在创作《近世丛语》之时,虽受明清"世说体"小说的影响,但却并未完全照搬其体例进行编撰。与《世说新语》对照后,发现其缺少了"容止""假谲""黜免""俭啬""汰侈""谗险"及"尤悔"七目。角田在《近世丛语》凡例中对此进行了说明,云:

> 予阅诸家文集稗乘,载奇事佳话甚多矣。然以其散出而无统,庞杂而无章也,不便记览。况乎挂一漏百,予窃病之,于是乃假世说新语目,随见采取。但因事立目,不立目集事,故无事者阙之。容止、假谲、黜免、汰侈、谗险、尤悔六事,夫假谲、汰侈、馋险等,最足害人心术,假令有其人,一概不存而可。③

由此可见,角田虽怀着"尚友"的目的撰写该书,但又受其所处历史环境以及学缘影响,在"立目集事"之时,作出了自己的取舍与判断。角田身处江户后期,朱子理学为当时的显学,他本身亦是儒者,不免受其影响。因此,凡是"《世说》害于名教,不可使弟子读之"④之类目均一一摒除。角田十八岁时便拜入当时著名的儒者中井竹山(1730—1804)门下。中井不仅为当时大阪城私塾"怀德堂"的第四代堂主,而且其学说亦为官学中十分显著的一支。他虽信奉朱子学,但却允许"怀德堂"内部渗入阳明学之讲义,对古义学派也并不排斥。由此可

---

① [日]角田简:《近世丛语》凡例第15条,文政十一年(1828)刊本。
② [日]角田简:《近世丛语》凡例第7条,文政十一年(1828)刊本。
③ [日]角田简:《近世丛语》凡例第1条与第2条,文政十一年(1828)刊本。
④ [日]角田简:《近世丛语》自叙,文政十一年(1828)刊本。

见，中井虽站在朱子学立场，却能兼容阳明学教义与古义学思想，呈现出兼容并包的折衷主义思想。角田作为其弟子也深受其影响，在文学创作时，也走上了折中调和之路。《近世丛语》及其续作便体现出鲜明的折衷主义思想。

三、《近世丛语》的版本与流布

《近世丛语》及续作的版本较多。据笔者目前所查，《近世丛语》共有九种版本。兹按各自出版之时间排列如下：

1.《近世丛语》8卷4册　文政十一年（1828）　浪华：加贺屋善藏
封面写有"天保改正"，印记为"入出小学校印"，渡边敏夫氏寄赠。

2.《近世丛语》8卷4册　文政十一年（1828）　和抄本
由大阪冈岛直七等人抄录完成。书中附有广告、藏版目录、近刊预告等信息内容。印记为"松平直亮之印"。

3.《近世丛语》8卷4册　1830年　大阪：加贺屋善藏　和刻本
封面写有"三都书林庆元堂玉枝轩松根堂藏梓"。著作者名题为"角田九华"，卷首作者名为"角田简"。封底刊记有"文政九年丙戌冬十一月蒙/官许十一年戊子春刻成"。印记为"椎（桃）书屋"。

4.《近世丛语》8卷4册　天保年间（1830年）　浪花：松根堂　和刻本
序的书名题为"近世菆语"，封面写有"天保改正""浪花书林松根堂藏梓"。封底原刊记为"文政九年丙戌冬十一月蒙官许十一年戊子春刻成书林东都芝神明前冈田屋嘉七京都三条通堺町堺屋仁兵卫大阪心斋桥筋安土町加贺屋善藏"。印记为"石崎文库""□茂书籍讲"。书中汉字右边注有日语的片假名。

5.《近世丛语》8卷4册　1828年
出版地为大阪、若山、名古屋、江户、京都。出版社分别有加贺屋善藏、河内喜兵卫、阪本屋喜一郎、美浓屋伊六、永乐屋东四郎、冈田屋嘉七、须原屋伊八、须原屋新兵卫、须原屋茂兵卫、堺屋仁兵卫、胜村治右卫门、出云寺文次郎。此版为和装刊本，于文政十一年（1828）序刊后售印。书中有用红笔圈记。

6.《近世丛语》8卷4册　1845年　河内屋真七

7.《近世丛语》8卷4册　1845年　大阪：鹿田静七

8.《近世丛语》8卷4册　不详　大阪：赤志忠雅堂　和汉装 刊本

现藏于九州大学图书馆

9.《近世丛语》8卷8册　2000年　庆元堂　有日文解说

　　以上版本现基本藏于日本国立国会图书馆内,其中,以加贺屋善藏本为原版,后陆续出现以上所列各种版本。另外,据《中国馆藏日人汉文书目》[①]一书记载,我国湖南、贵州、华东师范大学等地的图书馆亦收藏有《近世丛语》天保九年(1838)印本和浪花书林松根堂刻本。可见,此书不仅在日本传播极广,且在我国也有一定的传播。除此之外,由于《近世丛语》中记录有大量江户时期近三百年间的各种美谈佳话,因此,许多故事被广泛引用或选取至各类书籍中,如坂崎坦(1887—1978)所编《日本画谈大观》(1917)中便收录有《近世丛语》及续作中与绘画相关之逸事。《近世文艺传记丛书》(1988)也将此书收入至其第八卷和第九卷中。另,昭和七年(1932)由日本三省堂编辑出版的《学生的汉文》一书中也将《近世丛语》中的八则逸事作为学习汉文的范文列入其中。

　　总而言之,《近世丛语》及其续作是继服部南郭《大东世语》之后出现的又一部较为完整的日本"世说体"小说作品。它在规模与时间跨度上都超越了之前任何一部日本"世说体"小说,在日本"世说体"小说史上占有无可取代的历史地位。通过对其作者与版本的考证和梳理,我们可以发现这部作品的出现,不仅与作者角田简的编撰才能、学风人品有着十分密切的关系,也与其作者所处时代对我国儒家思想文化之推崇有着必然的联系。

---

① 王宝平主编:《中国馆藏日人汉文书目》,浙江:杭州大学出版社,1997年,第14页。

清人著述中散见《经典释文》研究资料述论

陈亮亮[①]

清代《经典释文》(省称《释文》)研究成果非常丰富,可谓小学和经学学术研究的重镇之一,充分展示了清代考据学蓬勃发展的状貌。特别是乾嘉以后,名儒硕学竞相从事《释文》校勘,见于记载的就有二十多家《释文》校本[②],又有影响深巨的卢文弨、阮元等人的校勘记,故王利器先生谓之"一时风合而云萃"[③]。然而,清代《释文》研究之硕果不止于此。在清人浩如烟海的经史子集各类著述中,还有海量散见的《释文》论述资料,显示出了丰富多元的文献价值和宽广的研究空间。只不过此类资料如散钱之在地,又多隐蔽而不系统,故学界似乎鲜有问津。

一、清人《释文》研究成果的主要形式

《经典释文》作为一部音义体专著,兼具内在的专著独立性和对外的资料库功能性。清人关于《释文》的著述也可据此分为专门性研究和非专门性研究。前者主要包括清人专门的《释文》校勘、释读著作,其成果形式为单行《释文》校勘记、《释文》校本。后者主要指清人在考据活动中对《释文》的取证、校勘、释读,其成果散见于清人著述[④]。

---

① 陈亮亮,华中师范大学文学院古典文献学 2014 级硕士,武汉大学文学博士,西南民族大学中国语言文学学院师资博士后。
② 万献初:《〈经典释文〉研究综论》,载《古籍整理研究学刊》2005 年第 1 期。
③ 王利器:《〈经典释文〉考》,载王利器著:《晓传书斋集》,武汉:华东师范大学出版社,1997年,第 66 页。
④ 清人著述中也有少量专篇考证《释文》的,比如《经义杂记》中的《孝经音义考正》《舜典音义考正》。就单篇而言,此类诚为专门之作,但整部著作的核心并非是《释文》,故此类单篇著作也可被视为非专门性的《释文》研究。

1. 清人单行《释文》校勘记

此类成果以卢文弨《经典释文考证》、阮元《经典释文校勘记》、法伟堂《经典释文校记遗稿》等为最著。还有单经校勘的,比如孟森《宋本周易注附释文校记》等。这类是已经刊行、较为易得的清人专门校勘《释文》的成果。

2. 清人《释文》校本

《释文》校本是清人在《释文》原本上加以批校之本。周法高先生《记诸家校本〈释文〉》一文开头概述了其所见各家校本大致情况,去其重复,计有七家校本[①];余行达先生《〈经典释文〉在学术上的价值》称有十四家;按照《经典释文汇校》在书末所附《引据各本目录》,《汇校》所录的有十六家;袁媛先生《清代〈经典释文〉校勘整理中的两个问题》所得总共二十一家;万献初先生《〈经典释文〉研究综论》统计有二十三家。其中不乏当时名家,如:何煌、惠栋、江声、卢文弨、段玉裁、孙星衍、钮树玉、黄丕烈、顾广圻、臧庸、江沅、王筠、陈奂等等。可见有清一代曾从事《释文》校勘的人数多、持续时间久、影响大,可谓学术盛景。由于各家校本、题跋众多,在清代屡经转抄,递藏过程复杂,这与清代学术传承、交游关联密切,是学术史研究的重要话题。各家校本今存于中国国家图书馆的最多,黄焯先生赖此撰成《经典释文汇校》(后文省称《汇校》),为学界提供了极大便利。

3. 清人著述中散见《释文》研究材料

清人繁富著述中散见的《释文》研究材料,其文献形式最为复杂多样,整理者须以著述原文为基础,通过爬疏、甄别并摘录才能获得。职此之故,此类材料长期未被重视。事实上,此类材料比前二类更为庞杂、丰富,实可谓清代《释文》研究之资料大库。从以下两个角度即可看出。

首先,清代有大量的作者,其著作中《释文》研究成果体量之巨大,远远超过了《释文》校本和几种单行《释文》校勘记所涉及的作者和材料范围。以《汇校》为参考,据其书尾《引据各本目录》所述,《汇校》所辑校语的原作者共有何煌、惠栋、戴震、段玉裁等十六家。但是清代曾对《释文》着力校勘的作者远不止这十数家,至少乾嘉名儒如王念孙、王引之、钱大昕、王鸣盛等人的校本,《汇校》并未提及(或是各家并无校本传世)。但是,各家著述如《经义述闻》《十驾斋养新录》《蛾术编》等,其中论及《释文》的材料不胜枚举。又如清人《十三经》新疏中有大量的《释文》研究资料,但这些作者中,有《释文》校本见于传世的,似乎也只有陈奂、孙星衍二人而已。更不必说,在上述清代名家之外,还有大量的作者曾在其著述中校勘、释读《释文》,其资料之范围与体量已经难于估计。

其次,由于校本的校语多书于原书页眉、页脚甚至行间,即使字迹特小,也

---

① 这七家为段玉裁、法伟堂、臧庸、惠栋、顾广圻(或顾之逵)、钮树玉、孙星衍。

极受空间限制,故其校语往往简略。一般而言,某家《释文》校本的校语,与其人专著中散见的《释文》资料往往可以对应,但是,专著中的研究资料在涉及的条目数量、论述丰富度、逻辑完备度等方面有绝对性的优势。比如,段玉裁《说文解字注》中涉及《释文》的地方多达六七百条,中有大量《释文》研究成果在《汇校》所录段氏校语中并无体现。(说详下文)由此推知,即使是《汇校》有校语的十五家,其著述中仍有大量可补充校语的材料。

综上,清人著述中散见《释文》资料,在作者数量、资料体量甚至论述深度等方面,以绝对的优势超过了校本、校勘记。对这些资料的整理与研究,将毋庸置疑地促进清代学术研究与当今学术界的《释文》研究。

二、清人著述中散见《释文》资料的主题与分布

1. 清人著述散见《释文》研究资料的主题

清人对《释文》的研究,可分为本体研究和利用研究。所谓本体研究,即涉及《释文》本书的考订、校勘、释读等方面的研究,包含了陆德明生平考证、《释文》版本考述、文本校勘、体例与形音义材料的解读等诸多方面。所谓利用研究,即指清人在考据活动中,利用《释文》语言、文本、学术史等材料作为重要证据所进行的研究。

2. 清人著述散见《释文》研究资料的分布

清人的经史子集四部著述是清代学术成果之总库,其所囊括成果的学术广度、深度前所未有。清人非专门性的《释文》研究,就散见于这些著作之中。

第一,经学类著作。如清人《十三经》新疏可谓代表,其他各种经学著作中涉及《释文》校勘的更不可备列。

第二,小学类著作。此类涉《释文》者极多,故由经部析出,专门介绍。仅以《说文》类为例,段玉裁《说文解字注》中校释《释文》的材料,据余行达先生统计有415条。又如王筠《句读》,以及专订段说的钮树玉《段氏说文注订》、王绍兰《说文段注订补》中校勘《释文》的成果亦不少。

第三,史部目录类中所录各家题跋。版本价值之介绍,往往是题跋之作的重要内容。清人题跋中往往有《释文》版本考定、藏本流传,甚至是完整的校勘记。有的校勘记虽然简洁,但牵涉条目数量多、篇幅长,如瞿镛《铁琴铜剑楼藏书目录》即可谓代表。

第四,子部的清人札记、老庄注疏。清人以札记作为一种极为普遍的学术方法,故札记体著作非常多。可以说,各家札记但凡围绕经学、小学,几乎很少

见不涉及《释文》研究的。比如早期的臧琳《经义杂记》，校勘、释读《释文》的多达数百处。乾嘉学者札记中涉及《释文》的则更不胜枚举，如卢文弨《钟山札记》《龙城札记》、王念孙《读书杂志》、王引之《经义述闻》、钱大昕《十驾斋养新录》均是代表，晚清的如俞樾《群经平议》亦是典型。子部的老庄注疏著作对《释文》的利用与研究也很常见，比如郭庆藩《庄子集释》。

第五，集部的各家文集。清人文集虽名为"文集"，实际上收入了大量学术札记、序跋、书信等。此中大量的经学、小学考证文章，亦往往涉及《释文》。诸如钱大昕《潜研堂集》、段玉裁《经韵楼集》、臧庸《拜经堂文集》等，皆是其例。

以上几类基本包括了清人著述中散见《释文》研究成果的绝大部分，其体量非常惊人。尤其是经部的群经疏考、小学类，子部的札记，其关乎《释文》的资料极多。笔者曾以此为基础，欲编《清人著述散见〈经典释文〉资料汇编》。厥事伊始，笔者曾用大半年时间，通过数据库检索、阅读《经义杂记》《说文解字注》《经韵楼集》《经义述闻》《拜经堂文集》《拜经日记》等书中关于陆氏"释文"或"音义"的材料，并将检索结果分条、逐一复核、校点，并分别归入"校勘""释读"和"利用"三类。继而将校勘、释读《释文》的各条，依《释文》原书条目次序加以辑录。最终，得段玉裁 308 条、王引之 181 条，臧琳 51 条、臧庸 39 条①，其总字数竟然已经达到了二十万字以上。即使如此，资料最多的段玉裁、臧琳二家，其录入任务尚未完成；且所辑录的各家材料中，未包含体量最大的"利用"《释文》的材料，因其对《释文》本体研究没有直接价值。当然，这还不包括笔者检索、阅读遗漏的情况。

三、清人著述散见《释文》研究材料的学术价值

（一）有益于清代《释文》学及相关学术方法研究

1. 有益于对清代《释文》学与经学学术史的研究

清人非常重视《释文》一书，四库馆臣谓之"残膏剩馥，沾溉无穷"②，卢文弨

---

① 所辑录各书为：臧琳《经义杂记》（前十卷）、段玉裁《说文解字注》《经韵楼集（附补编）》《诗经小学》《周礼汉读考》《古文尚书撰异》（仅辑卷一）、王引之《经义述闻》、臧庸《拜经堂文集》《拜经日记》。各书分隶经部、子部、集部，庶乎可以以管窥豹。
② ［清］永瑢等：《四库全书总目》，北京：中华书局，1965 年，第 270 页。

更是从经学学术、思想的角度,认为《释文》是"天地闲不可无之书"①。清人的学术观念,在其学术活动中有直接的反映。据上文可知,有清一代曾从事《释文》校勘的名家辈出,自清初何焯始,持续到清末,尤其以乾嘉名儒卢、段、黄、阮、顾、臧等人的《释文》校勘活动为高峰。其中阮、卢校记影响深远,段氏等人之《释文》校本亦在后世递相传抄。这可谓在当时几乎形成了一种专门的"《释文》学"风潮,亦是清代经学学术史上的盛况。

目前学界对《释文》相关学术史的研究,多集中于若干名家校勘经历以及《释文》校本校记。相比之下,清人著述之中《释文》资料体量庞大,其作者盖不止百数,《释文》校本、校记之范围恐不能与之同日而语。这些材料将极大地丰富清代《释文》学的研究基础。从研究路径上来讲,清代《释文》学之研究应该突破《释文》校本校记的范围,且也必须倚赖这些散见资料,以寻找更多的角度和思路。比如清人著述中有《释文》名家校本传写之记述,可资《释文》校本流传考察之用,此类已受到学界之重视。又如,各家著述中的考证资料,又可与《释文》校本相互参证,并参考著述刻本年代,以推定《释文》校本形成之年限、传写过程等等,此类几乎未见有相关研究。相对于已知的清代《释文》专门性论述,这些散见材料可视为新材料。充分地利用尚未被学界充分纳入视野的新材料,可以更加全面地理解清代《释文》学,完善清代经学史研究。

2. 有益于对清代《释文》学学术方法的研究

清代考据学之兴盛,与传统小学研究之突飞猛进息息相关。而小学、考据学研究所倚赖的重要资料中,除了上古韵文、汉魏故训、《说文》《尔雅》《广雅》等外,《经典释文》占据十分重要的地位。于亭教授言,清人治学以《说文》《尔雅》互相求的学术方法为"明线",以《经典释文》为"暗线"。《经典释文》可谓是清人治学的一种知而不言的"方法"。这是由于《释文》的中古经书注音、义训、异文等资料极为赅博,具有不可替代的宝贵价值,故臧琳盛言"治经者,此书不可一日少也"②。清人利用《释文》从事解经、校经以及相关语言文字研究的成果丰富,其利用的角度与方法,也是学术史研究的重要课题。比如清人利用《释文》异文、异训,辨析了传统师说的一些误解,或提供了更多解读思路,使得经学与经学史研究历久弥新。又如利用《释文》注音或异文,以校勘经注疏,清理了不少文本讹误,甚至揭示经文及《释文》文本讹误的层次,等等。对这些学术方

---

① [清]卢文弨:《抱经堂文集》,陈东辉主编《卢文弨全集》第8册,杭州:浙江大学出版社,2017年,第32—33页。

② [清]臧琳:《经义杂记》,《续修四库全书》第172册,上海:上海古籍出版社,2002年,第185页。

法、思路的总结，将有助于学界更加全面地认识《释文》的学术价值，以及清人考据学的学术理路。

（二）《释文》本体研究的文献价值

清人著述中散见《释文》研究资料的价值，更多地体现在《释文》文本校勘、释读等方面。而黄焯先生《经典释文汇校》则是在辑录前人《释文》校勘、释读成果方面最为典要、不可或缺者。故下文以《汇校》作为参考，分为四端以说明清人著述散见《释文》材料的订补作用，以证其文献价值。

1. 补《汇校》所未收

清人著述中的校释观点不见于《汇校》的比比皆是，以单条《释文》而言，盖有两类情形：一是《汇校》校语不包括著述中的校释，二是《汇校》无校语，而著述有校释。第一类较为常见，而第二类虽不为少见，但更能凸显著述中《释文》校释材料的重要价值，故以此为例。

（1）《汇校》已收校语的作者，其著述中有可补《汇校》阙无者

首先，《汇校》收录的清人校本较多，就其《汇校》中常见作者如段玉裁、臧庸而言，段、臧之著述中仍有不少可补充《汇校》阙无的材料。例如：

> 《释文》：椎撑，直追反，下宅耕反，本又作㭼，刘云：皆如字。刘亦误。（9-15-2）①

《汇校》无校。段玉裁《周礼汉读考》云：

> 《释文》曰："……撑，宅耕反。"案，撑，《说文》作"㭎，撞也，从木丁声"。《通俗文》曰："撞出曰㭎。"唐初释玄应曰："敞、敨、撑、㭎四形同，丈衡切。"今本《释文》讹作撑，《集韵》收撑入十三耕，误也。②

此校《释文》出字"撑"之误，以及《集韵》因袭《释文》之误。

其次，《汇校》对重要的版本有漏校，而清人著述已有校勘，其价值则更为明显。比如《尚书·舜典》云："慎徽五典，五典克从。"今本《释文》"慎"字无音释。段玉裁《说文解字注》云：

---

① 本文所引用《释文》以通志堂本为主，因为《经典释文汇校》用此本。另参用国图宋本《释文》，有中华再造善本。所引《释文》，按照黄焯《经典释文索引》格式，在文末加括号注明卷数（共30卷）、版心页码、行数（每版22行），并以"-"隔开。

② ［清］段玉裁：《经韵楼集：附补编·两考》，南京：凤凰出版社，2010年，第102页。

《释文·序录》偶"眘徽五典",是陆氏所据《尧典》作"眘",自卫包改作"慎",开宝中乃于《尚书音义》中删之。①

段说极是。写本《尧典释文》正有此条:"眘,古慎字。"②可知《汇校》漏校。

可知清人关于《释文》的校释成果,并非都记入了其《释文》校本。此或是校本在前,专著成书在后之故。

(2)《汇校》未录校语的作者,其著述中更有可补《汇校》阙无者

清代不少重要学者无《释文》校本传世,《汇校》无从著录,此时其著述中的校勘材料就更显重要。如《汇校》所收录王引之的校语数量很少,盖因未见王氏《释文》校本。但王氏《经义述闻》可补《汇校》阙校者甚多。比如:

《释文》:则蝗,徐华孟反,范音横,《字林》音黄。(11-30-15)

《汇校》无校。本经《礼记·月令》:"行春令则蝗虫为灾,暴风来格。"王引之《经义述闻》卷十四《蝗虫》云:

"蝗虫"皆当为"虫蝗",此言"虫蝗",犹上言"虫螟",亦犹《礼》言"草茅"、传言"鸟乌"、《荀子》言"禽犊"、今人言"虫蚁"耳。……后人不知而改为"蝗虫",谬矣。注及正义作"蝗虫",《释文》出"则蝗"二字,而无"虫"字,皆是后人所改。自宋抚州本已然,而各本皆沿其误。《仲冬》正义曰:"虫蝗为败,地灾也。"唯此一处未改,尚可考正经文。③

据王氏说,《释文》出字本作"虫蝗",后人因不知古语而改动经文,继而又改《释文》,遂成今本。

(3) 著述中释读《释文》的材料,亦能补《汇校》所阙略

《汇校》收录的校语还包括释读《释文》的,而在清人著述中,类似这样的校释的材料更为丰富。如《周礼·秋官下》"萚蔟氏":

《释文》:萚,音摘,他历反,徐丈列反,沈敕彻反,李又思亦反。(9-11-19)

《汇校》无校。段玉裁《说文解字注》对"徐丈列反,沈敕彻反,李又思亦反"三音的本字作了说明:

按《周礼音义》……知《周礼》写本故不同。徐邈、沈重本作"萚",从折

---

① [汉]许慎撰,[清]段玉裁注:《说文解字注》,上海:上海古籍出版社,1981年,第502页。
② 张涌泉主编、审订:《敦煌经部文献合集》第9册,北京:中华书局,2008年,第4440页。
③ [清]王引之:《经义述闻》,上海:上海古籍出版社,2018年,第828页。

声。李轨本作"晳",从析声。以先郑读为"擿",许云"上擿山岩"准之,"擿"与"析"古音同在十六部,盖作"晳"者是,作"晢"者非。今本《周礼》《说文》作"晢"皆误本。许以"擿"训"晳",以叠韵为训也。《集韵》"先的切",依李音。大徐"丑列切",依沈音。①

段氏认为《释文》徐音、沈音的本字为"晢、晢",经文正字当作"晳"。还指出大徐《说文》《集韵》因袭《释文》所辑之音,这对《释文》与各书的关系研究很有价值。

诸如此类的,还有的对《释文》所录异文进行判断分析,如王引之《经义述闻》卷十八"与子上盟"条,有的指出陆氏注音、释义讹误,如王引之《经义述闻》卷十四"搏节"条等,皆具有研究价值,俱不见于《汇校》。

2. 订《汇校》所录校语之误

(1)《汇校》所录校语并非定论,据其著述则可订正

有时《汇校》所录某家《释文》校语并非定论,其著述对此说则有所修订。如不参考其著述中《释文》校释结论,则易使人误以校本校语为其成熟观点而引起争论。如:

《释文》:犒牛,苦报反,注同。(8-16-17)

《汇校》:犒牛,宋本、余本、十行本犒作槁,卢本同。段谓犒字不误,《唐石经》作槁非。焯按,段说非也。此当从严可均说作槁。说详《槁人》。王筠亦云:古人解犒字者,皆以枯槁而言,是也。

黄焯先生认为段校"谓犒字不误,《唐石经》作槁非"之说非是。《地官·序官》"槁人"条,《汇校》又辑录卢氏、严氏校语云:

> 卢云:"古无犒字,汉碑亦止有醨字,宋本《释文》作槁人,此正古字之未经后人妄改者。"严云:"经槀当作槀,各本沿作槀。先郑云:'读为犒师之犒。'《说文》无'犒'字,汉碑亦未有。《五经文字》:'犒,劳师也,见《春秋传》。《周礼》借槁字为之。'检石经《槁人职》正作'槁'字,'槁'与'槀'同,明此当为'槀'矣。然张以为'犒'见《春秋传》,亦但据所见本言之。《文选》谢灵运《述祖德诗》李善注引《汉书音义》服虔曰:'以师枯槁故馈之,犹食劳苦谓之劳也。'是汉时犒师之犒正作'槁',服解《左传》本亦正作'槁',今皆作'犒'者,转讹耳。"

卢、严考经文当作"槁"字,证据充分,可知段校"作槁非"之说实误。可事实上《汇校》所录此校语并非段氏定说。段氏在《周礼汉读考》"牛人"条下云:

---

① [汉]许慎撰,[清]段玉裁注:《说文解字注》,第452页。

> 案此经文作"槁",注作"犒",与《序官》"槁人"同。《唐石经》经文作"槁"是也。《释文》及各本经文作"犒",非也。宋本注作"槁师",亦非也。汉人注经之例,经用古字,注用今字。如经灋注法、经眡注视……其大较也。学者以此求之思过半矣。①

段氏此说又与卢氏、严氏所校经文当作"槁"相合。由此可知《汇校》所驳段校,或为段氏早期误说,抑或为段氏《释文》校本之误笔,并非定论。段氏《汉读考》对此条《释文》的校勘,旁征诸书,檃栝条例,当以此为定说。

(2)《汇校》所录某家校语有误,据他家著述可正

清人校《释文》之说有时彼此出入,而各家著述中《释文》校释观点正能与《汇校》校语互为补充,使读者免于偏听误从。其中,著述校释能够纠正《汇校》校语之误说的,尤其值得措意。比如:

> 《释文》:郢人,以井反,楚都也。《汉书音义》作㰎人。服虔云:㰎人,古之善涂墍者……㰎音混,韦昭乃回反。(28-7-20)

> 《汇校》:三"㰎"字承叶抄之误,臧校改作㬅。卢本依《汉书·扬雄传》作㰎。"混"字亦沿叶抄之误,宋本误作温,卢改作铙。

"㰎"字臧氏改为"㬅",卢氏改为"㰎",二说不同。"㰎音混",《汇校》认为"音混""音温"皆误,则似以"卢本改作铙"为是。但是,段玉裁《说文解字注》认为卢校依《汉书》作"㰎""音铙"皆误:

> 《说文》及《汉书》"㬅"乃讹"㰎",赖可据音以证其形。……今《汉书》字竟作"㰎",《庄子释文》竟作"㰎",莫能谠正。近卢召弓重刻《庄子音义》,又改"音温"作"音铙",可不急辨其非哉。"乃昆"之音可为"乃回",而断不可为"乃高"。②

《说文》"㬅"字云:"㥜声,读若水温𦶎。"段云:

> "㥜声"各本作"㚔声",篆体各本皆误作"㰎",今正。……按许读如𦶎,大徐据《唐韵》乃昆切,《玉篇》奴昆切,盖古温𦶎之𦶎读乃昆切。《玉篇》、曹宪《广雅音》、《广韵》又乃回、奴回切,则乃昆之转,脂、文之合。……《庄子释文》引《汉书音义》"音温"(一本作混),与"乃昆"一音相近……"乃昆"之音因于㥜声。"㥜"者,古文"婚"字,见《女部》。《车部》"轋"以为声,亦读若闵,然则此为㥜声,而非㚔声明甚。"㚔"在尤、幽部,转入萧、宵、肴、豪部,断

---

① [清]段玉裁:《经韵楼集:附补编·两考》,第26—27页。
② [汉]许慎撰,[清]段玉裁注:《说文解字注》,第361页。

不得反以"乃昆"也。①

段氏校订的依据是《释文》《说文》《玉篇》《广韵》各音之通转,且均与"憂"声相合,而不与"夒"声合。据段注,宋本作"温",通志本作"混"均不误,二者皆与大徐据《唐韵》"乃昆切"一音相近。卢校改"音铙"乃依《汉书音义》"乃高反"之误音。韦昭"乃回反",则"乃昆之转,脂、文之合"。卢校依误本《汉书》及《汉书音义》而改《释文》,不可从。

3. 补《汇校》所略

对于同一条《释文》,《汇校》校语颇为简略,而清人著述中的校释却很详细,此类情况尚有不少。著述中此类材料的补充价值至少有三:或可补充《汇校》所录校语的校改理由,或为《汇校》所列异本补充推理及结论,或为《汇校》校语补充论证过程。篇幅所限,以下仅举二例。

(1) 为《汇校》所列异本补充推理及结论

《汇校》有时候只罗列各本《释文》异同,而未加考证,而清人著述对《释文》异本的考证可补其略,如:

> 《释文》:致甿,亡耕反。(8-19-14)
> 《汇校》:宋本及何校本甿作氓。

通志本作"甿",《汇校》仅罗列了异本,并未判断。段玉裁《周礼汉读考》认为,《释文》原本当作"氓",而经文原本当作"萌",其说甚详:

> "甿"字作"萌",《说文》为胜。许君《民部》曰:"民,众萌也,萌而无识也。"汉人谓"民"为"萌",……浅人改《说文》"众萌"为"众氓",非也。今《周礼·遂人》"甿"字凡七,《遂大夫》一,《旅师》一。郑君注云:"变民言甿,异外内也。甿犹懵,懵无知貌也。"以宋本《周礼音义》(致氓,亡耕反)……作"氓"订之,知《开成石经》《诗》《礼》字始作"甿",以"氓"为亡民而改之也。……唐初《周礼》本作"氓",后改为"甿"。实则汉时《周礼》本作"萌",后改为"氓"。②

此说又见《说文解字注》"民"字下。段氏据古本经注以及古书之引用,认为经书古本作"萌",唐初作"氓",后改为"甿"。《汇校》只罗列异本,据段注之说则《释文》原本作"氓",宋本不误,通志本当为徐氏据他本所改。

---

① [汉]许慎撰,[清]段玉裁注:《说文解字注》,第361页。
② [清]段玉裁:《经韵楼集·附补编·两考》,第32—33页。

(2) 为《汇校》校语补充论证过程

《汇校》校语简略,故校勘理据有时显得单薄。如:

> 《释文》:肃亟,字又作苟,同居力反,经典亦作棘,同。(29-4-19)
> 《汇校》:宋本、叶抄急作苟。段云:苟从羊省,从包省,从口,非从艹之苟。苟字仅见于此,奚啻一字千金。

段氏校语肯定了宋本《释文》当作"苟",而不作"苟",但未说明其推理过程,令读者不知其所以然。《说文解字注》对此论述则更为详密:

> "急"与"苟"双声,"敬"与"苟"叠韵。急者,褊也。敬者,诫也。此字不见经典,惟《释诂》:"寁、骏、肃、亟、遄,速也。"《释文》云:"亟,字又作苟,同居力反,经典亦作棘,同。"是其证,可谓一字千金矣。而通志堂刻乃改为"急"字,盖误仞为从艹之"苟"也。急不得反"居力",与"亟""棘"音大殊,幸抱经堂刻正之。①

宋本《释文》作"苟"不作"苟",后人不知"苟""急"音近义通,妄改"苟"字为"急"。与《汇校》的段氏校语相比,段氏《说文注》的校释甚详,更使人信服。

4. 为《汇校》所录校语溯源

(1)《汇校》所引某家说,清人著述中有更早的类似说法

《汇校》所录某家《释文》校语有时与清代另一家著述中的《释文》校释观点、材料,甚至是论证思路都大同小异。据著述中的校释材料,则可看出晚出的《汇校》校语与前人观点之承袭关系。最具代表性的现象是,《汇校》所录近人如黄侃、吴承仕之校语,或黄焯先生自定之校语,有与清人某家著述校释材料、观点相近者。如:

> 《尔雅·释兽》:"騇牝骊牡。"郭注:"诗云:騇牝三千。马七尺已上为騇。见《周礼》。"②《释文》:"(騇)牝,频忍反,下同。骊牡,孙注改上騇牝为牡,读与郭异。"(30-27-16)《汇校》载黄焯先生所校,总核勾稽,足以祛疑:

> > 案,"牝"字是也。《释文》谓孙注改上"騇牝"为"牡",其云"上騇牝"者,因下有"牝"字,故云"上"也。又,上文牝下注云"下同",亦因"骊"下作"牝",故云然也。

《汇校》以"上騇牝"和"下同"二术语为证,考定今本《释文》出字"騇牝骊牡"当作"騇牝骊牝"(故《汇校》下文云"郭注则以'骊牝'释'騇牝'")。然此说清人臧庸

---

① [汉]许慎撰,[清]段玉裁注:《说文解字注》,第434页。
② [清]阮元校刻:《十三经注疏》,北京:中华书局,1980年,第2652页下栏。

曾已揭示：

> 駣牝骊牡，此作"駣牝骊牝"（引按，此谓雪窗本《尔雅》）。按玉林先生说，郑康成、孙叔然本作"駣牝骊牝玄"，郭景纯本作"駣牝骊牝"，①《释文》"駣牝，频忍反，下同"，谓下"骊牝"之"牝"音同也。

臧氏证据不如《汇校》全面，但他同样利用《释文》的术语"下同"来校勘，且与黄焯先生的校勘结论相同，即郑本、孙本《尔雅》作"駣牝骊牝玄"，郭本作"駣牝骊牝"（"玄"属下句）；今本《释文》用郭本，出字"骊牝"有误字。

同样，此条《汇校》所录黄侃之说，清人臧琳在《经义杂记》卷四"駣牡骊牝元"条中亦已先发明，兹不具详。

（2）《汇校》所录校语出自该作者之著述

《汇校》所录清人校语，多出自清人校本，然而亦有例外。《汇校》有时会明确说明校语并非出自校本，如《小宗伯释文》（8-24-18）《汇校》云"说详《经义杂记》及《周礼汉读考》"。但是多数时候，《汇校》并未明言其出处并非校本，不明内情者则易误会。如《尔雅·释山》："小山岌大山峘。"郭注："岌谓高过。"②

> 《释文》：峘，胡官反，一音袁。《埤苍》云：峘，大山，又音恒。（29-31-15）
> 《汇校》：钱大昕云：寻小山岌大山当取绵亘之意，则读如恒者为正。

按，《汇校》"钱大昕云"并非指钱氏《释文》校本；《汇校》书末《引据各书目录》中亦未见钱氏有校本。此"钱大昕云"实际出自《潜研堂集》卷二十七《跋经典释文》：

> 《尔雅·释山篇》："小山岌大山峘。"《释文》胡官反，又兼存"袁""恒"二音。依前二音，字当为峘，依后音字，当为"峘"。二字《说文》皆无之，寻小山及大山，当取绵亘之义，则读如"恒"者为正矣。③

可知《汇校》所言某氏云，实有不出自其《释文》校本的。其实钱氏《跋经典释文》仅列钱氏校《释文》的个别条目，并无论证，甚为简略，《潜研堂集·文集·答问七》则考证详尽（文长不引），当为钱氏上说的全部面貌。

（3）《汇校》所录校语来自别家著述

《汇校》辑录各家校语，称其主名如"阮校""臧校"，其实一部分并非阮氏、臧

---

① 按，此处臧庸之说不确。臧琳《经义杂记·駣牡骊牝玄》云："郭氏《尔雅》作'駣牝骊牡'。"见［清］臧琳：《经义杂记》，第64页。
② ［清］阮元校刻：《十三经注疏》，第2618页上栏。
③ ［清］钱大昕撰，吕友仁校点：《潜研堂集》，第465页。

氏之校本，而来自别家之著述。以上文所引《庄子释文》为例：

《释文》：郢人，以井反，楚都也。《汉书音义》作墁人。服虔云：墁人，古之善涂墍者……墁音混，韦昭乃回反。（28－7－20）

《汇校》：三"墁"字承叶抄之误，臧校改作㙣。

据《汇校》所附《引据各书目录》，可知"臧校"谓臧庸校本。但是段玉裁已有类似校语。《说文》"㙣"字云："夒声，读若水温㽳。"段注云："'夒声'各本作'夒声'，篆体各本皆误作㙣，今正。"其校订依据是《释文》注音和《说文》《玉篇》《广韵》之音（文长不引）。依段注，《汉书》本作"㙣人"，今本《汉书》误作"墁"，《庄子释文》误作"墁"，皆形近而误，可据音订正。此说实与《汇校》"臧校改作㙣"之说相同。考虑到段玉裁与臧庸的学术渊源关系，有理由认为这类与段说相近的"臧校"，有很大可能出自段玉裁。当然，这需要对各家《释文》校本的形成做进一步考察。

四、余 论

今人对清人著作中散见《释文》研究成果的利用仍然十分不足，这将对本领域学术的发展非常不利，此处再举两个例子。

第一个例子，有学者研究了《释文》的同条又音产生的主要原因，认为是与构词变读无关的方言、假借、协韵、讹误、历史音变、语流音变等导致的，其中"因语流音变产生新的变异音而导致的同条又音"一节仅有一个"冥"字为例。该文认为"冥"另有明母锡部入声一读，用于"冥氏"一词。举例为：

《毛诗释文》：冥，莫历反。（5－21－14）
《周礼释文》：冥氏，音觅。（9－17－3）
《周礼释文》：冥氏，如字，又莫历反。（9－11－15）

该文认为"此锡部入声音（'莫历反''音觅'）的产生是受'氏'的影响"[1]。笔者按，此说有误。段玉裁即已指出"冥"读"莫历反"是读为"幎"[2]，孙诒让亦认为之所以这样读，是认为"冥"为"幎"的借字[3]。二说相合。"冥""幎"二字上古音声部相同，韵部属锡耕对转。古书有假借例证，如马王堆帛书《五十二病方·白

---

① 王月婷：《〈经典释文〉同条又音原因分析》，《语言科学》2010 年第 3 期。
② ［清］段玉裁：《经韵楼集：附补编·两考》，第 96 页。
③ ［清］孙诒让：《周礼正义》，北京：中华书局，1987 年，第 2725—2726 页。

虇方》"煮冥以布,盖以编"①,"冥"为假借字,当读为"幂",表覆盖义。可知今人所谓"因语流音变产生新的变异音而导致的同条又音"的错误说法,是不明《释文》体例,又忽略了清人已有定说所导致的。

第二个例子,今本《释文》有的地方已经完全混乱,如《投壶释文》一条作"○圜,音圆。/鼙,薄迷反,郑呼为鼙也。其声下,其音榻榻然。榻音吐腊反。/□方鼓,郑呼为鼓也。其声高,其音镗镗然。镗音吐郎反。"(14-15-20)此条已经混乱不可读,而臧琳在《经义杂记·投壶音义考正》中早已校正过。据奈良本《礼记释文》残卷,可知臧琳结论几乎与残卷全合。

奈良写本的出现,不但印证了臧琳的观点,更说明了其校勘思路、方法的科学性。因而其校勘成果并不能被新出的抄本所替代。况且,清人著述中此类散见校释成果势必不少!但是,由于《经典释文汇校》势必不能尽收清人此类成果,而当前学界对此类观点也忽视了。

对于清人著述中散见《释文》校释材料,集大成的《汇校》阙录或者简略,主要是因为其收录的主体对象(《释文》校本)的不足是多方面。

其一,清人有的《释文》校本写成在前,而其著述成书在后,故《释文》校本未收录著述中的校释观点,《汇校》自然无从收录。其二,各家《释文》校本之校语原本就比著述的校释材料简略甚至阙无,而不存在《释文》校本是否成书在前的问题。因为各家《释文》校本的校语写在《释文》原天头、地脚甚至行间,即使字迹特小,亦不得细论,只得存其说之要略。因而《汇校》所录校语往往简短。但是,各家在其著述则可旁征博引,详考细论。其三,各家《释文》校本专为《释文》文本校勘而作,故往往不言其余;而各家著述中散见《释文》校释的所涉更广,除了文本校勘,还包括了大量详细释读文本,甚至驳议《释文》经说、底本等论述,此类材料自是不适于写入校本的。

从成书、传播方式来看,清人著述散见的《释文》校释材料,也有重要参考价值。著述中的考论多是详细、全面的论证,有的数易其稿,后加以精刻细校,方得流布。所以其结论更为完善、文本准确度更高。但是清人《释文》校本即使是作者手校、手抄,仍属稿本。更何况有的校本屡经传写,即使抄者锐意校对,恐亦难免于鲁鱼亥豕之类。

总之,清人著述散见《释文》研究资料的学术价值不可低估,仅以其与集清人《释文》校本之大成的《经典释文汇校》对比,即已知之。当然,黄焯先生汇集校本,历时卅载而成《汇校》,体密思精,辅之以其精深之旧学功力,《汇校》足可

---

① 裘锡圭主编:《长沙马王堆汉墓简帛集成伍》,北京:中华书局,2014年,第238页。

附《释文》而传世。《汇校》乃至于卢氏《考证》、阮氏《校记》之价值亦不必因上文所论而稍减。只是研究者必不能固守已知,如此方有益于学术之发展。笔者曾初步董理清人若干著述,辑为《清人著述散〈经典释文〉校释材料汇编》,待其功成,亦望有益于学界之研究。

清初礼学复兴风潮中的万斯大礼学

曾 军[①]

清代是经学集大成的时代。梁启超曰："清儒的学问，若在学术史上还有相当价值，那么经学就是他们惟一的生命。"[②]清代经学开山首推顾炎武和黄宗羲，他们提出的"经学即理学""学者必先穷经，经术所以经世"被清儒奉为圭臬，为清代经学旗帜。章学诚梳理浙东学术源流曰："梨洲黄氏，出蕺山刘氏之门，而开万氏兄弟经史之学；以至全祖望辈尚存其意，宗陆而不悖于朱者也……浙东之学，言性命必究于史，此其所以卓也……浙东之学，虽源流不异，而所遇不同。故其见于世者，阳明得之为事功，蕺山得之为节义，梨洲得之为隐逸，万氏兄弟得之为经术史裁。"[③]"万氏兄弟经史之学"即斯大的经学与斯同的史学，上承王阳明、刘蕺山、黄宗羲，下启全祖望、章学诚，延续浙东学派一脉相承的经史传统。

斯同史学之名显，斯大经学则论微。江藩对斯大评价不高，"至国朝如万斯大、蔡德晋、盛百二虽深于礼经，然或取古注，或参妄说，吾无取焉。方苞辈则更不足道矣"[④]。侯外庐认为："斯大的治经方法，实开后来专门汉学的方法论的先河。"[⑤]斯大礼学，处在明末清初的转折时期，又地处浙东学术的核心，实具时代和区域的双重意义，已有一些研究成果[⑥]为后续研究奠定了较好的基础。深入

[①] 曾军，华中师范大学文学院古典文献学2002级硕士，2005级博士，黄冈师范学院文学院教授，北京大学哲学院访问学者。
[②] 梁启超撰：《中国近三百年学术史》之"六 清代经学之建设——顾亭林、阎百诗"。
[③] [清]章学诚撰，叶瑛校注：《文史通义·浙东学术》，北京：中华书局，1994年，第523页。
[④] [清]江藩：《汉学师承记》（外二种）卷七之"经师经义目录"，北京：生活·读书·新知三联书店，1998年，第170页。
[⑤] 侯外庐：《中国思想通史》第五卷，北京：人民出版社，1982年，第409页。
[⑥] 如，林庆彰《清初的群经辨伪学》（文津出版社1990年）将《周官辨非》放在清初的群经辨伪学中探讨斯大的辨伪方法与意义；梁勇《万斯大及其礼学研究》（中国社科院硕士论文2000年）对斯大参与甬上讲经会考察极为细致，对四部礼书的论述也十分精到；林存阳《清初三礼学》（社会科学文献出版社2002年）在黄宗羲与斯大的学术传承中（转下页注）

研究其礼学思想与"以经释经"的礼学诠释特点可丰富清代经学史、礼学史研究。

一、万斯大的江浙学缘

清代经学以礼学成就最为卓著,且多出于江浙,自清初即始。有浙江余姚黄宗羲(1610—1695)《深衣考》,浙江萧山(今属杭州)毛奇龄(1623—1716)著《周礼问》《曾子问讲录》《郊社禘祫问》,浙江鄞县万斯大(1633—1683)撰《礼记集解》(毁于火)、《学礼质疑》、《周官辨非》、《仪礼商》、《礼记偶笺》,浙江仁和(今杭州,寄籍)姚际恒(1647—1715)著《三礼通论》。这些著述体现了江浙学人浓厚的礼学兴趣。

万斯大字充宗,别字褐夫,晚号跛翁,浙江鄞县(今宁波)人,是清代礼学开风气者。钱基博曰:"清代兴,礼学重光,而首开风气、驱除先路者,厥推济阳张尔岐稷若、鄞县万斯大充宗,皆明之遗献也。"①山东济阳张尔岐(1612—1678)以《仪礼郑注句读》著称,万氏则以《学礼质疑》闻名。斯大邃于《春秋》《三礼》,今存经学著作五种,四部说礼之书与《学春秋随笔》合称《经学五书》。其治经学,以礼学为根柢,会通诸经,折衷群言。《宗法》八篇,黄宗羲盛赞"为冠古绝今必传之作"。其生平详见黄宗羲《万君斯大墓志铭》、郑梁《跛翁传》、万经《先考充宗府君行状》等②。

斯大礼学有其家学渊源。甬上万氏家族原籍安徽濠州定远县,始祖万斌是明代著名武将,第二世万钟任宁波指挥佥事,开始定居宁波。第七世万表既是嘉靖间抗倭名将,又于姚江学派阳明之学颇有造诣,与罗洪先、王畿等往来频繁,为浙中王门中坚之一,学者尊其为鹿园先生。斯大父万泰(1598—1657)为第十世,崇祯九年(1636)中举,师从刘宗周。明崇祯年间曾与黄宗羲、陆符成立文昌社,并加入复社,是东林复社"甬上四孝廉"之一。万泰生八子一女,八子从祖父辈继承遗民之志,不应清廷科举,多致力学术,有所著述,第六子斯大、第八

(续上页注)论述斯大四部礼书的礼学思想;邓声国《试论万斯大的仪礼学》(《齐鲁文化研究》第十二辑 2012 年)在清代礼经诠释史中分析万氏《仪礼商》的诠释特色和价值;孔祥军《万斯大"经解"二种提要》(《孔子学刊》第四辑)结合竹简墓葬剖析《学礼质疑》的解经方法。

① 钱基博:《经学通志·三礼志第五》,上海:上海古籍出版社,2011年,第101页。
② 另,《清史稿》卷四八一《儒林》二、《清史列传》卷七二、李桓《国朝耆献类征》(初编)卷四一三、李元度《国朝光正事略》卷三二、唐鉴《清儒学案小识》卷一二、《文献征存录》卷一七等有传。

子斯同以经史闻名。万经曰："先君与诸父及从兄贞一,负米拾薪,备尝艰苦。然每于单衣枵腹时,聚兄弟叔侄谈经论史,歌啸闻于比舍。……王父博学多通,诸父经史诗文各得王父之一。吾父独专经学。"①足可见万氏家族从忠义将门向学术名家变迁②对斯大的熏陶与影响。李邺嗣赞曰："说经无双,名擅八龙。昔有慈明,今见充宗。"③

斯大礼学更多承自浙东学派领军人物黄宗羲。黄氏从学于刘宗周,以王阳明、刘宗周为宗。斯大师从黄宗羲大约在丁未。"丙午、丁未间,偕诸父从兄订里中同志为讲经之会,奉黄先生为师。每月两会,首《礼经》,次《易》,次《春秋》以及《诗》《书》,各举先儒之书而以己说参之。"④"南雷黄先生,翁(斯大)父执也,岁丁未偕同学十数子执贽其门,因为讲经之会于甬上。"⑤丁未是康熙六年(1667),万氏叔侄联合甬上士人27人,一起到余姚黄竹浦向黄宗羲拜师求学,返回宁波后成立了讲经会。康熙七年,黄宗羲应邀至甬上讲学,地址在一僧寺,遂名甬上证人之会。甬上讲经会给万氏兄弟叔侄的影响是巨大的,斯大礼学也始于此。

黄宗羲讲经,一是强调读经,二是研讨式的读经方法。其弟子李邺嗣言之甚详:

> 黄先生教人必先通经,使学者从六艺以闻道。尝曰:"人不通经,则立身不能为君子。不通经,则立言不能为大家。"于是充宗兄弟与里中诸贤共立为讲五经之集,先从黄先生所受说经诸书,各研其义,然后集讲,黄先生时至甬上,则从执经而问焉。大《易》已毕,方及礼经。诸贤所讲,大略合之以《三礼》,广之以注疏,参之以黄东发、吴草庐、郝京山诸先生书,而裁以己意,必使义通。中有汉儒语杂见经文,则毅然断之,务合于圣人之道……诸贤各相诘难,俱在言论,而充宗独尽载之笔疏,凡诸家之说,各有所长,则分记之。吾党所说,有足补诸家所不足,则附记之,细书卷中,一札每十余行,行数十字。⑥

强调读经是针对心学末流的空谈,推敲经文并搜罗诸家之说进行比较讨论

---

① [清]万经:《先考充宗府君行状》,见《万斯大集·传记资料》,杭州:浙江古籍出版社,2016年,第408页。
② 徐鸿钧:《鄞县万氏从忠义将门到学术名族的变迁》,《宁波大学学报》2017年第2期。
③ [清]李文胤:《送万充宗授经西陵序》,见《万斯大集·附录二》,第402页。
④ [清]万经:《先考充宗府君行状》,见《万斯大集·传记资料》,第409页。
⑤ [清]郑梁:《跛翁传》,见《万斯大集·传记资料》,第404页。
⑥ [清]李邺嗣:《送万充宗授经西陵序》,见《万斯大集·附录二》,第402页。

可以避免门户之见。这样精读经文并比较参详注疏，既是讲经之会的读经方法，也成为黄宗羲诸弟子的研经方式。万斯大专攻礼学、《春秋》学及其《经学五书》的撰写方法，显然与甬上讲经会的读经、读史经历有直接关联。李邺嗣曰："季野第六兄充宗，博通经学，每读一经，辄尽集古今先儒诸说经家，间有得自梨洲黄先生，多世所未传，充宗求其言尤精者，率蚊脚细书，岁积至数十卷。"①师徒往复论学，斯大颇得师传。斯大常就经学问题质疑于师，黄氏也悉心指导，为斯大《学礼质疑》作序，又有《答万充宗质疑书壬子》《答万充宗论格物书》《答万充宗杂问》等书信。黄氏说："充宗亦姑以其所得，参考诸儒，必求其精粗一贯、本末兼该，凿然可举而措之，无徒与众说争长黄池，则所以救浙学之弊，其在此夫！"②斯大之礼学与《春秋》学，包含着黄氏以经史之实学救浙学之弊的期许。

斯大礼学还得益于江浙同门、学友的切磋论学。甬上讲经之会，诸生颇多集讲问难。康熙十年斯大携子课馆于钱塘魏氏，与学者也往复辩难不绝。郑梁说："应嗣寅，武林老儒，宿负经学。遇翁谈礼，则颐解心折。吴志伊，记问博洽，见其礼经著述，当意不当意，辄手抄以去。秦湘侯作《春秋纲》，宋子犹作《春秋书法辨》，翁遗书诘难，往复数四，必伸其说而后已。"③万经言："居杭来，四方名流多以经学相质。如无锡秦湘侯先生沅之《春秋纲》，太仓宋子犹先生龙之《春秋书法辨》，长洲金穀似孝廉居敬之《古历辨》，常熟顾景范先生祖禹之《地名考》，皆遗书诘难，往复数四，诸先生未尝不俯首心折。仁和吴志伊先生任臣家居时，亦以教授为业，每出馆必叩先君，索所纂述，辄手录之去。应嗣寅先生挚谦高风苦节，少所许可，与先君论经学辩难最多。"④浙江仁和（今杭州）应㧑谦（有《礼学汇编》七十卷）、吴志伊、长洲金穀似、海昌（今海宁）陈令升、江苏无锡秦沅、常熟顾祖禹、太仓宋龙，都是清初江浙一带的经学名士，斯大与他们的学术往来，对其礼学、《春秋》学的研究大有助益。《仪礼商》附斯大与应㧑谦讨论庙寝的四封书信，与陈令升一封，日常论礼之频繁可见一斑。

江浙地区这种学术背景和师承渊源，家学、师传与江浙经史风气，形成所谓"江南学术共同体"⑤，对礼学名家的形成影响巨大。虽不同学派的学者各有所宗，但对学术而言，这种异质共生恰好为经学风气的转变提供了适宜的土壤。

---

① ［清］李邺嗣：《杲堂文钞》卷一，《历代史表序》。
② ［清］黄宗羲：《学礼质疑序》，见《万斯大集·附录一》，第376页。
③ ［清］郑梁：《跛翁传》，见《万斯大集·传记资料》，第404页。
④ ［清］万经：《先考充宗府君行状》，见《万斯大集·传记资料》，第409页。
⑤ ［美］艾尔曼：《从理学到朴学——中华帝国晚期思想与社会变化面面观》，赵刚译，南京：江苏人民出版社，1997年，第6—10页。

万斯大处在这样一个时代风气转变和地域文化的中心位置,其礼学学术意义自不待言。

二、问题与思想:礼学经世何以可能

一个礼学家总会有一些特别关注的问题,经由他关注的礼学问题可以了解其礼学思想。这种选择既有时代、地域的影响,也是学者自身兴趣使然。斯大"自丁未学礼"①"甲寅(1674)后专读《三礼》"②,于三礼皆有著述,先后撰《学礼质疑》二卷、《周官辨非》一卷、《仪礼商》二卷、《礼记偶笺》三卷。另有一部《礼记集解》四十九卷,又名《礼记辑注》,乾隆五年(1740)毁于火,不知撰于何时,《学礼质疑·乡饮酒礼席次》提到"年来纂集《礼说》",可能即此书,必非一时之作。全祖望借钞之并序曰:"吾乡万先生充宗湛于经学,六经自笺疏而下,皆有排纂,三礼为最富;三经之书,其成帙不一种,《礼记》为最富。"又将该书与宋卫湜《礼记集解》、黄震《礼记集传》比较,"先生曰:以吾所见,未必较栎斋为少。乃自注疏,暨陈、马、方、陆而下,错陈而贯穿之,豪钞摘抉,衷然成编。俄而或以其本至,取而雠之,则凡栎斋之所有者无不在,后乎此者倍之,而和齐斟酌,审异致同,极之于茧丝牛毛之细,直足过栎斋而抗文洁"③。可知斯大搜集《礼记》古注疏及宋元礼说极多,他取诸经及先儒注疏细绎同异,熟玩精思,久之融会贯通。此可谓斯大四部说礼之书的礼学基础。

万斯大关注哪些礼学问题?《学礼质疑》中涵盖了他所关注的核心问题。全祖望曰:"其盛传于世者,莫如《学礼质疑》,盖条礼经诸大节目,前人聚讼未决,而详为定论也。"④其中有关于古历问题 7 篇专论:《古历分至不系时》《古历无二十四气》《秦时夏正由不韦始》《商正改月改时》《商周改正》《周诗周正一》《周诗周正二》。关于郊社及禘祫 8 篇专论:《郊唯日至一礼祈谷不名郊》《祈谷礼不同郊(郊社乐章)》《太社祭地在北郊王社祈报在国中》《北郊主月》《禘祫一事上》《禘祫一事下》《禘岁举以午月》《鲁禘不追所自出》。关于祖宗、昭穆 2 篇:《东周祖文宗武》《兄弟同昭穆》。关于宗法 8 篇专论,附万氏世纪。关于丧服 4 篇:《嫡孙承重一》《嫡孙承重二》《承重妻从服》《庶子为其母党服》。《仪礼商》《礼记偶笺》商榷、笺注的则是这几个大问题中的仪节度数等细节问题,与《学礼

---

① [清]万斯大:《万斯大集·补遗·学礼质疑自序》,第 359 页。
② [清]万经:《先考充宗府君行状》,见《万斯大集·传记资料》,第 409 页。
③④ [清]全祖望:《礼记辑注序》,见《万斯大集·附录一序跋》,第 386 页。

质疑》互为表里。万斯大认为：

> 《仪礼》一经，与《礼记》相表里，考仪文则《仪礼》为备，言义理则《礼记》为精。在圣人，即吾心之义理而渐著之为仪文；在后人，必通达其仪文而后得明其义理。故读《礼记》而不知《仪礼》，是无根之木，无源之水也。悬空无据，岂能贯通？大要十七篇中，以冠、昏、丧、祭、朝、聘、射、乡、燕、食、相见为之目，以冕、弁、衣、裳、带、韠为之饰，以币、帛、皮、圭、璧、琮、车、马为之物，以鼎、俎、豆、笾、簠、簋、敦、铏为之器，以升、降、拜、跪、揖、让为之文。委曲周详，至繁至密……古人之礼，行于庙者十七，行于寝者十二……苟不由行礼之节次，因以熟察其精微，则是得其浅而遗其深，识其末而忘其本，究且与祝史无异。①

《仪礼商》计63条，附录一卷有《庙寝图》《与陈令升书》《与应嗣寅书》《再与应嗣寅书》《三与应嗣寅书》《四与应嗣寅书（治朝图二）》。《士冠礼》7条，《士昏礼》4条，《士相见礼》4条，《乡射礼》3条，《燕礼》3条，《大射仪》2条，《聘礼》4条，《公食大夫礼》2条，《觐礼》2条，《丧服》8条，《士丧礼》《既夕礼》8条，《士虞礼》8条，《特牲馈食礼》5条，《少牢馈食礼》《有司彻》3条。

《礼记偶笺》三卷计152条。《曲礼》20条，《檀弓》36条，《王制》11条，《月令》14条，《曾子问》7条，《文王世子》6条，《礼器》4条，《郊特牲》7条，《内则》2条，《玉藻》9条，《明堂位》5条，《丧服小记》2条。其中12条在《学礼质疑》中有详辨，7条在《周官辨非》中有详辨。

《周官辨非》辨《天官》4条官职22种，辨《地官》22条官职30种，辨《春官》10条官职8种，辨《夏官》4条官职6种，辨《秋官》7条官职20种，共计47条官职69种②。"其法制典章，取校于五经、《论》、《孟》，殊多不合。夫不合于五经、《论》、《孟》，则是非有在矣。……诸不合于五经、《论》、《孟》者，取而辨之，得若干条。"③斯大所辨职官，在于辨其设置之非。如赋税征役就涉及关市之赋、渔征、役及五六十者、力役之征及司市、质人、廛人、屠者、肆长、泉府、司门、司关、山虞等赋敛之细；调人调解过而杀伤人者；媒氏不禁奔者、负责男女无夫家者会之、在亡国之社听阴讼；校人职官数倍于马之数，种种之不合理。由职官之不合理力攻《周礼》之伪，以为必非周公所作，而系后人伪托。

斯大条理"礼经诸大节目"有哪些？以《学礼质疑》33篇为主，《礼记偶笺》

---

① ［清］万斯大：《万斯大集·仪礼商附录·与陈令升书》，第176页。
② 林庆彰：《清初的群经辨伪学》，台北：文津出版社，1990年，第335页。
③ ［清］万斯大：《万斯大集·周官辨非》，第189页。

《仪礼商》《周官辨非》为辅，集中涉及古历、郊社、昭穆、宗法四个礼学问题，这四个问题之间互有联系。丧服、明堂庙寝则由这四个问题衍生而来。四库馆臣认为："若辨商、周改月改时，周诗周正及兄弟同昭穆，皆极精确。《宗法》十余篇，亦颇见推阐。"①

关于古历问题。古历的重要性一方面涉及政治上的正统问题，一方面关乎国计民生。斯大讨论古历的分、至问题，区分改正、改朔与改年始之别，实际是论说夏之建寅、商之建丑、周之建子"三正"问题。改朝换代之后的首要大事就是改正朔，所以"三正"表面上看是历法，实质是王朝政权的正统性、合法性问题。斯大将"三正"的确定原则建立在三代"敬授人时"的治国方略上，古代中国是农业国，农作物的生长与天时、历法、星象、物候息息相关，所以改正朔必须顺应农时。他由此判断秦之建亥违背了春时，只能称之为改年始，汉武时造太初历，分至启闭始均，二十四节气之名始立。《周官辨非》各条的推理思路，也是以官冗赋重不计民生之不合理来攻《周礼》之伪。他认为《礼记·月令》和《大戴礼·夏小正》最近夏时，《礼记偶笺》有14条延续古历谈《月令》。又批评朱熹《诗集传》全以夏时解诗的错误，以及后人传讹之谬。

关于郊社及禘祫。祭祀是古代国家维系统治的重要方式，如果说古历是王朝的自然法，那么祭祀所体现的就是内部管理的习惯法。清初毛奇龄有《郊社禘祫问》也讨论这个问题，与斯大不同者在于以《周礼》为据。斯大辨析郊与祈谷的区别，禘与祫本一事。其观点立异之处在于，他指出鲁国举行郊礼却托言祈谷，行禘礼不追祭所自出，本是僭礼后的逃责之举，却成为后世误解之源头。

关于祖宗、昭穆，祭祀必须陈列祖宗之位，序次昭穆，这是治礼学无法逾越的问题。后世祖宗、昭穆之制，皆从周代宗法制寻找依据，而各经记录此详彼略或彼此龃龉不合，直接导致"议礼如聚讼"的局面。在宗庙祭祀、丧葬之礼中，昭穆涉及尊卑长幼次序，与继承制、社会治理等社会基本问题密切相关。斯大指出，西周、东周祖宗之制有异：周之初制，祖后稷，宗文王、武王；东迁之后，祖文王，宗武王。天子七庙固为常制，父死子继为常，兄终弟及为变，为了顾及兄弟之伦，必得父子异昭穆，兄弟同昭穆。此观点被认为是不刊之论。

关于宗法。祖宗、昭穆之后自然是宗法问题，斯大最为集中系统地讨论了宗法问题，宗法八篇不仅极为完整地重新论述了宗法制的内容，如大宗、小宗之法，大宗百世不迁之图，小宗五世则迁之图。由大宗小宗到宗子别子，到氏族族谱，逐步展开。还运用图说的方式，并将其应用到万氏家族，有图、有图说还有示例，将古代社会以宗法统治上下的治理框架立体地展示出来，更揭示了宗法

---

① 《四库全书总目提要·学礼质疑》，北京：中华书局，1965年，第177页。

关于丧服。宗法明，嫡庶亲疏定，丧服之制自明。斯大以为，明确重之义为重其当先祖之正体，又以其将代己为宗庙主，才懂得嫡孙承重之义。《仪礼商》有24条，《礼记偶笺》有50条都围绕丧礼、丧服具体仪节。斯大用丧服明亲疏之意甚明。

关于明堂庙寝。明堂庙寝为行礼之所，其中堂与室，箱东西堂，天子巡守诸侯会朝之所等皆须明辨，故也属祭祀礼中必须明辨之礼数。斯大将十四礼仪按行礼场所进行分类，极为独特。《庙寝图》曰："《仪礼》十七篇，《丧服》言服制不及于仪，《既夕礼》则《士丧礼》之下篇，《有司彻》则《少牢礼》之下篇，其始终仪节可考者凡十四条。就十四条中，冠、聘、食、觐、馈食凡六礼行于庙，相见、燕、丧、虞凡四礼行于寝，昏则六礼行于庙，成昏于寝，其不于寝庙者，惟乡饮酒、二射耳。"①他在宾贤能之外重视乡饮酒礼正齿位之义。又以乡饮酒礼席次为中心，详辨诸仪节与聘礼、燕礼、射礼、食礼、觐礼之异。如此一来，十四仪节纲举目张，异同分明。

斯大为什么关注这些问题？斯大礼学来自黄宗羲。黄氏认为："《礼经》之大者，为郊社、禘祫、丧服、宗法、官制。言人人殊，莫知适从。士生千载之下，不能会众以合一，由谷而之川，川以达于海，犹可谓之穷经乎？"②斯大礼学论古历、论郊社禘、论祖宗昭穆、论宗法、论明堂泰坛、论丧服诸义，皆黄氏所谓"礼之大者"。黄宗羲有《答万充宗质疑书壬子》赞同斯大古者无二十四名和《周官》为伪书的论断，又有《答万充宗杂问》讨论乡射侯制、金奏《肆夏》之三、《春秋》所载日食等，可见二人一直在关注讨论这些问题。

由古历三正讨论王朝正统，由郊社禘祫讨论祭礼僭礼，由祖宗昭穆讨论父子兄弟之伦，由丧服讨论嫡庶亲疏，这些问题最后集中于《宗法》八篇，将《仪礼》《礼记》与史书会通，建构出一个极富儒家礼治色彩、极具可行性的礼法体系。《宗法四》曰："宗法虽为公子设，而异姓之臣得依此而行。"③《宗法七》："宗法行，而人知尊祖敬宗，各安其分也。"④《宗法八》："宗者，统族人以奉祀也。祭已往之祖，而收见在之族，祖分而祭亦分，故一族不止一宗。"⑤斯大之意，宗法包含尊祖

---

① [清]万斯大：《万斯大集·仪礼商附录·庙寝图》，第173页。
② [清]黄宗羲：《万充宗墓志铭》，《清代碑传全集》卷一三〇，北京：中华书局，1987年，第659页。
③ [清]万斯大：《万斯大集·学礼质疑·宗法四》，第42页。
④ [清]万斯大：《万斯大集·学礼质疑·宗法七》，第48页。
⑤ [清]万斯大：《万斯大集·学礼质疑·宗法八》，第50页。

敬宗和收族两层含义,故宗法明而尊卑严,亲疏定,族群聚有统纪。

以宗法治世的设想,为浙东学派"穷经经世"治学宗旨的体现,其是否可行斯大也未可知。《宗法六》曰:"封建之易为郡县,势也亦时也。宗子之变为族长,势也亦时也。然则宗法不可复乎?唯封建。"①郡县制自秦至清初已施行一千多年,改回封建制基本不可能,但万氏的宗法思想,在家族谱系和乡规中得以应用。

三、新与凿:"以经释经"的突破与困境

斯大礼学的特点,其自言:"吾于经学实有苦心,凡遇先王之度数仪文,自觉能疑人所不能疑,解人所不能解。"②《清儒学案》评价"其说经以新见长"③。《清史列传》曰:"(斯大)根底三礼以释三传,较宋元以后空谈书法者殊,然其说经以新见长,亦以凿见短,置其非,存其是,未始非一家之学。"④具体如四库馆臣言《学礼质疑》"考辨古礼颇多新说",《仪礼商》"颇有新义亦勇于自信",《周官辨非》"力攻《周礼》之伪",《礼记偶笺》"欲独出新义,而多不能自通"⑤,皆言斯大力图创新礼说,但论证稍显穿凿。

"求新"是清初经学的共同特点,黄宗羲、毛奇龄的礼学著述都在批评旧注,但研经论证方法存在差异。斯大自言其经学诠释方法为:"人皆以己意释经,吾但以经释经。"⑥黄宗羲将其概括为"非通诸经不能通一经,非悟传注之失则不能通经,非以经释经则亦无由悟传注之失"。黄氏解释说:

> 何谓通诸经以通一经?经文互错,有此略而彼详,此同而彼异者。因详以求其略,因异以求其同,学者所当致思也。何谓悟传注之失?学者入传注之重围,其于经也无庸致思。经既不思,则传注无失矣,若之何悟之?何谓以经解经?世之信传注者过于信经。……充宗会通各经,证坠缉缺,聚讼之义,涣然冰泮。⑦

---

① [清]万斯大:《万斯大集·学礼质疑·宗法六》,第 47 页。
② [清]万经:《先考充宗府君行状》,见《万斯大集·传记资料》,第 409 页。
③ 徐世昌等:《清儒学案》卷三四《二万学案》上,北京:中华书局,2008 年,第 1225 页。
④ 《清史列传》卷六八《儒林传下一》,北京:中华书局,1987 年,第 5464 页。
⑤ 《四库全书总目提要》,第 177—182 页。
⑥ [清]万经:《先考充宗府君行状》,见《万斯大集·传记资料》,第 409 页。
⑦ [清]黄宗羲:《万君斯大墓志铭》,《清代碑传全集》卷一三〇,第 659 页。

黄氏此语表明，斯大"以经释经"的礼学诠释，直指传注之失，以及迷信传注而不读经书的学风，强调以经释经。故此诠释方法实有主张从传注回归经学元典的意味。以经释经需要会通诸经，"诸经诸传有可以旁通而互见者，先儒立说不能通贯，往往拘文牵义，杂以告谶纬。又其陋者，于周说穷即推为殷、夏，就其所见，知其一而不知其二，得乎此而不可通乎彼"①。会通诸经才能避免说礼彼此龃龉。为何及如何"以经释经"，斯大亦有阐述：

> 《学礼质疑》者何？大自丁未学礼以来，心有所疑，取其大者条而说之，而质之吾师梨洲先生者也。始大请于先生曰：'学礼有疑，求之注疏而不得，求之唐宋以来诸儒而又不得。以经说礼，其可乎？'先生曰：'然。'又请于先生曰：'《易》《书》《诗》《春秋》而下，《左》《国》《公》《穀》去古为近，可择而取也。外此如《汲冢》《竹书》之类，非古而托之于古，附会多而确据少，置而不道，其可乎？'先生曰：'然。'大于是首取《戴记》诸篇相对，次取《仪礼》与《戴记》对，次取《易》《书》《诗》《春秋》及《左》《国》《公》《穀》与《二礼》对，见其血脉贯通，帝王制度约略可考，用因所得窃著于篇。②

为何"以经释经"？斯大言"学礼有疑，求之注疏而不得，求之唐宋以来诸儒而又不得"，才"以经说礼"。为何"求之注疏而不得"？郑玄注经的顺序为《周礼》《礼记》《仪礼》，次及他经，即郑玄是以《周礼》为核心诠释礼学的，且杂取谶纬之说，斯大力攻《周官》之伪的立场与之截然不同。为何"求之唐宋以来诸儒而又不得"？孔颖达等《礼记正义》、贾公彦等《仪礼正义》《周礼正义》为统一经义而撰编，又杂取玄学、纬书等，宋儒说礼重《周礼》，皆为斯大所不喜。

因此，斯大礼学诠释以经取义，以史取证。如其好友郑梁曰："类能取甲乙之证据，剖前人之聚讼。"③具体而言，"以经释经"可从两层申说：一是以经解经。斯大以《仪礼》与大、小《戴记》各篇比勘，再以诸经与二礼比勘。黄宗羲曰："学必原本于经术，而后不为蹈虚；必证明于史籍，而后足以应务。元元本本，可据可依。"④万斯大遵照黄氏教导，以穷经自任，对经文本身下工夫极深。又由于斯大不信《周礼》的立场，他对注疏及唐宋以来诸儒之说皆持怀疑审慎的态度。

二是以史证经。斯大以《春秋》《左传》《国语》等先秦文献史实来判定推理经文的含义，他所采用之史主要是《春秋》经传及《尚书》《诗经》，或者说他是将这几经当作史料来取证的，因为他更为信任去古未远的文献资料。如他认为：

---

①② ［清］万斯大：《万斯大集·补遗·学礼质疑自序》，第359页。
③ 《清代碑传全集》卷一三〇《跛翁传》，第659页。
④ ［清］全祖望：《甬上证人书院记》，《鲒埼亭集外编》卷一六，《四库全书》本。

"《月令》一篇原从《吕氏春秋》简出,凡篇中字句不同者,皆当阅原本求解为是。"①所以两层实际皆为"以经释经"。

斯大对注疏的怀疑精神,以及他把《尚书》《诗经》《春秋》当作史料使用的做法,使得其释礼并不拘泥于文字的字面意义,常常富有新意。在对待礼学经书的态度上,他认为不能"泥"和"拘"于古书,他既疑传注旧说,也疑经文窜误。他一方面用他经(尤其是礼书和史书)来比较考证,一方面采用更圆通的方法来解经,如根据人情来推理。如《檀弓》中孔子所说的"古不修墓"一事,他质疑说:"岂有孔子于亲墓崩及兆域,第虚拨古不修墓之言而置之乎?"从而推知所崩者为墓旁土封。

斯大论郊社,指出鲁之僭礼成为后世误解礼制的源头,在另一处又曰:"然则鲁之守礼乐非乎?曰:非谓守之非也,冒而行之不可也。歌雍八佾,大夫俨然天子,君实启之,其又奚尤?故人知周礼赖鲁而存,予谓周礼由鲁而亡。"②既肯定鲁守住了周礼的部分形式,使它不至于湮没于历史之中;又批评鲁对礼的僭越违背了礼的精义。他对汉代的纬书持否定态度,对《中庸》也并不迷信。"牧之野"条曰:"纬书之言,固不可信;《中庸》所云,亦当善会。"这样解经有时候并无确据,容易引发争议,也是斯大说礼被批评不能自通的原因。黄宗羲曰:"夫所谓穿凿者,必其与经不合者也。摘发传注之讹,复还经文之旧不可谓之穿凿也。"③按黄氏之说法,斯大礼学实不能以凿评价之。

"以经释经"的礼学诠释方法是有其优势的,从材料来源看,将问题放在同时段文献中对比讨论,较之以后来之注疏为根据,显然更具可靠性。从诠释方法看,将礼学放在五经会通的视角下考辨,比单经考辨必然更易于把握礼义。侯外庐评曰:"在方法论上讲来,(万斯大)不盲从,重裁断,比较归纳,以经文的事实以求是,而不以传注的心传来傅会,这是朴实说理的传统。他对于传注的不信任态度更为戴震以至阮元的训诂注疏的前导。"④从经史关系来看,六经皆史的观念不自章学诚始,浙东经史之学中早已蕴含着该论断。

结合清初的学术风气,可知"通诸经"是针对晚明不读书的空疏学风强调阅读元典、会通经学,"悟传注之失"是针对迷信传注、不思经文的倾向,"以经解经"是针对分经而治不能会通的弊端。清初诸儒"以经学济理学之穷",主张回归五经以纠正王学末流空谈无根的困境,斯大四部礼书以质疑、商榷、辨非、笺

---

① [清]万斯大:《礼记偶笺》卷二《月令》,杭州:浙江古籍出版社,2016年,第251页。
② [清]万斯大:《礼记偶笺》卷三《读明堂位条》,第265页。
③ [清]黄宗羲:《易学象数论序》,《四库全书》本。
④ 侯外庐:《中国思想通史》第五卷,第408页。

识题名,体现了清初回归经学的实学风气。

概言之,斯大礼学,集中论说古历、郊社、祖宗昭穆、宗法等"礼之大者",体现了浙东经史之学"穷经、经世"的实学倾向。其礼学诠释采用"以经释经"的方法,会通经、史,辨析礼学传、注、疏之误,体现清初礼学力图突破传、注、疏回到经学本身。清中后期对斯大说礼普遍评价为新与凿,说明以经释经难以完全解决礼学聚讼。但斯大礼学为清中后期礼学的兴盛开辟了道路。

论孙濩孙《檀弓论文》的版本及评点特色

毋燕燕[①]

《檀弓》主要叙述古代的丧葬文化,位于首篇《曲礼》之后,足见在《礼记》中的地位。编入《礼记》后仍有单篇流传,据文献记载,宋代《檀弓》单篇别行已初见端倪,如陈骙《檀弓评》、徐人杰《檀弓传》、陈普《檀弓辨》、谢枋得《檀弓批点》,惜仅存谢书,主要点评《檀弓》字法、句法、文法之妙,与古文运动有密切联系。明代评点《檀弓》之作较宋更丰,有郑奎《檀弓注》、顾起经《檀弓别疏》、汪旭奇《檀弓诠释》,惜均亡佚。现存有杨慎《檀弓丛训》、林兆珂《檀弓述注》、陈与郊《檀弓辑注》、姚应仁《檀弓原》、徐昭庆《檀弓通》、郭正域《檀弓》、牛斗星《檀弓评》、徐应曾《檀弓记标义》,主要侧重疏通文意及阐释文本艺术特色。清代评注《檀弓》延续了明代评注文法的传统,如孙濩孙《檀弓论文》(以下简称《论文》)、谢佑琦《檀弓评注》、汪有光《批檀弓》等著作;同时又有侧重《檀弓》典章、史实等诸方面的考辨,如毛奇龄《檀弓订误》、邵泰衢《檀弓疑问》、程穆衡《考订檀弓》、夏炘《檀弓辨诬》、孙玉检《檀弓正误》等。

孙濩孙《檀弓论文》,继承了宋明以来《檀弓》注疏侧重文法的传统,同时又注重《檀弓》所记人事、典章制度的考证,文笔源头的探究及对后世散文的影响。《论文》语言形象生动,释义深入浅出,拓展了《檀弓》文句的意蕴美。《四库全书》未收录《檀弓论文》,至今鲜为人知,兹不揣浅陋,仅就版本概况、撰写缘由及点评特色略陈己见。

一、《檀弓论文》的版本

孙濩孙(1668—1738),字邃人,号沛村,高邮人。八岁能文,十三岁游庠,有

[①] 毋燕燕,华中师范大学文学院古典文献学2012级博士,现为重庆第二师范学院文学与传媒学院副教授。

神童之称。年六十方与子孙中同举雍正癸卯(1723)乡科,己酉(1729)应内阁试,庚戌(1730)进士,曾任司经局正字、刑部浙江司主事,官至监察御史。著《檀弓论文》二卷、《华国编唐赋选》二卷、《华国编文选》八卷、《是政堂文钞》六卷[①]。《论文》专论《檀弓》章法、句法之妙,圈点旁批甚细。《清史稿·艺文志》未著录此书,《四库提要》将其列入《存目》,《皇朝通志·艺文略二》卷九十八,《皇朝文献通考·经籍考四》卷二百十四有著录。今存版本有:

(一) 清康熙刻本

1.《檀弓论文》二卷,康熙六十年林居仁家塾刻本,4册1函,8行18字,小字双行,白口,左右双边,双鱼尾,钤"江阴刘氏""复""刘复""止水斋""沈宝谦印"诸印。又有6册1函,皆藏清华大学图书馆。

2.《檀弓论文》二卷,清康熙辛丑安徽泗县林居仁刻本,2册1函,半页8行,行18字,小字双行,版框17.1cm×12.3cm,白口,双黑鱼尾,左右双边。分上、下篇,封面镌"天心阁藏板"朱印,钤"许守贞印""字补之号阙斋"印。正文前有康熙六十一年夏五月望日毗陵钱谦益的序文、《孙氏家塾〈檀弓论文〉十则》、康熙辛丑冬月泗滨林居仁序言。国家图书馆、中国人民大学图书馆、南开大学图书馆、郑州大学图书馆等均藏此本。《四库全书存目丛书》经部收录的《檀弓论文》二卷,据国家图书馆藏清康熙刻本影印,但《檀弓论文》下篇缺第35页、第62页。

(二)《檀弓论文》二卷,孙濩孙撰,林中枬参阅,清光绪七年(1881)重刊本。2册1函,半页8行,每行18字,小字双行同,双黑鱼尾,白口,左右双边。分上、下篇,常州状元第庄藏板。有武进薛绍元序言,简略介绍了作者事迹、《檀弓论文》特点、为何复刊诸事、《孙氏家塾〈檀弓论文〉十则》、康熙辛丑冬月泗滨林居仁序言,而无毗陵钱氏序文。今藏复旦大学图书馆、吉林大学图书馆、华中师范大学图书馆等馆。

由此可见,《檀弓论文》版本流传脉络清晰,最早是康熙刻本,后世重刊本皆祖此本,除册数差异、后刊本加入时人序言外,皆2卷,半页8行,每行18字,小字双行同,双黑鱼尾,白口,左右双边。除《四库全书存目丛书》本有缺页外,其他皆保存完整,本文便以光绪七年(1881)刻本为研究对象。

---

① [清]阮元主编:《淮海英灵集·乙集》卷一,嘉庆三年(1798)本。

二、《檀弓论文》撰写缘由与体例

（一）《檀弓论文》撰写缘由

孙濩孙认为《大学》《中庸》是《礼记》的精华，此二篇虽被宋儒列入四书，却未降低《礼记》在五经中的地位。《檀弓》主旨、文气、神韵均可与《大学》《中庸》《论语》《孟子》媲美，甚至凌驾于四书之上，此一篇足以使《礼记》与《易》《诗》《书》《春秋》四经并列，《檀弓》在《礼记》中的地位不言自明。

《檀弓》文法利于科举考试。清代是科举制度的成熟阶段，明经是其中的重要科目，而《檀弓》集先秦散文精华于一身，其文辞、章法、立意易被初学者掌握，为时文写作提供了轨范。《孙氏家塾〈檀弓论文〉十则》（以下简称《家塾论文十则》）之七曰：

> 《檀弓》最利举业，其所记多孔门威仪文辞，拟之作论语文，则气象口吻、摹画刻肖，一也。说理精实幽深，而出之以空灵隽快，师其用意、用笔，作《学》《庸》文，则不落学究窠臼，二也。议论波澜，奇变百出，而醇乎其醇，无《战国》纵横之习，作《孟子》文又当效之，三也。至于单句、排比、截讲、挨叙、起伏、照应、虚缩、吞吐、钩联、映带，凡制艺中大小题，所有格局法律无一不修。能读《檀弓》，则于守溪、荆川之以古文为时文者，且过半矣。①

《檀弓》文辞简练典雅、说理精辟而有气势、议论淳朴而灵动、句式多变，令人目荡神怡百读不厌。《左传》文简意奥，初学者不易卒读，《檀弓》文简却有宕逸之气，笔峭且有流动之感，便于模仿。"炼之至乃如不炼，遒紧中有宕逸之神，峭劲中有流动之趣，无笔人学之，则变玩而利出晦而明，而浮滑冗蔓之习又不犯其笔端，诚为入门最上一乘。东坡云'熟读《檀弓》，当得文章体制'，然则八家之所说出可知矣。穷源以测流，庶几学海而至海焉尔。"②且兼备叙事和议论两种体裁，"其谨严似《春秋》，蕴藉似三百篇，殆炉冶诸经而成一家言者，熟此则推之

---

① ［清］孙濩孙：《檀弓论文·凡例》，光绪七年（1881）本，第4页。
② ［清］孙濩孙：《檀弓论文·凡例》，第3—4页。

《左》《公》《穀》，再将而秦汉、唐宋诸家文章之宗派门径燎如指掌矣"①。无怪乎一代文豪苏轼认为，熟读《檀弓》可领会文章体例，足见《檀弓》文法对后世散文的影响。

文章重在神韵，《檀弓》文辞简朴却"意余言中，神游象外"②，这种为文之法，可为时文所用。如"宋襄公葬其夫人"章，孙濩孙点评曰："醢醢形其细，百瓮言其多，愚甚矣。而曾子语全不直斥其非，但将'既曰''而''又'字，口中拨弄一番，冷婉之言已足唤醒痴迷。"③明器，是殉葬的器物，不是实用之器，一般是陶瓷、木石、金属所作，宋后多为纸制。宋襄公却给陪葬的明器装满食物，违背了明器的用意，故曾子说："既曰明器矣，而又实之。"④简短九个字却表明了曾子的态度、温婉谨慎的性格，以及宋襄公对其夫人的深情和此举的不合礼之处。阅读《檀弓》要体会它的言外之意、蕴外之旨，应"以体会神理为主，次之则当讲明乎法，知其以法运神，则神之抑扬往复者愈出，其以神御法，则法之变化出没者，不穷规矩耶"⑤。掌握了"以神御法""以法运神"的方法，文章造诣定会提升。

（二）《檀弓论文》评点体例与符号

孙濩孙《论文》点评符号考究，为研究清人评点形式提供了样本。经文采用夹批形式评点《檀弓》章法、句法之妙；末评则先言主旨，随后对文法、笔法及源流影响逐一评述；"附注"博采先儒注疏，惟以陈澔《集说》为主，徐扬贡《读礼通考》全录，"每条训释字句俱隐括诸说，但取明白简易以便初学，其与诸说不同者，务必折衷一是。历来拘牵蒙混诸家，则不惮详辨其非，而独出己见"⑥，以供读者参考详玩。此书圈点有一套完备的符号系统：尖圈指出文章纲领，连圈标识神聚之处，套圈点出文眼，横截分隔大小段落，连点标明句法、字法。（详见表1）

表1　圈点符号意义及示例

符号	意义	示例
◗ ◗	理出纲领	**仲子舍其孙而立其子。**
○ ○	标识神聚之处	穆伯之丧，**敬姜昼哭**。文伯之丧，**昼夜哭**。
○	点明文眼	哭之有二道，有**爱**而哭，有**畏**而哭。

---

①② ［清］孙濩孙：《檀弓论文·凡例》，第2页。
③④ ［清］孙濩孙：《檀弓论文·上篇》，第74页。
⑤　［清］孙濩孙：《檀弓论文·凡例》，第3页。
⑥　［清］孙濩孙：《檀弓论文·凡例》，第6页。

续　表

符号	意义	示例
、、、、、	标明句法字法	**仲子亦犹行古之道**也。
―	分割段落	夫仲子亦犹行古之道也。|**子**游问诸孔子。

注：以便排版，示例采用横排，加粗处为符号标记处。

以上评点符号对文句的标注使读者一目了然。结合篇章中夹注，对《檀弓》中每章的布局、文笔、字词等使用之妙细致点评，末评解说精彩，"附注"对存在异义的文字考辨仔细。如：

〇〇隐〇出〇字〇浑〇而〇妙

子上之母死而不丧，门人问诸子思曰："昔者子之先君子丧出母乎？"曰："然。"｜"子之不使白也丧之，何也？"子思曰："昔者先君子无所失道，道隆则从而隆，道污则从而污。（句中有眼）｜伋则安能？为伋也妻者，是为白也母，（句法如珠走盘）不为伋也妻者，是不为白也母。"故孔氏之不丧出母，自子思始也。

此篇全用吞吐伸缩文法，首二句立案，叙门人两层问语，一虚一实，俱以婉折出之。叙子思语亦作两层，上三句答"丧出母"句，下五句答"不使丧"句，似乎上虚下实，而所以不使丧之故，已在上层暗中吐露。盖意中明是说，礼之隆杀视被出者，失道之大小却以先君子与自己比量，及说到妻，便用缩笔吞住。下四句一反一正，与上层文意，似全不连属，而含糊中正有草蛇灰线之妙。末二句回应起处"始也"二字，见不丧出母原非正礼，乃以义起耳，言外指点更耐寻味。

【附注】污，犹杀也。按旧注云：礼为出母齐衰杖期，而为父后者无服。伯鱼子上，皆为父后，礼当无服，而伯鱼丧出母，乃贤者过之之事。子思为父讳过，故以圣人无所失道为对，据此则伯鱼过情犹可。岂圣人听子之失礼，反不若子思训子以义乎？吴氏则又谓子思兄死，使白继之，既主尊者之祭，则不敢服私亲也。若然则子思何不明告门人，而故为此鹘突语乎。二说皆不可通，惟孙月峰先生云：细玩其意，似伯鱼母过小，子上母过大，最为得旨。盖君子交绝不出恶声，况圣贤处人伦之变，自处于厚，故于其出也，使之以微罪行，于今人之问，亦以微辞答也，读者以意会则知古人文法，皆从神理体贴出来。①

---

① ［清］孙濩孙：《檀弓论文·上篇》，第4—5页。

《论文》先采用夹批方式标记出"子上之母死而不丧"章的文眼、句眼及句法之妙;然后在点评部分论述此章虚缩、吞吐、起伏、照应、钩联、映带等文法的具体使用,言简意赅便于初学者掌握;"附注"部分选取前人具有代表性的阐释加以点评,陈述己见,可见孙濩孙研读《檀弓》的用心。

三、《檀弓论文》评点特色

最早讨论《檀弓》文法的人是苏轼,黄庭坚云:"尝问东坡作文之法,坡云:'但熟读《檀弓》,当得之。'既而取《檀弓》,一篇读数百过,然后知后世作文不及古人,如观日月也。"①苏轼对《檀弓》文法论述的文字,今未见。宋谢枋得《批点檀弓》、明杨慎《檀弓丛训》两书的评论稍显简略;清徐扬贡的论评多语焉不详。故孙濩孙《论文》,详评《檀弓》一文中"单句、排比、截讲、挨叙、起伏、照应、虚缩、吞吐、钩联、映举"等文法②,以备时文之用。

(一) 梳疏章法、句法之妙

《檀弓》善用正反、明暗、虚实、顺逆、繁复、简省之法,文章跌宕起伏,波澜百变。孙氏《论文》对《檀弓》章法之美、虚词之妙、用词之神及文句的源流关系均有详细论述。

重视《檀弓》章法的跌宕起伏首尾照应。如"有子问于曾子曰"章,关于"丧欲速贫,死欲速朽"是否为孔子所言,有子、曾子、子游三人之间对答,又引出桓司马自为石椁、南宫敬叔载宝归朝之事。短短274字涉及8个人名、13次对话、3件事情,而叙述的脉络清晰,此起彼伏。《论文》评点曰:"通篇以有子为主,前半从有子引出曾子,从曾子引出子游,如独茧抽丝,绵绵不绝。后半从子游收到曾子,又从曾子缴到有子,如众流趋壑,滴滴归源。而其中线索以夫子之言为起伏、为纵擒,又如长山之蛇击首尾应,击尾首应,击其中而首尾皆应也。"③此章文辞隽永,耐人寻味,看似繁杂,实则有章可循。

重视虚词在文中的作用。虚词的巧妙使用,可增添文章神韵,如"伯鱼之母死"章中语气词"嘻"字的妙用。丧礼规定,父亲在时为母服丧,则有祥有禫,如

---

① [明]沈大翼:《山堂肆考》卷一二六,《四库全书》本。
② [清]孙濩孙:《檀弓论文·凡例》,第4页。
③ [清]孙濩孙:《檀弓论文·上篇》,第62—63页。

果父在为出母则不服丧。伯鱼母改嫁且去世已一周年,伯鱼此举不合当时礼法,但生养之恩难忘。故《论文》曰:"此则纯用微言冷语,盖以父而禁子未哭其母,最难出口。……'其甚也'之上加一'嘻'字,乃怪叹之辞。试删去便直率少情,琢句炼字,一笔不苟。"①一"嘻"字道出诸多婉转难言的情感,孔子当时的情貌跃然纸上。再如"孔子与门人立"章中"与""而""亦"三个虚词的使用,濩孙认为:"文只六句,而句句相生,首句含第四句,着眼在一'与'字,便见门人一步一趋,心目中注定圣人,已为'嗜学'伏脉。二句含第五句,着眼在一'而'字,便见忽然'尚右',必有其故,已为'姊之丧'伏脉。第三句含与末句明应,着眼在一'亦'字,便见平日原未尚右,已为皆尚左伏脉。第五句乃通篇解穴处,然妙在第四句,以顿挫之故,一折更醒,末句复笔回应,更觉有情。一篇转捩全在虚字,故能浑成一气。"②六句四十一个字看似减省,却因巧用虚词而将复杂的事情,表述得清晰明了。

注重对《檀弓》简炼文笔的品评。如"高子皋之执亲之丧"章中对"难"字的点评,"上三句极力形容,为'难'字伏脉,下只虚断一句便足,而'难'之一字又极有分寸,用意用笔真如切玉水犀也"③。一个"难"字,准确描述了高子皋为亲服丧时,悲伤之情及仁孝之心。再如"扶君,卜人师扶右"章的简练文笔,"记薨时所用之人,却追叙疾时所用之人,又即平时所用之人。其运意则一层引出三层,而其用笔则以三层归并两层,两层又归并一层。详略伸缩之妙,如岫云舒卷,变态百端"④。语言简练却内涵丰富,看似无心却句句有深意。《论文》对《檀弓》文法的用词之妙和文简义丰之美,都逐一做了点评,为后学模仿《檀弓》文法做了详细指导。

(二)追溯源头,探寻影响

《檀弓》长于叙事、议论,文辞严谨蕴藉,熟读《檀弓》,春秋三传的文法便能掌握,后世以先秦散文为典范的文章宗派的文法也就易于把握了。《家塾论文十则》之三云:"先君子尝曰:《戴记》中序事文如《曲礼》《王制》《月令》诸篇,其纂次则仿《尚书·禹贡》《顾命》,《易传》之《序卦》《杂卦》也;议论文如《文王世子》《学记》《乐记》诸篇,其敷陈则仿《尚书》之谟、训、释、诰,《易传》之《文言》《系辞》

---

① [清]孙濩孙:《檀弓论文·上篇》,第24页。
② [清]孙濩孙:《檀弓论文·上篇》,第38页。
③ [清]孙濩孙:《檀弓论文·上篇》,第34—35页。
④ [清]孙濩孙:《檀弓论文·上篇》,第55页。

也。《檀弓》兼有二者之长,且其谨严似《春秋》,蕴藉似《三百篇》,殆炉冶诸经而成一家言者,熟此则推之《左》《公》《穀》,再降而秦汉唐宋诸家文章之宗派门径燎如指掌矣。"①故《论文》注重探究《檀弓》文法、笔法的源头和影响。

《论文》追溯了《檀弓》对先秦典籍文法的继承。如"妻之昆弟为父后者"章,"头绪虽多,而若网在纲,有条不紊。体制从《尚书·顾命》篇出,所谓言之赜而不可恶者欤"②。"朋友之墓,有宿草而不哭焉"章中"有宿草而不哭"句,是从"《论语》'新谷旧谷,钻燧改火'脱胎而出也。妙语翻新,何等名隽。"③"悼公之母死"章中"悼公之母"四字,"已不许其为哀公之夫人矣,此亦春秋笔法也"④。从章法、句法、笔法诸角度追溯《檀弓》文法对《尚书》《春秋》《论语》等先秦典籍叙事方法的借鉴和吸收。

《论文》探寻了《檀弓》的章法、句法、文辞对后世文学的影响。《檀弓》对史传文学的影响,如"叔孙武叔之母死"章夹写忙乱之事的方法,为《史记》荆轲刺秦王借鉴⑤。"曾子与客立于门侧"章中情景画面的布局,为史家提供了借鉴。"史家画景描情,全在布置得好。'趋而出'三字中有吞声急行之状,若不先写曾子,其徒光景从何人眼中看出。且无先立于门者,则已出而哭于巷矣,此首句闲冷之妙也。若先叙门人告曾子以父死,则神理散缓,不肖当日情景,此次句紧凑之妙也。'趋'字急矣,却用两'将'字,反行其不敢急,而'出'字,一何之缓矣,特下一'反'字,以见其不当缓。先伏一'门'字,以为巷与次之界限,预安一'侧'字,以留'趋而出'之路径。首句'客'字,末句'北面'字,似乎闲文,不知有客在门,则曾子原是阼阶之主人。其徒反次,则曾子用北面客之礼。首尾关锁,天然映带,其融注精炼处,已开班马法派。"⑥《檀弓》为后世文学体裁和风格提供了轨范,"邾娄复之以矢"章用训诂体写记事文的笔法,柳宗元写柳州小记时多有采用⑦;"司士贲告于子游曰"章婉而多讽的语言风格为《世说新语》所效⑧;"穆公问于子思"章文笔的冷峻锋利,"已开后人攻辩文体,《孟子》《国策》多效此种笔

---

① [清]孙濩孙:《檀弓论文·凡例》,第2页。
② [清]孙濩孙:《檀弓论文·下篇》,第4—5页。
③ [清]孙濩孙:《檀弓论文·上篇》,第9页。
④ [清]孙濩孙:《檀弓论文·下篇》,第51页。
⑤ [清]孙濩孙:《檀弓论文·上篇》,第55—56页。
⑥ [清]孙濩孙:《檀弓论文·上篇》,第59—60页。
⑦ [清]孙濩孙:《檀弓论文·下篇》,第21页。
⑧ [清]孙濩孙:《檀弓论文·下篇》,第73页。

仗"①;"卫献公出奔"章,"议论能踞其巅,故而明白正大,为后世奏疏轨范"②;等等。可见《檀弓》文法的典范作用。

（三）严谨释义,考辨分歧

《四库提要》认为《论文》"是为时文而设,非诂经之书也"③,然栉疏文法,为后学提供文章轨范只是本书的一个重要方面。孙濩孙以评论《檀弓》文法为主,对历代注疏家纠葛的文义、字义以及丧葬制度做了严谨的考证,也算诂经之书,如对《檀弓》上"孔子少孤"章的释义及"慎"字意思的考证以及古时合葬制度的阐释。

> 此篇煞有深意,盖因合葬原非古礼。况父母之葬,相去远近年岁不同,当时贫富各异,处此者当敬慎以出,因时制宜,不必拘执于合葬之说。故特记孔子之合葬,以见其踌躇审度光景。一'慎'字与'然后得'三字,乃其精神眼,欲令人于言外领悟也。……旧注云:"'不知其墓'者,不知父墓之所在也;'殡于五父之衢'者,殡母丧也,礼无殡于外者,今乃在衢,欲致人疑问,或有知者告知也;'慎'当读作'引',人见柩行于路,皆以为葬,然以引观之,此则殡引耳。"种种讹舛,遂使后儒聚讼,疑孔子岂有终母之世而不寻父葬之地者,又疑岂有母死而忍殡于衢路者,解说不去,因并疑此条之伪妄,而不知总因句读一错,文义不明,遂埋没作者深心也。今细加考订,当"不知其墓殡于五父之衢"作一句读,犹云不知其墓中之柩,乃是殡于五父之衢也,盖殡即孔子父之殡。按《仪礼注》:"大敛后,于西阶掘地作坎,置棺于中而涂之,谓之殡。"是殡葬皆埋土中,但有浅深之异耳。想圣父死时,或因没于道路而殡于五父之衢,与今人权厝相似,总是造次光景,人之见者,皆以为葬。乃当日殡时,道路人相传之语,不足为据。乃母死将葬,卜地于防,孔子思忖再四,若当日父已深葬,则复启其柩为不忍,安得不慎重出之。邹曼夫之母,是当日目击者,因问而知果系浅殡,则今人正该备物成礼,而与母合葬矣。然后自五父之衢启殡而合葬于防,此正圣人随时量度以取中处。按《家语》云:"孔子之母即丧,将合葬焉"。曰:"古者不祔葬,为不忍先死者之复见也。"《诗》曰:"死则同穴。"自周公以来,祔葬矣,玩此则正见当日踌躇审量之意,可为本文"慎"字明证。细玩"然后得"三字,正与"慎"字

---

① ［清］孙濩孙:《檀弓论文·下篇》,第17页。
② ［清］孙濩孙:《檀弓论文·下篇》,第38页。
③ ［清］纪昀等著:《四库全书总目》,北京:中华书局,1997年,第311页。

相应,非茫然不知其墓所在,而今始得之也,况本文"殡"字上,并无"母"字。"慎"字从未有作"引"字读者,安容穿凿。此条为千古疑案,愚蓄疑既久,思之至废寝食,一旦豁然,敢以质之好古者,非敢臆说也。①

《论文》先概括本段的主旨,然后对关键字和句读进行考辨,认为"慎"非先儒解释的"殡引",而是指严肃谨慎的态度,即"敬慎"。因"孔子少孤,不知其墓,殡于五父之衢"句读错误导致历来注疏的舛误,遮蔽了作者的思想,正确断句应将"不知其墓殡于五父之衢"十字合为一句。孙濩孙认为孔子因年幼而不知其父当时是浅殡还是深殡,今日合葬是否与礼相合,以出此举求知情者解惑,故"慎"也,而"然后得"三字也暗含孔子对父母合葬之事的敬慎态度。周公时已有合葬之俗,孔子谙熟礼法,不会将母亲殡于五父之衢,且"母死将葬,卜地于防"已说明其母墓地所在,可知五父之衢应是其父殡葬之地,遂援引郑玄对《礼仪·士丧礼》"掘肂见衽"句的释义来佐证己说。孙濩孙的断句得到江永认同,其《礼记训义择言》曰:"此章为后世大疑,本非记者之失,由读者不得其句读文法而误也。近世高邮人孙邃人,谓'不知其墓殡于五父之衢'当连读为句。而'盖殡也,问于邹曼父之母'为倒句,有裨于《礼经》者不浅。盖古人埋棺于坎为殡,殡浅而葬深,孔子父墓实浅葬于五父之衢,因少孤不得其详。但见墓在五父之衢,不知其为殡也,如今人权厝而覆土掩之,谓之浮葬,正此类也。"②高度肯定了孙濩孙的断句法,清末学者朱彬《礼记训纂》此章的句读也采用了孙氏此说。

此外,"齐縠王姬之丧"章对"王姬"身份的考证,认为此"王姬"可能是齐襄公之母,"记者于王姬之上,加一'縠'字,当是谥号之类,正以别于襄公之妻,亦未可知,而改'縠'作'告',似觉无据,此当阙疑"③。此外,对"叔仲皮学子柳"章对先儒注释的六条纠错④、"季武子寝疾"章对"微"的辨析等⑤,都可以看出孙濩孙对《檀弓》的文句、字义严谨细致的考辨态度。

结　语

孙濩孙《论文》是《檀弓》在清代单篇别行中的一部重要著作,虽非一部纯粹

---

① [清]孙濩孙:《檀弓论文·上篇》,第10—13页。
② [清]江永:《礼记训义择言》,北京:中华书局,1985年,第22页。
③ [清]孙濩孙:《檀弓论文·下篇》,第7—8页。
④ [清]孙濩孙:《檀弓论文·下篇》,第74—75页。
⑤ [清]孙濩孙:《檀弓论文·下篇》,第2—3页。

诂经之书,却从鉴赏维度探究了《檀弓》的艺术特色,彰显了其思想和艺术的两个成就。《论文》在品评文法的同时,其文辞也值得回味。孙濩孙喜欢用譬喻使抽象的说理形象化。如用"海涵地负之观""铁画银钩之势"传递"子游问丧具"条的章法之妙①。用"如独茧抽丝,绵绵不绝""众流趋壑,滴滴归源""长山之蛇击首尾应,击尾首应,击其中而首尾皆应"说明"有子问于曾子"章的谋篇叙事之妙②。这些形象生动的语言在《论文》中比比皆是,细微准确地向初学者传递了《檀弓》文法的难言之妙,以供借鉴摹写。

---

① [清]孙濩孙:《檀弓论文·上篇》,第71—72页。
② [清]孙濩孙:《檀弓论文·上篇》,第62—63页。

崔适《史记探源》之学术源流发微

陈天澍[①]

崔适《史记探源》是近代学术史上一部特别的著作。誉之者,谓其为与梁玉绳《史记志疑》并列的"考订《史记》之要籍"[②];毁之者,径以"毒药"视之[③]。而此书自问世百余年来,印刻、再版多次,影响不可小觑。褒贬如此悬殊,取舍自当审慎,然毁之者未暇一一匡谬,誉之者亦坦言其有"太过分"之处[④],今此书流布既广,实有探明其渊源,并进而平议其学说的必要。

一、《史记探源》的刊行及影响

崔适(1852—1924),字觯甫,号怀瑾,浙江归安人。早年肄业诂经精舍,受业于俞樾。后屡试不中,遂决意进取。民国三年(1914),应北京大学之聘,讲授经学。然因北大学风移易与人事变动的影响,两度被北大解聘,终于凄凉离世[⑤]。著有《四祀通释》《春秋复始》《史记探源》《论语足征记》《五经释要》等经学著作。其中《史记探源》约属稿于光、宣之际[⑥],宣统二年(1910)即自刻刊行,任教于北京大学后,复由该校出版部于民国七年铅印刊行该书,民国十一年、十三

[①] 陈天澍,华中师范大学文学院2013级本科生,2014年"博雅计划"入师门,南京大学文学院在读博士生。
[②] 顾颉刚:《顾颉刚古史论文集》卷四,北京:中华书局,2011年,第35—36页。
[③] 童元方:《洪业教授及其〈史记〉三讲》,《水流花静》,杭州:浙江人民出版社,2000年,第146—147页。
[④] 顾颉刚:《顾颉刚古史论文集》卷三,第218页。
[⑤] 关于崔适生平,可参阅王大曼:《崔觯甫先生评传》,《新东方杂志》第三卷第一期,第41—43页;林辉锋:《崔适生平事迹述略》,《史学史研究》2015年第1期,第40—45页。其早年事迹,可另参阅氏著《觯庐诗集》三卷,民国三十年铅印本。
[⑥] 周子美:《崔怀瑾先生传》,《湖州月刊》第四卷第九号,第6页。

年、二十二年多次重印。

由于北京大学在当时的特殊学术地位,《史记探源》的印行迅速引起学界注意。梁启超1920年发表的《清代学术概论》中即谈到,继康有为之后"有崔适者,著《史记探源》《春秋复始》二书,皆引申有为之说,益加精密,今文派之后劲也"①,在稍后的《中国近三百年学术史》中,梁氏将《史记探源》与阎若璩《古文尚书疏证》、惠栋《古文尚书考》、万斯大《周官辨非》、孙志祖《家语疏证》、刘逢禄《左氏春秋疏证》、康有为《新学伪经考》、王国维《今本竹书纪年疏证》等并列为"辨证一部或几部伪书著为专篇"的代表作,又将该书附于钱坫《史记补注》、梁玉绳《史记志疑》、王念孙《读史记杂志》之后,认为据此书及梁氏《志疑》并钱、王诸人的校订,即可为读《史记》之基础②。无独有偶,胡适甫一发表即引起巨大轰动的《一个最低限度的国学书目》(1923)将崔氏《探源》列于"思想史之部",次于《崔东壁遗书》《汉学商兑》《汉学师承记》《新学伪经考》之后,显然也是看重该书在辨伪探源、廓清既有之学术思想等方面的作用。虽然胡、梁对于"最低限度书目"的分歧在当时已成公案,但二人对崔适此书的肯定却同声相应③,这当是促成《探源》一书多次重印的重要原因。

梁、胡扬揄于上,北大学生中亦有为崔适影响而推广其说于下者,其最著者乃顾颉刚。顾氏于民国七年进入北京大学学习,即听崔适讲"春秋公羊学",当时虽未必服膺其说,然亦尝入室拜访,并过录其对《新学伪经考》的校语④。不久后,顾颉刚在胡适嘱托下开始从事古书辨伪资料的搜集,意欲总结前人辨伪成绩⑤。在这一过程中,顾氏逐步加深了对崔适的认识,并进而发现其在辨伪学上的特别意义。民国十年,顾氏着手进行《辨伪丛刊》的编集,有意将《史记探源》随《新学伪经考》《孔子改制考》列入其中。此丛书直至民国十九年方由朴社出

---

① 梁启超:《清代学术概论》,《梁启超论清学史二种》,上海:复旦大学出版社,1985年,第86页。
② 梁启超:《中国近三百年学术史》,北京:中华书局,2020年,第421—422、480—481页。
③ 胡适1921年5月2日日记云:"读梁任公先生的《清代学术概论》。此书的原稿,我先见过,当时曾把我的意见写给任公,后来任公略有所补正。《改造》登出之稿之后半已与原稿不同,此次付印……姚际恒与崔适的加入,皆是我的意见。"(曹伯言整理:《胡适日记全集》第3册,台北:联经出版公司,2004年,第18页。)
④ 顾颉刚:《记崔适先生》,《顾颉刚读书笔记》卷十三,北京:中华书局,2011年,第188—189页;解树明:《顾颉刚批校本〈新学伪经考〉及其学术价值》,《图书馆杂志》2019年第10期,第107—112页。
⑤ 参看《顾颉刚先生学术年表简编》,顾潮编:《顾颉刚学记》,北京:生活·读书·新知三联书店,2002年,第487页。

版,其中收录的崔适对《书序》的辨伪,正是《探源》卷一《序证》的节录①。

在编集《古史辨》的过程中,顾氏亦有绍介崔适其人其书的计划。早在民国十七年,顾颉刚在中山大学讲授"近三百年思想史"课程,主讲阎若璩、崔述、康有为三人,同时"觉得怀瑾先生在学术上地位亦甚重要",便去信曾亲炙于崔氏的钱玄同,希望他能作崔氏传文以供参考②。及至民国二十一年,顾氏催问钱氏写作崔传事宜,并表示拟将传文收入《古史辨》第五册③。此事最终未能实现,然顾颉刚不遗余力地宣扬崔适学说则由此可见一斑。直至民国三十八年初,他仍旧希望将此后研究工作倾向经学:"予苟不为,则康、崔之绪即断。"④虽然1949年以后,顾氏曾经的研究计划无法正常进行,但他对崔适的追忆与褒奖亦时常表露⑤。1986年,中华书局据宣统二年觯庐刻本《史记探源》点校出版,使得该书在近30年广为流布,其封面书名即由一直追随顾氏的弟子刘起釪题签,某种程度上讲,这无疑是对顾氏发扬崔适学问的延续。

二、对康有为"新学伪经"说的运用与助推

梁启超、胡适、顾颉刚俱将崔适及其《史记探源》看作康有为与《新学伪经考》的延续,从而置于古书辨伪与晚清今文学谱系中予以叙论,崔适本人对康有为的影响也曾明言,其于宣统三年给钱玄同的信中明确表示"《新学伪经考》字

---

① 此外,顾颉刚致钱玄同信中尚有数次提及拟将崔适文章录入者,如1930年8月6日信略云:"以康(有为)、崔(适)二家之书作《左氏春秋考证》的附录,以前竟未想出,今日得先生指示,当以《伪经考》为附录一,《春秋复始》(外编亦录)为附录二,《史记探源》为附录三。《史记探源》中删去《史记》中《书序》的部分已剪出付印。……崔先生的《刘歆颠倒五经条例》,名目也甚有刺戟性,拟亦付刊。"(顾颉刚:《顾颉刚书信集》第1册,北京:中华书局,2011年,第564页)
② 顾颉刚:《顾颉刚书信集》第1册,第563页。
③ 顾颉刚:《顾颉刚书信集》第1册,第568页。
④ 顾颉刚:《顾颉刚日记》第6册,北京:中华书局,2011年,第401页。
⑤ 如在《康有为百年诞辰纪念讲稿》(1958)中,顾颉刚云:"浙江诂经精舍里有一位经学家崔适先生,他看到了这部书(《新学伪经考》)欢喜赞叹,就接受了他(康有为)的学说做了《春秋复始》和《史记探源》等书。这位崔先生后来做了北京大学的教师,钱玄同先生是他的学生,崔先生和钱先生共同教育了我,所以我一直以继承南海先生的学术为自己的不可动摇的意志。"(顾颉刚:《宝树园文存》第2册,北京:中华书局,2011年,第425页)又如撰《北大文史资料拟目》(1961)时,顾氏将崔适列为教师方面"可以特写的人物"之首位。(《宝树园文存》第2册,第434页)

字精确,自汉以来,未有能及之者"①,在给北大学生授课时,也曾介绍康有为的《新学伪经考》②。然而,崔适怎样受康氏学说的影响?又如何将康氏学说运用到《史记》的文本探源工作中去?对这些问题的探究,能够加深对康、崔思想学术关系的认识,而上海图书馆所藏未刊《史记校释》稿本则是有助于进行此项研究的重要文献。

稿本《史记校释》不分卷,共115页,约3万字,卷首题"归安崔适"③。此稿已具备《史记探源》一书的基本结构,前有立论基点的论述,而后分析《史记》中有疑义的各条原文,然无论是总纲还是条辨,《探源》之于此稿都有较大规模的增加,其中增订痕迹较明显地表现了崔适观点的衍变。

《探源》一书共分八卷,首卷《序证》是对全书指导思想的概括,分"要略""窜乱""《春秋》古文""终始五德""十二分野""变象互体""告则书""官失之""古文《尚书》""《书序》""古文""传记寓言""《汉书》""麟止后语""补缺"等十五题。"要略"指出司马迁《史记》早在汉代已有残缺,今本除掺入刘歆等人所窜乱的部分外,尚有误衍、误倒、误改、误解等弊。崔适将后四种错误在其后各卷随文指出,而在"窜乱"以下十节里主要讨论了刘歆伪造古文、窜乱《史记》的相关问题:"窜乱"节指明刘歆颠倒五经,伪造古文经传,从而不得不改窜《史记》;"《春秋》古文"节指出司马迁之《春秋》学乃公羊学,《史记》中掺杂的《左传》的内容,如终始五德、十二分野、变象互体、告则书、官失之等,为刘歆伪造而后窜入;"古文《尚书》"节举出古文《尚书》不足取信的六点证据,又于"《书序》"节力辟此文之伪,并在"古文"节中指出《史记》各处"古文"云云实为妄人增窜之语。其余四节,探讨今古文影响之外的《史记》文本真伪问题:"传记寓言"节谈及不可视为实录的"寓言"问题,"《汉书》"节探讨《史记》《汉书》间文本关系,指出存在窜《汉》入《史》的情况,而《史记》记载下限问题亦与窜乱相关,并在"麟止后语"节断定"麟止"以后事皆据《汉书》窜入;"补缺"节指出《史记》原本所缺而为后人所补篇目。

反观稿本《史记校释》卷端总纲,所涉问题则较为简略,唯有"总论""误""窜

---

① 王大曼:《崔觯甫先生评传》,《新东方杂志》第三卷第一期,第42页。
② 顾颉刚:《我的事业苦闷》,《宝树园文存》第6册,第350页。
③ 此稿分两册装订,册一卷首钤有"九峰旧庐珍藏书画之记"印,卷末钤有"遂翔经眼"印,知其曾为朱遂翔经手,转售九峰旧庐王绶珊处〔参看王松泉:《抱经堂书店与朱遂翔》,政协杭州市委员会文史资料研究委员会编:《杭州文史资料》第六辑(内部资料),1985年,第58—66页〕,后归上海图书馆;册二卷末有"朱祖谋耳读"五字,并钤有"朱祖谋印",则当为崔适钞与朱氏传观之本(《上海图书馆未刊古籍稿本》编辑委员会编:《上海图书馆未刊古籍稿本》第13册,上海:复旦大学出版社,2008年,第7、122页)。

乱""至于麟止""古文""补亡"等六题,且其中"古文"节为全稿完成后增补于书末。"总论""误"两节约合《探源》之"要略",然只言《史记》有脱误窜乱,未及刘歆之作伪;"窜乱"节与《探源·序证》之"窜乱"名同而实异,所言实与《序证》中"《汉书》"节略同;"至于麟止"同于《探源》"麟止后语";"古文"节涉及孔安国献书事之真伪及"古文"二字之窜入,但与《探源》将其置于今古文问题诸节之内不同,而是将此题隶于"《史》《汉》杂糅"之类,厕于"至于麟止""补亡"之间;"补亡"节言"全录《汉书》"入《史记》的篇目。两相比照,可知《史记探源》对稿本《校释》的增补主要集中于刘歆以《左传》、古文《尚书》窜乱《史记》的问题,而这一问题,正是康有为在《新学伪经考》中发端的:

> 司马迁《史记》,统六艺,述《儒林》,渊源具举,条理毕备,尤可信据也。……虽其书多为刘歆所窜改,而大体明粹,以其说与《汉书》相校,真伪俱见。①

康氏先以《史记》经说证伪经,继而指出《史记》中为刘歆窜乱之处,此俱为崔适所采。又如《春秋左传》《书序》等为刘歆作伪而窜入《史记》等问题,亦皆康氏论证重点,也被《探源》探讨并作为据以删削《史记》的前提。虽然稿本《校释》中已提及"古文"的问题,但从《校释》到《探源》,明白展示了崔适对康有为学说接受程度的加深。随着对康有为学说的深信不疑,崔适遂愈发肯定地将《史记》相应部分的文句予以删削、改正,如将《史记》中涉及古文《尚书》《左传》者,皆一一予以指明从而予以删去,从而达到恢复司马迁笔下《史记》原貌(即所谓"探源")的目的。

显而易见,这种处理文本的方法,并非从审慎的考辨出发,而是执一先入为主的见解并在其指导下进行改动。一旦见解发生变化,则前后观点可能完全相悖,如对《樗里子甘茂列传》中樗里子所预言"后百岁,是当有天子之宫夹我墓……至汉兴,长乐宫在其东,未央宫在其西,武库正直其墓"一语②,崔适所持观点前后大相径庭,稿本《校释》释云:

> 此相墓之权舆也。《七略》"形法家"有《宫宅地形》二十卷,《三国·魏志·管辂传》辂过毋丘俭墓,下倚树哀吟曰:"玄武藏头,苍龙无足,白虎衔

---

① 康有为:《新学伪经考》,北京:中华书局,2012年第2版,第16页。
② [汉]司马迁撰,[日]泷川资言考证:《史记会注考证》,上海:上海古籍出版社,2016年,第2991页。

尸,朱雀悲哭,四危以备,法当灭族。"则此法由来久矣。①

而《探源》中则改称此处文句:

> 与《吕不韦传》夏太后别葬杜东曰"后百年,旁当有万家邑",此皆堪舆家言也。堪舆之说,出自分野,《周礼·保章氏》"分野"注可证,详《序证》"分野"节。《七略》有形法家《宫宅地形》二十卷,亦刘歆之学者所造,先秦时安得有此说,此亦后人窜入也。今删。②

检《史记校释》全稿未有言及"分野"者,然《探源》专论分野问题,显然受《新学伪经考》中《刘向经说足证伪经考》等篇的启发。崔适既接受康说而信奉不疑,遂改称"此法由来久矣"的相墓堪舆之术为"先秦时安得有此说",并径删《史记》文字,可见其采取成说之武断、处理文本问题依据之单一。

崔适选取《史记》一书进行"探源"的做法本身即有意识地深化康有为学说,康氏虽已指出《史记》遭刘歆伪窜,然并未及于《史记》全书的校理,仅指出《史记》何处可证伪经、何处为人窜乱,但这种见解带有较强的主观色彩而缺乏文献依据,故仍有相当大的质疑空间。崔适意欲探源《史记》,正是要呈现一份没有经过刘歆窜乱的文本,展示司马迁笔下的《史记》原貌,从而使人确信《史记》可证刘歆窜乱具有说服力。然而,这一学术实践必然无法取得成功与认可,因为就理想层面而言,欲认定司马迁《史记》原貌,非发现史迁手稿不可,而此种情况几乎无出现的可能。崔适意欲采取文献学的手段以求提供可靠的司马迁笔下文本样貌,但文献学方法所能解决问题的终点并无法通向这一问题的最终答案,即便穷尽所有版本学、校勘学之能事也并不能保证某种文本即是司马迁《史记》原貌。

恢复司马迁《史记》原貌这一工作在事实层面的不可能性与方法上的悖谬是显而易见的,而在逻辑层面的循环则又是《史记探源》在其不可能实现的目标之下不得不采取的策略。在逐条清理《史记》文本的过程中,每遇合于古文之说者,往往即以"说详《序证》某节"为依据,从而将这些古文经说予以删削。还原一部未经窜乱的《史记》,本意在于能够证成古文经说之伪,然而探源的依据却是因为古文经说为伪造而见于《史记》者必为窜乱,这种在逻辑上的循环论证无法解决问题。崔适要为康有为之说建立《史记》文本基础,但《史记探源》显然不足以达到这一学术目标,因而他想要借此助推康氏学说的努力必定是徒劳的。

---

① 崔适:《史记校释》,《上海图书馆未刊古籍稿本》第13册,上海:复旦大学出版社,2008年,第91页。

② 崔适:《史记探源》,北京:中华书局,1986年,第181页。

三、对俞樾校读古书方法的学步

崔适处理《史记》文本,既有根据预先认定的凡古文说皆为窜乱的前提而进行大幅删削者,亦有通过具体考辨文句的是非来予以改动者。虽然二者绝不应混同为一谈,但崔适却是将其杂糅在《探源》各条目之间。稿本《史记校释》的题名即已提示,他希望通过校读文句与疏释文本的方式来达到目的,这种"校释"的方法需要深入具体文句的内部,故不论《史记校释》还是《史记探源》,都以对《史记》文句的疏解为主体,欲从文本的微观层面达到别裁伪体的目的。那么,具体文句的微观考察,崔适处理得如何呢?

针对文句予以审读,需要动用朴学的传统方法从语文学、校雠学等方面进行工作。此一过程中,崔适所受俞樾的影响便显露出来。崔适在《探源》开篇的"凡例"中即明确表示与俞樾的师承关系:

> 凡称"师",谓曲园也。汉儒但称师说,宋儒犹然,《论语集注》"愚闻之师曰",谓延平也。今用其例。师说已传,故不举其书名篇数,亦有用其语,如古书有某例之类,出自《古书疑义举例》,阅者自知,不复称引,以省繁文。①

今检崔书,其中径称"师"者惟两见,俱为对《孔子世家》中文句的校读②,而崔氏"不复称引"的借鉴《古书疑义举例》中成例与方法的部分,实则占据更多条目。

崔适在《探源》中,常利用俞樾总结的条例来对《史记》文句予以解释,如《司马穰苴列传》中有"至常曾孙和,因自立为齐威王"一语,司马贞《索隐》谓:"此文误也,当云田和自立,至其孙,因号为齐威王。故系家云田和自立,号太公,其孙因齐,号为威王。"③而崔适则对司马贞的解释不以为然,并以互言之例解之:

> 此文不误,小司马不达古书体例而为之辞也。古书有互言,例如《礼记·丧大记》:"复者朝服,君以卷,夫人以屈狄。"郑《注》:"君以卷,谓上公也。夫人以屈狄,互言耳。上公以衮,则夫人用袆衣;而侯伯以鷩,其夫人用揄狄;子男以毳,其夫人乃用屈狄矣。"《正义》曰:"男子举上公,妇人举子男之妻。男子举上以见下,妇人举下以见上,是互言也。"《淮南子·泰族

---

① 崔适:《史记探源》,第1页。
② 崔适:《史记探源》,第150、155页。
③ [汉]司马迁撰,[日]泷川资言考证:《史记会注考证》,第2778页。

训》:"师延为平公鼓朝歌北鄙之音。"高《注》:"卫灵公宿于濮水之上,闻琴音,召师涓而写之,盖师延所为纣作朝歌北鄙之音也。"是为纣作乐者师延,为平公奏乐者师涓。此文举师延以见纣,举平公以见师涓,亦互言也。然则此传亦系互言,举田和以见太公,举威王以见因齐也。因齐者,威王名也。①

崔氏指斥司马贞"不达古书体例",可见其对古书体例的重视并将其用于古书的校读中。此所言"互言"一例及所举《礼记·丧大记》一条,均来自《举例》卷二"举此以见彼例"②,《淮南子·泰族训》一例当为崔氏增补。今细绎三则例证,可知崔适并未能正确理解其师所提出的这一通例,运用过程中亦随之出现偏差。《礼记》郑《注》意谓"君以卷"指"上公"的服制,"夫人以屈狄"是用以互言,而并非言上公用卷(衮),其夫人用屈狄,而是说上公用衮,其夫人用袆衣则不言自明,子男的夫人用屈狄,子男本人用毳亦不言自明。俞樾依据郑玄、孔颖达的解释,进而说明古书中存在为精简文句而省去一一列举的情况。至于崔氏所用《淮南子》语例,与此并非同类情况,今结合《淮南》本文以析之:

> 舜深藏黄金于崭岩之山,所以塞贪鄙之心也;仪狄为酒,禹饮而甘之,遂疏仪狄而绝旨酒,所以遏流湎之行也;师涓(延)为平公鼓朝歌北鄙之音,师旷曰:"此亡国之乐也。"太息而抚之,所以防淫辟之风也。③

此处三个事例,是为了说明"圣王之设政施教,必察其终始"的道理,前二例并无所谓"互言"之法,都是就舜、禹而论其本人,第三例中"为平公鼓朝歌北鄙之音"者当为师涓,而某本《淮南子》作师延,崔适便以"互言例"解之。事实上,清人顾千里已知此处不过是一处典型的讹字,今人何宁进一步指出:"古书师涓、师延多相乱。此正文'师涓',《道藏》本、景宋本皆作师延,与《原道篇》高注合。"④崔适误据一处存在问题的文本强作解人,并上升为通例进而对《史记》的文义进行训解,这种做法极为粗糙武断,反不如司马贞说能取信于人。今人徐仁甫尝评价俞樾云:"读古书而不先加校雠,鲜不为误本所误。"⑤此论亦可为崔氏砭。

---

① 崔适:《史记探源》,第172页。
② [清]俞樾:《古书疑义举例》,《古书疑义举例五种》,北京:中华书局,2005年第2版,第41—43页。
③ [汉]刘安编,何宁撰:《淮南子集释》,北京:中华书局,1998年,第1426—1428页。
④ [汉]刘安编,何宁撰:《淮南子集释》,第1427页。
⑤ 徐仁甫:《史记注解辨正》,北京:中华书局,2014年,第211页。

如果说运用所谓"通例"未能正确解决某处文本有讹误的语句尚属方法使用不善,那么依据文例对古书本无疑义而自己所未能明处予以删改,则属于治学态度上的偏颇,这样的情况在《探源》中亦有之。例如,"相对为文"乃古人文辞之通例,此不待俞氏总结而人尽明了,崔适常用此例来校读《史记》文句。《商君列传》有"利则西侵秦病则东收地"一句,崔氏于"利"字上补"秦"字,并下案语云:"'秦利'与'秦病'相对成文,上'秦'字各本脱,今补。"又如《李斯列传》有"君侯自料:能,孰与蒙恬?功高,孰与蒙恬?谋远不失,孰与蒙恬?无怨于天下,孰与蒙恬?长子旧而信之,孰与蒙恬?"数句,崔氏于"能"下补"多"字,并案曰:"各本'能'下脱'多'字。'能多'与下文'功高''谋远'二句相对,今补。"①然而,这种据"相对为文例"进行的改动实际上经不起推敲,就所举二处言,前者若合其上下文观之,意义明白晓畅,若依崔说增一"秦"字,反不知云何;后一处崔适以"与下文二句相对"而补字,同样是凭己意妄说,且不言"谋远"下尚有"不失"二字,绝不能与"能多""功高"组成相同的二字排比,即便"能"下脱字,又怎能证明必为"多"字?

反观俞樾的做法,则较为严谨审慎。《古书疑义举例》中运用"相对为文"从事文本训读,约有近20处②。今拈《举例》中以此例校勘者,略窥其途径。《举例》卷五云:

> 两字形似者,亦往往致衍。《荀子·仲尼篇》:"求善处大重,理任大事,擅宠于万乘之国,必无后患之术。"按:"处大重""任大事"相对为文,"重"下不当有"理"字。杨《注》曰:"大重,谓大位也。"亦不释"理"字之义。是"理"字衍文,盖即"重"字之误而衍者也。③

此处于文例之外继以注文对校正文,并讲明涉上文而误增的致误之由,过程较为谨严,而上举崔适二处,除所谓"相对为文"之外,并无其他根据,甚嫌疏阔。此外,俞樾着眼点重在文义相对,而不仅仅是文句外在形式上的相对,试举一例以明之:

---

① [汉]司马迁撰,[日]泷川资言考证:《史记会注考证》,第 2880、3312 页;崔适:《史记探源》,第 177、195 页。
② 分别见于卷一"参互见义"、卷四"上下文变换虚字""虽唯通用"、卷五"两字义同而衍""两字形似而衍""二字误为一字""本无阙文而误加空围"、卷六"上下两句易置""字因两句相连而误脱""字句错乱"、卷七"不识古字而误改""误增不字"诸例之下,请参看(清)俞樾:《古书疑义举例五种》,第 10、72、79、87、88—89、104—105、107、114、118、120—123、130、132、154 页。
③ [清]俞樾:《古书疑义举例》,第 89 页。

古书简奥，文义难明，后人不晓，率臆增益，致失其真，比比皆是。乃有妄增"不"字，致与古人意旨大相刺谬者。《管子·君臣上》"法制有常，则民散而上合"，与上文"治国无法，则民朋党而下比"相对为文。散者，散其朋党也。后人不晓"民散"之语，改作"则民不散而上合"，失其旨矣。又《商子·修权篇》"故多惠言而克其赏"，此谓口惠而实不至也，故与"数加严令而不致其刑"相对为文。后人不晓，改作"不多惠言"，失其旨矣。凡此之类，皆后人妄加，致与古人立言之旨南辕而北辙。善读者宜体会全文，订正其误，不可为其所惑也。①

开篇即确切指出"文义难明"而使人致误，故分析的重点在于讲清楚典籍中文句语意，从而得知上下文义相对而成文，此即俞氏在对《周易·杂卦传》作训释时所言"两两相对，他卦虽未必然，而语意必相称"②之意。崔适以"相对为文"校补《史记》，其所看重者乃在于形式，正与俞樾用此法校读古书的真谛相背离。

两相比较，崔适对俞樾所使用的方法及所总结的成例，并没有正确运用。崔适或因俞樾影响而好言"例"，但《探源》中所谓"例"往往本不足为通则，以此为依据对文本妄加非议，真有邯郸学步之失。不仅如此，崔适如果对《举例》用心体会，也可避免在校读文本时不必要的错误。如其谓《燕召公世家》"（惠公）六年，惠公多宠姬，公欲去诸大夫而立宠姬宋，大夫共诛姬宋"之两"姬宋"下当补"之党"，是不善读《举例》卷三"称谓例"，不悟古书文省之例；又其谓《宋微子世家》"今诚得治国，国治身死不恨"中"国治"二字意复当删，是不善读《举例》卷七"两文疑复而误删例"。凡此种种皆可证明，崔适对于其标榜的"师说"，其实并未能真正学习，某种意义上只不过采其成说、成例而牵合己意罢了。

四、学术转型时代的特殊反映

崔适《史记探源》存在着理论与方法上的重要缺陷，其中讨论的很多问题（如《史记》断限等）亦早有专家予以驳正，虽然其中某些具体的看法不乏确解（如被泷川资言采入《史记会注考证》的部分条目），但总体上已不足称道。而这

---

① ［清］俞樾：《古书疑义举例》，第154页。按：其中《管子》篇名俞书误作"参患篇"，今正。
② ［清］俞樾：《古书疑义举例》，第10页。

一部特别的著作曾引起巨大学术反响,这一现象本身则反映出晚清民国以降的学术风会。

俞樾、康有为是晚清学界两大巨子,俱为一派学风的代表。清儒之学,依地域论,以浙东、湖南、扬州、常州最成规模①,道、咸以降,尤以扬州、常州学派最为重要。俞樾治学,步趋高邮王氏,继阮元之后主持诂经精舍长达三十余年,就学术趋向而言,自与扬州学派相近;康有为主于今文经学,是清代常州学派的殿军,亦无疑问。就宏观着眼,扬州之学与常州之学不无相通之处。后者自庄存与等常州人开辟格局,由龚自珍、康有为等恢宏昌大之后,主张恢复今文学、提倡《公羊》说,从而讲求经世致用,与乾嘉朴学的治学趋向大有不同;前者虽直接从皖学申发,但其讲究会通,将乾嘉诸儒所罕言的义理、道德等问题重新予以讲求②,这是与常州之学有相似之处的。

就具体学说论,俞、康等人的经学思想亦与扬州、常州学派先贤一脉相承。康有为疑《书序》《左传》,而刘逢禄已作《书序述闻》《左氏春秋考证》发其端绪。崔适将《史记》作为"五经之橐钥"并予以探源,实则附《史记》于经,而清人已有重新将其纳入"经书"范围之内者,如段玉裁《十经斋记》云:"愚谓当广之为'二十一经':《礼》益以《大戴礼》;《春秋》益以《国语》《史记》《汉书》《资治通鉴》;《周礼》'六艺'之书数,《尔雅》未足当之也,取《说文解字》《九章算经》《周髀算经》以益之。庶学者诵习佩服既久,于训诂名物制度之昭显,民情物理之隐微,无不憭然,无道学之名,而有其实。"③段氏乃常州学派代表人物龚自珍的外祖父,这种观点流衍至于将《史记》视为"五经之橐钥",未尝不可视为不绝如线的学术传承。

就俞樾一方而论,虽服膺段、王之学,实则已受常州学派的影响。太炎先生为俞氏所作传文云:"始先生废,初见翔凤。为学无常师,左右采获,深疾守家法

---

① 此采张舜徽先生《清儒学记》(济南:齐鲁书社,1991年)之说。《学记》分为十卷,后五卷依次为浙东、湖南、扬州、常州、孙诒让,孙氏亦属浙东,因成绩突出而单列。取钱穆《中国近三百年学术史》(北京:商务印书馆,1997年)参照,知此说实为可取,盖钱书所列重要人物大体与张氏所列各地域学派之中坚人物相合:钱书第八章戴东原之后,九至十四章依次为章实斋、焦里堂、阮芸台、凌次仲(以上三人合于一章),龚定庵,曾涤生,陈兰甫,康长素;在张书中,章氏入浙东学记,焦、阮二人入扬州学记,龚、康二人入常州学记,曾氏入湖南学记,惟未及凌、陈二人。
② 参看张舜徽:《清代扬州学记》第一章《叙论》,上海:上海人民出版社,1962年,第1—18页。
③ [清]段玉裁:《经韵楼集》,上海:上海古籍出版社,2008年,第236页。

违实录者。说经好改字,末年自敕为《经说》十六卷,多与前异。"①其中"说经好改字"并刻意求异,乃俞氏治学特点,为章氏一语道破,张舜徽先生更申论之:

> 自言治经以高邮王氏为宗,其大要在正句读、审字义、通古人假借。所撰《群经》《诸子平议》,实附王氏《述闻》《杂志》之后。今读其书,固不逮高邮远甚。盖高邮王氏之学,根柢深厚,初未尝有意著书,穷老尽气,穿穴群经、诸子,实有所悟,晚乃录出新解,成斯二编。此所谓学问已成,而后著书者。樾自少时,即以"著书"二字横于心中,刻刻以模拟王氏为念,贪多骛博,考核渐疏,此所谓为著书而后读书者,其不相及宜矣。乾嘉诸儒治学,以精博之记诵,为缜密之研思,深造自得,精义日多,无意著书,而书自成。道咸以下,步趋乾嘉最切而著书最多者,无逾于樾。②

张氏之语,更深刻地揭示出俞樾的学术风貌及其形成原因,此一剖析对我们理解崔适其人其书也极富启发意义。崔适对康有为学说深信不疑,已先有明确的"著书"观念横亘于心,意欲借探源《史记》而为"新学伪经"说张目,在方法上又以模拟俞樾为念,敷衍成专书,考核难以精审,正是"所谓为著书而后读书者"!故扬州、常州之学流衍于此,遂成末流之弊矣。

随着学术风气的转移,乾嘉诸儒"深造自得,精义日多,无意著书,而书自成"的研究与著述方式,已不能适应现代学术生产机制。在此风云际会之时,梁启超、胡适、顾颉刚等人为现代学术的建立厥功至伟,他们用自己独到的眼光筛选顺应时流的学术著作,已与清人异趣,故而崔适《探源》能够因其勇于辨伪、大胆怀疑的精神而备受青睐。时过境迁,当我们于百年后重新平议崔适学说、考察学术升降之时,是否会对古典学的研究与著述究竟应往何处去的问题有新的启发呢?

---

① 章炳麟:《俞先生传》,《章太炎全集(四)》,上海:上海人民出版社,1985年,第211页。
② 张舜徽:《清人文集别录》,北京:中华书局,1963年,第526页。

钱陈群文学成就初探

董海春①

清代诗人辈出,派系林立,在众多流派中,有所谓浙派之流,而其分支的秀水诗派是联系晚清影响极大的同光体诗派的纽带。"钱氏二石"钱仪吉、钱泰吉作为秀水诗派的中坚力量,文学成就卓越,学界多有论述。而其曾祖父钱陈群,学界论述较少。但对钱陈群的研究,有助于我们体认出秀水钱氏家族文学成绩斐然的根源,甚至能够探究出钱陈群对于秀水诗派和同光体的影响,从而确立钱陈群在文学史上的地位。

一、钱陈群生平、著述及交游

钱陈群,字主敬,一字集斋。号香树、修亭,又号柘南居士,谥号文端。浙江嘉兴人。清康熙六十年(1721)进士及第,后改庶吉士,出任编修、湖南乡试正考官、赞善、内阁学士、刑部左侍郎、刑部尚书等职。又充《大清会典》副总裁,钱陈群仕途顺利,跨康熙、雍正、乾隆三朝,可以说他亲历了清朝的鼎盛时期。钱陈群为人"老成端谨,学问渊淳"②,多次受到乾隆的嘉赏。而其诗"纯悫朴厚,如其为人"③。钱陈群著有《香树斋诗集》十八卷、《香树斋诗续集》三十六卷、《香树斋文集》二十八卷、《香树斋文集续钞》五卷等。对于诗作,钱陈群尝言,"我诗五言第一,诸体次之"④。而在汪由敦为其《香树斋诗集》所作序云:

先生早岁称诗,时海内二三巨公,以唐音、宋调树坛坫赤帜。先生天才

---

① 董海春,华中师范大学文学院古典文献学2013级硕士,现为东风电视台记者。
② 王钟翰:《清史列传》(点校本),北京:中华书局,1987年,第1446页。
③ 赵尔巽:《清史稿》,北京:中华书局,1977年,第105页。
④ 清代诗文集汇编编纂委员会:《清代诗文集汇编·香树斋诗集》,上海:上海古籍出版社,2010年,第1页。

踔厉,杼轴不名一家,顾选言命章,往往凌轹三谢、江、鲍,吐属名隽,风力遒上,无一语蹈时蹊。中年遭逢盛遇,扬历中外。持节所至,若宣谕陕右,乡试公余,游览纪行,抒怀赠答篇什益富,汪洋浑浩不可端倪,如宿将百万师,衡轴鸟蛇,奇正莫测,不事古兵法而神明自合。又如长江波涛,乔岳云雨,起伏变灭,观者目炫神悚,每直庐辐集,公私题咏多出谈笑之余。属草未曾竟,辄争就攫观,造语必创获出意表。①

汪氏在诗序中说明了钱陈群诗的题材多样,博取众长,不绳墨古人,而又超出同辈。钱陈群与沈德潜并称"东南二老",他一生调任京师、天津、湖南、河南等地,交游甚广,好书法,此外,钱陈群亦好为友人诗文集作序。"'序'是说明文章或书籍著述,或出版意旨、编次体例和作者情况的文章,也可包括对作家作品的评论和有关问题的阐述研究"②,因此,我们通过对其文集中 30 多篇序文的梳理,可以窥探出钱氏的文学思想。

二、钱陈群文学思想

(一)重视唐宋法度、含孕百家的创作风格

钱陈群存世的文集中共收录诗歌 4000 余首,题材内容可分为应制、赓和、交游唱和、持节四方、登临怀古等,他的诗作从一定程度上反映出了当时康乾盛世的景象。清代初期,明朝遗民们在对社会动荡总结历史教训时,在文化方面,将亡国之痛与明代学者的空疏不学联系在一起,而文人们推崇的唐诗也成为祸因之一,因此宋诗主性情、重学问的风格受到了关注。在大的社会诗风下,钱氏也受到了影响。钱氏本人在《跋昌黎石鼓歌后》云:"予自二十岁至今,每孤灯独坐,或与诸子谈论古诗至此,必跪诵数十过,至有笑予入魔障者,汝能如予便能得之矣。"③可见钱陈群对韩昌黎诗歌的喜好之深,又从钱陈群所存诗歌的诗题来看,钱陈群模仿韩愈诗风,用其诗韵作诗,如《为蔡绣壑题秋冬射猎图,用昌黎刘生诗韵》《五日泊舟吴门同弟峰作,用昌黎秋怀十一首韵,时余将北上话别叙情,语无伦次》《邗沟旅舍附家书后寄弟妹效昌黎》《寒食同人集敝斋白山桃花

---

① 清代诗文集汇编编纂委员会:《清代诗文集汇编·香树斋诗集》,第 2 页。
② 石建初:《中国古代序跋史论》,湖南:湖南人民出版社,2008 年,第 13 页。
③ 清代诗文集汇编编纂委员会:《清代诗文集汇编·香树斋文集》,第 190 页。

下,用昌黎李花二首韵》等诗,亦见钱氏对于昌黎的推崇。而关于钱诗的风格,在彭启丰为其文集撰写的序文中评价道:

> 先生根柢深厚,含孕百家若此其至也。其取材之浩博,如观沧海,入珠宫,珍贝陆离烂然夺目。其使笔之沉着,如巨灵擘山,狮子搏象,神斤妙运,动以全力。其摹写景物,则山水、烟云、花鸟、变态尽入钧陶,而无雕镂之迹。谓是学韩、苏而得其神髓者,至于缘情绮靡似竹枝,一唱三叹似乐府,则又寻流溯源直追骚雅之遗矣。①

而从文《自跋所书词卷后》中,我们则可以详细地了解钱陈群的学诗取径过程:

> 余初识之无,即晓四声。年十四五作近体诗,先大父颇赏之,遂命作古诗,为彭羡门先生所知,曰:吾邑诗家未见有是胸次。竹垞先生亦云:他日当让出一头地。自是遂肆力为之,五七近体渐多疏硬。……业师磐夫陶先生谓:子资性近汉魏,若进弃近体便可入古诗奥堂,遂专守陶谢,旁及王、孟、韦、柳,既而读太白、子美、退之集,爱之不能舍。后游京师,见诸名下竟守西昆体,都推重西斋吴先生、西崖汤先生所著,复问津于元白苏陆,沈浸者数年。②

可见,钱陈群学诗先是取径汉魏,然后转至唐宋,而这里唐指的是唐朝中后期,最后兼宗唐宋。初学陶谢,后又兼学韩苏柳等唐宋名家,研读数年,这样才形成了钱氏诗歌融铸多家、求变创新、奇崛多诡的创作风格。钱氏这种学诗取径中唐有宋的做法,在后代子孙钱载、钱仪吉和钱泰吉中得到了继承,甚至成了同光体学诗取法的滥觞。

(二)重视文以载道的诗歌传统和温柔敦厚的诗歌风格

钱陈群作为清代儒臣,官起编修,曾以"五经"名孝廉躁都下。据《清史稿》记载,雍正七年,世宗命其赴陕西宣谕化导,"陈群周历诸府县,集诸生就公廨讲经,反复深切,有闻而流涕者。使还,上谕奖为'安分读书人'"③,钱陈群后又任乡试正考官,左右赞善等文官多年。因此其诗文创作势必遵循文以载道的正统思想。

---

① 清代诗文集汇编编纂委员会:《清代诗文集汇编·香树斋诗集》,第 2 页。
② 清代诗文集汇编编纂委员会:《清代诗文集汇编·香树斋诗集》,第 201 页。
③ 赵尔巽:《清史稿》,第 10507 页。

文以载道观念的首次提出是在宋朝,宋人周敦颐在《通书·文辞》中指出:"文所以载道也。轮辕饰而人弗用,徒饰也。……文辞,艺也;道德,实也。笃其实而艺者书之,美则爱,爱则传焉,贤者得以学而至之,是为教。"①他强调重视文学的社会教化作用,而到了清朝,章学诚、叶燮、桐城派等人都持有文以载道的观点,与章氏等人对道的重新阐释不同,钱陈群亦是遵循前人的观念,没有新的阐释。那么他认为,文如何载道呢?他在《梁芍林太宰矢音集序》中提出:

> 诗有正变,时为之也,运为之也。当关睢麟趾之世,忽动繁霜正月之感是无病呻吟……又云,夫诗本性情,有尊君亲上之旨,温柔敦厚之遗,即诘屈聱牙亦足以载道而维俗,否则风云月露终属描头画角于风雅。②

在钱陈群看来,诗歌要和社会有联系,内容要关涉当下盛世,不要有无病呻吟之态,除了涉及当下的社会生活,诗歌更要"尊君亲上",维护纲常,内容温柔敦厚,重视教化。即使佶屈聱牙,也要维系社会风俗,传播道义。

而如何做到文以载道呢?在《董孝廉文集序》中,钱陈群解释道:

> 后之学者非精思沉虑,笃嗜深契,岂能有所发明。若徒事繁缛绮丽,虽博取功名于圣贤,道理毫无裨补……务穷理以致其知,涵泳以养其气,笃行以厚其本,无安于小成亦无望其速成焉。③

要做到文以载道,后代的学者就要深思熟虑,穷尽思维,涵养气魄,时刻注重自己的行为来增强自己的仁义之心,而不要注重浮华繁饰,仅仅因为小小的成就而盼望能对道有所阐发。

那么做到了文以载道的诗文,又是什么样子的呢?在《衍圣公孔裕斋停轩集序》给出了答案:"其音和其体,正其节,舒以安,盖不失温柔敦厚之旨焉"。④

钱陈群作为仕臣,多次任职乡试主考官,在其位谋其政,以维护道统为己任,自然在文学上,也会以文以载道为重,在《戴生窗艺序》中,他提到,"夫文以载道,制举之业其所以去取天下士者,诚以道为鹄焉,必有羽翼经传之功发明忠孝之旨……"⑤,他认为忠孝等道统是鸟之主体,而文章文辞是羽毛等附庸,那么他上文提出的只要文章"载道而维俗"即使佶屈聱牙亦无妨的说法也就顺理成章了。虽然钱陈群在文采修饰、言行等日常行为、精神气质上提出了具体的做

---

① 郭绍虞:《中国历代文论选·中册》,北京:中华书局,1962年,第60页。
② 清代诗文集汇编编纂委员会:《清代诗文集汇编·香树斋诗集》,第154页。
③ 清代诗文集汇编编纂委员会:《清代诗文集汇编·香树斋诗集》,第125页。
④ 清代诗文集汇编编纂委员会:《清代诗文集汇编·香树斋诗集》,第127页。
⑤ 清代诗文集汇编编纂委员会:《清代诗文集汇编·香树斋诗集》,第126页。

法,但他仍然蹈前人之陈迹,过分重视文学社会功用,而忽略了文学的文学性,这也就成了钱陈群文学思想比较保守的一面。

(三)重视情与志、人生经历与地理环境和诗歌创作的关系

关于诗与志的关系,早在《尚书·尧典》就提出了"诗言志"的观念,而在《毛诗序》中诗言志的观点得到了更详细的解释:"诗者,志之所之也。在心为志,发言为诗。情动于中而形于言,言之不足故嗟叹之,嗟叹之不足故永歌之,永歌之不足,不知手之舞之、足之蹈之也。"①而钱陈群在《衍圣公孔裕斋停轩集序》中,在诗言志的基础上,对诗与志的关系做了一个生动的解释:

> 诗以言志,志犹水也,诗犹舟也。试取三百篇读之,驾万斛之舟,冲万里之波。惊涛飓风千态万状,莫能测其津涯者,变风变雅是也。至若二南诸诗《小雅·鹿鸣》以下,《大雅·卷阿》以上诸什依永和声,音谐伦理,何异澄川如练、风正扬帆时景象。水与舟岂有二哉,其平险殊致者,时为之也。②

在这里,钱陈群涉及了前人的诗正变之说,他认为诗有时候不能完全地言志,诗歌即使再宏大也不能达到志的"津涯";而有时诗却可以与志达到了和谐统一。诗和志前后没有差别,但为什么结果就不同呢?究其原因,还是政治因素等社会时运决定的。可见,这里钱氏还是传承了前人礼乐守法而诗正变正雅,礼崩乐坏而诗变风变雅的思想,没有自己的新的阐释。

而关于"诗缘情",在《李孝廉哀鸣集序》中,钱氏用主客问答的形式提出诗起乎情,七情之一的哀可以为诗,哀"以诗鸣之,任其哀而传于诗,诗传而哀可止矣"③。最后提出了关于情的表达,诗的作用是"不止而止,止而不止"④。而到了《小兰陔诗集序》,又说道:

> 诗本性情,学者出其性情以为诗,即以诗自治其性情,而凡读其诗者引申触类,莫不以其性情受治于诗焉,此诗之所由以作也。⑤

这里,钱陈群先说明了诗歌有助于个人情感的合理宣泄,"不止而止"防止了个体情感因泛滥而过分宣泄;而"止而不止"则是说诗歌在避免情感过分宣泄的同时,又使其得到了合理的表达,实现了人情感的平和中正。而诗歌对于作

---

① 郭绍虞:《中国历代文论选》上册,第36页。
② 清代诗文集汇编编纂委员会:《清代诗文集汇编·香树斋诗集》,第127页。
③④ 清代诗文集汇编编纂委员会:《清代诗文集汇编·香树斋诗集》,第131页。
⑤ 清代诗文集汇编编纂委员会:《清代诗文集汇编·香树斋诗集》,第128页。

者之外的第三者作用则是让读诗者对诗人的诗歌情感产生体认,产生自己的体会,在这一过程中,读者的性情也会在诗中得到陶冶和提升。这就是钱陈群对于诗和情关系的讨论,诗可以宣泄和导化情感。而在这段论述中,我们可以清晰地找到钱陈群提出文以载道观念的理论基础,正是有了诗歌使人"性情受治于诗",才有了后来的将"尊君亲上之旨,温柔敦厚之遗"内附于诗歌的做法。

钱陈群所作的序文,除了涉及情与志等诗人内在因素对诗歌的影响外,也涉及了人生经历和地理环境等外在因素对诗人成长、诗歌创作的影响。《制府太保方问亭述本堂诗集序》开明宗义地提出"天之成就人才与天之成就诗人其理有相同者"[①],接着便叙述到孤儿羁客处在绝域,上下无交时便"发于音声,令人读之,流连往复而不能去"[②]。然后写到诗集作者方问亭幼年迁徙、苦学的经历,"未弱冠即偕其兄捆书担簦,重趼徒步,欢然相从,诛茅结庐,引架种瓜……"[③],最后钱陈群认为"然不能读万卷书行万里路,其诗学必不能苍老俊拔,若是即其才亦必不能肆应通达若是"[④]。可见,人生经历的磨砺更能使诗的境界提升,恶劣的绝域环境使诗苍老俊拔,而清幽的山水之境对诗歌创作又有什么裨益呢?钱氏又在《沈隐士蕙菴集序》中给出了答案。他先描绘了浙江秀水地区美丽清幽的环境,而后提出"盖川泽之气,毓秀含华,发为人物,其致率相肖也"[⑤],说明环境的清幽会影响诗歌创作,在诗中形成一种冲澹的风格。这就是钱陈群从诗人主体和环境客体角度分析了诗歌的创作,注重了影响诗歌创作的多重性。

三、钱陈群文学思想的影响

钱陈群文以载道和诗言志的观点是与其儒臣身份相对应的,一位历任多地乡试主考官,负责选拔人才的文臣势必会将传统的伦理思想寄予到文学上,成为道统伦理的捍卫者。因此他的文学观念多是落入前人窠臼,因道而忘文,诗因时运而正变,都是陈旧、保守的观点,钱陈群对其的阐发,有时也过于陈腐,有得鱼忘筌之嫌。但是钱陈群的尊法唐宋、含孕百家的做法及其诗学成就却是对后人产生了积极的影响。

钱陈群的诗歌创作成了钱氏后人的典范。早在钱陈群的曾祖父、祖父辈,父辈,钱氏家族成员就任职朝野,皆有文名。而到了钱陈群,其官至刑部尚书,

---

[①②③④] 清代诗文集汇编编纂委员会:《清代诗文集汇编·香树斋诗集》,第153页。
[⑤] 清代诗文集汇编编纂委员会:《清代诗文集汇编·香树斋诗集》,第130页。

钱氏家族在朝廷的地位达到新高度的同时，其文学成就也开创了新的境地。钱陈群本人虽处高位，但终日以俭约教诲后人，在《示侄汝鼎》中，钱陈群则告诫侄子钱汝鼎，"读书须字字体认，实处虚处全要理会贯穿，有疑问必问四书，小注必要熟读细玩"①，在《与从孙载》中说"为人要胸襟洒落，读书固要苦心，然须会寻乐处"②。可以说正是钱陈群为后人树立的淳朴家风，以及治学之法才使钱氏家族人才辈出。孙辈钱载工诗善画，诗精于杜、韩、苏、黄，自成一体，是乾嘉之异军。而秀水诗派有"秀水二石"之称的钱仪吉、钱泰吉作为陈群的曾孙，术业各有所长。钱仪吉改翰林院庶吉士，官至工科给事中，长于地理，曾主讲于粤东学海堂，著有《衎石斋纪事稿》《皇舆图说》《碑传集》等。而钱泰吉与其兄钱仪吉以学行相磨，善于考证校对，致力于经史，著有《曝书杂记》《甘泉乡人诗文稿》等。钱仲联在《梦苕庵诗话》中提到：

> 清代嘉兴有三大诗人：竹垞、萚石、乙庵。鼎立于三百年中。瑷仲于三家外，亟称吾家衎石先生之作。……其诗清新涩奥，不作犹人语。嘉、道间诗风卑靡，萚石独为宛陵、山谷于举世不为之日，宁非豪杰之士，同、光以后，宋派盛行，未始非萚石、衎石，有以启其先也。③

钱先生推钱氏兄弟为同光宋诗之先声，其诗学意义，不可谓不大。钱陈群对于后人的影响，从治学之法到为人处世之道莫不涵盖，当然也影响到了他们的诗学风格。徐世昌在《晚晴簃诗汇》谈到钱泰吉之诗时说道："诗温厚真朴，与衎石亦如骖之靳，每及师友弟昆，缠绵悱恻，故香树、萚石家法。"④可见，钱氏后人已经将钱陈群诗体风格奉为圭臬，并受其影响深远。

同时，钱陈群诗歌创作对秀水诗派有承前启后的作用。《清史稿·钱载传》："……论诗宗黄庭坚，谓当辞必己出，不主故常。载初与定交，晚登第，乃为门下门生；诗亦宗庭坚，险入横出，崭然成一家。同县王又曾、万光泰辈相与唱酬，号秀水派。"⑤该诗派于诗艺刻意求新，矜奇尚奥，兼容唐宋，博取自创。彭启丰在《香树斋诗集序》谈到钱陈群在秀水诗歌发展中承前的作用，说道："本朝文苑，若朱竹垞、彭羡门、高江村、曹倦圃诸公，皆著作斐然，而竹垞为最，今先生辉映于后，堪与之伯仲无疑也。"⑥彭氏在序中指出了钱陈群的诗学对于秀水诗坛

---

① 清代诗文集汇编编纂委员会：《清代诗文集汇编·香树斋诗集》，第67页。
② 清代诗文集汇编编纂委员会：《清代诗文集汇编·香树斋诗集》，第74页。
③ 钱仲联：《梦苕庵诗话》，上海：上海书店出版社，2002年，第340页。
④ 徐世昌：《晚晴簃诗汇》，北京：中华书局，1990年，第5797页。
⑤ 赵尔巽：《清史稿》，第10516页。
⑥ 赵尔巽：《清史稿》，第3页。

的意义,秀水诗坛国初以朱彝尊、彭孙遹、高士奇、曹溶诸公诗名著于当时,其中尤以朱彝尊的诗学成就为大,钱陈群则紧随其后,与其不相伯仲。而在钱氏后人中,又形成了以钱载、钱仪吉、钱泰吉兄弟等人为代表的秀水诗派,作为诗派领袖的钱氏子孙学诗取经之法势必是源自钱氏先祖钱陈群,又可谓钱陈群对后世的影响重大。而朱孝臧在《瀓湖遗老诗集序》中指出:

> 国朝携李诗人竹垞为博大之宗,佐之者倦圃、秋锦、青士也。籜石一变而为奥折,以经义纬之,佐之者襄七、谷原也。衍之者梓庐、衍石也,至乙庵沈氏,益恢奇元所不学,以至于无学,竹垞一灯,流衍之远,持择之精,几如唐之韩门,非他人所能比并。①

可见盛行于清末的同光体浙派是源于浙派分支秀水诗派的。那么从这个角度来说,钱陈群诗歌创作亦是同光体浙派的滥觞。

对于历史人物的探讨,脱离了当时具体的历史环境,其所做的任何结论势必会成为无源之水,无本之木,而毫无说服力。钱氏处在康乾盛世,历任文臣,主管考试,在文字狱等文化管制措施压制下,其文学思想自然而然是正统、不越雷池半步的,因此现在看来未免陈腐。但反观其学诗取径之法,对后世子孙在治学、为人上的影响,以及钱氏家族的文坛盛名,其功不可没,而对清末宗宋同光体分支浙派来说,则是起到了承前启后的作用,凭着这一点,钱陈群的贡献也是值得称道的。

---

① 徐世昌:《晚晴簃诗汇》,第3页。

《四库全书总目》子部医家类书目研究

赵 青[①]

引 言

《四库全书》是清代乾隆时期编纂的中国历史上最大的一部丛书,其编撰始于乾隆三十八年(1773)二月,历时9年,至乾隆四十七年完工,几乎囊括了清乾隆以前中国历史上的主要典籍。而与之对应的《四库全书总目》,作为我国古代最大的解题书目,标志着清代目录学的最高成就。四库馆臣所撰写的每一篇类序与提要,都体现了时代背景下特定的思想文化观念,也记录了中国古代社会各方面的成就。《四库全书总目》在子部医家类著录古代医书97部,存目100部,总计197部。收录的医书依照时代顺序编排,涵盖各科领域,是对清中期以来中国医书著作的重要整理总结。通过医家类在《四库全书总目》中的排列位置以及各篇提要体现的学术思想,能够帮助我们研究医学在清中叶时期的历史地位,了解古代医书重要的文献价值以及当时学者的治学思想。

一、清代社会对医学的重视

医家类在目录书分类体系中的位置,要追溯到《七略》所开创的七分法。七分法分为集略、六艺略、诸子略、诗赋略、兵书略、数术略和方技略。在《汉书·艺文志》中,医家分类在方技略,只有"医经""经方"二家。《隋书·经籍志》则将医家放置在子部,合并为"医方"一家。自唐代至清代,经史子集四部分类法一直

[①] 赵青,华中师范大学文学院古典文献学2016级硕士,现为武汉市第一中学语文教师。

处于不断发展和完善中,并逐渐成为分类法的主流。《四库全书总目》也将医家放置在子部,并改称为"医家"。

《四库全书总目》在子部的总序中写道:"可以自为部分者,儒家以外有兵家、有法家、有农家、有医家、有天文算法、有数术、有艺术、有谱录、有杂家、有类书、有小说家,其别教则有释家、有道家。叙而别之,凡十四类。"①由此可以看出《总目》子部各个类目确定的原则。在这里,《总目》将儒家、兵家、法家、农家、医家与天文算法作为同一个类别,认为"以上六家,皆治世者所有事也"。而对医家的评价是"本草经方,技术之事也,而生死系焉。神农黄帝以圣人为天子,尚亲治之,故次以医家"②。因此可以看出,清代学者对于医家的重视程度是很高的。他们认识到医家事关生死,百姓的身体健康关系到国泰民安,而长命百岁、千秋万代更是封建帝王不懈的追求。同时,医家地位的上升也和社会对科学的重视程度普遍上升有关。子部书共分十四类,农家位于子部第四位,医家位于第五位,天文算法位于第六位,充分体现了清中叶重视实用科学的潮流。纪昀本人就非常重视农学和医学,他在《济众新编序》中说道:"余校录《四库全书》,子部凡分十四家。儒家第一,兵家第二,法家第三,所谓礼乐兵刑,国之大柄也。农家、医家,旧史多退之末简,余独以农家居四,而其五为医家。农者民命之所关,医虽一技,亦民命之所关,故升诸他艺术上也。"③因此可以看出,随着历史的发展,地位一直较低的医家在清中叶时期得到了重视,地位也有了明显的上升。

虽然《总目》对医家的分类仍然存在不足,如删掉了"房中""神仙"二家,将"不关治疗"的《太素脉法》收入术数家。这些书目中有相互重叠包含的部分,不能简单地删除或者归入其他类别。同时,四库馆臣将医家类文献按照著作的成书时代为序排列,虽然这是出于"一书兼数科,分隶为难"的考虑,但这样的分类方法却不便于读者按照科目的实际需要检索医学文献,在专业性上仍有很大的欠缺。尽管《总目》在医家类的分类上存在局限性,我们仍要看到,在清代中叶,传统的科学体系逐渐形成。民众对于能够解决问题、改善生活的"技艺"有了相当的重视,这些"技艺"也作为独立的学科不断发展完善,是历史发展的一大进步。

---

①② [清]永瑢等:《四库全书总目》卷九一子部儒家类一,北京:中华书局,1960年,第769页。
③ [清]纪昀:《纪晓岚文集》第1册,石家庄:河北教育出版社,1995年,第179页。

二、医家类提要体现的文献价值

在医家类小序及各篇提要中,编纂者都发扬了"辨章学术,考镜源流"的优良传统,每篇提要都包含医书的作者、内容、学术思想、版本源流以及相应的评价说明等,总结了我国古代至清中叶以来的医学学术概况。

(一)医家类小序对阐明医学流派和发展源流的重要作用

《四库全书总目》医家类小序:

> 儒之门户分于宋,医之门户分于金、元。观元好问《伤寒会要》序,知河间之学与易水之学争。观戴良作《朱震亨传》,知丹溪之学与宣和局方之学争也。然儒有定理,而医无定法。病情万变,难守一宗。故今所叙录,兼众说焉。明制定医院十三科,颇为繁碎。而诸家所著,往往以一书兼数科,分隶为难。今通以时代为次。《汉志》医经、经方二家后有房中、神仙二家,后人误读为一,故服饵导引,歧涂颇杂,今悉删除。《周礼》有兽医,《隋志》载《治马经》等九家,杂列医书间,今从其例,附录此门,而退置于末简。贵人贱物之义也。《太素脉法》,不关治疗,今别收入术数家,兹不著录。①

医家类小序阐述了医家流派的门户之分与医学文献的发展源流,也阐明了《总目》对医书的收录原则和编排体例。也就是说四库馆臣在编纂书籍时基本不依据门户之见而是兼采众说,因此能够更加客观全面地收录古代医书。同时对医书的编排以著作的成书时代为序,而不是根据不同的科目编排。可以看出,医家类小序说明了收录医书的标准和编排次序,也阐明了著录医书的目的,对医书的发展流变有着重要的总结作用。

(二)提要的重要考证价值

在明清时期考据风气盛行,整理与考订书籍是一项十分重要的工作。《总目》医家类提要对作者的生平与门户,医书的内容以及源流变革都进行了十分严谨的考证。例如在《千金要方》这部著作的提要中,运用丰富的史料对孙思邈

---

① [清]永瑢等:《四库全书总目》卷一〇三子部医家类一,第856页。

的生平年龄进行考证，推断出孙思邈的准确年龄：

> 思邈，华原人。《唐书·隐逸传》称其少时，周洛州刺史独孤信称为圣童。及长，隐居太白山。隋文帝辅政，以国子博士征，不起。则思邈生于周朝，入隋已长。然卢照邻《病梨树赋序》，称癸酉岁于长安见思邈，自云开皇辛酉岁生，今年九十二。则思邈生于隋朝。照邻乃思邈之弟子，记其师言，必不妄。惟以《隋书》考之，开皇纪号凡二十年，止于庚申，次年辛酉，已改元仁寿，与史殊不相符。又由唐高宗咸亨四年癸酉上推九十二年，为开皇二年壬寅，实非辛酉，干支亦不相应。然自癸酉上推九十三年，正得开皇元年辛丑。盖《照邻集》传写讹异，以辛丑为辛酉，以九十三为九十二也。史又称思邈卒于永淳元年，年百余岁，自是年上推至开皇辛丑，正一百二年。①

可以看出，提要通过列举详细丰富的史料对人物作者的平生进行考证，从而得出准确的结论。所以《总目》医家类提要对于人物的生平事迹有着严谨的考证过程，为我们研究这些医学史上的重要人物提供了宝贵的文献资料。

（三）提要对于医术价值与学术源流的评价作用

《总目》医家类提要对于医书的价值得失有着准确的评价，并揭示了医学流派的源流发展，对于深入研究传统医药书籍及中医流派发展具有重要的价值，体现出深广的学术视野。例如《扁鹊神应针灸玉龙经》，"元王国瑞撰。国瑞，婺源人。其书专论针灸之法"。"其中名目颇涉鄙俚，文义亦多浅近，不出方技家之鄙习。而专门之学，具有授受，剖析简要，循览易明，非精于斯事者亦不能言之切当若是也。"②提要评价此人著作浅近粗疏，并非专业著述，缺乏学科的专业性。因此可以看出，提要对医书的评价客观公允，深刻入理。

同时，提要收录了各家学说，对于医学流派的源流和发展变化有详细的分析介绍。例如在介绍刘完素及其著作和流派思想时，反映了南北的时节风俗不同于医学流派的发展。《素问元机原病式》提要写道："完素生于北地，其人秉赋多强，兼以饮食醇酒，久而蕴热，与南方风土原殊。又完素生于金时，人情淳朴，习于勤苦，大抵充实刚劲，亦异乎南方之脆弱，故其持论多以寒凉之剂攻其有

---

① ［清］永瑢等：《四库全书总目》卷一〇三子部医家类一，第859页。
② ［清］永瑢等：《四库全书总目》卷一〇四子部医家类二，第872页。

余,皆能应手奏功。其作是书,亦因地因时,各明一义,补前人所未及耳。"①在这里不仅分析了刘完素的流派思想,还介绍了金元医家流派的发展及源流状况,论述金元时期医家学派的争鸣情况,能够帮助我们了解金元时期所发生的重要医家流派的论争。

三、《四库全书总目》医家类体现的治学态度

《总目》医家类提要在对每部医书进行作者、内容、学术思想、版本源流等方面的考证与评价时,发扬了"辨章学术,考镜源流"的优良传统。从这些提要中,我们可以看到清代学者的治学态度,这对于我们今天的学术研究也具有重要意义。

(一)反对门户之见,主张兼采众说

清代学者们对宋学门户之争的现象十分不满,四库馆臣认为宋学各学派之间的争论会导致朋党恩怨,从而发展为朝堂之上的互相排挤,这种现象对封建统治不利。在这种观念下,反对门户之见的态度也由经学影响到了医学。医家类序中明确指出"儒之门户分于宋,医之门户分于金元",但金元以来的门户之分并不能作为评价的根据,由于"病情万变,难守一宗",所以医家类所收录的197部医书没有根据专业的不同详细分类,而是以书籍的时代为次序进行排列。收录的医书涉及基础理论经典、诊脉、草药、针灸以及临床各科的内容,几乎所有在医学史上影响较大的著作都收入其中,提要中的评价也少见任何偏颇。四库馆臣反对门户之见,在学术上主张兼收并蓄,取长补短,以开放的心态包容各学派之间的论争,这极大地促进了我国中医学术的发展。

(二)主张考据严谨,注重证据

以纪昀为首的四库馆臣大多受汉学思想影响,因此在《四库全书总目》中始终渗透着汉学派的思想观点。他们主张考据的严谨,讲究追求事物的本源,以事实证据为立论依据。在探究每一个学术问题时,讲求严谨并注重证据。例如《皇帝素问二十四卷》提要写道:"《汉书·艺文志》载《黄帝内经》十八篇,无《素

---

① [清]永瑢等:《四库全书总目》卷一〇四子部医家类二,第868页。

问》之名。后汉张机《伤寒论》引之,始称《素问》。晋皇甫谧《甲乙经序》称《针经》九卷、《素问》九卷,皆为《内经》,与《汉志》十八篇之数合,则《素问》之名起于汉、晋间矣,故《隋书·经籍志》始著录也。"①这里对《素问》书名的考证,先引用《汉书·艺文志》,又引用《伤寒论》,最后引用《针灸甲乙经》,通过丰富的文献资料得出结论。可以看出,对于一个书名的考证环环相扣,逻辑严密,体现出严谨的治学态度。在《四库全书总目》医家类提要中,这种考据严谨、注重证据的治学态度对于我们今天的学术研究有很大的借鉴意义。

(三)评价主张客观公正

四库馆臣对于医学史上的门户之争,往往处于客观的立场上一分为二地看待问题。例如对于刘完素的医学理论,后世一些医家持否定态度。但在《素问玄机原病式》提要中,四库馆臣认为由于我国南北地域有着不同的时节气候,人们的生活习惯、饮食特点不同,从而造成了南北方人们体质的差异。因此刘完素的著作《素问玄机原病式》具有"因地因时,各明一义,补前人所未及耳"②的重要作用。从这里可以看出,四库馆臣对于各学派的门户之争采取客观公正的立场,认识到各学派的理论根据和独特的价值。对于一些书籍的问题,提要也直言不讳地指出,例如《寿亲养老新书》提要中,"祝寿诗词,连篇载入,不免失于冗杂。又叙述闲适之趣,往往词意纤仄,采掇琐碎"③。直接指出了该书冗杂肤浅的缺点,提醒读者在阅读时注意。而对于在医学史上有巨大成就的著作,提要的评价也十分准确到位,使读者充分认识到其重要性。例如在《本草纲目》提要中,谈到该书的影响时写到"业医者无不家有一编。《明史·方技传》极称之,盖集本草之大成者无过于此矣"④。四库馆臣对这部著作给予了极高的评价。

中国古代医学书目源远流长,门类众多,《四库全书总目》医家类是古代医学书目的集大成者,在医学目录史上具有重要地位。其中收录医家类的著作,内容丰富、评价准确,对于了解医学古籍的作者概况、源流沿革和内容体例,都有很大的参考价值。所以《四库全书总目》医家类是了解传统中医文献的重要书目,具有深厚的学术水平,对于我们今天研究中医古籍具有重要的文献价值。

---

① [清]永瑢等:《四库全书总目》卷一〇三子部医家类一,第856页。
② [清]永瑢等:《四库全书总目》卷一〇四子部医家类二,第868页。
③ [清]永瑢等:《四库全书总目》卷一〇三子部医家类一,第861页。
④ [清]永瑢等:《四库全书总目》卷一〇四子部医家类二,第875页。

出版编辑工作中常用电子文献工具集解

郑若萍[①]

出版编辑工作包括策划组稿、选题立项、编辑加工、宣传营销等诸多环节，本文所涉及的出版编辑工作主要针对编辑加工环节而言。编辑加工，是出版工作的中心环节。编辑加工的质量和水平，直接影响、制约甚至决定了图书的内容等质量。中宣部印发的《图书出版单位社会效益评价考核试行办法》，将出版质量赋值为50分(总分100分)，其中光内容质量一项，就有42分。因此，在编辑加工环节中，提升稿件的内容质量至为重要。

编辑加工环节，除了依照出版领域的国家标准及行业标准，对稿件的格式、体例等进行梳理，对稿件的知识性、思想性、政治性、科学性等方面的内容进行把关，核实引文，并以科学严谨的态度对待书稿，字斟句酌，精益求精，是编辑必备的素养。而稿件涉及的内容广博宽泛，有些知识甚至是编辑所未曾接触到的，因此在编辑工作中，必定会借助大量的电子文献工具来进行检索、查证。本文梳理的出版编辑工作中的电子文献数据库，主要针对人文社科类书稿而言，涉及图书类、期刊类、图片类（包括地图类）、字词典类数据库。因笔者所在的工作单位为陕西师范大学出版总社有限公司，编辑工作中所利用的数据库多为陕西师范大学所购买的部分及某些数据库中的子数据库，因此本文所介绍的情况，并不能概括目前所有数据库甚至笔者所运用的某一数据库的全貌。而且，某些数据库其实并不是单一的图书或期刊数据库或检索工具，而是综合图书、期刊、图片等各文献类型的综合数据库或检索工具，上述分类只是根据实际工作所侧重的功能而进行的。

---

① 郑若萍，华中师范大学文学院古典文献学2011级硕士，现为陕西师范大学出版总社编辑。

一、读　秀

图书类电子文献数据库主要用来核实书稿中所涉及的引文、人名、地名、历史知识等，尤其适合用于查实各类图书类文献，涉及单机版、网络版等各种类型电子文献数据库，包括读秀、鸠摩搜书、中华经典古籍库、书格等。

读秀（https://www.duxiu.com/），全称"读秀学术搜索"，是由海量全文数据及资料基本信息组成的超大型数据库。读秀能为用户提供深入图书章节和内容的全文检索，部分文献的原文试读，以及高效查找、获取各种类型学术文献资料的一站式检索。

能否电子全文阅读图书，由所在单位购买的数据库决定。若所在机构购买了图书的电子版权，即可全文阅读该书，若没有，则可通过文献传递获得部分内容。对于无法查阅全文的图书，图书文献传递是编辑工作中的常态化操作。而既无法查阅全文又无法文献传递，但所在机构馆藏的图书，读秀都会直接链接到该机构的馆藏查询网页。若所在机构未曾馆藏，则读秀检索页面右侧会列出本市或全国馆藏该书的机构，给读者提供了查阅的线索。

在编辑工作中，读秀的知识、图书、期刊、报纸四大栏目是运用得最多最广的。而其中又以知识、图书两大栏目为核实图书引文最常用的栏目。除了核实引文内容，核实文献作者、书名、出版社等版权信息，也是编辑工作的重点。读秀的高级检索、专业检索，以及页面左侧的类型、年代、学科、作者等栏，可以帮助快速定位到需检索的图书。对于核实、梳理书稿后的参考文献，读秀是最为便捷、高效的检索工具。而读秀检索是各校大学生论文撰写的常用工具，古典文献学专业学生运用尤其多，在此不再赘述其具体操作方法。

二、鸠摩搜索

因读秀所能检阅的图书，由所在机构购买的情况决定，而编辑工作中又存在大量在读秀中无法检索到的文献，因此读秀并不能完全满足编辑工作的需要。随着云计算、大数据的发展，大量云盘出现，私人存储的公开的云盘资料便为大多数编辑所看重，云盘搜、盘搜搜等多种云盘文献搜索引擎大量出现。但此类搜索引擎也因广告多、下载链接不对等为编辑所诟病。而鸠摩搜索网站（https://www.jiumodiary.com/）则因包含资料较多，能快速定位到百度网盘、微盘,无广告,操作方便,界面友好等优点,为编辑所喜爱。

鸠摩搜索运用起来非常简便,输入需要检索的书名、作者等信息即可。鸠摩搜书检索的文献,除了可以链接到百度网盘、微盘,还可链接到国学大师、中国哲学书电子化计划等网站。而检索页面右侧,还会列出搜韵网、台湾文库等网站,以及电子书、二手书的购买网站。简言之,鸠摩搜书是一个指南性的检索网站。在出版编辑工作中,读秀之外,鸠摩搜索能满足编辑大量的工作需求。

图1 鸠摩搜书首页

三、爱如生典海平台

读秀与鸠摩搜书,是搜索古籍、今人著作、外国译著的综合性数据库。专业性古籍检索数据库方面,可见于恩师张三夕所主编的《汉语古籍电子文献知见录》,其中收入数量相当可观、门类相当详细的古籍数据库,囊括地方志、族谱、金石文献、小说文献等各类综合性或专项性数据。编辑工作中,常用的主要用于核实古籍文献的,主要有爱如生典海平台(http://dh.ersjk.com/)及中国经典古籍库。

《汉语古籍电子文献知见录》一书对北京爱如生数字化技术研究中心所开发的各子数据库进行了详细的介绍[1],因而笔者在此处只是介绍此研究中心部

---

[1] 见张三夕、毛建军主编:《汉语古籍电子文献知见录》,广州:世界图书出版广东有限公司,2005年,第104—143页。

分子库的一些新变化。

爱如生典海平台,是综合了中国基本古籍库、四库系列数据库、中国方志库、中国谱牒库、中国金石库、中国丛书库、中国类书库、中国辞书库、中国史学库、中国俗文库、历代别集库、儒学经典库、佛教经典库、道教经典库、诸子经典库、敦煌文献库、明清档案库等多个子库的综合性检索数据库,如今各大子库综合为统一的网页版,可实现跨库检索。当然,跨库检索基于所在机构所购买的子库数量,未购买的子库无法检索。

各大子库,既可以检索图书的基本信息,也可以查看该图书原扫描版本及子库所提供的其他扫描版。中国基本古籍库的单机版,因各类原因,已无法使用,但从爱如生典海平台中即可检索使用,该子库的缺点是,检索到对应的内容后,原依据扫描版本无法准确定位。而中国丛书库、中国类书库、中国方志库等子库,在检索后,可以直接定位到扫描版本所在页,这为编辑工作提供了极大的便利。

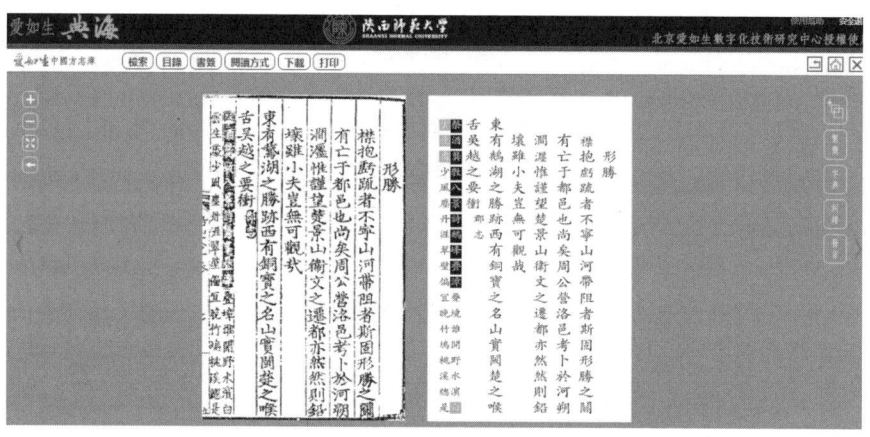

图2 爱如生典海平台中国方志库结果呈现界面

值得一提的是,虽然有些机构购买了爱如生典海平台中的子库,IP地址在其授权范围内,但用户在登录使用时,依旧需要注册。注册程序简单,输入手机号、验证码即可,注册成功后即可使用。由于流量限制,登录超时后,需重新输入用户名、密码。

出版编辑工作中,社科类稿件常会有大量的诗词、古文需要核实,尤其是出自古代版本,或未标明引用版本的古诗文,爱如生典海平台中的子库给编辑提供了极大的便利。

四、中华经典古籍库

中华经典古籍库是中华书局推出的大型古籍数据库，属于"籍合网"的产品之一，其数据资源涵盖经史子集各部，包括《十三经注疏》"新编诸子集成""史料笔记丛刊""古典文学基本丛刊""中国佛教典籍选刊"及点校本"二十五史"等经典系列。

该数据库所收图书全部为已出版的点校本古籍。除正文外，还包含了古籍所有的注文、专名词、书名等内容，保留了完整的的注释、校勘等整理成果以及近现代学者的研究成果。该数据库还提供原版图像与文字的全面对照，页码一一对应。主要分为客户端版和网页版（http://publish.ancientbooks.cn/docShuju/platformSublibIndex.jspx?libId=6）。相较而言，网页版还包含了其他出版社所出版的点校本古籍，因而一些在客户端版无法查到的点校本古籍，或许可以在网页版上找到。

社科类稿件，尤其是关涉先秦诸子著作及二十五史的，包含了大量相关引文，中华书局的版本也是作者们经常使用到的，因而遇到这类稿件，中华经典古籍库能帮助编辑精准找到相应文献进行查核。同时，中华书局出版的各类古籍点校本在业界较为权威，书稿中所引用的古诗文的标点、用字等，都可以参考中华经典古籍库中的相应书籍。因而，除爱如生典海平台外，中华经典古籍库即是出版编辑常用的古籍文献检索数据库。

五、书　格

书格（https://new.shuge.org/）建立于2013年，是基于创建者"未曾"2012年在豆瓣建立的收集整理中文古籍和绘画的小站，如今形成了一个自由开放的在线古籍图书馆。该数据库致力于开放式分享、介绍、推荐有价值的古籍善本及古代书法、绘画作品，并鼓励将文化艺术作品数字化归档，其所分享的内容限定为公共版权领域的书籍，资源来源于世界各个图书馆或机构的公开内容。在同类资源中，遵循刊行质量和时间优先的原则，挑选同类中最优资源分享介绍，因此其介绍的资源主要为高清彩色影像版本，在内容择取方面，更倾向于艺术类、影像类、珍稀类以及部分刊印水平较高的资源。

书格中的内容，都由创建者"未曾"独立运营和管理，涉及的内容并不一定全面，但其资源以质量高清为优势，且来源可靠，可免费下载，因而对于编辑工作中查找、核实古籍文献、书法绘画作品等，有较大帮助。目前，书格数据库中的资源支持书格网盘、微软网盘、谷歌软盘下载。书格网操作起来也极为简便，输入相应的检索词，找到对应的文献，点击直接下载，再选择对应的网盘下载链接即可下载。

总而言之，在出版编辑工作中，需核实今人著作及外国译著出版信息及其引文，查询科学、历史、人文知识的，可多用读秀、鸠摩搜书等数据库。而涉及古籍的，尤其是对版本要求不太高的诗词文献等的核查，可多使用爱如生典海平台、中华经典古籍库以及书格数据库，而稿件中出现的中华书局出版的图书，可直接采用中华经典古籍库快速定位。

六、全国报刊索引

期刊文献是作者经常引用的，因而期刊文献检索数据库也是编辑工作中使用频率较高的。知网、万方、维普等为常用的期刊文献检索数据库，不在本文的介绍范围内。而晚清、民国时期的文献，是出版编辑工作经常遇到的，因而核实晚清、民国时期的期刊文献与知识，是出版编辑日常工作的重要内容。掌握相关数据库也是编辑工作的重点。《汉语古籍电子文献知见录》一书介绍了民国报刊与古籍全文数据库、大成老旧刊全文数据库等经典数据库，本文不再赘叙。此处重点介绍一下全国报刊索引数据（http://www.cnbksy.cn/）。

全国报刊索引数据库囊括了晚清期刊全文数据库（1833—1911）、民国时期期刊全文数据库（1911—1949）、字林洋行中英文报纸全文数据库（1850—1951）、新闻报（1893—1949）、时报（1904—1939）、上海泰晤士报（1925—1943）（英）、中央日报（1928—1949）、图述百年——中国近代文献图库（1833—1949）、中国近代中文期刊全文数据库——文学专题（全文检索版）等多个子数据库。一般来说，编辑工作经常用到的是晚清期刊全文数据库（1833—1911）、民国时期期刊全文数据库（1911—1949）两个子数据库。而《汉语古籍电子文献知见录》收录前者[①]，此处不再赘述。

民国时期期刊全文数据库（1911—1949）收录民国时期出版的两万余种期刊，内容集中反映这一时期的政治、军事、外交、经济、教育、思想文化、宗教等各方面的情况，现已出版1—4辑，读者用户可对五千六百余种期刊和三百多万篇

---

① 见张三夕、毛建军主编：《汉语古籍电子文献知见录》，第15页。

的文章进行检索、浏览并下载全文。作为历史档案的重要组成部分,民国时期期刊全文数据库(1911—1949)具有极为重要的学术价值和史料价值,因其囊括的报刊种类较齐全、下载方便快捷,在编辑工作中,遇到民国时期的期刊文献,除知网、万方等期刊数据库外,该数据库是首要选择。

本文所提供的全国报刊索引数据库的网址,是囊括了该数据库各子库的综合性网址,因此,检索时,不仅可以查询到晚清、民国时期的期刊文献,还可以查询到晚清、民国的图书、图片文献。当然,该数据库所能查询的内容,还受限于所在机构购买的子库情况。但编辑工作中遇到晚清、民国时期的稿件,需核实晚清、民国时期文献及相关知识的,此数据库必是首选。

七、抗日战争与近代中日关系文献数据平台

抗日战争与近代中日关系文献数据平台(http://www.modernhistory.org.cn/index.htm)是国家社科基金"抗日战争研究专项工程"的一部分,2016年由中国社会科学院、国家图书馆、国家档案局牵头,中国社会科学院近代史研究所和百度云承办。该平台致力于汇集所有和抗日战争及近代中日关系有关的文献数据,收录的1949年以前的各类文献有1000万页以上,囊括档案、图书、期刊、报纸、图片、音频、视频等多种形式的文献。且该平台永久免费开放,所有文献均可免费检索与阅览。个人免费注册账号之后,可获得免费下载权限。

该平台检索方便,可分简单检索与高级检索,输入检索关键词即可浏览平台给出的各类相关文献。该平台会详细列出文献的相关信息,如责任者、出版社、出版地、出版时间、类型、页数、所属丛书的题名等等,还会在第一行列出检索该文献的关键词。点击"查看详情"页面,还可速览该文献目录。点击"开始阅读",即可全文阅览所检索文献。

出版编辑工作中,关涉抗日战争及中日关系的稿件或知识不在少数,甚至有大量以抗日战争为主要研究内容的丛书出版,而抗日战争与近代中日关系文献数据平台以其资料丰富、类型多样、专业性强等优势,成为编辑们加工此类书稿常用的利器。

图3 抗日战争与近代中日关系文献数据平台主界面

八、汉　典

出版编辑工作中，经常使用到字词典，常用的纸质字词典有《辞海》《现代汉语词典》《古代汉语词典》等。线上字词典因快捷方便等特点，也成为编辑在加工书稿时常用的工具，其中最常用的是汉典（http://www.zdic.net/）。

汉典是一个有着巨大容量的字、词、词组、成语及其他中文语言文字形式的免费在线辞典，旨在为那些在中文学习、研究方面有兴趣的人提供帮助与服务，并探讨中文语言文字使用的规范和标准。汉典收录了93898个汉字，361998个词语、短语和词组，以及32868个成语的释义。此外汉典还有其他几个附加和辅助的网站，包括汉典古籍、汉典诗词、汉典书法、汉典论坛等。

除了可以查阅字词字形及释义外，对于编辑来说，汉典还可用来检索异体字、繁体字以及字顺。繁体字及简体字的转换、规范字及异体字字形的确认，是编辑加工古籍类书稿经常遇到的难题，汉典在所检索的简体字的释义下会列出对应的繁体字，便于编辑根据字的含义来确认繁体字字形。所检索字的右侧，除了拼音、注音、部首、简繁、字形分析、笔顺等基本信息外，还会列出异体字字形，因而便于编辑确认该字的繁简体的规范字形。另外，汉典会列出所检索字的字源字形，包括该字甲骨文、金文、楷书及楚系简帛、秦系简牍、说文小篆、传抄古文字等的字形，还会列出台湾、香港等地区的字形，因而核实古籍文献中的异体字或汉字的不同书体，编辑会经常运用到汉典。除此之外，汉典会在所检索字的左侧，用小视频演示该字的笔顺及写法，在出版编辑工作中，经常有给编委会成员根据姓氏笔画进行排序的工作，遇到笔顺难以确定的汉字，汉典是一个极为便捷有用的工具。

汉典的功能还有许多，此处只是简单地介绍了一些编辑工作中经常运用到的功能。用户可根据需要，对汉典的功能进行多方面的运用。除了汉典，台湾的异体字字典数据库（https://dict.variants.moe.edu.tw/variants/rbt/query_by_composite_tiles.rbt?command=clear）也是编辑工作中经常运用到的在线字典，该数据库是查询异体字字形的较权威与专业的网站，收录了包括出土文献在内的各类型字形，是辨识古籍文献尤其是碑文类文献中异体字的较专业和权威的网站，在出版编辑工作中，遇到相关类型的稿件，也会经常使用到该数据库。该数据库可免费检索，但由于其为台湾地区所创设，界面打开慢甚至打不开的情况经常存在。因此，相对来说，该网站对于辨识异体字与规范字有专业性的指导，但效率较低。

电子文献数据库及检索工具，随着信息技术的高速发展，也呈现蓬勃发展的态势。恩师张三夕老师，在电子文献数据库萌芽阶段，就已经预示到电子文献数据库的革新作用，因而他在教学过程中一直强调电子文献数据库的学习与运用，笔者跟随张导读书的岁月受益良多，而且所学所识，在工作中都能有所运用。以上所述，虽是结合了一些微薄经验，但在张导及古典文献学专业各同人面前难免有班门弄斧的嫌疑，小子经验之谈，贻笑大方，不免汗颜。

近二十年国内"文学地图"研究述评

于美娟[①]

一般认为,1910年巴塞洛缪(J. G. Bartholomenw)所著《欧洲文学和历史地图集》的出版,可视为"文学地图"的正式诞生。此后,20世纪20年代刘易斯(Sinclair Lewis)为《巴比特》一书手绘的18幅地图,30年代布里斯科(J. D. Briscoe)等人合编的《英国文学导图》中的9幅地图,都可称为"文学地图"。60年代到90年代也有多种"文学地图"出版,值得注意的是1999年出版的《欧洲小说地图集》,地图超过80幅,作者莫莱蒂(Franco Moretti)明确提出"文学地图"是"文学研究的工具"[②],这意味着"文学地图"已经被视为一种文学批评的方法。

一、国内"文学地图"研究现状分析

国内第一次明确提出"文学地图"概念的是杨义,其他有代表性的研究者有梅新林、张袁月、郭方云、王兆鹏等。从2003年到2007年,杨义连续发表《重绘中国文学地图》《重绘中国文学地图与中国文学的民族学、地理学问题》《重绘中国文学地图的纲目》《重绘中国文学地图的方法论问题》等几篇文章,把"文学地图"作为"一种地图视角下的文学史写作范式"而大加提倡[③],此后学界对"文学地图"的讨论一直保持一定的热度。我们可以把2015年看作"文学地图"研究的时间分水岭。在这之前,"文学地图"研究多是对杨义"重绘中国文学地图"这

[①] 于美娟,华中师范大学文学院古典文献学2004级硕士,现为上海师范大学天华学院语言文化学院讲师。
[②] 高树博:《弗兰克·莫莱蒂的文学地图学思想》,《社会科学研究》2016年第4期,第179页。
[③] 张袁月:《从文学地域、文学地理到文学地图——空间视角下的文学地理学》,《南开学报(哲学社会科学版)》2018年第3期,第154页。

一命题的阐发;也有研究关注地域和文学家的"文学地图",但有"文"无"图";甚至有些研究仅仅借用"文学地图"的概念,分析文学现象依然采用历史或文化的视角,可谓有"名"无"实"。2015年之后,郭方云、梅新林、张袁月对"文学地图"的内涵和学术范式分别进行了界定和阐释,"文学地图"的理论建构向前推进了一大步;夏汉宁、张袁月等从"文学地图"视角考察文学现象,研究成果颇为丰富;以王兆鹏"唐宋文学编年地图"为代表的"文学地图"信息化平台陆续建设,标志着"文学地图"的实践研究也初具规模。综上,2003年至今,尤其是2015年以来,国内"文学地图"研究主要关注理论建构、理论应用和地图制作(包括信息平台建设)三个方面。

(一) 理论建构

作为一个新兴的研究领域,"文学地图"的理论研究还比较薄弱。对其内涵的界定、学术源流的梳理、研究范式的讨论都始于杨义,其他研究者多关注文本实践,理论研究没有明显推进。直至2015年,情况才有所改观。

1. 内涵的界定与学科归属的厘清:基本形成共识。2003年到2007年,杨义的《重绘中国文学地图》等文章较早关注"文学地图"问题,具有开拓性,不过,杨义并没有详细阐述"文学地图"的内涵。此后五六年间,有不少论文重在解读和评价杨义的"重绘中国文学地图"思想,如《评杨义〈重绘中国文学地图通释〉》等,还有些论文把"文学地图"作为一个比喻性的概念指代文学或文学发展状况,如《在重绘的文学地图上——"五四"新小说的生成语境》《沦陷区文学地图的重绘与"两岸三地"沦陷区文学之比较》等。如前所述,对"文学地图"内涵作出具体说明的是2015年郭方云、梅新林和张袁月的三篇论文,分别是《文学地图》《论文学地图》《从文学地域、文学地理到文学地图——空间视角下的文学地理学》,2017年,梅新林的专著《文学地理学原理》更全面系统地阐释了"文学地图"的内涵、形态演变和分类等理论问题。

梅新林和张袁月都认为"文学地图"隶属于文学地理学,不同的是梅新林认为"文学地图"是"移植和借鉴'地图'理论、方法与技术应用于文学地理学研究的一种新的跨学科批评模式与研究方法"[①]。张袁月则把"文学地图"看作文学地理学在地理、地域之外的第三种研究视角,或者研究路径。

梅新林、郭方云、张袁月都对"文学地图"进行了分类。梅新林把"文学地图"分为实体性的"文学地图"和借喻性的"文学地图",前者是狭义的,后者是广

---

① 梅新林:《论文学地图》,《中国社会科学》2015年第8期,第163页。

义的。郭方云认为"从广义上看,文学地图是文学世界中空间信息的图形表征或文字描绘。……从狭义上讲,文学地图指代的则是文学作品中空间信息的图示化表征"①。张袁月认为"文学地图可分为基于文学家的外部地图和基于文学作品的内部地图,前者主要根据文学家的籍贯分布、地理轨迹以及作品产生的区域分布来绘制地图,不涉及文本;后者则是由文本的地理描述提炼出地名、景观、方位、路线等地图元素进行地图绘制"②。三个定义虽有差别,但都认为"文学地图"的定义有广义和狭义之分,梅新林的区分标准为是否为"实体性",郭方云的区分标准与梅新林基本一致,不过她所定义的广义"文学地图"中包含狭义的"文学地图",张袁月所谓"外部地图"和"内部地图"的区分标准是基于对象的不同,二者明显是并列关系。可见,对于"文学地图"的学科归属和内涵,学界已经形成初步共识,但仍需更深入的讨论。

2. 研究范式的探讨:图文二元性。对研究范式的讨论也应是理论建构的重点之一,不过只有杨义和梅新林对此有较为明确的阐述。2007年,杨义在《重绘中国文学地图的方法论问题》中提出"要在文学的时间维度上增加和强化文学的空间维度"③,对后续的"文学地图"研究具有重要的指导意义。梅新林在《论文学地图》中认为,"文学地图"采用的是"二元复合研究法",即"地图—科学的研究方法"与"文学—审美的研究方法"的统一。杨义和梅新林都看到了"文学地图"的图文二元性,并把"图"定位为"文"的补充手段。

正如张袁月所言,上述两方面的研究使"文学地图"从"比喻性的表层概念向学理性的深层范式转换"④。

3. 学术源流的梳理:以西方为主。"文学地图"发端于西方,国内"文学地图"理论的建构也离不开对外国"文学地图"研究的介绍和梳理,其中既有对布鲁姆、弗兰克·莫莱蒂等学者"文学地图"思想与实践的介绍,也有对西方"文学地图"产生发展过程的梳理。2011年开始,上海交通大学出版社陆续出版"布鲁姆文学地图译丛",这是外国"文学地图"丛书第一次在中国出版。2015年之后,陈晓辉发表《弗兰克·莫莱蒂的三重文学空间观》,高树博发表《莫莱蒂的文学地图学思想》,都对弗兰克·莫莱蒂的文学地图学思想进行了详细的介绍;张海榕的《刘易斯的"巴比特文学地图"与美国城市的空间生产》关注刘易斯的"巴比特文学地图";郭方云的《文学地图》和梅新林的《文学地理学原理》都梳理过西

---

① 梅新林:《论文学地图》,第163页。
②④ 张袁月:《从文学地域、文学地理到文学地图——空间视角下的文学地理学》,第154页。
③ 杨义:《重绘中国文学地图的方法论问题》,《学术研究》2007年第9期,第99页。

方"文学地图"产生和发展过程,以及西方"文学地图"研究的现状,后者有专章介绍"文学地图",更为详细全面。此外,杨义、梅新林等研究者还指出"文学地图"与中国文学图志并存传统的内在联系,试图以传统的图志学启迪"文学地图"研究。但总的来说,学界还是偏重对西方"文学地图"渊源的追溯。

(二)运用"文学地图"理论分析文学现象

运用理论分析文学现象一直是"文学地图"研究的重要领域。不过由于2015年之前理论建构尚不够成熟,有些研究者只是把"文学地图"作为一个隐喻性的概念来指代文学史或者某一阶段的文学状况,在对"重绘中国文学地图"话题的热烈讨论及对文学家"文学地图"的研究中,这一点都有明显的体现。更能凸显"文学地图"图文二元性特质的是另外两类研究,即对群体文学家地理分布的量化分析和对小说地理信息的解读。

1. 重绘"文学地图":前期热点。自杨义提出"重绘中国文学地图"之后,"重绘"就成为一个热门词汇。2003年到2012年,陆续有学者提出对儿童文学、现代文学、民族文学、外国文学甚至文化进行重绘,其重点在于探讨如何用"文学地图"视角重新审视某一领域的文学现象,比如霍志军的《陇右地方文献与中国文学地图的重绘》,利用陇右地方文献对中国文学进行考察。之后随着"文学地图"研究重点转向理论建构和作家作品分析,此类研究就很难见到了。

2. 文学家"文学地图"研究:持续不断。不似"重绘文学地图"研究前后期的冷热不均,对文学家的"文学地图"研究十几年来没有明显的热潮期,但也没有间断过。此类研究又可以分为群体文学家"文学地图"研究和个体文学家"文学地图"研究。对群体文学家的研究侧重对文学家地理分布的精细勾画,并试图阐释文学家成长与地域环境之间的关系,一般较少涉及作品,即张袁月所谓"外部地图"。20世纪90年代曾大兴的《中国历代文学家之地理分布》其实就是用量化的方法勾画文学家地图,尽管当时国内学界还没有提出"文学地图"的概念。2012年以来,这类研究成果不断,如刘跃进的《秦汉文学地理与文人分布》和夏汉宁的《宋代江西文学家地图》,还有张岳林近年发表的几篇文章,包括《清代皖籍作家的空间分布及其流向》《地图学视野下皖籍作家构成》《明代皖籍作家文学地图》《唐前皖籍作家的空间分布及其文学史意义》等。此外,杨义的《方兴未艾的家族和家族文学研究》所提倡的家族文学研究,可算是为特殊的群体文学家描绘"文学地图"。对个体文学家"文学地图"的研究一般基于文学作品,如曹洁的《黄永玉的文学地图》等,多是借用"文学地图"的概念探讨作家的创作经历等,较少运用空间分析方法。

3. 地方"文学地图"研究：偶尔有之。"重绘中国文学地图"观念提出后不久，2004年就出现了对地方"文学地图"的研究，如王纪人等的《上海文学地图之历史变迁》，但总的来说论文数量不多，只有不到10篇。这类研究是以某个特定地域为对象，梳理有代表性的文学活动空间。其中，吴可文的博士论文《明清福州文学地图》，以地理位置为框架，全面梳理和考察福州城南明清两朝主要文人建筑和文学活动的整体面貌，采用的是比较典型的"文学地图"视角。

4. 文学作品的"文学地图"研究：新兴领域。近五年来，有学者用"文学地图"的理论解读文学作品，多半是小说，究其原因，正如张袁月所说，"小说具有的地理学属性与细致准确的地理描述，为绘制地图提供了可能"[①]。最有代表性的是张袁月近几年发表的一系列论文，如《文学地图视角下的唐传奇论析》《近代小说中的文学"地图"与城市文化》《文学地图视角下的中国古代小说》等。此类研究虽然数量不多，但注重提取小说中的地理信息，并与历史文化背景结合进行综合分析。张袁月的《〈古镜记〉的文学地图及其意义》为唐传奇《古镜记》绘制文学地图，认为小说中的地理信息可以解读出很多文学、文化内容，如中国古代小说空间叙事的原形特征、唐代人喜爱游历江南的风尚等。这种把小说的地理信息和历史文化参照解读的方法，为我们解读中国古代小说、戏剧甚至诗歌提供了一种新的思路。

（三）"文学地图"的绘制和平台建设

"文学地图"带有明显的图文二元性。对于"图"，除了2005年上线的由台湾元智大学罗凤珠等人开发的"宋人与宋诗地理资讯系统"以外，2015年之前学界更关注其内容的构成，几乎没有探讨地图绘制技术性问题的文章，也没有建设成型的"文学地图"平台。近几年相关论文陆续发表，说明"文学地图"研究领域正在不断拓宽。郭方云的《新型文学制图法：以〈威尼斯商人〉为例》介绍了以ArcGIS软件为基础的新型文学制图法；李仲凡的《文学地图绘制的相关问题》特别强调了"文学地图的绘制比文学地图学理论研究更具有实践性、挑战性和创造性"[②]，从一般规范、特殊性和前景几个方面探讨"文学地图"的制作；蒋英的《基于GIS技术的西域文学地图数字分析平台构建及应用展望》，对利用GIS技术构建西域文学地图数字分析平台做了设想和展望。最有影响力的"文学地

---

① 张袁月：《文学地图视角下的中国古代小说》，《明清小说研究》2017年第3期，第75页。
② 李仲凡：《文学地图绘制的相关问题》，《陕西理工大学学报（社会科学版）》2018年第3期，第7页。

图"平台是中南民族大学王兆鹏教授设计的"唐宋文学编年地图",这是国家社会科学基金重大项目"唐宋文学编年系地信息平台建设"的成果之一,已于2017年3月上线运行。此外,复旦大学的国家社科基金重大项目"魏晋隋唐交通与文学图考"正致力于魏晋隋唐交通地图编研和信息化平台建设。

二、"文学地图"的研究趋势与展望

国内"文学地图"研究方兴未艾,不过,我们认为还需要在以下几个方面继续深入研究。

第一,"文学地图"的内涵及学科归属还需进一步探讨。不少文章谈及"文学地图",采用的都是比喻性的说法,而非学理性的概念;梅新林等人都阐释了"文学地图"的内涵,但对"文学地图"内涵的界定也有一定差别,因此还需进一步探讨,形成广泛共识。"文学地图"与文学地理学的关系也需要进一步厘清。

第二,"文学地图"的研究方法还不够丰富。曾大兴对文学家的地理分布进行定量分析并完成文学家的"文学地图",是一种易于复制的研究模式,但如何把定量与定性分析适当结合,是此类研究要解决的难点;对文学作品"文学地图"的勾画多止步于地理名词的罗列,对作品文学空间与真实地理空间关系的分析一般浅尝辄止,不过张袁月另辟新路,可能会形成新的范式。

第三,文学作品"文学地图"的研究领域基本限于小说。应将"文学地图"理论的实践范围拓展至诗歌、戏剧、神话等,对研究方法的多样化也可能会有所助益。

第四,"文学地图"实践成果还不够丰富,除"唐宋文学编年地图"外,还没有其他有影响力的应用平台。不过,"唐宋文学编年地图"三年来还在不断改进,并保持了一定的热度,这给其他"文学地图"应用平台建设提供了很好的借鉴。

综上所述,国内"文学地图"还有很大的研究空间和研究价值,需要学者们的认真关注并积极投入热情和精力。

布依族民间文学整理与研究综述

毛建军[①]

布依族民间文学主要有民间歌谣、故事、神话、传说、童话、寓言、笑话、谚语、歇后语等形式。布依族民间文学题材广泛,形式多样,内容丰富,语言生动,是研究布依族社会历史、思想文化和语言艺术的重要文献依据。

一、民国时期对布依族民间文学的初步观察

最早发现布依族民间文学价值的当为岑家梧先生。1938年,大夏大学社会研究部民族学家岑家梧先生至荔波县驾欧乡拉欧村考察,后撰写有《黔南仲家的祭礼:作桥的道场与经典》一文,该文详细分析仲家(今布依族)民间文学"作桥"(也称作"做桥")的形式、内容和性质。岑家梧先生指出,仲家"作桥"所用的经典的内容性质大致可分为三大类:第一类为叙述神的历史的歌谣,如《出圣歌》《开像》《占三元》《花王歌》及《发功曹》等属之;第二类为叙述天地开辟的故事,如《盘古遗保》《淹水歌》等;第三类为叙述事物起源的神话,如《仲丁》《十二行家》等,这些都是研究仲家历史文化的绝好资料[②]。"作桥"是布依族最为隆重的大型祭祀习俗活动。"作桥"所用的歌诗文本记述了布依族民间诸神传说、射日传说、洪水滔天传说、万物起源传说等神话故事[③]。除了岑家梧先生对布依族民间文学给予关注外,民国时期的期刊也偶有布依族民间歌谣的译作发表,如1941年《社会研究》第27期就发表有《仲家的情歌》(金薇采集)10首,1941年

[①] 毛建军,华中师范大学文学院古典文献学2011年访问学者,现为兴义民族师范学院文传学院教授。
[②] 岑家梧:《黔南仲家的祭礼:作桥的道场与经典》,《民族正气》1944年第1期。
[③] 贵州省民族古籍整理办公室、荔波县民宗局:《布依族〈做桥〉影印译注》,南宁:广西民族出版社,2018年,第1页。

《社会研究》第37期摘录有《仲家酒歌》（张少微采集）1首，1947年《边铎月刊》第12期摘录有《仲家歌谣》1首。

1939至1940年，中央研究院社会科学研究所研究员芮逸夫先生到贵州布依族地区进行贵州布依族民族调查，采集了大量布依族的民族文物和文书，其中最为珍贵的当为布依族民间传说文书。这些民间传说文书为台湾"中央研究院"历史语言研究所收藏，在该所建置的《中国西南少数民族资料库》中即收录《择尚吉日》《谢家土文》《谢土歌文》《丧事杂忌》《赞礼文/罗少先记》《谢土歌文》《祭文书》《五行长诀》《杂歌》等九种布依族民间传说文书实物。

民国时期对布依族民间文学的初步观察虽未能形成体系，但对其后的布依族民间文学研究的影响是显而易见的。岑家梧先生对布依族"作桥"文本的关注启发了后人对布依族民间文学丰富内涵的认识。芮逸夫先生对布依族民间文学文献的搜集直接影响了新中国成立后对布依族民间文学纸本文献的搜集与保护。

二、布依族民间文学的搜集与整理

布依族民间文学的搜集整理始于20世纪50年代。1956年，《贵州文艺》杂志社组织贵阳师范学院中文系学生到贵阳市花溪高坡苗乡搜集故事和民歌，并在该刊"民间文学"专栏系列发表。此间，贵州省民族语言调查队也开始到布依族地区搜集大量民间口头文学资料。1958年，中宣部和文化部指定各民族地区编写各民族文学史，贵州省承担有苗、布依、侗、水、仡佬等民族文学史的编撰任务。"布依族文学史"由贵州民族学院、贵州省语文指导委员会联合编写。在编写《布依族文学史》的过程中，同时陆续选编了布依族民间文学资料。1961年至1964年，贵州省民间文学采编组布依族分组先后组织深入布依族地区搜集民间文学资料，后结集出版《民间文学资料·布依族神话传说故事》第19集（1959年）、《民间文学资料·布依族歌谣传说故事集》第28集（1961年）和《民间文学资料·布依族传说故事》第32集（1962年）。

改革开放后，布依族民间文学工作迎来一个蓬勃发展时期。1979年，中国民间文艺研究会在北京召开。1980年，贵州省民间文艺研究会成立，并创办了贵州省民间文艺刊物《南风》，陆续翻印、编印民间文学资料200余集（含地州），出版各类民间文艺作品专集80余种[①]。1980年，贵州大学、贵州民族学院先后

[①] 罗剑：《贵州民族民间文学知识产权保护初探》，《贵州民族研究》2007年第2期。

组织一批师生,深入贵定、龙里的布依族村寨,搜集了大量民间文学资料。1987年,贵州省民间文艺研究会在镇宁开展"民间文学集成普查试点"工作,搜集有200余件民间文艺作品资料。1983年4月中国民间文艺研究会发起的《民间文学三套集成》计划启动。《民间文学三套集成》包括了《中国民间故事集成》《中国歌谣集成》《中国谚语集成》,其中省卷本90卷、县卷本4000多卷。1989年,贵州省"民间文学集成"普查工作全面铺开,先后编印各县"民间文学集成"200余卷,出版各种"集成"作品集20余种(含地州)①。《中国谚语集成·贵州卷》(1998年)、《中国民间故事集成·贵州卷》(2003年)已由中国ISBN中心出版。《中国民间文学集成·贵州卷》是在各县编印的2500多万字"民间故事卷"基础上编选而成,共收入各民族民间神话、传说、故事602篇,共计120万余字,是全面反映贵州省民间故事的权威版本。

三、布依族民间文学的理论研究

在布依族民间文学文献整理的基础上,布依族民间文学的理论研究也逐渐深入。布依族民间文学理论研究分为三个阶段,即20世纪80年代的初创阶段、20世纪90年代的逐渐成熟阶段和21世纪的不断深入阶段。

20世纪80年代为布依族民间文学理论研究的初创阶段。这一阶段的研究主要着重于布依族民间文学的初步认识和审美解读,其目的在于使人们更加深入地了解布依族民间文学的丰富性与多样性。布依族作家、布依族民间文学家汛河先生是最早关注并梳理布依族民间文学类型的学者。他的《谈布依族民间文学》(《贵州社会科学》1980年第3期)、《浅谈布依族的民间传说》(《贵州民族研究》1981年第2期)、《浅谈布依族的童话和寓言》(《贵州民族研究》1987年第4期)是20世纪80年代最有影响的布依族民间文学研究之作,这些开创性的研究对布依族民间文学研究极具启发意义。贵州省社会科学院研究员、民俗专家刘之侠先生最早关注布依族民间文学的审美文化特征,他撰写的《试论布依族民间文学中的爱情故事》(《西南民族学院学报(哲学社会科学版)》1982年第2期)、《布依族民间文学的道德观念及其审美趣味》(《贵州社会科学》1985年第9期)、《试论布依族民间文学中的善恶报应》(《贵州民族研究》1985年第3期)等论文至今依旧被广泛引用。此外,20世纪80年代几部《布依族文学史》的编著

---

① 贵州省地方志编纂委员会:《贵州省志·文学艺术志》,贵阳:贵州人民出版社,2003年,第503页。

对推动布依族民间文学的价值认同起到重要作用。《布依族文学史》(贵州省社会科学院文学研究所编著,贵州人民出版社1983年)、《布依族文学史》(田兵等主编,广西民族出版社1983年)、《布依族文学史》(王清士、韦廉舟等,贵州人民出版社1983年)在同一年陆续出版。由于布依族民间文学是布依族文学发展史的重要内容之一,这一时期的布依族文学史编撰对布依族民间文学多有论述。

20世纪90年代为布依族民间文学理论研究的逐渐成熟阶段。这个阶段陆续推出了一大批论文,并从民俗学、艺术学、宗教学、心理学等角度多视域研究布依族民间文学,以达到对民间文学深层含意认知的目的,其中较有影响的有罗汛河的《从神话传说看布依族的农耕文化》(《贵州省布依学会首届年会论文集》,贵州省布依学会1990年)、覃世琦的《从布依族民间故事看其道德思想》(《贵州省布依学会首届年会论文集》,贵州省布依学会1990年)、石尚彬的《试论布依族民间说唱的艺术特色》(《贵州民族研究》1994年第1期)、罗毓开的《布依族民间爱情叙事诗的艺术特色》(《黔南民族师专学报》1999年第4期)等。1992年,何积全、陈立浩主编的《布依族文学史》(贵州民族出版社)出版,该著分三编(远古文学、古代文学、近代文学)对布依族神话和古歌、民间传说、民间故事、民间长诗、民间说唱的特征及其发展规律进行了全面的分析研究,开创了布依族民间文学的新局面。何积全、陈立浩在《布依族文学史》绪论中指出"布依族文学主要是民间口头文学。书面文学是布依族作家和文艺工作者用汉语创作的反映布依族生活的文学作品"。事实上,该著十分之八的篇幅都在论述民间口头文学,可以说几乎是一部布依族民间文学史。

新世纪为布依族民间文学理论研究的不断深入阶段。此阶段许多较有成就的学者转入更深层次的布依族民间文学理论研究,其研究涉及布依族民间文学的哲学思想(如王鸣明《浅谈布依族神话和民间故事中的哲学思想》,《贵州民族研究》2001年第4期)、农耕文化(如卢丽娟《布依族的民间传说与农耕文化》,《贵州政协报》2001年8月3日3版)、神性意识(如刘建国《罗平布依族民间文学的神性意识》,《曲靖师范学院学报》2003年第2期)、话语功能(如王炜《罗平布依族民间文学话语功能探析》,《曲靖师范学院学报》2003年第2期)等。此阶段,布依族神话依旧是布依族民间文学研究的热点。陈玉平[1]着重分析布依族神话人物,韦韬[2]对布依族神话进行了全新分类,喻选宏[3]则将布依族神话转向

---

[1] 陈玉平:《布依族神话人物简论》,《民族文学研究》2000年第1期。
[2] 韦韬:《布依族神话类别初探》,《贵州民族学院学报(哲学社会科学版)》2009年第2期。
[3] 喻选宏:《罗平布依族神话解析》,《民族音乐》2013年第6期。

更深层次的地域研究。龙国静的硕士论文《布依族神话与古歌研究》(贵州大学2008年)对布依族神话与古歌进行类型研究，并从布依族古歌、神话探索布依族的社会生活，是布依族民间文学研究的阶段性力作。李家文的硕士论文《论布依族民间童话的民族特色》(中国海洋大学2015年)挖掘布依族民间童话的艺术魅力和所呈现的民族、地域特色，重点阐述其艺术特点和各种传统形象。这一阶段还问世了诸多总结性研究成果，如《贵州省志·文学艺术志》(贵州人民出版社2003年)、《中国民俗通志·民间文学志》(林继富著，山东教育出版社2005年)、《贵州民族民间文化读本》(贵州民族民间文化读本编写组编，贵州人民出版社2011年)、《贵州艺术研究文集》(罗新民主编，贵州人民出版社2011年)等。尤其是《贵州省志·文学艺术志》的出版可谓布依族民间文学的一次整理性总结。

四、思考与展望

随着布依学研究的深入，布依族民间文学搜集、整理、出版和研究应向更深层次开掘。笔者以为，布依学整理与研究应从如下三个方面开展工作：

一是，如何突破布依族民间文学研究的局限范式，是焕发布依族民间文学人文价值的首要课题。目前，布依族民间文学研究方法陈旧，亟需利用新理论、新方法深度阐释布依族民间文学。布依族民间文学研究目前还处于十几年前的理论研究状态，没有跟上民间文学学科发展的步伐。诸如最近几年所运用的民间文学比较研究、民间文学母题研究、民间文学原型研究、民间文学生态学研究、民间文学口头程式研究、民间文学表演研究、民间文学人类学研究等方法，在布依族民间文学研究界几乎没有学者涉足。

二是，布依族民间文学文献集成呼之欲出。加紧整理布依族民间文学，并将布依族民间文学文本汇编成书，最终汇集出版《布依族民间文学文献大系》或《布依族民间文学文献集成》。贵州省大数据的快速发展，为"布依族民间文学文献数据库"的建设也提供了时代便捷途径。汇编布依族民间文学既是对布依族民间文学的总结，同时也是永久保存布依族民间文学文献的必须选择。汇编布依族民间文学也可以为布依族民间文学研究提供更为集中的文献引证材料。

三是，加紧撰写全面总结性的布依族民间文学理论专著。布依族民间文学目前还缺少全面总结性的理论专著，而人口在百万以上的18个民族多数都编著有该民族的民间文学理论专著，如《蒙古民间文学》(陈岗龙，2008年)、《回族民间文学》(马有仲,2013年)、《藏族民间文学概论》(万玛项欠,2005年)、《壮族民间文学概观》(韦其麟,1988年)、《满族民间文学概论》(季永海,1991年)、《湘西苗族民间文学概要》(麻树兰,1992年)、《侗族民间文学史》(杨权,1992年)、《傣族民间文学论》(余玫,2011年)等。即便是人口在百万人以下十万人以上的民族也编著有该民族的民间文学理论专著,如《拉祜族民间文学概论》(刘劲荣,1998年)、《傈僳族民间文学概论》(杨春茂,2002年)等。布依族是我国一个人口超过百万的少数民族之一,迄今还没有一本布依族民间文学理论专著,甚为遗憾。

如来藏:空花泡影与不生不灭
——一种对于佛法唯识论的疏理与解释

桑大鹏[①]

在大乘佛法里,有一个居于核心地位的本体论概念:如来藏。如来藏是包括生命在内的宇宙万物的本体、本源,是万物之初始的起源地和最终的回归地,万物生灭的终极根据。依据生命所处的不同时段与功能性质以及在不同的语境中,如来藏领有众多不同的别名:依其出生众生前七识的知性结构而言,如来藏居于本源地位,名为第八识;就其表证生命的根本特征为"识性"而言,如来藏称为本识;就虚幻万物的本质而言,如来藏称为实相;就中阴身初入母胎的情形而言,如来藏可名为入胎识;依其积集众生善、恶、无计业而带有染污性的功能价值而言,如来藏可名为阿赖耶识;依其显现于六根门头的能动作用而言,如来藏可名为佛性;依其性、相、体、用的特征而言,如来藏一体俱空,名为空性;至八地菩萨时,菩萨修除阿赖耶识之执藏性,无功用道,任运自在,故名异熟识(梵语"阿陀那识");佛地的无明业种已完全清净,如来藏内含的无明种子不再流注,名为无垢识;无垢识显现出永无生灭、如如不动的真性,故又名真如、真我,真如之于如来藏的关系正如花香之于花体,真如是如来藏的"芬芳";因如来藏无执无受,故名中道;因其无生无灭,故名涅槃;因其坚不可摧,无物可坏,故名金刚心。此外,在佛典阿含部、般若部,佛又以心、本际、非心心、不念心、无心相心、第一义谛等概念指称如来藏。由于众生的无明妄动,如来藏因应此种无明妄动而生出身、心(以"了别"为特征的妄心)、世界,造成吾人适以自存、永恒轮转的现象界,是生灭不息的空花泡影,但如来藏自体是永恒的清净无染、不生不灭。故空花泡影与不生不灭就是对如来藏出生的现象界及其自体界的总体描述。

[①] 桑大鹏,华中师范大学文学院古典文献学2003级博士,现为三峡大学文学与传媒学院教授。

一、心

根据佛理,吾人知识之心、肉身以及生活于其中的物质世界等全部现象界都是如来藏所生,是如来藏感应吾人根本无明而来,本质是"心物一体"。现象界本是刹那生灭的幻象,只是吾人出于无明的执着,执幻为真,认虚为实,才感觉世界如此"真实"。无明,即吾人莫名其妙、不期而然、不知不觉、不明所以而发生的愚黯的心智状态,是一种无根无序、毫无明辨理性的心智,此种愚黯心智有一种特征,即对吾人生命本体(阿赖耶识、如来藏、入胎识)没有清醒的洞察与体认,而与阿赖耶识绑在一起,阿赖耶识并不拒绝此种"绑架",反倒为此种无明生出相应的妄能,于是无明与阿赖耶识结合,转进为我见、我执、我所执之情,最终形成了意根(第七识、又名末那识)。意根即我们人人本具的自我意识,意根接着驱动如来藏生出眼、耳、鼻、舌、身、意六识(意识不是意根),如此,如来藏阿赖耶识、意根加上眼识等六识共八识,故"心"既包括第八识真心如来藏,又包括意根、意识、眼识、耳识、鼻识、舌识、身识,共八识。此是大略的状况,今择要分梳。

(一)第八识阿赖耶识

前文已述,此识在不同生命时段、语境及差异性的功能表述中有很多别名:心、本体、本体识、入胎识、如来藏、异熟识、无垢识、金刚心、实相、佛性、空性、真如等等,总之,在不同语境中有不同名称。其特点是"恒而不审",与意识体性刚好相反。"空性"是阿赖耶识的根本特征!阿赖耶识不生不灭、非断非常、无始无终,不与万物为侣而恒随万物流转。具有非量的永恒性,"非量"意即其永恒性不可以时空、关系数据来衡量,其永恒性是超越时间量的。具体而言,即空间上非大非小,不增不减;时间上不生不灭,非断非常;存在上非动非静,不入不会,非一非异,非空非有;关系上不变随缘,随缘不变。阿赖耶识是万物其所自来的渊源,吾人生命的本体,六道轮回的主体。其体性相用需分别解说:

1. 三藏与因果律:三藏即能藏、所藏、执藏。能含藏前七识造作的一切善恶无记种子,故能藏;一切善恶无记种子尽落阿赖耶识中,是为所藏;这些种子不仅被收存,还被执持,在无量世的六道轮回中之适当的时机、缘成熟时又经由前七识流注于吾人命运,显现果报,是为执藏。

前文已述及:第七识末那识意根作为吾人自我意识,因我执既抱定第八识如来藏为"我"的主体,又抱定前六识为"我"的功能。这个"我"本质是一种无根无据的虚妄之知——我们遍寻全部身心也无法找到那个主体性的"我"——是根本"无明",两种"抱定"正是无明的妄知妄动。但阿赖耶识可不分别此种抱定是否为"妄",当然也不拒绝,它只是因应于此种抱定——绑定,为此种绑定流注相应的妄能,前六识所造善恶、染净之业被意根收执而输送给阿赖耶识如来藏,如来藏将此作为种子收存起来;在适当的时机——善恶染净的因缘条件具备时,如来藏又将前此种子流注因缘所成的平台。意根的每一微细妄动都在驱使如来藏反复演绎着相同的过程与结果,故"心生种种法生,法生种种心生"[①]。就善恶染净之业被如来藏收存而言,可视作"现行生种子"[②];就种子被如来藏流注而言,又可视作"种子生现行"[③]。现行生种子即为"因",种子生现行即为"果"。如此说来,在吾人生命旅程中,善恶因果的规律其实反复发生着。如来藏虽是空性空相,却是业的始源地与回归地,因而同时是因果律的本体性根据。如来藏的空性导引万物幻生幻灭,但因果律却实实在在,故"万法皆空,因果不空"——这就是因果律成立的理论根据。

当善业条件具备时,如来藏流注善业种子,吾人感受到富贵、健康、聪慧与幸福;当恶业条件具备时,如来藏流注恶业种子,吾人经历贫贱、残疾、愚钝与苦痛。因果律就是如此实在,如此无情而有情,控引着吾人命运旅程,令人惊心,令人骇然!无数功成名就或一事无成的唯物主义者将自己的命运归于自身努力与否,不知自己正是如来藏手中的道具,表演着成功失败、善恶果报的因果故事。

但是,因果观念绝不是宿命论!不是定命论!站在佛法立场来看,正是奋斗与努力创造了某种机缘,如来藏乃流注相应种子,从而使"成功"显现。而不是袖手垂裳,坐待天降馅饼,或为失败寻找不可知的宿命论理由。当吾人处于命运的最低谷时,佛法也不主张放弃生活的目标与希望,而是积极创造条件,因势利导,为迎来成功作好准备。而最重要的就是认识并利用因果律,相信果报,相信种瓜得瓜、种豆得豆,从最基本的善业入手,积功累德,自己掌控自己的命运,创造自己的幸福。因此,从大乘佛法角度感受因果律,因果律带给我们的不是悲观主义,恰恰是朝向目标、积极自主自为的乐观向上精神。只要遵循"人人为我,我为人人"的价值实践道路,必能为自己迎来相应的幸福。

故阿赖耶识虽是空性空相,却是因果律的始源地与回归地,由于主体的"我执"与"法执",将本来虚妄的毁誉得失执为实有,吾人就不能不感受到果报的实

---

① 《楞严经·卷一》。
②③ 《成唯识论·卷二》。

实在在，感受到因果律的无情与有情。一般人大多不信因果律，他们多从好人遭殃、恶人得势的事相观察上对因果律表示质疑，不知因果律不是几天、几月、几年可观察到的，但可从一个人几十年的命运中察知端倪：正如我们站在湖岸上看一片辽阔的湖面，此湖水甚清，清到发绿，湖中有一条深沟，你初看湖面，并不能发现这条深沟，但观览既久，就会看到深沟所在处湖水清到发蓝，你会发现这条蓝影，此蓝影就是"因果律"！如果我们以二十年、三十年、五十年为限仔细观察一个人的命运，也会发现那个"蓝影"、发现因果律身影分明！

2. 四种大种性自性：阿赖耶识具有地、水、火、风四种大种性自性，又名"四大极微"。地水火风是佛陀时代印度人对物质世界基本元素的普遍看法，佛说法有一原则，即利用人类已有的知识、认知能力与概念阐述更高的真理而不坏世俗概念，故佛承袭了当时印度人的哲学范畴。此四大种性与现代化学108种化学元素相呼应，地即坚凝性；水，润湿性；火，烧燃性；风，流动性。阿赖耶识以此四大种性因应七识之妄动，生出主体适以自存的世界，无数众生的阿赖耶识同此造作，构成"众同分"的外相分——物质世界，阿赖耶识又将此外相分投射给五胜义根，成为五胜义根所见的内相分。换言之，吾人从未见过真正的"物质世界"，只不过见到了此物质世界的内相分。但吾人何以又觉得此世界如此真实坚固、是真正的"物质"呢？原来，在意根普遍默容此无边内相分的前提下，意识能显现刹那生灭的本性，每0.18秒生灭2000余次，即每秒生灭10000余次。这是目前科学测知的结果，其实按照佛法表述，当一个人的修证达到八地菩萨果位后，可以洞见意识的流变速率是每一念有九十刹那，每一刹那有九百次生灭，亦即每一念有八万一千次生灭，当意识触知五胜义根提供的内相分时，其刹那生灭性异化了内相分的心识本性——电影放映机每秒钟放映24格同一胶片，银幕上就获得一个固定的画面；或如电流连续触击钨丝使之发热燃烧，于是我们看到灯泡连续的明亮——刹那生灭的意识密集地触击内相分，内相分因此固化，于是我们感知到的内相分就具有坚固性和物质性，好像是外在世界，其实我们从来不曾接触过由阿赖耶识大种性自性生出的外在世界，不过是阿赖耶识提供的内相分，被我们的意识固化的结果。究极而论，吾人所见"世界"不过是一个幻象。

3. 四分：即相分、见分、自证分、证自证分。见分即指诸识的能缘作用，为认识事物的主体，亦即能照知所缘对境（即相分，为认识的对象）之主体作用。"见"即见照、心性明了之义，谓能照烛一切诸法及解了诸法义理，如镜中之明，能照万象。换个方式说，见分即心识的缘虑作用，亦即主观的认识主体。心识生起，自其自体变现相、见二分，概括世间的一切物质现象；见分是心法，有缘虑作用，是认识的主体。不过此见分与相分，都是识体之所变现，摄物归心，所以成其唯识。相分即自心体上变现出为见分所缘的境相。此在唯识学上摄尽一切所谓客观的现象。心识是能缘虑之法，心识生起时，识体变现出相、见二分，见分是能缘虑的作用，相分是所缘虑的境相。以为宇宙万法，皆阿赖耶识之所变现，故所谓相分，是第八识的色法种子——所谓相分色所变现的境相，故"见分功能决定相分""所见即所能见"。自证分，又作自体分，自是自体；证为证知，即为自觉的证知作用。四分中的见分有缘虑、了别相分的作用，但不能自知其所见有无谬误，故必须另有一证知见分的作用，即是自证分。自证分即识之自体，故又名自体分。自证分还有一种再度知的作用，与自证分互相为证，以证二者有无谬误，此即证自证分。证自证分是识体作用的一部分，即是对自证分再加以证知的作用。自证分有证知见分的作用，但谁来证知自证分有无谬误呢？于是识体更起能缘作用，以证知自证分的所证是否正确，此再度证知的作用，即是证自证分。但谁来证知证自证分有无谬误呢？就是原来的自证分，因为自证分和证自证分二者互缘互证的作用，所以就不必另立一个证自证分了。八识各有四分，各自四分又有相当差异，其共同特征即如上所述。

4. 五蕴与五浊：即色蕴、受蕴、想蕴、行蕴、识蕴，又名五荫。蕴，集聚，荫，遮蔽，因集聚而有遮蔽，故性相相通，指凡夫身心之中分类聚集的五类烦恼。这些烦恼能够隐覆阿赖耶识的灵明之性，故五蕴又名"五荫"，此二名之用在不同语境中有所选择。五蕴即指吾人生命及其适以自存的世界，色蕴即吾人六根六尘蕴积而成，指肉身内外被吾人烦恼遮蔽光明空性的具有粗重相状的物质部分，受想行识蕴全属精神部分，指遮蔽吾人空性光明的四种心理状态。受蕴：吾人对苦受、乐受、不苦不乐受的感受、领纳；想蕴：各种烦恼妄想的聚集状态；行蕴：即身口意三个方面从生至死刹那生灭的能量运行状态；识蕴：即我执（意根）与六识身共同运作的状态。五蕴如交芦，互相借力架设，抽一芦则余者皆灭，五蕴之生全是因阿赖耶识被烦恼遮蔽的结果，本质是人世间的精神心理之"浊"。

故众生五荫对应世间五浊：色荫—劫浊；受荫—见浊；想荫—烦恼浊；行荫—众生浊；识荫—命浊。浊，即混乱，无序，不清净，邪见、罪恶充满的状态。众生因执着色荫，执着肉身、物质得失为"我的"而产生"坚固妄想"，与肉身关涉的阴谋、算计、斗杀不断，起现世间无数水旱蝗瘟、地震海啸、疾疫饥馑（这几种都因天人感应而来）和战争冲突，名为劫浊，劫，以灾难为标志的时间表示；执着受荫以自己的苦乐感受为起点产生"虚明妄想"，身见、边见、邪见、见取见、禁戒取见五种妄见（此五种妄见又称为五利使）充满，纠缠于妄知妄见之中，永堕轮回，久沦苦海，不得解脱，是为见浊；因执着想荫的五欲（财色名食睼）而产生"融通妄想"，由五利使主导的五种主烦恼（贪嗔痴慢疑）和二十种随烦恼随即发生，还妄图长生久视以久受快感，积成身心的烦恼浊；因对身口意行荫的刹那生灭缺乏正知正见而产生"幽隐妄想",寻找各种外道法门妄图终止行荫,结果误认种种外道涅槃,无法超越轮回,"知见每欲留于世间,业运每常迁于国土"①,成就凡性满满的众生浊;因不明识荫正理,产生"罔象虚无颠倒妄想",积集各种业缘致使八苦交煎,寿命短促,命根易坏,反反复复生生死死,演现为六道轮回的命浊。

5. 三性三相:八识因其间性质与功能的差异而有三性之说,即依他起性、遍计所执性、圆成实性。前七识的每一识都是依"他"而起,没有独立而永恒不变的自性与主体性,如眼根色尘相触才生眼识,此眼识依根尘之触才发生,具有典型的依他而起之性;意识依末那识与前五识而起;意根依阿赖耶识与前六识才能成立,凡具依他起性者都是可断灭的生灭法——身心世界——一切精神的与物理的——全为生灭法所囊括。第七识末那识又具有遍计所执性,因其恒审思量,普遍计度阿赖耶识为"我"和前六识为"我"的功能并执持不失,是为"遍计所执"。第八识本自圆成,不与染污轮回,虽含藏一切种子而不为种子所变,成就一切世间出世间的功德,具有"圆成实性",如来藏因感应周普曰"圆";缘生万有曰"成";幻现六道曰"实";成就凡圣、万物之差异曰"性",故"圆成实性"是立足于本体层面对如来藏最高体性、最高功能性的描述,是在与前六识"依他起性"和第七识"遍计所执性"的比较中展现出来的本真特性,是唯一真正的"实相"!与此三性相应的就是"三相",即前七识依他起性的生灭相;第七识单独具有的默容恒审万法之相;第八识的本真实相。

6. 七种性自性:从物的主体性立场观之,阿赖耶识如来藏"非我、不异我、不相在"②,但阿赖耶识本身不生不灭、不垢不净、非动非静、无始无终,不与万物为侣而恒随万物流转。故阿赖耶识如来藏相对于生灭法而言具有七种性自性:集性自性、性性自性、相性自性、大性自性、因性自性、缘性自性、成性自性。性,即如来藏法尔本具,不假他求的本性。积集众生三世染净诸法,使成异熟果,名集性自性;成就万法的个体性与差异性,名性性自性;使万法显现时各有其相状,名相形自性;本然含具地水火风四大元素,名大性自性;作万法成立并运行的亲因,名因性自性;作万法成立的助缘,名缘性自性;不失时机地成就万物,名成性自性。

7. 非能动性:阿赖耶识之生万法并非主动创生,它并不具备能动的主体意志,而是感应而生、因应而生,即因应于七识的种子与动性感生身心世界,具有被动性。与上帝、神我、梵天等第一因在主体意志驱动下不能不创世有根本差

---

① 《楞严经·卷四》。
② 语出《杂阿含经》,此语在经中共出现100多次。

异。阿赖耶识之性相、体用俱空,故能执持因果律不失分毫而无碍于空性的永存,因其空性故无碍于万物的发挥,故"万法皆空,因果不空"。

8. 入胎、轮回与因果:末那识因恒执阿赖耶识为"我"而与之绑定,阿赖耶识不作任何分别顺应此"我执",而我执最突出表现是存在感以及直接印证此存在之为存在的性快感、性冲动。当主体(人、人类、一切有灵性生命之物)一期生命结束之后,阿赖耶识因其不灭性带着末那识出离肉身而漂移,此时的灵体状态称为"神识体",因其是介于前后两世之间的阴性能量,由记忆而显现为前世的影像,故又名"中阴身",即民间俗语所说的"灵魂"。中阴身此时的感知和意识比生前更灵敏,即便生前残疾或有精神障碍此刻也恢复正常。中阴身的第七识并不适应这种离体的漂移状态,它急需找到一个肉身以确证自己还"存在",基于存在感需要的性冲动驱使它去寻找有缘的父母,当此父母发生性关系时,中阴身乐观其事,并积极入胎受生,中阴身入胎时意识灭失,改名叫作入胎识,如果中阴身入胎前喜欢性交中的女性,受精卵将来会形成男性肉身,反之则为女性——这可解释弗洛伊德潜意识之女性的恋父情结与男性的恋母情结。在中阴身看来,它重又获得了一个坚实沉重的肉身而实现了存在感,其实不过是入胎而使受精卵具备了"识",具备识的受精卵开始利用母体子宫的精血吸摄四大(地水火风)滋养自身,此即胎儿的发育。四个月时,胎儿形姿初具,阿赖耶识利用肉身五根使前六识现起,于是八识齐备。九至十个月,胎儿成熟而出生,经历童年、少年、青年、中年、壮年、老年,直至死去,于是这一期生命结束,完成了一个轮回过程。

主体前世的善恶业与定力决定了其下一世六道(天、人、阿修罗、畜生、饿鬼、地狱)轮回与生命的走向。当具备识的受精卵出现后,收存于阿赖耶识中的善恶业种流注于受精卵、胎儿、成人而影响此人命运,是即"种子生现行"。如果主体前世善业大于恶业,感得阿赖耶识流注善的种子,在形貌、成功与否、幸福感等方面都流注出符合社会正面评价的因素,使主体感受到模样端正、事业成功、心理幸福,如果恶业大于善业则反之,此即显现为善恶业报的因果律现行。当然,因果律至少要通观三世方能获得事相上的验证,用主体一世的命运来确证因果多有龃龉。佛曰:"假使百千劫,所作业不亡,因缘会遇时,果报还自受。"①只要阿赖耶识含藏着善恶业种,则必然会显现善恶果报,无论跨越多少世。

9. 种子、界与功能差别:前文已述及,阿赖耶识能够收存众生三世一切善业、恶业、无计业的种子,并在适当的时机流注出来,使种子现行。种子的发生

---

① 语出《大集经》。

是众生利用十八界(六根、六尘、六识合称十八界,后文有述)造作的结果,故与十八界性相一致。比如眼根、色尘、眼识三界,眼根见美色(色尘),生眼识,有多个种子发生:(1)心中生起性冲动,此性冲动就是导致沉沦的恶业种子;(2)没有性冲动,但有纯净的审美愉悦,此美感就是非善非恶的无计种子;(3)觉得此美女像自己母亲,生起亲近感,这就是带有伦理亲情的善业种子;(4)观者有宿命通,一眼洞观此美女之美的因由,觉得可由此引导美女进一步种福田,此"发心"又是善种了。若细分下去,会有更多种子。这些种子虽善恶不同,但都带有眼根的视觉性,色尘的空间性,眼识的辩相性,带有各别的功能差别,以此而言,种子即功能差别,如来藏收存的种子都是这些功能差别。由于如来藏至真至纯的空性,它在适当时机流注种子时就是流注这些功能差别:当根尘识三者如交芦架设时,为眼根流注视觉性种子,为色尘流注空间可视性种子,为眼识流注辩相性种子,三者各自成立,开始起惑造业,又造新种,又被如来藏收执,往复无穷,绵绵不绝,余十五界均如此。这就形成了凡夫六根、六尘、六识的互相隔越和差异,这种隔越和差异就是"界"。是故,界即分界,即种子,即功能差别。进一步说,是如来藏配合种子造就了众生十八界,造就了众生的身、心、世界。如来藏空性本具的明性之理使十八界种子不可能互相串混,如来藏本具之"明"确保了种子界际分明,于是吾人看到万象森罗秩序井然。

10. 转识成智:即转八识成四智。佛地仍具八识,但因佛累世修除无明达到纯真无染,此佛地八识已不同于凡夫八识,其八识在道种智的渗透中获得了性能的转换,即转我执的了别为无我的直觉,显现为"纯智",此即所谓"转识成智",转前五识为成所作智,转第六意识为妙观察智,转第七识意根为平等性智,转第八识阿赖耶识为大圆镜智。佛地四智圆明、泠然洞观、遍知遍在、与物为春。

综上,阿赖耶识是宇宙万物的唯一本体,具有无量妙德,由于前七识无量种子的存在,使得阿赖耶识具有集藏性和染污性,但阿赖耶识性体如来藏纯净无染,使阿赖耶识仍然是吾人唯一真心。如此,吾人之心就是真妄和合之心,因妄而有现象的生灭无常,因真而有不灭的根本,这是一切有情含识的最大真实!

(二)第七识意根

又称末那识,即吾人自我意识,其特点是"恒、审、思量"。前文已述,末那识是吾人根本无明感应阿赖耶识如来藏所获得的妄知妄能。末那识恒以阿赖耶识为主体的"我"并因此紧紧与阿赖耶识绑定——吾人恒有自我意识,同时以前六识为"我的"功能,此为"恒";意根时时刻刻在攀缘一切法,但因为攀缘很广——既攀缘误认的主体识阿赖耶识为"我",又攀缘六识的普知功能,所以它的了别性很差。故当吾人意识觉知心不在的时候(譬如眠熟、入无想定中),吾人还是有很少分的觉知性,此即意根的觉知,因为意根不曾一刹那中断,不曾一刹那停止其攀缘、执着和很粗很差的了别。故视之为"审",故说意根"恒"而又"审";每当法尘有重大变化之时,意根会作主、会决断。譬如睡眠被惊动——它会决定我是否要醒过来?如果意根认为需要醒过来,就会把我唤醒,那么吾人意识等觉知心就生起了,识阴六识就全部现行,开始分别应该如何响应,我们将此刹那做主的功能视之为"思量"。

末那识默容万法并恒时思量,譬如因思量前世肉身的骨骸葬地有危险,于是驱动如来藏降殃于后世子孙使身体有病,迫使他们改葬自己前世骨骸才使他们恢复健康,这就是风水学说的内在依据。

因着意根的恒审思量性,乃生出其他一些特性及相应的名称,由其坚执阿赖耶识为"我",引得阿赖耶识感应此执带来的善恶无记之识永续流衍,世世不绝,故名"业识";依此永动之识起于见分(能见)相分(所见),如波恒转,故名"转识";时时现起决定并引逗阿赖耶识起现身心世界,故名"现识";驱六识分别善恶染净、好恶美丑,故名"智识";恒持六识念念不失并使无量世善恶业报无分毫差违,生命因之永续流转,故名"相续识"。

意根本身了别性极差,只能恒时认同意识的认知判断并将此判断执持起来,吾人因之有了"记忆"。又,一般凡夫在无量世轮回流转中不能断此意根,但阿罗汉可断,阿罗汉断尽七识,驻于纯粹的阿赖耶识理体如来藏中,阿赖耶识无感可应,故阿罗汉不再轮回,即超越生死,"不受后有",他们在入灭时会唱言"诸漏已尽,梵行已立,所作已办,不受后有",这是阿罗汉最自豪的时刻。

意根包含染污部分和清净部分。染污部分以我执、贪婪、嫉妒、淫杀为主,是形成凡夫的核心能量;清净部分以无我、爱、同情、怜悯、慈悲、超越性之思为主,是形成菩萨、佛的核心能量。凡夫因我执而无法斩断意根,故永恒轮回;阿罗汉以禅定之力将清净与染污部分同时断掉,故不再出生后世色身,永绝轮回;佛与菩萨断除染污但保留清净,故一面世世重返六道,一面永驻涅槃之境——这是佛菩萨得以示现于六道的心智因由。

针对意根的立场与方法导引出四种涅槃:无余依涅槃、有余依涅槃、本来自性清净涅槃、无住处涅槃。二乘(阿罗汉、辟支佛)圣人所入是无余涅槃,即信顺佛语断尽七识,入驻不生不灭的阿赖耶识中,永断轮回,没有任何再生的可能,故名无余依涅槃;断一切烦恼而绝未来生死之因,然尚余今生之果报身体,谓之有余依涅槃;菩萨触证阿赖耶识,现观一切境界都依光明心如来藏而施设,此心离见闻觉知,不执六尘,本具妙性,非修而得,光明晃耀,永离尘染,故菩萨不畏生死，不惧轮回，故意在意根中留有微惑，在三大阿僧祇劫中往来六道普度众生，永不入无余涅槃，此之谓本来自性清净涅槃；佛地，佛已证真如，不住生死，不入涅槃，大慈大悲，利乐有情，虽已不再流转生死，但亦不脱离世间，穷未来际度脱众生而无有穷尽，是谓之佛地无住处涅槃。佛地同时具备四种涅槃功德，故称佛地涅槃为大涅槃。

（三）前六识与内相分

即眼、耳、鼻、舌、身、意识，是六根（眼根、鼻根、舌、身、意根）接触六尘（色、身、香、味、触、法）发生的六种识知了别功能，即关于形色、声响、气味、味道、滑涩、善恶的识知判断。当眼睛摄取外在形色时，此形色只是落在视网膜上留下影像，并不作识知判断，与此同时，如来藏将此外在的形色（又名外相分）投射给胜义根（掌管形色判断的视觉神经功能），在胜义根中形成与外相分一模一样的影像，此影像即内相分，意根与此内相分结合，形成局部意识，对此作"何形何色"的分别识知，此即眼识的完成。其余跟肉体相关的四根均如此。

今单说意识。意识由意根（第七识）与前五内相分以及法尘结合而成，以意根为归。具体说来，意识的产生必定是具备"一因四缘"的：一因，以如来藏为意识的根本因心。四缘：意根；完好的五色根；五色根的内相分法尘；如来藏流注的意识种子。故意识是典型的"依他起性"。意根以前五根为功能施设场地，协助前五胜义根完成各自法尘的识知，于是意识发生。意识最活跃的特征是认知性、了别性，意识虽对对象时时了别但并不能持续，是"审而不恒"，其了别性来源于阿赖耶识如来藏。它一面对内五尘（内相分被意识触知的部分）作出善恶美丑的了别判断，一面又将此信息提供给意根，由意根作出去留取舍的决断，同时在前五根与意根不间断的情况下独自成立，号"独头意识"，本质是生灭法（不恒）。意识在睡眠位、闷绝位、正死位、无想定、灭尽定五种状况下是可灭的。因意识随死亡而灭，随新生命的孕育而生，故吾人每一世的意识都是全新的，上一世的意识不可能转生到此世，此世的意识也不可能转生到下一世，故吾人世世要从头学习关于世界的知识，尽管这些知识中有无数知识以往曾反复学过，但对意识始终是全新的。

六识都是心法，只能对心法有所识知，只有意识发生并到场后，才能对前五官渠道获得的内相分（内相分属于心法）有识别，正式形成五识。六识都不可能认知肉身之外的外相分即所谓外在的"物质世界"，只能认知外相分的投影，即已经内化了的、已经变成心法的内相分六尘。

二、身

身体,既是凡夫展开生命实践的手段和工具,更是我们活着的基础性目标:活着就是为了获得肉身的安适与快乐!其他一切形而上精神目标、价值目标大体都以肉身是否快乐为最基本的支撑。因此,在凡夫的一生中,唯有身体的手段和目标是统一的。当然,这也有特例,有人为了成仁而杀身,为了取义而舍身,为了价值目标而放弃身体,但这是在特殊时世、情景下的价值选择,当人作出这种选择时,价值目标压倒了身体目标,身体的痛感已经被价值实现的快感所取代,身体其实成为他达成更高快乐目标的工具,故并不违背身体之手段与目标的统一。

如此看来,身体、肉身就成为凡夫一生最大最深的执着,认为这个身体是"我的",有个"我"在身体里面。前文已述,这个"我"是意根末那识绑定如来藏阿赖耶识后形成的"妄知",是莫名其妙的根本无明。这个根本无明无始以来积存太久,不仅抱定如来藏为"我"的主体,还感得如来藏为此妄"我"施设各种功能,使"我"在妄行中有一种实现感,这就是六根的发生,佛在《楞严经》中对此有详细的解释。

(一) 六根

1. 眼根:"由明暗等二种相形。于妙圆中粘湛发见。见精映色。结色成根。根元目为清净四大。因名眼体。如蒲萄朵。浮根四尘。流逸奔色。"[①]这是楞严原话,台湾萧平实先生根据自己实证修养对此有精准的梳理:"由于光明与黑暗等二种法相形貌,因此意根就在如来藏微妙圆满自性中,粘黏了澄湛之妙真如性而发起见的功能。如来藏中这种见精映照色尘时,就开始结集物质色法成为能见之性的所依根。这种眼根的'根元目'是清净四大聚集所成而无法眼见的,因为这个缘故,依可见的色体犹如葡萄的形状而立名为眼根。就由这个浮尘根在四大所成的六尘之中,眼识能见之性就不断地流逸出去而奔向色尘。"[②]

据此,眼根的产生是因为意根默容并恒执明暗两种法相,致使如来藏的澄湛之性与明暗二相胶合成为见精,见精复聚清净色法成为所依根,所依根即掌

---

① 《楞严经·卷四》。
② 平实导师著:《楞严经讲记》(七),台北:正智出版社,2010年,第78页。

管眼"见"的神经功能、能见的胜义根。为了精准映现外色尘的立体感,如来藏使见能从某种类似葡萄形态中发出,如此,形色兼备的外色尘映现为内相分时,葡萄形体就能精准反映外相分的立体形色,此葡萄形态即浮尘根,外六根之眼根。根据如来藏明性之理所成的原则,眼根只能接受如来藏带有相状特征的色法种子。

2. 耳根:"由动静等二种相击。于妙圆中粘湛发听。听精映声。卷声成根。根元目为清净四大。因名耳体。如新卷叶。浮根四尘。流逸奔声。"①《楞严经》文字简洁古奥,透辟妙圆,利用语境将古汉语的表现力发挥到极致,没有古汉语的功底和佛法实证是无法理解这段文字的,萧平实先生正好具备此二种条件,他解释道:"由于声尘中的动与静二种法尘互相冲击,意根便于如来藏微妙圆满自性中,粘黏了澄湛之妙真如性而发起的功能。此时如来藏妙真如性中的听精,映照声尘时,如来藏妙真如性就开始卷收声尘而渐次成就耳根的根元目,成为能闻之性的所依根。这个耳根的'根元目'是清净四大所成就而无法眼见的,因为这个缘故,便依外表可见犹如新卷荷叶的浮尘根耳朵的体形,立名为耳根。耳根这个浮尘根就在四大所成的六尘之中,耳识能闻之性便不断地流逸出去而奔向声尘。"②

根据现代物理学的研究,吾人所接触到的并不直接是声音,而是声波,声波触及在卷叶状浮尘根耳朵的耳鼓耳膜上,成为胜义根的内相分,意根与此内相分结合,才成为耳识所获得的声音,可见外相分与内相分究竟还是有差异。又,海豚的视觉不够敏锐但听觉特别发达,它向四周发出次声波,次声波触及周围的水草岛礁鱼类后又返回给海豚,海豚就根据这些信息建立起周遭环境的次声波世界,这就是海豚适以自存的环境,与吾人所知的视觉世界大异其趣,可见如来藏为不同物种生出了不同的内世界。

另,如果没有声音时,吾人也能听:听到"静默"。阿赖耶识会据其明性之理将无量无数的声尘种子流注到听觉之中,成就耳根之"能闻"。

3. 鼻根:"由通塞等二种相发。于妙圆中粘湛发嗅。嗅精映香。纳香成根。根元目为清净四大。因名鼻体。如双垂爪。浮根四尘。流逸奔香。"③萧先生疏解:"由于疏通与阻塞等二种法相的发生,意根在如来藏微妙圆满自性中粘黏了澄湛中妙真如性而发起嗅的功能。如来藏中的嗅精映照香尘时,就为了开始收纳香尘而集结物种色法,成为能嗅之性的所依根。这种鼻根的'根元目'是清净四大聚集而成无法眼见的,因为这个缘故,便依脸上可见的鼻子色体,而将根元

---

①③ 《楞严经·卷四》。
② 平实导师著:《楞严经讲记》(七),第78—79页。

目胜义根名为鼻子的自体。而外在可见的鼻子则如同双垂爪一般,就由这个浮尘根鼻子在四大所成的六尘之中,鼻识能嗅之性即不断地流逸出去而奔向香尘。"①

鼻根的功能是嗅,对境是气味,根尘相触发生了别气味的鼻识。鼻根功能的发生有一个机理:吾人在呼吸过程中有一个气流的"通"(呼与吸都通畅)与"塞"(呼吸短暂的停顿),在此过程中气流就被辨识。同样是气流,吹在身上就是触感,吸入鼻中就是气味,可见即便是同一尘境,映之于不同根门,所获得的内相分也不同,内相分是如来藏结合不同根门的胜义根转变而来。

4. 舌根:"由恬变等二种相参。于妙圆中粘湛发尝。尝精映味。绞味成根。根元目为清净四大。因名舌体。如初偃月。浮根四尘。流逸奔味。"萧先生梳理道:"由于恬适与变化等二种法尘互相掺杂,因此由意根在如来藏微妙圆满自性中,粘黏了澄湛的妙真如性而发起了尝的功能。如来藏中这个尝精映照着各种味尘时,如来藏就开始胶结味尘,于是渐渐结集四大成为能尝之性的所依根。这种舌根的'根元目'是清净四大聚集所成而无法眼见的,因为这个缘故,就依外在可见的色体舌头而立名为舌根。就由这个犹如刚刚被遮掉一半的明月形状的舌头作为代表,立名为舌根。然后由这个浮尘根的舌头在四大所成的六尘之中,舌识能尝之性就不断地奔逸出去而奔向味尘。"②

味尘相触生舌识,三者如交芦,互相搭建而互相成就,抽出其中一项,则三者个体性都无法成立。但究其终极根源,其实是如来藏在意根的驱动下为三者各自流注相应的种子,从而成就了整个舌识界(含鼻根界与味尘界)的现象,各个都是生灭法,根本是"幻"。

5. 身根:"由离合等二种相摩。于妙圆中粘湛发觉。觉精映触。搏触成根。根元目为清净四大。因名身体。如腰鼓颡。浮根四尘。流逸奔触。"③萧先生的疏解:"由于离开与相合等二种法相中,有着互相摩擦的现象,意根就在如来藏微妙圆满自性中,粘黏了澄湛之妙真如性而发起觉的功能。如来藏中这种觉精映照触尘时,就开始结集物质色法成为身中能觉之性的所依根。这种觉精的'根元目'是清净四大聚集所成而不曾显露在外的,所以无法眼见;因为这个缘故,就依可见的身体犹如腰鼓形而立名为身根。就由身根的浮尘根在四大所成的六尘之中,身识能觉之性就不断地流逸出去而奔向触尘。"④

---

① 平实导师著:《楞严经讲记》(七),第78—79页。
② 平实导师著:《楞严经讲记》(七),第79—80页。
③ 《楞严经·卷四》。
④ 平实导师著:《楞严经讲记》(七),第80页。

觉触发生于离与合——触尘，皮肤（包括手）在离与合中体验到触感，这个"感"就是"身识"，具有刹那性、生灭性，由于身体是眼、耳、鼻、舌、意五根的基础，这决定了五根都具有刹那生灭性。

6. 意根："由生灭等二种相续。于妙圆中粘湛发知。知精映法。觉法成根。根元目为清净四大。因名意思。如幽室见。浮根四尘。流逸奔法。"①萧先生疏解："由于出生于灭失等二种法相不断地延续着，意根就在如来藏微妙圆满自性中，粘黏了澄澄湛湛的妙真如性而发起知的功能，如来藏中的这种知精映照各种生灭不断的法尘时，就持续阅览法尘，由此促使如来藏开始结集色法成为能知之性的所依根。这个能知之性的'根元目'是清净四大聚集所成而无法眼见的——遍布于五胜义根中，由意根所缘而能作各种思维。因为这个缘故，就依能够被无明觉察到的意涵而命名为意根。如同幽隐的暗室中出生了能见的功能一般，就由意根所缘的浮尘根在四大所成的六尘中的法尘上，意识能知之性便不断地流逸出去而奔向各种法尘。"②

有一种根本无明要对如来藏尽性了知，如来藏就为这种执着生出生灭二种法相，根本无明将此法相与如来藏胶合成为"知精"，如来藏又为其生出清净四大作为知精持续运行的基础，此即意根，专门捕获生灭相，本质是一种持久而莫名其妙的执着。如来藏阿赖耶识所持的种子流注到六根时永远都是刹那不息的，是生灭不停的，这使意根永远有用武之地，故意根"恒时默容万法"，成就其"恒审思量"的体性。

上述六根中，眼耳鼻舌身五根属于色法，意根属于心法，色法心法都具有刹那变灭的体性，是如来藏因应意根的根本无明执着流注的种子显现，是无穷生命轮回链条中的一个环节，因果序列的一个局部。通观肉身从起点到终点的整个时段，显示了生命的无常本质。

（二）肉身的向死而生

《佛说入胎经》详细解释了中阴身变异成入胎识附着于卵泡而成受精卵后，在母体子宫发育成长的38周（大约九个半月，与民间俗语"十月怀胎"的说法一致）生命旅程。当凡夫一期生命结束，肉身死亡，眼耳鼻舌身五根五识包括意识都会跟着死亡，但意根并不会死，它会驱动如来藏吸摄子宫羊水涵摄的地水火风四大元素滋养受精卵，受精卵于是成长，如果受精卵中的"识"（此时的识仅只

---

① 《楞严经·卷四》。
② 平实导师著：《楞严经讲记》（七），第80页。

是意根与如来藏捆绑的状态,即早期的入胎识、更早的中阴身)含有深重的恶业,寿命短促,受精卵会死亡,成为死精,或生下来就死,成为死胎;如果"识"的善业大于恶业,受精卵会吸取子宫羊水中的四大正常成长。

受精卵成长都是受到"识"本身感应如来藏而生的各种业风吹拂而长大,业风在不同时段有不同别名,如遍触、刀鞘口、内门、刀内门、摄持、广大、旋转、翻转等等,这些业风都是根据受精卵成长的需要而显现不同的功能,催生受精卵渐成胎儿而长出骨骼、经脉、血肉、毛发等,四个月时,胎儿已渐具形姿,对母亲的举动有了反映,九至十个月,眼耳鼻舌身五根俱全,意根开始利用五根与各自的对境(尘)结合,生出意识,胎儿有了了别性——这意味着肉身每一世的六识都是新生的——感觉子宫黑暗促狭,极想出逃,于是有了出生,是为婴儿。

一个生命的出生,是无数善业恶业综合汇集的异熟果——异时、异处、异类(六道生命种类)而熟的结果,是永永无尽之因果链条中的一环。人作为生命,既表现着善恶业因至此对"果"的承担,又继续演绎着主体造因的动能。此种造因动能体现在意根我执的驱动下执取能够给肉身和意识带来快感的我所——财、色、名、食、睡五欲的满足,但这五欲能否满足也全看主体的福报多寡,其间多有不如意的感受,于是主体将经历八苦交煎的痛苦:生、老、病、死、爱别离、怨憎会、求不得、五阴炽盛八苦,主体在执取五欲的满足中既感受此作为"果"的八苦,而执取本身又造下未来之"因",这导致生命既是一个因果的载体,又是因果律的体现。作为在世生命,要经历婴儿、童年、少年、青年、壮年、中年、老年,直至死去,完成一个轮回过程。"生"在经历忧患、疾病、痛苦、自由与幸福后必趋死亡,死亡是吾人无可逃避的宿命,是"生"本具的意义,站在终极意义结果(死亡)的立场来看,自由幸福虽是吾人毕生追求的目的,但过程与结果却多是煎熬与挫败感,亦即痛苦与忧患,更何况不期而来的疾病加速死亡的进程,使"死"成为"生"之必然。换言之,吾人生命的延展就是必然趋向死亡,都是"向死而生"!

(三)分段生死与变易生死

凡夫每一世向死而生的生命都是分段生死,只要生命还处于轮回中,就不可避免地要经历分段生死。分段,意即寿命的分限与肉身的大小限度。分段生死以粗糙肉身为载体,通过无尽的轮回永不停息地演绎着"向死而生",这是一切出家、在家行者要致力于突破的困境和极限。

按佛典表述,阿罗汉、辟支佛及大力之菩萨已断尽四住地之烦恼惑障(四种烦恼障:见一处住地;欲爱住地;色爱住地;有爱住地①),不复再受生为三界内之分段身,而受生为三界外之变易身,其中大乘菩萨以及回心大乘的阿罗汉与辟支佛又以此变易身重返三界,继续领受分段身而修菩萨行,最终达到佛果的无上菩提,只有佛才最终断尽分段与变易二种生死,完全相称于无垢识的不生不灭,显现为真如。

变易身是相对于分段身的对应呼称。回心二乘及大力之菩萨,以无漏的'有分别业'为因,以无明住地为缘,所招感三界外之殊胜细妙的果报身;此一果报之身,系由无漏之悲愿力改转原先的分段生死之粗身,而变为细妙无有色形、寿命等定限之身,故称变易身;系由无漏之定力、愿力所助感,妙用而难测,故又称不思议身;又以此身乃随大悲之意愿所成者,故亦称意成身、无漏身、出过三界身;复以此身既由无漏之定力所转成,已异于其前的分段粗身,犹如变化而得,故又称变化身。

依法相宗之义,有四类人能受变易生死之果报:

1. 二乘之无学圣者回心而入大乘,于得涅盘之后,即可直接受变易身之果报。

2. 有学之圣者转向大乘,于初地以后亦得受变易身。

3. 七地菩萨准备念念如灭尽定,诸佛授以"引发如来无量妙智三昧",菩萨复起广大悲愿,进入八地,开始受此变易身。

4. 一类智增之菩萨于初地以上受之。法性宗则认为二乘之无学及菩萨之种性以上,得随应而受变易身。

无论是分段身还是变易身,都是如来藏因应不同的妄念所生,但功能性质不同。

三、世　界

如来藏因应众生七识之妄,生出众生适以自存的物质世界,站在众生的立场看,这个"世界"好像是外在的,但以佛理观之,"世界"不过是众生的内相分,七识同属心法,只能领纳同属心法的对境内相分,我们何曾走出"心"外!无数共业众生的如来藏构成了他们共同的"众同分",所以众生能够共同看到、分享同一个世界。如来藏本具四种大种姓自性——四大极微,本具七种性自性中的"大性自性",这个"大"即为物质属性地水火风,但此物质属性却为如来藏空性

---

① 见《胜鬘师子吼一乘大方便方广经》。

所摄而表现为某种纯粹的空性,感应众生七识之妄动而显现为众生十八界,显现为根身世界。前文已在"第八识阿赖耶识"的体性中有过提示。在《楞严经》中,佛对此更有精彩的分析。

(一)四大"极微"的本体属性

1. 地性:《楞严经》:"汝观地性,粗为大地,细为微尘,至邻虚尘,析彼极微色边际相,七分所成,更析邻虚,即实空性。阿难,若此邻虚,析成虚空,当知虚空出生色相。汝今问言,由和合故,出生世间诸变化相。汝且观此一邻虚尘,用几虚空,和合而有?不应邻虚,合成邻虚。又邻虚尘,析入空者,用几色相,合成虚空?若色合时,合色非空,若空合时,合空非色,色犹可析,空云何合?汝元不知如来藏中,性色真空,性空真色,清净本然,周遍法界,随众生心,应所知量,循业发现。"①

以佛所见,若将粗大的物质(色尘)无限切分至邻虚尘——无限接近于虚空的微粒,色尘已不可见,那么不应是虚空合成色尘,不然就违背"虚"与"空"之义,故色尘定然别有来处。佛指出色尘源于如来藏阿赖耶识,是如来藏本具的自性,如来藏性具之色就是纯真之空,性具之空就是纯真之色,所谓"色即是空,空即是色"②,本来清净,但因应众生妄心、业力显露不同的物质色相,构成六道众生的生活环境,而众生又只能生活在此环境的内相分中,这个环境就叫"依报",而众生肉身叫作"正报"。

2. 火性:《楞严经》:"汝犹不知如来藏中,性火真空,性空真火,清净本然,周遍法界,随众生心,应所知量。阿难,当知世人,一处执镜,一处火生;遍法界执,满世间起,起遍世间,宁有方所!循业发现。世间无知,惑为因缘,及自然性。皆是识心,分别计度,但有言说,都无实义。"③

佛有个比方:譬如有人拿着明镜在阳光下久照艾绒,艾绒上就有火焰发生,这火从哪来呢?从明镜来吗?从阳光来吗?从艾绒来吗?都不是!是自然发生吗?也不是。是三者和合而生吗?这还只是表象。因为火的燃烧性与明镜的鉴照性、阳光的朗照性、艾绒的易燃性都是不同性质,只能说三者和合提供了"缘"的平台,如来藏火性流注于此平台才使火真正发生,现代物理学实验也只是实证"火之发生"的表象,停留于万物缘生缘灭的表象,不可能解释万物生灭背后的真正原因。佛解释:至真至纯、空性一如的如来藏本具纯真的火性,因

---

①③ 《楞严经·卷三》。
② 《心经》。

"缘"的具备而适时到场,于是现象的"火"就出现了。无数人在不同地方拿着明镜在阳光下照着艾绒,就有无数个体的火产生。如来藏因应众生妄心与业力造就了具有火性的世界。

3. 水性:《楞严经》:"汝尚不知如来藏中,性水真空,性空真水,清净本然,周遍法界,随众生心,应所知量。一处执珠,一处水出;遍法界执,满法界生。生满世间,宁有方所!循业发现。"①

如同地、火之来,水亦如是。既然如来藏无处不在,那么水亦随处现身,现象界是否有水,端看生水之"缘"是否具备。空性如来藏亦含具水的属性,因应众生妄念业力而生水的现象。按佛典所述,有"一水四见"之说:同一水池,天人见之为琉璃宫;人见之为水池;饿鬼见之为脓血;鱼见之为佳居②。事实上,对其余地火风三大之见也完全随六道众生妄业之差而呈现不同镜像。究极而论,是如来藏配合众生妄业造就了六道生命的正报与依报。

4. 风性:《楞严经》:"汝宛不知如来藏中,性风真空,性空真风,清净本然,周遍法界,随众生心,应所知量。阿难,如汝一人,微动服衣,有微风出;遍法界拂,满国土生。周遍世间,宁有方所!循业发现。"③

风性也是如来藏的本性,它的功能就是推动万物变化密移,推动业力运变不息,推动因果有序延展,推动生命从生至死。当肉身在风性推动下走完了一期异熟果的过程时,死亡正式来临,四大于是各自显现不受意根主宰而紊乱的验相:死者感觉出入息艰难并最终停顿,风性紊乱;感觉全身骨骼承受重压,地性紊乱;感觉身体异常寒冷,火性紊乱;皮肤干枯,有痰堵塞咽喉,水性紊乱。当四大全部紊乱后,死亡发生,由四大所成的肉身五官六识终止,意根驱动如来藏离体,成为中阴身,寻找有缘的父母投胎,开始下一个轮回。总之,正报与依报的全部现象都在风性功能加持下显现其幻妄性。

地水火风作为如来藏本质属性,当它们在七识妄动的驱动下造就现象界后,现象界的"幻"一体都是如来藏的妙用。在众生份上是由各人的如来藏聚集成各自的五蕴身,在"众同分"上是共业众生的如来藏共同聚生成山河大地之现象界。

(二) 大千世界的成住坏空

作为外相分的宇宙无边无际,物质世界虽万象森罗但也秩序井然,这种"有

---

①③ 《楞严经·卷三》。
② 《摄大乘论·卷四》。

序"也是如来藏依其固有的明性之理感应众生七识妄动和众生共业、以四大功能建构的结果,是将要形成众生内相分的先期准备。吾人都有一个认识:在吾人来到这个世界之前,此世界已先期存在。其实这是吾人与其余无数众生的如来藏感应意根末那识在无数世轮回中默容妄执诸法所成,叫"众同分"。

作为众同分的宇宙又名大千世界,此中极有层次。佛法认为,一日一月围绕一个须弥山运转,构成一个小世界,一千个小世界合为一个小千世界,一千个小千世界合为一个中千世界,一千个中千世界合为一个大千世界,由于一个大千世界中连续出现三个"千",故一个大千世界又名"三千大千世界"。《华严经》描述了无边无际的华藏世界,其中有一个二十层的华严世界海,吾人所在大千世界名为"娑婆世界",位居华严世界海的第十三层,与阿弥陀佛极乐世界处于同一层,吾人所居地球在娑婆世界一个小世界须弥山的南端,称为"南赡部洲""南阎浮提"。

众同分的大千世界本质是共业众生的一个"异熟果",逃不出因果链条,既然始终处于因果序列中,那么宇宙也要经历从生到死的过程。宇宙的生死分为成、住、坏、空四个环节,各以"劫"为标志。劫,是佛法表示时间意义的概念,又名"劫波"。佛法认为人类平均寿命有长短、有增减,人寿最短时平均寿命只有十岁,从十岁起,每隔一百年人寿增一岁,直到八万四千岁为止,从此往下,每隔百年又减一岁,直至十岁为止,此一增一减所历时段,称为"一小劫",二十个小劫合为一个中劫——成、住、坏、空各是中劫,四个中劫合为一个大劫。宇宙走完一个大劫,就是走完了一个生死过程。此一过程由成住坏空四个中劫构成。

坏劫:万物处于毁灭中,既有秩序被破坏,能量散荡,星际坍塌,星球老化爆炸,生命迹象走向灭失。

空劫:万物崩解无余,能量莽莽荡荡,一无所见,一片死寂,生机完全终止,死气遍布。

成劫:能量渐聚,须弥山渐成,日月复生,大千渐露形影并逐步鲜明,生命开始出现并演化,寿命渐长,一切处于勃发之状。

住劫:大千形姿已成,峥嵘万状,气象万千,万物各安其位,条理俨然,生命各领生气,生机盎然,万物欣欣向荣而不知老之将至。

需要说明的是,宇宙每一次劫的来临都是以天灾为标志,火灾、水灾、风灾都可为害。佛典表明,火灾可烧坏欲界,水灾可淹没二禅天,风灾可直达三禅天,只有到四禅天行者达到"舍念清净地",打灭一切妄想,息脉具绝方可免除灾患。这表明,所谓"劫灾"实则关联着人的妄念。如此,南阎浮提众生因为妄想强大、恶业深重,则灾难更深,除了风水火灾之外,还有地震、海啸、水旱蝗瘟、疾疫、饥馑、刀兵等等,构成了南阎浮提的"五浊恶世"。

四、唯识论身心世界观的宗教、哲学、科学呼应

佛法对身、心、世界的系统说明与解释千百年来受到了人类宗教、哲学、科学的质疑与验证。佛在在说明,佛法不是宗教,不是哲学,但可接受现代科学的实证检验。佛认为佛法是教育,教育人类树立正知正见和走向解脱轮回、发心成佛的正确道路。佛法不是佛陀创造的,而是"发现",譬如前面有一座城堡,佛认为自己只是发现了走向城堡的道路——发现了一条取证佛境的真理性方法。佛陀诞生时,当时古印度有九十六种外道,佛经历十二年苦行而证实相后,建立唯识论真理体系,踪步九十六种外道一一破斥,驳难群议,外道俯首,真理之光熠熠生辉。千百年过去,人类又有了众多的宗教、哲学与科学,站在佛法视角观察种种学说,其间或有呼应,或有参差,相似与相异,纵横互彰,今择要而叙。

(一) 宗　教

1. 唯识论核心概念与基督教之差异:上帝、如来藏是基督教与佛教的本体概念,这两个概念的本真性质差异甚巨。当摩西问上帝"你是何人?"时,上帝回答"我是自有永有的"[①],这种回答是基于"我"的立场的真性设定,是一种有立场、有主体、有"对象"的设立,是一种"设定"与"建立"。因为是建立,故上帝并不设定摩西乃至于人类都具有"自有永有"的特性,而是烦恼深积、原罪弥满、有待拯救的凡夫,在这种设定中,摩西成了次生物,人性与神性、人与神的不平等因这种"建立"而显现。但如来藏却不是建立的虚设与预设,不是为了人格神的信仰或完成某种理论表述而设立的概念名相,而是人人本具的唯一真实。《圣经·出埃及记》叙述上帝命摩西率领犹太人走出埃及,法老不许,上帝降下十灾祸乱埃及,终于迫使法老放走犹太人,这表明上帝是具有能动"主体意志"的大能,上帝具有能动性,具有主体意志。惟其如此,上帝乃能"创世",而创世,正是这种能动意志的验证。《新约》四福音书叙述耶稣被钉上十字架承担人类之罪,其中犹大被法利赛人的三十金币收买而出卖耶稣是关键因素,彼拉多用民主议决的方式放走小偷,钉死耶稣,是重要推手,后代解经家认为耶稣钉死、犹大出卖、彼拉多假作民主其实都是出于上帝设计,而犹大受到了上帝严厉惩罚,死于非命,以此显示背主的下场,那么上帝之能动的主体意志就更显明了。

---

① 《出埃及记》,3:14。

如来藏之生万物并非主动创生,它并不具备能动的主体意志,而是感应而生、因应而生,即因应于七识的种子与动性感生身心世界,具有被动性。与上帝、神我、梵天等第一因在主体意志驱动下不能不创世有根本差异。如来藏之性相、体用俱空,故能执持因果律不失分毫而无碍于空性的永存,因其空性故无碍于万物的发挥,故"万法皆空,因果不空"。

当上帝面对摩西进行"我"的"设定"时,其实面临一个危险的陷阱,我们可以设想:既然可以通过对象而设定"我",那么当上帝面对更高的大能时是不是也可以被设定为对象?成为次生物?如此永永无尽,陷入"鸡生蛋还是蛋生鸡"的哲学困境。而如来藏却不是"设定",一方面,佛法的任何语境都不"设定"如来藏,而是人人本具、灵明洞彻、可被实证的真性;另一方面,如来藏也不是对象,行者开悟的第一关就是要舍弃我执即自我意识,以消解将如来藏对象化的危险,意识在触证如来藏的刹那,意识的分别性与认知性也消融于如来藏之中,获得如来藏的灵明洞彻与遍知遍在的般若智慧,驻于永恒的空性;最后,如来藏不具有主体意志,这使如来藏免于陷入主体意志的陷阱。故二者有相当的差异。

2. 与道教源头——道家思想之相似:佛法与道教理论具有相似性。《大梵天王问佛决疑经》叙述观世音菩萨第三次以帝释天释提桓因身份降生人间,"说示人伦、心法大道、身法五伦。地没还天,作土用主"①。此与道教传说中五千年之前的"轩辕黄帝"相呼应。

> 史载:黄帝者,姓公孙,名曰轩辕……轩辕之时,神农氏世衰。诸侯相侵伐……于是轩辕乃习用干戈,以征不享,诸侯咸来宾从……治五气,艺五种,抚万民,度四方,教熊罴貔貅貙虎……天下有不顺者,黄帝从而征之,平者去之,披山通道,未尝宁居……迁徙往来无常处,以师兵为营卫……顺天地之纪,幽明之占,死生之说,存亡之难。时播百谷草木,淳化鸟兽虫蛾,旁罗日月星辰水波,土石金玉,劳勤心力耳目,节用水火材物。有土德之瑞,故号黄帝。②

《史记》详叙黄帝功德:神农氏后代不能抚诸侯,故黄帝起而征伐不顺;劳心劳力,节材用物以济百姓衣食之需("治五气,艺五种,抚万民,时播百谷草木");思天地纲纪以立人伦("顺天地之纪,旁罗日月星辰水波");发挥八卦以通鬼神("幽明之占");复教以对生死的领悟与思考("死生之说,存亡之难"),其死生之

---

① 《大梵天王问佛决疑经·序品第一》。
② [汉]司马迁:《史记·五帝本纪》,北京:中华书局,2005年,第1页。

说大约奠定了道家(道教的哲学源头)的早期思想,是老庄思想的源头,此在庄子的阐述中多引黄帝修行一事可见一斑。如此可知,轩辕帝治世不仅传承了伏羲神龙,而且全面奠定了中华文明的人文基础,死后被尊为有土德之瑞的黄帝,居大地中央。此又与佛经叙述相佐证。

经中叙述"是三王者,成强三才,说人性德,依俗说法,示第一义",这是一个极为重要的信息,表明观世音菩萨第三次化作人王教化华夏民族时,曾宣讲过佛法,而且是最高最上之佛法——第一义如来藏阿赖耶识,但随着时世的推移,领悟第一义愈益艰难,人们只能保留对第一义的最初记忆,后世太极图阴阳鱼的合抱状态大约就是道家对如来藏的感悟图式——老子"惚兮恍兮,其中有象,恍兮惚兮,其中有物"实质是在深度禅定中对意根与如来藏粘附状态的观察,但老子似乎并不能修除意根的根本无明,结束这种绑缚,他只能直言描述,后世道家就只能以太极图阴阳鱼合抱图式反映二者的绑缚,道家因为不能领悟佛法第一义,将如来藏的不生不灭、随缘不变理解为"自然如此",于是道家成为"自然外道",如来藏义理矮化为自然外道之思,如来藏成为具有"创生性"的"道",道成为如来藏的"虚影""第二月",不生不灭降解为"长生久视",修道成为追求长生的手段。但以道的虚影显示的如来藏仍然给道家精英留下了深刻印象,如庄子就对此有深刻的认识:

> 夫道,有情有信,无为无形;可传而不可受,可得而不可见;自本自根,未有天地,自古以固存;神鬼神帝,生天生地;在太极之上而不为高,在六极之下而不为深;先天地生而不为久,长于上古而不为老;狶韦氏得之,以挈天地;伏羲氏得之,以袭气母;维斗得之,终古不忒;日月得之,终古不息;堪坏得之,以袭昆仑;冯夷得之,以游大川;肩吾得之,以处大山;黄帝得之,以登云天;颛顼得之,以处玄宫;禺强得之,立乎北极;西王母得之,坐乎少广,莫知其始,莫知其终;彭祖得之,上及有虞,下及五伯;傅说得之,以相武丁,奄有天下,乘东维,骑箕尾,而比于列星。①

此中庄子描述了道的神圣性与大能,以及得道者不可思议的事功,其实都是对如来藏性能的遥远记忆。太极图作为道家关于如来藏的最初记忆,其阴阳鱼合抱大约描述了末那识意根与阿赖耶识的捆绑状态,以此为核心构建了道家思想体系,成为我们接受并理解东汉以来之佛法的"前见"与基础。

中国自古有关于"三皇五帝(三皇:天皇伏羲、地皇神农、人皇黄帝;五帝:黄帝、颛顼、帝喾、尧、舜)"的传说,龙山文化遗址的考古与发掘为此传说提供了大

---

① 《庄子·大宗师》。

量实据,可见传说并非虚拟。在老庄、周孔的语意中,这是华夏历史的黄金时代,以笔者理解,所谓黄金时代大约非指此时物质生活有多丰富,而是指这一时代人们遵制度、识人伦、创八卦、通鬼神、法天象地、仁爱顺道,真正有了文明气象,提出了哲学的诸多原创性命题并给出自己的思考与答案,奠定了后世的人文基础,是精神含量最大的时代,因此反复被儒道两家的圣人追怀。而发生于遥远印度的《决疑经》却与此相佐证,不能不使人惊奇。

(二)哲学:唯识论体系与康德的"纯粹理性"和"实践理性"之异同

康德的"纯粹理性"指人类的先天认识能力,思考人的认识如何可能的问题,它由先天感性与先天理性构成,先天感性通过人类先天具有的时间、空间之直观感性范畴获取质料,由先天理性(即先天知识形式)通过知性、判断力、(狭义的)理性加工成经验和知识,人类的先天理性之先验知性中天然具有量(单一性、多数性、全体性)、质(实在性、否定性、限定性)、关系(实体与偶性、原因与结果、主动与受动)、模态(可能性与不可能性、存有与非有、必然性与偶然性)四大类十二种范畴,这些范畴将直观的感性质料加工成经验形成知识,构成对世界的认识。因此吾人通过将自身的感性与理性范畴投射到对象化世界获得的认知都是吾人内在的先天精神结构允许我们得到的认知。这是将主观精神结构投射为对象化的客观结构,是"主观的客观",康德哲学由此具有了"人为万物立法"的思想,验证了普罗泰戈拉"人是万物的尺度"[①]之结论。康德的纯粹理性哲学将洛克的经验主义与笛卡尔的理性主义巧妙统合起来,解决了两派"人类知识是来源于经验还是源于理性"之长期争论不休的问题,哲学界名之为"哥白尼式革命"[②]。

康德的"实践理性"思考人的纯粹理性在实践中所应遵从的道德律,他认为人的自由意志是道德律得以存在的理由,此种以自由意志为核心的道德实践本身也有理论上的要求,即为了确保纯粹道德律的完全实现和至善的完成而必须假定(预设)灵魂的不朽和上帝的存有,理性无法把握的那个高不可及的"物自体"是微末凡夫必须谦卑的标杆和上帝信仰的可能证据,这是继中世纪奥古斯丁和托马斯·阿奎那之后再次为基督教的上帝信仰提供哲学依据。

康德的纯粹理性用以解释人的认识何以可能的问题,其客观实在性须依赖

---

① 北京大学哲学系外国哲学史教研室主编:《西方哲学原著选读》,北京:商务印书馆,1982年,第53页。

② 杨祖陶、邓晓芒编译:《康德三大批判精粹》,北京:人民出版社,2001年,第20页。

于直观经验;实践理性则处理道德实践中的自由意志,"所谓意志就是自己实现对象的能力,所以纯粹实践理性本身就具有作用于对象的实在性,它无须批判就可以作实践理性批判的基点,用来衡量人的一般实践活动在何种程度上是'纯粹的'或是受到经验制约的"[①]。比较唯识论与康德哲学有如下异同:

其一,康德认为人类先天的感性范畴与理性范畴投射到对象,决定了我们认识的对象、从对象中获得的知识必然是受限于先天范畴的东西,是吾人精神结构允许我们获知的信息,故人为万物立法,这与唯识论的"所见即所能见"之说相呼应,唯识论认为吾人肉身五根的先天构成决定了所见之物不会超出五根的限域,五根先天的结构与性质决定了所见对象(五尘)必须以能被五根结构性质接纳的形式向五根门头显现——色尘必须向眼根显现为立体的空间化的形色;时间化的声波之波流必须向耳根显现为声音;同一种风向身体表显为离合的"触",却向鼻根表显为气味——这是获取感性材料的基础,与康德的先天时空范畴具有可比性,以自我意识(我执)为核心的意根与五尘内相分结合生出的意识天然领有我执逻辑,以此逻辑运行于五尘所获认知(知识)都是天然我执的无穷展开,此又呼应着康德的先验理性。站在唯识论视角看,康德对人类先验知性的十二个范畴划分极为精细,但大体认识仍然只是表象描述,因为他没有揭示六根六识何以如其所是的缘由,也没有揭示先验感性和先验理性何所自来的终极因由,更主要的是当他意识到对象不过是精神之投射之后并没有认识到人类所有知识都只是一种幻妄的事实,表明康德并没有打算放弃意根之执。

其二,康德认为自由意志必须为主体自身负责,"物自体"之说为实现道德律的至善预设灵魂不朽与上帝信仰,此种见地极其高明,充满智慧。这与如来藏和因果律相呼应,但差距也明显。唯识论认为,如来藏既是因果的始源地,又是因果的回归地,主体的因果自作自担,主体自由意志必须为主体自身负责,亦即自由中必须有自律,这是道德伦理的基础。康德预设灵魂不朽,就是设定了主体自由意志在因果律的规约下不断的将主体导向尽善尽美。康德此举是为伦理设置了牢不可破的终极哲学依据,是西方伦理学的一大突破。但康德预设上帝信仰,将伦理之思导向神的信靠,终究不能完全令人信服。物自体的可能存在就能规约伦理的范式,指引自由意志的方向,那么物自体岂不是就有操控道德的意志与权能?物自体自身的意志权能又由谁赋予?这么一问,问题就多了。而"预设"某种形而上(物自体)意味着他没有真正窥见那个终极根源,尽管此中显示了康德严谨审慎的逻辑之思,但毕竟流露了某种有限性,离如来藏的实证远矣!

[①] [德]康德著:《实践理性批判》,邓晓芒译,杨祖陶校,北京:人民出版社,2003年,第2页。

（三）科　学

2500年前佛法对万物、生命的洞见千百年来一直受到科学方方面面的实证检验，至今无一舛错，只有科学无力检验的部分，可见佛法远远走在科学的前沿，科学正如成长的少年，只能预想中年、壮年的心态与经验。大略而言，科学怀疑—假说—求证（包括试错）的物理实证方法与佛法对如来藏的内省实证永远无法相提并论。

微观领域，佛说"一滴水中有八万四千虫"被显微镜观察到的无数微生物证实；中观领域，佛说"人有六道轮回"被临床精神治疗的无数催眠术证实；宏观领域，佛说"三千大千世界"被哈勃太空望远镜发回来的无数照片证实；佛说"宇宙呈漩流状"[①]被银河系的圆盘外观和几大旋臂所证实；佛说"华严世界海有二十层"[②]又与科学的"平行宇宙说"呼应；等等。但佛理有关"日月在须弥山半山腰旋转""地球在须弥山南端"之说科学至今无法证实；至于行者反身内证如来藏的方法将被物理学实证重新审视。今择要比论佛法与科学的若干论题。

1. 波粒二象性原理与色尘、声尘

1905年，爱因斯坦提出了光电效应的光量子解释，认为光波同时具有波和粒子的双重性质。1924年，德布罗意提出"物质波"假说，认为一切物质都具有波粒二象性，与爱因斯坦的假说相呼应，并被后来的物理实验所证实。

以笔者看来，光波的粒子性是构成实体性有质量物质的基础，即形色、色尘，诉诸眼根；其波性将诉诸耳根，形成声音、声尘。世界有声有色，与物质波的特性一体相关。

2. 不确定性原理与众生有限性

1927年海森堡提出不确定性原理：一个微观粒子的某些物理量（如位置和动量、时间和能量等），不可能同时具有确定的数值，其中一个量越确定，另一个量的不确定程度就越大。这意味着凡夫众生不可能同时把握整个世界的各个细部，作即时性的"圆观"，由于众生的凡性，他只能因对对象的注目而使对象确定下来，其余未被注目者却逃出他的关注，当他关注对象的空间性时，就有对象的运动本性不可把握，当他关注时间时，能量的存在方式就逃逸，显示了众生的究竟有限，众生只能以其有限的凡性漂泊于六道之中，没有什么是可以最终"在握"的。

[①][②]《华严经·华藏世界品》。

3. 靴袢理论与"人人为我，我为人人"

美国理论物理学家丘（Geoffrey Chew）提出。他认为，在两个强子的强相互作用中没有任何粒子表象为单独负责传递相互作用，每个粒子的存在都对它与其他之间的作用力有贡献，基本粒子不具有内部结构，而是"相互组成"和"完全平等"的，具有所谓"核民主"。

佛法认为，人人领有一个如来藏，从如来藏立场来看，众生平等，众生理应在善业的积累中、在成就他者、为他者奉献中不断赢取自身的美好前景，即所谓"人人为我，我为人人"的"双赢"。若一味作奸犯科，必将导致双输。从如来藏而来的因果律无情而有情。

4. 量子纠缠与缘起论

两个粒子相互作用后，各个粒子都领有了全部粒子的整体性质，若对其中某个粒子施加影响，另一粒子无论相隔多远，都会表现同样的性质和运动，粒子不可能独立自成，一定关涉其余粒子而成就自己的本性。

量子纠缠理论意蕴丰富，其一，它意味着"万物本性皆空"，物不可能自立自成自显，而是使自己在成就他物过程中成就自己的价值，与此同时又用他物成就自己，就物的本性而言，无有确定的性质可以言说，此意呼应佛法空性论。当然，量子纠缠之空当属顽空，并不是如来藏的生机勃发之空；其二，"万物互联"，正因为物的本性是空的，故各以他缘互成，是物处于互联之中，在成就整体时也成就自己，此意呼应佛法的缘起论，缘起论正是表述物在关系网中的"缘生缘灭"属性。但佛法缘起论的源头是如来藏，因、缘在时节到来时必生某物，在某时节因、缘离散时某物灭失，故物之生灭都是幻影，"万物互联"之说并无此意；其三，"感应论"，粒子早先若相作用，必互相对属，此意呼应佛法感应论，亲缘之间或佛与众生之间都有感应，若众生念佛，佛必往救，这是众生念佛往生佛国净土的理论基础。但量子纠缠的感应并没有涉及到人的得救问题。

5. 上帝粒子与邻虚尘

1964年，英国物理学家彼得·希格斯提出希格斯场的假说，并进而预言了希格斯玻色子的存在，希格斯玻色子不带电荷、色荷，极不稳定，生成即衰变，刹那变灭。希格斯场引起自发对称性破缺，希格斯玻色子能够利用自发对称性破缺来赋予基本粒子质量，同时又不会抵触到规范场论。希格斯粒子是希格斯场的场量子化激发，它通过自相互作用而获得质量。物理学界把希格斯玻色子称为"上帝粒子"。

这是经典场论和粒子论的最新假说。为确证这种假说，欧洲建立了大型强子对撞机寻找上帝粒子，据说大有斩获。上帝粒子是目前物理学界点状粒子的最小单位，它的急速衰变、刹那变灭性已高度逼近佛的"邻虚尘"之说，佛提出邻虚尘是为了分析如来藏本具地大极微，在妄心作用下才显现为"尘"，显现为物质色相。上帝粒子的探究将在一定程度上印证佛理,印证"色即是空,空即是色",物理学家将看到物质世界的真空性质。但笔者认为,即便他们确实看到了真空,由于他们执着于物的认知和"看见",他们也将是看到毫无生机的"顽空",能否领悟真空(顽空)背后的如来藏及其圆满觉性,需要佛法的指引。

6. 超弦理论与"妄心成物"

现代物理学已发展到"超弦理论":物质的基本单元不是电子、光子、中微子和夸克之类的颗粒状粒子,而是极微的"弦",包括"开弦"与"闭弦",开弦有端点,闭弦成圈环,弦的不同振荡模式产生出各种不同的基本粒子,故每一根"弦"都是"能量弦",大到星际空间,小到电子、质子、夸克一类的基本粒子都是由这占有二维时空的"能量弦"震荡而成。

超弦理论是一种全新的假说,千百年来的点状粒子认知引导物理学界对物质不断细分,乃至有欧洲强子对撞机对上帝粒子的寻找,故弦理论的"能量弦"须待实验室验证。但笔者发现此中有一个极有趣味的问题:能量弦为什么会振动?它自发振动吗?振动是它的天然属性吗?进一步问:上帝粒子乃至一切粒子都是自发振动和自旋?能量弦会将自己之动赋予粒子使其振动?此中颇能引动玄思。笔者认为,按照佛法"心物一体"之说,是吾人妄心之动、意根的默容与执着引发了四大极微的聚形,乃至有物之动。当物理学发展到"能量弦"的认知时,有可能由物走向"我"的内省反观,从而发现能量弦振动的妄心根源,这将成为物理学家领悟如来藏空性的起点。

结　语

唯识论之所以给出有关身心世界的相关知识体系,目的是实证如来藏,领悟如来藏不死之性与万德圆备,转凡夫八识成佛的四智,获得佛的四智圆明。如来藏可被实证是一套类似于实验室科学的科学,只要实验室条件具备——正知正见、戒律、福德、深度禅定、善知识指导、机缘——那么同样的结果——如来藏的实证会反复发生。然而,触证如来藏却是至艰至难,几乎是生命的死结。如来藏绝言思,绝情虑,言语道断,心行处灭,任何试图以语言或智识缘虑如来藏的努力终归徒劳,无数出家或在家修行人因不获正道,以情虑之心冥行一生,或舌灿莲花,说法如雨,只落得空花泡影。它要在正知见(唯识论、尤其是空性知见)的指引下,在深度禅定中反复实证体悟,打灭一切语言与思虑的妄念,停止任何追寻意义的努力,假以时日,久久功深,一朝缘熟,方能了悟。此间还必须有善知识的指导,否则歧路万端,错认路头,更不知要面临多少生死账。

从延庆寺到观宗寺

——论佛寺现代化的转型

郑运兰[①]

佛教的"现代化"是指佛法弘化面向现代社会众生的现实展开过程,以弘化作为重建现代社会人心秩序的重心。现代寺院的功能是多元化的,既是修行的道场,也是接引及凝聚信众的地方。从宗教社会学的意义上说,作为社会系统的一个组成部分,佛教组织弘化不仅具有社会性内容,而且与现实社会的政治、经济、文化制度建设,具有密切联系。天台宗是我国陈隋时期出现的第一个具有民族文化特色的佛教宗派,延庆寺是传统的天台宗都市寺院,随着现代工商社会的急剧变迁,重塑或改造佛教寺院的功能,必须在现实社会中做兼行利济众生事业。

一、延庆寺沿革

延庆寺位处浙江宁波,隋之前称为句章县,唐武德四年改称鄞州,秦汉属会稽郡,原名鄞县,唐开元二十六年改名明州,宋沿用明州,元朝改司庆元府,明朝改为宁波府[②]。

(一) 古代的延庆寺

延庆寺建于后周广顺三年(953),位于鄞县东南四明山日湖,原名保恩院。

[①] 郑运兰,华中师范大学文学院古代文学 2015 级博士。
[②] [明]同希哲、[明]曾镒修,[明]张时彻等纂:《嘉靖宁波府志》卷一,《中国地方志集成·善本方志辑》,据明嘉靖三十九年(1560)刻本影印,南京:凤凰出版社,2014 年,第 26—28 页。

北宋至道元年(995),由天台宗第十七世四明知礼驻锡。宋真宗大中祥符二年(1009),保恩院重建完成,祥符三年改名延庆寺,赐敕额"南湖福地"。知礼在延庆寺中兴天台宗,天圣六年(1028)正月五日戌时,跏趺而坐,召大众说法圆寂①,宋真宗赐号法智大师。

知礼之后,主延庆寺先后有广智及其明智中立。宋元丰中,四明知礼五世孙介然②在延庆寺西隅观堂旧址按照《观无量寿佛经》建"净土院",提倡念佛法门,因有十六房间,故又称"十六观堂"③。金人攻明州,介然独自留守延庆寺,被金兵强挟掳走④。宋政和四年(1114),太守吕淙请僧人圆照主延庆。圆照名梵光,奉化人,俗姓杨⑤。南宋嘉定十三年(1220)延庆寺被毁。

宋代以后,天台宗中心复归天台山,然台宗在鄞县延庆寺仍流传不绝。元代《至正四明续志》记载延庆寺为在城寺院,建炎(1127—1130)毁,琛公复建起信堂、大悲阁。至顺壬申三年(1332)记"本无以教府之命来住此山讲授",能弘其祖教⑥。《乾隆鄞县志》记载有僧人善良子直,号月溪,主延庆寺天台之学,至

---

① [宋]则全:《四明法智尊者实录》,载[宋]宗晓编,俞信芳校注:《四明尊者教行录校注》卷七,杭州:浙江大学出版社,2015年,第252页。对于知礼圆寂记述,各文献有不同记载。1.[宋]胡昉撰:《明州延庆寺传天台教观故法智大师塔铭》,载《四明尊者教行录校注》卷七,第247页记:"跏趺之次泰定而绝。"2.[宋]赵抃撰:《宋故明州延庆寺法智大师行业碑》:"以光明忏中七日。为顺寂期,方五日,结跏趺坐而逝。"3.释慧岳撰,傅伟勋、韦政通主编:《知礼》,台北:东大图书公司,1995年,第281页记:"修光明忏,七日为期,但至第五日结跏趺坐,召大众说法华,并称念阿弥陀佛数百声。"[宋]志磐撰:《佛祖统纪》卷一二,记则全是知礼入室十大弟子之冠,而则全《实录》写于明道二年(1033),即知礼圆寂后五年,并记录知礼戌时圆寂,时间上较为准确,故本文采用则全《四明法智尊者实录》所记。
② [宋]志磐撰:《佛祖统纪》卷四七,《中华大藏经》第82册,北京:中华书局,1994年,第753页。介然,明州鄞人,依南湖明智立法师学教观三年。念佛三昧是往生要法,于是燃三指供佛,誓建十六观堂,中设西方三圣像及以池莲环绕。建炎四年(1130)正月,金兵掩至,众人已逃跑,只剩下介然法师不肯离去,死守十六观堂。
③ [宋]陈瓘:《南湖净土记》,载[宋]志磐撰:《佛祖统纪》卷四九,《中华大藏经》第82册,第770页。
④ [明]同希哲、[明]曾镒修,[明]张时彻等纂:《嘉靖宁波府志》卷四二,《中国地方志集成·善本方志辑》,第750页。
⑤ [明]同希哲、[明]曾镒修,[明]张时彻等纂:《嘉靖宁波府志》卷四二,《中国地方志集成·善本方志辑》,第757页。
⑥ [元]王元恭纂修:《至正四明续志》卷一〇,《续修四库全书》第705册,史部地理类,据上海图书馆藏明抄本影印,上海:上海古籍出版社,1995年,第606—607页。

元二十六年(1289)寺毁,教观不辍。大德元年入寂①。

自宋迄清,延庆寺兴废靡常,数有重修。明洪武四年(1371)重建后圮,洪武十二年及成化三年(1467)又再重修。有"天下讲宗五山之第二山"美誉②。明洪武十五年,明太祖诏令将佛寺分禅、讲、教三类。天台宗阐明诸经旨义,所以一般归入讲寺③。"天下讲宗五山之第二山"反映延庆寺在明代仍是重要天台宗道场。明代洪武中有僧人守仁,字一初,号梦观,曾任僧录司右讲经,居延庆寺④。另有僧人傅慧,字朗初,住延庆寺⑤。

除了《至正四明续志》外,《乾隆鄞县志》同样将延庆讲寺归入城中佛寺,但只记载建炎(1127—1130)兵毁,观堂巍然独存,没提及明代重修及天下五讲寺之二的内容⑥。清嘉庆年间,天台万年寺超伦尝为修葺,重修殿宇,增造僧房,改嗣临济宗。太平军攻略宁波,观堂被毁,殿宇渐荒。光绪时期,堂屋为营兵所占,兵僧杂居⑦。加上道缘渐坠,僧徒懈怠,十六观堂渐废⑧。

(二) 民初的观宗讲寺

民国元年(1912),鄞县知事沈祖绵(1878—1968)久仰宁波十六观堂,遂请谛闲法师(1858—1932)住持。谛闲大师接任后,改称"观宗讲寺"。谛闲法师遵

---

① [清]钱维乔修,[清]钱大昕等纂:《乾隆鄞县志》卷二〇,《中国地方志集成·善本方志辑》,南京:凤凰出版社,2014年,第449页。
② [明]同希哲、[明]曾镒修,[明]张时彻等纂:《嘉靖宁波府志》卷一八,《中国地方志集成·善本方志辑》,第348页。
③ [明]葛寅亮撰,何孝荣点校:《钦录集》,《金陵梵刹志》卷二,民国二十五年(1936)校勘本,天津:天津人民出版社,2007年,第53页。"洪武十五年壬戌五月二十一日,礼部照得,佛寺之设,历(化)[代]分为三等,曰禅,曰讲,曰教。其禅,不立文字,必见性者,方是本宗。讲者,务明诸经旨义。教者,演佛利济之法,消一切见造之业,涤死者宿作之愆,以训世人。"
④ [清]钱维乔修,[清]钱大昕等纂:《乾隆鄞县志》卷二〇,《中国地方志集成·善本方志辑》,第449页。
⑤ [清]钱维乔修,[清]钱大昕等纂:《乾隆鄞县志》卷二〇,《中国地方志集成·善本方志辑》,第450页。
⑥ [清]钱维乔修,[清]钱大昕等纂:《乾隆鄞县志》卷二五,《中国地方志集成·善本方志辑》,第560页。
⑦ 释逸山辑录,释宝静编述:《谛公老法师年谱》,《谛闲大师语录》,香港:华南学佛院,1964年,第471—478页。
⑧ 释谛闲述,释宝静辑:《重建四明观寺佛殿疏》,《谛闲大师语录》,第346页。

四明知礼遗法,以天台宗"三观"为宗,说法为用,取名观宗寺①。1912年,悬额改称"观宗讲寺"。同年夏,二次革命爆发,宁波戒严,营兵复据"观宗讲寺",幸城防营旅长顾子才(1896—?)令迁驻兵。1913年3月,观宗讲寺归还谛闲重修,募建大殿、天王殿、念佛堂、禅堂及藏经阁,兴办僧学,专授天台教法,宣弘天台教义,成为东南名刹。1949年5月,宁波观宗讲寺划归宁波市,1959年寺舍移作他用②。1993年,观宗讲寺恢复宗教活动。

(三) 现代的香港观宗寺

1927年,宝静法师(1899—1940)应香港青山寺住持显奇法师邀请首次来港,宣讲《梵网经》,自此与香港佛教结下不解之缘。1932年,宝静法师在香港成立"香海莲社",1936年,在香港粉岭购地营建"静庐",作为静修之用。1939年,在香港荃湾弘法精舍创办"弘法精舍佛学院",从宁波观宗讲寺"弘法学院"高级班二百名学僧中挑选了四十多名到香港深造,当中包括日后成为香港佛教领袖、带领香港佛教五十年的觉光法师。1940年,宝静法师病逝上海,1941年12月,香港沦陷。1942年初,觉光避难广西桂林,"静庐"庭院被日军兵燹倾圮。1945年抗战胜利,觉光法师回港募款三十万重修"静庐",易名为"宝公纪念堂"。1961年,觉光法师将纪念堂旁空地改建为"佛教宝静安老院",1978年,改建纪念堂,遵从宁波观宗讲寺命名为"观宗寺",传承及重现观宗讲寺天台宗风,又按宝静法师遗愿建衣钵塔,致力佛教慈善文化、教育事业③。

1945年,觉光法师在港岛跑马地创办香海正觉莲社,现有社友二千五百余人。香港观宗寺及香海正觉莲社,都是觉光法师创立及领导,是香港具有影响力的天台宗道场,奉行"教演天台、行重净土"的宗旨。1950年香海正觉莲社首办108周的周六念佛会,已举行了三十三届,每月初一、十五均有拜忏佛事活动;每年还举行近十次的法会,使社友们在社内同参共修。香海正觉莲社的讲经开示在不同场合举行,如小区会堂、学校、耆英康乐中心,演讲佛学及佛教知识。其他弘法活动主要在社址及香港观宗寺内举行,有放生法会、传灯晚会、印

---

① 释谛闲述,释宝静辑:《答印光法师书》,《谛闲大师语录》,第82页。
② 浙江省鄞县地方志编委会:《鄞县志》第三十五编下册,北京:中华书局,1996年,第1859、1862页。
③ 陈静涛:《宝静法师塔铭并序》,《香港佛教》第73期,1966年6月1日,第22页。

制佛教刊物、网上弘法及制作电视节目①。

二、天台教法

（一）古代的延庆寺

自宋代起，设在州、府、县的都市寺院往往被指定为地方官员节日行礼的道场，提供宗教仪式服务，例如斋僧、礼忏、超度、纪念、放生等佛事。宋真宗曾亲访知礼，命知礼修忏。遇大旱年，知礼与同门慈云遵式一同修《金光明忏》：

> 真宗皇帝，知名遣中贵人，至其居，命修忏法。厚有赐予。偶岁大旱，师与遵式异闻二法师，同修金光明忏。②

与传统山林佛教的重个人修持相比，古代都市佛教比较重视佛教义学与佛教文化的传播，成为佛教学术研究的中心。加上宋代山外山家之诤，更促进天台宗义理的钻研。知礼宣讲多部天台典籍，教筵大开，据其弟子则全记录，知礼曾说《法华玄义》七遍、《法华文句》八遍、《摩诃止观》八遍、《大般涅盘经疏》一遍、《净名经疏》二遍、《金光明经玄疏》十遍、《观音别行玄疏》七遍、《观无量寿佛经疏》七遍、《金刚錍》《止观义例》《止观大意》《十不二门指要》《始终心要》无数遍等③。

知礼著述甚丰，有《光明玄续遗记》《金光明文句记》《观经妙宗钞》《观音玄疏记》《十不二门指要钞》《观经融心解》《辅行传弘决题下注文》《义例境观互照》《天台教与起信论融会章》《别理随缘二十问》《释请观音疏消伏三用》《对阐义钞辨三用一十九问》《光明玄当体章问答偈》《释难扶宗记》《观心二百问》《十义书》《解谤书》《答日本国源信禅师二十七问》《答杨文公三问并书绛帏三十问答》《金光明三昧仪》《千手眼大悲心咒行法》《授菩萨戒仪》《修忏要旨》《发愿文》等。

---

① 释觉光：《弘法活动》，载香海正觉莲社编：《社务简介：觉海莲风，化育香江五十六载》，香港：香海正觉莲社，2002年，第7页。

② ［宋］赵抃撰：《宋故明州延庆寺法智大师行业碑》，载［宋］宗晓编，俞信芳校注：《四明尊者教行录校注》卷七，第240—241页。

③ ［宋］则全：《四明法智尊者实录》，载［宋］宗晓编，俞信芳校注：《四明尊者教行录校注》卷七，第249—251页。

知礼于延庆寺专事讲忏，共三十八年①。咸平三年(1000)大旱，与同门慈云遵式燃指祈观音祈雨，天禧年间修法华忏。宋大中祥符六年(1013)，知礼创设念佛施戒会，结合僧俗男女一万人，同修念佛，发菩提心，求生净土。

　　知礼之后，其法孙明智中立主延庆②，有修止观、岁忏及法华忏。"坐禅岁复增盛，其在岁忏外，又择其徒修法华忏。"③明智中立俗家弟子晁说之，听他宣讲《摩诃止观》，于政和元年(1111)编成《止观妙境辨正》④。另一位俗家弟子陈瓘记明智中立弘扬智者大师著作《观音玄义》⑤。

（二）民初的观宗讲寺

　　1913年3月，观宗讲寺内设"观宗研究社"，培育僧材。1914年，谛闲法师担任"观宗研究社"主讲并开讲《法华经》。1919年，改研究社为"观宗学舍"，主讲台宗大小诸部。1920年，主讲《法华玄义》。1921年，"观宗学舍"停办，改组为"观宗弘法社"，谛闲法师担任社长，宝静法师任督学，负责社务管理。同年夏天，宝静法师开讲《阿弥陀经》，1922年，于学社讲《摩诃止观》。

　　1924年春天，宝静法师升任"观宗弘法社"副讲，讲《始终心要》及《四教仪集注》。1925年，谛闲法师讲《梁皇宝忏》，宝静法师为辅讲，并编辑讲义成《梁皇宝

---

① ［宋］则全：《四明法智尊者实录》，载［宋］宗晓编，俞信芳校注：《四明尊者教行录校注》卷七，第252页。对于知礼修忏，另有文献记述是四十余年。1.［宋］胡昉撰：《明州延庆寺传天台教观故法智大师塔铭》，载《四明尊者教行录校注》卷七，第247页记："至道二年丙申(996)秋七月，由承天道场归延庆法席，而一心讲忏，几四十余载。"；2.［宋］赵抃撰：《宋故明州延庆寺法智大师行业碑》："修大悲忏三年。唯事讲忏，四十余年。"若以知礼二十岁依宝云义通学天台教观到天圣六年(1028)六十九岁圆寂计，则是四十九年，若据知礼于至道二年丙申由承天道场(即干符寺)，归延庆法席计，到圆寂只是三十二年。若据知礼于淳化二年辛卯(991)主承天干符寺计，到圆寂则是三十八年，故本文采用则全《四明法智尊者实录》所记，较为准确。
② 黄夏年教授依据晁说之写的碑铭对明智法师生平及思想做了详细考证，参考黄夏年：《宋代棲心的明智中立法师考》，《觉群·学术论文集(2005)》，北京：宗教文化出版，2005年，第397页。
③ ［宋］晁说之：《宋故明州延庆明智法师碑铭》，《景迂生集》卷二〇，《景印文渊阁四库全书》，集部别集类，第1118册，台北：台湾商务印书馆，1985年，第396—400页。
④ ［宋］晁说之：《止观妙境辨正序》，《景迂生集》卷一七，《景印文渊阁四库全书》，集部别集类，第1118册，第325—326页。
⑤ ［宋］陈瓘：《与明智法师书》，载［宋］志磐撰：《佛祖统纪》卷四九，《中华大藏经》，第82册，第769页。

忏随闻录》流通。1932年,谛闲法师退席,宝静法师继席住持。宝静法师以观宗讲寺为基地,改良传统中国佛教寺院系统,在寺内学办僧伽教育,照顾到不同程度的学生,从初级的学戒堂,到中高级的研习社。在文化方面,创办《弘法社刊》,主编的期刊有《南华旬刊》《广州弘法旬刊》《弘法特刊》《观宗概况》《香海佛化》《云南弘法刊》《观宗弘法刊》《莫干山莲社特刊》等。又到监狱布教、成立义学及出任孤儿院院长等。

(三) 香港观宗寺

现时香港观宗寺及香海正觉莲社主要的天台教法是普佛法会、念佛、拜忏、诵经、止观静坐,较侧重于念佛、拜忏及法会,宣讲天台经论相对较少,原因是天台宗属于精英教学的奥理,不易觅得良师。谛闲法师及其在香港现法脉均是依"灵峰派"蕅益智旭传承[1],奉行"教演天台、行重净土",重视念佛法门。香海正觉莲社仍延续由1950年开创的一百零八周念佛,念佛后有静坐。现时的法会有《地藏王宝忏》,《大悲忏》(每月两次),弥勒佛诞,观音佛七,弥陀佛七,地藏王菩萨诞辰,精进佛七、弥陀佛七、普佛、宝静法师诞生及生西纪念日[2]。香港观宗寺开创在线祈愿与忏悔,为香港佛教界开了先河。

诵经方面以《法华经》《佛说阿弥陀经》《佛说佛名经》为主,读诵《法华经》是天台宗修行法华三昧有相行的方法。香港观宗寺逢周日举行《阿弥陀经》共修法会,约二百信众参与。现根据《四明法智尊者实录》[3]《宋故明州延庆明智法师碑铭》[4]《谛公老法师年谱》[5]《宝静法师四十年中之过去幻痕尘影》[6]《香港观宗寺》[7]《香海正觉莲社社务报告》[8],将这三佛寺的弘法活动表列如下(见表1):

---

[1] 释定西:《谨录天台宗历祖源流》,《东林小志》,香港:香港东林念佛堂,1963年,第125—126页。
[2] 释觉光:《社内修持常课》,《社务简介:觉海莲风,化育香江五十六载》,第8页。
[3] [宋]则全:《四明法智尊者实录》,载[宋]宗晓编,俞信芳校注:《四明尊者教行录校注》卷七,第249—252页。
[4] [宋]晁说之:《宋故明州延庆明智法师碑铭》,《景迂生集》卷二〇,《景印文渊阁四库全书》,集部别集类,第1118册,第396—400页。
[5] 释逸山辑录,释宝静编述:《谛公老法师年谱》,《谛闲大师语录》,第471—491页。
[6] 香海莲社同人:《宝静法师四十年之过去幻痕尘影》,载释宝静著述,释显明编:《宝静大师全集》第7册,香港:佛经流通处,1979年,第1—32页。
[7] 香海正觉莲社编:《香港观宗寺》,香港:天地图书有限公司,2016年。
[8] 香海正觉莲社:《社务报告》,香港:香海正觉莲社,2019年,第31—32页。

表1　寺院弘法活动一览表

活动\道场	延庆寺	观宗讲寺	香港观宗寺/香海正觉莲社
讲经/诵经	知礼:《法华玄义》《法华文句》《摩诃止观》《大般涅盘经疏》《净名经疏》《金光明经玄疏》《观音别行玄疏》《观无量寿佛经疏》《金刚錍》《止观义例》《止观大意》《十不二门指要》《始终心要》	谛闲:《法华经》《法华玄义》《楞严经》《圆觉经》《金刚经》《始终心要》《梁皇宝忏》	香港观宗寺:《法华经》《佛说佛名经》
	明智:《观音玄义》《摩诃止观》	宝静:《梵网经》《地藏经》《楞严经》《圆觉经》《金刚经》《摩诃止观》《大乘止观法门》《四教仪集注》《劝发菩提心》《始终心要》	香海正觉莲社:《阿弥陀经》
念佛	知礼:创设念佛施戒会	修念佛三昧	香港观宗寺:《阿弥陀经》、精进佛七、普佛
	介然:修念佛三昧		香海正觉莲社:《弥陀佛七》、《观音佛七》、周六念佛会
修忏	知礼:《法华忏法》《金光明忏法》《弥陀忏法》《请观音忏法》《大悲忏》	谛闲:《梁皇宝忏》	香港观宗寺:《梁皇宝忏》《三千佛忏》《净土忏》
	明智:岁忏、《法华忏法》		香海正觉莲社:《大悲忏》《慈悲地藏宝忏》
法会		谛闲:盂兰法供、韦驮诞辰法会、观音诞辰法会、弥陀诞法会、水陆法会	香港观宗寺:弥勒菩萨诞法会、法华法会、浴佛法会、万佛法会、纪念觉公上人诞辰、弥陀普佛、药师普佛、供天祈福法会、盂兰法会、供三宝诸天法会
		宝静:金刚法会	香海正觉莲社:弥勒佛诞、地藏王菩萨诞、盂兰法会、观音诞辰法会

续 表

活动\道场	延庆寺	观宗讲寺	香港观宗寺/香海正觉莲社
止观静坐	《摩诃止观》	《摩诃止观》《止观坐禅法要》	香海正觉莲社：周六念佛后静坐
其他		宝静：华光电台讲《金刚经》	香港观宗寺：皈依受戒、传灯晚会

从上列表1，宋代延庆寺及民国观宗讲寺均有宣讲天台典籍。现时香港观宗寺及香海正觉莲社的天台教法较侧重于念佛、拜忏及诵经法会，宣讲天台经论相对较少。三寺均着重忏仪，香港观宗寺开创在线祈愿与忏悔先河。1939年，宝静法师已利用新科技弘法，在华光电台讲《金刚经》。

三、文化弘法

宁波观宗讲寺在民国已开展社会服务，宝静法师出任佛教孤儿院院长，到江西第二监狱布教，又将信众捐献转赠监狱，为被囚人士购置睡床，免卧湿地之苦①。

香港观宗寺及香海正觉莲社七十五年来扶弱济众。服务范畴涵盖弘法、安老、教育、慈善济助和佛教文化②。香港佛教在时代变迁中，于20世纪把握了大量北僧南移的历史机遇，办学兴教，广设服务，参与社会，获得了空前发展。当内地实行改革开放政策后，香港佛教再一次适时抓住历史机遇，以开放的姿态，推进与内地佛教界及各方面的交流合作，拓展香港佛教的活动空间，同时推动香港佛教自身的发展。

文化推广方面，香港观宗寺暨香海正觉莲社成立出版社，流通数十种类弘法文集及激光视盘，2001年编印小学通用佛教课程用书《正觉大道》，2017年编辑《觉光长老圆寂三周年追思集》，历年参加香港书展，向大众宣扬佛教文化。成立慈善济助委员会、何李宽德慈善基金会，2006年，觉光法师将珍藏品义卖，创设觉光法师慈善基金，作为开展弘法、医疗、教育、安老、慈善救济和佛教文化推广等志业用途③。

---

① 香海莲社同人：《宝静法师四十年之过去幻痕尘影》，第16页。
② 香海正觉莲社：《社务报告》，第2页。
③ 香海正觉莲社：《社务报告》，第62页。

现时属下开办的教育机构有幼儿园三间、小学四间、中学三间、特殊学校一间,资助学校皆由法团校董会独立管理,由香港特别行政区政府教育局资助。安老服务也多元化,四间安老院入住院友 912 人,日间小区支持照顾会员 2205 人①。部分院舍采取公私营合作模式,按照香港特别行政区政府社会福利署签署之服务合约,为区内长者提供多元化家居及支持服务。青少年服务方面,1990 年,成立佛教正觉青少年团。三十年来由总团,扩展至各社属中小学分团。透过校内佛剧组、弘法小组、戏剧及禅修课程,接引青少年学佛,培养慈悲与智慧。总团活动包括夏令营、冬令营、宗教文化体验游、工作坊、探访耆老、协助长者改善家居环境及岁晚大扫除,借着不同活动增加青少年对佛法的认识,建立服务、互助、利他的人生观②。2004 年始,香港特区政府认可香港观宗寺成为举行佛教婚礼的场所,是香港首间合法进行婚礼的佛教道场。定期举行海上放生活动,寺内及佛教学校举行皈依受戒等佛事。(三佛寺文化弘法服务见表 2)

表 2　文化弘法服务一览表

活动\道场	延庆寺	观宗讲寺	香港观宗寺/香海正觉莲社
著作/出版	知礼:《光明玄续遗记》《金光明文句记》《观经妙宗钞》《观音玄疏记》《十不二门指要钞》《观经融心解》《辅行传弘决题下注文》《义例境观互照》《天台教与起信论融会章》《别理随缘二十问》《释请观音疏消伏三用》《对阐义钞辨三用一十九问》《光明玄当体章问答偈》《释难扶宗记》《观心二百问》《十义书》《解谤书》《答日本国源信禅师二十七问》《答杨文公三问并书绛帏三十问答》《金光明三昧仪》《千手眼大悲心咒行法》《授菩萨戒仪》《修忏要旨》《发愿文》	谛闲:《谛闲大师全集》《谛闲大师语录》	香海正觉莲社:香海正觉莲社出版社、《觉光法师文集》、《大乘起信论诠释》、《念佛法要》、《现代佛学基础》、《正觉大道》、《念觉集》、《觉光长老圆寂三周年追思集》

---

① 香海正觉莲社:《社务报告》,第 31—32 页。
② 香海正觉莲社:《社务报告》,第 19 页。

弟子文录

续 表

活动\道场	延庆寺	观宗讲寺	香港观宗寺/香海正觉莲社
著作/出版	明智:《止观妙境辨正》	宝静:《摩诃止观述记》《修习止观坐禅法要讲述》《宝静大师全集》《梁皇宝忏随闻录》《弘法社刊》	
教育		观宗弘法社、观宗弘法研究社 宝静:创办观宗义务学校	香海正觉莲社:佛教正觉莲社学校、佛教陈式宏学校、佛教黄藻森学校、佛教正慧小学、佛教梁植伟中学、佛教马锦灿纪念英文中学、佛教正觉中学、佛教普光学校、觉光法师中学
幼儿/青年服务		宝静:佛教孤儿院院长	香海正觉莲社:佛慧光幼儿园、佛教林黄明慧幼儿园、佛教慧光嘉福幼儿园、佛教正觉青少年团
安老			观宗寺:宝静安老院、宝静护理安老院
			香海正觉莲社:佛教何黄昌宝长者邻舍中心、佛教李庄月明护养院、佛教北区改善家区及小区照顾服务*、香海正觉莲社长者小区照顾服务*
其他		宝静:监狱布教、每日在寺施粥以赈济灾民。	观宗寺:法定认可佛教婚礼场地、海上放生活动 香海正觉莲社:赠医施药、冬账派米活动、探访老人院、端午节派粽、派冬衣、毛毡给露宿者及贫民①

注:*公私营合作模式

---

① 元果主编:《佛教消息》,《香港佛教》第 9 期,1961 年 2 月刊,第 30 页。

从上列表2，宋代延庆寺及民国观宗讲寺均有注疏大量天台典籍，唯安老服务两寺均欠奉。香港观宗寺的刊物较趋向现代化，用深入浅出的文字，辅以理性实例，增加大众的兴趣；在教育、幼儿、青少年、安老服务方面发展多元化，照顾社会不同年龄群体的需要，涵盖生、老、病、死。

四、寺院的现代化转型

谛闲法师在香港的徒孙永惺法师，曾提出香港佛教面临的两大困境，第一是保守的形式；第二是僧才缺乏。永惺法师批评香港佛教与社会及时代脱节，还停留在赶经忏佛事的守旧阶段：

> 佛教在近年虽渐复兴，但仍在旧路徘徊，守成有余而拓新不足，结果仍离不开保守形式，注重经忏或是自修的山林佛教，与时代脱了节。[①]

永惺法师指出，若僧才及寺院管理方面再不与时并进，佛教终归会被摒弃，实在是为未来的香港佛教敲响了警钟：

> 弘法的方式，人才的培养，寺院的管理等与时代的发展还有一段距离，如果佛教不能以其真理适应时代，最终定会被时代遗弃。[②]

二十世纪六十年代，觉光法师历任香港佛教联合会会长凡四十余年，带领香港佛教界积极实践四个工作方针：1. 弘扬大乘佛教；2. 加强四众联系；3. 发展社会福利；4. 应导人心正思[③]。综合而言，香港观宗寺的现代化可体现在下列多项原因。

（一）社会与环境的转变

五十年代，大批内地人口涌入香港，香港人口由1945年的75万[④]增加三倍

---

① 释永惺：《浴佛节感言——佛教应走向现代化》，载《菩提路上——永惺长老传》，锺洁雄、危了明著，香港：香港菩提学会，2005年，第300页。
② 释永惺：《浴佛节感言——佛教应走向现代化》，第300页。
③ 释宏明：《慈心有大力，自在而能为》，载香海正觉莲社编：《香港观宗寺》，香港：天地图书有限公司，2016年，第154页。
④ 香港政府：《香港年鉴》，1946年，第9页。

至1950年的230万人①。二十世纪六十年代,香港工业起飞,外来人口及资金转化为香港本土经济动力。随着人口膨胀,信众数量相对增加。二十世纪七十年代,香港经济起飞催生新市镇出现,原先位于粉岭乡郊的香港观宗寺变成处于城镇、铁路站旁的都市寺院,社会及环境转变带动传统寺院功能转变。寺院把社会纳进来,分担起振兴传统文化及弘法的责任,不再局限于封闭式的僧侣潜修之所,而成为对大众开放之地,寺院可以是大众的信仰中心、佛教研究中心、心灵的指导中心、精神生活中心。在寺址范围内设立安老院及改建成香港观宗寺,均具有扩大寺院社会功能的意义。

(二) 社会关怀

1945年战后,香港观宗寺及香海正觉莲社涉及四个不同范畴的社会服务,包括教育、医疗、安老、青少年,标志着由传统寺院功能转型到社会关怀。最初由兴办学校开始,继而赠医施药、安老、服务青少年,逐渐走向现代化转型。

(三) 兴国内交流

1980年6月,中国佛教协会会长赵朴初率团访问香港,觉光法师代表"香港佛教联合会"热情接待,此次访问可谓是内地和香港佛教界的首次交流,意义重大。1984年,觉光法师以"香港佛教联合会"会长身份与副会长黄允畋居士,获内地政府邀请,第一次赴京参加三十五周年国庆观礼。两人又出席中英联合声明的草签仪式。觉光法师与上海佛教领袖,上海"玉佛寺"方丈真禅法师私交甚笃。真禅法师先后于1981年、1985年、1988年、1992年、1995年访港,均由觉光法师接待②。

觉光法师积极参与香港回归的活动与事务。1985年6月,觉光法师被委任为"香港特别行政区《基本法》起草委员会"委员。同年,两次赴京参加《基本法》起草的有关会议,并对《基本法》有关宗教条款的起草提供意见。1992年3月,觉光法师被委任为港事顾问,在北京受到邓小平接见。同年5月,率领"香港佛教联合会"首次访问北京,受国务院港澳事务办公室、国务院宗教事务局以及国务院副总理吴学谦、港澳办副主任陈滋英、宗教局局长任务之等领导接见。1994年,又应国务院宗教局邀请,访问北京及天津,获中央统战部部长王兆国、

---

① 香港政府:《香港年鉴》,1950年,第23页。
② 载《纪念真禅大师圆寂十周年》,2005年,第23—29页。

国务院港澳办及国务院宗教局官员接见,觉光法师表达将佛诞列为公众假期的愿望。为了迎接"九七"到来,觉光法师领导"香港佛教联合会"开展宗教层面的回归祖国活动。自1994年起,香港佛教界每年均举办国庆活动。1996年,觉光法师出任"香港特别行政区筹备委员会"委员,正式参与特区政府的筹组工作。

香港回归后,与内地佛教界交流更加密切,1997年7月1日,"香港佛教联合会"在大球场举办"庆祝回归祈福大会"。1998年应国务院宗教事务局邀请,组成香港佛教代表团访问北京。1999年,"香港佛教联合会"成功得到国务院宗教事务局、中国佛教协会等批准,迎请北京佛牙来港瞻礼。2014年,觉光法师圆寂,其灵骨舍利于2017年归葬天台宗祖庭浙江国清讲寺,不仅完成觉光法师落叶归根、回归祖庭的夙愿,也推动了香港乃至海外信众前往祖庭朝圣礼祖,促进与祖国的文化交流。自1982年起至2008年,觉光法师前后十一次传法,其亲传第四十七代天台法嗣共五十六位,遍及国内及海外[①]。

2017年,香港观宗寺继任住持宏明法师[②]拜会国家宗教局、宁波市民宗局、宁波鄞州区统战部、宁波鄞州区民宗局,参加"浙江佛学院天台宗佛学院"揭牌仪式暨教学区落成典礼,及"国清讲寺建寺1420周年纪念庆典"。同年,全国政协民族和宗教委员会代表团访问香港观宗寺。2018年,上海市政协及五大宗教领袖、天台县委管文新书记访问香港观宗寺。宏明法师在福建莆田参加"中国佛教协会"主办的"第五届世界佛教论坛"及在福建厦门举办的"第二届海峡两岸佛医论坛"。2019年,宏明法师参访浙江宁波奉化雪窦寺浙江佛学院、杭州冠山寺等。

加强交流是必然趋势,加上回归后天台宗僧伽教育依赖内地培养。谛闲法师在观宗讲寺时已提出"传法不传位",住持由能者居之,避免寺内斗争。然而香港本地出家众稀,天台宗的传承不能只局限于香港,1998年7月"香港佛教联合会"董事会决定在香港开办佛教僧伽学院,从内地选拔学僧,解决佛教接班人问题。自1982年起至2008年,觉光法师前后十一次传法,其亲传第四十七代天台法嗣共五十六位,遍及国内及海外[③],包括来自内地的现时香港观宗寺继任人及住持宏明法师。

[①] 《首届天台宗"教观总持"修学论坛》,香港:香港观宗寺暨香海正觉莲社,2016年10月6日场刊。
[②] 2013年,宏明法师继任香港观宗寺方丈,宏明法师1989年于天台山国清寺皈依,不久出家。2002年,承香港观宗寺住持觉光法师授记,为天台教观第四十七世。
[③] 《首届天台宗"教观总持"修学论坛》,香港:香港观宗寺暨香海正觉莲社,2016年10月6日场刊。

（四）现代化管理架构

1997年回归前，香港法律依英国普通法奉行《基本法》，为延续香港原有的法律制度提供了宪制基础。回归后，香港沿用原有的商业法规，团体依照香港《公司条例》成立董事会管理，向香港政府"公司注册处"申请注册成为有限公司的法人，可将公司财产由法人管理。依公司章程规定，董事会必须定期改选，每年要由注册会计师审核公司账目。佛教团体若具有慈善性质，可向香港政府税务局申请豁免缴税。20世纪30年代，宝静法师已为寺院规范化，为宁波"弘法学舍"及他在香港创立的"香海莲社"订下社规章程；香港观宗寺、香海正觉莲社均沿用这制度，注册成为有限公司法人。一来防范寺产私有化，财务透明，收入也确保投放于慈善事业，在循环不息的运作下，福利事业更趋蓬勃。二来管理上较灵活，这种管理方式有其合理性及必要性，可定期遴选管理层，香港佛教团体架构有一特色，就是管理层由僧俗组成。三来在寺院传承上也有较大弹性，香海正觉莲社是按照香港《公司条例》在香港注册成立之无股本担保有限公司，根据《税务条例》第88条获豁免缴税的慈善机构，保障会员权益，根据《组织章程大纲》第9条，每位社员所承担之债务责任不得超过港币20元。

（五）稳健财务收入及现代化财务管理方式

现时收入最大来源是香港政府拨款、安老院舍收费，其次是从慈善募捐，例如香港赛马会、公益金、从弘法及佛事活动、捐款、筹款、利息及股息。设立六项指定捐款基金管理资产：1. 佛教善业发展准备金 2. 冬季济贫运动基金 3. 佛教安老服务发展准备金 4. 佛教教育发展准备金 5. 社属学校发展准备金 6. 大雄殿基金。还有其他基金包括佛教何李宽德慈善基金。

（六）与政府关系良好

觉光法师与港英及特区政府保持关系良好，是天台宗得以在香港土壤茁壮生长的重要因素。在兴办教育慈善事业上必涉及土地征用、用途、业权、契约、费用等复杂土地产权及法律问题，若无地方官员协助，不容易解决。故香港天台宗自20世纪60年代开始，凡有文艺表演、奠基、毕业典礼等活动，尽量邀请政府官员出席，加强联系。

（七）自置产业

自置产业是稳健财政的基石,有足够土地资源才能提供安稳的发展环境及扩展空间。20世纪初,海外基督教及天主教传教士纷纷来港。除了传教外,还参与医疗及教育的服务。教堂、医院、学校等,均由港英政府拨地兴建。佛教寺院缺乏港英政府支持,土地是自购或由信众捐赠,而且位处离岛或山区。香港地少人多,1945年8月后,随着内地居民为逃避战火南移香港,最后落地生根,香港人口由1945年的75万[①]增加十倍至2014年的750万人,供求失衡推高土地价格,至今仍是香港有待解决的难题。早在1936年,宝静法师购入新界粉岭百福村3号土地兴建"静庐",1966年由觉光法师改建为"宝公念佛堂"及"宝静安老院",1978年再改建成现时"观宗寺"及扩建安老院。1945年,觉光法师购入港岛跑马地"香海正觉莲社"现址,并成立有限公司持有购置土地及物业。

（八）与世界接轨

觉光法师不仅推动香港佛教发展,他心怀两岸,引领香港佛教走向国际,联系各宗派,参与世界各地佛教界文化交流,早些年,出席香港六大宗教领袖座谈会,推动宗教融合和谐,摒除隔膜。香港六大宗教领袖座谈会在之后三十多年,仍有举行。

2005年开始筹备世界佛教论坛,亲赴海南三亚世界佛教论坛筹备会,2006年出席在杭州开幕的首届世界佛教论坛,2007年筹办海峡两岸及香港、澳门佛教弘展研讨大会,2009年筹办及出席无锡开幕的第二届世界佛教论坛。

觉光法师立足香港,放眼全球,参与全球性宗教活动。2000年,联合国在宗教及精神领袖千年世界和平会议倡议成立世界宗教领袖联盟理事会。2002年6月,理事会于泰国曼谷成立,与会者来自七十多个国家和地区。2007年5月,觉光法师应联合国世界宗教领袖联盟理事会邀请出任世界宗教领袖联盟理事会主席[②]。天台宗早在宋代已与外国僧人交流。宋开宝元年(968),高丽僧人宝云义通欲由明州乘船回国,应知州钱惟治之请,在鄞县弘扬教观二十年。咸平六年(1003),日本天台宗源信遣弟子寂昭等赴明州向知礼法师问法,询问天台教义中的二十七条疑问,知礼著《问目二十七条答释》回覆。天圣六年(1028),

---

[①] 香港政府:《香港年鉴》,1946年,第9页。
[②] 释宏明:《慈心有大力,自在而能为》,载香海正觉莲社编:《香港观宗寺》,第155—158页。

日僧绍良抵明州,向知礼嗣法继席弟子广智提出十疑问,绍良留华受学三年始归国①。1926年,谛闲法师亦接待日本天台宗僧人梅谷孝永访华②。

总　　结

　　若无宋代延庆寺,则不会有民国时期的"观宗讲寺";若无"观宗讲寺"则不会成就天台宗在近代香港八十年的辉煌发展,纵然三寺的时空不同,但弘法利生的心是一致的,这实在是一段跨越时代的奇特因缘。

　　本文回顾历史文献,窥见北宋延庆的弘法方式离不开传统寺院的念佛、诵经、止观、忏仪等相对封闭的手法,但天台宗义理诠释及讲经活动的发达,却是现代佛寺望尘莫及的。谛闲法师在"观宗讲寺"的弘法方式开始加入了新的文化元素,寺内自设僧伽学舍、出版刊物、开展慈善服务,同时又不减寺院佛事及经典的研习,有赖有学养的僧人才能实践。

　　从香港天台宗自20世纪20年代至现代的发展历程来看,它由传统宗教的表现方式,走向非传统宗教表现方式。非传统宗教表现方式是透过多元化的不同文化弘法渠道,对现代香港文化及社会生活有渗透。历史证明,谛闲法师在香港的第三代法脉在20世纪开辟了文化弘法这一门,将慈济事业扩展至社会不同层面,在香港社会上建立了深厚的天台宗文化;寺院制度、财务及管理模式也更趋现代化、企业化。但反观宣讲佛经及注疏佛典这方面,相对延庆寺及观宗讲寺,香港则大为逊色。究其原因,与僧伽培育不无关系。香港没有专门的佛学院培养僧材,而依靠香港的大学或专上学院。这些课程对象是僧俗同习,是否足以培养香港天台宗接班人,实有待观察。僧伽教育在香港回归后依靠祖国,回流国内开办佛学院,填补香港僧材,可暂缓青黄不接的情况。

....

---

① 浙江省鄞县地方志编委会:《鄞县志》第三十五编,第1864页。
② [日]梅谷孝永述:《天台宗之法系》,释法舫译,载《海潮音》第10卷第3期,1929年。

不是希望,而是绝望

——《蔚蓝的王国》解读

段厚永[①]

一、对人世的"弃绝"

《蔚蓝的王国》大量文字流露出对光明、自由、友情、爱情的向往,尤其最后一段,"他,每一个人都爱着的那个人——他就在那"更是被解释成为屠格涅夫"在倾诉着爱情,倾诉着无比幸福的爱情"(《蔚蓝的王国》),如果深入了解屠格涅夫,会发现这只是文字的表象。背后深层次的情感却是对生活、对爱情的"弃绝"。

屠格涅夫对生活的弃绝,源自于他受叔本华悲观主义哲学的影响。王立业《屠格涅夫的宗教解读》(《俄罗斯文艺》2006年第4期)一文中专门探讨了二者的渊源。叔本华在吸收中国古代哲学、道学伦理基础上建立了无为道学理论和弃绝自我的伦理学说。而刚刚走进柏林大学的屠格涅夫深深迷上了叔本华的唯心主义哲学。从他的学说中明白了中国的"道""仁""善"以及弃绝物欲,可以得道的思想。小说《浮士德》男女主人公违背道德律令追求爱情,在爱情刚刚来临之时,却又猝然死去,正好与屠格涅夫此时弃绝物欲的思想完全一致。他的生活的悲观主义认识受到了叔本华的影响,用张建荣的话来说:"这位德国哲学家以其对人生与人类社会的细致观察,以及对自然世界的深刻思考吸引了俄国大作家。"二者的人生准则达到惊人的相似,用"弃绝"一词可概括。叔本华对人生持一种否定与消极的态度,他更倾向于人对自然欲望的弃绝,而屠格涅夫则

[①] 段厚永,华中师范大学文学院古代文学2009级硕士,现为江苏省苏州工业园区星洋学校语文教师。

主张对人的整个生活的放弃，用他的话说："生活不是玩笑，不是嬉戏，生活甚至不是一种享受；生活，乃一种艰苦的劳动，放弃，永远的放弃，这就是它的隐秘的含义，它的谜底。"他对生活的这种"弃绝"的态度也影响到了他的生活，影响到了他对爱情的态度，"弃绝"，所以他终身不娶，唯一心仪的女孩，却终生不会迈过雷池一步！

生活中对待爱情如此，而他的作品中的爱情更是极其脆弱的。往往经不起一点风吹草动，爱情便被"弃绝"，有时甚至是"弃绝"生命。如神秘失踪的阿霞，神秘死去克拉拉、薇拉；更有甚者匆匆另寻情感的栖居之地，如娜塔丽娅、杰玛、齐娜伊达。不惜托付终身于俗流，与当初的热烈主动执着专一的崇高心性构成鲜明的反衬与矛盾。这些都可以看出屠格涅夫对爱情的"弃绝"。

从生活到作品都让屠格涅夫感到绝望，让他彻底地"弃绝"的，那么《蔚蓝的王国》的友谊、自由和人类最美好的爱情显然与之形成巨大的矛盾。这个矛盾又该如何解释呢？笔者后文会进行全新的解读。

二、宗教的象征

《蔚蓝的王国》全文应该说是一个整体的蓝色象征。和题目相一致的是，蓝色成了王国的主色调。王国的低点其实就是在汪洋的大海上，蔚蓝的大海成了主色调，还有蔚蓝的天空，细细品读，所有的人、事、物，甚至友情、爱情都以这个蓝色为依托。

蓝色，通常被看作天空之色，而在圣经中随处可以见到蓝色的身影。圣经中表现水的时候，需要惩戒的时候，举行圣事的时候，都使用蓝色作为主色。另外，蓝色还会出现在圣地的壁饰中。可见蓝色在圣经中不单单是只涉及几个事务这么简单了。佛教徒选用红色，而蓝色似乎就成了基督徒不二的选择。

蓝色是天空的颜色，也是"天国"的颜色，是现代罗马天主教神父所穿法衣的颜色和祭坛装饰用幕的色彩。

蔚蓝的色调选择完全和圣地颜色一样。圣地的壁饰以及圣经中的水、天空和《蔚蓝的王国》都完全相同，这绝对不会是偶然的巧合。可以肯定地说，这是有意而为之的，这构成了一种整体的象征——天堂。

文章除了蓝色之外，另外一个被提到比较多的色彩就是白色了。

几个人在蔚蓝王国里享受游乐的时候，"白色的风帆"像"天鹅的胸膛"，连岛屿上所开的花都是白色的，白色的玫瑰和铃兰（铃兰也是白色的）。如果说蓝色构成了天堂的色彩,代表着神圣和庄严,那么白色则是最好的装点,也是蓝色王国里最闪亮的颜色了。白,意味着纯洁。是圣诞节前夜及耶稣升天的象征色彩。白色是上帝、圣母、天使着装的色彩,也是他们的象征。白色是光,是幸福、欢乐和美德的象征。一些基督教的作品中也经常会提到白色,如圣像《主显圣容节》:"主在一朵云彩里,衣裳洁白,一手伸指祝福,一手拿着纸卷,站在主的左边的是先知以利亚,他望着主,站在右边的是摩西。"①

蓝、白两色也是天主教诸事祭祀时相配合的色彩,也是天国的主色彩。从这两色在《蔚蓝的王国》的存在可以看到屠格涅夫所描绘的王国事实上就是天主教的"天国"。

如果单单从色彩上来如此推论,还有些牵强的话,那文中直接的字眼更是让这种天机展露无遗。如第五段:"我们发出爽朗、愉快的笑声,仿佛天堂里神仙的笑声(笔者个人觉得"神仙"的翻译是不准确的,这个本地化的翻译把原有的宗教气息丢失了。天堂里应该有的是西方的诸神,而不是中国的神仙)。"文章最后一句"拉着你的手进入永不衰败的天堂"更明确指出作者描绘的让人无比向往的地方其实就是上帝所在的地方——天堂。

此外,从文章中所描绘的人物的言行中也可看到这里属于天国。

文章的第一段"在梦中"已经告诉我们这样的地方人间是不可能存在的了。"我不知道我的伙伴是什么人""况且我也没有对他们多加注意",他们彼此根本不认识,"他们像我一样年轻、快乐、幸福!"诗人此时已是风烛残年的老人,如果说年轻是想象出来的,倒不如说是渴望在天堂里重新获得年轻的生命。也只有天堂里才会彼此不认识但却一起畅游着和幸福着。

"他,我们每一个人都爱着的那个人——他就在这儿……他就拉着你的手,拉着你一起进入永不衰败的天堂!"文章最后一段所指的"他"让每一个人都爱着,只可能是上帝了!只有上帝才能带领我们走入天堂。

可以说"蔚蓝的王国"是一个天国的象征,构成了一个基督教色彩浓郁的文本系统。而我们粗粗读来往往会忽视这个文本的象征体系。

三、对上帝的信仰

从文本中能够看到屠格涅夫浓重的基督教情怀,那么他本人是否信仰上

---

① [俄] 乌格里诺维奇:《艺术与宗教》,王先睿、李鹏增译,北京:生活·读书·新知三联书店,1987年,第140页。

帝，信仰基督教呢？通过仔细的研究我们的答案是肯定的。

屠格涅夫的作品中浸透了思想，他笔下人物带着上帝的旨意在行政。王立业先生在《屠格涅夫的宗教解读》一文中重点分析了《活尸》《奇怪的故事》等作品中包含的基督教因素①。

王立业先生在文中结论性地谈道："屠格涅夫不仅仅让基督走近他的人物，他还让基督走近他自己。基督带给作者的感动、好奇、惊恐，丝毫不亚于他的人物本身。人生垂暮之际，他念念不忘的仍有基督。"

他晚年和《蔚蓝的王国》同一时期的散文诗《基督》，无疑是对基督情怀最明目张胆的宣扬。文章中他用满怀深情的笔写基督的"普通又平常"，平凡得让人难以置信，真实而又生动，"正是那样一张脸，和所有的人脸相似的那张脸——才是基督的脸"蕴涵着伟大与非凡，让人心中为此涌起难言的亲近与景仰。

散文诗《基督》无疑是屠格涅夫对基督情感的最好的注释，在《基督》中屠格涅夫找到了归宿——上帝和天堂，同时，此文也是对《蔚蓝的王国》最好的呼应和注解。

四、结　论

综上所述，屠格涅夫是个对人世绝望的人，这和他的经历和出身有关，本文不再赘述原因。对人世的绝望让他在上帝那里找到了希望，尤其是晚年流放异国他乡，漂泊无依，困顿不堪的时候，让屠格涅夫看到只有上帝，只有天堂，只有基督才能带给他希望，带来自由、理想、爱情等等最美好的东西。这种观念在《蔚蓝的王国》中得到了最好的展现，整个文本系统其实就是一个宗教的象征体系，是一个天堂的完整象征。象征着进入天堂的人可以享受到在人间无法得到的完美的自由、理想、爱情等。而这根本不是风烛残年的老人对美好生活还抱有期望，恰恰是对人世生活已经彻底绝望，是用天堂的美景来书写对人世的绝望！

---

① 王立业：《屠格涅夫的宗教解读》，《俄罗斯文艺》2006年第4期。

新媒体时代的众语喧哗
——基于麦克卢汉媒介思想的文化哲学研究与思考

王光艳[①]

随着时代的发展,特别是互联网技术、物联网技术的发展,人类已经进入新媒体时代。个人化媒体粉墨登场成为主流社交媒体,传统的主流媒体地位被逐渐消解,取而代之的是网络媒体、自媒体等新媒体。"个人传播渠道仍然同传播媒介并存,其活跃与有效依然如故"[②],在新冠疫情期间,互联网特别是手机、平板电脑等移动终端作为最重要的社交、信息和生活的媒介成为普通民众生活的支柱,新媒体对人们生产生活的影响与日俱增。新媒体吸引了最大多数的个人加入传者行列,加速了新闻信息的传播速度和广度,几何级数地扩增着信息的数量,形态多样地呈现出信息的质量。众语喧哗的传播图景、海量弥散的信息承载、碎片虚拟的传播特征迫切需要对媒介文化进行进一步的研究。

作为数字时代的先驱,加拿大传播理论家马歇尔·麦克卢汉曾对数字时代有过诸多的研究和预见。"麦克卢汉为何能够预见数字时代呢?使他窥见未来的并不是那种巫师的水晶球。他不拥有跨时间的神奇窥视镜。那是因为他的脑子以我们数字时代的方式工作,尤其以新新媒介的方式工作,他的风格就是新新媒介捕捉并投射到屏幕上和生活中的运行方式。"[③]因此,基于麦克卢汉的媒介即讯息、媒介即人的延伸、地球村等思想,结合当前媒体发展中的某些问题进行文化上的研究是十分必要的。

---

① 王光艳,华中师范大学文学院文化传播学 2013 级博士,现为武汉市社会科学院研究员。
② [美]威尔伯·施拉姆、威廉·波特:《传播学概论》,陈亮、周立方、李启译,北京:新华出版社,1984 年,第 145 页。
③ [美]保罗·莱文森:《新新媒介》,何道宽译,上海:复旦大学出版社,2012 年,第 142 页。

一、共存共荣的媒介与讯息

所谓新媒体是相对于传统媒体而言的,是指报刊、广播、电视等传统媒体以后发展起来的新的媒体形态,是利用数字技术、网络技术、移动技术,通过互联网、无线通信网、卫星等渠道以及电脑、手机、数字电视机等终端,向用户提供信息和娱乐服务的传播形态和媒体形态。也有人把楼宇电视、户外广告等也算作新媒体。可以说,新媒体充斥日常生活,深深嵌入日常生活。麦克卢汉在《理解媒介——论人的延伸》中提出了一个著名的论断:媒介即讯息。在新媒体时代,这个论断不仅没有过时,反而愈来愈显示出它的价值。

1. 媒介与讯息:唇齿相依

麦克卢汉指出,"所谓媒介即是讯息只不过是说任何媒介(即人的任何延伸)对个人和社会的任何影响,都是由于新的尺度产生的;我们的任何一种延伸(或曰任何一种新的技术),都要在我们的事物中引进一种新的尺度"①。单看这句话,真的无法彻底理解,但我们可以从他说此话的目的来辅助理解,他说:"媒介的内容好比是一片滋味鲜美的肉,破门而入的盗贼用它来涣散思想看门狗的注意力。"②看门狗只是被滋味鲜美的肉夺去了注意力,而忽略了一旁的盗贼。

这个解释非常具有麦氏风格,"我不解释,我只探索"③,意即他只提出新思想,不负责解释、检验和讨论。事实上,正是因为这种不注重逻辑推理、讲究艺术阐发的研究和思考模式才使得他的很多观点都成为"洞见"并饱受争议,"他是20世纪最富有争议的思想家之一"④。如果有人对其思想提出质疑,他会用另一种新思想或者观点甚至类比故事或暗语去回应。在这里,他形象地把媒介的形式比喻为"撬门贼",把媒介内容比喻为"滋味鲜美的肉",把受众比喻为"看门狗",这种比喻旨在唤起我们对"撬门贼"加强警惕,也就是要注意媒介本身就是讯息。

所谓媒介,按照佐藤卓己的看法,"一般说来,赋予事物以意义,将体验转换

---

① [加]马歇尔·麦克卢汉:《理解媒介——论人的延伸》,何道宽译,北京:商务印书馆,2000年,第33页。
② [加]马歇尔·麦克卢汉:《理解媒介——论人的延伸》,第46页。
③ 摘自《译者前言》,[加]菲利普·马尔尚:《麦克卢汉:媒介及信使》,何道宽译,北京:中国人民大学出版社,2003年,第16页。
④ 摘自《译者前言》,[加]菲利普·马尔尚:《麦克卢汉:媒介及信使》,第6页。

为知识的符号传播载体被称为媒介"①。媒介从本质上说就是符号传播载体,是基于传播而产生的中介或工具。讯息,即信息、消息②,"传播学中的讯息,由一组信息符号组成,传达一个具体内容。在传播过程中,发送者发出讯息,接收者对这个讯息进行处理,并作出反应"③。信息,即"音信、消息","信息论中指用符号传送的报道,报道的内容是接收符号者预先不知道的"④。由此可见,麦克卢汉提出的"媒介即讯息"包含着信息传播全过程的各种要素都应当列入考察的范畴。考察近年来流行的新媒体,无论是微信、博客还是公众号、群,它们在介入个人生活、传递信息的过程中,本身就是讯息的一部分。媒介与讯息之间的关系是唇齿相依,不可分割的。

2. 内容与媒介:节外生枝

"媒介即讯息"还包含了一层意思就是一种媒介的内容往往会"节外生枝",成为另外一种媒介,正如麦克卢汉所说的"任何媒介的'内容'都是另一种媒介"⑤。这种观点在当今的微信朋友圈得到充分验证并广为使用,当某一个讯息被创作出来并发布在某个平台上的时候,如果被某人认可并转发,这条讯息就包含"媒介和内容"一起进入新的媒介平台,成为另一种媒介的一部分。在此过程中,从传者或创作者的第一次发布到转发,其间经历了若干个媒介。在媒介展示的过程中,传者所创作的内容与所发布的媒介都成为另外一种媒介,或者说是在另外一种媒介中"重生"。

微信转发的过程也是影响力逐渐扩大的过程,也是其含义逐渐衍生的过程,"媒介的影响之所以非常强烈,恰恰是另一种媒介变成了它的内容"⑥。与文学中的互文性类似,转发后的微信尽管出现在新的媒体中,但是,它附加上了某种"肯定""否定""嘲讽""搞怪"等情绪,并能够被接收者所感知。接收者在读解讯息的过程中会有自己的诠释,有的甚至是过度诠释,正如罗兰·巴特所说的"作者已死"。巴特认为作品在完成之际,作者就已经死亡,剩下的工作,就是读者的权利了。唯有作者死亡,读者才能诞生,所有阅读活动,都是读者心灵与一个写定的"文本"的对话,价值就在这个过程中被创造出来。"作者已死"的观点

---

① [日]佐藤卓己:《现代传媒史》,诸葛蔚东译,北京:北京大学出版社,2004年,第3页。
② 中国社会科学院语言研究所词典编辑室:《现代汉语词典》,北京:商务印书馆,2015年,第1485页。
③ 《传播学名词介绍》,[美]威尔伯·施拉姆、威廉·波特:《传播学概论》,第3页。
④ 中国社会科学院语言研究所词典编辑室:《现代汉语词典》,第1453页。
⑤ [加]马歇尔·麦克卢汉:《理解媒介——论人的延伸》,第34页。
⑥ [加]马歇尔·麦克卢汉:《理解媒介——论人的延伸》,第46页。

在新媒体时代,对于我们理解新媒体中的某些现象具有极为重要的意义。

文字的内容是语言,印刷的内容是文字,印刷又是电报的内容。从这个简单的关系图里,可以看出媒介与内容的关系。关于媒介和媒介内容的关系,麦克卢汉认为"一种媒介充当另一种媒介的内容""没有一种媒介具有孤立的意义和存在,任何一种媒介只有在与其他媒介的相互作用中才能实现自己的意义的存在"①。也就是说,我们在理解"媒介即是讯息"的"媒介"时,它是一种包含着内容的媒介,有了"内容"必然传递相应的信息。媒介与内容的关系往往就在传递的过程中发生着化学变化,不断地"节外生枝"。

网络舆情治理是一道难题。网络大V的言论往往会成为讯息被迅速转发,从而形成一波又一波的舆情。如某广播电视台的熊某某就曾在纪念中国人民志愿军抗美援朝出国作战70周年期间,擅自在自媒体上发布不当言论,质疑抗美援朝的合法性和影射志愿军战士毛某某的死因。短时间内,他的言论被大量转载和截屏,并被国内外网友批注标示,造成了严重的后果。熊某某的自媒体就是讯息,言论也是讯息,被转发、被截屏成为另外媒体的内容和讯息。即使后来熊某某主动删除了不妥言论,关闭了公众号,可是这些讯息仍然在网络上流传,且网络留言和评论短时间内大量产生。这表明,在新媒体时代,一旦讯息被发送出来,其传播和影响就脱离了发布者的控制,成为一连串的媒介内容,并且会"节外生枝"地扩增其内容。

3. 媒介与权力:重塑控制

在新媒体时代,人人都是记者,人人都是媒介从业者,"当媒介从业者衡量对于内部公众和外部公众的责任时,究竟什么是这两种责任的分界线?什么是决定为公众的最大利益而行动的标准?它是否应该成为从业者责任的一部分?"②自媒体兴起,基于网络的媒介狂欢开始,然而,媒介从业者的责任却没有普及到每一个狂欢参与者。头条号上就有一大批制作美食的大V,他们一度为博取"点击率""点赞率""好评数",过于追求奢华的菜品,动辄展示"极品澳洲龙虾宴""极品鲍鱼""烤全牛"等,造成不良的社会效果。更为离谱的是,有些人视网络为自家菜园,胡乱地发布消息,甚至是诋毁国家、民族的消息,影响极为恶劣。

拉斯韦尔将传播的基本功能概括为:(1)监督环境;(2)协调社会;(3)传

---

① [加]埃里克·麦克卢汉、[加]弗兰克·秦格龙编:《麦克卢汉精粹》,何道宽译,南京:南京大学出版社,2000年,第248页。

② [美]克里斯蒂安等著:《媒介公正:道德伦理问题真的不证自明吗?》,蔡文美等译,北京:华夏出版社,2000年,第247页。

递文化遗产①。媒体的这三个功能揭示了媒体与社会的关系非常密切,也表明媒体应当承担起独有的社会责任,特别是"协调社会对于某种环境下的事件的反应,诸如当大众媒体传播告诉一个个人如何解释某些新闻事件的时候"②。加入自媒体的狂欢并不意味着开辟了自留地,更不意味着拥有一块法外之地,相反更应当承担一份社会责任。

新媒体环境下,自媒体也融入到大众传媒中,如四川绵阳 90 后姑娘李子柒,自称"东方美食生活家",她关于"中国田园生活"的系列视频走红。截至 2019 年 12 月 11 日,她在某国外视频网络平台上的粉丝达 746 万,单条视频点击量最高达 4000 万次,每条视频几乎都超过 500 万次,相关数据甚至超过了 BBC(英国广播公司)、CNN(美国有限电视新闻网)等有影响的外媒。在国内,李子柒的抖音粉丝达 2249 万,微博粉丝 1956 万。有别于针对中国传统文化的宏大叙事,李子柒多选取生活化叙事策略,她的作品融注了浓浓的中国味,从个人视角出发,记录展现个体生活,特别是充满诗意的中国乡村田园生活,将观众带入传统文化氛围。这一尝试在国内外大受欢迎、热度不减。

"媒介即是讯息,因为对人的组合与行动的尺度和形态,媒介正是发挥着塑造和控制的作用。"③通过视频,自媒体个人完成了对讯息的传播,构建了读者了解事件的窗口,事实上也完成了对社会的某种"塑造和控制"的权力。媒介与权力密不可分,是公共权力的一部分,因此,控制媒介的人是尺度和标准的把关人,控制媒介就体现着权力,给每个时代创造出了新的环境,使人们在新的信息传递模式下形成新的习惯、新的社会结构,对应着新的信息识别系统、新的符号,即也代表着新的讯息。

麦克卢汉认为"对媒介影响潜意识的温顺的接受,使媒介成为囚禁其使用者的无墙的监狱"④。大众媒介对信息、内容和知识具有强大的反作用力,媒介不仅不是消极、静态的,反而有着积极、能动的成分,它们对信息有重大影响,决定着信息的简明度及组成方式。有鉴于此,媒体运营者应当承担起社会责任,因为"任何社会对它的传播机构所施加的控制都是从这个社会中产生出来并代表它的信仰与价值观的"⑤。换句话说,就是任何社会都会对传播机构进行一定的控制,这既是社会管理所需,也是传递价值观的手段。

---

①② [美]E. M. 罗杰斯等:《传播学史:一种传记式的方法》,殷晓蓉译,上海:上海译文出版社,2002 年,第 233 页。
③ [加]马歇尔·麦克卢汉:《理解媒介——论人的延伸》,第 34 页。
④ [加]马歇尔·麦克卢汉:《理解媒介——论人的延伸》,第 49 页。
⑤ [美]威尔伯·施拉姆、威廉·波特:《传播学概论》,第 189 页。

麦克卢汉的"媒介即讯息"理论的最大贡献在于提醒人们关注媒介自身，媒介形式的变迁对人类的认知、思维、表述，以致宏观的社会结构都产生了巨大的影响。以往人们过于关注媒介中所承载的内容，认为是媒介的内容影响着人们的思想，而忽略了媒介形式本身。同时人们还把媒介形式当作可被人影响的技术，而非能够影响人的技术，事实上，二者是相互影响且互为因果的。近年来抖音、秒拍、快手等短视频风行网络就是典型的例子。截至 2020 年 6 月，中国短视频用户规模已达 8.18 亿，日均使用时长 110 分钟，在带动乡村旅游、推动农产品销售等方面，短视频发挥了重要的积极作用，同时也让人们进一步认识到短视频的价值。

媒介在影响人们的思想和行为方面起着重要的作用，客观上也对社会有着重塑和控制的功能，这背后隐藏着社会公共权力的分配。在新媒体时代，精英话语、大众媒介、个人媒体等形成了众语喧哗的传播局面，它清晰地表明：媒介与讯息共生共荣。媒介与权力关系密切，媒介即是讯息，因此，在研究社会现象、研究媒介发展的时候，不能忽视媒介自身，从某种意义上来看，对媒介自身的研究应该摆在更加突出的位置。

二、日益延伸的媒介链条

随着科技的发展，特别是物联网、云计算、人工智能等新技术的发展，越来越多的机器将加入媒介链条中。特别是近年来物联网技术在大数据、云计算和人工智能的推动下，已经有了积极的变化。其一是物联网平台逐渐搭建并完善；其二是数据提取与分析；其三是物联网逐步应用到日常生活中。

物联网平台涉及云计算技术，数据分析涉及大数据技术，而应用则主要指的是人工智能技术。人工智能处在物联网体系最高层，各大技术最终都指向人工智能，人工智能是发挥物联网价值的关键。可以说，万物互联的背后必然要求万物智能。万物智能是新媒体时代的一个重要特点，这也符合麦克卢汉对"媒介"的定义，最为关键的是新技术的发展将带来媒介链条的日益延伸。

1. 媒介与人：永续延伸

麦克卢汉有一个著名的论点：媒介即人的延伸。他重新界定了"媒介"的概念，并把对媒介的理解推广到所有的人工制造物和技术物，并在《理解媒介——论人的延伸》一书中用 26 个方面不厌其烦地论述了各种各样的延伸。倘若放在今天写这本书的话，麦克卢汉所引用的案例会更多，物联网、云计算、人工智能等新技术正在大张旗鼓地延伸着人的某些功能，也在扩张着麦氏关乎"媒介"

的版图。

一般说来,"媒介"就是我们生活中无处不在的电视、电话、电报、杂志、广播、报纸等大众传播工具。在麦克卢汉看来,这种定义非常狭隘,他认为"媒介"是人体的各种器官的延伸。如此说来,媒介无处不在,因为在人与人、事物与事物、人与事物打交道的地方必然存在着包含了人的感官在内的各种关系或联系,它包括了一切的人工制造物和各种技术。目前的互联网、物联网、云计算、人工智能等都是人工发展出的新技术,毫无疑问都可归于"媒介"之列。

麦克卢汉把人类任何技术进步、任何工具的发展都看作媒介的成长,看作人体的延伸。按照他的观点,衣服是皮肤的延伸,石斧是手的延伸,车轮是脚的延伸,印刷品是眼睛的延伸,广播是耳朵的延伸,电视是耳朵和眼睛同时的延伸,电子技术则是人类整个中枢神经系统的延伸,等等。那么,互联网、物联网、云计算、人工智能等技术大体上可以看作是人类中枢神经系统的延伸,这种延伸的"媒介"链条可以永续发展下去。

麦克卢汉的"媒介即人的延伸"的观点具有极强的现实意义,特别是在新媒体时代背景下。以手机传播为例,"手机传播呈现出内容丰富多元、实时互动性强、时间碎片化、个性化与私密性并存的特点"①,手机是移动终端,也是信息发送与接收端。按照麦克卢汉的思想,手机可以归为耳朵和眼睛同时的延伸,甚至还可以看作是中枢神经系统的延伸,因为手机作为一个伴随型媒介,它承载的功能远不止打电话,而是社交媒介,在社交中承担了诸多的情感表达功能。

"媒介即人的延伸"扩大了人类对科技发展的想象空间,并由此激发出更为强大的创造动力。物联网和人工智能都是在延伸人的思路上进一步拓展空间,万物物联将直接把人与机器连接,人工智能则将人的智慧移植到机器上,这种探索将永无止境。

2. 媒介与延伸:混淆迷雾

关于"媒介即人的延伸"曾引起众多的关注,也引来了诸多的非议。麦克卢汉认为,"我们的延伸会使我们麻木"②"任何发明或者技术都是人体的延伸或者自我截除"③,这表明他把媒介的作用上升到人体功能学的角度,把技术发明都泛化为媒介。"人的本质是能在一定的社会关系中制造生产工具,从事生产劳动"④,

---

① 江凌、曾斯琪:《新媒体时代智能手机对彝族传统文化的"修补"及反思》,《新闻研究导刊》2020年10月。
② [加]马歇尔·麦克卢汉:《理解媒介——论人的延伸》,第75页。
③ [加]马歇尔·麦克卢汉:《理解媒介——论人的延伸》,第78页。
④ 北京大学哲学系编:《马克思主义与人》,北京:北京大学出版社,1983年,第6页。

也就是说，人和动物最大区别是制造和使用工具，从事社会性活动。人类在长期的生产生活实践过程中，通过制造和使用工具逐步增强适应自然、改造自然的能力，最终实现自身文明的飞速发展。麦克卢汉的"延伸使我们麻木""任何发明或者技术都是人体的延伸或者自我截除"的观点显然有失偏颇，因为人类发明创造固然有替代自身某些功能的需要，但是绝对不是变成"麻木"或"自我截除"的状态，相反，是在技术或思想上实现一个更高层次的飞跃。

以微信为例。微信是腾讯公司于2011年1月21日推出的一个为智能终端提供即时通讯服务的免费应用程序。微信支持跨通信运营商、跨操作系统平台通过网络快速发送免费(需消耗少量网络流量)语音短信、视频、图片和文字，同时，也可以使用通过共享流媒体内容的资料和基于位置的社交插件"摇一摇""漂流瓶""朋友圈""公众平台""语音记事本"等服务插件。截至2019年7月，微信已经覆盖中国94%以上的智能手机，月活跃用户达到8.06亿，用户覆盖200多个国家，超过20种语言。此外，各品牌的微信公众账号总数已经超过800万个，移动应用对接数量超过85000个，微信支付用户则达到了4亿左右。微信的使用并没有使用户"麻木"，相反，它激发越来越多的人将自己的生活中的一部分延伸到网上。

麦克卢汉指出，"我们在观看、使用或者感知任何技术形式的延伸时，必然接受它"①"由于不断接受各种技术，我们成为它们的伺服系统"②。麦氏的这种说法表明了人对技术的依赖，但是，落入了"技术决定论"的窠臼。在新媒体时代，依托技术和理念创业者比比皆是，成功者毕竟是少数。马云最初创办的中国黄页，将纸质的电话号码搬到互联网上，最后以失败而告终；ofo则把手机网络与自行车出行相结合，最终也失败了。人们在观看、使用或者感知任何技术形式的延伸时，并不一定要接受它，人类也不会沦为技术的囚徒。

从传媒研究来看，意大利学者艾柯认为麦克卢汉的"媒介"概念混淆了传播通道、符码和信息之间的关系。美国学者芒福德在《技术和文明》一书中提出，传播技艺是"人的延伸"和技术变化文明史的核心。关于麦克卢汉的争议还将持续，不过，我们可以试着去理解。

理解麦克卢汉的"媒介即人的延伸"的洞见，可以从他举的例子中窥其奥秘。他认为印刷媒介是视觉器官的延伸，广播是听觉器官的延伸，电影是视觉的延伸，电台是声像的延伸。与电影和照片不同，"电视首先是触觉的延伸，它涉及所有感官的最大限度的相互作用"③。也就是说，任何一种媒介都放大了人

---

①② ［加］马歇尔·麦克卢汉：《理解媒介——论人的延伸》，第79页。
③ ［加］马歇尔·麦克卢汉：《理解媒介——论人的延伸》，第411页。

部分器官的功能,改变了原来的特征,是最大限度地使用。短视频可以看作是视觉器官的延伸,在极短的时间内,看似随手拍摄场景往往会成为众人围观的对象,网红美女的嫣然一笑往往会获得几十万的点击,可见媒介所提供的"拟态环境"在当今新媒体场域中影响之大。

麦克卢汉认为"拼音文字是视觉功能的强化和放大,它削弱了听觉、触觉、味觉和嗅觉的作用,渗透到部落人非连续性的文化中,整合的人变成了分割的人"①,人的局部功能的放大和加强是把人肢解和分裂。麦克卢汉进一步指出,电子媒介是人的中枢神经的延伸。这是和机械媒介不同意义的延伸,凭借电子媒介造成的中枢神经的延伸,人是整体的,改变了机械媒介对人的异化,是人的完整性的回归。其实,对于技术的忧虑是不必要的。从媒体发展来看,新媒体与传统媒体之间并不是简单的替代关系,而是共存发展,此消彼长。同样,人的局部功能的放大和加强并非把人肢解和分裂,心电图的发明让人们可以直观地看到心脏活动情况,并没有完全替代听诊;电视出现后,电影面临着极大的冲击,可是,电影并没有消亡,相反在近年来获得了很好的发展。麦克卢汉的理论显然存在着技术理性上的不足。

3. 媒介与发展:杂交优势

"技术是大众传媒的命脉"②。在媒介发展过程中,传播技术的作用非常明显:传播技术成为文化生产的方式;技术导致社会分层和重构;媒介形式干预社会观念;技术变革左右人们的生活方式③。事实上,媒介技术的每一次革命都会带来社会生产生活方式的革新。在技术变革过程中,技术的交流与融合往往是传媒革命的先锋。

关于媒介技术的发展,麦克卢汉并不静止看待问题,而是以积极、发展的眼光来审视,尤其重视技术之间的交流与融合。"两种媒体杂交或者交汇的时刻,是发现真理和给人启示的时刻,由此而产生新的媒介形式。"④在新媒体时代,基于互联网技术的创业很多都是利用"两种媒体杂交或者交汇的时刻"而进行的,如5G、VR(虚拟现实)、人工智能、物联网、云计算等等,都依托互联网技术而研发,并逐渐在市场上推广。

杂交原本是一个遗传学概念,是指两条单链DNA或RNA的碱基配对。遗传学中指通过不同的基因型的个体之间的交配而取得某些双亲基因重新组

---

① [加]埃里克·麦克卢汉、[加]弗兰克·秦格龙编:《麦克卢汉精粹》,第280页。
②③ 孟君:《从技术理性批判、技术至上到技术主导——论技术对传媒权力的影响》,《当代传播》2012年第1期。
④ [加]马歇尔·麦克卢汉:《理解媒介——论人的延伸》,第91页。

合的个体的方法。一般情况下,通过生殖细胞相互融合而达到这一目的过程称为杂交;而由体细胞相互融合达到这一结果的过程称为体细胞杂交。杂交产生的后代称为杂种。不同种属之间,或是地理上远缘的种内亚种之间个体的交配称为远缘杂交,所得个体称为远缘杂种。相反地,亲缘关系极近的个体间杂交称为近亲交配,或称近交,包括兄妹杂交、半兄妹杂交等,近交可以用来建立纯系。同一个体或同一无性繁殖系的个体间交配称为自交。

移植到传播学中,麦克卢汉认为杂交能量是危险的关系。他认为,"在所有产生巨大能量和变革的大规模的杂交结合中,没有哪一种能超过读写文化和口头文化交汇时所释放出的能量。读写文化赋予人的,是视觉文化代替听觉文化"[1]。麦克卢汉显然注意到了杂交在媒介发展进程中的巨大能量,但是,他并没有看到技术的进步往往就是在交流互鉴中得到进一步的发展。

麦克卢汉认为杂交是危险的,事实上,真正危险的是我们尚未建立起对技术的理性批判态度,或者说,从传媒发展的技术理性批判、技术至上到技术主导的链条上,各种矛盾一直存在,并没有完全解决,事实上也难以彻底解决。在某直播平台,曾有两名直播者为了追求点击率和打赏,竟然直播性爱。网络直播是手机上网、移动技术、互联网技术的杂交,是目前发展最为迅猛的行业。直播违反公序良俗的内容显然是不合适的,涉嫌违法犯罪。但是,并不能因此而反对网络直播。

生物学上有杂种优势现象。所谓杂种优势,是指杂种第一代在体型、生长率、繁殖力及行为特征方面均比亲本优越的现象。动物育种家常将两个具有某些所需性状的不同纯系亲本进行杂交,获得的杂种子代往往表现出比双亲优良的性状。在媒介发展过程中,杂种优势也明显存在。微博、微信、QQ 以及众多的社交软件都是传播实践中杂种优势的体现。

尽管麦克卢汉认为杂交是危险的,但是,他仍然承认杂交可以产生新的媒介形式,这对于我们理解当今新媒体——数字杂志、数字报纸、数字广播、手机短信、网络、桌面视窗、数字电视、数字电影、触摸媒体、穿戴媒体等十分有益,也为媒体在杂交路上的进一步发展留下了巨大的想象空间。

三、聚合之间的部落生态

1962 年,麦克卢汉提出了著名的"地球村"的概念,并预言"在机械时代,我

---

[1] [加]马歇尔・麦克卢汉:《理解媒介——论人的延伸》,第 83 页。

们把自己的身体扩张到了空间。如今,在电子技术的发明已经过了1个多世纪以后,我们已把自己的中枢神经扩展到了地球的各个角落,在我们的这个地球上,已不存在空间和时间"①。地球村、部落化等话语成了传播学的重要概念。

新媒体时代,互联网深刻地影响着世界的发展,数字化、网络化、即时化、互动化的特征快速地影响和改变了社会舆论的生成模式,使信息传播具有鲜明的新特点,主要体现在:传播主体多元化、传播内容海量化、传播节点碎片化。可是,麦克卢汉提出的地球村正在聚集,部落化现象也得以凸显。

1. 聚合与分离:部落重构

麦克卢汉认为在拼音文字发明之前,人生活在感官平衡和同步的世界之中。这是一个具有部落深度和共鸣的封闭社会,是一个受听觉生活支配的,由听觉生活决定结构的口头文化的社会。相反,行动而不必回应,不必卷入的能力是拉开距离的书面文化的人独特的东西。但是,文字出现以及印刷技术的发展使这种部落化形式开始走向崩溃,出现了所谓的"部落化—非部落化"发展过程。

所谓部落,是"原始社会中几个相互通婚的氏族的联合组织。通常都有自己的地域、名称、方言、宗教和习惯"②。"部落世界的人过的是一种复杂的、万花筒式的生活,因为眼睛和耳朵不同,它无法聚焦,他只能是通感的,而不是分析的、线性的。听觉场是同步的,而视觉场是连绵的。听觉—触觉的部落人参与集体无意识,生活在魔幻的、不可分割的世界之中。这是由神话、仪式模式化了的世界,其价值是神圣的、没有受到任何挑战的。与此相反,文字人或视觉人创造的一个环境是强烈分割的、个人主义的、显豁的、逻辑的、专门化的、疏离的。"③了解了"部落"与"非部落"两种显豁的特性,我们还会有一个疑问。

何以会出现"部落化—非部落化""非部落化—重新部落化"的发展过程呢?是哪种力量在这其间起到了核心作用呢?麦克卢汉认为:拼音文字的机械社会在空间上把个体与集体分开,因而产生了隐私;在思想上把人分开,因而产生了观点;在工作上把人分开,又因而产生了专门化——因而产生了与个人自由相联系的各种价值。这说明拼音文字是造成"部落化—非部落化"的核心力量,而后来更高层次上的印刷等媒介只是加强了这种转化的过程。"电子时代一个主要的侧面是,它确立的全球网络颇具中枢神经系统的性质。我们的中枢神经系

---

① [日]佐藤卓己:《现代传媒史》,第230页。
② 《新华词典》,北京:商务印书馆,2001年,第87页。
③ 《"地球村"概念的质疑与思考》,http://culture.nianw.com/2011-08-31/n-23450-2.html。

统不仅是一种电子网络,它还构成了一个统一的经验场。"①显然,电力媒介使人从连绵的视觉场走向同步的听觉场,实现了"重归部落化"。这条洞见也是和"媒介是人体的延伸"相吻合的,所有的发展趋势都是从异化、分割向完善、整合人转化。

在网络空间里,各种各样的微信群就是重新部落化的典型。在这些群里,人们根据各种不同的目的,重新聚集在一起,讨论着共同关注的话题,讨论购物、观影、出行、看病、求学、交友、求助等话题,甚至还可以涉及部分隐私性话题。从一定程度上说,这就是一个封闭的网上部落,当大家就某一个问题你一言我一语讨论的时候,场景与部落议事十分相似。这种网络上形成的"部落"具有局域开放、公开透明的特点,而那些没有及时参与的人,也可以通过"爬楼"查看留言信息的方式获知讨论的全过程。

网络群可以看作是部落重构的一个重要现象。值得一提的是,随着大数据技术的发展,这种网络聚会也会带来信息泄露的风险,特别是在讨论某些敏感话题或者某种秘密话题的时候,技术提供者完全有可能利用数据技术提取谈话的内容,从而为其所用,因此,这种重新部落化并非完全的回归,而是带着镣铐跳舞。

此外,重新部落化也不是回归自我部落,而是根据需要,每个人都可能是多个部落的族人。换句话说,电子时代的人具有多个不同的身份和标签,也有不同的需求与途径,在不同的部落里,不同的人担任着不同的角色,承担着不同的功能,这与人类早期的部落有很大的不同。因此,依托着传播技术的发展,此类部落的聚合与分离成为常态。

2. 想象与现实:地球村形成

在麦克卢汉看来,"地球村"的主要含义不是指发达的媒介使地球变小了,而是指人们的交往方式以及人的社会和文化形态的重大变化,"由于电力使地球缩小,我们这个地球不过是小小的村落……电力可能会使人的意识放大到全球的规模……电力媒介将会使许多人推出原来那种分隔的社会——条条块块割裂的、分析功能的社会,产生一夜人人参与的、新型的、整合的地球村"②。

麦克卢汉认为电视等电子媒介的诞生,以及通信卫星、喷气飞机、电子计算机的出现和广泛使用,使世界各地的人们之间的时空距离骤然缩短,人类社会重新部落化,仿佛变成了一个村落。地球上相距遥远的人们如同居住在同一个村庄,可以在极短的时间内看到另一端的现象,了解那里发生的事情。这说明

---

① [加]马歇尔·麦克卢汉:《理解媒介——论人的延伸》,第428页。
② [加]埃里克·麦克卢汉、[加]弗兰克·秦格龙编:《麦克卢汉精粹》,第394页。

"地球村"至少有两方面的意义,一是信息瞬时传播导致的虚拟距离回归或心理距离缩短;二是交通技术的突飞猛进产生的瞬时到达。

在新媒体时代,麦克卢汉地球村的思想正得以通行,特别是微信朋友圈、QQ群、FACEBOOK(脸书)、短视频等大量应用,新闻事件的同步转播、个性化传播、定点性发送成为可能,传统媒体在新闻的方面已经跟不上节奏了。从这个意义上说,新闻的两种定义"新闻是新近发生的事实的报道"或"新闻是新近事实变动的信息"①都还有一定的科学性,可是,传统媒体的新闻栏目命名为"新闻"就值得商榷了,因为新闻最重要的特点就是时效性,失去了时效性的新闻,价值就会大打折扣。因此,广播、电视、报纸、杂志上的新闻栏目由传递"新闻"逐渐变为"宣传",其功能也由提供"信息"变为"宣导"。

无论是电子技术的发展,还是交通技术的进步,地球已经彻底成为一个小小的村落。从信息传播来看,一条信息从发布到环绕地球一周仅需几秒钟,即便是通过朋友圈逐级转发,也不会需要太多时间,只要这条信息足够引起人们的关注。从交通来看,环绕地球一周的时间也很短。地球的半径为6371千米,假设飞行高度为10千米,民航机的飞行速度是1000千米/小时左右,而战斗机飞行速度为2800千米/小时。如果坐民航机,需要40小时,战斗机加力飞行,需要14个小时左右。地球变小了,麦克卢汉的"地球村"名副其实。

3. 和谐与和平:乌托邦想象

地球村的思想还包括了麦克卢汉对人类社会未来的乌托邦的想象,他构想媒介技术的发展可以把人类大家庭结为一体,开创永恒的和谐与和平。1969年3月,他在回答《花花公子》的记者时说:"我觉得,我们站在一个使人解放和振奋的世界的门口。"②可见,他对未来的憧憬是光明的,也预示着对技术改变世界充满期待。"地球村"的概念后来也成为未来学中引用与预见世界发展趋势的一个用语。

技术的发展并非一帆风顺,对世界的影响也远非麦克卢汉想象的那样,"在这个世界里,人类部落实实在在会成为一个大家庭,人的意识会从机械世界的枷锁中解放出来,到宇宙中去遨游。我深信人成长和学习的潜力,深信深入开发自己的潜力和学习宇宙奥妙旋律的潜力……任重道远,宇宙星星就像是我们的驿站。我们的长征刚刚开始"③。麦克卢汉认为分散在地球各个角落的人们借助于电子媒介迅速地交流信息,使各种文化进一步相互融合与渗透,人类文化正在被传播技术转换为一种新的共同体,这种共同体会带来和谐与和平。

---

① 李良荣:《新闻学导论》,北京:高等教育出版社,1999年,第14页。
②③ [加]菲利普·马尔尚:《麦克卢汉:媒介及信使》,第394页。

事实上，世界已经发展到今天的新媒体时代了，可是，最早具有全球化思想的学者麦克卢汉预想中的和谐与和平远远没有到来，"知沟""信息沟""数字鸿沟"及由此带来的各种矛盾充斥世界各个角落。国际关系、地区和平、全球治理、贫富差距……一系列问题日益突出，人类社会正面临着空前的危机。解决这个危机需要全世界的共同努力，建立人类命运共同体。

我们还应当看到，麦克卢汉是把媒介技术与人类文明发展史联系起来进行研究的先驱，提出了一系列富有创见的观点，尽管他的理论蕴含有技术决定论色彩。但是，他独特的思维模式、标新立异的设想以及奋力开拓的勇气值得我们学习。

飞速发展的互联网、多媒体技术、虚拟技术、5G、物联网、人工智能等信息传播技术对社会文化的巨大影响，在一定意义上验证了麦克卢汉思想的前瞻性，也形成了众语喧哗的新媒体时代，我们应该再次认真地学习、历史地评价麦克卢汉，从中汲取科学的营养，并由此对所处的文化和人类的命运进行哲学反思。同时，我们要看到"人的本质是人之所以为人、区别于动物的最根本的东西，它只能是社会本质"[①]，要从更广的视野出发来认识媒介技术对人的发展的影响，理性看待新媒体时代的众语喧哗。

---

① 北京大学哲学系编：《马克思主义与人》，北京：北京大学出版社，1983年，第6页。

媒介本体论:媒介研究的理论转向

李明勇[①]

媒介研究一直是传播学的重要研究领域。但以往的媒介研究主要是从功能主义的视角去审视媒介,很少有人从哲学的视角对媒介本身进行思考。媒介功能主义尽管采用了各种学科的研究方法对媒介或媒介效果进行科学的、实验的、数据的分析,对数据的收集、整理和清算已成为研究的重要方法,但这种功能主义的研究方法不但没有更好地推动媒介理论的发展,反而将媒介功能主义研究中那种广度有余而深度不足的现实一览无余地凸现了出来。鉴于此,一些学者另辟蹊径,注重从哲学中吸取养分,以本体论的视角来研究媒介,使媒介研究发生了理论转向。

一、媒介本体论的提出与发展

随着媒介研究的不断深入,媒介研究者们已经清楚地意识到结构—功能主义的局限性,从过去只注重媒介信息内容或媒介本身对人的行为和社会关系的改变的效果研究范式转向以本体论视角研究媒介与人、社会之间的相互建构关系。

(一)媒介本体论的提出

媒介本体论概念的提出尽管较晚,但媒介本体论思想在海德格尔的技术哲学理论之中就已经开始呈现。海德格尔在追问技术的本质时首先归纳了过去两种流行的观点,即"技术是合目的的工具"和"技术是人的行为"。他将这两种

[①] 李明勇,华中师范大学文学院文化传播系2015级博士,现为贵州师范学院文学与传媒学院副教授。

观点称为"工具的和人类学的技术规定",虽然都正确无误,但并没有揭示出技术的本质。正如海德格尔所言,"为了获得技术之本质,或者至少是达到技术的本质的近处,我们必须通过正确的东西来寻找真实的东西"①。也就是说,"工具的和人类学的技术规定"只是"正确的",还不是"真实的",它并不是技术的本质,而只是探寻技术本质的桥梁。在海德格尔看来,技术不仅仅是工具,而且还是一种"解蔽",把那种技术与人、人与世界之间的种种关系真实地展现出来。为此,海德格尔把技术的本质概括为"座架",即"那种摆置着的聚集,这种摆置摆弄着人,使人以订造方式把现实事物作为持存物而解蔽出来"②。他所说的"持存物"不同于现实的客观对象,而是包含了技术与人、世界之间关系的实存物。譬如跑道上的客机,当它作为一个对象物存在的时候它只是一架机器,但作为"持存物"的时候他就展现了人以订造方式而保障着运输的可能性。由此可见,海德格尔对技术的本体论追问超越了过去的工具论,从技术与人、世界的种种关系基础上探讨其本质。

继海德格尔的媒介技术本体论之后,媒介环境学派的主要代表麦克卢汉开启了媒介本体的探讨。他所提出的"媒介即讯息"和"媒介即人的延伸"两个重要的媒介思想尽管被不少人诟病,认为是典型的"技术决定论者",但他的媒介思想除了将媒介看成是推动社会发展的主要动因之外,还包含着媒介的本体追问。正如张法所言:"媒介在麦克卢汉那里具有了一种本体论的意味,理解了媒介,你就能理解一切,特别是能理解一个以电子媒介为基础的新时代的状态。"③

麦克卢汉的媒介本体论思想首先体现在他的"媒介即讯息"思想之中,他突破了以往只注重媒介内容及其效果的研究范式,开始关注媒介自身。麦氏"媒介即讯息"的媒介思想强调,在信息传播过程中重要的不是所传播的信息,而是传播这些信息的媒介,就正如他那形象的比喻,媒介的内容好比是一片滋味鲜美的肉,破门而入的窃贼用它来涣散思想看门狗的注意力。在"媒介即讯息"的基础之上,麦克卢汉进一步提出"媒介即人的延伸"的媒介思想。这一媒介思想旨在阐明媒介不只是简单的人们所创造的工具,而且媒介也通过对人体的延伸来改变人们的感知模式,重塑媒介与人、世界的关系。"任何媒介的使用或人的

---

① [德]海德格尔:《海德格尔选集(下)》,孙周兴选编,上海:生活·读书·新知 上海三联书店,1996年,第925—926页。
② [德]海德格尔:《海德格尔选集(下)》,第937页。
③ 张法:《20世纪西方美学史》,成都:四川人民出版社,2007年修订版,第200页。

延伸都改变着人际依存模式,正如它改变我们的各种感觉的比率一样。"①麦克卢汉对媒介的本体论追问与海德格尔技术本体论具有异曲同工之妙,进一步推动了媒介本体论发展。

媒介本体论这一概念较早在鲍里斯·格罗伊斯(Boris Groys)所撰写的 *Unter Verdacht:Eine Phanomenologie der Medien* 一书中正式提出。该书德文版于2000年出版,2014年中国学者张芸、刘振英将其翻译为中文本《揣测与媒介:媒介现象学》,由南京大学出版社出版。在该书中,作者主要探讨了是什么承载着文化档案并让它们流传下来。在格罗伊斯看来,在档案符号表面的背后,隐藏着一个暗中的、无限的亚媒介空间,构成了档案的另一个部分。在这个空间中,符号承载体以降级序列引向幽暗的深处。格罗伊斯在此特别强调媒介不是处在档案的内部,例如图书就不是处于档案内部,它与外在的世俗空间构成了档案的外部世界,都是直接呈现在观察者面前。他用莫斯的"水下文明"来阐释亚媒介空间,媒介就如水面,与"水上文明"一同构成外部空间,而真正控制着水面的是那暗流涌动的"水下"。然而由符号承载体构成的亚媒介空间则是不直接呈现给观察者,只能通过揣测的方式去理解和把握。媒介符号背后所隐藏的"真相"也就是媒介本体,人们只能通过揣测的方式去了解。尽管亚媒介空间是一个幽暗的空间,"但同时也是一个突然给人以天启和真知灼见的空间"②。人们只有通过亚媒介空间的洞见,档案的存续才被揭示出来。为此,格罗伊斯非常重视媒介的本体论研究,并宣称每一种媒介理论,如果它还对得起这个名称,"必须就媒介本体论问题来追问亚媒介空间的性质,并以此超越了停留在媒介表面上的结构主义理论空谈"③。

(二) 媒介本体论的研究现状

自媒介本体论这一概念正式提出之后,引起了众多学者的关注。德国当代传媒学家弗里德里希·基特勒(Friedrich·A·Kittler)《走向媒介本体论》("Towords an Ontolongy of Media",2009)一文更加明确地用哲学本体论来考察媒介。论文开篇就提出:是否可以用欧洲的本体论来思考媒介的问题是一个

---

① [加]马歇尔·麦克卢汉:《理解媒介——论人的延伸》,何道宽译,北京:商务印书馆,2000年,第127页。
② [德]鲍里斯·格罗伊斯:《揣测与媒介:媒介现象学》,张芸、刘振英译,南京:南京大学出版社,2014年,第11页。
③ [德]鲍里斯·格罗伊斯:《揣测与媒介:媒介现象学》,第31页。

至关重要而又非常棘手的问题。基特勒从柏拉图、亚里士多德开始到海德格尔再到图灵,考察了媒介本体论的发展。他认为媒介在哲学史上被多次提出,但哲学家们并没有将媒介纳入到本体论的范畴进行探讨,只有到了海德格尔那里,将距离作为存在的本质时,"技术媒介已经取代了心理和生理媒介。在其终结或毁灭之时,本体论也就成了距离、传播和媒介的本体论"①。基特勒在前期著作《话语分析1800/1900》(1985)、《留声机、电影、打字机》(1986)等书中虽然没有直接提出媒介本体论这一概念,但在德国的阐释学、拉康的精神分析理论、福柯的话语权力理论、德里达的书写理论的影响之下,开始从本体论的视角探讨媒介。如在《留声机、电影、打字机》一书中,借助代表声学、光学和文字这三大储存技术的留声机、电影和打字机的发展历程及其对人类思维方式产生的巨大影响,从哲学的高度批判地审视媒介技术与人类的关系。基特勒肯定媒介对人的思维模式、中枢神经的重大影响之后,同时还认为媒介使人体与机器之间的区别变得更加模糊,正如他自己所言,"媒体时代(不只从图灵的模拟游戏算起)模糊了人与机器之间的界限,分不清谁是真疯,谁是装疯"②。由此看来,他既继承了麦克卢汉"媒介是人的延伸"思想,但又比其走得更远,作为媒介创造者的主体更有可能在媒介时代沦为技术的客体。

约翰·杜汉姆·彼得斯继承和发展了海德格尔、麦克卢汉、基特勒等人的媒介本体论思想,于2015年出版了《奇云:元素媒介哲学导论》一书。在该书的绪论中指出,媒介所传递的讯息既体现我们人类的各种行为,也体现人类与生态体系和经济体系之间的关系③。

在国内学界,不少学者对西方的媒介本体论进行了介绍。陈静在《走向媒体本体论——向弗里德里希·A·基特勒致敬》(2013)一文中,从三个阶段介绍了基特勒的媒介思想,认为在2000年以后的著作中,基特勒继续推动了本体论意义上的媒体理论建构④。吴佳玲《亚媒介空间、揣测经济与"媒介即讯息"——评〈揣测与媒介:媒介现象学〉》(2016)一文对格罗伊斯的《揣测与媒介:媒介现

---

① [德]弗里德里希·基特勒:《走向媒介本体论》,胡兰菊译,《江西社会科学》2010年第4期。
② [德]弗里德里希·基特勒:《留声机、电影、打字机》,邢春丽译,上海:复旦大学出版社,2017年,第176页。
③ 邓建国:《从认识论到本体论:彼得斯〈奇云〉中的"媒介道说"》,《新闻记者》2019年第11期,第21—29页。
④ 陈静:《走向媒体本体论——向弗里德里希·A·基特勒致敬》,《文化研究》2013年第1期,第289—301页。

象学》一书进行了评述①。除了西方媒介本体论思想的介绍之外,中国学者也开始注意到媒介本体论研究。张骋博士在其博士论文的基础上著有《传媒本体论——新媒体时代的理论转向》一书,于2016年中国社会科学出版社出版。该书认为,当今我们生活在一个以新媒体为主要传播媒介的时代里,人类的生存时刻离不开传媒,因此,我们现在生存的时代是一个传媒化生存的时代。在这样一种传媒化生存的时代里,传媒发生了一次"哥白尼式"的转向:从工具到本体。"传媒已经不再是一个外在于我们的,用于认识和理解客观世界的工具,而是事物存在和自我发展、自我揭示的领域。"②《传媒本体论:媒介研究的理论转向》一书尽管研究的对象是"传媒本体论",其实质是研究媒介在当今新媒体时代中的关系重构,人和世界都存在于传媒之中,传媒决定人和世界的意义。张默然《电影本体论的后形而上学建构》(2016)较为详细地论述了电影本体论的发展变化,从经典电影理论的美学本体论、蒙太奇本体论、摄影影像本体论再到现代非实体性、复数式小理论的电影本体论③。笔者与博士导师合著的《海德格尔媒介本体论思想阐述》(2017)一文较为详细地阐述了海德格尔的媒介本体论思想,并探讨了媒介本体论在今天传播学理论建构中的作用④。李立《电影本体论的嬗变——媒介考古学引起的思考》(2019)从媒介考古学的视角考察了电影本体论的嬗变,认为电影本体论从古典的、"模仿论"的、巴赞的摄影影像本体论走向了当代的、整体的、后巴赞时代的观念影像本体论⑤。

从上述可知,有关媒介本体论的研究在当今国内外学界引起了众多学者的关注,研究成果也日益丰硕,成为当今媒介研究不可忽视的一大研究现象。

二、媒介本体论的实质和内涵

从媒介本体论提出到今天,学界并没有给予其一个明晰的界定。人们不禁

---

① 吴佳玲:《亚媒介空间、揣测经济与"媒介即讯息"——评〈揣测与媒介:媒介现象学〉》,《国际新闻界》2016年第10期,第159—166页。
② 张骋:《传媒本体论——新媒体时代的理论转向》,北京:中国社会科学出版社,2016年,第2页。
③ 张默然:《电影本体论的后形而上学建构》,《电影文学》2016年第12期,第4—7页。
④ 张三夕、李明勇:《海德格尔媒介本体论思想阐述》,《华中师范大学学报(人文社会科学版)》2017年第5期,第82—86页。
⑤ 李立:《电影本体论的嬗变——媒介考古学引起的思考》,《艺术评论》2019年第6期,第140—150页。

会问,什么是媒介本体论?在理解媒介本体论之前,首先得考察一下西方哲学本体论的历史发展,从而有助于更好的理解媒介本体论。

(一)西方哲学本体论的衍变

本体论是西方哲学的一个核心范畴,也被称为"第一哲学",贯穿整个西方哲学史。然而在西方哲学史中,本体论不是一成不变的,随着人们认知结构和思维模式的变化,本体论研究的内容和思维方式也在发生改变。西方古典哲学中的本体论主要是对感性世界的本源追问,认为在纷乱复杂的感性世界背后有一个永恒不变的东西存在,是万事万物得以存在的始基,如泰勒哲学中的"水"、柏拉图的"理式"、康德的"物自体"、黑格尔的"绝对精神"等,各位哲学家就在追问这一本源的基础上建立自己的哲学大厦。西方古典哲学中的本体论是在经验世界之上试图建构一个先验的、彼岸的理性世界。这一理性世界贬低、排斥生活世界,生活世界只有被带到理性世界之下才得以解释,从而呈现逻辑与经验、理性与感性、本质与现象之间的绝对对立,并以这种"主客二元"对立的思维模式去认识、解释生活世界。在这种思维模式下,本体论研究呈现出追求终极实在的绝对论和本质主义特点。

在黑格尔之后的现代西方哲学对传统的本体论进行了批判,拒斥传统的形而上学,反对传统哲学那种把生活世界抽象化和主客二元对立的思维模式,主张回归到人的生活世界和人的现实生命,突显主观与客观、本质与现象、形上与形下、主体与客体之间的相互规定、相互转换和相互作用的关系。马克思从人的生活实践为逻辑起点,通过"对象化"解释人与世界的相互建构关系;海德格尔严格区分"存在"与"存在者",以人的生存状态为基点建构一种人学本体论;科学主义哲学家蒯因在区分"何物实际存在"和"何物存在"基础上提出"本体论的承诺",认为"本体"只有在"本体论承诺"的基础上才得到合法性,从而将理性世界与经验世界结合在一起。现代西方哲学本体论的转向可以说是哲学的生存论转向,即从过去抽象地研究世界的本源"是什么"转向了对经验世界和人的历史性存在的关切。如果说西方古典哲学主要是一种知识学的进路来研究世界的本源或始基,那么现当代西方哲学则是从生存论进路来研究本体,使哲学回归于人的生活世界和人的现实生命。知识学进路的本体论是概念的、逻辑的和反思的,以一种主客二元对立的思维模式去认识客观世界,强调先验的、绝对的逻辑世界的建构,而生存论进路的本体论却是前概念、前逻辑和前反思的,超越了过去那种主客二元对立的思维模式,从主体间性的思维模式去揭示"使概念的、逻辑的和反思的世界得以成立的更具本源性的领域"①。这一"更具本源性的领域"恰恰与人的生活世界和人的现实生命息息相关,概念的、逻辑的、反思的世界在此基础之上才得到自身的合法性。

(二)媒介本体论的内涵与实质

人们在谈论媒介本体论时,正是从生存论路径来阐释媒介的本体问题。基特勒在《走向媒介本体论》一文中认为,海德格尔的《存在与时间》是一场革命,因为海德格尔证明了实际存在不是最高本体论属性,相反,过去与未来的双重缺失把我们自身的存在与他者的存在区别开来了,距离是我们在这个世界上存在的突出特征。例如我们制作鞋时用的皮革,它已经不只是亚里士多德的物质,必然还与动物的死亡有关,铁锤的形式呈现出合我们的手和未来工作的形状。②他对技术媒介探讨的重心不再是"是什么"的问题,而是更多地将媒介技术与经验世界、人自身联系在一起去思考媒介与世界、人自身之间的相互关系。麦克卢汉正是打破了在传统的工具主义媒介观,在媒介与人之间的相互建构关系中去思考媒介,从而得出"媒介即讯息""媒介即人体的延伸"的结论。张骋在《传媒本体论——新媒体时代的理论转向》中认为,传媒本体论"是从本体论的视角来审视传媒,不再将传媒看成是一个外在于主客体的'连接'主客体的'桥梁',不再是主体去认识客体的工具,而是将传媒看成是事物存在和自我发展、自我揭示的领域"③。在这个定义中,首先抛开了西方传统的主客二元对立思维模式,主张从主体间性关系中去考察媒介,否定了过去人们将媒介只看成是工具的流行观点,肯定媒介在人和世界方面的决定意义,人和世界就体现在媒介之中。传媒世界就是我们的日常生活世界,是我们的生存方式,我们通过传媒理解我们自己和我们的世界。

从以上人们对媒介本体论的阐述不难看出,媒介本体论已经超越了过去那种"媒介是什么"的本质探讨,而是从生存论路径对媒介进行哲学思考,揭示媒介与人、世界的深层关系。具体说来,媒介本体论至少包含以下几层意思:一、从思维模式来看,媒介本体论超越了以往主客二元对立的思维模式,不再将媒介看成是认识或改造客观世界的工具,而是与人一样的另一个对象性主体,并与其建立起一种主体间性的交互共在关系;二、从媒介与人、世界的关系来看,

---

① 吴晓明:《当代哲学的生存论转向》,《哲学研究》2001年第12期,第9—11页。
② [德]弗里德里希·基特勒:《走向媒介本体论》,胡兰菊译,《江西社会科学》2010年第4期。
③ 张骋:《传媒本体论——新媒体时代的理论转向》,第17页。

它们是一种交互共生的关系,人创造了媒介,同时媒介也改变着人的感知模式和交往方式,带来社会关系的变革,重塑社会文化形态,用一种隐蔽但有力的方式来定义现实世界;三、从研究对象上来看,媒介本体论所研究的主要对象不只是媒介效果和媒介本身,而是侧重从哲学的高度去揭示媒介与人、"现实世界"的相互建构关系。

三、媒介本体论的价值和意义

媒介研究作为传播学的重要研究领域,是传播学研究中各学派不可绕开的主题,从某种程度上来说,对媒介研究的侧重点不同成了区别各学派的重要依据。随着媒介研究的不断深入,媒介研究正实现一种理论转向,从原来的功能主义研究转向本体论研究,这一转向不仅有较大的传播学价值,同时对当今的媒介研究也有一定的现实指导意义。

(一) 媒介本体论的传播学价值

当今传播学所面临的最大问题是理论匮乏问题。传播学理论匮乏问题的提出由来已久。正当美国传播学如火如荼进行之时,贝雷森(Bernatd Beleson)在1959年就认为具有传播学四大奠基人之称的拉扎斯菲尔德、拉斯韦尔、霍夫兰、勒温虽然从各自的领域拓展了传播研究的领域,但是仍未形成一种理论来整合这一领域,从而宣称"大众传播学的枯竭"[①]。传播理论的匮乏,李金铨将其归结为"内眷化"所致,即"学者抱住一个小题目,在技术上愈求精细,眼光愈向内看,问题愈分愈细,仿佛躲在自筑的一道围墙内,得到心理安全,拒绝与外界来往的压力,其结果是不但忘记更大的关怀,更阻碍思想的创新"[②]。诚然,传播学最初是在政治学、社会学、心理学等学科理论基础上建立起来的,是学科互涉的产物,善于从其他社会学科吸取理论养分。但随着传播学学科的建立,更多的研究者认为该学科具有一种自足性,多以传播论传播,因而往往与其他较大的社会政治、经济、文化脱节,导致传播学理论的匮乏。

传播学理论的匮乏直接导致了传播学的学科危机。自施拉姆创立传播学

---

① Bernard Berelson, "The State of Communication Research," *Public Opinion Quarterly*, Vol. 23. (1)(1959), pp. 6-17.
② 洪俊浩主编:《传播学新趋势(上)》,北京:清华大学出版社,2014年,第14页。

以来，传播学的学科危机并未随着它的发展而消失，相反成为人们诘难甚至取消这一学科的由头。美国当代传播学家罗伯特·克雷格（Robert T. Craig）认为，尽管传播学研究有久远的基础和丰富的研究理论，但传播理论作为一种被认可的研究领域是不存在的[①]。在不少传统学科的学者眼中，传播学没有多少知识含量，它只不过是一个可有可无的学术领地和二流学者的避难所，甚至连创立传播学的施拉姆也曾经感叹："传播研究这一领域与其说是一门有名有实的学科，还不如说是各路学者来去匆匆的一个集会场所。"[②]因此在20世纪90年代美国的大学精简运动中，与传播学相关的系所经常被作为削减、改组和合并的机构。传播学在我国还是一门非常年轻的学科，直到1997年国家教育部才下文将传播学作为新闻传播学下面的一个二级学科。尽管传播学得到了教育行政部门的认可，但也有不少学者对传播学学科的合法性提出质疑。陶鹤山就认为，传播学从诞生之日开始，就没有得到社会科学界的承认[③]。

　　面对传播学的学科危机，传播学必须要建立自己的一套学术规范，建构一个系统化、结构化的学科体系，使之实现自身完备的学科建制。如何建构完备的传播学学科体系？陶鹤山认为需要建构一个传播哲学研究、传播一般规律研究、传播分支学科研究的金字塔型体系，其中传播哲学研究属于最上层[④]。由此可知，传播哲学在建构完备的传播学体系中的重要作用可见一斑。陈蕾也认为，"传播哲学的危机状态导致了传播学本体研究的方法论危机，而传播学本体研究的方法论危机导致了传播学本体研究乃至整个传播学学科知识建构的危机"[⑤]。要走出这一连环危机，就需要充分发挥、借鉴和应用哲学研究传统中关于本体方法论的知识资源。但现实却是当今传播哲学被边缘化了，传播学知识因缺乏哲学本体的观照而缺乏应有的概括性和持续性，不少理论只是昙花一现。如果说目前的传播学研究主要是对媒介的"用"进行研究，那么媒介本体的研究则是对媒介的"体"进行探讨。缺乏"用"的传播学只能是一种形而上的玄思，而缺乏"体"的传播学必然会缺乏自身的理论基础。媒介研究的本体论转向却为传播学研究引进了哲学本体研究的方法，对媒介的"体"进行探讨，深入考察媒介与人、社会之间的深层次关系，使传播学与其他社会科学，尤其是作为母

---

① Robert T. Craig, "Communiction Theory as A Field," *Communiction Theory*, Vol. 9. (2) (1999), p. 119.
② 董天策：《传播学导论》，成都：四川大学出版社，1995年，第8页。
③④ 陶鹤山：《传播学的危机与重构》，《新闻与传播研究》2002年第2期，第31—37页。
⑤ 陈蕾：《传播学本体研究的问题与路径》，《新闻学研究》2015年第125期，第217—258页。

科学的哲学之间加强了学科之间的互涉,增强自身的哲学理论基础,从而有助于建构完备的传播学学科体系。

(二)媒介本体论对当今媒介研究的现实意义

今天的社会是一种媒介化生存的社会,人们无时无刻不与媒介打交道,在当今的社会生活中媒介扮演着非常重要的角色,因此,加强当今的媒介研究,有助于理解和解释当今的众多社会现象。传播学是在回应当时社会大众传播热点问题、承接传播相关课题基础上完成自身的学科建制的,是一门面向现实、回馈现实、依赖现实的应用学科,因此,它不得不受到实践范式的形塑和规训,从而更多关注媒介的工具性特质。纵观以往的媒介研究发展史,从经验学派到批判学派再到媒介环境学派,各派之中的媒介研究侧重点有所不同。经验学派主要从媒介的内容出发,通过调查研究、焦点访谈和数据收集的方法,考察媒介是如何影响受众的态度和行为,效果研究成为研究的主导范式。批判学派则从意识形态批判视角,强调媒介是维护统治阶级利益和权力的工具,如以霍克海默(M. Max Horkheimer)、阿多诺(Theodor Wiesengrund Adorno)、马尔库塞(Herbert Marcuse)、哈贝马斯(Jürgen Habermas)等人为代表的法兰克福学派从工具理性或技术理性的批判着手,对文化工业所造成的人文意义和价值的丧失进行批判。以哈罗德·英尼斯(Harold Innis)、马歇尔·麦克卢汉(Marshall McLuhan)、约书亚·梅洛维茨(Joshua Meyrowitz)为代表的媒介环境学派则是转向媒介自身的研究,侧重研究媒介本身在社会发展中的推动作用和改变人们的认知结构、价值观念及行为态度方面的影响。但传播学三大学派的媒介研究有一点是相同的,即都将媒介视为独立于人之外的工具,也正是观念支配着他们的媒介研究,即便在麦克卢汉那里也是一样。格罗伊斯就认为:"麦克卢汉所理解的媒介并不位于人之中,而是位于人之外,作为文字、绘画或者电视机存在着。"①将媒介视为外在于人的"客观存在"去考察媒介在社会中的作用和功能,势必陷入一种功能主义的媒介观。功能主义的媒介观却存在一定的局限性:一是主体性的消解,即媒介与人是处于二元对立之中的,人只能被动接受媒介所传递的信息;二是将媒介视为现成之物,媒介成其为自身的更为本源性的领域却被研究者们所忽略,即媒介只不过是"存在者",而使这一"存在者"得以存在的"存在"却没有得到人们的关注。

当今媒介研究的主流仍然是以一种功能主义观看待媒介,将媒介视为置于

---

① [德]鲍里斯·格罗伊斯:《揣测与媒介:媒介现象学》,第60页。

人之外的客观现成之物，从而消解了媒介的主体性和人的主观能动性，也忽略了媒介之所以为媒介的本源性问题。从媒介的发展历史来看，人的社会实践对媒介的产生、发展起决定性作用，媒介从社会实践中得以产生，媒介也作用于社会实践，在人类社会实践活动中不断发展，媒介与人、社会的相互建构构成了人类社会文明。由此可知，媒介并非是脱离于人和社会之外的客观存在，媒介就处于人和社会之中，媒介与人、社会之间是一种交互共在关系。从媒介研究的发展历程来看，主要经历了媒介效果研究、媒介自身研究这两个阶段，但作为媒介研究的完整序列来讲，这两级研究明显不完整，缺少了更为本源性的媒介生成一级，只有将其纳入媒介研究系列，媒介研究才能构成媒介生成—媒介—媒介效果的完整序列。媒介本体论的媒介观跳出了以往媒介研究的功能主义藩篱，通过主体间性的思维模式去考察媒介，强调媒介与人、社会的相互构建关系，突出媒介研究的主体性原则，并且从哲学的高度去观照媒介生成。例如格罗伊斯就认为，人们在说起绘画这个媒介时，除了绘制成绘画画面的材料以外，"自然还有作为艺术家的创作者、整个博物馆系统、展览业、艺术市场——实际上就是绘制、承载和展现一幅绘画作品所需的一切"[1]。

媒介本体论的媒介观对当今的媒介研究具有重要的指导意义，不仅要求媒介研究者们打破原有主客二元对立的思维模式去研究媒介，还应该考察使媒介成其为自身的生成逻辑，为今天的媒介研究提供了新的思维模式，开拓了新的研究领域，使媒介研究摆脱了功能主义、技术决定论的纠缠，与其他社会科学之间建立起真正的对话。

---

[1] ［德］鲍里斯·格罗伊斯：《揣测与媒介：媒介现象学》，第58页。

基于受众心理的国学电视传播热研究

田全喜[①]

国学,这个延续数千年几经变更的历史名词,在近年变得炙手可热,甚至可谓最近十余年来中国思想文化界的高频关键词。进入 21 世纪以来,国学热持续高涨。国学为什么现在很热? 国学热的形成又有哪些深层次的原因? 清华大学国学院院长陈来认为,国学热"必定由很多因素促成,其中一定跟中国崛起、经济发展、国民文化自信的增强有关,和社会对文化的需求、认识有关系"[②]。与此同时,人们正深切地感受到:"当下盛行的国学热,除了具有与 20 世纪 90 年代国学热相同的特征之外,还表现出新的特征,这就是大众传媒的广泛介入。"[③] 无论媒介在推动这波国学热中有多大影响,"可以肯定的是,传媒界谋定而后动,对这股国学热的形成起着最为重要的作用"[④]。

放眼全国,近几年来电视荧屏上国学之风方兴未艾。中央电视台先后推出《中国诗词大会》《中国汉字听写大会》《中国成语大会》等栏目,并在 2014 年成立以国学为传播内容的专业频道。各大卫视平台所播出的国学栏目也有十多档之多,有些栏目已取得非常良好的社会效应。这些电视节目传播的国学内容不同,既有汉字、成语,又有诸子百家;传播的方式形态各异,既有讲坛、访谈,又有益智综艺。从这些国学电视节目的思路和技巧来看,各显其能又各有千秋,在为当下的电视荧屏带来一股文化清泉的同时,也为如何做好国学电视传播提供了有益的启示和广阔的思考空间。

---

① 田全喜,华中师范大学文学院文化传播学 2015 级博士,现为湖北经济学院信息管理与统计学院讲师。
② 陈来:《新世纪国学热的发展》,《北京大学学报(哲学社会科学版)》2011 年第 6 期,第 43 页。
③ 李宗桂:《国学与时代精神》,《学术研究》2008 年第 3 期,第 21 页。
④ 包礼祥:《数字时代国学研究的大众化与保真问题》,《江西社会科学》2007 年第 8 期,第 23 页。

一、国学电视传播推动国学热潮持续升温

二十一世纪以来的国学热潮的形成得益于媒体的助力。近些年国学电视传播又一次次引燃人们对国学的热情,使得国学热波及面更广,影响力更大。这些影响表现在以下几个方面。

(一)国学电视传播架起了国学和大众之间的桥梁

在寻常意义上,国学对于社会大众而言是陌生的。这种陌生感主要来自两个方面:其一,国学孕育产生的时空与现实生活有距离。代际不同,话语范式、审美标准与价值诉求也存在差异,现代人对国学中的许多内容不甚熟悉或闻所未闻。其二,认知国学需要一定的专业知识,比如文献学是学习国学的敲门砖,而这些知识只有少数专业人士掌握,一般大众是不了解甚至是难以理解的。

正因为国学"与受众日常生活经验存在着一定的时空差距、认知差距,存在着知识鸿沟、专业门槛、认知障碍"[1],即使部分人有了解自己所生存的文化土壤和中华民族历史文化的需要,但是因为这些门槛与障碍的存在也只能"望洋兴叹"。所以,国学大多数时间囿于学术殿堂,在现实生活中普及面窄,存在感低。

国学电视节目在传播国学知识时进行了媒介化改造,使得艰涩的国学呈现出通俗化、大众化的面貌,大大降低了大众了解国学的门槛和学习国学的难度。国学电视传播架起了国学和大众之间的桥梁,在国学普及和推广上起到了积极作用。朱国良认为,《百家讲坛》中的"于丹和易中天善于让学术走出象牙塔,将文言文用通俗易懂、明白晓畅的白话来表达,让受众得以在中国传统文化的汪洋中,一掬清泉为快"[2]。

通过电视对国学的传播,百姓可以轻松方便地享受国学的熏陶,获得精神需求的满足。国学电视传播开拓了国学传播的渠道,将学术引向大众,适应了

---

[1] 杨乘虎:《电视节目创新的路径与模式——中国电视节目创新问题研究之三》,《现代传播》2012年第6期,第63页。
[2] 朱国良:《于丹的〈论语心得〉所感》,http://theory.people.com.cn/GB/40538/5317555.html。

当下国人文化自信的需求。

（二）国学电视传播激发了民众学习国学的热情

一个个"现象级"国学电视节目"圈粉无数"，激活了国人血脉中潜在的国学基因，燃起了大众了解国学的兴趣，在全社会营造了学习国学的氛围。媒介专家靳智伟和北京师范大学教授康震一致认为，中国人的"诗心"从未消亡，中国受众有着浓厚的诗词文化情结，《中国诗词大会》之所以走红，正是因为激活了藏在人们心中热爱诗词的热情[1]。

国学电视传播也推动国学热向多面延伸，向纵深推进。我们不妨从国学电视节目中涌现出"国学达人"的视角展开思考。尤其是在国学电视节目中脱颖而出的国学小明星，他们在节目中展现出的才华与智慧赢得满堂喝彩。他们对于国学知识的掌握熟稔于心，出口成章，既让人称赞，也点燃了一部分人学习国学的热情，尤其是拨动了家里有同龄孩子的家长的心。有社会需求就有新的商机，近几年市场上的国学培训机构，如国学堂、国学班、儿童诵经班等如雨后春笋般出现。虽然不能把国学班的出现完全"归功"于国学电视传播，但是，国学电视传播在一定程度上促成了国学培训市场的形成与繁荣。

大众传播媒介具有"议程设置功能"，"在多数时候，它不能左右人们怎么想，但是却可以决定人们想什么"[2]。从整体传播效果来看，近几年电视荧屏上频繁出现的国学电视节目，已经开始显现出"议程设置"功能，引发全社会对国学的热切关注。

（三）国学电视传播促进国学热由"假热"向"真热"转变

国学热的提法频频出现于各种场合，学者们普遍把近年来的国学热认为是中华优秀传统文化的复兴。但是国学热究竟"热"到何种程度？目前学界尚无统一定论。有代表性的观点大致有三种。第一种，当下的国学热是相对意义上的"热"。20世纪90年代之后尤其是新世纪以来，社会对国学的态度比五四运动之后大有转变。第二种观点则认为，所谓的"国学热"是子虚乌有的。之所以这么说，是因为跟晚清以前相比，现在对国学的学习与研究还差之千里。现在

---

[1] 章琰：《国学节目圈粉无数综艺迎来"文艺复兴"》，《羊城晚报》2017年2月13日，B1版。
[2] Bernard C. Cohen, *The press and foreign policy* (Princeton: Princeton University Press, 1963), p. 13.

国学才稍微回暖,要说有多热,则是靠不住的。第三种观点比前两种略显温和,是相对折中的态度。持这种观点的学者认为,国学热是虚热。这个论断基于以下两点:其一,我国从小学到大学的正规化、体制内的教育系统中,没有真正把中华文化经典作为中国的学生学习的必修课程[①]。其二,当下的国学热是鱼龙混杂、精华与糟粕并存的国学热,是各方利益交织和角力形成的国学热。在对国学传播历程梳理的基础上,本文倾向于第三种观点。即当下的国学热存在着"虚火过旺"的现象。

国学热的"虚火过旺"着重指当前传统文化中的沉渣泛起,误导了人们对国学的认知。带着文化节目气质的国学电视节目以各种形式传播着国学,让人们在国学典籍中感受先贤的智慧,在历史长河中追寻民族的精神,在诗词曲剧中丰富生活的诗意。这些国学知识增强了文化认同,升华了审美品格,丰富了情感体验,让观众在惊叹国学的博大精深时,学会辨析国学不是市井中打着国学名号的看相算命,不是制胜商海的宝典秘籍,也不是满足权欲的宫廷争斗,更不是"之乎者也"的"文化脸面"。

当然,电视传播国学知识时也有一些哗众取宠的内容,这是应当极力避免的。从整体上看,国学电视传播在发掘国学价值,增强文化自信,实现国学由"假热""虚热"向"真热"的转变发挥了良好的舆论引导功能。

尽管国学电视节目以传播国学中蕴藏的中国智慧和文化基因为宗旨,对启迪受众心智,弘扬民族精神有积极影响,但是如果节目不能很好地被接受,一切都是空谈。电视受众是遥控器的主宰,看哪个节目,看多长时间是由观众说了算,因此电视受众对于电视节目有很强的自主性和主观性。事实上,电视节目的收看选择,不仅有其偶然性,还具有一定的倾向性。受众对于电视频道的选择,实质上是一种价值为核心的选择行为,是受众潜意识中所凸显出的价值追寻。在电视频道增量、电视节目林立的收视环境下,只有以受众为中心,紧紧围绕受众的需求和期待,国学电视节目才能赢得受众的关注。

二、国学电视节目收看的心理动因

剖析普罗大众国学电视节目的收视心理,大致有以下几类:

---

① 郭齐勇语,参见郭齐勇:《让国学"虚热"变"真热"》,《孔学堂》2016年第1期,第19页。

（一）娱乐消遣的狂欢体验

娱乐如同果腹、取暖一样，是人众多本能需求中的一种。正如著名艺术社会学家阿诺德·豪泽尔所言："娱乐、放松、无目的的玩耍是生活不可缺少的一部分，从心理学和生理学上说，是保证旺盛的精力、刺激和强化活动能力所必需的。"①娱乐消遣是观众收看电视的主要目的。

特别是当今，生活节奏加快，社会竞争激烈，人们面对的生活压力、心理压力和精神压力剧增。人们更加渴望能够从游戏和娱乐中舒缓紧张的神经，宣泄压抑的情感，排遣内心的焦虑，享受歇斯底里的狂欢。这也就是为什么电视娱乐节目如今能够大行其道的重要原因。而为了满足人们多元化的文化需求，国学电视节目中也通过竞赛、游戏、故事等方式注入娱乐化因子。

对于一部分人而言，国学电视节目是电视媒体为了满足受众需求而炮制的另一种口味的娱乐性文化消费大餐：既可以品位"松间明月、大漠孤烟、梅花傲雪、小桥流水的感动"，又能"在声画交相辉映的荧屏世界中得到消遣和放松"②。因此，从某种意义上讲，收看国学电视节目仅仅是部分人满足其娱乐消遣的另一种形式，其功能与电视娱乐节目没有什么两样。

（二）趋同心理下的跟风收看

人是群体性动物，人类的大多数活动都是以群体的形式进行，群体是联结个人与社会的纽带。趋同心理是人的群体性的重要体现。趋同心理简单来说就是个体希望和群体中大部分观点相同，从而避免因"与众不同"遭到群体制裁。模仿和趋同心理具有一定的普遍性。人的趋同心理可以从"沉默的螺旋"、群体规范与压力、从众效应等多个理论视角予以阐释。

关于"沉默的螺旋"理论，最早由德国女社会学家伊丽莎白·诺尔—诺依曼在1972年东京举办的世界心理学大会上提出。该理论认为，"人们具有与生俱来的对意见态度的判断力和倾向于自己周围的意见态度的调适力"③。

---

① ［匈］阿诺德·豪泽尔：《艺术社会学》，居延安译，上海：学林出版社，1987年，第12页。
② 李绍元：《消费时代的电视真人秀研究：基于表演学视角》，北京：中国书籍出版社，2016年，第211页。
③ ［德］伊丽莎白·诺尔—诺依曼：《沉默的螺旋：舆论——我们的社会皮肤》，董璐译，北京：北京大学出版社，2013年，第64、71页。

群体规范与压力大意为个人在群体中必须遵守相应的规则,多数人的意见在群体中居于主导地位,少数意见在无形中受到不同程度的压力。个体或少数意见会出现屈从于多数意见的态势。

从众效应又称"羊群效应""乐队花车效应",是指个体会受到群体强烈的影响,朝着与大多数人一致的方向变化。从众效应的核心要义就是个人会模仿大多数人的行为或决策。

尽管以上三个理论产生的背景不同,但是它们都有一个共同的主张:人是一种社会动物,具有避免因同周围环境格格不入而陷入孤立状态的"社会天性"。

一档电视节目的火爆,一部分是由于个人的兴趣和爱好,而另一部分是由于跟风收看的从众行为。借助电视,个体可以融入无差别的整体中。2017年2月,《中国诗词大会》第二季在央视热播期间,"总决赛"成为网络与现实社交中最热门的话题。比赛结束之后,国民美少女武亦姝迅速成为微博热搜榜第十名。在《中国诗词大会》成为社会舆论的焦点话题时,即使对诗词不感兴趣,为了不让自己显得与周围的群体成员不一致,很大一部分人会有意地去收看节目,保持与周围人有共同的话题。

需要指出的是,在跟风收看电视国学电视节目的趋同心理下还潜藏着一种"面子"心理。青年学者石勇对这种国学节目消费心理的描述可谓入木三分:"国学作为一种高雅的、有品位的、有文化内涵的东西,在这个俗不可耐的时代,恰恰能够给人们提供一种'想象性身份获得'的冲动。大众并不需要懂得什么是国学,他只需要知道自己消费的东西名叫'国学'就够了。"[1]

(三)求知欲催生的自我提升

求知心理是指受众倾向于选择对具有知识性内容的关注[2]。学习各种知识是观众收看电视的心理需求之一。电视文化节目是以文化信息的知识性传播为基础,这是区别于其他电视节目的核心特质。观众收看文化类节目时怀有完善自身知识结构、提升自我文化素养的心理预期。

国学电视节目不仅具有知识性,更具有思想性和理性色彩。知识性表现在国学电视节目能够超越时间和空间的限制,充分运用视听语言将厚重深奥的国学知识以一种较为直观的方式呈现给观众,提升观众对中华传统文化的认知。

---

[1] 陈壁生、石勇:《国学热:十年人文热点对话录》,广州:中山大学出版社,2007年,第149页。
[2] 陈旭光等:《影视受众心理研究》,北京:北京师范大学出版社,2010年,第250页。

思想性表现在国学电视节目不只是对国学进行普及性的传播,还旨在引导观众增强对中华民族的认同感,增进对中华传统文化的文化自觉与文化自信。理性色彩则表现在国学电视节目中传播的信息是中华民族学术之根、之源,需要观众运用理性思维去思考、体悟。

如上所论,如果说逗引观众开怀大笑的娱乐性节目能够给观众带来直观的感性认识,在某种程度上缓解精神疲劳,国学电视节目则能够或多或少提升观众的认知水平、知识储备与思维能力。正如胡智峰等人在评价《百家讲坛》时所说:"如果仅仅从电视的外在形式讨论,这样的节目能够走红是匪夷所思的;没有帅哥美女、没有美丽的画面,只有一个个长相平常的中年人在简单的构图中讲话,完全不能给人带来任何一种感官上的满足;没有跌宕起伏的情节、没有角色的扮演,也很难为观众带来感情的满足,这样的节目却能够走红,只因为它们的内容牢牢吸引住了观众,他们的信息量满足了观众求知欲。"[①]因此,观众为了拓宽知识面,提升文化内涵,会主动收看国学电视节目。

(四)文化基因的"习性"兴趣

法国社会学家布尔迪厄在论及艺术生产和接受的问题时,"习性"一词曾被多次提及。"习性"是文化产品的生产和传播的基本规则,在某种程度上等同于社会公众的趣味规则。"习性"之所以能够影响受众的接受趣味和注意力,因为"习性"中包含着对熟悉感和归属感的无意识内化。而熟悉感和归属感中最重要的东西,正是某种"习性",也就是趣味[②]。受众对国学电视节目的接受,从表面上看是兴趣使然,实则是对中华传统文化怀有浓厚的熟悉感和归属感。

熟悉感是指当受众面对自己曾经接触过的某类文化产品时所产生的特有的亲近感,而在不断地接触过程中这种亲近感又反过来强化了人们对这类文化产品的接受度。归属感是指在人们接触这些熟悉的文化产品时所产生的认为此类产品属于自己所在群体的回归感,它体现在人们往往认为此类文化产品中已经凝聚了其所在群体的价值观并且以意识形态的方式表现出来。尽管历经数百上千年的风雨洗礼,国学的核心内容如伦理道德、价值观念、仪式礼俗及语言文字等仍深深影响着中华儿女。国学的文化价值和精神力量已经融注于中华民族的血脉中。因此,受众对国学电视节目的"习性"是文化基因的展现。

从文化认同角度而言,每一个国家、种族都对自己民族的文化怀有复杂而

---

① 胡智峰、杨乘虎:《电视受众审美研究》,北京:北京师范大学出版社,2010年,第138页。
② 周宪:《文化表征与文化研究》,北京:北京大学出版社,2007年,第181、187页。

暧昧的情感。每一个中华儿女都对灿烂辉煌的中华文化怀有强烈的感情依恋和无上的崇敬之情。这种情感尤其显著地反映在每一位中国人对中华优秀传统文化难以割舍的归属感和认同感上,而且这些情感"不仅能够在代际之间纵向传递,而且能够在代际内横向传递"①。生长在中国文化土壤中的电视观众,很自然地对传播国学的电视节目有一种情感上的皈依和兴趣。

(五)内心焦灼下的文化慰藉

20世纪90年代中后期以来,追求金钱与张扬自我,成为中国社会最广大民众的生活理想与现实目标。而诗意的激情和理想的想象,在现实生活的重压下,在物质主义的诱导下被颠覆,精神世界全面溃退②。陈力丹等指出:"面对物欲横流,人们的心理不适也接踵而至。这是一种经历不同的文化处境而带来的'文化震惊',容易使人们心理处于焦虑、焦灼、失落、躁动的状态。"③

文化问题是其他领域问题的投射。恰如雅斯贝斯所言:"现代生活的紊乱使我们难以理解实际发生的事情。我们正在一片未经标测的海洋上航行,……我们是在一个漩涡里旋转。这个漩涡仅仅向我们显露种种事物,因为我们在它的涡流里被拖着前行。"④多元化的价值诉求与浮萍般的飘荡常态造成了社会纽带关系的弱化和归属感的消解。在凝聚力削弱、共识感消弭、飘忽性增强的社会中,人们难以找到既定的价值遵循,也难以形成对某种理想的尊崇和笃信。

与此同时,市场经济的快马加鞭和信息技术的便捷发达使人们的生活步入了快节奏的轨道。纵然不少人对"采菊东篱下,悠然见南山"的宁静闲适有着挥之不去的情结,然而也只能从国学的文化消费中心向往之。但是当下的人们很少能够静下心来阅读经典,而国学电视栏目恰好满足了人们的这种需求,通过轻松愉悦的形式让心灵短暂放飞于古典文学的空灵境地,给人们带来一种内心的充盈和精神的慰藉。

---

① 王源:《中华传统文化的具象化传播:原创性电视节目发展的新路径》,《西南大学学报(社会科学版)》2017年第6期,第152页。
② 杨状振:《重组话语:新媒体时代的中国电视批评》,上海:上海交通大学出版社,2012年,第10页。
③ 陈力丹、闫伊默:《中国"电视讲坛"节目的生态分析》,《现代传播》2007年第3期,第34页。
④ [德]卡尔·雅斯贝斯:《时代的精神状况》,王德峰译,上海:上海译文出版社,1997年,第28页。

无论对于什么类型的电视节目而言,抓住受众的心都是至关重要的,吸引受众是传播效果达成的前提和必要条件。无论在什么时候,中国文化的发展必须根植于国学这块坚实的沃土上,国学的复兴是一条中国特色文化的重建道路。国学电视节目的发展和国学传播任重而道远,厘清受众观看国学电视节目的收视心理,是国学电视传播的基本遵循。

万达电影作为一种符号资本

邬 玲[①]

符号是我们理解知识和一切经验的基础。人们对事物的认知起始于形象符号,记住符号形成印象是企业品牌营销的第一步。万达符号经过不断地创造、变形,已成为一个成功的品牌符号和文化符号。那么,万达符号有什么价值与意义呢?万达符号为资本积累、文化传播又有什么贡献?符号的价值又是如何缝合进资本逻辑之中?本章主要以皮尔斯的三元符号理论为基础,从万达的符号入手,分析万达符号的结构——能指与所指,符号的对象——企业文化与品牌形象,符号的价值——经济价值和文化价值,符号的增值——资本符号;并探析符号与文化、符号与资本如何缝合,并挖掘出万达符号背后隐藏的"消费逻辑"。

一、万达电影的符号体系

万达电影的符号体系由万达符号、万达电影符号两部分构成,该体系建构了万达具有象征意义和消费价值、审美价值的资本符号——品牌。万达电影符号体系承载了万达电影的品牌价值,丰富了万达的企业文化形象。

(一)万达符号和万达电影符号

索绪尔认为,语言符号由能指和所指构成。他强调符号能指与所指之间的二元关系,不强调符号与外界事物之间的关系。索绪尔的二元符号理论是一种结构主义符号学理论,而皮尔斯的三元符号理论避免了结构主义的缺点。皮尔

[①] 邬玲,华中师范大学文学院文化传播学 2015 级博士,华中科技大学信息与传播学院博士后。

斯的符号概念与索绪尔的符号概念有相同之处，也有不同之处。共同之处在于他们都认为符号具有召唤概念的功能，前者通过所指的概念召唤作用，后者的符号通过在解释者的头脑里唤起"心理效应"和"思想"即符号意义召唤概念。不同之处在于皮尔斯的符号学理论较之索绪尔的符号学理论更具逻辑意味。皮尔斯认为符号代表某样东西，即它的"指称对象"，并通过某种观念完成这种指称过程而产生了新的符号即意义。另外，在皮尔斯看来，符号不仅被用来表征现实世界的物体，而且常常脱离现实生活的束缚，变得与"实在"毫不相关[①]。皮尔斯把符号意义建立在人对外界的认识之中，他通过符号指称对象，从而把社会和文化有效地纳入了符号学的研究范围之内。他把符号看作是对象的"再现"，符号代表对象。这个对象可以是现实事物，也可以是另一个符号或另一个符号的阐释。因此，本文将采用皮尔斯的三元符号理论解构万达符号体系。

皮尔斯根据符号与对象间的肖似关系、指索关系和解释关系，将符号划分为肖像符号、指索符号和象征符号等。周晓明在《人类交流与传播》一书中区分了上述几种符号的不同："肖像符号因与指涉对象有某些形似而又被称为图像符号或肖似符号。指索符号就是生活中常见的标志和指征符号，它与其对象有着某种直接联系或内在关系。象征符号与其指涉对象没有自然性和必然性联系，它是通过某种规则或约定俗成的惯例与对象建立联系再现对象。"[②]由此可见，万达符号，可以称为象征符号，亦可称为再现符号。

万达符号是一个企业的品牌符号，由文字和图标构成。根据视觉设计原理，企业品牌符号是根据企业名称变形简化而来。企业的品牌图标是企业视觉识别系统中的核心。视觉识别，就是第一眼能记住的一个形象，如果用人的形象来比喻，那企业的图标相当于一个人的"脸"，往往决定了人们对企业的第一印象。陈奕丞认为，企业视觉识别系统是企业形象的具体视觉化表现。它是通过将抽象的企业理念即企业文化内涵具象为简洁易记的标识、图形和文字等符号，经由媒介重复扩散至社会，大众在熟悉的过程中无意识地记住了它。企业视觉识别系统的目的在于塑造企业的整体形象，加强企业的亲和力和提升企业的声誉度，从而实现大众对企业及其产品的形象认同和价值认同。企业VI（视觉识别系统）由标志、包装、标准色等元素构成，这些元素将广泛应用在企业的

[①] 钱敏汝：《皮尔士的三元符号模式》，丁尔苏：《符号学与跨文化研究》，上海：复旦大学出版社，2011年，第32—34页。
[②] 周晓明：《人类交流与传播》，上海：上海文艺出版社，1990年，第148—150页。

内部制服、交通工具、宣传手册、办公用具、礼品玩具等介质上①。万达的视觉图标，由"万达"二字的首字母"W""D"变形而成，简洁、易记、醒目、寓意深厚，其中缝合了企业创始人的经营理念与发展愿景，缝合了企业的形象、品牌理念和企业文化等。

1. "万达"名称的缘起

万达集团前身是具有国有属性的"西岗住宅开发公司"。1988年，该公司负债百万，区政府面向全区招贤。从部队转业归来任大连市西岗区政府办公室主任的王健林，工作刚满一年，主动请缨"主政"西岗区住宅开发公司，从彼时大连市政府南面的"北京街""棚屋区"旧城改造项目入手，开始介入房地产开发领域，仅这一单生意就还清了全部欠款，也使他成为区里乃至市里的赢利大户，王健林由一名初涉商海的新兵蜕变成为大连房地产行业里年轻的企业家。

1991年，大连市开始进行试点东北三省的首批股份制政策。1992年，王健林凭借大连国有企业股份改制的机会，将国有企业西岗住宅开发公司改成了大连万达集团股份有限公司。1996年，王健林又将大连万达集团股份有限公司更名为中国万达集团股份有限公司，注册"中国万达"字号，公司股票进入省产权市场上柜交易。

"万达"这个名字缘起于王健林为配合企业的股份制改造而举办的一次有奖征名活动。1992年，王健林想借企业改制的机会扩大企业知名度，力图更改企业名称。于是集众人智慧登报征集企业名称和符号，给予2000元的奖励。这笔奖金对于当时人均年工资不足千元的大连算是重磅炸弹。重奖的激励，投来了200多份设计稿。王健林在《万达员工手册》中这样记录："当时一个20岁左右的年轻设计师的方案令我眼前一亮，名字响亮且简洁、大气，而他的解释更加独具一格：'万达'取意'万事通达'。"②而"万"字又是中国传统数字中简体笔画最少、繁体笔画最多的数字。这种简捷与丰富的和谐恰恰暗合了王健林"低调办大事"的个性。

"万"字有几种含义，指数目，十个一千，如万户侯；指数量极大，如万物；还表示程度极高，相当于"完全""绝对""极"，如万全之策、万不得已。它还是古代鲜卑族部落的复姓氏——"万俟"(mò qí)其中一字，而后慢慢逐渐简化为姓氏用词"万"姓。

根据甲骨文、金文和小篆的字形及《说文解字》的解释，"万"字本义为虫子。

---

① 参见陈奕丞、薛炜华：《企业文化与企业视觉识别系统》，《商场现代化》2007年第3期，第267页。

② 万达集团文化中心：《万达员工手册》，万达内部出版，2001年，第23页。

"万"字甲骨文呈现蝎子的造型(见图1①)。造字本义:数量巨大的蝎子。随着时代的更替,逐渐演变成与小篆体形似的"萬",而后被现在的简写"万"字替代,表示永恒无尽的符号。在古汉语中,"十"是打满了结的纪事绳子;"百"是不断地说(白);"千"是不断地走(迁);"万"是遍布山岩的蝎子;"亿"是无限地憧憬。"万达"的"万"字表示数量极大,程度极高。

甲骨文"万"

金文"万"

小篆"万"

图1 "万"字字体演变轨迹图

"达"是形声字,辶(chuò)为形,大为声。达的繁体也是形声字,辶为形,奎(dá)为声。达的本意是在大路上行走,有通达、畅通之意。还由畅通的意思引申出了通显、显贵等意②。"达"字的演变轨迹见图2③。

图2 "达"字字体演变轨迹图

---

① 图1来源于《康熙字典》,参见 https://baike.baidu.com/item/%E4%B8%87/34357?fr=aladdin。
② 曹先擢:《新华多功能字典》,北京:商务印书馆,2008年,第125—126页。
③ 图2来源于《说文解字》,参见百度百科 https://baike.baidu.com/item/%E8%BE%BE/48392。

《万达员工手册》中记载着:"'万达'二字简写9画,繁体达25画,简则至简,繁则至繁,充满哲理和东方智慧。"①"万达"即"万事皆通达"。"万达"这两个字,读起来朗朗上口,寓意深广,顺意吉祥。

2. 万达集团的符号

万达集团的品牌符号是由"万达"二字的拼音首字母"WD"设计出的一个图像符号。(见图3②)

图3 万达商标符号图

当时提供设计稿的年轻人这样解释图标的创意:"万达的拼音首字母的'W'就像海浪,寓意万达发祥于大连这个海滨城市,蓝色也正是大海的颜色;'D'则是风帆,寓意万达乘风破浪,一帆风顺;而外面的圆圈指的是地球,寓意万达必将走向世界。"③这段话道出了王健林的心声,他当即拍板采用了这个创意。而且万达的"W"首字母,也是王健林的"王"姓的拼音首字母,也预示"万达"将成为他大展宏图、走向世界的帝国。

虽然,当时王健林人在大连,但他已将国际化雄心深藏在这个图标里。也许连王健林自己都没有想到,20年后,万达真的迈入了国际市场(2012年万达电影成功并购美国AMC院线)。2015年,王健林更是将"国际万达,百年企业"④作为万达文化的核心理念和企业发展目标写进《万达的企业文化》⑤一文中,希冀万达成为百年企业、世界级企业,万达品牌走向世界。

万达图标中的风帆是由字母W变形而成。为何变形为风帆?一方面,大概是因为万达的英文名称"Wanda"在《杜登德语大词典》译为"船头",便与帆船建立了联系。另一方面,"Wanda"在日耳曼语系英语中表示女孩的名字,她就像一位东方神秘女性,从女孩逐渐成长为成熟睿智、傲立中华的铿锵玫瑰。

---

①③ 万达集团文化中心:《万达员工手册》,第29页。
② 图3来源于《万达员工手册》,第29页。
④ 王健林:《万达哲学》,北京:中信出版社,2015年,第273页。
⑤ 王健林:《万达哲学》,第273—288页。

另外，"Wanda"与"Wonder"发音相似，而"Wonder"译为惊奇、奇迹。这也预示着万达是一个神奇，她一直在创造着各种商业奇迹。如今，"Wanda"已经伴随万达集团历经了 26 年的风风雨雨，她将继续陪伴万达在商业浪潮中乘风远航。

3. 万达电影的符号

万达电影的符号是由"万达"黄色圆形主 LOGO 和下方黄色缎带折叠而成的宛如电影胶带的底座、"万达电影"中英文深蓝色黑体文字和蓝色横卧字母"V"等符号元素共同构成。蓝色横卧的字母"V"分别列于两端，一方面为了传达蓝色滨海的含义，一方面两个 V 字母组合起来可以传达两层含义。一是可以组合成字母"X"，代表万达自主研发的"XLAND"巨幕系统。目前主要配套在各万达影城的 9 号影厅，国内其他院线引进 IMAX 巨幕较多，XLAND 巨幕仅限于万达旗下的影城标配。XLAND 巨幕属于中国自主研发的巨幕品牌，与国际公认的"IMAX"巨幕相比其适用范围和观影效果并不如后者。XLAND 无专属配套片源，普遍配置为 4K＋6FL＋杜比全景声片源。二是可以组合成字母 W，代表万达的英文首字母"W"，也是王健林的拼音首字母 W，充分体现出民营企业家的冠名权和帝国梦的野心。

万达电影符号从外形上看，和好莱坞八大影业之一的米高梅有点相似，都是由胶片和圆环元素组合而成。米高梅圆环里是狮子利奥怒吼的形象，圆环上方居中有"Metro Goldwyn Mayer"三个单词，谐音译为"米高梅"。狮子头像上方的圆环里刻有拉丁语 Ars Gratia Artis，译为"为艺术而艺术"，表明了企业的行业属性，这句话被米高梅视为企业的宗旨。狮子头像的左右两边标有"Trade"和"Mark"两个单词，表示商标的意思。圆环底部的左右两侧凌乱地散落着电影胶片。圆环下方胶片中间饰有一个希腊戏剧面具，对希腊戏剧面具的诠释众说纷纭，笔者就不一一阐述，但他们大体上一致认为该面具表达了米高梅电影对戏剧艺术的致敬之意，这与其"为艺术而艺术"的电影理念相一致。上述这些元素共同构成了米高梅影业的符号形象。相比米高梅（见图 4[①]），万达电影的符号就略显单薄，缺乏电影艺术和文化应有的底蕴，缺乏米高梅电影追求的"为艺术而艺术"的高尚情怀。

与万达电影符号形象不同，万达影业符号更具东方气质。

---

① 图4由笔者根据万达电影 LOGO 和米高梅 LOGO 合并而成。万达电影 logo 来源于万达电影官网 http://www.wandafilm.com/；米高梅 logo 来源于米高梅公司官网 http://www.mgm.com/。

图 4　万达电影符号与米高梅电影符号对比图

万达影业的符号形象是通过电影片头动画形式呈现的。我们在影院观看某部电影时,除了广告和广电总局审片动画之外,首先看到的是各个出品公司的片头动画。电影片头动画生动形象地向观众传播企业的品牌形象,让观众迅速熟知各个电影企业的品牌符号。比如,迪士尼的米奇和城堡,米高梅咆哮的雄狮,华纳兄弟带有 WB 字母的盾牌等。近几年,国内的电影公司也越来越重视"片头"的品牌推广效应,这已经成为全行业的共识,如万达影业、华谊兄弟、阿里影业等等公司纷纷开始在电影片头刷存在感和推广品牌。

与华谊兄弟工业感十足的片头动画不同,万达影业的片头水墨动画清新淡雅,独具东方气韵。该片头动画通过阳光、荷叶、水滴、印章、弦乐等元素共同演绎出 3D 动画的效果(见图 5①)。阳光洒进荷塘里,荷叶上的露水滴下,汇聚形成标有"万达影业"四个字体的中式红色印章,水墨渲染出万达影业的英文字体

图 5　万达影业符号形象构成图

---

① 图 5 是笔者根据万达影业宣传片截图拼接制作而成。

和万达经典的圆形符号。阳光、荷花、露水、水墨等要素体现了万达电影具备中国传统文化底蕴,水滴的汇聚、水滴与荷花在阳光下的化学反应表达了万达电影制作过程中所涉及的时间、空间和人的合力互动。这寓示着万达影业电影产业全产业布局的野心,面向世界阐释中国文化想象、中国故事的梦想。

二、万达电影符号与资本的缝合

万达电影符号与资本的缝合是指从万达的符号入手,将其企业文化内核的所指与企业形象的能指与符号的能指与所指进行关联,将符号想象与万达资本结构通过指称、阐释和联想等手段进行缝合,形成了万达的符号资本,即万达电影品牌。

万达品牌已被国内外大众熟知,已经成为中国的知名品牌,虽然与迪士尼还不能媲美,但应该属于中国的"迪士尼"或有望成为中国的"好莱坞"。万达品牌具有促进消费、增加经济利润、标识身份和满足大众欲望的功能,同时品牌作为一种符号,除了经济、文化功能以外,也存在意识形态控制功能。

万达电影符号也对大众具有符号暴力和意识形态控制的作用。凡是有利就有弊,对万达符号品牌进行建构、缝合之余,需要警惕符号异化,促使符号资本对大众消费进行正确引导。万达电影的符号缝合非常成功,已成功树立了其电影品牌形象,传播了品牌文化内涵。通过不断扩散,万达电影品牌已经成为国内外家喻户晓的电影公司品牌,并不亚于"迪士尼"和好莱坞八大电影公司。

(一)从电影缝合体系到符号缝合

雷晶晶在《论"缝合":一个电影概念的梳理》一文中对缝合概念演变的历史脉络梳理了一遍,对笔者理解缝合概念提供了有益借鉴。他认为缝合一词最早由拉康于1965年2月24日,在一次研讨班中提出:"缝合是主体生产语言意义的过程。"[1]缝合真正成为一个概念则是由其学术继承人雅克·阿兰·米勒完成的。如果拉康的缝合概念偏向精神分析,那么米勒的缝合概念则偏向于电影理论。他指出:"缝合唤起主体和主体论述之间的关系,以及唤起想象和象征之间

---

[1] 雷晶晶:《论"缝合":一个电影概念的梳理》,《电影艺术》2015年第4期,第56—60页。

缺口的缩小。"①其中缝合缩小想象与象征之间的缺口这一功能正是电影缝合体系的意义所在。那么，电影该如何缝合观众和创作者、演员之间的关系分裂呢？分裂是怎么产生的呢？雷晶晶较为通俗地阐释了分裂产生的过程：

> 电影将虚构的故事搬上银幕，使缺席成为在场；同时，观众在他们所凝视的银幕上并不存在，银幕也使得在场成为缺席；尽管观众从银幕上缺席，但因为电影的意义正在于观看，观众又作为看与听的主体而在场。在这种缺席与在场的交互作用下，观众既是建构的又是被建构的：一方面，观众使电影文本产生意义，成为具有意义的主体；另一方面，观众又是被文本所定位的主体，是经由文本所表述的内容。在建构与被建构的过程中，观众成为分裂的主体。②

好莱坞经典叙事电影导演格里菲斯通过连续性剪辑技巧和视线匹配原则制作出电影幻觉成功地缝合了这种分裂。观众在无缝剪辑的故事情节里忽略了电影装置，在电影院漆黑的环境中透过银幕进行"偷窥"，满足窥淫欲望，这种分裂得以消除。于是，好莱坞经典叙事电影较好地弥合了这种分裂，由此奠定了电影缝合理论体系。其实电影缝合体系并没有完全消除此分裂，而是在电影幻境中遮蔽、忽略了。于是，观众与电影之间的误认便由此产生。

法国理论家让·皮埃尔·欧达尔在《电影手册》杂志中发表了一篇名为《电影与缝合》的文章，正式将电影缝合理论体系引入电影研究当中。他将经典电影中的正/反打镜头称之为"缝合体系"。正反打镜头使缺席的场景变成了观众想象的场景。"缺席者的隐退保证了话语主体的缝合功能"③，这种缺失的缝合是通过电影正反打技巧实现的。在正反打镜头中，观众不断地在观看者与被看者的位置上切换。电影缝合体系可以使观众不再去注意拍摄机位、角度和画框，而是用想象形成的幻觉去弥合电影空间和电影叙事意义之间的裂缝。

欧达尔进一步论证了缝合的双重作用：一是控制作用，框定了观众与电影的交流语境；二是预示作用，预示观众相信所见的真实性。他还阐释了电影缝合体系如何给观众提供快感，如何为观众创造快乐，如何使观众陷入对银幕的想象性误识之中。当然，他也揭示出缝合体系的弊端，缝合并不完美无缺，因为

---

① [美]Robert Stam：《电影理论解读》，陈儒修、郭幼龙译，台北：远流出版事业股份有限公司，2002年，第189页。
② 雷晶晶：《论"缝合"：一个电影概念的梳理》，《电影艺术》2015年第4期，第56—60页。
③ [法]让·皮埃尔·欧达尔：《电影与缝合》，载张红军：《电影与新方法》，鲁显生译，北京：中国广播电视出版社，1992年，第264页。

一旦观众意识到机位画框的存在时，就意味着观众已经进入了象征界，观众就会焦虑多疑，开始怀疑眼前所呈现幻觉的真实性。焦虑虽然会威胁和打破电影幻觉的完整性，但由于无缝剪辑的存在，这种威胁会在连续的下一个或下几个镜头中消失，随之完整的幻觉保存了下来，观众仍然在安全的偷窥位置上陷入想象陷进。

丹尼尔·戴扬在欧达尔的基础上，将电影缝合体系拓展至意识形态领域。戴扬发现，电影缝合体系在经典叙事电影中具有"指导符码"的作用，并确定了电影具有意识形态功能。戴扬认为缝合是这样一种过程：

> 在体系的过程中发生的是这样一件事：镜头 1 的缺席者是一个符码元素，它通过用镜头 2 置换镜头的方法被吸引进信息中。当镜头 2 取代了镜头 1 时，缺席者就从表达的层面转移到了虚构的层面。作为这一转移的结果，这个符码有效地消失了，并因而使得影片的意识形态效果被确保。①

由此可见，戴扬所阐述的电影缝合体系的指导符码作用隐藏了电影的意识形态功能。

好莱坞经典叙事电影就是通过指导符码来隐藏其美国意识形态控制功能。好莱坞电影的目的并不在于表现美国现实，而在于反映美国资产阶级的意识形态。好莱坞经典叙事电影通过连续性剪辑和视线匹配原则为观众提供完整的美国故事情节，观众通过电影幻觉场景想象自己过着理想的美国生活图景，进而缝合了美国资产阶级的意识形态。观众通过观看美国好莱坞电影而获得代入体验感和快乐想象，进而获得情感的满足和自慰欲望。

齐泽克在前人的基础上进一步拓展了缝合理论的应用范围，他将缝合理论延伸至社会学政治学和文化研究等领域，他所论述的缝合理论应该是一种具有普适性的、具体的、普遍的意识形态功能②，这一观点对本研究的缝合理论具有启示作用。另外，齐泽克还将结构主义引入缝合理论，他认为缝合是一种自我'闭合'的结构，缝合是抹除缺口、开口的一个结构过程。在这个过程中结构具有自己误认自己为整体的结构功能。齐泽克在此基础上进一步完善了电影的意识形态缝合功能，他认为电影缝合体系可以诠释为从 A（观众）到 B（影像）再到 C（摄像机）的镜头结构，A 代表观众视角，B 代表影像中主体视角，C 代表摄

---

① [美]丹尼尔·戴扬：《经典电影的指导符码》，陈犀禾译，《当代电影》1984 年第 4 期，第 22 页。
② [斯洛文尼亚]齐泽克：《斜目而视：透过通俗文化看拉康》，季广茂译，杭州：浙江大学出版社，2011 年，第 215 页。

影机的视角。三个镜头的完整结构实现了电影意识形态的缝合过程：电影叙事引导着观众从自己的想象界划入到影片的象征界，观众在观影的时候完成了影像认同，进而实现影像背后的摄影机的认同，由此将影片的意识形态缝合进观众的头脑之中。

本文将意识形态缝合理论拓展引申至电影产业领域，目的在于揭示电影产业中资本与文化的缝合结构与功能，资本通过文化产品遮蔽其商业意识形态控制的意图。本研究的缝合可以理解为：资本方将电影经济资本与电影文化进行缝合的过程，该缝合过程引导观众不仅认同电影，也认同电影传递出的资本意识形态，即实现了资本与文化的整体结构融合，使得电影文化产品掩藏了资本意识形态。与电影缝合体系和齐泽克的意识形式缝合相似，这种缝合方式将资本意识形态缝合进电影作品之中，使得电影作品成为一种文化资本，具有经济增长和文化增值的双重效果，有利于提升电影文化品质和传播中国电影文化。

综上所述，笔者认为缝合是对知识生产方式的重新塑造，是对主流意识形态以及主体理论的重新表述和书写。缝合是一种有利于文化增值、经济增长的新的知识生产方式。资本与文化的缝合有利于进一步提升万达电影的艺术素养和文化品质。同时，缝合为中国电影产业的未来发展探索了一种方向。缝合为中国文化产业的健康有序发展提供了一种启示，电影资本与电影文化的缝合有利于提升中国文化软实力，让中国文化走向世界。

（二）万达符号与资本的缝合过程

符号通过与品牌形象之间建立联想关系，符号意指企业文化并通过阐释文化意义形成文化符号，将资本合法化为符号资本等方式实现缝合。在本体上，符号与能指、所指之间是通过指称过程完成缝合。在对象上，符号与品牌、文化之间是通过联想和阐释完成缝合。在目的上，符号与资本是通过合法化完成深层缝合。

1. 意指：万达符号指称万达品牌神话

皮尔斯的符号学理论强调符号的意指作用。约翰·迪利在《符号学基础》一书中引述皮尔斯的符号意指作用是："符号学不能只回答存在意义的符号本身的存在的问题，它还必须更进一步，回答这种特殊的存在能够做什么和如何维持的问题。符号不仅存在，而且会成长。"[①]他将符号的奇特功效从与其他邻

---

① ［美］约翰·迪利：《符号学基础》，张祖建译，北京：中国人民大学出版社，2012年，第27页。

近领域中分离出来,命名为意指过程(semiosis,也译为指号过程)。

艾柯在《符号学理论》一书中提出了与指号相似的意指概念:"当某事物以一定的符规为基础,实际地诉诸接受者的感知而代表某种其他的事物时,这便是意指。"①意指,是符号、符码相因于一定的符规、文化、心理过程和意识形式等,在符号使用者(发送者、接受者)头脑中所产生的表意过程。意指过程有两重内涵:一方面是指人的交流行为离不开意指过程;另一方面,意指过程又只是整个交流活动、交流行为中第一个部分或"内过程",我们把交流中信息的传递视为"外过程"。(见图6②)

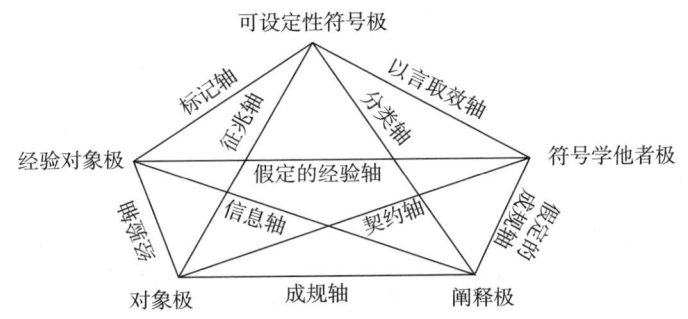

图 6 意指过程示意图

指称与内涵在符号学中实际上被理解为两种基本的意指方式。指称的本质,是符号的指涉性、直接性意指。即符号在使用者头脑中按照该符号系统的符规,直接地指涉、表示符号的对象。指称主要指发生于符号与对象的"客观性"关系。内涵的本质,是符号含蓄性、联想性的意指,即符号使用者头脑中,不仅仅根据该符号所属系统的符规,而且还相因于其他各种系统的符规,如文化系统、意识形态系统的符规,进行连续性符号化的结果。内涵型意指是符号与符号使用者的感受、情感以及他的文化、价值观等"相遇"时,所发生的"互动过程"③。指称是一个符号中,与能指相对应的、最基本的所指。它与能指相联系,具有最直接的对应关系。

指称亦可称为"外延"。与内涵相对应,内涵是指符号以指称为基础而新衍

---

① [意]安伯托·艾柯:《符号学理论》,卢德平译,北京:中国人民大学出版社,1990年,第8页。
② 图6是笔者根据"约翰森"模式进行的改良。参见[美]约翰·迪利:《符号学基础》,第104—105页。
③ 周晓明:《人类交流与传播》,第194—201页。

生出来的"涵义"。符号的内涵往往可以表现出使用者的主观性、价值观和文化经验等。以万达符号为例,符号能指代表海浪、帆船和地球的形象,所指则代表海滨城市大连、万达集团和全球化等内涵。如何将两者建立联系,是通过意指过程完成的。当人第一眼看到万达符号时,它的符号指称过程就是通过符号与对象建立联系,即将品牌符号与万达集团联系起来,让品牌符号表达万达集团的品牌形象,然后根据内涵阐述将符号的主观性意愿缝合进客观符号之中。万达符号由"WD"和圆圈构成,"W"指称海浪;"D"指称帆船;圆圈指称地球;海浪意指海滨城市大连;帆船意指万达集团;圆圈意指全球化,整个符号意指大连万达集团在地球上航行,即万达集团将走向全球。

万达符号,是一种商业品牌符号,也是一种文化符号。万达符号的能指,是指其品牌图标传递和表征出来的企业形象和品牌形象,而所指是指其抽象的企业文化理念。能指与所指就是通过意指过程完成符号的表意、再现功能。如图6"意指过程示意图"所示,万达符号作为可设定性的符号极居于三角形顶端,与对象极代表的万达企业形象居于三角形左下角,阐释极即万达符号为再现对象的阐释居于三角形右下角。符号极延展出去形成了六个平面,分别是命题面(标记轴、分类轴、信息轴构成)、沟通面(征兆轴、契约轴、以言取效轴构成)、成规面(征兆轴、成规轴、分类轴构成)、表象面(标记轴、经验轴、征兆轴构成)、假定的成规面(分类轴、假定的成规轴、以言取效轴构成)、假定的表象面(标记轴、假定的经验轴、以言取效轴构成)。对象极和阐释极延展出去形成了四个平面,分别为互动面(经验轴、假定的经验轴、契约轴构成)、互为意指面(成规轴、假定的成规轴、契约轴构成)、言说者的信息面(经验轴、成规轴、信息轴构成)和阐释的信息面(信息轴、假定的成规轴、假定的经验轴构成)。命题面即为万达符号的图标"WD"和圆圈;沟通面即表示对"WD"和圆圈的言说与交流;假定的成规面即假定"W"是海浪,"D"是帆船,圆圈是地球;成规面即规定"WD"是万达,圆圈是世界;假定的表象面即海浪、帆船和圆圈的形象;表象面即大连、万达和地球的形象。互动面即表示万达图标"WD"和圆圈与符号接受者之间的互动过程;互为意指面指从海浪到大连的联想互动;言说者的信息面指符号接受者的认知结构;阐释的信息面指符号创造者对符号所持有的想象。通过上述符号、对象、阐释、经验对象、他者(人)五者之间的意指过程,实现了万达符号与万达企业形象之间的意指缝合过程。

意指过程也可称作"神话"化。在罗兰·巴尔特看来,神话是一种讲述,可传达历史或现实文化情形的"消息"。一定的文化经由它来解释,理解现实中或自然中的某些方面。如我们可以把宗教、政治、哲学、信仰和文学艺术等,看作是神话,我们时代的文化,正是经由这种神话,来解释并引导我们理解现实。神话不仅是一种讲述,还是一种讲述事物的方式。具体地说,是人们理解事物或对事物进行概念化、理念化的方式。巴尔特认为,神话作为一种符号系统,具有两级。第一级,存在于符号与对象之间,即语言系统。第二级,存在于符号与文化之间,即神话系统①。如图7②所示,语言系统由"1.能指""2.所指"和"意义(3.符号)"构成。神话系统由"形式(Ⅰ能指)""概念(Ⅱ所指)"和"意指(Ⅲ符号)"构成。所谓的意指,在巴尔特看来就是神话,他在《符号学原理》一书中说,神话即意指系统,是一种在表达方面本身为另一意义系统所组成的系统③。由此可见,万达符号也具有两级,第一级是能指、所指与意义,即"WD"图标、"万达"文字和符号表征的海浪、帆船与地球;第二级是形式、概念与意指,即符号、品牌形象与文化内涵,表征万达是条乘风破浪的船航走向全球的"神话"。

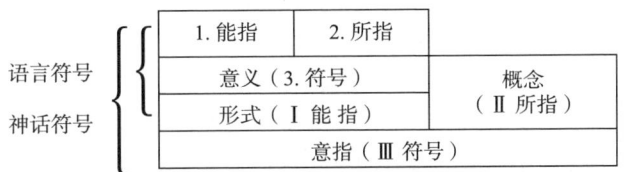

图7　神话与两级符号系统示意图

总之,品牌符号是通过与企业形象建立意指关系,在意指过程中形成一种新的社会性的文化符号,通过阐释这一动态过程解读符号的意义,以此实现符号本身、符号主体建构的形象和符号接受者认知结构之间的缝合过程。万达符号的文化内涵需通过无限阐释或"无限符号化"才能全部表现。

2. 阐释:万达品牌"无限符号化"

皮尔斯的符号理论,独特之处在于提出了阐释的概念。符号不仅指自身以外的东西,而且还具有第三性;符号与所指、符号与阐释这两种关系可以分别视为因与果、对象与认知主体之间的关系。就符号与所指的关系而论,它必须通过第三个要素即阐释对未来做出参指,才具有适切的符号学存在④。由此可见,阐释是理解符号与所指关系的关键要素,是不可或缺的。经过前面对意指过程的阐述,可以得知万达符号是一种无限阐述与符号化的符号,约翰·迪利称之

---

① 周晓明:《人类的交流与传播》,第204页。
② 图7来源于[法]罗兰·巴尔特:《符号学原理》,李幼蒸译,北京:中国人民大学出版社,2008年,第69页。
③ [法]罗兰·巴尔特:《符号学原理》,第69页。
④ [美]约翰·迪利:《符号学基础》,第55页。

为"可设定性的符号"①。在意指过程中,阐释再现对象形成新的符号,于是产生了新的意指方式,可设定性符号此时就出现了。人们所说的"语言符号"是可设定性的符号的一个特殊品种或亚类。这个亚类的多数成员的基础是任意性的,当然也是自然的,因为他们所表达的关系跟其他种类的符号并无二致,例如起初体现为物理的,后来也是客观的和社会的关联的符号(云与雨、烟与火的关联);联想的而非物理的客观关联造成的符号(纸巾与就餐的关联);由只蕴含客观的和文化的关联的语言所造成的社会性符号(旗帜与国家、品牌与企业)。由此可见,万达符号是一种社会性的符号,其中隐藏了其符号想传达的文化观念。观念通常必须被感官启动和完整地体验,才能生成。

皮尔斯曾言,"符号代表某样东西,即它的'指称对象'。它不是在所有方面都代表那个对象,而是通过某种观念来完成的"②。观念是一种心智表象,即一种心理现实,它属于主体性生存范畴,是万达符号的直接对象。可是,观念在这个范畴内还起另外一个作用:建立起一个己身以外之物即万达所处的环境条件直接的关系。这种关系产生观念本身也会产生"特有的意指结果"。皮尔斯将"特有的意指结果"称为阐释。阐释是一个非常重要的概念,一把理解符号作用的钥匙,一种生存的形式,也是一种存在的形式,它超出并高于最初使意指作用成为可能的特定的基础结构③。一个特定的阐释是一个符号被视为与另一物即所发生联系的基部。在诠释的经验当中,这个所指本身又变成一个与其他成分发生联系的符号,从而启动了阐释链,也就是指称过程的动能来源,亦即之前所称的"无限符号化"过程。

阐释是理解万达符号的关键,也是理解符号与万达企业文化缝合的关键。

在皮尔斯看来,阐释是符号与对象的中介。皮尔斯曾在其《论文集》中论述阐释是一个无止境的过程,阐释就是再现,是符号与对象之间的再现。他认为阐释的意义是再现对象:

> 再现的意义不是任何别的什么,而只是一种再现。实际上,不是别的什么,而是再现自身被设想为如同一件被剥离的不相干的衣裳。但是,这一衣裳从来也不能完全剥离;它只是变得更透明一些。所以,这里存在着一个无穷的复归。最后阐释不是别的什么,而是另一个再现,真理的火炬借此而被传递;而且,像再现一样,阐释又可以有它自己的阐释。瞧!这又

---

① [美]约翰·迪利:《符号学基础》,第93页。
② [美]皮尔斯:《论文集(第二卷)》,哈特雄编,剑桥:哈佛大学出版社,1931年,第135页。
③ [美]约翰·迪利:《符号学基础》,第33页。

是一个无止境的系列。①

在皮尔斯的"符号—阐释—对象"三角模式中(如图8②),符号指涉对象,对象可以是现实事物,也可以是另一符号或符号的阐释。符号又在与对象的联系中,在符号使用者头脑中产生某种"思想"和"心理效应",这就是阐释。就符号与阐释的关系而言,阐释与索绪尔的所指相近。但是,就阐释在符号化过程中的"位置"和意义而言,皮尔斯的阐释与索绪尔的所指概念并不相同。皮尔斯认为,阐释作为符号与对象的中介,具有无止境符号化的功能。即阐释可以产生新的阐释。同理,新的阐释作为新的符号又可以产生新的阐释,这是个无限循环的过程。这样,"符号—阐释—对象"这种三角连动关系,可以无止境进行下去。艾柯称之为"无限的符号化"过程。皮尔斯的这种"符号化"思想,强调了索绪尔未曾重视的符号使用者主体地位以及意指问题③。由此,万达符号与对象之间通过阐释即"无限符号化"的过程完成符号与文化之间的缝合。

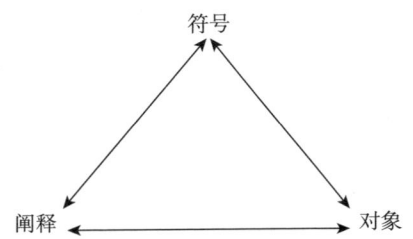

图8 皮尔斯的符号—阐释—对象三角模式示意图

就同一个对象而言,可以有不同的再现和符号。如同样作为对象物的"万达"的再现,就可以有中文的"万达"和英文的"Wanda"(船头)等。另一方面,由于每个人对同一个符号和对象的体验不一样,会导致同一个符号因使用者不同会有不同的阐释。符号使用者所处的环境和知识结构,会形成其不同的阐释方式。我们对于事物的知识完全是相对的,对符号的理解就会因各自的知识体系而不同,理解的符号就会有差异,尽管这种差异通常是被限定在一定的范围之内。

为了消除这种理解差异,就需要不停地阐释符号意义。万达就此做了一个宣传万达符号构成的视频,不停地在接受者心里形成印象,让符号接受者建立想象与象征,形成对符号的认同。品牌形象尚且与符号有一定形似或象征关

---

① [美]皮尔斯:《论文集(第一卷)》,第171页。
② 图8来源于周晓明:《人类交流与传播》,第141页。
③ 周晓明:《人类交流与传播》,第142页。

系，可以通过阐释实现缝合效果。但企业文化核心理念较抽象，与符号之间并无直接联系，企业文化如何缝合进符号体系之中，就是通过企业多种具象的形象所联想出来的。如万达的食堂，给人以平等、干净和舒心的感觉，正好符合企业的核心价值观。如敬业、严格等理念是通过员工的服装、饱满的工作状态和规范的制度体现出来的。创新、超越、勤学体现在其拥有自己的研究院、规划院对产业发展模式进行新的研发与改革，同时与新的技术与潮流相结合，不断学习，超越自己表征出来的。由此可见，企业文化都是通过具体的事迹、形象体现出来的，形成接受者印象实现的。那么，企业文化的缝合是通过与接受者建立具体的形象与象征，将观念"无限符号化"阐释给接受者而实现的。当然，任何企业文化理念的传播，都是依靠企业一遍一遍地对员工和外界的重复宣讲和强制阐释，以及通过多种媒体渠道进行传播而形成的刻板印象。

因此，企业文化是通过与企业形象建立联想关系，在想象过程中形成一种印象，通过无限符号化过程阐释符号的意义，以此实现符号主体建构的形象、符号接受者想象之间的缝合过程。

3. 联想：万达品牌符号建构万达符号资本

符号与品牌的缝合是通过隐喻、联想过程而运作的。作为一种语言或符号系统的基本运作方式和模式，雅各布森认为隐喻是建立在选择和相似的基础之上的。如在"老年是生命的黄昏"这一句话中，"老年"作为生命的一个阶段与"黄昏"作为一天中的一个阶段相似。因此，它们是等值的。此外，由于选择关系实际上是一个联想关系，这样就将"老年"与"黄昏"联系起来。那么，万达符号的"海浪"与"大连"就是一种联系关系，亦是一种隐喻关系。在隐喻中，实际上发生了一个联想性的转换过程，即"海浪"和"船"的某些对象特征和由此引起的心理效应，被转移到"大连万达"这一本体上来。隐喻之所以构成，是符号使用者沿着联想关系，从某一具有相似性符号类群中"选择"的结果。每一个作为"喻体"的符号都意味着一种隐喻性的表达，并同时勾联着一系列相关的符号类群或系统。而且，这种"选择、联想"过程，可以无限制地进行下去，因为每一个处于相似关系中的符号，又可以诱导起另一串相似的符号，直至无穷。所谓的意指是以隐喻的方式运作的。

转喻指与隐喻相对而言的另一种基本意指模式，它是建立在"组合、相邻"关系基础之上的。这种关系可以是对象物的空间关系，也可以是时间性的，亦可以是语义性、文化性的。转喻之所以发生，是由于具有各自"邻接关系"的符号互相组合或联系在一起的结果。换言之，转喻的过程就是具有相邻性的对象或概念互相"关联协作"的过程。广义的转喻本质上是以部分代整体。图像或肖似符号的表意过程，就建立在"以部分代整体"上。如"Wanda（船头）"代

"帆船"。艾柯认为相邻性是相似性的深层结构,无论相邻性还是相似性,归根结底,都相应于文化性的惯例。符号学的隐喻分析,就在于"追索构成符规网络的深层的转喻性联系之链"①。这样,对符号的本质分析,又回到了符号与文化等问题上来,隐喻、转喻、象征与神话等一样,不过是在一定文化中,人们相因于一定的惯例、符号规则等而对符号的使用与解读进行二度或无限符号化的联想过程(如图9②)。

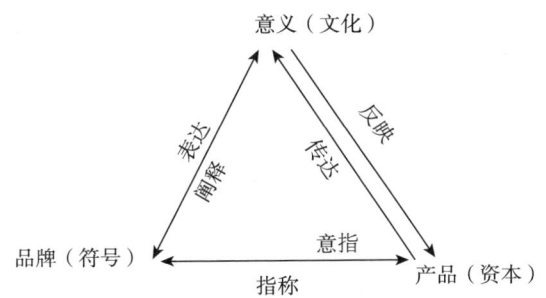

图9　品牌(资本)符号形成示意图

在此过程中,符号与品牌通过联想建立了联系,品牌指称产品,产品通过消费后转化为资本,符号因此转变为资本。在这个过程中,品牌和符号通过联想缝合在一起,符号和资本通过消费过程实现缝合。

品牌符号的意义在于传递企业信息,体现差异化;表征消费者信息,构建身份认同,区分社会阶层。资本符号即符号资本化,目的在于利益最大化,实现资本增值。符号与资本之间的缝合是在市场消费过程完成的。随着时代的发展,人们的消费需求由物质消费转化为精神文化和符号消费。鲍德里亚认为人们通过消费来表征自己的身份,他指出了人们进行符号消费的目的,不是为了使用而是为了炫耀。李昕认为,符号消费最大的特征就是表征性和象征性,即通过对商品的消费来表现个性、品位、生活风格、社会地位和社会认同。在"符号消费"的过程中,消费者除消费产品本身以外,还消费这些产品所象征和代表的意义,如美感、档次、情调、气氛和心情,即对这些符号所代表的"意义"或"内涵"的消费③。因此,对品牌的消费就是符号消费。

由此可见,消费品牌即消费品牌的意义,也因此符号被品牌化、资本化,形

---

① 周晓明:《人类交流与传播》,第219页。
② 图9是笔者在图8的基础上构思制作而成。
③ 李昕:《符号消费:文化资本与非物质文化遗产》,《西南民族大学学报(人文社科版)》2008年第8期,第32—35页。

成了符号资本。万达作为一个品牌符号，其本身就具有一定的消费价值，品牌的目的就是减少成本增加收益，资本的目标也是获利，两者是统一目的关系。品牌符号亦是一种资本符号。符号如何变成符号资本，是在市场消费过程中实现的。如图10①，万达作为一个企业品牌符号可以解构为所指是中国民营企业、大连海滨城市、地产集团、万达广场、文化产业、万达电影、万达乐园、青岛影都、万达影业、万达游戏等等符号对象；在市场消费过程中由主体建构为民营资本、社会资本、文化资本等各种形式的集合体，符号资本由此形成。

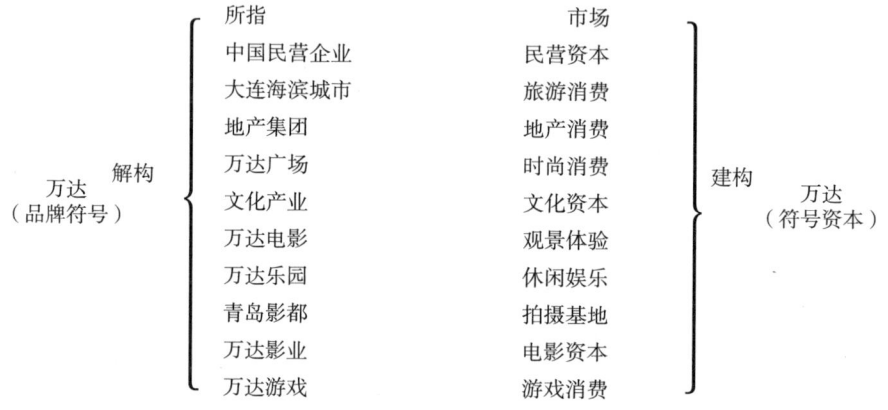

图10　万达符号到符号资本的形成过程示意图

三、作为符号资本的万达电影品牌

符号缝合即将万达的企业文化、品牌形象、资本目的通过符号体系、符号规则、符号作用缝合成品牌符号、资本符号，并召唤出万达深层的符号逻辑。

对于一个产品或一个企业，符号的力量更能彰显品牌力量。品牌的力量就是品牌符号的价值。品牌符号的意义首先在于降低品牌的成本，提升品牌的价值。品牌的成本分为被发现的成本和被记住的成本。被发现的成本就是常说的显眼，比如可口可乐的红色、万达的蓝色就很显眼。被记住的成本指具体的形象。一般来说，具象的东西记忆成本低。要记忆成本低，秘诀是视觉、听觉二合一，能描述的符号容易记，比如阿迪达斯的三条杠，耐克的一个钩，万达的帆船和海浪。品牌符号作为一种文化传播的手段，具有文化的导向性和辐射性。

---

① 图10是笔者自制。

（一）塑造万达电影品牌的符号资本

从资本的诞生与发展的历史看，资本不仅仅以获取利润的形式存在，而且逐渐以符号的形式存在。万达资本符号化就是资本发展的一种逻辑结果。万达资本以符号化的形式，渗透进人们生活的各个领域，实现着万达符号资本对人"全方位的侵占"[1]。

万达有着极为丰厚的资本资源，如果能把这些资源经由"编码"和"解码"而生成为审美意象——作为有意义的符号而产生丰富的品牌形象联想，提升品牌价值，实现利益最大化。这就是符号和资本的"缝合"，这种"缝合"将资本和符号紧密地结合在一起，资本经符号的聚焦而放大了意义，符号意义直接加入到了资本增值的博弈中，同时资本自身的意义在与符号的叠加中随符号一起获得新的意义和新的证明——资本符号化，从而实现一种新的资本形态。符号资本其转换过程[2]如下：

文化资源→制码→审美意象→解码→品牌形象→符号意义→符号资本

符号资本作为一种新的资本形态，不是符号与资本的一般机械组合，而是在审美经济进程中双向互动、渗透融合的结果，是未来审美经济发展的主潮，在这一视域内作大胆而外向的探索，是对"符号资本"的积极而务实的主张。

布尔迪厄提出了与马克思、亚当斯等政治、经济学家不同的资本概念。他认为资本是一种隐喻，具有非物质属性[3]。他认为资本可以划分为经济资本、文化资本和社会资本等三种类型。之后，布尔迪厄又在这一分类中加入了象征资本——个人在信用、名望和认可上有用的资源，并把它们合法化的形式称之为符号资本。

布尔迪厄在研究"文化生产领域"时提出了"符号资本"的概念。他认为广义的文化领域由两个次领域构成，即"有限生产的领域"与"大规模生产的领域"。

---

[1] 李末子：《从资本符号看资本文明的演进逻辑及其发展趋势》，《上海交通大学学报（哲学社会科学版）》2010年第3期，第75—82页。
[2] 符号资本转换过程图由笔者自制。
[3] 张三夕、邹玲：《论电影产业中的资本"异化"》，《北京联合大学学报（人文社会科学版）》2018年第1期，第83页。

通俗地讲，所谓"有限生产领域"就是人们常说的精英文化或高雅艺术，它由学术研究者和艺术家等专业工作者构成。艺术家和研究者必须通过长期的训练才能够进入这个领域。从这个意义上说，文化领域中"有限生产领域"是一个为生产者而进行生产的领域，它主要通过让艺术家成为经典而运作。另一个领域指的是大众文化或流行文化的广大领域，在这里，成本和利润是"底线"。"急功近利"的本性决定了该领域对于时尚的追逐以及对于受众数量的依赖。流行与否是其最根本的评价标准，因为这直接影响到生产者的经济效益。上述两个领域既相互独立又相互交叉，构成了文化领域的基本框架。"大规模生产领域"与"有限生产领域"的差别在于，前者往往以经济资本的运作为主导形式，后者则以符号资本的运作为主导。具体地说，在"有限生产领域"中，竞争的利益是通过符号来表达的，它涉及权威、重要职位和艺术声望等因素，而直接的经济利益通常被否认或忽略（这至少必须是一艺术家和学者的公开立场）。①

他的一个关键论点是，"文化生产领域"是一个"被颠倒的经济世界"，在那里，艺术家受制于为艺术而艺术的原则，因而不应该跟普通大众一样公开追逐直接的经济利益。布尔迪厄认为文化生产领域就通过符号资本获取经济利益，而因此称文化生产领域是一个"被颠倒的经济世界"。他的《艺术的法则：文学场的生产与结构》一书中明确了符号资本的含义："符号资本是被否认、被认可因而变得合法的'经济'资本，即一种可以被证实的信誉，它能够在某些条件下长远地提供'经济'利益。"②在此，布尔迪厄称符号资本为合法的经济资本，可以提供长远经济利益的资本。由此可见，布尔迪厄肯定了符号资本具有间接、长期的经济增长功能。

电影产业作为文化生产领域，是一个被颠倒的经济世界。电影在此领域是通过符号资本来获取它的利益的。电影产业中的符号资本体现为导演、明星、电影院线品牌、电影制片公司品牌等等符号形式的资本。

本文中符号资本指万达品牌作为一种符号资本形式而存在。万达品牌已成为了大众眼中成功的品牌符号，看到万达符号，就能联想到它的地产、酒店、广场、电影院、主题乐园、电影和相关文化产品，进而想去消费它的产品和符号意义，消费的同时，消费者本身也表征为有品位、很时尚、有阶层的群体。符号资本也由此建构并发挥其作用，符号资本的意义和价值就由此体现出来了。

---

① 丁尔苏:《符号学与跨文化研究》，第165页。
② ［法］布尔迪厄:《艺术的法则：文学场的生成与结构》，刘晖译，北京：中央编译出版社，2016年，第109—110页。

(二) 万达电影符号资本的功能:扩大消费和标识身份

万达符号资本以品牌符号的形式存在,并在文化消费市场中交易,在社会生活中进行传播与交流,参与全球电影产业竞争与中西文化博弈,促进了文化产业的经济增长,革新了电影产业形态与资本功能。符号资本以符号的形式介入电影产业之中,电影的制作、发行、放映等环节都受到符号化的影响。人们在社会交往、劳动、学习过程中进行大量的符号生产与消费活动以满足自身需求。万达符号资本以符号交换或消费形式,实现万达品牌的经济增长、扩大社交、传播民族文化等品牌价值或功能。

万达符号资本还具有打破资本之间界限的功能,它将万达资本以符号的形式、非物质的形式显示出来,并扩张至日常生活的所有领域,使万达品牌成为以自由、平等、文明为特征的精神文化符号资本形态。

万达符号资本即万达品牌在资本符号化、文化符号化的过程中形成的资本形态,万达品牌以符号资本形式向电影产业、文化产业和全球电影市场扩张,参与文化主权博弈与国家文化软实力的竞争,追逐商业创新、科技创新、文化创新等价值,满足人们的精神文化需求,并具有促进电影消费和标识个人身份等作用。

1. 万达电影满足大众消费精神文化的需求

品牌作为一种符号资本,虽然是一个商业概念,却凝结了丰富的文化内涵。万达电影欲通过品牌这一符号资本,传播万达企业文化和中国传统文化底蕴。随着信息的互通共享和媒介接触的容易性,人们对精神文化消费的需求越来越大。从互动交流的角度看,人们倾向于"找到与自己符号资本程度相近或平等的对象进行交流互动,会让人更能获得舒适愉悦的互动情境与情感满足"[①]。由此可见,人们在电影消费过程中,倾向于找到与自己符号资本相近的对象进行交流与互动,以此来获得舒适愉悦的满足感。因此,万达电影作为民营电影品牌,以专业化的市场影响力逐渐为观众所熟知,并深入调研大众审美趣味,针对消费需求生产的电影产品贴近大众、符合大众偏好,由此建构了自己的品牌忠诚度和满意度。

万达电影品牌在2017年第十一届中国品牌价值500强娱乐行业上榜品牌榜单中排名第一(见图11[②]),可见,万达品牌已列入中国知名电影品牌,万达品

---

① 转引自黄莹、王茂林:《符号资本与情感能量:互动仪式链视角下网络直播互动分析》,《传媒》2017年第8期,第80—83页。原引自[美]兰德尔·柯林斯:《互动仪式链》,林聚任等译,北京:商务印书馆,2009年,第54页。

② 图11来源于万达电影院线要闻 http://www.wandafilm.com/xwzx/yxyw/201712/t20171221_2454.html。

牌已成为人们心目中的知名品牌,品牌传播的效果已十分清晰。

排名	品牌名称	品牌价值（亿元）	企业名称	总部
1	万达电影	191.19	万达电影股份有限公司	北京
2	华谊兄弟	140.55	华谊兄弟传媒股份有限公司	北京
3	奥飞娱乐	126.88	奥飞娱乐股份有限公司	广东
4	光线传媒	90.36	北京光线传媒股份有限公司	北京

2017第十一届中国品牌价值500强 娱乐行业上榜品牌榜单

图11 万达电影品牌价值

万达电影品牌观念的形成标志着电影产业已经从生产导向转变为消费导向,电影生产者开始重视消费者需求,电影产业的一系列运作都是以消费者的个性与要求来进行,塑造电影品牌的意识由此而生。万达电影品牌通过满足电影受众的需求而获得电影市场优势,进而满足电影生产者的利益。这正是当下中国电影产业发展面临的现实处境,电影创作者个性化的艺术表达急切地需要与大众化的市场意识发生联系。于是,电影生产者的创作意识开始发生变化,开始为了大众而牺牲,开始媚俗。进而造成国产电影过分追求票房收益而降低文化艺术水平,将中国电影带入一条歧路。中国电影的价值导向应该是鼓励艺术价值与商业价值的缝合,并锻造出具有综合竞争力的中国电影品牌。电影生产不但要尊重艺术创作的一般规律,也要遵从电影工业发展的客观规律以及市场经济的一般规律。万达电影品牌作为中国的民营电影品牌,品牌效应正在逐步积累,电影产业链的衔接与整合也在不断加剧,并逐步获得了受众的普遍认同并形成自己不可替代的文化产业价值,进而为建立一整套完善的中国电影商业化与市场化的经营运作体系贡献独特的品牌价值。

2. 万达电影促进电影产业的积极发展

万达电影作为一个电影公司品牌、院线品牌,象征着电影生产与传播的精品意识。能够经受住市场、艺术和受众长期考验而形成的电影品牌,无论是艺术质量、制作水准、内容资源还是审美品位都是具有上乘品质的电影精品。品牌作为一种符号资本,是一种无形的资产,本身就是财富的象征,对于电影业,品牌为电影制作带来了注意力和受众忠诚度,增加电影的票房收入和非票房收入,品牌价值及其延伸可以为电影产业带来无穷的利润。

电影品牌不仅为电影产业带来源源不断的财富,也逐渐成为电影市场竞争的法宝。电影品牌是电影市场竞争的产物,也是参与市场竞争的工具。品牌承载着、凝聚着受众长期的消费满意度和忠诚度,受众对于具有品牌号召力的电影公司、电影人和电影产品总是充满信任和期待。例如,好莱坞电影品牌在全球市场收获了巨大的财富,好莱坞积淀的品牌力量确保了好莱坞电影在全球影视文化产业激烈竞争中大获全胜。

张艺谋导演在2017年12月4日的《纽约时报》上发表了《从中国看好莱坞是什么样子?》一文,为中国电影与好莱坞电影不对等关系鸣不平,并表达对中国文化价值观和电影传统独特性的坚守。他提出了一个疑问:"中国观众为好莱坞提供了巨额利润,但反过来,中国电影行业又得到了什么?"[①]这值得中国电影人深思。中国电影经过了漫长旅程才在世界电影产业找到一席之地,并逐渐成为好莱坞电影入侵的对象。好莱坞甚至不惜调整剧情,改变电影美学,以赢得中国影迷的青睐。中国电影产业是在对好莱坞电影充分了解和效仿的基础上,逐渐成长起来的。但中国只有极少数电影可以进入美国市场、吸引大量观众,而好莱坞电影已经慢慢涵化了中国电影制作者拍摄技巧和表现手法,同化了中国观众的观影习性。中国的国产电影在好莱坞的影响下,将面对巨大挑战,中国的独特价值观和美学传统正逐步被消解。中国观众为好莱坞电影贡献了巨大的经济利润,反过来中国电影人又从中得到了什么呢?这是一个非常值得我们深思与探讨的问题。鉴于中美电影在技术和管理上的差异,如何适应和应用从好莱坞电影身上所学到东西,这些都需要我们深刻地反思与修正,并进行反复的实践再实践。

万达电影自从并购AMC院线和传奇影业之后,万达品牌已迈入美国电影市场,并通过资本力量,开始慢慢影响美国电影市场。虽然万达与传奇在首次合作的《长城》上探索失败了,但是双方在未来发展道路上还有更长远的道路要走,中美电影需要开放渠道、开放思想,一起探索更美好的未来。

3. 万达电影标识个人身份

20世纪以来,符号与资本的互动关系越发紧密,资本借助符号的形式涌入社会各行各业,创造巨大财富效应的同时也产生了社会文化效益。符号资本以其连续不断的力量支配着人们的物质生活和精神文化,创造出更加丰富多彩的资本形式。从目前资本所引发的全球财富效应来看,实质是由符号资本建构的。如财富榜排名的确立,也是以符号资本实力为基础的。由此可见,符号资本具有标识个人身份的作用。消费某个符号,即购买符号所代表的身份。万达电影品牌就具有这种功能,观众去万达影城消费,享受影院相关配套服务,标识

---

① 张艺谋:《从中国看好莱坞是什么样子?》,《纽约时报》2017年12月4日 http://www.sohu.com/a/208747870_99997356。

出其中产阶级的消费能力和地位。万达影院的电影票价均高于其他影院的平均水平,去万达观影,不只是为了看电影,而是将观影与享受环境和服务相关联。因此,万达品牌符号资本,就明显地体现了身份标识的功能。

资本起初以实物形态存在,随着资本的全球化流动,资本逐渐向符号文化领域渗透,呈现出多种新的资本存在形式。如金融资本、人力资本、符号资本、文化资本等等。无论以哪种形式存在,资本的本质并未改变,资本的逐利性一直存在于这几种资本之中。品牌作为一种符号资本,其自身除了逐利性外,也促使拥有符号资本的个人或群体具有功利性、追逐利益,对品牌充满崇拜、幻想和迷恋之情,这种崇拜、迷恋标识出自我认同,形成了一种自恋。对品牌的消费和追逐,其实是为了表达出自我价值观的认同,是一种拜符号癖,也是一种自恋癖。通过品牌标识自我地位,炫耀自己的品味,获得一种消费快感和满足,这是品牌作为符号资本能受到大众追逐的主要原因。大众选择万达品牌,一方面是认同万达的品味,通过消费万达品牌和产品,标识出该品牌奢华、土豪的气质,让自己归属到某一社会阶层中,获得集体归属,表明自己的存在感。

综上所述,万达品牌符号资本,具有经济增长、社交和情感满足方面的价值,从而成为万达品牌、企业赢利、消费者需求满足三赢的符号资本。此外要注意的是,像这样的符号资本,带来利的同时,必然也有弊端。

(三)万达电影品牌隐喻符号暴力

随着资本以符号、品牌的形式在全球范围流动与扩张,随之出现了"资本符号化,符号资本化"现象,实物资本与符号所具有的超实物力量相互缝合,建构出符号资本。符号资本具有比实物资本更为隐晦的穿透力、渗透力,潜移默化地释放着不为人所察觉的符号暴力。康芒斯曾说:"符号资本以符号的形式向整个社会结构和生存领域全面渗透和覆盖,释放出更多的价值。"[①]由此可见,万达符号资本是万达品牌符号与万达资本相互缝合后,以万达符号形式实现品牌符号的增值与经济资本的扩张。如果以符号学的能指与所指视角来看待万达符号资本,那么万达符号资本具有强大的能指功能。如果说能指是构成语言的结构,那么万达符号资本也就成为了一种"一般性的语法结构",是一种在文化消费中通用的语言规则。所有在万达消费的人都将遵循这套规则进行交流与互动,这促使万达符号资本进一步向社会扩散与传播,逐渐成为合法、合理的存在形式,对社会越来越多的人实施符号控制和符号暴力。

---

① [美]康芒斯:《制度经济学》,于树生译,北京:商务印书馆,1997年,第309—312页。

1. 万达电影符号控制人的消费自由

如果你以为,你去电影院看电影,可以自由选择看哪部不看哪部,那么你错了。其实在你选择之前,电影院已经为你框定了选择的范围。万达电影院就是如此做的。万达影院排片是根据投资回报率来选择的。排片率高的多是像能迅速获利的商业大片、爆米花类型影片,如喜剧、爱情、悬疑等等类型。不只是排片,万达在影视制作方面,也是遵循的这种时间最短化、利益最大化原则。因此,可以说万达品牌符号隐晦地控制着人们的电影消费自由。

那么,这种控制是通过什么方式实现的呢?事实上,万达品牌是以符号这种隐蔽的解码编码方式来控制人的消费自由。万达集团先对电影消费者进行大数据分析(数据解码分析),分析大多数消费者的消费习惯、观影喜好,据此来制片或排片(编码),从而达到万达电影品牌对人的隐形控制。

万达品牌是呈现其企业文化核心价值观的符号载体,是构造消费社会的根基。万达品牌通过符号渗透和传播,使得任何人都无法逃脱符号资本的影响与控制。万达电影为了增加 GDP,增加电影票房收入,为了经济增长而生产或放映低劣的商业影片。虽然万达的总体经济利润增加了,票房数量与日俱增,但是电影的质量和水准没有提升很多,大众的文化艺术审美需求并未完全满足。这种品牌传播的目的,是为了维持资本的权力,禁锢人的消费自由。在马克思看来资本是为了榨取工人劳动的剩余价值,那么万达的符号资本更多的是为了资本再生产而进行统治与控制。

万达电影采用品牌的形式统治和控制消费者的文化需求和审美趣味,目的是最大化的经济收益,从而保证万达资本的统治与权力的运行,并逐渐对人实施符号暴力。

2. 万达电影品牌隐喻符号暴力

万达品牌作为一种符号资本,隐喻着符号暴力。布尔迪厄曾指出,合法化是符号系统的政治功能。亦即合法化使得符号成为一种权力的形式。斯沃茨在论述"文化与权力"两者的关系时指出,布尔迪厄的符号权力理论是"通过声称所有的权力形式都需要合法性而把文化扩展到利益的领域"[①]。那么也可以理解为,权力赋予文化以利益性,权力合法化致使文化或符号具有获利增值功能。换言之,可以说万达品牌之所以能生产利润或实现自我增值,就在于它的合法化权力的存在,而这种合法性权力的存在是通过符号暴力实现的。

鲍德里亚发现了符号暴力这种新的资本控制形式。他在《象征交换与死亡》中论述符号测试、刺激人的反应,符号控制人等符号暴力行径。他说:"这个

---

① [美]戴维·斯沃茨:《文化与权力》,陶东风译,上海:上海译文出版社,2006 年,第 103 页。

社会的一切信息,一切符号,它最具体的形式是测试、问/答、刺激/反应。"①由此可见,符号对人实施着条件反射式的暴力行为。换言之,万达品牌符号也对观众实施着这种暴力。你以为你自由地选择了万达电影,实际上是万达电影通过营销手段传播符号,万达电影经由符号中介限定你能选择的商品,迫使你进行引诱式消费。虽然你自由选择了万达电影,但这是隐形的强制选择,可以称之为符号暴力。

王晓升在《符号、控制和象征交换》中提出符号暴力是一种软暴力,非常温柔,不易察觉②。符号在人的大脑里建构幻想,幻想使得我们将符号化的现实当作真实的现实。好莱坞电影就是如此实现其西方符号暴力的。好莱坞电影近年来把符号化的理想美国呈现给我们,我们会把这当成真实的美国,而怀揣着美国梦,这也是好莱坞电影的意识形态功能或符号暴力。

万达电影同美国大片一样,也存在着符号暴力。我们通过万达放映的影片把万达符号化的现实当成了真实的现实,如在影片中看到美丽的建筑、自然、城市等景观,我们就会心生向往。这就道出了一个"美学幻觉",我们的生活场景由此成为一种超现实、虚拟现实。因此,万达电影符号塑造出的虚拟现实已然开始控制我们的思想和行为。因此,万达符号已经开始代替现实,而成为一种符号暴力、象征暴力。

符号暴力是一种不被承认的暴力形式,它的作用在于掩饰统治者的暴力行为。如万达品牌对消费者实施的符号暴力,成为万达控制消费者的主要统治方式,消费者自愿接受符号支配或配合符号暴力的实施。万达电影的控制形式体现在符号领域。万达电影借助品牌符号将权力意志转移到人们对符号消费的追求,通过符号消费表征身份,社会区隔实现对人的隐形控制和暴力区分。人们通过观看万达电影,再生产万达符号资本,实现万达品牌资本的增值和扩散。万达品牌由此扩散至经济、政治、文化和社会生活领域,人们无时无刻不被其围剿,万达品牌变成了一种视觉暴力,人们深陷其中无法避免,这是万达商业品牌对人最大的异化。人们对万达电影的符号消费,演变成了万达品牌对人的符号控制、符号暴力,掩饰了万达品牌对消费者实施的权力支配和自由桎梏。

事实上,我们生活中的许多实在的东西都因电影而被符号化了。我们的消费、饮食和旅游乃至生活,都或多或少地受电影符号影响,影响我们的思维和行为。电影符号资本在统治我们,控制我们,我们如何能避免这种符号暴力呢?

---

① [法]让·鲍德里亚:《象征交换与死亡》,车槿山译,南京:译林出版社,2009年,第88页。
② 王晓升:《符号、控制和象征交换》,《天津社会科学》2009年第2期,第4—11页。

附录

附录一　张三夕教授学术年表

苏小露①整理

凡　例

一、本年表系简表，只列与教师职业、学术研究活动（如学术会议等）相关的事迹，以及发表论著情况（与上文空一行，按年分段）。

二、必要的说明或补充文字以按语或文中注等方式表述，有些事迹参考了张三夕老师的日记，不一一注明。

三、梁启超《清代学术概论·自序》说："篇中对于平生所极崇拜之先辈，与夫极尊敬之师友，皆直书其名。"凡学术年表中所涉张三夕老师之师长辈，仍以先生称之。张三夕老师则直书其名，以省篇帙。

四、学术年表以简明扼要为原则。因时间和篇幅的限制，此年表为初编，遗漏地方不少，姑俟异日增补。

1953 年

1953 年 9 月 30 日出生于武汉，父亲张鹏，母亲邓冬梅。铁路工人出身的祖父为其起名为"张用金"（按："用"字派，两个哥哥用祖父起的名字，分别叫"张用权""张用斌"），母亲弃而不用，改名为"三夕"，取意为"1953 年国庆节前夕出生，弟兄排行老三"。（参看张三夕《现代性与当代艺术·后记》，华中师范大学出版社 2013 年版，第 267 页。）祖籍湖北鄂州葛店。从幼儿园到当中学老师直到读大学期间，一直和大哥一起随祖父母居住在武汉市江岸区转车楼，父母亲及外祖母、姐姐、小哥、两个弟弟居住在武汉市江岸区北京路汉安村。

---

① 苏小露，华中师范大学文学院古典文献学 2010 级硕士，现为华中师范大学文学院讲师。

1960年—1966年

1960年9月至1966年8月,在武汉铁路第一小学学习。

1966年—1972年

1966年9月至1969年8月,在武汉市江岸中学初中学习。
1969年9月至1972年3月,在武汉市江岸中学高中学习。

1972年—1976年

1972年3月,江岸中学高中毕业留校当老师,同年4月进入武汉第一师范学校英语班培训,为期4个月。1972年9月至1976年12月,在武汉市江岸中学任英语教师、两任班主任以及团委书记(按:当时的团委书记负责学校的民兵、红卫兵和共青团工作,简称"两兵一团")。

1977年—1979年

1977年1月,作为最后一批工农兵学员进入武汉师范学院(后改名"湖北大学",为行文方便,下文均称为"湖北大学")中文系学习(按:年级为1976级,本应1976年9月入学,因粉碎"四人帮"事件影响,拖延至1976年12月报到入学,1977年元月开始上课)。

1979年—1981年

1979年6月参加全国研究生入学考试,被南京大学录取,导师程千帆教授,专业中国古代文学,方向唐宋诗歌。(按:张三夕大学同学同时考上研究生者有何新文,考入华中师范大学古代文学专业研究生,导师石声淮教授。)1979年9月进入南京大学中文系开始硕士研究生的学习。同门同年级同学为徐有富、莫砺锋,室友为莫砺锋、杨正润。

1981年3月14日,张三夕拿到程千帆先生为其即将出生的孩子所起的名字,先生用钢笔在一张信笺封面背面写道:"如其男也,可名为侃,冀其能如先师治学之精勤也。如其女也,可名为韵,古人凡性情风度之美皆曰韵。凡制名,必须注意声音之偕叶响亮,张为平声,侃上声,韵去声也。"3月20日,张三夕的女儿出生,故名为"张韵"。(参看张三夕《忆千帆师断章》,载张世林主编《想念程千帆》,新世界出版社2013年10月版,第118—119页。)

1981年9月18日—10月5日,为硕士论文《宋诗宋注纂例》的写作到北京中华书局、北京大学图书馆善本室、北京图书馆善本室查阅资料。张三夕持程千帆先生介绍信,分别于 9 月 19 日拜访傅璇琮先生并受到刘尚荣先生接待,9月 25 日拜访王利器先生,9 月 28 日与南京大学中文系研究生同学赵中方一起拜访陈贻焮先生,9 月 30 日,陈贻焮先生亲自带领张三夕去北京图书馆善本室查阅资料。

1981 年 10 月 6 日,与南京大学中文系研究生同学储道立、赵中方同登泰山。

1981 年 12 月 26 日,通过硕士论文《宋诗宋注纂例》答辩,论文全文 12 万字,答辩文本系繁体横排手写复印本。答辩委员会主席为段熙仲先生,成员有程千帆先生、赵国璋先生、管雄先生、周勋初先生。答辩成绩"全优"。

翻译《美国学者编写中国文学史的计划和原则》,载《文教资料简报》,1980 年第 4 期。

读研期间,发表第一篇学术论文《略谈韩诗的语言艺术》,载《南京大学学报(哲学社会科学版)》,1981 第 2 期。◎该文被人大复印资料《中国古代、近代文学研究》1981 年第 14 期转载。

1982 年

1 月,南京大学硕士研究生毕业后,分配回湖北大学中文系工作,任古代文学讲师。

3 月至 6 月,指导中文系 1978 级本科生柳金生、李象虎、段天长、刘国英 4 位同学的毕业论文。

3 月 1 日,程千帆致信张三夕,为其提供"宋诗宋注考"新材料。〔见程千帆著,陶芸编《闲堂书简(增订本)》,上海古籍出版社 2013 年,第 404 页。参看徐有富《程千帆沈祖棻年谱长编》,南京大学出版社 2013 年,第 365 页。〕

7 月 16 日,程千帆先生致信张三夕谈科研与教学。〔见程千帆著,陶芸编《闲堂书简(增订本)》,上海古籍出版社 2013 年,第 405—406 页。参看徐有富《程千帆沈祖棻年谱长编》,南京大学出版社 2013 年,第 373 页。〕

9 月至年底,与同学兼同事胡其林老师共同承担中文系 1980 级本科生古代文学专业课程。

11 月 2 日,程千帆先生致信张三夕,叮嘱张三夕认真准备博士招生考试,并附推荐信。〔见程千帆著,陶芸编《闲堂书简(增订本)》,上海古籍出版社 2013 年,第 406—407 页。〕

11 月 18 日、12 月 4 日,通过华中师范大学博士生入学考试(英语、哲学、专业),导师张舜徽先生,专业历史文献学。

发表论文《论苏诗中的空间感》，载《文学遗产》，1982年第2期。

1983年

1月21日，通过华中师范大学历史文献学专业博士生入学考试面试。不久即接到华师博士生录取通知书，历史文献学专业同时被录取的博士生还有周国林。3月8日，正式到华中师范大学报到。当日下午，参加华中师大历史文献学专业的研究生会议，会上李国祥老师传达了教育部古籍整理会议精神，教育部正式批准华中师大成立历史文献研究所，当年划拨经费7万元。张舜徽先生以所长身份，在会上勉励大家不要辜负教育部的信任和期望，加油干，拿出成绩来。自此，张三夕攻读博士学位的隶属单位由华中师大历史系转入历史文献研究所。

3月9日，程千帆先生得知张三夕已接到博士录取正式通知书，致信张三夕，提出戒骄戒躁；研习张舜徽先生著述，学习其治学方法；处理好品行和学术、考据和词章、文学和史学、中文和外文、理论和材料的关系等三点想法。〔见程千帆著，陶芸编《闲堂书简（增订本）》，上海古籍出版社2013年，第407—408页。参看徐有富《程千帆沈祖棻年谱长编》，南京大学出版社2013年，第388页。〕

8月2日，父亲因病逝世，享年六十二岁。

9月3日，张三夕在华师历史文献所会议室里同张舜徽先生单独长谈，话题广泛，从古文字学、《说文解字》到钱基博父子评价等等。张舜徽先生教导张三夕要重大成，轻小成。（参看张三夕《忆文献所成立之初的日子》，见董恩林主编《中国历史文献学研究所成立三十周年纪念文集》，崇文书局2014年，第27页。）

11月28日，张三夕见张舜徽先生，谈其毕业论文选题和设想。当时初拟两个题目，一是"《史通》研究"，二是"宋代文献学史"。先生基本上同意张三夕做"《史通》研究"，认为这个选题比"宋代文献学史"好。从舜徽先生家里出来后，张三夕又去李国祥老师家，同李老师再次商量博士论文的题目，确定为"《史通》研究"。后来张三夕又咨询了程千帆先生，程先生也很赞成做"《史通》研究"这个题目，并对其论文提纲提出一些具体意见，叮嘱张三夕要多听取张舜徽先生的意见。（参看张三夕《忆文献所成立之初的日子》，董恩林主编《中国历史文献学研究所成立三十周年纪念文集》，崇文书局2014年，第28页。）

发表文章《此恨终身恐难了》，载《武汉法制报》，1983年4月1日，第4版；《释"约法三章"》，载《武汉法制报》，1983年10月21日，第4版。

1984 年

1月11日至2月16日，张三夕在南京图书馆、南京大学图书馆等地查阅与博士论文写作相关资料，有一些资料是善本书。其间多次看望程千帆先生，请教有关《史通》研究的问题。1月18日，程先生关于《史通》研究谈了许多想法。要点之一是：《史通》是个庞然大物，可从很多方面去做，或从考订、疏证的角度写，或从史学大义（即义理）方面去写。关键是若干部分是别人没有讲过的，哪怕你的结论说错了，也是有光彩的，正如同开荒一样。开头可设想大一点，以后如果时间不够，可先做其中一个相对独立的部分。要从史学实践来看刘知幾对后代史学的影响，从史学实践抽象出刘知幾的影响。这次程先生还谈及他和武大的关系问题。整个谈话持续三个小时。2月1日，程先生非常慷慨地把他自己珍藏的《史通》批校本借给张三夕。先生说这是他最用功时（四十余岁）潜心读的书。过录了几种未见刊布的名家传钞本的批校文字，书中布满了蝇头小楷的眉批、旁批。其中有些成果已写进《史通笺记》。程先生提议，因为买不到线装书，可买两本上海古籍出版社出版的《史通通释》（先生即用此书做底本），拆下来贴在道林纸上（道林纸质量较好），天头留宽一些，然后把《史通笺记》上未收录的批校文字照原式移录。程先生说，一定要有几本书特别精熟，下过很深的功夫。

1月28日下午，去南京赤壁路12号拜访南京师范大学著名教授段熙仲老先生，段老当年已是88岁高龄，记忆力依然很好。段老谈到他整理《仪礼》的想法和进展。2月6日，张三夕在南京图书馆古籍部阅览室碰到段熙仲先生，下午闭馆时陪段老回家。在路上，段老提到他在武汉读大学预科时，一位籍贯黄陂的老师教他读的第一部书便是《史通》。后来在中央大学任教时，曾帮助陈汉章先生整理过《史通补释》的材料。段老说陈先生也是一位大师。2月12日，张三夕再次拜访段老，请教有关经学的问题，颇有收获。关于皮氏《经学历史》，段老认为皮氏虽是今文学家，但比较平实。周予同先生的注是不错的，但可惜的是，周先生不专一经，故皮氏心得和精要处注不出来。读过皮氏书后，可读廖氏的《今古学考》及刘师培先生的有关著作。谈到从哪几部经书入手研究经学时，段老说，如果搞经学，则《周礼》《公羊》不可不读。段老还简要地分析了郑康成的功过。在回答有关《左传》的问题时，段老认为，《左传》不是传，也不是经。因为传是对经而言。如果强调"传不避经"是一种偏向，那么"传不避经义"却是起码的要求。《左传》主要记载历史事实，很多地方与《春秋》大义相违。

3月7日至3月19日，张三夕与华中师范大学历史文献所83级硕士生及部分助教进修班的学员在广州学术考察，领队的老师有张舜徽、李国祥、崔曙庭、庞子朝诸先生。3月14日，张三夕陪同张舜徽先生去中山大学讲座，先生讲演的题目是"怎样学习文史"，内容为：一、文、史、哲不宜分开；二、学习文史的基本条件（1. 练基本功 2. 读常见书 3. 把文章写好 4. 诗不必人人皆作）；三、推廓研究领域，敢于破旧立新；四、多读无字书。（参看张舜徽《䚮庵学术讲论集》，华中师范大学出版社2008年，第52—56页。按：《䚮庵学术讲论集》将此次讲座题目修订为《我们提倡读两种书》。又按：《䚮庵学术讲论集》将此次讲座写为"三月十二日"，疑与张先生三月十四日在华南师范大学的演讲时间相混淆。）当天下午，在中山大学冯瑞林老师陪同下，参观中山纪念室和考古陈列室。

3月21日上午，张三夕先去汉口长江码头送陶芸师母和程千帆先生的女儿程丽则坐快船（东方红19号轮）回南京。之后陪同千帆先生到华中师范大学张舜徽先生寓所拜访张先生。中午，又陪程千帆先生到汉口冠生园出席程先生早年在武汉大学教过的一批老学生为程先生举办的饯行活动，这批老学生还邀请了毕奂午先生。饯行前师生欢聚一堂，在湖北照相馆照相，留下一张那个时代非常典型的黑白集体照。这批老学生共十四人：骆啸声、欧阳洲、熊起群、饶庆农、张金煌、赵熙文、吴志达、赵令则、陆耀东、李培坤、陈世垙、程一中、李开明、曹真等。当晚程先生乘坐火车回南京，湖北大学校领导、朱祖延、周勃、章子仲诸位老师以及武大中文系主任、李格非、吴志达诸位老师均前往送行。（参看张三夕《忆千帆师断章》，载张世林主编《想念程千帆》，新世界出版公司2013年10月版，第118—119页。）

3月23日，张舜徽先生到湖北大学给中文系明清小说理论讲论班做讲座，讲座内容是"清代学术的流派和趋向"，张三夕陪同。先生按"清初""乾嘉""道咸以下"之顺序而讲，穿插其有关治学主张。中午张三夕在教工食堂陪张先生进餐，在座的还有李悔吾、章子仲老师。饭后，张先生在校园转了一圈，这是张先生第一次到湖北大学来。（参看张舜徽《䚮庵学术讲论集》，华中师范大学出版社2008年，第61—65页。）

经过朱祖延先生和程千帆先生的介绍，在湖北省图书馆原馆长徐孝宓先生的大力支持下，张三夕于5月4日至30日，在湖北省图书馆古籍部善本室，抄录几种《史通》名家批校过录本。（参看张三夕《世交与书缘——记程千帆先生与徐氏父子交往的一段往事》，待刊。）

8月7日至8月22日，张三夕去长春参加中国历史文献研究会第五届年会，同行者有周国林、罗家祥等。

9月17日，程千帆先生致信张三夕说："考证之学，要在不误不漏。"〔见程千帆著，陶芸编《闲堂书简（增订本）》，上海古籍出版社2013年。参看徐有富《程千帆沈祖棻年谱长编》，南京大学出版社2013年，第420页。〕

发表论文《作家作品研究中的数量分析——唐代诗人总数考实》，载《徐州师范学院学报》，1984年第2期。◎此文1985年获湖北省青年社会科学优秀成果奖。后收入霍松林，傅璇琮主编《唐代文学研究年鉴1985》，陕西人民出版社1987年。与龚国祥老师合作发表论文两篇：《从刀笔吏到开国元勋——〈史记·肖相国世家〉评说》，载《江汉大学学报（社会科学版）》，1984年第4期；《浅谈汉魏薄葬思想——读前四史札记》，载《武汉师范学院学报（哲学社会科学版）》，1984年第6期。

发表文章《酗酒者戒》，载《武汉法制报》，1984年1月27日，第4版。

1985年

2月22日，张三夕去拜见张舜徽先生。张先生已给他写好一篆书大字横幅："博学以知服"，书前有一枚"家在洞庭之中"阳文方印，后附有跋语云："此《礼记·儒行》篇语也。盖必广博学问始能服畏前人之言为不可及而无凌跨先贤之心。《曲礼》所云'博闻强识而让'，亦即此意。近世陈兰甫论学常揭橥斯五字以教学者，谓当取此书绅名座，朝夕省惕，其劝导之意可谓勤笃矣。考郑君注此语云'不用己之知胜于先世贤知之所言也'。盖惟博学而后知不足者能之。一九八五年一月书赠三夕同志　颖翁张舜徽。"

3月2日，程千帆先生致函张三夕，帮助张三夕收集所需资料，信中附有写给松冈荣志先生的信件。又致函皮公亮、刘茂舒欲复印有关资料。函曰："前得茂舒信，知《刘舍人选定文录》的序例及目录，又《文心雕龙参考文录》未能印出，我想在刊物上发一下。适值我的学生张三夕同志（他现在华师读博士学位）也想参考这份材料，因此，我就请他来向你们借去复印一下，望即借与（当负责保管，用后即交还）。"〔见程千帆著，陶芸编《闲堂书简（增订本）》，上海古籍出版社2013年，第409—410页。参看徐有富《程千帆沈祖棻年谱长编》，南京大学出版社2013年，第427页。按：皮公亮、刘茂舒为刘永济先生之女婿、女儿。〕

4月11日至4月21日，张三夕、周国林陪同张舜徽先生去河南开封参加"纪念许慎学术研讨会"。其间于4月17日，在许慎故里偃城参加许慎墓修复典礼；于18日，在登封参观中岳庙、嵩阳书院、塔林、少林寺；又去洛阳市郊参观白马寺。于19日上午，在洛阳市图书馆门前参加许慎像揭幕式，下午，参观龙门石窟。于20日，在王城公园参观牡丹花展。

9月19日至12月12日，张三夕在湖北大学中文系策划、组织青年教师文学沙龙，骨干成员有何新文、王兆鹏、李俊国、张首映、罗务恒、倪进、冯雪峰、宋克夫、于胜民、喻学才等，成功举办面向全校的十一讲人文系列讲座。9月19日，张三夕主讲第一讲，题为"科学荣誉与科学理论的评价"。10月24日，倪进主讲第四讲"艺术的发现"最为轰动。12月12日，喻学才主讲最后一讲"中国旅游与中国文化"，著名学者张国光教授也来听讲座。演讲结束后，倪进代表青年文学沙龙同人致答谢词，答谢词为李俊国起草，倪进修改。《湖北大学学报》《光明日报》对此次人文系列讲座做了报道。

10月8日至18日，程千帆先生来汉讲学，出席"纪念黄侃先生诞辰一百周年、逝世五十周年学术研讨会"。10月9日下午，张三夕与湖北大学章子仲老师陪程千帆先生到华中师范大学看望张舜徽先生，张先生邀请程先生为历史文献所研究生做治学方法的学术报告。（参看徐有富《程千帆沈祖棻年谱长编》，南京大学出版社2013年，第446页。）

10月10日上午，朱祖延先生送张三夕一本《北魏佚书考》，他说这本书有不少错误，有些是他自己搞错的，有些是清样改了，但最后未改过来，还是照原样印出来了。朱先生说，他心里感到很不安。在别人还没有批评之前，我们自己先指出其错误，这样就比较主动。朱先生希望张三夕写一篇书评，主要是谈错误，不讲印刷方面的问题。10日下午，和王兆鹏一起听程先生给湖北大学中文系和历史系研究生、助教进修班的学员作报告。内容是（一）科研与教学的关系；（二）学位课程与学位论文的关系；（三）怎样写论文。（参看徐有富《程千帆沈祖棻年谱长编》，南京大学出版社2013年，第446页。）

10月15日，张三夕在原武汉军区四招参加"黄季刚先生诞生一百周年、逝世五十周年纪念大会"。会议非常隆重，黄门弟子云集。

12月8日，张三夕参加湖北省青年社会科学工作者协会召开的纪念"一二·九"运动五十周年暨省青协优秀成果奖的发奖大会。一共有五十篇专著或论文获奖。张三夕的论文《作家作品研究中的数量分析——唐代诗人总数考实》获得优秀成果奖。

发表论文《说"匹"》，载《中学语文》，1985年第4期。

日本爱知大学中钵雅量教授在日本京都大学《中国文学报》第三十四册"书评"专栏发表论文《简评〈水浒〉与金圣叹研究〉》，张三夕同彭修艮老师合作翻译，许贺老师校对该文，发表于《水浒争鸣（第四辑）》，1985年。因该辑出版仓促，校对发生失误，漏刊译稿一千多字，后补译，题为《简评〈水浒〉与金圣叹研究〉（补刊部分）》，载《水浒争鸣（第五辑）》，1987年。

1986年

1月3日，张三夕完成《北魏佚书考》的补正文章，交给朱祖延先生，供其修改此书时参考。

1月18日，张三夕、周国林博士论文预审会（类似于现在的预答辩）举行，章开沅校长、张舜徽先生出席了预审会。上午是校外老师发言,有童思翼、陈仲安、关文发、吕名中、王陆才等老师发言。下午是华师历史系的王瑞明、吴量恺、邹贤俊及熊铁基等老师发言。诸位老师在充分肯定张三夕、周国林的毕业论文达到博士论文水平的前提下,提出不少中肯的意见。(参看张三夕《批判史学的批判——刘知幾及其〈史通〉研究·前言》,华中师范大学出版社2010年。)

2月7日,程千帆先生致信张三夕,说不能参加张三夕博士论文答辩会。〔见程千帆著,陶芸编《闲堂书简(增订本)》,上海古籍出版社2013年,第410页。参看徐有富《程千帆沈祖棻年谱长编》,南京大学出版社2013年,第456页。〕

3月12日,华中师范大学举行了建校以来首届博士论文答辩会,当天上午由张三夕答辩,其博士论文题为《批判史学的批判——刘知幾及其〈史通〉研究》。学校非常重视这次答辩会,章开沅校长、邓宗琦副校长、前校领导陶军教授、研究生处和历史系负责人等出席。场面隆重而热烈,答辩现场挤满了听众。答辩委员会主席由著名历史学家、北京师范大学何兹全教授担任,委员有来自贵州大学的《史通》研究专家张振珮教授,还有湖北大学朱祖延教授等多位专家学者。程千帆先生因为心脏病突发而缺席。答辩很顺利。下午是周国林答辩,答辩也很顺利。(参看张三夕《批判史学的批判——刘知幾及其〈史通〉研究·前言》,华中师范大学出版社2010年。)

4月,张三夕博士毕业后,留华中师范大学历史文献研究所工作。

5月9日,应湖北大学历史系学生会主席向吉贤的邀请,在湖大新楼106教室为历史系学生做讲座"漫谈历史文献学、史学方法和史学理论",教室坐满了听众,外面还站着一些人,讲演从夏时制(5月4日,我国从凌晨两点开始实行本年的夏时制,即把时钟向前拨快一小时。夏时制主要目的是充分利用日光,节约能源)切入。

5月15日,华中师范大学校学位委员会讨论审批通过了张三夕、周国林历史文献学专业的博士学位。6月9日,收到华中师大学位字(86)号红头文件(复印件)"关于授予张三夕、周国林博士学位的决定"。次年5月15日,张三夕拿到其博士学位证书,编号001。

7月5日至7日,张三夕去湖北大学参加学校职称评审委员会全体会议,这一届评审委员会共有二十人,分文、理科两小组。文科负责人是朱祖延。参加人员:徐善广、王陆才、王维新、邓国春、冯天瑜、楼仁煊、葛金芳、程善政、张三夕。工作人员刘建国。

7月3日程千帆先生致信张三夕谈治学做人。〔见程千帆著,陶芸编《闲堂书简(增订本)》,上海古籍出版社2013年,第411页。参看徐有富《程千帆沈祖

蕖年谱长编》,南京大学出版社 2013 年,第 464 页。〕

9月20日,程千帆、陶芸二先生致信张三夕,信中介绍程先生老同学刘彦邦夫妇来武汉,让张三夕协助购买船票;计划十一月中旬后赴湖北大学讲学。〔见程千帆著,陶芸编《闲堂书简(增订本)》,上海古籍出版社 2013 年,第 411 页。〕

10月23日,在华中师范大学参加"郭沫若史学讨论会",此会由华中师大、《历史研究》编辑部等六个单位发起举办,张舜徽先生、唐长孺先生和《历史研究》副主编田居俭等出席。

10月28日,在华中师范大学历史文献研究所参加张舜徽先生主持的学术座谈会,邓广铭先生主讲,高校古籍整理工作委员会秘书长安平秋教授等出席。

12月4日,程千帆先生到湖北大学讲学,陶芸先生陪同,计划住三个月避冬。12月5日、12月9日,张三夕去湖北大学看望程千帆先生和陶芸师母,谈及一些学术问题。

12月13日,张三夕被破格评聘为华中师范大学历史文献研究所的副教授(三十五岁以下,不占文献所本次高级职称评审名额)。

12月19日,张三夕去湖北大学参加校职称评审委员会全体会议。中午,看望程千帆先生。

发表论文《科学荣誉与科学理论的评价》,载《湖北大学学报(哲学社会科学版)》,1986 年第 1 期;《历史、未来与人际关系》,载《湖北青年》,1986 年第 10 期。

1987 年

1月7日,去湖北大学看望程千帆先生和陶芸师母,程先生送其一本谈治学方法的新书《治学小言》(齐鲁书社 1986 年 10 月版),并请张三夕带给华中师范大学周伟民、唐玲玲老师一本。

1月10日,去湖北大学看望程千帆先生,同程先生长谈,其中谈及他的研究计划。程先生批评张三夕近来没有较强的发表欲,他说应该有强烈的发表欲,要发表那些真正有水平高质量的论著,应该争取三年出一本书。张三夕觉得这一次谈话对他触动很大。

2月24日,完成《全宋诗》编委会交办的任务《李壁诗辑佚稿》,给北京大学孙钦善先生挂号寄去。

3月4日上午,章子仲老师陪程千帆先生、陶芸先生先去看望张舜徽先生,随后张三夕邀请张舜徽先生等一起到华师家里吃午饭,张三夕夫妇举办家宴招待,出席午餐的还有程先生在武大的弟子程一中老师和吴志达老师。程先生很欣赏张三夕家里的藏书。

3月10日下午,去武汉大学新四楼301室听程千帆先生的学术报告"诗人的忧患意识"。

3月15日下午,去湖北大学看望程千帆先生,在场的还有《长江日报》的记者马长松、朱祖延先生。原计划跟程先生谈谈王国维、陈寅恪、章太炎的考证学特色等问题,未能深入讨论。3月17日,程千帆先生乘船返宁。

7月6日上午,为华中师范大学暑期美国留学生班用英语做中国历史方面的讲座。留学生提出一些有趣的问题,如:从夏朝到商朝,为什么要改变朝代的称号?长城是从哪一年开始修建的?孔子教育学生为什么严厉?《诗经》三百首是否代表一种教育思想?屈原既然忠于皇室,为什么还遭到排斥?等等。在华师外事处郑老师的协助下,张三夕逐一做了解答。

9月15日,张三夕开始给华中师范大学历史系1987级本科生讲为期一年的"历史文选"课。

10月15日,参加在华中师大历史文献所举办的学术座谈会,座谈会由章培恒先生主讲。

10月27日,张三夕与崔曙庭老师、顾志华、周国林等乘火车去昆明参加中国历史文献学会第八届年会。10月31日,在张新民老师的带领下,张三夕一行四人去贵州大学看望张振珮先生。11月4日至6日,在昆明出席中国历史文献学会第八届年会。会后去石林等地考察。11月13日,与顾志华一起乘火车返汉。

发表论文《取精用宏　钩深致远——评张振珮〈史通笺注〉》,载《史学史研究》,1987年第1期。◎此文1989年获湖北省青年社会科学优秀成果二等奖。

1988年

1月25日,在华中师范大学7201号教室听胡厚宣先生做"甲骨文研究的新形势"的学术报告,张舜徽先生主持报告会。

2月21日,在华师看望张舜徽先生,张先生精神抖擞,一百万字的《中华人民通史》已经发排,另外正在整理四十岁以前未出版的书稿,如《〈中论〉笺注》《四库全书总目提要叙讲疏》等等,即后来出版的《旧学辑存》。

5月9日至10日,在陕西师大参加全国《史记》学术研讨会,提交会议论文《中国古代吏话精神探微——〈史记·循吏列传〉与〈酷吏列传〉评说》。5月11日至12日,在陕西韩城考察司马迁故里及司马迁之墓,5月13日至14日,继续参加《史记》学术研讨会。5月15日,在西安参观半坡遗址、秦兵马俑。5月16

日,参观咸阳博物馆。5月17日,参观碑林、陕西省博物馆、大雁塔等。当晚乘火车离开西安返汉。

6月2日,为了帮南京大学莫砺锋老师复印《杨惺吾先生手书谢幼槃集斠记》,找张舜徽先生给湖北省图书馆阳海清馆长写介绍信。次日,持张舜徽先生介绍信去湖北省图书馆复印《杨惺吾先生手书谢幼槃集斠记》,四元钱一张,复印十张共四十元。

8月8日,程千帆先生致信张三夕,建议张三夕先在华中师范大学出版社出版论文集,并许以题签。〔见程千帆著,陶芸编《闲堂书简(增订本)》,上海古籍出版社2013年,第412页。〕

8月9日至13日,在山东济南参加由"蓦然回首丛书"编委会发起组织的"中国文化与中国的改革"主题研讨会。参加会议的有严华、陈晋、王齐洲、王洪健、魏崇新、朱义禄、李明耀、张鸣、刘德增、张笃勤、陈文新、王泽龙、傅刚、廖奔、董炳月、易宽容等。随后会议组织文化考察。8月14日,张三夕第二次登泰山。8月15日,参观曲阜孔庙、孔府。8月16日至18日,在日照市石臼所港考察。16日,参加古典文学教学和研究信息交流座谈会。18日,"中国文化与中国的改革"主题研讨会举行最后一天会议,严华提出办一个以交流信息为主的小报,名叫"文化圈",一个月一期,由各地轮流办。第一期九月份在北京办,第二期十月份在湖北办,由王齐洲和张三夕负责。会议闭幕式上,日照市委书记及港务局宣传部长到会。

8月27日,见张舜徽先生,谈及程千帆先生来信所引两句诗"江山代有英雄出,各苦生民数十年"。张先生马上指出,这是于右任的诗,当年钱玄同曾题写。

9月5日,参加华师师资科举办的英语脱产学习班(半年)。

9月17日,同李俊国、刘川鄂、冯黎明、王又平、龙泉明等人,在华师商量筹备湖北省青年文学研究会之事,大家推举张三夕为会长。

10月12日,陪同张舜徽先生去汉口交通路古旧书店买书。张先生本想买一套三希堂法帖,但无货,只买了一本《中国概览》,说是"以知今"。又买了一册《伊秉绶书帖》。张先生最喜欢伊氏的书法。张三夕买了一套《元史》(全十五册)、钱穆的《先秦诸子系年》(上、下)和《唐两京城坊考》《野客丛书》《宋高僧传》《知堂书话》等。张三夕把拟编论文集请张先生写一篇题辞的想法告诉了张先生,先生当即应允,并说"诗与历史论稿"的书名可改为"文史论稿",以前《文选》里面把诗也作为"文"。张三夕说这类书名太多,恐怕重复。张先生又建议,不妨改为"文史初学集"。他说钱谦益的集子就叫"初学集"。这个书名听起来比较雅致,又给人以谦益的感觉。张先生还谈到他不满意华师电教中心给他拍的一个纪录片,题为"著述宏富　名扬中外"。他说这个片子没有突出他的教书生活,没有点明博士生导师。张先生说他首先是一个教书的,而不是著书的。他征求张三夕的修改片名意见,张三夕建议可改为"执教六十年,著述三十种",张先生表示同意。

10月13日,去武汉大学参加湖北省青年文学研究会筹备会。

10月16日,贵州大学张振珮先生不幸逝世,享年七十八岁。10月19日,张舜徽先生与张三夕、周国林联署给治丧委员会发了一封张先生起草的唁电。

11月9日,去张舜徽先生家里拿舜徽先生为其自编的论文集《文史初学集》写的一篇"题辞",全文云:"张君三夕,年少多才,既毕业于大学中文系,复加深研究唐宋文学,得硕士学位;后又廓其所学,益肆力于古代文献,得博士学位。而仍孜孜不倦,日课有程。年未四十,已为教授,所学益渊广矣。三夕能为文,有所得,辄布之于文。既陆续发表于各种杂志,近又裒辑前后所作论诗、论文、论史、论哲学思想之文二十余篇,都为一集,而总名之曰《文史初学集》。以'初学'二字为题,盖谦辞也。惟谦,斯虚,惟虚,斯能多受,能多受,则所得将无涯涘,而学可厎于大成。自古鸿儒硕学,莫不得力于此。《易》之谦卦,六爻皆吉,岂偶然哉!三夕为人,卑以自牧,未尝以一得自炫。今兹纂所为文以成一集,聊以备遗散而已,非欲借此以自见也。继自今以往,所学日进,而为文益多,自可次第录存之。则斯编之出,特其嚆矢耳。自此而艾而耆,以至于老寿,复取是编观之,必不能无今昔之感也。 一九八八年十一月八日张舜徽于武昌。"(按:此文未收入华中师范大学出版社出版的《张舜徽集》中《霜红轩杂著》,而收录于舜徽先生给熊铁基先生《秦汉新道家略论稿》等著作所写题辞十六篇。又按:因各种原因,张三夕自编的《文史初学集》未能如期出版,其中大部分论文后来收入作者其他论文集里。)

12月28日上午,去武大枫园学术中心,参加由湖北省青年社会科学工作者协会与武汉大学研究生会博士生分会联合举办"中国改革十年的回顾与思考"学术研讨会。参与者有宫哲兵、张原玖、李明华、李光、涂文学、张渝、张艳国、雷祯孝等。晚上,张三夕参加华师老师胡万佛组织的一个学术沙龙,参与者有马敏、王又平、唐文权、罗福惠、程继松等。

发表论文《中国古代吏治精神探微——〈史记·循吏列传〉与〈酷吏列传〉评说》,载《宝鸡师院学报(哲学社会科学版)》,1988年第3期。◎此文《新华文摘》1988年12期作了目录索引。同李国祥老师合作发表论文《论郭沫若史学研究中的科学意识》,载《江汉论坛》,1988年第4期。同谢贵安老师合作发表论文《苏颂和史学》,载《古籍整理》,1988年第3期。

发表文章《垂钓、喝酒及其他——评王大鹏导演的电视剧〈多雪的森林〉》,

载《武汉广播电视周报》,1988年6月23日,第4版。

1989年

1月14日,在汉口长航大楼参加湖北省青年社会科学工作者协会年会及颁奖大会,其文章《取精用宏　钩深致远——评张振珮〈史通笺注〉》获二等奖。湖北省社会科学院夏院长及长航党委宣传部长出席并讲话。下午召开理事会,改选常务理事,张三夕和徐勇被选入。又改选正副会长和秘书长,李光当选为会长,张厚玖、李明华、涂文学、张三夕和陈锋当选为副会长。

4月20日,在湖北大学参加由湖北省青年社会科学工作者协会、湖北大学、《学习与实践》编辑部联合发起的"五四精神的反思与超越"座谈会。

7月,程千帆先生致信张三夕,寄程先生近著六册。〔见程千帆著,陶芸编《闲堂书简(增订本)》,上海古籍出版社2013年,第412—413。〕

8月2日至9日,在湖南慈利县参加由湖北大学、湖南师大等多所高校联合主办的"两湖高校1989年暑期迎接国庆40周年学术联会",与会的专家学者400多人,著名文史专家有张国光、羊春秋、马积高、冯天瑜等。会议期间,考察了张家界。8月9日,在长沙参观马王堆汉墓博物馆。

10月16日至20日,在嘉定参加中国历史文献学研究会第十届年会,10月19日,经会员大会改选,张舜徽先生不再担任会长,改任名誉会长。张三夕被增补为理事会理事。

10月25日,在王兆鹏的陪同下,去南京师范大学拜访了唐圭璋先生,唐先生还记得老同学周学根先生,周先生当时在华中师范大学历史文献所工作。

同李国祥、李长弓两位老师合作出版《史记选译(上、下)》,巴蜀书社1989年。◎此书30万字,系国家教委古籍整理"七·五"规划重点项目"古代文史名著选译丛书"中一种。2011年,凤凰出版社出版修订本。

发表论文《中国民俗坟墓观念分析》,载《武汉交通政治管理干部学院学报》,1989年第2期;《老、庄死亡意识分析》,载《宝鸡师院学报(哲学社会科学版)》,1989年第3期;《对"五四"激烈反传统主义的再认识》,载《学习与实践》,1989年第6期;《访著名文化史家冯天瑜教授》,载《社科信息》,1989年第1期;《中国人的厚葬传统分析》,载《鄂南论坛》,1989年第1期;《在世界史学的格局中作出贡献》,载《社会科学动态》,1989年第2期;《死亡论》,载《学术百家》,1989年第2期;《宋诗宋注管窥》,载《古籍整理与研究(第4期)》,中华书局1989年;《作为一种生活方式的文学——关于文学前景的思考》,载《西部批评报》,1989年第3期;《漫谈古典诗歌的艺术感受问题》,载《春江新咏》,上海古籍出版社1989年；《对一种社会现象的探索》，载《明日》（中、日合办），1989年第3、4期，中国国际文化出版公司及日本明天株式会社1989年12月出版。◎此文及其他有关死亡问题的系列论文1991年被评为湖北省青年社会科学优秀成果一等奖。

发表文章《电视观众的良师益友——〈电视辞典〉评介》，载《武汉广播电视周报》，1989年7月20日，第4版。

1990年

2月14日，程千帆先生致信张三夕，听闻张三夕抱恙，引《周易·遁卦》慰问。〔见程千帆著，陶芸编《闲堂书简（增订本）》，上海古籍出版社2013年，第413页。〕

7月22日至8月2日，张三夕应严华邀请，住在北京电影制片厂，为电视系列片《中国古桥》撰稿，同时撰稿的还有王子今等人。张三夕完成"桥屋风姿"一集解说词，共一万二千字。8月2日，张三夕在长城饭店参加"电视系列片《中国古桥》新闻发布会"。李德生、荣高棠、交通部副部长、谢飞等出席发布会。

9月19日，程千帆先生致信张三夕，谈及程先生1988年9月在北京出席"七五"规划会议时突发心脏病事。〔见程千帆著，陶芸编《闲堂书简（增订本）》，上海古籍出版社2013年，第413—414页。〕

9月19日至23日，中国旅游文学研究会第四届年会在海南省海口市府城明珠大厦召开，年会由海南师范学院、海南省中旅社、《海南声屏报》、通什市政府、三亚市政府和万宁县政府共同主办，来自全国十九个省市的百余名专家学者出席了大会，张三夕参加了这次学术会议，并提交会议论文《游子悲故乡——从几首古诗看中国古典文学中的"家园感"》。

发表论文《试论唐代佛教与〈文心雕龙〉对〈史通〉的影响》，载《汉中师院学报（哲学社会科学版）》，1990年第2期；《伦理和法律的冲突——〈史记·游侠列传〉评说》，载《中国历史文献研究（三）》，华中师范大学出版社1990年；《闹新房恶俗源流说》，载《人生与伴侣》，1990年第8期；《游子悲故乡——从几首古诗看中国古典文学中的"家园感"》，载《时代青年》，1990年第4期。◎此文后收入臧维熙主编《中国山水的艺术精神》，学林出版社1994年。

1991年

1月26日，程千帆先生致信张三夕，谈程先生自己咬紧牙关做事。〔见程千帆著，陶芸编《闲堂书简（增订本）》，上海古籍出版社2013年，第414页。参看徐有富《程千帆沈祖棻年谱长编》，南京大学出版社2013年，第570页。〕

3月17日，程千帆先生致信张三夕，约写书评。〔见程千帆著，陶芸编《闲堂书简（增订本）》，上海古籍出版社2013年，第414—415页。参看徐有富《程千帆沈祖棻年谱长编》，南京大学出版社2013年，第576页。〕

7月31日，程千帆先生致信张三夕，告之张三夕《评程千帆等著〈被开拓的诗世界〉》一文，不久可见刊《江海学刊》；让张三夕打听武汉出版社潘长胜编辑情况。信中附有陶芸先生嘱托保护张韵眼睛事宜。（见程千帆著，陶芸编《闲堂书简（增订本）》，上海古籍出版社2013年，第415—416页。）

8月21日，程千帆先生致信张三夕，谈《骈字类编音序索引》在武汉出版社出版等问题。〔见程千帆著，陶芸编《闲堂书简（增订本）》，上海古籍出版社2013年，第416—418页。参看徐有富《程千帆沈祖棻年谱长编》，南京大学出版社2013年，第597页。〕

10月22日，程千帆先生致信张三夕，让张三夕致电武汉出版社，询问出版社事宜；信中评价《评程千帆等著〈被开拓的诗世界〉》"的确很好，细微而且准确"。〔见程千帆著，陶芸编《闲堂书简（增订本）》，上海古籍出版社2013年，第418页。〕

11月5日至7日，在河南郑州参加全国"文学与语言"学术研讨会。会后考察石人山。

11月9日，程千帆先生致信张三夕，谈其被选为旅游文学研究会会长。〔见程千帆著，陶芸编《闲堂书简（增订本）》，上海古籍出版社2013年，第418—419页。参看徐有富《程千帆沈祖棻年谱长编》，南京大学出版社2013年，第610页。〕

11月21日至23日，在浙江雁荡山参加"中国旅游协会旅游文学专业委员会第五届年会"。

11月29日，在南京看望程千帆先生和陶芸师母，程先生送张三夕一本他和徐有富合著的新书《广校雠略版本编》。扉页上写道："送给三夕，请仔细看看，帮我们找出缺点错误。"落款"程千帆、徐有富辛未冬"。

参与承担中华人民共和国1991—1995年出版规划重点项目"《资治通鉴》全译"之一部分（第15册）。

发表论文《柳永和他的词》，载《文艺研究》，1991年第2期；《张舜徽先生学述》，载《中国文化（第3期）》，生活·读书·新知三联书店，1991年；《评程千帆等著〈被开拓的诗世界〉》，载《江海学刊》，1991年第5期。◎此文后收入莫砺锋编《程千帆选集》，辽宁古籍出版社1996年。《交流学的整合与建构——评周晓明〈人类交流与传播〉》，载《现代企业文化》，1991年第2期。

附　录

发表文章《忆张振佩先生》，载《贵州政协报》，1991年4月4日。◎此文后收入《张振珮先生诞辰一百周年纪念文集》，贵州人民出版社2011年。

1992年

4月3日，程千帆先生致信张三夕，赞成张三夕去海南，说自己"正写一本关于宋诗的札记"。〔见程千帆著，陶芸编《闲堂书简（增订本）》，上海古籍出版社2013年，第419—420页。参看徐有富《程千帆沈祖棻年谱长编》，南京大学出版社2013年，第627页。〕

4月22日，程千帆先生致信张三夕，询问张三夕去海南事是否定妥，让张三夕询问武汉出版社关于《骈字类编音序索引》的收据和合同事宜。〔见程千帆著，陶芸编《闲堂书简（增订本）》，上海古籍出版社2013年，第420页。参看徐有富《程千帆沈祖棻年谱长编》，南京大学出版社2013年，第628页。〕

7月30日至8月4日，在内蒙古呼和浩特参加"中国历史文献研究会第十三届年会暨历史文献与民族文化"国际学术研讨会。会后去伊金霍洛旗考察，参观成吉思汗陵。

9月21日，在南京大学中美文化交流中心一楼报告厅参加"程先生八十华诞庆典"。庆典会上，给每位与会者赠送《程千帆先生八十寿辰纪念文集》一册。

9月23日，去程千帆先生家里辞行。同程先生交谈清理中国思想史的一些计划和想法，程先生兴致勃勃地与其讨论中西思想传统的不同。程先生认为中国古代思想体系注重人伦、日常生活、现实政治功用等等，是一个历史的客观事实，你不能脱离这个事实来谈中国思想。古人就是这么想的，要把古人为什么这样想搞清楚。从实际思想中抽象出理论来，程先生谈了他的从小说本身抽象出理论来的观点。张三夕则谈了西方思想史上的清理传统，后人继承、总结前人思想，然后在前人思想的终结处提出自己的思想，也就是前人所无的思想。张三夕借题发挥说，我们要继承、总结程先生的学术成就，发扬光大程先生的治学方法，同时也要认识先生的局限，有勇气超越先生。先生对此表示赞同。交谈了一个小时，临分手时，先生说他很开心，好久没有和张三夕这样单独在一起畅谈了。张三夕表示在先生九十大寿时一定拿出一点像样的成果。先生建议张三夕关于中国思想史先写一本十万字的论纲或导论，拿到国际学术界去交流、征求意见。

11月21日，程千帆先生致信张三夕，让速寄新著完本，以便读后作鉴定。〔见程千帆著，陶芸编《闲堂书简（增订本）》，上海古籍出版社2013年，第421页。〕

出版专著《批判史学的批判——刘知幾及其〈史通〉研究》，文津出版社1992年。◎此书25万字，收入"大陆地区博士论文丛刊"。参与编写张舜徽主编的《三国志辞典》，山东人民教育出版社，1992年。◎具体参与编写4万字。参与编写阳光主编的《中国山川名胜诗文鉴赏辞典》，中国经济出版社，1992年。◎具体参与编写2万字。

发表论文《江边诗话（四则）》，载《上海诗讯》，1992年第2期；《论清代实证史学的演变》，载《历史文献研究（北京新三辑）》，北京燕山出版社1992年；《文人与学者的分野——从刘知幾看中国古人的一种事业观念》，载《程千帆先生八十寿辰纪念文集》，江苏古籍出版社1992年；《追寻诗意地栖居——陶渊明〈归园田居诗〉与谢灵运〈山居赋〉的诗学阐释》，载《中国诗学（第二辑）》，南京大学出版社1992年；《征文考献 自成一家——评〈中国历史文献研究〉（一）（二）（三）》，载《酿蜜集》，华中师范大学出版社1992年。

发表文章《学与术》，载《公共关系导报》，1992年6月12日，第4版；《请对女人的新衣说好话》，载《公共关系导报》，1992年7月17日，第4版；《恨乌及屋》，载《公共关系导报》，1992年7月24日，第4版；《不要结果的争吵》，载《公共关系导报》，1992年7月31日，第4版。

1993年

4月17日，坐海船抵达海口，正式从华中师范大学历史文献研究所调入海南大学社科研究中心工作。

9月11日，程千帆先生致信张三夕，谈及"诗功"和"文术"问题。〔见程千帆著，陶芸编《闲堂书简（增订本）》，上海古籍出版社2013年，第421页。〕

1993年10月26日至30日，在四川南充参加"陈寿《三国志》国际学术会议"。

12月27日，程千帆先生致信张三夕，谈书评写作。〔见程千帆著，陶芸编《闲堂书简（增订本）》，上海古籍出版社2013年，第422页。参看徐有富《程千帆沈祖棻年谱长编》，南京大学出版社2013年，第675页。〕

出版专著《死亡之思与死亡之诗》，华中理工大学出版社1993年。◎此书22万字，获海南大学1994年度"双吴"科研奖二等奖。1996年，台湾洪叶文化事业有限公司重版，书名改为《死亡之思》。

发表论文《别开生面的大众文化研究——评王齐洲〈四大奇书与中国文化〉》，载《殷都学刊》，1993年第1期；《中西早期交往行为的特性考察——〈史记·大宛列传〉评说》，载《贵州师范大学学报（社会科学版）》，1993年第2期。

◎此文后收入刘乃和主编《历史文献与民族文化研究》,高等教育出版社1994年。《高山仰止——读〈讱庵学术讲论集〉札记》,载《华中师范大学学报(哲学社会科学版)》,1993年第5期;《生死涅槃说探讨——佛教的死亡意识分析》,载《海南大学学报(社会科学版)》,1993年第4期;《中国市场经济新秩序形成的若干问题》,载《特区工商》,1993年第7期;《香港自由经济体制述评》,载《特区工商》,1993年第7、8期;《孔子及儒家死亡意识分析》,载《中国文化:阐释与前瞻》,海南出版社1993年。

发表文章《武汉文化圈:沉寂与喧哗》,载《长江日报》,1993年3月6日,第8版;《没有交警也不闯红灯》,载《重庆广播电视报》,1993年4月13日,第8版。◎此文后收入《"学什么"百人大讨论》,重庆出版社1994年。

1994年

3月9日,程千帆先生致信张三夕,谈《死亡之思与死亡之诗》,评价该书:"独立探索,与周勃《永恒的困扰》,皆开辟鸿蒙之作,非依傍门户者所能望其项背。"〔见程千帆著,陶芸编《闲堂书简(增订本)》,上海古籍出版社2013年,第422页。参看徐有富《程千帆沈祖棻年谱长编》,南京大学出版社2013年,第683页。〕

12月10日至12日,在广东广州参加暨南大学中文系主办的"全国语言学转向与文学批评学术研讨会"。

参与编写张舜徽主编的《资治通鉴全译(全二十册)》,贵州人民出版社1994年。◎此书为中华人民共和国1991—1995年出版规划重点项目。张三夕承担第十五册,42万字。

发表论文《书林盛事 学术大业——读程千帆、徐有富著〈校雠广义·目录编〉〈版本编〉札记》,载《南京大学学报(哲学社会科学版)》,1994年第4期。◎此文收入莫砺锋编《程千帆选集》,辽宁古籍出版社1996年。《赋学研究的新收获——何新文〈中国赋论史稿〉评介》,载《湖北大学学报(哲学社会科学版)》,1994年第6期;《〈资治通鉴〉校读札记》,载《历史文献研究(北京新五辑)》,北京师范大学出版社1994年。

发表文章《说"夜"》,载《东方夜报》,1994年1月27日,第4版;《海口交响音乐会煞风景》,载《东方夜报》,1994年5月19日,第4版;《让歌声飞向远方——记海大声乐教授周亨芳女士》,载《海南特区科技报》,1994年7月29日,第4版。

1995 年

11月19日,程千帆先生致信张三夕,谈辑录《史通削繁》纪昀批语事。〔见程千帆著,陶芸编《闲堂书简(增订本)》,上海古籍出版社2013年,第422—423页。参看徐有富《程千帆沈祖棻年谱长编》,南京大学出版社2013年,第747页。〕

12月9日,程千帆、陶芸二先生致信张三夕,谈陈寅恪。〔见程千帆著,陶芸编《闲堂书简(增订本)》,上海古籍出版社2013年,第423—426页。参看徐有富《程千帆沈祖棻年谱长编》,南京大学出版社2013年,第748—749页。〕

发表论文《魏晋风度何为?》,载《海南大学学报(社会科学版)》,1995年第1期。◎此文后收入《史学研究新视野》,山东师范大学出版社1997年。《魏晋风度与文化转型》,载《读书》,1995年第5期;《说"言"》,载《思想文综(第一辑)》,暨南大学出版社1995年。◎此文又载于《文艺理论研究》,1995年第5期,并获海南大学1995年度"双吴"科研奖三等奖。《汉代察举制度与九品中正制》,载《古代文化基础》,岳麓书社1995年;《古代的媵妾、宫嫔制度》,载《古代文化基础》,岳麓书社1995年。

1996 年

10月14日,程千帆先生致信张三夕,称赞张三夕整理《史通》三家校记。〔见程千帆著,陶芸编《闲堂书简(增订本)》,上海古籍出版社2013年,第426页。〕

11月8日,程千帆先生致信张三夕,谈治学由专而通。〔见程千帆著,陶芸编《闲堂书简(增订本)》,上海古籍出版社2013年,第426—427页。参看徐有富《程千帆沈祖棻年谱长编》,南京大学出版社2013年,第786页。〕

12月7日,程千帆先生致信张三夕,讨论张三夕的三篇论文:《转向"语词"的小说——评韩少功新著〈马桥词典〉》《电子时代谈考据学功夫》《勇敢的精神 感人的行动——〈史记·刺客列传〉评说》。〔见程千帆著,陶芸编《闲堂书简(增订本)》,上海古籍出版社2013年,第427—428页。〕

发表论文《六艺的依附者与保护者——〈史记·儒林列传〉评说》,载《海南大学学报(社会科学版)》,1996年第1期;《一位有意于致中和之中国学人——读麻天祥博士著〈汤用彤评传〉》,载《郑州大学学报(哲学社会科学版)》,1996年第2期;《转向"语词"的小说——评韩少功新著〈马桥词典〉》,载《新东方》,1996年第4期。◎该文后又以《转向"语词"的小说》为题载于《当代作家评论》1996年第5期。

《几首宋诗的评析》,载《宋诗精华》,广西师范大学出版社1996年;《电子时代谈考据学功夫》,载《中外文化与文论(2)》,四川大学出版社1996年;《论国学的形态基础及其复兴的可能性》,载《思想文综(第二辑)》,暨南大学出版社1996年。◎此文获海南大学1997年度"双吴"科研奖二等奖。

1997年

3月25日,程千帆先生致信张三夕,建议将长文寄至冯天瑜先生在武大办的巨型刊物,或王元化先生《学术集林》。〔见程千帆著,陶芸编《闲堂书简(增订本)》,上海古籍出版社2013年,第428—429页。〕

6月12日,程千帆先生致信张三夕,谈及如今论文作者其文章毫无文采。〔见程千帆著,陶芸编《闲堂书简(增订本)》,上海古籍出版社2013年,第429页。参看徐有富《程千帆沈祖棻年谱长编》,南京大学出版社2013年,第803页。〕

7月7日至7月12日,与李建中教授一起参加在匈牙利布达佩斯举办的"第三十五届亚洲和北非研究国际大会"(35th International Congress of the Asian and North African Studies)。

8月7日,程千帆先生致信张三夕,祝贺张三夕赴欧洲参加汉学会议,言《书林盛事 学术大业——读程千帆、徐有富著〈校雠广义·目录编〉〈版本编〉札记》一文,已收入《程千帆选集》。〔见程千帆著,陶芸编《闲堂书简(增订本)》,上海古籍出版社2013年,第429—430页。〕

8月28日,程千帆先生致信张三夕,谈论国学。〔见程千帆著,陶芸编《闲堂书简(增订本)》,上海古籍出版社2013年,第430—431页。参看徐有富《程千帆沈祖棻年谱长编》,南京大学出版社2013年,第808—809页。〕

11月12日,程千帆先生致信张三夕,言将由李立朴寄《程千帆沈祖棻学记》给张三夕。〔见程千帆著,陶芸编《闲堂书简(增订本)》,上海古籍出版社2013年,第431页。〕

发表论文《勇敢的精神 感人的行动——〈史记·刺客列传〉评说》,载《海南大学学报(社会科学版)》,1997年第2期;《心态、功夫和态度——读〈史学三书平议〉札记》,载《华中师范大学学报》,1997年增刊;《〈史通〉三家评校钞(程千帆题记)》,载《学术集林(卷十一)》,上海远东出版社1997年;《〈史通〉三家评校钞(续)》,载《学术集林(卷十二)》,上海远东出版社1997年。◎此文获海南大学1998年度"双吴"科研奖三等奖。

发表文章《〈马桥词典〉的官司意味着什么?》,载《澳门日报》,1997年10月

15日,第35版;《在"商业原则"的背后》,载《长江日报》,1997年12月23日,第14版。

1998年

4月21日,程千帆先生致信张三夕,言《学术集林》颇有误字和基金事难。〔见程千帆著,陶芸编《闲堂书简(增订本)》,上海古籍出版社2013年,第431—432页。〕

7月27日至7月31日,在湖北通山县九宫山参加华中师范大学科研处主办的有关华中师范大学学科建设、研究生培养等发展战略研讨会。7月31日下午坐车返回武汉,在纸坊附近发生翻车事故,张三夕右肩锁骨外端骨折。

9月20日,张三夕结束在华中师范大学历史文化学院为期一年的访问研究,返回海南大学。

11月,从海南大学文学院社科研究中心调入海南大学文学院,任副院长。

11月30日至12月2日,参加海南大学主办的"中国第五届现象学会议"。

发表论文《文化人的生存命运——告别二十世纪问题备忘录之一》,载《1999独白(卷一)》,上海远东出版社1998年;《莱温斯基为什么要保留沾有克林顿精液的蓝裙子?》,载《东方女性》,1998年12期。

发表文章《在匈牙利旅行》,载《长江日报》,1998年8月3日,第8版;《世说新语与一个时代》,载《中华读书报》,1998年12月16日,第11版。

1999年

4月30日,飞抵长沙,与书商卢光明先生洽谈,谈及张三夕承担《三国志汇校》的整理工作事宜。张三夕后来完成《三国志汇校》一书的整理工作,但因卢光明先生意外中风而导致出版中辍。5月1日至2日,在长沙参加湖南教育出版社组织的"《民国学案》编委会",讨论编写体例、案主入选标准、候选学人名单等事宜。《民国学案》主编为张岂之先生,执行主编为麻天祥教授,张三夕为编委。该套书后由湖南教育出版社2005年出版。5月3日上午,考察韶山。5月3日下午,在湘潭大学哲学和历史文化学院与历史系部分领导和老师座谈,讨论治学方法问题。

10月25日至29日,在贵阳参加"桂林历史文化研究暨中国历史文献研究会第二十届年会"。会后考察秦代留下来的三个著名水利工程之一——灵渠。

发表论文《男色的爱与恨——评〈史记・佞幸列传〉》,载《湖北广播电视大学学报》,1999年第1期;《布达佩斯交通印象》,载《今日海南》,1999年第3期;《克服"失语"的焦虑,坚持思想的劳作》,载《中外文化与文论(第6辑)》,四川教育出版社1999年;《关于学术发展与发表制度的哲学思考(上)》,载《海南师院学报》,1999年第3期;《关于学术发展与发表制度的哲学思考(下)》,载《海南师院学报》,1999年第4期。◎此文获海南大学2000年度"两吴"科研奖三等奖及海南省第三次社会科学优秀成果论文二等奖。《英雄崇拜与美人崇拜序》,载《英雄崇拜与美人崇拜》,曾大兴著,中国文联出版社1999年。

发表文章《写作的自由与自律——谈柯云路的写作道路兼评〈中国气功大趋势〉》,载《海南日报》,1999年7月21日,第4版;《我们需要新的"隆中对"——重读〈三国志〉札记》,载《海南日报》,1999年2月24日,第4版。

2000年

1月6日至1月8日,在海南参加《文艺研究》编辑部与海南大学联合主办的"全国现代性与文艺理论研讨会"。

1月15日,程千帆先生致信张三夕,谈莫砺锋、徐有富二人工作事宜。〔见程千帆著,陶芸编《闲堂书简(增订本)》,上海古籍出版社2013年,第432页。〕

3月18日至20日,在韩国济州岛参加"岛屿文化国际学术研讨会"。

5月13日至20日,受海南大学校长许祥源教授的委托,在海南大学社科中心主任曹锡仁教授的具体策划下,张三夕率领海南大学考察团一行四人(另外三人为社会学詹长智教授、生态学杨小波教授、人事处黄恒处长)赴香港,考察香港理工大学、香港大学、香港科技大学和香港中文大学,深入了解这四所大学教育改革的有关情况。5月22日,张三夕一行在广州考察了中山大学。5月23日,考察了华南理工大学。之后,张三夕参照考察结果,执笔撰写了《以开放发展实现教育资源的战略性重组——海南大学发展战略研究报告》。

7月26日至28日,在黑龙江哈尔滨参加由哈尔滨市社会科学院主办,哈尔滨师范大学协办的"中国历史文献研究会第二十一届年会"。会后,考察俄罗斯远东地区海参崴等地。

8月27日至9月4日,与李建中、周明燕教授一起在加拿大蒙特利尔参加"第三十六届亚洲和北非研究国际大会"(36th International Congress of the Asian and North African Studies)。

发表论文《韩国人的精神面貌速写》,载《今日海南》,2000年第9期;《从古代的政治流放地到现代的经济特区——论海南岛与大陆文化认同的历史性特征》,载《海南师范学院学报(人文社会科学版)》,2000年第3期;《论现代化的东方道路》,载《海南大学学报(人文社会科学版)》,2000年第4期。◎该文后被《新华文摘》2001年第4期全文转载,并获武汉市第8次社会科学优秀成果优秀奖。《〈三国志〉汇校拾遗》,载《历史文献研究(总第19辑)》,华中师范大学出版社2000年;《关于高教发展时局的一些观察与思考》,载《黑龙江高教研究》,2000年12月增刊;《师范》,载《江苏文史研究》,2000年第3期。

发表文章《"逃"离俄罗斯(一)(二)(三)》,载《商旅报》,2000年11月16日,第8版;11月23日,第8版;11月30日,第8版。《梦赴足球狂欢的盛宴》,载《羊城晚报》,2000年12月30日,A特5版。

2001年

1月12日至13日,在湖北黄州参加"湖北省古代文学学会2001年年会"。

9月16日至18日,在甘肃兰州参加西北师范大学主办的"陇西典籍与西北文化研究暨中国历史文献学会第二十二届年会"。会后,考察河西走廊、敦煌、新疆(吐鲁番、乌鲁木齐)等地。

10月31日,飞离海南回武汉,从海南大学文学院调回华中师范大学文学院工作。

11月1日,在武汉大学参加由《文艺研究》《文艺报》和武汉大学中文系联合主办的"高新技术产业化时代文艺的发展"学术研讨会。

出版专著《通往历史的个人道路——中国学术思想史散论》,社会科学文献出版社2001年。同马敏教授合作主编《东方文化与现代文明》,湖北人民出版社2001年。

发表论文《论海南岛生态建设的精神性要素》,载《新东方》,2001年第1期;《论东方文化的含义与亚洲视角的建立》,载《海南大学学报(人文社会科学版)》,2001年第3期。◎该文后改为《寻根之旅:东方文化的含义与亚洲视角的建立》,收录于邵培仁等著《亚洲传播理论——国际传播研究中的亚洲主张》,浙江大学出版社2017年。

发表文章《黄健翔,闭上你的"乌鸦嘴"》,载《商旅报》,2001年9月10日。

2002年

7月26日至28日,在湖北神农架参加由《文学评论》编辑部、华中科技大学文学院联合主办的"现代中国文学的中国古代文学资源"学术研讨会。

10月12日,在湖北宜昌参加湖北省"三峡文化研究会成立暨学术研讨会"。

10月18日至21日,在武汉参加由华中师范大学主办的"中国秦汉思想文化"国际学术研讨会。

发表论文《论"现代性"的含义及其与"现代化"之关系》,载《海南师范学院学报(人文社会科学版)》,2002年第1期;《论现代化理念及其两个维度》,载《华中师范大学学报(人文社会科学版)》,2002年第2期;《论惜时道德感的诗意表达》,载《浙江大学学报(人文社会科学版)》,2002年第4期;《关于上博简〈孔子诗论〉编联排序的几个问题》,载《华中师范大学学报(人文社会科学版)》,2002年第5期;《〈康熙王朝〉重大史实辩误》,载《历史文献与文化研究(第一辑)》,崇文书局2002年;《简论电子时代历史文献的整理与研究》,载《历史文献研究(总第21辑)》,华中师范大学出版社2002年;《高适、岑参与河西、陇右边塞——关于边塞诗的若干认识》,载《文学评论丛刊》(第5卷第2期),南京大学出版社2002年;《论入世背景下阳逻开发区所面临的战略发展选择》,载王国华主编《入世后经济开发区发展战略研究》,武汉理工大学出版社2002年。同王齐洲老师合作发表论文《论中国早期知识分子的文化精神》,载《江汉论坛》,2002年第9期。

2003年

3月29日,在华中师范大学参加"《上博藏战国楚竹书》学术研讨会"。

7月27日至31日,与石挺在青海西宁参加教育部社会科学与思想政治司主办的"中国社会科学研究评价工作会议"。8月1日至8月9日,独自去西藏调研考察,受到时任西藏自治区教育厅副厅长张晖接待,其间见到大学同学索朗次仁。

10月21日晚上,张门读书会第一期在华中师范大学东区张三夕寓所开办,参加者有博士生桑大鹏、盛莉;硕士生曾军、林日波。阅读段玉裁《说文解字注》,桑大鹏主讲柏拉图《理想国》,随后展开讨论,会后由执行编辑形成文字稿《问学记》。第1期《问学记》主编为张三夕,执行编辑为曾军。张老师为本期《问学记》撰写《开场白》,说明举办读书会、整理《问学记》的宗旨有三点:其一,艰苦的阅读训练;其二,深入的思想训练;其三,不断的写作训练。张老师表达其期望说:"我想努力把这种形式长期坚持下去,即便我离开这个世界,希望我的弟子也能接着办。"张老师认为:"做学问说到底是一件'私人的事情',我们这个以'问学'为宗旨的读书会也是我们师生之间的一件'私人的事情',因此,它不对外开放,也不做宣传。编印这本'问学记'也只是起到备忘录、保留一些人生痕迹的作用,或许能为进一步研究保存一些有用的资料。"

10月28日至11月1日,在浙江绍兴参加"中国历史文献学研究会第二十四届年会暨章学诚国际学术研讨会"。

12月26日,在华中师范大学参加"全国毛泽东文艺思想与20世纪中国文学理论与批评研讨会"。

主编教材《中国古典文献学》,华中师范大学出版社2003年。◎2007年,华中师范大学出版社出版第二版;2018年,华中师范大学出版社出版第三版。

发表论文《当代"讲述"与文学幽灵》,载《中外文化与文论》,四川教育出版社2003年;《论清代文学与学术文化之关系》,载《历史文献学论集》,崇文书局2003年。◎该文后又被收入蒋寅主编《中国古代文学通论(清代卷)》第四章"清代文学与学术文化",辽宁人民出版社2005年。《痛定思痛——关于"非典"的哲学思考》,载《走出困境:"非典"引发的人文思考》,华中师范大学出版社2003年。和曾军合作发表论文《近几十年来母语教育的得与失——张三夕教授访谈录》,载《语文教学与研究》,2003年第21期。

2004年

1月13日,在武汉大学参加"湖北省古代文学学会2004年年会"。

2月28日,在武汉石门峰名人文化公园参加"董必武诞辰118周年纪念会暨董必武学术思想研讨会"。

3月1日,在华中师范大学科学会堂参加"城市形象与当代艺术中心成立大会暨学术研讨会"。

6月6日至6月8日,在武汉大学参加"技术化社会与汉语文学的文学性"国际学术研讨会。

6月28日至30日,在四川成都参加由《文学评论》编辑部、四川大学文学与新闻学院、四川师范大学文学院联合主办的"全国消费时代的文学与文化研究"学术研讨会。

8月16日至18日,在南京参加由南京大学主办的"中国古代文学文献学国际学术研讨会",会上发表论文《论电子文献的发展对古典文献学学科建设的影响》,后被收入《中国古代文学文献学国际学术研讨会论文集》,凤凰出版社2006年。

9月18日,在武汉中南民族大学参加由华中师范大学和中南民族大学联合主办的"士风与文学"学术研讨会。

11月21日至25日,与高华平老师一起在香港参加"佛教与辽金元文化国际学术会议"。

发表论文《大武汉要警惕"大而无当"——也谈武汉的城市品格与人文个性》,载《学习与实践》,2004年第3期;《选择另一种表达方式——文言文写作漫谈》,载《写作》,2004年第10期。《越界之思——谈谈超越学科界限的通人之学》,载《人文讲坛讲演录(第一辑)》,湖北人民出版社2004年。

发表文章《谈谈学科建设的非学术化问题》,载《文艺报》,2004年10月28日,第5版;《我对三篇佳作的看法》,载《语文教学与研究(上)》,2004年7期(插页)。在《语文教学与研究(学生版)》2004年第24期杂志中的"大教授评小作文"栏目点评来自湖北省仙桃市实验中学陈丹的作文《快乐十分钟》。和桑大鹏合作发表文章《国学大师与学位》,载《学位》,2004年第5期。◎该文后被收入《光明日报》,2007年4月5日,第9版(国学版)。又被收入梁枢主编《国学精华编》,商务印书馆2011年。

2005年

9月23日至26日,与盛莉一同在西安参加"海峡两岸中国古典文献学国际学术会议",会上发表论文《汉语古籍电子文献书目提要》,后被收入《古代文献的考证与诠释:海峡两岸古典文献学国际学术会议论文集》,上海古籍出版社2006年。

参与编写周国林、顾志华主编《白话资治通鉴(全五册)》,岳麓书社2005年。◎具体负责编译卷214—225(第四册)。该书后又被岳麓书社于2010年再版,书名改为《资治通鉴(注释本)》。

发表论文《诗歌与政治——读王安石〈诗义〉札记》,载《中国诗学(第十辑)》,人民文学出版社2005年;《〈史记〉研究二题》,载《秦汉思想文化研究》,希望出版社2005年;《文献学功夫与思想史发微——〈周秦道论发微〉与〈史学三书平议〉研读札记》,载《张舜徽学术研究(第一辑)》,湖北人民出版社2005年。与盛莉合作发表《汉语古籍电子文献提要(一)》,载《书目季刊》,2005年第3期。

发表文章《以个人的身份记住抗战》,载《长江日报》,2005年8月12日,第15版;《从和谐社区看和谐社会》,载《长江日报》,2005年8月24日,第10版;《简评〈中国发展〉》,载《光明日报》,2005年9月27日,第11版。

2006年

7月25日,在武汉参加由武汉社会文化研究院组织发起的"中部崛起与文化武汉"专题研讨会,会上做了以"反省区域差距与保持战略耐心"为题的发言,后被收录到《中部崛起文化先行——武汉社会文化研究院专家学者纵论"中部崛起"》,《学习与实践》,2006年第9期。

8月5日至7日,在天津参加"海峡两岸殡葬文化与生命教育研讨会"。

8月10日至12日,在黑龙江哈尔滨参加由黑龙江大学文学院主办的"古典文献学学科建设与发展研讨会"。

11月2日,张三夕偕博士研究生彭红卫(三峡大学副教授)、邱渊及硕士研究生郭满与郑晓江教授(江西师大)、李燕女士(江西省出版局)在武汉东湖湖畔豪斯咖啡厅举行学术沙龙,围绕郑晓江提出的"思想考古"之主题进行学术讨论。张三夕对郑晓江倡导的"思想考古"提出了自己的见解和看法,郑晓江认为对其运用思想考古方法有所触动与帮助。此次沙龙活动之后,张三夕安排邱渊撰写《身临真境界 探考真思想——读郑晓江教授〈神游千古〉》,彭红卫撰写《思想考古:学术方法的整合与创新》,两文均收入徐春林主编的《鹅湖会语》。(参看徐春林主编《鹅湖会语·后记》,中央文献出版社2007年;张三夕《神游者的远行——忆晓江》,载郑瑶主编《生命的歌者:著名生死哲学家郑晓江纪念文集》,江西人民出版社2014年;李燕编著《郑晓江年谱》,江西人民出版社2017年,第222—223页。案:郑晓江《鹅湖会语·后记》及张三夕纪念文章引用《鹅湖会语·后记》说法均把此次沙龙活动系于11月9日,有误,经查"张三夕日记",此次沙龙活动是11月2日,特此订正。)

11月25日至27日,在武汉参加由华中师范大学文学院主办的"佛教文献与中国古代文学研讨会"。

参与编写由王齐洲主编的《中国文学史简明教程》,华中师范大学出版社2006年。◎具体负责撰写第二章"诗歌的发展",9万字。

为刘果整理的《说文解字(注音版)》(岳麓书社2006年)撰写书前导读《打开汉语文字的广阔空间》。◎该导读后又以《打开汉语文字的广阔空间——〈说文解字注音版〉导读》为题收入罗家祥主编《华中国学 2015年·春之卷》,华中科技大学出版社2015年。

发表论文《论行为艺术与现代艺术的极端经验》,载《南开学报》,2006年第1期。◎该文后被人大复印资料《文艺理论》2006年6期转载,又被收入《中国美学年鉴2003》,河南人民出版社2006年。《〈诗经〉的形式、内容与表现手法》,载《湖北大学成人教育学院学报》,2006年第1期;《论死亡事件的教益》,载《江西师范大学学报》,2006年第2期;《唐代诗歌述略(上)》,载《湖北大学成人教育学院学报》,2006年第3期;《唐代诗歌述略(下)》,载《湖北大学成人教育学院学报》,2006年第4期;《陶渊明人格与风格序》,载张虎升著《陶渊明人格与风格》,湖北人民出版社2006年;《论电子文献的发展对古典文献学学科建设的影响》,载《中国古代文学文献学国际学术研讨会论文集》,凤凰出版社2006年;《网络时代如何与青少年沟通与交流》,载《共生与和谐——"2005网络文化与青少年发展"高峰论坛文集》,湖北人民出版社2006年。

发表文章《学术史反省》,载《社会科学报》,2006年1月12日,第4版;《学校文化建设的有益探索》,载《中国教师报》,2006年6月21日,第4版;《打开视域思考农民问题》,载《北京晚报》,2006年10月16日,第42版。同吴根友老师合作发表文章《国学提供"支援意识"》,载《光明日报》,2006年10月31日,第5版(国学版)。

2007年

3月30日至4月1日,郑晓江教授邀请张三夕及其博士研究生曾军、彭红卫、安敏(华中师范大学副教授)、邱渊四人去江西参加鹅湖讲会,讲会的宗旨是"相与讲明,兼取众善,深通义理,以修其身"。地点在铅山县宾馆和鹅湖书院。同行者有湖北大学罗炽教授与夫人,与罗教授同行的还有两位弟子,其中一位是企业家、金泉书院负责人朱玮荃。3月31日上午,鹅湖讲会在鹅湖书院举行,徐春林博士主持讲会。先由张三夕主讲《辛弃疾与铅山因缘及其瓢泉词的魅力》,讲座一个半小时,回答问题二十分钟。休息片刻后,由郑晓江主讲《"江西之学"与"生死哲学"》,其中他讲述象山坦然之生死态度的关键是如何从生死之"所必然的自然性"过渡到"所当然的应然性"的价值肯定,见解独到。他回答研究生提问很尖锐,希望接续"江西之学"的学统。下午一点多钟进入讲会的对谈阶段,分别由江西师大讲师、中国人民大学博士生李丕洋讲王阳明新学与江西之学关系,徐春林博士讲江右王门之学,南昌大学杨雪骋教授讲江西禅宗。每个人各讲半个小时,之后是听讲师生的激烈论辩,颇有古风。(参看徐春林主编《鹅湖会语·后记》,中央文献出版社2007年;张三夕《神游者的远行——忆晓江》,载郑瑶主编《生命的歌者:著名生死哲学家郑晓江纪念文集》,江西人民出版社2014年。)

4月21日,郑晓江偕徐春林博士、抚州社联罗伽禄副研究员来武汉华中师大参加张门研究生每月一次例行的读书会。那一期读书会由黄蓓主持,彭红卫主讲希罗多德《历史》,于美娟负责整理。郑晓江评点了《问学记》第31期曾军的卷首语《寂寞鹅湖》,他特别提到"我的书斋叫神游斋,我想保持学者的这种思想的神游"。(参看徐春林主编《鹅湖会语·后记》,中央文献出版社2007年;张三夕《神游者的远行——忆晓江》,载郑瑶主编《生命的歌者:著名生死哲学家郑晓江纪念文集》,江西人民出版社2014年。李燕编著《郑晓江年谱》,江西人民出版社2017年,第228页。)

6月23日至25日，在武汉参加由中国中外文艺理论学会和华中师范大学文学院联合主办的"文学理论三十年——从新时期到新世纪国际学术研讨会暨中国中外文艺理论学会第四届代表会"。

7月27日至29日，在天津参加"2007年天津永安殡葬文化与生命教育研讨会"。

9月5日至7日，在长春参加"二十一世纪中华古籍世界传播学术研讨会暨《古籍整理研究学刊》编委扩大会"。

10月22日至23日，在福建惠安参加"第六届国际石雕石材暨园林碑石博览会"。

10月26日至28日，在武汉参加中国军事史学术研讨会。

11月24日至26日，在西安参加由西北大学主办的"语言文献与文学文献高级论坛"。

12月22日至23日，在石家庄参加河北师范大学文学院主办的"中国古典文献学学科建设高级论坛"。

参与编写高华平主编的《中国文化典籍选读》，华中师范大学出版社2007年。◎具体负责撰写第一部分的"思想文化"。世界图书出版广东有限公司于2012年重版该书，书名改为《国学典籍选读》。

发表论文《论死亡作用于生存状态的机制》，载《哲学研究》，2007年第2期；《医疗史的另一种叙事——评杨念群〈再造"病人"——中西医冲突下的空间政治(1832—1985)〉的书写策略》，载《文艺研究》，2007年第3期；《宋词的作者与风格》，载《湖北大学成人教育学院学报》，2007年第2期；《以人文精神引导城市发展——读〈知音江城　动感新区〉有感》，载《学习与实践》，2007年第5期；《关于诗歌创作与鉴赏的若干思考》，载《文学教育(上)》，2007年第10期；《诔文写作与亡者悼念——〈世说新语〉与〈文心雕龙〉研究札记》，载《大连图书馆百年纪念学术论文集》，万卷出版公司2007年；《辛弃疾与铅山姻缘及其瓢泉词的魅力》，载《鹅湖会语》，中央文献出版社2007年。同吴根友、钱建强老师合作发表论文《国学为现代化提供深厚的思想资源》，载《光明日报》，2007年01月25日，第9版(国学版)。同曾军合作发表论文《"祝"体文心的三重解读》，载《人文论丛(2005年卷)》，武汉大学出版社2007年。

2008年

2月18日至19日，在北京参加由日本东京COE"死生学"研究基地与中国中华日本哲学会联合主办的"中日'东亚生死学'国际学术研讨会"，会上发表论文《论死亡作用于生存状态的机制》，后被收入《中日"东亚生死学"国际学术研讨会论文集》，2008年。

5月6日至7日，在浙江宁波参加"王应麟学术研讨会暨王应麟学术研究基地成立会议"。

6月20日至21日，同王国华教授一起随中国殡葬协会代表团出席在西班牙巴塞罗举办的"国际殡葬协会2008年年会暨第十届会员大会"。会上中国殡葬协会会长陈群林全票当选为第十一届(2008—2010年度)国际殡葬协会主席。

11月3日，在黑龙江哈尔滨师范大学文学院做题为《〈资治通鉴〉的内容特色与读法》的学术报告。

12月6日，在湖北大学参加"邹贤敏教授执教四十五周年暨《邹贤敏学术文集》出版纪念"活动。每位与会者领取了两本书：《问学求真传道——邹贤敏之教研生涯》及《邹贤敏学术文集》。前一本书里收录有张三夕写的一篇纪念文章。

12月10日，在武昌参加湖北省文物局主办的"屈原祠展览陈列工作座谈会"。

出版专著《诗歌与经验——中国古典诗歌论稿》，岳麓书社2008年。

发表文章《夏天和冬天——念余虹》，载《文学教育(上)》，2008年2期；《屈原研究的新探索——彭红卫著〈屈原的文化人格研究〉序》，载《黄冈师范学院学报》，2008年第1期；《我们应该守住什么》，载《大学生GE阅读》(王晓纯、吴晚云主编)，中国社会出版社2008年；《关于一位关心学生成长的好老师的美好记忆》，载张首映、聂云伟等主编《问学求真传道》，湖北人民出版社，2008年。同吴根友老师合作发表文章《国学与市场经济》，载《光明日报》，2008年9月1日，第12版。

2009年

3月2日上午，与武汉大学高文强老师同行，从上海飞赴韩国大邱，在岭南大学中国语言文化学部担任为期一年的交换教授(实际工作时间近半年)。当日见到韩国同事崔桓、朴云锡教授(中国语言文化学部主任)、李章佑教授(已退休)、李春永老师、权美贞老师(办公室秘书)等。又见到来自中国的同事赵燕(南开大学)、王国英(浙江大学)、李树军(辽宁大学)等老师。当天下午在韩国讲授第一堂课"中国文学名著解说"，听课的学生多为韩国学生，另有三分之一是中国的交换生或留学生。

3月3日上午，讲授"高级中国语会话课"，只有8个韩国学生。中午，中国语言文化学部举行餐聚,全体韩国老师与中国老师都参加,又见到另外三位韩国老师禹在镐、南敏洙教授和朴永贞老师。

3月6日,结识来自中国的岭南大学艺术与设计学院教授路新建,他是从同济大学建筑系辞职来韩国任教的。

3月21日,与路新建一起去拜访MJ画廊,见到画廊老板孙真敬女士和策展人金玉烈女士。金女士先送了三本她们画廊策划展览的画册:1. 镜像与过滤——中国当代艺术邀请展,参展画家有刘春冰、李继开、李继森、肖丰、欧阳德彪等十二人,其中大部分是来自武汉的画家,展览时间2008.10.1—10.25;2. 李继森象征与隐喻展,展览时间2008.3;3. 时空穿越展,参展画家有蔡富军、刘春冰、欧阳德彪等八位画家,展览时间2008.1.18—2.17。金女士带我们参观了MJ画廊。金女士是在法国留学念艺术史,讲英语,也在岭南大学艺术与设计学院兼课。

4月4日和5日,是岭南大学面向社会公众开放的校园"樱花节"。4日下午,中国语言文化学部全体师生去忠清北道槐山郡春游,中文学部和三星电子公司合办的中文培训班也去了20多位同学,晚上举行文艺晚会。4月5日去庆尚北道闻庆市鸟岭道立公园游玩,参观KBS(韩国广播公司)拍摄场地,这里有高丽时代的仿古建筑,拍过一些古装影视剧,最有名的是《太祖王建》。接着又去龟尾参观朴正熙总统故居。

4月10日,崔桓教授带领张三夕、高文强、赵燕、李树军等参观岭南大学图书馆里的东津书库,这是一个现代韩国人个人捐赠的图书馆,以中国的线装书为主。崔教授说,岭南大学图书馆收藏的汉文古籍数量在韩国排列第四。

4月11日,来自中国的在岭南大学药学专业的博士生严轶东请张三夕和韩国学生李弼圭餐叙。

4月12日,中文学部的五位中国老师加上路新建教授一起去庆州考察,参观佛国寺。该寺历史悠久,创建于公元751年,是新罗宰相金大城所建。参观庆州新罗古城遗址、国立庆州博物馆。

4月17日,张三夕、高文强、李树军与大邱大学的李侠老师餐叙,李侠来自鞍山师范学院,大邱大学中文系只有她一个中国教师。

4月22日,与高文强一起坐高铁去首尔考察,访问东国大学,结识东大中文系中国教师陶然教授(浙江大学)、黄勇教授(四川大学),拜访东大佛学院的金镇茂老师。登南山,瞻仰韩国大儒李退溪的雕像,以及韩国爱国志士金九(1876—1949,号白凡)的雕像。4月23日,黄勇带领张三夕、高文强参观景福宫、国立民俗博物馆、昌德宫(此宫被列为世界文化遗产)。又去参观梨花女子大学。4月24日,参观战争纪念馆。4月25日,考察仁川,参观仁川登陆作战

附　　录　　　　　　　　　　　　　　　　　　　　　　　　　　　703

行动纪念馆。4月26日，离开仁川，返回大邱。

5月9日，在韩国大邱启明大学参加由启明大学和岭南中国语文学会主办的"社团法人岭南中国语文学会2009年度全国学术大会"。

5月16日，张三夕、高文强、赵燕、张怡（赵燕师妹）、王国英、路新建、李侠、张能实（加图利大学，朝鲜族）、吴慧、庞晨光、陶然、黄勇等一行十二人，分别从大邱、首尔出发，前往巨济岛考察，入住巨济岛的家庭旅馆。17日上午参观巨济岛，中午，路新建做两大盆西班牙大餐（海鲜饭）。下午，离开巨济岛，坐船前往釜山，去釜山的唐人街即上海街游玩。晚上坐火车返回大邱。

5月21日，根据几周前的预约，崔桓教授开车送张三夕和高文强去他家乡永川的一家医院体检，体检包括无痛胃镜，这家医院的服务一流。

5月28日，应庆北大学中文系李惠敏老师邀请去该校游玩，李惠敏来自河北师大，是华中师范大学中文系田慧兰老师的硕士研究生，后在北京师大拿到博士学位。

6月20日，应韩国学生李弼圭的邀请，坐火车去釜山，参加他家一年一度的家庭祭祀活动。李弼圭的父母住在没云台附近多大浦一带的公寓楼（15楼），三室一厅。李弼圭的父母、伯母、两个姑妈、弟媳均参与了丰盛的祭祀物品的准备工作。今天（农历）是李弼圭爷爷的忌日，按韩国的习俗要举行祭祀活动，祭祀仪式通常安排在晚上12点以后。张三夕对祭祀活动进行了全程录像。6月21日，李弼圭带张三夕去参观釜山最有名的寺庙海东龙宫寺。又去参观从月光路到迎月路的美术一条街，这条街上有很多画廊。又去广安里海水浴场附近的UN纪念公园参观。所谓UN纪念公园，是韩战期间联合国军阵亡将士的纪念公墓。下午返回大邱。

7月6日，崔桓教授开车带张三夕、李树军，李春永老师开车带高文强一家三口，前往庆尚南道，考察海印寺，寺内藏有一套完整的高丽时期《大藏经》的刻板。

7月8日，与赵燕一起坐高铁去大田参观显忠院、科学馆、货币博物馆。下午去光州。7月9日，在光州参观5·18墓地、5·18追慕馆、5·18广场、鸭子汤一条街、光州国立博物馆、市立民俗博物馆、现代艺术馆（也叫光州双年展展示馆）、市立美术馆等。晚上返回大邱。

7月17日，和赵燕一起从大邱坐飞机回国，结束在韩国的交换教授任务。崔桓教授、李春永老师等在机场送行，赵燕的航班延误。

8月27日至30日，在斯洛文尼亚普图伊参加由卢布尔雅那大学汉学系、斯洛文尼亚"缘"学会主办的"第六届国际汉学会议"。

11月27日至29日，在杭州参加由浙江文化艺术研究院、浙江大学传媒与国际文化交流学院主办的"终结或开端：后理论时代的文化研究"全国学术研讨会。

12月5日至6日，在北京参加中国人民大学、韩国高等教育财团主办的"第六届国际儒学论坛·2009——儒家的安身立命之道"。

12月7日至9日，在澳门参加由澳门特区政府高等教育辅助办公室、澳门大学社会科学与人文学院主办的"第二届中华词学国际学术研讨会"。

出版专著《20世纪的"最后性文本"》，香港国际学术文化资讯出版公司2009年。

本年出任《华中学术》主编。主编华中师范大学文学院学术集刊《华中学术》，从2009年9月第一辑至2015年11月第十二辑，共主编十二辑（其中十二辑由张三夕和戴建业两位老师共同主编）。《华中学术》于2014年正式入选CSSCI集刊目录。

发表论文《汶川大地震与死亡记忆》，载《郑州大学学报（哲学社会科学版）》，2009年第1期；《论古典诗歌与当下经验》，载《玉林师范学院学报》，2009年第2期；《"五至"异文考释》，载《北方论丛》，2009年第3期；《永恒的启示——怀念张国光老师》，载喻学才、何新文主编《争鸣与创新——张国光教授纪念集》，长江文艺出版社2009年。◎该文后又收入何新文、杨建文主编《琴园弦韵——湖北大学中国古代文学学科先贤行述》，湖北人民出版社2016年。同杨毅合作发表论文《论王应麟的学术渊源及其与吕祖谦之关系》，载傅璇琮、施孝峰主编《王应麟学术讨论集》，清华大学出版社2009年。

2010年

1月9日至10日，在北京大学参加由北京大学主办、北京大学文化产业研究院承办的"2010年第七届中国文化产业新年论坛"，在会上发表"关于中国文化产业园区发展模式的反思"的演讲。

3月22日，与孙文宪、周晓明、韩军、周光庆、林岩、王又平等老师就"海外华裔学者的中国文学研究"在华中师范大学文学院会议室进行座谈。座谈内容后被整理为《"海外华裔学者的中国文学研究"座谈纪要》，发表在《华中学术（第二辑）》，华中师范大学出版社2010年。

8月16日至18日，在贵州贵阳参加中国文化书院贵州国学大讲堂的开讲；参加中国殡葬协会专家委员会及科技教育文化委员会的例会；参加中国西部城市2010"爽爽的贵阳"殡葬论坛。

8月25日，在四川绵阳市参加"12355·中国宋庆龄基金会金色阳光工程心理咨询热线中心和心理咨询中心项目评估会议";参加生命教育教学研讨会。

9月20日至24日,在澳门参加澳门大学举办的"古典诗歌研究与人文精神思考国际学术研讨会",提交会议论文《中国古典诗歌与中国人的精神性存在》。

10月17日,在重庆渝北区铁山坪森林公园世纪花园酒店给参加培训班的120位左右的重庆民政局系统的领导、区县有关管理干部和殡葬从业人员讲"中国古代墓志铭文化及其现代启示"。

10月23日,在贵阳国学大讲堂讲"教子有方:三字经解读"。多家媒体报道:(1)《华中师大教授张三夕后天将来贵阳国学大讲堂——讲〈三字经〉,解教子之惑》,载《贵阳晚报》,2010年10月21日,第6版;(2)《引国学经典 谈教子之道——张三夕教授:善用传统启蒙教育资源,培养合格公民》,载《贵阳晚报》,2010年10月24日,第10版;(3)《著名学者张三夕贵阳国学大讲堂讲学——今天为什么要读〈三字经〉?》,载《贵州都市报》,2010年10月24日,B2版。

出版专著《批判史学的批判——刘知幾及其〈史通〉研究》,华中师范大学出版社2010年。同高华平、王齐洲两位老师合作注译《韩非子》,中华书局2010年。◎该书中华书局2014年再版;2015年,中华书局列入"中华经典名著全本全注全译丛书"再版;2016年,中华书局列入"中华经典藏书"再版。

同杨毅合作发表论文《论王应麟的学术渊源》,载《浙江学刊》,2010年第1期。◎该文后又载韩国岭南大学中国研究中心编《中国与中国学》,2010年第11期。

2011年

1月25日至26日,在湖北咸宁参加由武汉大学文学院主办的"武汉大学文学传播接受研究高端论坛",在会上发言。

3月25日至27日,在海南海口参加海南师范大学主办的"民族主义与中国文学"全国学术研讨会,在会上作《近三十年学术思潮的转型与中国学术文化的未来走向》的主题发言。

4月21日,在武汉华中师范大学桂苑宾馆一楼多功能厅参加"国学经典进校园及《国学普及读本》发布会"。

4月27日,在武汉武昌新海天大酒店参加湖北省教育厅基教处组织的《国学经典诵读》审定工作会议。

5月16日至18日,在海口海南大学参加海南大学人文传播学院主办"海南大学发展论坛"。

6月28日至6月30日,组织并参加了张门研究生在当阳玉泉寺主办的读书会暨毕业欢送会。具体会务由三峡大学桑大鹏教授安排。张三夕友人张先冰应邀出席。

9月16日至19日，在河南开封参加中国宋代文学学会、河南大学联合主办的"中国宋代文学学会第七届年会暨宋代文学国际学术研讨会"。

10月15日，在湖北大学参加"朱祖延先生九十华诞暨《朱祖延集》座谈会"。

10月26日，张三夕在武昌黄鹤楼参加王兆鹏教授的新书《唐诗排行榜》发布会与研讨会。

12月10日至12日，在福建泉州参加华侨大学文学院与香港大学饶宗颐学术馆联合举办的"饶宗颐与华学国际学术研讨会"，会上发表《关于史学批评史研究的若干构想》，后被收入贾益民、李焯芬主编《第一届饶宗颐与华学国际学术研讨会论文集》，齐鲁书社2016年。

同杨毅合作点校《汉制考　汉艺文志考证》，中华书局2011年。◎该书中华书局2013年有修订并再版。

发表论文《国学经典与人生修养》，载《广东社会科学》，2011年第1期；《岁月映照大师的光辉——张舜徽先生学术品格述论》，载《中国文化研究》，2011年第1期。◎该文又载《张舜徽百年诞辰纪念国际学术研讨会论集》（周国林主编），华中师范大学出版社2011年。《取精用宏　钩深致远——评〈史通笺注〉》《忆张振珮先生》，均载《张振珮先生诞辰一百周年纪念文集》，贵州人民出版社2011年。《简论张舜徽先生的"谈艺录"》，载《华中师范大学学报（人文社会科学版）》，2011年第3期；《日本大地震"天谴"说》，载《声音博动中国（第二辑）》，中国社会出版社2011年；《张舜徽先生学述》《文献学功夫与思想史发微》《高山仰止——读〈訒庵学术讲论集〉札记》，均载戴建业主编《张舜徽学术论著阐释》，华中师范大学出版社2011年。同邹明军合作发表论文《中国古典诗歌与中国人的精神性存在》，载《江汉论坛》，2011年第4期。同安敏合作发表论文《借"史"传言论治平——司马迁的社会理想观》，载《鄂州大学学报》，2011年第3期；同安敏合作发表论文《直面生死　感悟人生——对杨元元、朱蔷薇人生抉择的生死学考察》，载《南昌大学学报（人文社会科学版）》，2011年第3期。

清华大学中国古典文献研究中心与王应麟祖籍地浙江宁波鄞州区合作成立王应麟研究基地，自2008年起，邀约多位学者共同整理王应麟著作，合为《王应麟著作集成》由中华书局陆续出版。《清华大学学报（哲学社会科学版）》2011年第4期将傅璇琮《王应麟著作集成》总序及各书整理者所撰前言先行发表。张三夕、杨毅联合整理《汉制考　汉艺文志考证》的"前言"与列。

在《华中学术》2011年第2期开辟"学缘漫忆"栏目，以期传承华中师范大学文学院悠久且优良的学术传统和人文精神,并通过"主持人语"介绍"学缘"及其独特意义。

同邹明军合作发表文章《陈平:"奇计"定天下》,载《光明日报》,2011年3月3日,第16版。◎该文后被《政府法制》,2011年第14期转载。

2012年

5月20日至22日,在山东济宁参加由山东省人民政府、尼山世界文明论坛组委会、山东大学等单位主办的"第二届尼山文明论坛"国际会议。在会上发表《文明对话史的五个阶段》学术报告。

5月,被华中师范大学研究生会评选为第二届"我心目中的好导师"。6月14日,华中师范大学第二届"我心目中的好导师"颁奖典礼在音乐厅举行,张三夕被授予证书和奖杯。

6月29日至7月1日,组织并参加张门研究生在襄阳主办的读书会暨毕业欢送会。具体会务由时任三九酿酒厂总经理助理的康光磊安排。张三夕友人张先冰、阮争翔、林岩等应邀出席。

8月15日至20日,在贵阳参加贵阳市政协主办的"国学交流学术研讨会"。

8月21日至23日,在成都参加由中华文化史料学学会古代文学史料研究分会、四川师范大学文学院主办的"中国古代文学文献国际学术研讨会暨中华文化史料学学会古代文学史料研究分会2012年年会"。

9月1日,在武昌殡仪馆参加友人、艺术家周细平追悼会并致悼词。

9月30日下午,张三夕在华师文学院参加"张三夕教授执教四十周年座谈会",曾军主持。当天晚上,在武昌九龙大酒店举办"张三夕教授执教四十周年餐叙会",桑大鹏主持庆贺仪式。张三夕的老同学、老朋友和老同事彭修银、李俊国、王兆鹏、尚永亮、何新文、宋克夫、刘川鄂、王齐洲、高华平、周晓明、胡亚敏、戴建业、马良怀、郭康松夫妇、喻发胜、聂运伟等应邀出席。

10月6日,在华中师范大学文学院参加由湖北省作协、武汉市作协、华师文学院、三峡大学文学院、湖北省文学理论批评中心、马应龙八宝生物科技有限公司主办的"第二届批评的力量:文学批评方法原创性问题探讨"专题学术研讨会。

10月25日至28日,在海南海口参加由海南大学人文与传播学院主办的"海南大学《古典与现代》高端主题研讨会"。

荣获华中师范大学2010—2012年度"三育人"先进个人。

发表论文《反思文明对话的历史脉络:佛教的东传》,载《祖国》,2012年第5

期;《从历史画卷看"文明斑斓"文明对话的五个历史阶段》,载《祖国》,2012年第20期;《学会聆听——谈谈文学批评的伦理态度》,载《世界文学评论》,2012年第2期;《文化转型中的特立独行与温文尔雅》,载肖丰著《温和而独行:一位现代知识分子三十年艺术创作的自我审查》,华中师范大学出版社2012年。同邹明军合作发表论文《异域文明对话中的"精、气、神":从"夷夏之辩""王道理想"再到"协和万邦"的价值取向》,载《祖国》,2012年第4期下。

发表《张三夕诗三首》,载《语文教学与研究》,2012年第7期。◎诗题为《天空的高度》《向神圣与圣洁的婚姻祝福——在女儿婚礼上的致辞》《写给黄曼君先生的诗》。发表文章《文明的五种对话方式》,载《光明日报》,2012年1月30日,第15版(国学版);《文明对话史的五个阶段》,载《光明日报》,2012年2月6日,第15版(国学版);《轴心时代的文明对话》,载《光明日报》,2012年2月13日,第15版(国学版);《佛教文明与中华文明的对话》,载《光明日报》,2012年2月27日,第15版(国学版)。同邹明军合作发表文章《从城邦对话到代议制政治》,载《光明日报》,2012年3月19日,第15版(国学版);《十字军之殇》,载《光明日报》,2012年4月9日,第15版(国学版);《中国式对话》,载《光明日报》,2012年4月23日,第15版(国学版)。同张世敏合作发表文章《评孙秋萍所绘京剧脸谱》,载《文学教育(上)》,2012年第7期。

2013年

3月22日至3月23日,在上海参加由上海市公共关系研究院和财团法人章亚若教育基金会联合主办的"第三届海峡两岸清明文化论坛"。

3月25日至3月26日,在日本东京参加由早稻田大学主办的"京杭大运河与传统中国的社会经济结构"国际研讨会。在会上发表论文《明代运河小镇郑家口风俗变迁考述》。

6月30日至7月2日,组织并参加了张门研究生在长沙主办的读书会暨毕业欢送会。具体会务由湖南师范大学教授刘果安排。张三夕友人张先冰等应邀出席。

8月14日至15日,在浙江宁波桃源书院参加由宁波市鄞州区文联、清华大学古典文献研究中心、宁波桃源书院等单位联合主办的"鄞州与浙东文化暨书院文化学术研讨会"。

10月12日,在江苏南京大学参加"程千帆先生诞辰一百周年纪念会"。

10月19日至20日,在河南郑州参加郑州大学嵩阳书院主办的"第二届全国高校国学院院长联席会议暨国学教育论坛"。

11月23日,参与由华中师范大学文学研究所、华中师范大学文学院、黄冈师范学院新闻与传播学院、《中国诗歌》编辑部共同主办的"当代'学人之诗'学术研讨会",会上发言被收录至《当代"学人之诗"学术研讨会会议纪要》,载《世界文学评论(高教版)》,2013年第3期。

11月30日,在江西南昌参加由江西省社科院、江西科技师范大学、广州大学和中国文学地理学会联合主办的"文学地理学国际学术研讨会暨中国文学地理学第三届年会"。

12月12日至12月16日,在香港为华中师范大学与香港金融管理学院合作培养的2013级中国语言文学博士生讲授"国学典籍"课程。

出版个人选集《现代性与当代艺术——张三夕自选集》,华中师范大学出版社2013年。同李程合作出版《〈史通〉注评》,凤凰出版社2013年。

发表论文《在思想史和文学史之间——读〈斯文：唐宋思想的转型〉札记》,载《华中学术》,2013年第1期;《教子有方——〈三字经〉解读》,载中国文化书院贵阳国学大讲堂编《中华传统文化讲演录(第一辑)》,贵州教育出版社2013年;《弘扬淹贯博通、坚持积累的学术精神(代编者按)》,载《中国文化研究》,2013年第3期。同张世敏合作发表论文《明代中晚期士商关系反思》,载《北方论丛》,2013年第1期;同张世敏合作发表论文《古代文学研究中计量分析的应用与限度——由唐诗宋词排行榜引起的思考》,载《社会科学》,2013年第2期;同张世敏合作发表论文《明代商人的佛教信仰与义举的关系——兼论商人碑传文的真实性》,载《江汉论坛》,2013年第6期。同苏小露合作发表《吴兢〈西斋书目〉考》,载《燕赵学术》,2013年第1期。同高华平合作发表论文《中国古典文献学课程教学的实践性研究》,载《文学教育(上)》,2013年第2期。同王国华合作发表论文《论当前殡葬行业的几个文化理论问题》,载李伯森主编《中国殡葬事业发展报告(2012—2013)》,社会科学文献出版社2013年。同张志扬合作发表论文《关于〈检讨三代学人学术积累传承的前提〉的通信》,载《古典与现代(第五卷)》,漓江出版社2013年。

发表文章《忆千帆师断章》,载张世林主编《想念程千帆》,新世界出版社2013年;《谈谈我国古代端正学风的传统与方法》,载《人民日报》,2013年10月27日,第5版(理论版)。◎该文后被《云南教育》2013年第11期转载,更名为《古代端正学风的传统与方法》。《治学"尊疑"》,载《华中师大报》,2013年11月20日。

2014年

1月9日至1月13日,在香港为华中师范大学与香港金融管理学院合作培养的2013级中国语言文学博士生讲授"国学典籍"课程。

4月12日至13日，在上海参加华东师范大学先秦诸子研究中心举办的"《子藏》第二批图书新闻发布会暨诸子学现代转型高端研讨会"。

6月29日至7月1日，组织并参加了张门研究生在湖北麻城主办的读书会暨毕业欢送会。具体会务由时任武汉电视台《问津国学》制片人王光艳安排。张三夕友人马良怀、朱玮荃等应邀出席。

7月13日至15日，在兰州参加由西北民族大学、广州大学、江西省社会科学院、中国文学地理学学会联合主办的"中国文学地理学第四届年会"。会后，与马良怀、邹建军教授做环塔克拉玛干沙漠考察，重点考察南疆地区自然山水与历史人文景观。

9月28日至29日，在湖南长沙参加由湖南大学岳麓书院主办的"全国国学院院长高峰论坛暨中国书院学会成立大会"，并出席由凤凰卫视、凤凰网和岳麓书院联合主办的"致敬国学——2014首届全球华人国学大典"。

10月16日至17日，在福州参加由中华文化院主办、中国华艺广播公司承办的"第二届中华文化发展方略——两岸四地文化沙龙"（协办单位有两岸关系和平发展协同创新中心、华侨大学华侨华人研究院、旺旺中时媒体集团《旺报》、中国评论通讯社、《两岸视点》杂志社）。在会上发表主题演讲《继往开来　道术平衡——关于两岸四地文化融合体制的一点思考》。

11月8日，张三夕在华中师范大学文学院参加"第三届批评的力量暨李传锋长篇小说专题研讨会"，该会由湖北省文学理论与批评研究中心和文学研究所共同主办。

发表论文《关于"扯淡"的札记和随想》，载《西部》，2014年第9期。同王光艳合作发表论文《影像建构：韩国纪录片钩沉》，载《华中学术》，2014年第2期。

发表文章《神游者的远行——忆晓江》，载郑瑶主编《生命的歌者——著名生死哲学家郑晓江纪念文集》，江西人民出版社2014年；《忆文献所成立之初的日子》，载董恩林主编《中国历史文献学研究所成立三十周年纪念文集》，崇文书局2014年。

2015年

5月11日，在美国旧金山参加由美国加州伯克利大学、中国社会科学院文学所、中国世界华文文学会、南开大学、红杉林杂志社等联合举办的"北美华人文学国际论坛"，在会上做《简论美国华人文学传播语境的差异性问题》的学术发言。

5月16日，在美国洛杉矶参加北美洛杉矶华文作家协会主办的"美中华文文学论坛",在会上做了学术发言。

5月23日,在武汉大学参加"第四届全国国学院院长高层论坛、第三届国学本科论坛暨武汉大学国学院成立五周年纪念会",在会上做了学术发言。

6月29日至7月2日,组织并参加了张门研究生在广东连南和广州主办的读书会暨毕业欢送会。具体会务由广州城市职业学院李俊副教授安排。张三夕友人朱玮荃等应邀出席。

8月26日至29日,与邹建军老师一同参加由江西省社会科学院、日本福冈国际大学、广州大学和中国文学地理学会在日本福冈市联合举办的"文学地理学国际学术研讨会暨中国文学地理学会第五届年会",与邹建军老师联合发表论文《简论文学地理学对现有文学起源论的修正》,后被收入中国文学地理学会等合编,曾大兴、夏汉宁、海村惟一主编《文学地理学——中国文学地理学会第五届年会论文集》,中山大学出版社2016年。论文又发表于《长江学术》,2015年第4期。该文的主要观点被《高等学校文科学术文摘》2016年第2期的"学术卡片"栏目收录。

10月15日,在澳门参加由澳门大学和澳门诗社举办的"大唐之音的发掘与重构学术研讨会",在会上提交了《随物赋形 因题选韵——谈谈韩愈三首古诗的押韵特色》的学术报告。

11月2日,在台北中国文化大学参加由中国文化大学中文系、河南大学黄河文明与可持续发展研究中心、陕西师范大学文学院、华中师范大学文学院、华东师范大学文学院联合主办的"第五届发皇华语·涵咏文学——国际学术研讨会",在会上发表《〈檀弓〉单篇别行现象论析》的学术报告。

11月7至8日,在河南信阳市光山县参加"纪念慧思大师诞辰1500周年学术报告会",会上发表《论慧思的末法思想》,后被收入麻天祥主编《慧思大师天台思想研究:纪念慧思大师诞辰1500周年学术报告会论文集》,河南人民出版社2016年。

11月14日,施议对先生做客华中师范大学桂山人文论坛,做了题为"词与音乐"的讲演。张三夕和戴建业两位老师参与讨论。讲演和讨论的内容,后据金春媛记录整理,收入施议对著《学苑效芹:施议对演讲集录》,上海古籍出版社2015年。

同毛建军合作主编《汉语古籍电子文献知见录》,世界图书出版广东有限公司2015年。

同毋燕燕合作发表论文《〈檀弓〉单篇别行现象论析》,载《长江学术》,2015年第1期;同毋燕燕合作发表论文《〈月令〉单篇别行现象论析》,载《海南大学学报(人文社会科学版)》，2015年第1期。同张帆合作发表论文《从〈四库总目〉琴谱提要看馆臣的音乐观》，载《古籍整理研究学刊》，2015年第2期。

发表文章《情满于山　意溢于海——评邹惟山赋集〈江上有峰〉》，载雷雪峰主编《世界文学评论(第五辑)》，世界图书出版广东有限公司2015年；《国学经典与人生修养》，载《中华传统文化讲演录(第二辑)》，贵州教育出版社2015年；《特色、挑战与品牌发展》，载《光明日报》，2015年7月20日，07版。

与冯黎明、聂运伟三人谈"五四"运动，谈论内容后以《启蒙　解放　现代性——回首"五四"三人谈》为题，载《中文论坛(第一辑)》，长江出版社2015年。讲述"日记人生，人生日记"，由吕薇整理为《日记人生　人生日记》，发表于《江城税月》，2015年第3期。

2016年

6月29日至7月1日，组织并参加了张门研究生在湖北英山主办的读书会暨毕业欢送会。具体会务由武汉金泉书院负责人朱玮荃安排。张三夕友人冯春明、吕学海、冯天翔等应邀出席。

8月7日至9日，在北京参加"第六届书院传统和未来发展论坛"，会上发表论文《关于古代家训与现代家庭教育的若干思考——以〈颜氏家训〉为例》，后被收入王立斌主编《书院纵横(第二辑)》，湖南大学出版社2016年。

10月8日至9日，在马来西亚吉隆坡参加由马来亚大学中文系、马大孔子学院、武汉大学文学院联合主办的"2016中国—东盟：跨文化传播国际学术研讨会"。在会上发表论文《文化的参照与反思》。

11月26日，在石家庄参加河北师范大学文学院主办的"《中国语言文学研究》创刊十周年恳谈会"，在会上发言。

发表论文《中国通俗小说史研究的文献问题》，载《内江师范学院学报》，2016年第1期。◎《内江师范学院学报》邀请王齐洲、陈文新、张三夕、程国赋四位教授就学术界所关心的中国通俗小说的若干问题发表看法，后以"中国通俗小说史"笔谈发表于《内江师范学院学报》2016年第1期。其中张三夕发言内容为《中国通俗小说史研究的文献问题》。《立足武汉　面向全国　影响海外》，载《武汉广播影视》，2016年第2期；《谈谈重大决策的风险控制机制》，载《决策与信息》，2016年第11期。同苏小露合作发表论文《韦述〈集贤书目〉平议——兼论〈学士院杂撰目〉非韦述所作》，载《中国语言文学研究》，2016年第1期。同邓凯合作发表论文《清华简〈蟋蟀〉与〈唐风·蟋蟀〉为同题创作》，载《海南大学学报(人文社会科学版)》，2016年第2期。

给以《搬家记》为题"一题三写"的三位学生的作文点评并打分,收录在《语文教学与研究》,2016年第18期。发表文章《国学经典——教化孩子担起家国大任》,载《楚天都市报》,2016年6月12日,A07版。

2017年

6月28日至6月30日,组织并参加了张门研究生在湖北枣阳主办的读书会暨毕业欢送会。具体会务由杨毅安排。张三夕友人马良怀、朱玮荃等应邀出席。

7月1日至3日,在马来西亚吉隆坡参加新纪元大学与马华总会主办的"2017一带一路与马来西亚汉学国际学术研讨会",在大会上做了题为《关于深化丝绸之路历史文化研究的若干设想》的学术报告。

8月18日至23日,在德国杜塞尔多夫维藤大学参加由世界汉学研究会、德中协会、德国维藤大学联合主办的"首届世界汉学论坛(纪念德中协会成立60周年)暨世界汉学研究会会员代表大会"。在会上做了题为《论文学作品与文学史之关系——关于中国文学史研究的几点反思》的小组讨论发言。

9月16日至17日,在北京参加由首都师范大学电子文献研究所与中国诗歌研究中心主办的"第六届中国古籍数字化国际学术研讨会"。在会上做了题为《人工智能对汉语古籍整理与研究的影响》的大会发言。

11月5日,在北京参加由中国人民大学国学院与联合中国出版传媒中版文化教育品牌共同主办的"全国中学生国学大赛暨国学等级考试启动仪式"的新闻发布会。

12月8日,在华中师范大学参加"华中学术传播论坛",会上发表论文《关注人类思维方式的变化——关于人工智能语境下文化传播学研究的一点思考》,后被收入范军主编《华中学术传播论坛(第一辑)》,华中师范大学出版社2018年。

12月9日至10日,在成都参加中国文艺理论学会、西南交通大学人文学院联合举办"文学理论的问题、立场与经验"高端学术论坛。在大会上做《艺术之思:谈谈余虹的艺术观》的发言(与马良怀联署)。

12月14日,在武汉传媒学院参加"华中师范大学文化传播学研究中心与武汉传媒学院电影与电视学院学术交流研讨会"。

12月29日,张三夕在汉口鼎韵艺术沙龙参加"2018年度艺术交流会暨新年派对"。

出版人个作品集《在路上》,南方出版社2017年。主编《媒介与历史——文化传播学读书报告集》,世界图书出版广东有限公司2017年。

发表论文《文化的参照与反思——读马特尔〈论美国的文化——在本土与全球之间双向运行的文化体制〉》,载《华中学术》,2017年第2期。同毛建军合作发表论文《历史地图GIS与古典文学研究》,载《华中学术》,2017年第3期。同王兆鹏、裴涛两位老师合作发表论文《对当代旧体诗词写作热的反思》,载《中文论坛》,2017年第1期。同李明勇合作发表论文《海德格尔媒介本体论思想阐述》,载《华中师范大学学报(人文社会科学版)》,2017年第5期。

2018年

6月10日至11日,在武汉参加石门峰名人文化公园主办的"石门峰'公墓变公园＋博物馆'与城市发展专家研讨会"。

6月30日至7月1日,在武汉参加由华中师范大学文学院和《文艺研究》编辑部联合主办的"文本世界的内与外——多重视域下的中国古典文学研究国际学术研讨会",主持开幕式。

7月4日至7月6日,组织并参加了张门研究生在湖北五峰主办的读书会暨毕业欢送会。具体会务由华中师范大学文学院副教授罗昌繁安排。张三夕友人马良怀、朱玮荃等应邀出席。

7月21日,在新疆伊宁参加中国文学地理学会、伊犁师范学院联合主办的"文学地理学理论与实践研讨会"。

8月8日至8月21日,作为国务院侨办"名师巡讲团成员"赴美国明尼阿波利斯、芝加哥、底特律、克利夫兰和哥伦布等地巡回讲座。

10月28日至30日在澳门参加澳门诗社主办的"澳门古今诗词与中华文化传承学术研讨会"。

12月9日在武汉参加由华中师范大学学报编辑部和文学院联合主办的"第二届华中学术传播论坛",主持开幕式。

发表论文《简论美国华人文学传播语境的差异性问题》,载《跨越太平洋——北美华人文学国际论坛文选》,暨南大学出版社2018年;《四库书系简目提要》,载《国学论丛(第二辑)》,华中师范大学出版社2018年;《关注人类思维方式的变化——关于人工智能语境下文化传播学研究的一点思考》,载《华中学术传播论坛(第一辑)》,华中师范大学出版社2018年。同邬玲合作发表论文《论电影产业中的资本"异化"》,载《北京联合大学学报(人文社会科学版)》,2018年第1期。

发表《新诗绝句三十首》,载施议对主编《九歌(第七期)》,澳门诗社,

2018年。

2019年

3月1日,在武汉理工大学主持武汉理工大学艺术学理论专业博士论文预答辩,答辩委员会成员有郑刚强、喻仲文、杨先艺、张建军(湖北大学)等教授,秘书徐进波。参加预答辩的两位博士生为李奕和孙丹婷。

3月28日,在华中师范大学文学院参加与陕西师范大学文学院古代文学和古典文献学老师调研团的座谈会,陕西师大调研团有14位老师:柏俊才、高一农、刘锋焘、高益荣、赵望秦、王伟、王晓鹃、何如月、何悦玲、王琳、宁雯、张锦辉、陈刚、瞿林江等。

10月18至19日,在浙江海盐参加由中国海盐南北湖文化旅游节组委会主办、海盐县政协、海盐沈祖棻诗词研究会承办的"纪念沈祖棻先生一百一十周年诞辰暨学术研讨会"。在会上做《说"斜阳"——读〈涉江词〉札记》发言。

10月26日,在华中师范大学参加由华中师范大学学报编辑部、华中师范大学文化传播中心、华中师范大学文学院主办,《外国文学研究》等十二家杂志协办的以"交流·融合·创新:文学出版与文学传播"为主题的"第三届华中学术传播论坛",主持开幕式,提交会议论文《简论大数据时代古籍数字化的若干问题》。

11月2日,在华中师范大学参加由中国《史记》研究会、华中师范大学历史文化学院、湖北省东汉文化研究会联合主办的"史学与文学的对话:《史记》研究的问题与趋势"学术研讨会。在大会上做了题为《如何看待史学"二家"和"二体"——从司马迁与〈史记〉看"文史"的分流与融合》的主题发言。

11月8日至10日,在杭州浙江大学参加由国际文学伦理学批评研究会和浙江大学联合主办的"第九届文学伦理学批评国际学术研讨会",主持第五小组讨论会。

12月28日,在湖北大学参加"《周勃文集》首发式暨周勃学术思想研讨会"。

发表论文《主持人语:如何拓展文化传播学的研究路径》,载《文化发展论丛》,2019年第1期;《文学到底跟我们的生活有什么关系》,载李正光主编《沈祖棻诗词研究会会刊(第28辑)》,香港天马图书有限公司2019年。同刘烨合作发表论文《论作为一种文学研究方法的文献学》,载《湖北大学学报(哲学社会科学版)》,2019年第4期。同田全喜合作发表论文《文化消解与市场至上:对电视"国学热"的反思》,载《海南大学学报(人文社会科学版)》,2019年第4期。

发表文章《从老家那边下过来的雨》,载《汉诗》,2019年第1卷,长江文艺出版社2019年。为《中国古代史籍举要》等三种书撰写《总序》，东方出版社2019年。

2020年

1月7日，在华中师范大学历史文献研究所，与王玉德、董恩林等商量当年2月22日至23日在湖南省沅江与沅江市政府、张氏宗亲会联合主办"耕读　家风　国学——张舜徽学术成就与传承论坛"事宜。后因新冠病毒疫情爆发，此次会议作罢。

5月25日下午，参加华中师范大学文学院古典文献学教研室硕士生毕业答辩。答辩委员会有两个，第一个是学科教育硕士答辩委员会，主席为何新文教授，委员有张三夕、罗昌繁、李程、苏小露和彭北海（黄冈中学高级教师），秘书由苏小露兼任，三个答辩的学科教育硕士生为杨姝、彭子珍、程诚。第二个是古典文献学专业硕士答辩委员会，主席何新文教授，委员有张三夕、罗昌繁、李程、杨毅、苏小露，秘书由苏小露兼任。有五位硕士生答辩：李枝林、蒋润、许羽茜、王文、何欢，其中王文和何欢是张三夕指导的最后一届硕士生。所有硕士生都顺利通过答辩。

5月25日下午，张三夕参加其指导的华中师范大学文学院古代文学专业博士生郑运兰的博士论文《清代天台僧人文学与现代香港天台文化的发展研究》在线答辩会，答辩会采用腾讯会议小程序。答辩委员会主席王兆鹏教授，委员有王齐洲、汤江浩、王炜和林岩等教授，秘书罗昌繁。香港金融管理学院教学点牛燕老师等在线观摩。答辩成绩全优。郑运兰是张三夕指导的最后一位博士生。

5月29日，参加华中师范大学文学院文化传播学2020年春季博士论文在线答辩会，答辩会采用腾讯会议的小程序。参加答辩的同学是陈妮、张唐彪。答辩委员会主席是王瀚东（王老师人在美国），委员有张三夕、江作苏、范军、喻发胜、彭涛等，秘书李炜。

6月17日，参加华中师范大学文学院苏小露的博士后出站报告在线答辩会，还是使用腾讯会议。答辩委员会主席是王兆鹏教授，校外专家还请了何新文教授，其他是校内专家：曹海东（合作导师）、王齐洲、张三夕、王炜、林岩等。罗昌繁担任秘书。苏小露顺利通过其博士后出站报告答辩。

7月3日，在武汉余家湖集团公司总部，参加沙湖历史文化研讨会。

7月16日，在武汉石门峰名人文化公园主持"石门峰公墓变公园＋博物馆与城市历史保护"专家研讨会。

9月23日，在恩施给恩施农商行的干部职工做讲座。

9月24日,在恩施湖北民族大学文学与传媒学院给部分教师、研究生和本科生做讲座。

11月12日,为浙江财经大学的同学做线上讲座"通识教育和通人之学",腾讯会议里有300人,另外的同学在钉钉平台,一共有2000多同学在线听讲座。

12月6日,参加由《华中师范大学学报》编辑部、文学院等联合举办的主题为"出版学的三大体系建设"的第四届华中学术传播论坛,并主持大会讨论。

12月10日至11日,在浙江龙泉参加由龙泉市政府举办的第三届世界青瓷大会。

发表论文《如何正确理解"国学"概念?》,载《群言》,2020年第7期。同苏小露合作发表论文《〈文公家礼集注〉版本源流及刊刻时代考》,载《江西师范大学学报(哲学社会科学版)》,2020年第3期。《建立我们的数据思维——简论大数据时代古籍数字化的若干问题》,载《光明日报》,2020年6月13日,第11版。同余迅合作发表论文《词集文献整理的新开拓——评〈全清词·嘉道卷〉》,载吴怀东主编《古籍研究(总第71卷)》,凤凰出版社2020年。

附录二 有关张三夕教授著述的评论简目

苏小露整理

（一）《批判史学的批判——刘知幾及其〈史通〉研究》

1. 张诚：《中国为什么没有史学批评史》，《书刊导报》，1992年12月18日，第2版。
2. 高华平：《建设史学批评史的奠基之作——评张三夕著〈批判史学的批判〉》，《浙江学刊》，1993年第6期。

（二）《死亡之思与死亡之诗》

1. 孙津：《死而不亡》，《读书》，1994年第8期。
2. 文索：《死亡之思与死亡之诗》，《陕西日报》，1994年7月18日，第3版。
3. 王兆鹏：《死亡的哲理沉思与诗意表达——评张三夕〈死亡之思与死亡之诗〉》，《新闻信息报》，1994年第31期。
4. 童梓：《〈死亡之思与死亡之诗〉评价》，《海南大学学报》，1994年第3期。
5. 麻天祥：《关于生与死的研究》，《书城杂志》（上海），1995年第6期。
6. 李建中：《死亡的诗意》，《长江日报》，1998年4月24日。

（三）《通往历史的个人道路——中国学术思想史散论》

1. 马良：《个人与历史——〈通往历史的个人道路〉的内内外外》，《商旅报》，2001年4月5日，第3版。

（四）《东方文化与现代文明》

1. 桂山友：《东方文化与现代化关系的再审视》，《楚天都市报》，2001年11月23日，第30版。
2. 桂山：《东方文化与现代文明》，《长江日报》，2001年12月5日，第13版。

（五）《中国古典文献学》

1. 盛莉：《一部特色鲜明的中国文献学教材——评张三夕教授主编〈中国古典文献学〉》，《华中师范大学学报》，2004年第3期。
2. 陈卫星：《承大师传统，成一家新说——评张三夕主编的〈中国古典文献学〉》，《文汇读书周报》，2007年10月19日，第9版。
3. 彭树欣：《指示治古代学问的门径——评张三夕教授主编〈中国古典文献学〉》，《华中学术》，2009年第1辑。
4. 彭红卫：《直探本源的理论品位，与时俱进的实践特征——评张三夕主编〈中国古典文献学〉（新版）》，《古籍整理研究学刊》，2008年第1期。
5. 刘卓：《中国古典文献学的创造性转化》，《华中学术传播论坛（第三辑）——交流·融合·创新：文学出版与文学传播》，范军主编，华中师范大学出版社2021年。

（六）《诗歌与经验》

1. 曾军：《作为感受方式和生存技艺的诗歌》，《光明日报》，2009年1月15日，第10版。

（七）《20世纪的"最后性文本"》

1. 陈富瑞：《当代人研究当代史的新探索——评张三夕〈20世纪的"最后性文本"〉》，《世界文学评论》，2011年第2期。
2. 曾大兴：《中国古典文献学家眼中的希拉里——重读张三夕教授著〈20世纪的"最后性文本"〉》，《世界文学评论》，2015年第2期。

（八）《现代性与当代艺术——张三夕自选集》

1. 王婉:《面向当代　博古通今——评张三夕〈现代性与当代艺术——张三夕自选集〉》,《世界文学评论》,2013 年第 3 期。

（九）《汉语古籍电子文献知见录》

1. 盛莉:《传统与未来之间:构筑"古籍电子文献目录学"之路——评张三夕、毛建军〈汉语古籍电子文献知见录〉》,《文艺评论》,2016 年第 12 期。

（十）《在路上》

1. 刘烨:《生活的诗——读张三夕随笔〈在路上〉》,《新文学评论》,2018 年第 3 辑。
2. 戴建业:《出家与回家——评张三夕〈在路上〉》,《文艺评论》,2019 年第 1 期。

附录三 张门研究生学位论文题录

罗昌繁、苏小露整理

（一）张门全日制研究生学位论文题录

姓　名	年　级	学位论文题目
曾　军	02级硕士	清前期《礼记》学研究
	05级博士	义理与考据——清中期《礼记》诠释的两种策略
桑大鹏	03级博士	三种《华严》及其经典阐释研究
盛　莉	03级博士	《太平广记》仙类小说类目及其编纂研究
林日波	03级硕士	真德秀年谱
刘　果	04级博士	"三言"性别话语研究
安　敏	04级博士	《春秋左传正义》研究
于美娟	04级硕士	白居易诗题地名疏证
彭红卫	05级博士	唐代律赋的演进及其特征考论
郭　满	05级硕士	汉赋地名疏证
钱　敏	06级博士	《历世真仙体道通鉴》研究
黄　蓓	06级硕士	魏晋南北朝墓志铭流变及文体特征研究
杨　毅	07级博士	王应麟汉代文献研究述论
康光磊	07级硕士	初唐诗人墓志铭研究
邹明军	08级博士	《文献通考·经籍考》研究
姜　由	08级博士	北宋道士诗歌研究
李　程	08级硕士	明代宋诗接受研究
	11级博士	朱彝尊《明诗综》研究

续 表

姓　名	年　级	学位论文题目
罗昌繁	08级硕士	北宋党争与党人碑志研究
袁洪流	09级博士	《洛阳伽蓝记》研究
段厚永	09级硕士	《元诗别裁集》研究
李卓娅	09级硕士	元代女性墓志铭研究
张世敏	10级博士	明中期文人别集中商人传记文献研究
苏小露	10级硕士	《宋史·艺文志》目录类著录68部目录书集释
张海燕	10级硕士	王世贞墓志铭研究
郑诗傧	11级博士	《清史稿·艺文志》及《补编》《拾遗》之子部小说著录研究
茶志高	11级博士	清人编纂云南诗文总集研究
温燎原	11级硕士	《清史稿·艺文志》著录余怀《板桥杂记》第21部小说集解
郑若萍	11级硕士	《清史稿·艺文志》著录《山海经广注》等23部小说集解
毋燕燕	12级博士	《礼记》单篇别行研究——以《檀弓》《王制》《月令》《深衣》《投壶》为中心考察
彭　琴	12级硕士	《张舜徽壮议轩日记》引清人文集考述
孙德贤	12级硕士	《黄侃日记》引"四部文献"考
王叶迟	12级硕士	钱仪吉《碑传集》"文学"类碑传史源初探
梁鉴洪	13级博士	理雅各《孟子》英译本注引用儒家《五经》文献考述
王光艳	13级博士	湖北当代纪录片研究
邓　凯	13级博士	张舜徽文字学论著的文献学研究
董海春	13级硕士	梅尧臣诗歌地名疏证
张　帆	13级硕士	《〈清史稿·艺文志〉补编》著录笔记小说集解
何思依	14级硕士	《北行日录》地名疏证
金雷磊	14级博士	宋代闽本图书传播研究
陈亮亮	14级硕士	《全宋文》所载北宋前中期书学文献解题与疏证
罗婧文	14级硕士	《舆地纪胜》中的文学景观研究
郑运兰	15级博士	清代天台僧人文学与现代香港天台文化的发展研究
李明勇	15级博士	晚清贵州图书传播研究(1840—1911)

续表

姓 名	年 级	学位论文题目
田全喜	15级博士	国学电视传播研究——以《百家讲坛》和《问津国学》为中心
邬 玲	15级博士	资本与文化的缝合
廖田凌霜	15级硕士	《中堂事记》人物疏证
占青青	15级硕士	先秦"颂"文献综合述论
刘 烨	16级博士	基于《全唐诗》的唐代服饰研究
赵 青	16级硕士	《四库全书总目》著录医家类文献研究
刘一江	16级硕士	《续修四库全书总目提要》子部术数类补正
何 欢	17级硕士	《徐霞客游记》征引地理类文献研究
王 文	17级硕士	韩愈、柳宗元引用先秦诸子文献研究

（二）张门教育硕士、专业硕士学位论文题录

专业	姓名	年级	论文题目
学科教学·语文	杨坤道	05届硕士	论当前大学语文教学中存在的问题及解决方法
学科教学·语文	左昌美	06届硕士	新课程标准下中学语文课堂教学方法
学科教学·语文	邓 红	06届硕士	论私塾语文教育特征及其对现代语文教学的启示
学科教学·语文	成 婷	06届硕士	论《史记》在中学语文教学中的价值
学科教学·语文	刘志宏	06届硕士	论盛唐审美与中学语文教育
学科教学·语文	蔡 芳	07届硕士	新课程标准下的小学古典诗词教学方法的研究
学科教学·语文	王泉江	08届硕士	近二十年高中语文课本中古诗文篇目的演变
学科教学·语文	毛洪波	08届硕士	中学古代文学篇目教学中的文本语境研究
学科教学·语文	周 华	08届硕士	论孟子的人文精神与中学语文教学
学科教学·语文	周成芳	08届硕士	高中语文教材中英美文学作品教学问题品究
学科教学·语文	张坤锋	10届硕士	人教版2003高中语文教材文言选文常用字、词统计与分析
学科教学·语文	唐明凤	10届硕士	论《史记》的叙事技巧对中学作文教学的意义
学科教学·语文	张 微	12届硕士	从高考诗歌鉴赏题看中学诗歌教学

续　表

专业	姓名	年级	论文题目
农村与区域发展	王征敏	12届硕士	"农家书屋"工程运作成效、问题及对策研究——以福建省福清市为例
农村与区域发展	文　琴	12届硕士	贵州锦屏苗侗地区"林契文书"的价值、生存危机及保护对策
农村与区域发展	杨　云	12届硕士	边远农村小学生中餐问题初探——以贵州省六枝特区新场乡苦李井小学为例
学科教学·语文	钟　升	13届硕士	国学如何有效融入语文课程教学
学科教学·语文	程　淼	12级硕士	论职业高中语文教学中的人文关怀
学科教学·语文	马　岚	12级硕士	古典诗歌教学研究
学科教学·语文	杨　露	12级硕士	高中语文古代诗歌有效教学研究
学科教学·语文	孙　霞	12级硕士	中学语文古代诗歌教学研究
学科教学·语文	李　菲	13级硕士	流行文化元素融入初中古典诗文教学的实践研究
学科教学·语文	肖华风	13级硕士	高中古诗文文化常识教学研究
学科教学·语文	朱泽敏	13级硕士	近三年(2014—2016)中学生网络用语的使用及其影响研究
学科教学·语文	刘兆录	13级硕士	海峡两岸高中国学教材比较研究——以中华书局版《中华文化基础教材》(《孟子》)为中心
学科教学·语文	姚　琴	13级硕士	海峡两岸高中国学教材比较研究——以中华书局版《中华文化基础教材》(《论语》)为中心
学科教学·语文	刘晓丽	14级硕士	陆、港高中语文教材助读系统比较研究
学科教学·语文	陈思远	14级硕士	陆、港高中语文教材文言文选文与教学设计比较研究
学科教学·语文	李平平	14级硕士	叙事学视野下初中语文记叙文阅读教学研究
学科教学·语文	李笑笑	14级硕士	初中语文互助式作文批改方法研究
学科教学·语文	文倩倩	14级硕士	基于高中语文教学中的"同课异构"活动研究

附录四 张门读书会精读书目

张三夕等

（一）张门读书会第一批精读书目（25 种）

张三夕

2003 年

中国典籍

1.《论语》 2.《春秋繁露》3.《世说新语》 4.《文心雕龙》 5.《史通》 6.《四书章句集注》 7.《陆象山全集》 8.《日知录》 9.《观堂集林》（王国维） 10.《元白诗笺证稿》（陈寅恪） 11.《唐代进士行卷与文学》（程千帆） 12.《周秦道论发微》（张舜徽）

西方典籍

1.《理想国》（柏拉图） 2.《诗学》（亚里士多德） 3.《历史》（希罗多德） 4.《忏悔录》（奥古斯丁） 5.《纯粹理性批判》（康德） 6.《历史哲学》（黑格尔） 7.《1844 年哲学—经济学手稿》（马克思） 8.《查拉图斯特拉如是说》（尼采） 9.《存在与时间》（海德格尔） 10.《真理与方法》（伽达默尔） 11.《词与物》（福柯） 12.《论文字学》（德里达）

汉语言文字学

1.《说文解字注》（[东汉]许慎著、[清]段玉裁注）

备注：中国典籍部分尽量选中华书局或上海古籍出版社的校注本，西方典籍部分尽量选商务印书馆、三联书店或上海译文出版社的译校本。下同。按：张门研究生读书会每月一次，时间定在每月 21 日或前后两天，雷打不动，风雨无阻，持之以恒。除掉寒假、暑假，一学年有八次常规读书会，每次读书会有一位同学主讲精选书目中之一种，其他同学参与讨论。另有一位同学负责专门记录读书会主讲及讨论内容并在会后整理、打印一期《问学记》，下次读书会开始阶段点评《问学记》。主讲、整理均采用轮流制。每位研究生在学校常规的专业课程学习、论文写作之外，一年必须精读张门读书会所列八本书，年初分配当年主讲者、整理者及书目，以便同门所有研究生有计划研读。按导师设想，每位研究生在读三年期间，应精读完上列 24 种中西典籍，精读部分《说文解字注》。第一批书目，六年一轮。理论上，张门每位研究生读研三年，会主讲三部中西典籍，整理三期《问学记》。根据临时情况的变动，可能微调。下同。

（二）张门读书会第二批精读书目（25 种）

张三夕

2009 年

中国典籍

1.《礼记》 2.《韩非子》 3.《尔雅》 4.《高僧传》 5.《颜氏家训》 6.《韩愈集》 7.《容斋随笔》 8.《王阳明集》 9.《廿二史札记》 10.《文史通义》 11.《被开拓的诗世界》（程千帆等） 12.《清人文集别录》（张舜徽）

西方典籍

1.《形而上学》（亚里士多德） 2.《伯罗奔尼撒战争史》（修昔底德） 3.《沉思录》（马可·奥勒留） 4.《利维坦》（霍布斯） 5.《论法的精神》（孟德斯鸠） 6.《国富论》（亚当·斯密） 7.《旧制度与大革命》（托克维尔） 8.《普通语言学教程》（索绪尔） 9.《否定的辩证法》（阿多诺） 11.《迫害与写作的艺术》（或译为《写作与迫害的技艺》）（列奥·斯特劳斯） 12.《现代性的哲学话语》（哈贝马斯）

汉语言文字学典籍

1.《说文解字注》（［东汉］许慎著、［清］段玉裁注）

（三）张门读书会第三批精读书目（20 种）
张门现代学术论文精读篇目

张三夕

2015 年 6 月

中国学者论文

1. 刘师培:《南北学派不同论》(《国粹学报》第 3—10 期,1905 年)

附　录

2. 王国维:《殷周制度论》(收入《观堂集林》,1917年;又收入上海书店出版社版《王国维遗书》第一册《观堂集林》卷十)
3. 章太炎:《俱分进化论》(《民报》第7号,1906年9月5日;又收入上海人民出版社版《章太炎全集》第一辑《太炎文录初编》之《别录》卷二)
4. 胡适:《文学改良刍议》(原载《新青年》2卷5号,1917年1月1日)
5. 黄侃:《汉唐玄学论》(原载《时代公论》1卷11期,1933年6月)
6. 陈寅恪:《天师道与滨海地域之关系》(原载中央研究院历史语言研究所集刊第三本第四分册,1933年;又收入上海古籍出版社版《金明馆丛稿初编》)
7. 陈垣:《元西域人华化考》前四卷(1923年12月发表于北京大学《国学季刊》第一卷第四号,1927年12月后四卷在燕京大学《燕京学报》上发表,后一起收入单行本)
8. 余嘉锡:《四库提要辨证》(选读四篇:经部《小学类小序》辨证;史部《新唐书提要》辨证;子部《西京杂记提要》辨证;集部《临川集提要》辨证。读中华书局版四册本《四库提要辨证》)
9. 钱锺书:《诗可以怨》(参看钱氏《旧文四篇》)
10. 程千帆:《〈春江花月夜〉的被理解与被误解》(原载《文学评论》1982年第4期,又收入河北教育出版社版《程千帆全集》第八卷《古诗考索》,参看该书收录程先生另外几篇论文:《古典诗歌描写与结构中的一与多》《相同的题材与不相同的主题、形象、风格——四篇桃源诗的比较研究》《一个醒的和八个醉的》等论文。)

西方学者论文

1. [奥]弗洛伊德:《作家与白日梦》(1908)(一译《创作家与白日梦》,收入车文博主编、长春出版社版《弗洛伊德文集》第四卷)
2. [德]舍勒:《道德建构中的怨恨》(1913)(收入刘小枫选编、上海三联书店版《舍勒选集》上册第二编)
3. [俄]什克洛夫斯基:《词语的复活》(1914)(此文译文最早由中国社会科学院外国文学研究所的李辉凡于1993年在《外国文学评论》上发表。之后2012年由中国社会科学院哲学所的祖春明以《语词的复活》为题重新翻译并发表于《俄罗斯文艺》的期刊上,李辉凡译本比较通行。参看什克洛夫斯基著《散文理论》,百花洲文艺出版社1994年版)
4. [德]马克斯·韦伯:《学术作为一种志业》(1918)(一译作《学者的职业和使命》)
5. [德]海德格尔:《艺术作品的本源》(收入孙周兴选编、上海三联书店版《海德格尔选集》上册第二编)

6. [法]布罗代尔：《历史与社会科学：长时段》(1958)（中文本载《史学理论》1987年第3期）

7. [法]利科尔：《诠释学的任务》(1973)（收入洪汉鼎主编《理解与解释——诠释学经典文选》，东方出版社2001年。收入此书的解释学方面的经典论文有暇可通读）

8. [美]托德·吉特林：《媒介社会学：主导范式》(*Media Sociology*：*The Dominant Paradigm*，1978)（暂未见中文本，请主讲人找到英文本，我们读一篇英文本论文）

9. [美]伊莱休·卡茨等：《媒介研究经典文本解读》第二部分"法兰克福学派"（常江译，下同，北京大学出版社2011年，第57—103页）

10. [美]伊莱休·卡茨等：《媒介研究经典文本解读》第三部分"芝加哥学派"（北京大学出版社2011年，第107—156页）

备注：为加强研究生学术研究的深度、选题能力以及提高论文写作水平，特精选上列学术论文篇目。张三夕教授2015年至2017年招收了三届文化传播学专业博士生，因此精选了文化传播学方面的论文。此轮论文精读计划从2015年9月开始实施，到2017年12月为止，因为导师本人2018年退休。主讲与整理者安排的原则是，主讲者要尽量查找资料，搞清楚每一篇论文发表的具体背景（如时代、报刊、演讲场合、修订、结集）、宗旨、目的等，重点阐释论文写作的问题意识、思路、观点、论证方式、影响以及主讲者对其评价。西学主讲内容8、9、10都出自伊莱休·卡茨等《媒介研究经典文本解读》一书，北京大学出版社2011年版，望大家都买一本。西学9、10两讲，不是讲一篇论文，而是讲若干篇论文。尝试讲清楚一个学派的思想观点。文化传播学专业的同门要加强古典文献学专业的修养，同时，古典文献学、古代文学专业的同门应适当加强传播学修养。真正在经典阅读层面实现跨学科交流和融合。

（四）张门读书会第四批精读书目(25种)

张三夕、罗昌繁、李程、苏小露

2017年10月

中国典籍

1.《诗经》 2.《礼记》 3.《庄子》 4. [汉]司马迁《史记》 5. [唐]杜甫

著,[清]杨伦笺疏《杜诗镜铨》 6.[唐]韩愈《韩愈集》 7.[宋]赞宁《宋高僧传》 8.[宋]苏轼《苏轼文集》 9.[宋]洪迈《容斋随笔》 10.[清]钱泳《履园丛话》 11.张舜徽《清人文集别录》 12.葛兆光《中国思想史》

外国典籍

1.[古希腊]亚里士多德《诗学》 2.[古希腊]柏拉图《理想国》 3.[德]黑格尔《历史哲学》 4.[德]尼采《查拉图斯特拉如是说》 5.[英]弗雷泽《金枝:巫术与宗教研究》 6.[法]布洛克《历史学家的技艺》 7.[联邦德国]姚斯、[美]霍拉勃《接受美学与接受理论》 8.[美]艾尔曼《从理学到朴学:中华帝国晚期思想与社会变化面面观》 9.[日]川合康三《中国的自传文学》 10.[美]包弼德《斯文:唐宋思想的转型》 11.[美]宇文所安《他山的石头记》 12.[美]艾朗诺《才女之累:李清照及其接受史》

汉语言文字学典籍

1.《说文解字注》([东汉]许慎撰、[清]段玉裁注)

备注:2018年张三夕教授退休,张门读书会交由三位留校任教的及门弟子李程、罗昌繁、苏小露继续合办,负责人李程。李程、罗昌繁、苏小露三位都是华师文学院自己培养的本科生,分别在南京大学博士后出站回来,在武汉大学、华东师范大学博士学成归来,他们已招收硕士研究生有年。张三夕教授提议,根据只有硕士生、暂时没有博士生的实际情况,读书会精读书目适当调整,合计24种不变,从张三夕老师拟订的第一批和第二批书目中挑选8种作为保留书目,另外由三位老师选出16种新读书目,外加《说文解字注》保留,总数还是25种,形成第四批精读书目。张三夕教授还建议,第四批精读书目,也是过六年调整一次。2020年5月,张三夕教授指导的最后一位古代文学专业博士生和两位古典文献学专业硕士生顺利毕业,其研究生导师工作圆满结束。从2020年9月起,张三夕教授决定不再参加张门读书会,但会一如既往地关注读书会,希望同门师生青出于蓝而胜于蓝,薪尽火传,生命不息,读书不止,思考不停,笔记不辍。张门读书会有过去近二十年持续不断的积累,相信能较长时间坚持办下去,至少办到李、罗、苏三位年轻老师他们退休时,力争创造中国当代高校文科研究生培养的一个小小的"奇迹"。这种理想主义精神的弘扬和坚持不懈阅读的专注,对于国家的人才培养和个人的博雅修养都是极有现实意义和历史价值的事情。

张三夕记于2021年3月21日